Vahlens Handbücher
der Wirtschafts- und Sozialwissenschaften

Interkulturelles Marketing

von

Prof. Dr. Stefan Müller

Prof. Dr. Katja Gelbrich

2., vollständig überarbeitete Auflage

Verlag Franz Vahlen München

Prof. em. Dr. Stefan Müller war bis 2011 Inhaber des Lehrstuhls für Marketing an der Technischen Universität Dresden.

Prof. Dr. Katja Gelbrich ist Inhaberin des Lehrstuhls für Internationales Management an der Katholischen Universität Eichstätt-Ingolstadt.

ISBN 978 3 8006 3735 5

© 2015 Verlag Franz Vahlen GmbH, Wilhelmstr. 9, 80801 München
Satz: Fotosatz Buck
Zweikirchener Str. 7, 84036 Kumhausen
Druck und Bindung: BELTZ Bad Langensalza GmbH
Neustädter Straße 1–4, 99947 Bad Langensalza
Gedruckt auf säurefreiem, alterungsbeständigem Papier
(hergestellt aus chlorfrei gebleichtem Zellstoff)

Für Hannah Marie

Vorwort zur 2. Auflage

Gegenstand des Buches

In den vergangenen zehn Jahren, seit dem Erscheinen der ersten Auflage von „Interkulturelles Marketing", hat dieses Fach einen stürmischen Aufschwung genommen. Vor allem in den englischsprachigen Fachzeitschriften wurden in diesem Zeitraum zahllose „Cross Cultural-Studien" veröffentlicht, von denen ein zunehmend großer Anteil auch anspruchsvolle Anforderungen der Versuchsplanung, Konstruktvalidierung und Äquivalenzsicherung erfüllt. Um unseren Lesern diesen gewaltigen Wissenszuwachs erschließen zu können, haben wir uns erstens zu einer grundlegenden Überarbeitung dieses Werkes entschlossen. Zweitens haben wir angesichts der wachsenden Bedeutung des Tertiären Sektors der Dienstleistungspolitik ein eigenes Kapitel gewidmet. Beides hat uns schließlich dazu bewogen, durch eine Dreiteilung des Werkes eine größere Trennschärfe und Zielgruppengenauigkeit zu erreichen (vgl. Kasten):

- Das „Interkulturelle Marketing" konzentriert sich auf das Strategische Marketing und den Marketing-Mix (Teile C und D der ersten Auflage).
- Die 2014 veröffentlichte „Interkulturelle Kommunikation" geht von den Teilen B2 und B3 der ersten Auflage aus und behandelt die dort angesprochenen Themen ausführlicher aus kommunikationswissenschaftlicher Sicht.
- „Interkulturelles Konsumentenverhalten" fasst die Themen „Verhaltensgrundlagen" (ehemals Teil B1) und „Interkulturelle Marketingforschung" (ehemals Teil A8) neu und primär mit Blick auf das Konsumentenverhalten.

Interkulturelle Kommunikation (2014)	Interkulturelles Marketing (2015)	Interkulturelles Konsumentenverhalten (in Vorbereitung)
A: Einführung & theoretische Grundlagen B: Interpersonale Kommunikation C: Einfluss der Landeskultur D: Einfluss der Religion E: Einfluss der Sprache F: Kommerzielle Kommunikation G: Kommunikationsstil	A: Marketing, Globalisierung & Kultur B: Theorien & Messkonzepte C: Strategisches Marketing D: Produktpolitik E: Dienstleistungspolitik F: Distributionspolitik G: Kommunikationspolitik H: Preispolitik	A: Einführung & theoretische Grundlagen B: Kultur C: Kulturvergleich D: Kaufentscheidungsprozess E: Individuelle Einflussgrößen

Zielgruppe des Buches

Dieses Buch wendet sich an Studierende von Bachelor- und Masterstudiengängen sowie an Doktoranden in den Bereichen Internationales Marketing, Internationales Management und Kulturvergleichende Wissenschaften.

Zusatzmaterial im Netz

Unter www.interkulturelles-marketing.de bzw. www.vahlen.de/productview.aspx?product=30223 stellen wir umfangreiches Zusatzmaterial bereit:
- zwei weiterführende Kapitel: „Internationalisierung & Globalisierung" sowie „Vorläufer des kulturvergleichenden Ansatzes",
- das komplette Literaturverzeichnis sowie
- ein Glossar (Schlüsselbegriffe, die im Glossar ausführlicher behandelt werden, sind mit einem Pfeil markiert; z.B. ⇒ Xenophobie).

Dozenten mailen wir auf Anfrage weitere Materialien als Word- bzw. Powerpoint-Datei (bitte mit kurzer Angabe des Verwendungszwecks an stefan.mueller@tu-dresden.de).

Dozentenservice
- Sämtliche oder ausgewählte Graphiken der ersten und der zweiten Auflage
- Vorlesungen in deutscher und englischer Sprache
- Klausurfragen
- Literaturverzeichnis als Word-Datei

Anregungen, Kritik & Lob

Für Anmerkungen aller Art erreichen Sie uns unter stefan.mueller@tu-dresden.de

Danksagung

Wir bedanken uns recht herzlich bei all jenen, die auf die ein oder andere Weise zum Entstehen des Buches beigetragen haben.
- Zunächst Frau Kerstin Kosbab und Frau Helga Weinländer, die geduldig und akribisch zahllose Schreib- und Korrekturarbeiten bewerkstelligt haben. Weiterhin haben mehrere Mitarbeiter und Kollegen aus unserer Dresdener Zeit auf vielfältige und kaum zu überschätzende Weise dazu beigetragen, dass dieses Buch in der vorliegenden Form entstehen konnte: allen voran Dr. Robert Mai, Dr. Thomas Niemand und Dr. Uta Schwarz.
- Stellvertretend für die Mitarbeiter des Vahlen Verlages danken wir Herrn Hermann Schenk, mit dem wir schon seit vielen Jahren vertrauensvoll zusammenarbeiten. Er hat uns auf dem langen und mühsamen Weg von der ersten zur zweiten Auflage dieses Werkes jederzeit ermutigt und unterstützt.
- Schließlich haben Christopher Thomas, München (www.christopher-thomas.de), und Studio Georg Fischer, Bechtheim (www.georg-fischer.de), es uns erlaubt, Photographien, für die sie das Urheberrecht besitzen, in diesem Buch abzudrucken. Dafür danken wir ihnen.

Neustadt/Weinstraße und	Stefan Müller
Ingolstadt, im September 2015	Katja Gelbrich

Inhaltsverzeichnis

Vorwort zur 2. Auflage VII

Teil A Marketing, Globalisierung & Kultur 1

1 Einführung 3
  1.1   Anmerkungen zum Verhältnis von Marketing & Kultur 3
  1.2   Globalisierung der Wirtschaftsbeziehungen 5
     1.2.1   Entwicklungsphasen des Welthandels 5
     1.2.2   Erfolgsgeschichte des „Made in Germany" 7
        1.2.2.1   Überblick 7
        1.2.2.2   Geographische Lage 7
        1.2.2.3   Global Player & Hidden Champions 9
     1.2.3   Allgemeine Distanzhypothese 13
     1.2.4   Globales Paradoxon 14
  1.3   Erscheinungsformen von Kultur 15
     1.3.1   Kultur 15
     1.3.2   Interkultur 17
     1.3.3   Weitere Abgrenzungen 17
        1.3.3.1   Überblick 17
        1.3.3.2   Multiple Kultur 18
        1.3.3.3   Relationale Kultur 19
        1.3.3.4   Subjektive Kultur 20
  1.4   Von der Schwierigkeit, das Konstrukt „Kultur" zu definieren 22
     1.4.1   Wissenschaftstheoretische Überlegungen 22
     1.4.2   Natur vs. Kultur 23
     1.4.3   Deskriptive vs. explikative Definitionen 24
     1.4.4   Landeskultur 26
     1.4.5   Enkulturation vs. Akkulturation 27
  1.5   Überblick über das Buch 27

2 Vorläufer des Interkulturellen Marketing & verwandte Wissenschaften 28
  2.1   Sozialwissenschaftliche Vorläufer & verwandte Wissenschaften 30
  2.2   Kulturwissenschaftliche Vorläufer & verwandte Wissenschaften 31
     2.2.1   Überblick 31
     2.2.2   Forschungsstrategien 32
  2.3   Wirtschaftswissenschaftliche Vorläufer & verwandte Wissenschaften 33
     2.3.1   Exportwirtschaftslehre 33
     2.3.2   Exportmarketing 33

2.3.3	Internationales Marketing	33
2.3.4	Globales Marketing	36

3 Phasen & Formen der Auseinandersetzung der Betriebswirtschaftslehre mit dem Phänomen „Kultur" 37
- 3.1 Phase der Kulturignoranz 37
- 3.2 Phase der großen Debatten 38
  - 3.2.1 Kulturalismus/Universalismus-Debatte 38
  - 3.2.2 Standardisierungs/Differenzierungs-Debatte 38
- 3.3 Phase des Kulturschocks 39
- 3.4 Phase der Akzeptanz & Koexistenz 41
  - 3.4.1 Globalisierung der Wirtschaftsbeziehungen 41
  - 3.4.2 Paradigmenwechsel 42
  - 3.4.3 Forschungsfelder 44

4 Kultursensibles Marketing: ein Überblick 44
- 4.1 Zur Verhaltensrelevanz des kulturellen Umfeldes 45
  - 4.1.1 Entscheidungen & Verhalten von Managern 45
  - 4.1.2 Entscheidungen & Verhalten von Konsumenten 45
- 4.2 Interkulturelles Marketing 46
  - 4.2.1 Globales Dorf 46
  - 4.2.2 Differenzierte Standardisierung: ein Ausweg aus dem Standardisierungs/Differenzierungsdilemma 47
  - 4.2.3 Erkenntnistheoretisches Anliegen 50
- 4.3 Intrakulturelles Marketing 51
  - 4.3.1 Überblick 51
  - 4.3.2 Interregionales Marketing 53
  - 4.3.3 Ethno-Marketing 55
    - 4.3.3.1 Ethnische Heterogenität 55
    - 4.3.3.2 Ethno-Marketing in Deutschland 58
  - 4.3.4 Subkulturen-Marketing 63

5 Interkulturelles Management 64
- 5.1 Überblick 64
- 5.2 Unternehmenskultur 64
- 5.3 Branchenkultur 65
- 5.4 Third Culture 67

6 Subjektive Kultur: Individualisierung der kulturvergleichenden Forschung 69
- 6.1 Ein Kurzschluss 69
- 6.2 Forschungsstrategien des empirischen Kulturvergleichs im Überblick 69
- 6.3 Ein Beispiel 71
  - 6.3.1 Analyseeinheit Individuum 71
  - 6.3.2 Analyseeinheit Land 73
  - 6.3.3 Analyseebene Land & Individuum 73

Teil B Theorien & Messkonzepte	75
1 Einführung	77
1.1 Überblick	77
1.2 Qualitative Erklärungsansätze	80
1.2.1 Orientierungen	80
1.2.2 Schichtenmodelle	81
1.2.2.1 Kulturzwiebel, Kultureisberg & andere Schichtenmodelle	81
1.2.2.2 Concepta/Percepta-Modell	83
1.2.2.3 Implizite vs. explizite Kultur	84
1.2.3 Modell der Kulturstandards	85
1.3 Quantitative Erklärungsansätze	88
1.3.1 Konzept der Kulturdimensionen	88
1.3.2 Kritische Würdigung	89
2 Hofstede-Studie	91
2.1 Konzeption & theoretischer Hintergrund	91
2.1.1 Ursprungsstudie	91
2.1.1.1 Theoretischer Hintergrund	91
2.1.1.2 Operationalisierung & Studiendesign	93
2.1.1.3 Analyse	94
2.1.2 Folgestudien	96
2.2 Hofstedes Kulturdimensionen im Überblick	98
2.2.1 Individualismus vs. Kollektivismus	98
2.2.1.1 Sonderstellung innerhalb der kulturvergleichenden Forschung	98
2.2.1.2 Ideengeschichte	100
2.2.2 Akzeptanz von Machtdistanz	102
2.2.2.1 Grundlagen	103
2.2.2.2 Regionale & nationale Unterschiede	104
2.2.3 Ungewissheitsvermeidung	106
2.2.3.1 Grundlagen	106
2.2.3.2 Regionale & nationale Unterschiede	108
2.2.4 Feminine vs. maskuline Orientierung	110
2.2.4.1 Grundlagen	110
2.2.4.2 Regionale & nationale Unterschiede	112
2.2.4.3 Jantes Gesetz	113
2.2.5 Fünfte Kulturdimension	113
2.2.5.1 Konfuzianische Dynamik	113
2.2.5.2 Langfristige vs. kurzfristige Orientierung	114
2.2.5.3 Pragmatische vs. normative Orientierung	117
2.2.6 Genussorientierung vs. Selbstbeherrschung	117
2.2.7 Deutschlands Kulturprofil	121
2.3 Auswirkungen der Landeskultur auf das Arbeits- & Sozialleben	123
2.3.1 Überblick	123
2.3.2 Auswirkungen von Individualismus & Kollektivismus	124
2.3.2.1 Bedeutung für das soziale Leben	124

2.3.2.2 Bedeutung für das Arbeitsleben 126
2.3.3 Auswirkungen der Akzeptanz von Machtdistanz 128
    2.3.3.1 Bedeutung für das soziale Leben 128
    2.3.3.2 Bedeutung für das Arbeitsleben 129
2.3.4 Auswirkungen der Tendenz zur Ungewissheitsvermeidung ... 132
    2.3.4.1 Bedeutung für das soziale Leben 132
    2.3.4.2 Bedeutung für das Arbeitsleben 133
2.3.5 Auswirkungen von Feminität vs. Maskulinität 135
    2.3.5.1 Bedeutung für das soziale Leben 135
    2.3.5.2 Bedeutung für das Arbeitsleben 136
2.4 Kritische Würdigung 138
  2.4.1 Grundsätzliche Bedeutung des Hofstede-Kulturmodells 138
  2.4.2 Stärken & Schwächen der ersten Auflage von „Culture's Consequences" 138
    2.4.2.1 Zitationsanalysen 138
    2.4.2.2 Rezensionen 139
    2.4.2.3 Methodenkritik 139
  2.4.3 Stärken & Schwächen der zweiten Auflage von „Culture's Consequences" 142
    2.4.3.1 Stärken 142
    2.4.3.2 Schwächen 143
  2.4.4 Dritte Auflage von „Cultures and Organizations" 145
  2.4.5 Überprüfung & Reformulierung des Hofstede-Konzepts 146
    2.4.5.1 Interdependenzen einzelner Kulturdimensionen 146
    2.4.5.2 Reskalierung der Kulturdimensionen 151
  2.4.6 Eine Ehrenrettung 153
2.5 Horizontaler vs. vertikaler Individualismus-Kollektivismus: Weiterentwicklung des Individualismus/Kollektivismus-Konzepts 155
  2.5.1 Abhängiges vs. unabhängiges Selbstkonzept 155
  2.5.2 Horizontale vs. vertikale Gesellschaftsstruktur 156

3 Theorie der universellen kulturellen Werte nach Schwartz 158
3.1 Grundlagen 158
3.2 Modell der zehn universellen Wertetypen 158
  3.2.1 Ursprünglicher Wertekreis 158
  3.2.2 Validierung 160
3.3 Modell der sieben universellen Werte 160
  3.3.1 Revidierter Wertekreis 160
  3.3.2 Validierung 163

4 GLOBE-Kulturstudie 165
4.1 Überblick & theoretische Grundlagen 165
4.2 Untersuchungsdesign & Datenerhebung 167
4.3 Kulturdimensionen 168
4.4 Kritische Würdigung 173
  4.4.1 Werte & Praktiken 173

4.4.2	Unabhängigkeit der Dimensionen	177
4.4.3	Vergleich der Hofstede-Studie mit der GLOBE-Studie	178
4.4.3.1	Konzeptualisierung von Kultur	178
4.4.3.2	Methodische Unterschiede	179
4.4.3.3	Unterschiedliche dimensionale Struktur	180
4.4.3.4	Unterschiedliche empirische Befunde	182

5 Individuelle Kultur ... 183
  5.1 Kollektive vs. individuelle Kultur ... 183
  5.2 Idiozentriker vs. Allozentriker ... 184
    5.2.1 Konzeptionalisierung ... 184
    5.2.2 Validierung ... 186
  5.3 Theorie & Operationalisierung ... 186
    5.3.1 Theoretische Grundlagen ... 186
      5.3.1.1 Marketingperspektive ... 186
      5.3.1.2 Wissenschaftstheoretische Perspektive ... 186
    5.3.2 Messansätze ... 187
      5.3.2.1 Eindimensionale Skalen ... 188
      5.3.2.2 Mehrdimensionale Skalen ... 189
  Hilfreiche Links ... 194

Teil C Strategisches Marketing ... 195

1 Standardisierung vs. Differenzierung ... 197
  1.1 Einführung ... 197
  1.2 Internationale Wettbewerbsstrategien ... 198
    1.2.1 Überblick ... 198
    1.2.2 Kostenführerschaft vs. Qualitätsführerschaft ... 200
      1.2.2.1 Überblick ... 200
      1.2.2.2 Einfluss der Landeskultur ... 201
    1.2.3 Standardisierung vs. Differenzierung ... 202
      1.2.3.1 Standardisierungsstrategie ... 202
      1.2.3.2 Differenzierungsstrategie ... 204
    1.2.4 Kritische Anmerkungen zur S/D-Debatte ... 206
      1.2.4.1 Unterschiedliche Ebenen der Argumentation ... 206
      1.2.4.2 Unzureichende theoretische Fundierung ... 207
      1.2.4.3 Methodologische Schwachstellen ... 208
  1.3 Vom S/D-Paradigma zum Global Marketing ... 211
    1.3.1 Ausgangssituation ... 211
    1.3.2 Schlüsselthesen des Global Marketing ... 212
      1.3.2.1 Konvergenz des Nachfrageverhaltens ... 212
      1.3.2.2 Standardisierung des Marketing ... 214
      1.3.2.3 Zentralisation der Geschäftstätigkeit ... 214
      1.3.2.4 Kosten- & Preisvorteil ... 216
    1.3.3 Kritische Würdigung ... 216
      1.3.3.1 Theoretisch begründbare Kritik ... 216
      1.3.3.2 Reale Fehlschläge ... 218
      1.3.3.3 Ursachen der Fehlschläge ... 220

Inhaltsverzeichnis

2   Kontingenzansatz 222
  2.1   Grundidee 222
  2.2   Arten von Kontingenzvariablen 224
    2.2.1   Makroökonomische Variablen 225
    2.2.2   Mikroökonomische Variablen 225
    2.2.3   Unternehmensinterne Variablen 226
    2.2.4   Produktmerkmale 226
  2.3   Zentrale Bedeutung der Kontingenzvariable „Kultur" 227
    2.3.1   Überblick 227
    2.3.2   Messbarkeit & Kontrollierbarkeit der Kontingenzvariablen 229
    2.3.3   Stabilität 230

3   Strategie der Differenzierten Standardisierung 230
  3.1   Vorgehensweise 230
    3.1.1   Identifikation geeigneter Zielgruppen 231
      3.1.1.1   Homogene Kulturcluster 231
      3.1.1.2   Transnationale Zielgruppen 231
    3.1.2   Standardisierung & Differenzierung des Marketingmix ... 234
  3.2   Identifikation homogener Cluster 236
    3.2.1   A Priori-Cluster: der qualitative Ansatz 236
      3.2.1.1   Geographische Segmentierung 236
      3.2.1.2   Soziokulturelle Segmentierung 243
    3.2.2   Ex Post-Cluster: der quantitative Ansatz 243
      3.2.2.1   Segmentierungsmethoden 243
      3.2.2.2   Traditionelle Segmentierungskriterien 245
    3.2.3   Kulturcluster 256
      3.2.3.1   Kulturcluster auf der Basis von Hofstede 256
      3.2.3.2   Kulturcluster auf der Basis von GLOBE 263
      3.2.3.3   Religions-, Konfessions- & Kulturcluster 264
  3.3   Identifikation transnationaler Zielgruppen 265
    3.3.1   Besonderheiten transnationaler Zielgruppen 265
    3.3.2   Segmentierungsmethoden 267
      3.3.2.1   Soziodemographische Segmentierung 267
      3.3.2.2   Psychographische Segmentierung 271
      3.3.2.3   Verhaltensorientierte Segmentierung 275
      3.3.2.4   Benefit-Segmentierung 276
      3.3.2.5   Means End-Segmentierung 278

Teil D Produktpolitik 283

1   Besonderheiten der Produktpolitik im interkulturellen Kontext 285
  1.1   Einfluss des Produktnutzens 285
  1.2   Einfluss der Zeitwahrnehmung 287
  1.3   Einfluss von Konfession & Religiosität 288
    1.3.1   Religiosität 288
    1.3.2   Konfession 289

Inhaltsverzeichnis

2	Standardisierung vs. Differenzierung	291
2.1	Stand der Forschung	291
2.2	Kulturabhängige vs. kulturfreie Produkte	293
2.2.1	Kulturelle Zentralität	293
2.2.2	Homogenität der Bedürfnisse	294
2.2.3	Tradition	295
2.2.4	Produktkategorie	296
2.2.5	Konsumkontext	297
2.3	Globale vs. lokale Industriezweige	299
2.3.1	Kriterien der Globalität	299
2.3.2	Mythos Globalität	300
2.4	Differenzierte Standardisierung	303
3	Produktentwicklung & Produktgestaltung	307
3.1	Forschung + Entwicklung	307
3.1.1	Grundlagen	307
3.1.2	Einfluss der Landeskultur	308
3.2	Produktentwicklung	309
3.2.1	Bedürfnisorientierte Produktentwicklung	309
3.2.1.1	Überblick	309
3.2.1.2	Image/Kongruenz-Hypothese	311
3.2.2	Einfluss der Landeskultur	311
3.3	Gestaltung des Produktumfeldes	312
3.3.1	Farbgestaltung	312
3.3.2	Gebrauchsanleitungen	312
3.3.3	Produktverpackung	314
3.3.3.1	Grundlagen	314
3.3.3.2	Einfluss von Landeskultur bzw. Nationalität	315
3.4	Akzeptanz von Produktinnovationen	318
3.5	Markenpiraterie & Produktpiraterie	319
3.5.1	Grundlagen	319
3.5.2	Erklärungsansätze	321
3.5.3	Einfluss der Landeskultur	322
4	Produkteinführung & Diffusion	324
4.1	Grundlagen	324
4.2	Weltoffenheit & Informationsfluss	324
4.3	Einfluss der Landeskultur	325
4.3.1	Kontextabhängigkeit	325
4.3.2	Individualismus vs. Kollektivismus	326
4.3.3	Akzeptanz von Machtdistanz	326
4.3.4	Ungewissheitsvermeidung	327
4.3.5	Maskulinität	328
4.3.6	Kurzfrist- vs. Langfristorientierung	329
4.3.7	Kulturelle Distanz	329
5	Markierung	330
5.1	Grundlagen	330
5.1.1	Funktionen der Markierung	330

- 5.1.2 Funktionen von Marken ... 331
  - 5.1.2.1 Allgemeine Funktionen ... 331
  - 5.1.2.2 Kulturspezifische Funktionen ... 332
- 5.2 Markentypen ... 334
  - 5.2.1 Globale Marken ... 334
    - 5.2.1.1 Funktionen ... 334
    - 5.2.1.2 Typologie globaler Marken ... 335
  - 5.2.2 Mega-Marken ... 335
  - 5.2.3 Kulturelle Marken ... 336
  - 5.2.4 Handelsmarken ... 337
    - 5.2.4.1 Grundlagen ... 337
    - 5.2.4.2 Akzeptanz & Marktanteil ... 338
- 5.3 Markenpersönlichkeit ... 343
  - 5.3.1 Grundlagen ... 343
  - 5.3.2 Maße der Markenpersönlichkeit ... 343
- 5.4 Markenführung ... 346
  - 5.4.1 Positionierung von Marken ... 346
    - 5.4.1.1 Einfluss der Produktkategorie ... 347
    - 5.4.1.2 Einfluss der Zielgruppe ... 348
    - 5.4.1.3 Einfluss der Konsumsituation ... 349
    - 5.4.1.4 Einfluss der Konsumbedürfnisse ... 350
  - 5.4.2 Markenportfolio-Management ... 354
    - 5.4.2.1 Beitrag des Controlling ... 354
    - 5.4.2.2 Beitrag des Marketing ... 355
  - 5.4.3 Markenherkunft ... 356
    - 5.4.3.1 Country of Origin ... 356
    - 5.4.3.2 Foreign Branding ... 357
  - 5.4.4 Markencommitment ... 360
- 5.5 Gestaltung des Markennamens ... 362
  - 5.5.1 Grundlagen ... 362
    - 5.5.1.1 Informations- & Kommunikationsfunktion ... 362
    - 5.5.1.2 Konditionierbarkeit von Markennamen ... 363
  - 5.5.2 Typen von Markennamen ... 363
  - 5.5.3 Entscheidungskriterien ... 365
    - 5.5.3.1 Juristische Kriterien ... 366
    - 5.5.3.2 Marketingkriterien ... 366
    - 5.5.3.3 Linguistische Kriterien ... 366
  - 5.5.4 Wirkung von Markennamen ... 374
    - 5.5.4.1 Grundlagen ... 374
    - 5.5.4.2 Fremdheit vs. Vertrautheit ... 375
    - 5.5.4.3 Künstliche vs. sinnhafte Markennamen ... 377
- 5.6 Internationalisierung bzw. Globalisierung von Markennamen ... 379
  - 5.6.1 Handlungsmöglichkeiten ... 379
  - 5.6.2 Übernahme des originalen Markennamens ... 379
  - 5.6.3 Übersetzungsstrategien ... 381
    - 5.6.3.1 Semantische Übersetzung ... 381
    - 5.6.3.2 Transliteration ... 382

5.6.3.3	Kreation	383
5.6.4	Verfahrensweise der Unternehmen	383
5.6.5	Erfolgskontrolle	385
5.6.6	Entwicklung globaler Markennamen	386
5.6.7	Einfluss der Landeskultur	388
6	Sortimentspolitik	390

Teil E Dienstleistungspolitik 393

1 Überblick 395
  1.1 Bedeutung von Dienstleistungen 395
  1.2 Merkmale von Dienstleistungen 395
    1.2.1 Überblick 395
    1.2.2 Dienstleistungen vs. Produkte 396
  1.3 Besonderheiten von Dienstleistungen im interkulturellen Umfeld 397
    1.3.1 Dienstleistungsmentalität 397
    1.3.2 Leistungsspezifische Besonderheiten 398

2 Standardisierung vs. Differenzierung 400
  2.1 Standardisierbarkeit von Dienstleistungen 400
  2.2 Besonderheiten des Einzelhandels 401

3 Servicequalität 406
  3.1 Überblick 406
  3.2 Wahrgenommene Servicequalität 406
  3.3 Kulturelles Umfeld & wahrgenommene Servicequalität 408
    3.3.1 Erwartungen & Bedürfnisse 408
    3.3.2 Kontrollüberzeugung & Kontrollierbarkeit der Situation 411
  3.4 Servicequalität & Kundenzufriedenheit 413

4 Bereitschaft zur Belohnung von Dienstleistungen 413
  4.1 Überblick 413
  4.2 Einfluss der Landeskultur 416

5 Beschwerdemanagement 417
  5.1 Verhalten vor der Beschwerde 417
    5.1.1 Servicefehler 417
    5.1.2 Attribution des Servicefehlers 418
    5.1.3 Beschwerdeanlass 420
    5.1.4 Beschwerdebereitschaft 420
      5.1.4.1 Überblick 420
      5.1.4.2 Einfluss der Zeitwahrnehmung 421
      5.1.4.3 Einfluss von Kollektivismus-Individualismus & Machtdistanz 422
    5.1.5 Öffentliche, private & institutionelle Beschwerden 423
    5.1.6 Elektronische Beschwerden 425
  5.2 Verhalten nach der Beschwerde 425
    5.2.1 Überblick 425

5.2.2 Beschwerdebehandlung ... 427
  5.2.2.1 Auswirkungen einer Beschwerdekultur ... 427
  5.2.2.2 Auswirkungen einer Entschuldigung ... 428
  5.2.2.3 Auswirkungen einer Kompensation ... 429
 5.2.3 Antezedenzen von Beschwerdezufriedenheit ... 429
  5.2.3.1 Emotionale Reaktionen ... 432
  5.2.3.2 Wahrgenommene Gerechtigkeit ... 432

Teil F Distributionspolitik ... 435

1 Besonderheiten der Distribution im interkulturellen Kontext ... 437

2 Standardisierung vs. Differenzierung ... 438

3 Erschließung ausländischer Märkte ... 438
 3.1 Überblick ... 440
 3.2 Auswahl geeigneter Ländermärkte ... 440
  3.2.1 Heuristische Marktauswahlverfahren ... 441
   3.2.1.1 Checklist-Verfahren ... 441
   3.2.1.2 Filterverfahren ... 444
   3.2.1.3 Portfolio-Verfahren ... 445
  3.2.2 Analytische Verfahren ... 446
  3.2.3 Subjektive Einflussfaktoren ... 447
 3.3 Markteintrittsbarrieren ... 447
  3.3.1 Distanz zwischen Herkunftsland & Auslandsmarkt ... 447
   3.3.1.1 Strömungen der Distanzforschung ... 448
   3.3.1.2 Distanzmaße ... 452
   3.3.1.3 Validität ... 457
  3.3.2 Kulturelle Feindseligkeit ... 459
  3.3.3 Protektionismus ... 460
   3.3.3.1 Erscheinungsformen ... 460
   3.3.3.2 Ursachen des Protektionismus ... 461
  3.3.4 Rechtsunsicherheit ... 463
   3.3.4.1 Ungenügendes Rechtssystem ... 464
   3.3.4.2 Unvertrautes Rechtssystem ... 465
   3.3.4.3 Administrative Handelshemmnisse ... 467
 3.4 Markteintrittsstrategien ... 468
  3.4.1 Überblick ... 468
  3.4.2 Export ... 469
   3.4.2.1 Indirekter Export ... 471
   3.4.2.2 Direkter Export ... 471
  3.4.3 Kooperation ... 472
   3.4.3.1 Theoretische Grundlagen ... 472
   3.4.3.2 Kooperative Markterschließungsstrategien ... 475
  3.4.4 Direktinvestitionen ... 481
  3.4.5 Unternehmenszusammenschlüsse ... 483
   3.4.5.1 Fusionen ... 483
   3.4.5.2 Unternehmenskauf ... 484

3.5	Präferenz des Managements für bestimmte Markteintrittsstrategien	485
3.5.1	Einfluss des Herkunftslandes des Unternehmens	485
3.5.2	Einfluss der Landeskultur	486
3.5.2.1	Unsicherheitsvermeidung	486
3.5.2.2	Akzeptanz von Machtdistanz	487
3.5.2.3	Einfluss der kulturellen Distanz	488
3.5.3	Einfluss der sprachlichen Distanz	490
3.6	Timing des Markteintritts	491
3.5.1	Basisstrategien	491
3.5.1.1	Wasserfallstrategie	491
3.5.1.2	Sprinklerstrategie	492
3.5.2	Hybride Timing-Strategien	492
3.5.2.1	Brückenkopfstrategie	492
3.5.2.2	Near Market-Strategie	493
3.7	Erfolg des Markteintritts	496
3.7.1	Exportstrategie	496
3.7.1.1	Einfluss des Distributionskanals	496
3.7.1.2	Einfluss der psychischen Distanz	496
3.7.1.3	Einfluss der Marketingstrategie	497
3.7.1.4	Einfluss der Unternehmenskultur	497
3.7.2	Kooperationsstrategie	499
3.7.2.1	Joint Venture	499
3.7.2.2	Strategische Allianz	503
3.7.3	Direktinvestitionen	504
3.7.4	Unternehmenszusammenschlüsse	504
3.7.4.1	Wunsch & Wirklichkeit	504
3.7.4.2	Erfolg & Misserfolg	506
3.8	Besonderheit der Markteintrittsentscheidung von Industriegüterherstellern	507
4	Distributionsmanagement	508
4.1	Auswahl des Distributionskanals	508
4.1.1	Überblick	508
4.1.2	Direktvertrieb	510
4.1.2.1	Persönlicher Verkauf	511
4.1.2.2	Fabrikverkauf	511
4.1.2.3	Versandhandel	512
4.1.2.4	E-Commerce	513
4.1.3	Indirekter Vertrieb & Auswahl von Handelspartnern	519
4.2	Kulturintegration	520
4.2.1	Anliegen	520
4.2.2	Cultural Due Diligence	521
4.2.2.1	Grundlagen	521
4.2.2.2	Kultureller Misfit	521
4.2.3	Post Merger-Integration	522
4.2.3.1	Einfluss der Landeskultur	523

4.2.3.2 Einfluss des Weltbildes 524
4.2.4 Dekulturation 524
4.3 Gestaltung des Distributionskanals 525
  4.3.1 Ladengestaltung 525
    4.3.1.1 Gestaltung realer Einkaufsstätten................... 525
    4.3.1.2 Gestaltung virtueller Einkaufsstätten 527
  4.3.2 Sortimentspolitik 528
  4.3.3 Einkaufsstättenimage 530
4.4 Gestaltung der Anreize für Handelspartner & Außendienstmitarbeiter 530
  4.4.1 Verkaufsförderung als Reaktion auf die gewachsene Handelsmacht 530
  4.4.2 Einfluss der Landeskultur 532
    4.4.2.1 Generelle Wirkung von Anreizen...................... 532
    4.4.2.2 Kulturspezifische Einflüsse 534
4.5 Kundenmanagement 535
  4.5.1 Einkaufsorientierung................................... 535
  4.5.2 Einkaufsstättentreue 535

5 Beziehungsmanagement 536
  5.1 Aufgaben- vs. Beziehungsorientierung........................... 536
    5.1.1 Beziehungsorientierung nach individualistischer Art 536
    5.1.2 Beziehungsorientierung nach kollektivistischer Art 537
      5.1.2.1 Grundlagen von Guanxi............................. 537
      5.1.2.2 Struktur & Funktion von Guanxi 539
      5.1.2.3 Wirkung von Guanxi 540
      5.1.2.4 Kritische Würdigung 541
  5.2 Kultursensibles Beziehungsmanagement........................ 542
    5.2.1 Kulturelle Vielfalt...................................... 542
    5.2.2 Kulturschock... 545
    5.2.3 Interkulturelle Kompetenz 547
      5.2.3.1 Grundlagen....................................... 547
      5.2.3.2 Dimensionen interkultureller Kompetenz 547
      5.2.3.3 Paradoxon der interkulturellen Kompetenz 553
      5.2.3.4 Validierung....................................... 553
    5.2.4 Multikulturelle Teams 557
      5.2.4.1 Grundlagen....................................... 557
      5.2.4.2 Beispiele bikultureller Teams 560
    5.2.5 Interkulturelles Training 562
      5.2.4.1 Grundlagen....................................... 562
      5.2.4.2 Überblick.. 563
      5.2.4.3 Trainingsformen 563
      5.2.4.3 Trainingsziele 567
  5.3 Beziehungsmanagement & Vertragsgestaltung................... 567
    5.3.1 Ziel- vs. beziehungsorientierter Ansatz 567
    5.3.2 Eintritt in das Netzwerk 568
    5.3.3 Beziehungsaufbau 571

5.3.4 Informationsaustausch	574
5.3.5 Vertragsverhandlung	575
5.3.5.1 Einfluss von Individualismus & Kollektivismus	575
5.3.5.2 Einfluss der Akzeptanz von Machtdistanz	577
5.3.5.3 Einfluss der Tendenz zur Ungewissheitsvermeidung	580
5.3.5.4 Einfluss von Maskulinität & Feminität	581
5.3.6 Vertragsabschluss	581
Hilfreiche Links	583

Teil G Kommunikationspolitik ... 585

1 Bedeutung der Kommunikation im interkulturellen Kontext	587
1.1 Kommunikationsziele & Zielgruppen	587
1.2 Einfluss kulturspezifischer Wertvorstellungen	588
2 Standardisierung vs. Differenzierung	590
2.1 Ein Beispiel aus der Praxis	590
2.2 Grundzüge der Debatte	592
2.2.1 Standardisierungsthese	592
2.2.1.1 Ausgangsüberlegung	592
2.2.1.2 Abgrenzungsprobleme	593
2.2.1.3 Forschungsergebnisse	595
2.2.2 Differenzierungsthese	596
2.2.2.1 Gesetzliche Vorgaben	596
2.2.2.2 Produktlebenszyklus	597
2.2.2.3 Bedürfnisse	597
2.2.2.4 Menschenbild	598
2.2.2.5 Religiöse Überzeugungen	598
2.2.2.6 Sprache & Schrift	599
2.2.2.7 Landeskultur	600
2.2.3 Glokalisierungsthese	601
2.2.3.1 Ausgangsüberlegung	601
2.2.3.2 Beispiele aus der Praxis	602
2.3 Forschungsergebnisse	603
2.3.1 Subjektiver Ansatz	604
2.3.2 Objektiver Ansatz	605
2.3.3 Normativer Ansatz	605
3 Kommunikations-Mix	608
3.1 Struktur & Dynamik der Werbeindustrie	608
3.1.1 Gesamtbetrachtung	608
3.1.2 Differenzierte Betrachtung	609
3.1.3 Einfluss der Landeskultur	609
3.2 Verbreitung & Nutzung von Medien	610
3.2.1 Klassische Medien	610
3.2.2 Online-Medien	612
3.3 Struktur der Kommunikationsinstrumente	615
3.3.1 Dominanz von Print-Werbung & TV-Werbung	615

3.3.1.1 Paradoxon der Kommunikationspolitik 615
3.3.1.2 Internationale Unterschiede............................ 616
3.3.2 Besonderheiten alternativer Kommunikationsinstrumente 618
3.3.3 Einfluss des kulturellen Umfeldes 620
4 Print-Werbung & TV-Werbung................................. 620
  4.1 Gesellschaftliches Umfeld................................ 620
    4.1.1 Akzeptanz von Werbung 621
      4.1.1.1 Operationalisierung 621
      4.1.1.2 Ursachen der Akzeptanzunterschiede................ 623
      4.1.1.3 Konsequenzen der Akzeptanzunterschiede............... 626
    4.1.2 Präferenz für einen bestimmten Kommunikationsstil 627
      4.1.2.1 Tonalität der Ansprache 627
      4.1.2.2 Aktualisiert Werte 628
      4.1.2.3 Geschlechterrolle 629
  4.2 Werbebotschaften.. 631
    4.2.1 Grundlagen.. 631
    4.2.2 Reichweite der Werbebotschaft 632
    4.2.3 Kontroverse & kulturkonträre Botschaften 635
      4.2.3.1 Grundlagen................................ 635
      4.2.3.2 Beispiele aus der Praxis 636
      4.2.3.3 Wirkung 637
      4.2.3.4 Konsequenzen für die Praxis..................... 639
    4.2.4 Informative Werbebotschaften...................... 641
    4.2.5 Emotionale Werbebotschaften 644
      4.2.5.1 Humorvolle Werbebotschaften 645
      4.2.5.2 Furchterregende Werbebotschaften 653
      4.2.5.3 Erotische Werbebotschaften 656
    4.2.6 Fremdsprachige Werbebotschaften........................ 657
    4.2.7 Absurde Werbebotschaften 661
    4.2.8 Utilitaristische vs. hedonistische Werbebotschaften 663
  4.3 Werbemittelgestaltung 663
5 Public Relations.. 665
  5.1 Prinzip & Nutzen der Öffentlichkeitsarbeit 665
    5.1.1 Grundlagen 665
    5.1.2 Manipulierbarer vs. investigativer Journalismus 665
    5.1.3 Formen & Bedeutung von Öffentlichkeit 667
    5.1.4 Formen moderner Öffentlichkeitsarbeit 670
  5.2 Einflussnahme auf die öffentliche Meinung 674
    5.2.1 Vertrauen & Misstrauen 674
    5.2.2 Grundlegende Beeinflussungsstrategien im Überblick 678
    5.2.3 Rolle der Medien 681
6 Verkaufsförderung 683
  6.1 Prinzip & Nutzen der Verkaufsförderung 683
  6.2 Nationale & interkulturelle Unterschiede 684
    6.2.1 Einfluss des Rechtssystems 684

	6.2.2 Akzeptanz von Verkaufsförderung	685
	6.2.3 Wirkung von Verkaufsförderung	685

7 Sponsoring ... 687
  7.1 Prinzip & Nutzen des Sponsoring ... 687
  7.2 Abschluss eines Sponsoringvertrages im Ausland ... 689
    7.2.1 Übersicht ... 689
    7.2.2 Analyse der eigenen Ressourcen: „Erfahrung mit Sponsoring" & „Vertrautheit mit dem Zielmarkt" ... 689
    7.2.3 Analyse des Auslandsmarktes ... 690
    7.2.4 Auswahl geeigneter Sponsornehmer ... 691

8 Produktplatzierung ... 692
  8.1 Grundlagen ... 692
  8.2 Einfluss der Landeskultur ... 693

9 Vergleichende Werbung ... 694
  9.1 Grundlagen ... 694
  9.2 Einfluss der Landeskultur ... 695
    9.2.1 Erinnerung & Persuasion ... 695
    9.2.2 Gewöhnung & Abnutzung ... 695
    9.2.3 Kommunikationskontext & Selbstverständnis ... 696

10 Direktmarketing ... 698
  10.1 Grundlagen ... 698
  10.2 Nationale Unterschiede ... 699
    10.2.1 Intensität des Direktmarketing ... 699
    10.2.2 Hemmnisse ... 700
    10.2.3 Wirkungen von Direktmarketing ... 702

11 Online-Kommunikation ... 703
  11.1 Grundlagen ... 703
  11.2 Akzeptanz kommerzieller Online-Kommunikation ... 703
  11.3 Corporate Website ... 704
  11.4 Public Relations ... 705
  11.5 Online-Werbung ... 706
    11.5.1 Grundlagen ... 706
    11.5.2 Einfluss der Landeskultur ... 706

12 Interpersonelle Kommunikation ... 707
  12.1 Grundlagen ... 707
  12.2 Einfluss der Landeskultur ... 708
    12.2.1 Traditionelles WoM ... 708
    12.2.2 eWOM ... 710

Teil H Preispolitik 713

1 Bedeutung des Preises im interkulturellen Kontext 715
   1.1 Interkulturelle Preispolitik vs. internationale Preispolitik 715
   1.2 Einfluss von Nationalität & Landeskultur 716

2 Standardisierung vs. Differenzierung 717
   2.1 Reale Marktdaten 718
      2.1.1 Preisspreizung 718
      2.1.2 Umfeld der Preispolitik 718
   2.2 Befragungsergebnisse 719
      2.2.1 Preispolitik multinationaler Unternehmen 719
      2.2.2 Preispolitik von Exportunternehmen 719
   2.3 Operationalisierungsprobleme 720

3 Einstellung zum Geld 722
   3.1 Einfluss der Landeskultur 722
   3.2 Kult des Preisvorteils 723
      3.2.1 Verhalten der Kunden 723
      3.2.2 Preisstrategien des Handels 724

4 Preiswahrnehmung 726
   4.1 Grundlagen der Preiswahrnehmung 726
      4.1.1 Monetärer vs. nicht-monetärer Preis 726
      4.1.2 Preis/Qualitätswahrnehmung 727
   4.2 Einfluss der Landeskultur 729
   4.3 Beeinflussbarkeit der Preiswahrnehmung 730
      4.3.1 Preisfigur 730
      4.3.2 Preisoptik 731

5 Preiswissen 732

6 Preisbewusstsein 733
   6.1 Grundlagen 733
   6.2 Einfluss der Landeskultur 734
   6.3 Einfluss von Konfession & Religiosität 735

7 Zahlungsbereitschaft 735
   7.1 Grundlagen 735
   7.2 Einfluss der Landeskultur 736
   7.3 Einfluss der Konfession 738
   7.4 Emotionale Nähe & Zahlungsbereitschaft 738
   7.5 Wertvorstellungen & Zahlungsbereitschaft 739
      7.5.1 Lebensfreude 739
      7.5.2 Umweltbewusstsein 740
   7.6 Zeitwahrnehmung & Zahlungsbereitschaft 742

8 Preisdurchsetzung 742
   8.1 Akzeptanz von Preisänderungen 742
      8.1.1 Preissteigerung 742
      8.1.2 Preissenkung 743

8.2	Preisverhandlungen	744
8.2.1	Verbindlichkeit von Preisen	744
8.2.2	Verhandlungsstil	744
8.2.3	Feilschen	745
8.2.4	Kulturspezifische Vorstellungen von Fairness in Preisverhandlungen	749
8.3	Zahlungsmoral	750
9	**Korruption**	**752**
9.1	Herkunft & Bedeutungswandel des Begriffs	752
9.2	Korruption in ausgewählten Ländern	753
9.3	Korruptionsmaße	755
9.3.1	Überblick	755
9.3.2	Corruption Perception Index	756
9.3.3	Global Corruption Barometer	758
9.3.4	Bribe Payers Index	758
9.3.5	Kritische Würdigung	759
9.4	Ursachen von Korruption	759
9.4.1	Theoretische Erklärungsansätze	759
9.4.2	Befunde der empirischen Wirtschaftsforschung	760
9.4.3	Befunde der kulturvergleichenden Forschung	762
9.5	Konsequenzen von Korruption	764
9.5.1	Grundlagen	764
9.5.2	Befunde der Korruptionsforschung	764
	Hilfreiche Links	765
Stichwortverzeichnis		**767**

Teil A

Marketing, Globalisierung & Kultur

1 Einführung

1.1 Anmerkungen zum Verhältnis von Marketing & Kultur

Der Grundgedanke des Marketing lautet: „Richte alle Unternehmensaktivitäten an den Bedürfnissen des Marktes aus." Für internationale Unternehmen endet der Markt nicht an den Grenzen ihres Stammlandes, sondern schließt alle Länder ein, in denen ihre Produkte und Dienstleistungen nachgefragt werden bzw. nachgefragt werden könnten. Und diese Länder unterscheiden sich in vielerlei Hinsicht voneinander: ökonomisch, geographisch, politisch und juristisch – und mithin auch in dem Verhalten der Kunden, Mitarbeiter, Konkurrenten etc.

„Der Markt" ist also ein äußerst heterogenes Gebilde mit zahlreichen landesspezifischen Kontextfaktoren und Unwägbarkeiten. So musste *Philips*, um auch Japaner zu seinen Kunden zählen zu können, seine Kaffeemaschinen so verkleinern, dass sie in den beengten japanischen Küchen nicht als störend empfunden werden (vgl. Messner 2011). Grund ist die Topographie des Landes: Weite Teile sind bergig und unbewohnbar – Japaner leben daher sehr beengt. Ein anderes Beispiel: Die Entscheidung, ob es den nordamerikanischen Raum von einer kanadischen oder einer US-amerikanischen Niederlassung aus bearbeiten sollte, fällt ein Unternehmen u.a. anhand von Kriterien wie voraussichtliche steuerliche Belastung und streikbedingter Arbeitsausfall, also nach Maßgabe rechtlich-politischer Kontextfaktoren. Während aber der Höchstsatz der Körperschaftsteuer für Kanada spricht (33,5 % vs. 39,6 % in den USA), verhält es sich mit der Intensität der Arbeitskämpfe umgekehrt: Im Durchschnitt der Jahre 2004–2010 fielen in Kanada je 1.000 Beschäftigte jährlich 145 Arbeitstage aus, in den USA hingegen nur neun.

Ein Kontextfaktor spielt für die internationale Marktbearbeitung jedoch eine besondere Rolle: die Landeskultur. In Marketingliteratur und Marketingpraxis werden zahllose Anekdoten über unternehmerische Fehlschläge berichtet, die alle letztlich die gleiche Ursache haben: die Missachtung kulturspezifischer Normen, Werte und Verhaltensstandards. Ein weites Feld ist in diesem Zusammenhang die Namensfindung für internationale oder globale Marken. So hatte die Marketingabteilung von *Smart*, als sie dem Viersitzer den Namen *Forfour* gab, offensichtlich übersehen, dass dieser für italienische Ohren wie ‚forfora' klingt, was südlich der Alpen „Schuppen" heißt (vgl. Hars 2009, S. 69). Und *Siemens* musste lernen, dass Reisende in Saudi Arabien in ihrer Großfamilie gerne unter sich sind. Einen *ICE*-Großraumwagen teilen sie daher nur ungern mit Fremden.

Angesichts der Fülle solcher und ähnlicher Beispiele muss man davon ausgehen, dass kulturelle Eigenheiten eine unerschöpfliche Quelle von Fehlentscheidungen international tätiger Unternehmen sind. Der Grund, warum der Kontextfaktor „Landeskultur" eine so herausragende Rolle spielt, ist struktureller Natur: Kulturspezifische Normen, Werte, Verhaltensstandards etc. beeinflussen das Verhalten von Managern, Konsumenten und anderen Marktakteuren nicht nur unmittelbar (z.B. fördert das Staraufgebot eines Films dessen Einspielergebnis umso mehr, je genussorientierter eine Gesellschaft ist; vgl. Akdeniz/Talay 2013), sondern sie wirken auch mittelbar, indem sie andere Kontextfaktoren unternehmerischer Entscheidungen beeinflussen:

- Rechtliche Faktoren: Im arabischen Raum ist die Rechtsprechung stark von der Heiligen Schrift und deren Interpretation durch Schriftgelehrte geprägt. Für das Konsumverhalten etwa ist bedeutsam, ob Produkte ‚halal' sind, also laut Koran erlaubt. Im angelsächsischen Raum wiederum, insb. in den USA, ist die Freiheit des Einzelnen identitätsstiftend. Entsprechend gering ist die Regelungsdichte zum Schutz von Verbrauchern, die man prinzipiell für frei, mündig, autonom und mithin nicht für besonders schützenswert hält. In Deutschland und anderen kontinentaleuropäischen Ländern hingegen regeln zahlreiche Gesetze den Verbraucherschutz, etwa das Gesetz gegen den unlauteren Wettbewerb (UWG).
- Ökonomische Faktoren: Im Gegensatz zu US-Amerikanern kaufen Chinesen, Koreaner, Vietnamesen und andere Angehörige des ostasiatischen Kulturraumes ungern auf Kredit, was sich u.a. mit der in dieser Region ausgeprägten Langzeitorientierung erklären lässt: Man spart „jetzt", um später „später" kaufen zu können. Amerikaner hingegen sind kurzzeitorientiert: Sie konsumieren lieber „jetzt" als „später".

Die Landeskultur nimmt also unter den Kontextfaktoren unternehmerischer Entscheidungen eine zentrale Stellung ein. Allerdings ist sie nur schwer fassbar. Wie etwa misst man, ob eine Gesellschaft „genussorientiert", „freiheitsliebend" oder „langfristorientiert" ist? Während sich ökonomische (z.B. Einkommen), finanzielle (z.B. Sparquote), geographische (z.B. Bevölkerungsdichte), rechtliche (z.B. Gesetze) oder politische Kontextfaktoren (z.B. Wahlrecht) vergleichsweise leicht messen bzw. darstellen lassen, ist es äußerst schwierig, das Konstrukt „Landeskultur" zuverlässig zu erfassen.

Einer der ersten, der ein aus betriebswirtschaftlicher Sicht praktikables Messkonzept vorgestellt und damit „Kultur" auf die Agenda der Marketing- und Managementforschung gesetzt hat, war *G. Hofstede*. Seine 1980 vorgeschlagene Unterscheidung von Landeskulturen bot dem international tätigen Management eine erste Orientierung und Entscheidungshilfe (vgl. Tab. 1): Typ 1-Länder zeichnen sich durch Individualismus, Ablehnung von Machtdistanz und Ungewissheitstoleranz aus. Typ 2-Länder sind kollektivistisch, akzeptieren Machtdistanz und sind bestrebt, Ungewissheit zu vermeiden. Wie wir im Verlauf dieses Lehrbuches ausführlich darstellen und begründen, hat diese Unterscheidung vielfältige und vorhersagbare Konsequenzen für das Marketing:

- Innovationen etwa sollten zunächst in Typ 1-Ländern eingeführt werden, da diese Gesellschaften für Neuerungen aufgeschlossener sind als andere (vgl. Teil D).

- Werbebotschaften, in deren Mittelpunkt Gemeinschaftserlebnisse stehen, versprechen vor allem in Typ 2-Ländern Erfolg (vgl. Teil G).
- Unternehmen, die eine Hochpreisstrategie verfolgen, können dies in Typ 2-Ländern gut mit der Preis/Qualitäts-Hypothese rechtfertigen (vgl. Teil H).

Tab. 1: Ländertypologie

Typ 1-Länder	Typ 2-Länder
Australien, Dänemark, Großbritannien, Irland, Kanada, Niederlande, Neuseeland, Schweden, USA	Argentinien, Brasilien, Chile, Griechenland, Iran, Japan, Kolumbien, Mexiko, Pakistan, Peru, Portugal, Taiwan, Thailand, Türkei, Venezuela, Jugoslawien

Die *Hofstede*-Kulturstudie erwies sich als wegweisend. Mittlerweile wurde sie um neue Kulturdimensionen ergänzt und um etliche Länder erweitert (vgl. Hofstede et al. 2010). Gemeinsam mit anderen Kulturkonzepten, z.B. nach Schwartz (1999) oder House et al. (2004), bilden die *Hofstede*-Kulturdimensionen die konzeptionelle und messtechnische Basis für eine Wissenschaft, die sich mit der Verbindung von Marketing und Kultur beschäftigt: die interkulturelle Marketingforschung. Die vorliegende Monographie strukturiert und dokumentiert die Erkenntnisse dieser Forschung und beantwortet vorrangig folgende Fragen: Was ist Landeskultur? Wie kann man sie konzeptualisieren und messen? Wie beeinflussen kulturspezifische Normen, Werte etc. das Verhalten von Managern, Konsumenten und anderen Marktakteuren? Und vor allem: Unter welchen Bedingungen und wie sollten Unternehmen Marketingstrategie und Marketingmix den aus der Landeskultur erwachsenden Besonderheiten anpassen, um auf Auslandsmärkten erfolgreich zu sein?

Bevor wir diese Fragen beantworten, widmen wir uns zunächst einem Thema, welches die Verbindung von Marketing und Kultur überhaupt erst notwendig erscheinen lässt: der Globalisierung der Wirtschaftsbeziehungen.

1.2 Globalisierung der Wirtschaftsbeziehungen

1.2.1 Entwicklungsphasen des Welthandels

Wann begann eigentlich das, was wir heute „Globalisierung" nennen? Mit ...
- den Handelsreisen der Etrusker und Phönizier im ersten vorchristlichen Jahrtausend (vgl. Sommer 2013)? Oder mit
- der Verfügbarkeit der „Seidenstraße", die in den ersten nachchristlichen Jahrhunderten ihre Blütezeit erlebte (vgl. Haussig 1994)?
- den großen Entdeckungsreisen von *C. Kolumbus* (1492–1504), *V. da Gama* (1497–1499), *J. Cook* (1768–1780) und anderen (vgl. Meyn/Beck 1984)?
- den Handelskompanien, welche sich – wie die britische, niederländische etc. Ostindienkompanie – als Vorreiter des Kolonialismus erweisen sollten (vgl. Bowen 2006)?
- dem Aufkommen der Idee des Freihandels (vgl. Schmidt 2002)?

Fraglos trugen diese Epochen bzw. Ereignisse auf die eine oder andere Weise zum Zusammenwachsen einer grenzenlosen Weltwirtschaft bei. Nicht minder offensichtlich ist allerdings auch, wie schwer es fällt, die Anfänge der Globalisierung mit einem konkreten Ereignis zu verbinden. Einen vergleichsweise eindeutigen Hinweis liefert hingegen die Welthandelsstatistik. Denn gemessen an den Warenexporten („gesamt" wie auch „pro Kopf") erfuhr die Globalisierung zwischen 1970 und 1990er den entscheidenden Schub (vgl. Abb. 1).

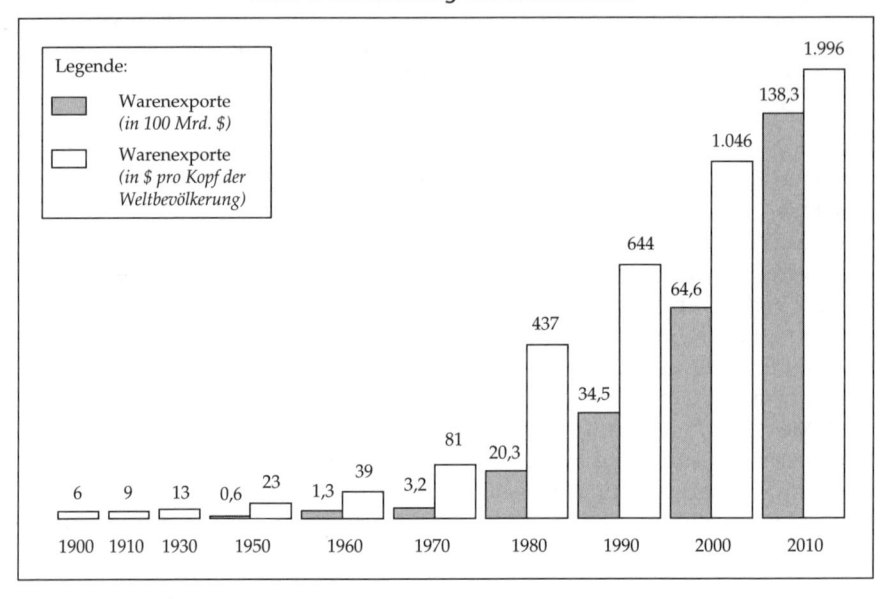

Abb. 1: Entwicklung des Welthandels

Legende:
- Warenexporte (in 100 Mrd. $)
- Warenexporte (in $ pro Kopf der Weltbevölkerung)

Jahr	Warenexporte (in 100 Mrd. $)	Warenexporte (in $ pro Kopf)
1900		6
1910		9
1930		13
1950	0,6	23
1960	1,3	39
1970	3,2	81
1980	20,3	437
1990	34,5	644
2000	64,6	1.046
2010	138,3	1.996

Quelle: Internationaler Währungsfonds, Weltbank.

Was war damals geschehen? Um die durch die beiden ersten Ölpreisschocks (von 1973 und 1979/80) ausgelöste langjährige Rezession überwinden zu können, einigten sich die Industrieländer in den *GATT*-Verhandlungen darauf, Handelshemmnisse abzubauen und die Zollbelastung zu senken (vgl. Krugman/Obstfeld 2012, S. 326 ff.). Vor allem im Verlauf der sog. Tokio-Runde des *General Agreement on Tariffs and Trade (Allgemeines Zoll- und Handelsabkommen)* von 1973–1979 und der Uruguay-Runde von 1986–1994 wurden große Fortschritte erzielt. Hinzu kamen grundlegende strukturelle Veränderungen, die rückblickend als „Dritte technologische Revolution" bezeichnet wurden (vgl. Löhr 1999). Vor allem die Deregulierung und Ausweitung der Finanz- und Informationsströme sowie die effizienzorientierte Technisierung von Kommunikation, Logistik und Infrastruktur ermöglichten den Unternehmen dramatische Kostensenkungen und erleichterten den Welthandel grundlegend. Gleiches bewirkten Veränderungen in …

- den politischen Systemen (z.B. Regionalisierung),
- der Unternehmensführung (z.B. Corporate Governance),
- dem gesellschaftlichen Wertekanon (z.B. Säkularisierung) und
- den Verhaltensweisen der Verbraucher (z.B. Konvergenz; vgl. Teil C-1.2).

1.2.2 Erfolgsgeschichte des „Made in Germany"

1.2.2.1 Überblick

Kaum ein Land profitiert so sehr von der Globalisierung der Wirtschaftsbeziehungen wie die Bundesrepublik Deutschland. Zwischen 1999 und 2008 wuchs der deutsche Handelsbilanzüberschuss von 65,3 Mrd. € auf 176,3 Mrd. € (vgl. Abb. 2). Der vorübergehende Rückgang in den Jahren 2009/10 war der Finanzkrise geschuldet. 2014 wurde ein Rekordüberschuss von 216,9 Mrd. € verbucht. In der Diskussion über die Gründe dieser Erfolgsgeschichte wird ein Argument häufig übersehen: der Euro. Denn seit dem Bestehen der Eurozone (d.h. der Gesamtheit der 17 Länder, welche den Euro als offizielle Währung einführten) entfiel das Korrektiv einer Auf- bzw. Abwertung der (Landes)Währung bei einem dauerhaften Handelsbilanzungleichgewicht weitgehend.

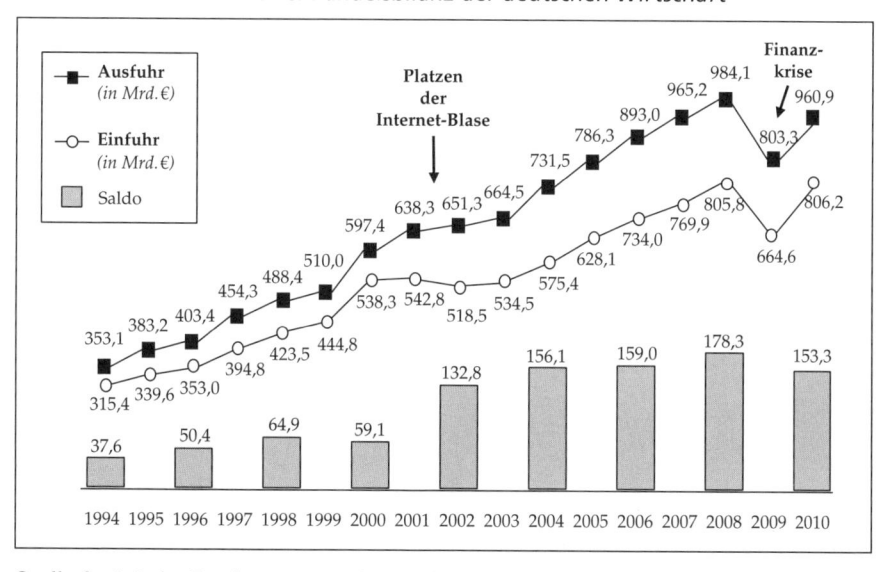

Abb. 2: Außenhandelsbilanz der deutschen Wirtschaft

Quelle: Statistisches Bundesamt; www.destatis.de.

Deutschland zählt zum illustren Kreis der führenden Welthandelsnationen mit aktiver Handelsbilanz. Diese Volkswirtschaften erzielen regelmäßig einen Exportüberschuss (vgl. Abb. 3). Frankreich, Großbritannien und insb. die USA verbuchen hingegen zumeist eine passive Handelsbilanz – d.h. einen Importüberschuss.

1.2.2.2 Geographische Lage

Einer der Gründe, weshalb Deutschland zu den führenden Außenhandelsnationen zählt, ist die zentrale Lage innerhalb Europas (vgl. Abb. 4). Außer den großen Flächenstaaten China (= 13), Russische Föderation (= 12) und Brasilien (= 10) hat kein Land mehr unmittelbare Nachbarstaaten als Deutschland (= 9).

Abb. 3: Außenhandelsbilanz der führenden Industrienationen (2012)

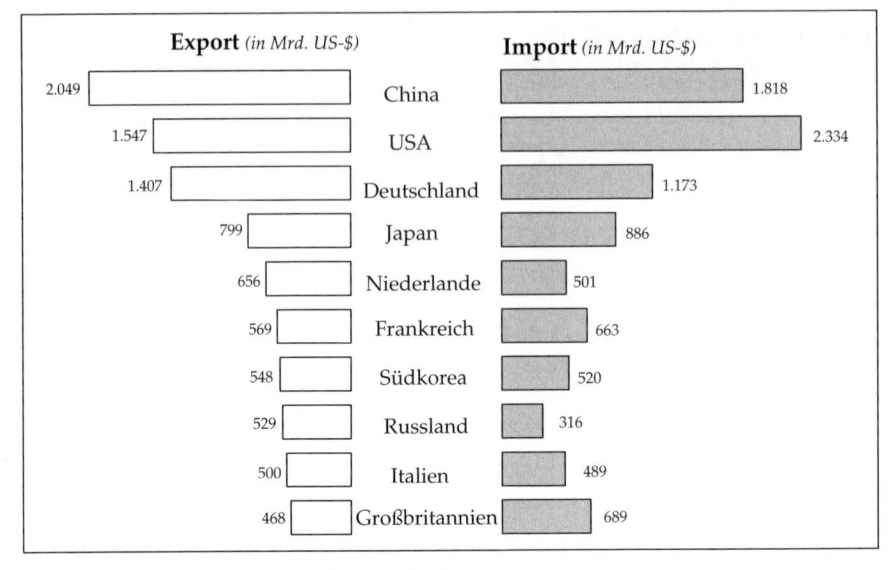

Export *(in Mrd. US-$)*		Import *(in Mrd. US-$)*
2.049	China	1.818
1.547	USA	2.334
1.407	Deutschland	1.173
799	Japan	886
656	Niederlande	501
569	Frankreich	663
548	Südkorea	520
529	Russland	316
500	Italien	489
468	Großbritannien	689

Quelle: World Trade Organization; Destatis (2013).

Abb. 4: Deutschlands Zentrallage

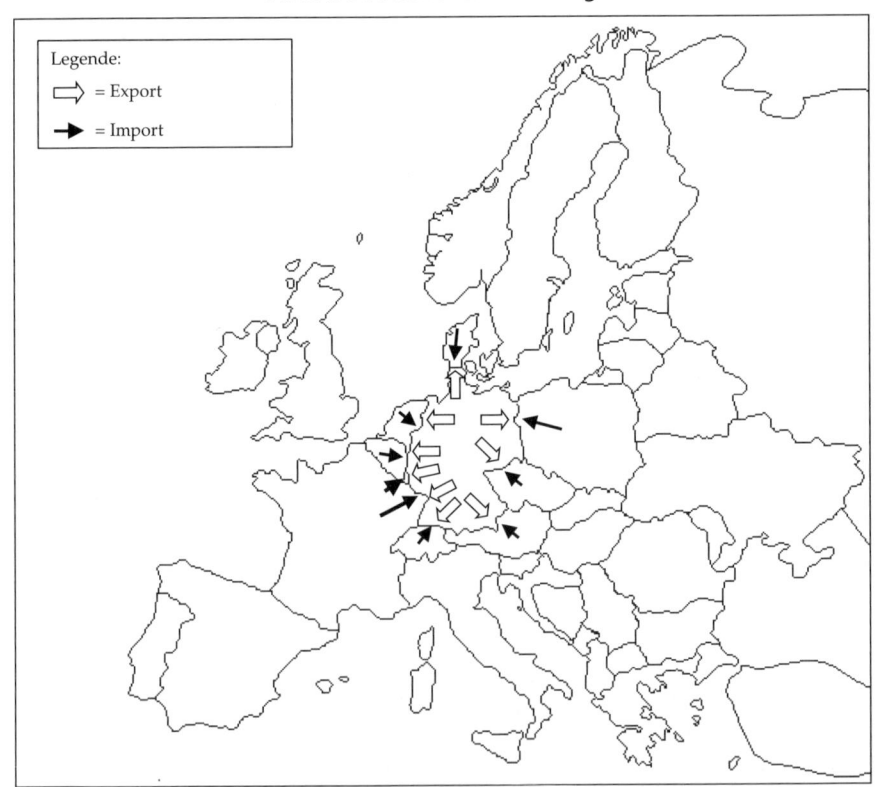

Legende:
⇨ = Export
➔ = Import

1.2 Globalisierung der Wirtschaftsbeziehungen

Deutschlands Position im Zentrum Europas ist deshalb so bedeutsam, weil gemäß den Erkenntnissen der wirtschaftspolitischen Forschung (⇒ Distanzforschung) kaum etwas so sehr den bilateralen Handel fördert wie eine gemeinsame Landesgrenze (vgl. Ghemawat 2002). Ein Blick auf die Rangliste der wichtigsten ausländischen Absatzmärkte der deutschen Wirtschaft bestätigt diese These (vgl. Tab. 2).

Tab. 2: Wichtigste Exportmärkte der deutschen Wirtschaft (2013, in Mrd. €)

Frankreich	100	USA	88	Großbritannien	76	Niederlande	71	China	67
Österreich	56	Italien	53	Schweiz	47	Polen	42	Belgien	42

Quelle: Statistisches Bundesamt.

1.2.2.3 Global Player & Hidden Champions

Etwa 100.000 deutsche Unternehmen erzielen mehr als ein Viertel ihres Umsatzes auf ausländischen Märkten. 4.000 von ihnen halten in den Triade-Märkten (Asien-Pazifik, Europa und Nordamerika) signifikante Marktanteile und gelten deshalb – wie die *Volkswagen AG* – als Global Player (vgl. Tab. 3). 2012 gehörten *Audi, Bentley Bugatti, Ducati, Lamborghini, MAN, Porsche, Scania, Seat, Skoda* und *VW* dessen Markenportfolio an. In diesem Jahr bauten 550.000 *VW*-Mitarbeiter in 27 Ländern insgesamt 9,1 Mio. Automobile, Lastwagen bzw. Motorräder und verkauften diese in 153 Ländern (vgl. Hawranek/Kurbjuweit 2013). Im Wettbewerb um den inoffiziellen Titel des globalen Marktführers schnitten lediglich *Toyota* (= 9.6 Mio. verkaufte Fahrzeuge) und *General Motors* (= 9,3 Mio.) besser ab als die Wolfsburger.

Tab. 3: Produktionsstandorte & Absatzmärkte des VW-Konzerns

	Europa	Asien-Pazifik	Südamerika	Nord- & Mittelamerika
Auslieferungen (von Pkw und leichten Nutzfahrzeugen)	4.053.000	3.170.000	1.010.000	842.000
Werke	66	22	9	4

Quelle: Hawranek/Kurbjuweit (2013, S. 62).

Von den zehn umsatzstärksten deutschen Unternehmen erwirtschaftete *Volkswagen* 2011 insgesamt 78,3 % im Ausland. Lediglich *Siemens* (85,3 %), *Daimler* (81,5 %) und *BMW* (81,4 %) erzielten in diesem Jahr eine höhere Auslandsquote (vgl. Tab. 4).

Aber nicht nur *Volkswagen* und andere Flaggschiffe des „Made in Germany" (*Siemens, Bayer, BASF, Linde, Daimler, BMW* etc.) profitieren von der Globalisierung. Gewinner sind auch und vor allem die sog. Hidden Champions (vgl. Simon 2007): Weltweit operierende deutsche mittelständische Unternehmen, die in ihren jeweiligen Branchen Weltmarktführer, in der Öffentlichkeit aber dennoch häufig kaum bekannt sind: *Trumpf* (Industrielaser), *Q-Cells* (Solarzellen), *Carl Zeiss Meditec* (Operations-Mikroskope) und andere sorgen regelmäßig dafür, dass der Außenhandel mehr als ein Drittel zur Wertschöpfung der deutschen Volkswirtschaft beiträgt (USA = ein Zehntel). Abb. 5 visualisiert die Sonderstellung, welche die Exportnation Deutschland unter den führenden Industrienationen einnimmt.

Tab. 4: Auslandsorientierung der umsatzstärksten deutschen Unternehmen (2011)

	Gesamt-umsatz (in Mrd. €)	Auslands-umsatz (in Mrd. €)	Auslands-quote (in %)		Gesamt-umsatz (in Mrd. €)	Auslands-umsatz (in Mrd. €)	Auslands-quote (in %)
VW	159,3	127,4	78,3	Metro	66,7	40,8	61,2
Daimler	106,5	86,8	81,5	Telekom	58,7	32,3	55,0
Siemens	73,5	62,7	85,3	Bosch	51,5	39,5	76,7
BASF	73,5	44,7	68,0	Th.-Krupp	49,1	33,9	69,0
BMW	68,8	56,0	81,4				

Quelle: DIHK.

Große Konzerne, die sich im globalen Wettbewerb behaupten, findet man auch in Frankreich, Großbritannien oder den USA. Der deutsche Mittelstand und seine Hidden Champions aber sind weltweit einmalig: Leistungsstarke mittelständische Unternehmen, die ...

- den globalen Markt im Visier haben (und nicht nur einzelne Auslandsmärkte),
- im Regelfall nicht börsennotiert sind,
- und deshalb nicht in Quartalen denken müssen, sondern in Generationen, und
- ihre Gewinne nicht in Gestalt von Dividende an Aktionäre ausschütten müssen, sondern diese großenteils wieder investieren, vor allem für neue Technologien.

> **Erfolgsfaktoren des deutschen Mittelstandes**
>
> „Entscheidend ist, dass der deutsche Mittelstand sich zumeist in privater Hand befindet. Die Forschung zeigt, dass der Einfluss von Eigentümerfamilien eine Reihe positiver Folgen hat: Familienunternehmen nehmen weniger Schulden auf, wirtschaften nachhaltiger und entlassen seltener und weniger Mitarbeiter. Auch engagieren sie sich zumeist stärker für das Gemeinwohl und legen weniger Wert auf kurzfristige Profitmaximierung – jene Ideologie, die häufig in großen, von anonymen Anteilseignern gehaltenen Konzernen vorherrscht. Weil Familienunternehmen in der Regel ein geringeres finanzielles Risiko eingehen, ist die gesamte Volkswirtschaft weniger gefährdet, weniger schwankungsanfällig und somit stabiler. Unternehmen, die sich gesellschaftlich engagieren und um ihre Mitarbeiter kümmern, vermitteln statt Ich-Denken Wir-Gefühl. Das wiederum trägt dazu bei, dass die Bürger eher bereit sind, am selben Strang wie die Unternehmer zu ziehen, um sich so schneller von Krisen zu erholen. Da die Unternehmen ihnen selbst gehören, investieren deutsche Mittelständler eher langfristig. Dieser Investitionshorizont schafft über Jahrzehnte wirklichen Wohlstand und nachhaltiges Wachstum" (Astrachan/Pieper 2011, S. 53).

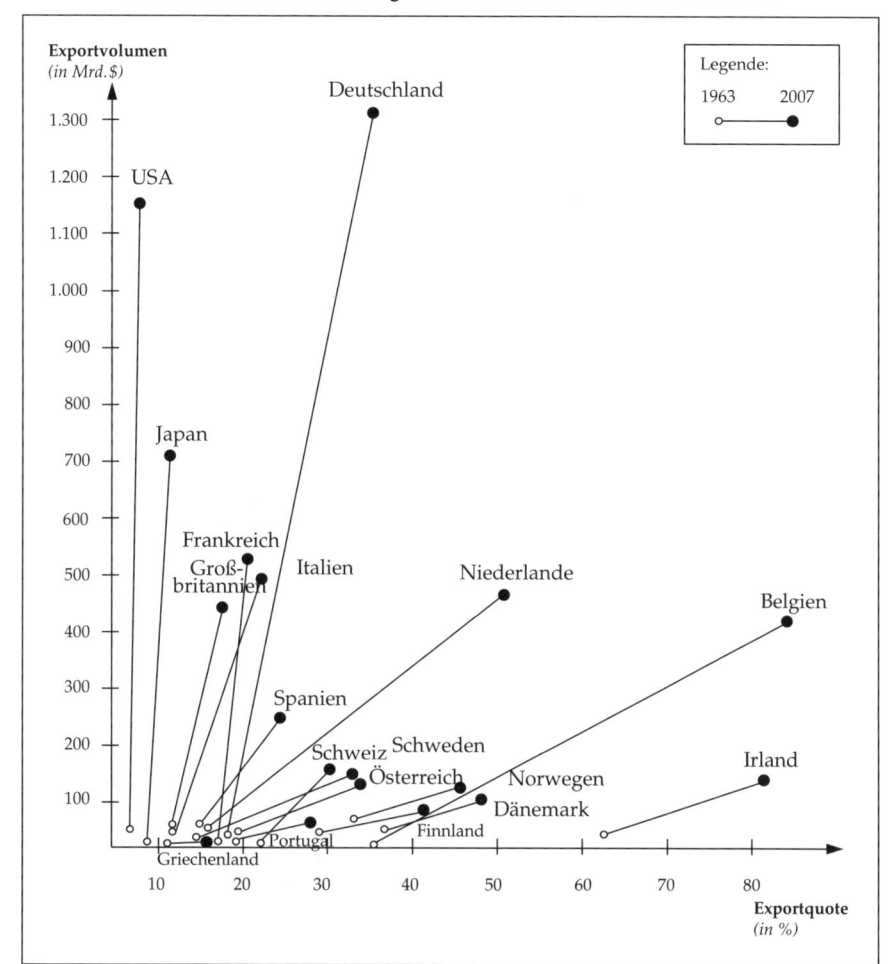

1.2 Globalisierung der Wirtschaftsbeziehungen

Abb. 5: Außenorientierung der traditionellen Handelsnationen

Zum Beispiel Putzmeister

Als Spezialist für die Produktion von Betonpumpen erwirtschaftet das vor mehr als 50 Jahren von *K. Schlecht* im schwäbischen Aichtal gegründete Unternehmen heute einen Milliardenumsatz. *Putzmeister* beschäftigt 3.900 Mitarbeiter, rund die Hälfte davon in Deutschland. Besonders leistungsstarke Betonpumpen werden überall dort benötigt, wo Wolkenkratzer errichtet werden, die mehr als 300 m hoch sind. Die Aufgabe ist komplex, weil der Beton auf dem langen Weg nach oben nicht eintrocknen und die Rohre verstopfen darf. Deshalb werden die entscheidenden Daten (den Hydraulikdruck und die Öltemperatur der Maschinen betreffend) von den Baustellen in Asien oder dem Nahen Osten online nach Aichtal gesendet. In der Firmenzentrale „überwachen Experten die Bauarbeiten, zur Zeit vor allem die bei dem nach seiner Fertigstellung größten Hochhaus der

Welt, dem *Burj Dubai*. Dort pressen die Pumpen den Beton in 30 Minuten in mehr als 600 Meter Höhe. Das ist Weltrekord" (Klußmann 2008, S. 8 f.).[1]

Dass K. *Schlecht* 2012 „sein Lebenswerk" an *Sany*, den mittlerweile weltweit führenden Baumaschinenhersteller aus Changsha (China) verkaufte, veranschaulicht die Dynamik der globalisierten Weltwirtschaft. Mehr noch: Der Verkauf von *Putzmeister* signalisiert eine Zäsur. Erstmals „greifen die Chinesen nicht mehr nach pleitebedrohten Hi-Fi-Herstellern oder zweitklassigen Solarunternehmen, sondern nach den Hidden Champions, den heimlichen Weltmarktführern der deutschen Industrie" (Klawitter/Wagner 2012, S. 68).

Zum Beispiel Claas

Das Unternehmen aus Harsewinkel ist einerseits ein heimatverbundener Familienbetrieb, das bspw. neben einem Rentnerclub eine Fußballmannschaft unterhält. Andererseits und vor allem jedoch ist *Claas* ein Hightech-Unternehmen, das längst eine globale Exportstrategie verfolgt. Zwischen 1989 und 2011 konnte es seinen Umsatz mehr als versechsfachen: von 532 Mio. € auf 3,3 Mrd. €. Davon wurden 874 Mio. € auf dem deutschen Markt erwirtschaftet, 661 Mio. € in Frankreich, 656 Mio. € im übrigen Westeuropa, 558 Mio. € in Zentral- und Osteuropa sowie 555 Mio. € in außereuropäischen Ländern.

> **Wunderwerke der Agrartechnik**
>
> „Der Ackerbauspezialist *Claas*, Weltmarktführer für Feldhäcksler, ist berühmt für seine Mähdrescher, wahre Wunderwerke der Agrartechnik: ‚Jetzt fahren wir erst mal den Computer hoch', sagt Landwirt *Loermann* und schließt die Kabinentür. Der *Lexion* gilt als die S-Klasse unter den Mähdreschern: 586 PS stark, 16 t schwer, bis zu 350.000 € teuer, ausgestattet mit Klimaautomatik, Freisprechanlage und Kühlbox. Per Joystick wählt der Fahrer unter 28 Feldfruchtarten eine aus. Die Maschine stellt alle Parameter automatisch auf die Eigenschaften der Sorte ein: vom Fahrtempo bis zur Drehzahl der Dreschtrommel. Eine Tonne Korn erntet ein *Lexion* – pro Minute. Herr *Loermann* leitet den Präsentationshof von *Claas*. Mehr als 20.000 Besucher reisen jedes Jahr nach Harsewinkel und unternehmen mit den Fahrzeugen ihre Feldversuche: auf Buckelpisten, Ackerflächen und Gefällstrecken. Dabei erleben sie, was ‚Precision Farming' in der Praxis bedeutet: Wie von Geisterhand fährt der Koloss exakt an der Schnittkante entlang, Laser vermessen den Fahrtweg. Mit ausgeklügelter Ortungstechnik lässt sich zudem der Standort bestimmen, so genau, dass der Landwirt den Ertrag für jeden Quadratmeter lokalisieren kann – und damit erfährt, wo er später mehr oder weniger Pestizide oder Düngemittel einsetzen muss" (Klußmann 2008, S. 12 f.).

Zum Beispiel Kärcher

Der in Winnenden bei Stuttgart ansässige Hersteller von Hochdruckreinigern wurde 1935 gegründet. Heute beschäftigt das Familienunternehmen rund um den Globus mehr als 6.500 Mitarbeiter, davon fast die Hälfte in Deutschland. *Kärcher* verkauft seine Produktpalette in mehr als 44 Ländern und erzielt damit einen Umsatz von knapp 1,4 Mrd. €. Weltweit bekannt wurde das Unternehmen zwar mit Hochdruckreinigern für den Hausgebrauch. Aber ein Gutteil des Geschäfts entfällt auf industrielle Reinigungsanlagen, die für Spezialaufträge ein-

---

[1] Die Beispiele entstammen der Serie „Unsere Marktführer", welche die *Süddeutsche Zeitung* 2010 in lockerer Reihenfolge veröffentlicht hat.

1.2 Globalisierung der Wirtschaftsbeziehungen

gesetzt werden. Nicht selten gilt es, Monumente wie die Freiheitsstatue in New York, die Christus-Statue in Rio de Janeiro oder die Kolonnaden am Petersplatz in Rom wieder auf Hochglanz zu bringen. Gegen die zahlreichen Wettbewerber, welche versuchen, mit billigeren Geräten einen Verdrängungswettbewerb zu führen, behauptet *Kärcher* sich durch eine innovative Produktpolitik: Die Schwaben investieren etwa doppelt so viel in Forschung & Entwicklung wie ihr stärkster Konkurrent.

> ☞ Gerade für deutsche Unternehmen gibt es gute Gründe, sich mit den Besonderheiten ausländischer Märkte zu befassen. Denn wie nur wenige andere verdankt die deutsche Gesellschaft ihren Wohlstand der Fähigkeit ihrer Unternehmen (bzw. Manager), ihre Leistungen weltweit zu vermarkten.

1.2.3 Allgemeine Distanzhypothese

Wie eine Befragung des *Deutscher Industrie- und Handelskammertag (DIHT)* unter 4.000 Mitgliedsfirmen zu erkennen gibt, sind die deutschen Exportunternehmen allerdings nicht in allen Weltregionen gleichermaßen erfolgreich (vgl. Abb. 6). Die Befunde dieser Studie bestätigen eine Variante der allgemeinen Distanzhypothese (vgl. Ghemawat 2002, 2001; Kornmeier 2002): Demnach nehmen mit wachsender geographisch-kulturell-psychischer Distanz Marktkenntnis und Marktbearbeitungskompetenz ab. Dies wiederum erhöht das Scheiterrisiko (vgl. Teil F-3.3.1).

Abb. 6: Erfolg & Misserfolg deutscher Exportunternehmen nach Absatzregion

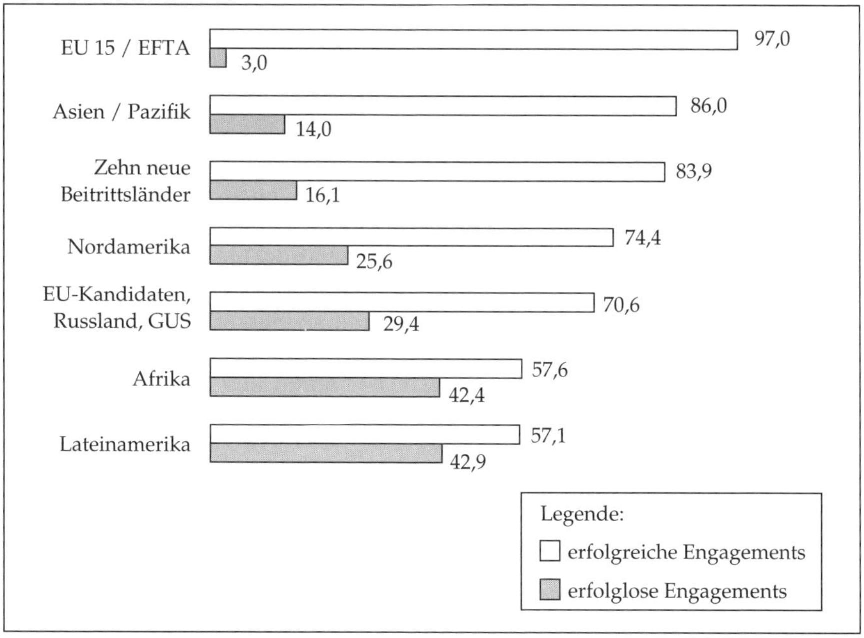

Region	erfolgreiche Engagements	erfolglose Engagements
EU 15 / EFTA	97,0	3,0
Asien / Pazifik	86,0	14,0
Zehn neue Beitrittsländer	83,9	16,1
Nordamerika	74,4	25,6
EU-Kandidaten, Russland, GUS	70,6	29,4
Afrika	57,6	42,4
Lateinamerika	57,1	42,9

Quelle: DIHT (2008).

Bestätigt wird diese These u.a. durch die Handelsbilanz: 72% der Ausfuhren „Made in Germany" werden innerhalb von Europa verkauft. Die übrigen Märkte spielen demgegenüber eine geringe Rolle – je weiter entfernt und je fremdartiger sie sind, desto unbedeutender sind sie für die deutsche Exportwirtschaft (Asien = 9%; Nordamerika = 8%; Russland / GUS-Staaten = 4%; Naher Osten = 2%; Lateinamerika = 2%; Afrika = 2%; Ozeanien = 1).

> ☛ Die *DIHT*-Studie liefert ein erstes Argument dafür, warum es sinnvoll ist, Interkulturelles Marketing zu betreiben – anstelle von Global Marketing, Internationalem Marketing oder Exportmarketing (vgl. Teil A-2.3): Wenn die deutsche Unternehmen gehäuft in solchen Märkten Fehlschläge hinnehmen müssen bzw. wenig präsent sind, zu denen eine große kulturelle Distanz besteht, dann liegt es nahe, sich eingehender mit den kulturspezifischen Einflussfaktoren wirtschaftlichen Handelns zu befassen.

1.2.4 Globales Paradoxon

Auch und gerade erfolgreiche Global Player sind nicht davor gefeit, in kulturell fernen Märkten zu scheitern. Als Ursachen kommen in Frage: Unkenntnis, gepaart mit einer ethnozentrischen Grundeinstellung, bzw. mangelnde Bereitschaft, den jeweiligen landeskulturellen Bedingungen Rechnung zu tragen. So ließen *Coca-Cola* und *McDonald's* anlässlich des *World Cup*, der 1994 in den USA stattfand, Getränkedosen und Papiertüten zu Werbezwecken auch mit der arabischen Flagge bedrucken. Darauf stand: „Es gibt keinen Gott außer *Allah*, und *Mohamed* ist sein Prophet." Muslime empfanden diese Gestaltung als Sakrileg. Denn Gottes Name darf nicht für Werbezwecke genutzt und keinesfalls beschmutzt werden. Da leere Getränkedosen und gebrauchte Papiertüten erfahrungsgemäß häufig weggeworfen werden, war jedoch davon auszugehen, dass sie im Straßenschmutz landen und viele Menschen achtlos darauf herum trampeln würden.

Um derartige und weitere der zahllosen Fehlleistungen renommierter Unternehmen (vgl. Teil C-1.2.3) erklären zu können, verweist u.a. de Mooij (2010, S. 1 ff.) auf das Konzept des Paradoxons: eines in sich widersprüchlichen Sachverhalts. Die niederländische Marketingexpertin begründet die verschiedenen Paradoxien des Global Marketing mit unvereinbaren Gesetzmäßigkeiten der Märkte einerseits und des Global Marketing andererseits: „The paradoxical aspect of this is that all marketers have learned that markets are people, which should translate into a local approach, but when companies go global, they are production driven. They talk about products, brands, and markets, not about people. There may be global products, but there are no global people" (de Mooij 2010, S. 5).

Der bekannte Zukunftsforscher *J. Naisbitt* führte unter dem Begriff des „Global Paradox" einen anderen Aspekt dieser Problematik in die Diskussion ein: den der Gegenläufigkeit zentraler Entwicklungen der Globalisierung. So fördert die zunehmende Integration ökonomischer Prozesse und der kommunikativ-technologischen Sphäre bei vielen Menschen ein starkes Bedürfnis nach lokaler Identität, was u.a. die weltweite Renaissance des Regionalen erklärt (vgl. Naisbitt 1994). Gemäß einer *A.T. Kearney*-Studie aus dem Jahr 2013 kaufen

Verbraucher immer häufiger Produkte, die in ihrem unmittelbaren Umfeld erzeugt wurden, weil sie sich von diesen regionalen Produkten Geschmacks- und Qualitätsvorteile erhoffen und weil es ihnen wichtig ist zu wissen, wo ihre Lebensmittel erzeugt werden.

Unsere Heimat

„Experten sind vom Regional-Trend nicht überrascht und verweisen auf die fortschreitende Globalisierung. ‚Die Leute suchen in der hektischen und vernetzten Welt wieder mehr Nähe', erklärt *F.-M. Rausch*, der Hauptgeschäftsführer vom *Bundesverband des Deutschen Lebensmittelhandels*. Ähnlich sieht es die *Deutsche Landwirtschafts-Gesellschaft*. ‚Die Verbraucher sehnen sich nach einem Gefühl von mehr Transparenz und Ehrlichkeit, Authentizität und klaren Verhältnissen. [...] Regionalität schafft dieses ersehnte Vertrauen.' Zumal sie aus Verbrauchersicht für eine ganze Bandbreite von Aspekten steht, sei es Frische, kurze Lieferwege, Wissen um die Herkunft und vor allem Förderung der lokalen Wirtschaft. Das Einkaufsverhalten der Deutschen hat sich dementsprechend bereits verändert, sagen Branchenexperten. [...] Der Handel hat darauf reagiert und seine Sortimente angepasst, wohl auch um die Kunden nicht an die zunehmend beliebten Wochenmärkte und Hofläden zu verlieren. Branchenriese *Edeka* etwa bezieht nach eigenen Angaben mittlerweile jedes dritte Produkt von regionalen Lieferanten und macht das im Regal auch kenntlich. ‚Unsere Heimat' steht zum Beispiel auf den Produkten im Norden und Südwesten. An Rhein und Ruhr wiederum ist es der Schriftzug ‚Mein Land' und in Nordbayern, Sachsen und Thüringen ‚Unser Hof'" (Dierig 2013).

1.3 Erscheinungsformen von Kultur

1.3.1 Kultur

Wenn in der Alltagssprache von ⇒ Kultur die Rede ist, so häufig im Sinne von „Hochkultur": der Gesamtheit der geistigen und insb. der künstlerischen Lebensäußerungen eines Volkes. Dieses Begriffsverständnis wird häufig mit Blick auf soziologische Denk- und Argumentationskategorien schichtspezifisch differenziert (vgl. Abb. 7):
- Hochkultur als Gesamtheit der geistig-künstlerischen Lebensäußerungen des Bildungsbürgertums (z.B. klassische Musik),
- Trivial- bzw. Volkskultur als Gesamtheit der geistig-künstlerischen Lebensäußerungen des „einfachen Volkes" (z.B. Volksmusik),
- Subkultur als Gesamtheit der geistig-künstlerischen Lebensäußerungen von Angehörigen der verschiedenen, auch als „Gegenkultur" bezeichneten Subkulturen (z.B. Hacker, Sprayer, Gothics),
- Modalkultur als Gesamtheit der geistig-künstlerischen Lebensäußerungen der „Mitte der Gesellschaft".

Wer jedoch „Kultur" ausschließlich als „intellektuell-ästhetische Kultur" begreift oder als „spirituelle Kultur" bzw. als „materielle Kultur" (vgl. Abb. 8), wird den Stellenwert dieses Konstrukts für das Marketing nur schwerlich erfassen können. Denn Interkulturelles Marketing fußt auf dem anthropologischen Kulturkonzept, in dessen Mittelpunkt die Landeskultur steht (vgl. Müller/Gelbrich 2014, S. 18 ff.).

Abb. 7: Kulturbegriff & soziale Schichtung

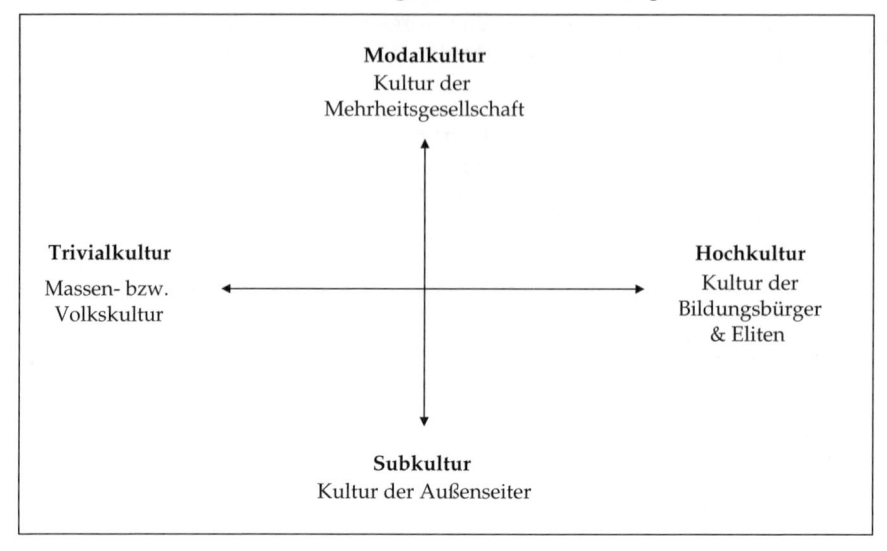

Modalkultur
Kultur der Mehrheitsgesellschaft

Trivialkultur
Massen- bzw. Volkskultur

Hochkultur
Kultur der Bildungsbürger & Eliten

Subkultur
Kultur der Außenseiter

Quelle: Müller/Gelbrich (2014, S. 4).

Abb. 8: Bedeutungsvielfalt des Kulturbegriffs

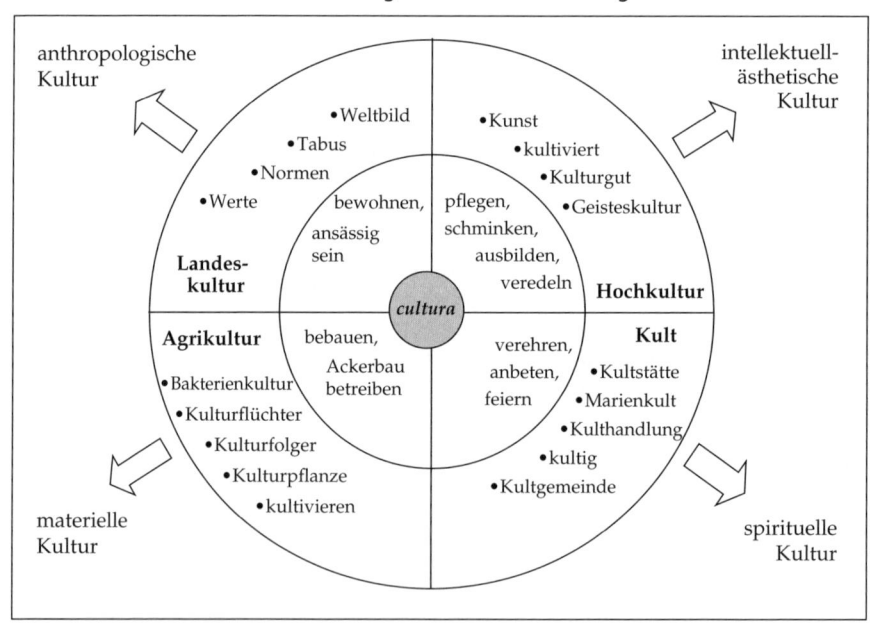

anthropologische Kultur

intellektuell-ästhetische Kultur

- Weltbild
- Tabus
- Normen
- Werte

Landeskultur
bewohnen, ansässig sein

pflegen, schminken, ausbilden, veredeln

- Kunst
- kultiviert
- Kulturgut
- Geisteskultur

Hochkultur

cultura

Agrikultur
bebauen, Ackerbau betreiben

- Bakterienkultur
- Kulturflüchter
- Kulturfolger
- Kulturpflanze
- kultivieren

verehren, anbeten, feiern

Kult
- Kultstätte
- Marienkult
- Kulthandlung
- kultig
- Kultgemeinde

materielle Kultur

spirituelle Kultur

Quelle: www.ikkompetenz.thueringen.de.

1.3 Erscheinungsformen von Kultur

> ☞ Für das Interkulturelle Marketing ist das anthropologische Kulturverständnis maßgeblich. Es konzentriert sich auf die Landeskultur in Gestalt der in einer Gesellschaft gültigen Tabus, Normen und insb. Werte. Dieses Orientierungssystem setzt Verhaltensstandards und beeinflusst direkt sowie indirekt die Präferenzen, Entscheidungen und Rationalisierungen der Mitglieder der jeweiligen Organisation (z.B. Familie, Unternehmen). Der Einzelne wiederum lernt, sich in der komplexen Umgebung einer Gesellschaft, in die er hineingeboren wurde, zurechtzufinden, indem er sich in seiner Funktion als Manager, Mitarbeiter, Konsument oder Familienangehöriger bewusst oder unbewusst in den Ordnungsrahmen einfügt, den die gesellschaftlich akzeptierten Werte vorgeben.

1.3.2 Interkultur

Der Begriff der „Inter-Kultur" geht auf Müller-Jacquier (1986) zurück. Wie die von Thomas (2003e) entwickelte Schemaskizze verdeutlicht, entsteht etwas vollkommen Neuartiges, wenn Angehörigen unterschiedlicher Kulturen interagieren: die Interkultur (vgl. Abb. 9). Charakteristisch für diese virtuelle, aus der Begegnung von Eigenkultur und Fremdkultur entstehende Drittkultur (‚third culture') ist das in jeder interkulturellen Überschneidungssituation aufs Neue und in einmaliger Weise geschaffene Spannungsverhältnis zwischen dem Eigenen (= dem Vertrauten) und dem Fremden (= dem Unvertrauten). Abhängig von einer Reihe von Kontextfaktoren (z.B. Ethnozentrismus, interkulturelle Kompetenz) kann dieses Spannungsverhältnis als anregend oder überfordernd erlebt werden.

Abb. 9: Interkultur als Ergebnis der Interaktion von Eigenkultur & Fremdkultur

Eigenkultur	Fremdkultur
„Das Eigene"	„Das Fremde"

Kulturelle Überschneidungssituation

„Das Interkulturelle"

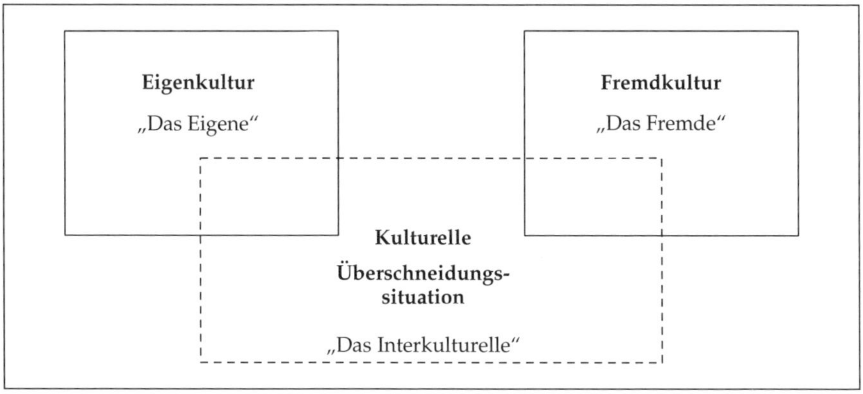

Quelle: eigene Darstellung auf Basis von Thomas (2003e, S. 46).

1.3.3 Weitere Abgrenzungen

1.3.3.1 Überblick

Im Mittelpunkt dieses Buches steht die Landeskultur (bzw. nationale Kultur) im Sinne von Wertegemeinschaft (vgl. Teil A-1.3.3.4). Sie ist u.a. von Ethnie, Gesellschaft, Nation, Volk und Staat abzugrenzen. Vereinfachend lässt sich sagen, dass Kultur und Volk primär die sprachlich-kulturellen Gemeinsamkeiten und Unterschiede menschlicher Lebensgemeinschaften betonen, während die Begriffe Staat und Nation das Politisch-Organisatorische des Zusammenlebens von Menschen in den Vordergrund rücken.

Daneben begegnet uns dieses Konstrukt in Zusammenhang mit Konzepten wie ...
- Kulturraum (z.B. Commonwealth-Länder, Mittelmeerländer),
- Branchenkultur (z.B. Banken vs. Versicherungen) und
- Unternehmenskultur (vgl. Abb. 10).

Die Zivilisation, die im amerikanischen Sprachverständnis explizit mit Kultur gleichgesetzt wird, kann als „Weltkultur" bzw. „globale Kultur" begriffen werden.

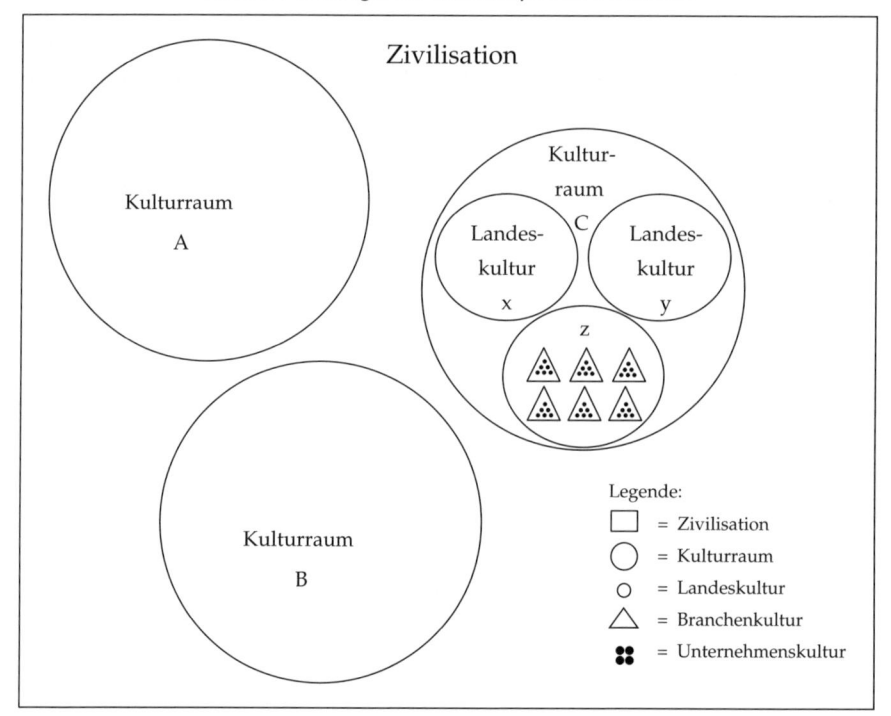

Abb. 10: Wichtige Kulturkonzepte im Überblick

1.3.3.2 Multiple Kultur

Aus dem Umstand, dass jeder Mensch zugleich mehreren sozialen Gruppierungen angehört (z.B. Nation, Ethnie, Region, Unternehmen), lässt sich das Phänomen der multiplen kulturellen Prägung ableiten (vgl. Teil A-4.5.3 und Abb. 11). Dies wirft die Frage auf, welche kulturelle Bindung in welcher konkreten Lebenssituation das Verhalten konditioniert (vgl. Cohen 2006; Gregory 1983)? Agiert ein deutscher Manager, der in der Controlling-Abteilung eines Multinationalen Unternehmens arbeitet, primär als Deutscher, wenn er während der Mittagspause einer unternehmensinternen Konferenz mit Kollegen, die aus anderen Ländern stammen, zusammenkommt? Vermutlich ja. Nicht minder plausibel ist allerdings, dass dieselbe Person im Verlauf des anschließenden Meetings sich hauptsächlich als „Controller" empfindet, der sich mit Controllern anderer Nationalität gegen die Angehörigen der unternehmensinternen Marketing-Abteilungen verbündet. Denn in der konkreten Situation entfaltet die Zugehörigkeit zu einer bestimmten Unternehmenssubkultur (z.B. Controlling vs. Marketing) voraussichtlich eine stärkere Bindungswirkung als die jeweilige Landes- oder Unternehmenskultur.

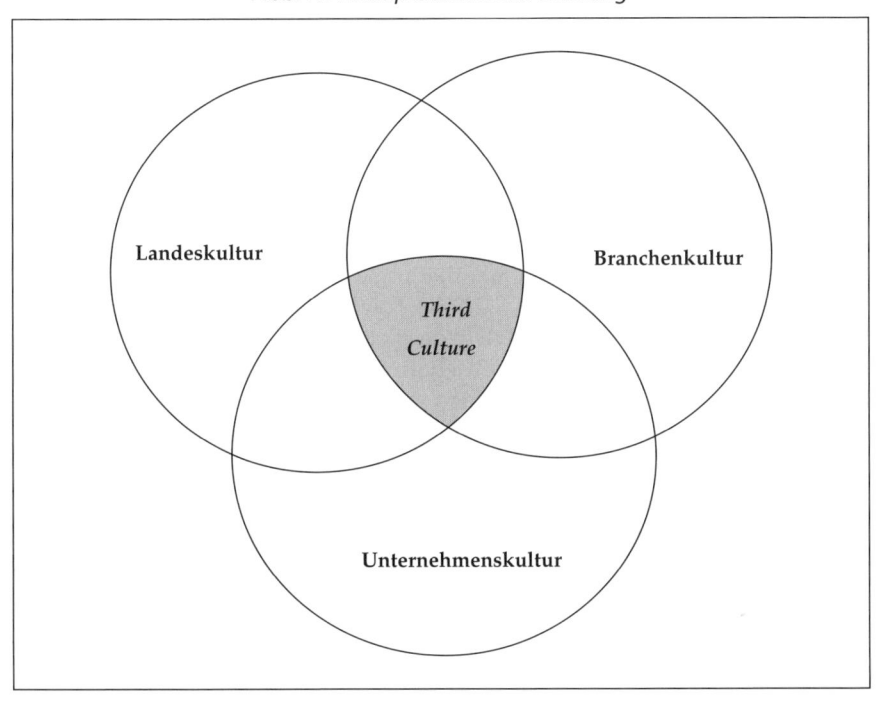

Abb. 11: Multiple kulturelle Bindung

Welche fatalen Konsequenzen es haben kann, wenn Landeskultur und Unternehmenskultur nicht harmonieren, musste u.a. *M. Thurau* erfahren. In seiner Funktion als Geschäftsführer von *Aldi-Dänemark* hatte der Däne 2004 seinen Mitarbeitern anlässlich eines Festes ein Glas Champagner reichen lassen. Da er damit gegen die strikte Anti-Alkohol-Politik von *Aldi* verstoßen hatte, wurde ihm die Kündigung nahegelegt und der Konflikt zwischen der toleranten Landeskultur Dänemarks und der restriktiven *Aldi*-Unternehmenskultur auf drastische Weise „gelöst".

1.3.3.3 Relationale Kultur

Dieses Kulturkonzept erfasst zum einen die Beziehungen, die zwischen den Mitgliedern einer Gesellschaft bestehen, und zum anderen die Art und Weise, wie Individuen diese Beziehungen wahrnehmen. Dabei kommt dem Selbstbild (vgl. Müller/Gelbrich 2014, S. 149 ff.) eine Schlüsselrolle zu. Gemäß der Konflikttheorie der Persönlichkeit ist der Wunsch, „gleich wie und zugleich anders als die anderen Menschen zu sein", universell (vgl. Bakan 1966). Dies führt zur Unterscheidung von abhängigem und unabhängigem Selbst.

Unabhängiges Selbst

Der autonome, einzigartige Mensch, der sich primär an seinen individuellen Fähigkeiten, Werten und Einstellungen orientiert und sich weitestgehend von seinem sozialen Umfeld abgrenzt, gilt als erstrebenswert. Man möchte seine individualistischen ⇒ Bedürfnisse befriedigen und sich selbst zu verwirklichen. Zwischenmenschliche Beziehungen dienen in erster Linie der Selbstdarstellung und der Evaluation der eigenen Person: Wie gut oder schlecht schneide ich im Vergleich mit anderen ab? Wie nehmen die anderen mich wahr (vgl. Erez/Early 1993, S. 30 ff.)?

Abhängiges Selbst

Idealerweise gilt im kollektivistischen Kulturraum nicht die Inszenierung des Ego als erstrebenswert, sondern Quantität und Qualität der sozialen Beziehungen (vgl. Markus/Kitayama 1991, S. 227 ff.). Folglich ist die Selbstwahrnehmung vergleichsweise wenig differenziert. In der Tradition der konfuzianischen Ethik sind insb. die ostasiatischen Gesellschaften Beziehungs- und Höflichkeitskulturen. Dort ist es wichtig, sich anzupassen, soziale Beziehungen und sein „Gesicht" zu pflegen (vgl. Kim et al. 2004).

Zwar wird das unabhängige Selbst vorrangig im individualistischen Kulturraum als erstrebenswert angesehen und das abhängige Selbst im kollektivistischen Kulturraum. Allerdings kennen nicht nur individualistische Gesellschaften das Ideal der Unabhängigkeit. In kollektivistischen Gesellschaften begegnet es uns als Fähigkeit, unabhängig von der Ursprungsfamilie mit anderen interagieren und eigenständige Beziehungen eingehen zu können (vgl. Kagitçibasi 1997; Triandis et al. 1988).

1.3.3.4 Subjektive Kultur

Plausiblerweise übernehmen Menschen die für ihre Landeskultur charakteristischen Werte mit unterschiedlicher Intensität und Verbindlichkeit. So wird Deutschland in der *Hofstede*-Studie zwar als eine tendenziell maskuline Gesellschaft beschrieben (vgl. Teil B-2). Aber ein Blick auf die Häufigkeitsverteilung einer von uns durchgeführten Befragung zeigt: Deutsche Studenten vertreten eher feminine Werte. Deutlich wird jedoch auch, dass nicht alle Studenten ein ausgeprägtes feminines Profil, sondern manche ein deutlich maskulines Profil haben (vgl. Abb. 12). Dem trägt die kulturvergleichende Forschung auf verschiedenerlei Weise Rechnung. Zu nennen sind u.a. der ...
- hermeneutisch-verstehende Ansatz der Kulturanthropologie (vgl. Teil A-2.2),
- psychometrische Ansatz (vgl. Teil B-5),
- typologische Ansatz, der Gegenstand dieses Teils des Buches ist.

1.3 Erscheinungsformen von Kultur 21

*Abb. 12: Häufigkeitsverteilung des Merkmals „Maskulinität-Feminität"
bei einer Stichprobe deutscher Studenten*

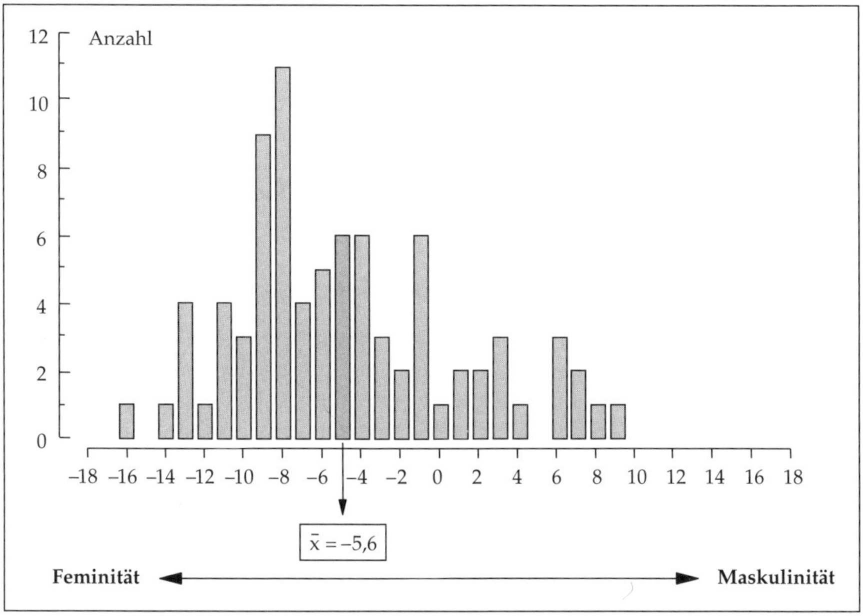

$\bar{x} = -5,6$

Feminität ◄──────────────────────────────► Maskulinität

Quelle: eigene Erhebung.

Triandis et al. (1995; 1985) haben die Konzepte „Allozentrismus vs. Idiozentrismus" in die Literatur eingeführt. Vereinfacht ausgedrückt sind gemäß dieser Typologie Idiozentriker Menschen, welche vorrangig die individualistische Wertestruktur internalisiert haben. Ihnen ist es wichtig, sich von ihrer Herkunftsgesellschaft abzugrenzen (d.h. sich als Individualisten zu inszenieren), gleichgültig, ob es sich dabei um eine individualistische oder eine kollektivistische Kultur handelt.

Menschen, welche das kollektivistische Werteprofil internalisiert haben und nach Integration in die für sie maßgebliche – individualistische oder kollektivistische – Gesellschaft streben, werden als Allozentriker bezeichnet (vgl. Tab. 5). Dieser Typus neigt mehr als andere dazu, die Konsequenzen seines Verhaltens für andere Gruppenmitglieder zu berücksichtigen. Auch scheinen Allozentriker situationsspezifische Informationen (z.B. aus der jeweiligen Situation erwachsende Rollenanforderungen) besonders sensibel wahrzunehmen und in ihren Attributionen, Entscheidungen etc. entsprechend zu berücksichtigen. Während sie situationale Erklärungsmuster bevorzugen, präferieren Idiozentriker stabile Informationen und dispositionale Erklärungsmuster. Dies bedeutet, dass Allozentriker Ereignisse (z.B. einen Verkehrsunfall) vorzugsweise mit variablen Umweltbedingungen erklären (ungünstige Sichtverhältnisse, Straßenglätte etc.), halten Idiozentriker im Regelfall bestimmte stabile Eigenschaften der handelnden Personen für maßgeblich (z.B. Rücksichtslosigkeit; vgl. Cowley 2005; Al-Zahrani/Kaplowitz 1993; Newman 1993).

Tab. 5: Erweiterung des Individualismus/Kollektivismus-Konzepts

Analyseebene Gesellschaft	Analyseebene Individuum
• Individualismus	• Idiozentrismus
• Kollektivismus	• Allozentrismus

1.4 Von der Schwierigkeit, das Konstrukt „Kultur" zu definieren

1.4.1 Wissenschaftstheoretische Überlegungen

„Kultur" ist ein mehrdeutiges Konstrukt und Gegenstand der verschiedensten, zum Teil höchst divergierenden Definitionen. Anfang der 1950er-Jahre dokumentierten die Anthropologen Kroeber/Kluckhohn (1952) als Ergebnis einer richtungsweisenden Analyse der einschlägigen amerikanischen Literatur nicht weniger als 164 verschiedene Definitionen von Kultur. Diese übergroße Vielfalt behinderte schon damals den wissenschaftlichen Diskurs mehr, als dass sie ihn förderte. Vier Jahrzehnte später ermittelte Allison (1995, S. 92) sogar 241 unterschiedliche Definitionen. Und Herbig (1998, S. 11) vermutete gar „over 450 definitions of the word culture", ohne allerdings mitzuteilen, wie dieser Wert ermittelt wurde.

Begründen lässt sich dieser Wildwuchs damit, dass Anthropologen, Historiker, Philosophen und Wirtschaftswissenschaftler jeweils im Einklang mit ihrer persönlichen bzw. fachspezifischen erkenntnistheoretischen Position teils ähnliche, teils unterschiedliche Definitionen vorschlugen, zumeist ohne ...
• diese kritisch zu reflektieren und
• zu diskutieren, ob ihr Vorschlag gegenüber den bereits vorliegenden Definitionen einen Erkenntnisgewinn bietet.

Eine Differenzierung allerdings ist fundamental und wohlbegründet: Linguisten, Kultur- und Kommunikationswissenschaftler definieren „interkulturell" interaktionsorientiert und nicht kulturvergleichend: „Kulturvergleichende Forschung beschäftigt sich mit Gemeinsamkeiten und Unterschieden bestimmter kultureller Systeme. Merkmale und Besonderheiten werden vergleichend gegenübergestellt. [...] Interkulturelle Forschung hingegen beschäftigt sich mit interaktionistischen Elementen und Prozessen in und zwischen Systemen. [...] Häufig wird der Begriff ‚interkulturell' verwendet, obwohl eigentlich ‚kulturvergleichend' ist. So bezieht sich streng genommen auch die angelsächsische Terminologie ‚cross-cultural' auf den Vergleich, ‚intercultural' dagegen auf die Interaktion (vgl. Müller-Jacquier 2004, S. 70). Kulturvergleichende Forschung ist demnach nicht interkulturell, solange sie nur kulturelle Merkmale von unterschiedlichen Gesellschaften, nicht aber ihre Inter-Aktion oder Inter-Kommunikation betrachtet. ‚Just because research is conducted on a population from a different society does not mean it is intercultural' (Johnson/Tuttle 1989). Tab. 6 zeigt die grundlegenden Merkmale der beiden Forschungsrichtungen" (Barmeyer/Genkova 2010, S. 119). In vergleichbarer Weise begründet Bolten

(2007, S. 182), warum „interkulturelles" Marketing aus kommunikationswissenschaftlicher Sicht besser als „kulturbezogenes" bzw. „kulturvergleichendes" Marketing bezeichnet werden sollte.

Tab. 6: Kulturvergleichende vs. interkulturelle Forschung

Kulturvergleichende Forschung	Interkulturelle Forschung
Kontrastive Gegenüberstellung von Merkmalen mehrerer Gesellschaften oder Gruppen	Interaktion von Akteuren oder Transferprozesse von Objekten unterschiedlicher kultureller Systeme
Erhebung und Analyse von Gemeinsamkeiten und Unterschieden	Erhebung und Analyse von Problemen und Synergiepotentialen der Interaktion
Spezifika kultureller Systeme	Prozess der Interaktion

Quelle: Barmeyer (2000, S. 117).

Neben unvereinbaren Paradigmen, Denkhaltungen und Untersuchungskonzeptionen (vgl. Wolf 1997, S. 156) sorgte ein weiterer Umstand für die vielfach beklagte terminologische und konzeptionelle Mehrdeutigkeit: eine für die Kulturwissenschaften lange Zeit charakteristische ungenügende theoretische Fundierung (vgl. Ajiferuke/Boddewyn 1970, S. 154).

Während deshalb Deshpande/Webster (1989) zusammenfassend von einer Fehlentwicklung des kulturwissenschaftlichen Ansatzes sprachen, wertete Meissner (1997, S. 3) die Definitionsfülle als Symptom einer intensiven wissenschaftlichen Auseinandersetzung. Dem lässt sich entgegenhalten, dass Wissenschaftler überprüfbare Aussagen über die Realität formulieren sollten. Dazu aber sind die Tatbestände, über die man diskutiert, forscht etc., eindeutig zu definieren. Voraussetzung hierfür sind Begriffe, welche Sprache und Realität in einer nachvollziehbaren, eindeutigen Weise miteinander verbinden (vgl. Seifert 1997). Mehrdeutige Begriffe wie „Kultur" sollten deshalb mithilfe von (nach Möglichkeit operationalen) Definitionen eineindeutig in die wissenschaftliche Terminologie eingeführt werden.

Spencer-Oatey (2000) zog aus der unbefriedigenden Sachlage eine grundlegend andere Folgerung: Kultur sei ein Fuzzy-Konzept (d.h. ein unscharfes, unbestimmtes Konzept) und der Versuch, eine verbindliche Definition zu entwickeln, deshalb zum Scheitern verurteilt.

1.4.2 Natur vs. Kultur

Grundlegend für die Erarbeitung einer Definition ist die Abgrenzung von Kultur und Natur. Wenn *M.T. Cicero* (106 v.Chr. – 43 v.Chr.) mit ‚cultura animi' die Philosophie bezeichnete und diese von der ‚agricultura' abhob, so deutete sich damals bereits die Mehrdeutigkeit an, die auch im weiteren Verlauf für die Auseinandersetzung mit dem Phänomen Kultur charakteristisch war. Gemäß schriftlichen Zeugnissen aus dieser Epoche verstand man im 17. Jahrhundert unter Kultur vor allem „Pflege" bzw. „Ausbildung" (vgl. Paul 1992, S. 494). Darauf lässt sich vermutlich unser heutiges Wortverständnis von „kultiviert" zurückführen.

Zu Beginn des 20. Jahrhunderts wurde die „bedeutungsvolle" Kultur von der „gleichgültigen" Natur abgegrenzt. Da sie die „frei" aus der Erde wachsenden (Natur-)Produkte hervorbringt, verkörpert die Natur in dieser Vorstellungswelt das von selbst Entstandene. Kultur hingegen ist das vom Menschen Geschaffene oder z.B. durch Ackern und Säen absichtlich Gepflegte (vgl. Rickert 1926, S. 18). Der seinem Wesen nach „embryonale" Mensch, der – anders als die Tierwelt – ohne eine angeborene zweckdienliche Ausstattung an Sinnen, Instinkten und Waffen auszukommen hat, muss die ihn umgebende, unwirtliche bzw. feindliche Natur zu seiner menschlichen Welt umarbeiten: zur Kultur (vgl. Gehlen 1962, S. 36 ff.).

In Abgrenzung von Natur beschreiben u.a. Geertz (1973) und Hall (1959) „Kultur" (im Sinne von Landeskultur) als den gemeinsamen Wissensvorrat, welchen eine Gruppe von Menschen teilt und der sie von Mitgliedern anderer Kulturen unterscheidet. Zum gemeinsamen Wissensvorrat der indischen Gesellschaft etwa gehört, dass *Mahatma Gandhi* einen einfachen, fast asketischen Lebensstil propagiert und glaubhaft vorgelebt hat. In der westlichen Welt wird er hingegen vorrangig mit der Strategie des gewaltlosen Widerstands in Verbindung gebracht, mit deren Hilfe es Indien schließlich gelang, Großbritanniens Kolonialherrschaft zu beenden. Deshalb war die Verärgerung in Indien groß, als *Montblanc International*, ein zum Luxusgüterkonzern *Richemont* gehörender Hersteller hochwertiger Füllfederhalter, 2009 ausgerechnet zu Ehren *Mahatma Gandhis* eine Sonderedition seines exklusivsten Schreibgeräts (Verkaufspreis = 1,4 Mio. indische Rupien = 22.000 €) auf den Markt brachte. Denn die Symbolfigur der Selbstbestimmung der nicht-westlichen Welt „verabscheute Luxus und Produkte aus dem Ausland" (Kazim 2010).

1.4.3 Deskriptive vs. explikative Definitionen

Hilfreich ist es weiterhin, wenn man, wie Kroeber/Kluckhohn (1952), die verschiedenen Definitionen kategorisiert. Denn je nachdem, in welcher Epoche, mit welchem theoretischen Hintergrund (z.B. Anthropologie, Ethnologie, Kulturwissenschaften, Sozialpsychologie) und mit welchem Erkenntnisinteresse (z.B. verstehen vs. erklären) eine Definition formuliert wurde, stehen unterschiedliche Facetten dieses komplexen Konstrukts im Vordergrund der Betrachtung:

- deskriptive Definitionen (Aufzählung dessen, was Kultur ausmacht),
- historische Definitionen (Kultur als soziales Erbe einer Gesellschaft bzw. deren Tradition),
- normative Definitionen (Kultur als Gesamtheit der Normen, Werte und Verhaltensregeln einer Gesellschaft)
- psychologische Definitionen (Erwerb all' dessen, was eine Kultur ausmacht, im Verlauf der Sozialisation),
- strukturalistische Definitionen (Muster bzw. Anordnung der Kulturelemente),
- genetische Definitionen (Kultur als Artefakt; vgl. Straub/Thomas 2003, S. 35; von Keller 1982).

1.4 Von der Schwierigkeit, das Konstrukt „Kultur" zu definieren

Aus heutiger Sicht ist insb. der Dualismus „deskriptive vs. explikative Definitionen" bemerkenswert. Während der britische Anthropologe E. *Tylor* für sein einflussreiches Werk „Primitive Culture" den deskriptiven Ansatz wählte und in seiner berühmt gewordenen Definition wichtige Bestandteile von Kultur („knowledge, beliefs, art, morals etc.") aufzählte (vgl. Tylor 1871), sind Wissenschaftler unserer Zeit vorrangig um Erklärungen bemüht: Wie beeinflusst das kulturelle Umfeld, in das ein Mensch hineingeboren wurde, sein Verhalten und sorgt insgesamt dafür, dass die Gesellschaft, welcher diese Person angehört, „funktioniert" (= explikativer Ansatz). Allerdings ist dies leichter gesagt als getan. Denn „determining the influence of culture on behavior is not easy, as culture is a complex and broad construct that is difficult to accurately measure" (Ng et al. 2007, S. 164).

Tab. 7: Ausgewählte Definitionen von Kultur

Culture(s) …

- „ … is that complex whole which includes knowledge, belief, art, morals, law, custom, and any other capabilities and habits acquired by man as a member of society" (Tylor 1871).
- „ … are the total social heredity of mankind" (Linton 1938).
- „ … is the man-made part of the human environment" (Herskovits 1955, S. 305).
- „ … are systems of shared meanings" (Shweder/Le Vine 1984, S. 166; Bond/Smith/1986, S. 206).
- „ … are values, beliefs and assumptions learned in early childhood that distinguish one group of people from another. National culture is embedded deeply in everyday life and is relatively impervious to change" (Newman/Nollen 1996, S. 754).
- „ … refers to patterns of beliefs and values that are manifested in practices, behaviors, and various artifacts shared by members of an organization or a nation" (Christoffersen/Nielsen 2010).
- „ … consists of shared, socially learned knowledge and patterns of behavior" (Peoples/Bailey 2010, S. 25).

☞ Die meisten Wissenschaftler begreifen Kultur als etwas, was eine größere Gemeinschaft von Menschen verbindet und sie zugleich von anderen Lebensgemeinschaften unterscheidet. Unterschiedlich sind indessen die Auffassungen darüber, was den Mitgliedern einer Kultur gemeinsam ist bzw. was sie teilen. Dies können sein:
- grundlegende Orientierungen (Tabus, Normen, Werte),
- Formen (non-, para- extra- und verbale Kommunikation) und Inhalte (Mythen, Helden, Rituale, Symbole etc.) von Kommunikation,
- soziales Wissen (z.B. Grundannahmen über die wahrgenommene Realität) und Verhaltensmuster.

Für die Zwecke dieses Buches definieren wir das Konstrukt „Landeskultur" als ein Orientierungssystem, bestehend aus Tabus, Normen und insb. Werten. Ein solches Orientierungssystem versetzt jedes einzelne Mitglied einer Gesellschaft in die Lage, sich regelkonform zu verhalten (bzw., wie im Falle der Mitglieder von Subkulturen, sich bewusst abweichend zu verhalten).

Im Mittelpunkt dieses Buches steht somit die quantitative Richtung der kulturvergleichenden Forschung: Landeskultur als eine charakteristische Kombination von Werten bzw. Wertebündeln, die prinzipiell messbar sind. Die qualitative Richtung, die Landeskultur als die landesspezifischen Formen und Inhalte von Kommunikation begreift, haben wir ausführlich in der Monographie „Interkulturelle Kommunikation" behandelt (vgl. Müller/Gelbrich 2014).

1.4.4 Landeskultur

Im Zentrum des soziologischen Kulturbegriffs stehen die künstlerischen Lebensäußerungen der verschiedenen sozialen Schichten einer Gesellschaft (z.B. des Bildungsbürgertums oder der Mehrheitsgesellschaft). Als Landeskultur hingegen wird die für eine Gesellschaft charakteristische Art von Weltsicht bezeichnet – einschließlich der damit verbundenen Grundannahmen, Erwartungen, Wertvorstellungen und Bedeutungen (vgl. Barmeyer 2010). Kulturspezifisch können auch Verhaltensweisen, Artefakte und Wahrnehmungsmuster sowie der Umgang mit und die Interpretation von Emotionen sein (vgl. Thomas 2003a; Trommsdorff 1993). „The culture of a group consists of shared, socially learned knowledge and patterns of behavior" (Peoples/Bailey 2010, S. 25). Die so verstandene Kultur beeinflusst das Verhalten einzelner und verleiht einer Gesellschaft, indem sie eine gemeinsame soziale Realität konstruiert, Identität und damit Zusammenhalt.

Übereinstimmend wird „Landeskultur" als ein soziales Phänomen begriffen: Als soziales Erbe einer Gesellschaft, das unabhängig ist von deren genetischem Erbe (vgl. Kluckhohn 1962, S. 25). Wenig später präzisierte Triandis (1964, S. 16 ff.) diese Vorstellung, indem er die Landeskultur als einerseits durch den gemeinsamen Lebensraum, die gemeinsame Sprache und die gemeinsame Epoche (Zeitalter) und andererseits durch die soziale Interaktion zwischen den Mitgliedern einer Gemeinschaft bedingt ansah. Hinzu kommt deren Religion. Von diesen Antezedenzen hängt ab, welche Normen, Werte und Einstellungen für eine Landeskultur charakteristisch sind und welchen Lebensstil deren Mitglieder pflegen. Sie wiederum beeinflussen das Verhalten der Menschen (vgl. Abb. 13).

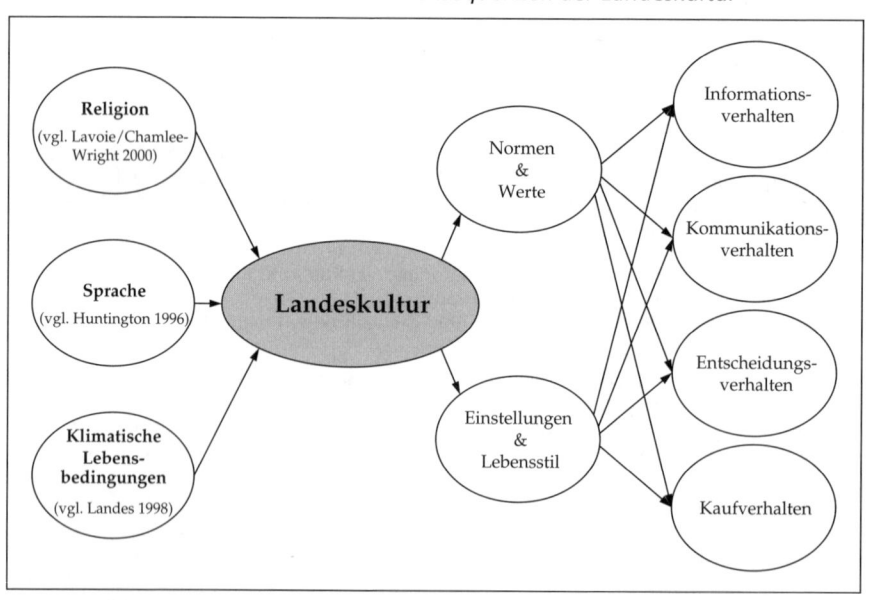

Abb. 13: Antezedenzen & Konsequenzen der Landeskultur

Quelle: Müller/Gelbrich (2014, S. 5), geringfügig erweitert.

1.4.5 Enkulturation vs. Akkulturation

Das Hineinwachsen in die eigene Kultur und die Übernahme kulturspezifischer Werte durch informelles Lernen wird als Enkulturation bezeichnet (vgl. Kim 2009; Herskovits 1948). Im Verlauf des Enkulturationsprozesses lernt der Einzelne bspw., welche Aspekte einer Information in einer bestimmten Situation relevant sind, welche Informationen er wann abrufen muss, um kulturadäquat handeln zu können. Gelernt wird ein kulturspezifisches Orientierungssystem, das die Interaktion mit Angehörigen der eigenen Kultur erleichtert (da sie das gleiche Orientierungssystem verinnerlicht haben), aber die Interaktion mit Angehörigen einer Fremdkultur erschwert (da sie ein andersartiges Orientierungssystem verinnerlicht haben). Von Enkulturation abzugrenzen ist die Akkulturation: die mehr oder weniger weitgehende Übernahme jener Kulturstandards, Normen und Werte, welche für eine bestimmte Fremdkultur charakteristisch sind (vgl. Berry 1997; Berry/Sam 1997).

1.5 Überblick über das Buch

Ziel dieses Lehrbuches ist es, die theoretischen Grundlagen des Interkulturellen Marketing (vgl. Teil B) sowie die daraus ableitbaren Marketingstrategien darzustellen (vgl. Teil C). Um die Marketinginstrumente erfolgversprechend einsetzen zu können (vgl. Teile D–H), müssen regelmäßig vier Schlüsselfragen beantwortet werden:
- Welche Verhaltensweisen potentieller Kunden sind universal (= ‚cultural universals') und welche kulturspezifisch?
- Welche Produkte und Dienstleistungen sind kultursensibel?
- Überwiegt der Nutzen einer kulturspezifischen Differenzierung die Kosten des Verzichts auf Standardisierung des Leistungsangebots?
- Welche Kulturcluster (= nationenübergreifende Zielgruppen mit vergleichbarer Landeskultur) können mit welchem Marketingmix bearbeitet werden?

Zwar kommt Interkulturelles Marketing im Regelfall bei der Erschließung ausländischer Märkte zum Einsatz. Nachdem aber kaum eine Gesellschaft kulturell homogen ist, wird der interkulturelle Ansatz in Gestalt des Ethno-Marketing zunehmend auch zur Bearbeitung des Binnenmarktes herangezogen (vgl. Teil A-4).

Im Mittelpunkt dieses Buches steht der quantitative Ansatz der Landeskulturforschung (vgl. Teil B.-1.3) in Gestalt der wichtigsten psychometrisch begründeten Kulturdimensionen (vgl. Teil B-2 bis B-4). Ein kurzer Abriss der qualitativen Kulturtheorien und Konzepte (z.B. *Hall & Hall*, Modell der Kulturstandards, Schichtenmodelle) findet sich in Teil B-1.2.

Drei der zahlreichen dimensionsanalytischen Erklärungsmodelle erläutern wir ausführlicher: Neben der Theorie der universalen kulturellen Werte nach *S.H. Schwartz* (vgl. Teil B-3) und dem *GLOBE*-Projekt (vgl. Teil B-4) insb. das *Hofstede*-Modell. Vor allem der ursprüngliche vierdimensionale Ansatz (= 4D-Modell) hat lange Zeit den quantitativen Kulturvergleich dominiert. Aufgrund der

Kritik an dem unter dem Schlagwort ‚cultural bias' bekannt gewordenen ethnozentrischen Fokus dieser Studie auf westliche Werte erweiterten Hofstede/Bond (1988) den Ansatz um eine fünfte Kulturdimension: den sog. konfuzianischen Dynamismus zum 5D-Modell. Später wurde diese Dimension in Langzeitorientierung (= LTO) umbenannt und 2010 um „Pragmatismus vs. Normorientierung" ergänzt. In diesem Jahr propagierten Hofstede et al. (2010) schließlich das 6D-Modell. Es integriert „Genussorientierung/Nachgiebigkeit vs. Selbstbeherrschung" als sechste Kulturdimension (vgl. Tab. 8 und Teil B-2.2.6).

Tab. 8: Kulturmodelle nach G. Hofstede

4D-Modell (1980)	5D-Modell (1991)	6D-Modell (2010)
• IDV • PDI • UAI • MAS	• IDV • PDI • UAI • MAS	• IDV • PDI • UAI • MAS
	• LTO	• LTO / PRA • IND
IDV = Individualism Index (Individualismus vs. Kollektivismus) **PDI** = Power Distance Index (Akzeptanz von Machtdistanz) **UAI** = Uncertainty Avoidance Index (Tendenz zu Unsicherheitsvermeidung) **MAS** = Masculinity Index (Maskulinität vs. Feminität)	**LTO** = Long Term Orientation (Langzeitorientierung; zunächst war diese Dimension „Konfuzianische Dynamik" benannt worden)	**PRA** = Pragmatic vs. Normative (Pragmatismus vs. Normorientierung) **IND** = Indulgence vs. Restraint (Genussorientierung/Nachgiebigkeit vs. Selbstbeherrschung)

2 Vorläufer des Interkulturellen Marketing & verwandte Wissenschaften

Nicht nur Kulturwissenschaftler erforschen, wie und warum die Landeskultur das menschliche Verhalten beeinflusst. Das interdisziplinäre Forschungsfeld „Kulturvergleich" bearbeiten neben Philosophen, Geschichts- und Literaturwissenschaftler sowie Wirtschaftswissenschaftlern vorrangig Politologen, Soziologen, Psychologen und Linguisten (vgl. Reckwitz 2004, S. 2 f.). Auch die Marketingforschung befasst sich zunehmend häufig mit kulturvergleichenden Fragestellungen. Dabei können die erkenntnistheoretischen Grundsatzpositionen Universalismus, Relativismus und Ethnozentrismus eingenommen werden (vgl. Tab. 9). Mit dem Konzept der Kulturräume bzw. Kulturcluster (vgl. Teil A-4.2.2 und Teil C-3.2) vertritt das Interkulturelle Marketing eine mittlere

1.5 Überblick über das Buch

Position: So viel Standardisierung wie möglich und so viel Differenzierung wie nötig.

Tab. 9: Erkenntnistheoretische Extrempositionen des Kulturvergleichs

Universalismus	Relativismus (bzw. Kulturpluralismus)	Ethnozentrismus
Betont die Existenz eines umfassenden und für alle Kulturen gültigen Kodex sozialer Normen und Verhaltensstandards.	Betont die Einzigartigkeit und Unvergleichbarkeit jeder einzelnen Kultur und gilt als Vorläufer der Indigenization-Bewegung. Sie strebt die „Vereinheimischung" der kulturvergleichenden Forschung an.	Betont die Einzigartigkeit und Überlegenheit der eigenen Kultur (d.h. der Herkunftskultur). Sie liefert den Maßstab für die Bewertung der übrigen Kulturen, die grundsätzlich als eher minderwertig angesehen werden.
→ Standardisierung	→ Differenzierung	→ Dominanz & Unterordnung

Das Interkulturelle Marketing versteht sich als eine interdisziplinäre Wissenschaft, die auf drei Säulen ruht. Neben den verschiedenen sozialwissenschaftlichen Disziplinen (vgl. Teil A-2.1) sind dies der kulturwissenschaftliche Ansatz (vgl. Teil A-2.2) sowie jene Spezialisierungen der betriebswirtschaftlichen Absatzlehre und des Marketing, die sich mit den Auslandsmärkten befassen: angefangen bei der Exportwirtschaftslehre bis hin zum Global Marketing (vgl. Teil A-2.3 und Abb. 14).

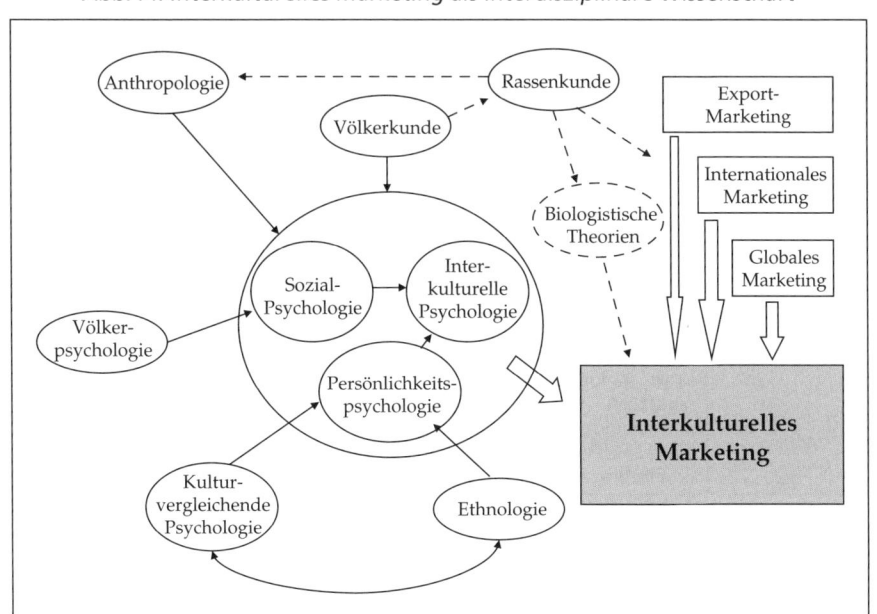

Abb. 14: Interkulturelles Marketing als interdisziplinäre Wissenschaft

2.1 Sozialwissenschaftliche Vorläufer & verwandte Wissenschaften

Psychologie, Sozialpsychologie etc. haben, soweit sie entsprechend dem US-amerikanischen Vorbild empirisch-naturwissenschaftlich ausgerichtet waren, lange Zeit die universalistische Position vertreten und kulturbedingte Verhaltens- und Erlebensunterschiede nicht thematisiert oder verneint (vgl. Lonner/Malpass 1994, S. 2). Die in der ersten Hälfte des 20. Jahrhunderts insb. im deutschsprachigen Raum einflussreichen Sozialwissenschaften verfolgten hingegen eine dezidiert relativistische Forschungsagenda: Während die Völkerkunde die sozio-kulturellen Lebensbedingungen der sog. Naturvölker wissenschaftlich analysierte (vgl. Preuss/Thurnwald 1939), verstand sich die Völkerpsychologie als „Psychologie der komplexeren, höheren geistigen Funktionen" (Straub/Thomas 2003, S. 46). Dieser Vorläufer von Kulturpsychologie und Sozialpsychologie befasste sich anfänglich hauptsächlich mit der kulturbedingten Variabilität der sog. Kollektivphänomene (z.B. Mythos, Sprache, Sitten; vgl. Wundt 1900–1920). Später halfen Völkerkundler, den Rassismus pseudowissenschaftlich zu legitimieren: als Rassenkunde (vgl. Kaupen-Haas/Saller 1999).

Die moderne Anthropologie versteht sich als umfassende und interdisziplinäre Wissenschaft von der Vielfalt menschlicher Lebensformen und Lebensäußerungen (soziale Praktiken, Artefakte, Institutionen) im Wandel der Zeit. Geistige Wegbereiter dieser Wissenschaft waren zwei Frauen: *M. Mead* und *R.F. Benedict*.

Tab. 10: Sozialwissenschaftliche Vorläufer des Interkulturellen Marketing

Disziplin	Kurzbeschreibung	Wissenschaftlicher Ansatz/ Argumentationsstil
Völkerpsychologie (z.B. Wundt 1911)	Weitgehend wertfreie und vorrangig im deutschsprachigen Bereich betriebene Wissenschaft, die in der zweiten Hälfte des 19. Jahrhunderts als Vorläufer der Sozialpsychologie die geistigen und kulturellen Produkte der verschiedenen Völker untersuchte (insb. Sprache, Religion, Mythen, Sitten).	vorwissenschaftlich/deskriptiv
Anthropologie (z.B. Benedict 1934, 1932; Mead 1928, Plessner 1931)	Ganzheitliche Wissenschaft vom Menschen. Im deutschsprachigen Raum setzten „Menschenkundler" sich primär mit biologischen, genetischen und stammesgeschichtlichen Fragen auseinander, während englischsprachige Anthropologen vorzugsweise psychologische, soziologische und kulturwissenschaftliche Forschungsfragen aufgriffen. Ziel der anthropologischen Forschung ist es, den Zusammenhang zwischen der Umwelt, in der Menschen leben, und ihrem jeweiligen Verhalten zu untersuchen.	ganzheitlich
Rassenkunde (z.B. von Eickstedt 1937)	Ideologisch geprägte (Pseudo-)Wissenschaft, die genetisch bedingte Unterschiede zwischen verschiedenen Menschengruppen (Rassen) als primäre Verhaltensursache ansieht. Rassenkundler versuchen, die genetischen Unterschiede zu identifizieren und zu werten (zumeist als Ursache unterschiedlicher intellektueller Leistungsfähigkeit bzw. Moralität).	normativ/ideologisch

2.2 Kulturwissenschaftliche Vorläufer & verwandte Wissenschaften

2.2.1 Überblick

M. Weber, ein Soziologe, begründete jene kulturwissenschaftliche Forschungsrichtung, in deren Tradition das Interkulturelle Marketing gleichfalls steht. Mehr noch als Struktur („Was macht Kultur inhaltlich aus?") und Genese von Landeskulturen („Wie und warum entwickeln sich unterschiedliche Kulturen?") interessierten ihn die Konsequenzen von Kultur und Religion, z.B. für die Leistungsmotivation und Erfolgsorientierung der Angehörigen einer Kultur (vgl. Weber 1904/05). Berühmt wurden in diesem Zusammenhang zwei Thesen (vgl. Müller/Gelbrich 2014, S. 259 ff.). Während die Protestantismus-These unterstellt, dass der asketische Protestantismus Leistungsbereitschaft und wirtschaftlichen Erfolg fördert (vgl. Weber 1904/05), postuliert die Anti-Intellektualitäts-These einen negativen Zusammenhang zwischen Katholizismus und geistiger Aufgeschlossenheit (vgl. Ellis 1955).

Wichtige aktuelle kulturwissenschaftliche Strömungen sind die Ethnologie und die Kulturanthropologie sowie die Kulturpsychologie und die Interkulturelle Psychologie (vgl. Tab. 11).

Tab. 11: Kulturwissenschaftliche Vorläufer des Interkulturellen Marketing

Disziplin	Kurzbeschreibung	Wissenschaftlicher Ansatz/ Argumentationsstil
Ethnologie (z.B. Stagl 1974)	Auch als Völkerkunde bezeichnete, mit der Kulturanthropologie verwandte interdisziplinäre Wissenschaft, welche die psychischen Merkmale (z.B. Sprachen, Sitten, Mythen, Religionen) von „primitiven" und zunehmend häufiger auch von komplexen Gesellschaften untersucht, diese vergleichend gegenüberstellt und zu erklären versucht.	explikativ
Kulturanthropologie (z.B. Harris 1989)	Geisteswissenschaft, welche die kognitiven, emotionalen und konativen Unterschiede (und Gemeinsamkeiten) zwischen den Angehörigen verschiedener Kulturkreise zu identifizieren versucht. Anders als die sozialpsychologisch orientierte Interkulturelle Psychologie argumentiert die Kulturanthropologie vorzugsweise differentialpsychologisch.	differenziell
Kulturpsychologie (z.B. Boesch/ Straub 2007)	Historische, z.T. humanistisch ausgerichtete Wissenschaft, die von den (ganzheitlichen) subjektiven Erfahrungen der Menschen ausgeht und deren Verhalten als Konsequenz des Wirkens kultureller Normen betrachtet. Forschungsobjekte sind typische Ereignisse, damit verbundene situative Verhaltensmuster und der Zusammenhang zwischen kulturellem Wandel und individueller Entwicklung.	typologisch/ dynamisch
Interkulturelle Psychologie (z.B. Thomas 2005)	Interdisziplinäre Wissenschaft, welche mit Hilfe von Methoden und Erkenntnissen der Ethnologie, Psychologie sowie Sozialpsychologie kulturvergleichend die Wahrnehmungs-, Denk-, Lern- und Verhaltensmuster z.B. beim Aufeinandertreffen von Angehörigen verschiedener Kulturen untersucht.	sozialpsychologisch

2.2.2 Forschungsstrategien

Klassisches Instrument des Kulturvergleichs ist die Vergleichsanalyse, die systematische Suche nach Unterschieden und Gemeinsamkeiten von Angehörigen verschiedener Kulturkreise. Die kulturvergleichenden Wissenschaften verfolgen vier unterschiedliche Forschungsstrategien, je nachdem, ob ihre Vertreter die Messinstrumente standardisiert oder differenziert (d.h. angepasst an die jeweilige Landeskultur) einsetzen und die erhobenen Daten standardisiert oder differenziert interpretieren (vgl. Tab. 12). Während der Emic-Ansatz besagt, „dass bestimmte Haltungen und Verhaltensweisen einer Gesellschaft einzigartig sind, vom jeweiligen gesellschaftlichen Kontext abhängen und einen kulturübergreifenden Vergleich praktisch unmöglich machen [... versucht der Etic-Ansatz], universelle, also kulturunabhängige Kategorien als Vergleichsmaßstäbe herauszuarbeiten, die sich auf alle Gesellschaften anwenden lassen" (Barmeyer/Genkova 2010, S. 131).

Tab. 12: Strategien kulturvergleichender Forschung

		Art der Datenerhebung	
		standardisiert	differenziert
Interpretation der Daten	standardisiert	etische Forschungsstrategie (= universalistischer Ansatz)	modifizierte Forschungsstrategie (= hybrider Ansatz)
	differenziert	ipsative Forschungsstrategie (= hybrider Ansatz)	emische Forschungsstrategie (= kulturspezifischer Ansatz)

In der jüngeren Vergangenheit wird zunehmend ‚indigenization' gefordert: eine Art von „Vereinheimischung" der Forschungsstrategie. Ausgehend von der Vielzahl von nicht zuletzt kulturell bedingten Wahrnehmungs- und Urteilsverzerrungen (z.B. ‚cultural bias') lautet die These der Indigenization-Bewegung, dass jede Kultur (bzw. Gesellschaft) nur sich selbst erforschen und verstehen kann (vgl. z.B. Ho et al. 2001; Sinha 1997). Gestützt wird diese Position u.a. durch die kulturrelativistische These von der Inkommensurabilität. Demnach sind wesentliche Begriffe, Konzepte Überzeugungen etc. in einer Fremdkultur ohne Entsprechung (vgl. Cappai 2000). Der Kulturrelativismus geht davon aus, dass soziale Phänomene nur innerhalb ihres originären soziokulturellen Kontextes verstanden und bewertet werden können. So versteht man lediglich im individualistischen Kulturkreis unter „Menschenrecht" den unveräußerlichen Anspruch jedes Einzelnen auf körperliche Unversehrtheit sowie materielles und psychisches Wohlergehen. Gemäß dem kollektivistischen Weltbild hingegen handelt es sich dabei vorrangig um das Recht der Gemeinschaft, nicht durch den selbstbezogenen Rechtsanspruch von Individuen beeinträchtigt zu werden (vgl. Schissler 2005).

2.3 Wirtschaftswissenschaftliche Vorläufer & verwandte Wissenschaften

Parallel zur Internationalisierung und Globalisierung der Wirtschaftsbeziehungen etablierten sich verschiedene Spezialisierungen des Marketing, welche der geographischen Ausweitung der Märkte Rechnung trugen: z.B. Export-Marketing, Internationales Marketing, Globales Marketing. Unmittelbar nach dem *Zweiten Weltkrieg* und in den Jahren des „Wirtschaftswunders" hatten die Unternehmen naturgemäß andere Aufgaben zu bewältigen als etwa in den 1990er-Jahren, die von der beginnenden Globalisierung geprägt waren. Entsprechend wandelten sich die Anforderungen, mit denen sich die Unternehmen und die Wirtschaftswissenschaften konfrontiert sahen. Abb. 15 dokumentiert das Wechselspiel zwischen den Herausforderungen der Unternehmenspolitik einerseits und dem Verlauf der Entwicklung jener Disziplinen andererseits, die sich mit Fragen des Außenhandels, der Internationalisierung und der Globalisierung befassen bzw. befasst haben.

2.3.1 Exportwirtschaftslehre

Was muss ein Unternehmen beachten, wenn es ausländische Zielmärkte bearbeitet? Aufgrund der Autarkieideologie des *Dritten Reiches* war die deutsche Wirtschaft im Nachkriegsdeutschland großenteils im Außenhandel weitgehend unerfahren. Die Exportwirtschaftslehre sah sich deshalb aufgerufen, den damals gewaltigen Nachholbedarf an Export- und Import-Know how zu decken. Neben Länderkunde standen deshalb Themen wie Finanzierung von Exportgeschäften, Risikomanagement, Institutionen des Außenhandels, Zollabwicklung etc. im Mittelpunkt der Aufmerksamkeit (vgl. z.B. Henzler 1962).

2.3.2 Exportmarketing

Exportmarketing (bzw. Auslandsmarketing) ist der hauptsächlich deskriptiv orientierte Vorläufer des eher explikativen Internationalen Marketing bzw. Interkulturellen Marketing. Gegenstand der Betrachtung sind die Besonderheiten von Auslandsmärkten und deren Konsequenzen für den Export – die damals von den meisten Unternehmen bevorzugte Markteintrittsstrategie (vgl. z.B. Berekoven 1978; Ringle 1977). Strategische Entscheidungen, mit denen sich das Exportmarketing vorrangig befasste, betrafen die Auswahl geeigneter Länder- bzw. Produktmärkte und Zielgruppen. Weiterhin versuchte man zu klären, welche Zeitstruktur des Eintritts in mehrere Auslandsmärkte Erfolg verspricht: sukzessiver oder simultaner Markteintritt (vgl. z.B. Tuncalp 1993; Ammann 1972)? Taktische Entscheidungen dienten der Anpassung des Marketing-Mix an die jeweiligen Anforderungen der unterschiedlichen Auslandsmärkte (vgl. z.B. Turnball 1979).

2.3.3 Internationales Marketing

Diese Disziplin ist stärker akademisch orientiert und befasst sich mit der Wirkungsweise von Marketingstrategien und Marketinginstrumenten in recht-

Abb. 15: Entwicklungsphasen des Interkulturellen Marketing

Schlüsselthemen der Betriebswirtschaftslehre & des Marketing	Entwicklungsschritte der Disziplin
Wiederaufbau (1945)	
Produktion (1950)	
Rationalisierung (1955)	Exportwirtschaftslehre
Kostenrechnung (1960)	
Verwaltungssysteme (1965)	
Marketing (1970)	Export-Marketing
Langfristige Planung (1975)	
Strategische Planung (1980)	Internationales Marketing
Strategische Unternehmensführung (1985)	Globales Marketing
Organisationsstruktur (1990)	
Beziehungsorientierung (1995)	Interkulturelles Marketing
Wertorientierung (2000)	
Effizienzorientierung (2005)	Intrakulturelles Marketing
(2010)	

zunehmende Standardisierung des Marketing-Mix

zunehmende Differenzierung des Marketing-Mix

2.3 Wirtschaftswissenschaftliche Vorläufer & verwandte Wissenschaften

lich-wirtschaftlich heterogenen Umwelten (vgl. Czinkota/Ronkainen 2010; Meffert et al. 2010; Zentes et al. 2010). In Abgrenzung zum klassischen, d.h. Domestic Marketing sind für das Internationale Marketing charakteristisch (vgl. Backhaus/Voeth 2010b):
- zusätzlicher Informations- und Koordinationsbedarf,
- größere Komplexität und Differenziertheit der Marketing- und Managementaufgabe, höherer Risikograd der zu treffenden Entscheidungen.

Als Weiterentwicklung des Exportmarketing verkörpert das Internationale Marketing den Übergang von der taktischen zur strategischen Handlungsebene. Im Einzelnen befassen sich dessen Vertreter sowohl theoretisch als auch praktisch vorrangig mit folgenden Fragestellungen, nicht zuletzt aus dem Blickwinkel des Marketing-Managements (vgl. Berndt et al. 2010):
- Marktauswahl (z.B. Marktattraktivität; internationale Marktforschung und Marktanalyse; Länderportfolio; Länderrisiko),
- Markterschließung (Timing-Strategie; Entwicklung einer der Markterschließungsstrategie angemessenen Organisationsstruktur; Desinvestitionsstrategie),
- länderspezifische Gestaltung des Marketing-Mix (internationale Distributionspolitik; internationale Kommunikationspolitik; internationale Preispolitik; internationale Produktpolitik).

Folgendes Beispiel lässt ahnen, mit welchen Informationsproblemen ein global tätiger Hausgerätehersteller sich konfrontiert sieht und was er unternimmt, um seinen Informationsbedarf stillen und bspw. seine Produktpolitik optimieren zu können.

Wie die Welt wäscht

„7.365 Kilometer ist *R. Reinholz* geflogen, um einem Chinesen dabei zuzusehen, wie er seine Unterhosen wäscht. Rein in die Maschine, zehn Minuten Kaltwaschgang, fertig. Dann die Slips der Ehefrau, in der dritten Runde die des Kindes. Hauptsache, alles ordentlich getrennt – der Hygiene wegen [...]. *R. Reinholz*, 52, ist Ingenieur der *Bosch und Siemens Hausgeräte GmbH (BSH)*. [...] Spanier waschen ihre Wäsche am liebsten kalt, Griechen kochend heiß. Franzosen wollen Wäsche von oben in die Maschine füllen, Deutsche von vorn. Russen kaufen schmale Geräte und stopfen sie ordentlich voll, Amerikaner lieben riesige und lassen sie halb leer. Chinesen trennen penibel zwischen Männer- und Frauenkleidung, Ober- und Unterwäsche. [...] Wer in Indien Waschmaschinen verkaufen will, muss beweisen können, dass sie auch Curryflecken entfernen. Und meterlange Saris beim Schleudern nicht verknoten. Und heftige Stromschwankungen überstehen. In Berlin-Spandau bei *BSH* rumpeln deshalb 1.500 Waschmaschinen 24 Stunden am Tag, sieben Tage die Woche. [...] Selbst Crashtests gibt es im Labor. So wird ein Gerät aus einem Meter Höhe fallengelassen, erst virtuell, dann real. ‚Wenn in China eine Waschmaschine geliefert wird, dann häufig auf dem Rücken zweier Männer. Beim Absetzen wird sie einfach losgelassen – und muss trotzdem noch funktionieren', erklärt Reinholz. ‚Und zwar ohne Knacken oder Quietschen'" (Töpper 2013).

Wer allerdings das von international tätigen Unternehmen zu bewältigende Informationsmanagement als eine vorrangig objektiv-technologische Aufgabe begreift, verkennt den Einfluss, den Vorausurteile, Stereotype und andere Mechanismen sozialer Wahrnehmung (z.B. ‚biases' und weitere systematische Urteilsverzerrungen) auf Urteilsfindung und Problemlösung nehmen (vgl. u.a. Morris et al. 2001). So ist das Wissen darüber, dass in China, wie in anderen Regionen des Fernen Ostens, das Grundnahrungsmittel Reis ist, geeignet, dieses Land von vornherein auszuschließen, wenn die Aufgabe lautet, geeignete Märkte für die Kartoffelprodukt zu finden. Wie leicht dies in die Irre führt, zeigt der Fall der *Grimme*-Gruppe.

> **Reis & Kartoffeln**
>
> *K.Kalverkamp*, Geschäftsführer der *Grimme*-Gruppe, hat in China im Verlauf von drei Jahren fast 10.000 km auf der Suche nach einem geeigneten Produktionsstandort zurückgelegt. Das Erstaunliche daran ist, dass das in Niedersachsen beheimatete mittelständische Unternehmen Maschinen zum Anbau von Kartoffeln herstellt, Chinesen aber bekanntlich Reis essen. Die Erklärung: Zwar verbrauchen Chinesen mit 30 kg nur halb so viel Kartoffeln pro Kopf der Bevölkerung wie Deutsche. Aber nirgendwo auf der Welt werden mehr Kartoffeln produziert als in China: 70 Mio. to (vgl. Grzanna 2010).

2.3.4 Globales Marketing

Die 1980er-Jahre waren geprägt von einem weltweit wachsenden Wettbewerbs- und Kostendruck. Um ihre Kostenstruktur zu verbessern, versuchten deshalb zahlreiche Unternehmen, möglichst viele Auslandsmärkte in weitgehend standardisierter Weise zu bearbeiten (vgl. Keegan/Green 2010). Die Befürworter der Standardisierungsstrategie beriefen sich auf die sog. Konvergenzthese. Sie besagt, dass sich im Zuge der Globalisierung die Kauf-, Gebrauchs- und Verbrauchsgewohnheiten der Konsumenten weltweit immer ähnlicher werden, weshalb die Unternehmen ihre Leistungsprozesse weitgehend standardisieren und eine Vielzahl von Ländermärkten mit einer einheitlichen Strategie bearbeiten können (vgl. Webber 1969). Kritiker wenden dagegen ein, dass es sich dabei lediglich um eine oberflächliche Angleichung handele und diese Form der Konvergenz ein Phänomen der „Oberflächenkultur" sei. Die grundlegenden und für das Marketing häufig maßgeblichen Werte- und Verhaltensunterschiede zwischen den verschiedenen Kulturen aber blieben von diesem Angleichungsprozess letztlich unberührt (vgl. de Mooij 2003).

Dennoch rationalisierten im Laufe der 1990er-Jahre die meisten Hersteller ihre europäischen Produktionsnetzwerke und standardisierten ihr Produktangebot so weit wie möglich. „Eine identische Packung *Pampers* oder eines der zahlreichen Produkte von *Gillette* wird mit einem Packungstext in mehreren Sprachen versehen und oft von einer zentralen europäischen Fabrik in den Markt versandt" (Leach 1999, S. 56). Dabei wurden suboptimale Lösungen in einzelnen Ländermärkten bewusst in Kauf genommen. *Procter & Gamble* etwa rechtfertigten dies damit, dass „globale Ungenauigkeit wirtschaftlicher sei als lokale Genauigkeit."

Aufgrund zahlloser Fehlschläge, die gerade auch Global Player mit der Standardisierungsstrategie erlitten (vgl. Teil C), war jedoch bald vom „großen Missverständnis Globales Marketing" die Rede. Da in vielen Fällen das Scheitern mit der Ignoranz gegenüber den landeskulturellen Besonderheiten der einzelnen Märkte erklärt werden konnte, wuchs in dieser Phase die Akzeptanz kulturvergleichender Forschungsstrategien und Marketingkonzepte: zunächst Interkulturelles Marketing und später Intrakulturelles Marketing. Beide werden in Teil A-4 vorgestellt.

> **Spüli, Fairy & Dawn**
>
> „Gestern im Drogeriemarkt: Wussten Sie, dass *Hakle Feucht*-Toilettenpapier neuerdings *Cottonelle* heißt? Den Drogeriemarktbesucher erinnert das an den Ruf, der ihm, schon auf dem Weg zu Einkaufen, im Hausflur hinterherhallte: ‚Und bring *Spüli* mit!' Dabei gibt es *Spüli* schon lange nicht mehr, es wurde irgendwann durch *Fairy* ersetzt, bis *Fairy* plötzlich *Dawn* hieß, was sich aber nicht durchsetzen konnte, weshalb *Dawn* heute wieder *Fairy* heißt, jedenfalls im Drogeriemarkt. Nicht in meinem Kopf. Denn es ist Wahnsinn, einen so wunderbaren Produktnamen wie *Spüli* durch irgendetwas zu ersetzen! Erklärt werden kann es durch die Globalisierung: Der Drogeriemarktbesucher soll, wenn es ihn plötzlich (womit man in diesen Zeiten stündlich rechnen muss) in den angloamerikanischen Raum verschlägt, nicht zwischen Regalen umherirren und nach *Spüli* suchen, sondern blind zu *Fairy* greifen. Oder eben zu *Dawn*. Beziehungsweise jetzt wieder zu *Fairy*. Das erklärt, warum der Raumerfrischer *Brise* (ein fast so guter Name wie *Spüli*) seit einer Weile *Glade* heißt. *Glade* heißt Lichtung, *Brise* hieß Brise" (Hacke 2014, S. 34).

3 Phasen & Formen der Auseinandersetzung der Betriebswirtschaftslehre mit dem Phänomen „Kultur"

3.1 Phase der Kulturignoranz

Lange Zeit ignorierte die deutschsprachige Betriebswirtschaftslehre das Phänomen „Kultur". Zwar wiesen Schmölders/Strümpel (1968) schon in den 1960er-Jahren ausdrücklich darauf hin, dass die sog. Steuermentalität (= Grad der Akzeptanz der Steuerpflicht) in erheblichem Maße kulturellen Einflüssen unterliegt. Systematisch und in größerem Umfang befassten sich damals aber nur Psychologen, Ethnologen und Anthropologen mit derartigen, aus wirtschaftswissenschaftlicher Sicht „exotischen" Fragestellungen. Rückblickend erkennt man, dass die damals gültigen Theorien der Betriebswirtschaftslehre in einem weitgehend kulturfreien Raum entwickelt wurden (vgl. Meissner 1997): zumeist ohne direkten oder indirekten Bezug zu ...

- der jeweiligen Unternehmenskultur,
- den kulturell relevanten Einflüssen, die aus dem jeweiligen Umfeld (z.B. Konsumenten, Lieferanten, politisch-soziale Öffentlichkeit) erwachsen,
- den kulturellen Bedingungen verschiedener Länder.

Nicht zuletzt deshalb, weil damals viele Manager und Wissenschaftler keine eigenen Erfahrungen mit fremden Kulturen besaßen, kam es immer wieder vor, dass die „kulturignorante" Einführung eines im Heimatmarkt erfolgreichen Produkts in einen Auslandsmarkt scheiterte. „Wahrscheinlich muss man selbst im Fernen Osten gewesen sein, um zu begreifen, wie wichtig kulturbedingt dort der Wert Genügsamkeit im Unterschied zu den westlichen Werten Anspruch, Besitz und Leistung ist und sich entsprechend auf das Konsumentenverhalten auswirkt" (Trommsdorff 1993, S. 199). Aus einem anderen, weitaus konkreteren Grund konnten die westlichen Hersteller von Geschirrspülmaschinen lange Zeit nicht in Japan Fuß fassen: Da dort täglich (weich gekochter) Reis gegessen wird, der schnell eintrocknet und deshalb nur unmittelbar nach Gebrauch leicht abgewaschen werden kann, im Regelfall also von Hand, konnten damals die allermeisten japanische Hausfrauen keinen Sinn darin erkennen, eine solche Küchenmaschine zu kaufen. Außerdem waren viele der in jenen Jahren in Japan angebotenen Geräte westlichen Tellergrößen und -formen angepasst. Hinzu kam – als kaum zu überwindendes Hindernis für Großgeräte aller Art – die Beengtheit der herkömmlichen japanischen Wohnung. Während 2005 jedem Japaner im Durchschnitt 30,8 m^2 Wohnfläche zur Verfügung standen, waren es in Deutschland 41,2 m^2, in Österreich 42,7 m^2, in der Schweiz 44,0 m^2, in Dänemark 50,6 m^2 und in den USA gar 68,1 m^2.

3.2 Phase der großen Debatten

3.2.1 Kulturalismus/Universalismus-Debatte

Die Schlüsselfrage dieser in den 1970er-Jahren vorrangig im Managementbereich geführten und später vom Marketing aufgegriffenen Diskussion lautete: Sind Theorien und Instrumente von kulturellen Einflüssen unabhängig oder müssen sie den jeweiligen kulturellen Bedingungen angepasst werden (vgl. Schmid 1996, S. 272 ff.)?

- Als Anhänger der Culture Free-These argumentierten die Universalisten, dass die meisten Managementtechniken weltweit unverändert einsetzbar seien. Mögliche Unterschiede in den kulturellen Umweltbedingungen ließen sich auf den unterschiedlichen wirtschaftlichen Entwicklungsstand zurückführen und würden gemäß der Konvergenz-These durch Industrialisierung und Modernisierung zusehends aufgehoben (vgl. Teil C-1.2).
- Die Kulturalisten vertraten die im deutschsprachigen Raum auch Kulturalismus-These genannte Culture Bound-These. Sie waren der Meinung, dass die jeweiligen kulturellen Bedingungen spezifische Anforderungen stellen. Deshalb seien die klassischen, überwiegend im westlichen Kulturkreis entwickelten Theorien nur dort aussagefähig und nicht auf andere Kulturen übertragbar. Daran ändere auch die durch die zunehmende Industrialisierung bedingte Angleichung der grundlegenden Lebensverhältnisse nichts Entscheidendes. Denn die tiefverwurzelten kulturellen Unterschiede bestünden fort.

Die letztlich naive Frage, welche der beiden Extrempositionen „die richtige" sei, beantwortete von Keller (1982, S. 543 f.) salomonisch. Die „harten" Funktionen der Betriebswirtschaftslehre (z.B. Investitionsrechnung, Finanzierung, Kostenrechnung) seien eher ‚culture free', die „weichen" Funktionen hingegen ‚culture bound'. Hierzu zählen insb. Marketing, Organisation und Management (z.B. Führungsstil, Verhältnis zwischen Vorgesetzten und Mitarbeitern, Konfliktmanagement, Motivation oder Arbeitsverhalten).

3.2.2 Standardisierungs/Differenzierungs-Debatte

Auch diese schwergewichtig in den 1980er-Jahren geführte und in Teil C dokumentierte Diskussion verhalf dem kulturvergleichenden Ansatz nicht zu dem Aufschwung, den man eigentlich erwarten konnte. Die somit nach wie vor herrschende Kulturignoranz speiste sich hauptsächlich aus zwei Strömungen:

Kulturimperialismus und Ethnozentrismus einerseits sowie technologisch-ökonomisch begründete Vereinheitlichung des Produktions- und Vermarktungsprozesses andererseits.

Kulturimperialismus & geistiger Ethnozentrismus

Teils aus Bequemlichkeit und teils aus der Überzeugung heraus, einem auserwählten Volk anzugehören oder aus anderen Gründen fremden Kulturen überlegen zu sein, wird in erster Linie das Geschehen innerhalb des eigenen Kulturkreises betrachtet, nicht jedoch die zwischen den Kulturen bestehenden Unterschiede. Fremde Märkte und Menschen sollen den eigenen Wertmaßstäben unterworfen werden.

Technologisch-ökonomisch motivierte Vereinheitlichung

Andere argumentierten wertfrei. Aus produktionstechnischer und ökonomischer Sicht überwögen die Vorteile der Standardisierung die Nachteile, die aus dem Verzicht auf eine kulturadäquate Differenzierung erwachsen.

3.3 Phase des Kulturschocks

Im Zuge der Globalisierung erweiterten viele Unternehmen ihr geographisches Geschäftsfeld wie auch ihr strategisches Repertoire: Anstatt, wie noch in den 1960er- und 1970er-Jahren, sich damit zu begnügen, in nahegelegene (z.B. Niederlande, Italien) oder fernere, aber vertraute Märkte (z.B. USA) zu exportieren, wurden nun auch fremdartige Märkte erschlossen (z.B. Japan). Dabei kamen erstmals in großem Umfang Markterschließungsstrategien zum Einsatz, denen ein hohes Risiko innewohnt und die unmittelbare Interaktion mit ausländischen Kunden, Mitarbeitern, Behörden, Medien etc. erfordern (z.B. Joint Venture, Direktinvestition) – und folglich von den eigenen Mitarbeitern kulturelle Kompetenz (vgl. Teil F).

Führende Vertreter der Betriebswirtschaftslehre plädierten aber nach wie vor für den kulturfreien Ansatz (bzw. verfolgten ihn, ohne sich dessen bewusst zu sein). Da dieser die vielfältigen Umfeldeinflüsse ignoriert und damit wesentliche Bedingungen des Verhaltens von Anbietern und Nachfragern ausklammert, beschränkt er die Erklärungskraft von Theorien erheblich. Thesen, wie sie in der betriebswirtschaftlichen Entscheidungstheorie damals gang und gäbe waren, zeugen von einer vergleichsweise naiven Phase der Forschung bzw. Theoriebildung, welche die Realität weitgehend ausblendet: etwa dass Manager umso bessere Entscheidungen fällen, je mehr Informationen ihnen zur Verfügung stehen (z.B. Witte 1972). Tatsächlich beklagen viele Manager die Gleichzeitigkeit des Mangels an entscheidungsrelevanten Informationen und von Informationsüberfluss. Gemäß einer 1998 in elf Ländern durchgeführten Studie empfanden vor allem im angelsächsischen und im ostasiatischen Raum ein nennenswerter Anteil der damals befragten 1.072 Führungskräfte dieses Dilemma. So fühlten sich 36 % der irischen Manager zum Zeitpunkt der Erhebung von der täglichen „Informationsflut" überfordert (vgl. Abb. 16).

Abb. 16: Gefühlte Informationsüberlastung

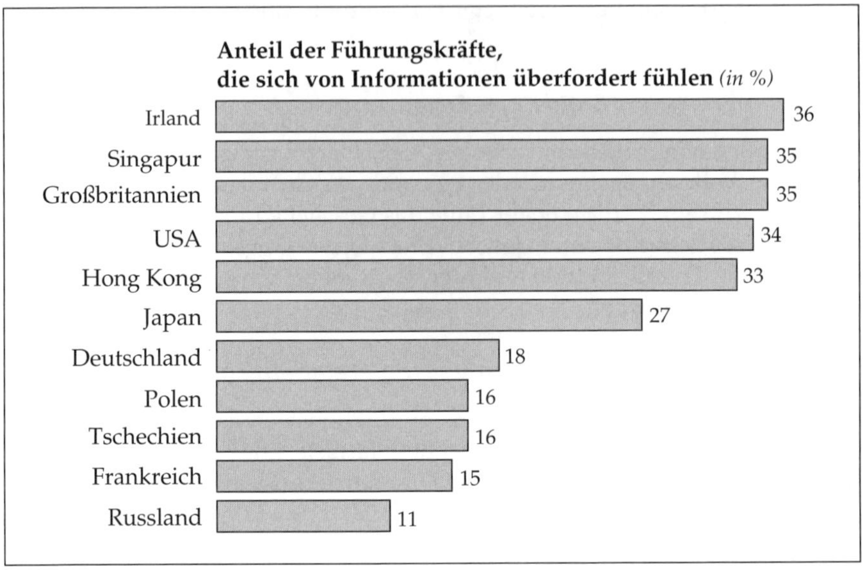

Anteil der Führungskräfte, die sich von Informationen überfordert fühlen *(in %)*

Land	%
Irland	36
Singapur	35
Großbritannien	35
USA	34
Hong Kong	33
Japan	27
Deutschland	18
Polen	16
Tschechien	16
Frankreich	15
Russland	11

Quelle: Reuters Limited, in: Die Welt (22.2.1999), S. 20.

Die vermehrte Konfrontation mit der – zumeist kulturabhängigen – Realität löste in der Betriebswirtschaftslehre einen Kulturschock aus (vgl. Meissner 1997, S. 2). Er beeinflusste im weiteren Verlauf der Entwicklung Teile des betriebswirtschaftlichen Denkens und des Theoriengebäudes dieser Disziplin. Der damit verbundene Paradigmenwechsel befreite die Betriebswirtschaftslehre von ihrer einseitig-reduktionistischen, bemüht naturwissenschaftlichen Orientierung und erschloss ihr die Komplexität und Vielfalt realer Denk- und Verhaltensweisen.

Seitdem entwickelten sich in Theorie und Unternehmenspraxis vielfältige Mischformen mit kulturistischen und universalistischen Elementen. Produktionstechniken etwa sind zumeist ‚culture free', nicht jedoch die Schulung von Mitarbeitern mit unterschiedlichem kulturellen Hintergrund, welche die Maschinen bedienen bzw. die Produktionsprozesse steuern (= ‚culture bound'; vgl. Schmid 1996, S. 274). Auf noch komplexere Weise interagieren Kulturabhängiges und Kulturübergreifendes in Gemeinschaftsunternehmen. Ein deutsch-polnisches Joint Ventures etwa steht weder in der Tradition des deutschen noch in der Tradition des polnischen Ursprungsunternehmens. Erforderlich ist eine Drittlandkultur (vgl. Teil A-5), die sich häufig aber erst dann entwickeln kann, wenn die Partner einen Kulturschock erleiden und daraufhin bereit sind, einen Lern- und Integrationsprozess zu vollziehen (vgl. Meissner 1997, S. 10).

Betriebswirtschaftslehre als spezielle Kulturwissenschaft

„Es ist unbedingt erforderlich, dass die BWL eine sehr viel höhere Sensibilität gegenüber kulturellen Einflussfaktoren entwickelt und diese in die Informations-, Entscheidungs- und Gestaltungskonzepte sowie in die betriebswirtschaftliche Theorienbildung einbezieht. Der Kulturschock bewirkt, dass sich der Prozess zur Psychologisierung und zur Soziologisierung verstärken wird, ob dies den Betriebswirten nun passt oder nicht. Die BWL wird vor dem Hintergrund dieser Entwicklung ihr theoretisches Selbstverständnis insoweit ändern, als sie dann nicht mehr eine angewandte Naturwissenschaft darstellt, sondern zu einer spezialisierten Kulturwissenschaft wird, die gerade in dieser Ausformung ein wichtiges Zukunftspotenzial sowohl für das Fach, aber darüber hinaus auch für die Unternehmen und für die Gesellschaft insgesamt bildet" (Meissner 1997, S. 11 f.).

3.4 Phase der Akzeptanz & Koexistenz

Zwei Entwicklungen sorgten schließlich dafür, dass immer mehr Wirtschaftswissenschaftler begannen, den kulturwissenschaftlichen Denkansatz als einen auch für ihre Disziplin bedeutsamen Zugang zur Erforschung ökonomischer Transaktionen zu begreifen: Zum einen die zunehmende Globalisierung (vgl. Teil A-3.4.1) und zum anderen die Erkenntnis, dass zahlreiche Sachverhalte weder durch die klassischen ökonomischen Modelle noch durch den verhaltenswissenschaftlichen Ansatz hinreichend erklärbar sind (vgl. Teil A-3.4.2).

3.4.1 Globalisierung der Wirtschaftsbeziehungen

Zwischen 1970 und 1980 wurde der weltweite Warenaustausch entscheidend intensiviert. In dieser Dekade verfünffachte sich der Gegenwert des Pro Kopf-Exports der Weltbevölkerung: von durchschnittlich 81 $ auf 437 $. Mittlerweile werden jährlich Waren im Wert von annähernd 14.000 Mrd. $ und Dienstleistungen im Wert von mehr als 3.000 Mrd. $ grenzüberschreitend gehandelt. Ermöglicht haben dieses gewaltige Wachstum eine Reihe struktur- und wirtschaftspolitischer Maßnahmen, welche nach dem *Zweiten Weltkrieg* ergriffen wurden, um den damals darnieder liegenden Welthandel zu stimulieren:

- Aufbau einer effizienten Weltwirtschaftsordnung mit dem Ziel des Abbaus von Handelshemmnissen (Allgemeines Zoll- und Handelsabkommen),
- Förderung regional integrierter Wirtschaftsräume (z.B. *ASEAN, Europäische Union, MERCOSUR, NAFTA),*
- Förderung des internationalen Austausches auf allen Ebenen des öffentlichen und des privaten Lebens.

In den 1980er- und 1990er-Jahren erfuhr die Weltwirtschaft dann einen weiteren, den mutmaßlich entscheidenden Schub. Auslöser waren grundlegende Veränderungen, die rückblickend als „Dritte technologische Revolution" bezeichnet werden. Vor allem die Deregulierung und Ausweitung der Finanz- und Informationsströme sowie die Technisierung von Logistik und Infrastruktur erleichterten den Welthandel dramatisch (vgl. Löhr 1999). Gleiches bewirkten Veränderungen in …

- den politischen Systemen (z.B. Regionalisierung),
- der Unternehmensorganisation (z.B. Corporate Governance),
- dem gesellschaftlichen Wertekanon (z.B. Säkularisierung) und
- dem Verbraucherverhalten (z.B. Konvergenz; vgl. Teil C).

Trägt man die intraregionalen Handelsvolumina und die interregionalen Handelsströme in die Weltkarte ein, wird die aktuelle triadische Struktur des Welthandels sichtbar (vgl. Abb. 17). Dessen Zentren sind seit den 1970er-Jahren

Nordamerika, Europa und Nordostasien. Spätestens seit der Jahrtausendwende ist absehbar, dass die Weltwirtschaft aufgrund des Aufkommens zweier weiterer Zentren sich zu einem multipolaren Beziehungsgeflecht weiterentwickelt (vgl. Heß 2006, S. 29):
- BRICS-Staaten: Brasilien, Russland, Indien, China und Südafrika,
- Next 11-Staaten: Ägypten, Bangladesch, Indonesien, Iran, Mexiko, Nigeria, Pakistan, Philippinen, Südkorea, Türkei und Vietnam.

Abb. 17: Handelsströme & Handelsvolumina der Weltwirtschaft

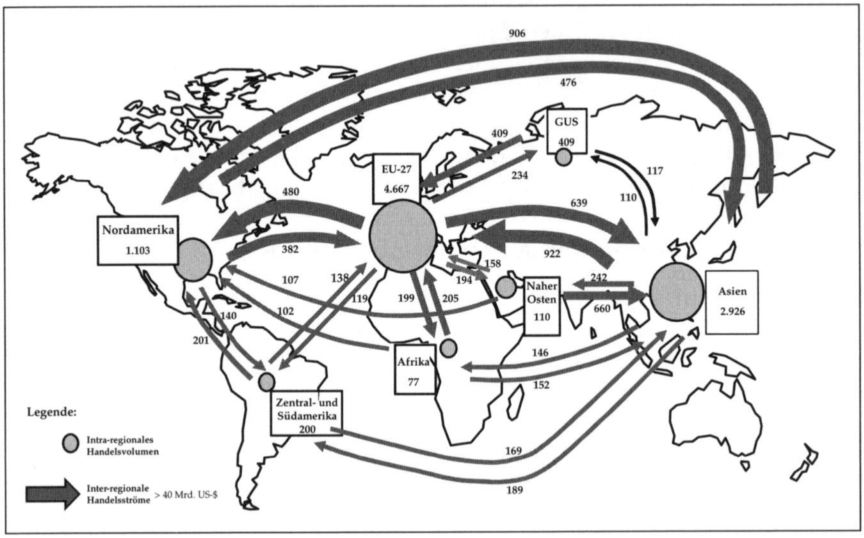

Quelle: World Trade Organization; Crocoll/Kuntz (2013).

3.4.2 Paradigmenwechsel

Weder das lange Zeit unbestrittene Leitbild des ‚economic man' (insb. Homo Oeconomicus-These) noch das seit den 1970er-Jahren konkurrierende Leitbild des ‚behavioral man' (insb. These der subjektiven Realitätskonstruktion) erwiesen sich als hinreichend, um alle wirtschaftswissenschaftlich relevanten Fragestellungen beantworten zu können (vgl. Gillenkirch/Arnold 2008; Berghoff 2007; Tanner 2004). Nachdem bereits die „Psychologisierung" der Disziplin in den 1970er-Jahren (vgl. Kroeber-Riel et al. 2009, S. 10 ff.) das Bewusstsein für die kognitiven und später die emotionalen Voraussetzungen ökonomischen Handelns geschärft hatte, wurde die wirtschaftswissenschaftliche Forschung nun auch der Bedeutung kulturell und religiös geprägter Normen, Werte und Einstellungen gewahr. Als Folge der kulturalistischen Wende der 1980er-Jahre fand nun auch der kulturtheoretische Denkansatz Anerkennung und mit ihm das Leitbild des ‚cultural man' (vgl. Abb. 18).

Vorreiter dieser Entwicklung war Weber (1904/05). Seine soziologisch motivierte Frage: „Besteht zwischen der in einer Gesellschaft dominanten Religion und dem wirtschaftlichem Erfolg dieses Gemeinwesens ein signifikanter

3.4 Phase der Akzeptanz & Koexistenz

Zusammenhang?" beschäftigt die verschiedensten Wissenschaftsdisziplinen noch heute (vgl. Becker/Woessmann 2009; Blum/Dudley 2001; Inglehart 1998; Granato et al. 1996). Dabei wird „Religion" nicht im religionswissenschaftlichen Kontext, sondern als Proxy-Variable für kulturspezifische Normen und Werte behandelt.

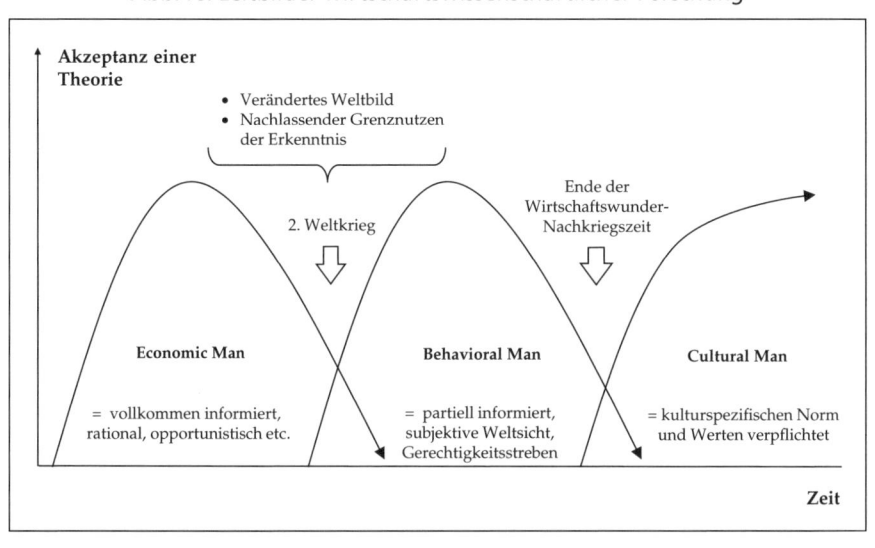

Abb. 18: Leitbilder wirtschaftswissenschaftlicher Forschung

Akzeptanz einer Theorie		
• Verändertes Weltbild • Nachlassender Grenznutzen der Erkenntnis	Ende der Wirtschaftswunder-Nachkriegszeit	
2. Weltkrieg ⇩	⇩	
Economic Man	Behavioral Man	Cultural Man
= vollkommen informiert, rational, opportunistisch etc.	= partiell informiert, subjektive Weltsicht, Gerechtigkeitsstreben	= kulturspezifischen Norm und Werten verpflichtet

Zeit

Von den verschiedenen Strömungen der kulturwissenschaftlichen Forschung sind für das Interkulturelle Marketing vorrangig drei Ansätze bedeutsam (vgl. Abb. 19):
- sozialwissenschaftlicher Ansatz. Er steht im Mittelpunkt der vorliegenden Monographie „Interkulturelles Marketing".
- anthropologischer Ansatz: Er und der
- semiotische Ansatz werden in unserer Monographie „Interkulturelle Kommunikation" ausführlich behandelt (vgl. Müller/Gelbrich 2014).

Abb. 19: Theoretisches Fundament des Interkulturellen Marketing

• Kommunikation • Zeitwahrnehmung • Religion • Welt- & Menschenbild	• Symbole • Rituale • Helden • Mythen	• Tabus • Normen • Werte • Einstellungen
anthropologischer Ansatz	semiotischer Ansatz	sozial-psychologischer Ansatz

3.4.3 Forschungsfelder

Der kulturvergleichende Denkansatz wurde im weiteren Verlauf auf eine Vielzahl von Verhaltensbereichen, die aus ökonomischer Sicht bedeutsam sind, übertragen (vgl. z.B. Usunier/Lee 2009; de Mooij 2004; Mauritz 1996). Untersucht wurden die Konsequenzen der Landeskultur u.a. für ...

- Konsumentenverhalten (z.B. Preis- vs. Markenbewusstsein; vgl. u.a. Liao/Wang 2009),
- Konfliktmanagement (z.B. Konflikt- vs. Konsensorientierung; vgl. u.a. Boonsathron 2007),
- Verhandlungsführung (z.B. Verhandlungsstrategien und Verhandlungsergebnisse; vgl. u.a. Imai/Gelfand 2010, Adair/Brett 2005),
- Entscheidungsverhalten (z.B. intuitives vs. logisches Denken; vgl. u.a. Correia et al. 2011, Norenzayan 2002),
- Produktentwicklung (z.B. Imitation vs. Innovation; vgl. u.a. Garrett et al. 2006, Song/Parry 1997),
- Beziehungsmanagement (z.B. Vertrauen, Kooperation und Konflikt; vgl. u.a. Jin et al. 2008, Andersen 2003).

4 Kultursensibles Marketing: ein Überblick

Mehrere Disziplinen des Marketing verbindet die Erkenntnis, dass das kulturelle Umfeld von Managern und Konsumenten deren Einstellungen, Entscheidungen und Verhaltensweisen wesentlich beeinflusst. Es sind dies das Interkulturelle Marketing und das Intrakulturelle Marketing – letzteres in Gestalt des Interregionalen, des Ethno- und des Subkulturenmarketing (vgl. Abb. 20). Als Oberbegriff schlagen wir für diese Disziplinen die Bezeichnung „kultursensibles Marketing" vor.

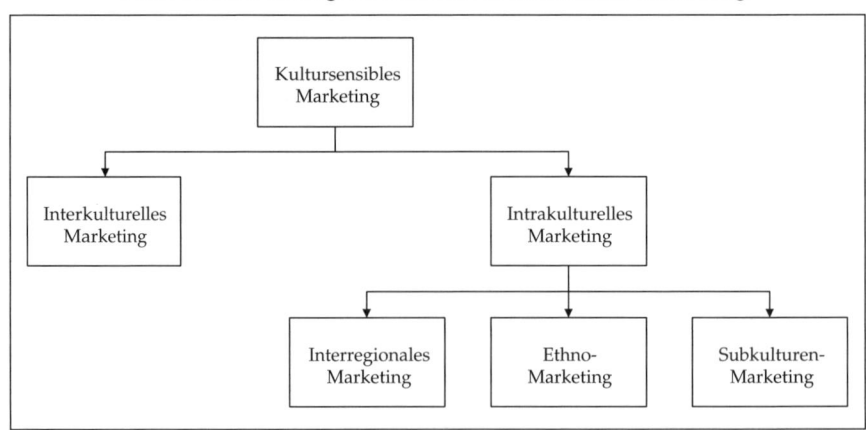

Abb. 20: Erscheinungsformen des kultursiblen Marketing

```
                    Kultursensibles
                      Marketing
                    /            \
         Interkulturelles      Intrakulturelles
           Marketing              Marketing
                              /      |       \
                    Interregionales  Ethno-   Subkulturen-
                      Marketing    Marketing   Marketing
```

4.1 Zur Verhaltensrelevanz des kulturellen Umfeldes

Einstellungen, Entscheidungen und Verhaltensweisen von Managern (vgl. Teil A-4.1.1), Konsumenten (vgl. Teil A-4.1.2) und anderen Akteuren werden vom jeweiligen kulturellen Umfeld nachhaltig beeinflusst. Dieses Umfeld begegnet uns als Gesamtheit der Normen und Werte …
- der Mehrheitsgesellschaft einer Nation, die in Gestalt der Landeskultur („national culture') die maßgebliche Bezugsgröße des Interkulturellen Marketing sind (vgl. Teil A-4.2.2),
- einer ethnisch abgrenzbaren Teilmenge einer Nation, die sich nicht in die Mehrheitsgesellschaft integriert und eine mehr oder weniger abgeschottete Parallelgesellschaft gebildet hat (Ethno-Marketing; vgl. Teil A-4.3.3),
- einer Subkultur, die sich bewusst und nicht selten, etwa im Falle der Jugendkultur (vgl. Hamm 2003), konflikthaft von der Mehrheitsgesellschaft abgrenzt (vgl. Teil A-4.3.4),
- die einzelne Mitglieder einer Gesellschaft als sog. subjektive oder individuelle Kultur verinnerlicht haben (z.B. Idiozentrismus vs. Allozentrismus; vgl. Teil A-6).

4.1.1 Entscheidungen & Verhalten von Managern

Die zentrale Erkenntnis der kulturvergleichenden Forschung lautet: Aufgrund ihrer Zugehörigkeit zu einem bestimmten kulturellen Umfeld lässt sich relativ gut vorhersagen, welche Entscheidungen Manager in den verschiedensten Bereichen fällen. Neben anderem konnten Auswirkungen nachgewiesen werden auf die …
- Ausgestaltung von Strategien und Praktiken des Wissenstransfers (vgl. Minbaeva et al. 2003) sowie das Human Resource Management (vgl. Rosenzweig/Nohira 1994),
- Präferenz für bestimmte Markteintrittsstrategien: Direktinvestitionen (vgl. Tahir/Larimo 2004), Joint Ventures (vgl. Fisher/Ranasinghe 2001) oder Lizenzierung (vgl. Arora/Fosfuri 2000),
- Intensität des Earnings Management (vgl. Desender et al. 2011),
- Präferenz für bestimmte Verhandlungstaktiken und Führungsstile (vgl. Chhokar et al. 2008; Rao/Schmidt 1998).

Teilweise werden diese Themen im Rahmen der Interkulturellen Distributionspolitik behandelt (vgl. Teil F). Überwiegend zählen sie jedoch zum Gegenstandsbereich des Interkulturellen Managements (vgl. Teil A-5).

4.1.2 Entscheidungen & Verhalten von Konsumenten

Auch das Konsumentenverhalten ist vielfach kulturell überformt und aufgrund der kulturspezifischen Sozialisation der Probanden prognostizierbar (vgl. Trommsdorff 2008):
- Geschmackspräferenzen von Verbrauchern (vgl. Klussmannn 2008),
- Absicht bzw. Bereitschaft, innovative Technologien zu nutzen (vgl. Schepers/Wetzels 2007),

- impulsive bzw. informationsökonomisch vereinfachte Kaufentscheidungen (vgl. Kacen/Lee 2002),
- Moderation der Werte/Einstellungs-Relation durch die Landeskultur in Abhängigkeit von der Funktion der Einstellung (soziale Identität vs. utilitaristisch; vgl. Gregory et al. 2002),
- Risikowahrnehmung von E Business-Kunden (vgl. Al Kailani/Kumar 2011) und Bankkunden (vgl. Weber/Hsee 1998),
- subjektiv wahrgenommener Markenwert, der für kollektivistische Kunden in starkem Maße von der Glaubwürdigkeit der Marke abhängt (vgl. Erdem et al. 2005).

☞ Kultursensibles Marketing ist immer dann angezeigt, wenn ...

(1) die zu bearbeitenden Märkte kulturell heterogen sind,

(2) kultursensible Leistungen vermarktet werden sollen (z.B. Lebensmittel, Wohnzimmermöbel und andere Produkte, welche für die kulturelle Identität der Zielgruppe bedeutsam sind),

(3) der Differenzierungsvorteil den Nachteil überwiegt, der aus dem Verzicht auf die Standardisierungsvorteile erwächst,

(4) kulturell homogene Kundensegmente identifiziert werden können.

4.2 Interkulturelles Marketing

4.2.1 Globales Dorf

Interkulturelles Marketing bezieht sich in vielfältiger Weise mittel- und unmittelbar auf das Wertesystem einer Gesellschaft. Dieses setzt Verhaltensstandards und beeinflusst direkt sowie indirekt die Präferenzen und Entscheidungen von Individuen, sozialen Gemeinschaften und Institutionen. Im Verlauf seiner privaten wie auch beruflichen Sozialisation lernt der Einzelne, sich in der Gesellschaft, in die er hineingeboren wurde, zurechtzufinden, indem er sich in seiner Rolle als Manager, Mitarbeiter, Konsument oder Familienangehöriger bewusst bzw. unbewusst in den Ordnungsrahmen einfügt, den sein kulturelles Umfeld vorgibt (vgl. Trommsdorff 2008; 2003).

Häufig wird der Weltmarkt als ein 1000-Seelen-Dorf beschrieben: das ‚global village' (vgl. Lustig/Koester 2008). Dieses Bild hilft, sich die Vielschichtigkeit und Komplexität der Entscheidungen, die im Rahmen des Interkulturellen Marketing zu treffen sind, vorzustellen. In diesem fiktiven globalen Dorf lebten zur Jahrtausendwende ...

- 590 Asiaten, 123 Afrikaner, 95 Europäer, 84 Lateinamerikaner, 55 ehemalige Sowjet-Bürger und 53 Amerikaner.
- 155 der Dorfbewohner sprachen Mandarin, 80 Englisch, 63 Hindi, 61 Spanisch, 53 russisch, 35 Arabisch, 33 Bengali, 31 Portugiesisch, 26 Malaiisch-Indonesisch, 22 Japanisch, 22 Französisch, 21 Deutsch und 398 andere Sprachen.
- 329 Bewohner des globalen Dorfes waren damals Christen (davon 187 Katholiken, 67 Protestanten und 75 Andere), 178 Muslime, 60 Buddhisten sowie 301 Nicht-Religiöse, Atheisten und Andere.

4.2 Interkulturelles Marketing

Neben anderen Einflussfaktoren sorgt die ethnisch-sprachliche-konfessionelle Vielfalt dafür, dass die Bewohner des globalen Dorfes unterschiedliche Bedürfnisse und Gewohnheiten haben und sich unterschiedlich verhalten. Diese Diversität konfrontiert global orientierte Unternehmen mit erheblichen Herausforderungen. Automobilhersteller etwa, die einen Beitrag zum Kampf gegen den Klimawandel und zur Begrenzung der Benzinpreise leisten wollen, müssen davon ausgehen, dass nur der europäische Markt in größerem Umfang ökologisch „vernünftige" Klein- und Mittelwagen akzeptiert. In den USA und vielen wesensverwandten Märkten hingegen müssen Automobile – nach einer kurzen Phase der Besinnung – wieder vor allem groß sein (d.h. Light Trucks wie Geländewagen, Pick Ups und große Vans). Chinesen und andere prestigebewusste Käufer wiederum legen vor allem Wert auf Statussymbole (d.h. Luxusmarken).

Zetsches Welt

„In Deutschland ist es ungemütlich geworden für den *Daimler*-Chef. Im Emirat Abu Dhabi hingegen scheint nach einem heftigen Gewittersturm wieder die Sonne, auch auf *D. Zetsche*. Der Konzernchef ist mit seinen wichtigsten Managern angereist, um den Medien die andere Seite der *Mercedes*-Welt zu zeigen. Die Scheiche in Abu Dhabi sind fasziniert von der Strahlkraft des Sterns. Sie glauben an *Zetsches* Strategie. Wären sie sonst mitten in der großen Branchenkrise mit Milliarden bei *Daimler* eingestiegen? Hätte ihr Investmentfonds *Aabar* sonst den Kauf des eigenen Formel-1-Rennstalls mitfinanziert? In der Boxengasse des frisch aus dem Sand gestampften *Ras Marina Circuit* steht der neue Flügeltüren-Supersportwagen *Mercedes SLS* zum Test bereit. Rennfahrer *N. Rosberg* führt das jüngste Produkt, ein Cabriolet der E-Klasse, vor. *Aabar*-Chef *Mohamed Badawy Al-Husseiny* sagt mit leuchtenden Augen: ‚Das Investment hat sich für uns schon jetzt gelohnt.' Reiche Araber können – Krise hin oder her – gar nicht genug solcher Prunkautos in ihrer Garage haben. Ein Unternehmen. Zwei Länder. Verschiedene Welten. Sie zeigen, welchen Spagat der Manager mit dem Walross-Schnauzer bewältigen muss. Für die Kunden am Golf oder in China sollte ein richtiger *Mercedes* schon 500 PS haben. Zu Hause sind bereits mehr als fünf Liter Verbrauch anstößig" (Lamparter 2009, S. 21).

Die Metapher „Global Village" (Ger 1999) bzw. „Flat World" (Friedman 2005) drückt überdies aus, dass in der zunehmend vernetzten Weltwirtschaft selbst lokale Unternehmen – ob sie es wollen oder nicht – sich im globalen Wettbewerb behaupten müssen: Auch, wer ihn nicht sucht, wird vom grenzenlosen Wettbewerb heimgesucht: „Local firms without venturing abroad are competing with global corporations" (Tsui 2007, S. 426).

4.2.2 Differenzierte Standardisierung: ein Ausweg aus dem Standardisierungs/Differenzierungsdilemma

International bzw. global tätige Unternehmen stehen häufig vor einem Dilemma: Einerseits verbietet es der aufgrund des zunehmend globalen Wettbewerbs weltweit wachsende Kostendruck, das Marketingkonzept den jeweiligen länderspezifischen Besonderheiten anzupassen. Andererseits scheiterten global standardisierte Strategien in der jüngeren Vergangenheit allzu häufig. Dieses sog. S/D-Problem wird in Teil C-1.2.3 ausführlich diskutiert.

Die in Teil C-3 vorgestellte Strategie der „Differenzierten Standardisierung" trägt der Einsicht Rechnung, dass in einer Vielzahl von Fällen weder weltweite Standardisierung noch vollständige Differenzierung in ihrer jeweils reinen Form praktisch umsetzbare Strategien sind (vgl. Müller/Kornmeier 1995a/b).

Auch die Unternehmen präferierten in der Folge mehrheitlich die in Abb. 21 beschriebenen Mischformen, die mit dem Konzept des Kulturraumes der klassischen Maxime „So viel Standardisierung, wie möglich, so viel Differenzierung, wie nötig" Rechnung tragen. Kulturräume, d.h. kulturell homogene Cluster von Ländermärkten von Kundenmärkten, können standardisiert bearbeitet werden.

Abb. 21: Differenzierte Standardisierungsstrategien zur Bewältigung des Standardisierungs/Differenzierungsdilemmas

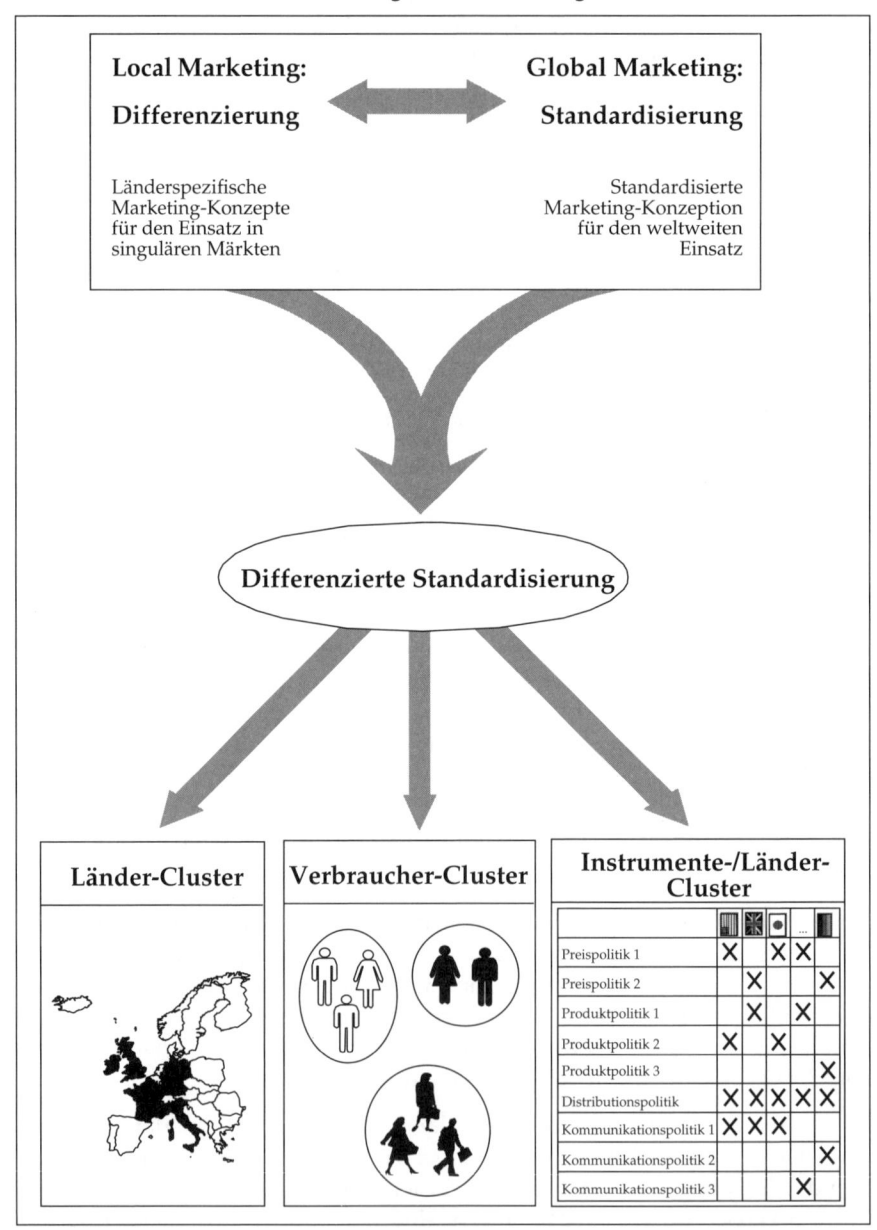

4.2 Interkulturelles Marketing

Zwischen den Kulturräumen aber muss unter folgenden Voraussetzungen differenziert werden:
- Es sollen kultursensible Leistungen vermarktet werden.
- Die Kulturräume unterliegen dem Einfluss unterschiedlicher Werte.
- Differenzierungsvorteile (z.B. Anpassung an kulturspezifische Qualitätserwartungen) beeinflussen die Entscheidungen der Käufer stärker als mögliche Standardisierungsvorteile (zumeist Kostenvorteile).

Ins Zentrum der Diskussion rückte nun die Frage, wie man Kulturräume objektiv bestimmen kann (vgl. Bauer 2009): z.B. kulturell homogene Länder-Cluster, Kunden-Cluster und Instrumente/Länder-Cluster.

Ländercluster

Kulturell homogene Auslandsmärkte werden als Einheit betrachtet und (weitgehend) gleichartig behandelt. So mag es für einen Hersteller von Spielen ratsam sein, angesichts des Übergewichts individualistischer Werte in angelsächsischen Ländern in diesem Kulturraum ein eher konkurrenzorientiertes Sortiment anzubieten. In dem Cluster „Mittelmeerländer", wo vermehrt kollektive Wertvorstellungen Anklang finden, versprechen hingegen Familienspiele, bei denen der Erfolg des Einzelnen nebensächlich bzw. gar unerwünscht ist, bessere Absatzchancen.

Verbrauchercluster

Bei Angeboten, die sehr selektiv sind, können Streuverluste vermieden werden, wenn man sich auf Zielgruppen konzentriert, die weltweit oder in einer bestimmten Region hinreichend zahlreich nachweisbar sind. Innerhalb des westeuropäischen Marktes etwa bieten die *Euro Socio-Styles* der *GfK-Lebensstilforschung* Entscheidungshilfe (vgl. Teil C-3.3.). So finden Fair Trade-Produkte und andere Angebote, welche dem Nachfrager erhöhte Beschaffungskosten bzw. -anstrengungen abverlangen (z.B. Energiesparprodukte), überall dort günstige Bedingungen vor, wo Angehörige des Authentic World-Styles überproportional häufig vertreten sind. Denn dieser Typus zeichnet sich dadurch aus, dass er nicht nur mit seinen Einstellungen, sondern auch mit seinen Handlungen hohen moralischen Ansprüchen gerecht zu werden versucht. Veranstalter von Kreuzfahrten sollten sich auf das Steady World-Segment fokussieren: traditionsbewusste, konformistische Senioren mit mittlerem bis gehobenen Lebensstandard, die ihren Ruhestand genießen wollen.

Instrumente/Länder-Cluster

Manchmal können Unternehmen das S/D-Problem auch dadurch lösen, dass sie manche Marketinginstrumente standardisieren und andere differenzieren. Ayal/Nachum (1994) bspw. wiesen nach, dass diese Strategie auch auf Entwicklungsländer anwendbar ist, die gemessen an objektiven Kriterien (z.B. „Pro-Kopf-Werbeausgaben", „Verstädterungsgrad", „Kraftfahrzeuge je 1000 Einwohner") weit weniger homogen sind, als es diese Klassifizierung suggeriert. Demnach können ausländische Unternehmen Afghanistan, Guinea und Kenia distributionspolitisch gleichartig behandeln, nicht jedoch in preispolitischer Hinsicht. Für den standardisierten Einsatz dieses Instruments boten damals Bangladesch, Burma und Burundi günstige Voraussetzungen.

4.2.3 Erkenntnistheoretisches Anliegen

Stärker als das Internationale Marketing versucht das Interkulturelle Marketing, die lange Zeit deskriptive, teilweise vorwissenschaftliche Phase der Auseinandersetzung mit den Besonderheiten grenzüberschreitender Unternehmenstätigkeit zu überwinden. Man möchte Erklärungsansätze entwickeln, die es erlauben, vom Einzelfall abzusehen und, theoretisch begründet, Aussagen zu generalisieren, Prognosen zu erstellen, deren Gültigkeit zu überprüfen etc. Dass bspw. einige südostasiatische Länder (z.B. China, Südkorea) sich ökonomisch dynamisch entwickeln, während andere (z.B. Pakistan, Bangladesch) stagnieren, kann man vergleichsweise leicht feststellen, etwa anhand von Statistiken der *OECD*. Aber warum? Zeichnet dafür das in Kultur und Religion verankerte jeweilige Wertesystem (z.B. Leistungsmotivation, Zeitverständnis) verantwortlich? Oder liegt es eher an der unterschiedlichen Leistungsfähigkeit und Verlässlichkeit von Institutionen, deren Aufgabe es ist, für Rechtssicherheit zu sorgen?

Weiterhin möchte man Strategien und Taktiken, die sich in einem bestimmten kulturellen Kontext bewährt haben, auf kulturell vergleichbare Märkte übertragen können (d.h. „multiplizieren" und damit die Effizienz der Marktbearbeitung entscheidend steigern). Dazu werden Länder bzw. Kulturen, deren Mitglieder vergleichbare Wahrnehmungs-, Emotions-, Denk- und Verhaltensmuster aufweisen, zu Kulturclustern zusammengefasst.

Vor allem aber ermöglicht es der interkulturelle Denkansatz, Wissen zu generalisieren und auf dieser Basis sachgerechte Entscheidungen zu treffen. Ein Automobilhersteller bspw. wird angesichts der charakteristischen Unterschiede zwischen dem maskulinen und dem femininen Kulturtypus in maskulinen Ländermärkten vermutlich Werbebotschaften einsetzen, die Dynamik und Aggressivität ausstrahlen, während in femininen Kulturen Appelle an Bedürfnisse wie Sicherheit und Fürsorglichkeit mehr Erfolg versprechen.

Ein weiteres Beispiel: Ein Markenartikelhersteller steht vor der Entscheidung, welche Markenstrategie er im südamerikanischen Markt verfolgen soll. Ein Blick auf die Kulturprofile von Brasilien, Chile, Kolumbien etc. offenbart, dass diese Länder einem Kulturraum angehören, der vom Streben nach Ungewissheitsvermeidung wie auch von der Akzeptanz von Machtdistanz geprägt ist (vgl. Abb. 22). Daraus ergeben sich folgende Überlegungen:
- Gesellschaften, die Machtdistanz akzeptieren, legen Wert auf soziale Differenzierung und die Demonstration hierarchischer Unterschiede.
  → Premiummarken sind Statussymbole und deshalb geeignet, auf den sozialen Status des Markenbesitzers bzw. Markenkonsumenten hinzuweisen.
- Gesellschaften, die bestrebt sind, Zustände von Unsicherheit zu vermeiden, legen Wert auf Qualitäts- und andere Signale, die Sicherheit vermitteln (z.B. Test- und Gütesiegel).

→ Die entscheidende Funktion von Marken im Allgemeinen und Premiummarken im Besonderen ist die Risikoreduktion.
- Fazit: Premiummarken entsprechen den kulturtypischen Bedürfnissen der Konsumenten in Südamerika – die erforderliche Kaufkraft vorausgesetzt.

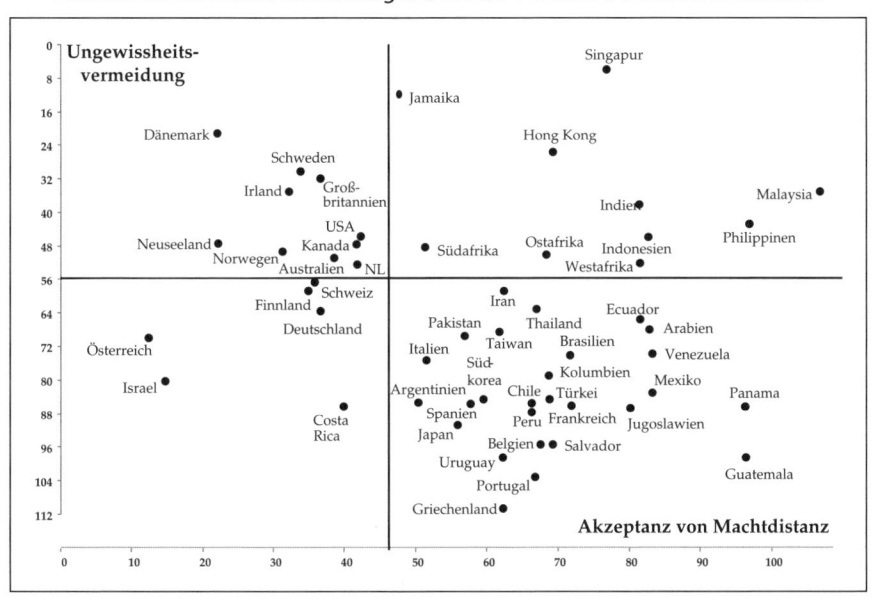

Abb. 22: Kulturräume nach Maßgabe zweier Hofstede-Kulturdimensionen

Ausgehend von der Standardisierungs/Differenzierungs-Debatte sowie der Strategie der Marktsegmentierung zielt Interkulturelles Marketing darauf, kulturell homogene Cluster von Ländermärkten zu identifizieren, die standardisiert bearbeitet werden können, sei es ein einzelnes Marketing-Instrument oder insgesamt. Dazu bedarf es der Unterstützung einer Reihe von „Hilfswissenschaften": einerseits der multivariaten Datenanalyse und andererseits verschiedener sozial- und geisteswissenschaftlicher Disziplinen (z.B. Kulturvergleichende Psychologie). Mit ihrer Hilfe ist es möglich, Ländermärkte mit Blick auf ihre Landeskultur zu typisieren und allein aus der Zugehörigkeit zu einem Kultur-Cluster (d.h. ohne weitergehenden Marktinformationen zu beschaffen) Empfehlungen für einen erfolgversprechenden Einsatz des Marketinginstrumentariums abzuleiten.

4.3 Intrakulturelles Marketing

4.3.1 Überblick

In einer weiteren und vorläufig letzten Entwicklungsphase des kultursensiblen Marketing rückten die innerhalb eines Landes bestehenden kulturellen Unterschiede in den Fokus der Aufmerksamkeit. Denn die zumeist stillschweigende Unterstellung, dass Nationen kulturell homogen sind und deshalb „Nation" und „Landeskultur" gleichgesetzt werden können, ist in den meisten Fällen nicht haltbar. Wie das Beispiel Indien demonstriert, ist vielmehr kulturelle

Vielfalt die Regel (vgl. Abb. 23). Kulturell homogene Nationalstaaten wie Dänemark (= mehr als 90% Dänen) oder Japan (= mehr als 97% Japaner) sind die Ausnahme.

Abb. 23: Sprachliche & religiöse Vielfalt Indiens

Sprache			Religion						
			Hindus	Muslime		Christen	Sikhs	Buddhisten	Dschainas[1]
				Sunniten	Schiiten				
			896,8	109,3	40,3	25,6	21,2	9,8	12,3
Indo-Arische Sprachen	Hindi	456,7							
	Bengali	90,2							
	Marathi	77,8							
	Urdu	55,7							
	Oriy	35,6							
	Pandschabi	31,2							
	Asamiya	14,5							
	Kashmin	5,6							
Drawida Sprachen	Telugu	80,2							
	Tamil	65,7							
	Kannada	41,2							

[1] einschl. Adivasi, Bahai, Parsen u.a.

Quelle: Fischer Weltalmanach (2012; Angaben in Mio. Menschen).

Allerdings ist zu bedenken, dass „homogen" und „heterogen" oder „fremd" und „eigen" unscharfe Gegensätze sind: „Aus der entfernten Sicht der anderen Kulturen, also etwa aus dem Blickwinkel eines Chinesen mit konfuzianischen Wurzeln oder eines Japaners, Malaien, Inders oder auch mit den Augen eines Orientalen, Iraners, Arabers oder Afrikaners gesehen, schrumpfen die Gegensätze der Nationalitäten und Mentalitäten, der verschiedenen Konfessionen zu einem diffusen Begriff vom „Westen" zusammen. Fragt man dagegen die Europäer selber, so sind es die Unterschiedlichkeiten, meist kleine Dinge wie die italienische Art, mit den Händen zu reden, die skandinavische geschmackvolle Wohnung, die englische Liebe zu Gärten. Es ist die Art, Feste zu feiern, die Toten zu bestatten, die Gabel zu führen, unsere Essgewohnheiten und Kleidersitten. Hierin, wie natürlich auch in den großen Identitätssymbolen nationaler und religiöser Art, wird das je Eigene erkannt" (Nordhofen 1997, S. 40).

Innerhalb von Nationalstaaten begegnet uns kulturelle Diversität auf vielfältige Weise:
- In Italien (Nord- vs. Süditaliener), Belgien (Flamen vs. Wallonen), der Schweiz (Deutsch-, Französisch-, Italienisch- und Rätoromanisch-Sprachige) und vielen anderen Fällen lässt sich kulturelle Diversität eines Nationalstaates regional erfassen und relativ eindeutig abgrenzen. Hier kann Interregionales Marketing betrieben werden (vgl. Teil A-4.3.2).

- Die verschiedenen Migrationswellen haben dafür gesorgt, dass in den meisten Nationalstaaten Menschengruppen mit unterschiedlichem Migrationshintergrund leben. Aufgrund des Arbeitskräftemangels wanderten in Deutschland seit den 1960er-Jahren Griechen, Italiener, Spanier, Türken und andere in großer Zahl ein. Und anlässlich der Implosion des „Ostblocks" kamen in den 1990er-Jahren hauptsächlich Menschen aus der ehemaligen Sowjetunion und Ex-Jugoslawien hinzu. Ethno-Marketing trägt diesen Unterschieden Rechnung (vgl. Teil A-4.3.3).
- In jeder Gesellschaft entwickeln sich Subkulturen mit eigenständigen Werten, die sich teils mehr (z.B. Punks), teils weniger (z.B. Jugendkultur) bewusst von dem Werteprofil der Mehrheitskultur abgrenzen und sich selbst als Gegenkultur inszenieren. Da das Marktpotential vieler Subkulturen begrenzt ist, entwickelt sich das Subkulturen-Marketing nur zögerlich (vgl. Teil A-4.3.4).
- Manager entwickeln eine multiple kulturelle Identität. Neben ihrer Landeskultur beeinflussen die Unternehmenskultur ihres Arbeitgebers und dessen Branchenkultur ihr Denken und Handeln. Das Interkulturelle Management befasst sich mit derartigen Themen unter dem Stichwort ‚third culture' (vgl. Teil A-4.5).

Mit Blick auf Belgien etwa wird kulturelle Diversität vorrangig sprachlich definiert, mit Blick auf die USA hingegen primär ethnisch (vgl. Abb. 24). Zugleich zeigt diese Darstellung die Fülle an Analyseebenen, die sich ergeben, wenn man die Gleichsetzung von „Kultur" mit „Nation" aufgibt und im Forschungsdesgin der innerhalb von Nationen bestehenden kulturellen Vielfalt Rechnung trägt. Angenommen, man wollte innerhalb des individualistischen Kulturkreises vorhersagen, mit welcher Wahrscheinlichkeit US-amerikanische Bankkunden (= Vertreter des eher unsicherheitstoleranten Typus; UAI = 46) und belgische Bankkunden (= Vertreter des unsicherheitsaversen Typus; UAI = 94) einen neuartigen Investmentfonds mit Renditegarantie kaufen würden (= interkulturelle Perspektive). Diesen einfachen Zwei-Gruppen-Vergleich müsste man aus intrakultureller Sicht in nicht weniger als 22 Untergruppenanalysen überführen (bspw. hispanische vs. asienstämmige Amerikaner, aber auch hispanische Amerikaner vs. niederländisch-sprachige Belgier). Angesichts der Vielzahl an Analysemöglichkeiten genügt es, sich einen Vier-oder-mehr-Länder-Vergleich vorzustellen, um die Grenzen intrakultureller Forschung ermessen zu können.

4.3.2 Interregionales Marketing

Die deutsche Nation ist tief gespalten: In Süddeutschland kommen zumeist Nudelgerichte auf den Tisch, in Norddeutschland hingegen Kartoffelgerichte. Auch präferieren die „Fischköpfe" gebundene Suppen, während jenseits des Mains im Regelfall klare Suppen aufgetischt werden. Und an Weihnachten warten die norddeutschen und die süddeutschen Kinder nicht auf die gleichen Helfer (vgl. Stolz 2011): Seit Mitte des 19. Jahrhunderts beglückt in den nördlich-protestantischen Gebieten Deutschlands der Weihnachtsmann die Kinder. Im katholischen Süden hingegen lässt das Christkind die Augen der Kleinen erstrahlen, während im östlich gelegenen Erzgebirge zur Weihnachtszeit Knecht

Ruprecht sehnsuchtsvoll erwartet wird. Denn dort droht der Begleiter des deutschlandweit bekannten Nikolaus nicht, wie sonst, mit der Rute, sondern führt die guten Gaben mit sich.

Abb. 24: Kombination von interkultureller & intrakultureller Forschungsstrategie

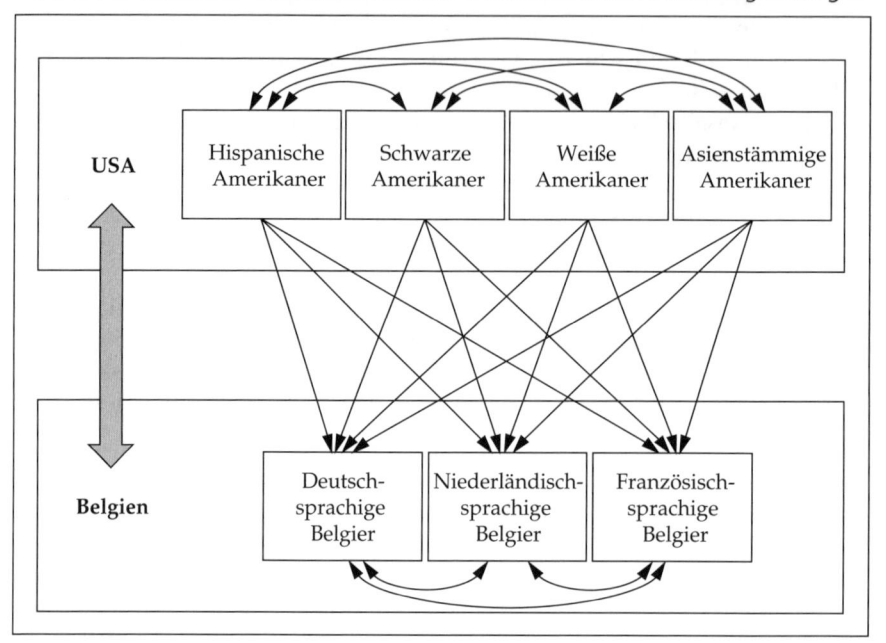

USA	Hispanische Amerikaner	Schwarze Amerikaner	Weiße Amerikaner	Asienstämmige Amerikaner
Belgien	Deutschsprachige Belgier	Niederländischsprachige Belgier	Französischsprachige Belgier	

Viele andere Nationen leben gleichfalls mit einem Nord/Süd-Schisma. Im Falle Frankreichs hat dies spätestens der Film „Les Styx" einer breiten Öffentlichkeit humorvoll vor Augen geführt. Die leichte Olivenöl-Küche der mediterranen Regionen Frankreichs und die schwere, auf Butter gegründete Küche des Nordens symbolisieren die Lebensfreude der Bewohner der Provence einerseits und die Erdenschwere von Bretonen und Normannen andererseits. In kaum einem anderen Land wird die Nord/Süd-Polemik allerdings mit derartiger Verbitterung zelebriert wie in Italien, wo die *Lega Nord* mit ihrer Forderung nach der Abspaltung der reichen Nordens vom armen Süden Wahlsiege feierte und das Land paralysierte.

Padanien

„Erdfresser hat *Lega Nord*-Chef *U. Bossi* Italiens Staatspräsidenten am vorletzten Tag des alten Jahres genannt. So beschimpft man im Norden Süditaliener, und der Ausdruck ist weit rassistischer und verächtlicher als etwa das bayerische Wort für Norddeutsche: Fischkopf. Rassismus und obszöne Gesten gehörten seit je zum rüpelhaften Stil *Bossis* und seiner Nordpartei. […] Als Teil der nationalen Regierung konnte sie ihre ursprüngliche Rolle des angeblichen Retters von Padanien nicht erfüllen: Jener laut *Lega*-Propaganda historisch begründeten Fiktion eines Reichs der acht Nordregionen Italiens. Die Mär von Padanien ist Kern der Ideologie des Lombarden *Bossi*" (Bachstein 2012, S. 7).

Andere Länder sind in Ost/West-Richtung gespalten. In Polen und der Ukraine etwa stehen die westlichen und vergleichsweise fortschrittlichen Landesteile einem ökonomisch rückständigen Osten gegenüber. In all diesen und weiteren Märkten sind regional differenzierte Marketingstrategien das Mittel der Wahl. Sie sind Gegenstand des Interregionalen Marketing, welches nicht mit Regionen-Marketing verwechselt werden sollte. Hammann (1995, S. 1167) versteht darunter die „Planung, Entwicklung und Umsetzung von Strategien zur Vermarktung regionaler Standorte".

Westpolen vs. Ostpolen

„Lubin boomt. Das Rathaus mit seinem Turm ist frisch renoviert. Das gilt auch für die Häuser in der Innenstadt, die noch aus der deutschen Zeit stammen. Das Kraftwerk hat eine moderne Filteranlage bekommen. [...] Mit 350.000 Einwohnern ist Lublin fast fünfmal so groß wie Lubin. Hier gibt es keine rauchenden Fabrikschlote, dafür ein Dutzend Kirchen und Klöster. [...Lubin und Lublin stehen] für die Zweiteilung Polens, die wirtschaftliche wie die politische und die mentale. Der Westen und Norden wählt proeuropäische Kandidaten, die auf eine enge Zusammenarbeit mit den Deutschen großen Wert legen. [...] Die ‚Ostwand' aber, die an Litauen, Weißrussland und die Ukraine grenzenden Woiwodschaften, sind bislang vom großen Wirtschaftsboom abgeschnitten. Und im Alltag gibt es hier kaum Kontakte mit den deutschen Nachbarn" (Urban 2011, S. 11).

4.3.3 Ethno-Marketing

Ausgangspunkt dieser Variante des kultursensiblen Marketing sind die unterschiedlichen Werte, Lebensstile und Konsumgewohnheiten der ethnisch differenzierten Wohnbevölkerung eines Landes.

4.3.3.1 Ethnische Heterogenität

Kaum eine Gesellschaft ist ethnisch homogen. Der Regelfall ist ethnische Vielfalt. Nach Angaben der *OECD* leben weltweit annähernd 200 Mio. Menschen als Migranten längerfristig außerhalb ihres Herkunftslandes. Gemessen an ihrer Gesamtbevölkerung beherbergen Australien und die Schweiz besonders viele Migranten (jeweils etwa 23 %), während in Finnland und Ungarn auffallend wenige Ausländer leben: jeweils nur 3 % der Bevölkerung. Deutschland rangiert mit 9,2 % im Mittelfeld (vgl. Tab. 13).

Der Vergleich dieser Quoten mit Daten, welche die *Friedrich-Ebert-Stiftung 2011* im Rahmen ihrer Studie zu „Intoleranz, Vorurteilen und Diskriminierung in Europa" erhoben hat, zeigt: Die in den meisten Ländern unübersehbaren rassistischen Tendenzen lassen sich nicht mit dem Anteil der Migranten an der Wohnbevölkerung dieser Länder erklären. So findet ausgerechnet ein Großteil der polnischen und der ungarischen Probanden, deren Heimatländer keine nennenswerte Zuwanderung haben, dass es „zu viele Muslime in Polen bzw. Ungarn gibt". Da überdies 69,2 % der in Ungarn und 49,9 % der in Polen Befragten finden, „Juden haben zu viel Einfluss", liegt die Vermutung nahe, dass ⇒ Rassismus die eigentliche Triebfeder migrationsfeindlicher Einstellungen ist. Dafür spricht auch das jeweilige Ausmaß der Zustimmung zu dem Statement „Manche Kulturen sind anderen überlegen": Polen = 49,4 %, Deutschland = 41,6 %, Ungarn = 38,5 %, Niederlande = 37,9 %, Frankreich = 29,4 %, Italien = 28,6 %, Großbritannien = 20,1 %.

Tab. 13: Migration & Intoleranz in Europa

	Anteil ausländischer Bevölkerung (1/2013, in %)	Es gibt zu viele Muslime in unserem Land (Zustimmung, in %)	Zuwanderer bedrohen meine Lebensweise und meine Werte (Zustimmung, in %)
Schweiz	23,3	k.A.	k.A.
Österreich	11,2	k.A.	k.A.
Deutschland	9,2	46,1	9,9
Griechenland	8,8	k.A.	k.A.
Großbritannien	7,5	44,7	18,6
Schweden	6,7	k.A.	k.A.
Frankreich	5,8	36,2	14,7
Niederlande	4,1	41,5	12,2
Ungarn	3,3	60,7	28,6
Polen	0,1	47,1	5,8

Quelle: Bundesamt für Migration; Friedrich-Ebert-Stiftung.

In allen Epochen der Menschheitsgeschichte haben Kriege, wirtschaftliche Krisen, Hungersnöte etc. Völkerwanderungen ausgelöst und für ethnische Vielfalt gesorgt. So betrachten sich 46 Mio. der mehr als 300 Mio. US-Amerikaner als deutschstämmig. Während deren vergleichsweise gute Integration die These vom „Schmelztiegel USA" (vgl. Glazer/Moyniham 1956) zu bestätigen scheint, spricht die Einwanderungsgeschichte der meisten anderen Volksgruppen (z.B. „Chinatown", „Little Italy") eher dafür, dass es sich dabei um einen Mythos handelt.

Die Mär vom Melting Pot

„Im Gegensatz zu der in der Unabhängigkeitserklärung der Vereinigten Staaten von Amerika formulierten moralischen Norm (,That all men are created equal') interpretierte die Mehrheit der Amerikaner ihren neuen Staat als eine weiße, angelsächsische und protestantische Nation. Die Indianer wurden dezimiert und von der Nation ausgeschlossen, im amerikanischen Süden blieben den Schwarzen die Bürgerrechte noch bis in die 1960er-Jahre vorenthalten. Die Einwanderung von Katholiken in das kalvinistisch geprägte Amerika des 19. Jahrhunderts barg sogar weit mehr sozialen und politischen Zündstoff als heute die Einwanderung von Moslems in säkularisierte westliche Gesellschaften. Das 1913 eingeführte Quotensystem war ein Versuch, die Einwanderung ethnischer und religiöser Gruppen zu beschränken oder zu verhindern, die – wie Katholiken, Juden oder Asiaten – als ,unamerikanisch' oder gar als unfähig angesehen wurden, ,echte' Amerikaner zu werden. Der kulturelle Nationalismus der amerikanischen Einwanderungspolitik wurde erst in den späten 1960er-Jahren überwunden, als eine neue Masseneinwanderung aus Lateinamerika, Asien und Afrika zugelassen und Amerika zur ersten kosmopolitischen Republik wurde" (Oberndörfer 1996, S. 39).

Dass viele Migrantengruppen sich nicht integrieren, gilt auch für die mittlerweile größte ethnische Zielgruppe in den USA: die 52 Mio. Hispanics. Sie machen 16,7 % der Bevölkerung dieses multiethnischen Staates aus. Kaum ein amerikanisches Unternehmen verzichtet noch darauf, dieses Segment gezielt anzusprechen. Allerdings versuchen die meisten, „mit lauter Partymusik und

Bildern von der ewigen Fiesta die Seele und den Geldbeutel der Latinos zu erreichen. „Aber das funktioniert nicht", warnt R. *Gomez*, Marketingdirektor von *Groundrush Media* in Atlanta, einer Werbeagentur, die auf Ethno-Marketing spezialisiert ist. „Bei uns Hispanics geht es um die Familie, um Werte, um kulturelle Wurzeln." Richtig macht es *Home Depot*, die größte Baumarktkette in den USA, mit ihrer interkulturellen Farbenkampagne. Sie führte 2005 die Serie „Colores Origines" ein. Die Farben haben schillernde Namen:
- „Mango Jugoso" (fruchtige Mango),
- „Mojo Torero" (Stierkämpfer-Rot) oder
- „Azul Cielito Lindo" (lieblicher blauer Himmel).

Namen, die bei den potenziellen Kunden Erinnerungen an Vertrautes wachrufen. Die Farbpalette wurde zum Verkaufsschlager. Auch mit anderen Projekten spricht *Home Depot* die wachsende Käufergruppe an: In allen US-Filialen ist die Beschilderung zweisprachig, englisch und spanisch. Außerdem schaltet der Baumarktriese regelmäßig Werbekampagnen in hispanischen Medien" (Ridderbusch 2008, S. 33).

Zur Gruppe der kulturell heterogenen Länder gehören weiterhin Kanada (englischsprachige/französischsprachige Kanadier), Belgien (Flamen/Wallonen), Spanien (Basken/Galicier/Kastilienser/Katalanen) und Israel (liberale/ultraorthodoxe/arabischsprachige/russischsprachige Juden). Wie das Schicksal der gescheiterten Vielvölkerstaaten Sowjetunion und Jugoslawien belegt, erwachsen aus kultureller Vielfalt häufig existenzgefährdende sozio-politische Fliehkräfte, sofern nicht Gegengewichte für Stabilität sorgen. Dies können sein ...
- wirtschaftlicher Erfolg (wie im Falle der USA),
- gemeinsame Ideologie (wie im Falle Israels) bzw.
- zentralistische Staatsgewalt (wie im Falle Chinas).

In vielen Fällen ist die ethnische Heterogenität größer, als es auf den ersten Blick scheint. Wer bspw. Südafrika nur in eine „schwarze" und eine „weiße Kultur" unterteilt, wird der dort bestehenden Vielfalt nicht gerecht. Denn die weiße Bevölkerung stammt von Siedlern ab, die insb. aus den Niederlanden, aus Deutschland oder aus Großbritannien eingewandert sind und ihren Nachkommen ein unterschiedliches kulturelles Erbe hinterlassen haben. Die farbige Bevölkerung Südafrikas zerfällt in noch mehr Ethnien:
- Bantu-Völker, hauptsächlich mit der Untergruppe der Nguni (Swasi, Xhosa, Zulu),
- mit Bantu und Weißen vermischte Nachkommen der Hottentotten,
- Nachkommen der Inder, die auf Zuckerrohr-Plantagen arbeiteten.

Die meisten dieser Volksgruppen haben ihre kulturellen Eigenheiten zumindest teilweise bewahrt.

☛ Ethno-Marketing richtet sich an national abgrenzbare Zielgruppen, die einer anderen Ethnie als die Mehrheitsbevölkerung eines Staates angehören (Interkulturelles Marketing hingegen an transnationale Zielgruppen unterschiedlicher nationaler Herkunft). Ethno-Marketing bedeutet mehr, als einheimische Konzepte (z.B. Werbespots, Anzeigen, Gebrauchsanleitungen) in die jeweils andere Sprache zu übersetzen. Vielmehr gilt es, bei der strategischen Ausrichtung und im Marketing-Mix ethnisch zuordenbare Unterschiede

> in Werten, Lebensstil und Konsumgewohnheiten Rechnung zu tragen. Denn erfahrungsgemäß assimiliert sich nur ein Teil der ausländischen Mitbürger. Dass die Nicht-Assimilierer in Einwanderungsländern ihre kulturellen Eigenheiten und Wertvorstellungen teilweise sogar noch bewusster bzw. intensiver erleben und ausleben als in ihrem Geburtsland, lässt sich mit dem „in der Fremde" besonders virulenten Bedürfnis nach der vertrauten, nicht selten aber auch nur imaginierten und zumeist idealisierten kulturellen Identität erklären.

4.3.3.2 Ethno-Marketing in Deutschland

Einwanderungsland Deutschland

Durch die Einwanderung von „Gastarbeitern" z.B. aus Italien, Jugoslawien, Griechenland und Spanien wurde Deutschland nicht wirklich kulturell heterogen, wohl aber ein Land mit zahlreichen ethnisch abgrenzbaren Subkulturen. Je nach Datenquelle und Erhebungsmodus schwanken die Angaben allerdings etwas. Ende 2011 besaßen ...

- 8,9 % der 80,2 Mio. Einwohner Deutschlands nach Angaben des *Statistischen Bundesamtes* eine andere als die deutsche Staatsbürgerschaft,
- 7,7 % gemäß dem *Zensus 2011*,
- 8,4 % gemäß dem *Ausländerzentralregister (ASR)*,
- 8,7 % gemäß *Eurostat* und
- 9,0 % gemäß der sog. Bevölkerungsfortschreibung.

Die Liste der Herkunftsländer der ausländischen Mitbürger wird von der Türkei, Polen und Italien angeführt (vgl. Abb. 25). Aus den unmittelbaren Nachbarländern stammen neben 176 Tsd. Österreichern und 139 Tsd. Niederländern 114 Tsd. Franzosen, 42 Tsd. Tschechen, 38 Tsd. Schweizer, 19 Tsd. Dänen und 13 Tsd. Luxemburger.

Abb. 25: Ende 2012 in Deutschland lebende Ausländer (nach Herkunftsland, in Tsd.)

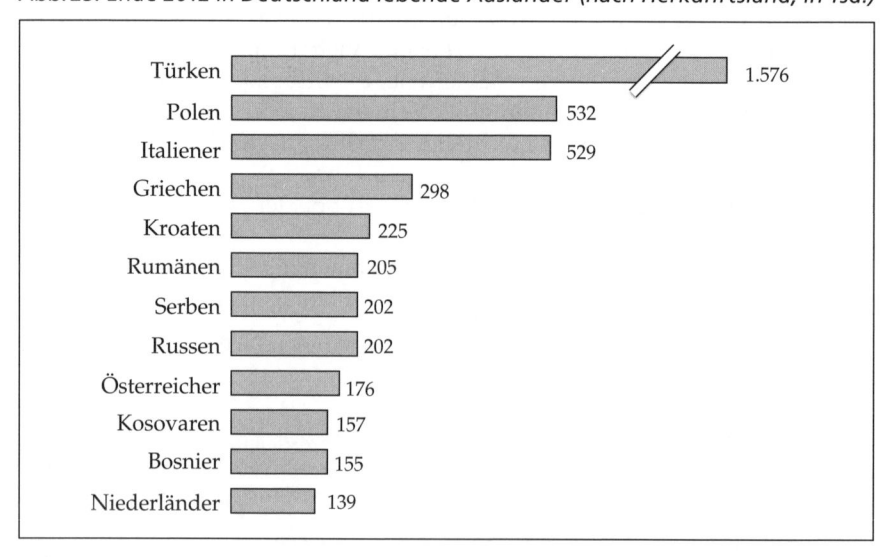

Herkunftsland	Anzahl (Tsd.)
Türken	1.576
Polen	532
Italiener	529
Griechen	298
Kroaten	225
Rumänen	205
Serben	202
Russen	202
Österreicher	176
Kosovaren	157
Bosnier	155
Niederländer	139

Quelle: Statista.

4.3 Intrakulturelles Marketing

Bezieht man allerdings die Migranten, die sich in all den Jahren haben einbürgern lassen, in die Betrachtung ein, so erkennt man, dass derzeit etwa 15 Mio. „Menschen mit Migrationshintergrund" in Deutschland leben. 3,3 Mio. haben ihre familiären Wurzeln in der ehemaligen Sowjetunion, 2,7 Mio. in der Türkei, 1,8 Mio. in Polen und 1,4 Mio. im ehemaligen Jugoslawien.

Unternehmen, die kultursensible Leistungen (z.B. Lebensmittel) anbieten und auf das Marktpotential von Zielgruppen mit Migrationshintergrund nicht verzichten wollen, sollten Ethno-Marketing betreiben. Zahlreiche Argumente sprechen dafür, u.a. …

- Erhebliches Nachfragepotential: Die Kaufkraft der 15 Mio. Bewohner Deutschlands „mit Migrationshintergrund" wird auf etwa 130 Mrd. € geschätzt.
- Ausgeprägte Konsumorientierung: Das „Ausländerpanel" der *Gesellschaft für Konsumforschung (GfK)* attestiert den Mitbürgern mit Migrationshintergrund eine bemerkenswerte Aufgeschlossenheit für neue Produkte: 82 % der Migranten und ihrer Nachkommen erproben gemäß Selbstauskunft gerne innovative Produkte (vs. 62 % der Deutschen). Und 52 % halten Werbung in Zeitungen und Zeitschriften für nützlich (vs. 33 % der Deutschen).
- Demographischer Wandel: Da Familien mit Migrationshintergrund überdurchschnittlich viele Kinder haben, entstammen mittlerweile fast 40 % der unter Vierzigjährigen diesem Teil der Bewohner Deutschlands (vgl. Seidel 2008). Dies spricht für eine wachsende Bedeutung der verschiedenen, ethnisch abgrenzbaren Zielgruppen.

Zielgruppe: Türken & türkischstämmige Deutsche

1988 berücksichtigte die *Einkommens- und Verbrauchsstichprobe* erstmals die in Deutschland lebenden Ausländer. Seitdem ist amtlich, was man vorher nur vermuten konnte: Unter anderem, dass in 43 % der türkischstämmigen Haushalte fünf und mehr Personen leben, während lediglich 7 % aller deutschen Haushalte derartige Großfamilien bilden. Für Hersteller von Konsumgütern bedeutet dies, dass es lohnenswert sein kann, zusätzlich zu dem bisherigen Angebot größere, in türkischer Sprache bedruckte Verpackungseinheiten anzubieten (bspw. als Zweitmarke).

Zu den klassischen Forschungsthemen der Konsumentenverhaltensforschung zählen seit den 1970er-Jahren die Besonderheiten von Kaufentscheidungen im Familienverbund (vgl. Spiro 1983; Davis 1976). Wie Schneider et al. (2010) am Beispiel von 75 deutschen und 75 türkischen Ehepaaren sowie 75 türkischstämmigen, in Deutschland lebenden Ehepaaren ermittelten, verlaufen die Kaufentscheidungen bei Migrantenfamilien im Regelfall anders als bei Familien, die aus dem Gastland (Deutschland) bzw. dem Herkunftsland (Türkei) stammen. Als entscheidende Moderatorvariable hat sich in dieser Studie der Grad der Akkulturation erwiesen: Während stark akkulturierte Migrantenfamilien dazu tendieren, die vergleichsweise egalitären Rollenvorstellungen ihres Gastlandes zu übernehmen, folgen nicht-akkulturierte Migrantenfamilien einem Rollenbild, das gemäß der *Marriage-Role-Attitude-Scale* noch patriarchalischer ist als das Rollenbild, das in der türkischen Vergleichsgruppe vorherrscht. Aufgrund ihrer besonderen Lebenssituation verschließen sich nicht-akkulturierte Migrantenfamilien offensichtlich sowohl dem Wertewandel in ihrem Gastland als auch den Veränderungen, die in ihrem Herkunftsland zu beobachten sind.

Weiterhin ist bekannt, dass die türkischstämmigen Bewohner Deutschlands – wie die anderen Ethnien auch – überdurchschnittlich jung sind (vgl. Abb. 26). Sie gelten als ausgesprochen konsumfreudig und kaufen eher markenbewusst als preisbewusst ein. Angesichts einer Kaufkraft von mehr als 20 Mrd. € bedeutet dies aus Marketingsicht, dass die zweite und dritte Generation der türkischstämmigen Deutschen eine überaus interessante Zielgruppe ist, die „längst nicht mehr für das Häuschen in der Türkei spart, sondern für das erste eigene Auto oder für Wohneigentum in Deutschland" (Sommer 2011).

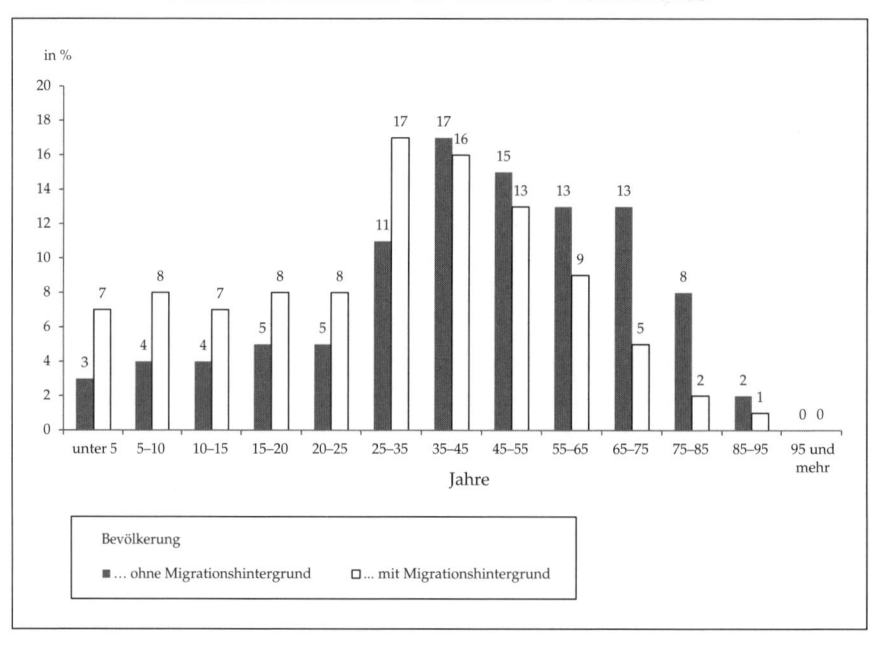

Abb. 26: Altersstruktur der Bewohner Deutschlands

Hinzu kommt eine überdurchschnittliche Aufgeschlossenheit für (TV-)Werbung. In den Wohnungen der türkischstämmigen Bewohner Deutschlands laufen – wie in vielen Migrantenhaushalten – die Fernsehgeräte fast „rund um die Uhr", und (Werbe-)Spots werden nicht als störend empfunden und „weg-gezappt". Auch auf Werbebriefe reagieren Türkischstämmige wesentlich aufgeschlossener als die deutsche Vergleichsgruppe. Wie Studien des *Market Research Service Center (MRSC)* und der *Gesellschaft für Innovative Marktforschung (GIM)* im Auftrag der *Deutschen Post* ergaben, ist die unter Deutschen weit verbreitete Werbeskepsis bzw. Werbereaktanz auch den anderen Zielgruppen des Ethno-Marketing weitgehend fremd (vgl. Tab. 14).

4.3 Intrakulturelles Marketing

Tab. 14: Eignung von Werbebriefen als Instrument des Ethno-Marketing

	Werbebrief erhalten	Werbebrief gelesen	Auf Werbebrief reagiert	Kauf bzw. Besuch am POS
Deutsche (2004, n = 502)	92	24	8	4
Spanier (2009, n = 501)	95	23	9	7
Griechen (2007, n = 507)	94	27	12	10
Russlandstämmige (2006, n = 500)	92	35	18	10
Türken (2005, n = 503)	90	50	17	11
Jugoslawienstäm. (2008, n = 500)	94	32	17	15
Polen (2007, n = 500)	97	36	21	16
Italiener (2006, n = 501)	74	38	23	18

Quelle: DPDHL / MRSC / GIM 2005 – 2009.

Allerdings meinten viele deutsche Unternehmen lange Zeit, diese Zielgruppe mithilfe des deutschsprachigen Fernsehens ansprechen zu können. Dies änderte sich erst, als repräsentative Umfragen und Mediennutzungsanalysen nachwiesen, dass die in Deutschland lebenden Türken zwar intensiv fernsehen, aber vorrangig türkisch-sprachige TV-Sender. Selbst die in Deutschland geborenen 14-19jährigen Türken akzeptieren – abgesehen von *RTL* und *Pro Sieben* – mehrheitlich nur Programme, die in ihrer Muttersprache ausgestrahlt werden. Den Unternehmen eröffnet dieses Mediennutzungsverhalten die Möglichkeit, die türkischstämmigen Bewohner Deutschlands gezielt und annähernd ohne Streuverlust zu umwerben. Da umgekehrt ihre deutschen Kunden keine türkischen Medien nutzen, sind auch keine Irritationen zu befürchten, wenn etwa *Haribo* Gummibärchen anbietet, die ‚helal' (bzw. ‚halal'), d.h. gemäß dem Koran „erlaubt" sind (in diesem Fall keine Schweinegelatine enthalten; vgl. Abb. 27).

Abb. 27: Helal-Goldbären

Quelle: www.haribo.com.

Zu den Unternehmen, die vergleichsweise frühzeitig die Notwendigkeit von Ethno-Marketing erkannten, zählt *Daimler*. Mitte der 1990er-Jahre, damals noch als *Mercedes-Benz* entwickelte der Automobilhersteller ein speziell auf die Bedürfnisse türkischer Kunden abgestimmtes Verkaufskonzept, in dessen Mittelpunkt das persönliche Gespräch steht: „22 türkische Verkaufsberater sind in Regionen aktiv, in denen, wie im Ruhrgebiet, Berlin und Stuttgart, überproportional viele Türken leben. Verkäufer in der Kreuzberger *Mercedes-Benz*-Niederlassung bitten ihre Landsleute vor dem Verkaufsgespräch erst einmal auf das eine oder andere Gläschen Tee in die Samowar-Ecke. „Viele Türken kommen auch einfach nur mal zum Small-Talk vorbei, das gehört dazu", berichtet *M. Arik*, Verkaufsberater in der Kölner Niederlassung. Beim Einkauf zählen für sie die Atmosphäre und ein vertrautes Gesicht. ‚Türken schätzen diese Mentalität der Gastfreundschaft. Deshalb versuchen wir, gute Gastgeber zu sein' " (Clemens 1996, S. 46).

Volkswagen Türkçe konuşuyor – Volkswagen spricht türkisch

„Die Sprache ist entscheidend. Die Sprache ist der Zugang zum Kunden, sagt *VW*-Mann *Mecher*. Und so kommt der erste Kontakt zum Kunden oft in türkischsprachigen Zeitungen wie *Hürriyet, Milliyet* oder *Türkiye* zustande. […] Oft laufen die Beratungsgespräche dennoch in deutscher Sprache ab. Wichtig ist, dass die Kunden türkischer Herkunft merken: Dieses Unternehmen geht auf uns zu. Und so ist die gesamte Beratung auch gefühlsbetonter angelegt als beim Verkaufsgespräch mit dem klassischen deutschen *Passat*-Kunden. Ein türkischer Kunde kauft ein Auto deutlich stärker nach emotionalen Gesichtspunkten als ein deutscher Kunde. Darauf müssen unsere Verkäufer eingehen können, sagt *Mecher*. Das bedeutet: Der Verkäufer muss genau wissen, was sich gerade in der ersten türkischen Fußball-Liga und in den türkischen Daily Soaps tut, die auch in Deutschland gesehen werden. Das kann sich lohnen: Einer unserer türkischsprachigen Mitarbeiter in Aachen verkauft über 200 Autos im Jahr. Er ist damit einer der Spitzenverkäufer in der *Volkswagen*-Handelsorganisation" (Seidel 2008, S. 16).

Die Mentalität, Geschäfte lieber per Handschlag als auf der Basis schriftlicher Verträge abzuschließen, bewog damals auch Versicherungen (z.B. *Hamburg-Mannheimer*) und Bausparkassen (z.B. *Wüstenrot*), türkischstämmige Mitarbeiter als Vertreter einzusetzen. Die *Deutsche Telekom* wiederum spricht mit Spezialtarifen für Gespräche in die Herkunftsländer, mit türkischsprachigen Servicemitarbeitern und mit einer in russischer Sprache betriebenen Hotline gezielt die wichtigsten Migrantengruppen an.

Bankada & Bankamiz

„Nicht einmal ein Jahr ist es her, dass sich die deutsche *Citibank* in *Targobank* umbenannte. Für ihre türkischen Kunden in Deutschland wechselte die Privatkundenbank im Sommer 2010 gleich noch einmal den Namen: Als *Bankada*, zu Deutsch etwa ‚Bankenfreund', will sie in der deutsch-türkischen Community ein Begriff werden. Damit folgt sie – mit einigen Jahren Verspätung – dem Vorbild der *Deutschen Bank*, die schon 2006 das Angebotskonzept *Bankamiz* für türkischstämmige Privatkunden entwickelt hatte. 50 *Bankamiz*-Filialen bieten türkischsprachige Berater, Instanbul-Motive auf den Kreditkarten und jährlich fünf kostenlose Überweisungen in die Türkei" (Sommer 2011).

Im Übrigen verkörpern auch die türkischstämmigen Bewohner Deutschlands keine homogene Zielgruppe. In manchen Fällen empfiehlt es, zwischen Sunniten, Alewiten, Jesiden und Surianern zu unterscheiden: Nur die Alewiten sind ihren Frauen gegenüber liberal eingestellt, und nur den Sunniten ist der Genuss von Alkohol verboten.

4.3 Intrakulturelles Marketing

Zielgruppe: Russlanddeutsche & in Deutschland lebende Russen

Mittlerweile leben 3,3 Mio. Russischsprachige in Deutschland. Die meisten von ihnen tragen deutsche Namen und werden in der Bevölkerungsstatistik als Deutsche geführt. Daher übersahen anfänglich viele Unternehmen, dass nur ein Drittel der Spätaussiedler Deutsch sprach, und taten sich entsprechend schwer, Zugang zu dieser nachfragestarken Zielgruppe zu finden. Ihre jährlichen Einkäufe summieren sich zu 37 Mrd. €. Die Konsumfreude der russischsprachigen Bewohner Deutschlands äußert sich nicht zuletzt in einer auffallend geringen Sparquote.

Wie *W. Silakow* von der *PMI*-Werbeagentur berichtet, kann man in der netzwerkartig organisierten Community der Russlanddeutschen mit wenig Geld große Wirkung erzielen, z.B. durch eine „russische Hotline". Da die eigenen vier Wände zum „russische Lebensgefühl" gehören, hat vor allem das Baugewerbe die Einwanderer aus den GUS-Staaten als Zielgruppe entdeckt. „Alles, was mit Bauen zu tun hat, liegt in der Mentalität unserer Leute. Sie versuchen sofort, sich ein eigenes Heim aufzubauen" (*L. Brinster* von der Ethno-Marketing-Agentur *K & D* in Hannover). Während Türken eindeutig den audio-visuellen Medien den Vorzug geben, informieren Russlanddeutsche sich vorzugsweise mithilfe einer der 40 russischen Zeitungen, die in Deutschland erhältlich sind. Wie bei allen ethnisch abgrenzbaren Zielgruppen spielt auch die Mund zu Mund-Propaganda eine überragende Rolle.

4.3.4 Subkulturen-Marketing

Subkulturen sind Untergruppen bzw. Abspaltungen von der in einer Gesellschaft dominanten Kultur. Sie beziehen ihre Identität nicht aus einer gemeinsamen ethnischen Herkunft, sondern aus ihrem gemeinsamen soziokulturellen Hintergrund. Subkulturen verfolgen nicht (mehr) das Ziel der Integration in die Leitkultur, sondern betreiben kulturelle Segregation: Abspaltung.

Soziale Vergleiche, z.B. des Selbstbildes, orientieren sich nur noch an den Maßstäben der eigenen Gruppe. Der im Regelfall „selbstwert-schädliche" Vergleich mit den Standards der Majorität (= häufig Leistungsanforderungen) unterbleibt. Subkulturen konkurrieren nicht (mehr) mit der dominanten Kultur um die Legitimität von Wertvorstellungen, sondern entwickeln sich zur Gegenkultur. Deshalb weisen Gesellschaften mit ausgeprägten Subkulturen eine vergleichsweise geringe soziale Dynamik auf.

Für den chinesischen Markt ist aus dieser Sicht die „Generation Y" bedeutsam. Erstmals in der langen chinesischen Geschichte hatte diese Subkultur die Chance, das eigene Leben selbst in die Hand zu nehmen (d.h. den Beruf frei zu wählen, einen eigenen Lebensstil zu entwickeln etc.). Hinzu kommen ausgeprägtes Konsumdenken und wachsendes Markenbewusstsein sowie eine zunehmende Akzeptanz individualistischer Werte (vgl. Stanat 2006). Die „Generation Y" lebt schwergewichtig in Tier-1-Städten, wie Chinas Metropolen (Peking, Shanghai, Guangzhou etc.) gemäß einer Klassifikation der chinesischen Großstädte nach Einwohnerzahl und Kaufkraft genannt werden. Es folgen die Tier-2-Städte, zu denen u.a. Wuhan, Nanjing oder Chengdu zählen. Weitere Hunderte von Millionen Konsumenten leben in den rund 500 Tier-3- bis Tier-5-Städten. Dort haben ausländische Anbieter internationaler oder globaler Marken bislang wenig Erfolg, da die Bewohner dieser Städte auf andere Werbebotschaften ansprechen als die bereits international orientierten Bewohner der reichen Tier-1- und Tier-2-Metropolen. *Procter & Gamble* verfolgt deshalb auf dem chinesischen Markt für seine *Olay Whitening*-Hautcreme eine duale Vermarktungsstrategie: „In den Tier-1-Städten wird die teure Creme mit detailliertem und wissenschaftlich begründeten Nutzenversprechen vermarktet. Die günstigere Version für die kleineren Städte wird hingegen ohne komplexe Produktinformation verkauft. Stattdessen setzt der US-Markenartikelhersteller dort auf Bilder mit natürlichen Schönheit und Sex-Appeal" (Ramoser 2006a, S. 24).

5 Interkulturelles Management

5.1 Überblick

Interkulturelles Management befasst sich mit dem Einfluss von Landes-, Branchen- und Unternehmenskultur auf die klassischen Managementfunktionen: Planung, Organisation und Kontrolle von Arbeitsprozessen (vgl. Engelen/ Tholen 2014). Wurden Mitarbeiter kulturell unterschiedlich geprägt, sind entsprechend divergierende Wahrnehmungen, Denk- und Arbeitsstile die Folge (vgl. Browaeys/Price 2011). Daraus leitet sich die Frage ab, ob diese Form von Diversität als Bereicherung (kulturelle Synergie) erlebt und gefördert, ignoriert oder als Problem wahrgenommen wird.

Weitere zentrale Themen des Interkulturellen Managements sind u.a. (in alphabetischer Reihenfolge): Change Management, Corporate Governance, Diversity Management, Entsendung, Führung, interkulturelle Kompetenz, interkulturelle Kommunikation, Konfliktmanagement, Kulturtransfer, multikulturelle Teams. Manche dieser Sachverhalte behandeln Müller/Gelbrich (2014), andere sind Gegenstand von Teil F. Im Folgenden beschränken wir uns darauf, einen knappen Überblick über die Konstrukte „Unternehmenskultur" und „Branchenkultur" zu geben: zum einen, weil die Unternehmenskulturforschung die Akzeptanz des kulturwissenschaftlichen Ansatzes in den Wirtschaftswissenschaften entscheidend gefördert hat. Zum anderen ist es wichtig zu erkennen, dass Manager eine multiple kulturelle Sozialisation erfahren: neben der Landeskultur durch die Branchen- und die Unternehmenskultur (vgl. Teil A-5.4).

5.2 Unternehmenskultur

Seit Anfang der 1980er-Jahre wird das Konstrukt „Unternehmenskultur" systematisch erforscht. Anders als die Landeskultur-Forschung, welche die deutsche Betriebswirtschaftslehre zwar frühzeitig aufgegriffen, dann aber vernachlässigt hat, breitete sich diese Forschungsrichtung mit relativ kurzer zeitlicher Verzögerung vom englisch- auf den deutschsprachigen Raum aus (vgl. Schmid 1996, S. 230). Dies führte u.a. dazu, dass im Laufe der Zeit die Skepsis gegenüber kulturvergleichender Forschung insgesamt schwand. Denn offensichtlich war das Kulturkonzept nicht nur für die Analyse von Völkern, Nationen und anderen Populationen hilfreich, sondern konnte zunehmend auch dazu herangezogen werden, das Verhalten von Organisationen zu analysieren (bspw. im Zuge der Corporate Identity-Diskussion).

Zunächst nur eine (unternehmens-)interne Variable unter vielen, betrachteten viele nach der Studie von Peters/Watermann (1982) die Unternehmenskultur als Schlüssel zum Unternehmenserfolg: als Meta-Erfolgsfaktor. Wie bei der sie „umgebenden" Landeskultur werden gewöhnlich drei Ebenen der Unternehmenskultur unterschieden (vgl. Schein 2010):
- das von allen Mitarbeitern geteilte Realitätsverständnis (z.B. die Wettbewerbsposition des Unternehmens betreffend, vgl. Abb. 28):
- Normen und Werthaltungen (z.B. Kundenorientierung),
- Artefakte (z.B. informelle Umgangsformen, Rituale oder offizielle Sprachregelung).

Abb. 28: Unternehmensleitsätze deutscher Automobilhersteller

„Vorsprung durch Technik"	„Freude am Fahren"	„Das Beste oder nichts"

Die Unternehmens- bzw. Organisationskultur kann als eine Art „gemeinsamer Code" einer Organisation begriffen werden. Er beschreibt das Welt- und Selbstbild des Unternehmens und dessen Mitglieder: Wie sie die Realität wahrnehmen, was sie für richtig oder falsch halten etc. (vgl. Kieser/Walgenbach 2010). Von der unternehmensspezifischen Weltsicht hängt wesentlich ab, wie die Mitarbeiter miteinander sowie mit ihrer Umwelt umgehen. Unternehmenskulturen wirken somit nicht nur nach innen, sondern nehmen auch darauf Einfluss, wie Manager nach außen hin auftreten (z.B. wie sie in einem Auslandsmarkt agieren).

5.3 Branchenkultur

Die Gesamtheit der in einer Branche gültigen Normen und Werte sowie die charakteristischen Denkstile und Verhaltensweisen werden als Branchenkultur bezeichnet (vgl. Catellani 2004; Schreyögg/Grieb 1998). Stärker als die Unternehmenskultur spiegelt sie die jeweiligen Markt- und Wettbewerbsbedingungen wider. So entwickeln sich in Abhängigkeit von der branchenspezifischen Konkurrenzintensität unterschiedliche Weltbilder, Werthaltungen und Vorstellungen darüber, welche Verhaltensweisen Erfolg versprechen. Manager von Handelsunternehmen etwa tendieren angesichts der starken Abhängigkeit ihrer Branche vom Tagesgeschäft zu Kurzfristorientierung, während der Anlagenbau sich stärker um Langfristorientierung bemühen muss. Die personalintensive Versicherungsbranche wiederum schenkt ihrem Human Resource Management traditionell mehr Aufmerksamkeit als etwa die Baubranche.

Deal/Kennedy (2000) haben eine zweidimensionale Typologie der Branchenkulturen vorgeschlagen, auf die in der einschlägigen Literatur häufig Bezug genommen wird (vgl. Abb. 29). Mit „Risiko" ist das finanzielle Risiko gemeint und mit „Feedback" die Geschwindigkeit, mit der sich in einer Branche gewöhnlich Maßnahmen als vorteilhaft oder nachteilig erweisen. Ein Automobilhersteller etwa erfährt erst nach Jahren, ob seine Kunden die Entscheidung, ein Elektromobil zu entwickeln, honorieren. Die Eisdiele hingegen, die eine neue Speiseeissorte kreiiert („mit Jasmingeschmack"), weiß schon nach wenigen Stunden oder Tagen, ob Top oder Flop:

- Harte Arbeit & Spaß-Kulturen („work hard-play hard-culture'): In diesen Branchen sind gewöhnlich wenig risikoreiche Entscheidungen zu fällen. Und der Markt reagiert überdurchschnittlich schnell. „Deal/Kennedy (1987, S. 15) meinten, diesen Kulturtyp vor allem in der Welt der ‚Verkaufsorganisation' (Computer, Immobilien, Autohändler) zu finden. Die Besten dieser Kultur sind freundlich, trinkfest und ‚Hallo-Leute-Typen'. [...] Jeder will zu der erfolgreichen Gruppe gehören, die nach Hawaii fährt" (von der Oelsnitz 2009, S. 147).
- Alles oder Nichts-Kulturen (‚tough-guy-culture'): Dieser Kulturtypus fördert und fordert den Individualisten. Erfolg ist alles – Misserfolg unentschuldbar. Interner Wettbewerb ist das wichtigste Motivationsinstrument. Die Consulting-Branche, die Unterhaltungsindustrie, der Profisport und Investmentbanken entsprechen vermutlich dem Typus der Machokultur am besten.
- Bürokratische Kulturen (‚process-culture'): Verwaltungen und andere „Prozesskulturen" müssen zumeist weder das Risiko ihrer Entscheidungen selbst tragen noch erhalten sie Feedback. Mangels eines echten, d.h. externen Erfolgskriteriums kreist das Denken von Prozesskulturen (z.B. Behörden, Verwaltungen, Buchhaltungen) um die internen Prozess: Wurden die relevanten Vorschriften eingehalten?
- Risikokulturen (‚bet-your-company-culture'): Im Flugzeugbau und vergleichbaren Branchen muss das Management regelmäßig ungewöhnlich risikoreiche Entscheidungen fällen. Dies fällt umso mehr ins Gewicht, als es oft Jahre dauert, bis sich diese Entscheidungen als richtig oder falsch erweisen. Da einzelne Fehlentscheidungen im Extremfall die Existenz des Unternehmens gefährden, legen Risikokulturen (bzw. analytische Projektkulturen) allergrößten Wert auf akribische Planung, Arbeitsvorbereitung, Kontrollprozeduren und Dokumentation.

Die Branchenkultur interagiert sowohl mit der Unternehmenskultur als auch mit der Landeskultur. Wie etwa Schlegelmilch/Robertson (1995) empirisch nachweisen konnten, hängen die Vorstellungen, die australische, britische, deutsche und US-amerikanische Top-Manager darüber haben, welche Einstellungen und Verhaltensweisen ethisch angemessen sind, sowohl von der Landeskultur als auch von der Branchenkultur ab.

Abb. 29: Typologie der Branchenkulturen nach Deal & Kennedy

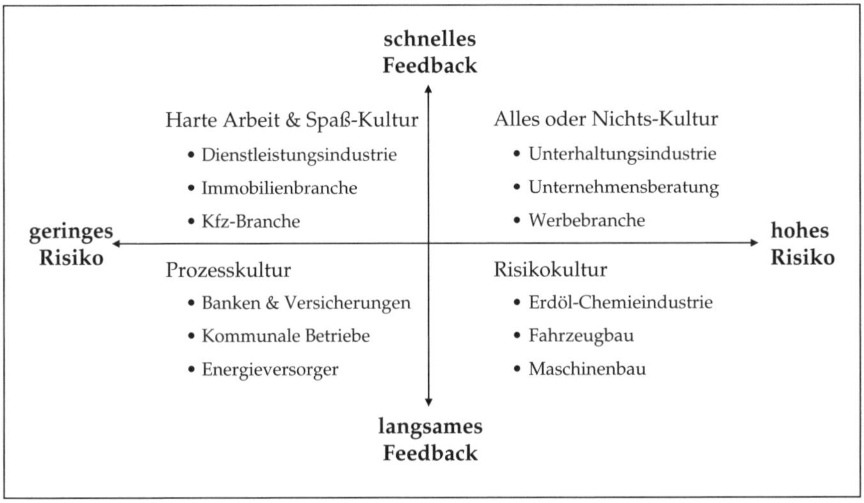

```
                          schnelles
                          Feedback
                              ▲
         Harte Arbeit & Spaß-Kultur  │  Alles oder Nichts-Kultur
           • Dienstleistungsindustrie │    • Unterhaltungsindustrie
           • Immobilienbranche       │    • Unternehmensberatung
           • Kfz-Branche             │    • Werbebranche
geringes ◄────────────────────────────┼──────────────────────────────► hohes
 Risiko   Prozesskultur              │  Risikokultur                    Risiko
           • Banken & Versicherungen │    • Erdöl-Chemieindustrie
           • Kommunale Betriebe      │    • Fahrzeugbau
           • Energieversorger        │    • Maschinenbau
                              ▼
                          langsames
                          Feedback
```

Quelle: Deal/Kennedy (2000), übersetzt und leicht modifiziert.

5.4 Third Culture

Aus kulturkritischer Sicht sorgt Globalisierung dafür, dass westliche Werte und selbstbestimmte Lebensstile zunehmend in nicht-westlichen Kulturen Eingang finden bzw. diesen oktroyiert werden. Arnett (2002) untersuchte die Konsequenzen dieses Vorgangs für die Identitätsbildung. Ein Teil der jungen Menschen entwickelt demnach eine bikulturelle Identität, indem sie ihre lokale (bzw. nationale) Identität mit einer globalen Identität verbinden. Teils noch den Traditionen ihrer Herkunftsländer verhaftet, fühlen sie sich gleichzeitig der westlichen Globalkultur verbunden bzw. verpflichtet. Glückt ihre Sozialisation, so gewinnen die Bikulturellen Zugang zu beiden Welten. Im negativen Fall aber kommt es zu Identitätskonfusion: Kulturell entwurzelt und innerlich heimatlos, stellen bspw. afrikanische Jugendliche die bislang selbstverständliche absolute Macht der Väter in Frage. Und in manchen ehemals kollektivistischen Gesellschaften geben Jugendliche deren Werte auf, ohne sich jedoch wirklich mit denen der westlichen Welt identifizieren zu können.

Andere wiederum grenzen sich von dieser Entwicklung bewusst ab und entwickeln eine Third Culture-Identität (vgl. Adair et al. 2006): Da sie sich in zwei Welten als Fremde empfinden, suchen sie bei einer künstlichen Identität Zuflucht. Wie sich gut bei vielen der in dritter Generation in Deutschland lebenden Türken beobachten lässt, empfinden sich viele von ihnen weder als Türken noch als Deutsche, weshalb es zu einem Regress auf die idealisierte nationale oder religiös-fundamentalistische Identität ihres Herkunftslandes kommt.

Die in vielen Bereichen globalisierte Wirtschaftstätigkeit zeichnet sich u.a. dadurch aus, dass immer seltener eindeutig abgrenzbare „Entitäten" (Nationalstaaten und Unternehmen) die relevante Bezugsgröße sind und immer häufiger diffusere Phänomene (z.B. Netzwerkstrukturen, multikulturelle Projektteams). Angesichts dieser Entwicklung forderten Søderberg/Holden (2002, S. 103) „an alternative approach which acknowledges the growing complexity of inter- and intra-organizational connections and identities, and offers theoretical concepts to think about organizations and multiple cultures in a globalizing business context." Vor allem bei internationalen Fusionen sorgt die Unvereinbarkeit der jeweiligen multiplen kulturellen Bindung der Fusionspartner regelmäßig für kaum zu überwindende Schwierigkeiten (vgl. Teil F-3.7.4.1). Der Fall *DaimlerChrysler* demonstrierte in dramatischer Weise, welch hohes Scheiterrisiko solchen Verbindungen innewohnt (vgl. Abb. 30).

Abb. 30: Inkompatible Landes-, Branchen- und Unternehmenskulturen als Ursache des Scheiterns der DaimlerChrysler-Fusion

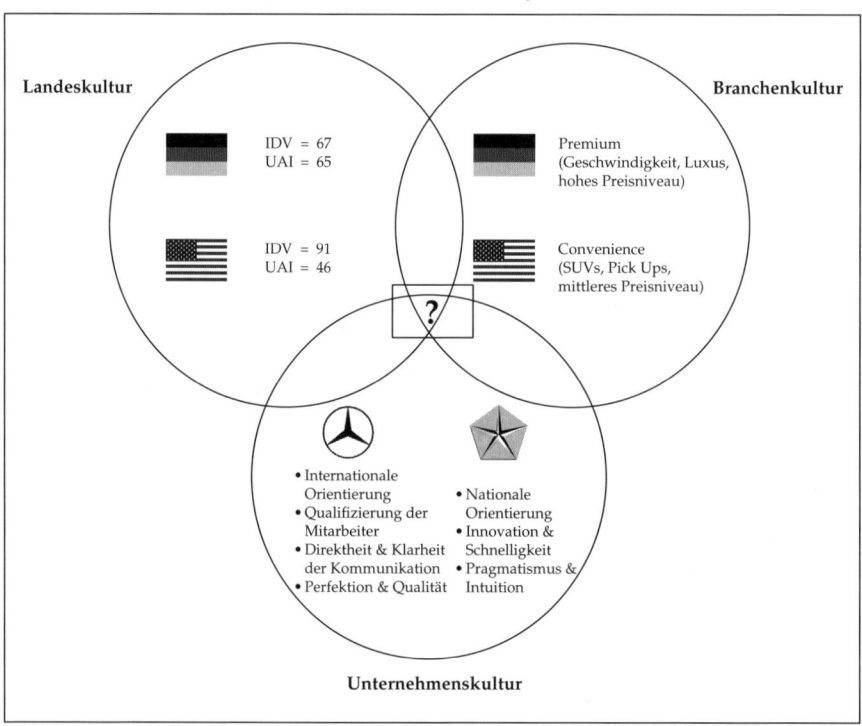

6 Subjektive Kultur: Individualisierung der kulturvergleichenden Forschung

6.1 Ein Kurzschluss

Das Konzept der Landeskultur basiert auf einer Fiktion. Denn es unterstellt, dass alle Mitglieder einer Gesellschaft im Verlaufe ihrer individuellen Sozialisation die Werte, welche das Kulturprofil ihres Heimatlandes prägen, in gleichem Maße übernommen haben. Für Österreichs Landeskultur etwa ist sowohl gemäß der *Hofstede*-Studie (UAI = 70) als auch der *GLOBE*-Studie („practices' = 5,16) eine weit überdurchschnittliche Tendenz zur Ungewissheitsvermeidung charakteristisch. Aber sind wirklich alle Österreicher Ungewissheitsmeider? Der Kurzschluss „Landeskultur → individuelle kulturelle Orientierung" führt umso wahrscheinlicher in die Irre, je weniger homogen die ethnische Zusammensetzung einer Gesellschaft ist (vgl. Teil A-4.3.3).

Schon frühzeitig hat Triandis (1972) deshalb vorgeschlagen, in der kulturvergleichenden Forschung „Landeskultur" nicht nur als kollektive, d.h. für alle Angehörige einer Gesellschaft gleichermaßen ausgeprägte Kultur zu berücksichtigen, sondern auch als subjektive Kultur. Dabei wird empirisch geprüft, welche Werte ein Individuum im Verlauf seiner Sozialisation aus dem Wertekanon seiner Herkunftsgesellschaft in welchem Maße übernommen hat und welche nicht. Idiozentriker etwa sind Menschen, die das für individualistische Gesellschaften charakteristische Werteprofil verinnerlicht haben, unabhängig davon, ob sie in einer nach *G. Hofstede* bzw. *GLOBE* individualistischen oder einer kollektivistischen Gesellschaft leben. Davon abzugrenzen sind Allozentriker: Menschen, welche das für kollektivistische Gesellschaften charakteristische Werteprofil verinnerlicht haben, unabhängig davon, ob sie in einer nach *G. Hofstede* bzw. *GLOBE* individualistischen oder kollektivistischen Gesellschaften leben (vgl. Teil B-5.2).

6.2 Forschungsstrategien des empirischen Kulturvergleichs im Überblick

Rückblickend erkennt man, dass die kulturvergleichende Marketingforschung sich in mehreren, durch den jeweils vorherrschenden methodischen Ansatz abgrenzbare Phasen entwickelte. Grundsätzlich gibt es drei Möglichkeiten, um den Einfluss der Landeskultur auf Erkenntnisobjekte des Marketing (z.B. Einstellungen, Präferenzen, Konfliktstil, Kaufabsichten, Kaufverhalten) zu untersuchen: Man wählt das Individuum, das Land oder eine Kombination aus beiden als Untersuchungseinheit. Abb. 31 verdeutlicht diese Strategien. Das dabei gewählte Beispiel – die Messung des Einflusses der Landeskultur auf den Konsumentenethnozentrismus – wird im nächsten Teil erläutert.

Wählt man als Analyseeinheit das Individuum, dann werden die Ausprägungen des Erkenntnisobjekts bei einzelnen Probanden in verschiedenen Ländern gemessen. Am einfachsten ist die in der Frühphase des Interkulturellen Marketing übliche Variante A. Dabei wird nur die abhängige Variable explizit gemessen, nicht jedoch die Landeskultur. So prüften Choi/Miracle (2004) die Hypothese, dass Vergleichende Werbung sich bei Individualisten, die einen direkten, expliziten Kommunikationsstil präferieren, größerer Beliebtheit erfreut als bei Kollektivisten, indem sie US-amerikanische und südkoreanische Studenten befragten (vgl. Teil G-9.2.3). Dabei unterstellten sie, dass alle US-amerikanische Studenten Individualisten und alle südkoreanische Studenten Kollektivisten sind – eine, wie sich im weiteren Verlauf der kulturvergleichenden Forschung herausstellen sollte, forschungspragmatisch zwar verständliche, aber letztlich kaum haltbare Vereinfachung.

Abb. 31: Forschungsstrategien des Interkulturellen Marketing im Überblick

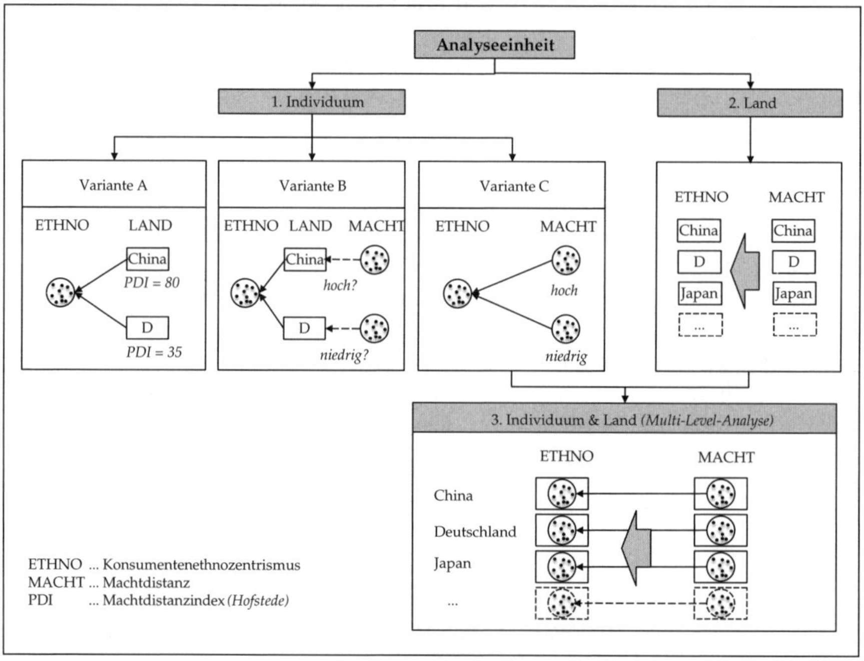

[Diagramm: Analyseeinheit mit den Verzweigungen 1. Individuum (Variante A: ETHNO/LAND, China PDI=80, D PDI=35; Variante B: ETHNO LAND MACHT, China hoch?, D niedrig?; Variante C: ETHNO MACHT, hoch/niedrig) und 2. Land (ETHNO MACHT, China/D/Japan). 3. Individuum & Land (Multi-Level-Analyse): ETHNO MACHT für China, Deutschland, Japan.

ETHNO ... Konsumentenethnozentrismus
MACHT ... Machtdistanz
PDI ... Machtdistanzindex (Hofstede)]

Die ersten Vorschläge, etwa von Triandis et al. (1986), das Konstrukt „subjektive Kultur" als „individuelle kulturelle Orientierungen" quantitativ zu erfassen, gewannen noch keinen nachhaltigen Einfluss auf die Praxis der kulturvergleichenden Forschung. Dies änderte sich erst nach der Jahrtausendwende. Als nun valide Skalen für die Erfassung der individuellen Kultur – etwa die *CVSCALE* (= Cultural Values Scale) von Yoo et al. (2011) oder die *PCO-Scale* (= Personal Culture Orientation Scale) von Sharma (2010) – zur Verfügung standen, etablierten die führenden wissenschaftlichen Zeitschriften folgenden Standard als „Praxis guten wissenschaftlichen Arbeitens": Die kulturellen Werte jeder einzelnen Versuchsperson werden direkt gemessen, als sog. kulturelle Orientierungen, und ihr nicht, wie bisher, aufgrund ihrer Nationalität und der damit verbundenen Landeskultur, zugeschrieben. Verwendung finden die individuellen Werte ...

- in Variante B als ‚manipulation checks', um zu prüfen, ob sich die Probanden der untersuchten Länder tatsächlich in ihren kulturellen Werten unterscheiden (z.B. Mattila/Patterson 2004; Tinsley 2001),
- oder in Variante C als echte unabhängige Variable (z.B. Tinsley 1998).

Die zweite grundlegende Forschungsstrategie zieht Länder als Analyseeinheit heran. Sie kommt zum Einsatz, wenn über das Erkenntnisobjekt sowie über die Landeskultur aggregierte Informationen in zahlreichen Ländern vorliegen, üblicherweise aus Sekundärstatistiken (z.B. Gelbrich et al. 2015; Husted 1999).

Neuerdings werden beide Strategien zu einem hybriden Ansatz kombiniert. Hierfür kommen statistische Methoden zum Einsatz, welche, wie die hierarchische lineare Modellierung (HLM), Analysen auf mehreren Ebenen ermöglichen (also auf individueller und auf Länderebene; vgl. z.B. House et al. 2004). Man spricht in diesem Falle von einer Multi-Level-Analyse.

6.3 Ein Beispiel

Im Folgenden wollen wir diese Methoden an einem Beispiel verdeutlichen. Angenommen, wir wollten wissen, ob und in welcher Weise die „Akzeptanz von Machdistanz" (= unabhängige Variable) die abhängige Variable „Konsumentenethnozentrismus" beeinflusst. Damit ist die Überzeugung von Käufern gemeint, dass heimische Erzeugnisse ausländischen Erzeugnissen grundsätzlich überlegen und daher zu bevorzugen sind. Es ist ein positiver Einfluss zu vermuten. Denn Menschen, die Machtdistanz akzeptieren, sind an Ungleichbehandlung gewöhnt – und nichts anderes als Ungleichbehandlung ist die unreflektierte Bevorzugung heimischer Waren, die ja nicht à priori besser sind als ausländische Waren (vgl. Yoo et al. 2011).

6.3.1 Analyseeinheit Individuum

Variante A

Am einfachsten ist es, zwei oder mehr Länder auszuwählen, die sich in ihrer durchschnittlichen Akzeptanz von Machtdistanz eindeutig voneinander unterscheiden, gemäß dem *Hofstede*-Index etwa China (PDI = 80) und Deutschland (PDI = 35). Dann zieht man in beiden Ländern Stichproben und befragt jeden Probanden mittels eines standardisierten Fragebogens zur Erfassung von Konsumentenethnozentrismus (z.B. *CETSCALE;* vgl. Shimp/Sharma 1987). Sodann werden die in beiden Stichproben gewonnenen Mittelwerte inferenzstatistisch miteinander verglichen (etwa anhand eines t-Tests oder varianzanalytisch). Erzielen die chinesischen Probanden signifikant höhere Werte für Konsumentenethnozentrismus als die deutschen Probanden, dann liegt es angesichts des wesentlich höheren PDI-Wertes von China nahe, die Hypothese „Akzeptanz von Machtdistanz → Konsumentenethnozentrismus" als bestätigt anzusehen (bzw. als nicht widerlegt). Da aber der Einfluss von Machtdistanz nicht explizit untersucht, sondern nur indirekt – auf Basis der kollektiven PDI-Länderwerte – unterstellt wird, stünde diese Schlussfolgerung auf wackeligen Beinen. Denn für die unstrittig unterschiedliche Ausprägung von Konsumentenethnozentrismus könnten ebenso gut andere Einflussfaktoren verantwortlich sein (etwa systematische Unterschiede hinsichtlich Nationalismus, Dogmatismus, Individualismus-Kollektivismus, verfügbares Einkommen).

Variante B

Diese Mehrdeutigkeit lässt sich vermeiden, wenn man „Kultur" nicht indirekt erschließt, sondern explizit als individuelle Kultur misst – z.B. mittels den von Yoo et al. (2011) bzw. Sharma (2010) entwickelten Skalen (vgl. Teil B-5.3.3). In dem von uns gewählten Beispielfall würden wir z.B. mittels der *CVScale* von Yoo et al. (2001) für jeden Probanden dessen individuelle kulturelle Orientierung „Akzeptanz von Machtdistanz" erheben und den so gewonnenen Messwert in einem experimentellen Design als ‚manipulation check' verwenden. Dabei wäre zu prüfen, ob die chinesische Stichprobe tatsächlich einen signifikant höheren PDI-Wert hat als die deutsche Stichprobe. Ist dies der Fall, dann kann die Variable „Land" (China vs. Deutschland) als valide ⇒ Proxyvariable für „Landeskultur" angesehen werden, weshalb wir nun auch in diesem Fall mittels t-Test oder varianzanalytisch die ebenfalls in beiden Ländern individuell erhobenen Messwerte der Variable „Konsumentenethnozentrismus" vergleichend bewerten können.

Variante C

Aussagekräftiger ist jedoch ein individueller Kulturvergleich, bei dem anstelle der Proxyvariable „Land" die individuelle Kultur unmittelbar als unabhängige Variable verwendet wird. Im gewählten Beispiel misst der Forscher den Konsumentenethnozentrismus und die Akzeptanz von Machtdistanz der chinesischen und deutschen Probanden. Dann ermittelt er regressionsanalytisch den Einfluss von Machtdistanz auf Konsumentenethnozentrismus. Alternativ kann er die Stichprobe anhand der PDI-Werte z.B. durch Mediansplit in zwei Kontrastgruppen teilen: starke Akzeptanz von Machtdistanz vs. schwache Akzeptanz. Dabei können durchaus auch Chinesen in die Gruppe mit geringer Machtdistanz geraten und Deutsche in die Gruppe mit hoher Akzeptanz von Machtdistanz. Denn Gesellschaften sind kulturell nicht homogen. Dies ist u.a. deshalb nicht der Fall, weil es überall nonkonformistische Menschen gibt, die sich von der Mehrheitsgesellschaft und damit von der vorherrschenden Landeskultur abgrenzen möchten. Inferenzstatistisch lässt sich dann überprüfen, ob die Gruppe „hohe Akzeptanz von Machtdistanz" auf der Skala „Konsumentenethnozentrismus" höhere Werte aufweist als die Gruppe „geringe Akzeptanz". Diese Art von Kulturvergleich bietet den Vorteil, dass die individuelle Werthaltung der Probanden als unabhängige Variable in die Regressions- bzw. Varianzanalyse eingeht und folglich nicht deren Nationalität im Sinne eines Länderstereotyps die entscheidende Größe ist. Allerdings mag die Umsetzung der darauf basierenden Marketingmaßnahmen schwieriger sein, da diese nicht mehr für „die Chinesen" oder „die Deutschen" abgeleitet werden, sondern für Menschen mit hoher und geringer Akzeptanz von Machtdistanz, unabhängig davon, in welchem Land sie leben.

6.3.2 Analyseeinheit Land

Bei diesem Forschungsansatz werden auf Länderebene aggregierte Daten miteinander verglichen. Möchte man bspw. wissen, ob kollektivistische Gesellschaften für korruptive Praktiken anfälliger sind als individualistische Gesellschaften, so lässt sich dies anhand bereits vorliegender makroökonomischer Datensätze (z.B. *Corruption Perception Index*) überprüfen (vgl. Teil H-9.3). Die von den Statistischen Ämtern der verschiedenen Länder ermittelten Sparquoten wiederum können herangezogen werden, um die Zukunftsorientierung langfristorientierter Gesellschaften mit der Zukunftsorientierung kurzfristorientierter Gesellschaften zu vergleichen (vgl. Teil B-2.2.5).

Auf diese Weise ist es möglich, die verschiedensten Marketingphänomene, für welche die abhängige Variable sekundärstatistisch in aggregierter Form für möglichst viele Länder vorliegt, zu analysieren. Für die Zwecke unseres Beispielfalls nehmen wir an, dass Informationen über das Ausmaß an Konsumentenethnozentrismus für viele Länder verfügbar sind. Man verwendet dann die ebenfalls auf Landesebene vorliegenden PDI-Indizes (z.B. nach *Hofstede* oder *GLOBE*) und untersucht bspw. regressionsanalytisch, ob auf aggregierter Ebene zwischen „Akzeptanz von Machtdistanz" und „Konsumentenethnozentrismus" ein statistisch bedeutsamer Zusammenhang besteht.

Für Daten, die nur auf Länderebene erhältlich sind, ist dies die einzige und aus forschungsökonomischer Sicht auch sinnvolle Vorgehensweise, da Probanden nicht einzeln befragt werden müssen. Allerdings hat diese Forschungsmethode einen entscheidenden Nachteil: Abhängig vom Grad der Varianz der Ausgangsdaten können aggregierte Werte eine Fiktion schaffen. Etwa dann, wenn die gegensätzlichen Ansichten, Werte etc. verschiedener Untergruppen durch die Aggregation nivelliert wurden. Angenommen, eine Gesellschaft wie die USA ist hinsichtlich bestimmter Fragestellungen tief gespalten, dann werden die auf Länderebene aggregierten Mittelwerte eine Durchschnittlichkeit der Ansichten, Werte etc. vortäuschen, die weder den Überzeugungen der Befürworter noch denen der Gegner von Todesstrafe, Rassengleichstellung, Krankenversicherung für alle etc. angemessen sind.

6.3.3 Analyseebene Land & Individuum

Multi-Level-Analysen erlauben es, Zusammenhänge – wie zwischen Akzeptanz von Machtdistanz und Konsumentenethnozentrismus – sowohl auf individueller als auch auf kollektiver Ebene zu untersuchen. Im gewählten Beispiel sind beide Konstrukte zunächst auf individueller Ebene zu erheben, so wie im Falle von Variante C des Individuen-basierten Forschungsansatzes. Methoden wie die hierarchische lineare Modellierung (HLM) erlauben es dann, ähnlich einer Regressionsanalyse den Effekt der unabhängigen Variablen (Akzeptanz von Machtdistanz) auf die abhängige Variable (Konsumentenethnozentrismus) zu untersuchen, aber sowohl innerhalb einzelner Länder (= individuelle Ebene) als auch aggregiert für die Länder (vgl. House et al. 2004). Ist der Zusammenhang auf beiden Ebenen stabil, dann beruht er mutmaßlich nicht auf einem ökologischen Fehlschluss, d.h. nicht auf einer unzulässigen Verallgemeinerung von

Ländermittelwerten (⇒ Fehlschluss, ökologischer). Allerdings ist dieser Vorteil womöglich teuer erkauft. Denn in vielen Ländern die erforderlichen Daten zu erheben, ist aufwändig, was wiederum erklärt, warum Multi-Level-Analysen (noch) nicht die Regel darstellen.

> ☛ Ausgehend von der Standardisierungs/Differenzierungs-Debatte sowie der Strategie der Marktsegmentierung zielt Interkulturelles Marketing darauf, kulturell homogene Cluster von Ländermärkten zu identifizieren, die standardisiert bearbeitet werden können, sei es mit einzelnen Marketinginstrumenten oder insgesamt. Dazu bedarf es der Unterstützung einer Reihe von „Hilfswissenschaften": einerseits der multivariaten Datenanalyse und andererseits verschiedener sozial- und geisteswissenschaftlicher Disziplinen (z.B. Kulturvergleichende Psychologie). Mit ihrer Hilfe ist es möglich, Ländermärkte mit Blick auf ihre Landeskultur zu typisieren und aus der Zugehörigkeit eines Auslandsmarktes zu einem bestimmten Kulturcluster (d.h. ohne weitergehenden Marktinformationen zu beschaffen) Empfehlungen für einen erfolgversprechenden Einsatz des Marketinginstrumentariums abzuleiten.

Teil B

Theorien & Messkonzepte

1 Einführung

1.1 Überblick

In den vergangenen Jahrzehnten haben kulturvergleichend orientierte Wissenschaftler (z.B. Anthropologen, Kommunikationswissenschaftler, Organisationswissenschaftler, Politologen) zahlreiche theoretische Modelle und Messkonzepte entwickelt (vgl. Tab. 15). Dabei lassen sich zwei Strömungen unterscheiden: die qualitative und die quantitative Richtung.

Zur Gruppe der qualitativen Erklärungsansätze zählen ...
- das von *Kluckhohn & Strodtbeck* in die Diskussion eingeführte Konzept der fünf fundamentalen Orientierungen von Gesellschaften (⇒ Orientierungen, kulturelle),
- das von *E.T. Hall* formulierte Konzept der kulturellen Orientierungen (insb. High Context-Orientierung vs. Low Context-Orientierung; vgl. Müller/Gelbrich 2014, S. 18 ff.),
- die verschiedenen Schichten- und deskriptiven Strukturmodelle (vgl. Teil B-1.2.2) sowie
- das von *A. Thomas* entwickelte Modell der Kulturstandards (vgl. Teil B-1.2.3).

Im Mittelpunkt der quantitativen Erklärungsansätze steht das Konzept der Kulturdimensionen: Im Einzelnen handelt es sich um ...
- *Hofstede*-Kulturdimensionen,
- *Schwartz*-Kulturdimensionen,
- *GLOBE*-Kulturdimensionen,
- *Trompenaars*-Kulturdimensionen,
- *Douglas*-Kulturdimensionen,
- *Pinto*-Kulturdimensionen,
- *Inglehart*-Kulturdimensionen.

Tab. 15: Wichtige Kulturtheorien im Vergleich

	Theoretische Fundierung Kulturdefinition	Operationalisierung	Validierung
Anthropologischer Ansatz Kluckhohn/ Strodtbeck (1961)	(1) Anthropologie (Ganzheitliche geisteswissenschaftliche Lehre vom Menschen und seiner Entwicklung) (2) „Culture consists of patterns, explicit and implicit, of and for behavior acquired and transmitted by symbols, constituting the distinctive achievements of human groups, including their embodiments in artifacts."	Fünf „fundamentale Orientierungen" (= Grundannahmen über die Herausforderungen menschlicher Existenz) • Wesen der menschlichen Natur • Beziehungen des Menschen zu anderen Menschen • Beziehungen des Menschen zur Natur • Zeitorientierung • Aktivitätsorientierung	Nur innerhalb der USA überprüft (d.h. intrakulturell)

	Theoretische Fundierung Kulturdefinition	Operationalisierung	Validierung
Kommunikations-theoretischer Ansatz Hall/Hall (1990)	(1) Sozialanthropologie (Benedict 1934, 1932; Mead 1928), tiefenpsychologische Theorie des kollektiven Unbewussten und interpersonale Feldtheorie (Lewin 1937; Lewin et al. 1936) (2) „Kommunikation ist Kultur und Kultur ist Kommunikation."	Vier „kulturelle Orientierungen" • ‚low touch' vs. ‚high touch' • kontextabhängig vs. kontextunabhängig • implizite vs. explizite Kommunikation • polychron vs. monochron	Methodologisch intransparent: Keine hinreichende Dokumentation der Vorgehensweise
Managementansatz Trompenaars (1993)	(1) Fundamentale Orientierungen nach Kluckhohn/Strodtbeck (1961), General Theory of Action (Parsons/Shils 1951) (2) „Kultur ist der Weg, auf dem menschliche Gesellschaften zur Lösung von Problemen finden."	Sieben Kulturdimensionen • Universalismus vs. Partikularismus • Individualismus vs. Kollektivismus • Affektivität vs. Neutralität • Spezifität vs. Diffusität • Sein vs. Tun • Zeitverständnis • Bezug zu Natur	Vergleichsweis schmale empirische Basis, unzureichende theoretische Begründung, Auswertung nicht hinreichend dokumentiert
Organisations-theoretischer Ansatz Hofstede (1991)	(1) Sozialanthropologie (Benedict 1934, 1932; Mead 1928), Persönlichkeitspsychologie (Inkeles/Levinson 1967), Post-hoc-Erklärungen (2) „Kultur ist die kollektive Programmierung des Geistes, die die Mitglieder einer Gruppe oder Kategorie von Menschen von einer anderen unterscheidet."	Zunächst vier, später fünf bzw. sechs Kulturdimensionen • Individualismus vs. Kollektivismus • Akzeptanz von Machtdistanz • Maskulinität vs. Feminität • Ungewissheitsvermeidung • Lang- vs. Kurzfristorientierung (ehemals Konfuzianische Dynamik) • Genussorientierung vs. Selbstbeherrschung	Breite empirische Basis, schwache theoretische Begründung, Auswertung und Gütekriterien hinreichend dokumentiert
These des Wertewandels & der postmaterialistischen Werte Inglehart (1997)	Theorie der Leistungsmotivation (McClelland 1961; McClelland et al. 1953), Erziehungsstiltheorien (Alwin 1986; Lenski 1963), Modernisierungstheorie (Inglehart 2001; Bell 1973)	Zwei Kulturdimensionen • Überleben vs. Wohlbefinden • Traditionelle Autorität vs. rational-gesetzliche Autorität	Breite empirische Basis, Auswertung hinreichend dokumentiert
Theorie der universellen Struktur kultureller Werte (Schwartz 1999, 1994)	(1) Anthropologische (Kluckhohn 1951) und persönlichkeitspsychologische Wertetheorie (Rokeach 1973) (2) „Cultural values represent the implicitly or explicitly shared abstract ideas about what is good, right, and desirable in a society [...] Cultural dimensions of values reflect the basic issues or problems that societies must confront in order to regulate human activity" (Schwartz 1999).	Sieben kulturelle Werte, die drei bipolaren Kulturdimensionen zugeordnet sind • Harmonie • Gleichheit • Herrschaft • Hierarchie • Konservatismus • Affektive Autonomie • Intellektuelle Autonomie	Vergleichsweise schmale empirische Basis, externe Validität fragwürdig

1.1 Überblick

	Theoretische Fundierung Kulturdefinition	Operationalisierung	Validierung
GLOBE-Ansatz (House et al. 2004)	(1) Neben der *Hofstede*-Studie... • Value-Belief Theory of Culture • Implizite Führungstheorie • Implizite Motivationstheorie • Strukturelle Kontingenztheorie (2) „Culture is defined as shared motives, values, beliefs, identities, and interpretations or meanings of significant events that result from common experiences of members of collectives that are transmitted across generations" (House/Javidan 2004, S. 15).	Neun Kulturdimensionen, die jeweils auf vier Ebenen erfasst werden (Ist- vs. Soll-Zustand und Gesellschaft vs. Organisation) • Gesellschaftlicher Kollektivismus • Gruppen-Kollektivismus • Akzeptanz von Machtdistanz • Ungewissheitsvermeidung • Gleichberechtigung der Geschlechter • Durchsetzungsvermögen • Zukunftsorientierung • Leistungsorientierung • Humanorientierung	Breite empirische Basis, Vorgehensweise Auswertung und Gütekriterien gut dokumentiert

Die qualitativen Ansätze, welche sich vorrangig zur theoretisch-verstehenden Erfassung der Besonderheiten von Landeskulturen eignen, stellen wir in diesem Buch nur überblicksartig vor (vgl. Teil B-1.2). Im Mittelpunkt stehen die quantitativen Erklärungsansätze im Allgemeinen und drei Theorien bzw. Messkonzepte im Besonderen:
- *Hofstede* (vgl. Teil B-2),
- *Schwartz* (vgl. Teil B-3) und
- *GLOBE* (vgl. Teil B-4).

Denn sie sind zum einen die mess- und testtheoretisch am besten dokumentierten Ansätze bzw. zum anderen jene Ansätze, die am häufigsten herangezogen wurden und werden, um Fragestellungen des Interkulturellen Marketing zu beantworten. Dies gilt in besonderem Maße und nach wie vor für die *Hofstede*-Kulturdimensionen. Die übrigen Theorien und Messkonzepte haben wir bereits an anderer Stelle behandelt (vgl. Tab. 16).

Tab. 16: Theorien & Messkonzepte, die an anderer Stelle erläutert werden

Kurzbezeichnung	Wissenschaftler	Wird behandelt in ...
Wertorientierungen („value orientations')	Kluckhohn/ Strodtbeck (1961)	Glossar (www.interkulturelles-marketing.de) ⇒ Kulturelle Orientierungen nach *Kluckhohn & Strodtbeck*
Kulturelle Orientierungen	Hall/Hall (1990)	Müller/Gelbrich (2014, S. 18 ff.)
Kulturstandards	Thomas (2003 c/d)	Müller/Gelbrich (2014, S. 77 ff.)
Kulturelle Diversität	Trompenaars (1993)	Glossar (www.interkulturelles-marketing.de) ⇒ Kulturdimensionen nach *Trompenaars*
Kulturtypologie	Douglas (1997)	Glossar (www.interkulturelles-marketing.de) ⇒ Kulturtypologie nach *Douglas*
Wertewandel	Inglehart (1977)	Glossar (www.interkulturelles-marketing.de) ⇒ Kulturdimensionen nach *Inglehart*

1.2 Qualitative Erklärungsansätze

1.2.1 Orientierungen

So, wie Menschen sich in ihrem realen Lebensraum an Himmelsrichtungen, Landmarken etc. orientieren – d.h. sich mit ihrer Hilfe zurechtfinden –, orientieren sie sich anhand eines immateriellen Bezugsystems in ihrem sozialen Lebensraum: den fundamentalen bzw. kulturellen Orientierungen. Neben anderen gründeten Kluckhohn/Strodtbeck (1961) ihr Kulturmodell auf diese Vorstellung (⇒ Orientierungen, kulturelle). Nach einer umfassenden Analyse der einschlägigen anthropologischen Literatur beschrieben sie fünf Grundannahmen über die menschliche Existenz, welche den Kern jeder Kultur ausmachen und dadurch die jeweilige, d.h. kulturspezifische Weltanschauung einer Gesellschaft prägen:

- Wesen der menschlichen Natur („human nature orientation'),
- Beziehung zur Natur („man-nature orientation'),
- Beziehung zu anderen Menschen („relational orientation'),
- Zeitorientierung („time orientation'),
- Tätigkeits- bzw. Sinnorientierung („activity orientation').

Auch für das „Modell der Kulturstandards" (vgl. Teil B-1.2.3) ist, wie folgende Kulturdefinition verdeutlicht, die Idee der Orientierung maßgeblich: „Kultur ist ein universelles, für eine Gesellschaft, Organisation und Gruppe aber typisches Orientierungssystem. Dieses Orientierungssystem wird aus spezifischen Symbolen gebildet und in der jeweiligen Gesellschaft usw. tradiert. Es beeinflusst das Wahrnehmen, Denken, Werten und Handeln aller ihrer Mitglieder und definiert somit deren Zugehörigkeit zur Gesellschaft. Kultur als Orientierungssystem strukturiert ein für die sich der Gesellschaft zugehörig fühlenden Individuen spezifisches Handlungsfeld und schafft damit die Voraussetzungen zur Entwicklung eigenständiger Formen der Umweltbewältigung" (Thomas 1993, S. 380).

Dieses ⇒ handlungstheoretische Verständnis von Kultur ist von der kommunikationswissenschaftlichen Perspektive, welche *E.T. Hall* vorgeschlagen hat, abzugrenzen: „Culture is communication and communication is culture." Dem berühmten Anthropologen und Kommunikationswissenschaftler war daran gelegen, übergeordnete Kriterien zu erkennen, zu definieren und zu beschreiben, welche es ermöglichen, Landeskulturen systematisch miteinander zu vergleichen (vgl. Tab. 17). Zwischen 1959 und 1983 formulierte er und in den Folgejahren gemeinsam mit *M.R. Hall*, seiner Frau, in zahlreichen Monographien eine vergleichsweise umfassende und überaus einflussreiche Kulturtheorie (vgl. Hall 1976, 1974, 1966, 1963, 1959; Hall/Hall 1990, 1983). Diese Theorie vereint biologische, linguistische sowie insb. kommunikationstheoretische Überlegungen und hat die kulturvergleichende Forschung nachhaltig geprägt (vor allem mit dem Konzept der Kontextabhängigkeit/-unabhängigkeit von Kommunikation). Da nonverbale Kommunikation weitgehend unbewusst abläuft, nutzten *Hall & Hall* auch tiefenpsychologische Erkenntnisse. Denn im Mittelpunkt ihrer Argumentation stehen die menschliche Kommunikation im Allgemeinen wie auch deren nonverbalen, zumeist unbewussten Anteile im Besonderen: das kollektive Unbewusste einer Kultur.

Tab. 17: Halls Kulturmodell

Kulturspezifischer Umgang mit			
Zeit	Raum	Umfeld der Kommunikation	Geschwindigkeit der Informationsverarbeitung
= Chronemik	= Proxemik	= Kontext	
monochron-zukunftsorientierte (MC) vs. polychron-vergangenheitsorientierte Gesellschaften (PC) → m-time vs. p-time	kontaktmeidende (LT) vs. kontaktsuchende Gesellschaften (HT) → low touch vs. high touch	kontextunabhängige (LC) vs. kontextabhängige Gesellschaften (HC) → low context vs. high context	Gesellschaften mit geringer (SM) vs. Gesellschaften mit hoher Informationsgeschwindigkeit (FM) → slow messages vs. fast messages

☛ Der zentrale Beitrag des Konzepts der kulturellen Orientierung zur kulturvergleichenden Forschung besteht darin, dass er es ermöglichte, einschlägige Denk- und Analysekategorien und ein umfassendes Bezugssystem ('overall framework') zu entwickeln. Anfang des Jahrtausends hat *K.-H. Flechsig* dieses Konzept weiterentwickelt: als Orientierung des Menschen im n-dimensionalen kulturellen Raum. Dieser kulturelle Raum wird definiert durch die Einstellung zur Umwelt, den Umgang mit dem sozialen Phänomen Zeit, die (In-)Akzeptanz von Hierarchie und Ungleichheit, die (Nicht-)Trennung von Privatsphäre und öffentlichem Raum, die verschiedenen Formen (in)direkter Kommunikation, die (Nicht-)Äußerung eigener Emotionen, die Art des Blick- und Körperkontakts sowie die Art des Umgangs mit Regeln.

1.2.2 Schichtenmodelle

1.2.2.1 Kulturzwiebel, Kultureisberg & andere Schichtenmodelle

Wie in vielen anderen wissenschaftlichen Disziplinen, so erfreuten sich einfache vorwissenschaftliche Modelle auch unter den Vertretern des normativdeskriptiven Ansatzes der Kulturwissenschaften großer Beliebtheit. Die meisten Forscher haben die von ihnen identifizierten bzw. postulierten „Bestandteile" bzw. „Elemente" von Kultur hierarchisch strukturiert. Vordenker dieser Richtung war Schein (1985), der am Beispiel des Konstrukts der Organisationskultur das „Modell der Kulturebenen" entwickelte. Er grenzte drei Schichten voneinander ab und ordnete sie pyramidenartig an:
- äußere, sichtbare Schicht der ‚artifacts',
- mittlere, nicht sichtbare Schicht der ‚norms & values',
- Kulturkern, gebildet von den nicht sichtbaren Grundannahmen über die menschliche Existenz (= ‚basic assumptions').

Hofstede (1980) und andere benannten ähnliche Sachverhalte teilweise unterschiedlich, weshalb Abb. 32 eine Synopse dieses Typus von Schichtenmodellen darstellt. Unmittelbar beobachten lassen sich nur die drei äußeren Schichten, die *G. Hofstede* als Praktiken bezeichnet. Kulturfremde können sie zwar wahrnehmen, nicht aber ihre kulturelle Bedeutung erschließen.

Abb. 32: Schichtenmodell der Kultur: eine Synopse

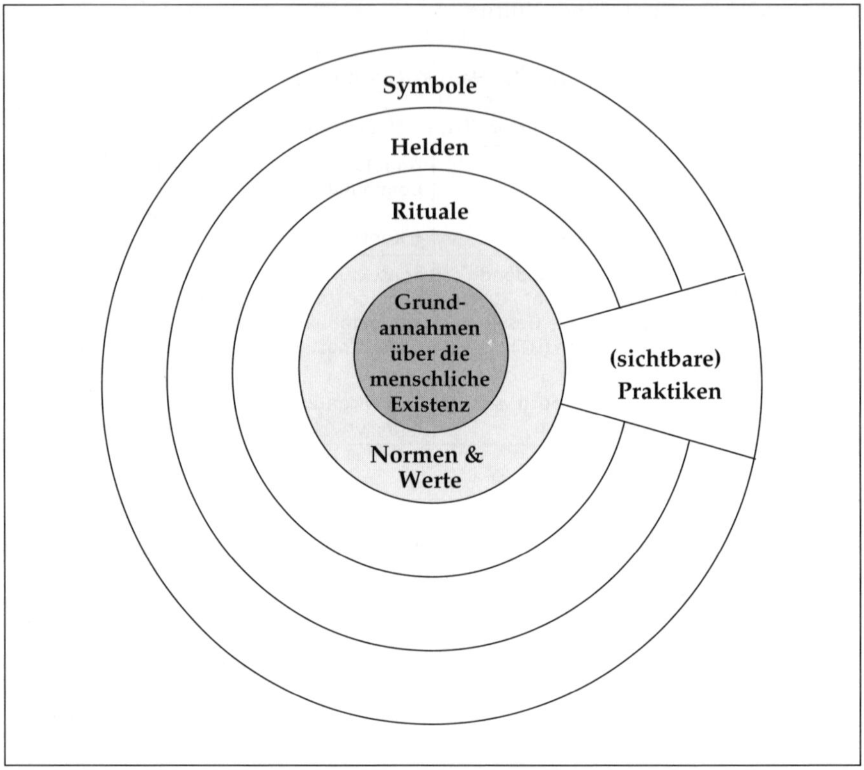

[Diagramm: Konzentrische Kreise mit Beschriftungen von außen nach innen: Symbole, Helden, Rituale; im Zentrum: Grundannahmen über die menschliche Existenz, Normen & Werte; seitlich: (sichtbare) Praktiken]

Quelle: Hofstede (1993, S. 19); leicht modifiziert.

Häufig wird als Darstellungsform auch die „Kulturzwiebel" gewählt (vgl. Hofstede 1997, S. 8; Trompenaars/Hampden-Turner 1997, S. 22 und Abb. 33). Dabei bilden Symbole die erste „Kulturhaut" und Helden, Rituale sowie Werte die zweite, dritte und vierte Haut. Im Inneren der Zwiebel wirken die ‚basic assumptions'. Sie, und damit der Kern einer Kultur, werden erst dann zugänglich, wenn der Kulturfremde – sinnbildlich gesprochen – die äußeren Zwiebelhäute entfernt. Dies geht – und auch das will die Metapher ausdrücken – nicht immer ohne „Tränen" ab, d.h. ohne Probleme: Nur wer hinter die sichtbare Oberfläche einer Kultur blickt und dabei einen Kulturschock riskiert, erlangt Zugang zu den tieferliegenden Schichten. Das Sinnbild des Kultureisbergs wiederum soll zum Ausdruck bringen, dass – wie bei einem Eisberg – der weitaus größere Teil einer Kultur unterhalb der Wasseroberfläche liegt und somit Kulturfremden nur schwer zugänglich ist. Aber auch für die äußeren Schichten des normativ-deskriptiven Kulturmodells gilt: Angehörige fremder Kulturen können Symbole, Helden und Rituale zwar wahrnehmen, zumeist aber nicht angemessen (d.h. kulturadäquat) verstehen. Denn ihnen fehlen die kulturspezifischen „Codes" (vgl. Müller/Gelbrich 2014, S. 15 ff.).

Der Erklärungsansatz, der den Schichtenmodellen zugrunde liegt, ist so allgemein gehalten, dass sie sich mühelos auf alle Ebenen des Kulturvergleichs anwenden lassen. Ob Landeskultur, Subkultur oder Unternehmenskultur: Immer ist es hilfreich, sich das jeweilige Weltbild, den Gründungs- oder Untergangsmythos, die Tabus sowie die zentralen Normen und Werte zu vergegenwärtigen (vgl. Tab. 18).

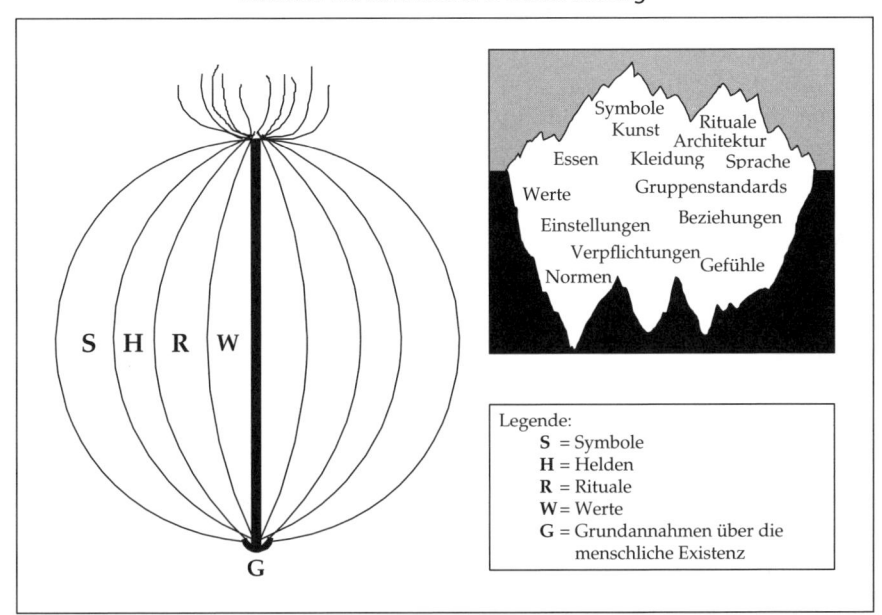

Abb. 33: Kulturzwiebel & Kultureisberg

Legende:
S = Symbole
H = Helden
R = Rituale
W = Werte
G = Grundannahmen über die menschliche Existenz

Tab. 18: Übertragung des Schichtenmodells auf die verschiedenen Ebenen des Kulturvergleichs

	Landeskultur (z.B. USA)	Subkultur (z.B. Umweltschützer)	Ethno-Kultur (z.B. türkischstämmige Bewohner Deutschlands)	Branchenkultur (z.B. Fluglinie)	Unternehmenskultur (z.B. Mercedes)
Weltbild	Voluntarismus („can do")	Verletzlichkeit der Erde	Mystisches Weltbild	Grenzenlose Mobilität	Erfinder des Automobils
Mythos	Amerikanischer Traum	Gäa (Mutter Erde)	Rückkehr in die Türkei	Schwerelosigkeit	Silberpfeil
Tabus	Diskriminierung (Religion)	Verschwendung von Ressourcen	Ungehorsam gegenüber der Familie	Unfallsicherheit thematisieren	Qualitätsmängel
Normen	Gleichheit	Schutz des Lebens	Ehre	Null-Fehler-Prinzip	Das Beste oder Nichts
Werte	Individualismus	Verantwortung	Überlegenheit des Mannes	Zuverlässigkeit	Seriosität

1.2.2.2 Concepta/Percepta-Modell

Nach Ansicht zahlreicher Wissenschaftler manifestieren sich (Landes-)Kulturen auf zwei Ebenen: der materiellen Ebene (z.B. Bücher, Kleidung, Kunst, Werkzeug) und der immateriellen Ebene (z.B. Bräuche, Werte, gemeinsame Einstellungen und Verhaltensweisen, Normen, Ideen). Ausgehend von dieser

Unterscheidung postulierte Osgood (1951) drei Erscheinungsformen von Kultur, indem er auf der immateriellen Ebene die soziale Kultur von der mentalen Kultur unterschied.

- Materielle Kultur: Damit sind die beobachtbaren materiellen Artefakten gemeint (z.B. Häuser, Kleidung).
- Soziale Kultur: Hierzu zählen Begrüßungsrituale, religiöse Symbole, Gründungsmythen und andere beobachtbare immaterielle Artefakte.
- Mentale Kultur: Weltbild, Tabus, Normen und Werte sind die wichtigsten Mentefakte (d.h. nicht beobachtbar und immateriell).

Darüber hinaus bezeichnete C. *Osgood* die mentale Kultur als „Concepta" und die soziale Kultur gemeinsam mit der materiellen Kultur als „Percepta" (vgl. Abb. 34).

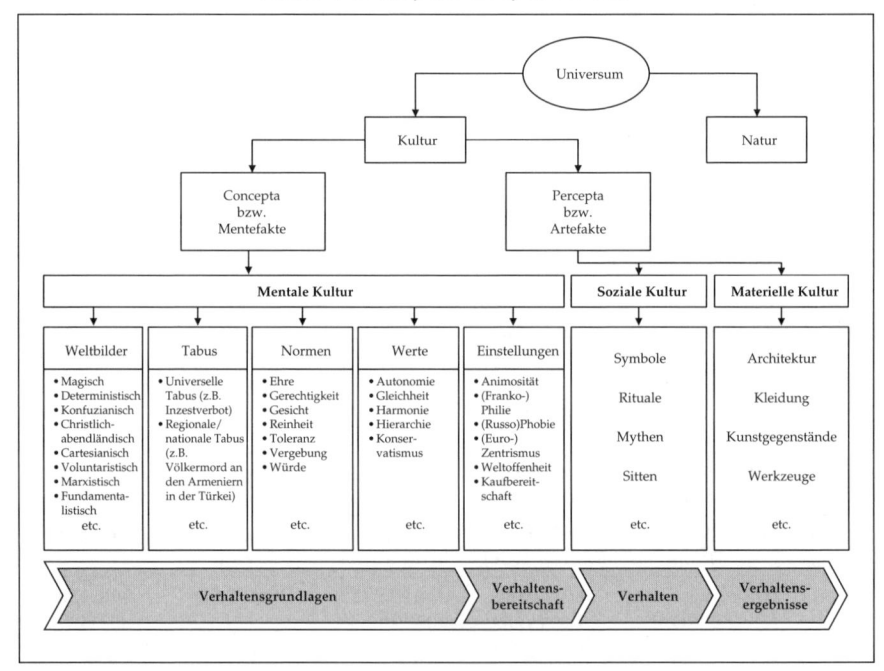

Abb. 34: Concepta/Percepta-Modell

Mentale Kultur						Soziale Kultur	Materielle Kultur
Weltbilder	Tabus	Normen	Werte	Einstellungen	Symbole		Architektur
• Magisch • Deterministisch • Konfuzianisch • Christlich-abendländisch • Cartesianisch • Voluntaristisch • Marxistisch • Fundamentalistisch etc.	• Universelle Tabus (z.B. Inzestverbot) • Regionale/nationale Tabus (z.B. Völkermord an den Armeniern in der Türkei) etc.	• Ehre • Gerechtigkeit • Gesicht • Reinheit • Toleranz • Vergebung • Würde etc.	• Autonomie • Gleichheit • Harmonie • Hierarchie • Konservatismus etc.	• Animosität • (Franko-)Philie • (Russo)Phobie • (Euro-)Zentrismus • Weltoffenheit • Kaufbereitschaft etc.	Rituale Mythen Sitten etc.		Kleidung Kunstgegenstände Werkzeuge etc.

Verhaltensgrundlagen → Verhaltensbereitschaft → Verhalten → Verhaltensergebnisse

Quelle: Müller/Gelbrich (2014, S. 125).

1.2.2.3 Implizite vs. explizite Kultur

Trompenaars (1996) grenzte die explizite, an ihren Artefakten erkennbare Kultur von der impliziten Kultur ab (vgl. Abb. 35). Damit ist die Gesamtheit der nicht direkt beobachtbaren Grundannahmen, Welt- und Menschenbilder gemeint. Auch die Regeln und Methoden, welche eine Gesellschaft entwickelt hat, um ihre Probleme zu erfassen und zu lösen, sind Teil der impliziten Kultur. Die zumeist unbewussten Annahmen darüber, „wie die Welt funktioniert", können grundlegender Natur sein (wie die Philosophie des ‚can do' in den USA) oder unmittelbar handlungsbezogen: z.B. „Hochmut kommt vor dem Fall", „Der frühe Vogel frisst den Wurm" etc.

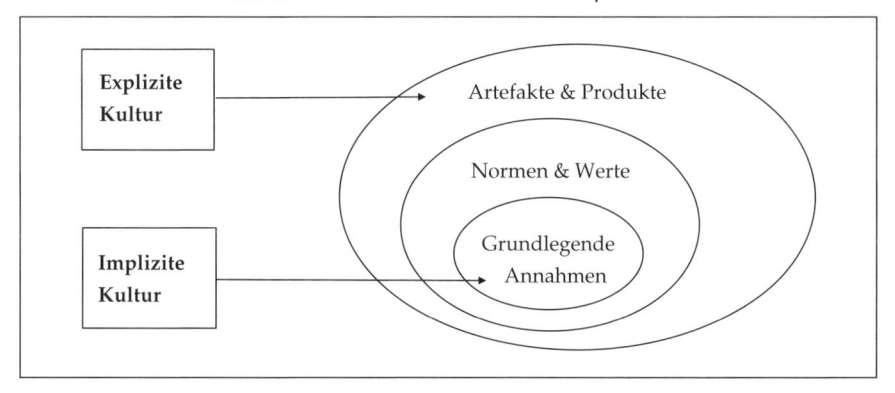

Abb. 35: Schichtenmodell nach Trompenaars

Quelle: in Anlehnung an Trompenaars (1996, S. 51).

☞ Aus kulturvergleichender Sicht ist der Erkenntnisbeitrag der verschiedenen Schichtenmodelle überaus begrenzt. Denn sie erlauben es nicht, Landes- bzw. Unternehmenskulturen systematisch miteinander zu vergleichen. Vertreter der deskriptiv-verstehenden Kulturwissenschaften allerdings bewerten diese Modellvorstellungen weitaus positiver. Aus ihrer Sicht strukturieren und benennen Schichtenmodelle das Erkenntnisobjekt auf sinnhafte und nachvollziehbare Weise. Ihr entscheidender Beitrag besteht demnach darin, dass sie „Kultur" bildhaft darstellen und somit greifbar und verständlich machen.

1.2.3 Modell der Kulturstandards

Zentrale vs. periphere Kulturstandards

Thomas (2003d, S. 24 f.) beschrieb „Kultur" als ein für die Angehörigen einer Nation „sinnstiftendes Orientierungssystem". Eine Schlüsselrolle spielen dabei die sog. Kulturstandards. So bezeichnete der Regensburger Psychologe „alle Arten des Wahrnehmens, Denkens, Wertens und Handelns, welche die Mehrzahl der Angehörigen einer Nation für sich und für andere als normal, typisch und verbindlich ansieht."

Das eigene Verhalten wie auch das Verhalten anderer Personen werden im Regelfall anhand zentraler Kulturstandards beurteilt. Während sie in den unterschiedlichsten Situationen wirksam werden und weite Bereiche des Denkens, Fühlens und Verhaltens regulieren, betreffen periphere Kulturstandards vergleichsweise eng begrenzte Verhaltensbereiche, Situationen und Personenkreise (z.B. Kulturstandards in einem Fitness-Club). Verstößt ein Akteur gegen zentrale Kulturstandards, so muss er mit negativen Reaktionen seiner sozialen Umwelt rechnen – im Regelfall mit Ablehnung und im Extremfall mit realen Sanktionen. Zentrale Kulturstandards wandeln sich unter dem Eindruck veränderter Umweltbedingungen wesentlich langsamer als periphere Kulturstandards.

Verfahren zur Ermittlung von Kulturstandards

Welche Kulturstandards für eine Gesellschaft bedeutsam sind und wie sie deren soziales Leben regeln, lässt sich durch ein dreistufiges Verfahren ermitteln (vgl. Jahn 2006, S. 35 ff.):

(1) Zunächst werden mit Hilfe teilstrukturierter Interviews Fach- und Führungskräfte befragt, die in dem zu analysierenden Land seit Jahren tätig sind. In Anlehnung an das in den Sozialwissenschaften weit verbreitete Konzept der Kritischen Ereignisse sollen sie kritische Interaktionssituationen schildern, die sie während ihres langjährigen Auslandsaufenthaltes erlebt haben (vgl. hierzu ausführlicher Müller/Gelbrich 2014, S. 77 ff.).

(2) Sodann werden die in Phase 1 gewonnenen Erkenntnisse durch eine standardisierte Befragung bikultureller Experten – aus Deutschland und dem Zielland stammend – validiert und systematisiert.

(3) Es folgen die inhaltsanalytische Aufbereitung der Expertenstatements, die kulturhistorische Validierung der Befunde sowie die Identifikation der zentralen und der peripheren Kulturstandards.

Problem der Relativität

Wenn Schroll-Machl (2007) „die Kulturstandards der Deutschen" beschreibt, so suggeriert sie, dass „Sachorientierung, Wertschätzung von Regeln und Struktur etc." (vgl. Tab. 19) stabile Eigenschaften „der Deutschen" sind (im Sinne eines Nationalcharakters), die unabhängig von variierenden Umweltbedingungen bestehen Tatsächlich aber sind Kulturstandards relativ zu verstehen. Denn sie beschreiben die Besonderheiten des in einer Gesellschaft üblichen bzw. sozial akzeptierten Verhaltens aus Sicht von Angehörigen einer anderen Gesellschaft.

Tab. 19: Kulturstandards deutscher Manager aus Sicht ausländischer Kollegen

Sachorientierung	Arbeitsbeziehungen werden weitestgehend sachbezogen gestaltet. Sachlichkeit gilt als professionell.
Wertschätzung von Regeln & Struktur	Regeln, bis hin zur völligen Standardisierung von Arbeitsabläufen, werden als hilfreich angesehen, und deren Einhaltung wird kontrolliert.
Direkte Kommunikation	Probleme, Konflikte etc. werden nicht „durch die Blume", sondern direkt angesprochen.
Interpersonale Distanzdifferenzierung	Man wahrt Abstand und mischt sich nach Möglichkeit nicht in die Angelegenheiten anderer Personen ein. Soziale Distanz wird in Abhängigkeit von der sozialen Rolle des Gegenübers (Geschäftspartner, Arbeitskollege, Bekannter, Freund) reguliert.
Monochrone Zeitplanung	Typisches Instrument des Zeitmanagements ist der Zeitstrahl, auf dem die zu bewältigenden Aufgaben in linearer Abfolge geplant und sodann „Schritt für Schritt" abgearbeitet werden.
Individualismus	Persönliche Unabhängigkeit ist wichtig. Dazu tragen eine eindeutige Aufgabenbeschreibung und klar abgegrenzte Zuständigkeitsbereiche bei. Denn sie ermöglichen innerhalb der so beschriebenen Grenzen eigenverantwortliches Arbeiten.

Quelle: auf Basis von Schroll-Machl (2007).

1.2 Qualitative Erklärungsansätze

Dass Kulturstandards relativ sind, bedeutet: Sie können nicht als absolut gültig verstanden werden, sondern immer nur im Hinblick auf die Kulturstandards, welche die Angehörige der Eich- bzw. Vergleichsstichprobe als „normal" empfinden. Wenn etwa zu den Kulturstandards der Deutschen nur aus Sicht von Chinesen – und nicht aus Sicht von Franzosen, Tschechen oder US-Amerikanern – auch „wahrhafte Kommunikation" und „Individualismus" zählen (vgl. Tab. 20), sagt dies letztlich weniger über die Landekultur der Deutschen aus als darüber, welche Verhaltensregeln für die chinesische Kultur charakteristisch sind und welche für die französische, die tschechische oder die amerikanische Kultur.

- Individualismus: Chinesen entstammen einer hochgradig kollektivistischen Landeskultur (IDV = 15). Deshalb erscheinen ihnen individualistische Verhaltensweisen ungewöhnlich und folglich bemerkenswert, nicht jedoch den individualistischen Franzosen (IDV = 71), Tschechen (IDV = 60) und US-Amerikanern (IDV = 91).
- Wahrhafte Kommunikation: Wie in allen konfuzianisch geprägten Gesellschaften spielt der Kulturstandard „Gesicht wahren" in China eine, wenn nicht die zentrale Rolle (vgl. Müller/Gelbrich 2014, S. 134 ff.). Er verlangt, unter allen Umständen die soziale Ordnung und harmonische Beziehun-

Tab. 20: Relativität von Kulturstandards: deutsche Kulturstandards aus Sicht von ...

... Chinesen (vgl. Thomas/Schenk 2005)	... Franzosen (vgl. Demangeat/ Molz 2007)	... Tschechen (vgl. Schroll-Machl 2001)	... US-Amerikanern (vgl. Markowsky/ Thomas 1995)
direkte, wahrhafte Kommunikation	explizite, direkte Kommunikation	kontextunabhängige Kommunikation, konfrontativer Konfliktstil	direkte interpersonale Kommunikation
Regelorientierung, Vertragsbindung	Regel- und Stabilitätsorientierung	Strukturorientierung	Regelorientierung Organisationsbedürfnis
Trennung von Arbeits- und Privatleben	Abgrenzung von Lebensbereichen	Trennung von Lebensbereichen	abgegrenzter Privatbereich, interpersonale Distanzdifferenzierung
monochrone Zeitplanung	systematisches Abarbeiten von Aufgaben	Konsekutivität	
Sachorientierung	Sachorientierung	Sachbezug	persönliches Eigentum
	Selbststeuerung	Regelorientierte Kontrolle	Pflichtbewusstsein
	Gleichheitsstreben		
		Selbstsicherheit	
Autoritätsgläubigkeit			
Geschlechterrollendifferenzierung			
Individualismus	Gemeinsinn		

Quelle: Schroll-Machl (2003, S. 73).

gen zu wahren – und sei es, indem man die Wahrheit verschweigt bzw. im Extremfall die Unwahrheit sagt. Während der in Deutschland übliche Kommunikationsstil vor diesem kulturellen Hintergrund als „wahrhaftig" erscheinen mag, werteten die befragten Franzosen („explizit"), Tschechen („konfrontativ") und US-Amerikanern („direkt") andere Merkmale als „typisch deutsch".

1.3 Quantitative Erklärungsansätze

Vertreter der empirischen Sozialwissenschaften erblicken in der Quantifizierung sozialer Phänomene den Königsweg der Erkenntnisgewinnung. Allerdings ist es leichter gefordert als getan, „Kultur" zu operationalisieren – und damit quantitativ vergleichbar zu machen. Denn „culture is a complex and broad construct that is difficult to accurately measure" (Ng et al. 2007, S. 164).

1.3.1 Konzept der Kulturdimensionen

Unter einer „Dimension" versteht man in der Mathematik oder im Rahmen der multivariaten Datenanalyse die kleinste Anzahl unabhängiger Koordinaten, die es erlaubt, eine Menge von Objekten hinreichend zu beschreiben. Kulturdimensionen sind solche Koordinaten. Sie reduzieren die Werte, die für eine Gesellschaft charakteristisch sind, auf wenige grundlegende „latente" (d.h. nicht unmittelbar ersichtliche) Variablen. In dem durch Kulturdimensionen definierten n-dimensionalen Raum erhält jede Landeskultur eine eindeutige, quantitativ bestimmbare Position (vgl. Abb. 36).

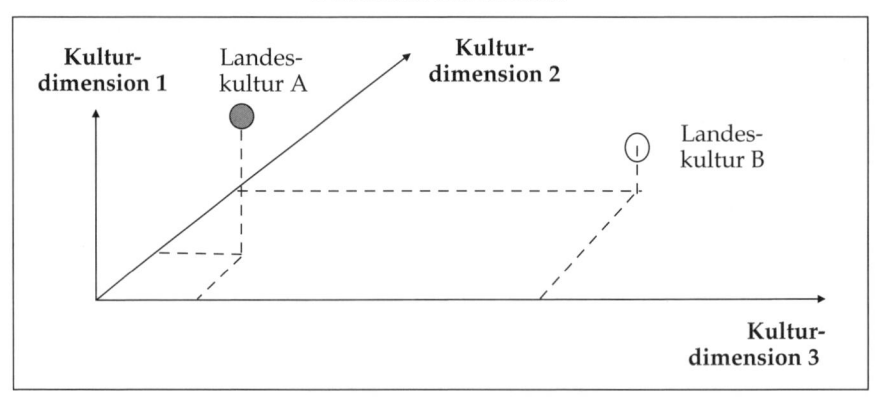

Abb. 36: Positionierung zweier fiktiver Landeskulturen in einem dreidimensionalen Raum

Zahlreiche Wissenschaftler haben die für die verschiedenen Länder charakteristischen Werthaltungen empirisch erfasst und faktorenanalytisch auf die jeweils grundlegenden Dimensionen reduziert. Mit Hilfe der in Messwerten ausdrückbaren Positionierung dieser Länder auf den im Rahmen dieser Studien identifizierten Kulturdimensionen lassen sich die verschiedenen Landeskulturen systematisch miteinander vergleichen. Besondere Bedeutung haben bislang die *Hofstede*-Kulturdimensionen (vgl. Teil B-2) sowie, mit Abstrichen, die *Schwartz*-Kulturdimensionen erlangt (vgl. Teil B-3). Seit einigen Jahren werden auch die *GLOBE*-Kulturdimensionen zunehmend genutzt (vgl. Teil B-4).

Positioniert man bspw. Deutschland, Indien und die Niederlande auf den *Hofstede*-Kulturdimensionen (vgl. Abb. 37), so tritt der charakteristische Unterschied zwischen Industrie- und Schwellenländern unmittelbar zutage: einerseits der ausgeprägte Individualismus der Deutschen und der Niederländer, andererseits die Neigung der Mehrzahl der Inder, Machtdistanz zu akzeptieren und solche Tugenden wertzuschätzen, die es ermöglichen, langfristige Ziele zu erreichen (z.B. Traditionsbewusstsein, Akzeptanz familiärer Verpflichtungen). Die individualistischen Industrieländer Deutschland und Niederlande wiederum unterscheiden sich hauptsächlich durch ihre maskuline (= D) bzw. feminine Orientierung (= NL).

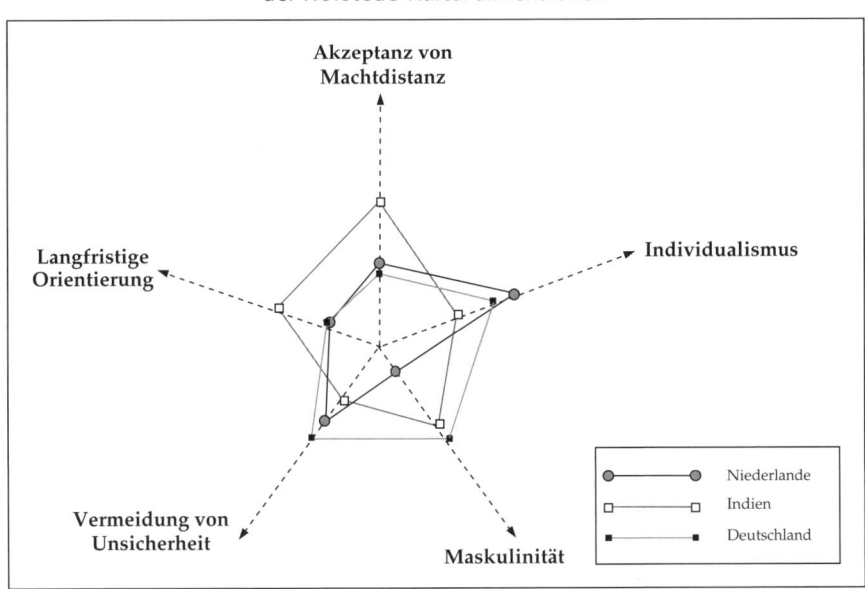

Abb. 37: Positionierung dreier Landeskulturen im fünfdimensionalen Raum der Hofstede-Kulturdimensionen

1.3.2 Kritische Würdigung

Wie die Gegenüberstellung verschiedener dimensionsanalytischer Kulturmodelle zeigt, bestehen zwischen diesen theoretisch bzw. methodisch bedingte Unterschiede, aber auch Gemeinsamkeiten. So thematisieren sieben von acht Vorschlägen die Art und Weise, wie Gesellschaften mit den Geschlechterrollen umgehen, aber nur jeweils fünf Zeitorientierung und Ungewissheitsvermeidung (vgl. Tab. 21). Unabhängig davon, wie man diesen Grad an Übereinstimmung bewertet: Unstrittig dürfte sein, dass die Kulturdimensionen kein geschlossenes und widerspruchsfreies Erklärungssystem ergeben.

Tab. 21: Vergleich des Hofstede-Modells mit alternativen Vorschlägen

Hofstede (2001, 1991)[1]	masculinity/ feminity	individualism/ collectivism	power distance	uncertainty avoidance	long-term orientation	other
Inkeles/ Levinson (1969)[2]	conceptions of self		relation to authority	primary dilemmas or conflicts		
Chinese Cultural Connection (1987)[1]	human heartedness	integration			confucian work dynamism	moral discipline
Clark (1990)[2]	relation to self		relation to authority	relation to risk		
Trompenaars (1997)[1]	neutral/ emotional	1) universalism/ particularism 2) individualism/ collectivism			attitudes to time	1) specific/ diffuse 2) achievement/ ascription 3) attitudes to the environment
Schwartz (1994)[1]	mastery/ harmony	autonomy/ conservatism	hierarchy/ egalitarianism			
Steenkamp (2001)[1]		autonomy/ collectivism	egalitarianism/ hierarchy	uncertainty avoidance	mastery/ nurturance	
House et al. (2004)[1]	1) gender egalitarianism 2) assertiveness	1) institutional collectivism 2) in-group collectivism	power distance	uncertainty avoidance	future orientation	1) human orientation 2) performance orientation

Quelle: Soares et al. (2007, S. 280), erweitert um GLOBE.

Auch bietet die Vielzahl von Kulturdimensionen die Möglichkeit, opportunistisch jeweils die auszuwählen, welche die eigene Position stützt. Wer etwa der Meinung ist, dass Frauen in femininen Gesellschaften gerechter entlohnt werden als in maskulinen Gesellschaften, wird seine These bestätigt sehen, wenn er sie anhand der *GLOBE*-Dimension „Gender Egalitarianism" überprüft, vorausgesetzt, es handelt sich um „Practices" (r = −,64). Mit der „Value-Dimension" (r = ,28) und der *Hofstede*-Dimension „Maskulinität vs. Feminität" (r = ,18) würde das Signifikanzniveau hingegen eindeutig verfehlt. Diese Daten offenbaren keinen systematischen Lohnabstand zwischen weiblichen und männlichen Angestellten (vgl. Abb. 38). In einer solchen Situation erfordert es ein hohes Maß an moralischer Integrität, der Versuchung zu widerstehen, jeweils die für das eigene Forschungsvorhaben vorteilhaftesten Kulturdimensionen in die Analyse einzubeziehen.

Problematisch ist nicht zuletzt die Gleichsetzung von Land (bzw. Nation) und Kultur. In der viersprachigen Schweiz etwa hat sich keine homogene Landeskultur entwickelt. Vielmehr ähneln die Werte der deutschsprachigen Schweizer denen ihrer deutschen Nachbarn weit mehr als den Werten ihrer französischsprachigen Landsleute. Sie wiederum teilen die Werte ihrer französischen Nachbarn (vgl. Tab. 22).

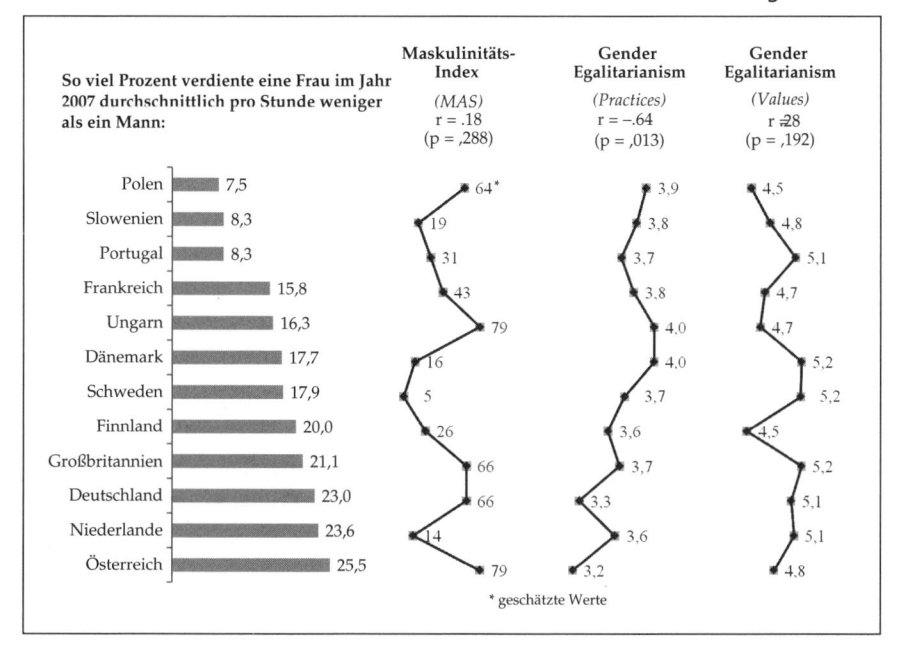

Abb. 38: Einfluss der Landeskultur auf den Lohnabstand weiblicher Angestellter

So viel Prozent verdiente eine Frau im Jahr 2007 durchschnittlich pro Stunde weniger als ein Mann:	Maskulinitäts-Index (MAS) r = ,18 (p = ,288)	Gender Egalitarianism (Practices) r = –,64 (p = ,013)	Gender Egalitarianism (Values) r = ,28 (p = ,192)
Polen	7,5	64*	3,9	4,5
Slowenien	8,3	19	3,8	4,8
Portugal	8,3	31	3,7	5,1
Frankreich	15,8	43	3,8	4,7
Ungarn	16,3	79	4,0	4,7
Dänemark	17,7	16	4,0	5,2
Schweden	17,9	5	3,7	5,2
Finnland	20,0	26	3,6	4,5
Großbritannien	21,1	66	3,7	5,2
Deutschland	23,0	66	3,3	5,1
Niederlande	23,6	14	3,6	5,1
Österreich	25,5	79	3,2	4,8

* geschätzte Werte

Tab. 22: Kulturprofile Deutschlands, Frankreichs & der Schweiz

	Deutschland	Schweiz		Frankreich
		Deutschsprachige Schweiz	Französischsprachige Schweiz	
PDI	35	26	69	68
IDV	67	68	64	71
MAS	66	72	58	43
UAI	65	54	69	86

2 Hofstede-Studie

2.1 Konzeption & theoretischer Hintergrund

2.1.1 Ursprungsstudie

2.1.1.1 Theoretischer Hintergrund

Die *Hofstede*-Studie basiert auf den Arbeiten zweier Sozialanthropologen, Mead (1928) und Benedict (1934; 1932). Deren Beobachtungen zufolge werden alle Gesellschaften mit ähnlichen Grundproblemen konfrontiert und müssen lernen, diese zu bewältigen. Konkret bezog sich G. *Hofstede* wiederholt auf die von

Inkeles/Levinson (1954) beschriebenen ‚common human problems', um seine eigenen Arbeiten theoretisch zu begründen (vgl. z.B. Hofstede/Hofstede 2009, S. 18):
- Beziehung zwischen Individuum und Gesellschaft sowie Geschlechterrollen,
- Verhältnis zur Autorität,
- Art und Weise, mit Konflikten umzugehen (u.a. Kontrolle von Aggressionen und Ausdruck von entsprechenden Gefühlen).

Die Lösungsstrategien, welche die verschiedenen Gesellschaften hierfür entwickelt haben, unterscheiden sich zwar teilweise erheblich. Sie ähneln einander aber auch insofern, als sie von Wertvorstellungen geprägt sind, welche die Mitglieder einer Gesellschaft teilen und die sie zugleich von anderen Gesellschaften unterscheiden (Akzeptanz hierarchischer Unterschiede, Konfliktvermeidung, Sparsamkeit etc.). In dem Maße, wie sich diese Wertvorstellungen verfestigten, haben sie die Landeskultur beeinflusst.

Gemäß dem sog. Pyramidenmodell ist jeder Mensch das Ergebnis der Interaktion seiner genetischen Ausstattung (= menschliche Natur) mit seinem kulturellen Umfeld. Die daraus resultierende Einzigartigkeit des Individuums manifestiert sich in dem Oberflächenmerkmal „individuelle Persönlichkeit". Die „Pyramide der mentalen Programmierung" illustriert das Zusammenspiel dieser drei Ebenen (vgl. Abb. 39).

In Analogie zum Computer beschreibt Hofstede (1991) die genetische Ausstattung (= menschliche Natur) als „Betriebssystem". Dieses steuert die ...
- physischen Funktion (z.B. Atemreflexe) und einzelne
- psychische Funktionen (z.B. Furcht vor ungewohnten, intensiven und plötzlich auftretenden Reizen).

Das Betriebssystem ist allen Menschen gemeinsam und determiniert die ‚cultural universals' (d.h. Normen, Werte, Verhaltensweisen etc., die weltweit gültig

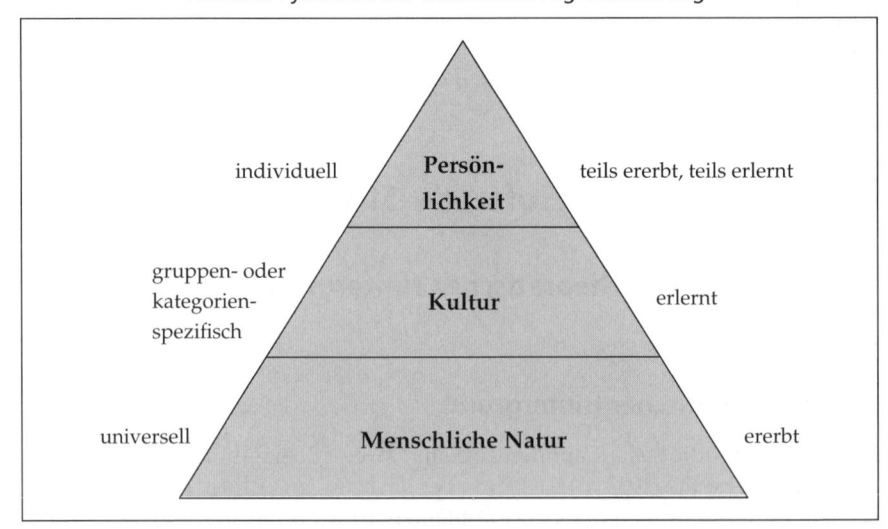

Abb. 39: Pyramide der mentalen Programmierung

Quelle: Hofstede (1993, S. 19), geringfügig modifiziert.

bzw. angemessen sind). Das Konstrukt „Kultur" setzt Hofstede (1991) hingegen mit der in einem bestimmten sozialen Umfeld erlernten „Software" gleich und definiert sie als „die kollektive Programmierung des Geistes, der die Mitglieder einer Gruppe oder Kategorie von Menschen von anderen unterscheidet" (Hofstede 1993, S. 19). Diese „Software" einer Gesellschaft legt bspw. fest, in welcher Weise die Emotion „Furcht" in einem gegebenen soziokulturellen Kontext angemessen ausgedrückt wird oder welche Konsequenz Frustration hat: Aggression im individualistischen Kulturkreis und Gefühl der Verbundenheit des Frustrierten mit dem Frustrator im kollektivistischen Kulturkreis (vgl. Trommsdorff 1993).

2.1.1.2 Operationalisierung & Studiendesign

Lange Zeit, d.h. bis die Ergebnisse der *GLOBE*-Studie veröffentlicht wurden (vgl. Teil B-4), war die Arbeit des niederländischen Sozialwissenschaftlers der umfassendste Vorschlag, Kultur zu operationalisieren. Diese Sonderstellung verdankte G. *Hofstede* dem Umstand, dass er in seiner damaligen Funktion als Personalvorstand von *IBM Europe* in einer ersten Forschungsphase auf eine unternehmensinterne Datenbank zurückgreifen konnte, in welcher die Ergebnisse einer Mitarbeiterbefragung von 72 *IBM*-Niederlassungen in 40 Ländern gespeichert waren. Der ursprüngliche „1966–1973 ‚Hermes' IBM Attitude Survey Questionnaire" besteht aus arbeitsbezogenen Wertvorstellungen und anderen Fragen, die sich inhaltlich folgendermaßen gruppieren lassen (vgl. Hofstede 1980, S. 47):

- Zufriedenheit: Individuelle Bewertung des Arbeitslebens (z.B.: „How satisfied are you with …", „How do you like your job – the kind of work you do?" anhand der Antwortskala „very good to very poor").
- Wahrnehmung: Subjektive Beschreibung des Arbeitslebens (z.B. „How often does your manager expect a large amount of work from you?").
- Persönliche Ziele (z.B. „How important is it to you to have an opportunity for high earnings?") und Überzeugungen bezüglich des idealen Beschäftigungsverhältnisses (z.B. „Competition between employees usually does more harm than good").
- Demographika: Alter, Geschlecht, Ausbildung und Dauer des Beschäftigungsverhältnisses.

Daraus leitete G. *Hofstede* das „Values Survey Module" ab, zunächst in der Fassung von 1980 (= VSM 80) und später in der Fassung von 1994 (= VSM 94; vgl. Anhang). „This ‚VSM 80' was a selection from the *IBM* questionnaires, with a few questions added from other sources about issues missing in the *IBM* list and judged by the author from the book's analysis to be of potential importance" (Hofstede 2003, S. 14).

In der zweiten Phase der Studie dehnte G. *Hofstede* die Auswertung auf 50 Länder sowie drei Regionen aus (Ostafrika, Westafrika und arabisch sprechende Länder). An den beiden ersten Erhebungswellen und den Folgestudien nahmen von 1968 bis 1972 insgesamt 116.000 Probanden aus 38 Berufssparten teil. Dazu wurde der Fragebogen in 20 Sprachen übersetzt.

2.1.1.3 Analyse

Hofstede (1983; 1980) wertete die erhobenen Daten zunächst korrelationsstatistisch aus, um sie sodann faktorenanalytisch auf vier Dimensionen zu reduzieren (vgl. Tab. 23):
- PDI = Akzeptanz von Machtdistanz („power distance'),
- IDV = Individualismus vs. Kollektivismus („individualism'),
- MAS = Maskulinität vs. Feminität („masculinity'),
- UAI = Vermeidung von Ungewissheit („uncertainty avoidance').

Diese vier Kulturdimensionen, welche G. *Hofstede* populärwissenschaftlich als „kollektive mentale Programmierung der Bevölkerung einer geographisch und politisch abgrenzbaren Region" bezeichnete, erklären 49% der Gesamtvarianz des Datensatzes und korrelieren mit einer Vielzahl geographischer, ökonomischer und demographischer Indikatoren (vgl. Teil B-2.3). So besteht, wie Bond/Hofstede (1989) sekundärstatistisch für 40 Länder ermittelten, ein signifikanter positiver Zusammenhang (r = 0,82) zwischen der Kulturdimension Individualismus und dem nationalen Pro-Kopf-Einkommen. Eigene, mit einer anderen Stichprobe durchgeführte Analysen bestätigen, ergänzen und relativieren dieses Ergebnis insofern, als dabei das Bruttoinlandsprodukt der untersuchten Länder positiv mit Individualismus (r = 0,41) und negativ mit der Akzeptanz von Machtdistanz korrelierte (r = –0,27; vgl. Müller/Kornmeier 2002, S. 495). In einem weiteren Schritt konnte G. *Hofstede* zeigen, dass auch Variablen wie „gesellschaftliche Normen", „politisches System" oder „Religion" mit den Kulturdimensionen kovariieren (insb. mit Individualismus vs. Kollektivismus).

Später erweiterten Hofstede/Bond (1988) diesen vierdimensionalen Erklärungsansatz um eine fünfte Kulturdimension, die sie zunächst Konfuzianische Dynamik (vgl. Teil B-2.1.1.1) und später Kurzfrist- vs. Langfristorientierung nannten (vgl. Teil B-2.1.1.2) und schließlich durch die Dimension „Pragmatische vs. normative Orientierung" ersetzten (vgl. Teil B-2.1.1.3). Den vorläufigen Abschluss bildet die sechste Kulturdimension: „Genussorientierung vs. Selbstbeherrschung" (vgl. Teil B-2.2.6). Allerdings wurde sie, wie auch die Dimension „Pragmatische vs. normative Orientierung", nicht aus dem *Hofstede*-Datensatz extrahiert, sondern aus einem Item-Pool, welcher der *World Values Survey* entstammt.

Tab. 23: Kulturprofil der von Hofstede untersuchten Länder bzw. Regionen

	Kulturdimension				
	Akzeptanz von Machtdistanz	Individualismus	Maskulinität	Ungewissheitsvermeidung	Langfristige Orientierung
	PDI	IDV	MAS	UAI	LTO
Arabische Länder	80	38	53	68	k.A.
Argentinien	49	46	56	86	k.A.
Australien	36	90	61	51	31
Belgien	65	75	54	94	k.A.
Brasilien	69	38	49	76	65

2.1 Konzeption & theoretischer Hintergrund

	Kulturdimension				
	Akzeptanz von Machtdistanz	Individualismus	Maskulinität	Ungewissheitsvermeidung	Langfristige Orientierung
	PDI	IDV	MAS	UAI	LTO
Chile	63	23	28	86	k.A.
Costa Rica	35	15	21	86	k.A.
Dänemark	18	74	16	23	k.A.
Deutschland	35	67	66	65	31
Ecuador	78	8	63	67	k.A.
Finnland	33	63	26	59	k.A.
Frankreich	68	71	43	86	k.A.
Griechenland	60	35	57	112	k.A.
Großbritannien	35	89	66	35	25
Guatemala	95	6	37	101	k.A.
Hong Kong	68	25	57	29	96
Indien	77	48	56	40	61
Indonesien	78	14	46	48	k.A.
Iran	58	41	43	59	k.A.
Irland	28	70	68	35	k.A.
Israel	13	54	47	81	k.A.
Italien	50	76	70	75	k.A.
Jamaika	45	39	68	13	k.A.
Japan	54	46	95	92	80
Jugoslawien	76	27	21	88	k.A.
Kanada	39	80	52	48	23
Kolumbien	67	13	64	80	k.A.
Malaysia	104	26	50	36	k.A.
Mexiko	81	30	69	82	k.A.
Neuseeland	22	79	58	49	30
Niederlande	38	80	14	53	44
Norwegen	31	69	8	50	k.A.
Ostafrika	64	27	41	52	25
Österreich	11	55	79	70	k.A.
Pakistan	55	14	50	70	0
Panama	95	11	44	86	k.A.
Peru	64	16	42	87	k.A.
Philippinen	94	32	64	44	19
Portugal	63	27	31	104	k.A.
Salvador	66	19	40	94	k.A.
Schweden	31	71	5	29	33
Schweiz	34	68	70	58	k.A.
Singapur	74	20	48	8	48

	Kulturdimension				
	Akzeptanz von Machtdistanz	Individu-alismus	Masku-linität	Ungewissheits-vermeidung	Langfristige Orientierung
	PDI	IDV	MAS	UAI	LTO
Spanien	57	51	42	86	k.A.
Südafrika	49	65	63	49	k.A.
Südkorea	60	18	39	85	75
Taiwan	58	17	45	69	87
Thailand	64	20	34	64	56
Türkei	66	37	45	85	k.A.
Uruguay	61	36	38	100	k.A.
USA	40	91	62	46	29
Venezuela	81	12	73	76	k.A.
Westafrika	77	20	46	54	16

Anmerkung: Die Indices der Kulturdimensionen beschreiben relative Unterschiede zwischen den Ländern. Ihr absoluter Wert ist ohne Bedeutung.

Quelle: Hofstede (1992, S. 312 f.).

2.1.2 Folgestudien

Zu den Ländern, die G. Hofstede in seinen Untersuchungen nicht berücksichtigen konnte, zählen u.a. Russland, Ungarn und die Nachfolgestaaten Jugoslawiens (z.B. Kroatien). Für einige von ihnen dokumentierte Weidmann (1995, S. 53) die Kulturindizes (vgl. Tab. 24 und Tab. 25). Entweder ...

- beruhen sie auf Plausibilitätsüberlegungen (z.B. Albanien, Bulgarien, Luxemburg) oder
- wurden auf Basis der Befunde anderer empirischer Untersuchungen geschätzt (z.B. Ägypten, China).

Tab. 24: Auf Basis von ergänzenden empirischen Studien ermitteltes Kulturprofil von 16 Ländern

	Kulturdimension				
	Akzeptanz von Machtdistanz	Individu-alismus	Masku-linität	Ungewissheits-vermeidung	Langfristige Orientierung
	PDI	IDV	MAS	UAI	LTO
Buthan		52	32	28	k.A.
Äthiopien	70	20	65	55	k.A.
China	80	15	50	40	114
Domin. Republik	65	30	65	45	k.A.
Fidschi	78	14	46	48	k.A.
Kenia	70	25	60	50	k.A.
Malawi	70	30	40	50	k.A.

2.1 Konzeption & theoretischer Hintergrund

	Kulturdimension				
	Akzeptanz von Machtdistanz	Individu-alismus	Masku-linität	Ungewissheits-vermeidung	Langfristige Orientierung
	PDI	IDV	MAS	UAI	LTO
Namibia	65	30	40	45	35
Nepal	75	30	42	40	40
Russland/Ukraine	95	47	40	75	k.A.
Saudi-Arabien	95	25	60	80	k.A.
Serbien	86	25	43	92	k.A.
Slowenien	71	27	19	88	k.A.
Sri Lanka	60	40	10	55	45
Surinam	80	48	35	80	k.A.
Ungarn	19	55	79	83	k.A.

Quelle: Weidmann (1995, S. 53).

Tab. 25: Auf Basis von Plausibilitätsüberlegungen geschätztes Kulturprofil von 17 Ländern

	Kulturdimension				
	Akzeptanz von Machtdistanz	Individu-alismus	Masku-linität	Ungewissheits-vermeidung	Langfristige Orientierung
	PDI	IDV	MAS	UAI	LTO
Ägypten	70	25	45	80	k.A.
Albanien	90	20	80	70	k.A.
Balt. Republiken	40	60	30	50	k.A.
Bulgarien	70	50	50	80	k.A.
Ghana	80	15	40	65	k.A.
Kaukasus	70	20	50	60	k.A.
Kroatien	72	33	40	80	k.A.
Libanon	75	40	65	50	k.A.
Luxemburg	55	70	60	70	k.A.
Nigeria	80	30	60	55	k.A.
Polen	50	60	70	50	k.A.
Rumänien	90	20	40	95	k.A.
Sambia	60	35	40	50	k.A.
Sierra Leone	70	20	40	50	k.A.
Surinam	80	48	35	80	k.A.
Tansania	70	25	40	50	30
Tschechoslo-wakei	35	60	45	60	k.A.

Quelle: Weidmann (1995, S. 53).

Wie sich allerdings am Beispiel des Kulturprofils der russischen Gesellschaft zeigen lässt, sind manche Einstufungen nicht unumstritten bzw. aufgrund des Wertewandels überholt. Zwar stimmen Holtbrügge (1995, S. 70) und Elenkov/ Detelin (1997) mit W.F. *Weidmann* darin überein, dass für Russlands Landeskultur Akzeptanz von Machtdistanz, Kollektivismus und eine starke Tendenz zur Unsicherheitsvermeidung charakteristisch sind. Dissens besteht indessen hinsichtlich der vierten Kulturdimension. Während der von Weidmann (1995, S. 53) mitgeteilte MAS-Wert von 40 für eine leicht feminine Grundausrichtung der russischen Gesellschaft spricht, klassifizierten Elenkov/Detelin (1997) Russland aufgrund der von ihnen 1988 und 1991 erhobenen Daten als eindeutig maskuline Gesellschaft.

2.2 Hofstedes Kulturdimensionen im Überblick

2.2.1 Individualismus vs. Kollektivismus

> „Individualism pertains to societies in which the ties between individuals are loose: everyone is expected to look after himself or herself and his or her immediate family. Collectivism as its opposite pertains to societies in which people from birth onwards are integrated into strong, cohesive ingroups, which throughout people's lifetime continue to protect them in exchange for unquestioning loyalty" (Hofstede 1991, S. 51).
> IDV = Individualism Index

2.2.1.1 Sonderstellung innerhalb der kulturvergleichenden Forschung

Kein Sachverhalt fand in der kulturvergleichenden Forschung so viel Aufmerksamkeit wie die Kulturdimension „Individualismus vs. Kollektivismus" (vgl. Kagitçibasi 1997; Søndergaard 1994). „Subsequent research has shown that the most important cultural dimension in accounting for cultural differences is individualism-collectivism" (Ohbuchi et al. 1999, S. 53).

Individualismus vs. Kollektivismus drückt aus, in welchem Maße der Einzelne seine Identität aus sich selbst heraus entwickelt oder aber aus der Zugehörigkeit zu einer sozialen Gemeinschaft bzw. sozialen Klasse ableitet. Die Spannweite reicht von „societies in which the ties between individuals are loose to societies in which people from birth onwards are integrated into strong cohesive ingroups" (Hofstede 1991, S. 51).

Die unterschiedliche Art der Identitätsbildung hat die vielfältigsten Konsequenzen (vgl. Tab. 26). So betrachten Angehörige individualistischer Kulturen den Kauf eines Wirtschaftsguts primär als Tauschakt und Verhandlungen als einen möglichst rational zu gestaltenden Problemlösungsprozess. In kollektivistischen Gesellschaften hingegen herrscht die Vorstellung, dass es dazu zunächst einer stabilen sozialen Beziehung zwischen den handelnden Personen bedarf.

Tab. 26: Einfluss von Individualismus & Kollektivismus auf die Gesellschaft

Kollektivistische Gesellschaften	Individualistische Gesellschaften
Familienleben	
• Erziehung stärkt das Wir-Bewusstsein • Gruppenmeinung ist maßgebend; Konflikte sind zu vermeiden • Verpflichtung gegenüber der Familie • Fremdbestimmung • Gruppenidentität • Harmonie, Respekt, Scham • Privatleben wird von der Großfamilie bestimmt	• Erziehung stärkt das Ich-Bewusstsein • Persönliche Meinung ist wichtig; Recht auf freie Meinungsäußerung • Verpflichtung gegenüber sich selbst • Selbstverwirklichung, Selbstbestimmung • Individuelle Identität • Selbstachtung, Schuldgefühle • Recht auf Privatsphäre und eigenständige Entwicklung in der Kleinfamilie
Schule	
• Lernen ist primär Aufgabe der Jugend • Erziehungsziel: „Wie man etwas macht" • Diplome verschaffen Zugang zu höherem Status	• Lernen ist lebenslange Verpflichtung • Erziehungsziel: „Wie man etwas lernt" • Diplome steigern den wirtschaftlichen Wert und die Selbstachtung des Einzelnen
Arbeitsleben	
• Unterschiedliche Maßstäbe für Mitglieder von ‚in-group' und ‚out-group' • Mitarbeiter werden aufgrund ihrer Gruppenzugehörigkeit beurteilt • Harmonie-Prinzip: Zwischenmenschliche Beziehungen sind wichtiger als Aufgabenerfüllung • Mitglieder der ‚in-group' werden bevorzugt (z.B. bei der Beförderung) • Arbeitgeber/Arbeitnehmer-Beziehung ist moralisch fundiert (im Idealfall lebenslange Beschäftigung) • Management bedeutet Führen von Gruppen • Gruppenziele dominieren die Personalentwicklung	• Gleichbehandlung aller Mitarbeiter (unabhängig von Gruppenzugehörigkeit) • Mitarbeiter werden aufgrund ihrer Fähigkeiten beurteilt • Leistungsprinzip: Aufgabenerfüllung ist wichtiger als zwischenmenschliche Beziehungen • Chancengleichheit und Leistungsbezug bei Karriereentscheidungen • Arbeitgeber/Arbeitnehmer-Beziehung ist zweckbezogen und vertraglich fundiert • Management bedeutet Führen von Individuen • Individuelle Karriereplanung dominiert Personalentwicklung
Staat & Gesellschaft	
• High Context-Kommunikation: Informationen werden häufig implizit bzw. nonverbal ausgetauscht • Für den Umgang mit anderen Menschen gelten gruppenspezifische Normen • Kollektive Interessen sind dominant • Identität erwächst aus Gruppen- oder Firmenzugehörigkeit • Dominierende Rolle des Staates im Wirtschaftssystem • Interessengruppen üben Macht aus	• Low Context-Kommunikation: Informationen werden zumeist explizit bzw. verbal ausgetauscht • Für den Umgang mit anderen Menschen gelten einheitliche Normen • Individuelle Interessen sind dominant • Identität erwächst aus beruflicher bzw. gesellschaftlicher Einbindung • Eingeschränkte Rolle des Staates im Wirtschaftssystem • Wähler üben Macht aus
Prototypen: Ecuador, Guatemala, Panama	**Prototypen:** Australien, Großbritannien, USA

Quelle: auf Basis von Weidmann (1995, S. 46) und Hofstede (1997, 1991).

2.2.1.2 Ideengeschichte

Individualismus

Nach seiner berühmten Nordamerikareise prägte *Alexis de Tocqueville* (1805–1859) den Begriff des Individualismus. Der Franzose erkannte damals, dass die junge demokratische Ordnung der Vereinigten Staaten dem Einzelnen die Freiheit gewährte, welche die erstarrten absolutistisch-aristokratischen Herrschaftssysteme Europas ihren Untertanen verwehrten. Der europäische Individualismus entwickelte sich auf dem Boden der Theorien und Lehren von Philosophen der Neuzeit, insb. *R. Déscartes* (1596–1650) und *J. Locke* (1632–1704) sowie den ökonomischen Theorien von *A. Smith* (1723–1790).

Fanal der „Entdeckung des Individuums" aber war die Französische Revolution (1789–1799), in deren Nachfolge die Aufklärung die Rechte des Einzelnen entscheidend gestärkt und die Privilegien der Könige sowie des Adels nachhaltig begrenzt hat (vgl. Müller/Gelbrich 2014, S. 140 f.). Einen nicht geringen Beitrag leistete auch das Christentum. Denn gemäß der katholischen und mehr noch der protestantischen Lehre steht der Mensch seinem Schöpfer „alleine" gegenüber – als Individuum. Die Philosophen des östlichen Kulturkreises hingegen beschrieben die Rolle des Menschen als die eines Bindeglieds zwischen seinen Vorfahren und seinen Nachfahren (vgl. Triandis 1995, S. 21).

Zwar begeisterten sich auch *J.J. Rousseau* (1712–1778: „Contract Social"), *F. Hegel* (1770–1831: „Phänomenologie des Geistes") und andere europäische Philosophen für die Ideale des Kollektivismus, von *K. Marx* (1818–1883) und *F. Engels* (1820–1895: „Manifest der Kommunistischen Partei") ganz zu schweigen. Seitdem sich im 13. Jahrhundert in England jedoch das Konzept des Privateigentums durchgesetzt hat, dominierte in Europa die Ideenlehre des Individualismus. Formuliert und fortgeschrieben wurde sie u.a. durch ...

- *T. Hobbes* („Homo Oeconomicus"),
- *Smith* („Wealth of Nations"),
- *J. Locke* und *D. Hume* („Individuelle Erfahrung – d.h. Empirismus – ist die einzig verlässliche Quelle von Wissen"),
- *H. Spencer* („Sozialdarwinismus").

Im Laufe der Jahrhunderte haben sich in Süd-, Mittel-, Nord- und Osteuropa unterschiedliche Lebensmodelle herausgebildet. Dennoch gibt es eine zentrale Gemeinsamkeit, welche – abgesehen von Griechenland und Portugal – die Industrienationen der westlichen Hemisphäre vereint und von den meisten Schwellen- und Entwicklungsländern trennt: das „kulturelle Erbe" des Individualismus (vgl. Abb. 40). Erklären lässt sich diese Besonderheit damit, dass Menschen, die in einer wohlhabenden Gesellschaft leben, nicht existenziell auf wechselseitige Unterstützung und Gemeinschaft angewiesen sind, was für den kollektivistischen Lebensstil charakteristisch ist.

Kollektivismus

Diese Gesellschaftslehre räumt den Anforderungen und Bedürfnissen der Gemeinschaft Vorrang gegenüber den Anforderungen und Bedürfnissen der

2.2 Hofstedes Kulturdimensionen im Überblick

Individuen ein. Mehr noch: Das Denken und Handeln jedes Einzelnen soll sich weitestgehend von den Bedürfnissen, Zielen etc. der Gemeinschaft (bzw. dem „Kollektiv") her ableiten lassen.

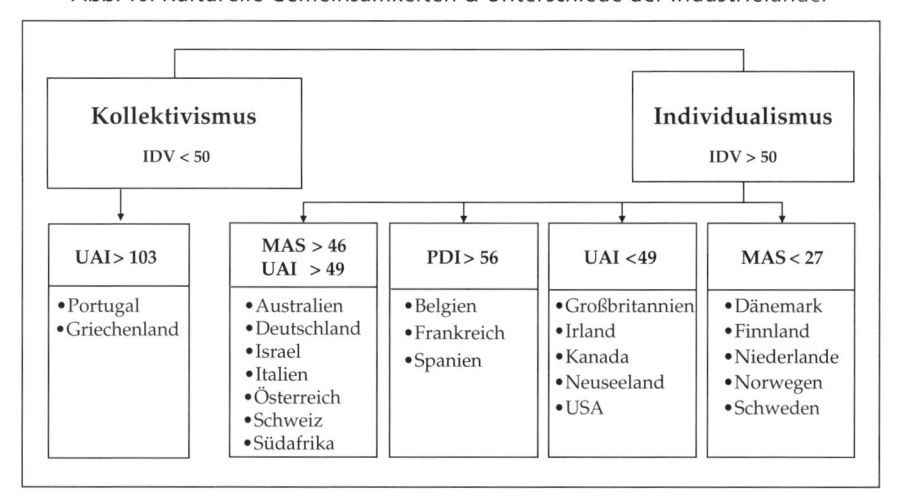

Abb. 40: Kulturelle Gemeinsamkeiten & Unterschiede der Industrieländer

Kollektivismus IDV < 50			Individualismus IDV > 50	
UAI > 103	MAS > 46 UAI > 49	PDI > 56	UAI < 49	MAS < 27
• Portugal • Griechenland	• Australien • Deutschland • Israel • Italien • Österreich • Schweiz • Südafrika	• Belgien • Frankreich • Spanien	• Großbritannien • Irland • Kanada • Neuseeland • USA	• Dänemark • Finnland • Niederlande • Norwegen • Schweden

Für die geistig-kulturelle Entwicklung Asiens und die Formulierung des kollektivistischen Gesellschaftsideals waren entscheidend: die ...
- konfuzianische Staatslehre der „Fünf Tugenden" (z.B. Reziprozität in sozialen Beziehungen, Aufrichtigkeit, Respekt vor dem Alter; vgl. Müller/Gelbrich 2014, S. 254 ff.).
- in dieser Region dominanten Religionen bzw. Philosophien. Denn auch Buddhismus, Hinduismus, Schintoismus und Taoismus lehren kollektivistische Werte und billigen dem Individuum vergleichsweise wenig Eigenverantwortlichkeit zu (vgl. Müller/Gelbrich 2014, S. 249 ff.).

Immer wieder wird in diesem Zusammenhang auch auf die normative Kraft des Reisanbaus verwiesen, der weit mehr ist als eine Anbautechnik: kulturwissenschaftlich betrachtet ist der nur kollektiv zu bewerkstellende Reisanbau die vielleicht wichtigste soziale Institution Ostasiens.

Reisanbau-These

„Der Reisanbau gilt als Wurzel der japanischen Gruppenorientierung. Für die Bewässerung der Terrassenfelder war eine ständige Absprache mit den Feldnachbarn notwendig. Die Dorfgemeinschaften waren Schicksalsgemeinschaften, darauf angewiesen, in Katastrophenfällen – etwa bei Unwetter oder Erdbeben – zusammenzuhalten. Die Notwendigkeit zur Kooperation ging jedoch über die naturbedingte gegenseitige Abhängigkeit hinaus: Die Dorfgemeinschaften waren als Einheit steuerpflichtig und auch kollektiv für die Vergehen einzelner Mitglieder haftbar. Es waren daher ständig Absprachen notwendig, um zu gemeinsamen Entscheidungen zu kommen, deren Umsetzung von jedem Kompromissbereitschaft und Rücksichtnahme erforderte. Das Wohlergehen des Einzelnen hing also letztlich vom Wohl der Gruppe ab, und eben diese Einsicht findet sich grundsätzlich noch heute in anderen Gemeinschaften (Familie, Nachbarschaft oder Firma). Auch die in der Stadt lebenden Japaner fühlen sich mit ihrem ursprünglichen Herkunftsort eng verbunden und kehren an Festtagen regelmäßig in diese Heimat zurück" (Bosse 1997, S. 35).

Kollektivistischer Westen & individualistischer Osten

Der Individualismus neigt dazu, den einzelnen Menschen existenziell zu überfordern: individuelle Selbstverwirklichung nicht als Freiheit, sondern als Aufgabe, wenn nicht gar als Zwang. Dies erklärt möglicherweise, warum gerade in den USA, dem Prototyp der individualistischen Gesellschaft, die christlich-fundamentalistische Gegenkultur regelmäßig Kulturkämpfe führt, um den kollektivistischen Werten in der amerikanischen Gesellschaft mehr Geltung zu verschaffen. Die lange Reihe der US-amerikanischen Kulturkämpfer reicht von *R. Kirk*, der 1954 schrieb, „es sei lächerlich anzunehmen, dass wirtschaftliches Eigeninteresse eine Gesellschaft zusammenhalten könne", bis hin zu *N. Gingrich*. In den 1990er-Jahren war er als Sprecher des von den Republikanern beherrschten Repräsentantenhauses erbitterter Gegenspieler des damaligen Präsidenten *B. Clinton*. Der von Etzioni (1995; 1993) propagierte Kommunitarismus versuchte, dieses Weltbild zu einer politischen Bewegung zu formen. Im Übrigen maßen auch die „preußischen Tugenden" (Fleiß, Disziplin, Ordnungssinn, Pflichtbewusstsein, Unterordnung etc.) den Rechten des Einzelnen weniger Bedeutung bei als dessen Pflichten. Und am 15.7.1982 führte *O. Lafontaine*, anlässlich seines Streits mit *H. Schmidt* über *NATO*-Doppelbeschluss und Bündnistreue, in einem Interview mit der Zeitschrift *Stern* den Begriff der Sekundärtugenden in den gesellschaftskritischen Diskurs der alten Bundesrepublik ein: „*Helmut Schmidt* spricht weiter von Pflichtgefühl, Berechenbarkeit, Machbarkeit, Standhaftigkeit. Das sind Sekundärtugenden. Damit kann man auch ein KZ betreiben."

Wie diese und weitere Beispiele – etwa der *M. Gandhi* zugeschriebene Ausspruch: „Die eigentliche Quelle allen Fortschritts ist Individualismus" – zeigen, wirken in allen Kulturen kollektivistische und individualistische Werte, wenn auch in unterschiedlicher Intensität und Färbung. Dass die Dichotomie „Individualismus-Kollektivismus" nicht real, sondern eine gedankliche, idealtypisch übertreibende Unterscheidung ist, wurde in der publizistischen Kontroverse über ...

- Menschenrechte einerseits (vgl. Gräfin Dönhoff 1999) und
- „asiatische Werte" andererseits (vgl. Fukuyama 1998)

zu wenig berücksichtigt. Deshalb musste *H. Schmidt* sich erneut heftig kritisieren lassen, als er Ende der 1990er-Jahre, im Zuge der weltweiten Diskussion über die vermeintliche Überlegenheit der asiatischen Werte (vgl. Müller/Gelbrich 2014, S. 266 ff.), in seiner damaligen Funktion als Bundeskanzler forderte, auch in Deutschland dürfe man nicht nur die Menschenrechte, sondern müsse auch die Menschenpflichten einklagen.

2.2.2 Akzeptanz von Machtdistanz

> ➤ Power Distance: „The extent, to which the less powerful members of institution and organizations within a country expect and accept that power is distributed unequally" (Hofstede 1991, S. 28).
> ➤ PDI = Power Distance Index

2.2.2.1 Grundlagen

Zu den Visionen, welche die Menschheit der Französischen Revolution (1789–1799) verdankt, zählt neben Freiheit („liberté') und Brüderlichkeit („fraternité') die Idee der Gleichheit („égalité'). Wer aber wollte bestreiten, dass in allen Gesellschaften ein mehr oder minder starkes „soziales Gefälle" besteht, welches auf zahlreiche Lebensbereiche Einfluss nimmt? Folglich können Kulturen auch durch das Ausmaß beschrieben werden, in dem …
- die Menschen glauben, dass Macht und Status ungleich verteilt sind und
- vor allem die schwächeren Mitglieder diese Ungleichheit akzeptieren.

Konkret erfasst die Kulturdimension „Akzeptanz von Machtdistanz" die Art der sozialen Beziehungen (am Arbeitsplatz, in der Familie und in der Gesellschaft insgesamt) zwischen höhergestellten und ihnen nachgeordneten Personen – und zwar aus der Perspektive der Untergebenen: Je mehr sie einerseits Ungleichheit empfinden und andererseits das damit verbundene sozio-ökonomische Gefälle akzeptieren, desto größer ist die Akzeptanz von Machtdistanz in einer Gesellschaft. Dieses Konstrukt manifestiert sich auf vielfältige Weise im Verhalten der Bewohner eines Landes, aber auch in der Gestaltung und Führung von Unternehmen und anderen Institutionen (vgl. Tab. 27). So sind machtdistante Gesellschaften korruptionsanfälliger als solche, die Machtdistanz ablehnen (vgl. Davis/Ruhe 2003; Müller 2002 und Teil H-9.4.3). Für das Marketing ist diese Kulturdimension bedeutsam, weil demonstrativer Konsum (z.B. prestigeträchtiger Marken) einen wesentlichen Beitrag zur Konstruktion der sozialen Identität der Käufer bzw. Nutzer leistet (vgl. de Mooij/Hofstede 2011b; O'Cass/McEwen 2004).

Tab. 27: Einfluss der Akzeptanz von Machtdistanz auf die Gesellschaft

Gesellschaften, die Machtdistanz ablehnen	Gesellschaften, die Machtdistanz akzeptieren
Familienleben	
• Kinder werden zur Unabhängigkeit erzogen (Ziel: Entwicklung des eigenen Willen) • Eltern sind Partner	• Kinder werden zum Gehorsam erzogen (Ziel: Anpassung) • Eltern sind Respektspersonen
Schule	
• Schülerzentrierung (Eigeninitiative) • Lernen heißt, die Welt kennen zu lernen (Neugier und Offenheit) • Kreative Lehrmethoden	• Lehrerzentrierung (Ordnung) • Lernen heißt, das Wissen des Lehrers zu übernehmen • Reproduzierende Lehrmethoden
Arbeitsleben	
• Hierarchie bedeutet situative Ungleichheit aus funktionalen Gründen • Geringe Einkommensunterschiede; Steuergesetze unterstützen „gerechte" Einkommensverteilung • Mitarbeiter erwarten, in Entscheidungen einbezogen zu werden • Tendenz zur Delegation von Entscheidungen und Verantwortung • Idealer Chef ist ein fähiger Demokrat • Mitbestimmung	• Hierarchie bedeutet dauerhafte existenzielle Ungleichheit • Große Einkommensunterschiede; Steuergesetze eröffnen den oberen Gehaltsgruppen Steuervorteile • Mitarbeiter erwarten Anweisungen und Vorschriften • Tendenz zur Zentralisation von Entscheidungen und Verantwortung • Idealer Chef ist wohlwollender Autokrat • Autokratie

Gesellschaften, die Machtdistanz ablehnen	Gesellschaften, die Machtdistanz akzeptieren
Staat & Gesellschaft	
• Machtgebrauch muss legitimiert sein (durch Wahlen bzw. Kompetenz) • Gleiches Recht für alle; Statussymbole werden abgelehnt • Regierungsform ist demokratisch und pluralistisch • Differenzierte Parteienlandschaft, starke Mitte, schwache Links- und Rechtsparteien • Föderalismus	• Macht geht vor Recht und ist vererbbar (Gruppen- oder Familienclans) • Akzeptanz von Sonderrechten, Privilegien und Statussymbolen für Mächtige • Regierungsform ist autokratisch oder oligarchisch • Parteienspektrum wenig ausgeprägt; starke Links- und Rechtsparteien, schwache Mitte • Zentralismus
Prototypen: Dänemark, Israel, Neuseeland, Österreich	**Prototypen:** Guatemala, Malaysia, Panama, Philippinen

Quellen: Weidmann (1995, S. 46); Hofstede (1997, 1991); ergänzt und modifiziert.

2.2.2.2 Regionale & nationale Unterschiede

Ostasien

Dass Chinesen, Japaner, Koreaner und Vietnamesen ein starkes Machtgefälle innerhalb ihrer Gesellschaft prinzipiell akzeptieren, hat eine lange Tradition. Sie reicht im Falle Chinas (PDI = 80) über die Kommunistische Partei, das Kaiserreich und dessen Beamtentum zurück und wurzelt in der konfuzianischen Staats- und Gesellschaftslehre.

Afrika, Lateinamerika, Osteuropa & Südostasien

In den überwiegend von Machtdistanz geprägten Ländern Afrikas (z.B. Ghana: PDI = 80, Nigeria: PDI = 80), Lateinamerikas (z.B. Guatemala: PDI = 95, Panama: PDI = 95), Osteuropas (z.B. Russland/Ukraine: PDI = 95) und Südostasiens (z.B. Malaysia: PDI = 104, Philippinen: PDI = 94) sind Autorität, Macht und Status stark hierarchisch und damit höchst ungleich verteilt (vgl. Ngai et al. 2007, S. 1378):

- Mächtige besitzen dort Privilegien (vs. gleiche Rechte für alle),
- Macht wird bewusst demonstriert (vs. bagatellisiert),
- Statussymbole erfreuen sich großer Beliebtheit (vs. Argwohn gegenüber den „Insignien der Macht").

Fremdes Lateinamerika

„Das Elitedenken ist ausgeprägt. Es empfiehlt sich, stets Autorität auszustrahlen und keine informelle Nähe zu niedrigeren Hierarchiestufen zuzulassen. ‚Wem der Pförtner zur Begrüßung auf die Schulter klopft, büßt Respekt ein', meint der Kommunikationstrainer und Berater G. *Müller Albán*. Ferner sei es üblich, seinen Status zur Schau zu stellen: ‚Ein Fünfsternehotel ist kein Zeichen für Verschwendung, sondern signalisiert: Dieser Person ist mein Land wichtig'" (Morgenstern 2009, S. 34).

Europäische Union

Neben einer dezentralen Machtverteilung fordern und erwarten die meisten Europäer, mehr oder weniger gleich behandelt zu werden. Dänemark (PDI =

18) und Österreich (PDI = 11) sind Vertreter des Typus von Gesellschaften, die Machtdistanz entschieden ablehnen (vgl. Patterson et al. 2006, S. 265). Frankreich hingegen, ausgerechnet Frankreich, das Land einer epochalen Revolution, hat sich von deren Idealen nur das Streben nach ‚liberté' bewahrt. Gleichheit (‚égalité') ist hingegen der zentralistischen Tradition des Landes zum Opfer gefallen. Dies erklärt die für Außenstehende schwer nachvollziehbare Koexistenz zweier gegenläufiger Werte in der französischen Gesellschaft:
- Freiheitsdrang (IDV = 71) und
- Hierarchiegläubigkeit (PDI = 68).

„Hierarchien spielen in Frankreich eine wichtige Rolle. Macht über Menschen zählt mehr als Eigentum oder Geld. So würde ein Franzose einen Posten oder eine Aufgabe eher annehmen, weil er sich davon Entscheidungsbefugnis verspricht, und nicht, weil er mit einem hohen Gehalt rechnet" (Roth 2012, S. 79).

Individualität & Machtentfaltung

Im täglichen Leben bedeutet ‚liberté', „sich nicht über den Zaun sehen zu lassen, sich die Arbeit und das Leben nach eigener Façon einzurichten. Liberté bedeutet auch, anderen Menschen richtige Entscheidungen zuzutrauen und diese zu respektieren. Und schließlich, dass jeder Mensch seine Gaben und Kräfte einsetzen solle, ohne sich daran hindern zu lassen. […] Dabei heißt es doch immer, französische Mitarbeiter seien autoritätsgläubig und müssten stets die feste Hand des Patrons spüren. Der Widerspruch löst sich, wenn man akzeptiert, dass sich unten umso ungestörter Freiheit entfalten kann, je stärker oben geführt wird" (Herterich 1988a, S. 1).

„Nirgendwo auf der Welt werden Machtwechsel so pompös begangen wie in Frankreich. Das Land hat eine ganze Woche hinter sich, in der abgewählte Minister beim Verlassen ihrer schlossartigen Ministerien zu sehen waren. Auf den Treppenstufen begrüßten sie ihre Nachfolger, führten sie in ihre Büros und hielten anschließend gemeinsame Reden. Es waren feierliche Zeremonien. Sie wurden live im Fernsehen übertragen. […] Die weitaus pompöseste aller Amtseinführungen war dem neuen Präsidenten vorbehalten. Sein Einzug in den *Elysée*-Palast, in Anwesenheit der versammelten höheren Gesellschaft des Landes, war nichts anderes als eine Krönung" (von Rohr 2012, S. 84).

Rumänien und Bulgarien sind seit 2007 Mitgliedsländer der *Europäischen Union*. Wie auch im Falle Serbiens – und anders als bei Polen oder der Tschechoslowakei – spricht ihre Landeskultur jedoch nicht dafür, dass diese Gesellschaften an dem europäischen Wertekonsens teilhaben (vgl. Tab. 28).

Tab. 28: Wertedissens in Europa

	PDI	IDV		PDI	IDV
Rumänien	90	20	Polen	50	60
Serbien	86	25	Tschechoslowakei	35	60
Bulgarien	70	50	Deutschland	35	67

Arabischer Raum

Dafür, warum auch in den arabischen Ländern Machtdistanz akzeptiert wird (PDI = 80), bietet der Koran eine Begründung. Er fordert von den Muslimen, die Entscheidungen von Autoritäten nicht zu hinterfragen, sondern sie zu akzeptieren (vgl. Kabasakal/Bodur 2002, S. 42). In einer lebensfeindlichen Umwelt wie einem Wüstengebiet ist die unbestreitbare Autorität der Führer wichtig, um das Überleben der Gemeinschaft zu gewährleisten. Ihnen gebührt Respekt (vgl. Basabe/Ros 2005).

2.2.3 Ungewissheitsvermeidung

> ➤ Uncertainty Avoidance: „The extent to which the members of a culture feel threatened by uncertain or unknown situations" (Hofstede 1991, S. 113).
> ➤ UAI = Uncertainty Avoidance Index

2.2.3.1 Grundlagen

Entscheidungen, welche die grenzüberschreitende Unternehmenstätigkeit betreffen, sind zumeist unter erhöhter Unsicherheit zu fällen (vgl. Müller/Kornmeier 2002, S. 339 ff.). Dies erklärt den besonderen Stellenwert, welchen diese Kulturdimension für das Interkulturelle Marketing besitzt. Sie erfasst, bis zu welchem Grad eine Kultur ihre Mitglieder darauf vorbereitet, sich in neuartigen, unbekannten oder auf andere Weise unstrukturierten Situationen wohl bzw. unwohl zu fühlen. Im Extremfall können unsichere, unbekannte, nicht vorhersehbare oder unstrukturierte Situationen Menschen das Gefühl geben, existentiell bedroht zu sein. Der UAI-Index drückt aus, wie stark Angehörige einer Gesellschaft bestrebt sind, in zukünftigen Situationen Unsicherheit zu reduzieren, z.B. durch Standardisierung von Maßnahmen oder indem sie risikoreiche Ereignisse vermeiden. Ein geringer Wert lässt auf Risiko- und Innovationsbereitschaft schließen, ein hoher Wert auf ein ausgeprägtes Regelungs-, Struktur- und Sicherheitsbedürfnis. Unsicherheitsmeider verlassen sich mehr als andere auf Expertenwissen (vgl. Möller/Eisend 2010, S. 83). Weiterhin sind Präzision und Pünktlichkeit für sie charakteristisch, aber auch Intoleranz gegenüber Fremden und Andersartigem (vgl. Helfrich 2003b, S. 406).

In Unternehmen sind Eindeutigkeit bzw. Klarheit von Plänen, unternehmenspolitischen Leitlinien, Abläufen oder Systemen Ausdruck institutionalisierter Ungewissheitsvermeidung. Denn Vorschriften, Richtlinien und explizit formulierte Strategien (z.B. im Unternehmensleitbild) tragen dazu bei, dass der einzelne Mitarbeiter das gewöhnlich als bedrohlich empfundene Gefühl der Ungewissheit verliert oder es ihm gelingt, die mit unbekannten Situationen verbundenen Risiken zu akzeptieren. Für eine Gesellschaft erfüllen Gesetze, Normen, Tabus und religiös-philosophische Lehren einen ähnlichen Zweck wie Strategische Planung und Frühwarnsysteme für Unternehmen: Sie helfen, die Ungewissheit über den Verlauf der Zukunft zu reduzieren (vgl. Tab. 29). Aus dem gleichen Grund entwickeln Staaten Ideologien, Gesetze, Verwaltungshandeln und andere Routinen. Persönlichkeitsmerkmale, die mit Unsicherheitsvermeidung korrelieren, sind nach Hofstede (2001, S. 146):

- Rigidität,
- Dogmatismus,
- Rassismus,
- Ethnozentrismus.

Ursächlich für die charakteristische Intoleranz der Unsicherheitsaversen gegenüber abweichenden Meinungen und Verhaltensweisen sowie deren Empfänglichkeit für Aberglaube sind erstens die Überzeugung, dass es eine zweifelsfreie Wahrheit gibt, und zweitens der Glaube an die „normative Kraft des Gewöhnlichen".

Tab. 29: Einfluss der Tendenz zur Ungewissheitsvermeidung auf die Gesellschaft

Gesellschaften, die Ungewissheit akzeptieren	Gesellschaften, die Ungewissheit vermeiden
Familienleben	
• Lockere Verhaltensregeln für Kinder • „Gut und Böse, sauber und schmutzig, richtig und falsch" sind relativ • Abweichungen von der Norm sind interessant • Gelassenheit, Bequemlichkeit, Entspannung, optimistische Grundhaltung • Was nicht verboten ist, ist erlaubt	• Strenge Verhaltensregeln für Kinder • „Gut und Böse, sauber und schmutzig, richtig und falsch" sind eindeutig definiert • Abweichungen von der Norm sind gefährlich • Ängste, Sorgen, Stress, pessimistische Grundhaltung • Was nicht erlaubt ist, ist verboten
Schule	
• Unstrukturierte Lernsituationen • Vage Zeit- und Zielvorgaben • Allgemeine Aufgabenstellung • Einfache, „unwissenschaftliche" Sprache • Lehrer können Wissenslücken haben	• Strukturierte Lernsituationen • Präzise Zeit- und Zielvorgaben • Detaillierte Aufgabenstellung • Komplizierte, „wissenschaftliche" Sprache • Lehrer müssen alles wissen müssen
Arbeitsleben	
• Abneigung gegenüber Vorschriften und Regelungen • Flache Hierarchien und geringe Statusunterschiede • Generalisten und gesunder Menschenverstand werden anerkannt • Spontane vertikale und horizontale Kommunikation • Flexible Arbeitsgestaltung • Verträge regeln nur Rahmenbedingungen (Einzelheiten werden nachverhandelt) • Innovationsbereitschaft	• Bedürfnis nach detaillierten Vorschriften und Regeln • Starre Hierarchien und ausgeprägtes Statusdenken • Experten- und Spezialwissen werden anerkannt • Formalisierte Kommunikation („Dienstweg") • Formalisierung und Standardisierung • Verbindliche und detaillierte Verträge, die alle Eventualitäten berücksichtigen • Widerstand gegen Veränderungen
Staat & Gesellschaft	
• Offenheit für „Fremdes" • Meinungspluralismus bei religiösen und philosophischen Fragen • Wenige, allgemeine Gesetze; so wenige Regeln wie möglich • Liberalismus • Akzeptanz unstrukturierter Situationen und unbekannter Risiken • Toleranz, Meinungsvielfalt • Contenance, Haltung bewahren	• Nationalismus, Xenophobie • Glaube an eine absolute Wahrheit, vermittelt durch Religion und Philosophie • Viele, exakte Gesetze; ausgeprägtes Bedürfnis nach Richtlinien • Konservatismus • Akzeptanz bekannter Risiken und Angst vor ungewissen Risiken • Dogmatismus • Emotionalität (Wut, Enttäuschung)
Prototypen: Dänemark, Jamaica, Singapur	**Prototypen:** Griechenland, Guatemala, Portugal

Quelle: auf der Basis von Hofstede (1997; 1991) und Weidmann (1995, S. 46).

2.2.3.2 Regionale & nationale Unterschiede

Die evolutionstheoretisch begründbare Abneigung gegenüber ungewissen, unstrukturierten Situationen ist groß vor allem im ...

- süd- und mittelamerikanischen Raum (UAI: Guatemala = 101, Uruguay = 100, Peru = 87),
- romanischen Sprachraum (UAI: Portugal = 104, Rumänien = 95; Frankreich = 86),
- weiten Teilen Ostasiens (UAI: Japan = 92, Südkorea = 85, Taiwan = 69).

Auch in den deutschsprachigen Ländern leben überproportional viele Ungewissheitsaverse (UAI: Österreich = 70; Deutschland = 65, Schweiz = 58), während nordeuropäisch-angelsächsische Gesellschaften kulturbedingt zur Ungewissheitstoleranz neigen (UAI: Dänemark = 23, Schweden = 29, Großbritannien = 35).

Japan

Mehr als andere leben Japaner unter dem Eindruck einer ständigen existentiellen Bedrohung durch Erdbeben, Tsunamis und Vulkanausbrüche. Hinzu kommt, dass nur ein geringer Teil der Landesoberfläche bewohnbar und landwirtschaftlich nutzbar ist. Das Bewusstsein, nur als verschworene Gemeinschaft in einer tendenziell feindlichen Umwelt überleben zu können, hat nicht nur die in Japan äußerst wichtige Unterscheidung von „drinnen und draußen", von „wir und die anderen", von ‚in-group' (‚uchi') und ‚out-group' (‚soto') begründet. Vermutlich wurde die damit auch erklärbare Furcht vor allem Ungewissen durch die über drei Jahrhunderte betriebene Abschottung der japanischen Inselwelt vom „Rest der Welt" zusätzlich geschürt. Die starke Konsens- und Beziehungsorientierung der japanischen Gesellschaft kann aus dieser Perspektive als ein Mittel der Ungewissheitsvermeidung angesehen werden. Gleiches gilt für die Ritualisierung aller Lebensbereiche: Denn Rituale geben Verhaltenssicherheit (vgl. Müller/Gelbrich 2014, S. 180 ff.).

> **Ängste der Japaner**
>
> „Wir sind ein ängstliches Volk auf einer schmalen Insel mitten im Ozean, sagt Bildhauer *Reijiro Wada*. ‚Darum klammern wir uns zwanghaft an feste Strukturen, vorgegebene Lebensläufe. Wir trauen uns selten, eigenständig zu denken und zu handeln.' Die Werke des 32-Jährigen sind in Mailand, Istanbul und Berlin zu sehen. Die moderne japanische Angst habe ihren Ursprung im Zusammenbruch am Ende des Zweiten Weltkriegs, in der nuklearen Katastrophe, die Hiroshima traf. ‚Dieses Gefühl, dass eine Welt von einem auf den anderen Moment ausgelöscht werden kann, ist unglaublich lähmend. Sie kann aber auch kreativ machen.' Das Bedürfnis nach greifbaren Ergebnissen, festem Gefüge und dauerhaften Beziehungen hat Japan groß gemacht und zugleich unbeweglich. Nur in diesem Land konnte eine Partei wie die *LDP* entstehen und Japan 55 Jahre lang fast ununterbrochen regieren" (Böhmer 2009, S. 11).

Deutschland

Spätestens seit der moralischen, politischen und militärischen Katastrophe des Dritten Reiches misstrauen viele Deutsche grundlegenden Umbrüchen und auch sich selbst. Sie neigen zu Selbstzweifel und befürchten mehrheitlich immer das Schlimmste, orientieren sich am Bestehenden und geben mangelnde Wandlungsfähigkeit als Wert an sich aus („Berechenbarkeit!"). Deshalb wurde „German Angst" (Bode 2006; Ani 2000) zu einem weltweit gebräuchlichen Wortbild. Vor allem die angelsächsische Welt blickt voller Unverständnis auf die „typisch deutsche" Zukunftsangst und die Neigung, sich mit den realen Anforderungen des täglichen Lebens reflektiv-grübelnd statt tatkräftig und lösungsorientiert auseinander zu setzen. Erklären lässt sie sich die Angst der Deutschen vor Veränderungen nicht nur mit der besonderen Rolle ihres Vaterlandes bei epochalen Ereignissen (Erster und Zweiter Weltkrieg, Fall des „Eisernen Vorhangs" etc.), sondern auch mit einer Reihe gravierender Besonderheiten der geopolitischen Lage Deutschlands.

- In der Mitte Europas gelegen, grenzt(e) Deutschland an besonders viele Nachbarstaaten (was nicht zuletzt auch überdurchschnittlich viel Konfliktpotential schuf).
- Deutschland war der Schauplatz von Reformation und Gegenreformation – d.h. eines langandauernden blutigen Bruder- und Religionskrieges, in dessen Verlauf zahlreiche europäische Mächte (z.B. Schweden) auf deutschem Boden um die Vorherrschaft in Europa rangen.
- Lange Zeit war Deutschland kaum mehr als eine Ansammlung konkurrierender Fürstentümer und Königreiche. Bis zur *Bismarckschen* Reichsgründung war Deutschland „lediglich" eine Kulturnation, die realpolitisch aus nahezu 40 Nationen bestand – unter ihnen gut drei Dutzend „Zaunkönigtümer". Sie alle hatten eigene Gesetze, Währungen, Maße etc. und betrachteten sich wechselseitig als Ausländer (Feinde, Fremde etc.). Somit gab es in der Mitte Europas keine Zentralgewalt, die in der Lage gewesen wäre, die Bürger vor externen Gefahren zu schützen und interne Konflikte zu lösen.
- Die Fragmentierung in zahlreiche Klein- und Kleinstfürstentümer hatte nicht zuletzt auch ökonomische Rückständigkeit zur Folge. Auch nach der Reichsgründung blieb Deutschland die „zu spät gekommene Nation" (bspw. mit Blick auf die Gründung eines Kolonialreiches).
- 1873 fand die stürmische Industrialisierung des einstigen Agrarstaates Deutschland mit einem Börsencrash ein zwar vorläufiges, aber dramatisches Ende. Da davon auch die zahlreichen neu gegründeten Aktiengesellschaften betroffen waren, übernahmen in der Folge die Banken die Kapitalbeschaffungsfunktion und erhielten so Einblick in nahezu alle Bereiche der Wirtschaft.
- Nach dem Zweiten Weltkrieg war die deutsche Gesellschaft aufgrund ihrer materiellen und moralischen Kriegsschuld sowie der vorangegangenen jahrzehntelangen Phase der politischen, ökonomischen und sozialen Instabilität zutiefst erschüttert. Deshalb entwickelten sich in diesem Land Stabilität und Konsens zu den zentralen Leitlinien politischen und wirtschaftlichen Handelns.
- Mit der sozialen Marktwirtschaft suchte und fand die grundlegend verunsicherte deutsche Gesellschaft einen lange Zeit gangbaren Weg jenseits von Sozialismus und Kapitalismus. Charakteristisch für die sog. Deutschland AG waren u.a. ein fürsorgliches Sozialversicherungssystem, duale Ausbildung und der weitreichende Einfluss von Verbänden und Gewerkschaften auf politische Entscheidungen (vgl. Berghahn/Vitols 2006). Staat, Länder und Kommunen waren aufgrund von Aktienbesitz und Eigentum insb. in

den Bereichen Energie, Telekommunikation und Transport an zahlreichen Entscheidungsprozessen beteiligt. Streubesitz, Stimmrechtsbeschränkung sowie ein patronalistisches Selbstverständnis nicht nur der Sparkassen sowie der Volks- und Raiffeisenbanken, sondern auch der Universalbanken sorgten im Rahmen des Hausbankensystems dafür, dass die „Festung Deutschland" lange Zeit als uneinnehmbar galt. Deren Fundament lässt sich folgendermaßen beschreiben: Die Finanzinstitute begnügten sich mit einer vergleichsweise geringen Rendite, die Unternehmen bezahlten hohe Löhne, und die Arbeitnehmer verzichteten weitgehend auf Streiks. Erst spät gaben die deutschen Banken ihre Schutzfunktion auf und beteiligten sich – mit den bekannten Folgen – am „Casino-Kapitalismus".

> **Ängste der Deutschen**
> „Den Deutschen mangelt es in der Krise an Orientierungsfiguren, sagt S. *Grünewald*. Sein Marktforschungsinstitut versucht, die wahren Gefühle der Deutschen zu ermitteln – nicht mit Kurzumfragen, sondern mit langen Tiefeninterviews. Die Deutschen reagieren auf die Krise besonders sensibel, viel empfindlicher als Amerikaner oder Franzosen. Weil sie keine nationale Identität haben. Die Deutschen suchen formale Sicherheiten, Regeln, Institutionen. Die Mark war so eine Sicherheit" (Hagelüken 2011, S. 3).

USA

Einwanderernationen wie die Vereinigten Staaten von Amerika empfinden Veränderungen meist als Gewinn, gesellschaftlich wie persönlich. Entscheidend für diese kulturelle Prägung war der fortwährende Aufbruch zu „neuen Ufern", welcher Amerikas Geschichte geprägt hat, u.a. in Gestalt von …
- Erschließung der Ostküste durch die Gründerväter,
- „Frontier Movement" (von Präsident *Jefferson* 1803 initiierte Erkundung und Erschließung des später „wild" genannten Westens Nordamerikas),
- „New Frontier" (von Präsident *Kennedy* geforderte Erneuerung der amerikanischen Gesellschaft, symbolisiert u.a. durch das 1961 formulierte Ziel, „in neun Jahren einen Amerikaner auf dem Mond landen zu lassen").

In solchen Gesellschaften sind Dynamik, Risikobereitschaft und Innovation Leitlinien des politischen und wirtschaftlichen Handelns.

2.2.4 Feminine vs. maskuline Orientierung

> ➤ „Masculinity pertains to societies in which gender roles are clearly distinct (i.e., men are supposed to be assertive, tough, and focused on material success whereas woman are supposed to be more modest, tender, and concerned with the quality of life). Femininity pertains to societies in which social gender roles overlap (i.e., both men and woman are supposed to be modest, tender, and concerned with the quality of life"; Hofstede 1991, S. 82 f.).
> ➤ MAS = Masculinity Index

2.2.4.1 Grundlagen

Diese Kulturdimension erfasst die Dualität der Geschlechterbeziehung (vgl. Hofstede 2001, S. 279 f.). Je unterschiedlicher eine Gesellschaft die Geschlech-

2.2 Hofstedes Kulturdimensionen im Überblick

terrollen definiert, desto größer ist die Wahrscheinlichkeit, dass es sich um eine maskuline Gesellschaft handelt. Damit gehen zumeist die Vorrangstellung des Mannes und eine besondere Wertschätzung „männlicher Werte" einher:
- Tatkraft,
- Konfliktbereitschaft,
- Selbstbewusstsein,
- materielles Erfolgsstreben etc. (vgl. Tab. 30).

Tab. 30: Einfluss von Maskulinität & Feminität auf die Gesellschaft

Feminine Gesellschaften	Maskuline Gesellschaften
Familienleben	
• Ausgewogene Rollenverteilung zwischen Vater und Mutter • Männer müssen sich nicht behaupten • Männer können auch Aufgaben in Erziehung und Pflege übernehmen • Die Geschlechter ergänzen sich • Lebensqualität, zwischenmenschliche Beziehungen und Ökologie sind wichtig • Konflikte werden durch Kompromisse und Vereinbarungen gelöst • Erstrebenswert sind Bescheidenheit und Zusammenleben	• Väter verkörpern die Faktenwelt und Mütter die Gefühlswelt • Männer müssen sich ständig beweisen • Frauen sind für Erziehung und Pflege zuständig • Vorrangstellung des Mannes • Materieller Wohlstand, Geld und Objektwelt sind wichtig • Konflikte werden ausgefochten (es gibt Sieger und Verlierer) • Erstrebenswert sind Eigenschaften wie Unabhängigkeit und Stolz
Schule	
• Maßstab ist der Durchschnittsschüler • Belohnt wird Anpassung • Versagen ist menschlich	• Maßstab ist der beste Schüler • Belohnt werden besondere Leistungen • Versagen ist unverzeihlich
Arbeitsleben	
• Selbstbewusstes Verhalten wirkt lächerlich • Anpassungsbereitschaft • Understatement • Lebensqualität erstrebenswert • Einfühlungsvermögen • Arbeiten, um zu leben • Kooperation und Kompromiss • Intuitive Problemlösung	• Selbstbewusstes Verhalten ist sozial erwünscht • Durchsetzungsvermögen • Imponiergehabe • Karriere erstrebenswert • Leistungsorientierung • Leben, um zu arbeiten • Wettbewerb und Konflikt • Analytische Problemlösung
Staat & Gesellschaft	
• Solidaritätsprinzip • Wohlfahrtsstaat als Ideal • Schutz und Obhut für andere sind wichtig • Unterstützung der Schwachen • Sympathie für den Unterlegenen • Androgynes Menschenbild als Ideal • Permissive, tolerante Gesellschaftsform • Klein und langsam sind wünschenswert	• Konkurrenzprinzip • Leistungsgesellschaft als Ideal • Materieller Erfolg und Fortschritt sind wichtig • Belohnung der Starken • Bewunderung für den Sieger • Demonstrative Männlichkeit als Ideal • Repressive, intolerante Gesellschaftsform • Groß und schnell sind wünschenswert
Prototypen: Dänemark, Niederlande, Norwegen, Schweden	**Prototypen:** Italien, Japan, Österreich, Schweiz, Venezuela

Quelle: Weidmann (1995, S. 46); Hofstede (1997, 1991); ergänzt und modifiziert.

Umgekehrt bevorzugen androgyne Gesellschaften, die wenig oder nicht zwischen der männlichen und der weiblichen Geschlechterrolle differenzieren, weibliche Werte wie Empathie und Fürsorglichkeit (vgl. Sood/Nasu 1995, S. 3).

> **Feminine vs. maskuline Küche**
>
> „Wir schätzen am Fernöstlichen das Nicht-Aggressive. Traditionell europäische Küche heißt oft: ein Haufen Fleisch auf dem Teller. Mit Fleisch, vor allem dem Gebratenen, werden traditionell männliche Werte verknüpft, mit den Beilagen und dem Gekochten weibliche. Bei den Asiaten dagegen gruppiert sich das Essen meist um Reis: Unstrukturiertes, Dereguliertes, Friedliches. Das sagt: Wir wollen weg von den festgelegten Rollen von Freund und Feind, Mann und Frau, oben und unten" (Karmasin 1999, S. 170).

2.2.4.2 Regionale & nationale Unterschiede

Die weltweit mit Abstand maskulinste Gesellschaft ist Japan (MAS = 95), gefolgt von Österreich (= 79) und Venezuela (= 73). Aber auch in Italien (= 70), der Schweiz (= 70), Mexiko (= 69), Irland (= 68), Großbritannien (= 66) und Deutschland (= 66) dominieren Werte wie Leistungsbereitschaft, Karrierestreben, Konkurrenzkampf, Entschlossenheit und Zielerreichung. Versagen gilt in solchen Gesellschaften, die vom Einzelnen Eigenverantwortlichkeit fordern, als inakzeptabel. Handeln und Erwerben sind weitere wichtige Ziele – anders als Denken oder Beobachten. Damit ähnelt Maskulinität der von Kluckhohn/Strodtbeck (1961) beschriebenen Kulturdimension ‚orientation toward activity' (⇒ Kulturdimensionen nach *Kluckhohn & Strodtbeck*).

> **Frau Shimizu macht Karriere**
>
> „*T. Shimizu* ist zur Chefin einer Zweigstelle der japanischen Zentralbank ernannt worden. In den meisten Industrieländern wäre das höchstens eine kleine Meldung wert. Nicht so in Japan. Hier hat der Karriereschritt der 45-Jährigen Schlagzeilen gemacht. Über 200 Blogger haben auf ihre Ernennung reagiert. Einige bemerkten zynisch, eigentlich sehe sie zu gut aus, um in Japan eine solche Stelle zu erhalten. *Shimzu* ist die erste Frau, die jemals mit der Leitung einer Filiale der *Bank of Japan* betraut wurde. Bis 1981 stellte die Zentralbank keine Frauen ein" (Neidhart 2010, S. 18).

Nordeuropa ist die Heimat der Mehrzahl der femininen Gesellschaften: Schweden (MAS = 5), Norwegen (= 8), Niederlande (= 14), Dänemark (= 16), Finnland (= 26). An der Spitze ihrer Wertehierarchie stehen menschliche Nähe, zwischenmenschliche Beziehungen, Solidarität, Sicherheitsstreben und Lebensqualität. Versagen wird nicht als selbstwertgefährdend erlebt. Während diese und andere weibliche Werte (z.B. Bescheidenheit, Zärtlichkeit) in femininen Ländern beiden Geschlechtern zugestanden werden, gelten sie in maskulinen Ländern nur für Frauen als akzeptabel (vgl. Hofstede 2001, S. 305 f.).

> **Lagom**
>
> „Im Schwedischen gibt es ein Wort, das verwendet wird, um den Zustand zu beschreiben, den die paritätisch veranlagten Skandinavier in ihrer Gesellschaft so sehr schätzen. Wenn etwas ‚lagom' ist, dann ist es richtig: gemäßigt, also nicht zu gut und nicht zu schlecht. Genau richtig eben. Die Politik der Nachkriegszeit, in der der schwedische Wohlfahrtsstaat darauf achtete, dass seine Bürger gleichberechtigt am Lebensstandard des Nordens teilhaben können, ist zwar dabei, sich mehr und mehr zu verändern. Doch das Gefühl, nicht zu aggressiv und selbstbezogen auf sein Fortkommen zu achten, hat sich gehalten" (Steinbichler 2013, S. 33).

2.2.4.3 Jantes Gesetz

Zumeist schwingt in der Diskussion über diese Kulturdimension eine implizite Wertung mit:
- maskuline Werte bzw. Ziele wie Aufstieg, Herausforderung, Leistung oder Anerkennung sind demnach „schlecht",
- feminine Werte bzw. Ziele wie Beziehungsqualität, Lebensqualität oder Kooperation sind „gut".

Vor allem dann, wenn Maskulinität sowie Akzeptanz von Machtdistanz sich miteinander verbinden, tritt als Gegenmodell das Cluster der mutmaßlich lebenswerten skandinavischen Gesellschaften deutlich hervor, insb. in Abgrenzung zum süd- und mittelamerikanischen Kulturraum.

Natürlich ist dies allzu simpel gedacht: nämlich dann, wenn aus dem Ideal der Gleichwertigkeit aller Menschen das Ideal des Mittelmaßes wird, des Nicht-Auffallens um jeden Preis. Egalität in ihrer negativen Erscheinungsform ist Gegenstand von „Jantes Gesetz": „Du sollst nicht glauben, dass Du was bist, ... klüger bist als wir, ... besser bist als wir, ... mehr weißt als wir, ... bedeutender bist als wir, ... etc. „Jantes Gesetz" gilt nicht nur in Schweden, sondern mehr oder minder in weiten Teilen des femininen Kulturraumes.

> **Sozialer Kitt**
> „Wer mit Schweden über ihren Nationalcharakter diskutiert, hört früher oder später: Wir stehen alle unter Jantes Gesetz. Dieses findet sich in keinem Gesetzbuch, ist aber fest in den Köpfen der Schweden verankert. Staatsminister unterliegen ihm ebenso wie einfache Bürger, Künstler ebenso wie Bauern. Es besagt, dass sich keiner allzu wichtig nehmen und sich für was Besonderes halten darf. Der nach Norwegen ausgewanderte dänische Schriftsteller A. *Sandemose* hat dieses Gesetz 1933 formuliert, und es ist immer noch aktuell. Es gilt in gewisser Weise sogar für die Königshäuser des Nordens. Sie müssen zwischen Erhabenheit und Bescheidenheit Balance halten, sonst machen sie sich schnell unbeliebt. An diese Regeln hält sich der ganze Norden. Das Gesetz von Jante ist kein Witz, obwohl es von *Sandemose* als Satire gedacht war. Es ist der Kitt der Gemeinschaft, der Preis für die spezielle nordeuropäische Art des Zusammenlebens. Dieser Hang zum Mittelmaß hat Folgen, vor allem in der Gastronomie. Service hatte es lange schwer im Norden. Selbstbedienungsrestaurants, in denen es keinen Kellner und keinen ordernden Gast gibt, entsprechen dem Jante-Gesetz" (Bünz 2008, geringfügig abgewandelt).

2.2.5 Fünfte Kulturdimension

2.2.5.1 Konfuzianische Dynamik

Die fünfte Kulturdimension ist aus testtheoretischer Sicht höchst problematisch und letztlich nicht in das System der vier bislang vorgestellten Kulturdimensionen integrierbar. Denn ihre empirische Basis sind die Aussagen von Studenten aus 23 Ländern – anstelle von Managern aus 53 Ländern bzw. Regionen. Auch sind die Konsequenzen dieser Kulturdimension für das Sozial- und Arbeitsleben vergleichsweise wenig erforscht.

Anlass für die Testentwicklung gab Vorwurf des ‚cultural bias'. Er besagt: Da es amerikanische, britische, französische, holländische und norwegische Wissenschaftler waren, welche den Fragebogen der *IBM*-Studie entwickelt haben (vgl. Hofstede 1997, S. 224), berücksichtigt das Ursprungskonzept der vier Kulturdimensionen nur die im westlichen Kulturraum verbreiteten Werte. Folglich ist die externe Validität des 4D-Modells beschränkt.

Hofstede/Bond (1988) befragten auf Basis der von The Chinese Cultural Connection (1987), einer gemischt-kulturellen Forschergruppe um *M.H. Bond*, entwickelten *Chinese Value Survey (CVS)* jeweils 100 Studenten aus 23 Ländern. Im Einklang mit zentralen Wertvorstellungen der traditionellen chinesischen Gesellschaft wird dort bspw. nach „kindlicher Pietät" gefragt, was sich als Pflichtgefühl, Ehrfurcht und Rücksichtnahme interpretieren lässt (vgl. Hofstede 1994, S. 162). Für diesen Wert, der in China getreu der konfuzianischen Tradition bspw. in der Vater/Sohn-Beziehung überaus bedeutsam ist, gibt es allerdings keine wörtliche Übersetzung (vgl. Müller/Gelbrich 2014, S. 137 f.).

Die im Verlauf dieser Studie gewonnenen Daten ließen sich faktorenanalytisch zu vier unabhängigen Dimensionen verdichten. Dabei ähnelten ...
- Sittenstrenge (‚moral discipline'),
- Integration (‚integration') und
- Herzlichkeit (‚human heartedness')

inhaltlich den bereits bekannten Kulturdimensionen Akzeptanz von Machtdistanz, Individualismus und Feminität/Maskulinität. *Hofstede & Bond* werteten dies als Beleg dafür, dass es sich bei diesen drein um „kulturfreie" Kulturdimensionen handelt. Für den anstelle der ursprünglichen *Hofstede*-Kulturdimension Ungewissheitsvermeidung identifizierten vierten Faktor führte *Michael Bond* die Bezeichnung „Konfuzianische Dynamik" ein. Denn die damit erfassten Werte entsprechen zentralen konfuzianischen Werten und zielen auf ein tugendhaftes Verhalten, welches die bestehende soziale Ordnung respektiert. „The fourth CVS dimension combined on the one side these values: 1. Persistence (perseverance), 2. Thrift, 3. Ordering relationships by status and observing this order, 4. Having a sense of shame. And on the opposite side: 5. Reciprocation of greetings, favors, and gifts, 6. Respect for tradition, 7. Protecting one's face, 8. Personal steadiness and stability" (Hofstede et al. 2010, S. 236 f.).

2.2.5.2 Langfristige vs. kurzfristige Orientierung

Für ein kulturfreies Messmodell war die Bezeichnung „Konfuzianische Dynamik" indessen ungeeignet. Denn sie signalisiert die Verankerung dieses Konzepts in der im ostasiatischen Kulturraum verbreiteten Staatslehre (vgl. Müller/Gelbrich 2014, S. 254 f.). Da Werte wie Beharrlichkeit oder Sparsamkeit, welche den einen Pol von „Konfuzianische Dynamik" charakterisieren, eher auf die Zukunft gerichtet sind, und Werte wie Ausdauer oder Gesicht wahren mehr auf Vergangenheit und Gegenwart hin ausgerichtet sind, führte Hofstede (1997, 231 ff.) die Bezeichnung „langfristige vs. kurzfristige Orientierung" ein.

> „Long Term Orientation stands for the fostering of virtues oriented towards future rewards, in particular, perseverance and thrift. Its opposite pole, Short Term Orientation, stands for the fostering of virtues related to the past and present, in particular, respect for tradition, preservation of ‚face' and fulfilling social obligations" (Hofstede 2001, S. 358).
> LTO = Long Term Orientation

2.2 Hofstedes Kulturdimensionen im Überblick

Regionale & nationale Unterschiede

Hong Kong, Südkorea, Japan, Taiwan und alle anderen kollektivistischen Gesellschaften, in denen die konfuzianische Moral- und Staatslehre das soziale Leben prägt, gelten als langfristorientiert (vgl. Abb. 41). Denn die durch dieses Konstrukt erfassten Tugenden ermöglichen es, langfristige Ziele zu erreichen und die Zukunft zu gestalten:
- Fleiß,
- Ausdauer und Beharrlichkeit,
- Sparsamkeit und Investitionsbereitschaft,
- Akzeptanz sozialer Verpflichtungen,
- Respekt vor Rangordnungen, welche den sozialen Status widerspiegeln,
- Schamgefühl als Regulativ sozialer Beziehungen (vgl. Hofstede/Hofstede 2009, S. 292).

Je ausgeprägter die Langfristorientierung einer Gesellschaft, desto mehr berücksichtigen die Menschen die Konsequenzen, welche ihre Handlungen zukünftig haben könnten (vgl. Schmid 1996, S. 263). Gesellschaften, in denen stattdessen eine kurzfristige Orientierung vorherrscht, lassen sich stärker von Werten leiten, die auf Vergangenheit und Gegenwart bezogen sind: Traditionen werden respektiert, wichtig sind Wahrung des Gesichts und Reziprozität von Grußritualen, Geschenken und Gefälligkeiten. Charakteristisch für kurzfristig orientierte Gesellschaften sind weiterhin Ungeduld und eine geringe Sparquote (vgl. Hofstede/Hofstede 2009, S. 292).

Tab. 31: Einfluss von Langfristorientierung & Kurzfristorientierung auf die Gesellschaft

Kurzfristig orientierte Gesellschaften	Langfristig orientierte Gesellschaften
• Es gibt nur eine, die absolute Wahrheit (situative Faktoren spielen keine Rolle) • Normative Entscheidungsfindung („So muss es sein") • Ungeduld, Streben nach kurzfristigen Erfolgen • Eigene Ziele vorrangig, Abneigung gegenüber Fremdbestimmung • Soziale Verpflichtungen sind nicht relativierbar • Investieren, um die Entwicklung zu beschleunigen (Verschuldung)	• Es gibt viele Wahrheiten (abhängig von situativen Faktoren) • Pragmatische Entscheidungsfindung („So kann es sein") • Fleiß, Ausdauer, Verfolgung langfristiger Ziele • Bereitschaft, sich kollektiven Zielen unterzuordnen • Soziale Verpflichtungen gelten nur innerhalb der eigenen sozialen Gruppe • Haushalten, um die Zukunft zu sichern (Sparen)
Prototypen: Großbritannien, Kanada, Pakistan, USA	**Prototypen:** China, Hong Kong, Japan, Taiwan

Quelle: auf der Basis von Weidmann (1995, S. 46); Hofstede (1991, 1997).

Langfristorientierte Gesellschaften sind immer auch kollektivistisch. Hingegen finden sich unter den kurzfristig orientierten Gesellschaften sowohl individualistische (insb. die angelsächsischen Länder) als auch kollektivistische Länder (z.B. Pakistan, Philippinen; vgl. Abb. 41).

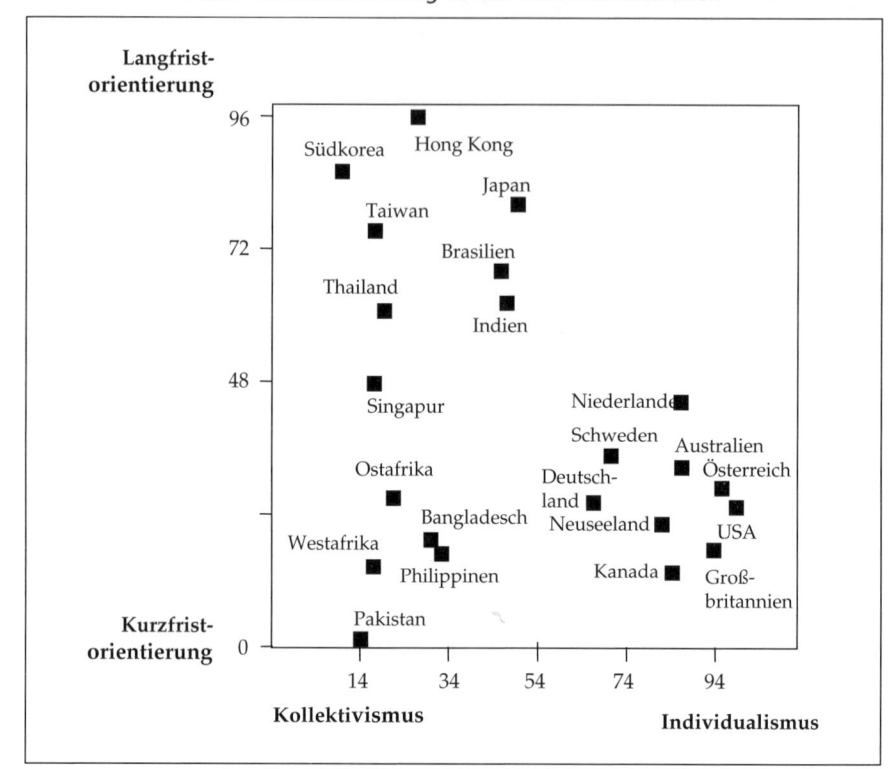

Abb. 41: Zusammenhang zweier Kulturdimensionen

[Streudiagramm: x-Achse Kollektivismus (14) – Individualismus (94); y-Achse Kurzfristorientierung (0) – Langfristorientierung (96). Datenpunkte: Hong Kong (~96), Südkorea, Japan, Taiwan, Brasilien, Thailand, Indien (~72), Singapur, Niederlande, Schweden, Australien, Ostafrika, Deutschland, Österreich, Bangladesch, Neuseeland, USA, Westafrika, Philippinen, Kanada, Großbritannien, Pakistan (~0).]

LTO-Skala

Bearden et al. (2006a) nahmen die ungenügende Konstrukt- und Diskriminanzvalidität der CVS-Skala zum Anlass, ein Instrument zur Erfassung der Langfrist/Kurzfristorientierung zu entwickeln, welches diesen testtheoretischen Kriterien besser Rechnung trägt. Denn, anders als plausiblerweise erwartbar und theoretisch begründbar, lädt das Item „Respekt vor Tradition" auf den zukunftsorientierten Pol dieser Kulturdimension (= Langfristorientierung) und „Beharrlichkeit" auf den gegenwarts- bzw. vergangenheitsorientierten Pol (= Kurzfristorientierung). Validiert wurde die LTO-Skala (bestehend aus zwei Subskalen und acht Items) am Beispiel von vier Länderstichproben mit zusammen mehr als 2.000 Probanden. Typische Items sind:

- Respect for tradition is important to me.
- I plan for the long term.
- Family heritage is important to me.
- I value a strong link to the past.
- I work hard for success in the future.

Trotz einiger Einschränkungen (z.B. ungenügende Diskriminanzvalidität der beiden Subskalen in vier Ländern) attestierten Hassan et al. (2011) der LTO-Skala hinreichend gute psychometrische Eigenschaften. Empirische Basis dieser

Validierungsstudie waren die Auskünfte von insgesamt 3.491 Probanden aus zehn Mitgliedsländern der *Europäischen Union*.

2.2.5.3 Pragmatische vs. normative Orientierung

Angesichts der unstrittigen Schwächen der fünften Kulturdimension versuchten Minkov/Hofstede (2012), diese zu replizieren. Dazu wählten die beiden Wissenschaftler aus dem Itempool der *World Values Survey (WVS)* zehn Items aus, welche der theoretischen Konzeption von Langfrist- vs. Kurzfristorientierung zu entsprechen schienen („that seemed to capture the concept of LTO). Sodann unterzogen sie die im *WVS*-2006 für 38 Länder verfügbaren Daten einer Faktorenanalyse. Es konnten zwei Faktoren extrahiert werden. Wie an der weitgehenden Übereinstimmung der nomologischen Netzwerke erkennbar, stimmt der erste Faktor mit dem LTO-Faktor überein und der zweite Faktor mit der Individualismus/Kollektivismus-Dimension.

Der Zeithorizont von pragmatischen Gesellschaften ist, wie der von langfristorientierten Gesellschaften, an der Zukunft ausgerichtet. Ausdauer und Beharrlichkeit sind wichtige Tugenden. Gleiches gilt für den sparsamen Umgang mit Ressourcen im Allgemeinen und monetäre Sparsamkeit im Besonderen. Pragmatische Gesellschaften erwarten von ihren Mitgliedern, dass sie willens und in der Lage sind, sich veränderten Umweltbedingungen anzupassen, um langfristige Ziele zu erreichen.

2.2.6 Genussorientierung vs. Selbstbeherrschung

> ➢ „Indulgence refers to a tendency to allow relatively free gratification of basic and natural human desires related to enjoying life and having fun, whereas restraint is a conviction that such gratification needs to be curbed and regulated by strict social norms" (Hofstede et al. 2010, S. 281).
> ➢ IND = Indulgence Index

Auch diese Dimension hat Minkov (2007) aus den Daten der *World Values Survey (WVS)* von 2006 extrahiert. Die Entscheidung von Hofstede et al. (2010), ,indulgence vs. restraint' dem bisherigen 5D-Modell hinzuzufügen, ist aus methodischen Gründen höchst problematisch (vgl. Teil B-2.4.4).

Diese Kulturdimension fußt zum einen in den umgangssprachlich „Glücksforschung" titulierten Analysen der Ursachen und Konsequenzen subjektiv empfundenen Wohlbefindens und zum anderen in der Reanalyse der *World Values Survey* durch Inglehart (1997). Unterschiede im Lebensglück, das Angehörige verschiedener Gesellschaften empfinden, sind nicht nur im Zeitverlauf stabil, sondern auch weitgehend invariant gegenüber Veränderungen im Lebensumfeld: „Our results show that the rank order of the well-being scores for the citizens of 20 nations is similar to the rank order of the well-being scores for the Americans with ancestors from those nations" (Rice/Steele 2004, S. 633). Wenn also gemäß dem zweiten *World Happiness Report* der *Vereinten Nationen* von 2013 die Dänen das glücklichste Volk sind – mit einem Mittelwert von 7,7 auf einer zehnstufigen Glücksskala – und bspw. die Griechen mit einem Mittelwert von 5,4

Rang 70 einnehmen, dann sind auch dänischstämmige Amerikaner wesentlich glücklicher als griechischstämmige Amerikaner, unabhängig davon, seit wie vielen Generationen ihre Familien schon in den USA leben. Demnach ist das unterschiedliche kulturelle Erbe einflussreicher als das gemeinsame Lebensumfeld.

Angehörige von genussorientierten Gesellschaften halten eine möglichst ungehinderte Befriedigung ihrer Bedürfnisse für wünschenswert. Sie sind hedonistisch und konsumfreudig, wollen „Spaß haben" und ihr Leben genießen. Weiterhin zählen zu ihrem Merkmalsprofil Optimismus, Extraversion und Kontaktfreudigkeit (vgl. Tab. 32). Wie Akdeniz/Talay (2013) empirisch nachweisen konnten, steigert in genussorientierten Märkten eine Starbesetzung das Einspielergebnis von Filmen signifikant mehr als in Märkten, in denen Zurückhaltung und Selbstbeherrschung zentrale Werte sind. Dort sorgen strenge soziale Normen dafür, dass individuelle Bedürfnisse kontrolliert und nicht selten unterdrückt werden. Indulgence hingegen korreliert mit dem Bedürfnis, Kontrolle über das eigene Leben zu haben.

Tab. 32: Ziele und Konsequenzen von Genussorientierung & Selbstbeherrschung

	Indulgent (Genussorientierung)	Restrained (Selbstbeherrschung)
General Norm, Personal Feelings & Health		
• Percentages of very happy people	higher	lower
• Perception of personal life control	higher	lower
• Importance of leisure & having friends	higher	lower
• Importance of thrift	higher	lower
• Personality	more extraversion	more neuroticism
• General attitude	positiv, optimistic	cynical, pessimistic
• Death rates from cardiovascular diseases	lower	higher
Private Life, Consumer Behavior, Sex & Politics		
• Satisfaction with family life	higher	lower
• Intended sharing of household tasks	equal	unequal
• Involvement in sports	higher	lower
• Internet use	higher	lower
• Prescription of gender roles	loosely	strictly
• Maintaining order in the nation	lower priority	higher priority
• Number of police officers (per 100.000)	lower	higher
• Freedom of speech	relatively important	not a primary concern

Quelle: eigene Darstellung auf Basis von Hofstede et al. (2010, S. 291 ff.).

Tab. 33 gibt einen Überblick über die Ausprägungen des sechsdimensionalen Kulturprofils von 97 Ländern. Angeführt wird die Rangskala der Genussorientierung (,indulgence') von sechs südamerikanischen Gesellschaften und Nigeria. An deren Ende finden sich Ägypten und Pakistan. Dort und in sieben osteuropäischen Ländern (z.B. Estland und Bulgarien) sieht der Wertekanon hingegen primär Selbstbeherrschung vor. Von den deutschsprachigen Ländern tendieren die Schweiz (IND = 66) und Österreich (IND = 63) in Richtung Genussorientierung und Deutschland (IND = 40) in Richtung Selbstbeherrschung und Zurückhaltung.

2.2 Hofstedes Kulturdimensionen im Überblick

Tab. 33: Sechsdimensionales Profil der Landeskultur von 97 Ländern

	Akzeptanz von Machtdistanz	Individualismus vs. Kollektivismus	Maskulinität vs. Feminität	Tendenz zur Ungewissheitsvermeidung	Pragmatismus	Indulgence
Ägypten	70	25	45	80	7	4
Albanien	90	20	80	70	61	15
Angola	83	18	20	60	15	83
Argentinien	49	46	56	86	20	62
Äthiopien	70	20	65	55		
Australien	36	90	61	51	21	71
Bangladesch	80	20	55	60	47	20
Belgien	65	75	54	94	82	57
Bhutan	94	52	32	28		
Brasilien	69	38	49	76	44	59
Bulgarien	70	30	40	85	69	16
Burkina Faso	70	15	50	55	27	18
Chile	63	23	28	86	31	68
Costa Rica	35	15	21	86		
Dänemark	18	74	16	23	35	70
Deutschland	35	67	66	65	83	40
Dominikan. Republik	65	30	65	45	13	54
Ekuador	78	8	63	67		
El Salvador	66	19	40	94	20	89
Estland	40	60	30	60	82	16
Fidschi	78	14	46	48		
Finnland	33	63	26	59	38	57
Frankreich	68	71	43	86	63	48
Ghana	80	15	40	65	4	72
Griechenland	60	35	57	100	45	50
Großbritannien	35	89	66	35	51	69
Honduras	80	20	40	50		
Hong Kong	68	25	57	29	61	17
Indien	77	48	56	40	51	26
Indonesien	78	14	46	48	62	38
Irak	95	30	70	85	25	17
Iran	58	41	43	59	14	40
Irland	28	70	68	35	24	65
Island	30	60	10	50	28	67
Israel	13	54	47	81	38	

	Akzeptanz von Machtdistanz	Individualismus vs. Kollektivismus	Maskulinität vs. Feminität	Tendenz zur Ungewissheitsvermeidung	Pragmatismus	Indulgence
Italien	50	76	70	75	61	30
Jamaika	45	39	68	13		
Japan	54	46	95	92	88	42
Jordanien	70	30	45	65	16	43
Kanada	39	80	52	48	36	68
Kap Verde	75	20	15	40	12	83
Kenia	70	25	60	50		
Kolumbien	67	13	64	80	13	83
Kroatien	73	33	40	80	58	33
Kuweit	90	25	40	80		
Lettland	44	70	9	63	69	13
Libanon	75	40	65	50	14	25
Libyen	80	38	52	68	23	34
Litauen	42	60	19	65	82	16
Luxemburg	40	60	50	70	64	56
Malawi	70	30	40	50		
Malaysia	100	26	50	36	41	57
Malta	56	59	47	96	47	66
Marokko	70	46	53	68	14	25
Mexiko	81	30	69	82	24	97
Mosambik	85	15	38	44	11	80
Namibia	65	30	40	45	35	
Nepal	65	30	40	40		
Neuseeland	22	79	58	49	33	75
Niederlande	38	80	14	53	67	68
Nigeria	80	30	60	55	13	84
Österreich	11	55	79	70	60	63
Pakistan	55	14	50	70	50	0
Panama	95	11	44	86		
Peru	64	16	42	87	25	46
Philippinen	94	32	64	44	27	42
Polen	68	60	64	93	38	29
Portugal	63	27	31	99	28	33
Rumänien	90	30	42	90	52	20
Russland	93	39	36	95	81	20
Sambia	60	35	40	50	30	42

2.2 Hofstedes Kulturdimensionen im Überblick

	Akzeptanz von Machtdistanz	Individualismus vs. Kollektivismus	Maskulinität vs. Feminität	Tendenz zur Ungewissheitsvermeidung	Pragmatismus	Indulgence
Saudi Arabien	95	25	60	80	36	52
Schweden	31	71	5	29	53	78
Schweiz	34	68	70	58	74	66
Senegal	70	25	45	55	25	
Serbien	86	25	43	92	52	28
Sierra Leone	70	20	40	50		
Singapur	74	20	48	8	72	46
Slowakei	100	52	100	51	77	28
Slowenien	71	27	19	88	49	48
Spanien	57	51	42	86	48	44
Sri Lanka	80	35	10	45	45	
Südafrika	49	65	63	49	34	63
Südkorea	60	18	39	85	100	29
Suriname	85	47	37	92		
Syrien	80	35	52	60	30	
Taiwan	58	17	45	69	93	49
Tansania	70	25	40	50	34	38
Thailand	64	20	34	64	32	45
Trinidad & Tobago	47	16	58	55	13	80
Tschechische Republik	57	58	57	74	70	29
Türkei	66	37	45	85	46	49
Ungarn	46	80	88	82	58	31
USA	40	91	62	46	26	68
Venezuela	81	12	73	76	16	100
Vereinigte Arabische Emirate	90	25	50	80		
Vietnam	70	20	40	30	57	35

2.2.7 Deutschlands Kulturprofil

Unter Nationalcharakter versteht man ein den Angehörigen einer Nation stereotypisierend zugeschriebenes charakteristisches Eigenschaftsprofil (vgl. Clark 1990; Peabody 1985). Den Nationalcharakter der Deutschen beschrieben Gierl et al. (1998) anhand der überwiegend moderaten Positionen Deutschlands auf den *Hofstede*-Kulturdimensionen (vgl. Abb. 42):
- Pragmatische vs. normative Orientierung: Wie in anderen pragmatischen, an zukünftigen Entwicklungen orientierten Gesellschaften werden auch in Deutschland Ausdauer, Beharrlichkeit und Sparsamkeit wertgeschätzt.

- Individualismus vs. Kollektivismus: Deutsche streben eher nach Individualität und persönlicher Freiheit als nach kollektiven Erfahrungen. Gemeinschaftsdenken ist primär in indirekter Form bedeutsam (als Überzeugung, dass auch die Gemeinschaft davon profitiert, wenn es dem Einzelnen gut geht). „The German society is a truly individualistic one. Small families with a focus on the parent-children relationship rather than aunts and uncles are most common. There is a strong belief in the ideal of self-actualization. Loyalty is based on personal preferences for people as well as a sense of duty and responsibility" (www.geert-hofstede.com/germany.html).
- Maskulinität vs. Feminität: Aufgrund des Vorrangs materieller Werten (Arbeit, Besitz, Erfolg) in der deutschen Gesellschaft kann diese als relativ maskulin beschrieben werden. Charakteristisch sind weiterhin Leistungsorientierung, ein selektives Schulsystem und der hohe Stellenwert, den (beruflicher) Erfolg für das Selbstbild hat.
- Unsicherheitsvermeidung: Deutsche gelten als risikoscheu. Neues wird mit Skepsis betrachtet und Unsicherheit nach Möglichkeit gemieden. „In line with the philosophical heritage of *Kant*, *Hegel* and *Fichte* there is a strong preference for deductive rather than inductive approaches, be it in thinking, presenting or planning: the systematic overview has to be given in order to proceed. This is also reflected by the law system. Details are equally important to create certainty that a certain topic or project is well-thought-out. In combination with their low Power Distance, where the certainty for own decisions is not covered by the larger responsibility of the boss, Germans prefer to compensate for their higher uncertainty by strongly relying on expertise" (www.geert-hofstede.com/germany.html). Aus Marketingsicht versprechen in Deutschland risikoreduzierende Strategien und Instrumente Erfolg (z.B. Marken, Garantien, Empfehlungen). Vermutlich neigen deutschen Kunden weniger zu ‚variety seeking' als Angehörige risikofreudiger Gesellschaften, hingegen zu überproportionaler Kundentreue.
- Genussorientierung vs. Selbstbeherrschung: Der Wert von 40, der Deutschlands relative Position auf dieser Kulturdimension markiert, lässt auf eine überdurchschnittliche Bereitschaft der Deutschen schließen, ihre individuellen Wünsche und Bedürfnisse zu kontrollieren, statt ihnen ungehemmt nachzugeben (‚indulgence vs. restraint'). „Societies with a low score in this dimension have a tendency to cynicism and pessimism. Also, in contrast to indulgent societies, restrained societies do not put much emphasis on leisure time and control the gratification of their desires. People with this orientation have the perception that their actions are restrained by social norms and feel that indulging themselves is somewhat wrong" (www.geert-hofstede.com/germany.html).
- Akzeptanz von Machtdistanz: Große Unterschiede an Macht und Wohlstand lehnt die deutsche Gesellschaft ab, zumal wenn sie demonstrativ zur Schau gestellt werden. G. *Hofstede* erklärt den geringen PDI-Wert mit Deutschlands seit jeher föderaler politischer Struktur, der starken Mittelschicht sowie der ausgeprägten Mitbestimmung und Sozialpartnerschaft. Das Egalitäre in Deutschlands kulturellem Erbe hat negative, aber auch positive Konsequenzen: Einerseits besteht eine Tendenz zur „Neidgesellschaft", andererseits aber auch ein Gespür für Ungerechtigkeit.

2.3 Auswirkungen der Landeskultur auf das Arbeits- & Sozialleben

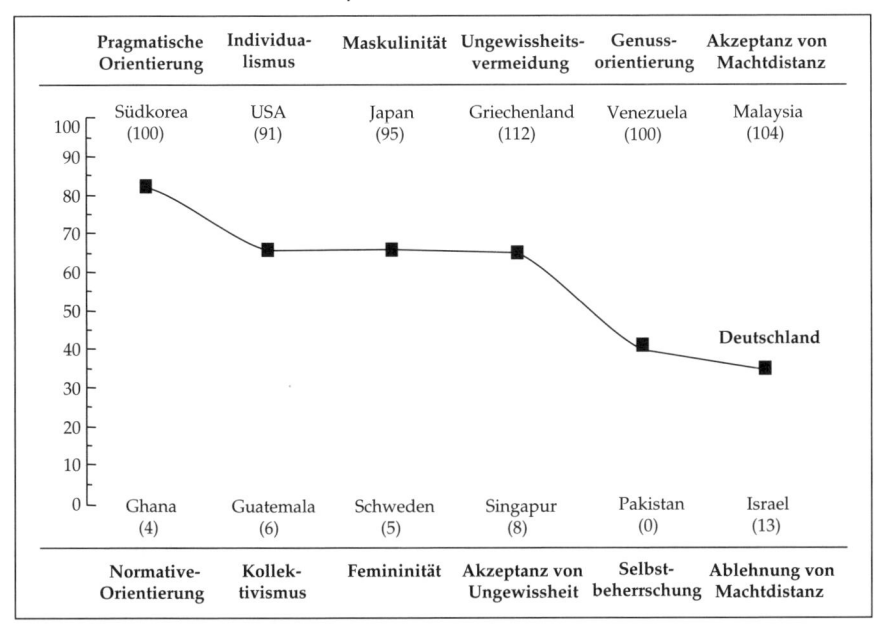

Abb. 42: Kulturprofil der deutschen Gesellschaft

Pragmatische Orientierung	Individualismus	Maskulinität	Ungewissheitsvermeidung	Genussorientierung	Akzeptanz von Machtdistanz
Südkorea (100)	USA (91)	Japan (95)	Griechenland (112)	Venezuela (100)	Malaysia (104)
Ghana (4)	Guatemala (6)	Schweden (5)	Singapur (8)	Pakistan (0)	Israel (13)
Normative-Orientierung	Kollektivismus	Femininität	Akzeptanz von Ungewissheit	Selbstbeherrschung	Ablehnung von Machtdistanz

Deutschland-Werte (laut Diagramm): ca. 83 (Pragmatische Orientierung), 67 (Individualismus), 66 (Maskulinität), 65 (Ungewissheitsvermeidung), 40 (Genussorientierung), 35 (Akzeptanz von Machtdistanz).

2.3 Auswirkungen der Landeskultur auf das Arbeits- & Sozialleben

2.3.1 Überblick

Ob eine Gesellschaft sich an individualistischen oder an kollektivistischen Werten orientiert, ob die soziale Unterschicht die bestehende Machtdistanz zu „den oberen Zehntausend" akzeptiert, ob feminine oder maskuline Werte die Norm sind, ob Ungewissheitsvermeidung Vorrang hat vor der Aufgeschlossenheit für Neues: Dies alles wirkt sich auf die unterschiedlichsten Lebens- und Arbeitsbereiche aus (vgl. Tab. 34).

Tab. 34: Ausgewählte Konsequenzen der „kulturellen Programmierung" einer Gesellschaft

	Konsequenzen für das ...	
	Arbeitsleben	Sozialleben
Individualismus vs. Kollektivismus	• Grundverständnis von Transaktionen • Konfliktbereitschaft • Vertrauen • Rechte & Pflichten • Innovation & Imitation	• Leistungsmotivation • Selbstbild • Soziale Bedürfnisse • Kausalitätsbedürfnis • Konformitätsdruck • Verteilungsgerechtigkeit
Akzeptanz von Machtdistanz	• Führungsstil • Korpsgeist • Elitebildung • Korruptionsbereitschaft	• Privilegien, Statussymbole • Gehorsam & Kritik • Einkommensgefälle • Wohlstandniveau

	Konsequenzen für das …	
	Arbeitsleben	Sozialleben
Vermeidung von Ungewissheit	• Eindeutigkeit & Fristigkeit von Unternehmenszielen • Normen & Gesetze • Innovation	• Fremdenfeindlichkeit • Ambiguitätstoleranz • Geschenke • Marken & Qualitätssignale • Zeitwahrnehmung
Maskulinität vs. Feminität	• Karrierechancen • Konfliktlösung • Vereinbarkeit von Beruf & Familie	• Sozialsystem • Gesamtgesellschaftlicher Konsens (Rentensystem) • Entwicklungshilfe
Pragmatische vs. normative Orientierung (Kurzfrist- vs. Langfristorientierung)	• Leistung vs. Rechtschaffenheit • Kurzfristige vs. langfristige Renditeziele • Aufgaben- vs. Beziehungsorientierung (Guanxi) • Denkstil (analytisch vs. synthetisch) • Stellenwert von Freizeit	• Konsumorientierung vs. Sparsamkeit • Soziale Status • Moral vs. Pragmatismus • Geschlechterrollen • Jugend vs. Alter
Genussorientierung vs. Selbstbeherrschung	• Internetnutzung	• Lebensglück • Geschlechterrolle • Freizeit & Freunde • Selbstwirksamkeit • Persönlichkeitsstruktur

Quelle: Hofstede et al. (2010); Müller/Gelbrich (2004, S. 114).

2.3.2 Auswirkungen von Individualismus & Kollektivismus

2.3.2.1 Bedeutung für das soziale Leben

Soziales Umfeld

Wer individualistisch sozialisiert wurde, unterhält mit großer Wahrscheinlichkeit eher locker geknüpfte soziale Beziehungen. Individualisten sind auf sich selbst bzw. ihr engeres familiäres Umfeld fixiert und achten weniger auf ihr weiteres soziales Umfeld. Kollektivistische Gesellschaften hingegen integrieren den Einzelnen von Kindheit an stärker in diverse soziale Gruppen, deren Ziele den Interessen des Einzelnen übergeordnet sind. Denn dort schuldet das Individuum der Gemeinschaft, die ihm Sicherheit und Schutz gewährt, Loyalität (vgl. Hofstede 2001, S. 231).

> **Gold fürs Vaterland**
>
> 1998 litt Südkorea unter Währungsverfall und Devisenmangel. Im Rahmen der Aktion „Gemeinsinn" gaben mehrere zehntausend Südkoreaner innerhalb kurzer Zeit mehrere Tonnen Goldschmuck (Ohrringe, Armreifen, Ketten) an Sammelstellen ab. Denn sie sahen sich moralisch verpflichtet, die finanzielle Lage ihres Landes zu verbessern. Die gespendeten Goldstücke wurden eingeschmolzen und gegen Dollar verkauft.

Triandis et al. (1990) haben eingehend untersucht, welche sonstige Faktoren mit diesem Konstrukt korrelieren. Demzufolge sind Angehörige kollektivistischer Kulturen traditionalistischer und eher bereit, Machtdistanz zu akzeptieren, als Angehörige individualistischer Kulturen. Weiterhin legen sie Wert auf „In Group-Harmonie" und soziale Nähe, bei gleichzeitig scharfer Unterscheidung zwischen ‚in group' und ‚out group'. Aufgrund ihres hohen Ausmaßes nicht nur an sozialer Verbundenheit und Orientierung, sondern auch an sozialer Kontrolle ist die Kriminalitätsrate in solchen Gesellschaften auffällig gering. Auch lassen sich dort weniger soziopathische Phänomene beobachten (z.B. Suizid, Kindesmissbrauch, Scheidung).

Selbstbild

Koreaner, als charakteristische Vertreter der kollektivistischen Kultur, besitzen ein starkes Gruppengefühl. Dies erklärt, warum selbst Einzelkinder von „unserer Mutter", alleinlebende Erwachsene von „unserer Wohnung" und Frauen von „unserem Ehemann" sprechen. Was uns aufgrund unseres individualistischen Menschenbildes paradox erscheinen mag, hat mit einer besonderen Art von Selbstverständnis zu tun. Darin schließen Koreaner andere, imaginäre Personen ein, ohne diese jedoch explizit zu benennen (vgl. Triandis 1989b).

Angehörige individualistischer Kulturen tendieren zu einer positiven Selbstwahrnehmung und Selbstdarstellung. Sie nehmen sich als mehr oder minder autonom bzw. unabhängig wahr und werden deshalb als ‚selfdependent' bezeichnet. Ganz anders die Mehrzahl der Angehörigen östlicher und mehr noch mittel- sowie südamerikanischer Gesellschaften: Sie neigen zu Interdependenz. Dies bedeutet, dass sie, idealtypisch vereinfacht, ...
- ihr „Ich" dem „Wir" unterordnen,
- Gleichheit vor persönliche Freiheit stellen und
- den gesellschaftlichen Konsens suchen – auch zu Lasten (individueller) Selbstverwirklichung (vgl. Triandis 1994a, S. 167 ff.).

> **Walkman vs. Ghettoblaster**
>
> „In Japan wohnen auf einen Quadratkilometer bewohnbarer Fläche 1.098 Menschen, in Großbritannien 502, in Deutschland 246 und in den USA 57. Deshalb sind zwischenmenschliche Beziehungen in Japan anders strukturiert als in den westlichen Nationen. Das ‚intime Privatleben', wie man in Deutschland sagen würde, ist in Japan ein unbekannter Begriff. Dass die räumliche Enge zur Rücksichtnahme auf Mitbewohner und Nachbarn zwingt, beeinflusst nicht zuletzt die Entwicklung von Produkten der Unterhaltungselektronik. Der Trend zur Miniaturisierung entspricht der räumlichen Enge. Wo wenig Platz ist, sind keine großen Geräte gefragt, sondern kleine, mit den gleichen Funktionen. Ein zweiter Trend sind Kompaktheit und Portabilität der Produkte. Den anderen durch das persönliche Musikerlebnis nicht stören zu wollen, ist eine ganz wesentliche Voraussetzung zur Entwicklung des Walkmans gewesen. Ein entgegengesetzter Trend, Musik einfach nach draußen zu lassen, entstand in den USA und zeigte sich im Erfolg der größeren Radiorecorder, auch Ghettoblaster genannt" (Zimmermann 1992, S. 228).

Welche Erlebnisse haben ihnen in der jüngeren und in der weiter zurückliegenden Vergangenheit am meisten Befriedigung bereitet? Amerikanische und koreanische Studenten beantworteten diese Frage weitgehend gleichsinnig: Sie alle empfanden Ereignisse, die Selbstachtung, selbstbestimmtes und kompetentes Handeln sowie Nähe zu anderen Menschen ermöglichen, als befriedigend. Popularität, Machtausübung, Geld und Luxus spielten demgegenüber eine untergeordnete Rolle. Einen, allerdings entscheidenden Unterschied gab es dennoch: Während Amerikaner vor allem dann Glück empfinden, wenn ein Ereignis ihre Selbstachtung stärkt, lässt bei Koreanern menschliche Nähe dieses Gefühl aufkommen (vgl. Sheldon et al. 2001).

Ursache & Wirkung

Das Kausalitätsbedürfnis, das viele Menschen veranlasst, die Welt als ein Gefüge von Ursache/Wirkungs-Beziehungen wahrzunehmen, variiert gleichfalls interkulturell (vgl. Nisbett 2003, S. 111 ff.). Während Kinder im individualistischen Kulturraum schon frühzeitig ermutigt werden, warum, weshalb und wozu zu fragen, erziehen kollektivistische Gesellschaften ihre Mitglieder vorrangig dazu, Ereignisse zu registrieren („dass" etwas so ist, wie es ist). Der wohl bedeutendste Unterschied betrifft den fundamentalen Attributionsfehler. Damit ist die Neigung gemeint, Ereignisse (z.B. Abschneiden in einer Klausur) vorzugsweise anhand von ...

- Persönlichkeitsmerkmalen der handelnden Personen (z.B. Intelligenz) zu erklären und weniger mit
- situativen Variablen, welche die Kontextbedingungen des Ereignisses beschreiben (z.B. Zeitdruck).

Für diese Anomalie der Informationsverarbeitung scheinen Angehörige individualistischer Gesellschaften besonders anfällig zu sein (vgl. Smith et al. 2006, S. 115). Denn für sie sind Selbstschutz und Selbstwertgefühl existenziell. Auch haben Individualisten gelernt, Ereignisse primär mit Personen und weniger mit den Umständen dieser Ereignisse in Verbindung zu bringen (vgl. Kitayama et al. 2003).

Konformität

In kollektivistischen Gesellschaften ist der Konformitätsdruck, d.h. der Zwang, sich normgerecht zu verhalten, stärker als in individualistischen Gesellschaften. Wie Gürhan-Canli/Maheswaran (2000) im Zuge einer Studie zum Herkunftslandeffekt (vgl. Teil D-4.6) nachweisen konnten, ziehen Japaner Produkte „Made in Nippon" grundsätzlich vor, unabhängig von ihrer objektiven Qualität, während US-Amerikaner (= Individualisten) heimische Erzeugnisse zumeist nur dann besser bewerten als ausländische Konkurrenzprodukte, wenn sie „Made in USA" tatsächlich für qualitativ überlegen halten.

2.3.2.2 Bedeutung für das Arbeitsleben

Verantwortung & Entlohnung

Mehr noch als andere individualistische Gesellschaften betonen jene westlichen Nationen, in denen sich die Pioniermentalität noch erhalten hat (USA, Kanada, Australien), Werte wie persönliche Freiheit und individuelle Verantwortung (vgl. Triandis 1989a). Im Wirtschafts- und Berufsleben begünstigen diese Werte das Streben nach Autonomie, die Verantwortlichkeit des Einzelnen und die Akzeptanz einer individuellen, leistungsbezogenen Entlohnung. Die sog. Nettowert-Bewegung ist ein extremes Symptom dieses individualistisch-konkurrenzorientierten Selbstverständnisses.

2.3 Auswirkungen der Landeskultur auf das Arbeits- & Sozialleben

Nettowert

„Die Userin *Princess91879* ist 16.432 US-$ wert. 8.209 US-$ liegen auf ihrem Konto (46 US-$ weniger als im Mai), 12.208 US-$ hat *Princess* in ihre Altersvorsorge investiert, und der Wert ihres Autos liegt bei 2.765 US-$. Davon abzuziehen ist ein Bildungskredit in Höhe von 6.750 US-$. Im Vergleich zum Vormonat hat sich ihr Vermögen um knapp 8 % verringert. Seit Februar 2008 hält *Princess* ihre Finanzen auf der Webseite www.networthiq.com fest. Der Nettowert ergibt sich aus sämtlichen Vermögenswerten abzüglich der Schulden und Verbindlichkeiten. Dieser wird dann in Form von Ranglisten dargestellt, die sich in Altersgruppe, Beruf, Schulbildung und Land filtern lassen. Das Hobby teilt *Princess* mit vielen anderen Amerikanern, die sich auf solchen Seiten eine Art Wettbewerb liefern, wer schneller zu Reichtum gelangt" (Mattheis 2010, S. 21).

Für das angelsächsische Staats- und Gesellschaftsverständnis ist die mythologische Figur des *Leviathan* bedeutsam – jenes unbezwingbare Ungeheuer, das T. Hobbes als Sinnbild für den machtversessenen, allgegenwärtigen Staat genutzt hat.

Amerikas Psyche

„Nur die amerikanische Psyche erklärt, warum *Obamas* Versuch, diesen Missstand (50 Mio. Amerikaner ohne Krankenversicherung) endlich zu beseitigen, von den Menschen nicht angenommen wird. Die USA wurden gegründet aus einem antistaatlichen Impuls heraus: Die Steuergesetze der fernen britischen Kolonialregierung wurden als Übergriff verstanden, als Eingriff in die individuellen Freiheitsrechte. Die Angst vor dem staatlichen Leviathan sitzt seither tief im kollektiven Unterbewusstsein der Nation" (Klüver 2012, S. 4).

Kollektivistische Gesellschaften hingegen räumen Solidarität und Gruppenorientierung Vorrang ein, nicht zuletzt bei der Gestaltung von Entlohnungssystemen (vgl. Newman/Nollen 1996, S. 758). Bis in die jüngere Vergangenheit hinein wurden Lohnzahlungen in Japan nicht als Honorierung der Arbeitsleistung des einzelnen Mitarbeiters betrachtet, sondern als Ausdruck der Fürsorgepflicht des Arbeitgebers.

Verbundenheit & tief empfundenen Zugehörigkeit

‚Amae' beschreibt die wechselseitige Abhängigkeit zweier Erwachsener, von denen der eine die Rolle „Schutzbefohlener ohne Eigenverantwortung" und der andere die Rolle „verantwortlicher Beschützer" innehat. Aufgabe von ‚ie' ist es, das Bedürfnis nach Verbundenheit und tief empfundener Zugehörigkeit zu befriedigen. Unternehmen waren in der traditionellen japanischen Gesellschaft ‚ie'. Metaphorisch ausgedrückt fiel dabei den Arbeitnehmern die Rolle der Familienmitglieder und dem Arbeitgeber die Rolle des Familienoberhauptes zu. Innerhalb dieses Familienverbands wird vom Familienoberhaupt Sorge und Pflichtgefühl gegenüber den Mitgliedern erwartet, auch wenn diese manchmal Ärger bereiten. Es ist ein Verhältnis wie zwischen Vater und Sohn (vgl. Sethi et al. 1984).

Diese Wertvorstellungen sind auch bei der Einführung neuer Mitarbeiter zu beachten. „Dem deutschen Präsidenten der japanischen Niederlassung eines großen deutschen Chemiekonzerns fiel auf, dass zwei von ihm neu eingestellte Mitarbeiter auch nach einigen Monaten der Firmenzugehörigkeit von ihren japanischen Kollegen und Untergebenen nicht recht angenommen wurden. Obwohl die Neuen nichts sagten, war ihnen deutlich anzusehen, dass sie sich isoliert fühlten, und der Präsident hatte den Eindruck, auch ihre Leistung leide darunter. Er wandte sich deshalb an den japanischen Personalleiter und war konsterniert, als dieser ihn schüchtern belehrte, er, der Präsident, habe es versäumt, die neuen Mitarbeiter offiziell in die Firma aufzunehmen. Die neuen Mitarbeiter erwarteten, dass sie in einer Einführungszeremonie in Anwesenheit aller willkommen geheißen und den anderen vorgestellt würden. Sonst fühlten sie sich vom Familienkreis ausgeschlossen. Der Präsident holte die Zeremonie nach und konnte alsbald die Integration der neuen Mitarbeiter in ihre Gruppe feststellen" (vgl. Kumar 1988, S. 427).

Funktion von Verhandlungen

Individualisten neigen dazu, Lizenzverträge, Kaufakte und andere ökonomische Transaktionen als tendenziell singulären, wertfreien Tauschvorgang anzusehen, der keine langfristige Beziehung begründet (vgl. Teil F-5.3). Von deren ‚deal-focus' ist der ‚relationship-focus' der Kollektivisten abzugrenzen. Entsprechend ihrer Gemeinschaftsorientierung erachten sie es gerade als Sinn und Ziel von langwierigen Gesprächen bzw. Verhandlungen, die solchen Vorhaben gewöhnlich vorangehen, eine tragfähige soziale Beziehung zwischen den Beteiligten und damit eine dauerhafte Geschäftsgrundlage zu schaffen (vgl. Metcalf et al. 2006; Gesteland 2005).

Konfliktmanagement

In Gemeinschaftsunternehmen, Auslandsniederlassungen und generell bei interkulturellen Begegnungen treffen Menschen, die Selbstbestimmung und Entscheidungsfreiheit für erstrebenswert halten, auf andere, die sich vorrangig als Mitglieder einer Gruppe fühlen. Dies führt fast zwangsläufig zu Konflikten, wobei sich kulturbedingt unterschiedliche Konfliktmanagementstile beobachten lassen. So präferieren Angehörige des individualistischen Kulturkreises eine legalistische Herangehensweise, während Kollektivismus mit Kompromissorientierung einhergeht (vgl. Wang et al. 2005).

Vertrauen

Gegenseitiges Vertrauen und Solidarität begründen das „soziale Kapital" einer Gesellschaft. Organisationen aller Art sind nur funktionstüchtig, wenn zwischen den Mitgliedern ein Mindestmaß an Vertrauen herrscht. Deutsche Unternehmen sind nach Fukuyama (1995a) flexibler und weniger hierarchisch strukturiert als andere, weil deutsche Angestellte und Arbeiter ihrem Management prinzipiell vertrauen. Huff/Kelley (2005) wiederum berichten, dass Kundenorientierung und vertrauensvolle Beziehungen eher für US-amerikanische Manager charakteristisch sind als für Manager asiatischer Herkunft.

2.3.3 Auswirkungen der Akzeptanz von Machtdistanz

2.3.3.1 Bedeutung für das soziale Leben

Unterordnung & Gehorsam

Vier der fünf konfuzianischen Kardinaltugenden (vgl. Müller/Gelbrich 2014, S. 138) regeln in Ostasien das Verhältnis von Personen unterschiedlicher hierarchischer Stellung und Macht. Dabei gilt der soziale Status der Beteiligten als unverrückbar und Loyalität gegenüber dem Höhergestellten als unabdingbar. Chinesen werden schon in frühestem Kindesalter zu Unterordnung und Gehorsam angehalten. Vor allem haben sie zu lernen, ältere und sozial höher gestellte Personen bzw. Institutionen (z.B. Eltern, staatliche Würdenträger) als Respektspersonen zu behandeln. Nicht mit dem traditionellen chinesischen Menschenbild vereinbar sind offene Kritik, Widerspruch oder Eigeninitiative (vgl. Rothlauf 2009, S. 460 ff.; Huang 2008).

2.3 Auswirkungen der Landeskultur auf das Arbeits- & Sozialleben

Elitebildung

Der für ein westliches Industrieland ungewöhnlich hohe PDI-Wert Frankreichs (= 68) lässt sich u.a. mit dem ungleichen Zugang der verschiedenen sozialen Schichten zu Bildung und Einfluss erklären. Denn bis in die Gegenwart hinein waren die Führungspositionen in Politik und Wirtschaft des Landes weitgehend den Absolventen der *École Nationale d'Administration (ENA)* vorbehalten.

> **Enarchen**
>
> „Irland hat die *IRA*, Spanien die *ETA*, Italien die *Mafia*, und Frankreich hat die *ENA*. Im französischen Wahlkampf musste die École Nationale d›Administration als Sündenbock für alles herhalten, was in Frankreich schief läuft. Der boshafte Vergleich der Absolventen der französischen Eliteschmiede mit Gangstern und Terroristen verhallte jedoch fast ungehört. Zu oft wurde in den letzten Jahren vor Wahlen die Abschaffung dieser Institution gefordert. Traditionell bestimmen die Absolventen der 1945 als Verwaltungshochschule konzipierten *ENA* die Geschicke des Landes: *J. Chirac, A. Juppé, L. Jospin* und *P. Séguin*. Nur das ‚richtige' Diplom ist die Eintrittskarte zu hohen Ämtern. Auch an der Spitze von weit über 50 % der großen französischen Unternehmen *(Renault, Peugeot-Citroen)* sitzen *ENA*-Absolventen. In Deutschland hingegen wird ein Drittel der Großunternehmen von Autodidakten geführt, die ihre Karriere oft als Lehrlinge begonnen haben. Der innerbetriebliche Aufstieg zum Manager ist in Frankreich eher selten, die Wirtschaft rekrutiert ihre Führungskräfte meist aus dem Staatspersonal. Da fachliche Kompetenz kaum gefragt ist, bringt ein *Enarch* andere Qualitäten ins Spiel: sein Adressbuch und Kontakte zu ehemaligen Kommilitonen, die an den Schaltstellen der Macht sitzen. Der Streit um die *ENA* entzündet sich deshalb nicht an Ausbildungsinhalten oder dem strengen Selektionsritus, sondern am Geist, den die Schule repräsentiert. Ausgerechnet Frankreich, das stolz republikanische Bildungsideale verkündet, hat ein statisches Modell geschaffen, das die Eliten von Generation zu Generation reproduziert. Die rund 5.400 *Enarchen* haben einen Esprit de Corps entwickelt. Trotz unterschiedlicher politischer Couleur unterscheiden sie sich in Diktion und Denkschemata nur wenig. In den Augen der Bevölkerung bilden sie eine unantastbare Kaste, deren Mitglieder gerne unter sich bleiben" (Tratner 1997, S. 13).

Den Erstsemestern der Eliteschulen wird Machtdistanz durch ‚bizutage' demonstriert. Sinn dieses Initiationsrituals ist es, den Neulingen Korpsgeist zu vermitteln und das Gefühl, etwas Besonderes zu sein. Letztlich besteht das Ziel im Aufbau einer sozialen Elite sowie dem Erhalt von Hierarchie, Befehl und Gehorsam (vgl. Larguèze 1995).

> **Bizutage: Tour der Leiden**
>
> „Zu den eher harmlosen Bräuchen gehört es, die Erstsemester im Gänsemarsch halbnackt und gefedert durch die Stadt zu treiben. Der ehemalige Staatspräsident *G. d'Estaing* sagt im Rückblick, er habe sich als gefederte Ente köstlich amüsiert. In vielen Bildungsanstalten wird heute noch für die ‚bizuts' ein Mix aus Tierfutter, Kot und Lebertran gebraut. Besonders berüchtigt ist die wichtigste Ingenieur-Hochschule *Arts et Métiers*, wo die Erniedrigungs-Tour fast zwei Monate dauert. Wer sich den Schikanen nicht unterwirft, wird nicht in die Gemeinschaft aufgenommen. Die meisten lassen sich in der Hoffnung darauf ein, dass sich dies später einmal auszahlen wird" (o.V. 1997, S. 12).

2.3.3.2 Bedeutung für das Arbeitsleben

Einkommensgefälle

Anders als Nicht-Europäer (z.B. Panama: PDI = 95, Malaysia = 104) lehnen Europäer (z.B. Österreich: PDI = 11, Dänemark = 18, Schweiz = 34, Deutschland = 35) Machtdistanz im Regelfall ab. Aber auch innerhalb *Europäischen Union*

herrscht Ungleichheit, sogar mit wachsender Tendenz, wie sich am Beispiel des Einkommensgefälles nachweisen lässt. Diese Form von Ungleichheit wird üblicherweise mithilfe des *Gini*-Koeffizienten quantifiziert. Bei ...
- vollkommener Gleichverteilung (d.h. alle Mitglieder einer Gesellschaft verdienen gleich viel) beträgt dieses Konzentrationsmaß „Null" und bei
- vollkommener Ungleichverteilung bzw. maximaler Konzentration (d.h. ein Mitglied verdient alles, die übrigen nichts) „Eins" (vgl. Gini 1921).

In den 1980er-Jahren war Schweden das Land mit der gleichmäßigsten Einkommensverteilung (G = 0,20), während in Griechenland vergleichsweise starke Unterschiede bestanden (G = 0,34). Mehr als 20 Jahre später wies der *Human Development Report 2008* der *Vereinten Nationen* Norwegen und Dänemark als die Länder mit den geringsten (G = 0,25) und Großbritannien sowie Italien als die Länder mit den größten Einkommensunterschieden innerhalb der Union aus (G = 0,36). „Spitzenreiter" der *OECD*-Rangskala aber waren Mexiko, Türkei und USA (vgl. Abb. 43): Dort herrscht besonders große Ungleichheit (vgl. Kuhr 2011).

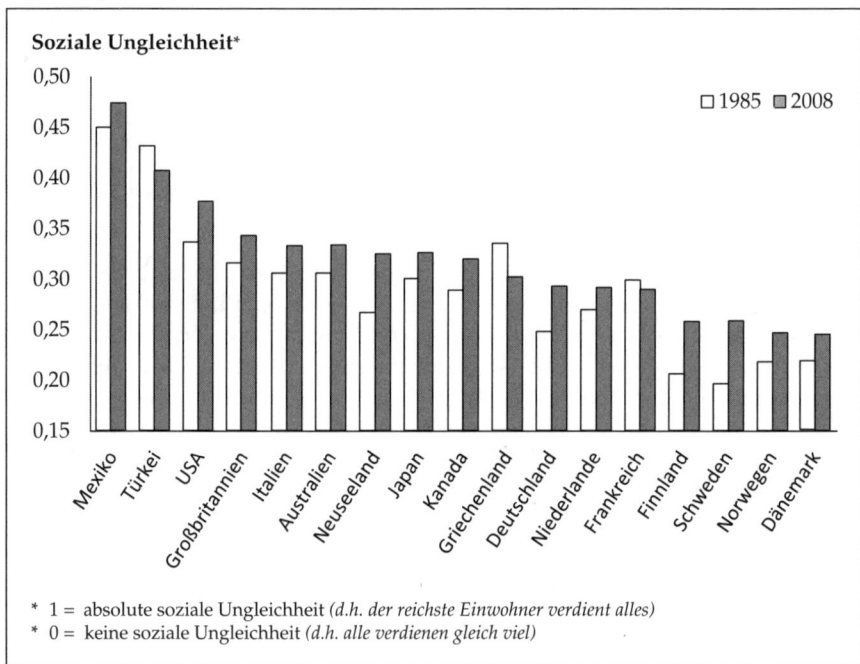

Abb. 43: Entwicklung des Gini-Koeffizienten in ausgewählten OECD-Ländern

* 1 = absolute soziale Ungleichheit *(d.h. der reichste Einwohner verdient alles)*
* 0 = keine soziale Ungleichheit *(d.h. alle verdienen gleich viel)*

Quelle: OECD.

Entscheidungsfindung & Führungsstil

In Gesellschaften, die Machtungleichgewichte akzeptieren, werden Entscheidungsprozesse zentralisiert, und Mitarbeiter von ihren Vorgesetzten nicht konsultiert, wenn Entscheidungen zu treffen sind. Darüber hinaus reflektiert die Art der Beziehung zwischen Vorgesetzten und Untergebenen das Ausmaß an gesellschaftlich akzeptierter Machtdistanz: Haben Mitarbeiter relativ ungehinderten Zugang zu ihrem Vorgesetzten, wie in Dänemark bzw. Israel, oder schirmen ihn diverse Vorzimmer, persönliche Referenten und andere Insignien der Macht ab? In Guatemala, Panama und anderen machtdistanten Ländern gehen Vorgesetzte und Untergebene davon aus, dass sie „von Natur aus" mit ungleichen Rechten und Pflichten ausgestattet sind. Dieses Weltbild korrespondiert mit dem autokratischen Führungsstil. Schweden hingegen akzeptieren Machtdistanz nicht. Abhängigkeit verstehen sie als wechselseitige Abhängigkeit und nicht als Macht des einen über den anderen. Entsprechend erwarten schwedische Mitarbeiter einen partizipativen Führungsstil (vgl. Holmberg/Åkerblom 2008, S. 50 ff.). Sie wollen an der Entscheidungsfindung beteiligt werden.

Herr Gomez & Herr Palmblad

„Herr *Gomez* arbeitet für ein südamerikanisches Unternehmen. Als Führungskraft ist er seinen Mitarbeitern hierarchisch deutlich übergeordnet und fällt die wichtigsten Entscheidungen selbst. Seine Mitarbeiter erwarten von ihm klare Anweisungen. Privilegien und Statussymbole unterstrichen (hohes Einkommen, Auto, Clubmitgliedschaft, ...) unterstreichen seine hervorgehobene Position. Seit kurzem hat G einen neuen Vorgesetzten, Herrn *Palmblad* aus Schweden. Er stimmt sich in vielen Fragen mit ihm ab und lässt ihn verhältnismäßig wenig spüren, dass er sein Vorgesetzter ist. G ist darüber zwar etwas verunsichert, führt aber die Offenheit seines Vorgesetzten im Wesentlichen auf die eigenen Leistungen zurück und ist mit sich sehr zufrieden. Auch nach außen hin kann G seine starke Rolle im Unternehmen immer wieder demonstrieren. Denn sein neuer Vorgesetzter bleibt bei gemeinsamen Auftritten eher im Hintergrund. Allerdings wundert sich G darüber, dass P bei wichtigen Entscheidungen auch die Meinung von Herrn *Fernandez*, einem hierarchisch nachgeordneten Mitarbeiter von G, einholt. G überlegt, wie er damit umgehen soll, dass dadurch seine eigene Position den Mitarbeitern gegenüber untergraben wird. Auch F scheint nicht recht zu wissen, wie er sich angesichts dieser neuen Mitsprachemöglichkeit verhalten soll. Einerseits genießt er seine neue Bedeutung, andererseits fragt er sich, inwieweit er Ps Verhalten als Schwäche sehen muss" (Dreyer 2000, S. 212).

Funktion des Managements

Entsprechend der vergleichsweise starken hierarchischen Verfassung französischer Unternehmen trägt dort das mittlere Management weniger Verantwortung als etwa in deutschen Unternehmen. Dass Entscheidungen in französischen Unternehmen üblicherweise auf einer deutlich höheren Ebene gefällt werden als in der deutschen Wirtschaft, haben u.a. die Verhandlungen über einen Kooperationsvertrag zwischen *Dresdner Bank* und *BNP* im Jahre 1993 offenbart. Während „*BNP*-Präsident *R. Thomas* sämtliche Entscheidungen alleine treffen konnte, hatte auf deutscher Seite ein Dutzend Vorstandsmitglieder ein Wörtchen mitzureden. Aus französischer Sicht wirkt dies unseriös, da nicht ganz klar ist, wer Macht- und Entscheidungsbefugnisse innerhalb des Vorstandes hat" (Loth 2002, S. 666).

2.3.4 Auswirkungen der Tendenz zur Ungewissheitsvermeidung

2.3.4.1 Bedeutung für das soziale Leben

Fremdenfeindlichkeit

Mehr noch als die Bewohner Guatemalas (UAI = 101) und Uruguays (UAI = 100) neigen Griechen (UAI = 112) sowie Portugiesen (UAI = 104) dazu, Neuerungen abzulehnen und Andersartigkeit als Gefahr zu empfinden. Diese Disposition kann u.a. als Fremdenfeindlichkeit zu Tage treten. Wie der *Eurobarometer 2000* aufzeigte, äußerten in diesem Jahr neben Deutschen vor allem Griechen und Portugiesen Vorbehalte gegen Angehörige einer anderen Nationalität, einer anderen Rasse oder eines anderen Glaubensbekenntnisses (vgl. Moschner 2000). Den Auskunftspersonen war u.a. folgende Frage gestellt worden: „Sollen alle Ausländer, auch diejenigen, die hier geboren wurden, in das Land ihrer Herkunft zurückgesandt werden?"

Sicherheitsbedürfnis

Ungewissheitsmeidende Gesellschaften verbrauchen mehr Antibiotika als andere. Erklären lässt sich dies mit deren kulturbedingt hohem Sicherheitsbedürfnis. „Although many infections are self-limiting diseases and it is often good practice to ‚wait and see', in cultures with a high avoidance of uncertainty, physicians might feel the inner urge ‚to do something' and to fulfill the expected role of the expert who always has a solution" (Deschepper et al. 2008, S. 123).

Perfektionismus

Angehörige von unsicherheitsaversen Gesellschaften besitzen eine geringe Ambiguitätstoleranz (vgl. Hofstede 2001, S. 146 ff.). Dies führt bspw. dazu, dass in Deutschland und ähnlichen Ländern „Bedenkenträger" großen Einfluss haben, im Gegensatz zu den Vereinigten Staaten, die kulturbedingt eher handlungsorientiert sind (‚can do'). „Dort stehen die Ingenieure und Naturwissenschaftler noch heute im Mittelpunkt der kulturellen Identitätsproduktion" (Naumann 2001, S. 3). Wie allen Unsicherheitsmeidern ist den nach dem Grundsätzlichen und Absoluten strebenden Deutschen der angelsächsische Pragmatismus, die Bereitschaft, auch 90 %-Lösungen zu akzeptieren, suspekt.

Geschenke

Japan zählt zusammen mit Südkorea zu jenen Ländern, in denen eine starke Tendenz zur Ungewissheitsvermeidung mit einer kollektivistischen Gesellschaftsstruktur einhergeht. Folglich legen diese Gesellschaften großen Wert auf die Stabilität sozialer Beziehungen, weshalb sie sich zu regelrechten „Schenk-Kulturen" entwickelt haben. „Geschenke erhalten die Freundschaft." Überträgt man das deutsche Sprichwort auf den konfuzianischen Kulturkreis, dann müsste es heißen: Geschenke festigen zum einen Beziehungen und bestätigen zum anderen die bestehende soziale Hierarchie bzw. signalisieren diese durch eine ausgeklügelte Symbolsprache (vgl. Müller/Gelbrich 2014, S. 183 f.).

Teure Geschenke

„Ein wichtiges Ritual des chinesischen Alltags ist die Beziehungspflege. Dazu gehören Geschenke, Aufmerksamkeiten, in rote Kuverts verpacktes Bargeld. [... Die Cousine der Journalistin *Fu Daren* ...] gibt für Geschenke jährlich 40.000 Yuan aus, umgerechnet fast 4.740 Euro, das ist fast die Hälfte ihres Jahresbudgets. Selbst Menschen, die sie nur flüchtig kennt, muss die Cousine 200 Yuan zum Geburtstag schenken. Hat der Chef Geburtstag, müssen es mindestens 1.000 Yuan sein. Und damit nicht genug. Anlässe gibt es unzählige: Hochzeit, Begräbnis, Neujahr, das Kind wird einen Monat alt, kommt auf die Uni oder geht zum Studieren ins Ausland. Und das ist nur das Beziehungsgeflecht der Cousine. Ihr Mann pflegt sein eigenes" (Köckritz 2014, S. 10).

2.3.4.2 Bedeutung für das Arbeitsleben

Risikobereitschaft

Gemäß der 2005 veröffentlichten *DIFA*-Studie „Investmentkultur in Europa" entscheiden britische institutionelle Immobilienanleger (UAI = 35) stärker renditeorientiert, während ihre deutschen Kollegen (UAI = 65) vor allem sicherheitsorientiert und daher weniger bestrebt sind, möglichst kurzfristig ihre Rendite zu maximieren.

Planung & Unternehmensführung

Unternehmen, Manager etc., die sich durch neuartige, unsichere Situationen eher bedroht als herausgefordert fühlen, haben einen umfassenden Struktur-, Organisations- und Regelungsbedarf. Unsicherheitsmeider sind „Wahrheitssucher" und ziehen eindeutige Gesetze mehrdeutigen impliziten Regeln vor. Nach Ansicht von Hofstede/Bond (1988) hat sich dieser Zusammenhang ab Mitte des 20. Jahrhunderts für die unsicherheitsaversen mitteleuropäischen Länder zunehmend als Nachteil erwiesen. Denn das, was für Naturwissenschaftler das analytische Denkvermögen ist, sei für Geisteswissenschaftler die Synthese. Manager, Politiker etc. müssten nicht unbedingt wissen, was „wahr" oder „richtig" ist, sondern was „funktioniert". Das Management ostasiatischer Unternehmen praktiziere diesen synthetischen Denkstil. Darüber hinaus verfüge es kulturbedingt über die Fähigkeit, Menschen mit unterschiedlichen Denkstilen auf ein gemeinsames Ziel hin auszurichten und deren Lösungsfindung zu koordinieren (vgl. Reber 1993, Sp. 1902).

Unternehmensgründung

Unsicherheitsmeidende Gesellschaften, Unternehmen etc. sind im Allgemeinen bestrebt, undurchsichtige bzw. mehrdeutige Situationen bzw. Ereignisse zu vermeiden oder zu umgehen, indem sie eine Vielzahl von Normen, Gesetzen, Grundsätzen, Leitlinien etc. einführen. Gesellschaften, die Unsicherheitsvermeidung mit Kollektivismus verbinden, dokumentieren diese Regeln zumeist nicht schriftlich, sondern kommunizieren sie vorzugsweise implizit (vgl. Hofstede 1993, S. 149). Die hohe Dichte impliziter und expliziter Regeln sorgt dafür, dass in solchen Ländern wenig Spielraum für unternehmerisches Handeln besteht und die Gründung eines Unternehmens sehr risikoreich erscheint (vgl. Abb. 44).

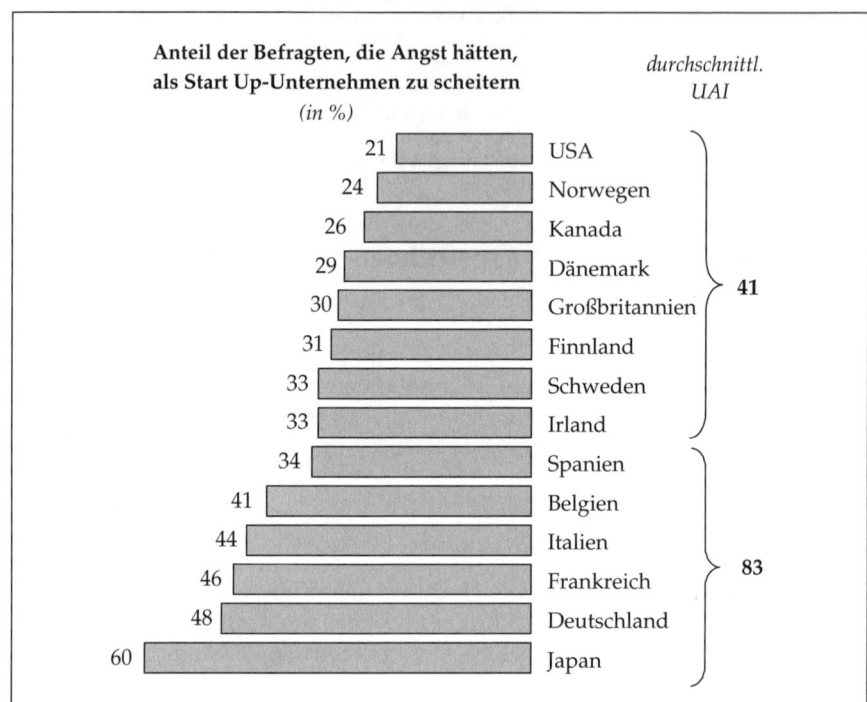

Abb. 44: Zusammenhang zwischen Ungewissheitsvermeidung & Unternehmensgründung

Anteil der Befragten, die Angst hätten, als Start Up-Unternehmen zu scheitern (in %)		durchschnittl. UAI
21	USA	
24	Norwegen	
26	Kanada	
29	Dänemark	41
30	Großbritannien	
31	Finnland	
33	Schweden	
33	Irland	
34	Spanien	
41	Belgien	
44	Italien	83
46	Frankreich	
48	Deutschland	
60	Japan	

Quelle: iwd, 27.Jg. (2001), Nr. 22, S. 6; Ursprungsdaten: Universität zu Köln, Global Entrepreneurship Monitor 2000.

Innovation

Zahlreiche Studien sprechen dafür, dass Ungewissheitstolerante überdurchschnittlich innovativ sind (vgl. Sully de Luque/Javidan 2004, S. 606 ff.; Shane 1995, 1993, 1992). Erklären lässt sich dies u.a. damit, dass es diesem Typus vergleichsweise leicht fällt, abweichende bzw. ausgefallene Ideen und Verhaltensweisen zu tolerieren. Ungewissheitsmeider hingegen vertrauen auf Expertenwissen, was ihre Innovationsbereitschaft hemmen kann. Vor allem Basisinnovationen sind davon betroffen. Denn, indem sie das bisherige Leben wesentlich verändern, sorgten Buchdruck, Dampfmaschine, Personal Computer oder Solarzelle – um nur einige der revolutionären Erfindungen zu nennen – zunächst primär für Unsicherheit. Deshalb lehnen Angehörige von Unsicherheit meidenden Kulturen Basisinnovationen anfangs häufig ab (vgl. Schmid 1996, S. 258 f.).

Dies musste in ihrer Frühphase auch die später so erfolgreiche deutsche Automobilwirtschaft erfahren. Zwar entwickelte *G. Daimler* bereits 1883 den schnelllaufenden, nicht-stationären Verbrennungsmotor. Aber das damals in Deutschland vorherrschende restriktive Verständnis von öffentlicher Ordnung sorgte dafür, dass diese Basisinnovation erst sehr viel später zu einem marktfähigen

Produkt weiterentwickelt werden konnte. Die Behörden lehnten G. *Daimlers* Gesuch, mit einer einfachen Autodroschke auf den Straßen Cannstatts Fahrversuche machen zu dürfen, mit folgender Begründung ab: Dies seien lediglich „ausgefallene Ideen eines spinnerten Teufels, der mit einem Petroleum-Karren alle Welt in Gefahr bringen werde." Deshalb blieb dem schwäbischen Tüftler nichts anderes übrig, als international tätig zu werden. Noch vor der Gründung des ersten eigenen Unternehmens vergab *G. Daimler* 1886 eine Lizenz zur Fertigung seines Motors nach Frankreich, später nach Großbritannien wie auch in die Vereinigten Staaten.

Erfolgsgeschichte eines spinnerten Teufels

„Während in der Folgezeit diese Erfindung in Deutschland in erster Linie als Antrieb für Boote einen Absatzmarkt fand, stieg Frankreich aufgrund einer regelrechten Begeisterung für Automobile und den Motorsport gegen Ende des 19. Jahrhunderts zur führenden Nation des Kraftfahrzeugbaus auf. Erst diese und in geringerem Maße auch die in den Vereinigten Staaten erzielten Erfolge lenkten das Interesse in Deutschland auf die Nutzung des Motors als Antrieb für Straßenfahrzeuge. Wohl nur aufgrund der damals noch geringen Innovationsgeschwindigkeit dürfte es der deutschen Industrie gelungen sein, in der Folgezeit Anschluss an die führenden Industrienationen zu finden" (Oesterle 1997, S. 3).

2.3.5 Auswirkungen von Feminität vs. Maskulinität

2.3.5.1 Bedeutung für das soziale Leben

Transferleistungen

Feminine Gesellschaften wenden mehr als andere für die Finanzierung ihres Sozialsystems auf. 2007 machten die sog. Bruttosozialleistungen Schwedens 37,1 % und die Dänemarks 32,2 % des jeweiligen Bruttoinlandsprodukts aus. Daran gemessen spannen maskuline Gesellschaften wie die USA (= 17,4 %), Irland (= 17,8 %) oder Japan (= 19,1 %) nur ein weitmaschiges „soziales Netz" auf, bestehend aus Renten und Pensionen, Gesundheitsversorgung, Arbeitslosengeld, Sozialhilfe, Fortzahlungen im Krankheitsfall, Familienförderung etc.

Entwicklungshilfe

Die zumeist westlichen Geberländer leisteten 2013 insgesamt 150,4 Mrd. $ Entwicklungshilfe (aus öffentlichen Kassen) an Länder der Dritten Welt. So beeindruckend diese Summe auch erscheinen mag: Lediglich Länder mit einer femininen Kultur erreichten bzw. überschritten die international vereinbarte Zielmarke von 0,7 % des BIP: Schweden = 1,02 %, Norwegen = 1,00 %, Dänemark = 0,86 % und Niederlande 0,75 %. Maskuline Gesellschaften wie Japan (= 0,18 %), Italien (= 0,19 %), USA (= 0,20), Österreich (= 0,27 %), Deutschland (= 0,39 %) und die Schweiz (= 0,46 %) waren im Vergleich dazu weit weniger bereit, notleidende Länder auf diese Weise zu unterstützen.

Kinderrechte

Wie sehr das gesellschaftliche Leben in Nordeuropa von femininen Werten geprägt ist, belegen zahllose Beispiele: So schuf Schweden 1979 als erstes Land nicht nur das Züchtigungsrecht der Lehrer ab, sondern untersagte es auch den

Eltern gesetzlich, ihre Kinder zu schlagen. Wenig später folgten Norwegen, Dänemark und Finnland. Bislang haben erst 24 Länder entsprechende Gesetze verabschiedet – Österreich Schritt für Schritt zwischen 1975 und 1989, Deutschland im Jahr 2000.

Akkord von Wassenaar

Im Verlauf der späten 1990er-Jahre gelang es den Niederlanden (MAS = 14), ihren ausufernden Sozialstaat zu reformieren und die sog. Maastricht-Kriterien zu erfüllen, ohne dadurch den sprichwörtlichen gesamtgesellschaftlichen Konsens zu gefährden. Als eine Dekade zuvor die Arbeitslosenquote mit 12 % ein Rekordniveau erreicht hatte und jeder sechste Berufstätige als chronisch Kranker bis zu seiner Pensionierung eine Invalidenrente bezog, entwickelten Arbeitgeberverband, Gewerkschaften und Regierung gemeinsam einen Lösungsansatz. In einer Zeit, als in Deutschland die Gewerkschaften noch um Arbeitszeitverkürzung bei vollem Lohnausgleich kämpften, sah der „Akkord von Wassenaar" u.a. Lohnstopp sowie regelmäßige Überprüfung der Arbeitsunfähigkeit vor. Das Rentensystem wurde nach dem sog. Cappuccino-Prinzip reformiert: Sinnbildlich bezahlt „der Staat" den allen frei zugänglichen Kaffee, Arbeitgeber und Arbeitnehmer steuern gemeinsam die Sahne bei – und wer sich noch etwas Kakaopulver darüber streuen möchte, muss dafür selbst aufkommen. Auf die Finanzierung der Renten übertragen bedeutet dies: Alle Rentenempfänger erhalten eine Basiszahlung in Höhe von 70 % des Mindestlohns. Diese wird durch vertraglich vereinbarte Leistungen von Pensionsfonds aufgestockt. Das dritte Element ist die private Zusatzversicherung.

2.3.5.2 Bedeutung für das Arbeitsleben

Vereinbarkeit von Familie & Beruf

Diekmann/Plünnecke (2009) gehen davon aus, dass Politik dann familienfreundlich ist, wenn sie es den Menschen ermöglicht, Familien- und Berufsleben miteinander in Einklang zu bringen. Als Indikatoren dieses Konstrukts dienen Geburtenrate, Beschäftigungsrate von Frauen, Quantität und Qualität der Kinderbetreuung in öffentlichen oder privaten Einrichtungen, Gleichstellung von Mann und Frau etc. Gemessen an dem vom *Institut der deutschen Wirtschaft* auf dieser Basis entwickelten „Familienfreundlichkeitsindex" gelingt es den femininen Gesellschaften Skandinaviens wesentlich besser als den maskulinen Gesellschaften Mittel- und Südeuropas, die dafür erforderlichen gesetzlichen Voraussetzungen und sonstigen Rahmenbedingungen (z.B. Infrastruktur) zu schaffen (vgl. Abb. 45).

Vertrauen & Kontrolle

Vertrauen ist geeignet, die Transaktionskosten zu senken (bspw. Kontrollkosten). „Our findings indicate that perceived trustworthiness reduces transaction costs and is correlated with greater information sharing in supplier-buyer relationships" (Dyer/Chu 2003, S. 57). Feminine Werte wie Solidarität, Kooperation

2.3 Auswirkungen der Landeskultur auf das Arbeits- & Sozialleben

oder Hilfsbereitschaft sind besser als maskuline Werte (Wettbewerb, Durchsetzungsfähigkeit, Erfolg) geeignet, Vertrauen zu schaffen (vgl. Schumann et al. 2010; Doney et al. 1998).

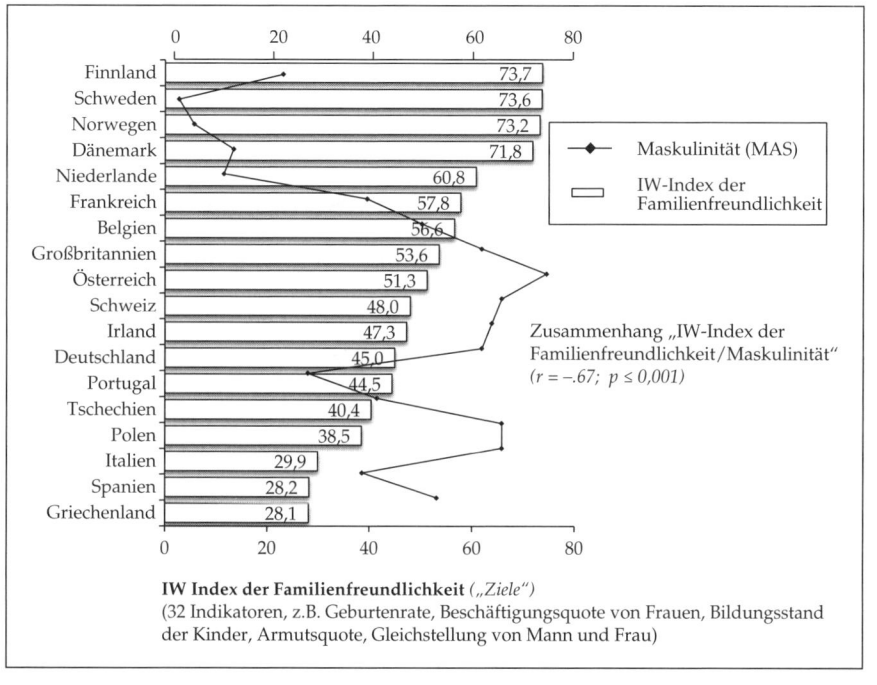

Abb. 45: *Familienfreundlichkeit & Landeskultur*

Land	IW-Index der Familienfreundlichkeit
Finnland	73,7
Schweden	73,6
Norwegen	73,2
Dänemark	71,8
Niederlande	60,8
Frankreich	57,8
Belgien	56,6
Großbritannien	53,6
Österreich	51,3
Schweiz	48,0
Irland	47,3
Deutschland	45,0
Portugal	44,5
Tschechien	40,4
Polen	38,5
Italien	29,9
Spanien	28,2
Griechenland	28,1

Zusammenhang „IW-Index der Familienfreundlichkeit/Maskulinität" ($r = -.67$; $p \leq 0{,}001$)

IW Index der Familienfreundlichkeit („Ziele")
(32 Indikatoren, z.B. Geburtenrate, Beschäftigungsquote von Frauen, Bildungsstand der Kinder, Armutsquote, Gleichstellung von Mann und Frau)

Quelle: iwd (21.1.2010), S. 7.

> **Schwedens Kultur des Vertrauens**
> „Warum hat gerade *Vattenfall* so große Probleme mit seiner Sicherheitskultur? Schweden ist nicht die Ukraine. Und schwedische Autos gelten als besonders sicher. Was läuft falsch? ‚Das kann ich euch Deutschen erklären', sagt *L. Höglund*. Der Ingenieur war einst hochrangiger Manager bei *Vattenfall*, Konstruktionschef beim Bau des Atomkraftwerks *Forsmark*. Heute ist er der schärfste Kritiker. ‚Ihr Deutschen sagt immer: Vertrauen ist gut, Kontrolle ist besser. Das würde kein Schwede sagen.' In Schweden gibt es eine Kultur des Vertrauens. In vielen Bereichen sind die Skandinavier darum ein Vorbild. Bei der Energieerzeugung bedeutet das jedoch: Für die Kontrolle von *Vattenfall* ist *Vattenfall* zuständig. Kontrolle ist den Schweden unangenehm. Eine ‚hinterfragende Haltung' gegenüber Kollegen ist nicht erwünscht. ‚Schweden glauben, dass Vertrauen besser ist', sagt *Höglund*. ‚Ist es auch. Aber nicht im Kernkraftwerk'" (Wüllenweber 2009, S. 50).

Einzel- vs. Gruppenentscheidungen

Entscheidungen werden nicht zuletzt davon beeinflusst, ob sie von Einzelpersonen gefällt werden oder von Gruppen. Zwar finden sich auch Hinweise darauf, dass die Gruppendynamik moderierend wirkt und gemäßigte Entscheidungen begünstigt. Die Mehrzahl der Studien unterstützt allerdings die ‚group polarization hypothesis' (vgl. Cason/Mui 1997). Ihr zufolge neigen Gruppen dazu, extremere Positionen zu vertreten, als es dem Durchschnitt der Einzelmeinungen entspräche. Die einschlägige kulturvergleichende Forschung hat aufgezeigt, dass Angehörige kollektivistischer Gesellschaften für den Polarisierungseffekt unabhängig von ihrer Geschlechtszugehörigkeit überdurchschnittlich anfällig sind, während dies in individualistischen Gesellschaften nur für männliche Versuchsteilnehmer gilt (vgl. Kim/Park 2010). Angehörige maskuliner Gesellschaften wiederum sind von der Überlegenheit von Individualentscheidungen überzeugt (vgl. Emrich et al. 2004, S. 347).

2.4 Kritische Würdigung

2.4.1 Grundsätzliche Bedeutung des Hofstede-Kulturmodells

Mit den von ihm vorgeschlagenen Kulturdimensionen beeinflusste G. *Hofstede* die kulturvergleichende Forschung entscheidend. Dies ist unbestritten und vielfach dokumentiert (z.B. Sivakumar/Nakata 2001; Steenkamp 2001). Kaum ein anderes wissenschaftliches Werk wurde so häufig zitiert und rezensiert wie das 1980 in erster und 2001 in zweiter Auflage veröffentlichte *Culture's Consequences*. Daran hat sich bis in die jüngste Vergangenheit nichts geändert, wie u.a. Zhang et al. (2008) nach ihrer Analyse der Arbeiten zum Einfluss der Nationalkultur auf die Erwartungen, Bewertungen und Reaktionen von Kunden im Servicebereich berichten. Demnach nutzen 27 der 40 empirischen Studien, die zwischen 1996 und 2006 hierzu in den führenden Zeitschriften publiziert wurden, G. *Hofstedes* Konzept der Landeskultur. Dessen Schlüsselrolle (Søndergaard 1994, S. 454) erkennt man u.a. daran, dass mittlerweile eine Vielzahl von Wissenschaften (Human Resource-Management, Organisationslehre, Psychologie und Sozialpsychologie) auf dieses Kulturmodell zurückgreifen – nicht zuletzt auch das Marketing (vgl. Soares et al. 2007). *Yoo, Donthu & Lenartowicz* zogen, unbeschadet aller berechtigten und von ihnen geteilten Kritik (vgl. Teil B-2.4.2), folgendes Fazit: „Hofstede's (1980 and 2001) renowned five-dimensional measure of cultural values is the overwhelmingly dominant metric of culture" (Yoo et al. 2011, S. 193).

2.4.2 Stärken & Schwächen der ersten Auflage von „Culture's Consequences"

Neben Chandy/Williams (1994) hat vor allem Søndergaard (1994) die zwischen 1980 und 1992 veröffentlichten Beiträge, die sich auf die erste Auflage dieses Standardwerkes beziehen, inhaltlich sowie methodenkritisch analysiert. Diese Arbeiten lassen sich drei Kategorien zuordnen.

2.4.2.1 Zitationsanalysen

Dem *Social Science Citation Index (SSCI)* zufolge wurde diese Monographie bis zur Jahrtausendwende mehr als 2.700 Mal in den führenden wissenschaftlichen Zeitschriften zitiert (vgl. Hofstede 2001). Auch wenn vermutlich ein nicht geringer Teil reine Pflichtzitate sind, um dem eigenen Beitrag einen ‚trendy framework' (Søndergaard 1994, S. 448) zu geben, ist dies ein ganz ungewöhnlicher

Erfolg, wie folgender Vergleich offenbart: In der zweiten Hälfte der 1980er-Jahre wurde Hofstede (1980) etwa achthundert Mal hochrangig zitiert, Miles/Snow (1978), die eine grundlegende Typologie der Wettbewerbsstrategien entwickelt haben (= Defender, Analyzer and Prospector), erfuhren diese Auszeichnung hingegen „lediglich" zweihundert Mal (vgl. Smith et al. 1989).

2.4.2.2 Rezensionen

Die 36 Rezensenten, die bis Mitte der 1990er-Jahre *Culture's Consequences* besprachen, stimmen darin überein, dass angesichts der dramatisch gewachsenen Bedeutung internationaler Unternehmenstätigkeit dieses Buch „zur rechten Zeit" (Gladwin 1981, S. 681) gekommen sei und einer ganzen Generation von Wissenschaftlern und Managern ein „Aha-Erlebnis" (Søndergaard 1994, S. 448) verschafft habe. Auch sei es dem holländischen Politikwissenschaftler gelungen, zahlreiche Disziplinen für die wachsende Bedeutung des Phänomens der „Multikulturalität" zu sensibilisieren. Tatsächlich analysierten etwa ab Mitte der 1980er-Jahre immer mehr Wissenschaftler die Bedingungen internationaler Unternehmenstätigkeit – zumeist mit dem Ergebnis, dass die Kultur des Herkunftslandes das Verhalten von Managern signifikant beeinflusst, bspw. den präferierte Führungsstil.

2.4.2.3 Methodenkritik

Methodologischer Rigorismus

Anfänglich standen die Vorzüge des neuen Konzepts im Fokus der weltweiten Diskussion. *G. Hofstede*, so das Fazit, verwende leistungsfähige Analysemethoden, strebe nach Äquivalenz (z.B. Vergleichbarkeit der Stichproben) und entwickle das Kulturkonzept weiter. Deshalb erfülle *Culture's Consequences* das Kriterium des wissenschaftlichen bzw. methodologischen Rigorismus, eine Eigenschaft, die Negandhi (1974) als „unbeirrtes Festhalten an den bedeutsamen Grundsätzen wissenschaftlicher Methodologie" definierte. Im weiteren Verlauf der Diskussion überwog dann allerdings die Kritik.

Ungenügende theoretische Fundierung

Kagitçibasi (1997) bewertete die Forschungsstrategie als atheoretisch und empirizistisch. Anstatt von einem theoretischen Konzept ausgehend die Operationalisierung zu entwickeln, habe *G. Hofstede* lediglich vorhandene, in einem ganz anderen Zusammenhang (Analyse der Unternehmenskultur von *IBM*) gewonnene Daten „ex post theoretisierend" interpretiert. Andere bezweifelten grundsätzlich, dass man aus den erfragten, vergleichsweise speziellen Einstellungen zum Arbeitsleben stabile allgemeine Werte ableiten könne (z.B. Triandis 1982, S. 89).

Fehlende Repräsentativität

Die Beschränkung der Stichprobe auf Mitarbeiter eines einzigen Unternehmens beeinträchtigt die externe Validität der gewonnenen Befunde. Denn sie sind nicht generalisierbar und gelten streng genommen nur für *IBM*-Mitarbeiter (vgl. McSweeney 2002; Rose 1986, S. 250), allenfalls für Angehörige des mittleren Managements (vgl. Roth 1995, S. 167). Das von Hofstede (2001, S. 24) vorgebrachte Gegenargument muss wohl als Schutzbehauptung gewertet werden. Seiner Ansicht nach ist die Beschränkung seines Untersuchungsansatzes auf die Subkultur des mittleren Managements von *IBM* letztlich sogar ein Vorteil. Denn aufgrund der damit verbundenen Kontrolle zahlreicher potentieller Einflussfaktoren – durch „Konstanthalten" – könne davon ausgegangen werden, dass die festgestellten Unterschiede ausschließlich landeskulturelle Differenzen reflektieren.

Vermutlich hätte vielmehr mit einer repräsentativen Stichprobe, die Mitarbeiter verschiedener Unternehmen und Gesellschaftsschichten einbezieht, dank der dann größeren Datenvarianz ein differenzierteres Kulturmodell mit besserer Erklärungskraft entwickelt werden können. Anlage und Befunde des *GLOBE*-Projekts (vgl. Teil B-4) unterstützen diese These. Darüber hinaus muss man davon ausgehen, dass die starke *IBM*-Unternehmenskultur die verschiedenen Landeskulturen teilweise überlagert und in diesem Unternehmen eine vergleichsweise homogene ‚third culture' geschaffen hat (vgl. Teil A-5.4). Auch dieses Argument spricht eher dafür, dass das *Hofstede*-Modell zu gering dimensioniert ist – d.h. zu simpel.

Unstrittig ein Nachteil ist der ‚gender bias' der Stichprobe: Etwa 90 % der Stichprobe sind Männer, was gleichfalls die externe Validität beschränkt: auf männliche Mitarbeiter eines Technologieunternehmens, das zahlreiche internationale Geschäftsbeziehungen unterhält (vgl. McSweeney 2002). Nach einer Meta-Analyse von 598 einschlägigen Studien mit insgesamt mehr als 200.000 Probanden bestätigten und konkretisierten Taras et al. (2010, S. 405) diesen Vorbehalt: „Cultural values were more strongly related to outcomes for managers (rather than students) and for older, male, and more educated respondents."

Ungeeignete Analyseebene

(1) Gleichsetzung von Nation & Landeskultur: Die Variable „Land" ist keine gute ⇒ Proxy-Variable für die Variable „Kultur" (vgl. Nassif et al. 1991, S. 79). Da die Mehrzahl der Länder eine multikulturelle Bevölkerung hat, kann man nicht mit der erforderlichen Verlässlichkeit vom Herkunftsland (bzw. der Nationalität) eines Menschen auf dessen Landeskultur schließen. Wie sehr ähneln bspw. die Werte eines aus Asien zugewanderten Australiers denen eines Australiers angelsächsischer Herkunft? Vermutlich verbinden einen bayrischen Milchbauern mehr gemeinsame Werte mit einem Milchbauern im französischen Burgund als mit einem Hamburger Immobilienmakler. Und sind die USA wirklich die individualistischste Gesellschaft? Oder entspricht lediglich die protestantische weiße Ostküstengesellschaft dieser Klassifikation, nicht jedoch die afroamerikanische und die hispanische Südstaatengesellschaft?

(2) Gleichsetzung von Landeskultur & individueller Kultur: Lange Zeit basierte die Mehrzahl der Landeskulturstudien auf der zumeist unausgesprochenen Annahme, dass das für eine bestimmte Gesellschaft identifizierte Kulturprofil

allgemeingültig ist (d.h. alle Mitglieder einer Gesellschaft hinreichend gut beschreibt). Nicht geprüft wurde jedoch zumeist, ob und in welchem Maße die als Stichprobe ausgewählten Repräsentanten ihrer Kultur auch die jeweiligen kulturspezifischen Werte verinnerlicht haben (kollektive vs. individuelle Kultur; vgl. Teil B-5).

Schwächen der Fragenbogenmethode

Die Grundsatzdiskussion „quantitative vs. qualitative Methoden" hat eine lange Tradition (vgl. Buber/Holzmüller 2007; Denzin/Lincoln 2005). Mehr als andere Disziplinen bezweifeln die kulturvergleichenden Wissenschaften die prinzipielle Eignung der Fragebogenmethode. Mit ihrer Hilfe könne man die komplexe soziale Realität im Allgemeinen und Werte im Besonderen nicht valide erfassen. Dazu bedürfe es sensiblerer Erhebungsmethoden (z.B. ⇒ Ethnographie, ⇒ Methode der kritischen Ereignisse, ⇒ teilnehmende Beobachtung).

Instabilität der Faktorenstruktur

Zwischen 1980 und 1992 wurde die *Hofstede*-Studie 61 Mal repliziert. Die Mehrzahl dieser Studien konnte die vierdimensionale Faktorenstruktur jedoch nicht bestätigen. Zu den wenigen, die, wie *G. Hofstede,* vier Kulturdimensionen extrahierten, zählen Shackleton/Ali (1990) und Punnett/Withaney (1988). Andere stellten lediglich eine partielle Übereinstimmung fest (z.B. Chew/Putti 1995; Fidalgo 1993). Selbst Lowe (1996), der als einziger nochmals *IBM*-Mitarbeiter in Großbritannien und Hong Kong befragte, konnte trotz vergleichbarer Untersuchungsbedingungen die Kulturdimension „Ungewissheitsvermeidung" nicht bestätigen. Auch Oshlyansky et al. (2006), deren Replikationsstudie neun Länder erfasste (Griechenland, Großbritannien, Indien, Malaysia, Neuseeland, Saudi-Arabien, Südafrika, Tschechische Republik, USA), ermittelten eine abweichende Faktorenstruktur.

Als vergleichsweise robust erwies sich indessen zunächst die Individualismus/Kollektivismus-Dimension (vgl. Kagitçibasi 1997). Nach einer erneuten Evaluation der theoretischen Annahmen und einschlägiger Meta-Analysen bezweifelten jedoch Oyserman et al. (2002) auch diese weit verbreitete These (Individualismus/Kollektivismus als die aufgrund ihrer Stabilität und Erklärungskraft bedeutsamste Kulturdimension). Ihrem zentralen Befund – ungenügende Konvergenzvalidität der *Hofstede*-Operationalisierung mit neueren Konzeptionalisierungen der Individualismus/Kollektivismus-Dimension – widersprachen allerdings Schimmack et al. (2005). Sie führten den von ihren Kollegen ermittelten geringen Grad an Übereinstimmung auf den verzerrenden Einfluss länderspezifischer Antworttendenzen zurück. Während *G. Hofstede* diesen Effekt statistisch kontrollierte, führten Oyserman et al. (2002) ihre Meta-Analysen mit unkorrigierten Werten durch, was die Vergleichbarkeit beider Studien entscheidend schmälere. Schimmack et al. (2005, S. 17) kontrollierten diesen Einflussfaktor (korrigierte vs. unkorrigierte Werte) und zogen folgendes Fazit: „Data from an international student survey demonstrated convergent validity between *Hofstede's* individualism dimension and horizontal individualism when response styles were statistically controlled, whereas uncorrected scores correlated highly with the individualism scores in Oyserman et al.'s meta-analysis."

Ungenügende Reliabilität

Jede der fünf Kulturdimensionen ist im *Values Survey Module (VSM 94)* anhand von vier Items operationalisiert. Nachdem eine Vielzahl kulturvergleichender Untersuchungen diese Skala nutzt, ist es erstaunlich, dass das Testmanual keine Hinweise zu Reliabilität (interne Konsistenz) und Konstruktvalidität gibt.

Um diese Lücke zu schließen, überprüften Spector et al. (2001) die psychometrischen Eigenschaften des *VSM 94* an einer Stichprobe von mehr als 6.700 Personen aus 23 Ländern. Dabei zeigte sich: Die interne Konsistenz der fünf Skalen fällt bei einer länderspezifischen Auswertung (= individuelle Kultur; vgl. Teil B-5.2) zumeist inakzeptabel niedrig aus. Aber auch bei der über alle Länder aggregierten Auswertung (= Landeskultur) erwies sich nur die Dimension „Langfristorientierung" als intern konsistent (α = 0,74). Die anderen vier Dimensionen unterschritten alle das von Nunnally (1978) für das Kriterium „interne Konsistenz" empfohlene Minimum von α = 0,70 (Akzeptanz von Machtdistanz: α = 0,64; Individualismus: α = 0,57; Unsicherheitsvermeidung: α = 0,49; Maskulinität: α = 0,29). Darüber hinaus konnten auch diese Wissenschaftler die von G. *Hofstede* postulierte Faktorenstruktur nicht replizieren. Bei einer fünffaktoriellen Lösung luden lediglich die Items, welche Langzeitorientierung operationalisieren, auf einen gemeinsamen Faktor. Die anderen Items streuten unsystematisch auf den vier verbleibenden Faktoren. Somit sind begründete Zweifel an der Konstruktvalidität des *VSM 94* angebracht (vgl. auch Spector/Cooper 2002).

Abhängigkeit/Unabhängigkeit der Kulturdimensionen

Diese Thematik behandeln wir in Teil B-2.4.4 ausführlicher.

2.4.3 Stärken & Schwächen der zweiten Auflage von „Culture's Consequences"

2001 wurde *Culture's Consequences* in einigen Kapiteln unverändert, in anderen völlig überarbeitet neu aufgelegt. Weiterhin dokumentiert der Autor nunmehr auch die Kulturindizes jener zehn Länder, über die er in der ersten Auflage aufgrund zu geringer Fallzahlen (56 bis 132 Auskunftspersonen pro Land) nicht berichtet hatte.

2.4.3.1 Stärken

Folgt man dem Urteil von Yoo/Donthu (2002, S. 388), so ist *G. Hofstedes* Arbeit, die schon in der ersten Auflage „kulturvergleichende Studien dramatisch erleichtert habe", die nach wie vor „beste verfügbare Quelle für die Analyse der Nationalkultur". Auch biete sie in der zweiten Auflage einen exzellenten Überblick über die kulturvergleichende Forschung der vergangenen zwanzig Jahre.

2.4 Kritische Würdigung

Denn G. *Hofstede* referiert nunmehr auch die Befunde der wichtigsten Studien, die in diesem Zeitraum auf seinen Ansatz Bezug genommen haben.

2.4.3.2 Schwächen

Aufweichung wissenschaftlicher Standards

Nicht nachvollziehbar ist, warum Stichprobengrößen von 56 bis 132 Auskunftspersonen, die in der ersten Auflage zum Ausschluss eines Landes aus der Analyse und der Berichterstattung geführt haben, nunmehr akzeptabel sein sollen.

Immunisierung

Vor allem aber kritisieren Yoo/Donthu (2002), dass der Autor die zweite Auflage seines Werkes lediglich dazu genutzt habe, sich und sein Werk gegen die seit 1980 weltweit geübte Kritik zu verteidigen, anstatt die nach Ansicht vieler Kollegen bestehenden Schwachstellen zu beheben (soweit dies möglich ist). Dies sind:
- ungeklärte Reliabilität (z.B. interne Konsistenz),
- für eine stabile Faktorenanalyse unzureichende Fallzahl,
- Abhängigkeit der Stichprobenstruktur von der Existenz von *IBM*-Niederlassungen in einem Land (weshalb alle früheren kommunistischen Länder nicht repräsentiert sind),
- Reduktion der Vielzahl arabischer und afrikanischer Länder auf drei Regionen,
- Aggregationsgrad der Kulturdimensionen (die auf Länderebene und nicht auf Individualebene erfasst werden).

Weiterhin warfen verschiedene Wissenschaftler G. *Hofstede* naiven kulturellen Determinismus vor (z.B. McSweeney 2002). Dieser äußere sich in der Überzeugung, die Landeskultur übe einen starken kausalen Einfluss aus: „strong, often absolute causality" (Hofstede 1991, S. 170). Abgelehnt wird auch die Vorstellung, Landeskulturen seien homogen und von anderen Landeskulturen eindeutig abgrenzbar: „Although the state Great Britain is composed of at least three nations – England, Scotland and Wales – Hofstede treats it as a single entity with a single ‚national' culture" (McSweeney 2002, S. 92).

Wertewandel

Obwohl zahlreiche Studien das Gegenteil bezeugen, bestreitet G. *Hofstede,* dass das Phänomen des Wandels der Nationalkultur – welches dem Wertewandel vergleichbar ist – seinen Untersuchungsansatz grundsätzlich in Frage stellt. Der von ihm analysierte Datensatz wurde Ende der 1960er-, Anfang der 1970er-Jahre erhoben. Seitdem vollzogen sich auf allen Ebenen (z.B. Politik, Ökonomie, Demographie) teilweise dramatische Veränderungen, bis hin zu Strukturbrüchen: bspw. ...
- 1989/1990: Implosion der Sowjetunion,
- 2001: Zerstörung des *World Trade Center,*
- ab 2001: „Krieg" gegen Terror und Fundamentalismus,
- ab 2009: Finanzkrise und in deren Folge Wirtschaftskrise.

Wie Inglehart (1998, S. 189 ff.) nachwies, erlebten zwischen 1970 und 1994 vor allem die wohlhabenden Industriegesellschaften einen Wertewandel, in dessen Verlauf die traditionellen – d.h. materiellen – Werte teilweise durch postmaterielle Werte verdrängt bzw. ergänzt wurden. Und Oyserman et al. (2002) berichten, dass Japaner und Südkoreaner mittlerweile in vielerlei Hinsicht individualistischer und weniger kollektivistisch sind als Amerikaner.

Wertewandel in Japan

„Man kann verwirrt sein. War nicht Japan das Land, in dem Menschen immer nur arbeiten, bis sie krank werden, todkrank von dem Leistungsdruck, den ihre Vorgesetzten ausüben? War nicht Deutschland das Land der Urlaubsweltmeister? Wenn *Miyamoto* bei einer Tasse Oolong-Tee von seinem Arbeitsplatz erzählt, könnten Gewerkschaftsfunktionäre hierzulande Fernweh nach Ostasien bekommen. 200.000 Yen oder 1.515 € bezahlt ihm sein Arbeitgeber jährlich für die Kita seiner Kinder. Dazu monatlich 45 € für die Fahrkarten der U-Bahn, 227 € Mietzuschuss, 80 € Kindergeld, 128 €, weil seine Frau nicht berufstätig ist. Außerdem: sechs Monate Lohnfortzahlung im Krankheitsfall. Und wenn *Miyamoto* wollte, könnte er sich mehrere Jahre beurlauben lassen, um einen kranken Verwandten zu pflegen oder Kinder unter drei Jahren zu betreuen: Sein Arbeitsplatz wäre ihm vertraglich garantiert. *Miyamoto* nimmt niemals Arbeit mit nach Hause, sagt er und lacht, weil er den Gedanken absurd findet. Er kommt um 9 Uhr morgens ins Büro und geht um 18 Uhr. Ungefähr einmal im Monat macht er Überstunden bis 21 Uhr, für die er 125 % seines normalen Stundenlohns bekommt. Denn unbezahlte Mehrarbeit ist in Japan per Gesetz verboten. Mittagspause macht *Miyamoto* immer 60 Minuten lang, wie der Gesetzgeber es für einen 8-Stunden-Tag vorschreibt."

Wertewandel in Schweden

„Als friedlicher Sozialstaat wird Schweden gerühmt. Es ist Heimat des Knäckebrots und des Billy-Regals. Im 18. Jahrhundert dagegen war das Land ein waffenstrotzendes Imperium, das turmhohe Kanonen baute und sich bis nach Vorpommern und Estland erstreckte. Sein berüchtigtster König, *Karl XII.*, liebte den Frieden so wenig, dass der Dichter *Strindberg* ihn einen ‚Henker' nannte. Anders als die anderen Barockfürsten Europas hasste der Mann Parfüm und Perücken. Er fühlte sich als Nachfahr der Goten. Am Tag der Thronbesteigung schnitt er einem Kalb die Kehle durch" (Schulz 2015, S. 129).

Dennoch beharrt Hofstede (2001, S. 11 f., S. 36) auch in der zweiten Auflage seines Werkes auf der Stabilitätsannahme: Dass Landeskulturen längerfristig stabil sind und es für einen Wertewandel eines Zeitraumes von 50 bis 100 Jahren bedarf. Wie gelangt er zu dieser zeitlichen Abgrenzung? Weil nur dann die von ihm ermittelten Kulturindices, deren empirische Basis hauptsächlich in den Jahren 1967–1973 geschaffen wurde, nach wie vor aussagefähig sind? Auch kann er so ein weiteres grundlegendes Problem ignorieren: dass der Werte- bzw. Kulturwandel nicht als homogener Prozess verläuft, sondern sich in den verschiedenen sozialen Schichten und Gruppierungen eines Landes in unterschiedlicher Weise und mit unterschiedlicher Geschwindigkeit vollzieht: „Three decades ago, *IBM* workers in developed countries represented an average social class, whereas those in underdeveloped countries, equipped with advanced technology, good education, and global mindsets, must have belonged to their nations elite classes" (Yoo/Donthu 2002, S. 389).

Dem widerspricht *G. Hofstede* auf seiner Hompage: „The country scores on the dimensions are relative, as we are all human and simultaneously we are all unique. In other words, culture can be only used meaningfully by comparison. These relative scores have been proven to be quite stable over time. The forces that cause cultures to shift tend to be global or continent-wide. This means that they affect many countries at the same time, so if their cultures shift, they shift together and their relative positions remain the same. Exceptions to this rule are failed states and societies in which the levels of wealth and education increase very rapidly, comparatively speaking. Yet, in such cases, the relative positions will also only change very slowly" (http://geert-hofstede.com/national-culture.html).

> ☞ *Culture's Consequences* ist nach wie vor die am häufigsten zitierte und replizierte, aber auch äußerst kontrovers diskutierte Kulturstudie. Bleibendes Verdienst von *G. Hofstede* ist das weltweit wachsende Interesse an dem Thema „Kultur & Management". Außer Frage stehen aber auch mehrere gravierende Schwächen: atheoretische Vorgehensweise, Vermengung von Landes- und Unternehmenskultur, Ignoranz gegenüber den Problemen des Kulturwandels sowie grundlegende methodologische Schwächen (z.B. Stichprobengröße, interne Konsistenz). Mehr noch als diese Defizite wird die Unwilligkeit, diese offen zu diskutieren und nach Möglichkeit zu beheben, kritisiert.

2.4.4 Dritte Auflage von „Cultures and Organizations"

Auf die Spitze trieb *G. Hofstede* seine von Befürwortern als „pragmatisch" und von Kritikern als „eklektizistisch" eingestufte Forschungsstrategie in der dritten Auflage von „Cultures and Organizations. Software of the Mind", die er zusammen mit *G.J. Hofstede*, seinem ältesten Sohn, und *M. Minkov* herausgegeben hat (vgl. Hofstede et al. 2010). Das ursprüngliche 4D-Modell wurde darin durch Einschluss der Kulturdimensionen Langfristorientierung (in der Fassung von 2010, d.h. für 93 Länder) und Genussorientierung (‚indulgence') vs. Selbstbeherrschung (‚restraint') zum 6D-Kulturmodell erweitert – allerdings auf Basis eines Datensatzes, der mehrere Jahrzehnte nach dem ursprünglichen *IBM*-Datensatz erhoben wurde und methodologisch mit diesem auch nicht vergleichbar ist (vgl. Minkov/Hofstede 2012). Die Kritik an dieser Vorgehensweise liegt auf der Hand: mangelnde Konsistenz und Vergleichbarkeit.

Problematisch sind weiterhin Inhalts- und Diskriminanzvalidität insbesondere der fünften und sechsten Dimension. So definieren die Autoren Genussorientierung vs. Selbstbeherrschung als die Art und Weise, wie in einer Gesellschaft üblicherweise mit individuellen Wünschen und Bedürfnissen umgegangen wird: in genussorientierten Gesellschaften durch „impulsive Bedürfnisbefriedigung", in zu Selbstbeherrschung neigenden Gesellschafen durch Kontrolle und Bedürfnisunterdrückung. Allerdings wird diese Kulturdimension unter anderem mit dem Item „Sind Sie eine glückliche Person?" (1 = immer, 5 = nie) operationalisiert. Glück ist jedoch ein eigenständiges Konstrukt, das nicht mit auslebbarer Impulsivität gleichzusetzen ist.

Weiterhin wurden Langfristorientierung und Genussorientierung nicht überschneidungsfrei operationalisiert. Denn *Hofstede et al.* setzen Selbstbeherrschung (‚restraint') u.a. mit Sparsamkeit gleich; d.h. mit einer Eigenschaft, die sie auch langfristig orientierten Gesellschaften zuschreiben.

2.4.5 Überprüfung & Reformulierung des Hofstede-Konzepts

2.4.5.1 Interdependenzen einzelner Kulturdimensionen

Ausgehend von der vielstimmigen Kritik haben zahlreiche Wissenschaftler eine theoretische (z.B. Miller 2002) und methodologische (z.B. Fiske 2002) Korrektur des *Hofstede*-Ansatzes gefordert.

Individualismus & Akzeptanz von Machtdistanz

Newman/Nollen (1996, S. 758) begründeten theoretisch, warum die beiden Kulturdimensionen „Individualismus/Kollektivismus" und „Akzeptanz von Machtdistanz" nicht orthogonal, d.h. nicht unabhängig voneinander sein können. In individualistischen Ländern sei der Einzelne für seinen sozialen Status selbst verantwortlich, weshalb Macht, Hierarchie und Status in solchen Gesellschaften nicht als unabänderlich, sondern als flexibel und modifizierbar gelten. In kollektivistischen Gesellschaften hingegen besitze der Einzelne Rechte, die ihm aus seiner Zugehörigkeit zu einer bestimmten gesellschaftlichen Klasse, Religionsgemeinschaft, Großfamilie oder einer anderen sozialen Gruppe zwangsläufig erwachsen. Weil Kollektivisten ihre Identität und ihren Status von sozialen Gruppen ableiten, denen sie angehören, streben sie gewöhnlich nicht danach, die bestehenden hierarchischen Verhältnisse zu verändern. Denn wer in solchen Gesellschaften den ‚status quo' nicht akzeptiert, opponiert gegen die eigene Gruppe und trägt im Falle des Scheiterns ein hohes soziales Risiko: Er wird zum Außenseiter.

Dass die beiden Dimensionen konfundiert sind, erkennt man indirekt auch, wenn man die Erziehungsstile vergleicht, die Hofstede (2001, S. 107; S. 236) individualistischen bzw. kollektivistischen Gesellschaften einerseits und Machtdistanz akzeptierenden bzw. ablehnenden Gesellschaften andererseits zuschreibt. Denn die angeblich kulturspezifischen Erziehungsstile überschneiden sich in vielerlei Hinsicht. Dass Gesellschaften, die Machtdistanz nicht akzeptieren, Kinder ermutigen, „ihren eigenen Weg zu gehen", unterscheidet sich nicht erkennbar von dem Erziehungsstil, der individualistischen Gesellschaften zugeschrieben wird (Ich-Bewusstsein fördern).

Dennoch vertritt *G. Hofstede* die Meinung, dass beide Kulturdimensionen sich grundlegend voneinander unterscheiden.
- Akzeptanz von Machtdistanz meine die „emotionale Abhängigkeit von hierarchisch höhergestellten Menschen",
- Individualismus/Kollektivismus die „emotionale (Un-)Abhängigkeit von Gruppen, Organisationen oder anderen Kollektiven".

Auch gingen empirisch hohe Werte für die Akzeptanz von Machtdistanz zwar zumeist, aber nicht immer mit geringen Werten für Individualismus einher. Eine eindimensionale Repräsentation verschleiere die Ausnahmesituation der lateineuropäischen Länder (insb. Belgien, Frankreich und mit Abstrichen auch Italien), die ausgeprägten Individualismus mit Akzeptanz von Machtdistanz verbinden (vgl. Abb. 46). Dieses Argument ist zwar nicht falsch, verkennt jedoch die primäre Zielsetzung der dimensionsanalytischen Forschungsstrategie: Reduktion der komplexen Realität auf wenige grundlegende Beschreibungsdimensionen.

2.4 Kritische Würdigung

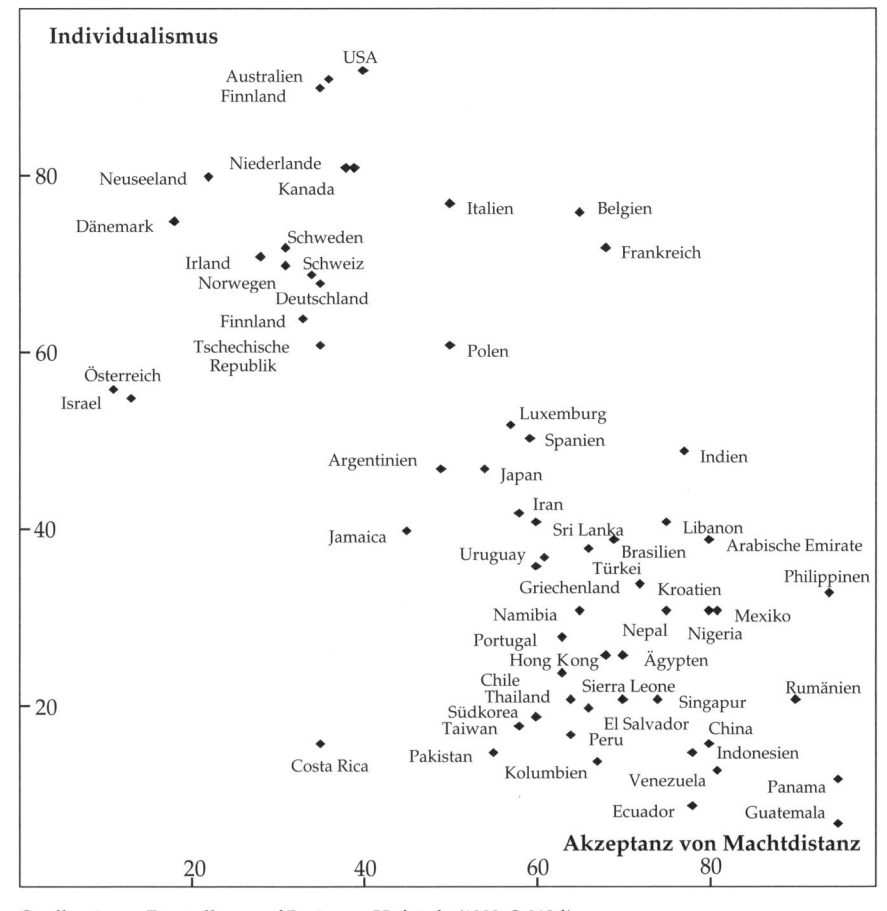

Abb. 46: Kovariation zweier Kulturdimensionen (I)

[Streudiagramm: Individualismus (y-Achse) vs. Akzeptanz von Machtdistanz (x-Achse) mit Länderpositionen — u.a. USA, Australien, Finnland oben; Niederlande, Kanada, Neuseeland, Dänemark, Italien, Belgien, Schweden, Irland, Schweiz, Norwegen, Deutschland, Frankreich, Finnland, Tschechische Republik, Polen, Österreich, Israel, Luxemburg, Spanien, Indien, Argentinien, Japan, Iran, Jamaica, Sri Lanka, Libanon, Uruguay, Brasilien, Arabische Emirate, Türkei, Philippinen, Griechenland, Kroatien, Namibia, Mexiko, Portugal, Nepal, Nigeria, Hong Kong, Ägypten, Chile, Sierra Leone, Rumänien, Thailand, Singapur, Südkorea, El Salvador, China, Taiwan, Peru, Costa Rica, Pakistan, Indonesien, Kolumbien, Venezuela, Panama, Ecuador, Guatemala]

Quelle: eigene Darstellung auf Basis von Hofstede (1992, S. 312 f.).

Akzeptanz von Machtdistanz & Ungewissheitsvermeidung

Dass alle romanischen Gesellschaften sowohl Machtdistanz akzeptieren als auch Unsicherheit meiden, erklärt Weidmann (1995, S. 54) anhand der Geschichte des Mittelmeerraumes. Die spanisch-, portugiesisch-, französisch- und italienischsprachigen Länder leiten große Teile ihrer Zivilisation vom *Römischen Reich* ab. Es war gekennzeichnet durch eine zentrale Autorität in Rom sowie ein auf die Bürger der regierten Staaten übertragbares Rechtssystem. Dies begründete im Denken der Bürger einen Wertvorstellungskomplex: Zentralisierung förderte Machtdistanz, und das Streben nach Unsicherheitsvermeidung korrespondiert mit dem Stellenwert, den eine Gesellschaft formalen Gesetzen zubilligt. Auch das frühe *Chinesische Reich* wurde zentralistisch regiert, besaß jedoch kein kodifiziertes Rechtssystem: Charakteristisch waren personenbezogene (Dynastien) anstelle von gesetzesbezogenen Herrschaftsformen. In Ländern, die einst unter chinesischem Einfluss standen, geht noch heute Akzeptanz von Machtdistanz mit mäßiger bis schwacher Tendenz zur Unsicherheitsvermeidung einher. In großen Teilen Europas hingegen konnte sich nie für lange Zeit eine zentralistische Machtstruktur entwickeln – und folglich auch keine Akzeptanz von Machtdistanz.

Kollektivismus & Langzeitorientierung

Die Kulturdimension „langfristige vs. kurzfristige Orientierung" korreliert gleichfalls erheblich mit „Individualismus vs. Kollektivismus". Der von Yeh/ Lawrence (1995) ermittelte Korrelationskoeffizient von r = –0,46 zwischen beiden Dimensionen steigt sogar auf r = –0,70, wenn man zur Datenpflege den „Ausreißer" Pakistan aus dem Datensatz entfernt. Demnach sind die meisten kollektivistisch geprägten Gesellschaften langfristig orientiert und die meisten individualistischen Gesellschaften kurzfristig (vgl. Abb. 47).

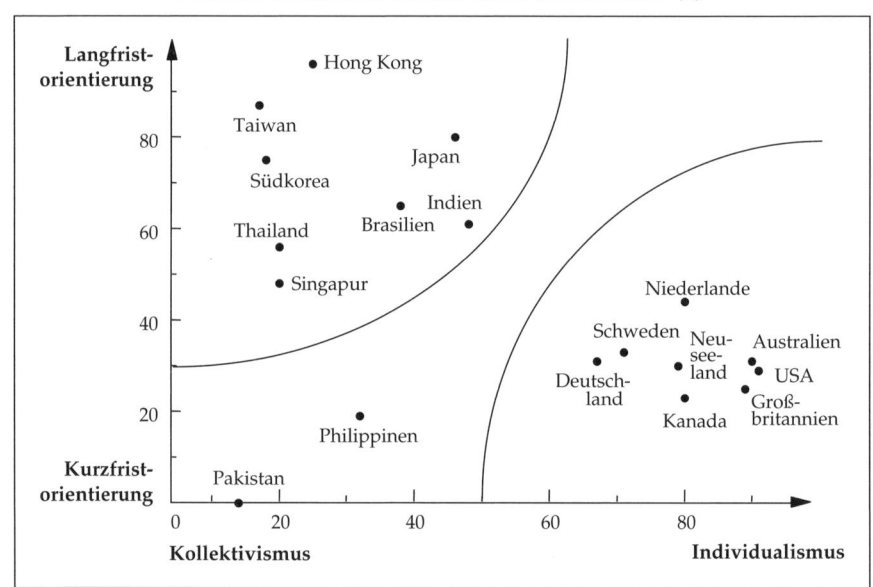

Abb. 47: Kovariation zweier Kulturdimensionen (II)

Quelle: eigene Darstellung auf Basis von Hofstede (1980).

Ergebnisse einer Korrespondenzanalyse

Bildet man die vier Kulturdimensionen Akzeptanz von Machtdistanz, Individualismus, Maskulinität und Ungewissheitsvermeidung mithilfe der Korrespondenzanalyse simultan ab, so ergibt sich das in Abb. 47 dargestellte Bild. Wie mittels der Faktorenanalyse, so lässt sich eine gegebene Datenmenge auch anhand dieses vergleichsweise wenig genutzten Verfahrens in einem möglichst niedrig dimensionierten Raum angemessen repräsentieren. Aus der relativen Lage der errechneten Positionen der Objekte kann man deren Ähnlichkeit bzw. Unähnlichkeit erschließen (vgl. Backhaus et al. 2013). Der entscheidende Unterschied zwischen beiden Verfahren besteht in der Art der Analyse der wechselseitigen Beziehungen von Merkmalen einerseits und Objekten andererseits.

Während die Faktorenanalyse nur die Möglichkeit bietet, entweder den Merkmalsraum (R-Faktorenanalyse) oder den Objektraum (Q-Faktorenanalyse) abzubilden, gestattet die Korrespondenzanalyse, beide Ebenen simultan zu betrachten. Auch deckt sie Zusammenhänge zwischen den ermittelten Gruppen auf, die z.B. bei der Clusteranalyse erfahrungsgemäß unerkannt bleiben. Hierzu werden die Zeilen (z.B. Länder) und die Spalten (z.B. Kulturdimensionen) der Datenmatrix getrennt analysiert und sodann einerseits Länder mit ähnlichem „Kulturprofil" und andererseits Kulturdimensionen mit einem vergleichbaren „Länderprofil" in einem Schaubild zusammengefasst. Backhaus/Meyer (1988, S. 296) haben die Möglichkeit der simultanen Präsentation der getrennt berechneten Kultur- und Länderprofile als „Eleganz der Korrespondenzanalyse" bezeichnet. Benannt werden die Achsen aufgrund der Stärke der jeweiligen Korrelation der Kulturdimensionen mit den Achsen (vgl. Matiaske et al. 1994). Während Ungewissheitsvermeidung (r = +0,88), Individualismus (r = −0,87) und Akzeptanz von Machtdistanz (r = +73) stark mit der Waagerechten korrelieren, die 56 % der Varianz bindet, prägt die Kulturdimension Maskulinität (r = +0,98) die Senkrechte, die 39 % erklärt (vgl. Abb. 48). Da die zweidimensionale Lösung insgesamt 95 % der Gesamtvarianz bindet, kann auf eine dritte Achse verzichtet werden.

Abb. 48: Korrespondenzanalytische Darstellung von Kulturdimensionen & Ländern im zweidimensionalen Raum

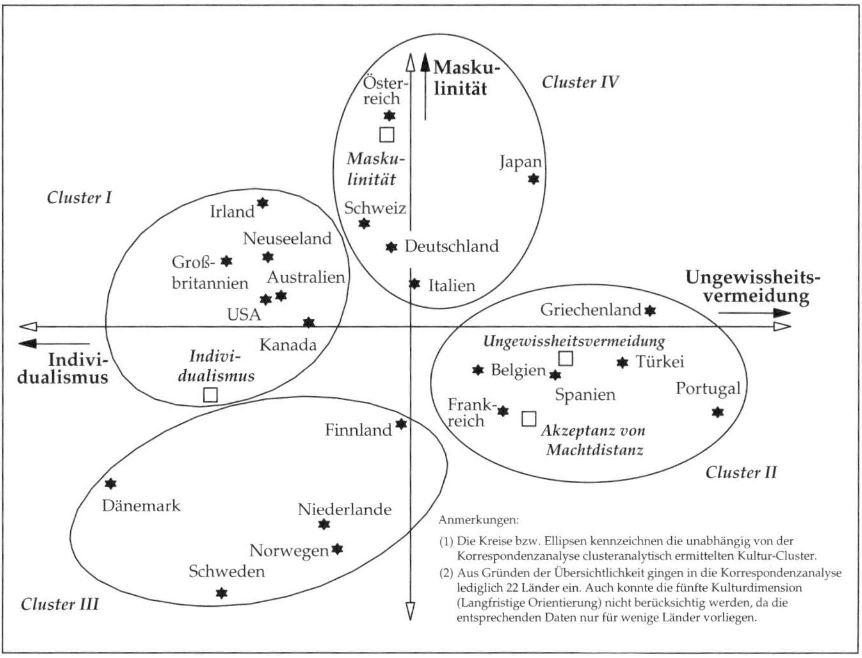

Quelle: Müller/Kornmeier (1994, S. 17).

Korrespondenzanalytisch lassen sich solche Länder zusammenfassen, zu deren kulturellem Erbe es sowohl gehört, Ungewissheit zu vermeiden, als auch Machtdistanz zu akzeptieren (= Cluster II). Besser als die Clusteranalyse verdeutlicht dieses multivariate Verfahren die relativen Positionen der den vier Clustern zugeteilten Länder zueinander sowie deren Abstände zum „Schwerpunkt" der jeweiligen Kulturdimension.

Der Zusammenhang „Machtdistanz-Ungewissheitsvermeidung" wurde vorzugsweise am Beispiel der in Großbritannien bzw. der in Frankreich verfolgten Managementphilosophie untersucht. Denn zum einen waren diese beiden Nationen zu Beginn der 1990er-Jahre häufig an Unternehmenszusammenschlüssen beteiligt. Und zum anderen unterscheiden sie sich auf diesen beiden Kulturdimensionen systematisch voneinander. Lubatkin et al. (1996, S. 127 ff.), die 39 Akquisitionen französischer Unternehmen durch Briten und 44 Akquisitionen britischer Unternehmen durch Franzosen untersuchten, berichten: „A high need for power difference reflects a societal belief that there „should be" a well defined order in which everyone has a rightful place. For example, French managers, more than their British counterparts, view organizations as a formal pyramid of differentiated levels of power. The French have also been shown to have a greater need for uncertainty avoidance than the British; i.e., less willingly accept ambiguity and risk. [...] French managers are generally more preoccupied with absolute accuracy for all control indicators. Finally, French managers place a high premium on work rules, even at the expense of entrepreneurial behavior. [...] Punnet/Ricks (1992) and Hofstede (1980) posit that firms from high power distance, high uncertainty nations will rely on centralized headquarter-subsidiary controls, such that power and influence resides at the hierarchical top. This may be accomplished by structuring reporting relationships between subsidiaries and headquarter in a formal, hierarchical manner, and by establishing a tightly managed control system that heavily involves top managers in the key subsidiary decisions. In these nations, centralization tends to be viewed by all members of an organization as the way „things ought to be done" because power, privilege, and respect is naturally ascribed to those at the top. Centralization also tends to be viewed by top managers as necessary to gain control over uncertainties; they would rather not delegate the responsibility for key business decisions, nor do the subordinates organization expect that they would" (Lubatkin et al. 1996, S. 127 f.).

Elias (1975) begründete die Unterschiede zwischen der britischen und der französischen Landeskultur (vgl. Tab. 35) u.a. anhand geographisch-politischer Besonderheiten (z.B. die Insellage Großbritanniens und die Zentrallage Frankreichs): „For centuries, the sea protected the British from foreign invasions, sheltered them from foreign influences, thereby allowing them the luxury of remaining a loose, decentralized federation of island states (England, Scotland, Wales, and Northern Ireland). The British also relied heavily on local self-government and indirect rule when controlling their colonial empire in the West Indies, India, Africa, Canada, and Australia, particularly after their loss of their U.S. colonies. France, on the other hand, lacks a natural shelter. Its relatively large and penetrable location forced it to periodically defend itself against foreign domination (e.g., the Hundred Year's War with Britain, 1338–1453, and its late sixteenth century war with Spain), and caused it to centralize its power in one location, Paris, which to this day represents the economic, political, cultural, and population center of the state. The French colonies were governed with similar administrative routines. Whereas the British colonial legislation showed some tolerance for multicultural differences, the French government centralized colonial decisions by means of decrees and edicts and placing their own in positions of power."

Tab. 35: Ursachen & Korrelate der Landeskulturen von Frankreich und Großbritannien

	Großbritannien	Frankreich
Geographische Lage	Geschützte Insellage	Ungeschützte Zentrallage
Präferiertes Organisationsprinzip	Dezentralisierung	Zentralisierung
Ideal der Erkenntnisgewinnung	Erfahrungswissen, Empirismus, Induktion (z.B. *F. Bacon; J. Locke*)	Logik, Philosophie, Deduktion (z.B. *R. Descartes*)
Präferierte Problemlösungsstrategie	Pragmatischer Ansatz	Analytischer Ansatz
Kulturprofil Unsicherheitsvermeidung Akzeptanz von Machtdistanz	UAI = 35 PDI = 35	UAI = 86 PDI = 68

Quelle: auf Basis von Lubatkin et al. (1996, S. 127 ff.); Elias (1975).

2.4.5.2 Reskalierung der Kulturdimensionen

Ganz offensichtlich revisionsbedürftig ist die dimensionale Struktur des *Hofstede*-Modells. Denn wie eine (VARIMAX-)Faktorenanalyse der Ursprungsdaten zeigt: Die vier Kulturdimensionen können ohne nennenswerten Informationsverlust auf zwei oder drei Dimensionen reduziert werden. Angesichts des „Sparsamkeitsgebots" der Theorienbildung (vgl. Wacker 1998) ist dies ein gravierender Einwand (⇒ Parsimony & Simplicity).

Entsprechend dem *Kaiser*-Kriterium der Faktorenanalyse (Eigenwert > 1,0) sind aus dem Datensatz lediglich zwei Faktoren zu extrahieren. Der erste Faktor (erklärter Varianzanteil = 47%) lässt sich vornehmlich anhand der Ursprungsdimensionen Individualismus (Faktorladung = –0,90), Akzeptanz von Machtdistanz (0,86) und bedingt auch Ungewissheitsvermeidung (0,57) beschreiben. Auf dem zweiten Faktor (Varianzaufklärung = 25%) lädt ausschließlich die Dimension Maskulinität hoch (0,99). Wegen der unbefriedigenden Zuordnung der Dimension Ungewissheitsvermeidung und weil der dritte Faktor das Eigenwertkriterium zwar verfehlt (= 0,82), aber einen kaum minderen Varianzanteil (= 21,0%) erklärt als der zweite Faktor (= 25,4%), bietet sich für eine Revision des Erklärungsmodells eine dreifaktorielle Lösung an (mit Individualismus und Akzeptanz von Machtdistanz als Pole einer Dimension). Tab. 36 gibt für die einzelnen Länder die faktoranalytisch ermittelten Faktorwerte für die drei Dimensionen wieder:

- Individualismus und geringer Machtabstand, deren gemeinsame Achse man als „Demokratieskala" bezeichnen könnte,
- Vermeidung von Ungewissheit,
- Maskulinität.

Aufgrund ihrer Sonderstellung (vgl. Teil B-2.2.5) konnte die Dimension „Langfristorientierung" bei dieser Analyse nicht berücksichtigt werden.

Tab. 36: Reskaliertes Kulturprofil der von G. Hofstede untersuchten Länder

	Faktorwerte		
	Individualismus/ Machtdistanz	Ungewissheitsvermeidung	Maskulinität
Arabische Länder	−0,722	−0,074	0,306
Argentinien	0,400	0,941	0,392
Australien	1,464	−0,416	0,731
Belgien	0,619	1,155	0,460
Brasilien	−0,374	0,347	0,055
Chile	−0,464	0,786	−1,142
Costa Rica	0,133	0,999	−1,659
Dänemark	1,451	−1,519	−1,848
Deutschland	1,094	0,185	0,928
Ecuador	−1,303	−0,094	0,727
Finnland	1,029	−0,107	−1,253
Frankreich	0,405	0,777	−0,142
Griechenland	0,027	1,950	0,476
Großbritannien	1,373	−1,077	0,976
Guatemala	−1,602	1,171	−0,577
Hong Kong	−0,904	−1,623	0,387
Indien	−0,601	−1,226	0,463
Indonesien	−1,292	−0,918	−0,186
Iran	−0,114	−0,290	−0,318
Irland	1,166	−1,023	0,988
Israel	1,519	1,009	−0,212
Italien	0,934	0,495	1,246
Jamaica	−0,081	−2,096	0,921
Japan	0,299	1,207	2,516
Jugoslawien	−0,722	0,757	−1,451
Kanada	1,154	−0,581	0,220
Kolumbien	−0,819	0,546	0,768
Malaysia	−1,822	−1,625	0,164
Mexiko	−0,833	0,529	1,157

	Faktorwerte		
	Individualismus/ Machtdistanz	Ungewissheits- vermeidung	Maskulinität
Neuseeland	1,603	−0,394	0,473
Niederlande	1,213	−0,413	−1,824
Norwegen	1,155	−0,494	−2,217
Ostafrika	−0,613	−0,640	−0,459
Österreich	1,527	0,603	1,494
Pakistan	−0,531	0,201	−0,039
Panama	−1,588	0,548	−0,197
Peru	−0,632	0,837	−0,409
Philippinen	−1,376	−1,186	0,907
Portugal	−0,271	1,551	−0,948
Salvador	−0,581	1,115	−0,491
Schweden	1,070	−1,385	−2,393
Schweiz	1,100	−0,097	1,136
Singapur	−1,300	−2,571	−0,114
Spanien	0,286	0,859	−0,312
Südafrika	0,573	−0,608	0,799
Südkorea	−0,493	0,781	−0,582
Taiwan	−0,556	0,129	−0,287
Thailand	−0,687	−0,144	−0,849
Türkei	−0,258	0,746	−0,166
Uruguay	−0,052	1,410	−0,551
USA	1,345	−0,657	0,800
Venezuela	−1,246	0,277	1,301
Westafrika	−1,102	−0,655	−0,162

2.4.6 Eine Ehrenrettung

So manche Kritik an G. *Hofstedes* Kulturmodell ist wohlfeil. Denn in den 1970er-Jahren war es vermutlich nur dank des Zugriffs auf die *IBM*-interne Infrastruktur möglich, eine derart gewaltige Feldstudie zu organisieren. Auch schmälern die ansonsten weitgehend berechtigten kritischen Anmerkungen die grundlegende Bedeutung dieses Ansatzes nicht: Zwar war G. *Hofstede* nicht der Einzige, der den Zusammenhang von Landeskultur und menschlichem Verhalten (z.B. Kooperation von Mitarbeitern aus verschiedenen Kulturen, Entscheidungsfindung) untersuchte. Erinnert sei nur an das erstmals von Triandis/ Brislin (1980) herausgegebene sechsbändige *Handbook of Cross-Cultural Psychology*. Letztlich aber war es dem Niederländer vorbehalten, weltweit Interesse für das Thema „Kultur & Management" zu wecken. Dass es dann, im weiteren

Verlauf, zu einer missbräuchlichen Psychologisierung und Überinterpretation des Ursprungskonzepts kam, ist nicht vorrangig ihm selbst, als vielmehr seinen Epigonen anzulasten (vgl. Bond 2002, S. 74 ff.).

Zu bedenken ist auch, dass die *Hofstede*-Studie ihren Ausnahmestatus zu nicht geringem Teil den Schwächen bzw. Besonderheiten konkurrierender Theorien und Konzepte verdankt.

- Schwartz (1992) führte seine Erhebungen in lediglich 20 Ländern durch, sodass ein entscheidender Nachteil seines Ansatzes dessen vergleichsweise schmale empirische Basis ist. Und den Kardinalfehler *G. Hofstedes*, in seiner Stichprobe nur *IBM*-Mitarbeiter zu berücksichtigen, wiederholte *S.H. Schwartz* insofern, als er ausschließlich Lehrer und Studenten befragte (vgl. Teil B-3).
- Trompenaars (1993) wird zwar allgemein Praxisnähe attestiert. Diese unstrittige Stärke kann aber seine Schwachstellen nicht kompensieren: mangelnde theoretische Fundierung, ungenügende Dokumentation der Vorgehensweise und Überinterpretation der Befunde (⇒ Kulturdimensionen nach Trompenaars).
- Inglehart (1997) schlug mit seinem zweidimensionalen Erklärungsansatz ein höchst abstraktes Konzept vor: Werte des Überlebens vs. Werte der Selbstentfaltung einerseits und traditionelle Autorität vs. weltlich-rationale Autorität andererseits). Aus Marketingsicht bietet sein Modell deshalb nur wenige Ansatzpunkte für eine realitätsnahe und praxisgerechte kulturspezifische Deutung der Befunde (⇒ Postmaterialismus-These).
- House et al. (2004) haben ihr Kulturkonzept unverhältnismäßig kompliziert, indem sie in ihrer Operationalisierung zwei Ebenen berücksichtigten: ‚values' („Wie es sein sollte") und ‚practices' („Wie es ist"). Weder gelang es ihnen, diese Differenzierung hinreichend zu begründen, noch lassen sich die empirisch nachweisbaren inkonsistenten Beziehungen zwischen ‚values' und ‚practices' theoretisch erklären (vgl. Teil B-4).

> ☛ Es besteht ein eigentümlicher Kontrast zwischen dem zunehmend fundierten Wissen über die kulturellen Wurzeln zahlreicher menschlicher Verhaltensweisen und dem nach wie vor weitgehend ungelösten Messproblem. Trotz vielstimmiger und berechtigter Kritik an dem 5D-Kulturmodell sowie regelmäßiger Versuche, alternative Messmodelle zu etablieren (z.B. *GLOBE*), nutzen die meisten Forscher nach wie vor die von Hofstede (1980) vorgeschlagenen Kulturdimensionen, um das Konstrukt „Landeskultur" zu operationalisieren.
>
> Folgt man der wissenschaftstheoretischen Maxime, möglichst „sparsame", d.h. wenig komplexe und redundanzfreie Beschreibungs- und Erklärungsmodelle zu entwerfen, dann sollte das ursprüngliche *Hofstede*-Konzept allerdings von vier auf drei bzw. zwei Kulturdimensionen reduziert werden. Denn wie sich faktorenanalytisch zeigen lässt, kann man die meisten Landeskulturen hinreichend danach beschreiben, ...
> - in welchem Maße sie kollektivistisch (bzw. individualistisch) ausgerichtet sind und damit zugleich Machtdistanz akzeptieren (bzw. ablehnen),
> - welche Position sie auf der Kulturdimension „Maskulinität-Feminität" einnehmen,
> - ob sie zu „Ungewissheitsvermeidung" neigen oder nicht.

2.5 Horizontaler vs. vertikaler Individualismus-Kollektivismus: Weiterentwicklung des Individualismus/Kollektivismus-Konzepts

Zusammen mit wechselnden Co-Autoren beteiligte sich H.C. *Triandis* intensiv an der Individualismus/Kollektivismus-Debatte (z.B. Triandis/Gelfand 1998; Triandis 1996; Triandis 1989a; Triandis 1988). Da das *Hofstede*-Modell weitestgehend im Bereich der westlichen und ostasiatisch-konfuzianischen Industrienationen entwickelt wurde und neben anderen Regionen auch die sozialistisch-planwirtschaftlichen Gesellschaften unberücksichtigt blieben, erfasst das von G. *Hofstede* formulierte Kollektivismus-Konzept die familiär, nicht jedoch eine politisch-gesellschaftlich bedingt Gruppenzugehörigkeit (im Sinne des Kollektivs).

Triandis (1995) schlug deshalb vor, Individualismus-Kollektivismus nicht als ein dichotomes, sondern als ein multidimensionales Konstrukt zu begreifen. Um es umfassend operationalisieren zu können, müssten mehrere Ebenen simultan betrachtet werden: Neben der Struktur der sozialen Schichtung (horizontal vs. vertikal) der Typus des in einer Gesellschaft vorherrschenden Selbstkonzepts: abhängig vs. unabhängig (vgl. Tab. 37).

Tab. 37: Struktur des erweiterten Individualismus/Kollektivismus-Konzepts: Zentraler Wert & prototypische Gesellschaft

	Unabhängiges Selbstkonzept	Abhängiges Selbstkonzept
horizontaler Individualismus	Gleichheit der Individualisten (z.B. Schweden, Australien)	
vertikaler Individualismus	Ungleichheit der Individualisten (z.B. Frankreich, USA)	
horizontaler Kollektivismus		Gleichheit der Mitglieder der Gemeinschaft (z.B. Ordensgemeinschaft, Kibbuz)
vertikaler Kollektivismus		Ungleichheit der Mitglieder der Gemeinschaft (z.B. Indien, Griechenland)

2.5.1 Abhängiges vs. unabhängiges Selbstkonzept

Jeder Mensch hegt bestimmte Vorstellungen, Hoffnungen und Befürchtungen bezüglich seiner selbst (z.B. „ich bin kompromissbereit, ein guter Schwimmer, faul etc.). Zusammenfassend werden diese Kognitionen und Emotionen als Selbstbild bzw. Selbstkonzept bezeichnet.

Im Mittelpunkt des Konstrukts der relationalen Kultur stehen die Art der Beziehungen zwischen den Mitgliedern einer Gesellschaft sowie das Konzept der Selbstorientierung (vgl. Kagitçibasi 1997, S. 36 ff.). Der Wunsch, gleich wie und zugleich anders als die anderen Menschen zu sein, ist universell (vgl. Bakan 1966). Diese Erkenntnis führt zur Unterscheidung von abhängigem Selbst und unabhängigem Selbst (vgl. Markus/Kitayama 1991). Denn das „innere Bild"

(= Selbst, Selbstkonzept bzw. Selbstbild), das ein Mensch von sich selbst hat, kann die „Abhängigkeit" (von anderen, der Gesellschaft etc.) betonen oder „Unabhängigkeit". Deshalb wird das „abhängige" Selbstkonzept bisweilen auch als „vernetztes" Selbstkonzept bezeichnet.

Beide, das abhängige und das unabhängige Selbst, lassen sich sowohl in individualistischen wie auch in kollektivistischen Kulturen nachweisen, wenn auch in unterschiedlichen Erscheinungsformen. So kennen auch kollektivistische Gesellschaften das „eigentlich typisch individualistische" Ideal der Unabhängigkeit. Allerdings meint es dort die Fähigkeit, unabhängig von der Ursprungsfamilie mit anderen interagieren und Beziehungen eingehen zu können.

2.5.2 Horizontale vs. vertikale Gesellschaftsstruktur

Triandis (1994b) und Singelis et al. (1995) zogen die Horizontal/Vertikal-Dimension heran, um diese konzeptionelle Schwäche zu beheben. Mit ihrer Hilfe lassen sich die soziale Struktur und Dynamik einer Gesellschaft beschreiben: Unterliegen diese Parameter, wie in vertikalen Gesellschaft, dem Primat der hierarchischen Unterschiede, oder, wie in horizontalen Gesellschaften, dem Primat der Gleichheit?

Entscheidend dafür, dass diese Überlegung Eingang in die Individualismus/Kollektivismus-Diskussion (vgl. Oyserman et al. 2002) fand, war folgende Beobachtung: Der Individualismus von Amerikanern, Australiern und Briten kann nicht mit dem Individualismus der Dänen, Norweger und Schweden gleichgesetzt werden. Und der Kollektivismus der Chinesen, Japaner und Koreaner entspricht nicht dem Kollektivismus, der sich in den Kibbuzimen in Israel entwickelt hat. Davon ausgehend wurde unterschieden zwischen ...

- vertikalem und horizontalem Individualismus sowie
- vertikalem und horizontalem Kollektivismus.

„In vertical-individualist societies or cultural contexts (e.g., U.S., Great Britain, France), people tend to be concerned with improving their individual status and standing out – distinguishing themselves from others via competition, achievement, and power. In contrast, in horizontal-individualist societies or cultural contexts (Sweden, Denmark, Norway), people prefer to view themselves as equal to others in status and eschew status differentiation. Rather than standing out, the focus is on expressing one's uniqueness and establishing one's capability to be successfully self-reliant. In vertical-collectivist societies or cultural contexts (e.g., Korea, Japan, India), people focus on complying with authorities and on enhancing the cohesion and status of their in-groups, even when that entails sacrificing their own personal goals. In horizontal-collectivist societies or cultural contexts (exemplified historically by the Israeli kibbutz), the focus is on sociability and interdependence with others, within an egalitarian framework" (Shavitt et al. 2011, S. 312).

Triandis/Gelfand (1998) haben ein Messinstrument mit jeweils acht Items pro Subskala veröffentlicht (vgl. Tab. 38). Die Probanden konnten die insgesamt 32 Statements anhand einer neunstufigen Skala beantworten (1 = never or definitely no/9 = always or definitely yes).

2.5 Horizontaler vs. vertikaler Individualismus-Kollektivismus

Tab. 38: Untersuchungsansatz von Triandis & Gelfand

Sub-Skala	Definition	Beispiel-Statement	Zentrale individuelle Motivation	Momentum sozialer Beziehungen
Horizontaler Individualismus	Ausmaß, in dem Individuen danach streben, anders zu sein als die anderen, ohne für sich einen besonderen Status in Anspruch zu nehmen.	„I often ‚do my own thing'."	Eigenständigkeit	individuelle Rechte
Horizontaler Kollektivismus	Ausmaß, in dem Individuen auf wechselseitige Abhängigkeit Wert legen, ohne jedoch bereit zu sein, sich einer Autorität zu unterwerfen.	„The well-being of my co-workers is important to me."	wechselseitige Abhängigkeit & Unterstützung	soziale Verantwortung
Vertikaler Individualismus	Ausmaß, in dem Individuen danach streben, anders zu sein als die anderen, und für sich einen besonderen Status erstreben.	„It annoys me when other people perform better than I do."	Macht & Status	soziale Mobilität
Vertikaler Kollektivismus	Ausmaß, in dem Individuen auf wechselseitige Abhängigkeit Wert legen, und Stellenwert des Wettbewerbs mit anderen, die nicht der ‚in group' angehören.	„I would sacrifice an activity that I enjoy very much if my family did not approve of it."	Verpflichtung gegenüber der ‚in group'	Respekt vor bestehenden sozialen Hierarchien

Quelle: eigene Darstellung auf Basis von Shavitt et al. (2011).

☛ Die Dimensionalität der *Hofstede*-Dimension „Individualismus vs. Kollektivismus" ist umstritten. Einerseits ist sie mit der *Hofstede*-Dimension „Akzeptanz von Machtdistanz" konfundiert (vgl. Kagitçibasi 1997, S. 18 und Teil B-2.4-4). Andererseits hat das *GLOBE*-Konsortium diese bipolare Skala in zwei unipolare Skalen aufgespalten: institutioneller Kollektivismus und Gruppenkollektivismus (vgl. Teil B-4.3). Diesen Vorschlägen zur Revision des *Hofstede*-Modells war jedoch das gleiche Schicksal beschieden wie der Erweiterung der Individualismus/Kollektivismus-Dimension um die Horizontal/Vertikal-Dimension durch die Forschergruppe um *H.C. Triandis*: Sie konnten sich – bislang – noch nicht durchsetzen. Dank der „normativen Kraft des Faktischen" behauptet sich unbeschadet aller Kritik nach wie vor das klassische *Hofstede*-Modell.

3 Theorie der universellen kulturellen Werte nach Schwartz

3.1 Grundlagen

In der Tradition des anthropologischen Ansatzes und auf Basis der Vorarbeit von Rokeach (1973) über das „Wesen der menschlichen Werte" geht Schwartz (1992) in seiner „Theorie der universellen kulturellen Werte" davon aus, dass menschliche Gesellschaften weltweit mit den gleichen grundlegenden Problemen konfrontiert werden. Dies sind u.a.:
- Streben nach einem ausgewogenen Verhältnis von Individuum und Gruppe,
- Wahrung der sozialen Ordnung,
- Art des Umgangs mit der natürlichen und der sozialen Umwelt.

Individuelle Werte, welche der an der *Hebrew University Jerusalem* forschende Psychologe einerseits als ‚conceptions of the desirable' und andererseits als ‚motivational goals' definiert, repräsentieren alternative Wege zur Lösung dieser Schlüsselprobleme. Werte lassen sich zu Wertetypen und Wertetypen zu einem Wertesystem zusammenfassen.

3.2 Modell der zehn universellen Wertetypen

3.2.1 Ursprünglicher Wertekreis

Ausgehend von den 2x18 Werten des *Rokeach*-Wertesystems hat *S.H. Schwartz* in einer Vorstudie zunächst 57 (später 45) universelle Werte identifiziert, indem er Lehrer und Studenten in 38 Ländern nach den „Leitlinien ihres Lebens" fragte (vgl. Schwartz/Sagiv 1995). Aus diesem Werteinventar, dem *Schwartz Value Inventory*, wurden sodann zehn Wertetypen abgeleitet (vgl. Tab. 39).

Tab. 39: Zehnteiliges Wertesystem nach S.H. Schwartz

Wertetyp	Definition	Einzelwerte
Selbstbestimmtheit (‚self-direction')	Unabhängiges Denken und Handeln	Freiheit, Kreativität, Unabhängigkeit, eigene Ziele verfolgen, Neugierde, Selbstrespekt
Anregung (‚stimulation')	Abwechslung und Stimulation (Ziel: ein optimales Aktivierungsniveau)	Ein aufregendes und abwechslungsreiches Leben, „sich trauen"
Hedonismus (‚hedonism')	Freude und sinnliche Befriedigung	Genuss, das Leben genießen
Erfolg (‚achievement')	Persönlicher Erfolg gemäß den sozialen Standards	Ambition, Einfluss, Können, Erfolg, Intelligenz, Selbstrespekt
Macht (‚power')	Sozialer Status, Dominanz über Menschen und Ressourcen	Soziale Macht, Besitz, Autorität, Gesicht wahren, soziale Anerkennung

3.2 Modell der zehn universellen Wertetypen

Wertetyp	Definition	Einzelwerte
Sicherheit (‚security')	Sicherheit und Stabilität der Gesellschaft, der Beziehung und des eigenen Selbst	Nationale Sicherheit, Reziprozität, familiäre Sicherheit, Zugehörigkeit
Konformität (‚conformity')	Vermeiden von Handlungen und Aktionen, die andere verletzen bzw. zu abweichendem Verhalten zwingen	Gehorsam, Selbstdisziplin, Höflichkeit, ältere Menschen und Eltern ehren
Tradition (‚tradition')	Respekt vor und Verpflichtung gegenüber den kulturellen, religiösen etc. Bräuchen und Ideen	Traditionsbewusstsein, Hingabe, Bescheidenheit, Mäßigung
Fürsorglichkeit (‚benevolence')	Erhalt und Förderung des Wohlergehens von nahestehenden Menschen	Hilfsbereitschaft, Verantwortungsbewusstsein, Verträglichkeit, Ehrlichkeit, Loyalität, reife Liebe, treue Freundschaft
Universalität (‚universalism')	Verständnis, Toleranz und Schutz des Wohlergehens aller Menschen und der Natur	Gleichheit, Einssein mit der Natur, Weisheit, soziale Gerechtigkeit, Weltoffenheit, Umweltschutz, Weltfrieden

Quelle: Mohler/Wohn (2005, S. 3).

Schwartz/Bilsky (1990) unterzogen die Antworten der Auskunftspersonen einer Multidimensionalen Skalierung und stellten fest, dass die Datenstruktur in jeder Kultur hinreichend gut durch einen sog. Wertekreis abgebildet werden kann, dem eine zweidimensionale Metastruktur zugrunde liegt (vgl. auch Schwartz/Huismans 1995):
- Offenheit vs. Konservatismus,
- Selbststranszendenz vs. Selbstwerterhöhung.

Abb. 49: Ursprünglicher zehnteiliger Wertekreis

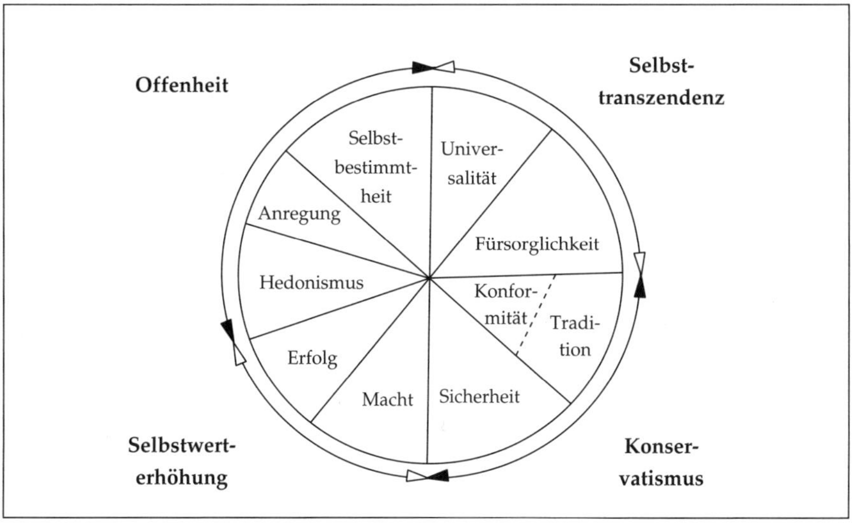

Quelle: in Anlehnung an Schwartz (1992).

Die bipolare Dimension „Offenheit vs. Konservatismus" repräsentiert einerseits die universalen Werte Hedonismus, Anregung sowie Selbstbestimmtheit und andererseits die universalen Werte Sicherheit, Konformität und Tradition. Auf der zweiten Dimension sind dem Pol „Selbsttranszendenz" die Werte Universalität und Fürsorglichkeit zugeordnet. Ihm steht der Pol „Selbstwerterhöhung" mit den Werten Erfolg und Macht gegenüber. Denn gemäß einer Annahme von *S.H. Schwartz* entsprechen die Wertetypen motivationalen Zielen, die sich ergänzen, aber auch miteinander konkurrieren können. „Diese Ergänzungs/ Konkurrenzstruktur lässt sich als Kreisbild darstellen. Dabei liegen ähnlichen Zielen entsprechende Wertetypen nahe beieinander und konfligierende einander gegenüber" (Mohler/Wong 2005, S. 1).

3.2.2 Validierung

Die universelle Gültigkeit dieses Wertesystems wurde mehrfach überprüft, etwa von Mohler/Wohn (2005) unter Verwendung von Daten des *European Social Survey (ESS)*, der 40.856 Auskunftspersonen aus 21 Ländern umfasst. Die Mannheimer Wissenschaftler konnten die postulierte zehnteilige Wertestruktur jedoch nur für die irische Stichprobe replizieren. Aber auch dort entsprachen die Beziehungen zwischen den Wertetypen nicht dem theoretischen Modell. Vielmehr grenzten die Wertetypen „Sicherheit" und „Fürsorglichkeit" unmittelbar aneinander an, obwohl theoriegemäß die Wertetypen „Konformität" und „Tradition" zwischen ihnen liegen müssten. Davidov et al. (2008), Davidov (2008) und Davidov/Schmidt (2007) wiederum berichten, dass gemäß den von ihnen durchgeführten konfirmatorischen Mehrgruppen-Faktorenanalysen folgende Wertetypen hoch miteinander korrelieren:
- Universalität und Fürsorglichkeit,
- Konformität und Tradition,
- Macht und Erfolg.

Obwohl Knoppen/Saris (2009) nachweisen konnten, dass die beschriebenen Inkonsistenzen auf methodische Besonderheiten des *European Social Survey* (insb. der Kurzfassung und Umformulierung des Item-Katalogs) zurückzuführen sind, hat sich in den Folgejahren die revidierte Wertetheorie durchgesetzt, welche die ursprünglich zehn auf sieben universale Werte reduziert (vgl. Schwartz 1999).

3.3 Modell der sieben universellen Werte

3.3.1 Revidierter Wertekreis

Erneut ging Schwartz (1999) davon aus, dass alle Gesellschaften Wege finden müssen, wie sie die eingangs beschriebenen Grundprobleme menschlicher Existenz bewältigen können (z.B. Wahrung der sozialen Ordnung). Für jedes ihrer drei existentiellen gesellschaftlichen Probleme („issues') haben die menschlichen Gesellschaften im Laufe ihrer Entwicklungsgeschichte kulturspezifische Lösungsstrategien entwickelt. Diese sind als Wertetypen beschreibbar, angeordnet auf drei bipolaren Wertedimensionen: „Konservatismus vs. intellektu-

3.3 Modell der sieben universellen Werte

elle Autonomie" sowie „affektive Autonomie, Hierarchie vs. Gleichheit" und „Harmonie vs. Herrschaft" (vgl. Tab. 40). „Seven types of values are identified, structured along three polar dimensions: Conservatism vs. Intellectual and Affective Autonomy, Hierarchy versus Egalitarianism, and Mastery vs. Harmony" (Schwartz 1999, S. 23).

Tab. 40: Grundprobleme von Gesellschaften & Lösungsansätze nach Schwartz

Problembereich	Wertedimension	Lösungsansatz
Verhältnis zwischen Individuum & Gruppe	Konservatismus („conservatism') vs. intellektuelle Autonomie („intellectual autonomy') und affektive Autonomie („affective autonomy')	Gesellschaften, die nach Möglichkeit am Status Quo festhalten und Handlungen ablehnen, welche die Gruppensolidarität und die traditionelle Ordnung gefährden, favorisieren den Wertetyp Konservatismus. Wichtig sind Sicherheit, Tradition und Anciennität. Den Gegenpol bildet der Wertetyp Autonomie, der in intellektuelle und affektive Autonomie differenziert wird. Intellektuelle Autonomie beschreibt die Intensität, mit der Menschen ihre intellektuellen Interessen verfolgen und die Verwirklichung ihrer persönlichen Ziele erstreben. Wichtig sind Neugierde, Offenheit und Kreativität. In affektiv autonomen Gesellschaften hat das individuelle Streben nach positiven emotionalen Erlebnissen einen hohen Stellenwert. Wichtig sind Vergnügen und Abwechslung.
Verantwortungsvolles soziales Verhalten	Hierarchie („hierarchy') vs. Gleichheit („egalitarianism')	Was veranlasst Menschen, sich verantwortungsbewusst zu verhalten? In Gesellschaften, welche „Gleichheit" favorisieren, haben die Menschen es gelernt, sich verantwortungsvoll zu verhalten, indem sie ihre eigenen Interessen zugunsten der Bedürfnisse ihrer Mitmenschen zurückstellen. Wichtig sind soziale Gerechtigkeit, Freiheit und verantwortliches Handeln. Angehörige von hierarchischen Gesellschaften hingegen nehmen eine ungleiche Verteilung von Macht, sozialen Rollen und Ressourcen als gegeben hin. Dort verhält sich verantwortungsvoll, wer die hierarchisch strukturierte soziale Ordnung toleriert. Wichtig sind soziale Macht, Autorität und Wohlstand.
Verhältnis des Einzelnen zu seiner sozialen & natürlichen Umwelt	Harmonie („harmony') vs. Herrschaft („mastery')	Gesellschaften, in denen es Konsens ist, dass Menschen ihre Umwelt beherrschen sollten, schätzen den Wertetyp „Herrschaft". Wichtige Problembewältigungsstrategien sind dort Durchsetzungsvermögen, Ehrgeiz, Leistung und Selbstbewusstsein. In Gesellschaften, die ein Leben im Einklang mit der Natur für erstrebenswert halten, erfüllt das Streben nach Harmonie die zentrale Ordnungsfunktion

Quelle: eigene Darstellung auf der Basis von Schwartz (1999, S. 26 ff.).

Der in Abb. 50 dargestellte Wertekreis („Wertesystem mit sieben Wertetypen) visualisiert diese Beziehungen. Konträre Wertetypen stehen sich, von der Mitte des Kreises aus betrachtet, gegenüber – d.h. sie schließen einander aus (z.B. Harmonie vs. Herrschaft). Wertetypen, die hoch miteinander korrelieren – d.h. die gemeinsam auftreten können –, liegen hingegen nebeneinander (z.B. „Harmonie und Gleichheit" oder „Hierarchie und Konservatismus"). „These dynamic relations of contradiction and compatibility among the seven cultural value types are postulated to lead to the integrated structure of cultural value systems" (Schwartz 1999, S. 29).

Abb. 50: Ursprünglicher & revidierter Wertekreis im Vergleich

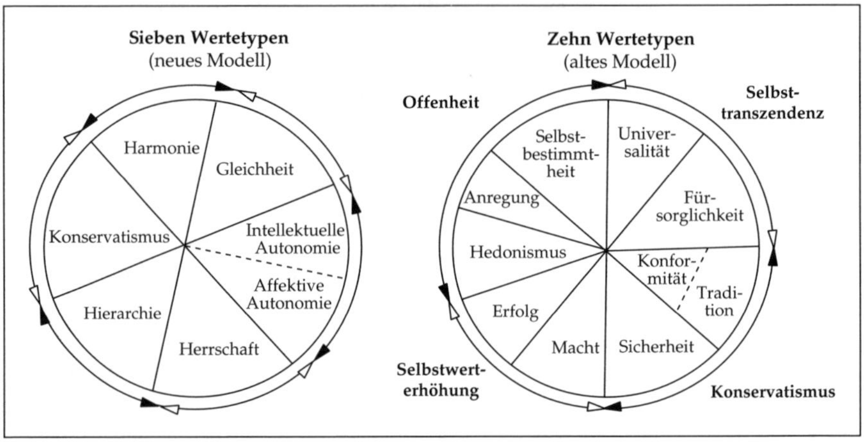

Quelle: Schwartz (1999, 1992).

Die Überprüfung des revidierten Modells basiert auf insgesamt 122 Stichproben aus 49 Ländern (vgl. Schwartz 1999). Zur Sicherung der externen Validität (Realitätsbezug und Verständlichkeit) wurde jede Wertvorstellung durch eine kurze Erläuterung konkretisiert (z.B. Reichtum = materieller Besitz, Geld). Mehr als 35.000 Probanden gaben auf einer siebenstufigen Skala an, wie wichtig ihnen die in der Vorläuferstudie identifizierten 56 Werte sind. Das Antwortspektrum reicht von 0 = nicht wichtig bis 7 = sehr wichtig. Überdies konnten die Auskunftspersonen mit –1 vermerken, wenn ein Wert ihrem eigenen Wertesystem vollkommen widerspricht. Die interkulturelle Validität der vermuteten Wertestruktur prüfte *S.H. Schwartz* mittels einer Similiarity Structure Analysis (SSA): einer nicht-metrischen Multidimensionalen Skalierung (vgl. Borg/Lingoes 1987; Guttman 1968). Abb. 51 stellt das Ergebnis der Multidimensionalen Skalierung der verbliebenen 45 Items und die zwischen den einzelnen Werten bestehenden Korrelationen vor. Sie wurden anhand der für jede der 122 Stichproben berechneten mittleren Wichtigkeiten ermittelt (vgl. Schwartz 1999, S. 29 f.). Jeder Wert (z.B. „Einklang mit der Natur") wird in der Grafik durch einen Punkt symbolisiert. Nahe beieinander liegende Punkte bzw. Werte (z.B. „Einklang mit der Natur" und „Umweltschutz") signalisieren positive Korrelationen, während weit voneinander entfernt liegende Punkte (d.h. die durch sie repräsentierten Werte) negativ korrelieren (z.B. „Einklang mit der Natur" und „das Leben genießen").

3.3 Modell der sieben universellen Werte

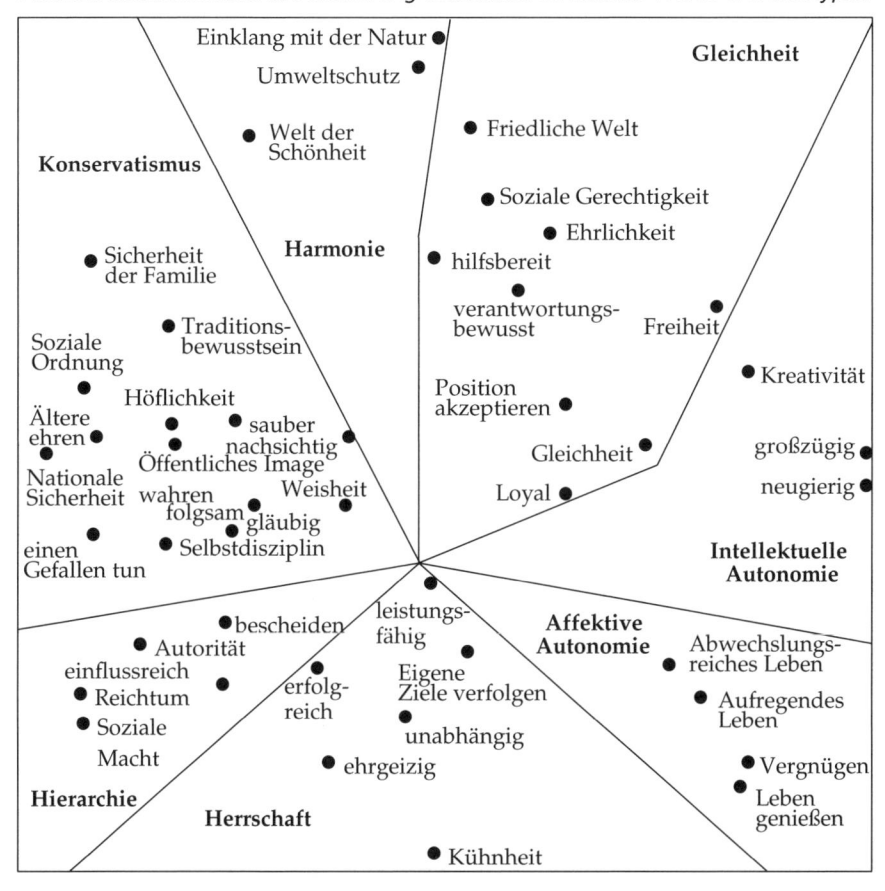

Abb. 51: Multidimensionale Skalierung interkulturell stabiler Werte & Wertetypen

[Figure: Multidimensionale Skalierung mit Wertetypen Konservatismus, Harmonie, Gleichheit, Intellektuelle Autonomie, Affektive Autonomie, Herrschaft, Hierarchie und zugehörigen Einzelwerten wie Einklang mit der Natur, Umweltschutz, Welt der Schönheit, Friedliche Welt, Soziale Gerechtigkeit, Ehrlichkeit, hilfsbereit, verantwortungsbewusst, Freiheit, Sicherheit der Familie, Traditionsbewusstsein, Position akzeptieren, Kreativität, Soziale Ordnung, Höflichkeit, sauber, nachsichtig, Öffentliches Image, Gleichheit, großzügig, Ältere ehren, wahren, Weisheit, Loyal, neugierig, Nationale Sicherheit, folgsam, gläubig, einen Gefallen tun, Selbstdisziplin, bescheiden, leistungsfähig, Abwechslungsreiches Leben, Autorität, erfolgreich, Eigene Ziele verfolgen, Aufregendes Leben, einflussreich, Reichtum, unabhängig, Vergnügen, Soziale Macht, ehrgeizig, Leben genießen, Kühnheit]

Quelle: Schwartz (1999, S. 31).

Auf Basis der universalen Werte identifizierte Schwartz (1999, S. 36) vier eindeutig voneinander abgrenzbare Kulturräume: Westeuropa und Osteuropa, englischsprachige Länder und Fernost. Während der englischsprachige Kulturraum hoch auf den Dimensionen „Herrschaft" (z.B. Beherrschung der Natur) und „affektive Autonomie" (z.B. Vergnügen, Abwechslung) lädt, stehen in Westeuropa „intellektuelle Autonomie" (z.B. Neugierde, Offenheit) und „Gleichheit" im Vordergrund des Wertekonsens. Für Osteuropa waren zum Zeitpunkt der Untersuchung die Wertetypen „Konservatismus" und „Harmonie" charakteristisch und für Fernost „Hierarchie". Lateinamerika und die islamischen Länder konnten nicht eindeutig zugeordnet werden.

3.3.2 Validierung

Die entscheidende Frage aber lautet: Bietet die aus der *Schwartz*-Studie ableitbare Wertestruktur, abgesehen von der größeren Aktualität, grundlegende Vorteile gegenüber dem 4- bzw. 5D-Modell der Landeskulturforschung (= *Hofstede*-Studie)? Dies ist aus mehreren Gründen eher fraglich.

Externe Validität

Mit welcher Sicherheit kann von den in einer häufig künstlichen Untersuchungssituation gewonnenen Befunden auf reale Bedingungen geschlossen werden? Diese Form von „Gültigkeit" ist gemeint, wenn von externer Validität die Rede ist. Da *Schwartz et al.* ausschließlich Lehrer und Studenten – d.h. keinen repräsentativen Ausschnitt der Gesamtbevölkerung – befragten, kann deren Wertemodell keine höhere externe Validität beanspruchen als das *Hofstede*-Modell, das auf den Aussagen von Managern des mittleren Managements eines einzigen Unternehmens basiert.

Prognosevalidität

Die Frage, ob anhand der *Schwartz*-Wertedimensionen Einstellungen, Entscheidungen und Verhaltensweisen von Managern, Kunden etc. in Abhängigkeit von der jeweiligen Landeskultur besser vorhersagbar sind, als dies mit Hilfe der *Hofstede*-Dimensionen möglich ist, konnte bislang noch nicht beantwortet werden. Smith et al. (2002) etwa sahen mit folgender Begründung davon ab, diese Güteprüfung durchzuführen, obwohl sie in einer 47-Länderstudie die Konzepte von *G. Hofstede, F. Trompenaars* und *S.H. Schwartz* vergleichend untersuchten: „The intention of this study was not to compare the predictive validity of the prior studies but to gain the best possible single estimate of values" (Smith et al. 2002, S. 198).

Diskriminanzvalidität

Auch hierzu liegen widersprüchliche Befunde vor. Wie Steenkamp (2001, S. 33) darlegt, entsprechen sich der *Hofstede*-Ansatz und der *Schwartz*-Ansatz weitgehend. Wirklich neu ist der Faktor Egalitarismus vs. Hierarchie. Er beschreibt, wie die Mitglieder einer Gesellschaft die Interessen anderer Mitglieder wahrnehmen und bewerten. Indirekt bestätigt wird die These der weitgehenden Übereinstimmung dadurch, dass die vier Kulturdimensionen, die *J.-B-E.M. Steenkamp* im Rahmen einer 24 Länder-Studie faktoranalytisch identifizierte, ...

- Autonomie vs. Kollektivismus,
- Gleichheit vs. Hierarchie,
- Herrschaft vs. Fürsorglichkeit,
- Vermeidung von Ungewissheit,

sowohl mit ausgewählten *Hofstede*-Dimensionen als auch mit ausgewählten *Schwartz*-Dimensionen korrelieren (vgl. Tab. 41).

Zu einer gegensätzlichen Schlussfolgerung gelangten Ng et al. (2007). Anhand der *Kogut/Singh*-Formel (vgl. Teil F-3.3.1.2) berechneten sie die kulturelle Differenz zwischen allen möglichen Paaren von 23 Ländern sowohl mittels der *Hofstede*-Daten als auch mittels der *Schwartz*-Daten. Da die Interkorrelation sich als nicht signifikant erwiesen, liegt die Vermutung nahe, dass die *Hofste-*

de-Dimensionen und die *Schwartz*-Dimensionen Unterschiedliches messen. Auch stellt sich die Frage, ob beide Ansätze gleichermaßen geeignet sind, den Zusammenhang zwischen den bilateralen Handelsbeziehungen zweier Länder und der zwischen diesen bestehenden kulturellen Distanz zu erfassen. Dass sich nur auf Basis der *Schwartz*-Dimensionen ein signifikanter negativer Zusammenhang zwischen der kulturellen Distanz und der bilateralen Export/Importtätigkeit nachweisen lässt, ist ein weiterer indirekter Beleg für die These der Unvereinbarkeit beider Ansätze.

Tab. 41: Inhaltliche Überlappungen zwischen den Schwartz-Dimensionen & den Hofstede-Dimensionen

Kulturdimensionen nach Steenkamp (2001)	Richtung des Zusammenhangs (+/−) zwischen den Steenkamp-Dimensionen sowie ausgewählten Schwartz- und Hofstede-Dimensionen	
Autonomie vs. Kollektivismus	Intellektuelle Autonomie (+) Affektive Autonomie (+) Konservatismus (−)	Schwartz (1999)
	Individualismus (+) Akzeptanz von Machtdistanz (−)	Hofstede (2001)
Gleichheit vs. Hierarchie	Gleichheit (+) Harmonie (+) Hierarchie (−)	Schwartz (1999)
Herrschaft vs. Fürsorglichkeit	Herrschaft (+)	Schwartz (1999)
	Maskulinität (+)	Hofstede (2001)
Vermeidung von Ungewissheit	Harmonie (+)	Schwartz (1999)
	Vermeidung von Ungewissheit (+)	Hofstede (2001)

Quelle: Steenkamp (2001).

4 GLOBE-Kulturstudie

4.1 Überblick & theoretische Grundlagen

Die Initiatoren der internationalen Forschungskooperation *Global Leadership and Organizational Behaviour Effectiveness (GLOBE)* verfolgten mehrere Zielsetzungen. Zum einen wollten sie den *Hofstede*-Ansatz aktualisieren, erweitern und theoretisch wie auch methodologisch verbessern. Zum anderen sollten die Befunde der *GLOBE*-Studie die kulturvergleichenden Wissenschaften in die Lage versetzen, Einflüsse der Landeskultur auf Organisationskultur und Führungseffektivität zu analysieren: Gibt es Verhaltensweisen von Führungskräften, die universell akzeptiert und erfolgreich sind, oder müssen diese kulturspezifisch differenziert werden (vgl. Javidan et al. 2006a/b, 2004; House et al. 2004, S. 10)? 1991 hat *R.J. House* von der *Wharton University of Pennsylvania* das Forschungsprojekt initiiert. Seit 1993 untersuchte das in der Endphase auf

170 Wissenschaftler angewachsene Projektteam zehn Jahre lang weltweit den Einfluss der Landeskultur auf das Führungs- und Organisationsverhalten von Managern und Unternehmen.

Von 1993 bis 1994 wurden zunächst die theoretische Grundlagen und die erforderlichen Messinstrumente entwickelt (vgl. House/Javidan 2004, S. 20). Dabei entstand allerdings keine geschlossene Theorie, sondern nur ein „theoretisch-konzeptioneller Bezugsrahmen", der auf vier bereits vorliegende Theorien rekurriert.

- Gemäß der „Value-Belief Theory of Culture" (vgl. Hofstede 2001, 1980; Triandis 1995) kann man anhand der für eine bestimmte Landeskultur charakteristischen Werte und Überzeugungen (‚belief') vorhersagen, welche Verhaltensweisen in einem Kulturraum verbreitet sind und als legitim, effektiv etc. angesehen werden.
- Die „Implicit Leadership Theory" (vgl. Lord/Maher 1991) geht davon aus, dass Menschen im Allgemeinen und Mitarbeiter im Besonderen eine individuelle Vorstellung davon entwickeln, was einen guten Führer bzw. Vorgesetzten ausmacht. Zumeist handelt es sich dabei um implizite Überzeugungen und Ansichten. Auch soziale Gruppen entwickeln solche implizite Führungstheorien und Vorstellungen davon, woran man einen guten und einen schlechten Führer erkennt. Die Basishypothese des *GLOBE*-Konsortiums lautet, dass diese Prototypen in Abhängigkeit von der Landeskultur systematisch variieren.
- Die „Implicit Motivation Theory" (vgl. McClelland 1995, 1961; McClelland et al. 1989) besagt, dass drei unbewusste Motive langfristiges Verhalten steuern: Neben Leistung und Zugehörigkeit ist dies das Streben nach Macht (= sozialer Einfluss).
- Entsprechend der „Structural Contingency Theory" können Unternehmen ihr Überleben und ihre Leistungsfähigkeit gewährleisten, indem sie regelmäßig bestimmten Anforderungen gerecht werden. In dem Maße, wie zwischen diesen ‚organizational contingencies' und der Organisationsstruktur sowie den Leistungsprozessen ein Fit besteht, wird das Unternehmen erfolgreich sein (vgl. Child 1981).

Als Grundlage des *GLOBE*-Projekts *(Global Leadership and Organizational Behaviour Effectiveness)* definierten House/Javidan (2004, S. 15) Kultur als „... shared motives, values, beliefs, identities, and interpretations or meanings of significant events that result from common experiences of members of collectives and are transmitted across generations". Damit betonten sie jene Facette des Konstrukts „Kultur", welche den Beitrag der Landeskultur zur gleichsinnigen Realitätskonstruktion der Mitglieder einer Gesellschaft in den Vordergrund der Betrachtung rückt (vgl. Müller/Gelbrich 2014, S. 128). Gleichzeitig grenzten sie sich damit von der bislang vorherrschenden Sichtweise ab (z.B. Kultur als „mentale Programmierung" bzw. als „Handlungsanweisung zur Lösung gemeinsamer existentieller Probleme"). Trompenaars (1993, S. 18) etwa beschrieb Kultur als den Weg, „auf dem menschliche Gemeinschaften zur Lösung von Problemen finden".

4.2 Untersuchungsdesign & Datenerhebung

Die an der *Hofstede*-Studie vielfach kritisierte Vermengung von Landeskultur und Unternehmenskultur vermied das *GLOBE*-Konsortium weitgehend. Das Netzwerk von Wissenschaftlern aus 62 Ländern erhob den Datenpool nach einem standardisierten Untersuchungs- und Befragungskonzept in dem jeweiligen Heimatland primärstatistisch bei Angehörigen der mittleren Führungsebene von verschiedenen Unternehmen und Branchen (Lebensmittelindustrie, Telekommunikation und Finanzdienstleistungsbranche). Da es sich dabei um lokale Unternehmen handelte, konnte ein weiterer Schwachpunkt der *Hofstede*-Studie vermieden werden: Mitarbeiter eines Global Players wie *IBM* werden, anders als Mitarbeiter von lokalen Unternehmen, im Regelfall stärker durch die Unternehmenskultur und weniger durch die Landeskultur beeinflusst (⇒ Beeinflussbarkeit). Auch ist der Mitarbeiterstamm lokaler Unternehmen national homogener, als dies bei Großunternehmen üblicherweise der Fall ist, so dass in mittelständischen Unternehmen die Nationalität einzelner Mitarbeiter im Regelfall nicht von der Nationalität des Unternehmens abweicht.

In einer Vorstudie beantworteten insgesamt 1.943 Probanden 371 Statements, welche das *GLOBE*-Team aus den theoretischen Vorüberlegungen abgeleitet hatte. Für die Hauptstudie wurden aus diesem Itempool aufgrund testtheoretischer Kriterien 292 Items bzw. Statements extrahiert:
- 75 Statements zur Organisationskultur,
- 78 Statements zur Landeskultur, 112 Statements zum Führungsverhalten sowie
- 27 Items zu den demographischen Angaben.

Für die Hauptstudie konnten insgesamt 17.370 Manager als Auskunftspersonen gewonnen werden. Diese waren zum Zeitpunkt der Erhebung in der mittleren Führungsebene von 951 lokalen Unternehmen in 59 Ländern tätig. Da in drei Ländern jeweils zwei Teilstichproben erfasst wurden (Deutschland = Ostdeutschland und Westdeutschland; Schweiz = deutschsprachige Schweiz und französischsprachige Schweiz; Südafrika = weiße und schwarze Bevölkerung), handelt es sich um insgesamt 62 Untersuchungsregionen, in denen 27 bis 1.790 Manager befragt wurden. Diese Spannweite der Teilstichproben ist ungewöhnlich groß und problematisch. Da die Auskünfte der in der Tschechischen Republik befragten Manager systematisch verzerrt (‚biased') waren, wurden sie nicht in die Auswertung einbezogen.

Eine Besonderheit der *GLOBE*-Studie besteht darin, dass das Konstrukt Kultur auf vier Ebenen erfasst wurde:
- einerseits als gesellschaftliche Kultur (bzw. Landeskultur; ‚society'; vgl. Abb. 52) sowie als Organisations- bzw. Unternehmenskultur und
- andererseits auf der Ist-Ebene sowie auf der Soll-Ebene. Auf der Ist-Ebene sind die Kulturpraktiken angesiedelt (= wie man sich in einer Gesellschaft oder einer Organisation üblicherweise verhält), auf der Soll-Ebene die kulturspezifischen Werte (= wie man sich in einer Gesellschaft oder einer Organisation verhalten sollte; vgl. Abb. 52).

Abb. 52: Befragungskonzept der GLOBE-Studie

Organization As Is
The pay and bonus system in this organization **is** designed to maximize:
1　　2　　3　　4　　5　　6　　7
Individual Interests　　　　　　　　　　　　　　　Collective Interests

Organization Should Be
In this organization, the pay and bonus system **should be** designed to maximize:
1　　2　　3　　4　　5　　6　　7
Individual Interests　　　　　　　　　　　　　　　Collective Interests

Society As Is
The exonomics system in this society **is** designed to maximize:
1　　2　　3　　4　　5　　6　　7
Individual Interests　　　　　　　　　　　　　　　Collective Interests

Society Should Be
I believe that the economis system in this society **should be** designed to maximize:
1　　2　　3　　4　　5　　6　　7
Individual Interests　　　　　　　　　　　　　　　Collective Interests

Quelle: House/Javidan (2004, S. 23).

4.3 Kulturdimensionen

Von der Vielzahl an Erkenntnissen, welche das *GLOBE*-Konsortium gewonnen und in zwei großen Monographien veröffentlicht hat, sollen im Folgenden lediglich die *GLOBE*-Kulturdimensionen (vgl. Tab. 42) vorgestellt werden (zu den Besonderheiten des Führungsstils von Managern in Abhängigkeit vom kulturellen Umfeld vgl. Müller/Gelbrich 2014, S. 495 ff.).

Tab. 43 informiert über die Positionen der 62 betrachteten Länder bzw. Regionen auf den *GLOBE*-Kulturdimensionen. Dabei ist zu bedenken, dass es sich um sog. ‚response-bias corrected values' handelt. Mit ihrer Hilfe wird versucht,

Tab. 42: GLOBE-Kulturdimensionen im Überblick

Bezeichnung	Kurzbeschreibung	Beispiel-Item	Theoretischer Bezug
Unsicherheitsvermeidung („uncertainty avoidance")	Inwieweit wird versucht, Unsicherheit zu meiden bzw. zu reduzieren, indem man Tradition, Normen, Ritualen und bürokratischen Prozeduren Vorrang gibt vor Neuerungen?	„Most people lead (should lead) highly structured lives with few unexpected events."	*Hofstede*-Studie
Akzeptanz von Machtdistanz („power distance")	Inwieweit erwarten und akzeptieren die Mitglieder einer Gesellschaft oder einer Organisation, dass Macht ungleich verteilt und auf die höheren Ebenen einer Gesellschaft oder Organisation konzentriert ist?	„Followers are (should be) expected to obey their leaders without questions."	*Hofstede*-Studie
Institutioneller Kollektivismus („institutional collectivism")	Inwieweit fördern und belohnen organisatorische und gesellschaftliche institutionelle Praktiken gemeinsames Handeln und die kollektive Verteilung von Ressourcen?	„Leaders encourage (should encourage) group loyalty even if individual goals suffer."	Ergebnis der Aufspaltung der bipolaren *Hofstede*-Kulturdimension „Individualismus vs. Kollektivismus" in zwei unipolare Skalen („Institutioneller Kollektivismus" und „Gruppenkollektivismus"). Mitunter wird die Dimension Gruppenkollektivismus auch als Familienkollektivismus bezeichnet (vgl. Javidan et al. 2006, S. 907).
Gruppenkollektivismus („in-group collectivism")	Inwieweit sind die Mitglieder einer Gruppe (Familie, Organisation etc.) stolz auf ihre Gruppenzugehörigkeit und loyal gegenüber dieser Gruppe.	„Employees feel (should feel) great loyalty towards this organization."	
Geschlechtergleichheit („gender egalitarianism")	Inwieweit fördert eine Gesellschaft die Gleichbehandlung der Geschlechter?	„Boys are encouraged (should be encouraged) more than girls to attain a higher education." *(scored inversely)*	Ergebnis der Aufspaltung der bipolaren *Hofstede*-Kulturdimension „Maskulinität vs. Feminität" in zwei unipolare Skalen („Geschlechtergleichheit" und „Durchsetzungsfähigkeit")
Durchsetzungsfähigkeit („assertiveness")	Inwieweit gehen die Mitglieder einer Gesellschaft bestimmt, selbstsicher und unter Umständen aggressiv miteinander um, wenn sie ihre Interessen durchsetzen wollen?	„People are (should be) generally dominant in their relationships with each other."	

Tab. 43: Kulturprofil der im Rahmen des GLOBE-Projektes untersuchten Länder bzw. Regionen

Nr.	Land	Assertiveness Values	Assertiveness Practices	Institutional Collectivism Values	Institutional Collectivism Practices	In-Group Collectivism Values	In-Group Collectivism Practices	Future Orientation Values	Future Orientation Practices	Gender Egalitarianism Values	Gender Egalitarianism Practices	Humane Orientation Values	Humane Orientation Practices	Performance Orientation Values	Performance Orientation Practices	Power Distance Values	Power Distance Practices	Uncertainty Avoidance Values	Uncertainty Avoidance Practices
1	Ägypten	3,22	3,91	4,72	4,36	5,39	5,49	5,60	3,80	3,34	2,90	5,13	4,60	5,71	4,15	3,20	4,76	5,24	3,97
2	Albanien	4,39	4,57	4,30	4,28	4,98	5,51	5,17	3,69	4,04	3,48	5,16	4,40	5,47	4,57	3,47	4,44	5,17	4,45
3	Argentinien	3,18	4,18	5,29	3,66	6,07	5,51	5,73	3,10	4,89	3,44	5,50	3,94	6,28	3,63	2,30	5,56	4,62	3,63
4	Australien	3,83	4,29	4,47	4,31	5,82	4,14	5,21	4,09	5,02	3,41	5,60	4,32	5,99	4,37	2,77	4,81	3,99	4,40
5	Bolivien	3,68	3,78	5,03	3,96	5,91	5,44	5,56	3,55	4,65	3,45	5,11	3,99	5,98	3,57	3,31	4,46	4,64	3,32
6	Brasilien	3,06	4,25	5,57	3,94	5,17	5,16	5,60	3,90	4,91	3,44	5,52	3,76	5,98	4,11	2,59	5,24	5,00	3,74
7	China	5,52	3,77	4,52	4,67	5,12	5,86	4,70	3,68	3,73	3,03	5,34	4,29	5,72	4,37	3,01	5,02	5,34	4,81
8	Costa Rica	4,04	3,83	5,14	3,95	5,94	5,26	5,10	3,64	4,59	3,56	5,08	4,38	5,78	4,10	2,66	4,70	4,58	3,84
9	Dänemark	3,59	4,04	4,41	4,93	5,71	3,63	4,49	4,59	5,20	4,02	5,59	4,67	5,82	4,40	2,96	4,14	4,01	5,32
10	Deutschland (O)	3,24	4,77	4,86	3,67	5,38	4,59	5,36	4,04	4,97	3,17	5,56	3,45	6,24	4,16	2,74	5,70	4,02	5,19
11	Deutschland (W)	3,21	4,66	5,07	3,97	5,46	4,16	5,06	4,41	5,06	3,25	5,63	3,30	6,27	4,42	2,66	5,48	3,38	5,35
12	Ecuador	3,57	3,98	5,19	3,82	5,81	5,55	5,62	3,66	4,42	3,09	5,13	4,45	5,95	4,06	2,36	5,29	4,95	3,63
13	El Salvador	3,67	4,49	5,60	3,74	6,28	5,22	5,89	3,73	4,66	3,23	5,38	3,69	6,37	3,72	2,76	5,56	5,27	3,69
14	Finnland	3,91	4,05	4,34	4,77	5,60	4,23	5,24	4,39	4,47	3,55	5,80	4,19	6,23	4,02	2,46	5,08	4,04	5,11
15	Frankreich	3,57	4,44	5,27	4,20	5,88	4,66	5,35	3,74	4,71	3,81	5,91	3,60	6,10	4,43	2,96	5,68	4,65	4,66
16	Georgien	4,29	4,15	3,79	4,03	5,58	6,18	5,45	3,45	3,83	3,52	5,48	4,17	5,63	3,85	2,86	5,15	5,23	3,54
17	Griechenland	3,05	4,55	5,41	3,41	5,47	5,28	5,17	3,53	4,84	3,53	5,28	3,44	5,79	3,34	2,57	5,35	5,16	3,52
18	Großbritannien	3,76	4,23	4,39	4,31	5,66	4,08	5,15	4,31	5,20	3,67	5,52	3,74	6,03	4,16	2,82	5,26	4,17	4,70
19	Guatemala	3,65	3,96	5,16	3,78	5,95	5,54	5,78	3,35	4,49	3,14	5,24	3,91	5,96	3,85	2,49	5,47	4,85	3,44
20	Hong Kong	4,80	4,53	4,35	4,03	5,11	5,33	5,52	3,88	4,27	3,26	5,38	3,72	5,71	4,69	3,00	4,94	4,52	4,17
21	Indien	4,65	3,70	4,59	4,25	5,22	5,81	5,43	4,04	4,40	2,89	5,20	4,45	5,87	4,11	2,58	5,29	4,58	4,02
22	Indonesien	4,50	3,70	4,96	4,27	5,46	5,50	5,48	3,61	3,71	3,04	5,06	4,47	5,54	4,14	2,38	4,93	5,04	3,92
23	Irland	4,00	3,93	4,55	4,57	5,72	5,12	5,18	3,93	5,07	3,19	5,45	4,96	5,99	4,30	2,66	5,13	3,94	4,25
24	Israel	3,74	4,19	4,25	4,40	5,69	4,63	5,17	3,82	4,66	3,21	5,51	4,07	5,71	4,03	2,72	4,71	4,34	3,97
25	Italien	3,87	4,12	5,20	3,75	5,76	4,99	6,01	3,34	4,88	3,30	5,57	3,66	6,11	3,66	2,51	5,45	4,52	3,85
26	Japan	5,84	3,69	4,01	5,23	5,44	4,72	5,42	4,29	4,41	3,17	5,53	4,34	5,37	4,22	2,76	5,23	4,40	4,07
27	Kanada	4,15	4,09	4,20	4,36	5,94	4,22	5,34	4,40	5,04	3,66	5,58	4,51	6,13	4,46	2,73	4,85	3,73	4,54
28	Kasachstan	3,88	4,51	4,16	4,38	5,62	5,50	5,22	3,72	4,85	3,87	5,66	4,15	5,57	3,72	3,19	5,40	4,52	3,76
29	Katar	3,72	4,39	5,10	4,78	5,55	5,07	5,92	4,08	3,49	3,86	5,31	4,79	5,94	3,76	3,18	5,05	4,82	4,26

4.3 Kulturdimensionen

Nr.	Land	Assertiveness Values	Assertiveness Practices	Institutional Collectivism Values	Institutional Collectivism Practices	In-Group Collectivism Values	In-Group Collectivism Practices	Future Orientation Values	Future Orientation Practices	Gender Egalitarianism Values	Gender Egalitarianism Practices	Humane Orientation Values	Humane Orientation Practices	Performance Orientation Values	Performance Orientation Practices	Power Distance Values	Power Distance Practices	Uncertainty Avoidance Values	Uncertainty Avoidance Practices
30	Kolumbien	3,45	4,16	5,27	3,84	5,99	5,59	5,52	3,35	4,85	3,64	5,43	3,72	6,15	3,93	2,21	5,37	4,92	3,62
31	Kuweit	3,61	3,56	5,04	4,32	5,32	5,70	5,62	3,18	3,50	2,59	5,06	4,44	5,89	3,79	3,02	4,97	4,65	4,02
32	Malaysia	4,73	3,77	4,78	4,45	5,77	5,47	5,84	4,39	3,72	3,31	5,43	4,76	5,96	4,16	2,75	5,09	4,81	4,59
33	Marokko	3,68	4,72	5,34	4,18	6,03	6,37	6,33	3,50	4,07	3,08	5,73	4,52	6,12	4,31	3,30	6,14	5,77	3,95
34	Mexiko	3,67	4,31	4,77	3,95	5,78	5,62	5,74	3,75	4,57	3,50	5,10	3,84	6,00	3,97	2,75	5,07	5,18	4,06
35	Namibia	3,76	3,81	4,26	4,02	6,13	4,39	6,30	3,32	4,20	3,69	5,47	3,83	6,52	3,52	2,59	5,29	5,19	4,09
36	Neuseeland	3,52	3,53	4,31	4,96	6,54	3,58	5,90	3,46	4,32	3,18	4,85	4,43	6,24	4,86	3,56	5,12	4,17	4,86
37	Niederlande	3,13	4,46	4,76	4,62	5,39	3,79	5,24	4,72	5,10	3,62	5,41	4,02	5,71	4,46	2,61	4,32	3,34	4,81
38	Nigeria	3,14	4,53	4,86	4,00	5,31	5,34	5,80	3,95	4,16	3,04	5,71	3,96	5,99	3,79	2,66	5,53	5,45	4,14
39	Österreich	2,85	4,59	4,78	4,34	5,32	4,89	5,15	4,47	4,83	3,18	5,68	3,77	6,12	4,47	2,52	5,00	3,65	5,10
40	Philippinen	4,93	3,85	4,55	4,37	5,86	6,14	5,66	3,92	4,36	3,42	5,19	4,88	6,00	4,21	2,54	5,15	4,92	3,69
41	Polen	3,95	4,11	4,24	4,51	5,69	5,55	5,17	3,23	4,53	3,94	5,32	3,67	6,06	3,96	3,19	5,09	4,75	3,71
42	Portugal	3,61	3,75	5,40	4,02	5,97	5,64	5,50	3,77	5,12	3,69	5,40	3,96	6,41	3,65	2,45	5,50	4,50	3,96
43	Russland	2,90	3,86	4,01	4,57	5,90	5,83	5,60	3,06	4,34	4,07	5,62	4,04	5,68	3,53	2,73	5,61	5,26	3,09
44	Sambia	4,24	4,00	4,55	4,41	5,64	5,72	5,76	3,55	4,27	2,88	5,37	5,12	6,08	4,01	2,37	5,23	4,45	3,92
45	Schweden	3,49	3,41	3,91	5,26	6,25	3,46	4,96	4,37	5,19	3,72	5,72	4,09	6,01	3,67	2,49	4,94	3,45	5,36
46	Schweiz deutsch	3,31	4,58	4,87	4,20	5,16	4,04	4,93	4,80	5,01	3,12	5,63	3,73	6,00	5,04	2,54	5,05	3,20	5,42
47	Schweiz frz.	3,83	3,61	4,42	4,31	5,54	3,82	4,89	4,36	4,77	3,46	5,68	3,98	6,17	4,36	2,80	5,00	3,84	5,05
48	Simbabwe	4,60	4,60	4,84	4,84	5,74	5,74	6,01	6,01	4,40	4,40	5,20	5,20	6,33	6,33	2,65	2,65	4,68	4,68
49	Singapur	4,28	4,06	4,42	4,77	5,46	5,66	5,46	4,88	4,43	3,52	5,66	3,29	5,70	4,81	2,84	4,92	4,08	5,16
50	Slowenien	4,61	4,01	4,36	4,09	5,71	5,49	5,43	3,56	4,78	3,84	5,31	3,75	6,41	3,62	2,50	5,32	5,03	3,76
51	Spanien	4,01	4,39	5,25	3,87	5,82	5,53	5,66	3,52	4,82	3,06	5,63	3,29	5,85	4,00	2,23	5,53	4,80	3,95
52	Südafrika Schwarz	3,97	4,43	4,46	4,47	5,14	5,18	5,25	4,66	4,43	3,78	5,23	4,46	5,09	4,72	3,80	4,31	4,92	4,64
53	Südafrika Weiß	3,65	4,49	4,36	4,54	5,82	4,42	5,59	4,08	4,54	3,25	5,53	3,45	6,13	4,07	2,67	5,10	4,65	4,06
54	Südkorea	3,69	4,36	3,84	5,20	5,50	5,71	5,83	3,90	4,23	2,45	5,61	3,73	5,41	4,53	2,39	5,69	4,74	3,52
55	Taiwan	2,91	3,70	4,95	4,30	5,30	5,45	4,94	3,65	3,88	2,92	5,15	3,82	5,58	4,27	2,77	5,00	5,14	4,04
56	Thailand	3,43	3,58	5,08	3,88	5,73	5,72	6,26	3,27	4,12	3,26	5,05	4,87	5,76	3,84	2,74	5,62	5,71	3,79
57	Türkei	2,68	4,42	5,18	4,02	5,63	5,79	5,71	3,74	4,46	3,02	5,40	3,92	5,34	3,82	2,52	5,43	4,61	3,67
58	Ungarn	3,42	4,71	4,57	3,63	5,58	5,31	5,74	3,31	4,65	4,02	5,48	3,39	5,97	3,50	2,59	5,57	4,74	3,26
59	USA	4,36	4,50	4,20	4,21	5,79	4,22	5,34	4,13	5,03	3,36	5,51	4,18	6,14	4,45	2,88	4,92	3,99	4,15
60	Venezuela	3,34	4,26	5,28	3,96	5,92	5,41	5,61	3,43	4,70	3,60	5,24	4,19	6,11	3,41	2,43	5,22	5,19	3,55

Quelle: House et al. (2004, S. 742 ff).

Bezeichnung	Kurzbeschreibung	Beispiel-Item	Theoretischer Bezug
Zukunftsorientierung („future orientation')	Inwieweit sind die Mitglieder einer Gesellschaft eher bestrebt, den ‚status quo' zu erhalten und aktuelle Probleme zu lösen, oder handeln sie eher zukunftsbezogen?	„More people live (should live) for the present rather than for the future." (scored inversely)	Die von Kluckhohn/ Strodtbeck (1961) vorgeschlagene Wertorientierung ‚time orientation'
Leistungsorientierung („performance orientation')	Inwieweit ermutigt eine Gesellschaft, Gruppe, Organisation etc. ihre Mitglieder zu besonderen Leistungen und belohnt sie dafür?	„Students are encouraged (should be encouraged) to strive for continuously improved performance."	Konstrukt des individuellen Leistungsbedürfnisses (vgl. McClelland 1961) und Konstrukt der kollektiven Leistungsorientierung (vgl. Schein 1985)
Humanorientierung („humane orientation')	Inwieweit ermutigt eine Gesellschaft, Gruppe, Organisation etc. ihre Mitglieder zu Altruismus, Fairness, Freundlichkeit, Fürsorglichkeit etc. und belohnt sie dafür.	„People are generally (should be generally) very tolerant to mistakes."	Die von Kluckhohn/ Strodtbeck (1961) vorgeschlagene Wertorientierung ‚human nature orientation'

Quelle: eigene Darstellung auf Basis von House/Javidan (2004, S. 12 ff.) und House et al. (2004, S. 30).

dem Umstand Rechnung zu tragen, dass die Rohwerte kulturvergleichender Untersuchungen wegen der Kulturspezifität von ⇒ Antworttendenzen nicht ohne weiteres miteinander vergleichbar sind (vgl. Hoffmann et al. 2013). Während etwa im konfuzianischen Kulturraum die – unentschiedene – mittlere Antwortkategorie auffällig häufig bevorzugt wird (= Tendenz zur Mitte), neigen Angehörige des individualistisch-angelsächsischen Kulturraumes dazu, die gesamte Skalenbreite zu nutzen. Sie scheuen sich auch nicht, „extreme" Antworten zu geben (z.B. „stimme voll und ganz zu"; vgl. Baumgartner/Steenkamp 2001). Die deshalb durchgeführte ‚response-bias correction procedure' vollzieht sich in drei Schritten:
- Für jede Auskunftsperson werden der Mittelwert aller Items und die Standardabweichung ermittelt.
- Der so berechnete individuelle Item-Mittelwert ist dann vom Rohwert jedes Items zu subtrahieren und durch die Standardabweichung zu dividieren.
- Dieser individuelle ‚corrected scale score' wird dann über alle Auskunftspersonen, die einer bestimmten Kultur angehören, aggregiert.

Durch diese Umrechnungsprozedur verlieren die ‚response-bias corrected scores' jedoch ihre ursprünglichen Skaleneigenschaften (als siebenstufige Intervallskala). Nunmehr handelt es sich um sog. ipsative, d.h. „auf sich selbst bezogene" Messwerte, die jeweils in Relation zu den Messwerten aller Angehörigen der Stichprobe zu interpretieren sind. Um auch dieses Problem zu lösen, wurden aus den ‚corrected scale scores' (= UV) regressionsanalytisch

‚uncorrected scale scores' (= AV) ermittelt. Diese ‚predicted scores' sind wieder intervallskaliert und können entsprechend verarbeitet werden.

4.4 Kritische Würdigung

Die Feststellung, dass das GLOBE-Konzept von der kulturvergleichenden Marketingforschung noch selten genutzt wird (vgl. Okazaki/Mueller 2007, S. 504), ist nach wie vor zutreffend. Ein Grund mag, neben anderem, die Problematik der unklaren Beziehung zwischen der Ebene der ‚values' und der Ebene der ‚practices' sein.

4.4.1 Werte & Praktiken

Ein unerwartetes Problem

Entsprechend dem im „Zwiebelmodell" der Kulturwissenschaften (vgl. Teil B-1.2.2) unterstellten Zusammenhang zwischen Concepta und Percepta müssten die in der GLOBE-Studie identifizierten Werte (‚values') signifikant positiv mit den zugehörigen Verhaltensweisen (‚practices') korrelieren. Empirisch kann die ‚onion assumption' („that cultural values drive cultural practices"; Javidan et al. 2006, S. 900) jedoch nur im Falle der Kulturdimension „Geschlechtergleichheit" bestätigt werden. Bei „Gruppenkollektivismus" fällt die Korrelation zwar auch positiv, aber nicht signifikant aus. Bei allen anderen Dimensionen korrelieren Werte und Praktiken sogar negativ miteinander (vgl. Tab. 44). Dieser Befund löste im sechsten Heft des 37. Jahrgangs von *Journal of International Business Studies* eine heftige Debatte aus (vgl. Earley 2006; Hofstede 2006; Leung 2006; Smith 2006).

Tab. 44: Korrelationen der GLOBE-Dimensionen Werte & Praktiken

Kultur-dimension	1	2	3	4	5	6	7	8	9
1	−.26*	.12	−.24	.09	.18	.35*	−.01	−.11	.04
2	.37*	−.61*	−.16	−.25*	−.25*	−.01	−.39*	.38	−.19
3	.28*	.43*	.21	.62*	−.44*	−.09	.12	.02	.80*
4	.17	−.30*	−.42*	−.41*	.19	.22	−.23	.12	−.53*
5	−.01	−.31*	.16	−.24	.32*	−.01	.02	.10	−.06
6	.45*	−.02	.20	.26*	−.39*	−.32*	.00	.30*	.29*
7	.37*	−.22	−.36*	−.24	−.11	−.06	−.28*	.34*	−.24
8	−.05	.41*	.33*	.60*	−.08	.21	.40*	−.43*	.48*
9	.07	−.32*	−.45*	−.57	.12	.11	−.14	.19	−.62*

Legende: 1 = assertiveness, 2 = institutional collectivism, 3 = in–group collectivism, 4 = future orientation, 5 = gender egalitarianism, 6 = humane orientation, 7 = performance orientation, 8 = power distance, 9 = uncertainty avoidance
* Signifikanzniveau $p > .05$ (Basis: n = 61)

Quelle: GLOBE (Appendix A, S. 736).

Um diesen auch für das GLOBE-Team überraschenden und unverständlichen Befund (vgl. Javidan et al. 2006a, S. 901) wenigstens nachträglich erklären zu können, wurden ex-post verschiedene mögliche Erklärungen vorgeschlagen:
- Ungleichzeitigkeit von Wertewandel und Verhaltensänderung,
- wechselnde normative Urteile,
- unterschiedliche Einflussfaktoren,
- Mangelhypothese,
- marginale Präferenzen vs. kulturelle Werte.

Ungleichzeitigkeit von Wertewandel & Verhaltensänderung

Unter dem Eindruck gravierender Umwelteinflüsse ändern sich häufig nach und nach die Werte einer Gesellschaft. Eines der bekanntesten Beispiele eines epochalen Wertewandels ist der mit wachsendem Wohlstand in Verbindung gebrachte Übergang von den materialistischen zu den postmaterialistischen Werten (vgl. Inglehart 1997). Verhaltensweisen allerdings sind im Regelfall änderungsresistenter als Werte, da es zumeist mehr „kostet" – monetär oder psychisch –, sein Verhalten zu ändern als seine Einstellungen und Werte. Beispielsweise ist es vergleichsweise einfach, für vermehrten Umweltschutz einzutreten: aber aus diesem Grund tatsächlich seinen Fleischkonsum reduzieren oder seine Heizungsanlage erneuern? Deshalb kann es geschehen, dass die „alten Werte" noch für geraume Zeit in den gelebten Praktiken fortwirken (vgl. Maseland/van Hoorn 2009, S. 530). Das Phänomen der „Ungleichzeitigkeit des Wandels von Werten und Verhalten" ist eine mögliche Erklärung der negativen Korrelationen zwischen Werten und Praktiken.

Beliebigkeit der Argumentation

Hofstede (2006, S. 886), der, um Kritik an seinem eigenen Kulturmodell abzuwehren, dem Phänomen des Werte- bzw. Kulturwandels keine Bedeutung beimisst (vgl. Teil B-2.4.3), bietet für die mehrheitlich negativen Korrelationen eine gänzlich andersartige Erklärung an: Die Einschätzung der Praktiken sei ideologisch gefärbt und folglich nicht valide. Er begründet diese These folgendermaßen: Die Befragten erheben die jeweiligen Werte („wie ihre Gesellschaft sein sollte") zur Norm und kritisieren ihre Gesellschaft, da diese der idealisierten Norm natürlich nicht gerecht wird. So wünschen sich die meisten Befragten, wie an dem hohen durchschnittlichen Mittelwert von x = 5,42 für ‚humane orientation values' erkennbar, einen menschlichen Umgang miteinander. Der durchschnittliche Mittelwert von x = 4,09 für ‚humane orientation practices' wiederum gibt zu erkennen, dass so mancher diese Form von Mitmenschlichkeit im täglichen Leben vermisst (was eine negative Korrelation von ‚values' und ‚practices' zur Folge hat). Positive Korrelationen, etwa im Falle von Geschlechtergleichheit, erklärt Hofstede (2006, S. 886) wiederum damit, dass die Befragten in diesen Fällen die beobachteten Praktiken zur Norm erheben und ihre Wünsche danach ausrichten. Diese Beliebigkeit der Argumentation veranlasste Javidan et al. (2006a, S. 901) zu der Frage, warum das eine Mal die Werte die Norm sein sollen (was negative Korrelationen zur Folge hat) und ein anderes Mal die Praktiken (= positive Korrelation)?

4.4 Kritische Würdigung

Unterschiedliche Einflussfaktoren

Angehörige des *GLOBE*-Konsortiums „erklären" die Diskrepanz zwischen Werten und Praktiken damit, dass beide mit Unterschiedlichem zusammenhängen. So korreliert die Präferenz für einen bestimmten Führungsstil (z.B. charismatisch) mit Werten (z.B. Akzeptanz von Machtdistanz), nicht hingegen mit den Praktiken derselben Kulturdimension. Sie wiederum hängen mit verschiedenen gesellschaftlichen Phänomenen (Wirtschaftskraft, nationale Wettbewerbsfähigkeit, Lebenserwartung etc.) zusammen (vgl. Javidan et al. 2006a, S. 903). Dass „Werte" und „Praktiken" offenbar Unterschiedliches erfassen, ist allerdings keine Erklärung, sondern bestenfalls die Beschreibung eines unerwarteten Phänomens. Auch gibt sie keine Antwort darauf, warum mal positive, mal negative und mal keine Korrelationen zwischen Werten und Praktiken zu beobachten sind.

Mangelhypothese

Grundlage für diese Hypothese ist ein Phänomen, welches sich bei vier *GLOBE*-Kulturdimensionen beobachten lässt: Die durchschnittlichen Mittelwerte der „Werte" fallen bei Leistungsorientierung, Zukunftsorientierung, Humanorientierung und Akzeptanz von Machtdistanz höher aus als die Mittelwerte der „Praktiken", und zugleich sind die Abstände zwischen Werten und Praktiken umso größer, je geringer die ‚practice scores' ausfallen. Dieses Phänomen versuchen Javidan et al. (2006a, S. 902) mit der Mangelhypothese (‚deprivation hypothesis') zu erklären.

Demnach verstärkt ein beobachteter Mangel an einem bestimmten Verhalten (= niedrige Werte für ‚practices') den Wunsch nach diesem Verhalten (= hohe Werte für ‚values'), während dieser Wunsch weniger stark ausgeprägt ist (= niedrige Value-Scores), wenn kein Mangel herrscht (= hohe Practice-Scores). Mit anderen Worten: Wer bspw. seine Gesellschaft für wenig leistungsorientiert hält, wünscht sich mehr Leistungsdruck. Nicht so, wenn bereits starker Leistungsdruck herrscht. Was Menschen für wünschenswert halten (= Soll-Zustand), hängt folglich davon ab, wie sie den Ist-Zustand wahrnehmen. Empfinden sie dabei ein Defizit, so verstärkt dies den Wunsch nach dem, was fehlt. Allerdings bleibt unklar, warum die Mangelhypothese nur für vier Dimensionen gelten soll und für die anderen nicht. Widersprüchlich ist u.a., dass Werte und Praktiken der Dimension Geschlechtergleichheit positiv miteinander korrelieren. Auch dass Menschen in Ländern, in denen alles daran gesetzt wird, Ungewissheit zu vermeiden (= ‚practices'), sich weniger Ungewissheitsvermeidung wünschen (= ‚values'), vermag die Mangelhypothese nicht zu erklären.

Marginale Präferenzen vs. kulturelle Werte

Maseland/van Hoorn (2009, S. 528 f.) halten die Mangelhypothese lediglich für eine Variante des mikroökonomischen Gesetzes vom abnehmenden Grenznutzen. Demnach stiftet uns eine zusätzliche Einheit von einem Gut, mit dem wir bereits gesättigt sind, keinen nennenswerten zusätzlichen Nutzen. Empfinden wir jedoch ein Defizit, dann erscheint uns das Gut umso wünschenswerter, je größer das Defizit ist. Hohe Practice-Scores gehen daher zwangsläufig mit geringen Value-Scores einher und umgekehrt. Maseland/van Hoorn (2009, S. 529 ff.) folgern daraus, dass der *GLOBE*-Ansatz keine kulturellen Werte, sondern sog. marginale Präferenzen misst – also den zusätzlichen Nutzen, den die Erfüllung eines Wunsches über den ‚status quo' hinaus für den Befragten darstellt. Deshalb könne die *GLOBE*-Studie die ‚onion assumption' nicht in Frage stellen. Ein valides, universell gültiges Werteinventar dürfe nicht vom gewärtigen Ausmaß der Erfüllung eines Wunsches abhängen. Maseland/van Hoorn 2009, S. 530 f.) schlugen deshalb eine alternative Art der Fragestellung vor, um diesem Anspruch gerecht zu werden:

„Imagine that your current society no longer exists and that you are faced with a choice between four other societies in which you live. The societies differ only in the degree of protection of freedom (‚very free to not at all free') and the degree of equality (‚very unequal to very equal'). Please indicate the society in which you would most like to live by circling the corresponding number (1 to 4)."

Zweifel an den von *Maseland & van Hoorn* getroffenen Annahmen äußerten u.a. Brewer/Venaik (2010). Sie wandten ein, dass dem Gesetz vom abnehmenden Grenznutzen ein unrealistisches Menschenbild zugrunde liege: das des strikt kaufmännisch kalkulierenden Menschen, dessen Präferenzen für bestimmte Konsumgüter nachlassen, sobald er mit diesen ausreichend ausgestattet ist. Die Übertragbarkeit dieser Modellvorstellung sei mehr als fraglich. Zumindest ebenso plausibel sei es bspw., dass Menschen soziale Beziehungen für wünschenswert halten, weil sie zahlreiche Freunde und Bekannte haben.

Hierarchie der Bedürfnisse

Die Erklärung, die Venaik/Brewer (2010, S. 1307 ff.) für die Diskrepanz von Werten und Praktiken im Falle von Ungewissheitsvermeidung vorschlugen, rekurriert auf *Maslows* Bedürfnispyramide. Diese Kulturdimension repräsentiert in der *GLOBE*-Studie den Wunsch nach bzw. das Vorhandensein von Struktur und Ordnung, Regeln und Gesetzen. Empirisch lässt sich zeigen, dass ‚uncertainty avoidance values' und ‚practices' negativ korrelieren und zudem in gegenläufiger Weise: Bei niedrigen Practice-Mittelwerten bleiben die Praktiken hinter den Werten zurück (‚values' > ‚practices'), bei hohen Practice-Mittelwerte hingegen die Werte hinter den Praktiken (‚practices' > ‚values').

Ausgangspunkt der Erklärung ist der empirische Nachweis, dass die ökonomische Prosperität eines Landes positiv mit den *GLOBE*-Praktiken für Ungewissheitsvermeidung korreliert, aber negativ mit den *GLOBE*-Werten (vgl. Javidan et al. 2006a; 2004). Dies bedeutet, dass reiche Länder sich eine Vielzahl von Regeln und Gesetzen gegeben haben, die für Struktur und Ordnung sorgen, arme hingegen nicht. Für wünschenswert halten die Bewohner dieser Länder jedoch jeweils das Gegenteil: Bewohner reicher Länder weniger Regeln und Gesetze, Bewohner armer Länder hingegen mehr Regeln und Gesetze.

Venaik/Brewer (2010, S. 1307 ff.) begründen dies motivationstheoretisch. Entsprechend der von Maslow (1943) vorgeschlagenen Bedürfnispyramide sind Bedürfnisse hierarchisch strukturiert: Der Mensch versucht zunächst, seine grundlegenden Bedürfnisse zu stillen (z.B. Nahrung, Sicherheit). Sind diese sog. Defizitbedürfnisse erfüllt, dann treten andere, „höherrangige" Bedürfnisse in den Vordergrund (z.B. nach Selbstverwirklichung). In armen Ländern mit ihren häufig vergleichsweise ungeordneten Lebensverhältnissen entspringt der Wunsch nach Regeln und Ordnung einem grundlegenden Sicherheitsbedürfnis. Reiche Länder hingegen zeichnen sich durch ein komplexes Rechtssystem aus, dessen positive Wirkungen (Recht & Ordnung) als selbstverständlich wahrgenommen werden, während die hohe Regelungsdichte als einengend erlebt wird, als Behinderung des individuellen Strebens nach Selbstverwirklichung. Dies erklärt, warum sich die einen mehr und die anderen weniger Regeln und Gesetze wünschen.

☛ Offenbar erfassen die *GLOBE*-Values und die *GLOBE*-Practices unterschiedliche Facetten des Konstrukts Landeskultur. Alle Versuche, diese Diskrepanz zu erklären, leiden unter ein und derselben Schwäche. Sie gelten immer nur für einzelne Kulturdimensionen. Was nach wie vor fehlt, ist ein umfassender Erklärungsansatz, der alle neun Kulturdimensionen einbezieht. Offen ist weiterhin die Frage, ob ‚values' oder ‚practices' besser geeignet sind, um bestimmte Marketingphänomene zu erforschen. Manifestes Verhalten (z.B. Anteil von Bioware an den gesamten Einkäufen) lässt sich möglicherweise besser mithilfe von Praktiken erklären, Einstellungen (z.B. gegenüber Umweltschutz) hingegen besser mithilfe von Werten.

4.4.2 Unabhängigkeit der Dimensionen

Auf der Ebene der Praktiken (‚as is') sind 20 der 36 Interkorrelationen der *GLOBE*-Kulturdimensionen mit einer 5%-Irrtumswahrscheinlichkeit signifikant (vgl. Tab. 45). In sechs Fällen ist die Korrelation größer bzw. gleich .50, was einem Anteil gemeinsamer Varianz von 25% und mehr entspricht. Am höchsten korrelieren ‚future orientation' & ‚uncertainty avoidance' (r = .76), ‚future

Tab. 45: Interkorrelationen der GLOBE-Kulturdimensionen (Praktiken)

Kultur-dimension	1	2	3	4	5	6	7	8
2	−.42*							
3	.08	−.19						
4	.07	−.46*	−.44*					
5	−.08	−.01	−.20	−.06				
6	−.42*	.43*	.30*	.07	−.15			
7	.06	43*	−.11	.63*	−.31*	.25*		
8	.16	−.46*	.55*	−.52*	−.29*	−.15	−.36*	
9	−.07	.40*	−.45*	.76*	−.06	.00	.58*	−.50*
Legende: 1 = assertiveness, 2 = institutional collectivism, 3 = in-group collectivism, 4 = future orientation, 5 = gender egalitarianism, 6 = humane orientation, 7 = performance orientation, 8 = power distance, 9 = uncertainty avoidance * Signifikanzniveau p > .05 (Basis: n = 61)								

Quelle: House et al. (2004, S. 734).

orientation' & ‚performance orientation' (r = .63), ‚uncertainty avoidance' & ‚ingroup collectivism' (r = 0.60) sowie ‚uncertainty avoidance' & ‚performance orientation' (r = .58). Dies spricht dafür, dass drei der GLOBE-Kulturdimensionen nicht unabhängig sind (im Sinne orthogonaler Faktoren): nämlich ‚uncertainty avoidance','future orientation' & ‚performance orientation'.

Auf der Ebene der Werte (‚should be') sind 17 der 36 Interkorrelationen der GLOBE-Kulturdimensionen signifikant (5%-Niveau). In drei Fällen liegt die Korrelation über .50, wovon erneut Ungewissheitsvermeidung am stärksten betroffen ist: ‚uncertainty avoidance' & ‚future orientation' (r = .67) und ‚uncertainty avoidance' & ‚gender egalitarianism' (r = -.55; vgl. House et al. 2004, S. 735).

4.4.3 Vergleich der Hofstede-Studie mit der GLOBE-Studie

Beide Studien weisen grundlegende Gemeinsamkeiten auf. Sie unterstellen, dass Menschen aufgrund ihrer Sozialisation in unterschiedlichen Landeskulturen unterschiedliche Werthaltungen entwickeln. Diese können gemessen und faktorenanalytisch zu Kulturdimensionen aggregiert werden: als die von den Mitgliedern einer Kultur geteilten Werthaltungen (vgl. Smith 2006, S. 916). Beide Studien haben ihren Ursprung in der Managementforschung und beruhen auf der Befragung von Managern. Allerdings gibt es auch gravierende Unterschiede. Diese betreffen die Konzeptualisierung von Kultur, die methodische Herangehensweise sowie die identifizierten Kulturdimensionen.

4.4.3.1 Konzeptualisierung von Kultur

Tab. 46 verdeutlicht die Unterschiede im Verständnis von Kultur. *Hofstedes* Konzeptualisierung ist eng gefasst und nimmt lediglich die Werte in den Blick: Kultur als Gesamtheit der von den Mitgliedern einer Gesellschaft geteilten Werthaltungen (‚concepta'). Diese begünstigen bestimmte Verhaltensweisen (‚percepta'). Beobachtbare Verhaltensweisen sind demnach Korrelat bzw. Konsequenz von nicht beobachtbaren Werthaltungen. Das GLOBE-Konsortium hat

Tab. 46: Konzeptionelle Unterschiede zwischen Hofstede & GLOBE

	Hofstede	GLOBE
Definition von Kultur	• Computer-Analogie: Kultur als mentale Programmierung des Geistes • Werte beeinflussen das Verhalten	• Holistische Sichtweise: Kultur als Gesamtheit von Werten und Praktiken • Werte und Praktiken sind voneinander unabhängig
Definition von Werten (‚values')	• Selbstbild: Was hält man selbst für wünschenswert (‚desired')? • Eigene Werthaltungen	• Fremdbild: Was gilt in der Gesellschaft als wünschenswert (‚desirable')? • In der Gemeinschaft vorherrschende Werthaltungen
Definition von Verhalten (‚practices')	• Verhalten als Korrelat oder Konsequenz von Werten • Im Messkonzept nicht enthalten	• Welche Verhaltensweisen sind in einer Gesellschaft üblich? • Praktiken als eigenständiger Teil des Messkonzepts

eine weiter gefasste Konzeptualisierung entwickelt. Demnach umfasst Kultur die Werte, Überzeugungen, Normen und Verhaltensmuster einer Nation (vgl. Leung et al. 2005). Gemäß dieser holistischen Sichtweise sind Verhaltensweisen mehr als die mittel- oder unmittelbare Konsequenz von Werthaltungen: eigenständige Konstrukte, die es separat zu erheben gilt.

Unterschiede bestehen auch in der Konzeptualisierung von Werten. Während *G. Hofstede* sich auf das Selbstbild konzentriert („was der Befragte selbst für wichtig bzw. wünschenswert hält"), thematisieren die *GLOBE*-Werteskalen das Fremdbild: wie sich die Mitglieder einer Gemeinschaft nach Ansicht des Befragten verhalten sollten (vgl. Smith 2006, S. 917). So fragt Hofstede (1980) seine Probanden: „In choosing an ideal job, how important would it be to you to ...", während es bei *GLOBE* heißt: „In this society, people should ..." (vgl. House et al. 2004). *GLOBE* weicht in dieser Hinsicht auch von anderen renommierten Wertestudien ab (z.B. Schwartz 2004; Inglehart 1997), die gleichfalls auf das Selbstbild abstellen.

Dies ist insofern bedeutsam, als Selbst- und Fremdbild stark divergieren können, wie eine Studie von Fischer (2006) zeigt. Er hat Studenten aus zehn Ländern gefragt, wie wichtig sie die 57 Werte der *Schwartz Value Survey* für die Menschen in ihrem Land finden („for people in my country"). Sodann reduzierte *R. Fischer* die 57 Werte auf die sieben von *S.H. Schwartz* identifizierten Werte-Dimensionen und aggregierte sie auf Landesebene. Das so erhobene Fremdbild korrelierte nur im Falle zweier Dimensionen miteinander, die sehr früh im Leben sozialisiert werden (,embeddedness' und ,affective autonomy'), im Falle der anderen Dimensionen praktisch nicht. Angesichts dieser Diskrepanz verwundert es nicht, dass die Korrelationen zwischen den *Hofstede*-Dimensionen und den entsprechenden Value-Scores nach *GLOBE* weniger stark ausfallen als erwartet. Obwohl mehrere *GLOBE*-Maße identische bzw. ähnliche Bezeichnungen tragen wie G. Hofstedes Kulturdimensionen, handelt es sich dabei also um zusätzliche Facetten von Kultur, nicht um austauschbare Alternativen (vgl. Smith 2006, S. 917).

4.4.3.2 Methodische Unterschiede

Auch methodisch unterscheiden sich beide Studien (vgl. Tab. 47). Die *Hofstede*-Daten entstammen einem Beratungsprojekt von *IBM*. Die vier Kulturdimensionen des 4D-Modells extrahierte er mithilfe einer explorativen Faktorenanalyse. Ihm wird daher oft Empirizismus vorgeworfen: theorieloses Datensammeln und -verarbeiten. Das *GLOBE*-Konsortium ging hingegen explizit theoriegeleitet vor. Die beteiligten Wissenschaftler formulierten auf Basis relevanter Theorien und Kulturstudien Hypothesen über die Existenz von neun Kulturdimensionen, die sie sodann mithilfe konfirmatorischer Faktorenanalysen empirisch verifizierten. Bei der Stichprobenziehung berücksichtigten sie Manager aus verschiedenen Unternehmen und Branchen, um die externe Validität ihres Ansatzes zu erhöhen.

Schließlich verwendete das *GLOBE*-Konsortium viel Mühe darauf, die Validität und Reliabilität der Messinstrumente (z.B. Pilotstudien, Multimethod-Multitrait-Analyse, konfirmatorische Faktorenanalyse) sowie deren interkulturelle

Vergleichbarkeit (z.B. Translation Back-Translation) sicherzustellen. Aufgrund der hierarchischen Natur der Stichproben analysierten die Forscher die Daten auch mithilfe Hierarchischer Linearer Modelle (HLM). So konnten sie zeigen, dass zwischen Landeskultur und Führungsstil auf organisationaler und gesellschaftlicher Ebene ein Zusammenhang besteht, nicht jedoch auf individueller Ebene. Befürworter der *Hofstede*-Studie mögen einwenden, dass der unstrittige „Methodenvorsprung" der *GLOBE*-Studie mit dem Zeitfaktor zu erklären ist: In den vergangenen 30 Jahren wurde die Methodologie sozialwissenschaftlicher Forschung auf zahlreichen Ebenen entscheidend verbessert. Das Gegenargument der zahlreichen Kritiker lautet: G. *Hofstede* hat die zahlreichen Neuauflagen (z.B. Hofstede et al. 2010) nicht dazu genutzt, seinen Forschungsansatz zu verbessern, sondern ihn mit Vehemenz zu verteidigen (vgl. Teil B-2.4).

Tab. 47: Methodologie von Hofstede & GLOBE im Vergleich

	Hofstede	GLOBE
Forschungsstrategie	• Empirizistisch	• Theoriegeleitet
Stichprobe	• 116.000 *IBM*-Manager aus 53 Ländern und Regionen	• 17.370 Manager aus 62 Ländern und Regionen, drei Branchen (Finanzdienstleistungen, Lebensmittelverarbeitung und Telekommunikation) und 951 Organisationen
Entwicklung der Messinstrumente	• Beteiligung von sechs europäischen Forschern • Fokus auf *IBM*-relevante Themen • Keine Back-Translation	• Beteiligung von 160 Forschern aus 62 Ländern • Fokusgruppeninterviews • Ergänzung und Reformulierung der Items • Translation Back-Translation • Kontrolle der Common Method-Varianz
Skalierung	• Fünfstufige Ratingskalen	• Siebenstufige Ratingskalen
Methoden der Datenauswertung	• Explorative Faktorenanalyse	• Multimethod-Multitrait-Methode • Konfirmatorische Faktorenanalyse • Hierarchische Lineare Modelle (HLM)

Quelle: eigene Darstellung auf Basis von Javidan et al. (2006, S. 910).

4.4.3.3 Unterschiedliche dimensionale Struktur

Die beiden Studien unterscheiden sich zunächst in der Zahl der identifizierten Kulturdimensionen. Mit seinen zunächst vier, später fünf und schließlich sechs Kulturdimensionen ist der *Hofstede*-Ansatz deutlich „sparsamer" als der *GLOBE*-Ansatz, der das Konstrukt Landeskultur auf 18 Dimensionen misst (neun Werte, neun Praktiken). Da die Zahl der Dimensionen zudem in einem sinnvollen – d.h. nicht zu hohen – Verhältnis zur Zahl der zu messenden Kulturen stehen sollte, ist der *Hofstede*-Ansatz mit Blick auf das Kriterium der Sparsamkeit eindeutig im Vorteil (⇒ ‚parsimony & simplicity'). Dies mag ein Grund dafür sein, warum Venaik/Brewer (2010, S. 1297) unter den 24 hochrangigen Studien, welche nach 2004 (also dem Jahr der Veröffentlichung des *GLOBE*-Berichts) die

4.4 Kritische Würdigung

Kulturdimension Ungewissheitsvermeidung thematisierten, nur vier fanden, welche die *GLOBE*-Operationalisierung verwendeten. Alle anderen nutzten die *Hofstede*-Operationalisierung.

Abgesehen von der unterschiedlichen Anzahl der Dimensionen offenbart Tab. 48, dass auch die ähnlich bzw. identisch konzeptionalisierten Dimensionen sich empirisch unterscheiden. So korrelieren lediglich im Falle von Ungewissheitsvermeidung und Institutionellem Kollektivismus die Werteskalen so, wie es zu erwarten war (positiv bzw. negativ). Alle anderen Werteskalen korrelieren nicht signifikant miteinander. Signifikante Zusammenhänge bestehen hingegen zwischen den *Hofstede*-Werten und den *GLOBE*-Praktiken, teils positiver und teils negativer Art.

Tab. 48: Zusammenhang zwischen GLOBE-Skalen & Hofstede-Skalen

GLOBE \ Hofstede		Akzeptanz von Machtdistanz	Ungewissheitsvermeidung	Individualismus	Maskulinität
Akzeptanz von Machtdistanz	Werte	−0,03			
	Praktiken	0,61**			
Ungewissheitsvermeidung	Werte		0,32**		
	Praktiken		−0,61**		
Institutioneller Kollektivismus	Werte			−0,55**	
	Praktiken			0,15	
Gruppenkollektivismus	Werte			−0,20	
	Praktiken			−0,82**	
Geschlechtergleichheit	Werte				0,11
	Praktiken				−0,16
Durchsetzungsvermögen	Werte				−0,12
	Praktiken				0,42**
** $p < 0,001$					

Quelle: House et al. (2004, S. 140).

Die geringe Übereinstimmung der Werteskalen mag zum einen an dem oben dargestellten unterschiedlichen Bezug der Fragestellung liegen (Selbstbild = *Hofstede* vs. Fremdbild = *GLOBE*). Zum anderen sind die Items recht unterschiedlich formuliert, was gleichfalls die Wahrscheinlichkeit erhöht, dass sie Unterschiedliches messen – wie sich erneut am Beispiel der Dimension „Ungewissheitsvermeidung" belegen lässt (vgl. Tab. 49a). Die vier *GLOBE*-Items messen den Grad der „Orientierung an Regeln" (UA-Rule Orientation), d.h. das Streben nach Struktur und Ordnung. Die gleichartig bezeichnete *Hofstede*-Skala wiederum besteht aus drei Items, welche die Themen Stress, Bindung an den Arbeitgeber und Regelorientierung zum Gegenstand haben. Allerdings sorgt der Aggregationsalgorithmus dafür, dass primär der Messwert des Stressitems in den Ungewissheitsvermeidungsindex eingeht (vgl. Venaik/Brewer 2010, S. 1305). Folglich misst die *Hofstede*-Skala vorrangig die Anspannung, welche die Auskunftsperson in ungewissen Situationen empfindet (UA-Stress).

Dafür, dass Unterschiedliches gemessen wird, spricht auch die Überprüfung der Vorhersagevalidität. Denn die beiden Konstrukte weisen signifikante Übereinstimmungen mit verschiedenen Außenkriterien auf: UA-Stress korreliert positiv mit dem nationalen Stressniveau, der Verbreitung von Alkoholismus, der Intensität der Sorgen über Geld und Gesundheit, Neurotizismus und negativ mit guter Gesundheit, Zufriedenheit mit der Familie und Glück. UA-Rule Orientation korreliert hingegen mit verschiedenen Indikatoren, welche die Funktionsfähigkeit gesellschaftlicher Strukturen und Institutionen erfassen: Qualität und Effektivität des Regierungshandelns, Kontrolle von Korruption, Rechtsstaatlichkeit, Regulierungsdichte, politische Stabilität, Gewaltfreiheit etc. (vgl. Venaik/Brewer 2010, S. 1304 ff.).

Tab. 49a: Skalen zur Messung der Dimension Ungewissheitsvermeidung ('values')

	GLOBE (reverse coded)	Hofstede
Items	• „I believe that orderliness and consistency should be stressed, even at the expense of experimentation and innovation." (1 = strongly agree – 7 = strongly disagree) • „I believe that a person who leads a structured live that has few unexpected events ... (1 = has a lot to be thankful for – 7 = is missing a lot of excitement) • „I believe that societal requirements and instructions should be spelled out in detail so citizens know what they are expected to do." (1 = strongly agree – 7 = strongly disagree) • „I believe that society should have rules or laws to cover." (1 = in almost all situations – 7 = in very few situations)	• „How often do you feel nervous or tense (at work)?" (1 = always – 5 = never) • „How long do you think you will continue working fort his company (or organization)?" (1 = two years – 4 = until retirement) • „Company rules should not be broken – even when the employee thinks it is in the company's interest." (1 = strongly agree – 5 = strongly disagree)
Aggregationsalgorithmus	Mittelwert aller Items	UAI = 300 – 30 * (Item 3) – 40 * (Item 1) – (% Antwort 1 und 2 in Item 2)

Quelle: Hofstede (1980); http://www.thunderbird.edu/sites/globe/globe_instruments/index.htm (11.02.2011).

4.4.3.4 Unterschiedliche empirische Befunde

Angesichts der methodologischen Unterschiede und der zeitlichen Diskrepanz zwischen beiden Studien konnte es nicht ausbleiben, dass diese unterschiedliche Ergebnisse liefern, etwa hinsichtlich der Positionierung der einzelnen Nationen auf den Kulturdimensionen. Wenn man die kulturelle Distanz (vgl. Teil F-3.3.1) zwischen verschiedenen Ländern berechnet, dann weichen die ermittelten Werte teilweise erheblich voneinander ab, je nachdem, ob dies anhand der *Hofstede*-Werte oder der *GLOBE*-Werte geschieht (vgl. Tab. 49b): Der Ver-

gleich der kulturellen Distanz Russlands zu insgesamt sieben Nationen offenbart teils geringe (Indien = 4), teils erhebliche Abweichungen (Großbritannien = 38). Weiterhin erkennt man, dass die standardisierten Distanzwerte (0–100) überproportional streuen, wenn die Inputdaten der *Hofstede*-Studie entnommen werden. Überdies fallen folgende Tendenzen auf:
- Den beiden angelsächsischen Ländern attestieren die *GLOBE*-Daten eine wesentlich geringere kulturelle Distanz zu Russland als die *Hofstede*-Daten. Mit Deutschland verhält es sich umgekehrt.
- Die kulturelle Distanz der BRICS-Staaten zu Russland fällt vergleichsweise stabil aus.

Tab. 49b: Kulturelle Distanz Russlands zu sieben Nationen

	Kulturelle Distanz auf Basis der *Hofstede*-Daten	Kulturelle Distanz auf Basis der *GLOBE*-Daten
Brasilien	10	24
China	31	44
Indien	31	35
Südafrika	46	39
Deutschland	52	75
USA	70	47
Großbritannien	85	47

☞ Die beiden Studien unterscheiden sich konzeptionell und empirisch voneinander. So messen die *Hofstede*-Werte, was die Auskunftspersonen sich selbst wünschen, die *GLOBE*-Werte hingegen, was sie glauben, was ihre Gesellschaft für wünschenswert hält. Dies spricht dafür, dass die *Hofstede*-Skalen sich eher dazu eignen, individuelle Einstellungen zu messen, während die *GLOBE*-Skalen den Vorzug erhalten sollten, wenn es gilt, gesellschaftliche Phänomene zu untersuchen, die mit sozialer Interaktion einhergehen – etwa Beziehungen zwischen Gruppen oder Ländern (vgl. Smith 2006, S. 917).

5 Individuelle Kultur

5.1 Kollektive vs. individuelle Kultur

Kultur ist ein kollektives Phänomen: die Gesamtheit der von den Mitgliedern einer Gesellschaft geteilten Werte, Überzeugungen, Praktiken etc. Entsprechend wird Kultur auch gemeinhin auf kollektiver Ebene konzeptualisiert, gemessen und interpretiert. Chinesen gelten als kollektivistisch, Japaner als maskulin, Russen als hierarchiegläubig. Derartige Stereotypisierungen unterschlagen jedoch die Unterschiede, die auch innerhalb von vergleichsweise homogenen Gruppen bestehen und durch den Werte- bzw. Kulturwandel verstärkt werden. Immer mehr Chinesen nehmen sich selbst als autonom wahr, und immer mehr Japaner setzen sich für Geschlechtergleichheit ein.

Dennoch behalf sich die empirische kulturvergleichende Forschung lange Zeit mit einer Fiktion: Der Annahme, man könne von der gemittelten Landeskultur auf das individuelle Werteprofil schließen (vgl. Brewer/Venaik 2012). Aber haben wirklich alle Angehörige einer femininen Kultur die femininen Werte verinnerlicht? Natürlich ist es unrealistisch anzunehmen, dass nicht nur viele, sondern alle ...

- Schweden Fürsorglichkeit für erstrebenswert halten,
- Dänen Konflikte durch Absprachen und Kompromisse lösen möchten,
- Niederländer auf Imponiergehabe verzichten und Understatement betreiben.

Dass manche Individuen die Werte ihrer Landeskultur mehr und andere diese weniger übernehmen, entspricht eher der Lebenswirklichkeit als die „Nation-Landeskultur-Fiktion". Denn auch die Mitglieder ein und derselben Gesellschaft machen unterschiedliche Erfahrungen, haben unterschiedliche Bildungsabschlüsse und gehören verschiedenen sozialen Schichten an. Auch neigen manche persönlichkeitsbedingt generell zu Nonkonformismus: Sie möchten sich von der Mehrheitsgesellschaft abgrenzen und etwas Besonderes sein. Das Bedürfnis nach Einzigartigkeit („need for uniqueness') beeinflusst zahlreiche Verhaltensbereiche (vgl. Snyder/Fromkin 1977), nicht zuletzt das Kaufverhalten (vgl. Tian et al. 2001). Wer versucht, anhand kollektiver Länderstereotype zielgruppenspezifische Marketingstrategien zu entwickeln, erliegt deshalb voraussichtlich dem ‚ecological fallacy' (⇒ Fehlschluss, ökologischer): Er schließt fälschlicherweise von den Merkmalen einer ganzen Gruppe auf die Merkmale einzelner Mitglieder dieser Gruppe (vgl. Bond 2002).

5.2 Idiozentriker vs. Allozentriker

5.2.1 Konzeptionalisierung

Triandis (1995) bezeichnet Menschen, welche das individualistische Werteprofil verinnerlicht – d.h. internalisiert – haben und bestrebt sind, sich von ihrer Herkunftsgesellschaft abzugrenzen, als Idiozentriker. Entscheidend dabei ist, dass es keine Rolle spielt, ob es sich um eine individualistische oder eine kollektivistische Gesellschaft handelt. Allozentriker sind demzufolge Menschen, welche das kollektivistische Werteprofil internalisiert haben und danach streben, sich in ihre – individualistische oder kollektivistische – Herkunftsgesellschaft zu integrieren (vgl. Abb. 53). Für die kulturvergleichende Forschung bedeutet dies, dass das Werteprofil einer Person oder Personengruppe nicht aus ihrer Zugehörigkeit zu einer Nation, einem Unternehmen oder einer anderen sozialen Einheit erschlossen, sondern individuell gemessen werden sollte. Triandis et al. (1985) haben eine 32-Item-Skala entwickelt, welche es erlaubt, die idiozentrischen und allozentrischen Tendenzen von Individuen zu messen.

Allozentriker

Dieser Typus neigt in erheblichem Maße dazu, die Konsequenzen seines Verhaltens für die Mitglieder seiner ‚in group' bzw. anderer Bezugsgruppen, von denen er sich abhängig fühlt, zu berücksichtigen. Auch scheinen Allozentriker, bspw. im Verlauf von Attributionsprozessen, situationsspezifische Informationen (u.a. Beziehungsmuster sowie aus der jeweiligen Situation erwachsende Rollenanforderungen) besonders sensibel wahrzunehmen und bei ihren Entscheidungen zu berücksichtigen. Weiterhin bevorzugen sie situationale Erklärungsmuster. Überdies konnte in korrelativen Studien gezeigt werden, dass Allozentriker ein unterdurchschnittliches Bedürfnis nach Einzigartigkeit und eine überdurchschnittliche Affiliationstendenz haben. Auch sind sie ausgesprochen empfänglich für Signale der Zurückweisung durch In Group-Mitglieder. Dieses Persönlichkeitsprofil charakterisiert sowohl Allozentriker, die in einer kollektivistischen Gesellschaft (bspw. Japan) leben, als auch solche, die einer individualistischen Gesellschaft angehören, bspw. den USA (vgl. Yamguchi/ Kuhlmann 1995).

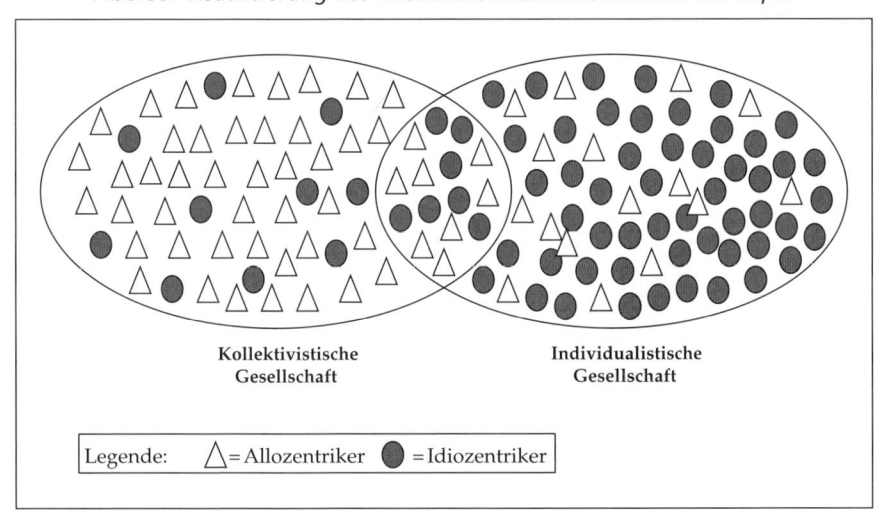

Abb. 53: Visualisierung des Allozentrismus/Idiozentrismus-Konzepts

Idiozentriker

Für diesen Typus ist das Konzept der „getrennten Person" charakteristisch: Der Einzelne wird als eine – im positiven Sinn – isolierte Entität wahrgenommen, die weitgehend unabhängig von ihrer sozialen und physikalischen Umwelt existiert (‚idios': gr. = eigen, eigentümlich, persönlich). Akteur ist nicht die Gemeinschaft, sondern das Individuum mit seinen einzigartigen Absichten und Dispositionen. Die daraus erwachsende Attributionstendenz, beobachte Ereignisse vorzugsweise mit den Eigenschaften und stabilen Dispositionen der handelnden Personen zu erklären und darüber den Einfluss der jeweiligen Situation zu vernachlässigen (vgl. Triandis et al. 1985), wird als fundamentaler Attributionsfehler bezeichnet (vgl. Smith/Bond 1998). Idiozentriker sind überdurchschnittlich leistungsorientiert und erwähnen bei einer Selbstbeschreibung seltener ihre Familie oder andere soziale Bezugsgruppen.

5.2.2 Validierung

Eine Validierungsstudie ergab, dass die neun untersuchten Allozentrismusmaße signifkant interkorrelieren, weshalb Triandis et al. (1985) diesem Messansatz Konvergenzvalidität bescheinigten. Weitere Befunde dieser Studie: Allozentriker ...

- ordnen ihre persönlichen Ziele den Zielen der Gruppe unter und empfinden die Gruppe als eine Erweiterung ihres Ichs,
- präferieren als Entlohnungsprinzip Gleichbehandlung (= ‚equality'), während Idiozentriker großen Wert auf Leistungsgerechtigkeit legen (= ‚equity'),
- ziehen die Kooperation dem Wettbewerb vor.

Allozentrische Studenten, welche in einer standardisierten Befragung über die wichtigsten Ereignisse während ihres Studienjahres in den USA (d.h. in einer individualistischen Kultur) berichten sollten, nannten gehäuft Erlebnisse und Erfahrungen, die üblicherweise dem kollektivistischen Kulturtypus zugeschrieben werden, allen voran soziale Integration und Unterstützung, Zusammenarbeit, Gleichheit und Offenheit (vgl. Triandis 1995). Idiozentrische Studenten hingegen erlebten nach eigenem Bekunden in der gleichen Lebenssituation vorzugsweise Wettbewerb, Vergnügen, angenehmes Leben und Anerkennung, unabhängig davon, ob sie einer individualistischen oder einer kollektivistischen Landeskultur entstammten. Demnach hängt es primär von der individuellen und weniger von der kollektiven Kultur (d.h. der Landeskultur) ab, welche Erfahrungen Menschen in einem bestimmten Lebensumfeld sammeln. Denn die bekannten Mechanismen sozialer Wahrnehmung (selektive Wahrnehmung, subjektive Realitätskonstruktion etc.; vgl. Parkinson 2007; Snyder et al. 1977) sorgen dafür, dass Allozentriker und Idiozentriker die gleiche soziale Umwelt auf unterschiedliche Weise erleben.

5.3 Theorie & Operationalisierung

5.3.1 Theoretische Grundlagen

5.3.1.1 Marketingperspektive

Für das Marketing ist das Konzept der kollektiven Kultur dann hilfreich, wenn Ländermärkte als Ganzheit bearbeitet werden sollen (Analyseeinheit = Land bzw. Cluster von Ländern). Falls es jedoch gilt, intra- und transnationale Zielgruppen anzusprechen (Analyseeinheit = Konsument), dann ist das Konzept der individuellen Kultur bedeutsam – insbesondere dann, wenn die zur Diskussion stehenden Landeskulturen sehr heterogen sind (vgl. Teil C-3.3). Unter individueller Kultur versteht man die persönlichen Werthaltungen eines Menschen, d.h. das, was ihm im Leben wichtig erscheint. Diese ‚personal cultural orientation' wird auf individueller Ebene gemessen.

5.3.1.2 Wissenschaftstheoretische Perspektive

Von einem Fehlschluss spricht die vergleichende empirische Forschung, wenn Wissenschaftler, ohne weitere Belege dafür zu haben, unterstellen, dass ein

Zusammenhang mehrerer Variablen, den sie auf der einen Untersuchungsebene festgestellt haben (bspw. der Makroebene), auch auf einer anderen Untersuchungsebene besteht (bspw. der Mikroebene; vgl. Smith 2004a). Für die kulturvergleichende Forschung sind zwei Kategorien von Fehlschlüssen bedeutsam (vgl. Abb. 54).

Abb. 54: Ökologischer Fehlschluss & individualistischer Fehlschluss

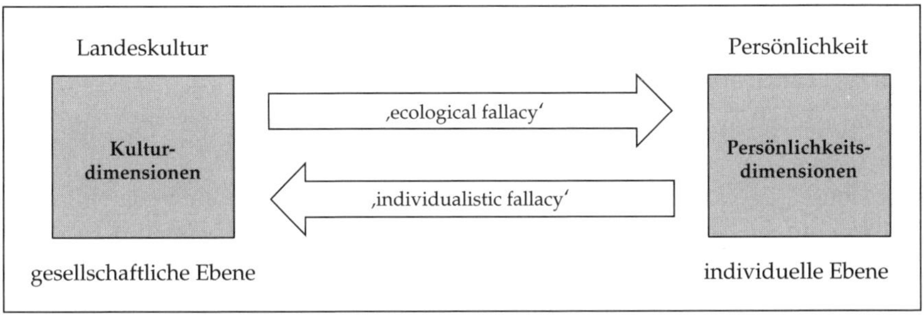

```
   Landeskultur                                    Persönlichkeit

                        ,ecological fallacy'
      Kultur-                                      Persönlichkeits-
   dimensionen                                     dimensionen
                       ,individualistic fallacy'

  gesellschaftliche Ebene                          individuelle Ebene
```

- Ökologischer Fehlschluss: Einen ,ecological fallacy' begeht, wer eine auf der aggregierten Ebene (bspw. der Landeskultur oder der Unternehmenskultur) ermittelte Beziehung zwischen Variablen auf die individuelle Ebene überträgt (d.h. auf einzelne Angehörige dieser Gesellschaft bzw. dieses Unternehmens), ohne dies zu überprüfen.
- Individualistischer Fehlschluss: Zu dieser Urteilsverzerrung kommt es, wenn man Erkenntnisse, die auf der Individualebene gewonnen wurden, generalisiert.

Die Diskussion über die mangelnde Eignung aggregierter Werte zur Prognose des Verhaltens von Individuen bzw. Subkulturen hat eine lange Tradition (vgl. Farley/Lehmann 1994). Darüber hinaus gelangten alle neueren, methodologisch gut konzipierten Replikationsstudien (insb. Blodget et al. 2008; Bearden et al. 2006a; Spector et al. 2001) zu der Erkenntnis, dass die Reliabilitätswerte der einzelnen *Hofstede*-Dimensionen bei individueller Messung ungenügend sind. Auch konnte die Dimensionalität der *Hofstede*-Studie nur auf aggregiertem Niveau (= Länder) hinreichend repliziert werden, nicht jedoch auf dem desaggregierten Niveau von Individuen: „Hofstede's metric did not hold at the individuell level" (Yoo et al. 2011, S. 195). Deshalb schlug Singelis (2000) zur Lösung des Fehlschlussproblems ,unpackaging' vor: das erneute Erfassen der Kulturdimensionen auf individueller Ebene.

5.3.2 Messansätze

Am einfachsten wäre es, wenn man die bekannten Skalen kollektiver Kultur (z.B. die *Hofstede*-Items oder die *GLOBE*-Items) auf individueller Ebene verwenden, d.h. jedem einzelnen Probanden vorlegen könnte. Allerdings birgt dies gravierende methodologische Probleme: Während etwa die *Hofstede*-Skalen recht gute psychometrische Eigenschaften aufweisen (d.h. hohe interne Konsistenz der zu einer Kulturdimension gehörigen Items), wenn man sie auf

Länderebene analysiert, fallen ihre Reliabilitäts- und Validitätsmaße auf individueller Ebene unbefriedigend aus (vgl. z.B. Bearden et al. 2006a; Spector et al. 2001). Insbesondere lässt sich die Faktorenstruktur nicht reproduzieren (vgl. Blodgett et al. 2008). Dies liegt u.a. daran, dass G. *Hofstede* eine Stichprobe von Managern eines einzigen multinationalen Unternehmens analysiert hat und die diesen gestellten Fragen sich primär auf arbeitsbezogene Werthaltungen beziehen. Deshalb haben mehrere Wissenschaftler spezielle Skalen entwickelt, um das Konstrukt „individuelle Kultur" zu messen.

5.3.2.1 Eindimensionale Skalen

Anfänglich beschränkten sich die Bestrebungen, die kulturelle Orientierung von Individuen zu messen, auf die Operationalisierung einzelner Kulturdimensionen (vgl. Tab. 50). Zu den aus kulturvergleichender Sicht bedeutendsten Entwicklungen zählen die *INDCOL-Skala* von Triandis (1995) und die *LTO-Skala* von Bearden et al. (2006b). Der eindimensionale Ansatz verspricht jedoch wenig Erfolg, wie Yoo et al. (2011, S. 196) unter Verweis auf drei übergeordnete Risiken dieser Strategie begründen: Gefahr ...

- der theoretisch-konzeptionellen Inkonsistenz von Skalen, die von unterschiedlichen Wissenschaftlern mit unterschiedlicher Zielsetzung unter unterschiedlichen Rahmenbedingungen entwickelt wurden,
- des Verlustes der Unabhängigkeit der Skalen, wenn mehrere ursprünglich eindimensionale Skalen simultan eingesetzt werden und es diesen an Diskriminanzvalidität mangelt,
- der übermäßigen Komplexität und des Verstoßes gegen das wissenschaftstheoretische Sparsamkeitsgebot (⇒ Parsimony & Simplicity). „By focusing on one cultural dimension, researchers identify multisubdimensions, which typically end up with too many items. For instance, the *INDCOL* is a 32-item, eight-subscale instrument that measures individualism and collectivism alone. The *LTO* is an eight-item, two-subscale measure of long-term orientation. Such scales serve conceptual depth, but not measurement parsimony" (Yoo et al. 2011, S. 196).

Tab. 50: Skalen zur Erfassung einzelner Dimensionen individueller Kultur

Kulturdimension	Skalen individueller Kultur
Individualismus vs. Kollektivismus	• INDCOL (vgl. Triandis 1995)
Ungewissheitsvermeidung	• Uncertainty Orientation Scale (vgl. Shuper/Sorrentino 2004; Shuper et al. 2004; Sorrentino et al. 1992) • Need for Cognitive Structure Scale (vgl. Bar-Tal et al. 1999; Bar-Tal et al. 1997; Bar-Tal 1994) • Tolerance for Ambiguity Scale (vgl. Kirton 1981; Budner 1962; Frenkel-Bunswik 1949) • Need for Structure Scale (vgl. Neuberg/Newson 1993) • Uncertainty Coping Scale (vgl. Greco/Roger 2001) • Emotion Regulation Questionnaire (vgl. Gross/John 2003) • Emotion Regulation Scale from the Intercultural Adjustment Potential Scale (vgl. Matsumoto et al. 2004, 2003, 2001)

Kulturdimension	Skalen individueller Kultur
Akzeptanz von Machtdistanz	• Power Scale of the Schwartz Value Survey and Portrait Value Survey (vgl. Schwartz et al. 2001; Schwartz/Sagiv 1995; Schwartz 1994, 1992) • Dominance Scale of the California Psychological Inventory (vgl. Gough 1956) • Conscientiousness Scale (vgl. McGrae/Costa 1997; Costa/McCrae 1992) • Status Differentiation Scale (vgl. Matsumoto 2005)
Maskulinität vs. Feminität	• Bem Sex Role Inventory (vgl. Bem 1981) • Feminity Scale of the California Psychological Inventory (vgl. Gough 1986) • Mf Scale of the Minnesota Multiphasic Personality Inventory (vgl. Butcher 2006)
Langzeit- vs. Kurzzeitorientierung	• Time Orientation Scale (vgl. Zimbardo/Boyd 1999) • LTO (Bearden et al. 2006b)

Quelle: Matsumoto/Yoo (2006, S. 242).

5.3.2.2 Mehrdimensionale Skalen

Erdem et al. (2006) haben insgesamt 13 Items aus den von Hofstede (1980) und Triandis (1995) entwickelten Skalen ausgewählt und den Bedingungen ihrer Untersuchung angepasst. Faktorenanalytisch wurden drei Kulturdimensionen extrahiert. Diese erzielten akzeptable Reliabilitätswerte. Da aber den an dieser Studie beteiligten Wissenschaftlern nur daran gelegen war, drei Kulturdimensionen – nämlich Individualismus/Kollektivismus, Ungewissheitsvermeidung und Akzeptanz von Machtdistanz – zu operationalisieren, sind die Einsatzmöglichkeiten dieser Skala begrenzt. Umgekehrt verhält es sich mit der von Furrer et al. (2000) vorgestellten 20-Item-Skala. Sie vermag die fünf *Hofstede*-Dimensionen abzubilden, allerdings auf einem unbefriedigenden psychometrischen Niveau: „psychometric properties of the scale were found to be very poor as it used Hofstede's survey items directly for individuals" (Yoo et al. 2006, S. 196).

CVSCALE nach Yoo et al.

Das Anliegen von Yoo et al. (2011) bestand darin, die fünf Dimensionen der ursprünglichen *Hofstede*-Studie nachzubilden. Da diese mit häufig emisch (d.h. subjektiv) statt etisch (d.h. neutral und kulturfrei) formulierten Fragen primär auf den Arbeitskontext von Managern abzielte, modifizierten Yoo, Donthu & Lenartowicz den *Hofstede*-Ansatz wie folgt: Sie ...
- formulierten die Original-Items um, sodass sie in einem allgemeineren Kontext gelten.
- generierten neue Items auf Basis der Erkenntnisse anderer Wissenschaftler, die ähnliche Phänomene gemessen haben.
- fügten eigene Items hinzu, welche ihrer Meinung der Definition der jeweiligen Kulturdimension besser entsprechen.

So wurde schließlich ein Pool von 230 Items generiert, von denen, nach einer systematischen Skalenentwicklung (Prüfung der Augenscheinvalidität, Austausch von Items mit redundantem Inhalt, Anpassung von Items mit unklaren Aussagen, Reliabilität- und Validitätsprüfung in mehreren Stichproben und Kulturen), schließlich 26 Items übrig blieben. Als Skalenformat wurden fünfstufige *Likert*-Skalen gewählt (mit den Abstufungen 1 = „sehr unwichtig" bis 5 = „sehr wichtig" für Langzeitorientierung und 1 = „stimme überhaupt nicht zu" bis 5 = „stimme vollkommen zu" für die übrigen Skalen).

Yoo et al. ermittelten die Mittelwerte und Reliabilitätsmaße ihrer CVSCALE (= ‚cultural values scale') am Beispiel einer amerikanischen und einer koreanischen Stichprobe (vgl. Tab. 51). Die Skala verfügt über hervorragende psychometrische Eigenschaften, und die Faktorenstruktur konnte auf individueller Ebene für Probanden aus kulturell unterschiedlichen Ländern reproduziert werden (USA, Korea, Brasilien und Polen). Nicht zuletzt besitzt die CVSCALE nomologische Validität: Einzelne Kulturdimensionen korrelieren mit Konstrukten, für die ein solcher Zusammenhang inhaltlich sinnvoll erscheint (vgl. Yoo et al. 2011). So korreliert ...

- ‚consumer ethnocentrism' – d.h. die Überzeugung von Konsumenten, dass heimische Erzeugnisse prinzipiell ausländischen Erzeugnissen vorzuziehen sind – positiv mit Kollektivismus (weil Kollektivisten persönliche Interessen, etwa den Kauf eines überlegenen ausländischen Produkts, ihrer sozialen Verantwortung unterordnen und sich deshalb für das einheimische Konkurrenzprodukt entscheiden) und mit Maskulinität (weil maskuline Menschen konfliktfreudiger sind als feminine Menschen und sich deshalb nicht scheuen, ausländische Anbieter zu benachteiligen),
- ‚attitudes toward the marketing norms' – d.h. die Überzeugung, dass ethisches Verhalten im Marketing wichtig ist – positiv mit Kollektivismus (weil Kollektivisten normorientiert sind), Ungewissheitsvermeidung (weil Ungewissheitsmeider eindeutige Regeln mögen), negativ mit Maskulinität (weil maskuline Menschen leistungsorientiert sind und deshalb Normvorgaben als Behinderung empfinden).

Tab. 51: Fünfdimensionale CVSCALE

Item	A (n = 577)	K (n = 633)	KA (n = 320)	Content & Scale Reliability
PO	**1.97**	**1.91**	**2.07**	**Power Distance (A = .69; K = .61; KA = .64; P = .62)**
PO1	2.13	1.65	2.29	People in higher positions should make most decisions without consulting people in lower positions.
PO2	2.03	2.85	2.24	People in higher positions should not ask the opinions of people in lower positions too frequently.
PO3	1.77	1.53	1.63	People in higher positions should avoid social interaction with people in lower positions.
PO4	1.96	1.84	1.98	People in lower positions should not disagree with decisions by people in higher positions.
PO5	1.95	1.68	2.20	People in higher positions should not delegate important tasks to people in lower positions.

Item	A (n = 577)	K (n = 633)	KA (n = 320)	Content & Scale Reliability
UN	4.01	3.83	4.01	Uncertainty Avoidance (A = .80; K = .65; KA = .83; P = .71)
UN1	3.69	4.02	3.83	It is important to have instructions spelled out in detail so that I always know what I'm expected to do.
UN2	4.20	3.82	4.15	It is important to closely follow instructions and procedures.
UN3	4.11	3.64	3.98	Rules and regulations are important because they inform me of what is expected of me.
UN4	3.85	3.73	3.88	Standardized work procedures are helpful.
UN5	4.19	3.95	4.20	Instructions for operations are important.
CO	3.15	2.57	3.37	Collectivism (A = .80; K = .78; KA = .80; P = .76)
CO1	3.01	2.62	3.53	Individuals should sacrifice self-interest for the group.
CO2	3.67	2.36	3.79	Individuals should stick with the group even through difficulties.
CO3	3.21	2.70	3.45	Group welfare is more important than individual rewards.
CO4	3.17	2.63	3.41	Group success is more important than individual success.
CO5	2.90	3.02	2.98	Individuals should only pursue their goals after considering the welfare of the group.
CO6	2.90	2.10	3.07	Group loyalty should be encouraged even if individual goals suffer.
LT	4.12	4.18	4.02	Long-Term Orientation (A = .76; K = .73; KA = .74; P = .70)
LT1	4.27	4.15	4.19	Careful management of money (Thrift)
LT2	3.88	4.41	3.77	Going on resolutely in spite of opposition (Persistence)
LT3	4.31	4.37	4.23	Personal steadiness and stability
LT4	4.14	4.33	4.01	Long-term planning
LT5	3.75	3.53	3.66	Giving up today's fun for success in the future
LT6	4.39	4.28	4.24	Working hard for success in the future
MA	2.53	3.16	2.86	Masculinity (A = .77; K = .64; KA = .69; P = .68)
MA1	2.11	3.05	2.59	It is more important for men to have a professional career than it is for women.
MA2	2.60	2.58	2.82	Men usually solve problems with logical analysis; women usually solve problems with intuition.
MA3	2.36	3.20	2.65	Solving difficult problems usually requires an active, forcible approach, which is typical of men.
MA4	3.07	3.83	3.38	There are some jobs that a man can always do better than a woman.

Quelle: Yoo et al. (2011, S. 210).

PCO Scale nach Sharma

Die *PCO Scale* („personal culture orientation scale') orientiert sich gleichfalls am *Hofstede*-Konzept. Allerdings argumentiert S. *Sharma* – wie im Übrigen House et al. (2004) und andere Wissenschaftler auch –, dass die *Hofstede*-Kulturdimensionen nicht wirklich eindimensional seien:

- Individualismus-Kollektivismus: S. *Sharma* spaltet diese Dimension in zwei negativ korrelierte Dimensionen auf: „Unabhängigkeit" (starkes Selbstkonzept und Streben nach Autonomie sowie persönlichem Erfolg) und „Interdependenz" (starke Gruppenidentität, Gefühl der Zugehörigkeit und gemeinsamer Erfolg).
- Akzeptanz von Machdistanz: Diese Dimension erfasst ursprünglich den Umgang mit ungleich verteilter Macht. Sie wird aber von S. *Sharma* in zwei positiv korrelierte Dimensionen gesplittet. „Macht" (Akzeptanz von Autorität jeglicher Art) und „Soziale Ungleichheit" (Akzeptanz von Ungleichheit in einer Gesellschaft).
- Ungewissheitsvermeidung: Dazu tendieren nach G. *Hofstede* Menschen, die sich durch widersprüchliche, unbekannte Situationen „bedroht" fühlen. Diese Dimension lässt sich in zwei positiv korrelierte Dimensionen aufteilen: „Risikoaversion" (d.h. eine generalisierte Abneigung gegen Risiken) und „Ambiguitätsintoleranz". Damit ist die Abneigung gegen Zweideutigkeit und unsichere Situationen gemeint.
- Maskulinität-Feminität: Diese *Hofstede*-Dimension wurde aufgespalten in „Maskulinität" (Wichtigkeit männlicher Eigenschaften wie Bestimmtheit, Selbstbewusstsein, Aggression und Ambition) sowie „Geschlechtergleichheit": In welchem Maße werden Männer und Frauen als gleich bzw. ungleich wahrgenommen (mit Blick auf soziale Rolle, Fähigkeiten, Rechte und Pflichten)?
- Langzeitorientierung-Kurzzeitorientierung: Auch diese Dimension lässt sich in zwei Konzepte differenzieren, die positiv miteinander korrelieren: „Tradition" (Wichtigkeit traditioneller Werte wie harte Arbeit, Mildtätigkeit, soziales Bewusstsein, Moral und Respekt gegenüber dem eigenen Erbe) und „Besonnenheit" (Wichtigkeit von Planung, Beharrlichkeit, Sparsamkeit und Zukunftsorientierung).

Auf Basis dieser Konzeptualisierung entwickelte Sharma (2010) in Tiefeninterviews mit Angehörigen von verschiedenen Kulturen einen Pool von 96 Items, den er im Verlauf der Skalenentwicklung und -validierung reduzierte. Faktorenanalytisch ließen sich die verbliebenen 40 Items den zehn o.g. Dimensionen zuordnen (vgl. Tab. 52). Die zunächst an einer Stichprobe von Bewohnern Hong Kongs (Einheimische und Ausländer) validierte Skala wies zufriedenstellende psychometrische Eigenschaften auf. Außerdem ließ sich nomologische Validität nachweisen: einzelne dieser Kulturdimensionen korrelierten erwartungsgemäß mit Konstrukten wie Konsumentenethnozentrismus und Konsumenteninnovativität. Schließlich gelang es S. *Sharma*, die Faktorenstruktur des Messmodells in kulturell sehr unterschiedlichen Ländern zu replizieren (China, Indien, Großbritannien und USA).

Tab. 52: Zehndimensionale PCO Scale

Independence (IND) • I would rather depend on myself than others • My personal identity, independent of others, is important to me • I rely on myself most of the time, rarely on others • It is important that I do my job better than others
Interdependence (INT) • The well-being of my group members is important for me • I feel good when I cooperate with my group members • It is my duty to take care of my family members, whatever it takes • Family members should stick together, even if they do not agree
Power (POW) • I easily conform to the wishes of someone in a higher position than mine. • It is difficult for me to refuse a request if someone senior asks me • I tend to follow orders without asking any questions • I find it hard to disagree with authority figures
Social Inequality (IEQ) • A person's social status reflects his or her place in the society • It is important for everyone to know their rightful place in the society • It is difficult to interact with people from different social status than mine • Unequal treatment for different people is an acceptable way of life for me
Risk Aversion (RSK) • I tend to avoid talking to strangers • I prefer a routine way of life to an unpredictable one full of change • I would not describe myself as a risk-taker • I do not like taking too many chances to avoid making a mistake
Ambiguity Intolerance (AMB) • I find it difficult to function without clear directions and instructions • I prefer specific instructions to broad guidelines • I tend to get anxious easily when I don't know an outcome • I feel stressful when I cannot predict consequences
Masculinity (MAS) • Women are generally more caring than men • Men are generally physically stronger than women • Men are generally more ambitious than women • Women are generally more modest than men
Gender Equality (GEQ) • It is ok for men to be emotional sometimes • Men do not have to be the sole bread winner in a family • Men can be as caring as women • Women can be as ambitious as men
Tradition (TRD) • I am proud of my culture • Respect for tradition is important for me • I value a strong link to my past • Traditional values are important for me
Prudence (PRU) • I believe in planning for the long term • I work hard for success in the future • I am willing to give up today's fun for success in the future • I do not give up easily even if I do not succeed on my first attempt

Quelle: Sharma (2010, S. 794 f.).

Gegen die *PCO-Skala* spricht, dass die Aufspaltung der *Hofstede*-Kulturdimensionen zwar wohlbegründet und durchaus nachvollziehbar ist, sich aber empirisch nicht bewährt. Denn die Korrelationsmatrix weist zahlreiche signifikante Korrelationen aus (bspw. r = .53 zwischen ‚power' und ‚social inequality' oder r = .49 zwischen ‚power' und ‚interdependence'; vgl. Sharma 2010, S. 796). Auch besitzt das zehndimensionale Messmodell als singuläre Skalenentwicklung kaum Bezüge zur existierenden kulturvergleichenden Forschung, weshalb diese Skala voraussichtlich wenig Akzeptanz finden wird.

Hilfreiche Links

www.gerthofstede.com; www.gert-hofstede.com

Unter diesen Adressen machen *Geert Hofstede, Gert Jan Hofstede* sowie *The Hofstede Center* zahlreiche Informationen zugänglich (über die einschlägigen Bücher, Weiterbildungsangebote und insb. über das Messmodell). Vor allem aber können dort die Kulturprofile aller Länder samt zugehörigen Erläuterungen abgerufen und Ländervergleiche angestellt werden.

www.interkulturelles-portal.de

Diese Seite gibt, aufgeschlüsselt für die einzelnen Bundesländer sowie Österreich und die Schweiz, einen Überblick über Studienangebote mit interkulturellem Bezug. Links ermöglichen einen leichten Zugang zu diesen Kursen. Weiterhin informiert der *Hochschulverband für Interkulturelle Studien* über Anbieter interkultureller Schulungen (interkulturelles Training, Coaching, Mediation) sowie Sprachschulungen und über seine digitale Bibliothek.

Teil C

Strategisches Marketing

1 Standardisierung vs. Differenzierung

1.1 Einführung

Können Leistungen standardisiert oder müssen sie kulturspezifisch differenziert werden – und wenn ja: in welchem Maße? In den 1980er-Jahren konterten die Anhänger des Global Marketing-Konzeptes das traditionelle Marketing-Credo ‚all business is local' mit einem nicht minder plakativen Schlagwort: ‚think – and act – global' (z.B. Kotabe/Helsen 2014; Levitt 1983). In dem Maße, wie sich im weiteren Verlauf auch diese Simplifizierung als unhaltbar erwies, wurde versucht, globale und nationale Marketingstrategien miteinander zu verknüpfen und die Vorteile beider Philosophien zu nutzen: ‚think global, act local' (z.B. Vignali 2001). Die Antwort des Interkulturellen Marketing auf die nur ausnahmsweise mit „ja" oder „nein" beantwortbare Frage „Standardisierung oder Differenzierung" lautet „Differenzierte Standardisierung".

Zum Beispiel Lastwagen

Die *Daimler AG* etwa geht weder davon, dass überall auf der Welt „ein Lastwagen ein Lastwagen ist" und deshalb in allen Märkten dasselbe Modell angeboten werden kann, noch hält sie es für notwendig und möglich, für jeden einzelnen Ländermarkt eine eigene Modellpalette zu entwickeln. Als das *Daimler*-Management sich dazu entschied, mit einem Budget von 700 Mio. € einen einfachen, preisgünstigen und besonders robusten Lkw zu entwickeln, der auf die Besonderheiten des indischen Marktes abgestimmt ist: den *Bharat-Benz*, verfolgte es eine doppelte Zielsetzung. Zum einen war die Unternehmensleitung davon überzeugt, die weltweite Marktführerschaft bei mittleren und schweren Lastwagen nur behaupten zu können, wenn es *Daimler* gelingt, mit dem *Bharat-Benz* den 2020 voraussichtlich zweitwichtigsten Lkw-Markt (nach China) zu dominieren (vgl. Hägler 2012). Zum anderen lag es nahe, mit dem nur geringfügig modifizierten Modell auch andere Märkte zu erschließen, die – wie der indische – drei Merkmale aufweisen:
- unterentwickelte Infrastruktur,
- begrenzte Kaufkraft,
- dynamisches wirtschaftliches Wachstum.

Zum Beispiel Sandalen

Birkenstock fällt es in Deutschland schwer, das wenig verkaufsfördernde Image eines Herstellers „alternativer Gesundheitslatschen" loszuwerden. Ganz anders in China, wo *Birkenstock*-Sandalen als „hipp" gelten: hochwertige Modeartikel, für die Angehörige der aufstrebenden, prestigebewussten Mittelschicht gerne einen entsprechenden Preis bezahlen. Entsprechend differenziert muss *Birkenstock* seine Produkte auf diesen Märkten vermarkten.

Zum Beispiel Fastfood

McDonald's, Prototyp eines Global Players, der seine Produkte in mehr als 140 Ländern möglichst unverändert anbietet, muss etwa in Indien dem Status der Kuh als heiliges Tier Tribut zollen. Statt Rinderhackfleischscheiben wird dort deshalb Hühnerfleisch zwischen die getoasteten Weichbrotfladen gelegt, und der *Big Mac* heißt nicht *Big Mac*, sondern *Maharja Mac* (vgl. Lisman 2012). Und selbst dann, wenn es scheinbar identische Produkte sind, trägt McDonald's unmerklich den unterschiedlichen Ernährungsgewohnheiten Rechnung. Wie das *Canadian Medical Association Journal (online)* berichtet, „enthalten britische *Chicken McNuggets* 0,6gr Salz pro 100gr, während es in den USA 1,6gr Salz sind. […] Die Unterschiede finden sich auch bei *Kentucky Fried Chicken*, *Subway* und anderen Anbietern von Fastfood. Nicht bei allen Produkten hat England den niedrigsten Salzgehalt. Ziemlich konstant ist jedoch ein hoher Wert in den USA und in Kanada" (Hennemann 2012, S. 16).

> **Qual der Wahl**
>
> *Die Zeit:* „Wenn ich heute einen *VW Golf* kaufe, habe ich beim Antrieb die Qual der Wahl: Da gibt es viele Benziner und Diesel bis zu 300 PS, dazu Versionen mit Erdgas- oder Elektromotor. Weshalb braucht es da jetzt auch noch einen Plug-in-Hybrid, der Benzin und Strom tanken kann?"
>
> *Neußer:* „Wir haben vier große Vertriebsregionen auf der Welt, China, Europa, Nord- und Südamerika. In jeder davon haben wir andere Kundenpräferenzen: In Europa ist der Diesel sehr beliebt, in China dominiert der benzingetriebene Ottomotor, in den USA verkaufen wir halb Diesel, halb Otto, in Südamerika brauchen wir Motoren, die auch Ethanol vertragen. Der Erdgasantrieb bietet ergänzend noch eine CO_2-arme Variante."
>
> *Die Zeit:* „Also ist *VW* doch schon gut gerüstet."
>
> *Neußer:* „In China haben wir bspw. das Smog-Problem in den Riesenstädten, da brauche ich einen möglichst emissionsarmen Antrieb, dasselbe gilt etwa für Kalifornien" (Lamparter 2014, S. 32).

Einführend mögen diese Beispiele genügen um zu begründen, warum sich die Verheißungen der Global Marketing-Euphorie der 1980er- und 1990er-Jahre nicht erfüllt haben: Viele Einstellungs- und Verhaltensunterschiede sind Teil der kulturellen Identität des jeweiligen Landes, weshalb sie trotz der häufig unterstellten Eigendynamik der Globalisierung (vgl. Abb. 55) und trotz der vielfach zu beobachtenden Konvergenz des Nachfrageverhaltens Bestand haben (vgl. Viswanathan/Dickson 2007).

1.2 Internationale Wettbewerbsstrategien

1.2.1 Überblick

Unternehmen müssen erkennen, wo und wie sie langfristig Wettbewerbsvorteile erzielen können. Kurz: Sie benötigen eine Strategie. International tätige Unternehmen können, um internationale Wettbewerbsvorteile zu generieren, verschiedene Strategien verfolgen. Bei den in Tab. 53 aufgelisteten Optionen handelt es sich nicht um sich wechselseitig ausschließende Wettbewerbsstrategien, sondern um unterschiedliche Facetten des Wettbewerbsverhaltens.

1.2 Internationale Wettbewerbsstrategien

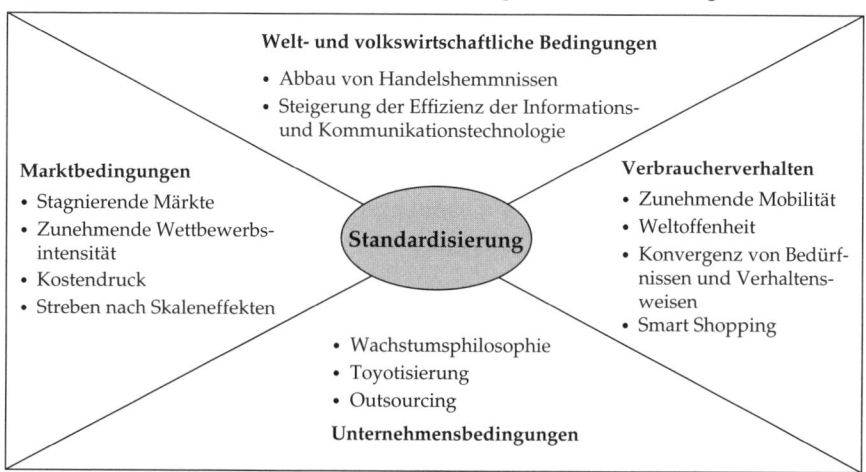

Abb. 55: Treiber von Globalisierung & Standardisierung

Welt- und volkswirtschaftliche Bedingungen
- Abbau von Handelshemmnissen
- Steigerung der Effizienz der Informations- und Kommunikationstechnologie

Marktbedingungen
- Stagnierende Märkte
- Zunehmende Wettbewerbsintensität
- Kostendruck
- Streben nach Skaleneffekten

Standardisierung

Verbraucherverhalten
- Zunehmende Mobilität
- Weltoffenheit
- Konvergenz von Bedürfnissen und Verhaltensweisen
- Smart Shopping

- Wachstumsphilosophie
- Toyotisierung
- Outsourcing

Unternehmensbedingungen

Tab. 53: Dimensionen des Wettbewerbsverhaltens

Wettbewerbs-strategische Dimension	Strategiealternativen		
Art des Wettbewerbsvorteils	Kostenvorteil	Differenzierungsvorteil	Hybrider Wettbewerbsvorteil
Breite der Marktbearbeitung	Nische(n)		Gesamtmarkt
Akzeptanz bestehender Wettbewerbsregeln	Old Game-Strategies		New Game-Strategies
Politische Strategien	Representational Strategy	Majority Building Strategy	Information Strategy
Lokalisierung und/oder Globalisierungsvorteile	Internationale Strategien	Multinationale Strategien	Globale Strategien / Transnationale Strategien
Konfiguration der Wertaktivitäten	Konzentrationsstrategie	Streuungsstrategie	Mischstrategien
Strategien der operationalen Flexibilität	Arbitragestrategien		Leveragestrategien

Quelle: Bamberger/Upitz (2011, S. 170).

Im Fokus der weiteren Überlegungen stehen zwei Methoden der Erzeugung von Wettbewerbsvorteilen:
- Art des Wettbewerbsvorteils: Sollen durch kosteneffiziente Produktionsprozesse und Marketingstrategien primär Kostenvorteile oder durch eine ‚unique selling proposition' (USP) primär Differenzierungsvorteile generiert werden? Oder mit Porter (1998) formuliert: Verfolgt das Unternehmen die Strategie der Kostenführerschaft oder die Strategie der Qualitätsführerschaft (vgl. Teil C-1.2.2)? Kosten- und Qualitätsführerschaft sind allgemeine Handlungsoptionen und somit auch für ausschließlich national tätige Unternehmen und ihr ‚domestic marketing' relevant.

- Lokalisierungs- oder Globalisierungsvorteile: Soll die Unternehmenstätigkeit den lokalen Bedingungen angepasst oder länderübergreifend, nach Möglichkeit global, standardisiert werden? Im Internationalen Marketing wie auch im Interkulturellen Marketing wird diese strategische Option zur Abgrenzung von der allgemeinen Wettbewerbstheorie als „Standardisierung vs. Differenzierung" bezeichnet (vgl. Teil C-1.2.3).

1.2.2 Kostenführerschaft vs. Qualitätsführerschaft

1.2.2.1 Überblick

Kostenführer sind darauf angewiesen, langfristig kostengünstiger zu produzieren als ihre Mitbewerber. Dies gelingt durch Rationalisierung vor allem der Produktion (z.B. durch Automatisierung, Modularisierung und Standardisierung von Produkten und Prozessen). Aber auch in anderen Unternehmensbereichen lässt sich Rationalisierungspotential nutzen (z.B. Einsparung von Personal in der Verwaltung, Konzentration der Beschaffung auf wenige Schlüssellieferanten: die ‚lead supplyer'). Kostenführer sind in die Lage, eine aggressive Preisstrategie zu verfolgen und ihr Absatzvolumen schnell auszuweiten (vgl. Tab. 54). Dies wiederum ermöglicht Fixkostendegression in Produktion, Distribution etc. (‚economies of scale'). Bei einer Variante dieser Vorgehensweise, der Penetrationsstrategie, wird das Unternehmen nur so lange Kostendruck ausüben, bis es den Marktanteil besitzt, der erforderlich ist, um potentielle Wettbewerber durch die Barriere „niedriger Preis" von einem Markteintritt abzuhalten ($\Rightarrow$ Preispolitik, dynamische). Sobald es über die erforderliche Marktmacht verfügt, wird das Unternehmen dann in der zweiten Phase versuchen, den Preis sukzessiv zu erhöhen.

Tab. 54: Vorteile & Nachteile der Kostenführerschaftsstrategie

Vorteile	Nachteile
• Möglichkeit, den Kostenvorteil für eine Niedrigpreisstrategie zu nutzen • Marktwachstum • Schnelle Ausweitung des Marktanteils • Geringes Preisniveau als Markteintrittsbarriere (zur Abwehr potentieller Konkurrenten)	• Keine langfristige Bindung des Kunden • Gefahr eines ruinösen Preiswettbewerbs • Geringer Anreiz für Innovationen

Qualitätsführer hingegen suchen ihren Wettbewerbsvorteil in einem überlegenen Produkt. Mit „Qualität" ist in diesem Zusammenhang nicht nur die (besondere) Güte des Erzeugnisses gemeint. Der Begriff wird hier weiter, im Sinne von Differenzierung verstanden und erfasst jegliche Art von Leistung, welche dem Kunden einen zusätzlichen Nutzen stiftet und das Produkt als einzigartig erscheinen lässt. Hierfür eignen sich z.B. Design, Image, Kauferlebnis, Gebrauchs- und Verbrauchserfahrungen sowie spezielle Service- und Garantieleistungen.

Tab. 55: Vorteile & Nachteile der Qualitätsführerschaftsstrategie

Vorteile	Nachteile
• Kundenbindung • Positives Unternehmensimage • Erhöhte Preisbereitschaft der Käufer	• Tendenziell hohe (Produktions-)Kosten • Vernachlässigung preisbewusster Kunden • Markteintritt von Konkurrenten wegen hoher Gewinnmarge

1.2.2.2 Einfluss der Landeskultur

Zumeist wird die Diskussion über die jeweiligen Vor- und Nachteile von Kosten- vs. Qualitätsführerschaft anhand von ökonomischen Kriterien wie Gewinnmarge, Kosten oder Preise geführt. Übersehen wird gewöhnlich der – je nachdem – fördernde oder hemmende Einfluss der Landeskultur der Akteure. Aufgrund von Plausibilitätsüberlegungen lässt sich folgende These formulieren: Hauptsächlich in Ländern, in denen Langfristorientierung und Kollektivismus mit einer ausgeprägten Tendenz zur Ungewissheitsvermeidung einhergehen, bietet es sich aufgrund der damit idealtypisch verbundenen Tugenden (z.B. Sparsamkeit, Disziplin und Genauigkeit) an, die Kostenführerschaftsstrategie zu verfolgen (vgl. Abb. 56). Diese förderlichen Umfeldbedingungen bieten vor allem ostasiatische Länder (Japan, Südkorea und in Taiwan).

Abb. 56: Promotoren der Kostenführerschaftsstrategie

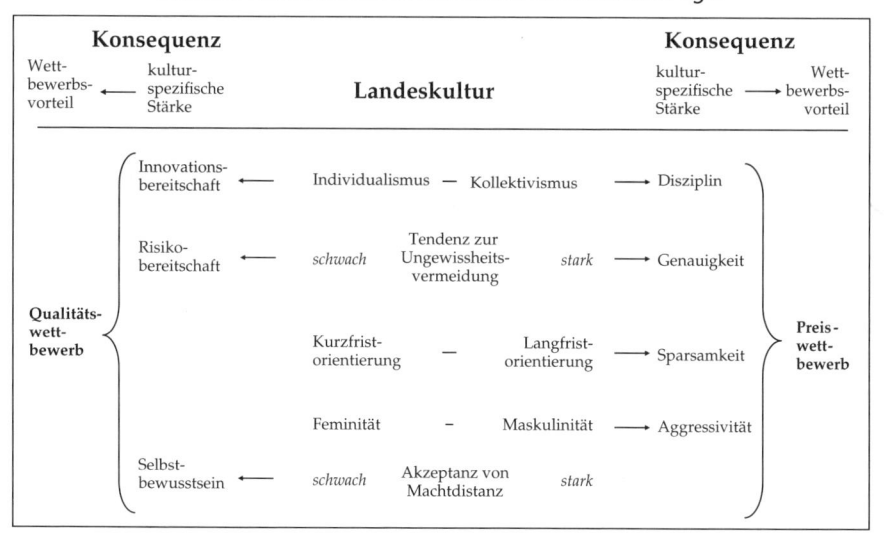

Selbstbewusstsein, Innovations- und Risikobereitschaft hingegen sind gefragt, wenn man sich qualitativ von den Wettbewerbern abheben möchte (z.B. durch die Innovationsstrategie). Dafür bieten Landeskulturen, die sich durch Individualismus, Ablehnung von Machtdistanz sowie durch Toleranz für Ungewissheit auszeichnen, günstige Voraussetzungen. Am besten erfüllen verschiedene angelsächsische Länder (insb. Großbritannien, Irland, Kanada) sowie Dänemark und Schweden diese Bedingung, gefolgt gleichauf von Deutschland und der Schweiz sowie mit Abstrichen von Italien.

1.2.3 Standardisierung vs. Differenzierung

Die mehr als 50 Jahre andauernde Diskussion der Frage, wie Unternehmen, die in mehreren Ländermärkten tätig sind und im Extremfall weltweit, ihr Leistungsangebot gestalten sollten, hat drei „Schulen" hervorgebracht (vgl. Waheeduzzaman/Dube 2004): die Befürworter der ...

- Standardisierungsstrategie (vgl. Teil C-1.2.3.1), die in den 1980er- und 1990er-Jahren ihren Höhepunkt im Global Marketing fand (vgl. Teil C-1.3),
- Differenzierungs- bzw. Anpassungsstrategie (vgl. Teil C-1.2.3.2),
- Kontingenzstrategie. Mittlerweile geht die Mehrzahl der Wissenschaftler davon aus, dass Standardisierung und Differenzierung keine konkurrierenden Optionen sind, sondern sich ergänzen: die beiden Pole eines Kontinuums (vgl. Teil C-2). Wir bezeichnen den Kontingenzansatz als Strategie der „Differenzierten Standardisierung" (vgl. Teil C-3).

1.2.3.1 Standardisierungsstrategie

Mit der Standardisierungsstrategie verfolgen Unternehmen Effektivitäts- und Effizienzziele. Effizienzvorteile sind zu erwarten, wenn es gelingt, durch Vereinheitlichung und im Extremfall Normierung von Leistungen Kosten im gesamten Wertschöpfungsprozess eines Unternehmens zu reduzieren. Denn dank Standardisierung können im Regelfall die Absatzbasis verbreitert und ‚economies of scale' erzielt werden, was Kostendegression und Erfahrungskurveneffekte ermöglicht ($\Rightarrow$ Skaleneffekte). Einen nicht geringen Beitrag leistet gewöhnlich auch die Komplexitätsreduktion, die eine weitere Konsequenz der Standardisierungsstrategie ist. Dabei kann es sich um die formale, d.h. auf die Gestaltung der Abläufe bezogene Prozessstandardisierung oder um Programmstandardisierung handeln. Effektivitätsvorteile erwachsen aus der standardisierungsbedingten Steigerung des Kundennutzens. Denn die Vereinheitlichung des Marktauftritts und damit einhergehend die stärkere Profilierung im Wettbewerb begründen Wirkungsvorteile.

Pioniere der Standardisierungsdiskussion waren Elinder (1961) und Fatt (1967; 1964). Sie haben sich schon in den 1960er-Jahren wissenschaftlich mit der Frage der Standardisierbarkeit der Kommunikationspolitik auseinandergesetzt. Im weiteren Verlauf wurde der gesamte Marketingmix in den Blick genommen, wobei die Antezedenzen („Warum verfolgen Unternehmen die Standardisierungsstrategie?") lange Zeit wesentlich mehr Aufmerksamkeit erfuhren als die Konsequenzen („Mit welchem Erfolg?"; vgl. Schilke et al. 2008).

Wie verschiedene Metaanalysen dokumentieren, fand die Standardisierungsstrategie die meisten Anhänger in den 1980er-Jahren (vgl. Tab. 57).

Aufgrund des im Regelfall größeren Marktvolumens verspricht internationale Standardisierung gewöhnlich mehr Einsparpotential als Kostenführerschaft auf dem Binnenmarkt, birgt aber aus demselben Grund auch mehr Risiken.

1.2 Internationale Wettbewerbsstrategien

Tab. 56: Promotoren & Inhibitoren der Standardisierungsstrategie

Factors favoring standardization	Factors favoring adaptation
• The company's focus on industrial products instead of consumer products, for which technical specifications are important, facilitates standardization	• The company's focus on consumer products, which are more susceptible to be influenced by individual tastes
• Lower costs as a result of economies of scale in production, marketing, and R&D	• Possibility of garnering higher profits by addressing variations in consumer needs and conditions of use (e.g. skill level of users)
• Similarity of customer tastes and consumption patterns across different markets that have analogous income levels and economic growth	• Variations in consumer purchasing power
• High cost of adaptation	• Differences in government regulations (e.g. products' technical standards, local content laws and tax policies)
	• Cultural differences, namely in terms of traditions, language, tastes and consumption habits
• Standardized strategy followed by competitors	• Adaptation strategy followed by competitors
• Centralization of authority for establishing policies and allocating resources	• Decentralization of authority
• Strong linkage of the subsidiary and the Headquarters	• Independence and autonomy of national subsidiaries, which might develop their own products
• Ethnocentric orientation	• Polycentric orientation
• Foreign and domestic markets for a product are in the same stage of development	• Foreign and domestic markets are in different stages of development

Quelle: Lages et al. (2008, S. 587).

Tab. 57: Grad der Standardisierung des Marketingmix

	Sorenson/ Wiechmann (1975) S[1] D[1]		Meyer (1978) S[2] D[2]		Althans (1980) S[3] D[3]		Beutelmeyer/ Mühlbacher (1986) S[3] D[3]		Bolz (1992) S[4] D[4]		Vrontis-Kitchen (2005) S[1] D[1]	
Produktpolitik												
Produkteigenschaften	81	15	45	39	92	5	93	2	71	3	44*	21*
Markenname	93	7	63	27	95	3	91	0	89	2	66	12
Verpackung	75	20	57	30	57	5	82	4	87	0	39	14
Preispolitik												
Preis	56	30	13	87	30	38	52	10	25	20	8	63
Kommunikationspolitik												
Werbebotschaft	74	20	–	–	65	14	75	5	32	16	–	–
Werbeträger	43	47	19	81	38	32	35	13	25	27	–	–
Verkaufsförderung	56	33	18	82	46	19	56	4	16	22	10	45
Distributionspolitik												
Absatzweg	80	13	–	–	59	14	76	4	41	18	27	40

Angaben *in* %)   *Durchschnitt aus Produktvielfalt & Design + Größe & Farbe (40+47, 28+13)
Legende: S = Standardisierung; D = Differenzierung
Operationalisierung S & D: 1): hoch standardisiert & niedrig standardisiert   3): völlig identisch/sehr ähnlich & völlig verschieden
                               2): einheitlich & differenziert   4): hoch standardisiert & nicht standardisiert

Quelle: in Anlehnung an Müller/Kornmeier (2002, S. 206), erweitert.

Hierzu zählt nicht zuletzt „Kosten-Myopia", die übermäßige Verengung der Entscheidungskriterien auf die Kosten des Leistungsprozesses. Dieser Fehleinschätzung erlagen neben anderen auch jene britischen Finanzdienstleister, welche im Verlauf der 1990er Jahre ihren Kundendienst ganz oder teilweise in Call-Center nach Indien verlagert haben. Da dort gut ausgebildete, Englisch sprechende Hochschulabsolventen für ein Neuntel der Lohnsumme arbeiteten, die für einen entsprechenden Mitarbeiter in Großbritannien zu bezahlen war, wurden in der anfänglichen Euphorie etwa 50.000 Kundenservicearbeitsplätze nach Indien verlegt. Systematische Qualitäts- und Leistungsvergleiche ergaben jedoch: Britische Angestellte beantworten 25 % mehr Anrufe pro Stunde und lösen 17 % mehr Kundenanfragen unmittelbar (d.h. beim ersten Anruf) als ihre indischen Kollegen (vgl. Batt et al. 2007; Batt 1999).

Eine schriftliche Befragung von 150 norwegischen Exportunternehmen ergab, dass eine fundierte Kenntnis ausländischer Märkte die Neigung, Marketingprozesse und Marketinginstrumente zu standardisieren, fördert. Dies wiederum mindert die Qualität der Beziehungen zu den lokalen Geschäftspartnern (z.B. Distributeure, Werbeagenturen) und den eigenen Niederlassungen (vgl. Solberg 2002).

Zou/Cavusgil (2002) konnten die These von *A.C Solberg*, wonach der Auslandserfahrung des Managements die Schlüsselrolle zukommt, empirisch bestätigen. Gemäß einer von O'Donnell/Jeong (2000) durchgeführten Befragung von Herstellern von Hochtechnologiegütern ist diese Variable jedoch kein Moderator. Ihren Befunden zufolge fördert in dieser globalen Industrie weltweite Standardisierung grundsätzlich den Unternehmenserfolg – vor allem dann, wenn das Management umfassende Marketingkompetenz besitzt.

Eine Reihe aktueller Studien gibt zu erkennen, dass folgende Konstellationen dafür sprechen, der Standardisierungsstrategie den Vorzug zu geben (vgl. Grewal et al. 2008; Lim et al. 2006; Xu et al. 2006):
- ähnliche Marktbedingungen (z.B. Konsumentenverhalten, gesetzliche Vorgaben),
- großes Economies of Scale-Potential,
- global agierende Wettbewerber,
- starke Abhängigkeit der Niederlassungen von der Unternehmenszentrale,
- globale Organisation von Unternehmensstruktur und Leistungsprozessen.

1.2.3.2 Differenzierungsstrategie

Unternehmen, die auf internationalen Märkten die Differenzierungsstrategie verfolgen, benötigen mehr als „nur" einzigartige Leistungen: Sie müssen die Besonderheiten der Landeskultur ihrer Zielgruppen kennen und in der Lage bzw. willens sein, den jeweiligen Kulturstandards Rechnung zu tragen: durch Anpassung ihres Leistungsangebots an die besonderen Bedingungen im jeweiligen Markt (bspw. an die kulturspezifischen Bedürfnisse der Nachfrager). Begründet wird die Differenzierungsstrategie u.a. mit der Kritik an der Konvergenzthese (vgl. Teil C-1.3.2.1). Nach wie vor denke und handle die Mehrzahl der Menschen landes- bzw. kulturspezifisch, wie folgendes Beispiel zeigt: Während in den USA Fleischgerichte vor allem aus fettarmen Rindfleisch bestehen sollten, bevorzugen Japaner einen hohen Fettgehalt.

Bezweifelt wird aber nicht nur die Stichhaltigkeit der Konvergenzthese. Skeptisch betrachten viele auch die der Standardisierungsstrategie zugeschriebenen positiven Auswirkungen: Abgelehnt wird zunächst die Annahme, dass ⇒ ‚economies of scale' in dem von *T. Levitt* unterstellten Ausmaß nur erzielbar sind, wenn man den Produktionsprozess vereinheitlicht. Denn selbst „maßgeschneiderte", d.h. in extremer Weise individualisierte Erzeugnisse kann man schon seit Jahren dank ‚mass customization' kostengünstig produzieren. Werbespots wiederum lassen sich digital nachbearbeiten. Auch (scheinbar) komplexere Eingriffe (z.B. ein rechtsgelenktes in ein linksgelenktes Fahrzeug umwandeln) verursachen mittlerweile nur noch einen überschaubaren Aufwand. Im Übrigen sorgt Standardisierung in weit geringerem Maße für Kostenreduktion als zumeist angenommen. Denn die Preise der Produktionsfaktoren hängen im Wesentlichen vom ⇒ Weltmarkt sowie von lokalen Gegebenheiten ab und vergleichsweise wenig von den internen Produktionsprozessen der Anbieter. Ähnliches gilt für andere Kostenarten. Im Kreditgeschäft von Automobilbanken bspw. fällt ein Großteil der Servicekosten dann an, wenn ein Kunde mit seinen Ratenzahlungen in Verzug gerät. Das Ausmaß dieser Aufwendungen (z.B. für Mahnverfahren, Pfändung) hängt stark vom jeweiligen Einzelfall ab und ist folglich nur bedingt geeignet, ⇒ Skaleneffekte zu erzielen. Selbst dann, wenn die Standardisierungsstrategie Kostenvorteile und damit eine aggressive Preisstrategie ermöglicht, ist dies keineswegs nur positiv zu sehen. Denn Niedrigpreise begründen keinen dauerhaften Wettbewerbsvorteil.

Nicht zuletzt sprechen externe Faktoren gegen eine (unkritische) Standardisierung. Dazu zählen das soziokulturelle und soziopolitische Umfeld in den einzelnen Zielländern, also Unterschiede in der ⇒ Landeskultur, Gesetzeslage (⇒ Rechtsanthropologie), Wettbewerbs- oder Medienstruktur. So gilt der in Deutschland gesetzlich verankerte Eigentumsvorbehalt, der dafür sorgt, dass eine Leistung bis zur vollständigen Bezahlung im Besitz des Lieferanten verbleibt, nicht einmal in allen europäischen Ländern. Ein anderes Beispiel: *Wal-Mart* konnte sein Erfolgsrezept (extrem schnelle Expansion und Multiplikation seines Filialkonzepts) aufgrund der restriktiven Baunutzungsverordnung in Deutschland nicht umsetzen. Deshalb halten viele den „Globalen Markt" für eine Fiktion und differenzierte Marktbearbeitung vielfach für geboten.

> **Kehrtwende**
> „*VW* hat in den USA so große Probleme, dass der Konzern inzwischen einen Krisenstab eingerichtet hat. [...] Künftig soll die US-Tochter schneller herausfinden und in die Konzernzentrale melden, welche Modelle sie wann braucht. Deshalb baut *VW* ein neues Technikzentrum mit 200 Ingenieuren in Chattanooga auf. Sie sollen mehr vor Ort entwickeln. Fast alle Ingenieure sind Amerikaner, die sich mit ihrem Heimatmarkt besser auskennen als die Leute in Wolfsburg oder Mexiko, wo *VW* viel für die USA fertigt" (Werner 2015, S. 18).

Wie die empirische Forschung gezeigt hat, empfiehlt es sich u.a. unter folgenden Bedingungen, Marketingstrategie bzw. Marketingmix den lokalen Bedingungen anzupassen:
- Die kulturelle Distanz zwischen den Märkten ist groß (vgl. Roth 1995b).

- In den einzelnen Märkten bestehen stark divergierende sozioökonomische Bedingungen (vgl. O'Cass/Julian 2003; Roth 1995b).
- Das Management verfügt über Marketingintelligenz im Allgemeinen und Planungskompetenz im Besonderen (vgl. Shoham 1996).

1.2.4 Kritische Anmerkungen zur S/D-Debatte

1.2.4.1 Unterschiedliche Ebenen der Argumentation

Die Vertreter der Standardisierungs- wie die der Differenzierungsposition benennen die von ihnen behaupteten Vor- und Nachteile „ihrer" Strategie oft nur unsystematisch, in loser Reihenfolge. Auch vermengen sie dabei verschiedene Argumentationsebenen. Wie in Abb. 57 dargestellt, ist jedoch eindeutig zu unterscheiden, was gemeint ist:
- unabdingbare Voraussetzungen für Standardisierung oder Differenzierung (= notwendige Bedingung) *oder*
- begünstigende Umstände (= förderliche Bedingung) *oder*
- die jeweils erhofften positiven Konsequenzen.

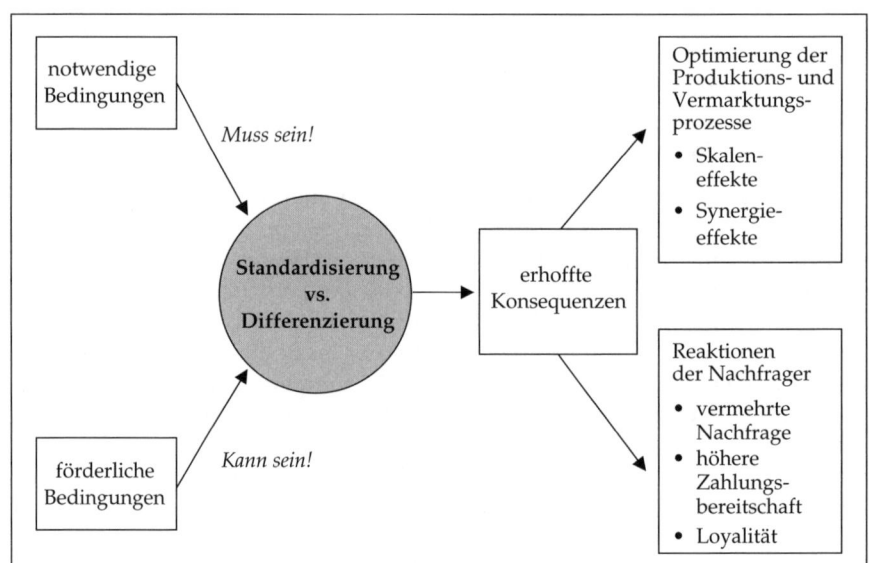

Abb. 57: Struktur der S/D-Debatte

Die Schlüsselargumente der Diskussion lassen sich entsprechend diesem Schema strukturieren: notwendige Bedingungen, förderliche Bedingungen und Konsequenzen (vgl. Tab. 58). Ein Blick auf die unterstellten positiven Konsequenzen macht deutlich, dass die Anhänger der Standardisierungsthese vor allem aus der internen Sicht des Unternehmens argumentieren und Prozessoptimierung anstreben. Ihr Interesse gilt den möglichen Skalen- und Synergieeffekten. Hingegen haben die Vertreter der Differenzierungsthese primär die externen Konsequenzen im Blick: Wie reagiert die Nachfrage auf eine

Anpassung des Angebots an kultur- bzw. länderspezifische Bedürfnisse? Versetzt Differenzierung Unternehmen in die Lage, auf lokalen Märkten größere Marktanteile zu gewinnen als bei einer standardisierten Marktbearbeitung? Wie hier bereits erkennbar und sich im weiteren Verlauf immer wieder erweisen wird, ist die S/D-Diskussion wenig hilfreich, solange sie als Grundsatzdebatte („entweder-oder") geführt wird. Denn die Unternehmen bevorzugen zumeist Mischstrategien.

Tab. 58: Argumente der S/D-Diskussion im Überblick

	Standardisierung	Differenzierung
Notwendige Bedingung	• Angleichung der Bedürfnisse und Verhaltensweisen der Konsumenten (Konvergenzthese) • Existenz hinreichend großer transnationaler Marktsegmente	• Externe Faktoren sorgen für Divergenz (d.h. kulturell bedingte Unterschiede in Bedürfnissen und Verhaltensweisen der Konsumenten, rechtliche Rahmenbedingungen) • Geeignete interne Organisationsstruktur (z.B. Gliederung in Sparten)
Förderliche Bedingung	• Verbesserte Transport- und Kommunikationsmöglichkeiten • Internationale Mobilität	• ‚mass customization' (z.B. mithilfe von flexiblen Produktionssystemen oder ‚computer-aided design') • Nachteilige Effekte der Standardisierungsstrategie (z.B. fehlender USP)
Erhoffte Konsequenz	• ‚economies of scale' • Beschleunigte Markteinführung • Effiziente Steuerung der internationalen Geschäftstätigkeit • Erhöhte Umschlagsmenge • Weltweiter Wissenstransfer	• Erhöhte Marktanteile in lokalen Märkten • Motivation einheimischer Manager (‚locals') • Verbesserte Fähigkeit, auf unvorhergesehene Veränderungen in den einzelnen Märkten zu reagieren („Reagibilität")

1.2.4.2 Unzureichende theoretische Fundierung

In der Anfangsphase litt die Diskussion unter einem eklatanten Mangel an theoretischer wie auch an empirischer Fundierung. Beide Seiten argumentierten vorzugsweise kasuistisch: Anekdoten und Fallbeispiele, also primär die Erfahrungen einzelner Unternehmen, wurden bemüht, um mal die eine, mal die andere Position zu untermauern (vgl. Whitelock/Chung 1989, S. 71).

- *Ikea* ist international mit einem standardisierten Marketingmix erfolgreich (vgl. Martenson 1987, S. 15).
- *Unilever* betrachtet Nahrungsmittel als lokale Produkte, die sich weltweit nicht standardisiert vermarkten lassen (vgl. Maljers 1994).

Boddewyn et al. (1986) polemisierten deshalb, in *T. Levitts* berühmtem Beitrag seien Beweise „as scarce as the beef in the now famous *Wendy's* commercial". Hinzu kommt, dass häufig nur das Verhalten der Anbieter beschrieben wurde („Firma XY standardisiert oder differenziert dies und jenes"). Die für den Nachweis von Divergenz oder Konvergenz eigentlich relevante Untersuchungseinheit aber vernachlässigte man: die Reaktionen der Nachfrager. Mehr noch: Die

Befürworter der Standardisierungsstrategie behandelten die Konvergenzthese (z.B. Angleichung der Konsumgewohnheiten) vielfach als Axiom: als unbezweifelbar. Tatsächlich aber mehren sich in jüngerer Zeit die Stimmen derer, die mehr Anzeichen für Divergenz als für Konvergenz ausmachen (z.B. Fung 2009).

1.2.4.3 Methodologische Schwachstellen

In der Folgezeit wurde die S/D-Debatte zwar zunehmend auf der Basis empirischer Evidenz geführt. Aber zahlreiche methodische Schwächen der zugrundeliegenden Studien minderten deren Aussagewert. Auch wurden vielfach widersprüchliche Befunde veröffentlicht: „... non-significant, contradictory, and, to some extent, confusing findings attributable to inappropriate conceptualizations, inadequate research designs, and weak analytical techniques" (Theodosiou/Leonidou 2003).

Probleme der Erfolgsmessung

Viele der einschlägigen Studien sind deskriptiv angelegt. Theodosiou/Katsikeas (2001) bspw. untersuchten lediglich, welche Strategie weltweit tätige Unternehmen derzeit präferieren. Allenfalls erfährt der Leser noch, welche Faktoren nach Ansicht der befragten Manager für oder wider die von ihnen verfolgte Strategie sprechen. Natürlich erlauben derartige Selbsteinschätzungen kein verlässliches Urteil darüber, wie „gut" eine Strategie ist. Dies lässt sich, in der Tradition der Erfolgsfaktorenforschung, erst anhand objektiv feststellbarer Konsequenzen entscheiden. Gleichwohl gehen nur wenige Forscher dieser Frage systematisch nach und betreiben eine empirisch fundierte Erfolgskontrolle.

Es ist jedoch alles andere als einfach, „den Auslandserfolg" zu messen. Deshalb lässt sich dieses Manko auch nicht ohne Weiteres beheben. Strittig bspw. ist, wie man „den Weltmarkt", auf den sich viele dieser Studien beziehen, abgrenzen soll. Weiterhin gilt es, zwischen ...
- nicht-monetären (z.B. Marktanteil) und
- monetären Erfolgskriterien (z.B. Gewinn) zu unterscheiden (vgl. Tab. 59).

Aber selbst ein scheinbar so einfaches und eindeutiges Erfolgskriterium wie die Absatzmenge ist weit weniger geeignet, die Frage „Standardisierung oder Differenzierung" zu beantworten, als es auf den ersten Blick den Anschein hat. So wiesen u.a. Alashban et al. (2002, S. 41) zwar nach, dass die Standardisierung des Markennamens hilft, die Absatzmenge zu vergrößern. Da jedoch Verkaufszahlen nichts bzw. wenig über den Ertrag aussagen, muss letztlich offen bleiben, ob Standardisierung ein Erfolgsrezept ist.

Überdies sind, wie nach Buzzell/Gale (1987) noch viele andere Wissenschaftler empirisch nachgewiesen haben, diese Maße keineswegs unabhängig voneinander. Signifikante Korrelationen zwischen den einzelnen Erfolgsgrößen berichtete bspw. Solberg (2002, S. 10). Das von ihm entwickelte komplexe Erfolgsmaß setzt sich aus zwei monetären und zwei nicht-monetären Kriterien zusammen (*Cronbach's Alpha* = 0,81). Zou/Cavusgil (2002, S. 51) schließlich belegten kausalanalytisch, dass der nicht-monetäre den monetären Erfolg beeinflusst (+.41; $p < 0{,}01$) und nicht umgekehrt.

1.2 Internationale Wettbewerbsstrategien

Tab. 59: Erfolgsmaße eines Auslandsengagements

Typ	Erfolgsmaß	Statement bzw. Item	Studie
Nicht-monetär	Marktanteil	• Wie schätzen Sie die Entwicklung des Marktanteils Ihres Unternehmens in Ihren wichtigsten Märkten in den letzten fünf Jahren ein?[a] • Unser Weltmarktanteil ist im Vergleich zu unseren wichtigsten Wettbewerbern sehr hoch.[b]	• Solberg (2002) • Zou/Cavusgil (2002)
Nicht-monetär	Wettbewerbsposition	• Im Vergleich zu unseren wichtigsten Wettbewerbern ist unsere Strategische Geschäftseinheit auf dem Weltmarkt sehr wettbewerbsfähig.[b] • Die strategische Position unserer Strategische Geschäftseinheit auf dem Weltmarkt ist sehr stark.[b] • Es ist uns gelungen, eine weltweite Führungsposition in unserer Branche aufzubauen.[b]	• Zou/Cavusgil (2002)
Monetär	Kosten	• Welchen Effekt hatte Ihrer Meinung nach die Markenstrategie Ihres Unternehmens auf die Produktions- und Marketingkosten?[c]	• Alashban et al. (2002)
Monetär	Umsatz bzw. Verkaufszahlen	• Welchen Effekt hatte Ihrer Meinung nach die Markenstrategie Ihres Unternehmens auf die Verkaufszahlen?[d] • Wie schätzen Sie die Entwicklung Ihrer Verkaufszahlen im Vergleich zu Ihrem Hauptwettbewerber in Ihren wichtigsten Märkten in den letzten fünf Jahren ein?[e] • Im Vergleich zu unseren wichtigsten Wettbewerbern ist der weltweite Umsatz unserer Strategischen Geschäftseinheit schnell gestiegen.[b]	• Alashban et al. (2002) • Solberg (2002) • Zou/Cavusgil (2002)
Monetär	Profitabilität	Die weltweiten Engagements unserer Strategischen Geschäftseinheit sind im Vergleich zu denen unserer wichtigsten Wettbewerber sehr profitabel.[b]	Zou/Cavusgil (2002)
Monetär	Gewinn bzw. ROI	Unser ‚Return on Investment' (ROI) ist höher als der unserer wichtigsten Wettbewerber.[b]	Zou/Cavusgil (2002)

Anmerkungen:
a) 1 = stark gefallen, 7 = stark gestiegen
b) 1 = lehne vollkommen ab, 7 = stimme vollkommen zu
c) 1 = hat Kosten stark gesenkt, 7 = hat Kosten stark erhöht
d) 1 = starker negativer Effekt, 7 = starker positiver Effekt
e) 1 = viel schlechter, 7 = viel besser

Da viele Unternehmen in der Anfangsphase ihres internationalen Engagements die Exportstrategie verfolgen, wird nicht selten ‚export performance' mit Auslandserfolg gleichgesetzt. Zur Operationalisierung von Exporterfolg nutzt man üblicherweise die in Tab. 59 dokumentierten Maße (jeweils bezogen auf den Export). Mitunter werden auch weitere nicht-monetäre Kennzahlen erfasst. Solberg (2002, S. 10) bspw. erfragte von seinen Probanden neben Marktanteil und Verkaufszahlen folgende subjektive Bewertungen:
- Für wie erfolgreich halten Sie Ihr Unternehmen auf internationalen Märkten?
- Wie schätzen Sie die Entwicklung des finanziellen Ergebnisses Ihres Unternehmens in Ihren wichtigsten Märkten in den letzten fünf Jahren ein?

Prinzipiell kann man kausalanalytisch ermitteln, inwiefern die gewählte Strategie (Standardisierung oder Differenzierung) den Auslandserfolg beeinflusst (vgl. Alashban et al. 2002). Tatsächlich aber fällt dies gewöhnlich allein schon deshalb schwer, weil „Erfolg" zumeist nur schwer objektiv messbar ist. Das scheinbar eindeutige Kriterium „Gewinn" etwa ist alles andere als verlässlich, da diese Größe u.a. von der am jeweiligen Standort praktizierten Besteuerung abhängt. Auch kann sich der Gewinn aufgrund verschiedener Strategien des sog. ‚earnings managements' scheinbar verringern, etwa dann, wenn ein Unternehmen aus steuerlichen Gründen Rücklagen bildet oder durch eine gezielte Gestaltung von Transferpreisen dafür sorgt, dass die Erträge in einem Niedrigsteuerland anfallen (vgl. Burgstahler et al. 2006). Deshalb verzichten manche Wissenschaftler von vornherein darauf, die klassischen Erfolgsmaße (Marktanteil, Umsatz etc.) pseudo-objektiv in Prozent, Dollar oder Euro angeben zu lassen. Stattdessen setzen sie fünf- bis siebenstufige Ratingskalen ein, weshalb ihre Analysen (nur) auf subjektiven Einschätzungen beruhen und nicht auf objektiven Daten.

Widersprüchliche Befunde

Erschwert wird die Diskussion auch dadurch, dass die berichteten Effekte bisweilen höchst selektiv sind, d.h. nur für bestimmte Politiken, Geschäftseinheiten oder Ländermärkte gelten. Stellvertretend für viele seien zunächst zwei Untersuchungen aus der Frühphase dieses Forschungsfeldes genannt, die beide im *Journal of Marketing*, einer der angesehensten wissenschaftlichen Zeitschriften, erschienen sind. Während Samiee/Roth (1992) keinen signifikanten Zusammenhang zwischen Standardisierung und „Erfolg" beobachten konnten, bestätigten Szymanski et al. (1993) diese These für westliche Industrieländer.

Eine Dekade später berichteten Zou/Cavusgil (2002, S. 52), dass die Standardisierung von Produkt- und Kommunikationspolitik einen zwar geringen, aber positiven Effekt ausübt, während ihrer Studie zufolge nichts dafür spricht, die Distributionskanäle zu vereinheitlichen (vgl. Tab. 60).

Tab. 60: Einfluss der Standardisierungsstrategie auf den Auslandserfolg

Standardisierung von ...	Einfluss[1] auf ...	
	globalen nicht-monetären Erfolg (= strategischer Erfolg)	globalen monetären Erfolg (= finanzieller Erfolg)
... Produktpolitik	+0,20	+0,18
... Werbung & Verkaufsförderung	+0,22	+0,20
... Distributionsstruktur	n.s.	n.s.
[1] gemessen als Pfadkoeffizienten eines Strukturgleichungsmodells		

Quelle: Zou/Cavusgil (2002, S. 52).

Brei et al. (2011) haben 23 Studien, die zwischen 1992 und 2010 zum Zusammenhang von S/D-Strategie und Unternehmenserfolg (‚performance') publiziert worden sind, analysiert. Gemessen an der Effektstärke (ES) spricht diese Metaanalyse zwar für eine leichte Überlegenheit der Differenzierungsstrategie (ES

= .168). Aber die für die Standardisierungsstrategie ermittelten Werte lagen nur unwesentlich darunter (ES = .134).

Verengte Perspektive

In der S/D-Forschung wurden und werden vorzugsweise die Ansichten, Präferenzen und Erfahrungen von Mitarbeitern des Stammhauses bzw. der Unternehmenszentrale berücksichtigt. Da die Mitarbeiter der Niederlassungen in den Auslandsmärkten des Unternehmens jedoch eine entscheidende Rolle bei der Implementierung der Unternehmensstrategie spielen (vgl. Hewett/Bearden 2001), ist diese Herangehensweise problematisch: „Thus, the accuracy of data generated from a single respondent at headquarters with regard to international strategies in place, environmental contingencies, and performance outcomes in dozens of markets abroad is open to question" (Katsikeas et al. 2006, S. 869).

> Angesichts der Vielzahl widersprüchlicher bzw. nicht miteinander vergleichbarer Befunde ist es leicht nachvollziehbar, dass sowohl die Anhänger der Standardisierungsstrategie als auch die Anhänger der Differenzierungsstrategie auf Studien verweisen können, die ihre konträren Positionen stützen. In der Folgezeit kam es zu zwei nicht minder gegensätzlichen Entwicklungen: Während die meisten Unternehmen sowie die Unternehmensberater in den 1980er- und 1990er-Jahren im Global Marketing und dessen extremer Standardisierungsphilosophie die bestmögliche Reaktion auf den durch die Globalisierung gewachsenen Kostendruck erblickten (vgl. Teil C-1.3), favorisierte die akademische Welt den Kontingenzansatz. Demnach sollten Unternehmen ihre Entscheidung, Marketingstrategie, Marketingmix bzw. einzelne Instrumente zu standardisieren oder zu differenzieren, von den Bedingungen abhängig machen, die sie in den einzelnen Märkten in einem bestimmten Zeitraum vorfinden. Pauschale, von diesen Kontingenzvariablen abstrahierende Empfehlungen führten in die Irre (vgl. Teil C-2).

1.3 Vom S/D-Paradigma zum Global Marketing

1.3.1 Ausgangssituation

Aufgrund des Eintritts japanischer Unternehmen (z.B. *Sony, Toyota*) in den globalen Wettbewerb und ersten Sättigungserscheinungen waren die 1970er- und die 1980er-Jahre geprägt von einem weltweit wachsenden Wettbewerbs- und Kostendruck. Um ihre Kostenstruktur zu verbessern, versuchten deshalb zahlreiche Unternehmen, möglichst viele Auslandsmärkte in weitgehend standardisierter Weise zu bearbeiten (vgl. Keegan/Green 2012). Nicht nur die Verantwortlichen von *Coca-Cola* nahmen damals an, bspw. durch die Produktion global einsetzbarer Werbespots jährlich erhebliche Beträge sparen zu können. *British Airways* etwa gelang es dadurch, seine Werbekosten von 12 auf 5 % des Marketingbudgets zu reduzieren (vgl. Riesenbeck 1994, S. 329).

Die Befürworter der Standardisierungsstrategie gingen davon aus, dass sich die Bedürfnisse der Konsumenten weltweit immer stärker angleichen (= Konvergenzthese), weshalb man in zahlreichen Ländermärkten ein und dieselbe Strategien verfolgen könne. Zwar gilt Levitt (1983) weithin als der Initiator der S/D-Diskussion. Genau betrachtet aber griff er 1983 mit „The Globalization of Markets" lediglich eine der klassischen Kontroversen des Internationalen Marketing wieder auf (vgl. z.B. Wind/Douglas 1972; Buzzell 1968). Von den zahllosen Wissenschaftlern, welche sich seitdem mit dieser Schlüsselfrage der Weltwirtschaft deskriptiv oder analytisch befasst haben, seien aus der Anfangsphase stellvertretend nur Douglas/Wind (1987), Walters/Toyne (1989) und Yavas et al. (1992) genannt (zum weiteren Verlauf der Diskussion vgl. Müller/Kornmeier 2002, S. 14 ff.).

Im Lauf der Zeit rationalisierten die meisten Hersteller ihre europäischen Produktionsnetzwerke und standardisierten ihr Produktangebot so weit wie möglich. „Eine identische Packung *Pampers* oder eines der zahlreichen Produkte von *Gillette* wird mit einem Packungstext in mehreren Sprachen versehen und oft von einer zentralen europäischen Fabrik in den Markt versandt" (Leach 1999, S. 56). Dabei nimmt man suboptimale Lösungen in einzelnen Ländermärkten bewusst in Kauf. Denn „globale Ungenauigkeit ist wirtschaftlicher als lokale Genauigkeit."

1.3.2 Schlüsselthesen des Global Marketing

Ausgehend von Buzzell (1968) verknüpften Levitt (1983, S. 92 ff.) und andere (z.B. Hamel/Prahalad 1985) vier Thesen über die Globalisierung zu einer Argumentationskette (vgl. Abb. 58). Sie stellt die Globalisierung ökonomischer Transaktionen als einen quasi-naturgesetzartigen Vorgang dar (vgl. Meffert 1986b).

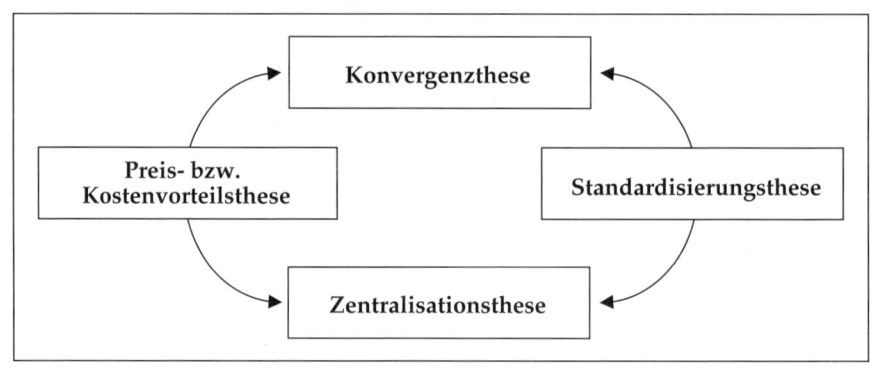

Abb. 58: Globalisierung: ein sich selbst verstärkender Prozess?

```
           ┌─────────────────────┐
      ┌───▶│   Konvergenzthese   │◀───┐
      │    └─────────────────────┘    │
┌─────┴──────────┐            ┌───────┴──────────────┐
│   Preis- bzw.  │            │                      │
│ Kostenvorteils-│            │ Standardisierungsthese│
│     these      │            │                      │
└─────┬──────────┘            └───────┬──────────────┘
      │    ┌─────────────────────┐    │
      └───▶│  Zentralisationsthese│◀───┘
           └─────────────────────┘
```

Quelle: Meffert (1986b, S. 195).

1.3.2.1 Konvergenz des Nachfrageverhaltens

Aufgrund der dramatisch intensivierten globalen Austauschprozesse und Wanderungsbewegungen (Kommunikation, Tourismus, Migration etc.) gleichen sich die Bedürfnisse und Verhaltensweisen der Kunden und Verbraucher in den Triade-Märkten zunehmend an. Die Grundzüge der sog. Konvergenzthese formulierte T. Levitt in „On the Globalization of Markets" auf der Basis von Webber (1969): „Ancient differences in national tastes or modes of doing business disappear. The commonality of preferences leads inescapably to the standardization of products, manufacturing, and the institutions of trade and commerce" (Levitt 1983, S. 93). Letztlich sorge der technische Fortschritt dafür, dass über kurz oder lang eine einheitliche Weltkultur westlicher Prägung entstehe (vgl. Ohmae 1985, S. 9). In ihr könnten nur wahrhaft globale Unternehmen dauerhaft erfolgreich sein, da ihre Unternehmensmission, „globale Bedürfnisse" zu befriedigen, es ihnen ermögliche, hochwertige Produkte zu geringen Preisen anzubieten.

> **Deutsch-italienische Konvergenz**
> „Mit deutscher Gründlichkeit kopieren die Deutschen schon seit Jahren die Lebensart der Italiener. Rucola und Balsamico, Risotto, Barolo und Latte macchiato (den hier in Rom noch nicht einmal Säuglinge trinken würden). Da ist es doch schön zu erfahren, wie im Gegenzug wenigstens ein Bestandteil der deutschen Alltagskultur sich unaufhaltsam südlich der Alpen durchsetzt. Es ist das Federbett, italienisch ‚il piumino'. Die Daunendecke hat nämlich die uritalienische ‚coperta' abgelöst, jene brettschwere Wolldecke aus Schurwolle oder Kamelhaar, die rechts und links sowie am Fußende unter die Decke geschlagen wurde, um den unter ihr liegenden Menschen in nächtliche Geiselhaft zu nehmen" (Schönau 2011, S. 3).

Global erfolgreiche Marken wie *Coca-Cola* scheinen diese Argumentation zu bestätigen (vgl. Tab. 61). Gleiches gilt für *McDonald's* oder *Levi's*: „Hamburger" sind in Moskau nicht weniger beliebt als in Berlin. Für Jugendliche, die in Asien leben, sind Markenjeans ebenso ein Statussymbol wie für ihre europäischen Altersgenossen. Sie wiederum erfreuen sich an den Erzeugnissen der japanischen Pop-Kultur: angefangen bei Walkman und *Playstation* bis hin zu *Pokémon*, *Hello Kitty*-Figuren und grellbunten *Cosplay*-Partys.

Tab. 61: Pro-Kopf-Verbrauch von Coca-Cola-Softdrinks (in 8 Flüssigunzen = 0,24 Liter)

	1991	2012		1991	2012
Mexiko	290	745	Österreich	155	259
Chile	157	486	Brasilien	102	241
Panama	80	416	Peru	47	219
USA	292	401	Großbritannien	87	200
Argentinien	135	364	Deutschland	181	191
Belgien	201	333	El Salvador	83	186
Australien	224	315	Japan	122	182
Spanien	156	283	Türkei	21	176
Bolivien	55	263	Frankreich	52	141
Südafrika	136	260	Italien	90	132

Quelle: Coca-Cola Company (in: Statista Handelsdaten 2013).

Treiber der Konvergenz sind ...
- Wohlfahrtsgewinne in den Triade-Ländern und BRICS-Staaten,
- Regionalisierung und damit Überwindung nationalstaatlich bedingter Handelshemmnisse durch *APEC, Europäische Union, Mercusor, NAFTA* etc.,
- Angleichung der Lebensverhältnisse aufgrund des technologischen Fortschritts (z.B. in der Unterhaltungs- und Kommunikationselektronik),

- wachsende internationale Mobilität (z.B. Tourismus, Migration),
- Verbreitung transnationaler Medien (z.B. Sat-TV, Internet),
- Angleichung der Bildungssysteme (vgl. Ohmae 1985, S. 36).

Kritiker wenden dagegen ein, diese Angleichung sei oberflächlicher Natur und überdies auf wenige, wenn auch aufmerksamkeitsstarke Lebensbereiche beschränkt (z.B. Mobilkommunikation, Sportbekleidung als Alltagskleidung, Fast Food, Ethnic Food). Die zugrunde liegenden Bedürfnisse der Konsumenten aber unterschieden sich nach wie vor, weshalb man auch weiterhin einen differenzierten Ansatz verfolgen müsse.

> **Frühlings-, Mond- & Weihnachtsfest**
> Chinesen feiern gerne. Deshalb werden im modernen China neben dem Frühlingsfest und dem Mondfest, den traditionellen chinesischen Festen, auch der Valentinstag und Halloween gefeiert. Vor allem aber lieben Chinesen Weihnachten. „Der Weihnachtsmann, Anfang der 90er Jahre in China noch nahezu unbekannt, hat mit der Öffnung des Landes ähnlich schnell Einzug gehalten wie *Coca-Cola* und *McDonald's*. Shanghaier tauschen ihre *Hello-Kitty* und *Mickymaus*-Pyjamas, die sie übrigens gern auch tagsüber tragen, im Winter mit Vorliebe gegen Santa-Claus-Modelle. Kinder gehen mit Zipfelmützen zur Schule. [...] Frau *Zhang* von dem kleinen Delikatessladen an unserer Ecke, der Köstlichkeiten wie vakuumverpackte Hühnerfüße und Eselpenisse verkauft, trägt goldene Haarreifen mit wippenden Fühlern, an deren Spitzen zwei Christkinder blinken. Wenn ich ihr zuwinke, grüßt sie mit einem Knopfdruck zurück – und die Engel singen eine Elektroversion von Ping'An Ye" („Stille Nacht"; Collée 2010, S. 104).

1.3.2.2 Standardisierung des Marketing

In dem Maße, wie die Märkte konvergieren, können Unternehmen auf die kostenträchtige Anpassung ihrer Instrumente und Prozesse an nationale Besonderheiten verzichten und in einer Vielzahl von Ländermärkten Standardstrategien verfolgen. Die „Ubiquität der Wünsche" ermögliche es, standardisierte Produkte weltweit mit der gleichen Botschaft zu vertreiben (= Standardisierungsthese).

International engagierten Unternehmen eröffnet der Wandel des in den 1980er-Jahren noch überwiegend kleinteiligen und unüberschaubaren Weltmarktes zum ‚global village' entscheidende Vorteile (vgl. Harvey 1993; Samiee/Roth 1992; Keegan 1989; Ohmae 1989; Douglas/Craig 1986):

- Skaleneffekte in Produktion, Forschung und Entwicklung sowie im Marketing (⇒ Skaleneffekte),
- Beschleunigung der Einführung von Produkten und Dienstleistungen in globalen Märkte,
- Erleichterung der Steuerung der internationalen Geschäftätigkeit,
- Vereinheitlichung von Kommunikation, Unternehmensimage etc.,
- weltweite Nutzung von Wissen.

1.3.2.3 Zentralisation der Geschäftstätigkeit

Standardisierung geht im Regelfall mit der Zentralisierung von Entscheidungsprozessen, Organisationsstruktur etc. einher. Um die erforderliche globale Orientierung der Unternehmenspolitik zu unterstützen, überwinden global tätige Unternehmen die nationale Unternehmenskultur des Herkunftsunternehmens

1.3 Vom S/D-Paradigma zum Global Marketing

und entwickeln – ausgehend von einer gemeinsamen Weltsicht – eine globale Unternehmenskultur (vgl. Prahalad/Doz 1987). Charakteristisch sind weiterhin die produktorientierte Umgestaltung der Organisationsstruktur sowie Integration und Koordination von Informationsbeschaffung und Entscheidungsfindung (= Zentralisationsthese).

Allerdings wird diese strategische Entscheidung nicht nur nach sachlichen Erwägungen getroffen, sondern auch aufgrund von kultur- bzw. landestypischen Erfahrungen, Erwartungen und nicht zuletzt Gewohnheiten (vgl. Abb. 59):
- „Am stärksten zentral arbeiten die Japaner. Ihre elektronischen Geräte sind absolut globale Produkte. Aber sie achten sehr darauf, die lokalen Vertriebssysteme zu verstehen und ihre Verkaufsstrategie anzupassen.
- Die Amerikaner legen großen Wert darauf, dass ihr Markenauftritt überall gleich ist. Unternehmen wie *McDonald's* machen kleinere Zugeständnisse an die lokalen Märkte (z.B. Angebot von „Lamm-Burger" in Indien oder Bier in Deutschland). Aber sie propagieren diese Zugeständnisse nicht.
- Aus historischen Gründen achten die Europäer mehr auf die Verschiedenheit (von Märkten, Zielgruppen etc.) statt auf Gemeinsamkeiten. Sie arbeiten zumeist mit dezentralen Marketingabteilungen, die auf die Besonderheiten der einzelnen Ländermärkte fokussiert sind" (Leendertse 1999, S. 148).

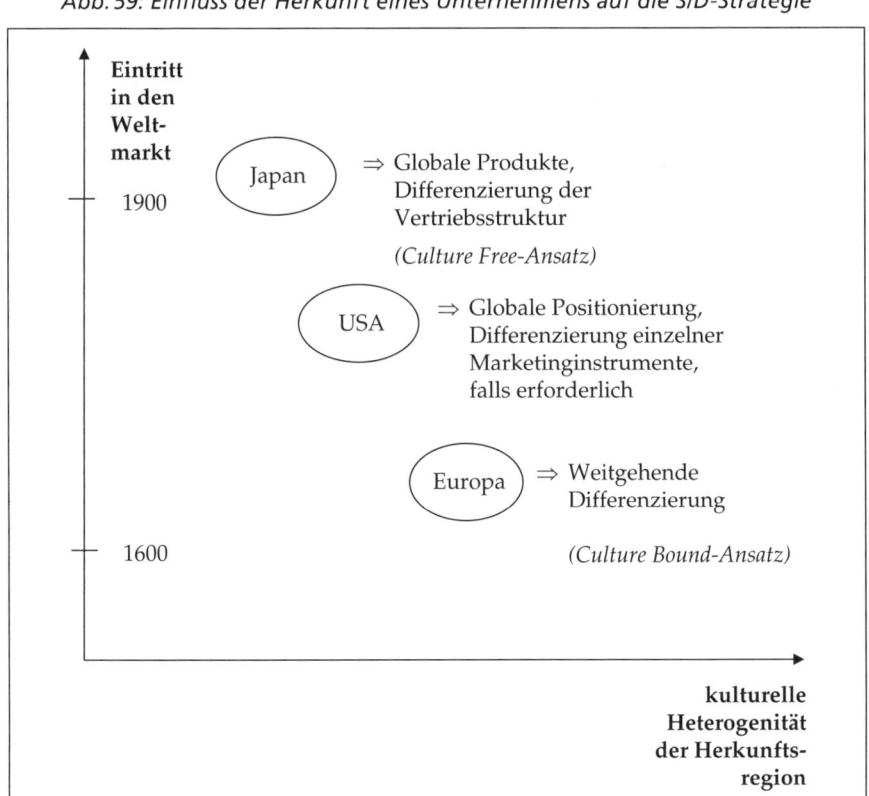

Abb. 59: Einfluss der Herkunft eines Unternehmens auf die S/D-Strategie

1.3.2.4 Kosten- & Preisvorteil

Global Sourcing, globale Standortpolitik sowie die durch Konvergenz und Standardisierung generierten Skaleneffekte ermöglichen es zum einen, selektiv Preisvorteile in den verschiedenen Märkten zu nutzen, und zum anderen, die Strategie der Kostenführerschaft zu verfolgen. Der Kreis der Argumentationskette schließt sich, wenn *H & M, Ikea, Sony* und andere Global Player ihren Kostenvorteil als Preisvorteil an ihre Kunden weitergeben und dadurch die Homogenisierung der Nachfrage beschleunigen.

> ☞ Die Befürworter der Standardisierungsstrategie gingen davon aus, dass die Bedürfnisse der Konsumenten weltweit immer stärker konvergieren. Deshalb könne man eine Vielzahl von Ländermärkten mit einer einheitlichen Strategien bearbeiten. Dreh- und Angelpunkt dieser Position ist die Konvergenzthese. Ihr Fundament ist jedoch weitaus schwächer, als es den Anschein hat, u.a. aufgrund methodischer Mängel.

1.3.3 Kritische Würdigung

1.3.3.1 Theoretisch begründbare Kritik

Unerfüllte Prognosen

Neben anderem erwies sich die Vorstellung, dass dem Internet eine innere Logik innewohnt, die sozusagen automatisch für Konvergenz sorgt, als unrealistisch. Trotz ihrer „ostensible universality and important role as engines of globalization, the Internet and its Web neither eliminate cultural differences nor are they culture-free products" (Hermeking 2005, S. 213).

Mehrdeutige Indikatoren

Numerische Indikatoren ökonomischer Vorgänge (z.B. BSP, frei verfügbares Haushaltsnettoeinkommen) sind nur bedingt aussagekräftig. Auch dann, wenn derartige gesamtwirtschaftliche Kennzahlen konvergieren, kann man daraus nicht den Schluss ziehen, dass die zugrundeliegenden Einstellungen, Bedürfnisse und Verhaltensweisen der Konsumenten sich in entsprechender Weise angleichen. Selbst wenn Angehörige verschiedener Kulturen dasselbe Produkt kaufen, dieselben Filme mögen oder ihre Freizeit in äußerlich vergleichbarer Weise verbringen, bedeutet dies nicht, dass sie dieselben Werte verinnerlicht haben (vgl. Schuh 1997, S. 90). So ist es wahrscheinlich, dass Angehörige des kollektivistisch-machtdistanten Kulturkreises ein hochwertiges und prestigeträchtiges Markenprodukt hauptsächlich seines Images wegen kaufen, Angehörige des individualistisch-egalitären Kulturkreises hingegen vorrangig aufgrund seines Qualitätsversprechens (vgl. Teil D-5). Folglich müssen beide Segmente kommunikations-, distributions- und vermutlich auch preispolitisch unterschiedlich angesprochen werden.

Je nachdem, auf welche Indikatoren wir uns beziehen, fällt bspw. das Urteil über die Konvergenz des europäischen Milchmarktes höchst unterschiedlich aus. Innerhalb der *Europäischen Union* kaufen 87 % aller Haushalte Joghurt, wobei Frankreich (94%) Spitzenreiter ist und Spanien (82%) Schlusslicht. Dieser vergleichsweise geringe Unterschied spricht zunächst für eine weitgehende Angleichung innerhalb Europas. Zu einem ganz anderen Fazit gelangt indessen, wer sich an dem Indikator „Verbrauchsintensität" orientiert: Ein durchschnittlicher niederländischer Haushalt verzehrt pro Jahr etwa 44 kg Joghurt, jede belgische Familie etwa 11 kg. Auch andere Märkte unterliegen eher Divergenz- als Konvergenztendenzen. Zum Beispiel der Süßwarenmarkt: Während Nordeuropäer, allen voran die Dänen (= 8,01 kg pro Kopf und Jahr), sich mit Süßigkeiten über den Licht- und Sonnenmangel ihrer Region hinwegzutrösten scheinen, benötigen die sonnenverwöhnten Südeuropäer diesen kulinarischen Trost offenbar weit seltener (z.B. Portugal = 1,99 kg). Zum Vergleich: Deutschland = 4,30 kg, Österreich = 2,69 kg und Schweiz = 2,00 kg.

Verwechselung von sichtbarem Verhalten & Verhaltensursache

Zahlreiche globale Marketingstrategien scheitern, weil die unterstellte Konvergenz nur die Verhaltensoberfläche erfasst, d.h. das sichtbare Verhalten. Die Verhaltensursachen jedoch – etwa die soziodemographische Struktur, die Markt- und Wettbewerbsbedingungen, das jeweilige Rechtssystem und die Landeskultur – bleiben im Wesentlichen zumeist, wie sie waren. Chinesen bspw. sind nicht bereits deshalb Mitglieder einer fiktiven Globalkultur, weil sie ...

- neben ihren traditionellen Festen (z.B. Mondfest) auch Weihnachten feiern,
- zusätzlich zu den traditionellen Reis- und Gemüsegerichten vermehrt auch Weizen- und Fleischprodukte konsumieren,
- unbequeme Zweiräder durch komfortable Pkws ersetzen.

> **Weizen oder Reis?** *oder* **Weizen und Reis?**
> Man sollte sich nicht blenden lassen „von den äußerlich sichtbaren Erscheinungen einer entstehenden Weltzivilisation, die darin besteht, dass man von Tokyo über Jakarta und Nairobi bis Mexiko Wolkenkratzer findet, dass es überall Autos, Kameras, das Fernsehen, *Coca Cola* und europäische Kleidung gibt. Das sind doch zunächst sehr oberflächliche Attribute, in denen sich die von der westlichen Welt ausgehende Industrialisierung nun einmal materialisiert. Aber ändern sie wirklich so sehr die Menschen und ihre Einstellungen? Was hinter dem Gebrauch der Technik an kulturellen Grundmustern völlig unberührt bleiben und Denkweise, Lebensführung sowie Wertschätzung weiterhin tiefgreifend prägen mag, das erkennt man daran nicht. Die vermehrte Verwendung von Weizenprodukten ist kein Argument für eine unaufhaltsame Entwicklung zu einer Weltkultur. Zwar wird man sicher mehr als bisher international für Weizenprodukte werben können; aber wer die ostasiatischen Kulturen kennt, wird wissen, in welchem Maße Reis dort zur kulturellen Identität gehört. Brot wird als modernes Nahrungsmittel zusätzlich verwendet, ohne dass deswegen die Sitte, zum Frühstück kalten Reis zu essen oder Reis schlicht als die eigentliche Nahrung anzusehen, in absehbarer Zeit verschwinden wird" (Kornadt 1986, S. 103).

Eingeschränkter Geltungsbereich

Die insb. von kulturvergleichenden Psychologen durchgeführten Untersuchungen zum sozialen Wandel (vgl. Berry 1980) sprechen dafür, den Geltungsbereich der Konvergenzthese auf jene Industrienationen zu beschränken, die durch die gemeinsame kulturhistorische Vergangenheit (christlich-abendländische Moral und Weltsicht, Leistungsmotivation sowie indogermanische Sprach- und Denkstruktur) einander verbunden sind. In den anderen Ländern und Erdteilen erschöpfen sich die Konvergenzprozesse zumeist in einer oberflächlichen Annäherung, die im Übrigen nur von der jeweiligen Oberschicht vollzogen wird.

1.3.3.2 Reale Fehlschläge

Nach einer gewissen Anfangseuphorie häuften sich die Berichte über Unternehmen, die mit der Standardisierungsstrategie mehr oder weniger scheiterten (vgl. Hars 2009, S. 130 ff.). Das Wort vom „großen Missverständnis Global Marketing" machte die Runde. Dies wiederum hatte zur Folge, dass nun die Kritiker und ihre Argumente vorrangig Gehör fanden. Als mutmaßlich prominentester Warner gab Kotler (1986) frühzeitig zu bedenken: Nur wenige Produkte lassen sich problemlos standardisieren. Und im Übrigen sei Global Marketing eine „Kopfgeburt" von Werbeagenturen, die sich ins Gespräch bringen und ein neues Betätigungsfeld erschließen wollten (vgl. Fisher 1984).

> **Standardisierungsvorteil = Wettbewerbsnachteil**
>
> *Nestlé* verkauft seine „Produkte direkt an die Konsumenten, und diese unterscheiden sich nun einmal von Land zu Land. Die Mentalitäten in den einzelnen Ländern, die Konsum- und Essensgewohnheiten sind so verschieden, dass der Satz ‚All business is local' eben stimmt. Boshafterweise kann man vermuten, dass zentrale Stabsleute Global Marketing erfunden haben, um ihre Macht zu vergrößern. Man muss hier sehr wohl abwägen und die Sache ideologiefrei betrachten. Marketing geschieht zunächst in jedem Land, in jedem Markt für sich. Da sind die Konsumenten, da sind die spezifischen Verhältnisse, Gewohnheiten und Mentalitäten. Und darauf muss man sich einstellen. Das heißt natürlich nicht, dass nicht eine ganze Reihe von internationalen Strategien und Überlegungen einen Sinn haben. Man kann Erfahrungen austauschen, und man sollte vor allem in der Markenpolitik und in der Packungsgestaltung nicht in jedem Land etwas anderes machen. Es gibt bestimmte Werbeerfahrungen und Werbegrundsätze für gewisse Produkte, die praktisch überall funktionieren. [...] Wenn man in einer internationalen Zentrale arbeitet, wie ich es tue, muss man immer ein bisschen gegen Global Marketing vorgehen, sozusagen als Gegengewicht zur Organisation im Interesse des Konsumenten. Wenn durch Global Marketing eine Durchschnittswerbung herauskommt, die in jedem Land nicht ganz richtig ist, dann hat man eben einen globalen Konkurrenznachteil" (Maucher 1992, S. 116 f.).

Fehlschläge aufgrund kultureller Distanz

Die Anfälligkeit der Standardisierungsstrategie lässt sich u.a. am Beispiel spektakulärer Misserfolge, welche viele westliche Anbieter auf dem chinesischen Markt hinnehmen mussten, beschreiben. Zwar vollzieht sich dort aufgrund der dramatischen Veränderungen der ökonomischen Umwelt ein längerfristiger Kulturwandel (vgl. Herrmann-Pillath 2009). Aber nach wie vor sind die überwiegenden Teile der chinesischen Gesellschaft gemeinschafts-, beziehungs- und harmonieorientiert. Daraus wiederum folgt, dass dort Marketingstrategien, die für den westlichen (d.h. individualistischen, leistungs- und konfliktorientierten) Kulturraum entwickelt wurden, häufig die gesetzten Ziele nicht erreichen.

Viele Global Player mussten auf dem chinesischen Markt deshalb Lehrgeld bezahlen (vgl. Ergenzinger/Krulis-Randa 2007):
- *Ikea*, weil Chinesen anfangs das Do-it-Yourself-Prinzip nicht akzeptierten (zumal der für den chinesischen Markt gewählte Firmenname etwas versprach, was der häufig mühsame eigenhändige Transport und Aufbau der Möbel nicht hielt: Yi-Jia = Angenehmes für Haus und Familie),

1.3 Vom S/D-Paradigma zum Global Marketing

- *Subway*, weil in China private Eigentumsrechte – und vor allem solche an geistigem Eigentum – nicht respektiert werden, weshalb chinesische *Subway*-Franchisenehmer das *Subway*-Marketingkonzept nach Gutdünken veränderten (selten zu dessen Vorteil),
- *McDonald's*, weil auch im modernen China eine Mahlzeit ohne ein Reisgericht keine vollständige Mahlzeit ist,
- *BMW*, weil die Münchner es zunächst versäumten, ein leistungsfähiges Beziehungsnetzwerk aufzubauen, das sie vor der bürokratischen Willkür nachgeordneter Behörden hätte schützen können.

Fehlschläge trotz kultureller Nähe

Das große Missverständnis „Global Marketing" droht allerdings nicht nur in geographisch und kulturell fernen Ländern. Auch in scheinbar vertrauten Märkten scheitern undifferenzierte Strategien überraschend häufig (vgl. Berndt et al. 2010, S. 21 ff.; Metro A.G. 2009).

Produkt- & Markenpolitik. Im angelsächsischen Rechtsraum wird im Streitfall das Unternehmen als Markenbesitzer anerkannt, welches das strittige Markenzeichen als erstes genutzt hat. In Mitteleuropa verlässt hingegen das Unternehmen den Gerichtssaal als Sieger, welches das Markenzeichen zuerst angemeldet hat.

Preispolitik. Der allgemeine Mehrwertsteuersatz, welchen die Industrieländer erheben, schwankt zwischen 5% (= Japan, Kanada) und 25% (= Norwegen, Schweden, Ungarn). Dies allein macht deutlich, welche prinzipiellen Schwierigkeiten eine global standardisierte Preispolitik zu bewältigen hätte. Noch stärker variieren, selbst innerhalb Europas, die „Ausgaben für den privaten Konsum": 2008 wendete hierfür jeder Schweizer (= 25.700 €), Österreicher (= 25.500 €), Ire (= 21.400 €) und Däne (= 21.000 €) mehr als 20.000 € aus. Das im Vergleich dazu höchst begrenzte Budget von Bulgaren (= 3.100 €), Russen (= 3.800 €), Rumänen (= 4.700 €) und Polen (= 5.800 €) verändert Preiswahrnehmung sowie Zahlungsbereitschaft (vgl. Teil H-4) und bereitet den Boden für unterschiedliche Vorstellungen bezüglich dessen, was „teuer", „preiswert" oder „billig" ist.

Distributionspolitik. 2012 erwirtschafteten die TOP 5-Lebensmitteleinzelhändler in Norwegen (= 82,2%), Dänemark (= 81,7%), Finnland (= 81,3%), Schweden (= 77,6%), Belgien (= 75,1%), Luxemburg (= 70,4%) und Österreich (= 69,6%) jeweils mehr als zwei Drittel des nationalen Gesamtumsatzes mit Lebensmitteln und sonstigen Waren des täglichen Bedarfs. Diese Händler können in ihren Verhandlungen mit den Herstellern naturgemäß wesentlich mehr Nachfragemacht geltend machen als bspw. die Händler in Polen, wo der summierte Marktanteil der TOP-5 bei 26,6% lag. Kaum anders verhält es sich in Rumänien (= 26,7%), der Ukraine (= 31,4%), Russland (= 32,9%) und Italien (= 44,8%).

Kommunikationspolitik. Selbst globale Marken können Sprachunterschiede nicht ignorieren. Da Portugiesen und Spaniern die Aussprache von Worten, die auf „– n" enden, schwerfällt, änderte die *Bayer AG* den Markennamen seines weltberühmten Kopfschmerzmittels: Aus *Aspirin* wurde für den lateinamerikanischen und den iberischen Markt *Aspirina* (und *Aspirine* für den niederländischen Markt). Weiterhin musste die Marketingabteilung von *Bayer* erkennen, dass selbst scheinbar Geringfügiges wie die Leserichtung für gravierende Kommunikationsprobleme sorgen kann. Eine ihrer Werbeanzeigen zeigte auf der linken Seite einen von Kopfschmerz geplagten Menschen und auf der rechten Seite eine Packung *Aspirin*. Während diese Abfolge einem von rechts nach links lesenden, im kausalen Wenn-Dann-Denken geübten Europäer somit *Aspirin* als Problemlösung nahelegt, suggeriert sie Arabern, die von rechts nach links lesen: *Aspirin* erzeugt Kopfschmerzen.

1.3.3.3 Ursachen der Fehlschläge

Unternehmensexterne Widerstände

Verschiedene Rahmenbedingungen, welche das einzelne Unternehmen nur bedingt beeinflussen kann, setzen der Standardisierungsstrategie teils engere, teils weitere Grenzen (vgl. Keegan/Schlegelmilch 2001; Berndt u.a. 1999). Zu nennen sind ...

- sozio-ökonomische Faktoren wie die Altersstruktur oder die soziale Schichtung der Gesellschaft (Die alternden Gesellschaften Mitteleuropas bspw. haben andere Bedürfnisse – insb. nach Sicherheit – als die in den meisten Entwicklungsländern anzutreffenden jungen Gesellschaften – insb. nach Entfaltungsmöglichkeiten),
- Markt- und Wettbewerbsbedingungen wie das Medienangebot oder die Handelsstruktur (In Ländern, in denen die traditionellen Printmedien noch eine starke Stellung haben, muss anders geworben werden als in Märkten, in denen die elektronischen Medien dominieren),
- rechtliche Regelungen wie technische Normen oder die Ausgestaltung des Markenrechts (In den Ländern des Commonwealth ist das an Einzelfällen orientierte ‚common law' zu beachten, in Kontinentaleuropa das ‚code law' mit seinen Katalogen systematisch erfasster Rechtsvorschriften und im islamischen Kulturraum, wo der Islam wesentlichen Einfluss auf die Rechtsauffassung genommen hat, das ‚islamic law' (vgl. Müller/Gelbrich 2014, S. 270 f.)),
- im Kulturkern verankerte Verhaltensunterschiede (z.B. kulturspezifische Ernährungsgewohnheiten [vgl. Tab. 61] oder die Bereitschaft, für Produkte, welche zum Umweltschutz beitragen, einen entsprechenden Mehrpreis zu bezahlen; vgl. Müller et al. 2007),
- ordnungspolitische Rahmenbedingungen (Die angelsächsisch-marktliberale Tradition fußt ideengeschichtlich auf *A. Smith*, während das kontinentaleuropäische Ideal des teils interventionistischen, teils fürsorglichen Staates den Gedanken von *J.-B. Colbert* entspricht. Bemerkbar macht sich dieser Unterschied u.a. bei der Regulierung/Deregulierung der Märkte oder der Gestaltung des Verbraucherschutzes. Während dessen Leitbild in Ländern wie Deutschland oder Frankreich der eher uninformierte und schutzbedürftige Konsument ist, geht man im angelsächsischen Raum davon aus, dass Käufer sich im Regelfall selbst zu helfen wissen).

Tab. 61: Konsum- und Ernährungsgewohnheiten von Deutschen & Franzosen

Zeitbedarf für die Mahlzeiten (Minuten pro Tag)	Aufwendungen für Restaurantbesuche (pro Jahr & Haushalt)	Weinkonsum (Liter pro Kopf & Jahr)	Bierkonsum (Liter pro Kopf & Jahr)	Tabakkonsum (Anteil Raucher an der Bevölkerung über 14 Jahre)
D = 105 min	D = 1.044 €	D = 20,2 ltr.	D = 107 ltr.	D = 23,2 %
F = 135 min	F = 1.320 €	F = 45,0 ltr.	F = 28 ltr.	F = 25,1 %

Quelle: Stolz (2013).

Hinzu kommen zahlreiche weitere Einflussfaktoren, etwa die technisch-physikalischen Gegebenheiten (z.B. Klima, Infrastruktur). In welchem Maße die unterschiedlichen klimatischen Bedingungen die Standardisierung fördern bzw. hemmen können, lässt sich am Beispiel der Abhängigkeit der technischen Beschaffenheit von Waschmaschinen von Dauer und Intensität der Sonneneinstrahlung erläutern: Deutsche und andere Käufer, die in sonnenarmen Regionen leben, bevorzugen Geräte mit hoher Schleuderzahl, um den Trocknungsprozess zu beschleunigen, während rund ums Mittelmeer den Menschen Geräte mit geringerer Leistungskraft genügen.

Widerstand leistet nicht zuletzt die Kulturkritik (vgl. Konersmann 2001). Sie spricht von „McDonaldisierung" und meint damit, dass aufgrund der weltweiten Standardisierung viele Gesellschaften ihre nicht zuletzt kulturell bedingt Eigenart verlieren (vgl. Ritzer/Stillmann 2003). Trivialisierung und Kulturverlust thematisiert auch die Wortschöpfung „McWorld": die teils ironisch, teils kulturkritisch gemeinte These, dass weltweit besonders augenfällige Ikonen der amerikanischen Trivialkultur *(Coca-Cola, McDonald's* etc.) die kulturelle Identität der verschiedenen Völker überlagern bzw. verdrängen (vgl. Barber 1995).

Unternehmensinterne Widerstände

Scheitern können Standardisierungsstrategien auch an der Gegenwehr der eigenen Mitarbeiter. Die Einstellung von Managern gegenüber einer grundlegenden Veränderung der Unternehmenspolitik hängt u.a. von deren Persönlichkeitsstruktur ab. Wer flexibel und z.B. bereit ist, die Organisation unternehmensinterner Arbeitsprozesse zu ändern, falls dies etwa aufgrund von Umwelteinflüssen erforderlich ist, steht dem Global Marketing weit aufgeschlossener gegenüber als Manager, die rigide und änderungsresistent sind (vgl. Lim et al. 2006; Müller 1991).

☛ Unbeschadet der unterschiedlichen Wortwahl sind die Parallelen zwischen dem „S/D-Paradigma" und dem „Kostenführerschafts/Differenzierungs-Paradigma" unübersehbar. Denn die Standardisierung des Marketingmix ermöglicht Kostenreduktion und damit Preisvorteile, und die Anpassung des Leistungsangebots an die spezifischen Bedürfnissen der Zielgruppe begünstigt eine einzigartige Positionierung und damit Differenzierungsvorteile. Die Mehrzahl der international tätigen Unternehmen ist indessen gut beraten, wenn sie ihre Marketingstrategie den lokalen Gegebenheiten anpasst. Von den zahlreichen Vorteilen, welche sich mit einer differenzierten Marktbearbeitung erzielen lassen, seien zunächst beispielhaft nur drei genannt:

- Marktanteils- sowie Umsatzgewinne in ausländischen Märkten, die man intensiv bearbeiten kann.
- Motivation einheimischer Entscheidungsträger, die dadurch die Besonderheiten ihrer Kultur bzw. ihres Landes gewürdigt sehen.
- Besseres Verständnis des Stammhauses für lokale Märkte und damit erhöhte Fähigkeit, schnell bzw. angemessen zu reagieren, wenn sich das Verhalten der Verbraucher, Wettbewerber, Gesetzgeber etc. in einem Land ändert.

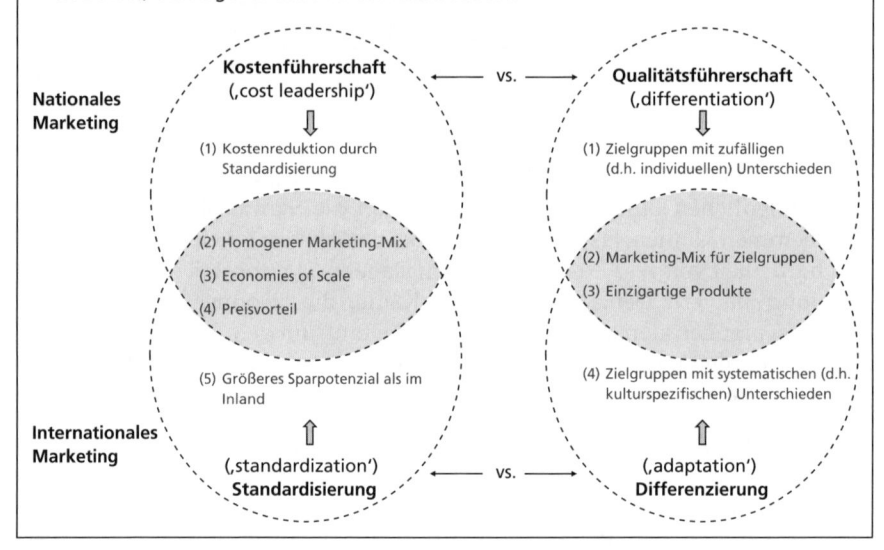

Nationales Marketing

Kostenführerschaft („cost leadership") vs. Qualitätsführerschaft („differentiation")

⇩

(1) Kostenreduktion durch Standardisierung

(1) Zielgruppen mit zufälligen (d.h. individuellen) Unterschieden

(2) Homogener Marketing-Mix
(3) Economies of Scale
(4) Preisvorteil

(2) Marketing-Mix für Zielgruppen
(3) Einzigartige Produkte

(5) Größeres Sparpotenzial als im Inland

(4) Zielgruppen mit systematischen (d.h. kulturspezifischen) Unterschieden

Internationales Marketing

⇧

(„standardization")
Standardisierung

vs.

(„adaptation")
Differenzierung

2 Kontingenzansatz

2.1 Grundidee

Im Laufe der Jahre haben zahlreiche Wissenschaftler die Grundidee des Kontingenzansatzes auf das Internationale Marketing und das Internationale Management übertragen und auf höchst unterschiedliche Weise benannt. Dass Manager strategische Entscheidungen nicht schematisch, sondern flexibel, in Abhängigkeit von situativen Variablen treffen sollten (vgl. Zeithaml et al. 1988), forderten u.a.:

- Wind (1986, S. 25) = „think global, act local",
- Huang/Chan (1997) = „brand globally, advertise local",
- Müller/Kornmeier (1995a, S. 340) = „so viel Standardisierung wie möglich, so viel Differenzierung wie nötig",
- Theodosiou/Katsikeas (2001) = „middle of the road",
- Schmid/Kotulla (2011) = „situation-strategy fit".

Gemeinsam ist diesen Schlagworten die ihnen zugrundeliegende Erkenntnis, dass Standardisierung und Differenzierung keine sich wechselseitig ausschließenden Strategien sind, sondern die Extrempositionen eines Kontinuums. Folglich müssen international tätige Unternehmen auch keine Grundsatzentscheidung treffen (entweder/oder), sondern können bzw. sollten in jeder einzelnen Entscheidungssituation nach der optimalen Lösung suchen. Sie ist im Regelfall zwischen den beiden Polen zu finden – und zwar getrennt für jedes Instrument des Marketingmix (vgl. Abb. 60).

Abb. 60: Wieviel Standardisierung & wieviel Differenzierung?

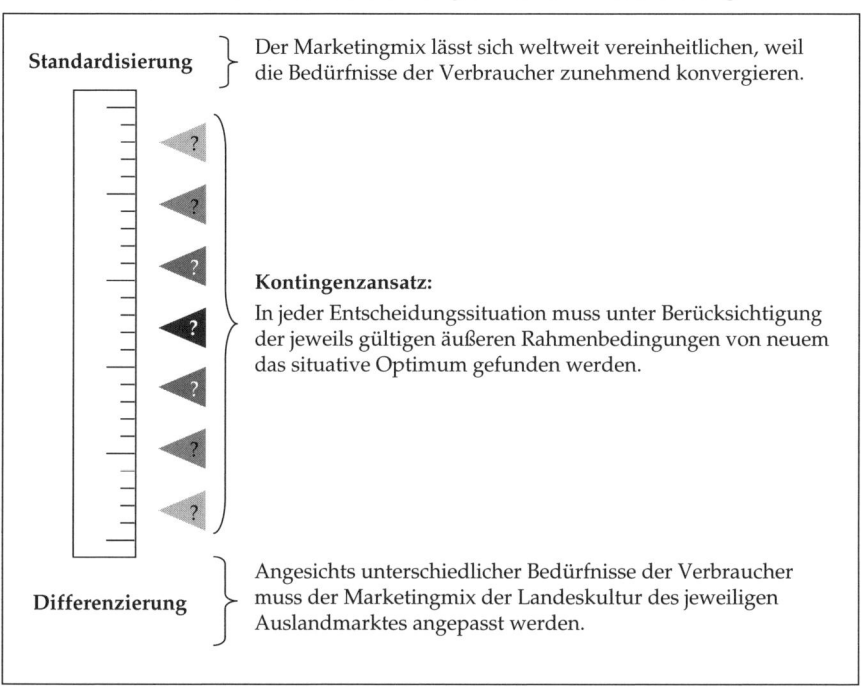

Standardisierung: Der Marketingmix lässt sich weltweit vereinheitlichen, weil die Bedürfnisse der Verbraucher zunehmend konvergieren.

Kontingenzansatz: In jeder Entscheidungssituation muss unter Berücksichtigung der jeweils gültigen äußeren Rahmenbedingungen von neuem das situative Optimum gefunden werden.

Differenzierung: Angesichts unterschiedlicher Bedürfnisse der Verbraucher muss der Marketingmix der Landeskultur des jeweiligen Auslandmarktes angepasst werden.

Konkretisiert wird dieser Ansatz durch das Konstrukt des ‚strategic fit': „The strategic fit paradigm asserts the necessity of maintaining a close and consistent linkage between the firm's strategy and the context within which it is implemented. The core proposition is that matching the [marketing] strategy with the environment leads to superior performance" (Katsikeas et al. 2006, S. 869). Mit Blick auf die S/D-Debatte besagt das Strategic Fit-Konzept, dass Art und Ausmaß der Standardisierung bzw. Differenzierung der Marketingstrategie nur in dem Maße zum Unternehmenserfolg beitragen können, wie die Besonderheiten und Vorteile der gewählten Strategie den Anforderungen, die sich aus der Unternehmensumwelt, der Wettbewerbssituation etc. ergeben, entsprechen.

Gemäß einer Metaanalyse, die Schmid/Kotulla (2011) durchgeführt haben, sprechen folgende Kontingenzen dafür, die Produktpolitik international zu standardisieren: „a …
- high cross-national homogenity of demand,
- high potential for cross-national economies of scale,
- high cost of product modification,
- high foreign price elasticity of demand,

- small perceptual error of the managers,
- high quality of strategy execution."

Die Strategie der Differenzierten Standardisierung, die in Teil C-3 ausführlich vorgestellt wird, basiert auf dem Kontingenzansatz. Einerseits soll den Besonderheiten der verschiedenen Ländermärkte Rechnung getragen und andererseits versucht werden, durch selektive Vereinheitlichung von Leistungsprozessen dennoch die Kosten so weit wie möglich zu senken. In den 1990er-Jahren haben verschiedene Global Player diesen Ansatz sogar in ihr Unternehmensleitbild aufgenommen. So stellte sich die belgische *Interbrew SA*, der weltweit zweitgrößte Brauerei-Konzern, als ‚the world's local brewer' vor. Und die britische Finanzgruppe *HSBC Holding plc* präsentierte sich als ‚the world's local bank'.

> **Unternehmensphilosophie von Daewoo Electronics**
> „Wir sind ein weltweit tätiges Unternehmen. Wir leben die Philosophie „global denken – regional lenken". Unsere Niederlassungen handeln auf jedem Kontinent, in jedem Land entsprechend den jeweiligen Marktanforderungen und nutzen gleichzeitig die Synergien eines globalen Unternehmens" (www.daewoo-electronics.de/html/index_d.htm, 16.01.2003).

Antwort auf die entscheidende Frage, wo genau das Optimum liegt und wie es sich bestimmen lässt, geben Schlagworte wie ‚think global, act local' natürlich nicht. Sie sind normativer, äußerst allgemeiner Natur und keine konkrete Handlungsempfehlung. Um das optimale Maß an Standardisierung und Differenzierung bestimmen zu können, muss man zunächst die relevanten situativen Variablen identifizieren: die Kontingenzvariablen. „The decision-relevant situational factors and their actual influence on manager's strategic decision-making have to be considered in order to understand how and why specific standardization/adaptation decisions are taken within firms" (Schmid/Kotulla 2011, S. 494).

2.2 Arten von Kontingenzvariablen

Alle Merkmale, welche den zu untersuchenden Sachverhalt wesentlich beeinflussen, werden als Kontingenzvariablen bezeichnet. Mit Blick auf die Entscheidung „Standardisierung oder Differenzierung" lassen sie sich vier Kategorien zuordnen (vgl. Tab. 62).

Tab. 62: Wichtige Kontingenzvariablen im Überblick

Kategorie	Variable	Erklärungsansatz
Makroökonomische Ebene	• Struktur und Entwicklungsstand der Wirtschaft • Rechtliche Regelungen • Landeskultur • Religion und Konfession • Physische Gegebenheiten (z.B. Klima) • Demographie	Marktorientiertes Paradigma (Porter 1999a/b)
Mikroökonomische Ebene	• Eigenschaften, Einstellungen und Verhalten der Konsumenten • Wettbewerbssituation • Handelsstruktur	

Kategorie	Variable	Erklärungsansatz
Unternehmensinterne Ebene	• Ausmaß der Zentralisierung der Entscheidungsfindung • Beziehungen zwischen Muttergesellschaft und Auslandsniederlassungen • Eigentümerstruktur • Marktkenntnis • Erfahrung im Auslandsgeschäft • Regionale Orientierung der Unternehmenspolitik	Ressourcenorientiertes Paradigma (Collis 1991)
Produkt- bzw. branchenspezifische Ebene	• Art des Produkts • Phase im Produktlebenszyklus • Kulturelle Spezifität des Produkts • Einzigartigkeit des Produkts • Art der Produktnutzung • Vertrautheit der ausländischen Käufer mit dem Produkt • Technologieorientierung der Branche	Markt- bzw. ressourcenorientiertes Paradigma

Quelle: auf der Basis von Theodosiou/Katsikeas (2001, S. 5f.).

2.2.1 Makroökonomische Variablen

Zu den übergeordneten Rahmenbedingungen ausländischer Märkte zählen z.B. das jeweilige Rechtssystem oder die Landeskultur. So können ungenügend geschützte Eigentumsrechte (z.B. Urheberrecht) oder erhöhte Importzölle auf ausländische Luxusgüter verhindern, dass ein international tätiges Unternehmen in den betreffenden Markt eintritt bzw. dort nennenswerte Marktanteile erringt. Baalbaki/Malhotra (1995) bestätigen diese These. Sie konnten conjointanalytisch nachweisen, dass vor allem unterschiedliche rechtliche Regelungen gegen eine Standardisierung sprechen. Nach Japan bspw. dürfen Lebensmittel nur dann exportiert werden, wenn die darin enthaltenen Aromastoffe zu den 78 Lebensmittelzusatzstoffen gehören, welche das japanische *Ministerium für Gesundheit, Arbeit und Wohlfahrt* zugelassen hat (vgl. www.jetro.go.jp/se/e/standards-regulation/index.html, 10.2.2004).

Wie gerade dieses Beispiel zeigt, sind Importrestriktionen, Rabattgesetze und ähnliche Bestimmungen zumeist schriftlich fixiert und, Sachkenntnis vorausgesetzt, prinzipiell erschließbar. Somit können international tätige Unternehmen sich darauf einstellen, wohingegen die Kontingenzvariable Kultur ein ungeschriebenes – und deshalb vielfach schwerer zu beachtendes – „Gesetz" verkörpert.

2.2.2 Mikroökonomische Variablen

Hierunter fallen u.a. Eigenheiten der Verbraucher in den Zielmärkten oder die dortige Distributionsstruktur. In beiderlei Hinsicht unterscheidet Japan sich stark von westlichen Industrienationen. So begrenzen dort die beengten Wohnverhältnisse (vgl. Hirayama/Ronald 2007) das Marktpotential für großvolumige Haushaltsgeräte. Und für die Unternehmenslogistik stellt Japan mit einer Nord/Südausdehnung von etwa 3.800 km bei vielfach gebirgiger Topographie eine nur schwer zu bewältigende Herausforderung dar. *Coca-Cola* etwa musste, um dort seine Produkte distribuieren zu können, rund 9.000 Lastkraftwagen einsetzen.

Da in Japan der Konzentrationsprozess weit weniger fortgeschritten ist als in der Mehrzahl der westlichen Industrieländer, sind dort zahllose kleine Einzelhändler – und im Getränkesektor eine unvorstellbar große Menge von Automaten – zu beliefern bzw. zu bestücken (vgl. Teicher 2007; Werner 1999, S. 264).

Für das Geschäftsleben bedeutet die in allen konfuzianisch geprägten Gesellschaften vorrangige Beziehungsorientierung bspw., dass auch Automobile oft im Direktvertrieb abgesetzt werden, wozu der Verkäufer seine Kunden zu Hause aufsucht. In Deutschland hingegen, wo immer mehr Konsumenten zu unmittelbaren Kontakt als Belästigung empfinden und sich dagegen wehren (u.a. durch Spam-Filter, einen Eintrag in die *Robinson*-Liste, entsprechende Aufkleber an ihrem Briefkasten oder Klagen von Abmahnvereinen), würde diese Vertriebsstrategie nur bei wenigen Kunden auf Gegenliebe stoßen.

Eine weitere bedeutsame mikroökonomische Kontingenzvariable ist die Konkurrenzsituation. Ein ausländischer Anbieter, der in einem Ländermarkt auf keine ernsthaften Wettbewerber trifft, kann dort wie ein Monopolist agieren und seine Leistungen standardisieren. Konkurrieren dort hingegen viele Unternehmen, dann muss er vermutlich stärker differenzieren und auf regionale, lokale, kulturelle und sonstige Besonderheiten eingehen, um Wettbewerbsvorteile zu generieren (vgl. Dow 2006; Jain 1989).

2.2.3 Unternehmensinterne Variablen

Die vorgestellten makro- und mikroökonomischen Variablen entsprechen dem von *M.E. Porter* zu Beginn der 1980er-Jahre propagierten marktorientierten Paradigma. Es besagt, dass hauptsächlich die externe Marktstruktur (z.B. in Gestalt des strategischen Verhaltens von Wettbewerbern) den Handlungsspielraum einer Unternehmung und damit letztlich deren langfristige Erfolgsaussichten beeinflusst. Gemäß dieser im „Structure/Conduct/Performance-Paradigma" (Bain 1956) vorweggenommenen Auffassung hängt der Unternehmenserfolg primär von der relativen Wettbewerbsposition des Unternehmens in seiner Branche sowie von deren Attraktivität ab.

Später gingen die Vertreter des ressourcenorientierten Ansatzes davon aus, dass die spezifischen Ressourcen bzw. Kernkompetenzen und deren marktgerechte Allokation entscheidend sind (vgl. Barney 1991). Dabei handelt es sich um Unternehmensmerkmale wie Marktkenntnis oder wettbewerbsgerechte Organisationsstruktur. Ein Anbieter kann einen Auslandsmarkt nicht differenziert bearbeiten, wenn er diesen kaum kennt bzw. es gewohnt ist, Entscheidungen im Stammhaus zu fällen (vgl. Solberg 2002, S. 8). Möglich ist allerdings auch, dass sich ein Unternehmen bewusst „für Standardisierung" entscheidet, weil es im Auslandsgeschäft erfahren ist (vgl. Sousa/Bradley 2008; Lages/Montgomery 2005).

2.2.4 Produktmerkmale

Hiermit sind zunächst die physischen und ideellen Eigenschaften des zu vermarktenden Gutes gemeint (= ressourcenorientierte Sicht). Kulturgebundene

Erzeugnisse wie traditionelle Frauenkleider eignen sich im Regelfall nicht für eine standardisierte Marktbearbeitung. Weiterhin beziehen sich diese Variablen auf den Kontext des Angebots, der von Land zu Land variieren kann (= marktorientierte Sicht). So galten Fernreisen in China lange Zeit als Luxus, der einer gehobenen sozialen Schicht vorbehalten war, während gleichzeitig Billigflieger diese Dienstleistung in den meisten westlichen Industrieländern zu einem Massenprodukt machten. Weiterhin spielt die jeweilige Positionierung im Produktlebenszyklus eine markante Rolle (vgl. Jain 1989). Skier bspw. haben in traditionellen Wintersportländern bereits die Reifephase erreicht, wie man an der Vielzahl von Produktdifferenzierungen erkennen kann (Länge, Breite, Form und Funktion der Skier). In Märkten hingegen, in denen nur eine Minderheit diesem Freizeitvergnügen frönt, wäre eine solche Modellvielfalt eher kontraproduktiv, da in der Frühphase des Produktlebenszyklus die Kosten der Differenzierung die daraus erwachsenden Vorteile im Regelfall zunichte machen.

2.3 Zentrale Bedeutung der Kontingenzvariable „Kultur"

Das empfehlenswerte Ausmaß der Standardisierung der Marketingstrategie bzw. einzelner Marketinginstrumente hängt somit von vier Arten von Kontingenzvariablen ab. Die Landeskultur, die in Tab. 62 lediglich einmal explizit genannt wird (als auf der Makroebene angesiedelte Kontingenzvariable), scheint auf den ersten Blick somit „nur" eine von mehreren Einflussfaktoren zu sein. Tatsächlich jedoch wurde sie aus gutem Grund häufiger als alle anderen Kontingenzvariablen untersucht (vgl. Solberg 2002, S. 1).

2.3.1 Überblick

Viele Variablen, die für das Marketing bedeutsam sind, hängen direkt oder indirekt von der Landeskultur ab (vgl. Tab. 63). Deshalb kann Kultur auch als „Mutter aller Kontingenzvariablen" bzw. als Meta-Kontingenzvariable gelten (vgl. Alashban et al. 2002, S. 25).

Tab. 63: Übergeordnete Funktion der Variable „Kultur"

Kontingenzvariable	Rolle der Landeskultur
Sozialstruktur	Nach wie vor beeinflusst das Kastensystem Indiens soziales und wirtschaftliches Leben nachhaltig. Angehörige der unteren Kasten werden von den oberen Kasten zumeist ebenso verachtet wie Muslime (vgl. Dirks 2011). Wer neue Geschäftsbeziehungen knüpfen möchte, ist in diesem Land auf die Hilfe eines Vermittlers aus der „richtigen" Kaste angewiesen.
Eigenschaften, Einstellungen und Verhalten der Menschen	Bekanntlich ist Alkohol in weiten Teilen des islamischen Kulturraumes mehr oder minder streng verboten. Wenn auch der eine oder andere dieses Verbot umgehen mag: zur Massendistribution eignen sich dort alkoholische Getränke ebenso wenig wie als Gegenstand einer Werbekampagne.

Kontingenzvariable	Rolle der Landeskultur
Organisation der Entscheidungfindung	Wichtiger Bestandteil der Landeskultur Deutschlands ist eine, bspw. im Vergleich zu Frankreich, geringe Akzeptanz von Machtdistanz. Dies erklärt zu nicht geringem Teil, weshalb deutsche Unternehmen strategische Entscheidungen oft ihren lokalen Ländergesellschaften überlassen, während Franzosen zumeist die zentrale Entscheidungsfindung bevorzugen (vgl. Jahn 2006, S. 84).
Produktnutzung	Im mitteleuropäischen Kulturraum muss man mit einem Messer sowohl etwas schneiden als auch weichen Belag auf eine Brotscheibe streichen können. In Fernost, wo Brot nicht Teil der traditionellen Esskultur ist, muss es üblicherweise nur die Schneidefunktion erfüllen und somit nur scharf, nicht aber breit sein.

Zahlreiche Wissenschaftler analysieren Zusammenhänge dieser Art systematisch, mithilfe empirischer Studien. Cheng/Schweitzer (1996) etwa haben die Interaktion von Kultur und Kommunikationsstrategie inhaltsanalytisch untersucht. Sie überprüften, welche Angebote in US-amerikanischen und in chinesischen Fernsehspots üblicherweise mit welchen Werten beworben werden. Dabei zeigte sich, dass damals chinesische Kunden weitaus häufiger als amerikanische Kunden durch die Assoziation von „Auto" mit „Modernität" und „Vergnügen" gewonnen werden sollten (vgl. Abb. 61). Werbespots für Dienstleistungen, die in China ausgestrahlt wurden, waren zum Zeitpunkt dieser Studie hingegen noch von den traditionellen konfuzianischen Werten geprägt (z.B. Höflichkeit, Sparsamkeit; vgl. Müller/Gelbrich 2014, S. 130 ff.).

Abb. 61: Positionierung von Werbebotschaften im Kulturvergleich (in %)

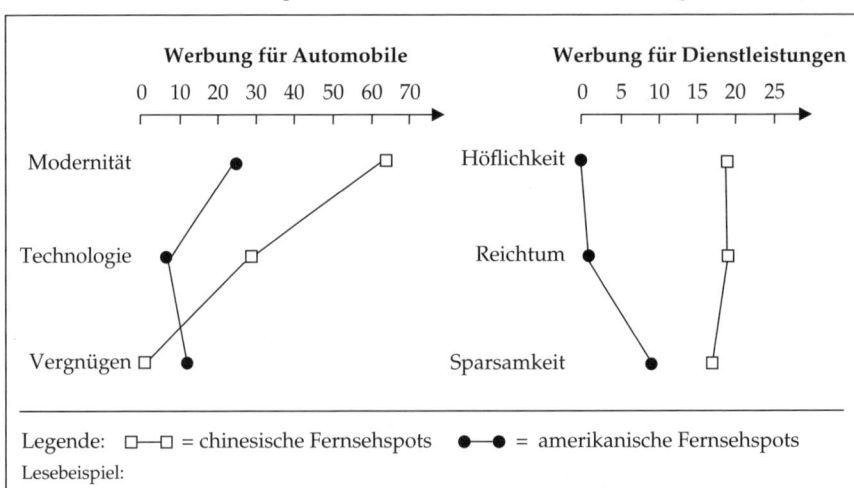

Werbung für Automobile
0 10 20 30 40 50 60 70

Modernität
Technologie
Vergnügen

Werbung für Dienstleistungen
0 5 10 15 20 25

Höflichkeit
Reichtum
Sparsamkeit

Legende: □—□ = chinesische Fernsehspots   ●—● = amerikanische Fernsehspots

Lesebeispiel:
Wenn zum Zeitpunkt der Studie in den USA für Automobile geworben wurde, dann stand in 25,0% der Fälle „Modernität" im Zentrum der Werbebotschaft, während 63,2% der chinesischen Spots dieses Bedürfnis thematisierten.

Quelle: auf Basis von Cheng/Schweitzer (1996).

Vermutlich hängt der deutliche Unterschied zwischen Werbung für Produkte und Werbung für Dienstleistungen damit zusammen, dass Produkte anonym produziert und häufig auch anonym konsumiert werden, Dienstleistungen hingegen interaktiv, zumeist in engem persönlichem Austausch von Anbieter und Nachfrager (vgl. Teil E). Offenbar begünstigt Anonymität den Kulturwandel, der sich in China fraglos vollzieht (vgl. Dou et al. 2006), während zwischenmenschliche Beziehungen eher die traditionellen Kulturstandards aktivieren.

Natürlich lassen sich nicht alle Gegebenheiten in einem Auslandsmarkt auf dessen Landeskultur zurückführen. So ist das indische Politik- und Rechtssystem primär eine Sache der Tradition. Als Teil des kolonialen Erbes orientiert es sich am „Westminster-Modell" der Briten, die den Subkontinent lange Zeit beherrscht haben. Charakteristisch sind von der Verfassung garantierte Grundrechte, Mehrheitswahlrecht Gewaltenteilung etc.

Weiterhin können rechtliche Regelungen Konsequenz übergeordneter politischer Abkommen sein. So hat die *Europäische Union* im Rahmen ihres Bemühens um sozio-ökonomische Konvergenz ihrer Mitgliedsstaaten zahlreiche Richtlinien erlassen – u.a. die *EU*-Verpackungsrichtlinie. Im Gegensatz zu der zeitlich früher veröffentlichten deutschen Verpackungsverordnung verlangt „Brüssel", dass für Pfandbehältnisse ein flächendeckendes Rücknahmesystem aufgebaut wird. Auch physische Gegebenheiten, wie das Klima, sind natürlich keine Folge der jeweiligen Landeskultur (sondern umgekehrt). Dennoch verdeutlichen die gewählten Beispiele, wie stark wesentliche Teile unserer Lebens- und Arbeitsverhältnisse kulturell geprägt sind.

2.3.2 Messbarkeit & Kontrollierbarkeit der Kontingenzvariablen

Um erfolgreich auf Auslandsmärkten agieren und die S/D-Entscheidung sachgerecht treffen zu können, muss das Management die relevanten Kontingenzvariablen kennen. Einige von diesen kann man leicht messen und beeinflussen, andere nicht. Letztere müssen folglich als gegeben akzeptiert werden. Manche makroökonomischen Variablen lassen sich zwar leicht messen, aber nicht oder nur schwer kontrollieren. So unterliegen rechtliche Regelungen (z.B. Marken- und Zeichenschutz) üblicherweise der Hoheit des betreffenden Staates, was u.a. die großen amerikanischen Unterhaltungskonzerne, deren Erzeugnisse (nicht nur) in China massenhaft kopiert werden, leidvoll erfahren mussten (vgl. Niemand 2014; Wan et al. 2009).

Auch bestimmte mikroökonomische Variablen, wie das Konsumentenverhalten, lassen sich durch Befragung oder Beobachtung relativ leicht ermitteln. Und über Struktur und Wettbewerbssituation der Marketing-Intermediäre (z.B. Logistikunternehmen) geben Sekundärstatistiken aller Art Auskunft. Aber diese Bedingungen sind kaum zu steuern. Allenfalls sehr großen Global Playern mag es gelingen, mikroökonomische Variablen zu beeinflussen. So hat die Verbreitung amerikanischer Fastfood-Ketten in Japan zwar dazu geführt, dass dort mehr Fleisch gegessen wird als bislang. Wer aber im langgestreckten Japan (mehr als 3.000 km) ein flächendeckendes Vertriebsnetz aufbauen möchte, muss große Finanzkraft und einen langen Atem besitzen. Dies ist einer der Gründe, weshalb Japans Distributionssystem lange Zeit als eine, wenn nicht die maßgebliche Markteintrittsbarriere galt (vgl. Min 1996; Simon 1986).

2.3.3 Stabilität

Im Gegensatz zu vielen anderen Kontingenzvariablen ist die Landeskultur im Zeitverlauf relativ stabil. Zwar haben, wie zahlreiche Studien nachweisen, auch die eine Gesellschaft prägenden Werte nicht ewig Bestand (vgl. Oyserman et al. 2002; Inglehart 1998). Aber ein Wertewandel, wie ihn Deutschland und Japan nach dem Zweiten Weltkrieg erlebten, beansprucht mehrere Jahrzehnte. Die rechtlichen Rahmenbedingungen etwa und andere Variablen können sich hingegen von heute auf morgen ändern.

> ☞ Der Kontingenzansatz verwandelt die häufig wenig hilfreiche Standardisierungs-*oder*-Differenzierungsdiskussion in die konstruktivere Standardisierungs-*und*-Differenzierungsdiskussion: wieviel Standardisierung und wieviel Differenzierung? Die Kontingenzvariable „Kultur" weist drei Besonderheiten auf: Sie beeinflusst die anderen Kontingenzvariablen, ist schwer mess- und nicht kontrollierbar sowie relativ überdauernd. Folglich reduzieren viele Wissenschaftler die S/D-Debatte auf die Frage der kulturellen Anpassung und sprechen nicht von Internationalem, sondern von Interkulturellem Marketing, im amerikanischen Sprachgebrauch von Cross-Cultural Marketing. Dessen Aufgabe besteht darin, eine Marketingstrategie zu entwickeln, welche einerseits relevanten kulturellen Unterschieden in den Zielmärkten gerecht wird, andererseits aber auch bestehende Gemeinsamkeiten (im Sinne des „größten gemeinsamen kulturellen Nenners") nutzt, um Skalenvorteile erzielen zu können. In dem Maße, wie dieser Ansatz systematisch verfolgt und der jeweils optimale Fit zwischen dem Grad an Differenzierung/Standardisierung einerseits und den relevanten Kontingenzvariablen andererseits gesucht wird, sprechen wir von der Strategie der „Differenzierten Standardisierung".

3 Strategie der Differenzierten Standardisierung

3.1 Vorgehensweise

In Teil C-2 haben wir ausführlich dargestellt, warum die zentrale Frage zumeist nicht „Standardisierung oder Differenzierung?" lautet, sondern „wieviel Standardisierung und wieviel Differenzierung?" (vgl. Abb. 62). Das Grundprinzip der davon abgeleiteten Strategie der Differenzierten Standardisierung lässt sich folgendermaßen umschreiben: „combining the benefits of standardization (e.g., lower costs, better quality) with the benefits of adaptation (e.g., close to needs of consumers)" (Steenkamp/Hoftstede 2002, S. 186).

- Dazu sind erstens Ländermärkte bzw. Käufer nach Maßgabe ihrer kulturellen Ähnlichkeit zu bündeln.
- Ausgehend von den so gefundenen Kulturclustern bzw. transnationalen Zielgruppen ist zweitens zu entscheiden, ob man den gesamten Marketingmix in welchem Maße standardisieren bzw. differenzieren soll oder nur einzelne Instrumente.

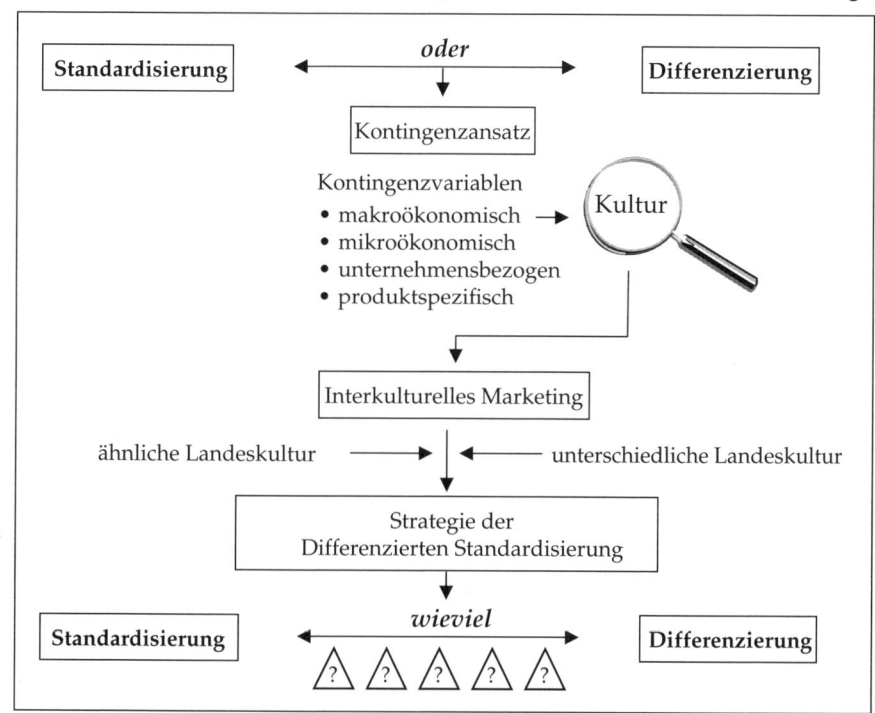

Abb. 62 Von der S/D-Debatte zur Strategie der Differenzierten Standardisierung

```
                          oder
   Standardisierung  ←——————————→   Differenzierung
                            ↓
                    Kontingenzansatz

            Kontingenzvariablen
            • makroökonomisch   →   Kultur
            • mikroökonomisch
            • unternehmensbezogen
            • produktspezifisch
                            ↓
                  Interkulturelles Marketing

   ähnliche Landeskultur  →       ←  unterschiedliche Landeskultur
                            ↓
                      Strategie der
                Differenzierten Standardisierung
                          wieviel
   Standardisierung  ←——————————→   Differenzierung
                       △ △ △ △ △
                       ?  ?  ?  ?  ?
```

3.1.1 Identifikation geeigneter Zielgruppen

3.1.1.1 Homogene Kulturcluster

Anbieter kultursensitiver Produkte und Dienstleistungen bündeln kulturell ähnliche Ländermärkte zu Regionen. Derartige Kulturcluster können standardisiert bearbeitet werden, was ⇒ Skaleneffekte ermöglicht.

Ausgangspunkt ist die Annahme, dass Menschen unter kulturell gleichartigen Lebensbedingungen vergleichbare Normen und Werte entwickeln, weshalb sie in Kaufsituationen ähnliche Entscheidungen treffen. Folglich versucht man, homogene Kulturcluster zu identifizieren, die sich auch dann standardisiert bearbeiten lassen, wenn man kultursensible Produkte bzw. Dienstleistungen vermarkten möchte (vgl. Abb. 63). Kulturcluster bündeln mehrere Länder mit vergleichbarer Landeskultur.

3.1.1.2 Transnationale Zielgruppen

Auch Angehörige ein und derselben Gesellschaft verhalten sich in vielerlei Hinsicht unterschiedlich, bspw. Jüngere anders als Ältere. Die Untersuchungseinheit ist nunmehr der einzelne Käufer, Verbraucher bzw. Entscheider und dessen Lebensstil (vgl. Abb. 64). Weiterhin geht man davon aus, dass sich über

Abb. 63: Bündelung kulturell vergleichbarer Länder zu Kulturclustern

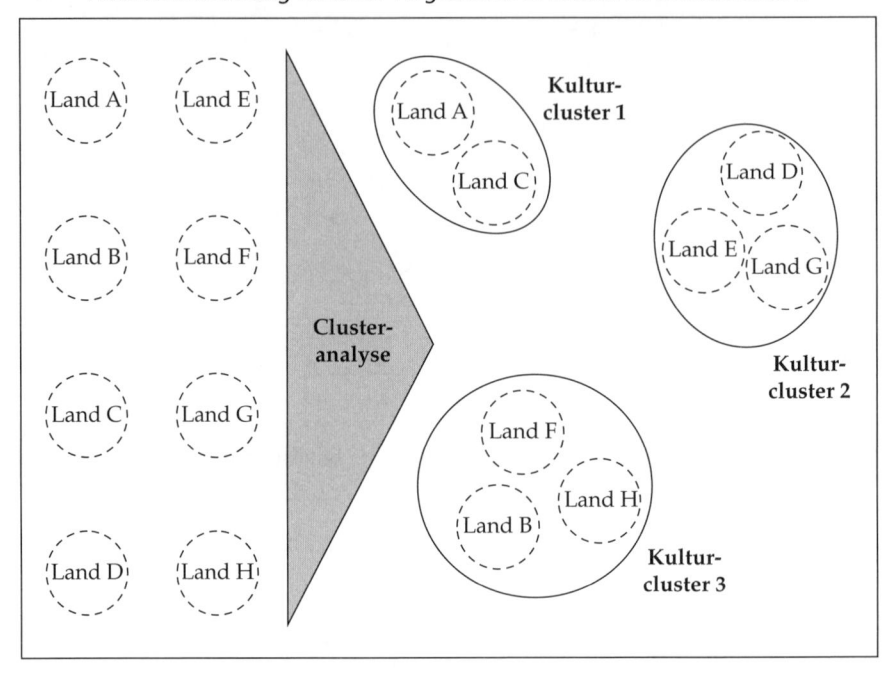

Abb. 64: Grenzüberschreitende Bündelung von Käufern mit ähnlichen Lebensstilen zu transnationalen Zielgruppen

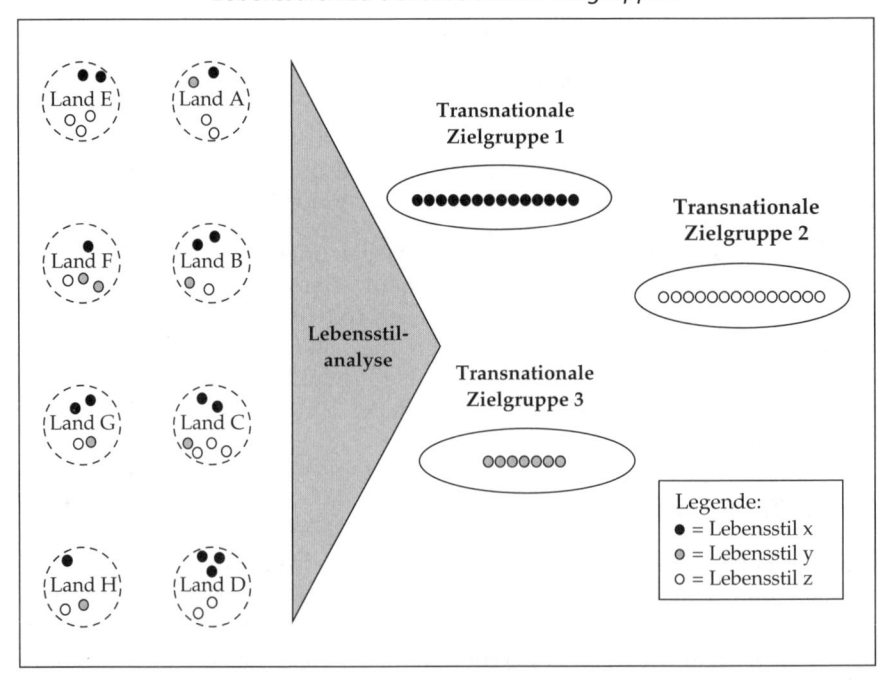

verschiedene Kulturen hinweg Personen identifizieren lassen, die sich in ihren Werten und Verhaltensweisen mehr ähneln als Angehörige eines Kulturraumes. So konnten Ko et al. (2007) bei europäischen, südkoreanischen und US-amerikanischen Modekunden clusteranalytisch vier Lebensstile nachweisen, welche die Reaktionen der Probanden auf Anzeigen diverser Modelabels stärker beeinflussen als die Nationalität der Befragten: ‚information seekers', ‚sensation seekers', ‚utilitarian consumers' und ‚conspicious consumers'.

Besucher von Pop-Konzerten etwa bilden eine solche transnationale Zielgruppe: Wie das Beispiel der *Rolling Stones* belegt, begeistern sich Menschen von Tokyo bis Berlin, von Sydney bis Stockholm für dieselben Stars mit derselben Show (vgl. Tab. 64). Mit Blick auf derartige Zielgruppen ist es möglich, den Marketingmix weltweit zu standardisieren.

Tab. 64: Veranstaltungsorte der Rolling Stones-Tour „Licks" (2003)

Datum	Stadt	Land	Datum	Stadt	Land
22.02.	Sydney	Australien	25.06.	Bilbao	Spanien
01.03.	Melbourne	Australien	27.06.	Madrid	Spanien
04.03.	Brisbane	Australien	29.06.	Barcelona	Spanien
10.03.	Tokyo	Japan	05.07.	Marseille	Frankreich
12.03.	Yokohama	Japan	07.07.	Paris	Frankreich
21.03.	Osaka	Japan	13.07.	Kopenhagen	Dänemark
24.03.	Singapur	Singapur	16.07.	Helsinki	Finnland
29.03.	Hong Kong	China	18.07.	Stockholm	Schweden
01.04.	Shanghai	China	24.07.	Hamburg	Deutschland
04.04.	Peking	China	27.07.	Prag	Tschechien
04.04.	Bangalore	Indien	08.08.	Hannover	Deutschland
07.04.	Mumbai	Indien	15.08.	Rotterdam	Niederlande
10.04.	Bangkok	Thailand	16.08.	Utrecht	Niederlande
04.06.	München	Deutschland	19.08.	Amsterdam	Holland
10.06.	Mailand	Italien	03.09.	Glasgow	Schottland
13.06.	Oberhausen	Deutschland	05.09.	Manchester	Großbritannien
15.06.	Berlin	Deutschland	11.09.	Dublin	Irland
18.06.	Wien	Österreich	15.09.	London	Großbritannien

Aus Sicht des Interkulturellen Marketing beschreiben die *Euro Socio Styles* die bedeutendsten transnationalen Zielgruppen (vgl. Teil C-3.3). Sie gehen auf das Konzept der transnationalen sozialen Milieus zurück (vgl. Ueltzhöffer/Flaig 1980). „Social Milieus describe sets of people with characteristic attitudes and basic values. Very broadly speaking they group together social groups, that is to say consumers, with similar basic values, goals in life, everyday aesthetic identities and consumption patterns" (Ueltzhöffer/Ascheberg 1999, S. 51).

3.1.2 Standardisierung & Differenzierung des Marketingmix

Nachdem geeignete Kulturcluster bzw. transnationale Zielgruppen bestimmt wurden, ist zu klären, welche Instrumente des Marketingmix ein Anbieter generell, d.h. ungeachtet etwaiger divergierender kultureller Bedingungen, vereinheitlichen kann und welche nicht. Abb. 65 visualisiert die grundsätzlichen Handlungsmöglichkeiten:
- standardisierte vs. differenzierte Ausgestaltung des gesamten Marketingmix,
- globale Standardisierung einzelner Marketinginstrumente.

Abb. 65: Optionen der Standardisierung & Differenzierung des Marketingmix

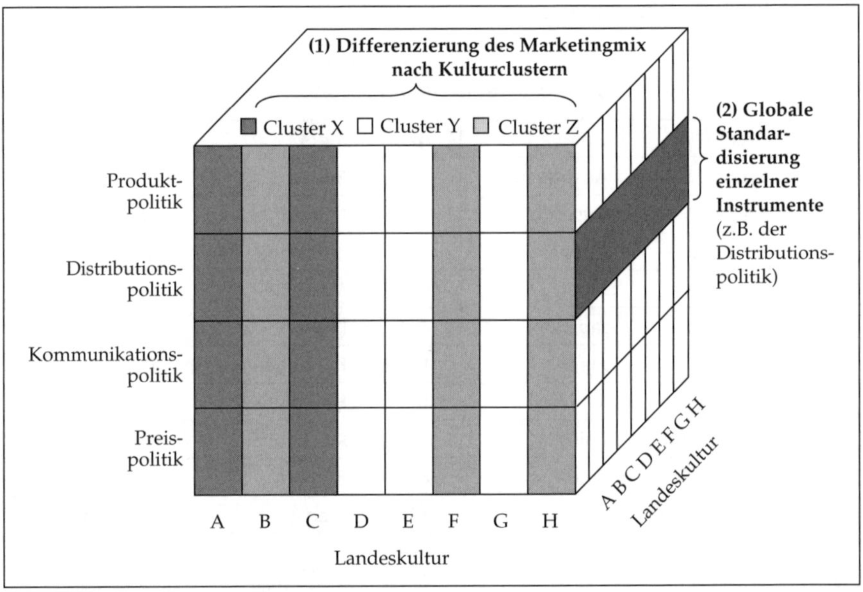

Aus leicht nachvollziehbaren Gründen fallen bestimmte Politikbereiche im Regelfall in den Kompetenzbereich der Unternehmenszentrale, während in anderen Fällen die lokalen bzw. regionalen Niederlassungen entscheidungsbefugt sind (vgl. Tab. 65). So muss die Finanzplanung selbstverständlich das gesamte Unternehmen in den Blick nehmen, während es sich bspw. als ratsam erwiesen hat, zwar die Kommunikationsstrategie zentral zu definieren, die konkrete Umsetzung jedoch den einzelnen Landesgesellschaften zu überlassen. Die Preispolitik wiederum unterliegt vielen und gravierenden nationalen Bedingungen (z.B. Kaufkraft und Zahlungsbereitschaft der Bevölkerung, Höhe der Umsatzsteuer, Wettbewerbsposition), so dass strikte zentrale Vorgaben eher schädlich als nützlich wären. Auch die Distributionskanäle (z.B. stationärer Einzelhandel) waren bislang in hohem Maße national geprägt. In dem Maße jedoch, wie die Menschen im Internet einkaufen und E-Commerce immer größere Marktanteile erringt, wachsen auch die Möglichkeiten, dieses Marketinginstrument zu standardisieren.

Tab. 65: Standardisierung & Differenzierung in Abhängigkeit vom Politikbereich

Standardisierung (Globalisierung)	Hybridstrategie (Glokalisierung)	Differenzierung (Lokalisierung)
➢ Unternehmensstrategie ➢ Investitionen ➢ Finanzierung	➢ Produktpolitik ➢ Kommunikationspolitik	➢ Personalpolitik ➢ Distributionspolitik ➢ Preispolitik

Im Regelfall bieten derartige Faustregeln den Unternehmen jedoch nur wenig Nutzen. Sie können ihre S/D-Entscheidungen nicht derart pauschal treffen, sondern müssen, wie in Teil C-2 ausführlich erörtert, dabei eine Vielzahl von Kontingenzvariablem berücksichtigen (vgl. z.B. Schmid/Kotulla 2011; Melewar/ Vemmervik 2004), etwa ...
- Besonderheiten der Branche,
- juristische Vorgaben,
- technische Erfordernisse des Produktions- und Leistungsprozesses.

Letztlich entscheidend aber sind die in vielerlei Hinsicht unterschiedlichen Präferenzen der Kunden. Dem musste bspw. auch *Volkswagen* auf seinem Weg zum global führenden Automobilproduzenten Rechnung tragen.

> **Schrägheck vs. Stufenheck**
> „Zwar war der *Golf* im ersten Halbjahr 2012 mit mehr als 278.000 Verkäufen zum wiederholten Mal das europaweit meistverkaufte Modell. Aber wie andere europäische Kompaktwagen mit ihrem Schrägheck trifft er nicht den Geschmack der Konsumenten in Wachstumsregionen wie China oder Indien. Auch die Amerikaner lieben andere Formen. In diesen Ländern mag man Stufenhecklimousinen mit abgetrenntem Kofferraum oder kauft gleich ein modisches Geländemobil" (Lamparter 2012, S. 33).

Ein weiteres grundsätzliches Problem der S/D-Entscheidung lässt sich gleichfalls am Beispiel von *Volkswagen* verdeutlichen: Die kaum mehr bewältigbare Komplexität weltweit agierender Konzerne, welche einer weitgehenden Anpassung an landeskulturelle Besonderheiten Grenzen setzt.

> **Imperial Overstretch**
> „*VW*, das sind zwölf Marken, weltweit. Ein beispielloses Experiment, auf Jahre, wenn nicht Jahrzehnte angelegt. Die Expansion der Wolfsburger kannte lange keine Grenzen. *Bentley* in Großbritannien, *Škoda* in Tschechien, *Seat* in Spanien, *Lamborghini, Ducati* und *Italdesign* in Italien, *Scania* in Schweden. Immer größer, immer mehr, immer komplexer. [...] Mehr als 100 Milliarden Euro will *VW* in den kommenden vier Jahren investieren. Andere Hersteller investieren vier, fünf Milliarden. Bei *VW* geht es um mehr als 100. Das Rad, das von Wolfsburg aus weltweit gedreht wird, ist groß und damit auch das Risiko. Dazu passt, dass der Konzern sein US-Geschäft nicht in den Griff bekommt. Hier ist der Absatz zuletzt erneut eingebrochen. Grund für die Misere unter anderem: *VW* schafft es nicht, seine dortigen Modelle schnell genug zu überarbeiten. Das Reich, es ist zu komplex, um von Wolfsburg aus regiert zu werden" (Fromm 2014, S. 17).

Bisweilen sind es allerdings höchst triviale Gewohnheiten der Kunden, welche Unternehmen dennoch zwingen, Anpassungen bzw. Modifikationen vorzunehmen. Wenn etwa, wie *Hella India Electronics*, ein Tochterunternehmen der *Hella Hueck*, Lippstadt, berichtet, indische Autofahrer pro gefahrenen Kilometer durchschnittlich fünfmal hupen, dann müssen Hupen, die für diesen Markt bestimmt sind, weitaus belastbarer sein, als Hupen, die in Deutschland zu Einsatz kommen, wo zumeist nur in seltenen Notfällen gehupt wird.

3.2 Identifikation homogener Cluster

Wie lassen sich homogene Länder identifizieren und zu Gruppen zusammenfassen? Welche Methoden stellt die Marketingforschung dafür zur Verfügung? Und welche Kriterien werden herangezogen, um zu entscheiden, ob Länder bzw. Gesellschaften einander ähnlich oder unähnlich sind?

Es gibt zahlreiche Vorschläge, wie man Länder mit einem möglichst homogenen Kulturprofil zusammenfassen und von Ländern mit einem abweichenden Kulturprofil abgrenzen kann. Prinzipiell können solche Kulturcluster analytisch gebildet werden (zumeist mit Hilfe der Clusteranalyse) oder aufgrund von intuitiv-deskriptiven Abgrenzungen, bei denen zumeist die geographische Nähe eine maßgebliche Rolle spielt: als A Priori-Cluster.

> **a priori – a posteriori**
> Beide Begriffe entstammen der *Kantschen* Erkenntnistheorie. Das ‚a posteriori' ist die aus der Erfahrung, der empirischen Beobachtung etc. (im Sinne von *J. Locke*) hergeleitete Erkenntnis. Im Gegensatz dazu meint ‚a priori' (lat. = „vom Früheren her") die erfahrungsbzw. empirieunabhängige Erkenntnis: das „Vorwissen", das „früher" ist als das durch systematische Beobachtung der Realität gewonnene Erfahrungswissen (d.h. diesem vorgelagert; vgl. Kitcher 1980).

3.2.1 A Priori-Cluster: der qualitative Ansatz

3.2.1.1 Geographische Segmentierung

Geographisch-klimatische Segmentierung

Das *GLOBE*-Konsortium teilte die von ihm erfassten 62 Länder zehn Kulturclustern zu, wobei es die Clusterzugehörigkeit aufgrund regionaler und klimatischer Ähnlichkeiten festlegte (vgl. Gupta/Hanges 2004, S. 190f.).
- Anglo: Australien, Großbritannien, Irland, Kanada, Neuseeland, Südafrika (weiße Bevölkerung), USA
- Latin Europe: Frankreich, Israel, Italien, Portugal, Schweiz (französischsprachig), Spanien
- Nordic Europe: Dänemark, Finnland, Schweden
- Germanic Europe: Deutschland, Niederlande, Österreich, Schweiz (deutschsprachig)
- Eastern Europe: Albanien, Georgien, Griechenland, Kasachstan, Polen, Russland, Slowenien, Ungarn
- Latin America: Argentinien, Bolivien, Brasilien, Costa Rica, Ecuador, El Salvador, Guatemala, Kolumbien, Mexiko, Venezuela
- Sub-Saharan Africa: Namibia, Nigeria, Sambia, Simbabwe, Südafrika (schwarze Bevölkerung)
- Middle East: Ägypten, Katar, Kuwait, Marokko, Türkei

- Southern Asia: Indien, Indonesien, Iran, Malaysia, Philippinen, Thailand
- Confucian Asia: China, Hong Kong, Japan, Singapur, Südkorea, Taiwan

Aus kulturvergleichender Sicht überzeugt diese Einteilung jedoch nicht. Denn Industrienationen wie Deutschland, Großbritannien, Israel, USA und Australien ähneln einander kulturell, obwohl sie auf verschiedenen Kontinenten und in verschiedenen Klimazonen beheimatet sind. Auch ist die kulturelle Distanz zwischen Deutschland einerseits und weit entfernten Ländern wie Südafrika, Neuseeland, Australien und Kanada andererseits ein Vielfaches geringer als die kulturelle Distanz zwischen Deutschland und seinen Nachbarländern Frankreich und Dänemark (vgl. Teil F-3.3.1).

Geographisch-konfessionelle Segmentierung: die Civilizations

Ausgehend von *J.G. Herders* These, wonach Kulturen in sich und gegeneinander abgeschlossene Ganzheiten sind, sowie Spenglers (1918–1922) Kulturkreistheorie beschrieb Huntington (1996; 1993) transnationale Kulturräume, sog. ‚civilizations', mit jeweils spezifischen Werte- und Handlungssystemen: Nicht mehr Nationalstaaten, wie im 19. und 20. Jahrhundert, prägen demnach im 21. Jahrhundert die internationalen Beziehungen, sondern folgende neun Kulturräume (bzw. Zivilisationen):

- westliche Zivilisation (Westeuropa, Nordamerika, Australien und Neuseeland),
- lateinamerikanische Zivilisation,
- afrikanische Zivilisation der Subsahara,
- orthodoxe Zivilisation (Russland sowie große Teile Ost- und Südosteuropas),
- chinesisch-konfuzianische Zivilisation,
- buddhistische Zivilisation (Tibet, Mongolei, Südostasien),
- japanische Zivilisation,
- hinduistische Zivilisation Indiens,
- islamische Zivilisation (bspw. Indonesien, Pakistan, vorderasiatischer Raum, Nord- und Westafrika sowie Teile von Südosteuropa).

Diese Prognose erlangte weltweit Aufmerksamkeit, weil *S.P. Huntington* Kulturräume dramatisierend als Akteure eines unausweichlichen Zivilisationskonflikts beschrieb: dem „Kampf der Kulturen". Spätestens nach dem „islamistisch" genannten Anschlag vom 11. September schienen die zahlreichen Kritiker der Kulturkampf-These wiederlegt zu sein. Neben anderen hatten Müller (2001), Meyer (2002; 1997), Mark (2000), Müller (1998) und Senghaas (1998) die Willkürlichkeit der Klassifizierung der Gesellschaften in „friedfertig" (z.B. buddhistisch geprägte Gesellschaften) und „blutig" (islamisch geprägte Gesellschaften) bemängelt. Auch gebe der Politologe, der im Übrigen geschichtswissenschaftlich „unsauber" argumentiere, ein naives Verständnis vom Wesen einer Ethnie zu erkennen. Und schließlich bleibe er den Nachweis schuldig, dass die – unbestreitbaren – Konflikte zwischen einzelnen Kulturräumen (besser: Regionen) tatsächlich auf unvereinbare Normen und Werte zurückzuführen seien – und nicht etwa auf den Kampf um Wasser- oder Energieressourcen oder auf Verwerfungen, welche aus der Kolonialzeit herrühren.

Kulturelle Affinitätszonen

Dieses Konzept fasst einzelne Ländermärkte aufgrund des realen Kaufverhaltens seiner Bewohner zu Regionalmärkten zusammen (vgl. Usunier/Lee 2009; Usunier/Sissmann 1986). Problematisch daran ist u.a. die Zugehörigkeit einzelner Länder zu mehreren Affinitätszonen. Wie etwa soll der niederländische Markt behandelt werden, der gemäß Abb. 66 sowohl der angelsächsischen als auch der nordeuropäischen Affinitätszone angehört?

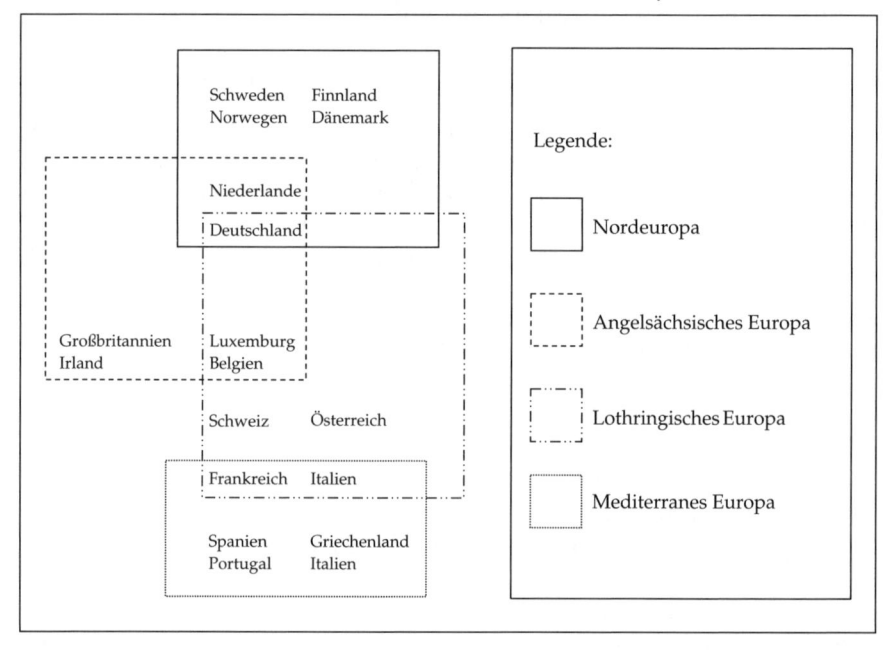

Abb. 66: Kulturelle Affinitätszonen in Europa

Schweden Finnland	
Norwegen Dänemark	Legende:
Niederlande	
Deutschland	☐ Nordeuropa
Großbritannien Luxemburg	⌐ ¬ Angelsächsisches Europa
Irland Belgien	
Schweiz Österreich	⌐ ¬ Lothringisches Europa
Frankreich Italien	
Spanien Griechenland	☐ Mediterranes Europa
Portugal Italien	

Quelle: Usunier/Lee (2009, S. 203).

Kritische Würdigung der geographischen Segmentierung

Wenn man zunächst bedenkt, wie stark Religion und Sprache die Landeskultur beeinflussen (vgl. Müller/Gelbrich 2014, S. 225 ff.), und sodann die vielfach gegebene sprachliche wie auch konfessionelle Heterogenität von Regionen, wird unmittelbar ersichtlich, warum die geographisch-regionale Segmentierung von Auslandsmärkten zumeist wenig hilfreich ist. Hinzu kommt der differenzierende Einfluss der zumeist wechselvollen Geschichte der einzelnen Regionen.

Vielschichtigkeit Europas. Als erster hat *Herodot* (ca. 390-425 v.Chr.), der „Vater der Geschichtsschreibung", Europa geographisch definiert, wenn auch nur indirekt: „Die Perser sehen Asien mit seinen Völkern als ihr Land an. Europa und das Land der Griechen, meinen sie, liegt vollkommen außerhalb der Grenzen." Seine wechselvolle Geschichte sorgte dafür, dass Europa nur sekundär ein geographischer, primär jedoch ein kulturell-historischer Begriff ist, geprägt

von der christlich-jüdischen und der griechisch-römischen Tradition. Noch heute stehen ...
- Belgien, Frankreich, Irland, Italien, Österreich, Polen, Portugal und Spanien mehr oder minder unter dem Einfluss des Katholizismus,
- Dänemark, Finnland, Norwegen und Schweden wurden und werden vom evangelischen Glaubensbekenntnis beeinflusst,
- Bulgarien, Griechenland, Rumänien und die europäischen Gebiete der ehemaligen UdSSR bilden die Sphäre der katholischen Orthodoxie, während in den
- Niederlanden sowie der Schweiz die Reformierte Kirche und in Großbritannien die Anglikanische Kirche dominieren.

Auch sprachwissenschaftlich gesehen überwiegen die Unterschiede. Zwar gehören die Bewohner des europäischen Subkontinents hauptsächlich der indogermanischen Sprachfamilie an. Aber diese unterteilt sich in die Hauptgruppen der germanischen, der romanischen und der slawischen Sprachen (vgl. Schultz 2000, S. 18).

Schließlich ist Europa das Ergebnis wiederholter politischer Spaltungen. Der Machtbereich der hellenistischen Stadtstaaten und des Römischen Reiches wurde zur Grundlage des ⇒ ‚mare nostrum'. Die rund um das Mittelmeer gelegenen Länder (vgl. Abb. 67) bildeten weniger einen durch Meere, Gebirge, Wüsten etc. abgegrenzten Kontinent, als vielmehr eine durch Kultur, Verkehr und Handel sowie ein gemeinsames politisches System verbundene Einheit. Erst der Siegeszug des Islam teilte im 7. Jahrhundert diesen Kulturraum in die uns heute bekannten drei Kontinente: Asien, Afrika und Europa. Unter dem Einfluss von Reformation und Gegenreformation, den napoleonischen Kriegen, des Faschismus und anderer epochaler Ereignisse zerfiel dieses Europa im weiteren Verlauf seiner Geschichte jedoch in ...
- das griechisch-römische und das lateinische Europa,
- das lateinisch-katholische und das germanisch-protestantische Europa,
- das demokratische und das diktatorische Europa.

Dass geographische Nähe in aller Regel ein wenig geeignetes Segmentierungskriterium ist, belegt auch die empirische Analyse der von den Bewohnern des Mittelmeerraumes vertretenen Werte. Gemessen an den *Hofstede*–Kulturdimensionen (vgl. Teil B-2.2) zerfällt der Mittelmeerraum in drei vergleichsweise homogene Untergruppen (vgl. Abb. 68):
- Ägypten, Kroatien, Türkei und Serbien,
- arabische Länder und Libanon,
- Frankreich, Spanien und Italien.

Hinzu kommen zwei „Außenseiterländer", die in dieser clusteranalytischen Betrachtung eine teils größere (= Israel) und eine teils geringere (= Griechenland) Sonderrolle spielen. Dies kann man dem Dendrogramm bzw. dem dadurch visualisierten Zuwachs der Fehlerquadratsumme bei der Zusammenfassung der verschiedenen Länder zu homogenen Gruppen entnehmen.

Vielschichtigkeit Asiens. Die ostasiatischen Länder China, Japan, Korea und Vietnam sowie die ökonomisch bedeutsamen Auslands- und Überseechinesen sind

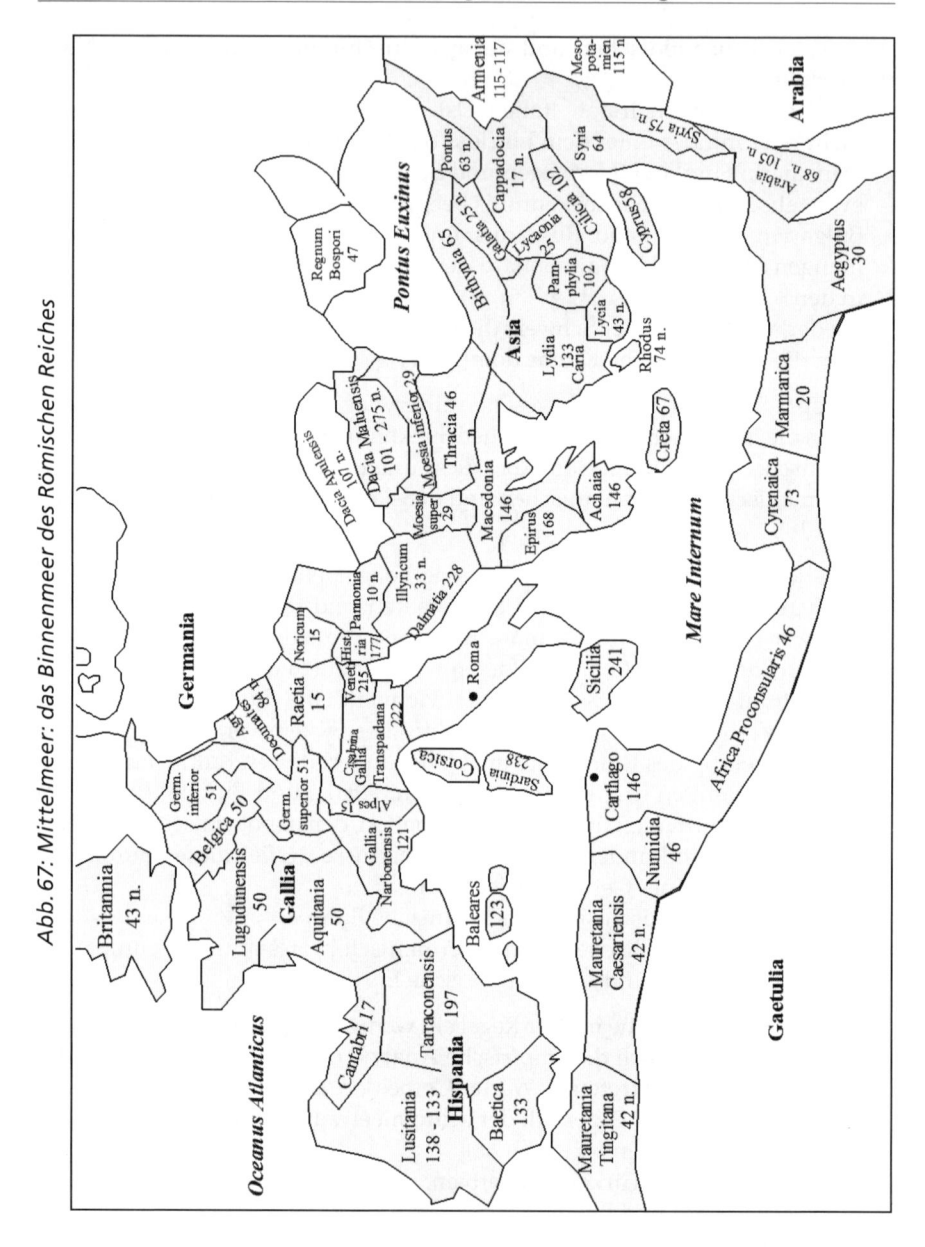

Abb. 67: Mittelmeer: das Binnenmeer des Römischen Reiches

vom Konfuzianismus geprägt. Für die Lebenswirklichkeit der meisten Inder, Nepalesen sowie der in Südostasien lebenden Auslandsinder ist hingegen der Hinduismus maßgeblich. Kambodscha, Laos, Myanmar, Sri Lanka und Thailand wiederum unterliegen vorwiegend buddhistischen Einflüssen, während der Islam in Brunei, Indonesien, Malaysia, Pakistan und den Südphilippinen die grundlegenden Normen und Werte bestimmt. Und das Christentum konnte sich in weiten Teilen der Philippinen behaupten (vgl. Müller/Gelbrich 2014, S. 242 ff.).

3.2 Identifikation homogener Cluster

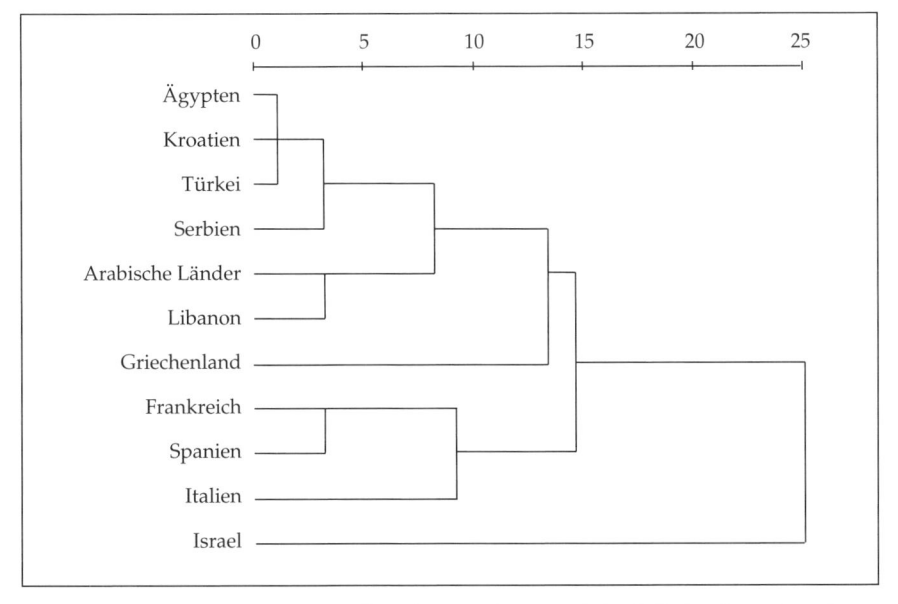

Abb. 68: Kulturelle Heterogenität des Mittelmeerraumes

```
         0      5     10    15    20    25
         |------|-----|-----|-----|-----|
Ägypten      ┐
Kroatien     ┤
Türkei       ┤
Serbien      ─┤
Arabische Länder ┐│
Libanon          ┘│
Griechenland      │
Frankreich   ┐
Spanien      ┤
Italien      ┘
Israel
```

Quelle: eigene Auswertung und Darstellung (empirische Basis: Hofstede-Kulturdimensionen).

Am Beispiel des in Ostasien allgegenwärtigen Familienprinzips lässt sich aufzeigen, wie heterogen selbst dieser Kulturraum ist. Zwar dominieren in der gesamten Region paternalistisch geführte Familienunternehmen die Wirtschaft. Sie alle geben Personalismus und Loyalität gegenüber der Familie Vorrang vor anderen Steuerungsinstrumenten. Aber wer der „Familie" angehört, wird in den einzelnen Ländern höchst unterschiedlich geregelt.

- In Korea ist Familienzugehörigkeit Konsequenz von Blutsverwandtschaft. Deshalb sind in einem Chaebol – d.h. einem für Südkorea charakteristischen, netzwerkartig organisierten Mischkonzern – neben „dem Gründer bzw. Eigentümer, zahlreiche weitere Familienmitglieder in verantwortungsvollen Positionen tätig" (Kutschker/Schmid 2011, S. 797).
- Auch in Südchina sind Familien groß und eng verflochten. Familienzugehörigkeit ergibt sich dort allerdings nicht nur aufgrund verwandtschaftlicher Beziehungen, sondern auch durch Guanxi: der Quantität und Qualität des Beziehungskapitals, das eine Person erworben hat. Wer als Externer in einem Family Business Network, d.h. einem im Familienbesitz von Auslandschinesen befindlichen Mischkonzern, eine Führungsposition einnehmen will, muss sich dieses Privileg verdienen: indem er in entsprechendem Maße „Beziehungskapital" in die (Unternehmens-)Familie einbringt.
- In Japan herrscht hingegen ein abstraktes Verständnis von „Familie" vor. Nicht die individuelle Herkunftsfamilie, die dort vergleichsweise klein und von geringerer sozioökonomischer Bedeutung ist, beherrscht die Sozialordnung und das Wirtschaftsleben, sondern die Unternehmensfamilie. Sie besteht zunächst aus dem eigenen „Haus" (d.h. dem arbeitgebenden Unternehmen), aber auch aus dem Keiretsu, dem ein Unternehmen angehört. Hier-

bei handelt es sich um eine horizontale Verbundgruppe – und Nachfolgeorganisation der nach dem Zweiten Weltkrieg in Verruf geratenen Zaibatsu.

Dass die Unternehmen derartigen innerregionalen Unterschieden insb. in ihrer Kommunikationspolitik Rechnung tragen, bestätigen u.a. Moon/Chan (2005). Sie haben 803 Prime Time-TV-Werbespots, von denen 406 in Hong Kong und 397 in Südkorea ausgestrahlt wurden, untersucht. Beide „Tigerstaaten" gehören dem kollektivistisch-konfuzianischen Kulturraum an, unterscheiden sich jedoch hinsichtlich zweier Kulturdimensionen: der Tendenz der dort lebenden Menschen, Ungewissheit zu vermeiden, und der Ausprägung von Maskulinität-Feminität (vgl. Tab. 66). Entsprechend der tendenziell femininen Orientierung Südkoreas thematisiert TV-Werbung dort häufiger feminine Werte (z.B. Familie, Höflichkeit) als in Hong Kong. Die in der ehemaligen britischen Kronkolonie ausgestrahlten Spots sprechen verstärkt maskuline Werte an (z.B. Arbeit). Hingegen konnte kein systematischer Einfluss der unterschiedlichen Tendenz, Ungewissheit zu vermeiden, auf die Gestaltung von TV-Spots festgestellt werden.

Tab. 66: Kulturprofil der Tigerstaaten

	Individualismus	Akzeptanz von Machtdistanz	Tendenz zur Ungewissheitsvermeidung	Maskulinität	Langfristorientierung
Hong Kong	25	68	29	57	96
Singapur	20	74	8	48	48
Südkorea	18	60	85	39	75
Taiwan	17	58	69	45	87

Vielschichtigkeit Arabiens. Geographisch betrachtet reicht der arabische Kulturraum von Marokko bis in den Sudan und vom Libanon bis zu den Vereinigten Arabischen Emiraten (árabes: gr. = Wüstenbewohner). In den 22 Mitgliedsstaaten der Arabischen Liga leben knapp 300 Mio. Menschen. Zwar erzielen diese aufgrund der Ausbeutung der Erdöl- und Gasvorkommen ein wesentlich höheres durchschnittliches Pro-Kopf-Einkommen als die Bewohner der meisten Entwicklungsländer. Aber angesichts des gewaltigen Wohlstandsgefälles – mehr als 2.000% zwischen Katar und Jemen – ist auch diese Region weder ein einheitlicher Absatzraum (⇒ Arab Human Development Report) noch ein homogener Kulturraum. Letzteres lässt sich u.a. an der Art und Weise, den Ramadan zu begehen, ablesen. Während im strenggläubigen Saudi-Arabien die einschlägigen Vorschriften des Koran im Fastenmonat buchstabengetreu eingehalten werden, erinnert das Verhalten der Tunesier an „a syncretic blending of Western and Oriental values" (Touzani/Hirschmann 2008).

Vielschichtigkeit Südamerikas. Die Beziehungen zwischen Argentinien und Uruguay sind von ⇒ Animosität geprägt, und Chile spielt in vielerlei Hinsicht auf dem südamerikanischen Subkontinent eine Sonderrolle. Dies lässt sich einerseits mit der extremen geographischen Lage – die teilweise mehr als 6.000 m hoch aufragenden Anden separieren das Land weitgehend von den angrenzenden Staaten – und andererseits mit seiner Vergangenheit als „Preußen Südamerikas" begründen: Ausgangs des 19. Jahrhunderts, nach dem Ende des sog. Salpeterkrieges, aus dem Chile 1885 als Sieger hervorging, wurden deutsche Berater ins Land geholt und nachhaltig an der Reorganisation des chilenischen Heeres und der Verwaltung beteiligt. Sie gewannen starken Einfluss auf das ökonomische und kulturelle Leben ihrer zweiten Heimat.

3.2.1.2 Soziokulturelle Segmentierung

Neben der Gruppierung der Länder nach Maßgabe geographischer Kriterien finden sich in der Literatur zahlreiche weitere Vorschläge dazu, wie man diese anhand qualitativer Kriterien typisieren bzw. klassifizieren kann (vgl. Tab. 67). So spielen in vertikalen Gesellschaften hierarchische Unterschiede zwischen den Menschen die entscheidende Rolle, während in horizontalen Gesellschaften der Fokus auf der prinzipiellen Gleichwertigkeit der Menschen liegt (vgl. Triandis 1995). „Individuals in horizontal societies value equality and view the self as having the same status as others in society. Individuals in vertical societies view the self as differing from others along a hierarchy — they accept inequality and believe that rank has its privileges" (Singelis/Triandis 1995, S. 440).

Weiterhin werden häufig beziehungs- von aufgabenorientierten Gesellschaften unterschieden. Beziehungsorientierung ist für den femininen wie auch für den kollektivistischen Kulturraum charakteristisch (vgl. Hofstede 1984). Gute persönliche Beziehungen sind dort Voraussetzung von geschäftlichen Beziehungen. In aufgabenorientierten Gesellschaften (= individualistischer und maskuliner Kulturraum) verhält es sich umgekehrt. Zwischen Geschäftsleuten bspw. entwickeln sich gute persönliche Beziehungen dort als Konsequenz guter Geschäftsbeziehungen.

3.2.2 Ex Post-Cluster: der quantitative Ansatz

3.2.2.1 Segmentierungsmethoden

Viele international tätige Unternehmen begnügen sich mit einer Ad hoc-Segmentierung (,ad hoc': lat. = „aus dem Augenblick heraus entstanden"). Das Ziel dieses bestenfalls pragmatischen und schlechtestenfalls willkürlichen Ansatzes besteht darin, ähnliche Länder mit möglichst geringem Aufwand zu identifizieren und zu homogenen Clustern zusammenzufassen. Diese Vorgehensweise bietet sich an, wenn nur ein einziges Segmentierungskriterium zur Verfügung steht, z.B. ...
- geographische Nähe: Länder, die auf demselben Kontinent liegen, werden vielfach aus logistischen Gründen als „gleichartig" behandelt.
- sprachliche Nähe: Sprachräume werden nach Maßgabe der Landes- bzw. Verkehrssprache voneinander abgegrenzt. So bilden 57 Länder mit insgesamt 220 Mio. Bewohnern die frankophone Welt (insb. afrikanische Länder).

Eine derartige Segmentierung „nach Augenschein" wird dann unmöglich, wenn Kulturen bzw. Länder anhand vieler Kriterien gruppiert werden sollen, zumal

Tab. 67: Identitätsstiftende Besonderheiten alternativer Gesellschaftsformen

	Normative Gesellschaften	Kognitive Gesellschaften
Art & Weise der Erkenntnisgewinnung (vgl. Luhmann 1971)	Häufig handelt es sich dabei um theokratisch (theo: gr. = Gott) begründete Gemeinwesen, welche den Menschen als vorrangig soziales Wesen begreifen, den Normen einer ewigen, von Gott gegebenen Weltordnung verpflichtet. Demgegenüber ist die von Menschen geschaffene (Rechts-) Ordnung nachrangig. Wissen wird primär durch Auslegung historisch-religiöser Schriften gewonnen und weniger mit den Mitteln der Wissenschaften.	Streben nach Erkenntnis und individueller Freiheit. Wissenschaftler entdecken die natürliche Weltordnung und dokumentieren sie in Naturgesetzen. Dieses rationale Wissen versetzt das aufgeklärte Individuum in die Lage, sich von den geistigen Zwängen des traditionellen metaphysischen Weltbildes und von den physischen Zwängen des Absolutismus zu befreien.
	Schamgesellschaften	**Schuldgesellschaften**
Art & Weise der Verhaltenssteuerung und Sanktionierung abweichenden Verhaltens (vgl. Fikentscher 2009; Doi 1982)	Steuern und kontrollieren das soziale Zusammenleben hauptsächlich durch konkrete moralische Kategorien (z.B. Konsens). Wichtig sind Vermeidung von Konflikten, Konsensorientierung, Vorrang der Ansprüche der Gemeinschaft vor den Rechten des Individuums, Familien- und Gruppenorientierung. Wer gegen diese Normen verstößt, muss sich gegenüber seinen Mitmenschen verantworten. Sanktioniert wird jedoch weniger die Normverletzung an sich, als vielmehr die Störung der sozialen Ordnung. Deshalb führt die Normverletzung erst dann zu Gesichtsverlust, wenn sie öffentlich wird. Dies löst das Gefühl der Scham aus.	Steuern und kontrollieren das soziale Zusammenleben hauptsächlich durch abstrakte moralische Kategorien (z.B. Gleichbehandlung). Wichtig sind Gerechtigkeit, Fairness, Freiheit und individuelle Leistung. Wer gegen diese Normen verstößt, lädt Schuld auf sich und muss sich vor übergeordneten Instanzen (Gott, Gerichte) verantworten. Normverletzungen lösen auch dann, wenn sie unentdeckt bleiben, Schuldgefühle aus und werden von den irdischen Instanzen durch Geld- bzw. Freiheitsstrafen sanktioniert. Gläubige empfinden Normverletzungen als Sünde, die im Extremfall mit ewiger Verdammnis geahndet wird.
	Gesellschaften der Ehre	**Gesellschaften der Würde**
Fokus von Reputation & Lebenszweck (vgl. Uskul et al. 2012; Leung/Cohen 2011; Burkhart 2006; Peristiany 1965)	Sind zumeist vorindustriell und unaufgeklärt. Wird die Ehre einer Person, der Familie, der Nation etc. verletzt, so bedeutet dies den Verlust der Achtung des sozialen Umfeldes. Deshalb ist die Ehre unbedingt wiederherzustellen, und sei es gewaltsam, ohne Rücksicht auf rechtsstaatliche Normen (z.B. durch Duell oder Ehrenmord). Die Frau ist die Trägerin und der Mann der Hüter der Ehre der Familie. Frauen verlieren durch normabweichendes Verhalten ihre Ehre, Männer durch eine ehrlose Frau. Nur der Mann kann die Ehre (der Familie, der Frau etc.) wiederherstellen – indem er die ehrlose Frau bestraft.	Sind Wegbereiter des individualistischen Kulturkreises. Ungeachtet ihrer Herkunft, ihres Geschlechts, ihrer Konfession und weiterer differenzierender Merkmale haben alle Menschen den gleichen Wert. Jeder Einzelne ist im Besitz der Menschenrechte. Sie sind dem Herrschaftsanspruch von Personen (z.B. Fürsten) und Institutionen (z.B. Staat) übergeordnet. Aus christlicher Sicht ist jeder Mensch im Besitz seiner unantastbaren Würde, da Gott ihn als sein Ebenbild geschaffen hat.

wenn diese metrisch skaliert sind (z.B. „BIP in €"; „Anteil bestimmter Bevölkerungsgruppen in %" etc.). Intuition, Faustregeln, die Grundrechenarten etc. genügen dann als Entscheidungsregel nicht. Man benötigt analytische Entscheidungshilfe, z.B. die Clusteranalyse. Allerdings ist auch dieses Verfahren nicht gänzlich objektiv. Vielmehr nimmt der Anwender, wenn er bestimmten Distanzmaßen und Fusionierungsalgorithmen den Vorzug gibt, stellenweise erheblichen Einfluss auf das Ergebnis der Analyse (vgl. Backhaus et al. 2011; Bacher et al. 2010).

Der *Single Linkage*-Algorithmus etwa bestimmt die Entfernung zweier Gruppen anhand der zueinander am nächsten liegenden Objekte (hier: Länder), weshalb man auch vom *Nearest Neighbor*-Verfahren spricht. Das *Complete Linkage*-Verfahren nimmt hingegen den Abstand zwischen den zwei unähnlichsten Objekten einer Gruppe als Maßstab für die Fusion ('furthest neighbor'). Folglich eignet sich das *Single Linkage*-Verfahren am besten zur Identifikation von „Ausreißern", weshalb es häufig der eigentlichen Analyse vorgeschaltet wird. Wenn nötig, d.h. wenn sie das Gesamtergebnis nachhaltig verzerren würden, sind derartige atypische Fälle aus dem Datensatz zu entfernen. Anschließend bietet es sich an, das *Ward*-Verfahren einzusetzen. Dieses weist eine Reihe von Vorteilen auf: Es …

- gewährleistet die sog. Monotonie des Heterogenitätsmaßes, d.h. es treten keine Inversionen auf (= mit abnehmender Gruppenzahl steigt die Varianz in den Clustern). Umgekehrt werden die Gruppen in sich immer homogener, je mehr Cluster man unterscheidet.
- neigt anders als das *Single Linkage*-Verfahren nicht zur Kettenbildung. Davon spricht man, wenn einerseits wenige große Cluster gebildet werden und andererseits viele kleine. Manchmal allerdings kann dieser sog. Kontraktions-Effekt gewollt sein; nämlich dann, wenn das Untersuchungsziel lautet, kleine Gruppen zu identifizieren.
- neigt auch nicht zum Dilatations-Effekt: Somit besteht weiterhin keine Gefahr, dass (zu) viele kleine Gruppen gebildet werden. Für das Interkulturelle Marketing wäre dies im Regelfall ungünstig, da man nur dann auf spürbare Kostenvorteile hoffen kann, wenn die Zahl standardisiert bearbeitbarer Länder hinreichend groß ist.
- nutzt die zu minimierende Zunahme der Fehlerquadratsumme als Kriterium zur Verschmelzung von Clustern. Diese Eigenschaft ist aus Marketingsicht besonders wichtig, da es größtmöglicher Homogenität innerhalb der Cluster bedarf, um die absatzpolitischen Instrumente (z.B. Werbung) mit geringem Streuverlust einsetzen zu können.

3.2.2.2 Traditionelle Segmentierungskriterien

Will man Kultur- bzw. Ländercluster bilden, so empfiehlt es sich aus informationsökonomischen Gründen, dafür leicht zugängliche Merkmale zu nutzen. Neben der geographischen Nähe sind im Regelfall die verschiedenen makroökonomischen Kennzahlen (z.B. Kaufkraft, Struktur der Haushaltsausgaben; vgl. Tab. 68) „leicht zugänglich". Vergleichsweise aufwändig zu erfassen sind hingegen häufig die Besonderheiten des Konsumentenverhaltens (u.a. Kaufgewohnheiten, Kommunikationsstil oder Mediennutzung).

Tab. 68: Segmentierungskriterien im Überblick

	Kriterium	Mögliche Ausprägungen
Geographie	Geographische Nähe	Europa, Asien, Amerika, Afrika
Ökonomischer Entwicklungsstand	Integrationsgrad	EU-Land, Nicht-EU-Land
	Ökonomischer Status	Entwicklungs-, Schwellen-, Industrieland
	Kaufkraft	Bruttoinlandsprodukt *(pro Kopf)*
Wettbewerb	Kommunikationsstrategie	Ausgaben für Werbung in Print- und elektronischen Medien, Außenwerbung etc. *(in € bzw. in %)*
	Distributionsstruktur	Anteil der Discounter am Verkauf von Waren des täglichen Bedarfs *(in %)*
	Marktposition der wichtigsten Konkurrenten	Anteil der Exporte, Anteil der Direktinvestitionen *(in %)*
Kunden	Verwendungszweck	Nutzung eines Produkts für private bzw. geschäftliche Zwecke
	Mediennutzung	Anteil der Nutzer bestimmter Medien *(in %)*
	Kauffrequenz	Zeitspanne zwischen zwei Käufen
	Einkaufsstättenpräferenz	Anteil der in Boutiquen, Kaufhäusern, E-Shops etc. gekauften Kleidung *(in %)*
	Kommunikationsstil	Direkte vs. indirekte Kommunikation
	Entscheidungsverhalten	Anteil der Markenbewussten *(in %)*
	Familienstruktur	Anteil der Single- bzw. Mehrpersonenhaushalte *(in %)*

Geographische Nähe

Viele Unternehmen orientieren sich am Kriterium der Distanz. So unterteilt *Philips* den Weltmarkt in fünf Regionen: Afrika, Amerika, Asien/Ozeanien, Europa 1 sowie Europa 2 (vgl. Abb. 69). Wer dem Segmentierungskriterium „geographische Nähe" Priorität einräumt, tut dies zumeist entweder aus Gewohnheit (Tradition) bzw. mit Blick auf den besonderen Stellenwert der Logistik. Denn Nähe erleichtert Transaktionen aller Art, bspw. die Distribution von Waren. Die Märkte Europas etwa können einheitlich im 24-Stunden-Takt per Lkw beliefert werden. Auch vereinfacht sich die Kommunikation, da nahe beieinander liegende Gebiete derselben Zeitzone angehören. Wie in Teil C-3.2.1.1 bereits erörtert wurde, führt die diesem Ansatz implizite Annahme, dass Nachbarländer einander auch kulturell vergleichsweise ähnlich sind, allerdings häufig in die Irre.

Ökonomischer Entwicklungsstand

Grundprinzip. Abgesehen von der geographischen Nähe werden Ländermärkte wohl am häufigsten nach Maßgabe ihrer wirtschaftlichen Entwicklung segmentiert. Da die Bezeichnung „Entwicklungsland" als diskriminierend empfunden

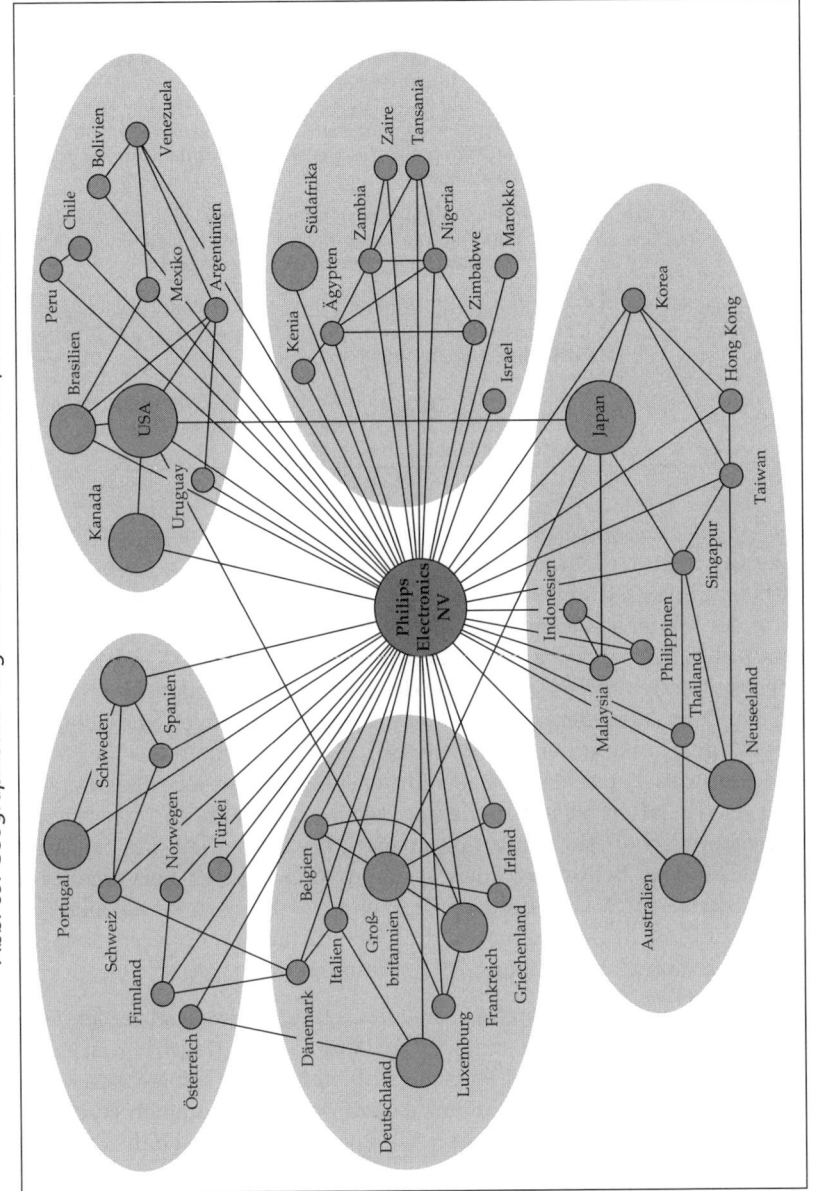

Abb. 69: Geographischer Organisationsansatz von Philips Electronics

Quelle: Philips-Geschäftsbericht.

wird, gilt die früher übliche Dreiteilung in Entwicklungs-, Schwellen- und Industrieländer nicht mehr als politisch korrekt. Die *Weltbank* unterteilt die Länder aufgrund folgender Kriterien in vier Kategorien (vgl. Tab. 69):
- Bruttosozialprodukt („BSP pro Kopf"),
- Disparitäten, die innerhalb eines Landes bestehen (z.B. zwischen „Arm und Reich" oder zwischen „Hauptstadt und Provinz"),
- wirtschaftliche Dynamik (z.B. „Wachstum des BSP pro Kopf").

Tab. 69: Ländercluster nach Maßgabe des Entwicklungsstandes

Low Income Countries (LIC)	Charakteristisch für diese Kategorie von Ländern sind gravierende soziale und wirtschaftliche Unterschiede zwischen Arm und Reich sowie zwischen Hauptstadt und Provinz. Mit einem besonders geringen jährlichen Pro-Kopf-Nationaleinkommen (bis 1.035 $) müssen bspw. die Menschen in Afghanistan, Bangladesch oder Haiti auskommen.
Lower Middle Income Countries (LMIC)	Ökonomisch erheblich besser gestellt sind Länder wie die Philippinen, Algerien oder Marokko. Sie erzielen ein jährliches Pro-Kopf-Nationaleinkommen von bis zu 4.085 $.
Upper Middle Income Countries (UMIC)	Einer Ländergruppe, deren jährliches Pro-Kopf-Nationaleinkommen zwischen 4.085 und 12.615 $ liegt, gehören u.a. Angola, Costa Rica, Ungarn und Rumänien an.
High Income Countries (HIC)	Neben den klassischen Industrieländern erwirtschaften u.a. Barbados, Chile, Saudi Arabien und Uruguay mehr als 12.615 $ pro Kopf und Jahr.

Schwächen des ökonomischen Ansatzes. Dieser einfachen Variante der Marktsegmentierung liegt der (Kurz-)Schluss zugrunde, dass man aus dem volkswirtschaftlichen Entwicklungsstand eines Landes unmittelbar auf die Bedürfnisstruktur der Käufer schließen kann. Zwar lassen sich in HIC-Ländern mit einem durchschnittlichen jährlichen Pro-Kopf-Einkommen von 30.000-40.000 € relativ gesehen tatsächlich mehr Automobile der Ober- und Mittelklasse absetzen als in LIC-Ländern. Aber derartige Durchschnittsbetrachtungen vernachlässigen die gewaltigen Einkommensunterschiede, welche innerhalb der meisten ‚low income countries' herrschen. Die gewöhnlich überaus kaufkräftige Oberschicht dieser Gesellschaften neigt zum demonstrativen Konsum und hat eine große Zahlungsbereitschaft für teure Limousinen, Designer-Kleidung und andere Luxusartikel. Das Bedürfnis, „den anderen" den eigenen hervorgehobenen sozialen Status durch den Besitz prominenter Marken zu signalisieren (vgl. Han et al. 2010), ist in Gesellschaften, die Machtdistanz akzeptieren, überdurchschnittlich groß (vgl. Kim/Zhang 2011; Wiedmann et al. 2009).

Die scheinbar plausible Annahme, in Entwicklungs- und Schwellenländern könnten vorrangig einfache, geringwertige Waren verkauft werden, ist auch aus einem anderen Grund falsch. Deutsche Anbieter von elektrotechnischen und elektronischen Gütern bspw. können sich auf den verschiedenen Wachstumsmärkten (z.B. China, Indien) nur mit qualitativ hochwertigen High Tech-Gütern durchsetzen, da einheimische Konkurrenten bei einfachen, preiswerten Produkten im Regelfall Wettbewerbsvorteile besitzen. Denn im Low Tech-Bereich herrscht Kostenwettbewerb, weshalb dort zwangsläufig lokale Anbieter, die mit wesentlich geringeren Lohn- und Transportkosten kalkulieren können, im Vorteil sind.

> ☞ Im Regelfall greift die Gruppierung von Ländermärkten allein auf Basis ökonomischer oder geographischer Kriterien zu kurz. Sie sagen wenig aus über Präferenzen, Entscheidungsstil, Kaufverhalten etc. und damit über jene Variablen, die für das Interkulturelle Marketing maßgeblich sind.

3.2 Identifikation homogener Cluster

Verhalten der Wettbewerber

Manche Unternehmen orientieren sich primär daran, wie ihre Konkurrenten in den Zielmärkten strategisch agieren. Diese Variante des wettbewerbsorientierten Ansatzes basiert auf einem zentralen, evolutionstheoretisch begründbaren Überlebensprinzip: andere zu imitieren, die erfahrener, erfolgreicher etc. sind als man selbst. Wie am Beispiel des Kommunikationswettbewerbs sichtbar wird, besteht ein erster Schritt darin, die Gesamtheit jener Unternehmen zu identifizieren und zu analysieren, die in den betrachteten Auslandsmärkten tätig sind.

Werbeintensität. Über die Kommunikationspolitik, welche die Unternehmen in den europäischen Märkten verfolgen, informieren zahlreiche Institutionen – u.a. die *Federation of European Direct Marketing*. Regelmäßig weist die *FEDMA* die Budgets für Direktmarketing und klassische Werbung aus. Wer beide Datenreihen ins Verhältnis zum Bruttoinlandsprodukt der einzelnen Länder setzt, erkennt, dass die Werbeintensität mit dem ökonomischen Entwicklungsgrad der jeweiligen Märkte korrespondiert (vgl. Abb. 70). Speziell die Ausgaben für klassische Werbung lassen sich weitestgehend anhand der Variable „BIP pro Kopf" prognostizieren ($r = .92$). Auch die Aufwendungen für Direktmarketing korrelieren stark ($r = .67$) mit diesem einfachen ökonomischen Kriterium.

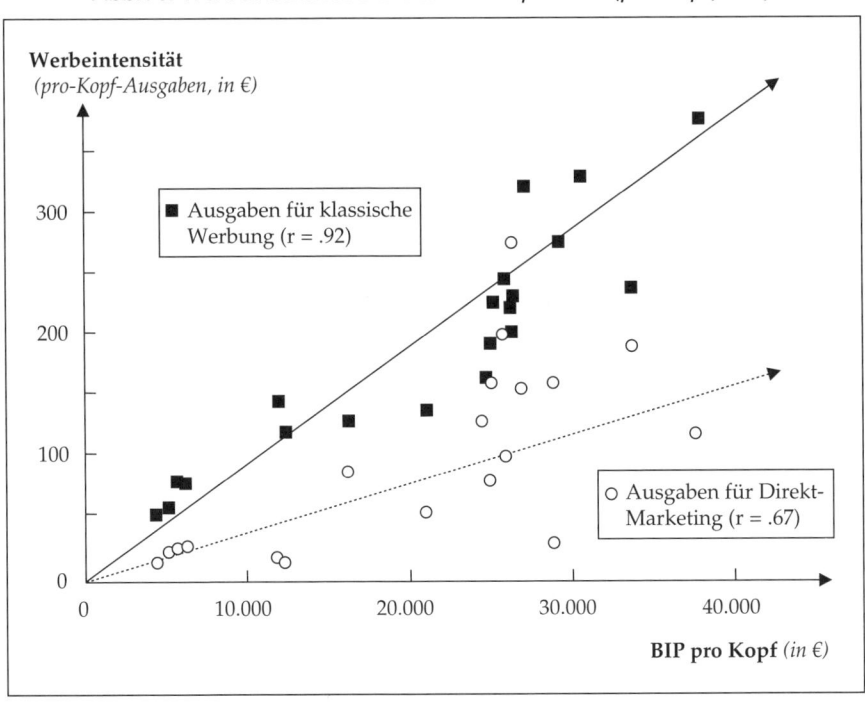

Abb. 70: Werbeintensität & Bruttoinlandsprodukt (pro Kopf, in €)

Quelle: eigene Auswertung von Daten der FEDMA (2003).

Medienpräferenz. Für klassische Medienwerbung stehen die verschiedensten Werbeträger zur Verfügung. Deshalb lassen sich Länder auch dadurch beschreiben, welche Rolle die einzelnen Medien in den nationalen Werbemärkten spielen (vgl. Tab. 70). Mussten die Printmedien ihre einstige Vorrangstellung an die elektronischen bzw. die sonstigen Medien abtreten?

Tab. 70: Struktur der Werbeausgaben für klassische Medien (in %)

	Anteil des Mediums an ...					
	Printwerbung		elektronischer Werbung		sonstigen Werbeformen	
	Zeitungen	Zeitschriften	TV	Radio	Kinowerbung	Außenwerbung
Belgien	29,8	15,0	38,3	9,6	1,4	5,9
Dänemark	58,8	15,2	19,4	2,4	0,6	3,6
Deutschland	45,1	18,5	26,7	4,1	1,0	4,5
Finnland	56,2	17,5	18,9	3,8	0,2	3,4
Frankreich	26,4	24,5	29,8	6,8	0,8	11,7
Griechenland	21,0	33,0	43,0	3,0	0,0	0,0
Großbritannien	41,9	16,9	30,1	4,2	1,1	5,8
Irland	66,4	1,8	17,8	6,5	0,7	6,8
Italien	24,2	18,1	50,2	4,1	0,9	2,6
Niederlande	45,2	25,0	19,4	6,3	0,3	3,7
Österreich	44,2	18,6	22,4	7,8	1,0	6,1
Polen	12,1	14,2	62,7	5,5	0,5	4,9
Portugal	14,9	16,8	55,2	5,5	0,5	7,0
Schweden	56,4	14,7	21,3	3,1	0,5	4,0
Schweiz	51,8	17,7	11,9	3,1	0,9	14,5
Slowakei	8,7	9,4	69,4	8,3	0,0	4,2
Spanien	33,5	12,2	41,1	7,7	0,9	4,6
Tschechien	22,3	18,8	54,7	4,0	0,1	0,0
Ungarn	15,9	15,1	55,1	5,8	0,5	7,6
Mittelwert	35,5	17,0	36,2	5,4	0,6	5,3

Quelle: FEDMA, Brüssel (2003).

Unterzieht man diese Datenmatrix einer Clusteranalyse, so gibt das vorgeschaltete *Single Linkage*-Verfahren zunächst einen „Ausreißer" zu erkennen: Griechenland. Dort entfallen 33 % aller traditionellen Werbeausgaben auf Zeitschriften. Aufgrund dieses für ein eher armes Land ungewöhnlich hohen Anteils der Printmedien am Werbemarkt lässt sich Griechenland nicht sinnvoll zuordnen. Die anschließende Analyse nach dem *Ward*-Verfahren ergibt drei Cluster (vgl. Tab. 71).

3.2 Identifikation homogener Cluster

Tab. 71: Ländercluster mit vergleichbarer Medienpräferenz (in %)

Cluster	Länder	Anteil des Mediums an den Werbeausgaben					
		Printwerbung		elektronische Werbung			
		Zeitung	Zeitschriften	TV	Radio	Kinowerbung	Außenwerbung
1	Italien, Polen, Portugal, Slowakei, Tschechien, Ungarn	16,4	15,4	57,9	5,5	0,4	4,4
2	Belgien, Deutschland, Frankreich, Großbritannien, Niederlande, Österreich, Spanien	38,0	18,7	29,7	6,6	0,9	6,0
3	Dänemark, Finnland, Irland, Schweden, Schweiz	57,9	13,4	17,9	3,8	0,6	6,4

Cluster 1 ist ein typischer Fernsehmarkt. Mit Italien, Polen, Portugal, Slowakei, Tschechien und Ungarn gehören ihm vorwiegend „ärmere" EU-Länder an (durchschnittliches Pro-Kopf-Einkommen = 9.005 €). Im „reicheren" Cluster 2 (= 24.308 €) wird mit 29,7 % deutlich weniger für TV-Spots und mehr Geld für Print-Kampagnen ausgegeben. Das relativ „reiche" Cluster 3 (durchschnittliches „BIP pro Kopf" = 30.606 €) präsentiert sich als typischer Print-Werbemarkt. 70 % ihrer Budgets geben die Unternehmen dort für Anzeigen in Zeitungen und Zeitschriften aus.

Ursachenanalyse. Auf den ersten Blick scheinen auch diese Zusammenhänge Konsequenz des ökonomischen Entwicklungsstandes zu sein. Wie eine Korrelationsanalyse der Ursprungsdaten (ohne Griechenland) zeigt, korrespondiert ein steigendes BIP mit ...
- wachsenden Ausgaben für Zeitungswerbung ($r = +.86$; $p = 0,000$),
- sinkenden Budgets für TV-Spots ($r = -.94$; $p = 0,000$) und
- verstärkten Investitionen in die insgesamt jedoch äußerst nachrangige Kinowerbung ($+.50$; $p = 0,037$).

Allerdings leistet auch die Landeskultur einen signifikanten Erklärungsbeitrag. Denn nicht nur das BIP ($p = 0,001$), sondern auch der Index der Ungewissheitsvermeidung (UAI) differenziert zwischen den drei Clustern ($p = 0,051$). Mit steigendem UAI sinken vor allem die Ausgaben für Zeitungswerbung ($r = -.62$). Printanzeigen werden somit hauptsächlich in einem kulturellen Umfeld geschaltet, das vergleichsweise wenig zu Ungewissheitsvermeidung tendiert (= Cluster 3), während die Unternehmen in Ländern mit hohem UAI verstärkt auch in Journalen, TV, Radio und Kino werben. Hinzu kommt ein stärkerer Akzent auf Plakatwerbung. Möglicherweise möchten Menschen, denen Ungewissheit unangenehm ist, über möglichst viele verschiedene Kanäle informiert werden, weil dies die Manipulationsgefahr mindert.

Dass die Medienpräferenz tatsächlich kulturell geprägt ist – durch die Art und Weise, wie eine Gesellschaft mit Ungewissheit umgeht – und nicht durch die ökonomischen Bedingungen, gibt auch der Vergleich von bivariater Korrelation (= −.62) und partieller Korrelation (= −0,62) zu erkennen. Da die partielle Korrelation den möglichen Einfluss einer dritten Variable „herausrechnet" – im vorliegenden Fall des BIP -, besagt der weitgehende Gleichstand beider Koeffizienten: Die Hereinnahme des BIP in das Modell verbessert dessen Erklärungskraft nicht. Medienpräferenz lässt sich allein anhand der Kulturdimension „Vermeidung von Ungewissheit" hinreichend prognostizieren.

> ☞ Auf der Suche nach homogenen Länderclustern lassen sich Gruppen von Ländermärkten bilden, deren Charakteristika im strategischen Verhalten der Wettbewerber begründet sind (z.B. einem clusterspezifischen Kommunikationsmix). Jedoch berücksichtigt dieser Ansatz die Rolle der Landeskultur allenfalls indirekt. Auch können von dieser Strategie lediglich „Folger" profitieren. Denn „Pionierunternehmen", die z.B. mit einer innovativen Technologie einen neuen Markt betreten, finden dort zwangsläufig keine Konkurrenten vor, an denen sie sich orientieren könnten. Schließlich bleibt offen, ob die Me too-Strategie Erfolg verspricht (d.h. die Imitation der in einem Cluster üblichen Gewichtung des Kommunikationsmix) oder eher der Versuch, durch bewusstes „gegen den Strom-Schwimmen" sich einen größeren ‚share of voice' zu sichern, ohne das Kommunikationsbudget entsprechend erhöhen zu müssen. Attributionstheoretisch lässt sich begründen, warum das Management zumeist der Me too-Strategie den Vorzug gibt. Denn etwaige Misserfolge lassen sich dann „dem Markt" zuschreiben, d.h. extern attribuieren. Wer hingegen Neues wagt und damit scheitert, steht stärker unter Rechtfertigungsdruck. Der „Herdentrieb" entlastet somit den einzelnen Manager. Dem Unternehmen aber nimmt er die Chance, durch Einzigartigkeit dauerhafte Wettbewerbsvorteile zu gewinnen.

Konsumentenverhalten

Auslandsmärkte lassen sich auch nach Maßgabe des Verhaltens der Konsumenten typisieren. Mehr als andere Segmentierungsstrategien eröffnet diese Herangehensweise dem Unternehmen die Chance einer eigenständigen, markt- und wettbewerbsgerechten Positionierung. Wenn in manchen Ländern die Menschen Lebensmittel vor allem bei kleinen Einzelhändlern kaufen, in anderen Ländern hingegen mehrheitlich bei Discountern, dann bietet es sich an, letztere zu einem Cluster zusammenzufassen und dort die Niedrigpreisstrategie zu verfolgen. Wer kundenorientiert segmentiert, sollte sich jedoch nicht auf das unmittelbare Kaufverhalten beschränken, sondern auch andere beobachtbare Verhaltensweisen berücksichtigen, bspw. den Lebensstil oder die Form des Zusammenlebens. So mag es für einen Anbieter von Lebensmitteln sinnvoll sein, Länder mit einem hohem Anteil an Singles standardisiert zu bearbeiten und dort bspw. ...

- verstärkt kleine Packungsgrößen anzubieten,
- bei den Öffnungszeiten die begrenzte Zeitsouveränität dieser Zielgruppe zu beachten,
- einen Bring-Service anzubieten etc.

Informationen zum Verhalten der „europäischen Verbraucher" erhebt und publiziert das *Statistische Amt der Europäischen Gemeinschaften (Eurostat)*. Hinsichtlich der in den Mitgliedsländern praktizierten Formen des Zusammenlebens zeichnet die Clusteranalyse (*Ward*-Verfahren) das aus Tab. 72 ersichtliche Bild.

Tab. 72: Haushaltsstruktur in Europa (in %)

Cluster	Länder	Ein-Personen-Haushalte	Alleinerziehende mit einem oder mehr unterhaltsberechtigten Kindern	Zwei-Personen-Haushalte mit einem oder mehr unterhaltsberechtigten Kindern	Drei- und Mehr-Personen-Haushalte mit einem oder mehr unterhaltsberechtigten Kindern	Zwei- und Mehr-Personen-Haushalte
1	Irland, Österreich, Portugal, Spanien	6,5	2,2	34,5	24,5	31,5
2	Belgien, Frankreich, Griechenland, Italien, Luxemburg	10,2	2,8	39,2	13,0	34,4
3	Dänemark, Deutschland, Großbritannien, Niederlande	14,5	3,2	35,0	9,2	38,2
4	Finnland, Schweden	18,5	6,0	43,0	3,5	28,5

Quelle: eigene Auswertung auf Basis von Eurostat (2002).

Zwei Gruppen fallen durch Extremwerte auf. In den vorwiegend katholischen Ländern von Cluster 1 finden sich weitaus mehr Großhaushalte (mit drei und mehr Erwachsenen sowie unterhaltsberechtigten Kindern) als anderswo. Umgekehrt sind dort Singles und Alleinerziehende mit Kind(ern) unterdurchschnittlich repräsentiert. Cluster 4 ist der Gegentypus: wenige Großhaushalte, viele Singles und Alleinerziehende. Dass die Unterschiede in den Lebensformen möglicherweise kulturell bedingt sind, lässt Abb. 71 erahnen: Die vier Cluster unterscheiden sich nämlich auf zwei Kulturdimensionen zum Teil deutlich.

Eine korrelative Analyse der Ursprungsdaten erhärtet diese Vermutung. In individualistischen Kulturen, die großen Wert auf die Möglichkeit der Selbstverwirklichung des Einzelnen legen, gibt es viele Single-Haushalte (r = +.53; p = 0,04) und wenige Großfamilien (r = −.61; p = 0,02). Hingegen scheint, wer zu Ungewissheitsvermeidung neigt, unstrukturierte Lebenssituationen zu meiden und deshalb auch nicht gerne ...
- alleine zu leben (r = −.59; p = 0,02) bzw.
- Kinder alleine erziehen wollen (r = −.50; p = 0,06).

Dies erklärt, warum in Cluster 1 (Irland, Österreich, Portugal, Spanien) angesichts eines relativ hohen UAI und eines gemessen an anderen europäischen Ländern niedrigen IDV Großfamilien stark und kleine Haushalte seltener vertreten sind.

Religionszugehörigkeit

Religionen beeinflussen nachhaltig die Überzeugungen (,beliefs'), Werte (,values') und Einstellungen (,attitudes') der Gläubigen. Zwar fördert ökonomische Entwicklung Modernisierung im Allgemeinen und Rationalität, Toleranz, Partizipation sowie Vertrauen in die staatlichen Institutionen im Besonderen. Es wäre jedoch falsch, diesen Kulturwandel mit einem generellen Bedeutungsverlust der traditionellen, religiös geprägten Werte gleichzusetzen. Denn „the broad cultural heritage of a society – Protestant, Roman Catholic, Orthodox, Confucian, or Communist – leaves an imprint on values that endures despite modernization" (Inglehart/Baker 2000). Vor allem bei solchen Personen, die sich zu ihrer Konfession und deren Werten öffentlich bekennen, formt die religiöse Identität auch das Alltagsverhalten (vgl. Coşgel/Minkler 2004).

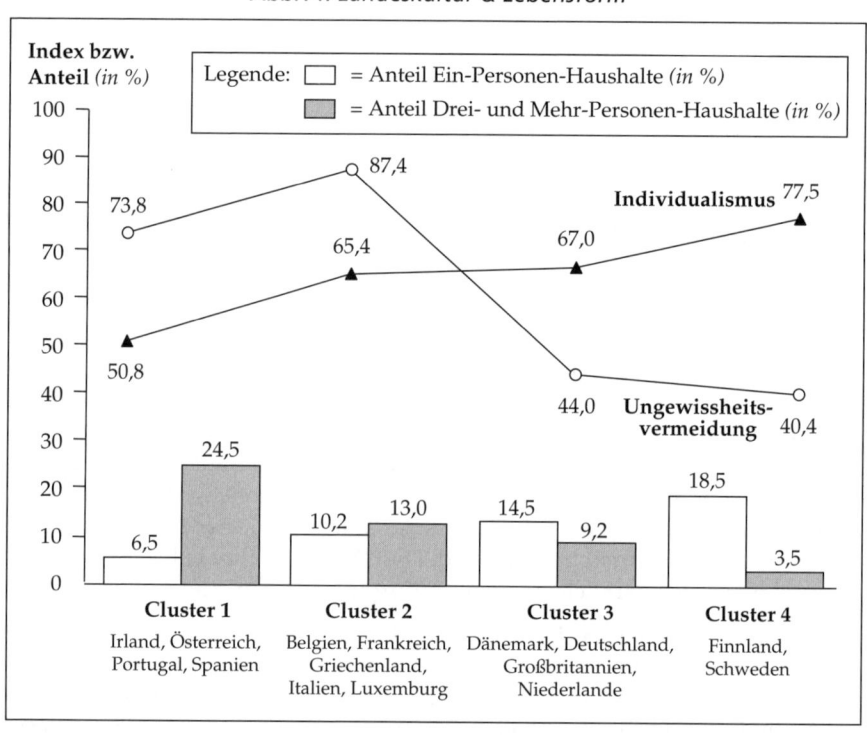

Abb. 71: Landeskultur & Lebensform

Folglich sollte man auch aus diesem Grund davon ausgehen, dass einer globalen Standardisierung der Marketingstrategien und Marketinginstrumente enge Grenzen gesetzt sind. Selbst eine regionale Standardisierung ist, wie das Beispiel Asien zeigt, zumeist problematisch. Denn unter dem differenzierenden Einfluss verschiedener Weltreligionen hat sich der bevölkerungsreichste Erdteil zu einer höchst heterogenen Region entwickelt (vgl. Derichs/Heberer 2003; Böttcher 1996). Deshalb laufen Anbieter kultursensibler Leistungen Gefahr, mit einer undifferenzierten Asien-Strategie zu scheitern, falls sie Asien als einen homogenen Markt behandeln.

Abb. 72 zeigt das Ergebnis einer Clusteranalyse, mit deren Hilfe konfessionell homogene Untergruppen gebildet wurden:
- Cluster I: 91,1 % der Menschen, die in diesen sechs Ländern leben, sind Muslime.

3.2 Identifikation homogener Cluster

Abb. 72: Konfessionell homogene Ländergruppen

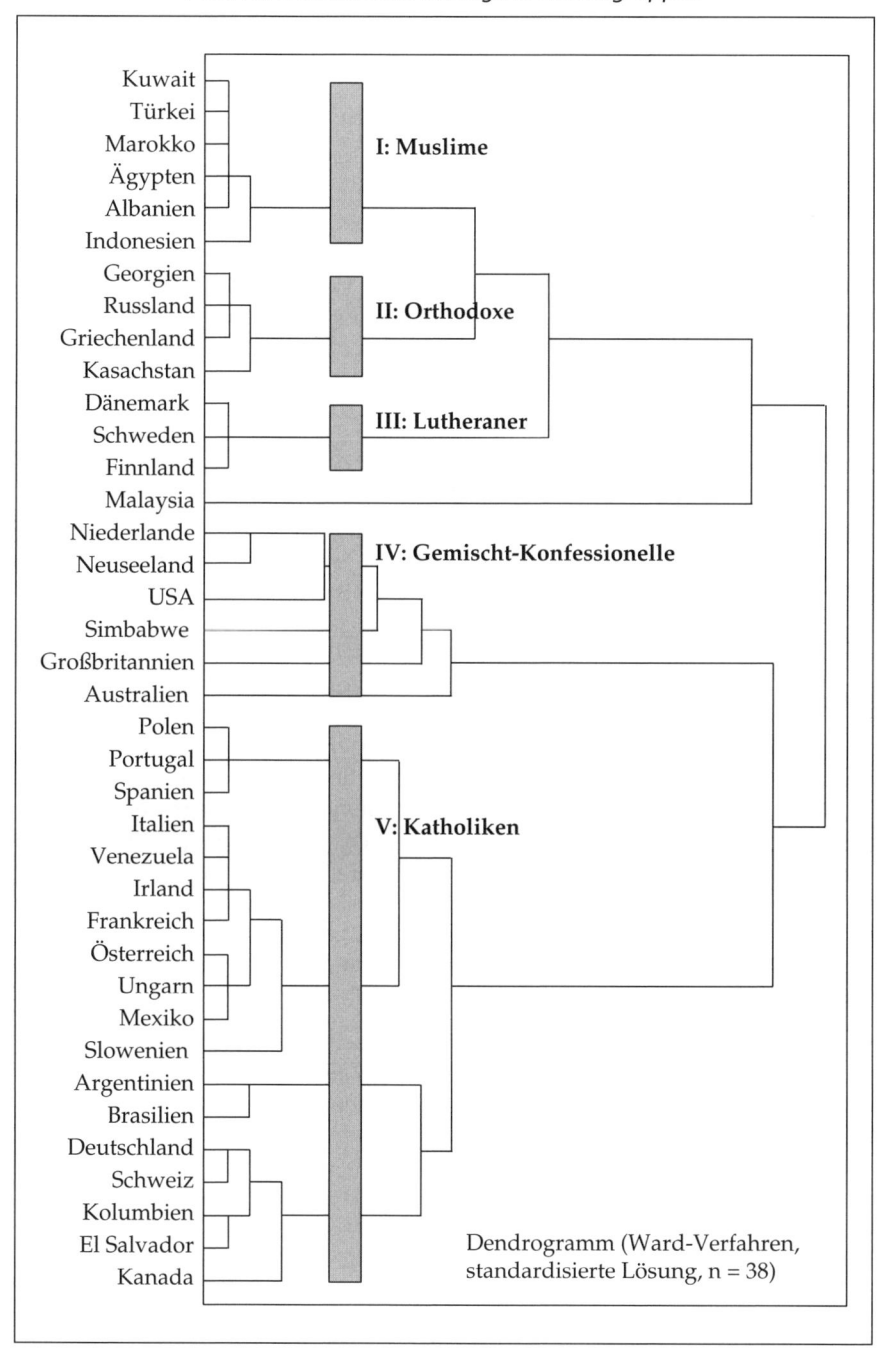

- Kuwait
- Türkei
- Marokko
- Ägypten
- Albanien
- Indonesien

I: Muslime

- Georgien
- Russland
- Griechenland
- Kasachstan

II: Orthodoxe

- Dänemark
- Schweden
- Finnland

III: Lutheraner

- Malaysia
- Niederlande
- Neuseeland
- USA
- Simbabwe
- Großbritannien
- Australien

IV: Gemischt-Konfessionelle

- Polen
- Portugal
- Spanien
- Italien
- Venezuela
- Irland
- Frankreich
- Österreich
- Ungarn
- Mexiko
- Slowenien
- Argentinien
- Brasilien
- Deutschland
- Schweiz
- Kolumbien
- El Salvador
- Kanada

V: Katholiken

Dendrogramm (Ward-Verfahren, standardisierte Lösung, n = 38)

- Cluster II: 73,8% der Menschen, die in diesen vier Ländern leben, sind Orthodoxe.
- Cluster III: 83,0% der Menschen, die in diesen drei Ländern leben, sind Lutheraner.
- Cluster IV: 23,2% der Menschen, die in diesen sechs Ländern leben, sind Konfessionslose, 21,3% Anglikaner, 21,2% Katholiken und 14,7% Reformierte.
- Cluster V: 71,2% der Menschen, die in diesen 18 Ländern leben, sind Katholiken.

Das multiethnische und multikonfessionelle Malaysia (60% Muslime, 20% Buddhisten, 9% Christen, 6% Hindus, 5% Sonstige) konnte keinem der fünf Cluster zugeordnet werden.

3.2.3 Kulturcluster

Bedeutsamer als die bislang diskutierten „Oberflächenmerkmale" ist für das Interkulturelle Marketing ein anderer Ansatz. Er besteht darin, Länder anhand der „kollektiven mentalen Programmierung" *(G. Hofstede)* ihrer Angehörigen zu Ländercluster zu bündeln: d.h. anhand der Normen und Werte, welche für die jeweilige Landeskultur charakteristisch sind.

3.2.3.1 Kulturcluster auf der Basis von Hofstede

Datenbasis

Prinzipiell stehen verschiedene Operationalisierungen von Kultur zur Verfügung. Aus mehreren der in Teil B-2 ausführlich diskutierten Gründe wird jedoch zumeist auf die *Hofstede*-Kulturdimensionen zurückgegriffen. Von den ursprünglich 53 Ländern bzw. Regionen haben wir vier ausgeschlossen: die drei Regionen (arabische Länder, Ostafrika, Westafrika) und den Vielvölkerstaat Jugoslawien, der bekanntlich nicht mehr besteht. Da Langzeitorientierung nur in 23 Ländern erhoben wurde und zudem unter gänzlich andersartigen Bedingungen, berücksichtigen wir bei dieser Analyse nur die vier ursprünglichen Kulturdimensionen (4D-Modell).

Um die verbleibenden 49 Länder clusteranalytisch segmentieren zu können, ist es zunächst sinnvoll, z.B. mithilfe des *Single Linkage*-Verfahrens „Ausreißer" zu entdecken: solche Länder, deren Landeskultur den Landeskulturen der anderen Länder so wenig ähnelt, dass sie besser gesondert behandelt werden sollten. Anschließend kommt das *Ward*-Verfahren zum Einsatz. Es fasst die (verbleibenden) Länder jeweils dergestalt zusammen, dass die Varianz innerhalb der Cluster minimiert wird.

Allerdings empfiehlt es sich nicht in jedem Fall, sämtliche Länder in die Betrachtung einzubeziehen. Manche Unternehmen beschränken sich auf die Industrieländer; andere bedienen auch Schwellen- und Entwicklungsländer.

Bedeutsam ist weiterhin die Frage der Verfügbarkeit von Daten, die im Falle von Entwicklungsländern oft problematisch ist.

3.2 Identifikation homogener Cluster

Industrieländer

Für die Konzentration auf die Industrieländer spricht zunächst ein quantitatives Kriterium: deren Wirtschafts- und Kaufkraft. Hinzu kommt, dass sie etwa 75 % ihrer Im- und Exporte untereinander abwickeln. Qualitativ lässt sich dieser Fokus damit begründen, dass in diesen Ländern in vielen Lebensbereichen ähnliche Standards gelten (z.B. hinsichtlich des Lebensstils). Auch deshalb und nicht nur aufgrund ihrer gleichartigen Einkommenssituation kommen sie für viele Produkte und Dienstleistungen (z.B. Mode, Pauschalreisen) als hinreichend großer und vergleichsweise homogener Absatzmarkt in Frage.

In einem ersten Schritt haben wir 22 Länder analysiert. Unberücksichtigt blieben mit Luxemburg und Israel zwei Industrienationen, da sie sehr klein sind bzw. nicht in der Originalstudie von *G. Hofstede* erfasst wurden. Eingang fand hingegen trotz ihres vergleichsweise geringen Pro-Kopf-Einkommens die Türkei, weil sie als *NATO*-Mitglied ein wichtiger Handelspartner zahlreicher Industrienationen ist. 2012 war Deutschland der bedeutendste Abnehmer türkischer Exportwaren (für ca. zwölf Mrd. €).

Japans Sonderstellung. Clustert man die Industrienationen nach Maßgabe der vier Kulturdimensionen mithilfe des *Single Linkage*-Verfahrens, dann lässt sich eindeutig ein Ausreißer identifizieren. Als einzige Industrienation verbindet Japan einen sehr hohen Maskulinitätswert (MAS = 95) mit einer weit überdurchschnittlichen Tendenz zur Ungewissheitsvermeidung (UAI = 92). Deshalb konnte dieses Land keinem der vier Kulturcluster zugeordnet werden (vgl. Abb. 73).

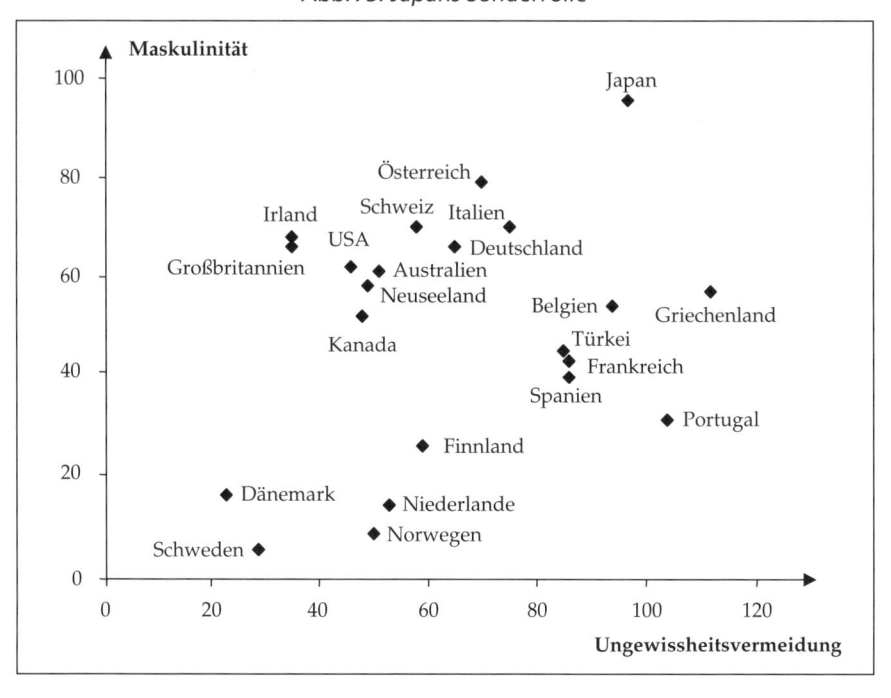

Abb. 73: Japans Sonderrolle

Landeskulturell am ehesten vergleichbar ist Japan folgenden Ländern: Deutschland, Italien, Österreich und Schweiz. Diese Gesellschaften sind gleichfalls maskulin geprägt und bestrebt, Ungewissheit zu vermeiden, wenn auch weniger intensiv als Japan. Als mögliche Erklärung für diese Gemeinsamkeit bietet sich der Gedanke an, dass Deutschland, Italien, Japan und bedingt auch Österreich „verspätete Nationen" sind, die im machtpolitischen Ringen der Weltmächte des ausgehenden 19. Jahrhunderts eine untergeordnete Rolle spielten. Für diese „Verspätung auf der Bühne der Weltpolitik" werden unterschiedliche Ursachen verantwortlich gemacht:
- Japan = jahrhundertelange Selbstisolation,
- Deutschland und Italien = Fragmentierung des Staatsgebietes in „zahllose" Stadtstaaten, Fürstentümer und bedeutungslose Königreiche bis 1871,
- Österreich = Verlust eines Großteils des Staatsgebietes sowie der machtpolitischen Bedeutung mit dem Untergang der Doppelmonarchie.

Die als Bedrohung wahrgenommene Überlegenheit mancher Nachbarstaaten hat zum einen zur latenten Verunsicherung dieser Gesellschaften beigetragen (→ Unsicherheitsvermeidung) und zum anderen zu aggressiven Versuchen, eine Veränderung dieser Situation herbeizuführen (→ Maskulinität). Als weitere Gemeinsamkeit können die Anfälligkeit für die Verführungen des Faschismus und die Rolle im Zweiten Weltkrieg genannt werden.

Italien & Deutschland
„Zwischen Italienern und Deutschen besteht eine lange historische Verbundenheit. Wir sind junge Staaten, aber alte Nationen. Wir sind aus der Zersplitterung und der Vielfalt unserer Städte geboren" (Puri Purini 2010, S. 10).

Vier Kulturcluster. Für die verbleibenden 21 Nationen ergibt sich nach dem Ward-Verfahren das in Abb. 74 vorgestellte Dendrogramm, welches eine Vier-Cluster-Lösung nahe legt.

Die Kulturprofile dieser vier Gruppen lassen sich wie folgt beschreiben:
- Cluster 1 weist den höchsten mittleren IDV-Index auf (= 83). Indirekt kann dies als empirischer Beleg dafür gewertet werden, dass aus geographischer nicht zwangsläufig kulturelle Nähe folgt. Denn „Individualisten" sind auf den verschiedenen Kontinenten zu Hause: Nordamerika (Kanada, USA), Europa (Großbritannien, Irland), Ozeanien (Australien, Neuseeland). Verbunden werden diese sechs Länder durch ein „kulturelles Band", geformt aus der englischen Sprache, verschiedenen Varianten des Protestantismus und einer gemeinsamen, durch das Commonwealth verkörperten Vergangenheit.
- Cluster 2 fasst maskuline Gesellschaften zusammen. Während der mittlere MAS-Index aller 22 Nationen 47 beträgt, liegen die MAS-Werte von Deutschland, Österreich, Italien und der Schweiz zwischen 66 und 69. Beachtung verdient erneut der enge Zusammenhang zwischen Sprache und Kultur einerseits sowie Geschichte andererseits. Das Cluster der Maskulinen besteht vorwiegend aus vollständig bzw. partiell deutschsprachigen Ländern. Und Italien hat offenbar eine größere Affinität zum deutschsprachigen Raum als zu Cluster 4, obwohl die (Mittelmeer-)Länder geographisch teilweise näher liegen.

3.2 Identifikation homogener Cluster

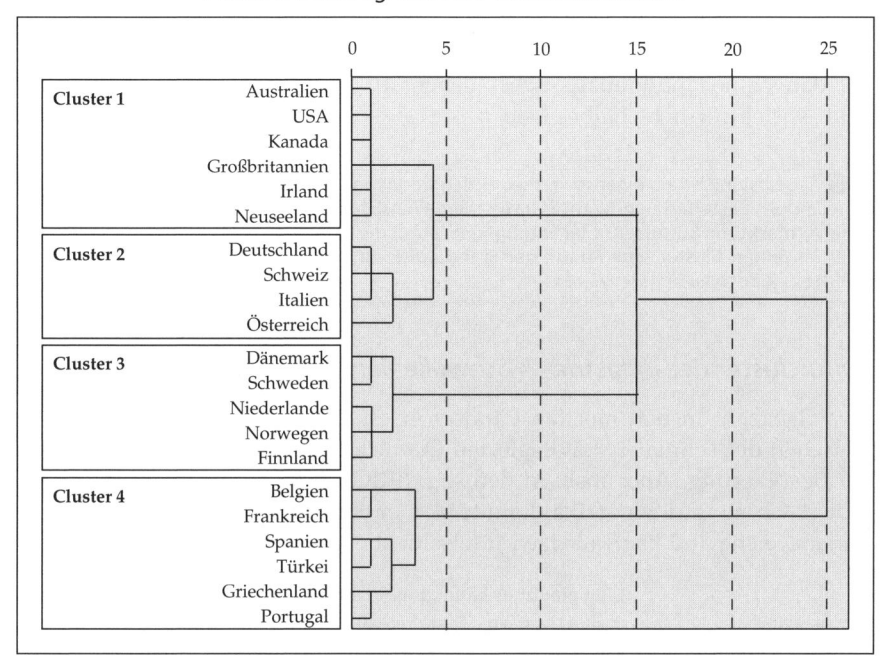

Abb. 74: Dendrogramm der Industrienationen

		0	5	10	15	20	25
Cluster 1	Australien USA Kanada Großbritannien Irland Neuseeland						
Cluster 2	Deutschland Schweiz Italien Österreich						
Cluster 3	Dänemark Schweden Niederlande Norwegen Finnland						
Cluster 4	Belgien Frankreich Spanien Türkei Griechenland Portugal						

Quelle: eigene Auswertung von Hofstede-Daten.

- Cluster 3 repräsentiert feminine Kulturen, die primär in Nordeuropa beheimatet sind. Sie und die Niederlande definieren und praktizieren die Geschlechterrollen weniger antagonistisch als maskuline Gesellschaften. Zu den Konsequenzen des femininen Wertekomplexes zählt, dass Unternehmen dort überproportional viele weibliche Führungskräfte beschäftigen und Werbung Frauen seltener als in maskulinen Ländern in „dekorativen Rollen" zeigt (vgl. An/Kim 2007; Wiles/Tjernlund 1991).
- Cluster 4 unterscheidet sich am stärksten von den anderen Ländergruppen. Erkennbar ist dies daran, dass die Clusteranalyse die „machtdistanten Ungewissheitsmeider" erst im letzten Schritt mit den übrigen drei Clustern fusioniert (vgl. Abb. 74). Primär mediterrane Nationen wie Frankreich, Portugal und Griechenland verbinden ausgeprägte Machtdistanz mit einer starken Tendenz zur Ungewissheitsvermeidung. Auch Belgien gehört diesem Cluster an, was den Schluss zulässt, dass das wallonische Element dieses Land stärker geprägt hat als das flämische.

Wichtiger als alle Unterschiede aber ist eine zentrale Gemeinsamkeit, welche die Industrienationen vereint und von den meisten Schwellen- und Entwicklungsländern trennt: Individualismus als gemeinsames „kulturelles Erbe". Selbst Cluster 4 ist mit einem IDV-Mittelwert von 49 nicht wirklich kollektivistisch. Ein Grund hierfür mag das mit Ausnahme der Türkei relativ hohe Pro-Kopf-Einkommen sein, dessen Einfluss auf die Kulturdimension „Individualismus" verschiedentlich empirisch nachgewiesen wurde (vgl. Allik/Realo 2004; Inglehart/Baker 2000; Yeh/Lawrence 1995). Vereinfachend lässt sich als Erklärung folgende These formulieren: Wohlhabende Gesellschaften sind nicht existentiell auf wechselseitige Unterstützung und Gemeinschaft angewiesen und können sich daher einen individualistischen Lebensstil „leisten". Hingegen ist „geteiltes Leid" sprichwörtlich „halbes Leid".

> ☛ Selbst innerhalb einer so vermeintlich homogenen Gruppe wie den westlichen Industrieländern bestehen signifikante Unterschiede hinsichtlich der Landeskultur. Mit Blick auf die Vermarktung kultursensibler Erzeugnisse lautet deshalb die Empfehlung, nur innerhalb der einzelnen Cluster eine Politik der Standardisierung zu betreiben, zwischen den vier Clustern jedoch zu differenzieren.

Kulturcluster der Industrie- & Schwellenländer

Zwar herrscht in den meisten Ländern nach wie vor ein scharfer Kontrast zwischen der schmalen privilegierten Oberschicht und der verarmten Masse der Bevölkerung. Aber insb. in den sog. BRICS-Staaten (Brasilien, Russland, Indien, China und Südafrika) konnte sich in den vergangenen 20 Jahren eine umfangreiche und kaufkräftige Mittelschicht etablieren.

> **Man glaubt es kaum, hier in Indien zu sein**
>
> „Hier gibt es keine verkrüppelten Bettler, kein Verkehrschaos und – für Indiens Straßen eigentlich ebenso charakteristisch – keine unbeaufsichtigten Kühe. Hier in der *Metropolitan Mall* glänzt der Marmorboden, an den Treppen blitzt Chrom, ein hohes Dach aus Stahl und Glas sperrt den Lärm aus und lässt Licht herein. In der Weihnachtszeit stand sogar ein großer, künstlicher Christbaum am Eingang. Würden nicht überall Männer in Uniform den Kunden die Türen aufhalten – man könnte meinen, man sei in den *Potsdamer-Platz-Arkaden* in Berlin. Dies ist nicht mehr das Land des asketischen Nationalhelden *Mahatma Gandhi*, nicht mehr das Indien, das als Gegenentwurf zum materialistischen Westen gepriesen wurde. Die Konsumtempel sind das auffälligste Zeichen des Wandels.
>
> Erst Anfang der neunziger Jahre hat die zweitgrößte Nation der Welt ihre Märkte vorsichtig geöffnet, nachdem sie ihre Wirtschaft vier Jahrzehnte lang abgeschottet und sich in Autarkie geübt hatte. Noch vor zehn Jahren musste ein Inder oft Monate auf einen Motorroller warten. An ein Auto war kaum zu denken, in den Regalen der Geschäfte gab es kaum Auswahl. Nun kaufen *Gandhis* aufstrebende Enkel, als wollten sie all das nachholen, was ihren Eltern und Großeltern versagt blieb. Neben Kleidung, Autos und Motorrädern sind vor allem elektronische Geräte gefragt. Die Zahl der Handy-Nutzer schnellte 2003 um 170 % auf 28 Mio. hoch und wird sich in diesem Jahr wohl auf 56 Mio. verdoppeln. In manchen Regionen gibt es inzwischen mehr Fernseher als Toiletten. Und in jedem dritten Haushalt, auch in mancher Slumhütte, steht ein TV-Gerät.
>
> Die Landbevölkerung ist zwar weitgehend unberührt vom Aufschwung. Doch in den Großstädten entstehen klimagekühlte Wohlstandsinseln inmitten der Massenarmut. Moderne Appartement-Komplexe schießen aus dem Boden. Die Filialen internationaler Fast-Food-, Sport- und Modeketten erobern die Geschäftszonen von Delhi, Bombay und der Elendsmetropole Kalkutta. Kino-Komplexe, Szene-Bars und Restaurants mit ausländischer Küche sind auf dem Vormarsch" (Möllhof 2004, S. 30).

Auslandserfahrene Unternehmen haben das Absatzpotential dieser Länder erkannt und bemühen sich verstärkt um diese Zukunftsmärkte. Wir haben deshalb in einem zweiten Schritt zusätzlich zu den Industrieländern 25 Schwellenländer in die Clusteranalyse einbezogen. Erneut wurden die arabischen Länder, Jugoslawien, Ost- und Westafrika sowie Japan nicht berücksichtigt (zu den Gründen des Ausschlusses vgl. Teil C-3.2.3.2). Abb. 75 zeigt für die

3.2 Identifikation homogener Cluster

verbleibenden Nationen den mehrstufigen Clusterbildungsprozess nach dem *Ward*-Verfahren.

Die nach Maßgabe des *Elbow*-Kriteriums gefundene Fünf-Cluster-Lösung bestätigt das bereits in Abb. 74 identifizierte Cluster der „femininen Industrieländer" (= Cluster 4). Etwas anders verhält es sich mit den „machtdistanten Ungewissheitsmeidern" (hier Cluster 2), zu denen ursprünglich nur mediterrane Länder zählten und die nunmehr mit Argentinien, Brasilien und Uruguay Zuwachs aus Lateinamerika erhalten haben. Schließlich verschmelzen die vorwiegend deutschsprachigen „Maskulinen" – unter Einschluss von Israel und Südafrika – mit den englischsprachigen „Individualisten" zu einem Kulturkreis (= Cluster 5; vgl. Abb. 75).

Abb. 75: Dendrogramm der Industrie- & Schwellenländer

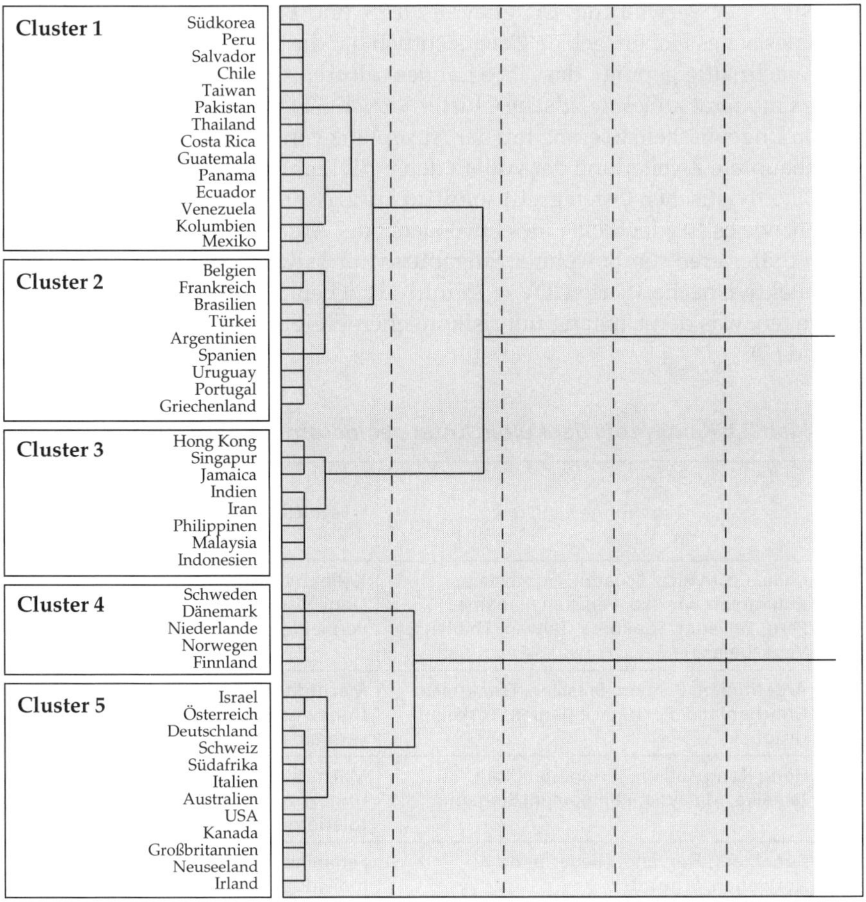

Cluster 1
Südkorea
Peru
Salvador
Chile
Taiwan
Pakistan
Thailand
Costa Rica
Guatemala
Panama
Ecuador
Venezuela
Kolumbien
Mexiko

Cluster 2
Belgien
Frankreich
Brasilien
Türkei
Argentinien
Spanien
Uruguay
Portugal
Griechenland

Cluster 3
Hong Kong
Singapur
Jamaica
Indien
Iran
Philippinen
Malaysia
Indonesien

Cluster 4
Schweden
Dänemark
Niederlande
Norwegen
Finnland

Cluster 5
Israel
Österreich
Deutschland
Schweiz
Südafrika
Italien
Australien
USA
Kanada
Großbritannien
Neuseeland
Irland

Quelle: eigene Auswertung von Hofstede-Daten.

Wie der aus Abb. 75 ersichtliche Fusionierungsprozess zu erkennen gibt, sind sich die fünf Kulturkreise nicht gleichermaßen ähnlich/unähnlich. Gemäß dem Zuwachs der Fehlerquadratsumme besteht die größte Ähnlichkeit zwischen Cluster 1 und Cluster 2. Sodann werden Cluster 4 und 5 fusioniert (vgl. auch Tab. 73).

- Cluster 1 vereint kollektivistische Länder aus Lateinamerika (z.B. Chile, Costa Rica) und Asien (Thailand, Taiwan). Dies unterstreicht erneut, dass zwischen räumlicher Nähe und Kultur nur ein lockerer Zusammenhang besteht. Mitglieder dieser Gesellschaften meiden außerdem in hohem Maße ungewisse Situationen.
- Mehr noch als Cluster 1 lässt sich Cluster 2 durch das Bestreben seiner Mitglieder, Unsicherheit zu vermeiden, charakterisieren. Bemerkenswerterweise vereint dieses Segment die Mittelmeeranrainerstaaten (z.B. Spanien, Portugal) mit ihren ehemaligen Kolonien: Argentinien stand bis 1816 unter spanischer Verwaltung, Uruguay bis 1828, und Brasilien war bis 1822 portugiesisches Hoheitsgebiet. Offensichtlich hat die Kolonialzeit diese Länder so nachhaltig geprägt, dass ihre Landeskulturen sich noch heute ähneln.
- Das moderat kollektivistische Cluster 3 zeichnet sich durch die Verbindung von Ungewissheitstoleranz mit der Akzeptanz von Machtdistanz aus. Die oft behauptete Zweiteilung der Welt in den individualistischen Westen und den kollektivistischen Osten greift somit zu kurz. Asien ist keineswegs so homogen, wie es aus der Sicht eines Europäers oder Amerikaners erscheinen mag. So präferieren die Bewohner Singapurs und Taiwans zwar gleichermaßen kollektivistische Werte (IDV = 20 und 17), leben aber in unterschiedlichen Welten, was den Umgang mit risikoreichen Ereignissen anbelangt (UAI = 8 und 69).

Tab. 73: Kulturprofil der Kulturcluster der Industrie- & Schwellenländer

Nr.	Zugehörige Länder	Bezeichnung	Index der Kulturdimension			
			PDI	IDV	MAS	UAI
1	Chile, Costa Rica, Ecuador, Guatemala, Kolumbien, Mexiko, Pakistan, Panama, Peru, Salvador, Südkorea, Taiwan, Thailand, Venezuela	Kollektivistische Ungewissheitsvermeider	69	16	46	81
2	Argentinien, Belgien, Brasilien, Frankreich, Griechenland, Portugal, Spanien, Türkei, Uruguay	Machtdistante Ungewissheitsvermeider	62	46	46	92
3	Hong Kong, Indien, Indonesien, Iran, Jamaika, Malaysia, Philippinen, Singapur	Machtdistante Ungewissheitstolerierer	75	31	54	35
4	Dänemark, Finnland, Niederlande, Norwegen, Schweden	Feminine Individualisten	30	71	14	43
5	Australien, Deutschland, Großbritannien, Irland, Israel, Italien, Kanada, Neuseland, Österreich, Schweiz, Südafrika, USA	Maskuline Individualisten	33	74	64	55

Quelle: eigene Auswertung von Hofstede-Daten.

- Cluster 4 vereinigt die nordeuropäischen Industriestaaten. Sie kombinieren feminine mit individualistischen Werten. Hierbei handelt es sich um eine stabile Gruppierung, die sich bereits im Dendrogramm der 22 Industrieländer gezeigt hat (vgl. Abb. 75).
- Cluster 5 verbindet ausgeprägte individualistische mit maskulinen Werten. Die Zusammensetzung dieses Clusters belegt, dass die Landeskulturen deutsch- und englischsprachiger Industriestaaten sich doch mehr ähneln, als gedacht, sofern man sie in einem größeren Kontext betrachtet.

3.2.3.2 Kulturcluster auf der Basis von GLOBE

Datenbasis

Die *GLOBE*-Studie unterscheidet zwischen den kulturellen Praktiken (= Ist-Zustand) und den kulturellen Werten (= Soll-Zustand) sowohl auf der gesellschaftlichen Ebene als auch mit Blick auf Organisationen (vgl. Teil B-4). In die vorliegende Analyse gingen die gesellschaftlich bedeutsamen Praktiken ein. Berücksichtigt wurden ...
- 24 der insgesamt 30 *OECD*-Staaten,
- vier Länder aus der Gruppe der BRICS-Staaten (Brasilien, Russland, Indien und China) und
- vier Länder aus der Gruppe der ⇒ Next Eleven (Ägypten, Indonesien, Philippinen und Nigeria).

Da sie nicht Gegenstand der *GLOBE*-Studie waren, konnten die *OECD*-Staaten Belgien, Island, Luxemburg, Norwegen, Slowakei und Tschechien sowie die Next Eleven-Staaten Bangladesch, Iran, Pakistan und Vietnam in dieser Analyse nicht berücksichtigt werden.

Industrienationen & Schwellenländer

Um „Ausreißer" identifizieren und aus dem Datensatz entfernen zu können (vgl. Backhaus et al. 2006, S. 437), wurden die insgesamt 32 Länder zunächst nach Maßgabe der neun *GLOBE*-Dimensionen mit Hilfe des *Single-Linkage*-Fusionierungsalgorithmus „geclustert". Neuseeland, Irland und Südkorea ließen sich keinem der identifizierten Cluster zuordnen, weshalb sie von der weiteren Analyse ausgeschlossen werden mussten. Für die verbleibenden Nationen ergibt sich nach dem *Ward*-Verfahren das in Abb. 76 vorgestellte Dendrogramm, welches eine Zwei-Clusterlösung nahelegt. Diskriminanzanalytisch konnte gezeigt werden, dass die Clusterlösung stabil ist ($\lambda = 0{,}100$; $\chi 2 = 57{,}578$; $df = 4$; $p \leq 0{,}001$). Gemäß dem quadrierten kanonischen Korrelationskoeffizienten erklärt die Diskriminanzfunktion 90,1 % der Varianz. Ebenfalls sehr gute Ergebnisse liefert die Klassifikationsmatrix. Denn alle verbleibenden 29 Länder konnten den beiden Clustern korrekt zugeordnet wurden. Von den diskriminierenden Variablen tragen die Kulturdimensionen Familienkollektivismus und Leistungsorientierung am stärksten zur Trennung der beiden Cluster bei.

Cluster 1 umfasst überwiegend Transformations- und Schwellenländer (u.a. Brasilien, Indonesien, Polen und Russland). Allerdings wurden auch Italien,

Portugal und Spanien diesem Segment zugeordnet. Dies lädt zu der Mutmaßung ein, dass der Rückstand der südeuropäischen Industrienationen in ihrer ökonomischen Entwicklung nicht zuletzt auch kulturbedingt ist. Cluster 2 repräsentiert ausschließlich Industrienationen (u.a. Dänemark, Deutschland, USA, Japan).

Abb. 76: Kulturcluster der wichtigsten Industrie-, Schwellen- & Transformationsländer

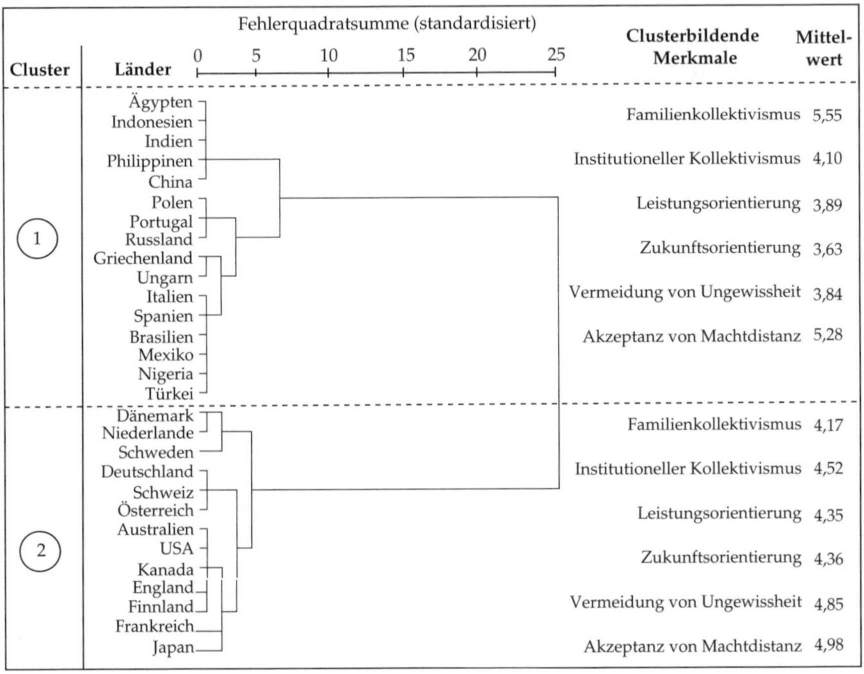

Cluster	Länder	Fehlerquadratsumme (standardisiert)	Clusterbildende Merkmale	Mittelwert
1	Ägypten, Indonesien, Indien, Philippinen, China, Polen, Portugal, Russland, Griechenland, Ungarn, Italien, Spanien, Brasilien, Mexiko, Nigeria, Türkei		Familienkollektivismus	5,55
			Institutioneller Kollektivismus	4,10
			Leistungsorientierung	3,89
			Zukunftsorientierung	3,63
			Vermeidung von Ungewissheit	3,84
			Akzeptanz von Machtdistanz	5,28
2	Dänemark, Niederlande, Schweden, Deutschland, Schweiz, Österreich, Australien, USA, Kanada, England, Finnland, Frankreich, Japan		Familienkollektivismus	4,17
			Institutioneller Kollektivismus	4,52
			Leistungsorientierung	4,35
			Zukunftsorientierung	4,36
			Vermeidung von Ungewissheit	4,85
			Akzeptanz von Machtdistanz	4,98

Quelle: eigene Auswertung von GLOBE-Daten.

Beide Cluster unterscheiden sich in kultureller Hinsicht erheblich. Alle in Abb. 76 dokumentierten Mittelwertunterschiede sind statistisch signifikant ($p \leq 0,05$). Vor allem aber zwei Kulturdimensionen differenzieren zwischen beiden Gruppen: Während es der Landeskultur der Mitgliedsländer von Cluster 1 entspricht, gemeinschaftliche Ziele zu verfolgen (Familienkollektivismus) und Ungewissheit zu tolerieren, sind für Cluster 2 Individualismus und eine Tendenz zur Ungewissheitsvermeidung charakteristisch.

3.2.3.3 Religions-, Konfessions- & Kulturcluster

Diese Analyse nutzt Daten über die Religionszugehörigkeit und Konfession der Bewohner von 17 west- und mitteleuropäischen Ländern sowie deren *GLOBE*-Kulturwerte („practices'). Clusteranalytisch konnten drei Gruppierungen nachgewiesen werden (vgl. Abb. 77).
- Cluster 1: In diesen Ländern leben vorwiegend strenggläubige Katholiken und Orthodoxe. Kulturell neigen sie zu Familienkollektivismus und gerin-

ger Leistungsorientierung. So stimmen sie signifikant weniger als andere folgendem Statement zu: „Studenten sollten ständig bestrebt sein, ihr Leistungsniveau zu verbessern".
- Cluster 2: Diese Gesellschaften haben einen hohen Anteil an Katholiken und Protestanten, von denen viele nicht oder nur durchschnittlich religiös sind. Ihr Kulturprofil ist mit einer Ausnahme unauffällig: Briten, Deutsche, Franzosen, Österreicher und Schweizer beschreiben sich als etwas durchsetzungsfähiger und leistungsorientierter, als dies die Angehörigen von Cluster 1 und Cluster 3 tun.
- Cluster 3: Hierbei handelt es sich schwergewichtig um Lutheraner und Calvinisten. Ihrer Landeskultur entspricht es, ungewisse Situationen zu meiden, einen individualistischen Lebensstil zu praktizieren, aber darauf zu verzichten, eigene Interessen mit Nachdruck durchzusetzen.

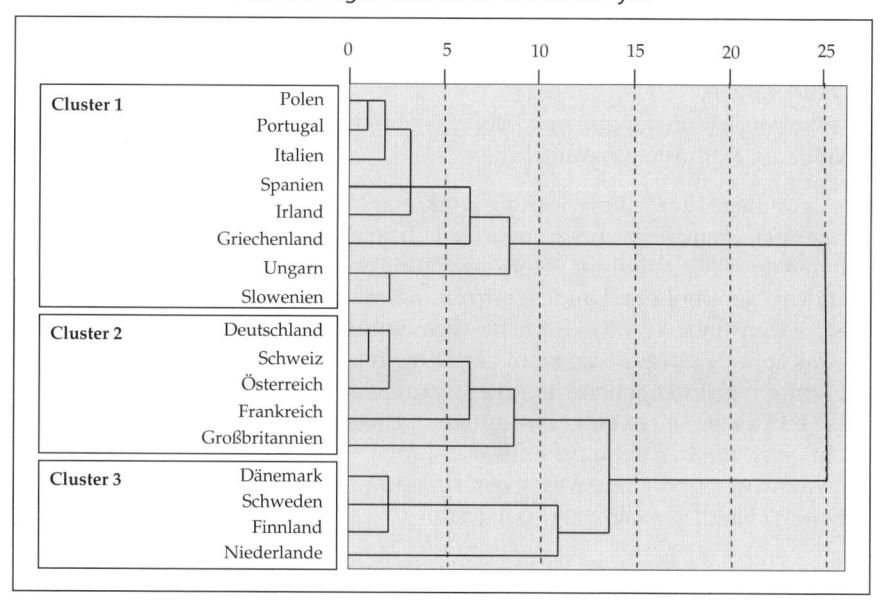

Abb. 77: Ergebnisse einer Clusteranalyse

Quelle: eigene Auswertung von GLOBE-Daten und Daten über die Konfession.

3.3 Identifikation transnationaler Zielgruppen

3.3.1 Besonderheiten transnationaler Zielgruppen

Transnationale Zielgruppen sind Gruppen von Verbrauchern, die in verschiedenen Ländern leben, aber ähnliche Bedürfnisse, Werte, Lebensstile etc. haben und deshalb als eine homogene Zielgruppe behandelt werden können. Über Ländergrenzen hinweg (= trans-national) verbinden gemeinsame Werte mehr als eine gemeinsame Nationalität. Deutsche und britische Fußballfans etwa sind sich fraglos ähnlicher als deutsche Fußballfans und deutsche Opernfans einerseits sowie britische Fußballfans und britische Opernfans andererseits. *Seagram's*, Produzent einer hochpreisigen Whisky-Marke, identifizierte in seinem Markt schon frühzeitig ein solches transnationales Verbrauchersegment: reiche Menschen, die überall auf der Welt gerne guten Whisky trinken.

> **„There will always be a Chivas Regal"**
> So lautete die Botschaft, die *Seagram's* rund um die Welt sandte, um seine transnationale Zielgruppe anzusprechen. Das Unternehmen strahlte die Kampagne in 34 Ländern aus und übersetzte sie in 15 Sprachen (vgl. Keegan/Schlegelmilch 2001, S. 460).

Kosmopolitische Verbraucher, Konsumenten, Kunden etc. bilden eine spezielle transnationale Zielgruppe. Sie ähneln einander nicht nur aufgrund ihrer Werte und Einstellungen, sondern insb. auch aufgrund ihres sozialen Status. Kosmopoliten ...

- identifizieren sich mit der eigenen Kultur nur wenig und sind ausländischen Anbietern, Produkten etc. gegenüber positiv eingestellt,
- leben in einem urbanem Umfeld,
- besitzen einen hohen Bildungsgrad und erzielen ein überdurchschnittliches Einkommen,
- sind international mobil und haben zahlreiche Erfahrungen im Umgang mit anderen Kulturen gesammelt.

Als Grundlage für die Entwicklung konkreter Marketingmaßnahmen sind derartige Aussagen allerdings zu pauschal. Zum einen verbindet viele Menschen mit den Angehörigen ihrer eigenen Kultur eben doch mehr als mit „Wahlverwandten" jenseits der Landesgrenzen: nämlich jene grundlegenden Werte, welche den unbewussten Kern der gemeinsamen Landeskultur ausmachen (= ‚concepta'). Zum anderen kann das Gemeinsame, worauf eine transnationale Zielgruppe gründet, auch situativer Natur sein. So treten bestimmte Bedürfnisse zwar weltweit in einer bestimmten Lebensphase in vergleichbarer Weise mehr oder minder zwangsläufig auf. Junge Mütter etwa benötigen überall Babynahrung, und ältere Menschen sowie Kranke fragen mehr oder weniger weltweit Health Care-Erzeugnisse nach.

Obwohl diese Bedürfnisse tendenziell universal sind, muss das Marketing darauf häufig kulturspezifisch reagieren. So ist Schweinefleisch in Babynahrung für Muslime tabu. Und Inkontinenz in einem Werbespot zu thematisieren, kann in dem einen Auslandsmarkt möglich sein, in einem anderen hingegen nicht – je nachdem, wie die jeweiligen Gesellschaften mit dem Gefühl der Scham umgehen (vgl. Waller et al. 2005; Fam et al. 2004).

Wer also das Standardisierungspotential von länderübergreifenden Zielgruppen nutzen möchte, darf nicht nur von den grundlegenden Bedürfnissen, welche dieses Segment verbinden, ausgehen. Gleichermaßen bedeutsam sind die Kulturstandards, welche den Umgang mit diesem Bedürfnis regeln. Wie das folgende Beispiel zeigt, kann auch dies eine (zumindest partiell) differenzierte Vermarktung ratsam erscheinen lassen: Vermutlich haben alle Menschen ein mehr oder minder großes Sicherheitsbedürfnis. In kollektivistischen Gesellschaften wird dieses vorzugsweise beziehungsorientiert, d.h. durch Einbettung in soziale Netzwerke gestillt, in individualistischen Gesellschaften hingegen zunehmend mithilfe anonymer Institutionen (z.B. Rentenversicherung, Pensionsfonds).

3.3.2 Segmentierungsmethoden

Zur Identifikation transnationaler Zielgruppen stehen prinzipiell drei Analysestrategien zur Verfügung:
- Ad hoc-Segmentierung (wenn nur wenige Segmentierungskriterien zur Verfügung stehen bzw. analysiert werden sollen),
- analytische Verfahren wie das Entscheidungsbaumverfahren oder die Clusteranalyse (wenn viele Segmentierungsmerkmale simultan verarbeitet werden sollen bzw. können),
- Segmentierung auf Basis von Means End-Ketten (wofür man spezielle Analysemethoden, die probabilistische Informationen verarbeiten können, benötigt).

3.3.2.1 Soziodemographische Segmentierung

Häufig genügen einige wenige, relativ einfach ermittelbare Kriterien wie Einkommen, Anzahl der Kinder, Bildungsgrad oder sozialer Status, um homogene Cluster (von Märkten, Käufern etc.) zu identifizieren. Im Folgenden stellen wir vier dieser ‚cross-cultural target groups' beispielhaft vor.

Luxusaffine

Unabhängig davon, wo sie leben: Vermögende Menschen mit hohem sozialen Status wünschen sich zumeist ein luxuriöses Leben. Zwar gibt es immer auch Ausnahmen. So mussten die Kinder des legendären amerikanischen Milliardärs *J. Rockefeller* aus erzieherischen Gründen mit weniger Taschengeld auskommen als ihre Schulkameraden. Aber die Regel, welche durch derartige Ausnahmen letztlich nur bestätigt, wird, lautet: Luxusaffine kaufen gerne hochpreisige Ware und nehmen bevorzugt hochwertige Dienstleistungen in Anspruch (vgl. Wiedmann et al. 2007). Grand Hotels bspw. sprechen dieses Segment gezielt an: Im berühmten *Brenner's Park Hotel* in Baden-Baden logieren saudische Prinzen und deutsche Entertainer in denselben komfortablen Suiten wie amerikanische Industrielle oder russische Oligarchen. Sie alle schätzen, unabhängig von ihrer Herkunft, die gepflegte, dezente Atmosphäre des Hauses, die Anwesenheit anderer VIPs, den luxuriösen Spa- und Fitnessbereich, die exzellente internationale Küche sowie die Nähe zur berühmten Galopprennbahn von Iffezheim wie auch das Baden-Badener Casino. Auf derartige Ansprüche dieser globalen Zielgruppe ist das Marketingkonzept der *Leading Hotels of the World* abgestimmt: ein in New York ansässiger Zusammenschluss ausgewählter kleinerer Luxushotels.

Das Netzwerk *(www.lhw.com)* bietet wohlhabenden Reisenden die Mitgliedschaft im *Leaders Club* und garantiert verschiedene Leistungen, die alle eines gemeinsam haben: Befriedigung des Wunsches nach Bequemlichkeit (z.B. weltweites, maßgeschneidertes ‚travel management', Spa-Arrangements) und bevorzugter Behandlung. Wer Mitglied werden möchte, muss mindestens fünf *Leading Hotels* angeben können, in denen er innerhalb der letzten zwei Jahre zumindest einmal logiert hat. Diese Restriktion gewährleistet die für ein Luxussegment unabdingbare Exklusivität.

Senioren

Ab einem bestimmten, häufig „gefühlten" Alter teilen Menschen eine Reihe von Eigenschaften und Bedürfnissen, die sie von anderen Bevölkerungsgruppen unterscheiden. Senioren gehen üblicherweise keiner Erwerbstätigkeit (mehr) nach, besitzen also viel Freizeit. Sie leben zumeist in kleineren Haushalten und klagen häufiger über gesundheitliche Beschwerden als Jüngere. In den Industrieländern gehören zwischen 15 und 30 % der Bevölkerung diesem Segment an (vgl. Abb. 78), Tendenz steigend.

Abb. 78: Volumen des ‚silver market' in den Industrieländern (Prognose für 2020)

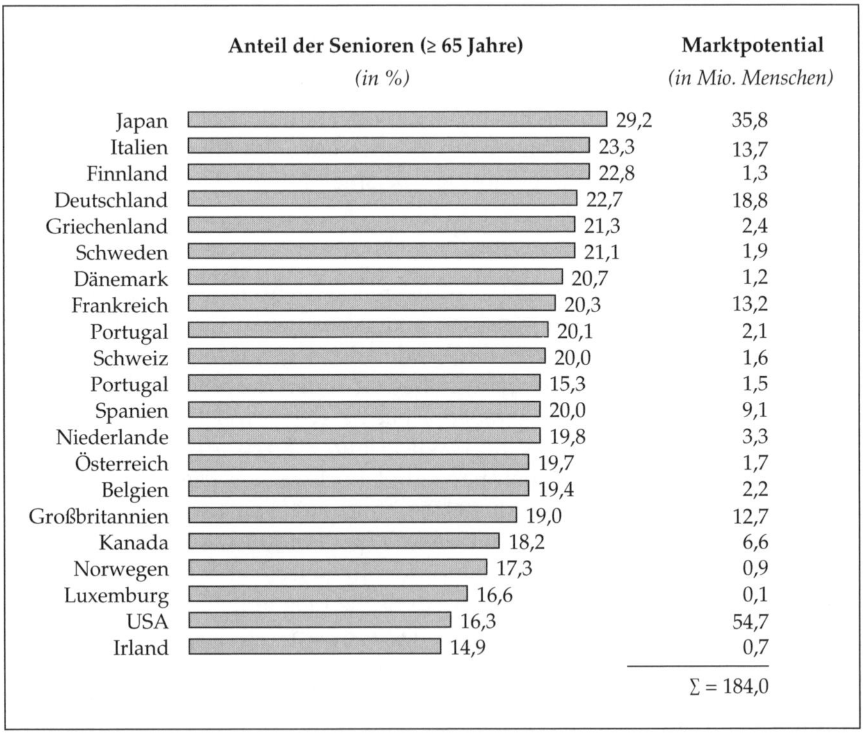

	Anteil der Senioren (≥ 65 Jahre) (in %)	Marktpotential (in Mio. Menschen)
Japan	29,2	35,8
Italien	23,3	13,7
Finnland	22,8	1,3
Deutschland	22,7	18,8
Griechenland	21,3	2,4
Schweden	21,1	1,9
Dänemark	20,7	1,2
Frankreich	20,3	13,2
Portugal	20,1	2,1
Schweiz	20,0	1,6
Portugal	15,3	1,5
Spanien	20,0	9,1
Niederlande	19,8	3,3
Österreich	19,7	1,7
Belgien	19,4	2,2
Großbritannien	19,0	12,7
Kanada	18,2	6,6
Norwegen	17,3	0,9
Luxemburg	16,6	0,1
USA	16,3	54,7
Irland	14,9	0,7
		Σ = 184,0

Quelle: OECD.

Zwar entsprechen die ‚best agers' in vielerlei Hinsicht nicht dem Prototyp eines globalen Marktsegments (wohlhabend und kosmopolitisch). Aber aus ihrer vergleichbaren Lebenssituation erwachsen gleichartige Bedürfnisse. Da sie häufig allein leben und zunehmend weniger mobil sind als Jüngere, verkörpert dieses Segment die ideale Zielgruppe u.a. für ...

3.3 Identifikation transnationaler Zielgruppen

- Anbieter von Busreisen ins nähere Ausland,
- Lieferservices und Sicherheitsdienste,
- Online-Anbieter.

Eine andere Gemeinsamkeit erwächst aus der steigenden Lebenserwartung der Bevölkerung. Deshalb leiden mehr und mehr ältere Personen an häufig multiplen degenerativen Veränderungen. Allein in Deutschland leiden mehr als acht Mio. Menschen unter Blasenschwäche und sind damit Zielgruppe für Anbieter von Inkontinenzwindeln und -einlagen sowie von saugfähigen Bettunterlagen. Vergleichbare Produkte benötigen im Übrigen auch Babys und Kleinkinder sowie viele Frauen nach einer Schwangerschaft.

Somit lassen sich drei Personengruppen mit unterschiedlichen Lebenssituationen, aber vergleichbarem Bedarf prinzipiell zu einer länderübergreifenden Zielgruppe zusammenfassen. Da der konkrete Anlass im Falle von Erwachsenen aber zumeist ein fortschreitendes Leiden ist, während für Babys Inkontinenz ein vorübergehender Abschnitt ihrer natürlichen Entwicklung ist, sind innerhalb dieser Zielgruppe unbedingt differenzierte Kommunikationsstrategien zu verfolgen. Dem trägt der Krefelder Standort der *Degussa AG*, der den sog. Superabsorber produziert, durch drei Zielgruppen Rechnung:

- Baby Care,
- Fem Care,
- Adult Care.

Abhängig von den jeweils gültigen Kulturstandards zum Umgang mit dem Schamgefühl sind verschiedene Kommunikations- und Vertriebskanäle zu wählen (z.B. Fernsehwerbung vs. diskrete Empfehlung durch Ärzte und Drogerie bzw. Apotheke vs. anonymer Versandhandel).

Teenager

In den 1960er-Jahren beeinflussten die Melodien und Texte zweier Pop-Gruppen das Lebensgefühl und Politikverständnis einer ganzen Generation: da das sehnsüchtige, bürgerlich-angepasste ‚help, help' der *Beatles*, dort das zornig-rebellische ‚I can't get no satisfaction' der *Rolling Stones*. Mehr denn je spielt Musik im Leben von Heranwachsenden eine wichtige Rolle. Gemäß der 2012 veröffentlichten *Sinus*-Jugendstudie hören 95 % der befragten Jugendlichen (14–17 Jahre) in ihrer Freizeit „gerne" oder „sehr gerne" Musik (vgl. Calmbach et al. 2013, S. 51).

Von den „über 50-Jährigen" stufen sich hingegen weit weniger als Musikfans ein. Erklären kann man diesen Unterschied damit, dass Jugendliche sich noch in einer frühen Phase der Sozialisation befinden, in deren Mittelpunkt die Suche nach der eigenen Identität steht. Dabei helfen ihnen Vorbilder und Idole (z.B. der internationalen Pop-Kultur oder aus dem Sportbereich), an denen sie sich orientieren können. Global vermarktete Konzerte und Tourneen von *Katy Perry*, *Eminem*, *Kesha* etc. sowie weltweit ausstrahlende Sender wie *MTV* verdanken ihren Erfolg der Existenz dieser transnationalen Zielgruppe, die sich weitgehend über eine globale Musikkultur definiert.

Übergewichtige

Immer mehr Menschen leiden an Diabetes und Übergewicht, bis hin zur Fettleibigkeit. Ein Maß dafür ist der *Körpermasse-Index*, besser bekannt als *Body Mass Index (BMI)*.

Körpermasse-Index (KMI)

Um den KMI zu berechnen, teilt man das Gewicht in Kilogramm durch das Quadrat der Körpergröße in Metern. Dieses Maß entspricht in etwa dem Fettanteil im Körper. Für einen 1,83 m großen Mann von 87 kg ergibt sich folgender Wert:

$$KMI = \frac{87}{1,83^2} = \frac{87}{3,3498} = 25,97$$

Dabei gelten folgende Grenzwerte:
- Untergewicht: KMI < 20
- Normalgewicht: KMI 20 – 26
- Übergewicht: KMI > 26

Weltweit sollen mehr als 2,1 Mrd. Menschen übergewichtig sein. Zwei Drittel dieser Menschen mit einem KMI > 26 leben in Entwicklungs- bzw. Schwellenländern. Spitzenreiter ist Tonga: 86 % der Bewohner des südpazifischen Inselstaates sind übergewichtig. Unter den westlichen Industrienationen haben vor allem die englischsprachigen Länder ein Gewichtsproblem, allen voran die USA und Neuseeland (vgl. Abb. 79).

Abb. 79: Übergewichtige: eine wachsende transnationale Zielgruppe (Prognose für 2020)

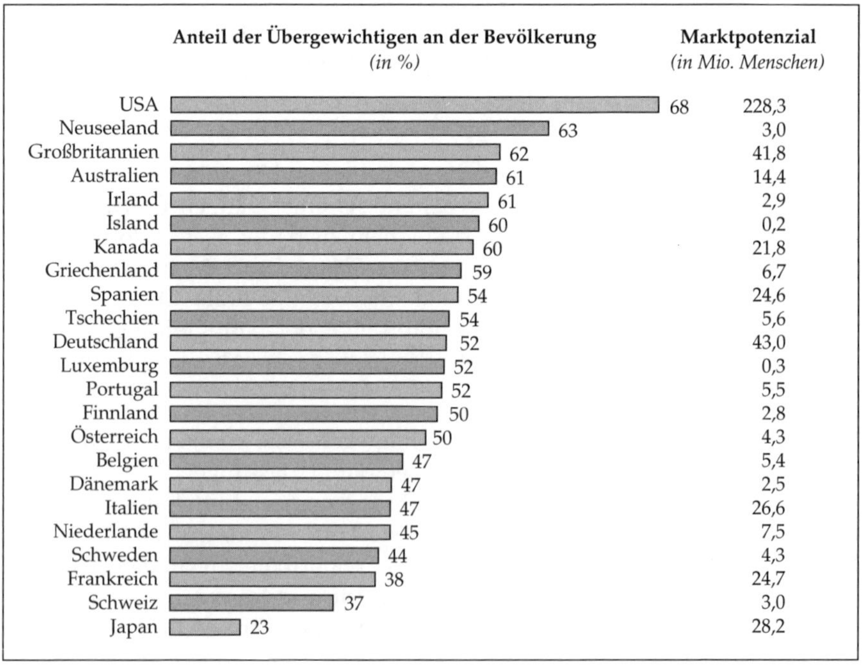

Land	Anteil der Übergewichtigen an der Bevölkerung (in %)	Marktpotenzial (in Mio. Menschen)
USA	68	228,3
Neuseeland	63	3,0
Großbritannien	62	41,8
Australien	61	14,4
Irland	61	2,9
Island	60	0,2
Kanada	60	21,8
Griechenland	59	6,7
Spanien	54	24,6
Tschechien	54	5,6
Deutschland	52	43,0
Luxemburg	52	0,3
Portugal	52	5,5
Finnland	50	2,8
Österreich	50	4,3
Belgien	47	5,4
Dänemark	47	2,5
Italien	47	26,6
Niederlande	45	7,5
Schweden	44	4,3
Frankreich	38	24,7
Schweiz	37	3,0
Japan	23	28,2

Quelle: auf Basis von OECD Health Data 2012.

3.3 Identifikation transnationaler Zielgruppen

Aus Sicht der Anbieter von Appetitzüglern, fettreduzierten Lebensmittel, Übergrößen und Diätkursen handelt es sich hierbei um eine transnationale Zielgruppe: potentielle Konsumenten von gewichtsreduzierenden Mitteln. Bei der Prognose des Marktpotentials muss man indessen beachten, dass Übergewicht nur ein Indikator für die Bereitschaft, einschlägige Mittel zu konsumieren, ist. Als weitere Bedingung muss der Wunsch, abzunehmen, hinzukommen. Dieser wird jedoch im Regelfall nur unter zwei Bedingungen verhaltensrelevant:

(1) Es besteht eine entsprechende soziale Norm (z.B. „Schlanksein als Symbol von körperlicher Fitness und sozialer Attraktivität").

(2) Die individuelle Bereitschaft, dieser Norm Folge zu leisten, ist vorhanden.

3.3.2.2 Psychographische Segmentierung

Manche Segmentierungskriterien sind nicht direkt beobachtbar (z.B. Einstellungen, Werte, Lebensstil), beeinflussen aber das Kaufverhalten wesentlich.

Sinus-Milieus

Bei dem von dem Marktforschungsinstitut *SINUS SOCIOVISION* entwickelten Analyseraster handelt es sich um eine Zielgruppentypologie. Sie erlaubt es, anhand zweier Dimensionen Gesellschaften vergleichend zu beschreiben:
- soziale Lage (Bildungsniveau, Beruf, Einkommen) und
- Grundorientierung (Lebensstil, Lebensziel).

Neben den traditionellen Kriterien der Marktsegmentierung (Soziodemographie, Verhalten, Geographie) berücksichtigen die *Sinus Milieus* psychologische Kriterien (Werte, Lebensstil etc.). Mittlerweile liegen *Sinus Milieus* für 18 Länder vor – abgesehen von Deutschland u.a. für Frankreich, Großbritannien, Italien und Spanien (vgl. Abb. 80).

Euro-Styles

Diese Konsumententypologie basiert auf einer von *Europanel* 1989 durchgeführten Befragung von 24.000 Erwachsenen in 15 europäischen Ländern. Anhand der dabei mit Bezug auf verschiedene Lebensbereiche ermittelten Einstellungen, Motive, Stimmungen und Gefühle beschrieb das *Centre de Communication Avancée* (CCA) 16 sog. *Euro-Styles* (vgl. Abb. 81). Diese Konsumententypologie lässt sich in einem dreidimensionalen Raum darstellen. Jede der drei Achsen repräsentiert gegensätzliche Werte.
- Bewegung erscheint dynamischen Menschen, die skeptisch gegenüber Autorität und Gesetzen sind, wünschenswert. Beharrung wiederum ist für jene ideal, welche den gegenwärtigen Zustand konservieren wollen, insb. ihren sozialen Status. Sie legen Wert auf Traditionen und Gewohnheiten.
- Die Senkrechte unterscheidet Verbraucher, die (materielle) Güter erstreben, von solchen, denen mehr an (immateriellen) Werten liegt.
- Die dritte Achse repräsentiert „emotionales vs. spontanes" sowie „berechnendes vs. rationales Handeln". In Abb. 81 wird sie der besseren Übersicht wegen nicht dargestellt.

Abb. 80: Verbreitung der Sinus-Milieus in den großen europäischen Ländern

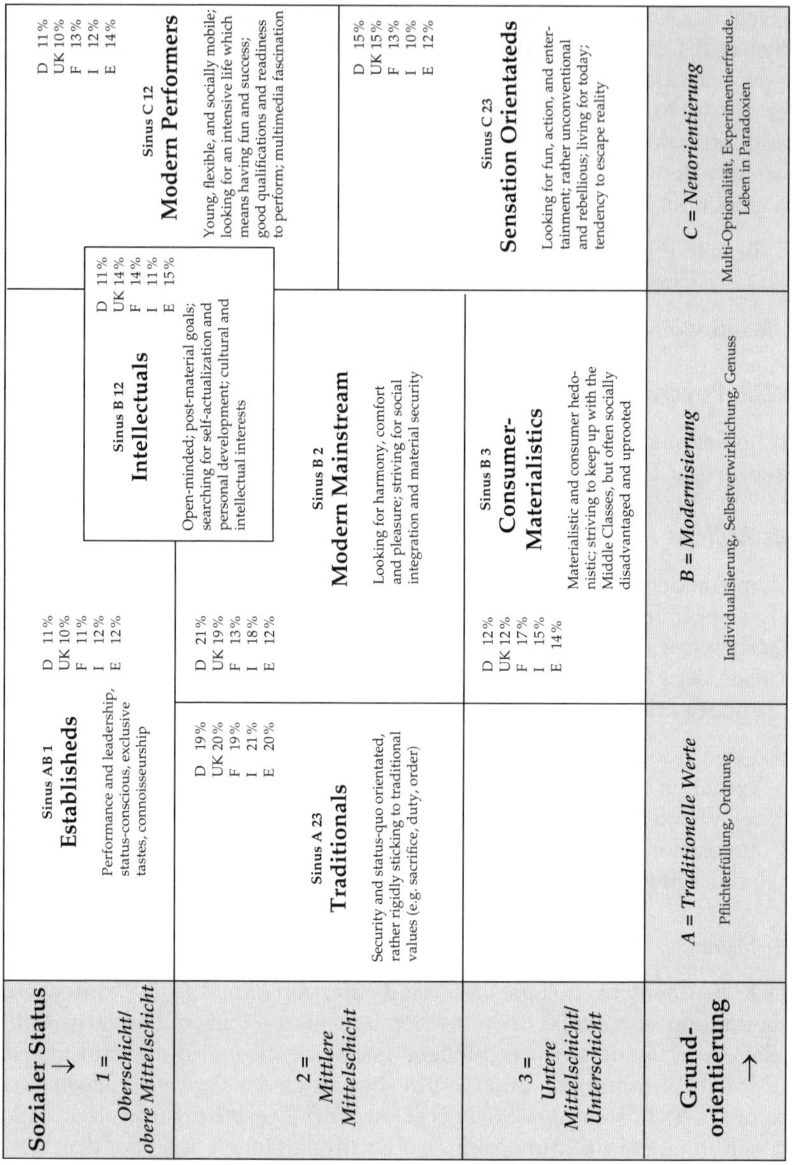

Sozialer Status ↓			
1 = *Oberschicht/ obere Mittelschicht*	**Sinus AB 1** **Establisheds** — Performance and leadership, status-conscious, exclusive tastes, connoisseurship (D 11%, UK 10%, F 11%, I 12%, E 12%)	**Sinus B 12** **Intellectuals** — Open-minded; post-material goals; searching for self-actualization and personal development; cultural and intellectual interests (D 11%, UK 14%, F 14%, I 11%, E 15%)	**Sinus C 12** **Modern Performers** — Young, flexible, and socially mobile; looking for an intensive life which means having fun and success; good qualifications and readiness to perform; multimedia fascination (D 11%, UK 10%, F 13%, I 12%, E 14%)
2 = *Mittlere Mittelschicht*	**Sinus A 23** **Traditionals** — Security and status-quo orientated, rather rigidly sticking to traditional values (e.g. sacrifice, duty, order) (D 19%, UK 20%, F 19%, I 21%, E 20%)	**Sinus B 2** **Modern Mainstream** — Looking for harmony, comfort and pleasure; striving for social integration and material security (D 21%, UK 19%, F 13%, I 18%, E 12%)	**Sinus C 23** **Sensation Orientateds** — Looking for fun, action, and entertainment; rather unconventional and rebellious; living for today; tendency to escape reality (D 15%, UK 15%, F 13%, I 10%, E 12%)
3 = *Untere Mittelschicht/ Unterschicht*		**Sinus B 3** **Consumer-Materialistics** — Materialistic and consumer hedonistic; striving to keep up with the Middle Classes, but often socially disadvantaged and uprooted (D 12%, UK 12%, F 17%, I 15%, E 14%)	
Grundorientierung →	**A = *Traditionelle Werte*** Pflichterfüllung, Ordnung	**B = *Modernisierung*** Individualisierung, Selbstverwirklichung, Genuss	**C = *Neuorientierung*** Multi-Optionalität, Experimentierfreude, Leben in Paradoxien

Quelle: Sinus Sociovision: The Sinus-Meta-Milieus®, Heidelberg 2008.

Die entsprechend ihrer Positionierung auf den beiden ersten Dimensionen abgebildeten *Euro-Styles* kommen in allen 15 Ländern vor, wenn auch unterschiedlich häufig. Dies spricht für die Existenz kultureller Unterschiede. Nach Bewegung streben zum einen Menschen, die in kritischer Distanz zu Autorität leben – was für Gesellschaften, die Machtdistanz ablehnen, charakteristisch ist. Zum anderen sind dies Menschen, die formale Gesetze mehr oder minder ablehnen. Dies setzt Ungewissheitstoleranz voraus. Und auf (individuellen) materiellen Erfolg bedacht ist man eher in maskulinen Ländern, während fe-

3.3 Identifikation transnationaler Zielgruppen

minin geprägte Gemeinschaften (allgemeine) Wohlfahrt als Ideal betrachten. Europaweit stellen die „Rocker" mit einem Anteil von 13,5 % die größte soziale Gruppe dar: Junge Arbeiter, die sich von der Gesellschaft ausgeschlossen fühlen, aber durch „harte Arbeit" ein gutes Einkommen erzielen und sich sozial integrieren möchten. Im prosperierenden Deutschland sind „Rocker" mit 8,8 % relativ schwach vertreten. Dort bilden die „Gut-Bürgerlichen", die europaweit nur 7,2 % ausmachen, mit 14,8 % das größte Segment: Ruhige, zumeist religiöse Bürger, die in Ruhe und Frieden ihre Kinder aufziehen möchten.

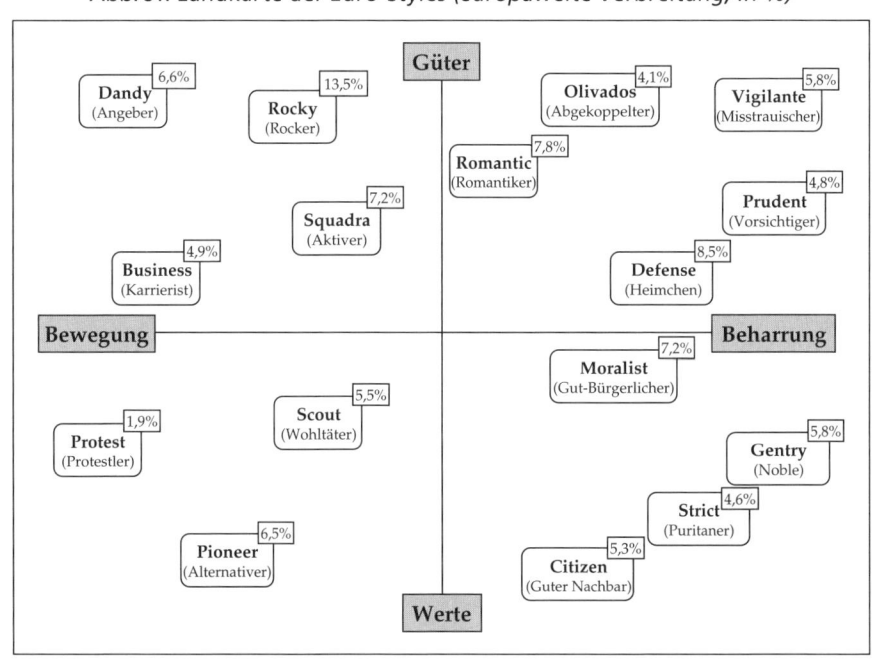

Abb. 81: Landkarte der Euro-Styles (europaweite Verbreitung, in %)

	Güter		
Dandy (Angeber) 6,6%	Rocky (Rocker) 13,5%	Olivados (Abgekoppelter) 4,1%	Vigilante (Misstrauischer) 5,8%
		Romantic (Romantiker) 7,8%	
	Squadra (Aktiver) 7,2%		Prudent (Vorsichtiger) 4,8%
Business (Karrierist) 4,9%		Defense (Heimchen) 8,5%	
Bewegung			**Beharrung**
		Moralist (Gut-Bürgerlicher) 7,2%	
	Scout (Wohltäter) 5,5%		Gentry (Noble) 5,8%
Protest (Protestler) 1,9%			Strict (Puritaner) 4,6%
	Pioneer (Alternativer) 6,5%	Citizen (Guter Nachbar) 5,3%	
	Werte		

Quelle: Anders (1991, S. 245), leicht modifiziert.

Euro Socio-Styles

Jahre später replizierte und aktualisierte die in Nürnberg ansässige *Gesellschaft für Konsumforschung (GfK)* die *Euro Styles*-Studie in denselben 15 westeuropäischen Ländern. Von den ursprünglich 3.500 Fragen zu demographischen und ökonomischen Lebensbedingungen, Verhaltensweisen, Gewohnheiten, Einstellungen, Motivationen und Emotionen wurden nur noch jene zu einem Kurzfragebogen zusammengefasst, welche in der ersten Studie am besten zwischen den einzelnen Typen diskriminierten. Ausgehend davon ermittelte das Institut eine vereinfachte Typologie, die mit zwei Lebensstildimensionen auskommt (vgl. GfK-Lebensstilforschung 2007):
- Dreaming ist für materialistisch orientierte Menschen der zentrale Wert. Ihr (Lebens-)Glück erwächst aus Besitz. Sie sind sozial wenig integriert, frustriert und misstrauisch. Hinzu kommt ein ausgeprägter Hang zu Fatalismus. Wer

hingegen sein (Lebens-)Glück nicht im „Haben", sondern im „Sein" sucht, neigt zu Networking. Diesem Typus ist daran gelegen, innerhalb einer sozialen Gemeinschaft, zu der er eine enge Beziehung unterhält, seine Persönlichkeit zu entfalten. Dafür sind Mitgefühl und Vertrauen nötig.

- Darwinistische Gesellschaften unterliegen ständigem Wandel. Ihre zentralen Werte sind Freiheit, Risikobereitschaft und kulturelle Diversität. Die Gegenposition wird als Fundamentalismus bezeichnet. Im Wesentlichen geht es darum, den ‚status quo' einer Gesellschaft zu erhalten und Veränderungen zu vermeiden. Um in Frieden und Sicherheit leben zu können, hält man an Traditionen fest, übt sich in Zurückhaltung und trifft Vorsorge.

Anhand dieser beiden Dimensionen lassen sich acht Euro Socio-Styles-Typen identifizieren. Sie kommen in sämtlichen westeuropäischen Ländern vor (vgl. Abb. 82) und zeichnen sich durch die in Tab. 74 vorgestellten Eigenschaften aus.

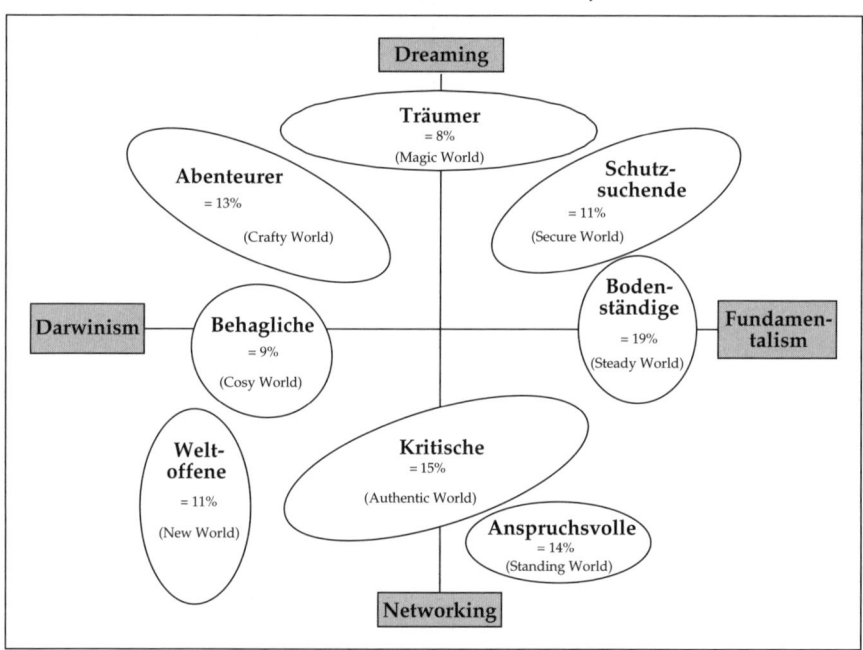

Abb. 82: Lebensstile in Westeuropa

Dreaming

Träumer
= 8%
(Magic World)

Abenteurer
= 13%
(Crafty World)

Schutz-
suchende
= 11%
(Secure World)

Darwinism

Behagliche
= 9%
(Cosy World)

Boden-
ständige
= 19%
(Steady World)

Fundamen-
talism

Welt-
offene
= 11%
(New World)

Kritische
= 15%
(Authentic World)

Anspruchsvolle
= 14%
(Standing World)

Networking

Tab. 74: Merkmalsprofil der Euro Socio-Styles

Steady World	Traditionsorientierte, konformistische Senioren mit mittlerem bis gehobenem Lebensstandard, die ihren Ruhestand genießen wollen
Secure World	Konformistische, hedonistische Familien aus einfachen Kreisen, die sich abkapseln, von einem einfachen Leben träumen und sich den traditionellen Rollen verbunden fühlen
Magic World	Intuitive, junge, materialistische Familien mit Kindern, die angesichts eines mittleren Einkommens auf ein Wunder warten, das es ihnen erlaubt, eine gesellschaftlich gehobene Rolle zu spielen

Crafty World	Junge, dynamische und opportunistische Menschen einfacher Herkunft auf der Suche nach Erfolg und materieller Unabhängigkeit
Cosy Tech World	Aktive, moderne Paare mittleren Alters, die meist in überdurchschnittlich ausgestatteten Haushalten leben und persönliche Entfaltung suchen
New World	Hedonistische, tolerante Intellektuelle mit gehobenem Lebensstandard, die in Harmonie leben wollen und sich sozial engagieren
Authentic World	Rationale, moralische Cocooner-Familien mit gutem Einkommen, die engagiert sind und ein harmonisches, ausgeglichenes Leben suchen
Standing World	Kultivierte, pflichtbewusste und vermögende Staatsbürger, die ihren Überzeugungen treu bleiben und Traditionen hochhalten

Quelle: GfK-Lebensstilforschung (2007).

3.3.2.3 Verhaltensorientierte Segmentierung

Dieser Segmentierungsansatz geht vom unmittelbar beobachtbaren (Konsum-)Verhalten aus. Die daraus ableitbaren Konsequenzen sind aus Unternehmenssicht häufig praktikabler als die der soziodemographischen und der psychographischen Segmentierung, aber gleichfalls mit Unsicherheit behaftet. Denn auch die verhaltensorientierte Segmentierung basiert auf Prognosen, wobei mit mehr oder weniger großer Sicherheit vom bisherigen auf das künftige Verhalten geschlossen wird. Nachteilig ist weiterhin, dass man die „hinter" dem Verhalten stehenden Motive und Einstellungen nicht unmittelbar beobachten, sondern nur vermuten kann (vgl. Kesting/Rennhak 2008). Zur Segmentierung kommen u.a. die in Tab. 75 aufgeführten Kriterien in Betracht.

Tab. 75: Aus dem Kauf- und Konsumverhalten ableitbare Verbrauchertypen

Kriterium	Typus	
Art der Produktnutzung	• Privatnutzer	• Geschäftlicher Nutzer
Intensität der Produktnutzung	• Vielnutzer • Normalnutzer	• Wenignutzer • Nichtnutzer
Einkaufsstättenpräferenz	• Discount-Kunde • Fachgeschäftskunde	• Kaufhauskunde • Online/Versandhandelskunde
Zahlungsbereitschaft	• Luxussegment • Value for Money-Segment	• Discount-Segment

In dem Maße, wie die jeweiligen Typen über Ländergrenzen hinweg ähnliche Bedürfnisse haben, besteht Standardisierungspotential. Telefongesellschaften wie *Vodafone* nutzen dies folgendermaßen. Vielnutzern bieten sie einen speziellen Tarif an: relativ hohe Grundgebühr, aber geringe Kosten pro Einheit. Für Wenignutzer ist hingegen ein geringer Sockelbetrag mit hohem variablen Anteil vorteilhafter. *Vodafone* muss nicht für jedes Land gesonderte Preisgruppen entwickeln, sondern kann das einmal entwickelte System grenzüberschreitend nutzen, wenn auch unter Berücksichtigung lokaler Spezifika (etwa unterschiedliche Kosten für den Ausbau der Netze). Sockelbetrag und variabler Anteil können sich daher bei den einzelnen Tarifen von Land zu Land unterscheiden. Die Struktur des Tarifsystems aber ist standardisierbar.

Lufthansa, British Airways und andere Fluggesellschaften bieten ihren Kunden die Möglichkeit, innerhalb der jeweiligen Unternehmensverbünde *(Star Alliance* bzw. *oneworld)* Statusmeilen zu sammeln. Ab einem bestimmten Kontostand verleiht bspw. die deutsche Fluggesellschaft den Status „Frequent Traveller", der etwa dazu berechtigt, in einer komfortablen *Lufthansa Business Lounge* in einem abgeschirmten Bereich auf seinen Anschlussflug zu warten. Wer noch mehr Meilen gesammelt hat, avanciert zum „Senator" und kann in der gleichnamigen Lounge kostenlose Dienstleistungen nutzen (z.B. internationale Zeitungen und Magazine lesen, telefonieren, arbeiten oder einen Drink zu sich nehmen). Ursprünglich als Instrument der Kundenbindung konzipiert, zielt das Statusmeilenkonzept mittlerweile auf das transnationale Segment der Vielflieger.

3.3.2.4 Benefit-Segmentierung

Weiterhin können Unternehmen Zielgruppen nach Maßgabe des Nutzens, den sich Käufer von einem Produkt oder von einer Dienstleistung versprechen, definieren. Der vielfach kaufentscheidende wahrgenommene Nutzen lässt sich mit Hilfe eines multivariaten Analyseverfahrens ermitteln: dem Conjoint Measurement (vgl. Backhaus et al. 2011, S. 457 ff.). Von den damit gewonnenen Befunden ausgehend kann man Personen, die eine ähnliche Nutzen- bzw. Präferenzstruktur aufweisen, länderübergreifend zusammenfassen.

Beim Conjoint Measurement handelt es sich um eine Kombination aus Erhebungs- und multivariatem Auswertungsverfahren. Dazu ist ein Produkt (bzw. eine Dienstleistung) virtuell zunächst in jene Bestandteile zu zerlegen, welche dem Käufer prinzipiell einen Nutzen bieten können (z.B. Marke, Material, Farbe, Funktion, Preis). Diese Merkmale wiederum haben verschiedene Ausprägungen (z.B. Farbe = rot, blau, gelb). Dem Probanden werden dann die zu beurteilenden Objekte vorgelegt, die jeweils verschiedene Kombinationen der Merkmale darstellen. Dies kann real, in Form von Bildern, oder als verbale Beschreibung geschehen (z.B. „rotes Polo-Sweatshirt aus Baumwolle von *Lacoste*"). Die Auskunftsperson bringt diese Optionen entsprechend ihren Präferenzen (z.B. „Würden Sie dieses Produkt kaufen?") in eine Rangfolge oder bewertet jeden Stimulus einzeln anhand einer Rating-Skala. Basierend auf diesen Globalurteilen lassen sich die Beiträge der einzelnen Merkmale und Merkmalsausprägungen zum Gesamtnutzen des Produkts ermitteln. Eine nachgeschaltete Clusteranalyse erlaubt es, Menschen mit ähnlicher Präferenzstruktur zu transnationalen Zielgruppen zusammenzufassen.

Abb. 83 zeigt beispielhaft als Ergebnis einer Benefit-Segmentierung die unterschiedliche Präferenzstruktur zweier transnationaler Zielgruppen für ein Sweatshirt:
- Zielgruppe A präferiert die Merkmalskombination „blaues Poloshirt der Marke 3 aus Baumwolle". Dieser Zielgruppe ist das Produktmerkmal „Farbe" am wichtigsten, wie die auf dieser Dimension besonders stark variierenden Nutzenwerte zu erkennen geben.

- Der Zielgruppe B ist die Farbe des Sweatshirts hingegen relativ unwichtig und die Marke vorrangig. Allein das von ihr am meisten präferierte Label stiftet diesen potentiellen Käufern einen Nutzenbeitrag von 27 % (die Dimension „Marke" insgesamt 46 %).

Abb. 83: Präferenzstruktur zweier transnationaler Zielgruppen

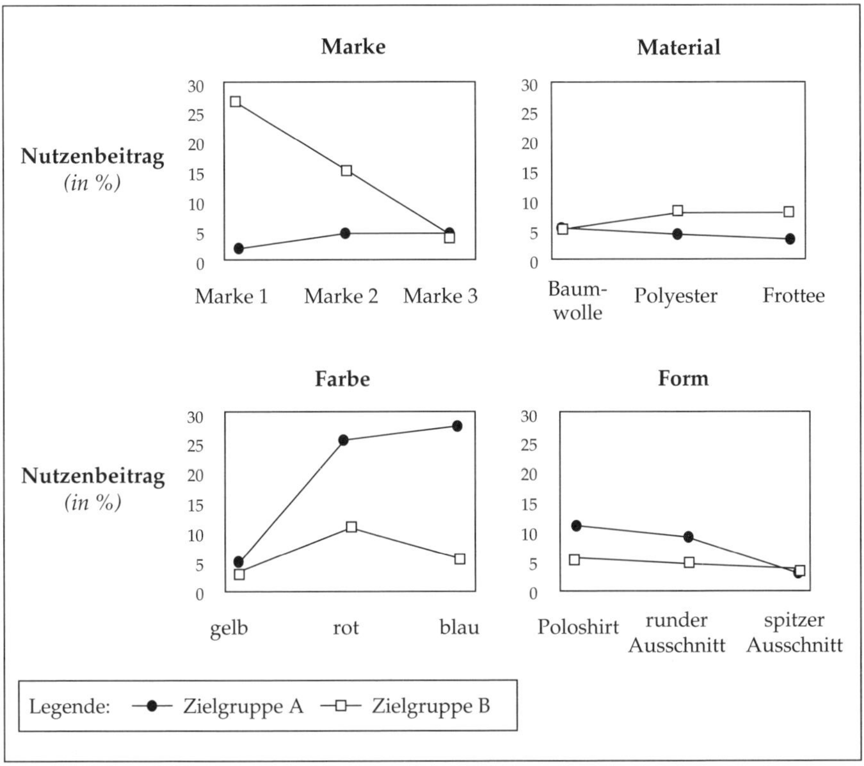

Quelle: eigene Erhebung.

Neben den genannten Unterschieden offenbart die Analyse auch Gemeinsamkeiten und damit Standardisierungspotential. Beide Zielgruppen bevorzugen ein Poloshirt aus Frottee. Allerdings kann der Anbieter auf eine andere Passform (z.B. runder Ausschnitt) und/oder einen anderen Stoff (z.B. Polyester) ausweichen, falls diese Varianten für ihn einfacher bzw. billiger zu produzieren sind. Denn Zuschnitt und Material sind beiden Zielgruppen relativ unwichtig. So trägt die von Segment B präferierte Kombination („Poloshirt aus Frottee") lediglich (5 + 8 =) 13 % zum Gesamtnutzen bei. Ähnliches gilt für Segment A. Standardisierungspotential lässt sich im Übrigen auch nutzen, indem man die beiden Produktmerkmale, welche den beiden Gruppen unterschiedlich wichtig sind (Farbe und Marke), möglichst spät differenziert – etwa indem man farbneutrale Sweatshirts produziert, die erst später, entsprechend der Entwicklung der Nachfrage, gefärbt und mit einer Marke versehen werden.

Huber et al. (1998, S. 32 ff.) identifizierten mithilfe der Conjoint Analyse bei der Dienstleistung „Schienenverkehr" Standardisierungspotential. Aufgrund einer Befragung von deutschen und französischen Bahnreisenden gelangten sie zu der Schlussfolgerung, dass beiden Gruppen der Preis („gering") und die Fahrzeit („kurz") einer Bahnfahrt am wichtigsten sind. Neben dieser transnationalen Präferenzstruktur ließen sich aber auch Unterschiede feststellen: Die befragten französischen Bahnkunden legten mehr Wert auf Pünktlichkeit als die deutschen Probanden – ganz im Gegensatz zum jeweiligen Ländersterotyp.

3.3.2.5 Means End-Segmentierung

Theoretische Grundlagen

Die bisher vorgestellten Ansätze verwenden entweder Merkmale der Konsumenten oder wahrgenommene Produkteigenschaften als Segmentierungskriterien. Beide Herangehensweisen lassen sich durch eine Segmentierung auf Basis von ‚means end-chains' kombinieren (vgl. z.B. Valette-Florenece 1998). Abb. 84 illustriert das Verfahren am Beispiel einer sog. Episode beim Kauf eines Pkws: der Übernahme des Fahrzeugs durch den Käufer. Newell/Simon (1972) haben die theoretischen Grundlagen der Means End-Analyse formuliert. Sie gehen davon aus, dass Verbraucher sich Produkte oder Dienstleistungen mit bestimmten Eigenschaften bzw. Merkmalen wünschen. Wer einen neuen Pkw in Empfang nimmt, möchte u.a. zuvorkommend behandelt werden. Hinter dieser Erwartung aber verbirgt sich ein bestimmter Nutzen: Wird der Kunde „wie ein König" behandelt, so stärkt dies sein Selbstwertgefühl (= Wert).

Auf diese Weise lassen sich sämtliche Assoziationen, welche Verbraucher mit der Übernahme eines Neuwagens verbinden, als Ketten darstellen (= ‚chains'). Diese Assoziationsketten decken auf, was „hinter" den einzelnen Anforderungen der Konsumenten steht, und sind Mittel (= ‚means') zu einem finalen Zweck (= ‚end'). Je weiter man die Kette nach oben verfolgt (d.h. erfragt), desto abstrakter werden die geäußerten Wünsche. Während ganz unten die konkreten Merkmale eines Produkts oder einer Dienstleistung stehen, ist der damit verbundene Nutzen (z.B. „Kunde = König") bereits abstrakter. Am wenigsten materiell und unmittelbar greifbar sind die Werte. Mit ihnen endet die Kette, weil Konstrukte wie Selbstwertgefühl sich im Regelfall nicht weiter abstrahieren lassen.

Die Stärke der Linien zeigt, wie häufig die befragten Verbraucher zwei Konzepte miteinander in Verbindung gebracht haben. Sie lässt sich daher im Sinne einer Wahrscheinlichkeit interpretieren. Identifizieren kann man eine solche Struktur mithilfe einer besonderen Fragetechnik: dem ‚laddering'. Dabei werden die Probanden wiederholt gefragt, warum sie sich die von ihnen genannten (Produkt-)Merkmale wünschen (bzw. warum diese ihnen wichtig sind). Durch ständiges Nachfragen kann der Interviewer die Werte, die „hinter" den genannten Bedürfnissen stehen, identifizieren (vorausgesetzt, die Untersuchungsteilnehmer verfügen über die dafür erforderliche Verbalisierungsfähigkeit).

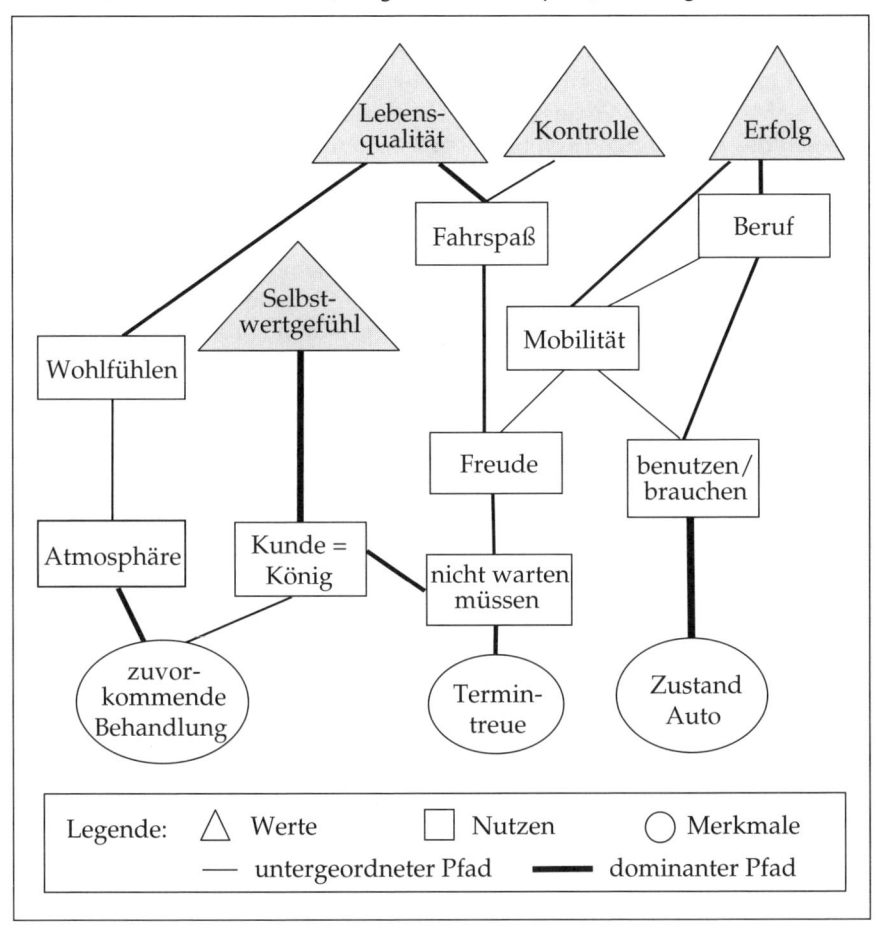

3.3 Identifikation transnationaler Zielgruppen

Abb. 84: Means End-Ketten, dargestellt am Beispiel „Fahrzeugübernahme"

```
        Lebens-        Kontrolle      Erfolg
       qualität                     
                                    Beruf
              Fahrspaß
      Selbst-
      wertgefühl      Mobilität
Wohlfühlen
                     Freude      benutzen/
                                 brauchen
Atmosphäre   Kunde =
             König    nicht warten
                      müssen
    zuvor-
    kommende         Termin-    Zustand
    Behandlung       treue      Auto

Legende:  △ Werte    □ Nutzen    ○ Merkmale
          — untergeordneter Pfad  ▬ dominanter Pfad
```

Westeuropäischer Joghurt-Markt: eine Anwendung

Auf Basis solcher Assoziationsketten lassen sich länderübergreifend Kundensegmente mit ähnlicher Motivstruktur identifizieren. Wir wollen dies am Beispiel des Marktes für Joghurt aufzeigen, da dieses Produkt in allen (west-) europäischen Ländern in großer Menge konsumiert wird.

Hofstede et al. (1999) haben schriftlich 2.961 Verbraucher aus elf westeuropäischen Ländern befragt und in einer Vorstudie mithilfe von Laddering-Interviews die wichtigsten Anforderungen (z.B. mit Früchten, geringer Fettgehalt) und den daraus gezogenen Nutzen (z.B. gut für die Gesundheit) ermittelt. Die Werte entstammen der ‚list of values' (vgl. Kahle et al. 1986). In der Endstudie ließen die Autoren mithilfe der *Association Pattern Technique* (*APT*), einer standardisierten Fragetechnik, insgesamt acht Merkmale, zehn Nutzenkonzepte und neun Werte beurteilen.

Die relativ komplexen Assoziationsketten der einzelnen Segmente unterscheiden sich zum Teil deutlich:
- Segment 1 ist sehr um seine Gesundheit besorgt und legt deshalb großen Wert auf einen geringen Fettgehalt des Joghurts. Gesund sein betrachten diese Menschen als Voraussetzung für „Spaß und Vergnügen".
- Auch die Angehörigen von Segment 2 achten sehr auf „Spaß und Vergnügen". Allerdings versuchen sie, diese Ziel durch den Genuss eines schmackhaften Joghurts zu erreichen. Wohlgeschmack verbinden sie mit der Eigenschaft „enthält viele Früchte".
- Segment 3 erstrebt „Spaß und Vergnügen", indem es wie Segment 1 etwas für seine Gesundheit tut. Dabei denken diese Verbraucher allerdings weniger an einen geringen Fettgehalt, sondern primär an probiotischen Joghurt. Wenn sie sich ein fettarmes Produkt wünschen, dann ist „Selbstachtung" das übergeordnete Ziel: Sie wahrt, wem es gelingt, seine Diät einzuhalten (z.B. dank fettarmem Joghurt).
- Segment 4 vereint die Assoziationsketten von Segment 2 (mit Früchten → guter Geschmack → Spaß und Vergnügen) und Segment 3 (probiotisch → gut für Gesundheit → Spaß und Vergnügen). Einzigartig für dieses Segment ist der Wunsch nach einem hochpreisigen Produkt. Denn das damit verbundene Qualitätsversprechen befriedigt das Sicherheitsbedürfnis dieser Verbraucher.

Hofstede et al. (1999) ermittelten auf diese Weise für den europäischen Joghurtmarkt vier vergleichsweise homogene transnationale Zielgruppen (vgl. Abb. 85). Allerdings ist nur Segment 4 in allen Ländern so stark vertreten, dass man es wirklich als paneuropäisch bezeichnen kann. Bei kleinen Marktanteilen (z.B. Segment 1 in Frankreich, Deutschland und Italien) stehen die Kosten der Marktbearbeitung in einem ungünstigen Verhältnis zum Marktpotential.

Zwar verbinden alle vier Zielgruppen mit Joghurtgenuss „Spaß & Vergnügen". Beides lässt sich aber auf unterschiedlichen Wegen erreichen. Dies spricht für eine Differenzierung des Marketingmix zwischen den vier Gruppen und für Standardisierung innerhalb der Segmente. Tab. 76 greift einige der zentralen Konsequenzen auf, die sich für das Marketing aus den jeweiligen Means End-Ketten ableiten lassen.

3.3 Identifikation transnationaler Zielgruppen

Abb. 85: Verbreitung vier transnationaler Zielgruppen in elf Ländern

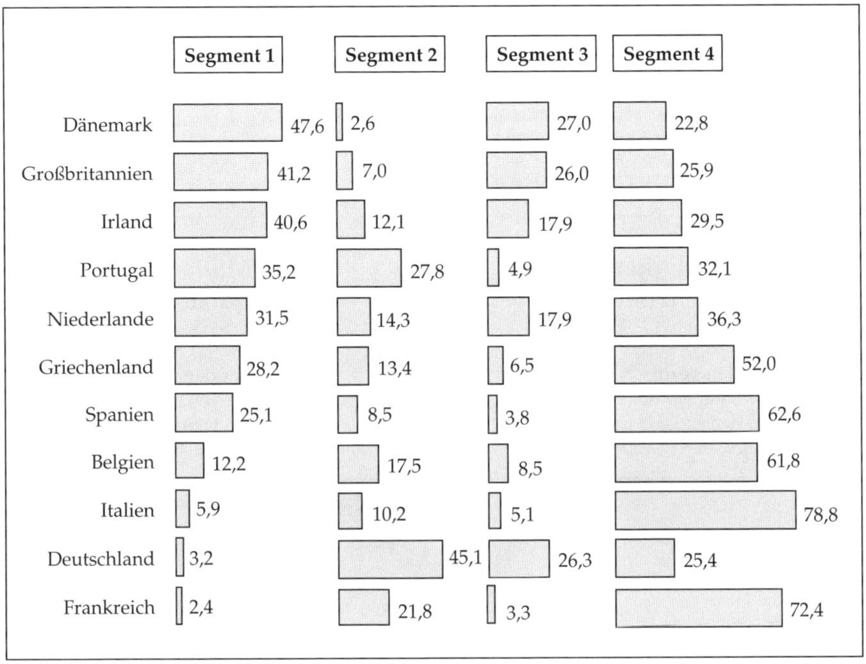

Land	Segment 1	Segment 2	Segment 3	Segment 4
Dänemark	47,6	2,6	27,0	22,8
Großbritannien	41,2	7,0	26,0	25,9
Irland	40,6	12,1	17,9	29,5
Portugal	35,2	27,8	4,9	32,1
Niederlande	31,5	14,3	17,9	36,3
Griechenland	28,2	13,4	6,5	52,0
Spanien	25,1	8,5	3,8	62,6
Belgien	12,2	17,5	8,5	61,8
Italien	5,9	10,2	5,1	78,8
Deutschland	3,2	45,1	26,3	25,4
Frankreich	2,4	21,8	3,3	72,4

Quelle: auf Basis von Hofstede et al. (1993, S. 8).

Tab. 76: Konsequenzen der Segmentierung für den Marketingmix

Segment	Produktkennzeichnung	Zentrale Werbebotschaft	Distributionskanal
1	Geringen Fettgehalt auf der Verpackung hervorheben	„Lebensfreude durch gesunde, fettarme Ernährung"	Platzierung in Regalen mit ‚functional food' (= Lebensmittel, die angeblich nicht nur satt machen, sondern auch die geistige und körperliche Fitness fördern.
2	Hohen Fruchtanteil auf der Verpackung hervorheben	„Fruchtig und Wohlgenuss"	Lebensmittelfachgeschäfte
3	Geringen Fettgehalt auf der Verpackung hervorheben + Bio-Siegel	„Selbstbewusst und schlank durch gesunde Ernährung"	• Platzierung in Regalen mit Bio-Artikeln • Vertrieb durch Fachgeschäfte
4	Hohen Fruchtanteil auf der Verpackung hervorheben + Bio-Siegel + Qualitätssiegel	„Lebensfreude durch garantiert gesunde Ernährung"	

☞ Neben homogenen Ländergruppen (= Ländercluster) bieten verschieden transnationale Zielgruppen (= Verbrauchercluster) Standardisierungspotential. Darunter versteht man mehr oder minder kosmopolitische Konsumenten, die, obwohl sie in verschiedenen Ländern leben, ähnliche Bedürfnisse, Lebensstile etc. haben. Sie lassen sich anhand der verschiedensten Kriterien identifizieren bzw. segmentieren, etwa anhand ...
- soziodemographischer Merkmale (z.B. Einkommen, Alter),
- psychographischer Eigenschaften (z.B. Einstellungen),
- verhaltensbezogener sowie
- nutzen- und wertebezogener Variablen.

Local Marketing: Differenzierung ⟷ **Global Marketing: Standardisierung**

Länderspezifische Marketing-Konzepte für den Einsatz in singulären Märkten

Standardisierte Marketing-Konzeption für den weltweiten Einsatz

Differenzierte Standardisierung

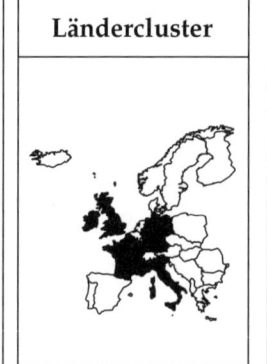

Ländercluster

Verbrauchercluster

Instrumente-/ Ländercluster

	🏛	✳	●	...	▐
Preispolitik 1	✘		✘	✘	
Preispolitik 2		✘			✘
Produktpolitik 1		✘		✘	
Produktpolitik 2	✘		✘		
Produktpolitik 3					✘
Distributionspolitik	✘	✘	✘	✘	✘
Kommunikationspolitik 1	✘	✘	✘		
Kommunikationspolitik 2					✘
Kommunikationspolitik 3				✘	

Teil D

Produktpolitik

1 Besonderheiten der Produktpolitik im interkulturellen Kontext

1.1 Einfluss des Produktnutzens

Produkte ermöglichen es den Menschen, zahlreiche ihrer Bedürfnisse zu befriedigen. Man kauft ein Brötchen, weil es den Hunger stillt. Dieser sog. Grundnutzen wird häufig auch als funktionaler Nutzen bezeichnet. Darüber hinaus stiften die meisten Produkte einen Zusatznutzen bzw. symbolischen Nutzen. Denn sie erfüllen auch „höhere", d.h. zumeist soziale Bedürfnisse (z.B. nach Prestige oder Selbstachtung). Käufer eines Sportwagens etwa erwerben nicht nur Mobilität (= funktionaler Nutzen), sondern auch ein bestimmtes Image. Dieser psychologisch erklärbare symbolische Nutzen ist überwiegend immaterieller Natur, trägt nicht zur Funktionalität eines Produkts bei und wird zumeist durch Markierung, Werbung etc. kommuniziert (vgl. hierzu auch Teil D-2.4).

Die sog. Konvergenzthese geht davon aus, dass rund um den Globus die Menschen ihre grundlegenden Bedürfnisse (z.B. satt werden, nicht frieren, sich fortbewegen) auf zunehmend ähnliche Art und Weise befriedigen (vgl. Teil C-1.2). Falls dies zutrifft, könnten viele Produkte zumindest in ihrer grundlegenden Zusammensetzung weltweit standardisiert werden. Tatsächlich aber unterscheiden sich die meisten Angebote in der ein oder anderen Weise von Land zu Land, wenn auch bisweilen auf nicht unmittelbar ersichtliche Weise. Ethnic Food etwa – d.h. Speisen bzw. Lebensmittel, die einem fremden Kulturkreis entstammen – steht weltweit scheinbar identisch auf der Speisekarte. In den USA aber sind die Portionen häufig zwei- oder dreimal so groß wie im jeweiligen Herkunftsland und werden dort zudem mit einem deutlich höheren Fettgehalt angeboten (vgl. Tab. 77). Andere Produkte wiederum werden in bestimmten Regionen nicht (z.B. schweinefleischhaltige Nahrungsmittel im Nahen Osten) oder selten verbraucht bzw. verwendet (z.B. Deodorants im asiatischen Kulturraum).

Tab. 77: Beschaffenheit von Ethnic Food

	im Ursprungsland	in den USA
Croissant (Frankreich)	• 30 g Gewicht • 175 Kalorien • 11 g Fett	• 60 g Gewicht • 275 Kalorien • 15 g Fett
Quesadilla (Mexiko)	• 12 cm Länge • 540 Kalorien • 32 g Fett	• 25 cm Länge • 1.200 Kalorien • 70 g Fett
Bagel (Polen)	• 45 g Gewicht • 115 Kalorien • 21 g Fett	• 96–140 g Gewicht • 250–350 Kalorien • 45 g Fett

Quelle: American Institute for Cancer Research.

Auch sehen in Industrieländern die Konsumenten den funktionalen Nutzen einer Ware zumeist als selbstverständlich an. Kaufentscheidend ist dort im Regelfall der symbolische Nutzen, wie folgendes, in Teil C-3.3.2.5 ausführlicher behandeltes Beispiel zeigt: Verbraucher aus elf westeuropäischen Industrieländern gaben auf die Frage, warum sie Joghurt kaufen, nicht etwa an, damit ihren Hunger stillen zu wollen. Als Kaufgründe nannten sie vielmehr:

- Verdauungsförderung und andere gesundheitsbezogene Argumente,
- Geschmack (z.B. Fruchtjoghurt) und
- Benutzerfreundlichkeit (z.B. einfaches Öffnen und Verschließen des Behältnisses).

Da in Industrienationen viele Märkte sog. reife Märkte sind, konzentriert sich das Marketing dort auf den – häufig auch hedonisch bzw. hedonistisch genannten – symbolischen Nutzen (z.B. Emotionen, Symbolik). In Schwellen- und Entwicklungsländern ist hingegen zumeist der funktionale bzw. utilitaristische Nutzen maßgeblich. Dort kaufen breite Schichten der Bevölkerung Produkte vorrangig oder ausschließlich ihrer Zweckmäßigkeit bzw. Nützlichkeit wegen (,utilitas'; vgl. Jones et al. 2006; Babin et al. 1994).

Allerdings sind weder Entwicklungs- und Schwellenländer noch Industrieländer in dieser Hinsicht homogene Märkte. Bei genauerer Betrachtung erkennt man beträchtliche Unterschiede. Wer etwa das Lebensmittelangebot eines französischen Discounters mit dem Sortiment einer vergleichbaren Einkaufsstätte in Deutschland vergleicht, versteht, dass Essen für die meisten Franzosen weit mehr als Nahrungsaufnahme ist – und seinen Preis hat. Dieser wird auch akzeptiert, wie ein Vergleich der Ausgaben für Waren des täglichen Bedarfs zeigt (vgl. Abb. 86).

Abb. 86: Anteil der Ausgaben für Nahrungsmittel am Haushaltsnettoeinkommen (2013, in %)

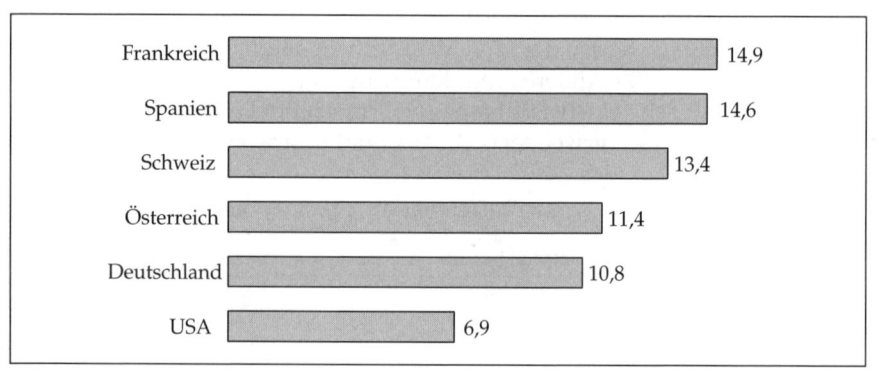

Land	Anteil
Frankreich	14,9
Spanien	14,6
Schweiz	13,4
Österreich	11,4
Deutschland	10,8
USA	6,9

Quelle: Vereinte Nationen.

Weiterhin werden in den Industrieländern zum Teil recht unterschiedliche Formen von symbolischem Nutzen wertgeschätzt. So war es für amerikanische Kunden, die bekanntermaßen größten Wert auf Convenience legen, völlig unverständlich, dass europäische Luxusautos anfangs keine Tassenhalter besaßen.

Wie ausgeprägt der Wunsch US-amerikanischer Konsumenten nach Bequemlichkeit ist, belegt auch folgender Vergleich: 1999 kam in Nordamerika auf sechs Automatikgetriebe eine Handschaltung, während im europäischen Pkw-Markt das Verhältnis damals 1:9 lautete (vgl. Simmonds 1999, S. 57).

1.2 Einfluss der Zeitwahrnehmung

Die Industrieländer zählen zu den „zeitgeizigen" Kulturen. Vor allem das Arbeitsleben, aber auch Teile des Privatlebens werden in monochronen Gesellschaften der Maxime „Zeit ist Geld" unterworfen (vgl. Müller/Gelbrich 2014, S. 25; Hall/Hall 1990). Zeitsparende Güter (z.B. Kurse im Schnelllesen, Super-Learning, Crash-Diät, Fertiggerichte) bieten zeitgeizigen, d.h. monochron sozialisierten Konsumenten einen wesentlichen Zusatznutzen (vgl. Cotte et al. 2004).

Für einen Fast Food-Anbieter bspw. liegt es nahe, in solchen Märkten mit dem USP „schnelles Essen" zu werben, nicht jedoch in zeitreichen Kulturen wie Brasilien. *McDonald's* positionierte sich deshalb in diesem Markt mit dem USP „leichtes Essen" (vgl. Haynes et al. 1990, S. 24). Das Management der *Campbell Soup Company* hingegen meinte, auf die Anpassung ihrer Positionierung (Zeitersparnis durch Fertigprodukte) an das kulturelle Umfeld verzichten zu können. Dies erwies sich jedoch als Fehler. Auch *Gerber Babynahrung* scheiterte mit der Standardisierungsphilosophie. Nur in Costa Rica war das Unternehmen erfolgreich, weil es sich in diesem Markt auf die dort sozial akzeptierte Verwendungssituation „Picknick" beschränkte (vgl. Kaufman/Lane 1992). *Knorr* und *Maggi* wiederum konnten sich im brasilianischen Markt behaupten, weil sie ihre Trockensuppen dort nicht als Endprodukt, sondern als Suppenbasis anboten. Durch eigene Zusätze, so die Werbebotschaft, konnten die Brasilianerinnen nicht nur dem Gericht eine persönliche Note verleihen, sondern auch ihrer traditionellen sozialen Rolle (Fürsorglichkeit) und der daraus erwachsenden Verpflichtung, sich intensiv um die Familie zu kümmern, gerecht werden (vgl. Manrai/Manrai 1995, S. 124).

Insgesamt hat sich gezeigt, dass Produkte und Dienstleistungen, die in monochronen Kulturen aufgrund ihres USPs „Zeitersparnis" Erfolg haben, in Ländern mit einer polychronen Zeitstruktur (vgl. Müller/Gelbrich 2014, S. 25; Hall/Hall 1990) anders positioniert werden müssen (z.B. als Ausdruck von Luxus oder als Symbol einer idealisierten Alternativkultur). Zeitsensitiv können u.a. sein:
- Geschäftsmodelle (z.B. Electronic Banking, Fast Food-Restaurant, Heimliefer-Service, Zeitarbeit, Reinigungsdienst),
- Geräte (z.B. Geldausgabeautomaten),
- Fertigprodukte (z.B. Fertiggerichte, Instant-Getränke),
- technische Geräte (z.B. Mikrowelle, Sofortbildkamera, Wasch- und Geschirrspülmaschine),
- Dienstleistungen (z.B. Home Shopping, verlängerte Ladenöffnungszeiten, Schnellreinigung).

> **Langsame Produkte**
>
> Während die meisten der maßlosen Maxime: „Zeit ist Geld – und Geld kann man nie genug haben" huldigen, leisten sich einige wenige „Zeitwohlstand" nicht als Luxus, sondern weil Ruhephasen und Pausen auf längere Sicht die Produktivität steigern. Beim Füllerproduzenten *Montblanc International*, Hamburg, ist man der Meinung, dass einem „langsamen Produkt" wie einem exklusiven Tintenfüller die Entschleunigung angemessen sei. Man hat sich deshalb seit ein paar Jahren eine besondere „Entscheidungsphilosophie" zu eigen gemacht. Dazu gehören so praktische Dinge wie das (freiwillige) morgendliche Kaffeetrinken der Geschäftsführung, bei dem ohne Tagesordnung Geschäftliches und Privates ausgetauscht werden können. Die Mitarbeiterinnen der Federschleiferei dürfen – innerhalb ihrer festen Arbeitszeit – so oft und so lange Pause machen, wie sie wollen. Die Arbeit an den wertvollen Füllfederhaltern erfordert so viel Konzentration und Feingefühl, dass für das Unternehmen Fehlleistungen viel teurer sind als Pausen. Und hin und wieder spielt in einer verlängerten Mittagspause gar ein Philharmonie-Orchester für die 600 Beschäftigten. „So gewinnen wir Zeit, indem wir Zeit vergeuden." Die Maßnahmen passen zu den Entschleunigungsprodukten, die u.a. gekauft werden, weil sie langsam sind, „um sich auf das Wesentliche zu konzentrieren" (Leitschuh-Fecht 1997, S. 42).

1.3 Einfluss von Konfession & Religiosität

1.3.1 Religiosität

Akzeptanz innovativer Produkte

Religiöse Menschen sind fatalistischer als Nicht-Religiöse und weniger als diese bereit, neuartige Güter und Dienstleistungen zu erwerben bzw. zu erproben (vgl. Kalliny/Hausman 2007; Delener 1990b). Erklären lässt sich ihr Konsumkonservatismus u.a. damit, dass Fatalisten nicht bestrebt sind, ihre Lebensverhältnisse zu ändern. Veränderung ist jedoch das Wesen von Innovation.

Wahl von Produkt- bzw. Markennamen

Was liegt für einen Sportartikelhersteller näher, als sich mit dem Namen der griechischen Siegesgöttin zu schmücken: *Nike*? In religiösen Gesellschaften bricht allerdings ein Tabu, wer eine Gottheit in einem profanen Kontext erwähnt (d.h. „missbraucht"). Deshalb boykottierten strenggläubige Muslime in Saudi-Arabien *Nike*-Produkte (vgl. Meyer 2011; Alashban et al. 2002, S. 25).

Vermarktung der Produktherkunft

Mehr als andere sind Religiöse für „Made in-Zeichen", Buy National-Kampagnen und andere Marketingmaßnahmen, welche die Produktherkunft betonen (vgl. Teil D-4.4.3), empfänglich. Denn Gläubige sind auf ihre Nationalität überdurchschnittlich stolz. Anders als der häufig soziopathische Chauvinismus ist Nationalstolz eine konstruktive Emotion, die aus dem Gefühl der Zugehörigkeit erwächst. Möglicherweise erklärt dies auch, warum gläubige Menschen risikobereiter sind als Nichtgläubige, sofern es sich nicht um „amoralisches" Verhalten handelt (z.B. Drogenkonsum; vgl. Kupor et al. 2015). Wie der *World Value Survey* zu entnehmen ist, sind nur wenige Deutsche, Niederländer, Japaner oder Russen auf ihre Nationalität „sehr stolz", während vor allem Iren, Inder, US-Amerikaner, Polen, Nigerianer und Türken so empfinden: alle sehr religiöse Menschen (vgl. Abb. 87).

1.3 Einfluss von Konfession & Religiosität

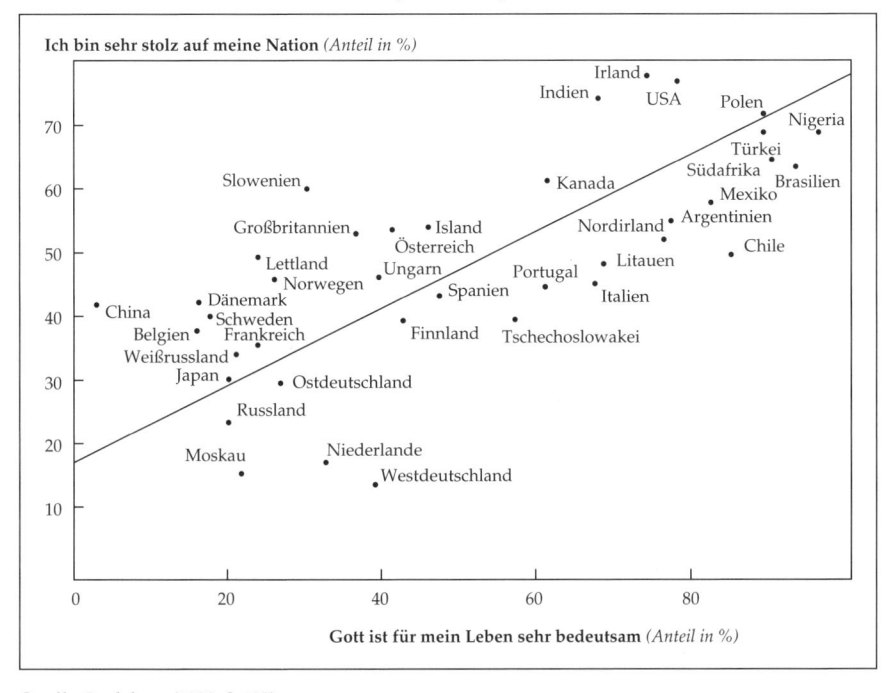

Abb. 87: Zusammenhang von Religiosität & Nationalstolz

Ich bin sehr stolz auf meine Nation *(Anteil in %)*

[Streudiagramm mit Ländern: Irland, Indien, USA, Polen, Nigeria bei hohen Werten; Slowenien, Kanada, Türkei, Südafrika, Brasilien, Mexiko bei mittleren Werten; Großbritannien, Island, Österreich, Nordirland, Argentinien, Chile; Lettland, Ungarn, Portugal, Litauen; Norwegen, Spanien, Italien; China, Dänemark, Schweden, Frankreich, Finnland, Tschechoslowakei; Belgien, Weißrussland, Japan, Ostdeutschland; Russland, Moskau, Niederlande, Westdeutschland]

Gott ist für mein Leben sehr bedeutsam *(Anteil in %)*

Quelle: Inglehart (1998, S. 127).

Wer, wie *Nike*, unbedacht nationale Symbole für kommerzielle Zwecke nutzt, nimmt in Kauf, den Nationalstolz seiner Zielgruppe zu verletzen. Der globale Sportartikelhersteller brüskierte zahllose Chinesen, als er in einem Werbespot den amerikanischen *NBA*-Star *LeBron James* nicht nur einen legendären chinesischen Kung Fu-Meister, sondern auch einen Drachen besiegen ließ: das Nationalsymbol Chinas. Während dieses Fabelwesen im christlichen Kulturkreis schlecht beleumundet ist und in der *Nibelungen*-Sage der Drachentöter *Siegfried* verehrt wird, symbolisiert der Drache für Chinesen Macht, Stärke und das Kaisertum.

1.3.2 Konfession

Zeitvorteil als Leistungskern

In weiten Bereichen Afrikas haben Naturreligionen überdauert. Deren Zeitverständnis wird von Gegenwart und Vergangenheit dominiert. Entsprechend schwach ist dort nicht nur die Zukunftsorientierung, sondern auch das Zeitbewusstsein insgesamt ausgeprägt (vgl. Rammstedt 1975). Leistungsangebote, deren USP die Zeitersparnis ist (z.B. Fertiggerichte, Schnellreinigung), besitzen für diese Zielgruppen ein geringeres Nutzenpotential als für Angehörige „zeitgeiziger" Gesellschaften. Letztere finden sich hauptsächlich unter den westlichen Industrienationen.

Markierung durch Glücksnamen & Glückszahlen

Marken- und Unternehmensnamen, die mit Glück bzw. vergleichbaren Empfindungen assoziiert werden, spielen überall dort eine wichtige Rolle, wo der abergläubische Volksglaube wieder an Einfluss gewonnen hat (z.B. in weiten Teilen Südamerikas). Vor allem aber in konfuzianisch geprägten Gesellschaften ist ein ‚lucky name' unersetzlich, weshalb auch niemand etwas daran findet, wenn eine der bekannten chinesischen Zigarettenmarken „Doppeltes Glück" heißt (vgl. Hvistendahl 2012; Pan/Schmitt 1995). Dort, aber auch im Einflussbereich des Buddhismus, ist die Vorstellung, dass wichtige Vorhaben (z.B. Geschäfte, Hausbau, Heirat, Reisen) nur an bestimmten Tagen mit Aussicht auf Erfolg in Angriff genommen werden können, noch allgegenwärtig. Neben Glücksnamen sind in diesen Gesellschaften auch Glücks- und Unglückstage sowie Glücks- und Unglückszahlen zu beachten (vgl. Pye/Triplett 2007).

> **8 ∞**
> „Die Acht spielt beim Feng Shui eine besondere Rolle. Die Zahl steht für Harmonie, Glück und Wohlstand. Ihre Form vermittelt Unendlichkeit. Denn sie wird durch eine einzige unendlich fließende Linie gebildet. Chinesen, vor allem in Südchina, Hong Kong, Singapur, Thailand und Malaysia, zahlen für ein Fahrzeugkennzeichen mit der 88 oder 888 bis zu mehrere Millionen Dollar" (Zöttl 2000, S. 102).

Markierung durch Symbole

Neben anderen Unternehmen demonstrierte die *Commerzbank AG*, wie man Symbole im islamischen Kulturraum gezielt und nutzbringend einsetzen kann. Als erste deutsche Großbank legte sie einen Investmentfonds auf, welcher den Wertvorstellungen arabischer Gesellschaften entsprach. Der Namen dieses Investmentfonds wurde mit Bedacht gewählt: *Al-Sukoor European Equity Fund*. Denn *Al-Sukoor* steht für den im arabischen Raum äußerst statusträchtigen Jagdfalken.

In buddhistisch geprägten Ländern allerdings wäre es ein Kunstfehler, Tiernamen für Marketingzwecke zu nutzen. Denn während das Christentum eine Hierarchie der Lebewesen nahe legt, an deren Spitze der Mensch steht, schließt der Glaube an die Reinkarnation eine solche Über/Unterordnung aus. Aufgrund von Ahimsā, des Gebots der Nichtverletzung, würden Buddhisten in einem Produkt- bzw. Markennamen, der an ein Tier erinnert, eine Beleidigung des zur Werbefigur degradierten Lebewesens erblicken (vgl. Luz/Michaels 2002, S. 100 f.). Im Kontext der buddhistischen Schonungsethik schützt Ahimsā alle Lebewesen, vor allem aber Mensch und Tier.

In anderen Regionen aber besteht das Problem nicht darin, ob, sondern wie Tiersymbole kommunikativ genutzt werden können. Dem musste vor Jahren die dänische *Carlsberg*-Brauerei wiederholt Tribut zollen. In Schwarzafrika bereitete die Werbung für das Starkbier *Carlsberg Elephant* Probleme, da dort zwei Elefanten Unglück symbolisieren (vgl. Bayón-Eder/Herrmann 1992, S. 596). Und *Carlsberg India* stellte ihr Sponsoring (vgl. Teil G-7) eines Poloturniers ein, nachdem die Tierschutzorganisation *PETA India* die grausamen Umstände der Dressur der für das Polo bestimmten Elefanten kritisiert hatte.

2 Standardisierung vs. Differenzierung

2.1 Stand der Forschung

Angesichts offensichtlicher Vorteile verfolgten zahlreiche Unternehmen in den 1980er- und 1990er-Jahren die Standardisierungsstrategie (vgl. Teil C-1.1.2). Und die meisten empirischen Studien, die in dieser Zeit durchgeführt wurden, bestätigten diese Auffassung (z.B. Kotabe/Omura 1989). Später häuften sich dann die Misserfolge der Unternehmen, welche die Standardisierungsstrategie praktizierten. Dies wiederum förderte das Bewusstsein für die Bedeutung kultureller Unterschiede sowie die Abhängigkeit vieler Theorien und Praktiken vom kulturellen Kontext, in dem sie entwickelt wurden (,cultural awareness'; vgl. Leung et al. 2005).

Zum Beispiel Ikea
Das „unmögliche Möbelhaus" standardisiert mit wenigen Ausnahmen Marktauftritt sowie Sortiment. Nicht selten allerdings, wie Ende 1990 in Peking, rächt sich die mangelnde Bereitschaft, den Besonderheiten der Landeskultur Rechnung zu tragen. Damals eröffnete *Ikea* seine erste Verkaufsniederlassung in China und schockierte die zahlreichen Besucher mit weißen Tischlampen (die in einem Land, in dem Weiß die Trauerfarbe ist, an Begräbnisleuchten erinnern), mit Tischplatten, die markante Astlöcher aufwiesen (was in China nicht rustikal, sondern armselig wirkt), mit Fleischklopfern (die so mancher Kunde für ein Massagegerät hielt), mit Brotkästen (welche Chinesen, die sich hauptsächlich von Reis, Gemüse und Fleisch ernähren, keinen erkennbaren Nutzen bieten; vgl. Blume 2000).

Als dann immer mehr Studien vorgelegt wurden, die nachweisen konnten, dass z.B. südkoreanische Elektrohersteller ihren Exporterfolg steigern konnten, weil sie ihre Produkte länderspezifisch anpassten (z.B. Calantone et al. 2006, 2004; Lee/Griffith 2004), gewann die Differenzierungsstrategie an Einfluss: die mehr oder minder weitgehende Anpassung der Produktpolitik an die lokalen Gegebenheiten („ ... the degree to which the product [brand name, labeling, variety of main exporting product line, and quality] differs between the domestic and export market"; Lages/Montgomery 2004, S. 1190). Wie u.a. Horská et al. (2007) am Beispiel slowakischer Lebensmittelexportunternehmen demonstrierten, spielt dabei die kulturelle Distanz zwischen dem Herkunftsland und dem ausländischen Absatzmarkt (vgl. Teil F-3.3.1) eine wesentliche Rolle. Je größer diese Distanz ist, umso mehr Produktmerkmale werden verändert (bspw. Packungsgröße), mit einer Ausnahme: Paradoxerweise geht eine geringe kulturelle Distanz überdurchschnittlich häufig mit einer Modifikation des Markennamens einher.

Weitere Bedingungen, welche die Differenzierungsstrategie nachweisbar begünstigen:
- Das Unternehmen erzielt einen großen Anteil seines Umsatzes, Gewinns etc. in Auslandsmärkten (vgl. Calantone et al. 2006).
- In dem Industriezweig, in dem das Unternehmen tätig ist, wird zumeist die Differenzierungsstrategie praktiziert (vgl. Calantone et al. 2006).
- Die ausländischen Konkurrenten des Unternehmens haben Wettbewerbsnachteile (z.B. ungünstigere Kostenstruktur, weniger leistungsfähiges Qualitätsmanagement; vgl. Dow 2006).

- Der Logistikaufwand ist groß (z.B. aufgrund langer Transportwege; vgl. Dow 2006).
- Die Auslandsmärkte unterscheiden sich hinsichtlich ihrer ökonomischen und kulturellen Rahmenbedingungen sowie des Verlaufs der Produktlebenszyklen (vgl. Chung 2009; Schilke et al. 2009).

> **Warum Viagra blau ist & warum so viele Medikamente einen komplizierten Namen haben**
>
> *„Mai:* Wie lange dauert die Entwicklung einer Tablette?
>
> *Throw:* Im Schnitt 13,5 Jahre. Am Anfang steht der Wirkstoff, erst später wird über das Design entschieden.
>
> *Mai:* Gibt es auch schwarze Pillen?
>
> *Throw:* ‚Brillantschwarz' als Farbstoff ist sogar erlaubt. Aber würden Sie eine schwarze Tablette schlucken? Medikamente sollen rein sein, das assoziiert man mit Weiß.
>
> *Mai:* Sind deshalb die meisten Tabletten weiß?
>
> *Throw:* Nein, Weiß ist auch am billigsten.
>
> *Mai:* Und weltweit am gängigsten?
>
> *Throw:* Ja, die Japaner sind besonders extrem. Sie erwarten ein rein weißes, makelloses Produkt. Firmen, die dorthin exportieren, setzen meist eine japanische Check-Maschine ein. Sie ist extrem scharf eingestellt, sortiert viel aus. Oder die Ware wird gleich nach Japan geliefert und dort per Hand nachsortiert.
>
> *Mai:* Wirken rote Tabletten besser als grüne?
>
> *Throw:* Dazu gibt es keine Studien. Aber die Farbpsychologie nach dem alten *Goethe* besagt: Rot ist gut für Herz-Kreislauf, Blau zur Beruhigung, Gelb für die Nerven. Pflanzliche Arzneimittel sind oft grün.
>
> *Mai: Viagra* ist aber blau – und dient nicht der Beruhigung.
>
> *Throw:* Vielleicht Zufall! Angeblich hatte der Hersteller *Pfizer* das Design in der Schublade, und als der Wirkstoff gefunden war, holte man die blaue Raute hervor.
>
> *Mai:* Deutsche Pharmafirmen exportieren weltweit. Welches Design ist ein Bestseller?
>
> *Throw:* Kein Design. Wichtig für Auslandslieferungen ist Rücksicht auf landestypische Gepflogenheiten. Vor dem Export nach Israel bescheinigt ein Rabbi, dass die Pillen ‚koscher' sind, für Arabien müssen die Tabletten ‚halal' sein, dürfen also keine Komponenten vom Schwein enthalten. Ins prüde Amerika können wir keine Zäpfchen verkaufen.
>
> *Mai:* Wie muss eine erfolgreiche Pille heißen?
>
> *Throw:* Der Name muss in allen 27 Ländern der *Europäischen Union* verständlich, nicht zu lang, gut merkbar und unverwechselbar sein.
>
> *Mai:* Warum enthält inzwischen jeder fünfte Medikamentennamen ein Z oder ein X?
>
> *Throw:* Z ist im arabischen Markt beliebt, X steht für Technik und Fortschritt" (Mai 2012, S. 19).

Mittlerweile präferieren viele Unternehmen allerdings eine Hybridstrategie: Der Produktkern wird nach Möglichkeit weltweit standardisiert, die Positionierung hingegen differenziert. „Just as Big Macs in Moscow are status and luxury while Big Macs in New York are utilitarian, requisite management practices differ across cultures even when products do not" (Newman/Nollen 1996, S. 753). Dies bestätigte u.a. Vrontis (2003) am Beispiel britisch dominierter Multinationaler Unternehmen: Sie standardisieren nach Möglichkeit Markenname, Produktqualität und Produktleistung. Wenn Differenzierungsbedarf besteht, dann zumeist aufgrund von Eigenheiten der Landeskultur.

Dass Hybridstrategien Erfolg versprechen, belegen die Befunde einer Befragung der Geschäftsführer bzw. Vize-Präsidenten von international tätigen amerikanischen Unternehmen (vgl. Zou/Cavusgil 2002, S. 49):
- „Auf allen wichtigen Märkten der Welt verwenden wir ein standardisiertes Kernprodukt."
- „Die Hauptkomponenten unseres Produkts sind auf den wichtigsten Märkten der Welt standardisiert."
- „Das Design der Produkte, die wir in verschiedenen Ländern anbieten, ist sehr ähnlich."

Strategische Geschäftseinheiten, deren Repräsentanten diesen Statements zustimmten, wirtschafteten im Beobachtungszeitraum profitabler und erzielten einen höheren $\Rightarrow$ ROI als die Vergleichsgruppe der Ablehner (β = +0,183).

Bisweilen zwingen veränderte Umweltbedingungen die Unternehmen zu einem Strategiewechsel. *McDonald's* bspw. weicht mittlerweile weit von der ursprünglichen Standardisierungsphilosophie ab, um auch bislang vernachlässigte Märkte wie Indien, wo die hinduistische Bevölkerung kein Rindfleisch und die muslimische Bevölkerung kein Schweinefleisch isst, besser erschließen zu können. Deshalb boten Ende 2012 die 271 indischen *McDonald's*-Filialen zur Hälfte vegetarische Speisen an (vgl. Yeu et al. 2012).

2.2 Kulturabhängige vs. kulturfreie Produkte

Die meisten High Tech-Erzeugnisse sind „kulturfrei" (,culture free') und können deshalb (weitgehend) standardisiert vermarktet werden (vgl. Abb. 88). Ausgesprochen kultursensibel (,culture bound') sind hingegen Textilien, Nahrungsmittel, Verlagsprodukte und andere Erzeugnisse, welche für die kulturelle Identität des jeweiligen Landes bedeutsam sind. Wie das Beispiel der Glühbirne zeigt, hängt es häufig von scheinbar Nebensächlichem ab, in welche Kategorie ein Produkt fällt – kulturfrei oder kulturgebunden: In kühlen Regionen der Welt werden bevorzugt Glühbirnen gekauft, die dank eines hohen Anteils der Farbe Rot am Lichtspektrum ein warmes Licht spenden, während in heißen Regionen die Konsumenten zumeist kühl anmutende Lichtquellen präferieren (d.h. Glühbirnen mit einem hohen Blauanteil).

Von derartigen situativen Einflüssen abgesehen lässt sich die Frage, ob ein Produkt kulturfrei oder kultursensibel ist, anhand von fünf Kriterien beantworten: Kulturelle Zentralität, Homogenität der Bedürfnisse, Tradition, Produktkategorie und Konsumkontext.

2.2.1 Kulturelle Zentralität

Wie bedeutsam sind die verschiedenen Verhaltens- bzw. Lebensbereiche für die kulturelle Identität eines Volkes? Allgemein formuliert ist alles, was der Befriedigung von Grundbedürfnissen dient, kulturell zentral. Denn sie gewährleisten den Fortbestand jeder Gesellschaft. Allerdings haben sich auch in dieser Hinsicht einzelne Lebensräume unterschiedlich entwickelt. So ist der Lebensbereich „Ernährung" für die kulturelle Identität des Mittelmeerraumes fraglos bedeutsamer als für die der skandinavischen Länder. Deren kulturelle Identität wiederum hängt in größerem Maße von dem Lebensbereich „Wohnungseinrichtung" ab als etwa die kulturelle Identität Griechenlands oder Italiens (vgl. Schuh/Holzmüller 1992, S. 298).

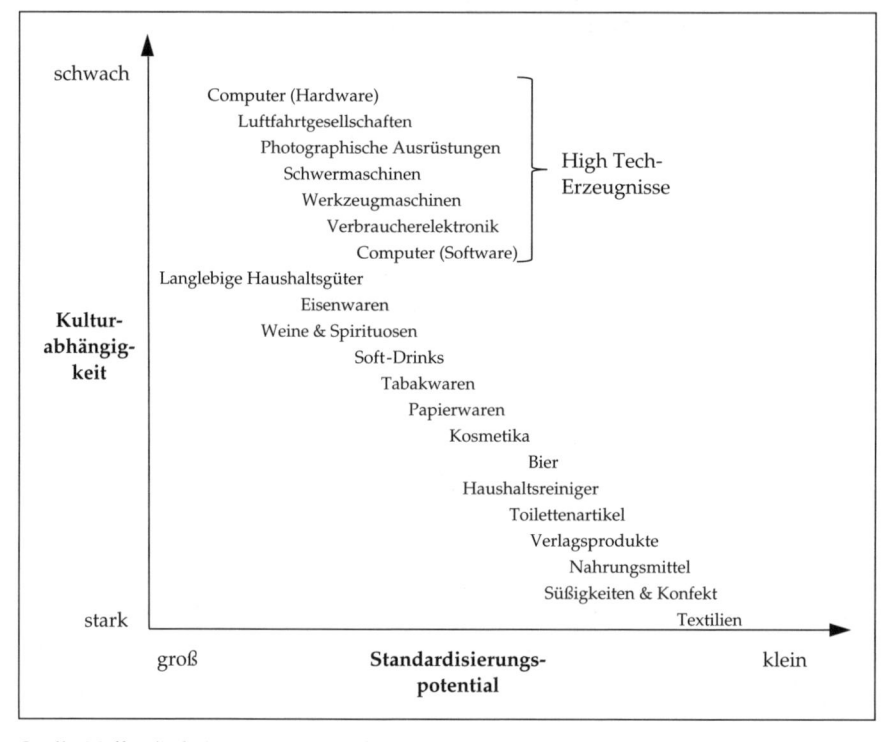

Abb. 88: Kulturgebundenheit & Standardisierungspotential

```
     schwach ▲
              │   Computer (Hardware)           ┐
              │   Luftfahrtgesellschaften       │
              │   Photographische Ausrüstungen  │
              │   Schwermaschinen               ├ High Tech-
              │   Werkzeugmaschinen             │ Erzeugnisse
              │   Verbraucherelektronik         │
              │   Computer (Software)           ┘
              │ Langlebige Haushaltsgüter
              │   Eisenwaren
   Kultur-    │   Weine & Spirituosen
  abhängig-   │   Soft-Drinks
    keit      │   Tabakwaren
              │   Papierwaren
              │   Kosmetika
              │   Bier
              │   Haushaltsreiniger
              │   Toilettenartikel
              │   Verlagsprodukte
              │   Nahrungsmittel
              │   Süßigkeiten & Konfekt
      stark   │                     Textilien
              └─────────────────────────────────▶
                 groß   Standardisierungs-   klein
                           potential
```

Quelle: Meffert/Bolz (1998, S. 183); modifiziert.

Abhängig von ihrer kulturellen Zentralität entwickelten sich in den verschiedenen Konsumbereichen mehr oder weniger detaillierte bzw. strenge Konsumnormen. Sie legen fest, welche Güter und Dienstleistungen innerhalb eines Kulturraumes zu welcher Zeit, an welchem Ort und von wem konsumiert werden. Als kulturell besonders tief verwurzelt (d.h. zentral) gelten die Nahrungs-, Gesundheits-, Hygiene- und Bekleidungsnormen (vgl. Dallman 1998, S. 68). Dies erklärt bspw., warum *Nescafé*, der 1938 auf den Markt kam, mittlerweile weltweit in etwa 190 Geschmacksvarianten angeboten wird

2.2.2 Homogenität der Bedürfnisse

Kulturfreie Produkte erfüllen weltweit dieselben Bedürfnisse und werden anhand derselben, häufig objektiven Kriterien beurteilt. Dies trifft auf die meisten High Tech-Produkte zu. Nachfrager von Computern etwa erwarten, unabhängig davon, wo sie leben, vorrangig eine objektiv definierbare Prozessorleistung und Speicherkapazität. Und mit einer Kamera möchten Amerikaner, Chinesen, Portugiesen und Käufer anderer Herkunft problemlos und preiswert qualitativ hochwertige Photographien anfertigen können. Damit fallen zusätzlich zu den in Abb. 88 aufgeführten Erzeugnissen weitere Produkte bzw. Dienstleistungen in die Kategorie der nicht oder nur wenig kulturgebundenen Erzeugnisse.

- Automobile und Benzin erfüllen das universelle Bedürfnis nach Mobilität (vgl. Fuchs 1995, S. 71).
- Luxus- und Prestigemarken sprechen weltweit den Typus des gutsituierten Verbrauchers an, der auf besondere Qualität und erstklassigen Service Wert legt (vgl. Valtin 2005).

2.2.3 Tradition

Kulturfreie Produkte entstammen häufig relativ jungen Branchen (z.B. Computertechnik, Heimelektronik). Ganz anders kulturgebundene Produkte. Sie besitzen zumeist eine lange Tradition. Kleidung etwa wird in einem bestimmten Kulturraum seit jeher in ganz spezifischer Weise getragen (z.B. Kimono, Sari) und dadurch in einzigartiger Weise konditioniert (d.h. mit der Landeskultur verbunden). Gleiches gilt für traditionelle Lebensmittel. Anders als „moderne" Lebensmittel (z.B. Pizza, Hamburger, alkoholfreies Bier) sind Wiener Schnitzel, Roggenbrot, Köttbullar (schwedische Fleischbällchen), Foie Gras (Gänseleber) etc. Teil der kulturellen Identität ihres Herkunftslandes (vgl. Van Mesdag 2000, S. 82). Nicht zuletzt die lang andauernde Rivalität zwischen der französischen und der italienischen Küche belegt diese These.

> **Eine Frage der Ehre**
>
> 1891, drei Jahrzehnte nachdem *von Cavour* und *G. Garibaldi* Italien als Einheitsstaat geschaffen hatten, gelang *P. Artusi*, einem florentiner Seidenhändler, mit dem Kochbuch „La scienza in cusina e l'arte di mangiar bene" ein soziopolitischer Geniestreich. Mit einer Art von kulinarischer Landkarte, bestehend aus 790 typischen Gerichten der verschiedenen Regionen, Provinzen und Städte, „erfand" er nicht nur die eigentlich nicht existente italienische Küche, sondern löste fast nebenbei das Sprachproblem Italiens. Indem er das gesamte Werk in der toskanischen Mundart verfasste, gab er unwissentlich dem noch jungen Staat das, woran es diesem am meisten mangelte: ein Objekt der Identifikation und nationalen Identität sowie eine Einheitssprache. „Mit der Entscheidung für die nationale Küchensprache wurden nicht nur die unliebsamen Dialekte ausgetrieben, sondern auch die französischen Begriffe, hielt man doch ganz allgemein die Haute Cuisine des französischen Meisterkochs *A. Escoffier* Ende des 19. Jahrhunderts auch in Italien für das Maß aller Dinge. Fast alle in dieser Zeit eröffneten Luxushotels orientierten sich am Pariser Vorbild. Als *C. Ritz* im Januar 1893 in Rom das *Grand Hôtel* eröffnete, betraute er den Franzosen mit der Entwicklung der Hotelküche; Chefkoch wurde dessen Schüler *L. Jaspard*. Der Anspruch der Franzosen auf die kulinarische Vorherrschaft in Europa schlug sich nicht zuletzt in den Kochbüchern nieder. Sie alle waren voller französischer Namen und Begriffe, viele ganz auf Französisch verfasst. Der Küchenimperialismus Frankreichs war für *P. Artusi*, der einst als Mitglied des Geheimbundes *Giovine Italia* für die unitarisch-demokratische Republik gekämpft hatte, unerträglich. Besaß Italien nicht eine eigene grandiose Tradition? Ja, waren es nicht erst die Köche an den italienischen Fürstenhöfen der Renaissance gewesen, Meister wie *di Messisbugo*, der für die *Este* in Ferrara kochte, oder *de Rossi* im Palast der *Sforza* in Mailand, die ganz Europa, vor allem aber Frankreich den guten Geschmack gelehrt hatten? Aus „Gründen der Würde" ersetzte *P. Artusi* die „aufgeblasene Sprache der eingebildeten Franzosen" durch die schöne und harmonische Landessprache" (Preiss 2003, S. 39).

Jede Kultur verfügt für bestimmte Anlässe über traditionelle Speisen. In Korea etwa wird an Feiertagen Reiskuchen gereicht, in Deutschland zur Weihnachtszeit Stollen, Lebkuchen etc. und in angelsächsischen Ländern Plumpudding. Welche kuriose Speisefolge eine kulturignorante Standardisierungsphilosophie hervorbringen kann, lässt sich erneut am Beispiel *Ikea* demonstrieren: Anlässlich der Eröffnung seiner Pekinger Filiale bot das zwar global tätige, aber zugleich urschwedische Möbelhaus seinen verdutzten chinesischen Kunden u.a. Mandelkuchen mit Fleischsoße und Bockwürstchen mit Marzipanrollen an (vgl. Blume 2000, S. 32).

Selbst innerhalb der – gemessen an der weltweit bestehenden Vielfalt – relativ homogenen *Europäischen Union* sind die Unterschiede groß, wie ein Blick auf die von *Eurostat* erhobenen Daten über die Ernährungsgewohnheiten zeigt:
- Von allen Europäern essen die Dänen am meisten Fisch, nahezu doppelt so viel wie die Spanier.
- Belgier und Luxemburger verbrauchen mehr Suppen als andere.
- Ein Grieche trinkt dreimal so viele Spirituosen wie ein durchschnittlicher EU-Bürger.
- Briten und Deutsche wiederum mögen es fett: 50 % des europäischen Sahnemarktes entfallen auf deren Heimatländer.

Wenn Nahrungsmittel kulturgebunden und damit nicht standardisierbar sind: Warum wird dann kein Produkt so häufig als Kronzeuge für die Überlegenheit der Standardisierungsstrategie genannt wie *Coca-Cola*? Die Erklärung lautet: Als Life Style-Getränk ist *Coca-Cola* eine relativ moderne Entwicklung und insofern kulturfrei. Hingegen sind nicht-markierte Erfrischungsgetränke traditionelle Erzeugnisse und damit prinzipiell kulturgebunden (vgl. Van Mesdag 2000, S. 82). Hinzu kommt, dass *Coca-Cola* sehr wohl den jeweiligen Ernährungsgewohnheiten und Geschmackspräferenzen angepasst wird, etwa hinsichtlich des Süßigkeitsgrades oder der Gebindegröße.

2.2.4 Produktkategorie

Aus der Zugehörigkeit eines Produktes zu einer bestimmten Produktkategorie lässt sich gleichfalls dessen Kulturspezifität erschließen. Industriegüter galten lange Zeit als „wenig kultursensibel" (Keegan/Schlegelmilch 2001, S. 99) bzw. „kulturfrei" (Meffert 1986). Man ging davon aus, dass es leichter als bei Konsumgütern fällt, sie zu standardisieren, da Industriegütermärkte typischerweise nur wenige Kunden mit vergleichsweise ähnlichen Bedürfnisse haben. Auch glaubte man, dass professionelle Entscheider Angebote objektiv und rational beurteilen (vgl. Rosen et al. 1989). Konsumgüter werden demgegenüber an viele Menschen verkauft, die heterogene Wünsche haben und häufig emotional entscheiden. Deshalb biete sich in ihrem Fall eine differenzierte Marktbearbeitung an.

> **Wer mag Pailletten?**
>
> „*Mango* erzielte 2011 einen Gesamtumsatz von 1,4 Mrd. €. Das spanische Modelabel ist derzeit in 109 Ländern mit insgesamt 2.415 Franchise-Geschäften vertreten. Zum Vergleich: *H & M*: 14,3 Mrd. € Bruttoumsatz, 40 Länder, 2.509 Filialen, *Zara*: 1,7 Mrd. €, 82 Länder, 1.631 Filialen. Im Vorführraum nimmt *G. Pratginestos* ein Kleid von der Stange: sehr lang, sehr purpur, viele Pailletten – Kundinnen in Nahost mögen das. Für den westlichen Markt wird das Modell ohne Ärmel und mit weniger Pailletten angeboten. Daneben plustert sich

ein Wintermantel auf – für russische Kundinnen extra dick gefüttert. Genäht wird teils in Asien, z.B. in Vietnam und Indien, zum großen Teil jedoch in Marokko und in der Türkei. Standardisiert ist bei dem in Barcelona beheimateten Textilunternehmen nur der Name: *Mango*. So, wie der Name für die gelbe Frucht, die in der ganzen Welt denselben Namen trägt: Mango" (vgl. Großmann 2012, S. 24).

Wie Theodosiou/Leonidou (2003, S. 155) darlegen, erfuhr die einfache, plausible und deshalb populäre These der prinzipiellen Standardisierbarkeit von Industriegütern durch die empirische Forschung teils Unterstützung, teils Widerspruch. Zu den Befürwortern zählen u.a. Leonidou (1996), Cavusgil et al. (1993) und Hite/Fraser (1988, S. 15). Letztere haben die Kommunikationsstrategien von 99 weltweit tätigen nordamerikanischen Unternehmen analysiert und festgestellt: 38% jener Firmen, die in verschiedenen Ländermärkten standardisiert für ihre Angebote werben, verkaufen hauptsächlich an industrielle Nachfrager, aber nur 3% der Unternehmen, welche die Anpassungsstrategie verfolgen. Hingegen gaben nur 20% der von Boddewyn et al. (1986) befragten Manager an, ihre Werbung für Investitionsgüter standardisieren zu wollen, während 41% die Adaptionsstrategie vorzogen. Auch aktuellere Studien konnten keine nennenswerte Unterschiede in der Standardisierungs/Differenzierungsphilosophie feststellen, die sich auf die Produktkategorie hätten zurückführen lassen: Konsum- vs. Investitionsgüter (vgl. z.B. Chung 2005, 2003). Wirklich verwundern kann dies nicht. Denn auch industrielle Käufer leben in einem kulturellen Umfeld, von dem beeinflusst sie ein Produkt beurteilen und kaufen. Überdies müssen auch sie sich letztlich an ihren Endkunden und deren häufig kulturspezifischen Wünschen orientieren. Im Übrigen ist die Vorstellung, dass über Industriegüter ausschließlich rational entschieden wird, eher Wunschdenken als valide wissenschaftliche Erkenntnis.

Haltbar ist die These, dass Industriegüter tendenziell kulturfrei und damit standardisierbar sind, indessen im Falle von Produkten, die später als Komponente in ein anderes Produkt integriert werden: etwa eine Lichtmaschine in ein Kraftfahrzeug. *Intel* bspw. verkauft Mikroprozessoren in identischer Form weltweit, weil „überall auf der Welt ein Chip ein Chip ist" (Keegan/Schlegelmilch 2001, S. 94). In dem Maße, wie auch in diesen Märkten der Wettbewerbsdruck steigt und als Reaktion darauf die Unternehmen ‚ingredient branding' betreiben – d.h. auch Produktbestandteile markieren (vgl. Kotler/Pfoertsch 2010) –, verflüchtigen sich jedoch die traditionellen Unterschiede zwischen Industrie- und Konsumgütermarketing (vgl. Backhaus/Voeth 2010, S. 534 ff.).

2.2.5 Konsumkontext

Die kulturvergleichende Konsumentenforschung hat gezeigt, dass nicht bestimmte Produkte an sich kulturgebunden oder kulturfrei sind, sondern abhängig von dem Gebrauchs- bzw. Verbrauchskontext, in dem sie benutzt bzw. konsumiert werden. Möbel bspw. sind nicht an sich ‚culture bound' oder ‚culture free', sondern je nachdem, in welchem Zimmer sie stehen. Das Wohnzimmer wird im Regelfall vorzugsweise traditionell eingerichtet, d.h. entsprechend den jeweiligen Kulturstandards, während bei der Ausstattung von Kinder-, Gäste- oder Arbeitszimmer funktionelle, tendenziell universalistische Kriterien Vorrang haben (z.B. Bequemlichkeit, Nutzwert). Auch das Schlafzimmer wird zumeist traditionell eingerichtet. Deshalb war selbst *Ikea* bereit, Abstriche an seinem Einheitssortiment und Konzessionen an das kulturelle Umfeld zu machen: extra lange Betten in Holland und besonders hohe Kleiderschränke in Italien (vgl. Kerbusk 2003, S. 62). Während die Notwendigkeit, den groß gewachsenen Niederländern überlange Betten anzubieten, offensichtlich ist, fragt man sich, warum XXL-Kleiderschränke Teil des kulturellen Erbes Italiens sind.

Um diese differenzierte, dem Kontingenzansatz (vgl. Teil C-2) zuzuordnende Sichtweise in die wissenschaftliche Forschung einführen zu können, schlugen Djursaa/Kragh (1998) das Konstrukt des Konsumkontextes vor. Dieses variiert auf einem gedachten Kontinuum mit den Polen „zentral" und „peripher" (vgl. Abb. 89). Wird ein ausländisches Produkt im peripheren Kontext konsumiert, so mindert dieser dessen Kulturgebundenheit und damit den Einfluss des Herkunftslandes auf die Kaufbereitschaft. Umgekehrt verhält es sich mit dem zentralen Kontext. Bei Kindern, Jugendlichen und jungen Erwachsenen ist der periphere Konsumkontext weiter gefasst, während ältere Konsumenten mehr Produkte, Dienstleistungen und Konsumsituationen dem zentralen Konsumkontext zuordnen.

Abb. 89: Einfluss des Konsumkontextes auf das Konsumentenverhalten

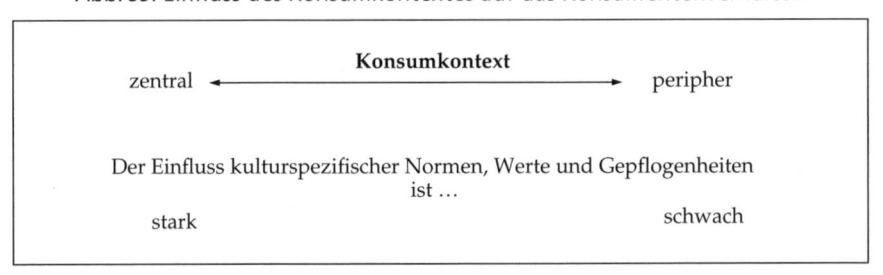

	Konsumkontext	
zentral	←————————————————→	peripher
	Der Einfluss kulturspezifischer Normen, Werte und Gepflogenheiten ist …	
stark		schwach

Quelle: auf Basis von Djursaa/Kragh (1998).

Die Nahrungsaufnahme etwa kann mehr (z.B. Festessen) oder weniger (z.B. Frühstück) kulturspezifischen Normen und Gepflogenheiten unterliegen. Im arabischen Kulturraum ist das Mittagessen die wichtigste Mahlzeit des Tages und gehört dem zentralen Konsumkontext an. Dies erkennt man u.a. daran, dass die ganze Familie daran teilnimmt, das Familienoberhaupt eine entscheidende Rolle spielt und die gemeinsame Mahlzeit mit einem Gebet beendet wird. Entsprechend dominieren traditionelle Nahrungsmittel und Zutaten den Speiseplan, die auf herkömmliche Weise zubereitet werden. Ausländisches ist verpönt. Dagegen aktivieren das Abendessen und insb. das Frühstück den peripheren Konsumkontext. Dann stehen auch Softdrinks, American Coffee, Streichkäse und Pizza etc. auf dem Tisch. Nicht selten werden ausländische Restaurantketten wie *McDonald's* oder *Pizza Hut* besucht, um zu frühstücken oder zu Abend zu essen (vgl. Kroeber-Riel et al. 2013, S. 582).

Geschenke verpacken Chinesen farblich unterschiedlich, je nachdem, ob der Geschenkanlass dem peripheren oder dem zentralen Kontext angehört. Für

Neujahrsgeschenke etwa werden rote Verpackungen präferiert (stärker als bspw. Kanadier dies tun). Erklären lässt sich dies zum einen mit der Bedeutung, welche das Neujahrsfest für die kulturelle Identität Chinas hat (= zentraler Kontext), und zum anderen damit, dass dort Rot eine rituelle Farbe ist. Für ein weniger wichtiges Geschenk (z.B. für einen Geburtstag = peripherer Kontext) bevorzugen Kanadier wie Chinesen dieselbe Farbe, nämlich Grün (vgl. Chattopadhyay et al. 1999).

Die jeweilige Kauf- bzw. Konsumsituation beeinflusst auch die Akzeptanz von Einkaufsstätten. Auf Chinesen etwa wirkt das traditionelle *McDonald's*-Image („sauber, hygienisch, technologisch, hell, neu und ausländisch") je nach Besuchsanlass reizvoll oder unpassend (vgl. Eckhardt/Houston 2002). Während eine *McDonald's*-Filiale für eine chinesische Familienfeier kein geeigneter Ort wäre, können dort Geburtstagspartys für Kinder durchaus erfolgreich veranstaltet werden. Denn die gemeinsame Feier eines Kindergeburtstags verletzt nicht die von *Konfuzius* geforderte „Pietät" gegenüber älteren Familienmitgliedern. Für Deutsche wiederum wäre Sauberkeit kein entscheidender Grund, ein bestimmtes Restaurant aufzusuchen, da dieses Kriterium hierzulande die Anbieter nicht differenziert.

2.3 Globale vs. lokale Industriezweige

2.3.1 Kriterien der Globalität

Telekommunikation zählt zu den High Tech-Branchen – scheinbar wie geschaffen für globale Vermarktungsstrategien. Aber kaum ein Markt wird so stark von lokalen Behörden reguliert wie der Telekommunikationsmarkt, weshalb Usunier/Walliser (1993, S. 130) ihn als einen global blockierten Industriezweig bezeichnen. Entsprechendes gilt im Übrigen für den Energiemarkt.

Üblicherweise spricht man dann von einem globalen Industriezweig, wenn mindestens ein Anbieter weltweit agiert und wenigstens 30 % des Branchenumsatzes auf ⇒ intra-industriellem Handel basieren. Da die Unternehmen sich dabei nicht an Ländergrenzen, sondern an Kosten- und Know how-Vorteilen orientieren, kommt es zwangsläufig zu globalen Verflechtungen. Anhand dieser Kriterien stuften Zou/Cavusgil (2002) insgesamt 21 Wirtschaftszweige als global ein (vgl. Tab. 78). Wir prüften sodann, ob und in welchem Maße deren Leistungsgegenstand kulturfrei oder kulturgebunden ist und welchem Konsumkontext (zentral vs. peripher) diese angehören. Dabei ergab sich, dass alle 21 globalen Industriezweige zumindest ein Merkmal besitzen, das für Kulturfreiheit spricht (z.B. High Tech-Gut).

Globale Wirtschaftszweige erkennt man indessen nicht nur daran, dass der Leistungsgegenstand ‚culture free' ist, weil es sich um ein Luxusgut, ein Investitionsgut bzw. ein High Tech-Gut handelt sowie um eine periphere Konsumsituation. Förderlich bzw. unabdingbar sind weiterhin logistische (z.B. Transportfähigkeit), wirtschaftspolitische (z.B. Handelbarkeit von Gütern) sowie soziopolitische Kriterien (z.B. Protektionismus) im Zielmarkt (vgl. Abb. 90).

Tab. 78: Kulturfreie globale Industriezweige

	Güterart			Peripherer Konsum[2)]
	Luxusgut	Investitionsgut[1)]	High Tech-Gut	
Automobilindustrie	x[3)]		x	x
Automobil-Zulieferindustrie		x		
Computer		x	x	
Computer-Peripheriegeräte		x	x	
Druckmaschinen		x		
Elektromedizinische Apparate		x	x	
Flugzeugteile		x	x	
Fotoausstattung und Zubehör			x	x
Halbleiter u.ä.		x	x	
Haushaltsgeräte				x
Heimelektronik			x	
Kugellager		x		
Kühlschränke				x
Erdöl- und Erdgasfördergeräte		x		
Landwirtschaftliche Chemikalien		x		
Pharmazeutische Präparate		x		
Röntgengeräte		x	x	
Textilmaschinenbau		x	x	
Uhren				x
Waagen		x		
Zivile Flugzeuge		x	x	

Anmerkungen:
[1)] Manche Güter sind sowohl Konsum- als auch Investitionsgut.
[2)] Nur markiert, wenn es sich (auch) um ein Konsumgut handelt.
[3)] Automobile sind dann Luxusgüter, wenn es sich um Wagen der Oberklasse handelt oder sie in Entwicklungs- und bestimmten Schwellenländern angeboten werden.

Quelle: auf Basis von Zou/Cavusgil (2002, S. 46); ergänzt und leicht modifiziert.

2.3.2 Mythos Globalität

Für das Marketing sind aber häufig nicht die objektiven Bedingungen bedeutsam, sondern die subjektive Realität, d.h. die Wahrnehmung der Konsumenten. So gelten Automobile, da sie häufig dem High Tech-Bereich zugeordnet werden und Abnehmer wie auch Anbieter über den ganzen Globus verstreut sind, als kulturfrei und der gesamte Wirtschaftszweig als global. Wie aber nehmen weltweit Käufer die einzelnen Marken wahr? Akzeptieren sie die vom Hersteller angestrebte Positionierung? Ausgehend von dieser Frage entlarvte eine Analyse

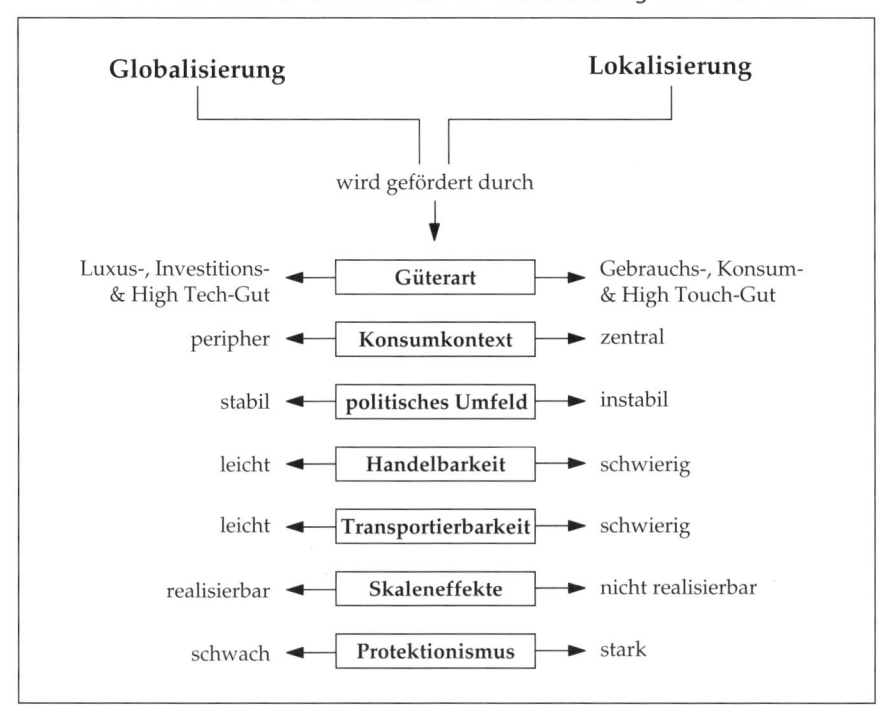

Abb. 90 : Promotoren & Hemmnisse der Globalisierung von Produkten

```
         Globalisierung              Lokalisierung
              └──────────┬──────────────┘
                   wird gefördert durch
                         ▼
Luxus-, Investitions-  ◄── Güterart ──►   Gebrauchs-, Konsum-
& High Tech-Gut                           & High Touch-Gut

peripher         ◄── Konsumkontext ──►        zentral

stabil           ◄── politisches Umfeld ──►   instabil

leicht           ◄── Handelbarkeit ──►        schwierig

leicht           ◄── Transportierbarkeit ──► schwierig

realisierbar     ◄── Skaleneffekte ──►        nicht realisierbar

schwach          ◄── Protektionismus ──►      stark
```

der 20 weltweit wichtigsten Absatzmärkte für Pkws die These von der „globalen Branche" als Mythos (vgl. Hsieh 2002). Denn abhängig von ihrer Nationalität bewerteten Verbraucher ein und denselben Pkw ziemlich unterschiedlich, wie der Index der Globalität belegt (vgl. Abb. 91). Dieser berechnet sich als Differenz der .
- Wahrnehmung einer Marke im Heimatmarkt (z.B. *Mercedes* in Deutschland) zur
- Wahrnehmung dieser Marke auf den Auslandsmärkten (z.B. *Mercedes* in Japan, Frankreich, Großbritannien etc.).

Je kleiner der Indexwert ausfällt, desto mehr ähneln die Urteile fremdkultureller Pkw-Besitzer über die Marke den Urteilen, welche Käufer im Heimatmarkt abgeben (zur Index-Berechnung siehe Hsieh 2002).

Die zentralen Ergebnisse dieser Studie lauten:
- Nur wenige Marken werden als globale Marke wahrgenommen. Zumeist handelt es sich dabei um hochpreisige Fahrzeuge *(Porsche, Mercedes, BMW, Lexus)*. Dies spricht dafür, dass es eine transnationale Zielgruppe mit dem Bedürfnis nach Luxus, Prestige etc. gibt und Luxusartikel tendenziell kulturfrei sind.
- Die Mehrzahl der Marken aber sind lokale Marken. Sie werden im Ausland deutlich anders wahrgenommen als auf ihrem jeweiligen Heimatmarkt. Aus einem einfachen Grund trifft dies vor allem für US-Produkte (z.B. *Buick*,

Abb. 91: Index der Globalität von Pkw-Marken

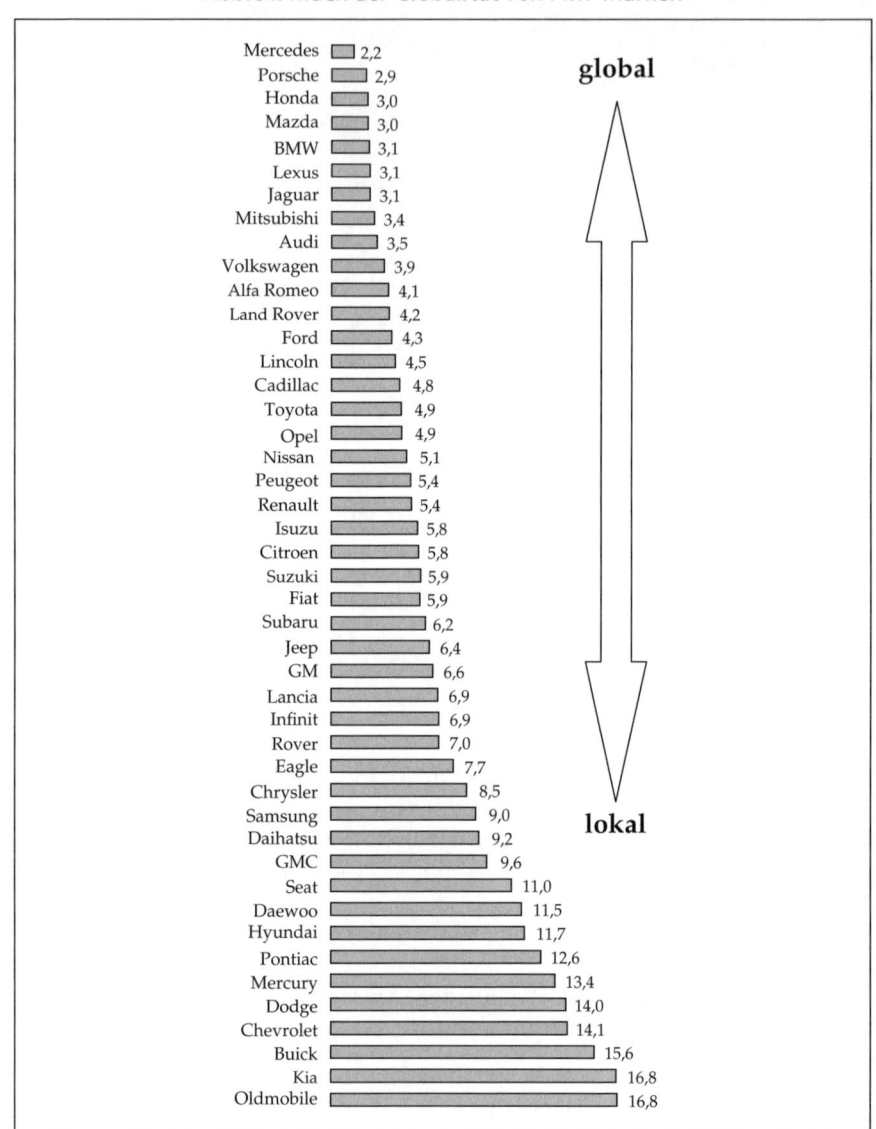

Mercedes	2,2
Porsche	2,9
Honda	3,0
Mazda	3,0
BMW	3,1
Lexus	3,1
Jaguar	3,1
Mitsubishi	3,4
Audi	3,5
Volkswagen	3,9
Alfa Romeo	4,1
Land Rover	4,2
Ford	4,3
Lincoln	4,5
Cadillac	4,8
Toyota	4,9
Opel	4,9
Nissan	5,1
Peugeot	5,4
Renault	5,4
Isuzu	5,8
Citroen	5,8
Suzuki	5,9
Fiat	5,9
Subaru	6,2
Jeep	6,4
GM	6,6
Lancia	6,9
Infinit	6,9
Rover	7,0
Eagle	7,7
Chrysler	8,5
Samsung	9,0
Daihatsu	9,2
GMC	9,6
Seat	11,0
Daewoo	11,5
Hyundai	11,7
Pontiac	12,6
Mercury	13,4
Dodge	14,0
Chevrolet	14,1
Buick	15,6
Kia	16,8
Oldmobile	16,8

global ↑ / **lokal** ↓

Quelle: eigene Darstellung auf Basis von Hsieh (2002).

Dodge) zu: Angesichts der Größe ihres Heimatmarktes konzentrieren sich viele amerikanische Hersteller auf die Binnennachfrage, weshalb sie lokale Marken kreieren.

- Als eine vergleichsweise gute ⇒ Proxy-Variable für den äußerst aufwändig zu berechnenden Index der Globalität hat sich der Bekanntheitsgrad der Marken erwiesen. Denn natürlich sind Weltmarken bekannter als lokale Marken. Abb. 92 zeigt in dem kleinen Kasten den Gesamtzusammenhang

(*Pearson*-Korrelation = −65; p = 0,000) und als Vergrößerung den Ausschnitt der globalen Marken. Zu ihnen zählen neben den bekannten Luxusmarken auch solche, die eine weltweite Preis/Mengen-Strategie verfolgen (insb. *Ford* und *Toyota*).

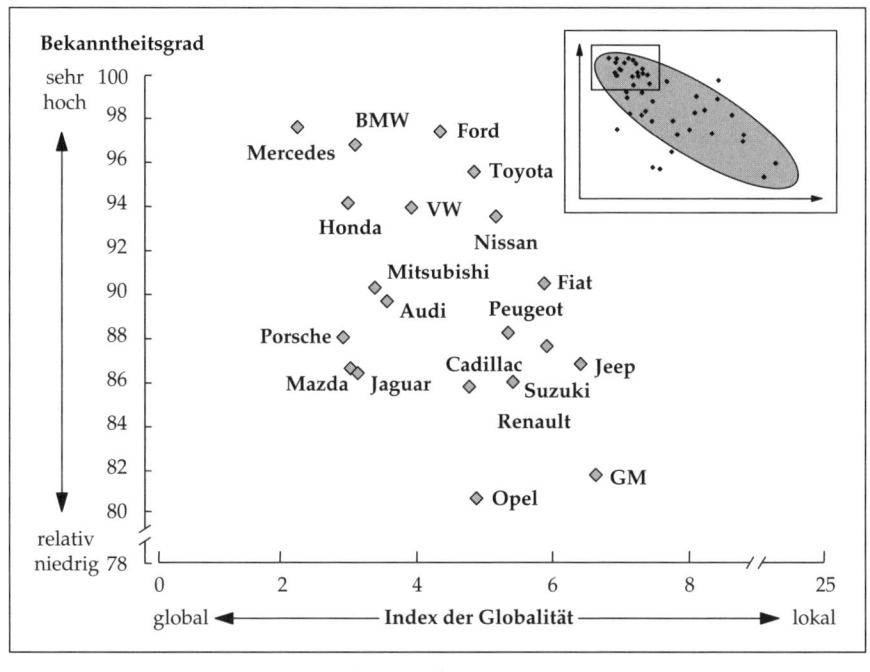

Abb. 92: Globale Automobilmarken

Quelle: eigene Darstellung auf Basis von Hsieh (2002, S. 58).

2.4 Differenzierte Standardisierung

Zwar ist die Produktpolitik im Allgemeinen und der Markenname im Besonderen das Element des Marketing-Mix, das international tätige Unternehmen zumeist am stärksten standardisieren. Aber auch in diesem Tätigkeitsfeld haben Unternehmen, abhängig von der Kulturgebundenheit/-ungebundenheit des zu markierenden Produkts und anderen Kontingenzvariablen, die unterschiedlichsten Lösungen gefunden (vgl. Tab. 79).

Tab. 79: Standardisierungs/Differenzierungsmatrix der Markenpolitik

	differenzierter Markenname	standardisierter Markenname
differenziertes Produkt	insb. Nahrungsmittel, etwa von *Unilever*	*Coca-Cola*; *Pepsi-Cola*; *Camel*; Produkte von *Kraft*
standardisiertes Produkt	*Snuggl, Mimosin, Kuschelweich, Silkience, Soyance, Sientel*	*Kodak*-Filme; *Rado*-, *Seiko*-Uhren; *Minolta*-, *Canon*-Kameras

Quelle: Meffert/Bolz (1998, S. 189).

Zweifelsohne bietet der Grundnutzen mehr Standardisierungspotential als der Zusatznutzen, weshalb viele Unternehmen die Funktionalität ihrer Produkte weltweit vereinheitlichen, den Zusatznutzen aber variieren. Von der klassischen Unterscheidung funktionaler vs. symbolischer Nutzen (vgl. Teil D-1.1) ausgehend beschrieben Burmann/Stolle (2007) drei Nutzenebenen und fünf Nutzenkategorien (vgl. Tab. 80). Daran anknüpfend lassen sich im weiteren Verlauf einige Grundregeln einer differenziert-standardisierten Markenpolitik benennen.

Tab. 80: Struktur des Markennutzens

	Persönlicher Nutzen	sinnlich-ästhetisch	hedonistisch (intrinsisch)
Symbolische Nutzenebene	Sozialer Nutzen	sozial (extrinsisch)	
Funktionale Nutzenebene	Funktionaler Nutzen	funktional-utilitaristisch	ökonomisch

Quelle: in Anlehnung an Meffert et al. (2010, S. 79).

Wie Stolle (2013) am Beispiel der Wichtigkeit dieser fünf Nutzenkategorien für Autokäufer in Brasilien (n = 530), China (n = 511), Deutschland (n = 962), Russland (n = 797) und den USA (n = 437) empirisch nachgewiesen hat, ist der soziale Nutzen in Machtdistanz akzeptierenden wie auch in femininen Gesellschaften überproportional bedeutsam, während in individualistischen Gesellschaften der utilitaristische Nutzen wichtiger ist als in anderen Kulturräumen und in ungewissheitstoleranten Gesellschaften der ästhetische Nutzen. Neben dem daraus erwachsenden Differenzierungsbedarf besteht auch Standardisierungspotential: Weltweit und unabhängig von ihrer kulturellen Prägung legen Automobilkäufer größten Wert auf den hedonistischen Nutzen von Automobilmarken: auf Selbstverwirklichung und Individualität, auf kognitive Stimulation und Abwechslung, Vielfalt, Lust- und Genussgefühle (vgl. Meffert et al. 2010, S. 80).

- Funktionale Nutzenebene

  1) Utilitaristischer Nutzen: Mehr als andere legen Angehörige von individualistischen, ungewissheitsmeidenden und femininen Kulturen Wert auf die physikalisch-technischen Leistungsmerkmale eines Automobils (z.B. komfortabler Innenraum, Umwelt- und Familienfreundlichkeit, aktive und passive Sicherheit).

  2) Ökonomischer Nutzen: Die wahrgenommene Wichtigkeit der finanziellen Konsequenzen des Besitzes eines Automobils (z.B. Anschaffungs- und Unterhaltskosten) wird nicht von der Landeskultur der Befragten beeinflusst und spielt insgesamt eine geringe Rolle.

- Symbolische Nutzenebene

  ➢ Persönliche Nutzenebene

  3) Sinnlich-ästhetischer Nutzen: Kriterien der Schönheit und Ästhetik (z.B. Form der Karosserie) sind vor allem für maskuline Autokäufer bedeutsam wie auch für solche, die Machtdistanz ablehnen und Ungewissheit tolerieren.

2.4 Differenzierte Standardisierung

4) Hedonistischer Nutzen: Mit Abstand am wichtigsten sind allen Befragten die Lust- und Genussgefühle, welche ihnen ein Automobil verschafft. Die Landeskultur differenziert diese Einschätzungen nicht signifikant.
➢ Soziale Nutzenebene
5) Sozialer Nutzen: In Ländern wie China und Russland, in denen Machtdistanz kulturbedingt akzeptiert wird, wie auch in femininen und ungewissheitstoleranten Ländern ist diese Nutzenkomponente den Befragten überdurchschnittlich wichtig. „Die Marke dient hier verstärkt als Kommunikationsmedium, um dem sozialen Umfeld Informationen zum sozialen Status des Eigentümers zu vermitteln" (Meffert et al. 2010, S. 113).

Unzählige Beispiele belegen, dass Unternehmen ihr Sortiment teils standardisieren und teilweise den landeskulturellen Bedingungen anpassen. 1994 beschrieb *F. Maljers*, damals Vorstandsvorsitzender von *Unilever N.V.*, anlässlich des dritten *Berlin Top Management Forum* die Strategie seines Unternehmens als einen Mix von globalen sowie von regional und lokal differenzierten Marketingkonzepten. Chemische Erzeugnisse betrachte man unternehmensintern als globale Produkte, Waschmittel sowie Erzeugnisse des persönlichen Bedarfs als regionale und Nahrungsmittel als lokale Produkte. Waschmittel bspw. sind deshalb keine globalen Produkte, weil die Vorstellung darüber, was „rein" ist, kulturabhängig variiert.

Glokale Markenstrategie von Henkel
Ziel dieser Strategie ist es, durch Standardisierung bestimmter Bereiche der Markenführung Skaleneffekte zu erzielen (= **glo**bal), zugleich jedoch nationale bzw. regionale Differenzierung zuzulassen, um nicht die Marktnähe zu verlieren (= **lo**kal). Während *Procter & Gamble* eine Globalmarkenstrategie verfolgt – d.h. weltweit möglichst standardisiert agiert – gehören dem Portfolio von *Henkel* auch zahlreiche lokale Marken an. Im Einzelnen basiert die Markenführung auf vier Strategien:
- „Global-Strategie: Eine globale Marke wird mit einem weltweit identischen Produkt vermarktet (z.B. *Pritt*).
- Markenplattform: Eine globale Marke wird in einzelnen Regionen mit einem jeweils individuellen Produkt vermarktet (z.B. *Brillance*).
- Produktplattform: Ein identisches Produkt wird jeweils unter einer lokalen Marke verkauft. *Spee* etwa heißt in anderen Ländern *Rex* oder *X-Tra*.
- Lokal-Strategie: Ein Produkt wird unter einer individuellen Marke verkauft. *La Toja* etwa, ein Körperpflegeprodukt, wird ausschließlich in Spanien vertrieben" (Lebensmittelzeitung, Nr. 46 [17.11.2006], S. 14).

Ein anderes Beispiel für den Vorrang der Hybridstrategie: Die Verkaufsparties, welche *Tupperware* veranstalten lässt, sind weltberühmt und Teil des Markenkultes (vgl. Vincent 2003; Blaschka 1998). Das Unternehmen bietet drei Viertel seiner Produkte in 102 Ländern in identischer Aufmachung an (z.B. Dosen für die Mikrowelle). Für den wichtigen deutschen Markt jedoch, der von 55.000 *Tupperware*-Verkäuferinnen intensiv bearbeitet wird und 10% zum Gesamtumsatz beiträgt, wurden spezielle Produkte entwickelt, etwa der „Spätzle-Macher" und verschiedene Angebote „rund ums Kuchenbacken" (z.B. Sahneschläger). Und in Südkorea ist ein Behälter zum Aufbewahren von Kimchi der Verkaufshit. Denn dieser eingelegte Weißkohl darf bei keiner koreanischen Mahlzeit fehlen.

McDonald's Plattformstrategie

„Bei den Salaten verfolgt *McDonald's* – in Anlehnung an Autohersteller – eine Plattformstrategie. Das heißt: gleiches Fundament, aber unterschiedliche Ausstattung. Der Salat selbst ist in den einzelnen Märkten sehr ähnlich, dafür variiert der über den Salat gestreute Käse. In Europa bekommen die Kunden beispielsweise Cheddar-Käse serviert, in Nordamerika Blauschimmelkäse. Ganz verschieden fällt auch das Dressing aus: Sowohl in Amerika als auch in Europa gibt es ein Ranch-Dressing, in Amerika ist es aber viel dickflüssiger und säuerlicher. In Australien serviert man dagegen aufgrund der Nachbarschaft zu Asien Mango-Sesam-Dressing" (Lindner 2004, S. 14).

☞ Der funktionelle Nutzen bietet mehr Standardisierungspotential als der symbolische Nutzen. Deshalb vereinheitlichen viele Unternehmen die Funktionalität ihrer Produkte weltweit, variieren aber den Zusatznutzen (häufig mithilfe einer differenzierten Markenpolitik). Darüber hinaus hängt das Standardisierungspotential davon ab, ob ein Produkt kulturfrei oder kulturgebunden ist (vgl. Skizze).

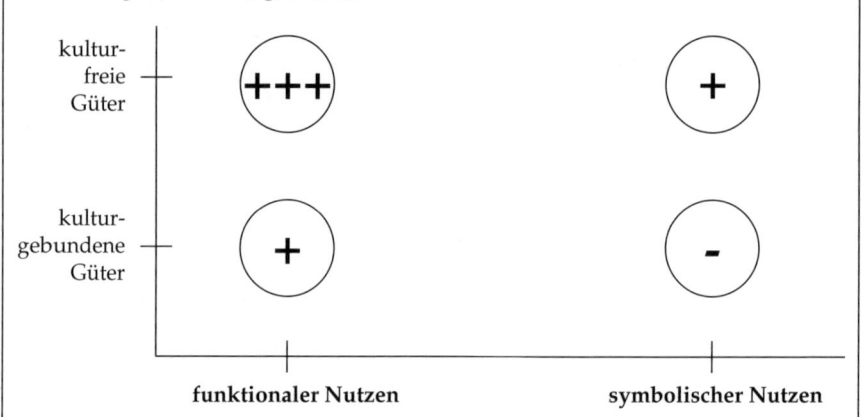

	funktionaler Nutzen	symbolischer Nutzen
kulturfreie Güter	+++	+
kulturgebundene Güter	+	−

Kulturfreie Produkte lassen sich weltweit mehr oder weniger einheitlich vermarkten. Dazu zählen die meisten High Tech-Erzeugnisse, viele Industriegüter (insb. ‚ingredients', d.h. Produktteile, die nicht image-relevant sind), Produkte aus „jungen Branchen" (z.B. Heimelektronik) und Erzeugnisse, die vorzugsweise im peripheren Kontext konsumiert werden. Demgegenüber sind „alte" (d.h. traditionelle) Produkte wie Textilien oder Nahrungsmittel überwiegend kulturabhängig (‚culture bound'). Gleiches gilt für alle Güter, welche dem zentralen Konsumkontext zuzuordnen sind und die kulturelle Identität bzw. Tradition einer Region verkörpern. Wie sich am Beispiel der Automobilindustrie nachweisen lässt, ist es zumeist nicht möglich, ganze Wirtschaftszweige als global (= kulturfrei) oder lokal (= kulturgebunden) einzustufen. Die meisten Pkw-Marken besitzen im Ausland ein anderes Image als im Herkunftsland. Nur wenige, vor allem im Luxussegment angesiedelte Angebote werden über Landes- und Kulturraumgrenzen hinweg ähnlich positioniert und können damit als globale Marken gelten.

3 Produktentwicklung & Produktgestaltung

3.1 Forschung + Entwicklung

3.1.1 Grundlagen

Diese betriebliche Funktion umfasst die Phasen industrielle Forschung und vorwettbewerbliche Entwicklung.
- Im Mittelpunkt der industriellen Forschung steht planmäßige Forschungsarbeit. Deren Ziel ist es, neue Erkenntnisse zu gewinnen, die zur Entwicklung neuer Produkte, Verfahren oder Dienstleistungen genutzt werden können bzw. zur signifikanten Verbesserung bestehender Produkte, Verfahren oder Dienstleistungen.
- Die Ergebnisse der industriellen Forschung sind Basis eines Plans oder Entwurfs für neue oder wesentlich geänderte bzw. verbesserte Produkte, Verfahren oder Dienstleistungen. Aufgabe der vorwettbewerblichen Entwicklung ist es weiterhin, einen ersten, nicht zur kommerziellen Verwendung bestimmten Prototyp zu schaffen.

Die F+E-Intensität ist eine Schlüsselvariable internationaler Wettbewerbsfähigkeit (vgl. Breuss 2006). In der Standortdiskussion wird bisweilen eine negative Wechselbeziehung zwischen dem Volumen des Sozialhaushaltes und der Intensität der Forschungsförderung unterstellt: Überdurchschnittliche Sozialleistungen mindern demzufolge nicht nur das Ausmaß der Forschungsförderung, sondern auch deren Erfolg. Tatsächlich aber waren es gerade die klassischen Sozialstaaten, allen voran Schweden und die Niederlande, welche in der zurückliegenden Dekade ihre F+E-Intensität erheblich intensiviert und davon gesamtwirtschaftlich und gesellschaftlich profitiert haben. Wie der jährliche Bericht des Bundesforschungsministeriums zur technologischen Leistungsfähigkeit der Industrieländer und andere vergleichende Erhebungen regelmäßig zu erkennen geben, investieren schwedische Unternehmen relativ, d.h. gemessen am Bruttoinlandsprodukts ihres Landes, am meisten in die Entwicklung neuer Produkte und Verfahren. Deutschland, das 1991 mit einem Anteil von 2,6 % am BIP noch knapp hinter Schweden (2,9 %) lag, gehört zusammen mit den USA, Frankreich, Großbritannien und Italien zu jener Gruppe von Ländern, die seitdem ihre F+E-Intensität reduzierten. Offensichtlich verstanden es die femininen Gesellschaften in den 1990er-Jahren, sowohl die Sozialleistungen als auch die Forschungsförderung auf einem hohen Niveau zu halten.

Für hoch entwickelte Volkswirtschaften ist anwendungsorientierte Forschung + Entwicklung eine entscheidende Vorbedingung dafür, im internationalen Wettbewerb die gewöhnlich bestehenden Lohnkostennachteile zu kompensieren: durch einen überdurchschnittlichen Innovationsgrad ihrer Angebote. Die *SIEMENS AG* etwa, die 57.000 Mitarbeiter im F+E-Bereich beschäftigt, davon 25.000 in 31 Ländern außerhalb Deutschlands, erzielt rund 75 % ihres Umsatzes mit Produkten und Leistungen, die in den letzten fünf Jahren entwickelt wurden (wofür das Unternehmen jährlich 7,1 % des Umsatzes investiert). Im „Bundesbericht Forschung 2000" stufte die Bundesregierung ca. 66 % der Unternehmen im Verarbeitenden Gewerbe und 58 % der Dienstleistungsunternehmen als innovativ ein. Größere Probleme bestünden allerdings in der Umsetzung der Konzepte in marktfähige Angebote.

3.1.2 Einfluss der Landeskultur

Kedia et al. (1992) stellten fest, dass manche Länder (z.B. Großbritannien, USA, Schweiz) überdurchschnittlich produktiv F+E betreiben. Erklären lässt sich dies mit Hilfe zweier Kulturdimensionen. Zum einen sind Angehörige von Kulturen, die Machtdistanz nicht akzeptieren, es gewohnt und erwarten es, an Entscheidungen beteiligt zu werden. Zum anderen scheint die dem Maskulinen zugeschriebene überdurchschnittliche Entschlossenheit dabei hilfreich zu sein, Erkenntnisse der F+E-Abteilung umzusetzen. Auch Deutschland, Österreich und Ungarn besitzen dieses Kulturprofil (überdurchschnittliche Maskulinität und unterdurchschnittliche Akzeptanz von Machtdistanz), während die Landeskulturen von Guatemala und Panama, aber bspw. auch von Brasilien und Frankreich keine günstige Voraussetzungen für eine erfolgreiche F+E-Politik bieten (vgl. Abb. 93).

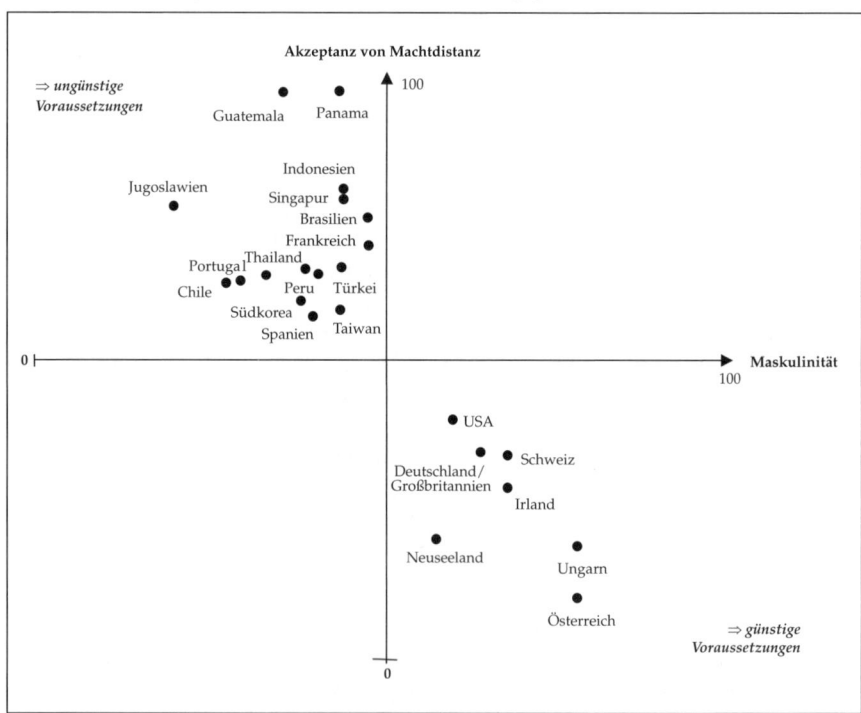

Abb. 93: Erfolgsaussichten von F+E in Abhängigkeit von der Landeskultur

Menschen, die in einer individualistischen Kultur sozialisiert wurden, neigen zu unternehmerischem Denken, Kreativität und geistiger Autonomie. Diese Eigenschaften sind bei der Suche nach und bei der Gestaltung von marktgerechten Innovationen von Vorteil (Rosenbusch et al. 2011; Ramamoorthy et al., 2005; Jones/Davis, 2000).

Ungewissheit meidende Kulturen schließlich bringen weniger Innovationen hervor (vgl. Rhyne et al. 2002). Denn Neuerungen jeder Art weichen – zwangsläufig – vom Gewohnten ab. Deshalb sind Griechen, Portugiesen, Guatemalteken oder Belgier, um nur einige der besonders risikoaversen Landeskulturen zu nennen, nicht die „geborenen Innovatoren". Ihr starkes „emotionales Bedürfnis nach Vorschriften und Formalisierung" (Hofstede 1992, S. 310) mindert Intuition und Kreativität.

Dass westliche Volkswirtschaften im Mittel innovativer sind als asiatische Volkswirtschaften (vgl. Wong et al. 2008), bestätigt dies indirekt: Denn Briten, Deutsche, Schweden, US-Amerikaner etc. sind im Mittel wesentlich individualistischer und unsicherheitstoleranter als Chinesen, Japaner und Koreaner. Auch lehnen sie Machtdistanz entschieden ab, während vor allem Chinesen Machtdistanz akzeptieren (PDI = 80).

3.2 Produktentwicklung

3.2.1 Bedürfnisorientierte Produktentwicklung

3.2.1.1 Überblick

Zu den Grundsätzen des Marketing zählt, dass Produktentwicklung von den bereits bekannten bzw. noch zu identifizierenden Bedürfnissen der Zielgruppe(n) ausgehen sollte. So war das ⇒ Bedürfnis nach Mobilität ausschlaggebend für den weltweiten Erfolg miniaturisierter, tragbarer Kommunikations- und Unterhaltungselektronik. Vielfach aber haben derartige universale Bedürfnisse höchst unterschiedliche Konsequenzen für das Marketing. *L'Oréal* etwa befriedigt das weltweit wirksame Bedürfnis der Menschen nach Selbstinszenierung in den einzelnen Verkaufsregionen auf höchst unterschiedliche Weise. Der Kosmetikkonzern „lebt davon, dass seine Kundinnen partout nicht so aussehen wollen, wie es ihnen die Natur vorherbestimmt hat. Den glatthaarigen, hellhäutigen Frauen in Europa und Amerika verkauft das Unternehmen Dauerwellen und Selbstbräuner, den naturkrausen Afrikanerinnen den Haarglätter von *Soft Sheen*, und für die gelbhäutigen Asiatinnen hält *L'Oréal* Bleichcreme bereit" (Hoffritz 1999b).

Wie kann das Interkulturelle Marketing der Maxime von der bedürfnisorientierten Produktentwicklung gerecht werden? Eine Möglichkeit besteht darin, den einzelnen Stufen der idealtypisch vereinfachten *Maslowschen* Bedürfnishierarchie (⇒ Bedürfnis) die auf jeder Entwicklungsstufe mutmaßlich dominante bzw. sensible Kulturdimension zuzuordnen und davon ausgehend erfolgversprechende Produktfelder abzuleiten (vgl. Abb. 94).

Für die externe Validität dieser Typologie spricht u.a. der Befund, dass Produkte, die aufgrund eines schlechten Qualitätsimage (negativer CoO) als unsicher wahrgenommen werden, auf Unsicherheitsmeider keinen Kaufanreiz ausüben

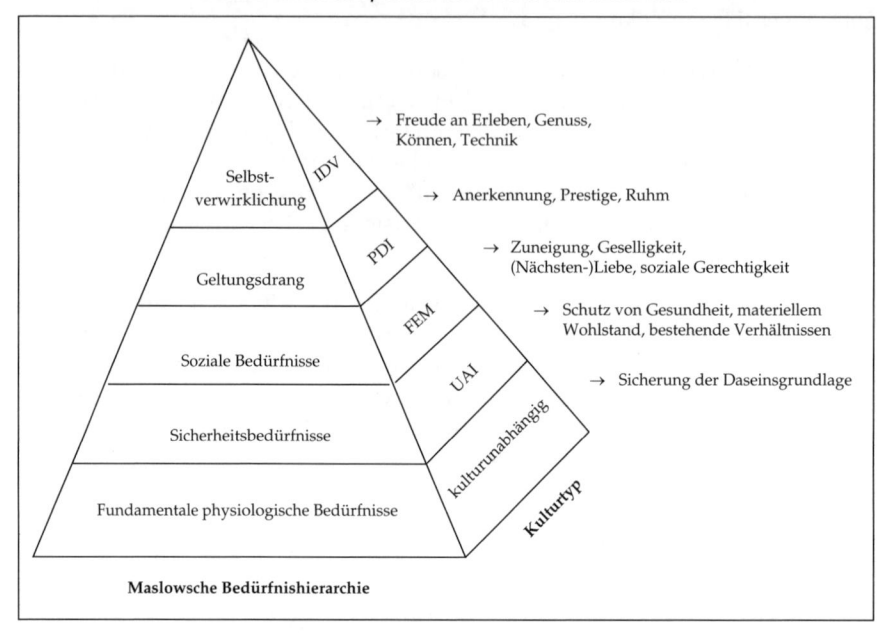

Abb. 94: Kulturspezifische Bedürfnishierarchie

Pyramide (Maslowsche Bedürfnishierarchie, von oben nach unten):
- Selbstverwirklichung → Freude an Erleben, Genuss, Können, Technik
- Geltungsdrang → Anerkennung, Prestige, Ruhm
- Soziale Bedürfnisse → Zuneigung, Geselligkeit, (Nächsten-)Liebe, soziale Gerechtigkeit
- Sicherheitsbedürfnisse → Schutz von Gesundheit, materiellem Wohlstand, bestehende Verhältnissen
- Fundamentale physiologische Bedürfnisse → Sicherung der Daseinsgrundlage

Seitenbeschriftung: IDV, PDI, FEM, UAI – kulturunabhängig / Kulturtyp

(vgl. Lee et al. 2007). Gleiches gilt für den empirisch ermittelten Zusammenhang zwischen der – subjektiv empfundenen – Sicherheit von Fertigprodukten und der Tendenz zur Vermeidung von Unsicherheit (vgl. Abb. 95). Die negative Korrelation bedeutet: Weniger als bspw. Briten, Dänen oder Schweden vertrauen Franzosen, Griechen, Italiener und andere unsicherheitsaverse europäische Konsumenten vorgefertigten Lebensmitteln (d.h. deren Inhaltsstoffen und der Produktionsweise).

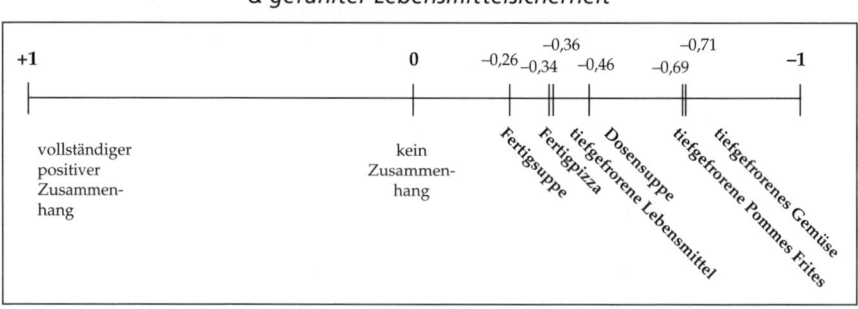

Abb. 95: Korrelation zwischen Ungewissheitsvermeidung & gefühlter Lebensmittelsicherheit

Skala von +1 (vollständiger positiver Zusammenhang) über 0 (kein Zusammenhang) bis –1. Werte: –0,26 Fertigsuppe; –0,34 Fertigpizza; –0,36 tiefgefrorene Lebensmittel; –0,46 Dosensuppe; –0,69 tiefgefrorene Pommes Frites; –0,71 tiefgefrorenes Gemüse.

Quelle: eigene Auswertung von Daten des Eurobarometer 1998 (Europäische Kommission).

Orientierungshilfe leistet auch die zweidimensionale Kulturtypologie, welche Douglas (1992) in die kulturwissenschaftliche Diskussion eingeführt hat. Nach Maßgabe des „Grades an Gruppenbindung" und des „Grades an Wahlmöglichkeiten, welche der Einzelne in der Gruppe besitzt", unterscheidet sie vier Kulturtypen: die individualistische, die hierarchische, die egalitäre sowie die fatalistische Kultur (⇒ Kulturtypologie nach Douglas). Vogelsang (1999, S. 87 ff.) übertrug dieses Schema auf die Produktpolitik und begründete, welche Produktkategorie aufgrund welcher Werte in welchem kulturellem Umfeld Erfolg verspricht:

- Individualistische Kultur → innovative Produkte (Neuartigkeit, Prestigewert)
- Hierarchische Kultur → solide Produkte (Haltbarkeit, Gebrauchswert)
- Egalitäre Kultur → faire Produkte (Einfachheit, Zweckmäßigkeit)
- Fatalistische Kultur → lebensnotwendige Produkte (Desinteresse an der Welt des Konsums)

3.2.1.2 Image/Kongruenz-Hypothese

Die aktuelle Forschung nutzt das Selbst bzw. das Selbstbild der Verbraucher primär als intervenierende Variable, die Informationsverarbeitung, Emotion und Verhalten beeinflusst (vgl. Aguirre-Rodriguez et al. 2012). Dabei hat sich u.a. gezeigt, dass Produkte, welche für den demonstrativen Konsum und somit für die Selbstinszenierung geeignet sind, das Produktinvolvement steigern (z.B. Pkw). Dies ist insofern bedeutsam, als involvierte Konsumenten besonders sensibel auf Abweichungen bzw. Übereinstimmungen zwischen Produktimage und Selbstbild reagieren. Gemäß der Image/Kongruenz-Hypothese vergleichen Käufer bewusst oder unbewusst ihr Selbstimage mit dem Markenimage und entscheiden sich dann für die Marke, welche ihrem Selbst am besten entspricht und ihren Selbstwert erhöht (vgl. Jamal/Goode 2001) – vorausgesetzt, Produktkenntnis ist nicht maßgeblich für die Kaufentscheidung (vgl. Jamal/Al-Marri 2007). Folglich sollte die Produktpolitik bei hedonistischen Produkten (vgl. Teil D-1.1) am kollektiven Selbst ausgerichtet werden, wenn es sich um kollektivistische Märkte handelt, und am Selbstimage, wenn es sich um individualistische Märkte handelt – jeweils im Sinne des idealen Selbst (vgl. Litvin/Kar 2004). Teil des kollektiven Selbst der Chinesen bspw. ist ein ausgeprägter Nationalstolz. Deshalb und angesichts des spektakulären Wandels Chinas vom rückständigen Entwicklungsland zur zweitstärksten Wirtschaftsmacht der Welt läge es für chinesische Automobilhersteller nahe, Markennamen zu wählen, welche diese nationale Erfolgsgeschichte thematisieren. Für den französischen Markt könnten hingegen Markennamen kreiert werden, deren Botschaft individueller Lebensgenuss ist.

3.2.2 Einfluss der Landeskultur

Souder/Jenssen (1999) haben die Produktentwicklungsstrategien von Unternehmen, die einer maskulinen Kultur entstammen (= USA), mit denen verglichen, die von einer femininen Landeskultur geprägt sind (= Skandinavien). Dabei zeigte sich u.a., dass US-amerikanische Telekommunikationsunternehmen eher produktorientiert vorgehen, während sich der Stil skandinavischer Telekommunikationsunternehmen als service- und beziehungsorientiert charakterisieren lässt.

Gestützt auf eine Analyse der einschlägigen Literatur sowie die Unterscheidung von Initiierungsphase und Implementierungsphase erörtern Nakata/ Sivakumar (1996) einerseits, welche Kulturdimension die Produktentwicklung in welcher Weise begünstigt bzw. erschwert (vgl. Tab. 81). Andererseits identifizieren sie Länder, welche in der ...

- Initiierungsphase ein kulturell günstiges Umfeld bieten (insb. die angelsächsischen und die nordeuropäischen Länder),
- Implementierungsphase vorteilhaft sind (z.B. Japan).

Tab. 81: Promotoren der Produktentwicklung in Abhängigkeit von der Landeskultur

Initiierungsphase	Implementierungsphase
Individualismus → Initiative, Nonkonformität, Selbstvertrauen, Beharrlichkeit	**Kollektivismus** → Vernetzung, Kooperation, Konsens (bzgl. der Zielsetzung)
Machtdistanz wird abgelehnt → auch niederrangige Mitarbeiter werden ermutigt, Beiträge zu leisten	**Machtdistanz wird akzeptiert** → Hierarchie und Zentralisation erleichtern koordiniertes Vorgehen
Feminität → Personenorientierung, warmherziges, unterstützendes Arbeitsklima	**Maskulinität** → Zielorientierung, Formalisierung
Ungewissheit wird akzeptiert → Risikobereitschaft, Offenheit	**Ungewissheit wird vermieden** → Planung, Kontrolle
Ein günstiges kulturelles Umfeld bieten: Australien, Dänemark, Großbritannien, Kanada, Niederlande, Norwegen, Neuseeland, Schweden, USA	Ein günstiges kulturelles Umfeld bieten: Griechenland, Japan, Mexiko, Pakistan, Peru, Philippinen, Taiwan, Thailand, Venezuela

Quelle: eigene Darstellung auf Basis von Nakata/Sivakumar (1996).

3.3 Gestaltung des Produktumfeldes

3.3.1 Farbgestaltung

Farben sind Symbole, die kulturspezifisch entschlüsselt werden (vgl. Müller/ Gelbrich 2014, S. 199 ff.). Kaum eine Farbe löst bei Angehörigen verschiedener Kulturen gleichartige Assoziationen und Gefühle aus (vgl. Tab. 82). Darüber hinaus haben Kunden häufig höchst unterschiedliche Vorstellungen davon, welche Farbe einem bestimmten Produkt angemessen ist bzw. welche Anbieter (Herkunftsland, Institution etc.) sie damit verbinden (vgl. Aslam 2006). So wird nach Jacobs et al. (1991) Rot mit China bzw. den USA (von asiatischen Probanden) assoziiert, Purpur erinnert viele an Frankreich, Orange an die Niederlande, Grün an Frankreich wie auch an Italien und Blau an die USA (US-amerikanische Probanden).

3.3.2 Gebrauchsanleitungen

Welche Konsequenzen der Analphabetismus für die Produktpolitik hat, beleuchtet folgendes Beispiel. In 50 Ländern wird *Thalidomid* seit Jahren als einzig

Tab 82a: Farbassoziationen (I)

	Anglo-Saxon (Australia, Great Britain, New Zealand, USA)	Germanic (Austria, Germany, Holland, Switzerland)	Latin European (Belgium, France, Italy, Spain)	Nordic (Denmark, Finland, Norway, Sweden)	Slavic (Russia, Poland, Czech Rep. Slovenia, Hungary, Romania)	Hispanic American (Argentina, Chile, Peru, Colombia, Mexico, Venezuela)
White	happiness, purity, for brides					
Blue	dependable, high quality, corporate trustworthy and masculine (USA)	warmth, feminine (Holland)		cold, masculine (Sweden)		
Green	envy, good taste, adventure (USA); happiness		envy (Belgium)			
Yellow	warmth, happy and pure (USA); jealousy (UK)	envy and jealousy (Germany); envy (Holland)	infidelity (France), envy (Italy)		envy (Russia, Yugoslavia)	death (Mexico)
Red	masculinity (UK); fear, anger, envy, jealousy, love and adventure (USA); danger, defiance, hostile, strength, excitement, lust	fear, anger, unlucky, jealousy (Germany)	masculinity (France)	positive (Denmark)	positive (Romania); fear, anger, and jealousy (Poland, Russia), envy (Poland)	positive (Argentina); anger, envy and jealousy (Mexico)
Purple	authority, power, progressive, inexpensive (USA)				anger, envy and jealousy (Poland); envy (Russia)	death; anger, envy (Mexico)
Black	fear, anger, envy, powerful, expensive (USA); despondency, ceremonial	fear, anger and jealousy (Germany); despondency	fear, anger, despondency		fear, anger, envy (Poland, Russia) jealousy (Russia)	fear, anger, envy, jealousy (Mexico)

Quelle: Aslam (2006, S. 19).

wirksames Mittel gegen bestimmte Lepra-Erkrankungen eingesetzt. 1995 gab die *Food and Drug Administration (FDA),* die Arzneimittelbehörde der USA, *Thalidomid* für die Behandlung von AIDS-Kranken frei. Auch in den USA ist es erhältlich, allerdings unter strengen Auflagen. Denn in der Schwangerschaft gelangt der gefährliche Wirkstoff über den Blutkreislauf der Mutter in den des Fötus. Deshalb sollen die Frauen während der Einnahmezeit zwei Verhütungsmethoden kombinieren. Da in Brasilien, wo seit 1990 etwa 500 neue „*Contergan*-Kinder" geboren wurden, und vergleichbaren Ländern viele wer-

Tab. 82b: Farbassoziationen (II)

	Chinese (China, Taiwan, Hong Kong)	Japanese	South Korean	Southeast Asian (ASEAN states)	Near Eastern	Indian	West African
White	purity, mourning	mourning, death	mourning, death	mourning, death	mourning, death	mourning, death	mourning, death
Blue	high quality	high quality, sincere, trustworthy	high quality, sincere, trustworthy	cold, evil (Malaysia)	death (Iran)	purity	
Green	pure, sincere, trustworthy, dependable	love, happy, good taste, adventurous	pure, adventurous	danger, disease (Malaysia)			
Yellow	pure, pleasant, progressive, royal, authority	envy, pure, happiness, good taste	happiness, good taste, dependable		envy (Turkey)		
Red	happiness, lucky, love, for brides	love, anger, jealousy	love, adventurous, good taste			ambition, desire	unlucky, negative (Nigeria)
Purple	expensive, love	sin, fear, expensive	expensive, love				
Black	powerful, expensive, high quality	fear, powerful, expensive, dependable	powerful, expensive			dullness, stupidity	

Quelle: Aslam (2006, S. 19).

dende Mütter nicht lesen können, sind dort schriftliche Warnungen auf dem Beipackzettel wenig hilfreich. Der Pharmakonzern *Celgene,* der das umstrittene Präparat unter dem Markennamen *Synovir* vertreibt, plante deshalb, Photos von missgebildeten Kindern auf die Packung zu drucken.

3.3.3 Produktverpackung

3.3.3.1 Grundlagen

Unstrittig ist, dass Produktverpackungen zahlreiche Funktionen erfüllen. Sie binden die Aufmerksamkeit potentieller Kunden, lenken die Produktwahrnehmung, vermitteln die Markenpersönlichkeit und beeinflussen letztlich die Kaufentscheidung, bspw. indem sie Impulskäufe stimulieren (vgl. Kuvykaite et al. 2009). Einhergehend mit der zunehmenden Substitution der traditionellen Verkäufer/Käufer-Interaktion durch Selbstbedienungsangebote wurde die Verpackung zu einem zentralen Marketinginstrument. Streng genommen ist die Verpackung kein Produktmerkmal. Aber neben dem Preis wird sie häufig vom Kunden als Erstes wahrgenommen. Entsprechend stark beeinflusst sie die Kaufentscheidung.

Im Laufe der Zeit mussten Produktverpackungen immer mehr und immer wichtigere Funktionen erfüllen. Anfänglich stand eindeutig die reine Schutzfunktion im Vordergrund: Die Verpackung (bspw. eine Dose) hatte zu gewährleisten, dass das Produkt den Kunden erreicht, ohne Schaden zu nehmen. International tätige Unternehmen müssen aufgrund besonderer Anforderungen (z.B. Schutz vor Feuchtigkeit bei Seefracht) bzw. Risiken (z.B. lange Transportwege) diesem Kriterium in besonderem Maße Rechnung tragen (z.B. durch eine luftdichte und stoßsichere „seemäßige Verpackung" von verderblichen oder in anderer Weise empfindlichen Gütern). Aufgrund von systematisch betriebener Arbeitsteilung und Massenproduktion kamen im weiteren Verlauf der Entwicklung die Transport- und die Lagerfunktion hinzu (bspw. Stapelfähigkeit, Standardgrößen).

In dem Maße, wie immer mehr Märkte gesättigt waren, hatten Verpackungen überdies auch Marketing- und Kommunikationsfunktionen zu erfüllen. Hierzu zählt u.a. die Fähigkeit, Impulskäufe zu unterstützen. Dafür, wie auch für die Emotionalisierung des Kaufprozesses, kann bspw. die Farbgestaltung genutzt werden. Als Ende der 1980er-Jahre die Ökodiskussion von einem nur von Randgruppen der Gesellschaft thematisierten Problem zu einem Mainstream-Phänomen avancierte, sollten Verpackungen auch Umweltfunktionen erfüllen – also aus umweltverträglichen Materialien bestehen, möglichst wenig Ressourcen beanspruchen etc.

3.3.3.2 Einfluss von Landeskultur bzw. Nationalität

Vor allem bei globalen Marken ist die Produktverpackung sichtbarer Ausdruck der Markenpersönlichkeit (vgl. Orth/Malkewitz 2008). Dies wirft die Frage auf, ob die Verpackung eines globalen Produkts standardisiert oder differenziert werden soll?

Standardisierung vs. Differenzierung

Die kulturvergleichende Forschung hat dieses Thema erst spät aufgegriffen. Noch überwiegen anekdotische Berichte und eher simple, methodologisch nicht hinreichend fundierte Studien. So berichten Keilor et al. (2001), dass in Schwellenländern wie Malaysia mit einer ausgeprägten Neigung, Machtdistanz zu akzeptieren (PDI = 104), auffällig gestaltete Produktverpackungen ein wichtiger Kaufanreiz sind. Ähnliches ermittelten Hult et al. (2000). Ihrer Studie zufolge legen malaiische Konsumenten signifikant mehr Wert auf das äußere Erscheinungsbild der Produktverpackung als französische Konsumenten. Bemerkenswerterweise trat dieser Unterschied nicht nur bei Waren des tägliche Bedarfs und bei Bekleidung zutage, sondern auch bei der Produktkategorie „Automobile". Dazu möchten die Verfasser dieses Buches anmerken: Sofern ihre Erinnerungen nicht täuschen, wurde ihnen keines der Automobile, die sie jemals gekauft haben, verpackt übergeben.

In der Studie von Van den Berg-Weitzel/Van de Laar (2001) erwiesen sich die Verpackung von Deodorants als am stärksten und die Verpackung von Zigaretten als am wenigsten kultursensibel. Im Einzelnen empfahlen die beiden Wissenschaftler mit Blick auf die Verpackung von Deodorants für …
- Japan (MAS = 95) weiche Formen und sanfte Farben, da in dieser maskulinen Gesellschaft Deodorants hauptsächlich von Frauen gekauft werden,
- USA (IDV = 91) großformatige Logos und aggressive Typographie,
- Spanien (UAI = 86) auffällige Visualisierung der Marke (als Qualitätssignal).

Aufwändigkeit der Verpackung

In den einzelnen Kulturräumen bestehen unterschiedliche Ansichten darüber, wie viel und welche Verpackung wünschenswert bzw. erforderlich ist. Während ein Kunde im service-orientierten Japan ungläubige Blicke der Verkäufer auf sich zieht, wenn er nicht jede Ware zusätzlich in einem Plastikbeutel verstaut haben möchte, gilt es in femininen, ökologie-orientierten Gesellschaften als „politisch korrekt", so wenig Verpackung wie möglich einzusetzen. Wie u.a. Schmekel (2006, S. 214) berichtet, tragen „japanische Konsumenten noch Tage nach dem eigentlichen Kauf die Tüten und Tragetaschen prestigeträchtiger Handelshäuser mit sich herum, um ihren Status zu symbolisieren und Anerkennung ihrer Mitmenschen zu finden." Ansehen verschaffen insb. Verpackungsmaterialien des Lebensmittelhändlers *Kinokuniya*, des Warenhauses *Mitsukoshi* und des Papierspezialgeschäftes *Ito-Ya*. Auch Chinesen und Koreaner schätzen aufwändige und hochwertige Verpackungen. Dass gemäß einer Studie des britischen Marktforschungsinstituts *Datamonitor* die Mehrzahl der britischen Konsumenten sich an übertrieben aufwändiger Verpackung stört (17 % = „sehr" und 43 % = „etwas"), aber nur ein Drittel der deutschen Konsumenten (9 % = „sehr" und 23 % = „etwas"), führen die beteiligten Wissenschaftler nicht auf entsprechende Unterschiede im Umweltbewusstsein, sondern auf die jeweilige Entsorgungspraxis zurück. Großbritannien sei ein „Land, in dem noch große Teile des Verpackungsabfalls auf Deponien entsorgt oder verbrannt werden. In Deutschland, wo nach fast 30-jähriger Entwicklung zur Kreislaufwirtschaf weit mehr Verpackungen gesammelt und stofflich verwertet werden, sehen zwei von drei Verbrauchern allzu üppige Produkthüllen zumindest nicht (mehr) als Missstand an" (o.V. 2009b, S. 46).

Verpackung & Farbe

Jacobs et al. (1991) haben chinesischen, japanischen, südkoreanischen sowie US-amerikanischen College-Studenten acht Farben vorgelegt und sie u.a. gefragt, welche Produktverpackung sie jeweils assoziieren. Die dabei gewonnenen Befunde geben zwar vorrangig Hinweise auf Differenzierungsbedarf, aber auch auf Standardisierungspotential. Angesichts der offensichtlichen Bezüge, welche zwischen der Farbe Grün und Gemüse bestehen (z.B. grüne Blätter), kann es nicht überraschen, dass Grün kulturunabhängig als dominante Farbe für das Etikett einer Gemüsekonservendose angesehen wurde (vgl. Tab. 83). Weiterhin brachten in allen vier Ländern die Versuchsteilnehmer sowohl die Verpackung einer Handseife als auch eine Süßigkeitenschachtel mit Gelb in Verbindung. Denn diese Farbe symbolisiert Reinheit wie auch Glück (Gelb = Gold). In allen anderen Fällen ist das Standardisierungspotential jedoch begrenzt und die Farbe(n), in der eine Verpackung gestaltet wird, produktabhängig zu wählen: Für das Etikett eines alkoholfreien Getränks etwa empfiehlt sich den Untersuchungsbefunden zufolge in China die Farbe Braun, in Japan und Südkorea hingegen die Farben Gelb oder Purpur und in den USA wiederum die Farbe Rot. Kopfschmerztabletten erwarten Chinesen in einer grauen Schachtel, während sie in Japan grau oder blau sein kann (bzw. sollte) und in den USA rot.

3.3 Gestaltung des Produktumfeldes

Tab. 83: Farb/Verpackungsassoziationen in vier Ländern

	China	Japan	Südkorea	USA
Blau			Schachtel für Kopfschmerz-tabletten*	
Braun	• Etikett eines alkoholfreien Getränks* • Zigaretten-packung**			• Schachtel mit Süßigkeiten** • Zigaretten-packung*
Gelb	• Schutzhülle für Handseife** • Waschmittel-Schachtel** • Schachtel mit Süßigkeiten*	• Schutzhülle für Handseife** • Waschmittel-Schachtel ** • Schachtel mit Süßigkeiten** • Etikett eines alkoholfreien Getränks**	• Schutzhülle für Handseife** • Schachtel mit Süßigkeiten** • Etikett eines alkoholfreien Getränks**	• Schutzhülle für Handseife* • Waschmittel-Schachtel * • Schachtel mit Süßigkeiten**
Grau	• Schachtel für Kopfschmerz-tabletten*	• Zigaretten-packung*** • Schachtel für Kopfschmerz-tabletten**	• Zigaretten-packung*	
Grün	• Etikett auf Gemüse-Konserven-dose***	• Etikett auf Gemüse-Konserven-dose*** • Waschmittel-schachtel *	• Etikett auf Gemüse-Konserven-dose*** • Waschmittel-schachtel *	• Etikett auf Gemüse-Konserven-dose*** • Schutzhülle für Handseife*
Purpur	• Schachtel mit Süßigkeiten*	–	• Etikett eines alkoholfreien Getränks*	–
Rot	• Schachtel mit Süßigkeiten*	• Schachtel mit Süßigkeiten**	• Schachtel mit Süßigkeiten*	• Waschmittel-Schachtel ** • Etikett eines alkoholfreien Getränks* • Schachtel für Kopfschmerz-tabletten*
Schwarz	–	–	–	• Zigaretten-packung**

Anmerkungen:
* = von 20-29 % der Befragten mit dieser Farbe assoziiert
** = von 30-49 % der Befragten mit dieser Farbe assoziiert
*** = von mehr als 50 % der Befragten mit dieser Farbe assoziiert

Quelle: auf Basis von Jacobs et al. (1991, S. 24 ff.).

Verpackung & Werte

Produktverpackungen visualisieren und vermitteln die Werte, welche die Markenpersönlichkeit ausmachen (vgl. Teil D-5.3). Korrespondieren diese „Markenwerte" mit den persönlichen Werten potentieller Käufer wie Sicherheit,

Selbstverwirklichung oder Genuss (vgl. Kahle et al. 1986), dann ist die Kaufwahrscheinlichkeit hoch.

Limon et al. (2009) haben am Beispiel deutscher, türkischer und türkischstämmiger Studenten, die dauerhaft in Deutschland leben, zum einen überprüft, ob Konsumenten unabhängig von ihrer kulturellen Prägung von der Verpackungsgestaltung auf die Markenwerte schließen. Zum anderen wollten sie wissen, in welcher Weise sich ein Fit/Misfit zwischen persönlichen Werten und Markenwerten auf die Kaufwahrscheinlichkeit auswirkt. Die multivariate Analyse der Statements ergab, dass in allen drei Teilstichproben die aus der Verpackung erschlossenen Markenwerte die Kaufbereitschaft signifikant beeinflussen (von 17% bis 26%). Welche Werte in den Meinungsbildungsprozess einfließen, ist kulturabhängig – allerdings anders als erwartet: Die vergleichsweise individualistischen deutschen Probanden (IDV = 67) bevorzugten für ein utilitaristisches Produkt (Salz) ein Verpackungsdesign, welches kollektivistische Werte anspricht (Zugehörigkeit zu einer sozialen Gruppe). Im Gegensatz dazu fühlen sich die vergleichsweise kollektivistischen Türken (IDV = 37) durch Verpackungen angezogen, welche Genussstreben und Selbstentfaltung aktualisieren. Weiterhin zeigte sich, dass der Zusammenhang „persönliche Werte > Markenwerte" produktabhängig ist. Nur im Falle des untersuchten hedonistischen Produkts korrespondierten die persönlichen Werte der Probanden mit den von ihnen erschlossenen Markenwerten, nicht jedoch im Falle des utilitaristischen Produkts. Um unkontrollierbare Störeinflüsse ausschließen zu können, ließen die Wissenschaftler die Probanden keine realen Marken beurteilen, sondern fiktive Marken, die eine Agentur für die Zwecke dieser Untersuchung entwickelt hatte.

Salmi/Sharafutdinova (2008) analysierten den Zusammenhang, der zwischen den *Hofstede*-Kulturdimensionen und der Designpräferenz russischer Handykäufer besteht. Ihren Befunden zufolge sollten Mobiltelephone in diesem Land über ein markantes und modisches Design verfügen, welches den sozialen Status ihrer Besitzer visualisiert. Dies entspricht dem hohen Wert Russlands für „Akzeptanz von Machtdistanz" (PDI = 93). Der Wunsch nach einem festen Gehäuse und anderen Sicherheitseigenschaften wiederum korrespondiert mit dem ausgeprägten Streben der russischen Gesellschaft nach Ungewissheitsvermeidung (UAI = 95) und die starke Nachfrage nach familien- bzw. kindgerechten Geräten mit ihrer tendenziell femininen Wertestruktur (MAS = 36). Nicht damit vereinbaren lässt sich die Aversion, die ein „weibliches Handydesign" bei männlichen Mobiltelephonkäufern auslöst. Denn definitionsgemäß unterscheiden feminine Gesellschaften, anders als maskuline Gesellschaften, nicht strikt zwischen den Geschlechterrollen (vgl. Teil B-2.2.4).

3.4 Akzeptanz von Produktinnovationen

Basisinnovationen (z.B. Mikroprozessoren) schaffen einen technologischen Durchbruch und verändern die davon betroffenen Märkte (z.B. Text- und Datenverarbeitung) grundlegend. Ungewissheitsmeider stehen derartigen weitreichenden Veränderungen und Neuerungen eher skeptisch gegenüber (vgl. Yaveroglu/Donthu 2002). Gleiches gilt, wie Yeniyurt/Townsend (2003) sekundärstatistisch am Beispiel der Penetrationsrate von Personal Computer, Internetzugang und Mobilfunk nachgewiesen haben, für Gesellschaften, die Machtdistanz ablehnen. Individualisten hingegen sind für innovative Angebote prinzipiell aufgeschlossen. „An acceptance of uncertainty appears to be necessary, probably because innovation requires a tolerance for risk and change. Individualism seems to be important, perhaps because of its association with autonomy, independence, and freedom. Lack of power distance appears important, perhaps reflecting the role that tolerance of change in the social order and distribution of power play in the innovation process" (Shane 1993, S. 59).

Aus westlicher Sicht ist Imitation, d.h. die Nachahmung kreativer Leistungen anderer, das Gegenteil von Innovation. Häufig wird in der ordnungs- und wettbewerbspolitischen Diskussion über die systematische Imitation westlicher Erzeugnisse durch Chinesen (früher Japaner) übersehen, dass für Angehörige kollektivistischer, insb. konfuzianischer Kulturen Imitation grundsätzlich von keinem geringeren Wert ist als die im westlichen Kulturkreis überaus geschätzte Innovation: Nachahmung als Respektbezeugung bzw. eine Art der Huldigung des Originals (vgl. Dichtl/Li 1998, S. 296).

Innovation vs. Imitation
„Westliche Verpackungsgestaltung wird exakt abgekupfert. Statt Zigaretten stecken dann auch schon mal Papiertaschentücher in der *Marlboro*-Schachtel oder ein Kartenspiel in der *Camel*-Packung. Für *Tempo*-Taschentücher findet man gleich ein Dutzend Plagiate. Da viele Chinesen lateinische Buchstaben nicht lesen können, wird vor allem die Optik kopiert. China ist in punkto Produkt- und Markenschutz noch ein großer rechtsfreier Raum und die Nachahmung berühmter Vorbilder eine besondere Form der Huldigung, eine Form der Respektbezeugung vor dem Original" (Nobbe 1999, S. 26).

In der Antike war Nachahmung auch bei uns angesehen, sofern sie als wetteiferndes Nachahmen, als Versuch, das Vorbild zu übertreffen, verstanden und betrieben wurde. Im Gefolge der individualistischen Grundhaltung des Liberalismus des 18. und 19. Jahrhunderts vollzog sich hierzulande aber eine weitgehende Umbewertung. Gesellschaft und Staat galten und gelten seitdem als „Hilfsmittel zur Entfaltung der schöpferischen Persönlichkeit". Der freie individualistische Wettbewerb schien der einzig mögliche Rahmen für das kreative Denken und Handeln des autonomen Ich. Man verherrlichte die individuelle Anstrengung, und Kreativität schien dem autonomen Ich vorbehalten und nur im freien Wettbewerb entfaltbar zu sein. Höchstes Ziel ist nunmehr die im Alleingang geschaffene Innovation.

3.5 Markenpiraterie & Produktpiraterie

3.5.1 Grundlagen

In dem Maße, wie die eigenständige Entwicklung eines innovativen oder in anderer Weise neuartigen Produkts risikoreich ist, wächst die Versuchung, bereits erfolgreiche Produkte anderer Unternehmen nachzuahmen bzw. sich von etablierten Markennamen, Logos etc. „inspirieren" zu lassen. Zwischen 1970 und 1980 wandelte sich die Marken- und Produktpiraterie vom Einzel- zum Massenphänomen. Damals gelangte sog. Piratenware erstmals in größerer Menge auf den Markt. Zunächst waren davon hauptsächlich renommierte Markenprodukte (z.B. von *Adidas, Nike* oder *Reebok*) und Luxusartikel betroffen (z.B. *Boss*-Anzüge, *Rolex*-Uhren). Im weiteren Verlauf imitierten die „Piraten" aber auch Produkte, die für den gewöhnlichen, spezifischen bzw. industriellen Bedarf bestimmt sind (z.B. Autoersatzteile, Kaffeefilter, Medikamente, Staubsaugerbeutel, Thermoskannen; vgl. Abb. 96). Mittlerweile schätzt die *Internationale Handelskammer ICC*, dass der Warenwert der jährlich weltweit gefälschten Produkte zumindest 600 Mrd. $ beträgt (vgl. Hauser 2008c).

Abb. 96: Plagiate der Marken Tempo & Puma

Quelle: http://www.plagiat.ch/wp-content/uploads/produkte/tempo_plagiate.jpg; http://img01.lachschon.de/images/91413_meanwhile_in_bulgaria.jpg.

Als Ursachen dieser Entwicklung nennt die *Vereinigung zur Bekämpfung der Produktpiraterie (VBP)*, München, neben dem finanziellen Anreiz die zunehmende Integration von Wirtschaftsräumen und damit einhergehend den Abbau von Grenzkontrollen sowie anderen restriktiven Maßnahmen. Weiterhin hat die globale Beschaffungspolitik der führenden Anbieter aus den Industrieländern für einen gewaltigen Know how-Transfer gesorgt, weshalb nunmehr viele, in Entwicklungsländern ansässige Hersteller über hinreichendes Produktions- und Distributions-Know how verfügen – nicht jedoch über Kompetenz und Finanzmittel, die man für Markenaufbau und Markenführung benötigt. Dies wiederum hatte eine überproportionale Zunahme der Markenpiraterie zur Folge. Schließlich ist ein wachsender Mangel an Rechtsbewusstsein zu beobachten, weshalb viele Herstellung, Angebot und Kauf von gefälschter Ware als „Kavaliersdelikt" erachten (vgl. Niemand 2014).

Es ist kaum möglich, Marken- und Produktpiraterie eindeutig voneinander abzugrenzen. Zwar werden diese Begriffe im *Gesetz zur Stärkung des Schutzes des geistigen Eigentums und zur Bekämpfung der Produktpiraterie (PrPG)* verwendet,

aber nicht eindeutig definiert. Weder im *PrPG* noch im *WZG (Warenzeichengesetz)* findet sich eine Legaldefinition. Auch die Anti-Piraterie-Verordnung Nr. 3842/86 der Europäischen Gemeinschaft (vom 18.12.1986) spricht lediglich von „nachgeahmter Ware". Genau genommen ist Markenpiraterie ein Teilbereich der Produktpiraterie (‚counterfeiting'). Darunter fallen alle Fälle, in denen planmäßig, gezielt und massenhaft, d.h. professionell bzw. gewerbsmäßig …
- Produkte, deren ästhetische Gestaltung oder technische Funktion für den Nachfrager entscheidend sind, nachgeahmt und
- Kennzeichnungsrechte nachgeahmt bzw. missbräuchlich genutzt werden.

Ikea oder 11 Furniture?

„Wie bei *Ikea*. Alles strahlt im schwedischen Blau-Gelb. Wände, Schilder, Einkaufstaschen und sogar die Preisschilder baumeln von der Decke. Aber nicht alles, was nach *Ikea* aussieht, ist auch *Ikea*. Vor allem in China müssen Kunden genau hinschauen. In der südwestlichen Millionenstadt Kunming steht ein Einrichtungshaus, das *Ikea* zum Verwechseln ähnlich sieht. Und obwohl zumindest der Name nicht verdächtig scheint, wurde auch er kopiert: Das chinesische ‚Shi Yi Jia Ju' für *11 Furniture* klingt fast genauso wie *Ikea* auf Chinesisch. [...] Der Trend in China scheint klar: Die Markenpiraterie hat eine neue Dimension erreicht. Längst geht es um mehr als um einen angebissenen Apfel auf einem Handy, drei Streifen auf falschen *Adidas*-Tretern oder schwedische Namen für Schränke. China ist hungrig nach westlichen Marken. Der Kunde soll nicht nur das Produkt kaufen, er soll die Marke erleben. Deshalb hat *11 Furniture* auch Markenerlebnis und Service abgekupfert: Im Fake-Möbelhaus gibt es eine Cafeteria im *Ikea*-Stil und sogar die typischen kurzen Bleistifte" (Lochner 2011, S. 19).

3.5.2 Erklärungsansätze

Soziobiologische These

Im Laufe der Evolution hat sich die Strategie, erfolgreiche Artgenossen zum Vorbild zu nehmen und deren Verhalten nachzuahmen, im Existenzkampf bewährt.

Entwicklungstheoretische These

Angesichts der Verantwortung, welche die Industrieländer für die Folgewirkungen von Kolonialismus und Imperialismus haben, ist „geistiges Eigentum" gemeinsamer Besitz der gesamten Menschheit und sollte allen frei zugänglich sein (bspw. Anti-AIDS-Medikamente). In dem Maße, wie Multinationale Unternehmen die Rolle von Kolonialstaaten übernommen haben, ist der gezielte Kauf gefälschter Markenprodukte eine legitime Form von Notwehr: Der Sieg des „kleinen Mannes" über die „mächtigen und profitgierigen Multis" *(Robin Hood*-Effekt).

Wohlstandsthese

Käufer, die aus ökonomisch weniger entwickelten Ländern stammen, befürworten Markenpiraterie vor allem wegen des Preisvorteils, den Piratenware ihnen bietet. Auch halten sie die Gewinnspannen der Originalhersteller für ungerechtfertigt hoch. Wer hingegen im Wohlstand lebt, neigt zwar dazu, einen Zusammenhang zwischen Markenpiraterie und Kinderarbeit zu unterstellen und sie deshalb abzulehnen. Auch ist man sich der nachteiligen Konsequenzen von gefälschten Markenprodukten durchaus bewusst. Aber ab einem bestimmten Schwellenwert steigt auch bei ihnen die Wahrscheinlichkeit des Kaufs von Piratenware mit der Höhe des erzielbaren Preisvorteils. Umgekehrt mindert das Risiko, dass Piratenware als Fälschung erkannt wird und der Besitzer sich deswegen blamiert, bei den Wohlhabenden die Kaufintention.

Lerntheoretische These

Plagiatoren imitieren solche Produkte bzw. Marken, mit denen sie belohnende „Konsequenz- und Effizienzerwartungen" verbinden. Angesichts des gewachsenen Markenbewusstseins der Konsumenten können dies nur renommierte Marken sein. Mit ihrer Hilfe wollen nicht nur Wohlhabende, sondern auch Verbraucher mit geringem Einkommen Exklusivität, Lebensstil und Erfolg demonstrieren. Sofern Außenstehende die oft minderwertige Qualität der Imitate nur schwer bzw. nicht sofort erkennen können, genügt vielen der pure Anschein, im Besitz dieses oder jenes renommierten Markenartikels zu sein.

Moraltheoretische These

Gemäß L. *Kohlbergs* Moraltheorie besteht zwischen dem Alter und der moralischen Entwicklung ein enger Zusammenhang. Deshalb sind jüngere Konsumenten für die Verlockungen von Piratenware anfälliger als ältere Konsumenten.

3.5.3 Einfluss der Landeskultur

Dass in manchen Ländern Piratenware häufiger erworben wird als in anderen, lässt sich auch mit dem Einfluss unterschiedlicher, durch die jeweilige Landeskultur vermittelte Wertvorstellungen erklären. Das Leitbild des individualistischen Kulturkreises ist die radikale, von einer teilweise mystifizierten Erfinderpersönlichkeit hervorgebrachte Innovation: Verbrennungsmotor, Penicillin, Lasertechnologie, etc. Sie haben unser Leben entscheidend verändert und uns Wohlstand gebracht. Die Vorrangstellung des Gemeinwohls im kollektivistischen Kulturraum hat insb. in den konfuzianisch geprägten ostasiatischen Ländern (China, Japan, Korea etc.) ein andersartiges Verständnis befördert: Innovation als stetige, schrittweise Verbesserung des Bestehenden, vorangetrieben von zahllosen, zumeist „namenlosen" Einzelpersonen. Die Imitation ist nicht weniger angesehen als das Original. Idealerweise übertrifft die Imitation das Original: „Das Blau des Schülers ist blauer als das Blau des Lehrers." Während gemäß dem individualistischen Verständnis Innovationen im übertragenen Sinn wie auch unmittelbar – d.h. in Gestalt der Urheberrechte – der Erfinderpersönlichkeit gehören, hat gemäß der kollektivistischen Sicht die Gesellschaft darauf Anspruch (vgl. Wang et al. 2005, S. 342; Swinyard et al. 1990, S. 656 f.).

Chinas schwieriges Verhältnis zur Idee des geistigen Eigentums

„Bis vor wenigen Jahren hatten die Hersteller von Piratenware von staatlicher Seite wenig zu befürchten, nicht zuletzt, weil die passenden Gesetzt fehlten oder nicht eingefordert wurden. Erst 1990 leistete sich die Volksrepublik China im Rahmen der wirtschaftlichen

3.5 Markenpiraterie & Produktpiraterie

Öffnung das Urheberrechtsgesetz, das 2001 auf internationalen Standard gebracht wurde. Das passende Regelwerk existiert nun also. Nur durchsetzen müsste man es noch. Das dazugehörige Unrechtsbewusstsein fehlt freilich noch vielerorts: Jahrzehnte lang waren privates Umfeld, persönliche Rechte und Eigentum ganz generell schon aus politischen Gründen wenig wert. Und Intellektuelle hatten sowieso einen schweren Stand in einer Gesellschaft, die körperliche Arbeit mehr schätzte als geistige Leistungen. Der Ausdruck ‚geistiges Eigentum' ist daher neu, genauso wie die dazugehörige Vorstellung, dass geistiges Eigentum zu schützen ist" (Hauser 2008c).

Die empirische Forschung bestätigt diese These überwiegend: Kollektivismus fördert demzufolge eine positive Einstellung zu Imitation und Piratenware (vgl. Phau et al. 2014; Wang et al. 2005), sowie die Absicht, Piratenware zu erwerben (vgl. Swinyard et al. 1990), wie auch den tatsächlichen Erwerb (vgl. Husted 2000). Unterstützt wird diese These weiterhin durch eine sekundärstatistische Analyse der „BSA Piracy Rate": des Anteils raubkopierter Software an der gesamten, in einem bestimmten Land installierten Software (vgl. BSA Business Software Alliance 2009). Wie Abb. 97 zum Ausdruck bringt, handelt es sich bei einem vergleichsweise großen Anteil der Software, die in kollektivistischen, Machtdistanz akzeptierenden und zukunftsorientierten Gesellschaften installiert ist, um Raubkopien.

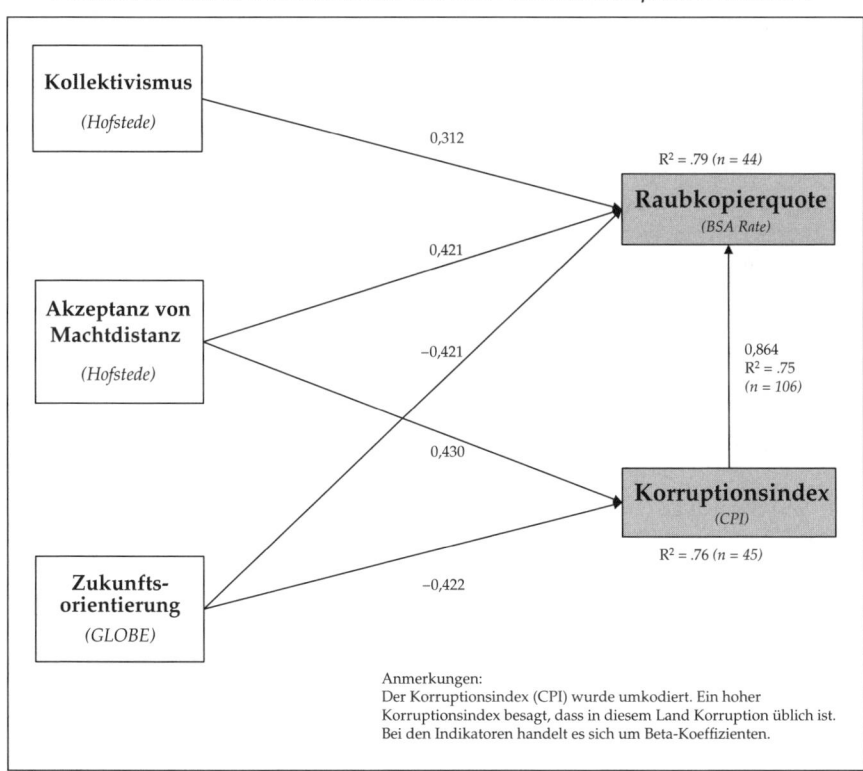

Abb. 97: Einfluss der Landeskultur auf den Anteil raubkopierter Software

Anmerkungen:
Der Korruptionsindex (CPI) wurde umkodiert. Ein hoher Korruptionsindex besagt, dass in diesem Land Korruption üblich ist.
Bei den Indikatoren handelt es sich um Beta-Koeffizienten.

Quelle: eigene Auswertung von Daten der BSA Business Software Alliance.

4 Produkteinführung & Diffusion

4.1 Grundlagen

Die Landeskultur kann ein wichtiger Promotor oder Inhibitor der Akzeptanz innovativer Produkte sein (vgl. z.B. Kumar 2014; Singh 2006; Yeniyurt/Townsend 2003, S. 392). Für international tätige Unternehmen kann es deshalb ratsam sein, ihre Produkte zunächst in Ländern anzubieten, die ein und demselben Kultursegment angehören – d.h. einem Kulturcluster (vgl. Teil C-3.2). Weiterhin empfiehlt es sich, jene Merkmale des Angebots besonders hervorzuheben, welche mit der Kulturdimension, die für das betreffende Land bzw. Kulturcluster charakteristisch ist, korrespondieren.

- Neigen dessen Bewohner bspw. vergleichsweise stark zu Ungewissheitsvermeidung, dann versprechen risikomindernde Instrumente Erfolg (z.B. Markenstrategie, besondere Garantiezusagen). Denn dort nehmen die Menschen c.p. kulturbedingt höhere Kaufrisiken wahr als andere und gehören deshalb häufiger der Gruppe der ‚late adopter' an.
- Große Machtdistanz, wie sie für viele Entwicklungsländer charakteristisch ist, begünstigt die Diffusion von statusorientierten Produkten.
- Im individualistischen Kulturraum, z.B. in angelsächsischen Ländern, bietet es sich an, modische Produkte zu verkaufen. Denn sie ermöglichen Selbstinszenierung. Dominieren hingegen maskuline Werte, so sind Convenience-Angebote im Vorteil (z.B. Fertiggerichte).

Die Ausbreitung einer Innovation in einem Markt lässt sich als Diffusionskurve darstellen. Ob deren Verlauf steil (d.h. rasche Diffusion) bzw. flach (d.h. langsame Diffusion) oder ein- bzw. mehrgipflig ist, hängt von einer Vielzahl von Einflussfaktoren ab: u.a. von der Größe des Marktes, der Komplexität der Innovation sowie der Möglichkeit von Imagetransfer und Markenerweiterung. Im interkulturellen Vergleich erweist sich auch das jeweilige Sozial- und Kommunikationsverhalten als eine bedeutsame Variable.

4.2 Weltoffenheit & Informationsfluss

Wie Gatignon et al. (1989) im Zuge einer Mehr-Länder-Studie (= 14 europäische Länder) am Beispiel von sechs Produktkategorien feststellten, beeinflussen verschiedene Variablen – z.B. Weltoffenheit (‚cosmopolitanism'), Mobilität der Bevölkerung sowie der Beschäftigungsgrad von Frauen – die Diffusionsgeschwindigkeit innovativer langlebiger Konsumgüter (z.B. Farbfernseher, Geschirrspülmaschine):

- Weltoffenheit steigert insb. die sog. innovative Übernahmewahrscheinlichkeit (= Pionierkäufer).
- Mobilität fördert die imitative Übernahmewahrscheinlichkeit (= Folger).

Erklären lässt sich dies mit der Intensität der Interaktion, die in weltoffenen und mobilen Gesellschaften überdurchschnittlich intensiv ist (vgl. auch Lim/Park

2013). Überdies konnten die Wissenschaftler nachweisen, dass die Zugänglichkeit des Informationsangebots (bspw. die Verfügbarkeit von Radio- und Fernsehgeräten) die Diffusionsgeschwindigkeit erhöht, was Jahre später Talukdar et al. (2002, S. 103) bestätigten.

4.3 Einfluss der Landeskultur

Ungeachtet einiger widersprüchlicher Befunde (z.B. Kumar et al. 1998; Helsen et al. 1993) geht die Mehrzahl der Wissenschaftler davon aus, dass die Landeskultur einen, wenn nicht den entscheidenden Beitrag zur Erklärung der Diffusion von Produktinnovationen leistet (vgl. Kumar 2014). In dem von Dwyer et al. (2005) entwickelten Diffusionsmodell lassen sich mehr als 50 % der Varianz der Diffusionsrate von technologischen Innovationen auf die *Hofstede*-Kulturdimensionen zurückführen. Untersucht wurde der Absatz von Farbfernsehgeräten, Taschenrechnern, Mikrowellengeräten etc. in 13 europäischen Ländern im Verlauf von 8-20 Jahren.

4.3.1 Kontextabhängigkeit

In High Context-Kulturen wie Japan, Südkorea oder Taiwan, wo Informationen bevorzugt nonverbal ausgetauscht werden (vgl. Müller/Gelbrich 2014, S. 24; Hall 1976), verläuft die Diffusionskurve steiler als in Low Context-Kulturen, zu denen etwa die USA zählen (vgl. Abb. 98). Ursächlich für diesen Unterschied ist die stärkere soziale Integration kontextabhängiger Gesellschaften. Aufgrund des damit verbundenen intensiveren sozialen Austausches wirken Erfahrungen und Empfehlungen dort nachhaltiger als in kontextunabhängigen Gesellschaften (vgl. Takada/Jain 1991).

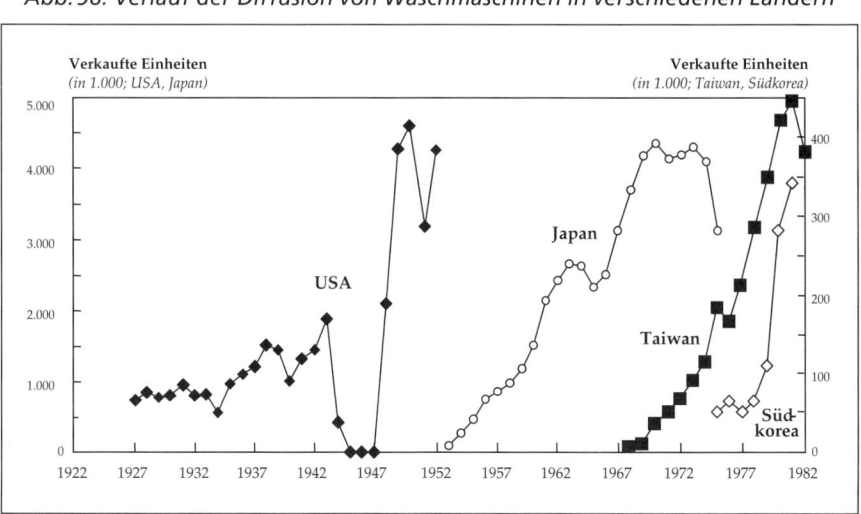

Abb. 98: Verlauf der Diffusion von Waschmaschinen in verschiedenen Ländern

Quelle: Takada/Jain (1991, S. 51).

In stark kontextabhängigen Kulturen empfiehlt es sich deshalb, von Anfang an technologisch ausgereifte Produkte anzubieten. Aufgrund der dort intensiven interpersonellen Kommunikation und der überdurchschnittlichen Bedeutung der Mund-zu-Mund-Kommunikation wäre es äußerst risikoreich, in diesen Märkten die Produktentwicklungszeit durch eine Strategie verkürzen zu wollen, die in den 1990er-Jahren angesichts des mehr und mehr beschleunigten Zeitwettbewerbs u.a. im Unterhaltungselektronikbereich vielfach angewandt wurde: Um den Modellwechsel zu beschleunigen, nahmen die Unternehmen damals „Kinderkrankheiten" bewusst in Kauf und versuchten, durch großzügige Garantieleistungen (kostenlose Reparatur, Rücknahme, Umtausch) ihre Kunden zu befrieden. Da Angehörige stark kontextabhängiger Kulturen überdies hohe Erwartungen an die Qualität des Services und die Leistungsfähigkeit des Distributionsnetzes haben, ist es weiterhin ratsam, frühzeitig ein effizientes Verkaufs- und Kundendienstnetz aufzubauen.

4.3.2 Individualismus vs. Kollektivismus

Die kulturvergleichende Forschung betrachtet diese Kulturdimension als den „kritischen Faktor" der Innovationsadoption (vgl. Tolba/Mourad 2011). Denn Angehörige individualistischer Kulturen legen größeren Wert auf Differenzierung und Einzigartigkeit, wozu ihnen in zunehmendem Maße auch ihr Konsumverhalten verhelfen soll (bspw. Erwerb und Besitz von Neuartigem). In den kollektivistischen Gesellschaften haben demgegenüber Aufbau und Erhalt sozialer Beziehungen Vorrang. Während Hsu et al. (2010), Haapaniemi/ Mäkinen (2009), Erumban/De Jong (2006), Yeniyurt/Townsend (2003), La Ferle et al. (2002) und Lynn/Gelb (1996) die daraus ableitbare These – Individualismus fördert die Diffusion von Innovation – empirisch bestätigten, fanden Gong et al. (2007) dafür keine Hinweise.

4.3.3 Akzeptanz von Machtdistanz

Machtdistante Gesellschaften gelten als wenig innovativ, da es deren Kulturstandards entspricht, bestehende Verhältnisse, Autorität etc. zu respektieren, Anweisungen zu befolgen und nicht zu versuchen, durch Originalität aufzufallen. Denn damit würde man sich von der Gemeinschaft abgrenzen und im Extremfall ausgrenzen. Diese auf Herbig/Miller (1991) zurückgehende These bestätigten u.a. ...

- Yaverogluy/Donthu (2002) am Beispiel der Innovationsrate von Gesellschaften,
- Erumban/De Jong (2006) am Beispiel der Adoption innovativer Informations- und Kommunikationstechnologie sowie
- La Ferle et al. (2002), Yeniyurt/Townsend (2003) und Gong et al. (2007) am Beispiel der Verbreitung bzw. Nutzung des Internets.

Hsu et al. (2010), die gleichfalls feststellten, dass Angehörige von machtdistanten Gesellschaften Innovationen gegenüber eher verschlossen sind, führten ihre Untersuchung ohne konkreten Produktbezug durch.

Abweichend vom ‚mainstream' ermittelten Dwyer et al. (2005) für 13 europäische Länder eine positive Korrelation zwischen der Akzeptanz von Machtdistanz und der Verbreitung technischer Produktinnovationen. Dazu ist allerdings anzumerken, dass die Befunde dieser Studie in vielerlei Hinsicht von denen der anderen Studien abweichen, was auf strukturell-methodische Ursachen der Inkonsistenzen hindeutet (z.B. ‚confounds'). Die an dieser explorativen Studie beteiligten Wissenschaftler selbst erklären ihren überraschenden Befund mit der Vorbildfunktion, die mächtigen Personen in diesem Gesellschaftstypus zukommt: „Thus, it appears that the powerful members of a society, who display and preserve their heightened status through the acquisition of new product innovations, influence other members of society as well. The powerful members' purchase and use of new products may also position them to serve as opinion leaders for the less powerful members who respect and emulate them" (Dwyer et al. 2005, S. 19).

4.3.4 Ungewissheitsvermeidung

Abgesehen von Gong et al. (2007) und Dwyer et al. (2005) bestätigen die meisten Studien die plausible These, dass (Produkt-)Innovationen in ungewissheitsmeidenden Gesellschaften weniger schnell akzeptiert und adoptiert werden als in ungewissheitstoleranten Gesellschaften (z.B. Hsu et al. 2010; Erumban/De Jong 2006; Singh 2006; Yeniyurt/Townsend 2003; La Ferle et al. 2002; Yaveroglu/Donthu 2002; Steenkamp et al. 1999; Lynn/Gelb 1996). Denn „consumers in countries scoring high on uncertainty avoidance are more aversive to what is different and new" (Möller/Eisend 2010, S. 83).

Tellis et al. (2003, S. 205 ff.) überprüften die Diffusionsgeschwindigkeit langlebiger Konsumgüter in 16 europäischen Ländern, wozu sie 137 Produkte aus zehn Produktkategorien analysierten. Operationalisiert haben sie diese Variable als Zeitspanne (in Jahren) zwischen der Produkteinführung und dem ‚take off': dem Beginn der Pay Back-Phase. Wovon hängt es bspw. ab, dass die so gemessene Diffusionsgeschwindigkeit in Skandinavien größer ist als in Südeuropa: vom kulturellen oder vom ökonomischen Umfeld? Letzteres wurde durch Variablen wie „*Bruttoinlandsprodukt pro Kopf*" und „*Gini*-Koeffizient" (= Einkommensverteilung innerhalb einer Gesellschaft) abgebildet. Wie die Analyse der Absatzzahlen der Jahre 1950–2000 ergab, beeinflusst ausschließlich das kulturelle Umfeld die Diffusionsgeschwindigkeit: Dort, wo die Menschen kulturbedingt Ungewissheit tolerieren und insofern risikobereit sind, erreichen Unternehmen die Pay Back-Phase wesentlich schneller als in einem ungewissheitsmeidenden Umfeld. Die Variablen „Leistungsmotivation", „Bruttoinlandsprodukt" und „Industrialisierungsgrad" erwiesen sich demgegenüber als nachrangig. In der univariaten Analyse beeinflussen sie die abhängige Variable zwar in der erwarteten Weise. Aber die Effekte sind schwach und können in der multivariaten Analyse nicht bestätigt werden (vgl. Tellis et al. 2003, S. 205).

In einer aktuelleren Studie bezogen Chandrasekaran/Tellis (2008) auch außereuropäische Länder in die Betrachtung ein. Dabei zeigte sich, dass die untersuchten Produktinnovationen durchschnittlich in Japan am schnellsten die Take

Off-Phase erreichten, gefolgt von Norwegen und weiteren nordischen Ländern. Etwas länger dauerte es in den USA und in Mitteleuropa.

Abb. 99: Einfluss der Tendenz zur Ungewissheitsvermeidung auf das Erreichen der Pay Back-Phase

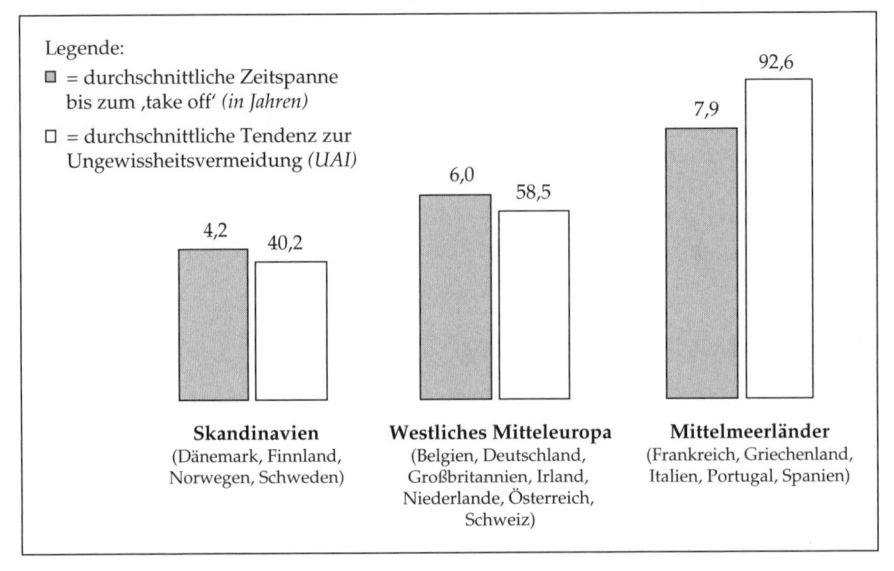

Legende:
- ■ = durchschnittliche Zeitspanne bis zum ‚take off' (in Jahren)
- □ = durchschnittliche Tendenz zur Ungewissheitsvermeidung (UAI)

Skandinavien (Dänemark, Finnland, Norwegen, Schweden)	Westliches Mitteleuropa (Belgien, Deutschland, Großbritannien, Irland, Niederlande, Österreich, Schweiz)	Mittelmeerländer (Frankreich, Griechenland, Italien, Portugal, Spanien)
4,2 / 40,2	6,0 / 58,5	7,9 / 92,6

Quelle: Tellis et al. (2005, S. 199); Hofstede (2002); eigene Darstellung.

4.3.5 Maskulinität

Für maskuline Gesellschaften ist u.a. eine materialistische Grundhaltung charakteristisch, die mit einer besonderen Wertschätzung von Besitz einhergeht. Dies und ihre überdurchschnittliche Aufgeschlossenheit insb. für technologische Produktinnovationen (vgl. Steenkamp et al. 2009) legen einen engen Zusammenhang dieser Kulturdimension mit Variablen wie „Adoption bzw. Diffusion von Produktinnovationen" nahe.

Während die Studien von Hsu et al. (2010), Singh (2006) und Dwyer et al. (2005) diese Vermutung zu bestätigen scheinen und einen positiven Einfluss von Maskulinität auf die Diffusionsgeschwindigkeit beschreiben, hemmen Haapaniemi/Mäkinen (2009) sowie Gong et al. (2007) zufolge maskuline Werthaltungen die Geschwindigkeit der Verbreitung und Nutzung des Internets bzw. anderer Innovationen. Diese Wissenschaftler begründeten ihren Befund mit den spezifischen Eigenschaften des Erkenntnisobjekts, die eher der Sozialstruktur femininer als der maskuliner Gesellschaften entspreche: „At its core, the internet is essentially a communication medium that facilitates information sharing. In terms of fulfilling users' communication needs, internet represents a merger of opportunities for interpersonal, group, organizational and mass communication. It acts as a great equalizer since everyone's voice can be heard in the cyberspace, regardless of one's size. According to De Mooij, the internet does not foster values related to inequality, such as status, power play, settled positions, rigid structures, authority and the like. These unique characteristics of the internet appear to be congruent with those of feminine cultures, where the emphasis is on relations, equality, solidarity and the search for consensus" (Gong et al. 2007, S. 68).

Van Everdingen/Waarts (2003) begründeten die vergleichsweise geringe Adoptionsgeschwindigkeit in maskulinen Gesellschaften mit der kulturspezifischen Präferenz und Empfänglichkeit für „In Group-WoM" (d.h. Empfehlungen von Gruppenmitgliedern; vgl. Teil G-12.2). Wenn aber Ratschläge, Empfehlungen etc. vorzugsweise innerhalb der persönlichen Bezugsgruppe ausgetauscht werden, so bedeutet dies zugleich, dass dem Informationsfluss enge Grenzen gesetzt sind. Denn gleichzeitig ist die Wahrscheinlichkeit von „Out Group-WoM" gering. Persönliche Empfehlungen werden somit nur mit guten Freunden und engen Bekannten geteilt, nicht jedoch mit den im Regelfall weitaus zahlreicheren fernen Bekannten.

4.3.6 Kurzfrist- vs. Langfristorientierung

Sowohl Hsu et al. (2010) als auch Gong et al. (2007) und Van Everdingen/Waarts (2003) berichten, dass langfristorientierte Gesellschaften technologische Innovationen schneller adoptieren als kurzfristorientierte Gesellschaften. Während *Van Everdingen & Waarts* diese Fragestellung am Beispiel des Erwerbs der Planungssoftware Enterprise Resource Planning (ERP) durch mittelständische Unternehmen analysierten, untersuchten *Gong et al.* die Verbreitung des Internets unter Privatpersonen. In beiden Fällen lautet die Erklärung, dass bei einer entsprechenden Landeskultur die Adoption technologischer Innovationen als langfristig wirksame Investition wahrgenommen wird.

4.3.7 Kulturelle Distanz

Die Bereitschaft, Innovationen aus einem anderen Land zu erwerben, hängt nicht zuletzt auch von der kulturellen Distanz zwischen dem Heimatland der Kunden und dem des Anbieters ab (vgl. Teil F-3.3.1). Wie Sundqvist et al. (2005) am Beispiel der Diffusionsgeschwindigkeit elektronischer Kommunikationsmedien in 64 Ländern empirisch nachwiesen, erhöht eine geringe kulturelle Distanz die Wahrscheinlichkeit, dass ein Land zu den ‚early adopter' einer innovativen Technologie zählt.

Neue Produkte werden in ‚lag markets', d.h. in Ländern, in denen diese Produkte noch nicht erhältlich sind, deren Kultur aber der des ‚lead markets' stark ähnelt, vergleichsweise schnell akzeptiert. Ganesh et al. (1997) wiesen dies am Beispiel des Verkaufserfolgs von vier langlebigen Konsumgütern (Mikrowelle, Mobiltelefon, PC, Videorecorder) nach. In verschiedenen europäischen Ländern ermittelten sie einen signifikanten Zusammenhang zwischen der kulturellen Distanz und der Geschwindigkeit, mit der ein ‚lag market' eine Innovation akzeptiert. Begründen lässt sich dies folgendermaßen: Marktteilnehmer kommunizieren mit den Bewohnern eines kulturell ähnlichen Landes vergleichsweise intensiv, weshalb eine geringe kulturelle Distanz die Adoptionsrate bzw. den Diffusionsprozess beschleunigt. Denkbar ist allerdings auch, dass die

Verhaltensmuster bzw. Lebensstile der Angehörigen dieser beiden Kulturen teilweise übereinstimmen, so dass Innovationen im ‚lag market' ohne größere zeitraubende Anpassungen an ein fremdes kulturelles Umfeld – d.h. relativ schnell –eingeführt werden können.

5 Markierung

5.1 Grundlagen

Aufgabe der Markenpolitik ist es, Produkt- und Dienstleistungsangebote als Marke aufzubauen und dauerhaft zu pflegen. Den dadurch geschaffenen Markenwert (vgl. Tab. 84) zu erhalten und nach Möglichkeit zu steigern: Dies ist die Aufgabe der Markenführung.

Tab. 84: Rangfolge der wertvollsten Marken (2014, Markenwert in Mrd. $)

Google	155,8	Coca-Cola	80,7	Verizon Wireless	63,5	UPS	47,7
Apple	147,9	Visa	79,2	General Electric	56,7	ICBC	42,1
IBM	107,5	AT&T	77,9	Wells Fargo	54,3	Mastercard	39,5
Microsoft	90,2	Marlboro	67,3	Tencent	53,6	SAP	36,4
McDonald's	85,7	Amazon	64,3	China Mobile	49,9	Vodafone	36,3

Quelle: Statista.

Dass der Markenwert keine fiktive Größe ist, belegt nicht zuletzt dessen Ausstrahlung auf den Arbeitsmarkt. Der privilegierte Zugang zu den sog. High Potentials ist für Unternehmen, die renommierte Marken besitzen, ein unschätzbarer Wettbewerbsvorteil. Wie eine Studie der Beratungsgesellschaft *Universum Communications* belegt, ist *Google* für Wirtschaftswissenschaftler und Ingenieure der beliebteste Arbeitgeber, gefolgt von *Microsoft, IBM* und *Apple*. Befragt wurden 2013 zu diesem Thema annähernd 200.000 Studenten aus den zwölf größten Volkswirtschaften der Welt (Australien, Brasilien, China, Deutschland, Frankreich, Großbritannien, Kanada, Indien, Italien, Japan, Russland und die USA).

5.1.1 Funktionen der Markierung

Anonyme Produkte werden aus verschiedenen Gründen markiert (vgl. Franzen/Moriarty 2008; Becker 2002, S. 505 ff.):
- Individualisierung: Der Hersteller soll für den Verbraucher erkennbar sein und dessen Angebot aus der Anonymität der Massenprodukte herausgehoben werden.
- Identifikation: Gute Wiedererkennbarkeit von Produkten stärkt Kundenbindung und Markentreue.
- Minderung des Beschaffungsrisikos: Markierte Produkte werden häufiger wiedergekauft als unmarkierte Produkte.

- Image-Transfer: Der Käufer kann Erfahrungen, die er bislang mit einem Unternehmen gewonnen hat, auf neue Angebote desselben Anbieters übertragen. Hilfreich ist dies vor allem bei der Markteinführung technologisch komplexer Produkte, deren Problemlösungspotential nicht unmittelbar ersichtlich ist.
- Leistungsgarantie: Der Hersteller bürgt mit seinem Namen (z.B. *Hipp*) oder einem anderen, allgemein bekannten Zeichen (z.B. *Audi*-Ringe) für die überdurchschnittliche Qualität seines Angebots. Dies erklärt die erhöhte Zahlungsbereitschaft markenbewusster Käufer: Da sie ein ausgeprägtes Sicherheitsbedürfnis haben, ist es ihnen „Geld wert", den Hersteller zu kennen – am besten persönlich.

5.1.2 Funktionen von Marken

5.1.2.1 Allgemeine Funktionen

Eine Marke vermittelt in komprimierter und leicht ersichtlicher Form Schlüsselinformationen über das markierte Angebot (Produkt, Dienstleistung). Gerade in gesättigten Märkten ist die Marke eines der wichtigsten Marketinginstrumente. Dem Anbieter ermöglicht sie, ...
- das Produkt- bzw. Unternehmensimage zu kommunizieren (vgl. z.B. Esch/Bräutigam 2006),
- sich gegenüber Wettbewerbern zu profilieren (vgl. z.B. Villas-Boas 2004),
- dem Verbraucher bestimmte Eigenschaften (z.B. überdurchschnittliche Qualität) zu kommunizieren, ohne diese explizit benennen zu müssen (vgl. z.B. Kirmani/Rao 2000),
- die Preiswahrnehmung und Zahlungsbereitschaft zu beeinflussen (vgl. z.B. Erdem et al. 2002) sowie
- die Kaufabsicht zu erhöhen (vgl. z.B. Kumar et al. 2009).

> **Uncle Ben's**
>
> „Onkel Ben gibt es bereits seit 1943. Doch in den vergangenen Jahren ging *Masterfoods* mit dieser Marke eher zurückhaltend um. In der Werbung kam sie überhaupt nicht vor. Schließlich stammt die Marke aus einer Zeit, in der weiße Manager keine Scheu hatten, mit Klischees über schwarze Amerikaner zu werben. Onkel Ben ist durch sein Äußeres – Fliege und Livree – klar als Diener einer reichen Pflanzerfamilie zu erkennen. Zudem erinnert der Name an eine Zeit, in der sich viele Weiße in den Südstaaten noch weigerten, Schwarze mit ‚Mister' und ‚Missis' anzusprechen. [...] Jetzt versucht *Masterfoods*, Onkel Ben fürs 21. Jahrhundert fit zu machen: Sie verwandelt den Diener in den Chairman, d.h. den Präsidenten der Marke. Ben behält seine Fliege, statt einer Livree trägt er aber einen dunklen Business-Anzug und edle Manschettenknöpfe. Auf der Webseite www.unclebens.com erklärt *Masterfoods*, es habe Onkel Ben aufgrund ausgiebiger Marktforschungen befördert. Dabei habe sich gezeigt, dass der Name *Uncle Ben* bei amerikanischen Verbrauchern emotional besetzt sei und Qualität, Familie, Zeitlosigkeit und Wärme symbolisiere. Verbraucher aus allen Gesellschaftsschichten machten immer wieder klar, dass *Uncle Ben* für Werte steht, die ihren eigenen ähneln" (Piper 2007, S. 7).

Den Abnehmern hilft eine Marke, ein Erzeugnis bzw. dessen Hersteller zu identifizieren, Kaufentscheidungen zu vereinfachen und das Risiko eines Fehlkaufs zu senken (vgl. hierzu und im Weiteren Esch 2012). Marken ...
- signalisieren (gleichbleibend) gute Qualität,

- bieten einen emotionalen bzw. sozialen Zusatznutzen, der etwa bei *Pepsi Cola* und ähnlichen Produkten im Gefühl der Jugendlichkeit und in Aufregung ('excitement') besteht,
- dienen der Selbstdarstellung und demonstrieren die Zugehörigkeit des Markenkäufers bzw. Markenbesitzers zu einer bestimmten angesehenen sozialen Gruppe,
- sind bekannt. Im Extremfall erlangen Marken einen derart hohen Bekanntheitsgrad, dass sie als generische Marke zum Inbegriff einer ganzen Produktkategorie werden. Sie dominieren das ‚evoked set' der Zielgruppe und sind unter Umständen sogar als einzige Option im Gedächtnis vieler Verbraucher verankert (bspw. *Tempo, Pampers* und *Roller Blades*).

Die Befunde zahlreicher empirischer Untersuchungen bestätigen diese normativen Aussagen:
- Viele Kunden bewerten die Qualität eines Produktes primär aufgrund des Markennamens und weniger aufgrund des Preises oder physischer Produktmerkmale (vgl. Dawar/Parker 1994).
- Marken dienen der Risikoreduktion und verschaffen soziale Vorteile (z.B. Prestige, Selbstinszenierung; vgl. Fischer et al. 2010).
- Die Marke ist zu großen Teilen für den Erfolg oder Misserfolg eines Produktes verantwortlich (vgl. Aaker 2012).
- Trotz des Siegeszuges von *Aldi et al.*, Geiz-ist-geil und Smart Shopping halten noch immer 62,3 % der Deutschen „Markenartikel für besser als markenlose Ware" (15,1 % = „stimme voll und ganz zu", 47,2 % = „stimme weitgehend zu"; vgl. VerbraucherAnalyse 2012).

5.1.2.2 Kulturspezifische Funktionen

Erst in der jüngeren Vergangenheit begann die Forschung, dem Umstand Rechnung zu tragen, dass Markenanbieter und Käufer eingebettet in ihren jeweiligen kulturellen Kontext agieren (vgl. Abb. 100). Zwar erfüllen Marken auf internationalen Märkten prinzipiell dieselben Funktionen wie auf nationalen Märkten (z.B. Abgrenzung von den Wettbewerbern, Produktpositionierung). Universell ist auch das in den Prinzipien der menschlichen Informationsverarbeitung begründete Phänomen, dass Verbraucher bei Reizüberflutung auf einfache, leicht zugängliche Schlüsselreize vertrauen (Markenname, Preis etc.). Aber die Fähigkeit von Marken, Kaufentscheidungen zu erleichtern, indem sie die damit verbundene Unsicherheit reduzieren (d.h. Kaufrisiko und Informationsbeschaffungsaufwand), ist für Kulturräume, für die Unsicherheitsmeidung charakteristisch ist, überproportional bedeutsam. In Ländermärkten, in denen Akzeptanz von Machtdistanz die dominante Kulturdimension ist, steht der Prestigewert von Marken im Mittelpunkt der Positionierung.

Im Einzelnen konnte die kulturvergleichende empirische Markenforschung u.a. nachweisen:
- Die Glaubwürdigkeit einer Marke beeinflusst die Kaufentscheidungen von Kollektivisten und Unsicherheitsmeidern überproportional (vgl. Erdem et al. 2006).

5.1 Grundlagen

- In machtdistanten Gesellschaften sind die meisten Konsumenten durch Markennamen leichter beeinflussbar als Konsumenten, die Machtdistanz ablehnen (vgl. Bristow/Asquith 1999).
- Aufgrund ihres holistischen Denkstils sind Angehörige von Typ 2-Ländern (kollektivistische, Machtdistanz akzeptierende Unsicherheitsmeider) für eine Markenerweiterung (‚brand extension') aufgeschlossener als Angehörige von Typ 1-Ländern (individualistisch, Machtdistanz ablehnend, Unsicherheit akzeptierend; vgl. Teil A-1.1). Letztere präferieren den analytischen Denkstil und neigen deshalb weniger dazu, einen Fit zwischen der Ausgangsmarke (,parent brand') und der erweiterten Marke (,extended brand') wahrzunehmen und Markenerweiterungen insgesamt positiv zu bewerten (vgl. Monga/John 2007).
- Sowohl kollektivistische als auch individualistische Konsumenten nutzen renommierte Marken zur Selbstdarstellung, aber in unterschiedlicher Weise: Kollektivisten tun dies, um sich und andere ihrer Ähnlichkeit mit Mitgliedern ihrer ,in-group' und ihrer Zugehörigkeit zu dieser Bezugsgruppe zu versichern, Individualisten hingegen, um sich von dieser abzugrenzen (vgl. Luna/Gupta 2001, S. 55).

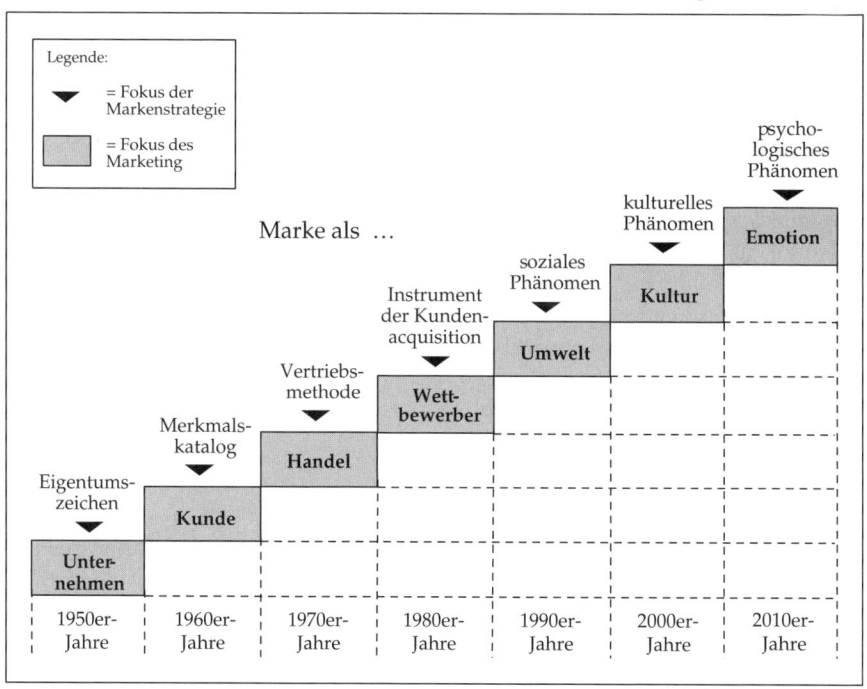

Abb. 100: Entwicklungsstadien der Markenforschung

Quelle: Geigenmüller (2003, S. 174); geringfügig modifiziert.

5.2 Markentypen

5.2.1 Globale Marken

5.2.1.1 Funktionen

Überblick

Eine globale Marke trägt in jedem Land denselben Namen und dasselbe Logo. Darüber hinaus sind Image und Positionierung weltweit ähnlich (vgl. Hollis 2008). Globale Marken versprechen den Unternehmen ‚economies of scale' und den Käufern bzw. Nutzern eine universelle Identität. Die Mehrzahl der Käufer attestiert ihnen Glaubwürdigkeit sowie Kompetenz (Autorität, Expertise etc.; vgl. Holt et al. 2004). Nicht zuletzt steigern globale Marken das Selbstwertgefühl der Markenbesitzer. Denn sie vermitteln ihnen das Gefühl, Weltbürger zu sein (vgl. Bittner 2003, S. 22).

Prinzipiell muss eine globale Marke dieselben Funktionen erfüllen wie eine nationale oder internationale Marke (vgl. Francis et al. 2002, S. 99 ff.): Weltweit in allen relevanten Absatzkanälen erhältlich und mit einer positiven Bedeutung verknüpft sein, ein einzigartiges positives Image sowie unmittelbaren Produktbezug besitzen und mit dem Unternehmensimage harmonieren. Nicht zuletzt sollte der Markenname leicht aussprechbar sein. Die konkreten Anforderungen aber können in kulturell unterschiedlichen Umwelten stark variieren, wie sich an den Kriterien „leichte Aussprechbarkeit" und „Produktbezug" zeigen lässt.

Aussprechbarkeit & Produktbezug von Markennamen

Markennamen sollten leicht aussprechbar sein. Denn wer Mühe hat, einen Namen zu artikulieren, dem fällt es auch schwer, sich an ihn zu erinnern. Dies bedeutet, dass Markennamen wie *Nahui Ollin* c.p. einen geringeren Bekanntheitsgrad erlangen als leicht aussprechbare Markennamen. Weiterhin werden Kunden, weil sie sich nicht blamieren möchten, ...

- im Handel schwer aussprechbare Marken nach Möglichkeit nicht nachfragen,
- nicht mit anderen Käufern darüber sprechen (d.h. keine positive Mund-zu-Mund-Propaganda betreiben) und
- letztlich das Produkt nicht kaufen.

Unternehmen, die einen globalen Markennamen entwickeln bzw. einen etablierten Markennamen übersetzen möchten, sehen sich mit einer Reihe zusätzlicher Probleme konfrontiert (vgl. Teil D-4.5). So stehen nicht alle Laute in allen relevanten Sprachen zur Verfügung. Deshalb mutiert bspw. im Koreanischen *Fuji* zu *Puji*, da diese Sprache den Buchstaben „F" nicht kennt.

Idealerweise sollte der Markenname einen Bezug zum Produkt aufweisen und den Nutzen, den Verbraucher daraus ziehen können, auf die ein oder andere Weise benennen. Wie das Beispiel *Pampers* zeigt, können sinnvolle Assoziationen (‚to pamper' = verwöhnen) diesen Zusammenhang herstellen. Bei einer globalen Vermarktung ist der Produktbezug des Markennamens noch wichtiger als im nationalen Kontext, weil der Anbieter zumindest zu Beginn seines Markteintritts nicht davon ausgehen kann, dass die Zielgruppe weiß, wer oder was sich hinter dem Markennamen verbirgt. Er muss daher zunächst vor allem für Bekanntheit sorgen.

5.2.1.2 Typologie globaler Marken

Master Brands

Manche globale Marken verkörpern einen universell gültigen Mythos (z.B. ewige Jugend). *Coca-Cola, Nike* oder *Sony* sind generische Marken, welche ihre gesamte Produktkategorie repräsentieren. Schließlich ist für diesen Markentypus die nationale oder regionale Herkunft des Stammhauses nebensächlich, weshalb das „Made in ..." häufig durch das „Made by ..." ersetzt wird (vgl. Bittner 2003).

Prestige Brands

Sie besitzen einen Mehrwert, der auf den herausragenden Leistungen der (häufig idealisierten) Gründerpersönlichkeit beruht (z.B. *R. Bosch, C. Chanel, S. Toyoda*). Assoziationen zum Herkunftsland werden wie im Falle von *Bosch, Chanel* oder *Toyota* bewusst hergestellt und unterstützen aufgrund des positiven Ländersterotyps die angestrebte Positionierung (z.B. Chanel → Coco Chanel → Frankreich → französische Lebensart).

Super Brands

Auch Super Brands verkörpern ihre Produktkategorie global. Allerdings werden *American Express, Gilette* und andere Repräsentanten dieses Markentypus nicht, wie Master Brands, mythologisch überhöht wahrgenommen, sondern primär funktional.

Glocal Brands

Dieser Kategorie gehören u.a. *Danone, Dove* und *Nestlé* an. Glocal Brands werden global verkauft, aber lokal vermarktet. Da es sich zumeist um geringwertige Gebrauchs- und Verbrauchsartikel handelt, ist ihr Prestigewert begrenzt.

5.2.2 Mega-Marken

Das weltweit tätige Marktforschungsinstitut *A.C. Nielsen* hat das Konzept der globalen Marke empirisch überprüft und dabei eine interessante Unterkategorie identifiziert: die Mega-Marken. Demnach kann eine globale Marke dann als Mega-Marke gelten, wenn sie vier Kriterien erfüllt:
- Distributionsquote: Mega-Marken werden in mindestens 15 jener 50 Länder angeboten, die 95 % des weltweiten Bruttoinlandsprodukts erwirtschaften.
- Vertriebslinie: Mega-Marken finden sich hauptsächlich in den Sortimenten von Verbrauchermärkten, Lebensmittelgeschäften, Drogerien oder Apotheken.

- Markennamen: Mega-Marken werden unter dem gleichen Namen in mindestens drei Produktkategorien in mindestens drei Regionen angeboten (als Dachmarke).
- Positionierung: Mega-Dachmarken signalisieren Kompetenz und Vertrauen. Ihre Präsenz in unterschiedlichen Warenkategorien erscheint den Marktteilnehmern glaubwürdig.

62 Marken, hauptsächlich aus dem Bereich „Kosmetik- und Körperpflegeartikel", erfüllen diese Kriterien. *Nivea* etwa nutzt ihren bei Hautpflege erworbenen Kompetenzanspruch, um unter dem Schutz dieses Markendaches Artikel in 19 Warengruppen, deren Verbindung „logisch" – d.h. den Konsumenten sachlich nachvollziehbar – erscheint, anzubieten (z.B. Sonnenmilch, Rasiergel). Mit 23 Mega-Marken am zweitstärksten besetzt ist die Warenkategorie „Food, Getränke & Süßwaren". *Nestlé* bspw., der weltweit größte Nahrungsmittelhersteller, vermarktet den Goodwill, den die mit dem Vogelnest markierten Produkte im Laufe der Jahre erworben haben, weltweit in 17 Warengruppen. Im Übrigen finden sich selbst bei Mega-Marken nicht nur Beispiele für Standardisierung, sondern auch für Differenzierung. Nur neun Mega-Marken werden mehr oder weniger unverändert in allen 50 Ländern angeboten, während andere ihr Markenprogramm kulturspezifisch anpassen. *McCain* bspw. konzentriert sich auf dem Weltmarkt auf seine Kernkompetenz bei Kartoffelprodukten, bietet in Nordamerika aber auch Gemüse, Getränke, Nachspeisen, Pizza und Waffeln an (d.h. eine höchst heterogene und für den Außenstehenden stellenweise „unlogische" Produktpalette).

5.2.3 Kulturelle Marken

Kaum jemand wird behaupten wollen, dass der *Trabi* besondere qualitative Vorzüge besaß. Aber mehr als vieles andere symbolisiert der „Plaste-Bomber" für viele Ostdeutsche ihre Identität als DDR-Bürger. Und dies ist der Markenkern kultureller Marken („cultural brands"): sie symbolisieren eine bestimmte kulturelle Identität (vgl. O'Reilly 2005; Holt 2004). Kulturelle Marken stiften insb. Immigranten und deren Nachkommen, aber auch kosmopolitischen Zielgruppen selbst dann einen besonderen Nutzen, wenn das CoO-Image des jeweiligen Herkunftslandes nicht vorteilhaft ist. Gefangen in einem Kräftefeld widerstreitender Motive, bieten ihnen kulturelle Marken einen unvergleichlichen Nutzen: soziokulturelle Identität, die nostalgisch emotionalisiert wird und ein wichtiges Kaufmotiv ist (vgl. Sierra/McQuitty 2007).

Kulturelle Marken

„On the basis of the literature on brand personality and brand-culture interaction, we define cultural brands as brands that embody a sum total of a group's cultural identity, including the surrounding myth, a string that ties consumers to their cultural roots, and associations (real and imaginary) of all the good and wonderful things that have been left behind as well as those that are possible in the future. [...] Examples of cultural brands that represent a specific product include *Guiness* beer from Ireland, *Cohiba* cigars from Cuba, and the *BBC* from Great Britain. Examples of cultural brands that represent a broader social phenomenon include *Bollywood* movies from India, the gauchos of South America, tequila from Mexico and hookah (or shisha) from the Middle East. They represent an entire lifestyle – for example weddings songs to express all sorts of emotions, clothing, dances, television programs, and home decorations" (Guzmán/Paswan 2009, S. 73).

Mehr als andere sind Immigranten, die aus Entwicklungsländern stammen, anfällig für Nostalgie. Guzmán/Paswan (2009, S. 74) gingen bei der Konzeption ihrer Studie von folgender Überlegung aus: „We believe that immigrants' attempts to anchor their identity with the time and place left behind will cause them to view the cultural brands from their home country in a inflated manner – as almost unrealistic and fantasylike (Holak/Havlena 1998). Similar emotions, often grouped under the category of homesickness, could also be experienced by non-immigrant populations, such as tourists and transient population, though perhaps to a lesser extent."

Als Studienobjekt wählten die beiden Wissenschaftler in die USA immigrierte Mexikaner. Denn sie bilden die weltweit größte homogene Untergruppe: nach Angaben der *Vereinten Nationen* mehr als 20 Mio. Immigranten. An der Studie nahmen 273 in der Region Dallas/Fort Worth lebende mexikostämmige und 400 in Mexiko City lebende mexikanische Probanden teil. Ihre Aufgabe bestand darin, zwei mexikanische Fernsehsender anhand einer Markenpersönlichkeitsskala zu beurteilen (vgl. Teil D-4.3.2). Dass die in den USA lebenden Mexikaner *Televisa* wie auch *TV Azteca* ein in jeder Hinsicht wesentlich besseres Zeugnis ausstellten (vgl. Abb. 101), lässt sich mit der Besonderheit kultureller Marken erklären: primär als Ausdruck der Sehnsucht von Immigranten nach ihrer Heimat und weniger als valide Leistungsbeurteilung.

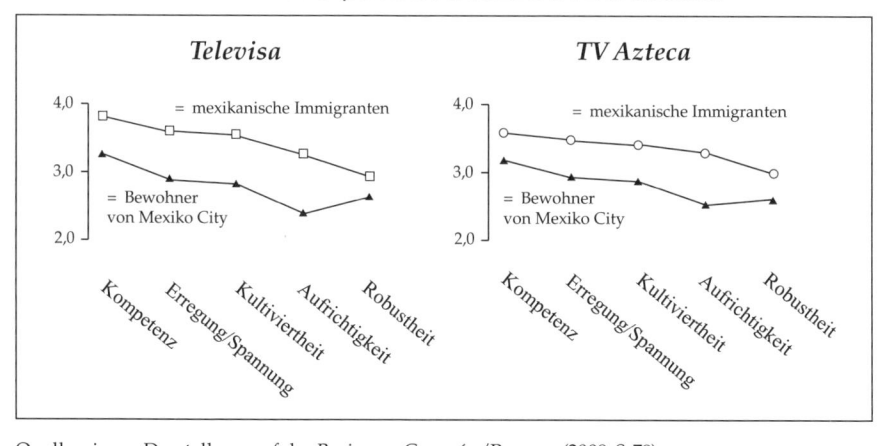

Abb. 101: Markenpersönlichkeit zweier Fernsehsender

Quelle: eigene Darstellung auf der Basis von Guzmán/Paswan (2009, S. 79).

5.2.4 Handelsmarken

5.2.4.1 Grundlagen

Handelsmarken sind Marken, die von einem Handelsunternehmen kreiert und geführt werden. Aus Verbrauchersicht erfüllen sie zunehmend die gleichen Funktionen wie die klassische Herstellermarke: vor allem Qualitätsversprechen und Unverwechselbarkeit aufgrund bestimmter äußerer Merkmale bzw. Kennzeichen (vgl. Weiss 2008). Wegen ihrer begrenzten Distribution können die auch Eigenmarken oder ‚private label' genannten Handelsmarken (z.B. *Gut & Günstig* von *Edeka*) allerdings nicht die Marketingführerschaft anstreben. Denn sie sind ausschließlich in dem Filialnetz jenes Handelsunternehmens erhältlich, das sie geschaffen hat. Wie eine *dpa*-Meldung vom 28.07.2012 belegt, verfügen viele Handelsmarken mittlerweile dennoch über erhebliche Marktmacht: „Der Süßwarenhersteller *Bahlsen* will von 2013 an in Deutschland kein Weihnachtsgebäck mehr herstellen. Der starke Preisdruck durch die Eigenmarken der großen Handelsketten führe dazu, dass das Saisongeschäft auf dem Heimatmarkt nicht die nötigen Erträge abwirft, erklärte das Unternehmen in Hannover."

Handelsmarken sind in solchen Warengruppen stark vertreten, welche die Kunden als wenig risikoreich empfinden (z.B. Papiertaschentücher, Joghurt, Tafelschokolade, Waschmittel; vgl. Wildner 2003, S. 118). Wie die Herstellermarken, so werden auch die Handelsmarken positioniert als ...

- Mono- bzw. Einzelmarken (z.B. Instantkaffee *Ali* von *Aldi*),
- Warengruppenmarken (z.B. *Today* der *Rewe*-Gruppe für Haar-, Gesichts- und Körperpflege),
- Sortimentsmarken (z.B. *O'Lacy's* von *Asko*) oder
- Gattungsmarken (z.B. *Die Weißen* von *Rewe*).

Handelsunternehmen, die eigene Marken entwickeln, verfolgen damit mehrere strategische Ziele: Verbesserung der Ertragslage, Stärkung der Kundenbindung, Ergänzung, Optimierung und Differenzierung des Sortiments, Unterstützung des Firmenimage sowie Wahrung der Unabhängigkeit von Lieferanten.

5.2.4.2 Akzeptanz & Marktanteil

Befunde der Marktforschung

Wie eine von *AC Nielsen* in 38 Ländern durchgeführte Akzeptanzstudie ergab, empfinden in den wichtigsten Märkten 66 % der Verbraucher „Handelsmarken als eine gute Alternative zu Markenprodukten", und 62 % gehen davon aus, dass sie „mindestens die gleiche Qualität besitzen wie große Marken." Die meisten Anhänger hat die Handelsmarke in Europa, wo 78 % sie als gleichwertig ansehen – in Deutschland sogar 88 %. Hingegen akzeptiert nur ein Drittel der seit jeher besonders markenbewussten Japaner Handelsmarken.

Die These von der Gleichwertigkeit der Handelsmarke wird durch eine repräsentative Verbraucherbefragung von *Ipsos Marketing* in 23 Ländern bestätigt. Auch in dieser Studie vertreten deutsche Verbraucher diese Auffassung in besonderem Maße. Wenn überhaupt, so zweifelt ein nennenswerter Teil der Befragten an der Innovationskraft und der Gefälligkeit der Verpackung von Handelsmarken (vgl. Tab. 85).

Gemäß einer Studie des Londoner Handelsinstituts *IGD* gaben die europäischen Konsumenten im Jahr 2010 insgesamt 430 Mrd. € für Handelsmarken aus (2006 = 298 Mrd. €). Während deren wertmäßiger Marktanteil in der Schweiz (= 47 %) und in Großbritannien (= 43 %) auf hohem Niveau mehr oder weniger stagniert, erfreuen Handelsmarken sich in Spanien (= 32 %) einer starken und in Deutschland (= 37 %) einer mittleren Wachstumsdynamik. Im italienischen (= 13 %) und griechischen Markt (= 10%) hingegen scheinen Handelsmarken nachrangig zu bleiben (vgl. Meffert et al. 2010, S. 157).

Tab. 85: Akzeptanz von Handelsmarken

	weltweit	Deutschland		weltweit	Deutschland
günstiges Preis/Leistungsverhältnis	89	94	funktionsgerecht	81	89
bedürfnisgerecht	87	92	vertrauenswürdig	80	90
familiengerecht	83	91	hochwertig	73	84
umweltfreundlich	82	89	innovativ	69	74
schmackhaft	81	89	ansprechend verpackt	65	69

Quelle: Ipsos Marketing, in: Der Handel 05/2010, S. 14.

Befunde der kulturvergleichenden Forschung

Anliegen der Studie. Kuskova (2008) untersuchte am Beispiel von deutschen und russischen Probanden, ob und in welcher Weise kultur- und konsumspezifische Wertvorstellungen die Akzeptanz von Handelsmarken beeinflussen. Die Autorin legte ihrer Untersuchung ein multiattributives Einstellungsmodell zugrunde und erfragte die ...
- kognitive Einstellung (= Markenimage) sowie die
- affektive Einstellung (= Gesamturteil über Handelsmarken)

direkt. Die Wichtigkeit der kognitiven Einstellungsmerkmale wurde regressionsanalytisch geschätzt (d.h. indirekt ermittelt).

Aus kulturvergleichender Sicht unterscheiden sich Deutschland und Russland signifikant voneinander (vgl. Tab. 86). Während die deutsche Gesellschaft vergleichsweise individualistisch, maskulin und zukunftsorientiert ist, zählt Russland zu den femininen und kollektivistischen Kulturen mit einem geringen Grad an Zukunftsorientierung. Russen neigen überdies stärker als Deutsche dazu, in ihrer Gesellschaft ungleiche Machtverhältnisse zu akzeptieren und Unsicherheit zu vermeiden.

Tab. 86: Landeskulturen von Russland & Deutschland

	Individualismus (Hofstede)	Maskulinität (Hofstede)	Akzeptanz von Machtdistanz (Hofstede)	Vermeidung von Ungewissheit (Hofstede)	Zukunftsorientierung (GLOBE)
Deutschland	67	66	35	65	4,27
Russland	39	36	93	95	2,80

Quelle: Hofstede (2001); House et al. (2004).

Hypothesen. Kuskova (2008) vermutete, dass die jeweilige Landeskultur sowie die konsumspezifischen Werte Sparsamkeit, Anerkennung, Sicherheit und Genuss die Einstellung gegenüber Handelsmarken beeinflussen:

- Preisbewusstsein: In zukunftsorientierten Gesellschaften wie Deutschland gelten langfristig ausgerichtete Verhaltensweisen (Planung, Belohnungsaufschub, Sparen etc.) als erstrebenswert. Vermutlich achten deutsche Konsumenten deshalb beim Kauf von Lebensmitteln mehr auf den Preis einer Handelsmarke als russische Konsumenten, die in der Mehrzahl weniger zukunftsorientiert sind.
- Sozialer Nutzen: Während Individualisten dazu neigen, eigenverantwortlich zu handeln, streben kollektivistisch geprägte Individuen stärker nach sozialer Anerkennung. Deshalb sollte russischen Konsumenten der soziale Nutzen einer Handelsmarke wichtiger sein als deutschen Konsumenten.
- Reputation: Kollektivisten legen mehr Wert auf die öffentliche Meinung als Individualisten. Deshalb sollte für die russischen Probanden der gute Ruf einer Handelsmarke eine größere Rolle spielen als für die deutsche Vergleichsgruppe. Weiterhin empfinden jene aufgrund ihrer hochgradigen Tendenz zur Ungewissheitsvermeidung mehr Kaufrisiken, weshalb die Reputation einer Handelsmarke russischen Probanden Orientierungshilfe bieten und dazu beitragen sollte, wahrgenommene Kaufrisiken zu reduzieren.
- Verpackung: In unsicherheitsvermeidenden Gesellschaften ist die Verpackung eine entscheidende Verkaufshilfe. Denn gute Verpackungen schützen vor Risiken aller Art.
- Emotionaler Nutzen: Das Zusammenspiel von Genussorientierung und Feminität in der russischen Gesellschaft lässt vermuten, dass dort der emotionale Nutzen einer Handelsmarke wichtiger ist als in Deutschland.
- Produktqualität. Während in maskulinen Gesellschaften wie Deutschland materielle Ziele im Vordergrund stehen, ist für die eher feminine russische Gesellschaft Genussorientierung charakteristisch. Deshalb und aufgrund ihrer ausgeprägten Ungewissheitsvermeidung stellen russische Konsumenten vermutlich überdurchschnittliche Anforderungen an die Produktqualität.

Untersuchung. Die Daten wurden mittels einer Online-Umfrage erhoben. Insgesamt gaben 785 russische und 778 deutsche Konsumenten verwertbare Antworten. Der Datensatz wurde mit Hilfe von Strukturgleichungsmodellen auf systematische Zusammenhänge hin überprüft.

Befunde. Das von Jöreskog/Goldberger (1975) auf der Basis von Hauser/Goldberger (1971) entwickelte MIMIC-Modell (= Multiple Indicators Multiple Causes) erlaubt es, die relative Wichtigkeit einzelner Indikatoren für das latente Konstrukt „affektive Einstellung" und dessen Indikatoren zu erfassen. Wie die Überprüfung des Gesamtmodells ergab, beeinflussen die Indikatoren Preisgünstigkeit, emotionaler Nutzen, Qualität, Verpackungsgestaltung sowie Reputation die Einstellung sowohl der deutschen als auch der russischen Stichprobe gegenüber Handelsmarken signifikant (vgl. Abb. 103). Lediglich der Indikator sozialer Nutzen trägt nicht hinreichend zur Prognose der Einstellung der russischen Stichprobe bei.

Aus kulturvergleichender Sicht interessiert, ob die einzelnen Indikatoren für die Einstellungen beider Stichproben gleichermaßen relevant sind. Diese Frage lässt sich durch einen simultanen Gruppenvergleichstest mit *AMOS* beantworten, einer Erweiterung des *SPSS*-Grundmodells zur Berechnung von Strukturgleichungsmodellen. Dabei wird offenbar, dass im Ländervergleich nur die Indikatoren Qualität, Preisgünstigkeit und sozialer Nutzen signifikant unterschiedlich wirken.

Abb. 102: *Einfluss kulturspezifischer & konsumspezifischer Werte auf die Einstellung zur Marke: die Hypothesen im Überblick*

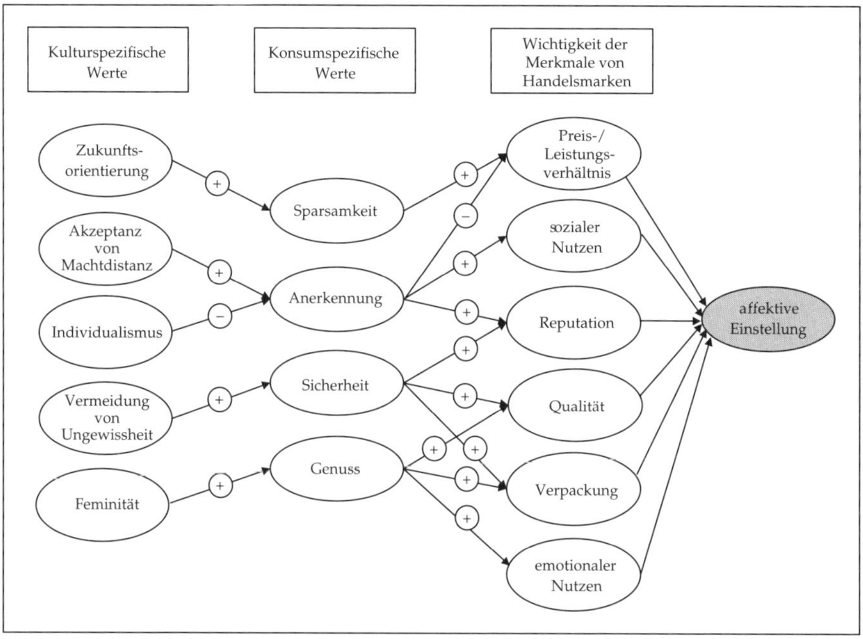

Quelle: Kuskova (2008).

Die Einstellung deutscher Probanden zu Handelsmarken hängt insb. davon ab, ob sie diese als preisgünstig empfinden oder nicht. Für russische Verbraucher spielt die Produktqualität eine vergleichbar zentrale Rolle. Die kulturwissenschaftlich begründeten Hypothesen, dass für russische Konsumenten die Reputation und der emotionale Nutzen einer Handelsmarke wichtiger sind als für deutsche Konsumenten, können nicht bestätigt werden. Im Gegenteil: Der emotionale Nutzen ist deutschen Verbrauchern nach der Preisgünstigkeit am zweitwichtigsten. Dass schließlich der soziale Nutzen für beide Stichproben nur eine untergeordnete Rolle spielt, entspricht zwar der deutschen Landeskultur. Im Falle der russischen Stichprobe fordert dieser Befund jedoch eine Erklärung. Kuskova (2008) macht dafür die in der russische Landeskultur verankerte Tendenz, sozial erwünschte Antworten zu geben, verantwortlich.

Konsequenzen. Aus den Untersuchungsergebnissen lassen sich vielfältige Implikationen für den Einsatz von Handelsmarken auf dem deutschen und dem russischen Markt ableiten. In Russland sollten Werbetreibende die Qualität der Handelsmarke in den Mittelpunkt der Kommunikationsstrategie stellen. Die dort besonders intensiv wahrgenommenen Kaufrisiken lassen sich durch

Abb. 103: Ursachen der Einstellung deutscher & russischer Konsumenten zu Handelsmarken

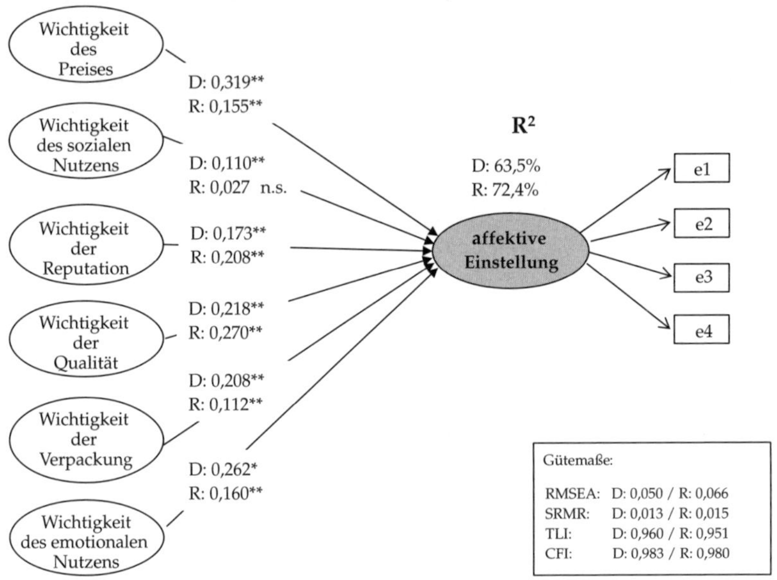

```
Wichtigkeit des Preises
    D: 0,319**
    R: 0,155**
Wichtigkeit des sozialen Nutzens
    D: 0,110**
    R: 0,027 n.s.
Wichtigkeit der Reputation
    D: 0,173**
    R: 0,208**
Wichtigkeit der Qualität
    D: 0,218**
    R: 0,270**
Wichtigkeit der Verpackung
    D: 0,208**
    R: 0,112**
Wichtigkeit des emotionalen Nutzens
    D: 0,262*
    R: 0,160**

→ affektive Einstellung
    $R^2$
    D: 63,5%
    R: 72,4%
→ e1, e2, e3, e4

Gütemaße:
RMSEA:  D: 0,050 / R: 0,066
SRMR:   D: 0,013 / R: 0,015
TLI:    D: 0,960 / R: 0,951
CFI:    D: 0,983 / R: 0,980
```

Legende: D = Deutschland; R = Russland; * $p < 0{,}05$; ** $p < 0{,}01$; n.s. = nicht signifikant
e1: Beim Kauf dieser Marke habe ich immer das Gefühl, eine gute Entscheidung getroffen zu haben.
e2: Ich finde die Marke generell sehr gut.
e3: Die Marke erfüllt meine Erwartungen.
e4: Die Marke ist sehr vertrauenswürdig.

Quelle: Kuskova (2008).

umfangreiche Produktinformationen und Qualitätssiegel entschärfen. Im deutschen Markt versprechen qualitativ hochwertige Produkte mit ansprechender Verpackung, die zu einem günstigen Preis angeboten werden, Erfolg. Kulturunabhängig sollten Handelsmarken zudem in einem emotional anregenden Umfeld präsentiert und beworben werden.

Allerdings ist zu bedenken, dass Handelsmarken in Deutschland maßgeblich zum Umsatz von Lebensmitteleinzelhändlern beitragen, während sie in Russland selbst in Städten wie St. Petersburg oder Moskau wesentlich weniger nachgefragt werden. Unterschiedliche Einstellungen gegenüber Handelsmarken sind deshalb möglicherweise nicht nur auf die jeweilige Landeskultur, sondern auch auf den Entwicklungsstand der Ländermärkte zurückzuführen.

Hinzu kommt, dass die russische Gesellschaft zum Zeitpunkt der Studie einen radikalen Wertewandel durchlief. Mit der Übernahme marktwirtschaftlicher Prinzipien ging eine Annäherung an westliche Werte einher. Naumov/Puffer (2000) lieferten erste empirische Belege, welche diese These unterstützen: Demnach neigen Russen mittlerweile weniger zur Vermeidung von Ungewissheit, zur Akzeptanz von Machtdistanz und zu femininen Werten, als es ihre Positionierung auf den *Hofstede*-Kulturdimensionen vermuten lässt.

5.3 Markenpersönlichkeit

5.3.1 Grundlagen

Der symbolische Gehalt von Marken wird metaphorisch als Markenpersönlichkeit bezeichnet. Als Untermenge des Markenimages erfasst sie jene Assoziationen, welche die Zielgruppe mit einer Marke verbindet. In einem Akt von ⇒ Anthropomorphismus werden dabei der Marke Persönlichkeitseigenschaften zugeschrieben. Dazu trägt bei, dass es Konsumenten wie auch Produktmanagern im Allgemeinen nicht schwer fällt, Marken anhand von Persönlichkeitsmerkmalen zu charakterisieren. *Coca Cola* etwa gilt in den USA als ‚cool' und ‚real', *Pepsi* hingegen als ‚young', ‚exciting' und ‚hip' (Mäder 2005, S. 1 f.).

Abb. 104: Markenpersönlichkeit als Teilmenge des Markenimage

Markenimage
= Gesamtheit „aller Assoziationen, die mit einer Marke in Verbindung gebracht werden"
(Mäder 2005, S. 7)

Markenpersönlichkeit
= Gesamtheit aller „menschlichen Charaktereigenschaften, die mit einer Marke in Verbindung gebracht werden" (Aaker 1997, S. 341)

5.3.2 Maße der Markenpersönlichkeit

Skala von Aaker et al.

Bis in die 1990er-Jahre hinein wurde die Markenpersönlichkeit ‚ad hoc' gemessen: mit theoretisch nicht begründeten und nicht validierten Skalen. Häufig handelte es sich um nach subjektivem Ermessen zusammengestellte Listen von Persönlichkeitsmerkmalen. Aaker (1997) hat dann Pionierarbeit geleistet. Sie ließ 631 Probanden 37 Marken aus 24 Produktkategorien anhand von 114 Persönlichkeitsmerkmalen auf der klassischen fünfstufigen *Likert*-Skala beurteilen und identifizierte sodann mittels einer explorativen Faktorenanalyse fünf stabile Dimensionen der Markenpersönlichkeit. Anhand dieser „Big Five der Marke" untersuchte *J.L. Aaker*, wie Amerikaner die Persönlichkeit von Produkt- und Dienstleistungsmarken wahrnehmen.

Um die interkulturelle Stabilität dieses Erklärungsansatzes prüfen zu können, haben Aaker et al. (2001) die Originalitems von 1997 ins Japanische wie auch ins Spanische übersetzt und in Befragungen in Japan sowie in Spanien eingesetzt. Der Ländervergleich ergab zwar in jedem Fall eine fünffaktorielle Struktur. Aber nur drei der fünf Dimensionen der Markenpersönlichkeit (Aufrichtigkeit, Erregung/Spannung und Kultiviertheit) waren in allen drei Ländern nachweisbar und sind insofern generalisierbar. Die übrigen Dimensionen (Kompetenz,

Robustheit, Friedlichkeit und Leidenschaft) sind hingegen länderspezifisch zu deuten (vgl. Tab. 87).

Tab. 87: Struktur des Konstrukts Markenpersönlichkeit im Ländervergleich

	USA	Spanien	Japan
Aufrichtigkeit	sincerity	sincerity	sincerity
Erregung/Spannung	excitement	excitement	excitement
Kultiviertheit	sophistication	sophistication	sophistication
Kompetenz	competence	–	competence
Robustheit	ruggedness	–	–
Friedlichkeit	–	peacefulness	peacefulness
Leidenschaft	–	passion	–

Quelle: Aaker et al. (2001); Aaker (1997).

Skala von Hieronimus

Bei der Entwicklung und Validierung einer „Skala der Markenpersönlichkeit" für den deutschen Markt beschränkte sich Hieronimus (2003) auf einen Pool von 19 Items. Dieser besteht aus jenen 15 Items, welche jeweils am stärksten auf die 15 Faktoren 2. Ordnung der Aaker-Skala laden, und vier Items, welche die von Aaker et al. (2001) für Japan und Spanien identifizierten kulturspezifischen Dimensionen der Markenpersönlichkeit repräsentieren. Zwar extrahierte Hieronimus (2003) eine zweidimensionale Lösung: Vertrauen & Sicherheit (zuverlässig, unverfälscht, ehrlich, bodenständig, erfolgreich) sowie Temperament (temperamentvoll, leidenschaftlich, phantasievoll, fröhlich, wagemutig). Da in diesen Studien unterschiedliche Itempools zum Einsatz kamen, stellt dieser Befund die Validität der fünffaktoriellen Aaker-Skala zunächst nicht in Frage. Jedoch konnte deren Struktur in den Replikationsstudien mit französischen (vgl. Ferrandi et al. 2000), niederländischen (vgl. Smit et al. 2003) und südamerikanischen Probanden (vgl. Sung/Tinkham 2005) gleichfalls nicht bestätigt werden. Deshalb muss man davon ausgehen, dass „Markenpersönlichkeit" in dieser Operationalisierung ein größtenteils kulturspezifisches Konstrukt ist. An dieser Einschätzung kann auch der Umstand, dass Mäder (2005) mit einem völlig eigenständigen Messansatz in einer Online-Befragung von deutschen Probanden eine fünfdimensionale Faktorlösung ermittelte, nichts ändern. Im Übrigen weisen nach Angaben des Autors auch nur drei dieser Dimensionen ein hohes Maß an Übereinstimmung mit der von Aaker (1997) vorgeschlagenen Lösung auf: Verlässlichkeit (‚competence'), Temperament (‚excitement') und Attraktivität (‚sophistication').

Skala von Geuens et al.

Das Messkonzept, welches Geuens et al. (2009) auf Basis einer Befragung von 12.789 Belgiern zu 193 Marken entwickelt haben, ist im Gegensatz zu Aakers

(1997) Vorschlag nicht nur bei aggregierten, sondern auch bei individualisierten Datensätzen stabil. Weiterhin erwies sich die fünffaktorielle Skala (vgl. Abb. 105) als ...
- reliabel (Test/Retest-Reliabilität) und
- weitgehend invariant gegenüber kulturellen Einflüssen (beim Einsatz in zehn weiteren Ländern: Deutschland, Frankreich, Italien, Niederlande, Polen, Rumänien, Schweiz, Spanien, Türkei, USA).

Abb. 105: Universale Struktur des Konstrukts Markenpersönlichkeit

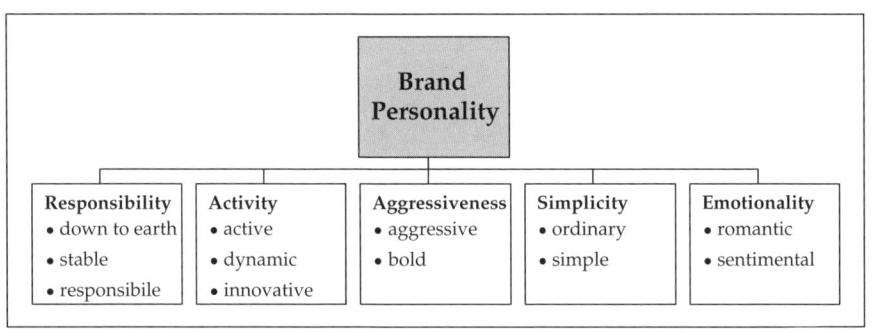

Brand Personality				
Responsibility • down to earth • stable • responsibile	Activity • active • dynamic • innovative	Aggressiveness • aggressive • bold	Simplicity • ordinary • simple	Emotionality • romantic • sentimental

Quelle: Geuens et al. (2009, S. 101).

Skala von Sung & Tinkham

Aus den „Top 100 der wertvollsten Marken" (gemäß *Interbrand/Business Week*) wählten Sung/Tinkham (2005) zwölf Marken aus, die sowohl ihren US-amerikanischen als auch ihren südkoreanischen Probanden vertraut waren. Daraus bildeten die Wissenschaftler zufällig vier Subgruppen mit jeweils drei Marken und fügten jeder Dreiergruppe *Coca-Cola* als vierte Marke und Urteilsanker hinzu. Die Schlüsselfrage: „If [*BMW, Samsung, Nike, Mercedes Benz, Sony, Kodak, Ford, Philips, Levi's, Volkswagen, Panasonic, Adidas, Coca-Cola*] was a person, how would you describe him/her?" beantworteten die Versuchsteilnehmer „gestützt", d.h. anhand einer Liste von 80 Attributen und folgender siebenstufiger Urteilsskala:

„To which extent each of this attributes describes the brand: from 1 (= not at all) to 7 (= perfectly)?"

Jeder Proband (320 US-amerikanische und 337 südkoreanische Studenten) wurde einer der vier Versuchsgruppen zugelost. Mit Hilfe von explorativen und konfirmatorischen Faktorenanalysen und einer hierarchischen Diskriminanzanalyse identifizierten die Forscher sechs universelle und jeweils zwei kulturspezifische Dimensionen der Markenpersönlichkeit (vgl. Tab. 88). Dieser Befund bestätigt die Ausgangsthese der Studie: „The symbolic meaning of commercial brands personality (often called brand) can represent the values and beliefs of a culture" (Sung/Tinkham 2005, S. 334). Im Falle der koreanischen Stichprobe sind dies konfuzianische Werte und im Falle der US-amerikanischen Stichprobe die gewandelten Arbeits- und Geschlechterrollen.

Tab. 88: Dimensionen der Markenpersönlichkeit

Universelle Dimensionen	
1) likeableness (e.g. free, warm, sincere)	4) sophistication (e.g. elegant, glamorous, upper class)
2) trendiness (e.g. different, unique, innovative)	5) traditionalism (e.g. old, traditional, original)
3) competence (e.g. reliable, successful, confident)	6) ruggedness[1] (e.g. tough, rugged, masculine)
Kulturspezifische Dimensionen	
USA	
7a) white color (e.g. corporate, technical, professional)	8a) androgyny (e.g. masculine, feminine, expensive)
Südkorea	
7b) passive likeableness (e.g. funny, small-town, easy)	8b) ascendancy[2] (e.g. strict, heavy, intelligent)
Anmerkungen: [1] Rauheit, Unempfindlichkeit [2] Vorherrschaft, Oberhand	

Quelle: Sung/Tinkham (2005, S. 340 ff.).

5.4 Markenführung

Trotz seiner grundlegenden Bedeutung für das Internationale und das Interkulturelle Marketing hat die Forschung das Thema „Markenführung in internationalen Märkten" lange Zeit weitgehend vernachlässigt. Zwischen 1975 und 2005 veröffentlichten die 20 führenden Marketingzeitschriften lediglich 40 einschlägige Artikel. Von diesen befassten sich 38 % schwerpunktmäßig mit der Frage der Standardisierung/Differenzierung des Markennamens, 23 % mit internationalen Markennamenstrategien, 15 % mit der Reichweite von Marken und 8 % mit der Markenarchitektur sowie dem Markenimage (vgl. Whitelock/Fastoso 2007).

5.4.1 Positionierung von Marken

In den 1990er-Jahren assoziierten Japaner mit der Marke *Volkswagen* ein Luxusgut und Amerikaner ein Gebrauchsgut (vgl. Gould/Minowa 1994, S. 194). Bei Deutschen wiederum hing es vom Alter der Befragten ab, ob sie dabei an das Wirtschaftswunder (wie die vor 1950 Geborenen), oder, wie die Nachgeborenen, an die „Generation Golf" dachten. Offensichtlich ist das Markenimage keine stabile Eigenschaft einer Marke, sondern entsteht erst in Interaktion mit den kulturell geprägten Wahrnehmungs- und Deutungsmustern der Konsumenten. Selbst wenn der Markenkern auf vermeintlich universell gültigen Symbolen und Zeichen aufbaut, interpretieren die verschiedenen Zielgruppen diese häufig doch unterschiedlich.

5.4.1.1 Einfluss der Produktkategorie

Jedes Produkt löst gedankliche Verknüpfungen aus. So denken viele bei Joghurt an: „schmeckt fruchtig", „ist gesund" etc. Nur dann, wenn sich diese Assoziationen in verschiedenen Kulturen grundlegend ähneln, können Marken grenzüberschreitend gleichartig positioniert werden. Andernfalls empfiehlt sich eine differenzierte Marktbearbeitung. Der *Wort-Assoziations-Test (WAT)* eröffnet eine Möglichkeit, solche Produktassoziationen zu messen (vgl. Pollio 1966).

Beim *WAT* präsentiert der Versuchsleiter einen Stimulus (z.B. ein Produkt bzw. dessen Abbildung). Die Versuchspersonen äußern dann innerhalb eines vorgegebenen Zeitraums (z.B. eine Minute) schriftlich oder mündlich alle Gedanken, die ihnen spontan dazu einfallen.
- Beim freien bzw. nicht-restringierten *WAT* sind alle Gedanken „erlaubt", während beim restringierten Verfahren nur bestimmte Assoziationen gezählt werden (zumeist solche mit engem Produktbezug).
- Der klassische *WAT* veranlasst die Versuchspersonen immer wieder, Bezug auf den Ausgangsstimulus zu nehmen (etwa: Auto → schnell, Auto → Benzinverbrauch etc.). Beim fortlaufenden *WAT* hingegen sind Assoziationsketten erwünscht, die jeweils den zuletzt genannten Gedanken aufgreifen (etwa: Auto → PS-stark → schnell → Fahrspaß → etc.).

Müller (1997, S. 125) untersuchte mithilfe des *WAT*, welche Assoziationen deutsche und amerikanische Studenten zu insgesamt 14 Produktkategorien bilden. Als Maß dafür, wie ähnlich die Vertreter zweier Kulturen diese interpretieren, entwickelte er den Überlappungskoeffizienten ÜK. Dieser kann zwischen 0 (= vollkommen verschiedene Assoziationen) und 1 (= identische Assoziationen) variieren.

Der ÜK wird berechnet, indem man die relative Häufigkeit, mit der einzelne Assoziationen in den verschiedenen Versuchsgruppen genannt wurden, zueinander in Beziehung setzt. Etwa: Wie häufig assoziierten deutsche Probanden „schnell" mit dem Untersuchungsobjekt und wie häufig nannten amerikanische Probanden diesen Begriff? Dann addiert man jeweils die geringeren Häufigkeiten (Minima) aller Assoziationen und teilt diesen Wert durch die Gesamtzahl der Nennungen. Tab. 89 zeigt ein fiktives Beispiel. Im Normalfall gestaltet sich die Berechnung komplizierter (z.B. weil Mehrfachantworten möglich sind; vgl. Müller 1997, S. 103 f.).

Tab. 89: Beispielhafte Berechnung des Überlappungskoeffizienten

Assoziation mit der Produktkategorie „Auto"	Relative Häufigkeit der Assoziation *(in %)*		
	Kultur 1	Kultur 2	Minimum
schnell	10	5	5
luxuriös	33	19	19
geräumig	27	55	27
schick	30	21	21
Σ	100	100	72
ÜK = 72 % : 100 % = 0,72			

Die Analyse ergab: Obwohl Müller (1997, S. 177 f.) Probanden mit vergleichbarem sozialen Status und ähnlichen Konsumerfahrungen befragt hat (Studenten aus zwei westlichen Industrieländern), assoziieren diese mit den untersuchten Produktkategorien verschiedene Attribute bzw. Eigenschaften (vgl. Abb. 106). Neben Parfüm und Sportschuhen ist vor allem die Produktkategorie „Bier" kulturspezifisch konditioniert. Amerikaner denken dabei in erster Linie an „Party" sowie an „Biergenuss" (Freunde, Spaß, Rausch, Mädchen etc.). Deutsche hingegen assoziieren mit Bier vorzugsweise „Kneipe". Auch zeugen ihre Äußerungen von ausgeprägter Produktkenntnis: Die deutschen Studenten nannten in der Befragung auffällig häufig Sorten, Marken und spezifische Eigenschaften von Bier.

Abb. 106: Ähnlichkeit der Wahrnehmung von Produktkategorien durch amerikanische & deutsche Versuchspersonen

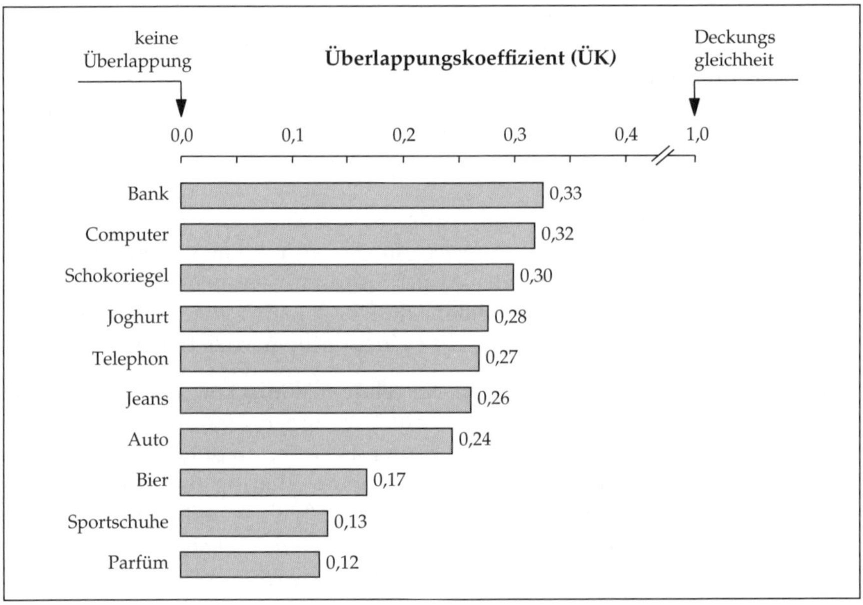

Produkt	Überlappungskoeffizient (ÜK)
Bank	0,33
Computer	0,32
Schokoriegel	0,30
Joghurt	0,28
Telephon	0,27
Jeans	0,26
Auto	0,24
Bier	0,17
Sportschuhe	0,13
Parfüm	0,12

(keine Überlappung: 0,0 — Deckungsgleichheit: 1,0)

Quelle: eigene Darstellung auf Basis von Müller (1997, S. 177).

5.4.1.2 Einfluss der Zielgruppe

Viele Markenkonzepte sprechen in unterschiedlichen Kulturen verschiedene Zielgruppen an. Ein amerikanischer Videoverleih ignorierte diesen Grundgedanken des Marketing, als er im deutschen Markt Fuß fassen wollte – und scheiterte.

Blockbusters Irrtum

Zwei Jahre lang versuchte die amerikanische Videoverleih-Kette erfolglos, den deutschen Markt zu erobern. Ihre Manager hatten nicht bedacht, dass in Deutschland ein Drittel des Umsatzes mit pornographischen Videos erzielt wird – und somit Videotheken ein für Kinder ungeeigneter Ort sind. Folglich gelang es *Blockbuster* nicht, sein familiäres Image vom amerikanischen Stammmarkt nach Deutschland zu transferieren. Erschwerend kam hinzu, dass die Amerikaner sich primär in innerstädtischen Einkaufszentren eingemietet hatten und nicht dort, wo man Familien eher erreicht – in Wohngebieten (vgl. Simmonds 1999, S. 57).

Selbst *McDonald's*, Inbegriff des globalen Unternehmens, musste erkennen, dass sein Geschäftsmodell nicht weltweit denselben Kundentypus anspricht (vgl. Schneider 2007; Watson 1997). Während auf den angestammten westlichen Märkten primär Teenager und Familien mit Kindern *McDonald's* aufsuchen, positionierte die Fast Food-Kette 1998 ihre erste Filiale in Moskau bewusst ganz anders: Die exponierte Lage am *Roten Platz*, eine pompöse Eröffnungsfeier, gigantische Ausmaße – das ganze Vermarktungskonzept zielte auf die aufstrebende Mittelklasse. Dass die strategische Positionierung gelang, erkannte man u.a. daran, dass überproportional viele gut gekleidete Paare mittleren Alters Kunden der russischen Filialen waren (vgl. Simmonds 1999, S. 52). Chinesische Frauen wiederum schätzen an *McDonald's*, dass dort kein Alkohol ausgeschenkt wird und sie folglich nicht befürchten müssen, dass sich ihre Männer betrinken (vgl. Yan 1997).

Ein anderes Beispiel: Im modebewussten Italien ist der Kauf des ersten Anzugs nach wie vor ein Ritual, das Vater und Sohn gemeinsam zelebrieren. Für deutsche Jugendliche hingegen ist ein Anzug „uncool" – ganz abgesehen davon, dass sie in Fragen der Kleidung lieber den Rat von Gleichaltrigen einholen. Während sich in Deutschland die Convenience-Kultur weitgehend durchgesetzt hat, ist in Italien ‚bella figura' nicht nur im übertragenen Sinne Kulturgut, sondern durchaus wörtlich zu verstehen.

5.4.1.3 Einfluss der Konsumsituation

Mithilfe der Szenario-Technik erfragten Eckhardt/Houston (2002, S. 70 ff.), aus welchem Anlass Bewohner Shanghais *McDonald's* aufsuchen. Generell wirkt dieser Prototyp eines Fast Food-Restaurants auf die chinesischen Auskunftspersonen sauber, hygienisch, technologisch, hell und neu. Je nach Nutzungssituation aber hat dieses Image mal die eine, mal die andere Konsequenz.

Szenario 1

Die Befragten sollten sich vorstellen, gemeinsam mit Familienmitgliedern, die verschiedenen Generationen angehören, ihren Geburtstag bei *McDonald's* zu feiern. Dieser Gedanke fiel den meisten aus mehreren Gründen schwer. Zunächst deshalb, weil junge Chinesen nur ausnahmsweise gemeinsam mit älteren Familienmitgliedern ausgehen. Vor allem aber empfinden sie diesen Typus von Restaurant für einen solchen Anlass als „zu öffentlich". Denn traditionelle chinesische Lokale schirmen bei (Familien-)Feiern ihre Gäste durch Paravents ab und schaffen so Privatsphäre. Eine *McDonald's*-Filiale hingegen ist völlig übersichtlich, weshalb Chinesen sich dort beobachtet fühlen. Auch befürchteten sie einen zu hohen Lärmpegel, was erstaunlich erscheint, wenn man bedenkt, dass es bei chinesischen Feiern durchaus geräuschvoll zugeht. Gemeint war aber der Lärm jener Gäste, die nicht der eigenen Gruppe angehören und deshalb als störend empfunden wird. Ein weiteren Grund, seinen Geburtstag nicht bei *McDonald's* zu feiern, ist das hochgradig standardisierte Angebot an Speisen und Getränken. Herkömmliche chinesische Restaurants reichen einer Festgesellschaft spezielle Getränke und Speisen und heben sie so von den normalen Gästen ab. *McDonald's* aber strebt nach größtmöglicher Standardisierung des Angebots. Die daraus erwachsende Gleichbehandlung der Kunden wird aus chinesischer Sicht dem speziellen Kontext („Feier") nicht gerecht. Und im Übrigen sei der Ort für diesen Anlass nicht hochwertig und teuer genug.

Szenario 2

Eine Gruppe von Versuchsteilnehmern sollte sich ein Date, eine romantische Verabredung mit Angehörigen des anderen Geschlechts vorstellen. Die Mehrzahl empfand ein *McDonald's*-Restaurant als dafür passend. Denn dank der Besonderheiten der Fast Food-Kette könnten sie „Gesicht gewinnen". Für die Zwecke einer Verabredung erschien diesen Auskunftspersonen das große Ausmaß an Öffentlichkeit nicht nur geeignet, sondern sogar wünschenswert. So würden die anderen Gäste sehen, dass und mit wem man ausging. Die bei *McDonald's* üblichen Zwei-Personen-Tische schaffen zudem mehr Privatsphäre als die Acht-Personen-Tische, mit denen chinesische Restaurants traditionsgemäß ausgestattet sind. Da ‚dating' in der chinesischen Kultur keine Tradition hat, ist das fremdländische Flair des Restaurants in diesem Fall durchaus erwünscht. Deutsche Jugendliche hingegen würden *McDonald's* wohl kaum als einen romantischen Ort bezeichnen. Sie schätzen diesen Typus von Gastronomie aus einem anderen Grund: weil sie dort bei einem preiswerten Essen lange beisammen sitzen können („herumhängen") und es keine Bedienung gibt, die sie dabei stört.

Szenario 3

Nunmehr lautete die Vorgabe, dass man allein unterwegs ist und mehr oder minder zufällig ein Lokal betritt, um schnell ein Mittagessen zu sich zu nehmen. Auch hierfür erschien den meisten chinesischen Probanden *McDonald's* passend. In dieser Situation (= unbekannte Lokalität) empfanden die Befragten deren Übersichtlichkeit, Modernität und Sauberkeit als Vorteil. Überdies vermittelt ihnen das standardisierte Angebot nunmehr ein Gefühl der Sicherheit. Auch Angehörige anderer Kulturen wissen es zu schätzen, wenn die Speisen „bis zum dekorativen Salatblatt" gleich und negative Überraschungen somit ausgeschlossen sind. Die in extremer Weise discount-orientierten Deutschen allerdings beziehen „Sicherheit" primär auf das Preis/Leistungsverhältnis und weniger auf die Hygiene (die sie angesichts einer vergleichsweise effizienten Lebensmittelkontrolle voraussetzen können).

5.4.1.4 Einfluss der Konsumbedürfnisse

Bedürfnis nach Einzigartigkeit

Viele Menschen streben nach Einzigartigkeit. Allerdings ist ‚need for uniqueness' nicht in allen Kulturen gleichermaßen ausgeprägt (vgl. Rajamma et al. 2010; Rusio et al. 2008; Knight/Kim 2007). Wie eine von *Research International*

5.4 Markenführung

Observer (RIO) publizierte Befragung von 1.500 jungen, urbanen Verbrauchern in 41 Ländern ergab, verbergen sich hinter diesem Konstrukt zwei unabhängige Dimensionen (vgl. Bittner 2003, S. 24).

- Individualisierung: Präferieren die Angehörigen der Zielkultur einzigartige Marken? Oder erscheinen ihnen Marken, die dort „jeder" kauft, attraktiver?
- Lokalisierung: Gelten Marken, welche den Zielpersonen den Eindruck vermitteln, dass sie der traditionellen Wertewelt ihres nationalen Umfeldes entsprechen, als attraktiv? Oder sind die potentiellen Markenkäufer eher kosmopolitisch eingestellt? Diese Dimension korrespondiert mit dem Konstrukt „Nationalstolz".

Auf diesen Dimensionen nehmen die einzelnen Ländermärkte unterschiedliche Positionen ein. Bei simultaner, d.h. zweidimensionaler Betrachtung erkennt man vier Kulturtypen, welche sich zur Markenpositionierung nutzen lassen (vgl. Abb. 107):

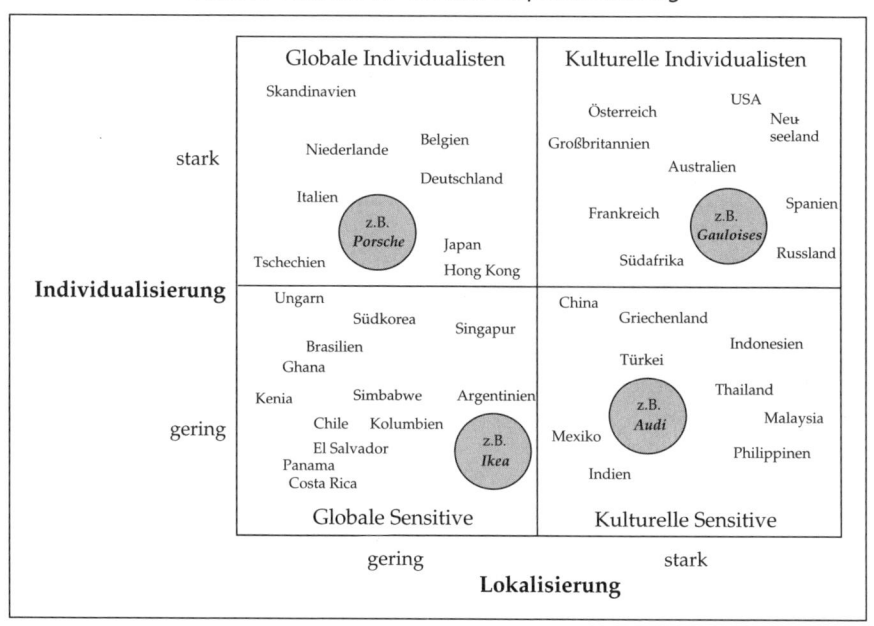

Abb. 107: Landkarte der Markenpositionierung

Quelle: Bittner (2003, S. 24).

Globale Individualisten. Dieser Typus empfindet keinen ausgeprägten Nationalstolz und legt vergleichsweise wenig Wert auf kulturelle Identität. Globale Individualisten sind nicht auf ihren Heimatmarkt fixiert, sondern offen für kosmopolitische Einflüsse („Ich als Weltbürger"). Nicht von ungefähr gehören diesem Marktsegment zwei Länder an, deren Bewohner für ihre Reiselust bekannt sind: die Niederlande und Deutschland. Als Individualisten strebt dieser Typus danach, sich von anderen abzuheben. Wer dieses Segment ansprechen möchte, sollte deshalb seinen Marken eine Aura der Weltläufigkeit verleihen und zugleich dem vergleichsweise egozentrischen Selbstbild der Zielgruppe Rechnung tragen. Dies gelingt, wenn man glaubhaft kommuniziert, dass die eigenen Marken mehr als andere Unabhängigkeit, Einzigartigkeit und Autonomie symbolisieren (vgl. Markus/Kitayama 1991). Erklärungsbedürftig ist die Zugehörigkeit Japans zu diesem Segment. Denn Japaner sind berüchtigt für ihren Nationalstolz (vgl. McGowan/Sternquist 1998, S. 50). Da bei dieser Studie aber ausschließlich junge, urbane Menschen befragt wurden, mag diese ungewöhnliche Positionierung Konsequenz des Wertewandels sein.

Kulturelle Individualisten. Sie verbinden ausgeprägten Nationalstolz mit Konsumpatriotismus. Da dieser Typus gleichzeitig großen Wert auf Selbstentfaltung legt, versprechen in diesem Kulturraum vor allem solche Marken Erfolg, welche die Identität der Kunden thematisieren (z.B. „Ich, der Engländer"). Als Prototyp des kulturellen Individualisten haben Engländer für diese Befindlichkeit den Begriff der ‚splendid isolation' geprägt.

Globale Sensitive. Die Angehörigen dieser kollektivistischen Gesellschaften schätzen eine starke Gemeinschaft, die nicht an Ländergrenzen gebunden ist („Wir, die Weltbürger"). Sie präferieren kosmopolitisch bzw. ausländisch anmutende Marken, die nicht unbedingt der Selbstinszenierung dienen, aber allgemein anerkannt sein müssen. Diesem Segment gehören neben Brasilien und Argentinien viele kleine Staaten an. Denn Anbieter aus Ländern wie Ungarn oder Singapur müssen sich angesichts des begrenzten Nachfragepotentials ihres Binnenmarktes mehr als andere am Weltmarkt orientieren.

Kulturelle Sensitive. Sie identifizieren sich mit ihrer kollektivistischen Gemeinschaft und grenzen diese von anderen Kulturen ab. Charakteristisch ist somit die Kombination von Nationalstolz mit Einordnung in die Eigengruppe („Wir, die Chinesen, Inder etc."). In derartigen Märkten garantieren lokale, von der Gemeinschaft anerkannte Marken Erfolg. Auch dieser Typus nutzt Marken zur Selbstdarstellung, aber nicht als Mittel der Abgrenzung von anderen – wie die kulturellen Individualisten. Vielmehr wollen die kulturellen Kollektivisten durch den Besitz der „richtigen" Marken Zugehörigkeit zu ihrer Gruppe demonstrieren (vgl. Aaaker 2005, S. 176).

Bedürfnis nach Sicherheit

Jeder Kauf birgt verschiedene Risiken (z.B. finanzielles, funktionelles, psychisches und soziales Risiko) in unterschiedlicher Intensität. Dies gilt in erhöhtem Maße für international gehandelte Erzeugnisse. Außerhalb des Heimatmarktes sind sie immer zunächst ausländische Produkte, d.h. „fremd", was aus Sicht des Käufers das Risiko zumeist erhöht. Denn für ihn ist der ausländische Hersteller – geographisch und emotional – im Regelfall weiter entfernt als vergleichbare heimische Produzenten. Auch fällt es schwerer, Informationen über einen ausländischen Anbieter einzuholen und dessen Seriosität einzuschätzen. Durch ihre Qualitätsgarantie hilft eine starke Marke, die zusätzliche Unsicherheit abzubauen und die empfundenen Kaufrisiken zu begrenzen (vgl. Abb. 108).

5.4 Markenführung

Abb. 108: Management von Kaufrisiken durch Markierung

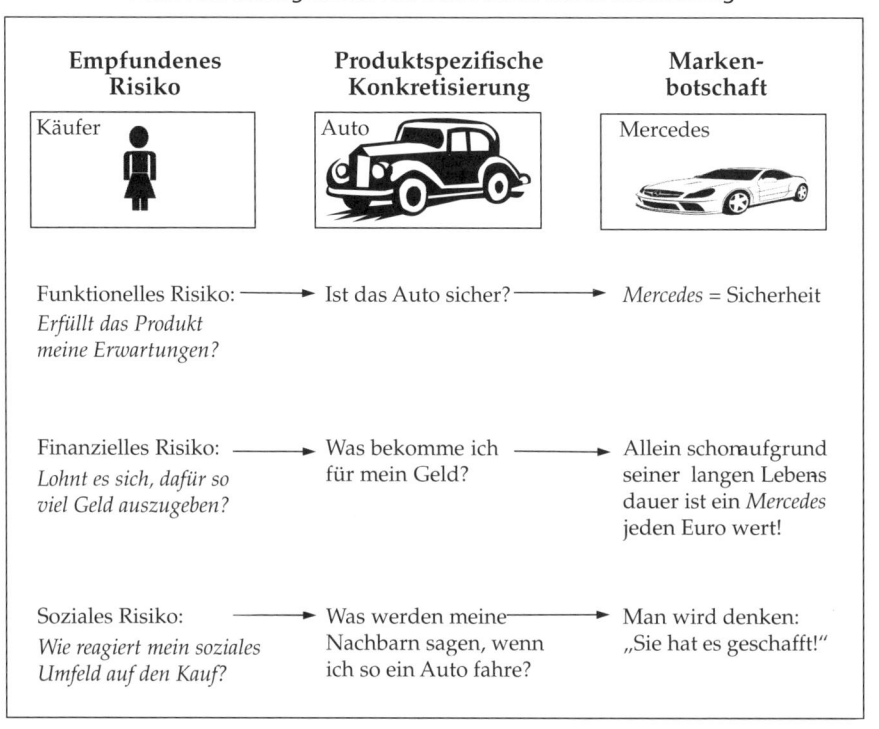

Empfundenes Risiko	Produktspezifische Konkretisierung	Markenbotschaft
Käufer	Auto	Mercedes
Funktionelles Risiko: *Erfüllt das Produkt meine Erwartungen?*	→ Ist das Auto sicher? →	*Mercedes* = Sicherheit
Finanzielles Risiko: *Lohnt es sich, dafür so viel Geld auszugeben?*	→ Was bekomme ich für mein Geld? →	Allein schon aufgrund seiner langen Lebensdauer ist ein *Mercedes* jeden Euro wert!
Soziales Risiko: *Wie reagiert mein soziales Umfeld auf den Kauf?*	→ Was werden meine Nachbarn sagen, wenn ich so ein Auto fahre? →	Man wird denken: „Sie hat es geschafft!"

Dabei ist zu bedenken, dass Risikowahrnehmung und Risikobereitschaft mehr als viele andere Kognitionen und Verhaltensweisen von der Landeskultur beeinflusst werden (vgl. Renn/Rohrmann 2000). Vor allem die Kulturdimensionen „Ungewissheitsvermeidung" und „Akzeptanz von Machtdistanz" sind in diesem Zusammenhang von Interesse, wie u.a. Rohrmann/Chen (1999) am Beispiel der Risikowahrnehmung australischer (UAI = 51) und chinesischer Studenten (UAI = 30) nachgewiesen haben.

Funktionelles Risiko. Wie stark ein Käufer dieses Kaufrisiko empfindet, korrespondiert gleichfalls mit der kulturspezifischen Neigung seiner Herkunftsgesellschaft, ungewisse Situationen zu meiden (vgl. Robinson 1996; Dawar/Parker 1994). Besonders ausgeprägt ist diese Tendenz im ostasiatischen Raum und entsprechend groß deren Beeinflussbarkeit durch Zeichen bzw. Signale, welche Sicherheit symbolisieren (vgl. Sherry/Camargo 1987, S. 185). Neben Qualitätsgarantien, Echtheitszertifikaten und Country of Origin-Angaben sind insb. Marken in der Lage, ein Gefühl der Sicherheit zu vermitteln (vgl. Erdem et al. 2006).

Soziales Risiko. Gesellschaften wie die chinesische, welche Machtdistanz akzeptieren (PDI = 80), sind in hohem Maße statusorientiert. Folglich wiegt dort das soziale Kaufrisiko besonders schwer: „Was werden meine Nachbarn sagen?". In solchen Märkten erfüllen Marken mehr als anderswo auch eine soziale Orientierungsfunktion. Sie weisen ihren Besitzer als Mitglied der ‚in group' aus und grenzen ihn von der ‚out group' ab. Um die Bedeutung dieser grundlegenden sozialen Kategorisierung („innen" vs. „außen") verstehen zu können, muss man sich die politischen, sozialen und wirtschaftlichen Verhältnisse vergegenwärtigen, die während der *Ming*-Dynastie (1368–1644) und der *Qing*-Dynastie (1644–1912) in dieser Region herrschten und die bis heute im kollektiven Bewusstsein der Bewohner dieses Landes nachwirken. In dieser politisch unsicheren Zeit änderte sich der soziale Status der Menschen häufig. Reiche verarmten, und Arme erlangten Reichtum. Symbole spielten daher eine wichtige Rolle. Denn sie ermöglichen es, den hierarchischen Stellenwert einer Person zu markieren und diesen der sozialen Umwelt zu signalisieren (vgl. Eckhardt/Houston 2002, S. 69).

5.4.2 Markenportfolio-Management

5.4.2.1 Beitrag des Controlling

Mehr als 900 Millionen Menschen kaufen täglich zumindest eine der 6.000 *Nestlé*-Marken (vgl. Abb. 109). Es liegt auf der Hand, dass ein solches komplexes Markenportfolio strategisch geführt werden muss, will man Fehlentwicklungen vermeiden. Dabei empfiehlt sich ein multimodaler Ansatz, welcher Überlegungen und Kriterien der verschiedenen betriebswirtschaftlichen Funktionen integriert. So sollten aus Sicht der Controlling-Abteilung die Ressourcen auf die profitabelsten Marken konzentriert und die Zusammensetzung des Portfolios an den Wachstumschancen ausgerichtet werden (vgl. Amon 2006). Viele Global Player haben deshalb in der jüngeren Vergangenheit ihr Markenportfolio überprüft und bereinigt. *Unilever* etwa verkaufte zwischen 2000 und 2004 nahezu 1.200 seiner 1.600 Marken. Vor allem von lokalen und regionalen Marken (in Deutschland z.B. *Livio, Biskin* oder *CD)* trennte man sich und nutzte die dadurch frei gewordenen Ressourcen, um globale Marken wie *Dove* oder *Knorr* zu stärken (vgl. Hegner 2012, S. 1).

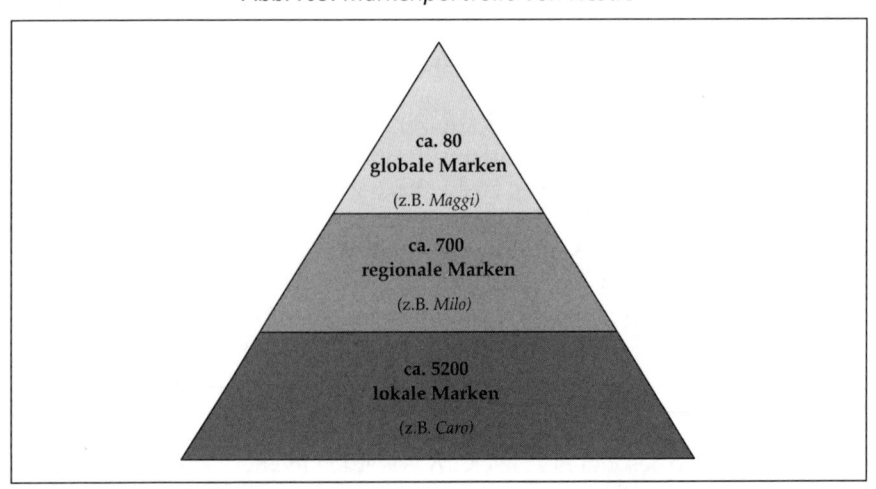

Abb. 109: Markenportfolio von Nestlé

ca. 80
globale Marken
(z.B. *Maggi*)

ca. 700
regionale Marken
(z.B. *Milo*)

ca. 5200
lokale Marken
(z.B. *Caro*)

5.4.2.2 Beitrag des Marketing

Wie die Erörterung der Vor- und Nachteile von Standardisierung und Differenzierung (vgl. Teil D-2) aufzeigt, ist globale Markenführung nicht gleichbedeutend mit Standardisierung. Dafür gibt es viele Gründe (vgl. Tab. 90). Ein erstes Hemmnis besteht darin, dass nicht wenige Verbraucher Globalität grundsätzlich ablehnen und – als Ausdruck ihres Strebens nach kultureller Identität – das Lokalkolorit von landeseigenen Produkten schätzen, die heimische Wirtschaft stärken wollen etc. (vgl. Balabanis et al. 2001; Müller/Kesselmann 1995; Han 1988). In Frankreich ist Konsumpatriotismus besonders weit verbreitet. Er manifestiert sich dort nicht nur in Buy Local-Kampagnen („on achète ici'), sondern bisweilen auch in militanten Aktionen.

Tab. 90: Ziele & Probleme globaler Markenführung

Ziel	Problem	Konsequenz
Konzeptführerschaft	Die Distributionskanäle unterscheiden sich in den einzelnen Ländern.	Wer ein exklusives Markenkonzept verfolgt, muss genügend Marktmacht besitzen, um den Händlern Vorgaben machen zu können. In machtdistanten Kulturen, die traditionell ein vielstufiges Distributionsnetz unterhalten, fällt dies ausländischen Markeninhabern besonders schwer.
Wertigkeit	In allen Kulturen ist eine positive Bedeutung des Markennamens wichtig – in einigen allerdings in ganz besonderem Maße.	In Kulturen, in denen Aberglaube weit verbreitet ist (z.B. in China), ist ein ‚lucky name' für den Erfolg der Marke unerlässlich.
Kommunizierbarkeit	Silbenbasierte Sprachen können bestimmte Buchstabenkombinationen nicht abbilden.	Abkürzungen bzw. Akronyme sind im Chinesischen oder Japanischen nicht möglich, weshalb Markennamen wie *BMW* oder *RWE* nur in lateinischen Lettern dargestellt werden können.
Image-Positionierung	Ein bestimmtes Image mag in der einen Kultur positiv sein, in anderen hingegen negativ, je nachdem, was in dem betreffenden Lebensraum als wünschenswert gilt.	Machtdistante Kulturen sind höchst status- und prestigebewusst. In egalitären Lebensräumen hingegen ist es verpönt, Statussymbole (z.B. Luxusmarken) offen zu zeigen.
Image-Konsistenz	Das Image, das ein Unternehmen in seinem Herkunftsland besitzt, kann sich von dem Unternehmensimage unterscheiden, das sich in der Zielkultur entwickelt hat.	*McDonald's* gilt in China als ein modernes und hygienisches Unternehmen. Dieses Merkmalsprofil wird in westlichen Industrieländern als selbstverständlich angesehen und trägt deshalb dort nicht zur Positionierung bei.
Produktrelevanz	Der in der Originalsprache gegebene Produktbezug des Markennamens kann durch Transliteration verloren gehen. Gleiches gilt für positive Assoziationen aller Art.	Wer *Esprit* phonetisch ins Japanische überträgt *(e-su-pu-ri)*, muss in Kauf nehmen, dass der Markenname dadurch seine ursprüngliche Bedeutung (= geistreiche Art) verliert.

> **Ein moderner Bauernführer**
>
> *J. Bové*, ein Tierhalter und Käsebauer aus dem Larzac, einer südfranzösischen Hochebene, musste sich vor Gericht verantworten, weil er am 15.8.1999 gemeinsam mit einigen Mitstreitern in der Stadt Millau in eine *McDonald's*-Filiale eingedrungen war und Einrichtungsgegenstände sowie die Elektrizitätsversorgung zerstört hatte. Eine weitere Aktion richtete sich gegen die nationale Forschungsinstitution *CIRAD*. Die Aktivisten hatten sich Zutritt zu einem der Treibhäuser des *Centre de Coopération Internationale en Recherche Agronomique pour le Développement* verschafft und Hunderte genmanipulierte Reispflanzen zerstört (Libération, 8.2.2001, S. 20).

In der Diskussion über die Vor- und Nachteile globaler Markenführung werden häufig zwei Sachverhalte verwechselt:
- globale Verbreitung einer Marke vs.
- global standardisierte Führung einer Marke.

Dass eine Marke – mehr oder weniger – weltweit distribuiert wird, lässt weder den Schluss zu, dass Name und Logo der Marke noch dass Image und Positionierung der Marke global standardisiert sind. *Knorr* etwa hat „es verstanden, im Laufe von vielen Jahren in unterschiedlichen Ländern als jeweils nationale Marke gesehen zu werden. Gerade im Feld „Würzen & Verfeinern" von Gerichten sind lokale Besonderheiten extrem stark ausgeprägt. So sind in Deutschland Tütensuppen die dominierende Angebotsform im Markt, während in Frankreich der Markt durch Suppen im Tetra-Pack bestimmt wird" (Amon 2006, S. 22).

Und selbst wenn eine Marke global einheitlich geführt wird, folgt daraus nicht, dass die Konsumenten sie als globale Marke wahrnehmen. Mehrere Studien belegen das Gegenteil: Trotz standardisierter Positionierung einer Marke wird dieser in einzelnen Ländermärkten vielfach eine unterschiedliche – d.h. landestypische – Markenpersönlichkeit zugeschrieben (vgl. Foscht et al. 2008; Kamineni 2005).

5.4.3 Markenherkunft

5.4.3.1 Country of Origin

Wirkt sich die Herkunft eines Produkts darauf aus, wie potentielle Käufer es bewerten? Kaum ein Phänomen wurde bislang so intensiv untersucht wie der Country of Origin-Effekt (vgl. Mai 2011). Allerdings ist der Erkenntnisstand weniger eindeutig, als man meinen könnte. Beispielhaft hierfür seien Jiménez/San Martín (2014) genannt, die am Beispiel mexikanischer und spanischer Pkw-Besitzer nachwiesen, dass der Country of Origin (CoO) nicht direkt auf die Kaufintention wirkt, sondern vom Vertrauen in die Marke mediiert wird (CoO → Vertrauen → Kaufintention). Gürhan-Canli/Maheswaran (2000) wiederum berichten, dass US-Amerikaner, als Repräsentanten des individualistischen Kulturtyps, Mountainbikes heimischer Hersteller nur dann präferieren, wenn diese konkurrierenden ausländischen Produkten überlegen sind (bzw. überlegen erscheinen). Angehörige kollektivistischer Gesellschaften (Japaner) hingegen beurteilen einheimische Mountainbikes grundsätzlich positiver, unabhängig davon, ob sie diese als minder- oder höherwertig einstufen. Wie in beziehungsorientierten Kulturen üblich, betrachten sie heimische Hersteller als Mitglieder ihrer ‚in group', die allein aufgrund dieses Status vorzuziehen sind.

5.4 Markenführung

Entscheidend aber ist der Widerspruch zwischen fiktiver und realer Entscheidungssituation. Denn die einschlägigen Metaanalysen bestätigen zwar, dass Produktwahrnehmung und Produktbeurteilung wesentlich von der – tatsächlichen oder vermeintlichen – Herkunft bzw. dem Produktionsstandort beeinflusst werden (z.B. Pharr 2005; Verlegh/Steenkamp 1999; Peterson/Jolibert 1995). Aber den neueren, verstärkt methodenkritischen Arbeiten ist zu entnehmen, dass die bisherige Forschung aufgrund verschiedener methodologischer und versuchsplanerischer Schwächen die Rolle des CoO in realen Kaufsituationen überschätzt (z.B. ‚within subject-design', ‚single cue-studie'). So kennen die meisten Käufer die Produktherkunft nicht, weshalb sie den Probanden durch die Versuchsanordnung bewusst gemacht werden muss (vgl. Samiee/Leonidou 2011; Balabanis/Diamantopoulos 2008; Samiee et al. 2005). Auch spricht die Vielzahl an Moderatoren, die bislang identifiziert wurde (vgl. Abb. 110), dafür, dass der CoO-Effekt für sich genommen nicht so stark ist, dass er sich auch bei ungünstigen Randbedingungen „durchsetzt". Dies erklärt Bestrebungen, …

- den CoO bzw. den CoM (Country of Manufacture) durch den CoB zu ersetzen bzw. zu ergänzen: Country of Brand (vgl. Usunier 2011) bzw.
- die bisherige Fixierung auf die kognitiven Anteile des Urteilsprozesses zu überwinden und stärker dessen emotionalen und die nonverbalen Anteile in den Blick zu nehmen (vgl. Herz/Diamantopoulos 2013).

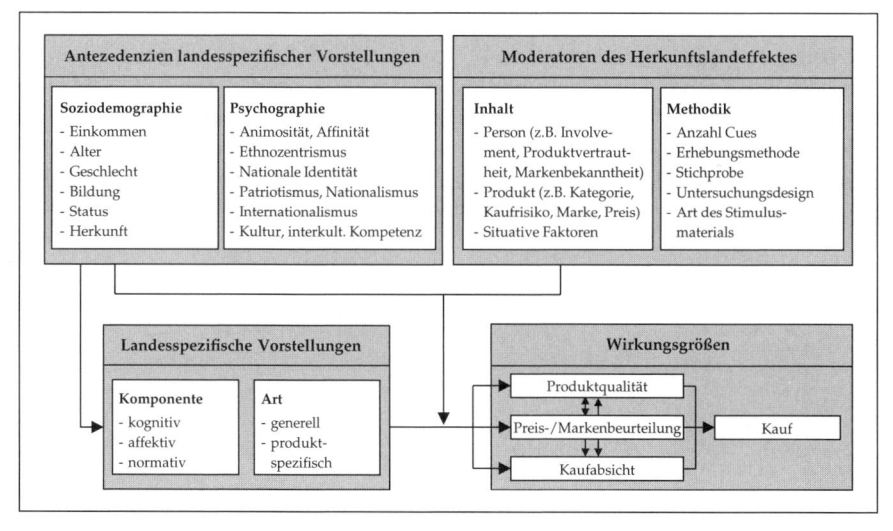

Abb. 110: Antezedenzien & Konsequenzen des Herkunftslandeffektes

Antezedenzien landesspezifischer Vorstellungen		Moderatoren des Herkunftslandeffektes	
Soziodemographie - Einkommen - Alter - Geschlecht - Bildung - Status - Herkunft	**Psychographie** - Animosität, Affinität - Ethnozentrismus - Nationale Identität - Patriotismus, Nationalismus - Internationalismus - Kultur, interkult. Kompetenz	**Inhalt** - Person (z.B. Involvement, Produktvertrautheit, Markenbekanntheit) - Produkt (z.B. Kategorie, Kaufrisiko, Marke, Preis) - Situative Faktoren	**Methodik** - Anzahl Cues - Erhebungsmethode - Stichprobe - Untersuchungsdesign - Art des Stimulusmaterials

Landesspezifische Vorstellungen		Wirkungsgrößen
Komponente - kognitiv - affektiv - normativ	**Art** - generell - produktspezifisch	Produktqualität → Preis-/Markenbeurteilung → Kaufabsicht → Kauf

Quelle: Mai (2011).

5.4.3.2 Foreign Branding

Grundlagen

In realen Kaufsituationen kennen viele Konsumenten den tatsächlichen CoO eines Produkts nicht (vgl. Samiee et al. 2005) bzw. vermuten eine falsche Produktherkunft. Selbst starke Marken sind gegen diese Fehlwahrnehmung nicht immer gefeit (vgl. Balabanis/Diamantopoulos 2011). Dies erleichtert es den Unternehmen, einen vermeintlichen, aus Sicht der Kunden aber attraktiveren Produktionsstandort als den tatsächlichen Standort zu suggerieren. Manche erinnert ‚foreign branding' deshalb an irreführende Werbung (z.B. Verlegh/Steenkamp 1999).

In der Literatur wird das Prinzip der „geborgten" (Papadopoulos 1993) bzw. „impliziten Produktherkunft" (Sattler/Völckner 2013) am häufigsten am Beispiel von *Häagen Dazs* erörtert. Denn anders als es der „nordifzierte" Kunstname suggeriert, wird dieses Speiseeis nicht in einem skandinavischen Land (Norden → Eis), sondern in Minnesota/USA produziert (vgl. Tab. 91). Während die tatsächliche Produktherkunft vor allem durch ...

- das Herkunftszeichen (z.B. „Made in Switzerland") oder
- die Integration des Landes in den Markennamen (z.B. *Swissair*) oder
- ein Nationalsymbol (z.B. weißes Kreuz auf rotem Grund beim Schweizer Taschenmesser von *Wenger*)

kommuniziert wird, kommen bei ‚foreign branding' im Regelfall „weichere", d.h. urheber- bzw. markenrechtlich nicht angreifbare Signale zum Einsatz. Dabei erhalten Marken – wie *Rheingold* für ein in den USA gebrautes Bier oder *Finkid* für Kinderkleidung, die in Deutschland gefertigt wird – einen fremdländisch klingenden Namen, um bestimmte, dem Markterfolg dienliche Assoziationen auszulösen (z.B. Bierland Deutschland, natürliches Finnland). Eine ähnliche Wirkung versprechen ausländisch anmutende Kunstworte (wie *Häagen Dazs*) und die Herausstellung landestypischer Besonderheiten (bspw. die Schreibweise). So warb *IKEA* in USA, wo Umlaute unbekannt sind, bewusst mit dem Slogan „The unböring manifesto". Auch die mit dem Filmtitel „My Big Fat GrΣΣk Wedding" verfolgte Absicht ist offensichtlich. Immer geht es darum, die wahrgenommene Produktqualität, den wahrgenommenen sozialen Status des Käufers bzw. Verwenders und andere Erfolgskriterien im Interesse des Markeneigners zu beeinflussen (vgl. Zhou et al. 2010).

Tab. 91: Ausgewählte Beispiele von Foreign Branding

Markenname (Produktkategorie)	Sprache	Herkunftsland der Marke	Quelle
Häagen Dasz (Eiskrem)	Pseudo-Dänisch	USA	Chao et al. (2005)
Alpenweiss (Wein)	Deutsch	Kanada	Thakor/Pacheco (1997)
Klarbrunn (Mineralwasser)	Deutsch	USA	Leclerc et al. (1994)
Del Sol (Automobil/Honda)	Spanisch	Japan	Thakor/Pacheco (1997)
Mont Blanc (Füllfederhalter)	Französisch	Deutschland	Lerman (2003)
Big (Waschmaschine/Bauknecht)	Englisch	Deutschland	Langner (2004)
Platz (Automobil / Toyota)	Deutsch	Japan	Köhler (2005)

> **Finnische Mode für Kids**
>
> *Finkid* ist ein Beispiel dafür, dass ‚foreign branding' sich nicht in einer manipulativen Namensgebung erschöpfen muss. Denn in dem Maße, wie die „geborgte Herkunft" multimodal kommuniziert wird, ist mit einer Intensivierung der Beeinflussungswirkung zu rechnen. „Das Label profitiert vom anhaltenden Outdoor-Boom – und von einem Modemärchen. Obwohl *Finkid* aus Berlin-Schöneberg kommt, wird die Marke als durch und durch finnisch verkauft. Das fängt beim Werbespruch (‚Finnische Mode für Kids') an und hört bei den Produkten nicht auf: Die tragen Namen wie *Tonttu* oder *Pulpukka*, sind mit kleinen finnischen Flaggen verziert und statt einer deutschen Kindergröße (zum Beispiel 98) steht eine skandinavische (90/100) auf dem Etikett. Wer die Bestellhotline anwählt, wird in der Warteschleife erst mal mit einem Finnisch-Sprachkurs beschallt" (Mens 2009, S. 25).

Forschungsergebnisse

Die bislang vorliegenden empirischen Studien (z.B. Leclerc et al. 1994) zeigen, dass im nordamerikanischen Kulturraum ein französisch klingender Markenname ein Produkt hedonistisch erscheinen lässt, falls es sich nicht um ein ausgesprochen utilitaristisches Produkt wie einen Taschenrechner handelt (‚utilitas', lat. = Nutzen). Dies ist u.a. deshalb bedeutsam, weil nicht nur Anzeigen, die hedonistische Produkte (Parfüm, Nagellack) bewerben, positiver bewertet werden (A_{Ad} = Einstellung zur Werbung) als Anzeigen für utilitaristische Produkte (Alufolie, Benzin), sondern auch die beworbenen Produkte (A_{Brand} = Einstellung zur Marke).

Die französische Aussprache des Markennamens sorgt bei hedonistischen Produkten (Parfüm, Nagellack) gleichfalls dafür, dass diese positiver bewertet werden (A_{Brand}). Auf utilitaristische Erzeugnisse (Alufolie, Benzin) wirkt sich hingegen die deutsche Aussprache günstiger aus (vgl. Melnyk et al. 2012).

Bemerkenswerterweise wirkt ‚foreign branding' stärker als die direkte Herkunftsangabe (= „Made in France" bzw. „Made in USA"). Werden beide Informationen (Aussprache und Made in) kombiniert, so vermindert dies im Falle Frankreichs sogar den Effekt (4,88 vs. 5,11; vgl. Tab. 92). Drei Jahre später konnten Thakor/Pacheo (1997) in einer Replikationsstudie mit kanadischen Studenten den zentralen Befund bestätigen: Stärker als die Herkunftsangabe beeinflusst ‚foreign branding' die Produktbewertung.

Tab. 92: Wahrgenommener Hedonismus in Abhängigkeit von der Country of Origin-Information & der Aussprache des Markennamens

		Country of Origin-Information		
		keine Information	Made in USA	Made in France
Aussprache des Markennamens	kein Markenname	4,44	4,88	5,29
	Englisch	4,56	4,83	4,76
	Französisch	5,11	4,69	4,88

Quelle: Leclerc et al. (1994, S. 267).

Im Übrigen reagieren Angehörige von weniger entwickelten Ländern in besonderem Maße positiv auf ausländisch klingende Markennamen, sofern dadurch Assoziationen an ein Industrieland geweckt werden. Ergin et al. (2014) erklären dies mit dem Funktionalitäts-, Qualitäts- und Reputationsbonus, den Erzeugnisse aus Industrieländern in Entwicklungs- und Schwellenländern besitzen (vgl. auch Zhou et al. 2010).

Durch ‚foreign branding' können Unternehmen dafür sorgen, dass die Zielgruppe Tomatengeschmack intensiver erlebt (vgl. Verlegh et al. 2005), Skiern positive Eigenschaften zuschreibt (vgl. Häubl/Elrod 1999) und vieles andere mehr. Was aber geschieht, wenn Konsumenten den tatsächlichen CoO oder CoM (d.h. Produktionsstandort) erfahren und die Diskrepanz zum „untergeschobenen" CoO bzw. CoM offenbar wird? Durch eine Reihe kontrollierter Experimente gelang es Melnyk et al. (2012) nachzuweisen, dass ein solcher Misfit hauptsächlich im Falle hedonistischer Produkte die Kaufabsicht mindert, während utilitaristische Produkte das kleine Betrugsmanöver weitgehend unbeschadet überstehen. Asymmetrisch wirkt sich auch das tatsächliche Herkunftsland auf die Konsumenten aus. Schädlich ist es nur, wenn sich herausstellt, dass ein weniger entwickeltes Land der tatsächliche Produktionsstandort ist, nicht jedoch, wenn ein Industrieland an die Stelle eines anderen Industrielandes tritt.

Neben Reputationsgewinn verschafft die Strategie des ‚borrowed origin' Unabhängigkeit von den relativ restriktiven Bestimmungen, welche bei der klassischen Herkunftsangabe (z.B. „Made in …") zu beachten sind. Handelt es sich um Wortschöpfungen, so ist zu beachten, dass Kunstworte, Akronyme etc. generell schlechter erinnert werden als bedeutungsvolle Begriffe. Im Übrigen gilt die Forderung, dass Markennamen leicht aussprechbar sein sollten (vgl. Teil D-4.5), gerade für fremdländisch klingende Produkt- bzw. Unternehmensnamen.

> ☛ ‚Foreign branding' ermöglicht es Anbietern, sich eine Produktherkunft zu „borgen", die mehr Markterfolg verspricht als der tatsächliche Produktionsstandort. Es gibt zahlreiche Beispiele dafür, dass Unternehmen aus diesem Grund Markennamen kreieren, die …
> - französisch (z.B. für Kleidung, Lebensmittel) oder
> - italienisch (z.B. für Schuhe, Möbel) oder
> - deutsch (z.B. für technische Produkte)
>
> klingen, obwohl der Unternehmenssitz in einem ganz anderen Land liegt. Mutmaßlich deshalb gaben *S. Beecham & J. Metcalfe*, als sie 1986 in London ein Fastfood-Restaurant gründeten, diesem den Namen *Pret a Manger*. Denn „Frankreich" und „gutes Essen" sind eine zwangsläufige Assoziation. *Esprit*, eine der erfolgreichsten Modemarken auf dem europäischen Markt, erblickte 1968 nicht etwa unter dem Eifelturm das Licht der Welt, sondern in Kalifornien. Heute ist Hong Kong der Unternehmenssitz. *Bugatti*-Stiefel werden in Garching bei München gefertigt und *Bruno Banani*-Unterwäsche in Chemnitz. Und dass der englische Küchenmöbelhersteller *Moben Kitchens* sich für den Unternehmensnamen *Möben* entschied, hängt nicht nur mit dem erhöhten Aufmerksamkeitswert von Umlauten im englischen Sprachraum zusammen, sondern mehr noch mit dem guten Ruf, den deutsche Küchenhersteller weltweit genießen.

5.4.4 Markencommitment

In welchem Maße identifizieren sich die Kunden eines Unternehmens mit dessen Marken – emotional und durch ihr Verhalten? Und wovon hängt es ab, ob es zur Identifikation kommt oder nicht? Wie Eisingerich/Rubera (2010) empirisch nachweisen konnten, lassen sich diese Fragen nur kulturspezifisch beantworten. In Ländern wie Großbritannien, deren Bewohner individualistisch sowie kurzfristorientiert sind und Machtdistanz ablehnen, lösen vorrangig innovative, für die Inszenierung des Selbstbildes der Kunden geeignete Marken Commitment aus (vgl. Tab. 93) . Chinesen hingegen gehören dem beziehungsorientierten Kulturkreis an, für den u.a. Kollektivismus, Langfristorientierung und Akzeptanz von Unsicherheit charakteristisch sind. Dort sorgen soziale Verantwortung und Kundenorientierung für Markenbindung.

Tab. 93: Konstrukte & ausgewählte Items des Messmodells (ausgewählte Items)

commitment	„Even if [brand name] would be more difficult to buy, I would still keep buying it.
brand innovativeness	Customers can rely on [brand name] to offer novel solutions to their needs.
brand self-relevance	[Brand name] is one of the best things in my life.
brand customer orientation	Every customer' problem is important to [brand name].
brand social responsibilty	This brand is more beneficial to society's welfare than other brands.

Quelle: Eisingerich/Rubera (2010, S. 71).

Die Frage nach dem Commitment von Mitarbeitern wird in zweierlei Hinsicht gestellt: Identifikation mit dem Unternehmen bzw. der Organisation (= ‚corporate commitment') und Identifikation mit den Marken des eigenen Unternehmens (= ‚brand commitment'). Letzteres berührt die „innengerichtete Markenführung" (Meffert et al. 2010, S. 246 ff.). Dass Mitarbeiter, die es gewohnt sind, Machtdistanz zu akzeptieren, sich gewöhnlich ihrem Arbeitgeber stärker verpflichtet fühlen und mehr ‚corporate commitment' entwickeln als andere, haben Clugston et al. (2000) für amerikanische Arbeitnehmer und Felfe et al. (2006) für deutsche Arbeitnehmer nachgewiesen. In beiden Studien wurde Kultur nicht als Landeskultur erfasst (d.h. in aggregierter Form, durch die Indices z.B. der *Hofstede*-Kulturdimensionen), sondern als individuelle Kultur (vgl. Teil B-5.3). Gleiches gilt für den positiven Zusammenhang zwischen ...

- der Tendenz zur Ungewissheitvermeidung und ‚corporate commitment' (denn Unsicherheitsmeider haben Angst vor Veränderungen) sowie
- kulturbedingtem Kollektivismus und ‚corporate commitment' (denn Kollektivisten stellen das Wohl der Gruppe über ihr individuelles Bedürfnis nach Selbstverwirklichung).

Zwei Jahre später konnten Felfe et al. (2008) im Rahmen eines Ländervergleichs – d.h. auf der Ebene der Landeskulturen von China, Deutschland und Rumänien – bestätigen, dass Kollektivismus und ‚corporate commitment' kovariieren: In kollektivistischen Gesellschaften fühlen sich Mitarbeiter ihrem Arbeitgeber stärker emotional verbunden, als dies in individualistischen Gesellschaften üblicherweise der Fall ist.

Mit dem ‚brand commitment' von Mitarbeitern verhält es sich indessen etwas anders. Zwar war die Studie von Flade (2003) nicht als Kultur-, sondern als Ländervergleich konzipiert. Aber ‚ex post' kann man erkennen, dass – außer in Chile und bedingt auch in Israel – Individualismus und starkes ‚brand commitment' sowie Kollektivismus und schwaches ‚brand commitment' Hand in Hand gehen: Während 27 % der befragten US-Amerikaner angaben, sich den Marken ihres Arbeitgebers sehr verbunden zu fühlen, waren es bei den kollektivistischen Japanern nur 9 % (vgl. Tab. 94).

Tab. 94: Markencommitment & Landeskultur

	Commitment	IDV	PDI	UAI		Commitment	IDV	PDI	UAI
USA	27 %	91	40	46	Australien	18 %	90	36	51
Chile	25 %	23	63	86	Deutschland	12 %	67	35	65
Kanada	24 %	80	39	48	Frankreich	12 %	71	68	86
Neuseeland	23 %	79	22	49	Japan	9 %	46	54	92
Israel	20 %	54	13	81	Singapur	6 %	20	74	8
Großbritannien	19 %	89	35	35					

Quelle: eigene Darstellung auf der Basis von Flade (2003).

5.5 Gestaltung des Markennamens

5.5.1 Grundlagen

Die Markierung eines zunächst anonymen Produkts ist eine der Kernaufgaben der Produktpolitik. Neben dem Markenzeichen, der Angebotsgestaltung und der Positionierung bedient sie sich hierzu des Markennamens. Hinzu kommt, dass angesichts des übergroßen Produktangebots Käufer Markennamen im Regelfall als wichtige Schlüsselinformation nutzen. Wie Dawar/Parker (1994) am Beispiel von Produkten der Unterhaltungselektronik nachwiesen, nutzen in fast allen der 38 untersuchten Länder die Käufer den Markennamen als Qualitätssignal, noch vor dem Preis, dem Erscheinungsbild der Produkte und dem Image des Händlers.

5.5.1.1 Informations- & Kommunikationsfunktion

Namen erfüllen in den meisten Kulturen nicht nur eine Informationsfunktion, sondern auch eine symbolische Funktion. In magischen Kulturen etwa wird aus dem Namen auf das Schicksal des Namensträgers geschlossen (vgl. Müller/Gelbrich 2014, S. 129). Dies erklärt, warum in China noch heute bevorzugt Schriftzeichen Verwendung finden, die Erfolg, Frieden, Glück, Harmonie, hohes Alter, Segen etc. versprechen. Da dieses Land, wie der gesamte ostasiatische Kulturraum, vom Konfuzianismus geprägt ist, erfüllen Namen dort überdies eine Ordnungsfunktion.

> **Konfuzius im Gespräch mit seinen Schülern**
>
> „Als *Zi Lu* ihn fragte, was er zuerst tun würde, wenn ihm der Herrscher des Staates *Wei* die Regierung anvertraute, antwortete *Konfuzius*: Unbedingt die Namen richtig stellen. Stimmen die Namen und Begriffe nicht, so ist die Sprache konfus. Ist die Sprache konfus, so entstehen Unordnung und Misserfolg. Gibt es Unordnung und Misserfolg, so geraten Anstand und gute Sitten in Verfall. Sind Anstand und gute Sitten in Frage gestellt, so gibt es keine gerechten Strafen mehr. Gibt es keine gerechten Strafen mehr, so weiß das Volk nicht, was es tun und was es lassen soll. Darum muss der Edle die Begriffe und Namen korrekt benutzen und auch richtig danach handeln können" Wang (1996, S. 116f.).

Wie die Country of Origin-Forschung gezeigt hat, werden Namen weiterhin dazu genutzt, potentiellen Kunden das tatsächliche oder ein vermeintliches Herstellungsland zu suggerieren (vgl. Teil D-4.4.3). Dass ein deutscher Modehersteller den Namen *Esprit* wählte, ist deshalb leicht nachvollziehbar. Denn Erzeugnisse „Made in France" werden vorzugsweise mit Chic, Esprit etc. assoziiert. „Made in Germany" wiederum ist Schlüsselreiz für Eigenschaften, die primär in Verbindung mit technischen Produkten wertgeschätzt werden (zuverlässig, solide, qualitativ hochwertig etc.). Deshalb brachte die chinesische *Jiangling Motors Co, Ltd.* ihren Nachbau des *Opel Frontera Sport* als *Landwind* auf den Markt.

5.5.1.2 Konditionierbarkeit von Markennamen

Viele Produktmanager geben der (vermeintlichen) Originalität von Markennamen den Vorzug gegenüber der Vertrautheit bekannter Sprachmuster. Sie vertrauen darauf, dass es möglich ist, Verbraucher mit den Mitteln der Werbung zu schulen und sie auch an komplizierte Begriffe zu gewöhnen. Tatsächlich ist die inhaltliche Bedeutung eines Namens für dessen Rezeption weniger wichtig. So bedeutet *E.ON* eigentlich nichts. Just diese Bedeutungslosigkeit erlaubt es jedoch, den Namen eindeutig mit einem bestimmten Energieversorger und bestimmten Assoziationen zu koppeln (d.h. zu konditionieren).

Dieses lerntheoretische Prinzip lässt sich an zahllosen Markennamen verdeutlichen. *Bibop* etwa ist für ein Bier/Cola-Getränk geeigneter Markenname, weil er gesprochen an eine Musikrichtung (= Bebop) erinnert und an das Assoziationsfeld „Unterhaltung & Genuss". Man kann einen Computer auch *Apple* nennen, ohne ernsthaft Rückschlüsse auf Obst befürchten zu müssen. Problematisch ist es allerdings, wenn eine zuvor gelernte Wortbedeutung den Verbraucher verwirrt. So muss, wer etwas Abstraktes wie Telekommunikation *O2* nennt, damit rechnen, dass jeder Rezipient, der einmal Chemie in der Schule hatte, damit „Sauerstoff" verbindet. Zwar kann man mit extrem hohem Werbeaufwand auch für *O2* eine eindeutige Markenzuordnung etablieren. Markenrechtlich schützen aber lässt sich dieser Name nicht. „Denn *O2* wird auch weiterhin für ein Sauerstoffmolekül stehen" (nanett.brauer@endmark.de).

5.5.2 Typen von Markennamen

Anders als nationale Markennamen kennzeichnen internationale Markennamen Produkte oder Dienstleistungen, die in mehr als einem Land vertrieben werden. Zwischen den Polen des Kontinuums „global standardisierte vs. national differenzierte Markennamen" gibt es mehrere Zwischenformen. Regionale Markennamen etwa werden für bestimmte Ländergruppen standardisiert (bspw. *Opel* für das relativ homogene Cluster der westlichen Industrienationen). Allerdings wäre es falsch, Erdteil mit Region gleichzusetzen. In Asien etwa empfiehlt es sich, zumindest zwei Regionen zu unterscheiden: den ostasiatischen, primär konfuzianisch geprägten Raum und die vorrangig buddhistisch beeinflussten südostasiatischen Ländern (vgl. Tai 1997).

Globale Marken verschaffen zahlreiche Vorteile (z.B. Skaleneffekte bei der Markenführung, weltweite Bekanntheit; vgl. Alashban et al. 2002, S. 34). Die Standardisierungs/Differenzierungsdebatte macht jedoch deutlich, dass in vielen Fällen eine mehr oder minder weitgehende Anpassung an lokale Gegebenheiten effizienter sein kann (vgl. Teil C-3). Neben juristischen und linguistischen Besonderheiten sorgt dafür der Vertrauensbonus, den lokale, nationale und regionale Marken vielfach gegenüber globalen Marken haben (vgl. Hegner 2012). Dies ist auch der Grund, weshalb *Dr. Oetker* seine Produkte in Italien unter der Marke *cameo* vertreibt – und bis vor kurzem in Frankreich unter der Marke *ancel* – und sich damit begnügt, durch gestalterische Mittel die Zugehörigkeit zur „Marke mit dem Hellkopf" zu signalisieren (vgl. Abb. 111).

Abb. 111: Markenbild von Dr. Oetker-Pudding in verschiedenen Märkten

Quelle: http://www.oetker.de/von-damals-bis-heute.html.

Unilever verfolgt deshalb eine Hybridstrategie. Als der niederländisch-britische Lebensmittelproduzent Mitte der 1990er-Jahre weltweit Speiseeismarken kaufte, behielt das Management überraschenderweise die ursprünglichen Markennamen bei, versah jedoch die zugekauften Eiscremes mit einem weltweit einheitlichen Logo (vgl. Abb. 112). Deshalb wird die in Deutschland seit langem als *Langnese* bekannte Süßspeise in vielen Ländern unter anderen Markennamen angeboten. Dank der Hybridstrategie gelang es *Unilever,* das Sprachproblem zu vermeiden und den Bekanntheitsgrad sowie den Goodwill der in ihren Herkunftsmärkten etablierten Markenamen zu erhalten. Zugleich diente das

Herz-Logo in den 86 Ländermärkten, in denen dieses Speiseeis angeboten wird, als kommunikative Klammer.

Abb. 112: Markenportfolio von Unilever

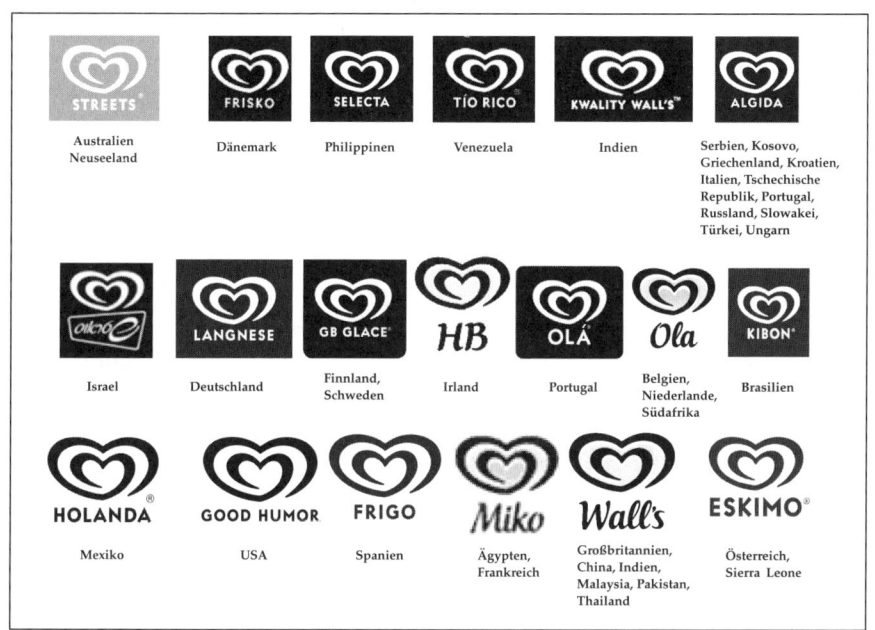

Logo	Länder
STREETS	Australien, Neuseeland
FRISKO	Dänemark
SELECTA	Philippinen
TÍO RICO	Venezuela
KWALITY WALL'S	Indien
ALGIDA	Serbien, Kosovo, Griechenland, Kroatien, Italien, Tschechische Republik, Portugal, Russland, Slowakei, Türkei, Ungarn
oiko	Israel
LANGNESE	Deutschland
GB GLACE	Finnland, Schweden
HB	Irland
OLÁ	Portugal
Ola	Belgien, Niederlande, Südafrika
KIBON	Brasilien
HOLANDA	Mexiko
GOOD HUMOR	USA
FRIGO	Spanien
Miko	Ägypten, Frankreich
Wall's	Großbritannien, China, Indien, Malaysia, Pakistan, Thailand
ESKIMO	Österreich, Sierra Leone

5.5.3 Entscheidungskriterien

Um Markennamen entwickeln zu können, die in jedem Ländermarkt in der beabsichtigten Weise wirken, sollten die Unternehmen neben den klassischen marketingspezifischen Kriterien (z.B. Positionierung) und den im Zielland relevanten gesetzlichen Richtlinien (z.B. Schutzfähigkeit) auch die linguistischen Erkenntnisse über Namen (z.B. Aussprechbarkeit) beachten (vgl. Abb. 113).

Abb. 113: Kriterien der Entwicklung internationaler Markennamen

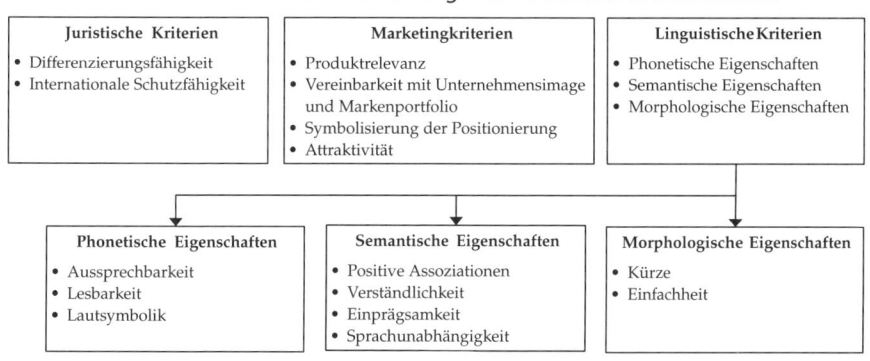

Juristische Kriterien	Marketingkriterien	Linguistische Kriterien
• Differenzierungsfähigkeit • Internationale Schutzfähigkeit	• Produktrelevanz • Vereinbarkeit mit Unternehmensimage und Markenportfolio • Symbolisierung der Positionierung • Attraktivität	• Phonetische Eigenschaften • Semantische Eigenschaften • Morphologische Eigenschaften

Phonetische Eigenschaften	Semantische Eigenschaften	Morphologische Eigenschaften
• Aussprechbarkeit • Lesbarkeit • Lautsymbolik	• Positive Assoziationen • Verständlichkeit • Einprägsamkeit • Sprachunabhängigkeit	• Kürze • Einfachheit

Quelle: eigene Darstellung auf Basis von Huang/Chan (1997, S. 322) sowie Kohli et al. (2001, S. 435 ff.).

5.5.3.1 Juristische Kriterien

Es lohnt sich für ein Unternehmen nicht, in den Markenaufbau zu investieren, wenn es für den Markennamen nicht in allen relevanten Märkten Markenschutz erwirken kann. Internationale Schutzfähigkeit ist eine zwar nicht hinreichende, aber unerlässliche Voraussetzung internationaler Markenpolitik. Beeinträchtigt werden kann sie u.a. durch national oder regional abweichende Rechtsauffassungen. So gelangt im Einflussbereich des ‚common law' – d.h. insb. in angelsächsischen Ländern – das Unternehmen in Besitz des Markennutzungsrechts, welches eine Marke als erste Rechtsperson nutzte. In Kontinentaleuropa, wo das ‚code law' gilt (vgl. Müller/Gelbrich 2014, S. 273), ist hingegen entscheidend, wer den Markennamen markenrechtlich als erster registrieren und schützen ließ.

Ist der intendierte Markenname in relevanten Ländermärkten markenrechtlich schon registriert bzw. besitzt er dort nicht die erforderliche Unterscheidungskraft, dann ist es nicht möglich, eine globale Markennamenstrategie zu verfolgen. Unterscheidungskraft besitzt eine Marke gemäß § *8,3 MarkenG* dann, wenn sie die damit markierte Ware oder Dienstleistung als von einem bestimmten Unternehmen stammend ausweist und von vergleichbaren Waren oder Dienstleistungen anderer Unternehmen eindeutig unterscheidet. Deshalb würde das Markenamt dem Antrag eines Herstellers von Computern und Unterhaltungselektronik, die Wortmarke *Pear* in die Markenrolle einzutragen, vermutlich nicht stattgeben, wenn dies in Verbindung mit dem stilisierten Abbild einer ausgeschnittenen Birne als Logo geschähe, die offensichtlich dem ausgeschnittenen *Apple*-Logo nachempfunden ist. Hingegen bereitete es dem Energieversorger *E.ON* keine Problem, dass es schon lange vor ihm ein Unternehmen namens *Eon* gab. Für die erforderliche Unterscheidungskraft sorgte weniger die unterschiedliche Schreibweise als vielmehr das unterschiedliche Tätigkeitsfeld: *Eon* war 1961 gegründet worden, um *James Bond*-Filme zu produzieren.

5.5.3.2 Marketingkriterien

Aus Marketingsicht sollten Markennamen eindeutig unterscheidbar, leicht aussprechbar und gut erinnerbar sein sowie positive Assoziationen auslösen. Ein weiteres Muss-Kriterium ist Vertrauenswürdigkeit. Entwürfe, welche diese Anforderungen nicht erfüllen, sollten weder als nationaler noch als internationaler noch als globaler Markenname eingeführt werden.

5.5.3.3 Linguistische Kriterien

Im Zuge der Globalisierung werden immer mehr Unternehmen in Schwellenländern (z.B. in den BRICS-Staaten Brasilien, Russland, Indien, China und Südafrika) und damit in Regionen tätig, die eine größere sprachliche Distanz zum Herkunftsmarkt aufweisen als die bisher von ihnen bearbeiteten Auslandsmärkte. Wer auf eine weltweit homogene Corporate Identity Wert legt, sieht sich deshalb bei der Markenbildung mit erheblichen Problemen konfrontiert. Denn Sprachen unterscheiden sich nicht zuletzt durch ihre Phonetik, Semantik und Morphologie. Lange Zeit hat die Marketingforschung jedoch die Relevanz phonetischer, semantischer und morphologischer Kriterien vernachlässigt.

5.5 Gestaltung des Markennamens

Phonetik: Aussprache & Klang

Können die Zielgruppen in den verschiedenen Ländermärkten den Markennamen bzw. einzelne Buchstaben überhaupt aussprechen? Und wie klingt dieser in ihren Ohren? Eine unerschöpfliche Quellen von Missverständnisse sind die gerade im Marketing allgegenwärtigen Anglizismen.

> **Handschuhe ohne Sitze**
>
> Der Besucher eines nahe Chemnitz gelegenen Einkaufszentrums hatte ein Paar Handschuhe ausgesucht und wollte diese bezahlen. Die Kassiererin wies ihn darauf hin, dass die Ware „ohne Sitze" sei. Verwirrt ignorierte der Kunde diese unverständliche Bemerkung, bezahlte die Handschuhe und verließ das Einkaufszentrum. Zu Hause angekommen, las er die Angaben auf der Verpackung genauer und verstand, was die Verkäuferin gemeint hatte: Er hatte Handschuhe erstanden, die nur in einer Größe hergestellt werden: ‚one size'.

Aussprechbarkeit. Potentielle Käufer sollten den Markennamen leicht aussprechen können. Denn bei einer ungewöhnlichen bzw. missverständlichen Aussprache besteht die Gefahr, dass der Sprecher sich bei der Nennung des Markennamens blamiert (bspw. vor anderen Kunden; vgl. Alashban et al. 2002, S. 25). Vor allem Ungewissheitsmeidern ist es wichtig, sich nicht durch eine falsche Aussprache lächerlich zu machen (vgl. de Mooij 2004, S. 194).

Gefährdet ist die Aussprechbarkeit u.a. dann, …

- wenn Markennamen aus einer Sprache mit vielen Konsonanten (z.B. Deutsch) in eine Sprache, die reich an Vokalen ist (z.B. Französisch), transferiert werden. So war *Kipferl*, ein Gebäck von *Bahlsen*, für den durchschnittlichen Franzosen unaussprechbar. Deshalb ließ das Unternehmen für den französischen Markt den Markennamen *Croissant de Lune* entwickeln.
- wenn Schreibweise und Aussprache eines Markennamens mehrdeutig sind und die Sprachkompetenz der Kunden überfordern. *Phaeton* etwa, den Markennamen des Flaggschiffmodells von *VW*, konnten 2002 in einer END-MARK-Studie nur 18,9 % der Befragten richtig aussprechen.
- wenn der Markenname ungewohnte bzw. auf andere Weise schwierige Lautfolgen enthält: In der genannten Untersuchung konnten nur 13,6 % den Namen des Lifestyle-Magazins *Men's Health* korrekt aussprechen und nur 11,2 % *Allure*: ein Parfüm von *Chanel*.

Kaum überwindbare Schwierigkeiten entstehen dann, wenn bestimmte Laute in einer anderen Sprache überhaupt nicht vorkommen. Das Koreanische bspw. kennt kein „f", Franzosen sprechen kein „h". Und vielen Deutschen bereitet bekanntlich das englische „th" große Probleme. Manche Buchstaben wiederum können in anderen Sprachen nur verfremdet ausgesprochen werden (vgl. Tab. 95). Dieses Problem stellt sich in verschärfter Weise, wenn man Worte, die einer alphabetisch-phonetischen Sprache entstammen, in eine ideographische Sprache übertragen möchte. Alphabetisch organisiert sind die im westlichen Kulturkreis verbreiteten Sprachen: Jedes Wort besteht aus mehreren einzelnen Buchstaben, die im Prinzip beliebig kombiniert werden können. Im ideographischen System hingegen, dem viele asiatische Sprachen angehören (z.B. Chinesisch, Japanisch), ist die Silbe die kleinste Einheit. Dies ermöglicht deutlich weniger Kombinationen. Vor allem aber verlieren viele alphabetisch gebildete

Namen bei der Übertragung in eine ideographische Sprache ihren Sinn. Wollte man bspw. den Markennamen des Waschmittels *Fairy Ultra* ins Japanische übertragen, dann würde ein simpler Transfer an folgenden Problemen scheitern:
- *Fairy*: ‚F' kommt im Japanischen nur in Kombination mit ‚u' vor (= ‚fu').
- *Ultra*: Die Konsonantenfolg ‚ltr' ist für Japaner unaussprechbar, weshalb sie *Ultra* in ‚u-ru-te-ra' verwandeln würden.

Tab. 95: „Unaussprechliche" Buchstaben des deutschen Alphabets

Deutsch	Englisch	Französisch	Koreanisch	Russisch
f ⟶ f	f	f	p	f
h ⟶ h		(1) ‚...' = Satzanfang: nicht ausgesprochen (2) *j* = Satzmitte	h	(3) *ch* wie in Schachtel (4) *g*
r ⟶	*r* aber nicht rollend, sondern im Gaumen gesprochen	(5) *r* = Satzanfang (6) *ch* = Satzmitte: wie in Schachtel	Mischung aus *r* und *l*	*r* (Zungen-R)
ü ⟶	nicht vorhanden	nicht vorhanden	ui	ju

Produkte, die einen schwer aussprechbaren Namen tragen, werden mit großer Wahrscheinlichkeit nicht weiterempfohlen. Und gekauft werden sie nur dann, wenn sie in Selbstbedienung zugänglich sind. Vermeiden lässt sich dieses Problem, indem man sicherstellt, dass der Markenname dem aktiven Wortschatz der Zielgruppe angehört. Da die meisten Menschen jedoch kaum mehr als 6.000 Wörter nutzen und es weltweit mehr als 25 Mio. Markennamen gibt, haben nur solche Wortschöpfungen Aussicht auf Erfolg, welche der Sprachkompetenz der Zielgruppe angepasst sind.

Einen ganz anderen Weg beschritt *Daewoo*. Als der südkoreanische Automobilhersteller in den 1990er-Jahren den deutschen Markt erschließen wollte, beschloss die Unternehmensleitung, die Aussprache des Markennamens mit der Zielgruppe zu „üben" (vgl. Dong/Helms 2001). Man zeigte in Fernsehspots einen Mund in Großformat, der sich synchron mit dem Ton bewegte: ['de: ju:']. In Printkampagnen erschien dieser Mund zusammen mit jener Lautschrift, welche die Deutschen aus dem Englisch-Unterricht kennen. Jahrzehnte zuvor war *Schweppes* in Lateinamerika ähnlich verfahren. Da es den chilenischen Konsumenten sichtlich schwer fiel, *Schweppes Ginger Ale* auszusprechen, brachte man auch ihnen die korrekte Phonetik mit den Mitteln der Werbung nahe (vgl. Still/Hill 1984).

Klang & Lautsymbolik. Markennamen sollen in möglichst vielen Sprachen „gut klingen". Allerdings gehen die Meinungen darüber, was gut klingt und was nicht, von Land zu Land auseinander (vgl. Klink 2001). Die britische Presse, welche die Deutschen ohnehin gerne karikiert, sinnierte unlängst darüber, warum die Krauts immer so schlechte Laune hätten. Nach eingehender, nicht ganz ernst zu nehmender Analyse der deutschen Sprache kam man zu der Erkenntnis, dass die typisch deutschen Umlaute dafür verantwortlich seien. „Ä", „ö" und „ü", aber auch „i" klängen nicht nur unangenehm, sondern lösten auch

Missmut aus. Denn es sei unmöglich, diese Laute auszusprechen und dabei ein freundliches Gesicht zu machen.

Weiterhin sollen Markennamen bestimmte, möglichst positive Assoziationen auslösen. Die Lautsymbolik befasst sich damit herauszufinden, welche Eigenschaften der Mensch einzelnen Lauten zuordnet. Zwar geschieht dies sprachspezifisch. Dennoch lassen sich auch allgemeingültige, d.h. sprachübergreifende Bedeutungsmuster nachweisen. Zu diesen Universalien zählt u.a. die Größensymbolik (vgl. Tab. 96). Hochfrequenzlaute wie [e] und [i] signalisieren in den meisten Sprachen „klein", während die Niedrigfrequenzlaute [a] und [o] für „groß" stehen (vgl. Usunier/Shaner 2002; Hinton et al. 1994).

Tab. 96: Sprachungebundene Größensymbolik

	Adjektiv für ...	
	„klein"	„groß"
Englisch	little	tall
Französisch	petit	grand
Griechisch	/mikros/	/makros/
Japanisch	/tschisaii/	/ookij/
Spanisch	chico	gordo
Deutsch	klein	groß

Quelle: auf Basis von Ohala (1994, S. 330).

Semantik: Positive Assoziationen & Einprägsamkeit

Haben die verwendeten Wörter in den verschiedenen Sprachen eine vergleichbare Bedeutung oder wecken sie gar unliebsame Konnotationen?

Unerwünschte Assoziationen. Natürlich war der Markennamen *Mist-Stick* (von *Clairol*) für den deutschen Markt ebenso ungeeignet wie *Silver Mist* von *Rolls Royce* (vgl. Zhang/Schmitt 2001, S. 313). Dass dies kein Einzelfall ist, belegt die lange Liste prominenter Irrtümer:
- *Goodyear* vertrieb seine Reifen mithilfe von Niederlassungen, die ‚servitekar' genannt wurden, was für Japaner wie „rostiges Auto" klingt (vgl. Onkvisit/Shaw 1989).
- Als *Unilever* eine Seife *Le Sancy* benannte, hatte man übersehen, dass dies in einigen asiatischen Dialekten „Tod über dich" bedeutet (vgl. Alashban et al. 2002).
- Der dem *Mustang*, einem klassischen Sportwagen US-amerikanischer Herkunft, nachempfundene *Ford Pinto* musste für den südamerikanischen Markt in *Corcel* umbenannt werden. Denn wenn Brasilianer *Ford Pinto* hören, denken sie an „winzige männliche Genitalien" (vgl. Francis et al. 2002).
- Als *Chevrolet* auf dem lateinamerikanischen Markt das Modell *Nova* einführte, gelang es dem amerikanischen Automobilhersteller nicht, mit diesem Markennamen positive Assoziationen zu wecken. Denn ‚no-va' bedeutet dort umgangssprachlich „funktioniert nicht" bzw. „fährt nicht".

- Mitsubishi musste den Pajero in den spanischsprachigen Ländern unter einem anderen Namen (Montero) anbieten. Denn auf Spanisch bedeutet Pajero Weichei: für einen kraftstrotzenden Geländewagen eine denkbar ungeeignete Assoziation. Nissan Quashqai wiederum ist in vielen Sprachen nur für Zungenvirtuosen aussprechbar. Und dass Mitsubishi ausgerechnet ein Elektroauto iMIEV nannte, belegt gleichfalls, wie schwierig es ist, global einsetzbare Markennamen zu kreieren (vgl. Fischbach 2007, S. 42).

Selbst Kunstwörter sind vor Fehlassoziationen nicht gefeit. Da Exxon auf Japanisch „abgewürgtes Auto" bedeutet, nannte der Mineralölkonzern seine Tankstellen dort zunächst Enco. Als sich dann herausstellte, dass dies „Müllwagen" heißt, entschieden sich die Verantwortlichen in einer zweiten Umbenennungsaktion für den Markennamen Esso (vgl. Fischbach 2007).

Silver Mist – Country Mist

„Rolls-Royce produzierte ab 1965 den Silver Shadow. Ursprünglich hieß das Auto Silver Mist. Dieser Begriff erweckt in der englischen Sprache die schöne Anmutung sanften Landnebels, in der deutschen Sprache jedoch andere, agrarische Assoziationen. Diese hochnot-öffentliche Peinlichkeit verhindert Wiederholungen allerdings keineswegs. Im aktuellsten Fall war Estée Lander immerhin pfiffig genug, das Parfüm Country Mist in Deutschland schnell in Country Moist umzubenennen" (Fischbach 2007, S. 42).

Manche Unternehmen meinen, derartige Missverständnisse vermeiden zu können, wenn sie den Originalnamen wortwörtlich übersetzen. Aber auch dann sind Irrungen und Wirrungen nicht ausgeschlossen, wie Hunt-Wesson erfahren musste. Für ihre franko-kanadischen Kunden übersetzte die in Kalifornien beheimatete amerikanische Food-Company Big John mit Gros Jos, was auf Französisch aber umgangssprachlich auch „Frau mit großen Brüsten" bedeuten kann (vgl. Ricks 2006; Groves et al. 2003). Trotz unzähliger vergleichbarer Fehlleistungen schenken (amerikanische) Unternehmen dem Kriterium „Übertragbarkeit in andere Sprachen" wenig Beachtung: Hingegen ist unbestritten, dass ein Markenname produktrelevant und leicht aussprechbar sein sollte. Diese und weitere Gebote der Namensfindung sind zwar anerkannt, werden aber gleichfalls kaum beachtet (vgl. Abb. 114).

Erwünschte Assoziationen. Zumeist genügt es nicht, negative Assoziationen zu vermeiden. Vor allem in Kulturen, in denen abergläubische Überzeugungen das geistig-spirituelle Leben beherrschen (insb. animistische, buddhistische und konfuzianische Gesellschaften), sollten (Marken-)Namen positive Assoziationen auslösen. Für solche Märkte ist ein Name zu finden, der reizvolle Nebenbedeutungen und Lautassoziationen gewährleistet. Aber auch im Westen werden bisweilen entsprechende Überlegungen angestellt – etwa im Falle von Qimonda, einem 2006 aus Infineon ausgegliederten Hersteller von Speicherchips. Begründet wurde damals diese Wortschöpfung damit, dass sie in verschiedenen Sprach- und Kulturräumen gleichermaßen positive Assoziationen weckt. In Asien etwa steht Qi für „fließende oder atmende Energie", und im Westen wird das Kunstwort Qimonda intuitiv als „Schlüssel zur Welt" verstanden. Allerdings ermöglichen nicht alle Kunstworte globale Kommunikation. So wird der im Deutschen erkennbare Produktbezug von Kreationen wie Yogurette oder Kamillosan in vielen anderen Sprachen nicht deutlich.

5.5 Gestaltung des Markennamens

Abb. 114: Akzeptanz & Beachtung von Kriterien zur Bewertung von Markennamen

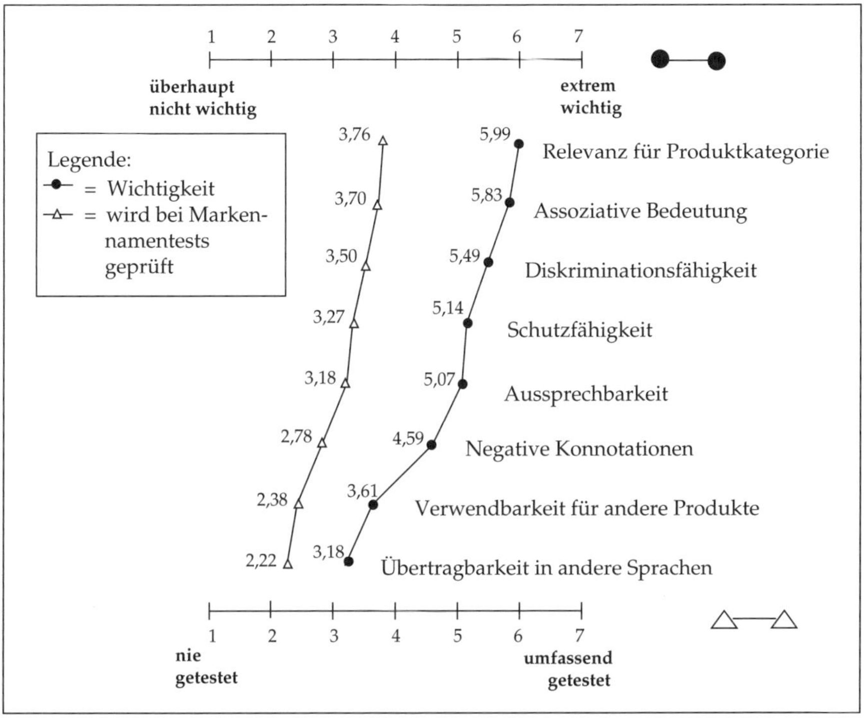

```
                1   2   3   4   5   6   7
                ├───┼───┼───┼───┼───┼───┤        ●──●
             überhaupt              extrem
             nicht wichtig          wichtig
                          3,76 ▲     5,99 ●  Relevanz für Produktkategorie
  Legende:
   ● = Wichtigkeit         3,70 ▲   5,83 ●   Assoziative Bedeutung
   ▲ = wird bei Marken-
       namentests          3,50 ▲   5,49 ●   Diskriminationsfähigkeit
       geprüft
                          3,27 ▲    5,14 ●   Schutzfähigkeit

                       3,18 ▲       5,07 ●   Aussprechbarkeit

                    2,78 ▲      4,59 ●       Negative Konnotationen

                 2,38 ▲   3,61 ●             Verwendbarkeit für andere Produkte

              2,22 ▲  3,18 ●                 Übertragbarkeit in andere Sprachen
                ├───┼───┼───┼───┼───┼───┤        ▲──▲
                1   2   3   4   5   6   7
              nie                 umfassend
            getestet              getestet
```

Quelle: eigene Darstellung auf Basis von Kohli et al. (2001, S. 435 ff.).

Handelt es sich um eine ideographische Schrift, so ist darüber hinaus auf eine einprägsame Kalligraphie zu achten. Denn in weiten Teilen Asiens entspricht es der Tradition, jedes Wort, jeden Namen als ein kleines Kunstwerk zu gestalten. Anders als im westlichen Kulturkreis soll sich ein Name hier nicht nur mit einer ganz bestimmten Aussage verbinden, sondern – in seiner Schriftform – auch schön anzusehen und in jeder Hinsicht ansprechend sein. Letztlich erfüllt in Fernost der geschriebene Name eine ähnliche Funktion wie hierzulande ein Markenzeichen oder ein Logo. Deshalb sollte die Schreibweise den Markennamen unverwechselbar erscheinen lassen und mit Produkt- und anderen Vorteilen verbinden (z.B. mit dem Wort „Glück"). Denn Inhaber eines ‚lucky name' genießen Wohlwollen.

> **Meeresdrachen**
>
> Wer als Ausländer in Korea die Landessprache auch nur ansatzweise beherrscht, wird früher oder später von seinen einheimischen Freunden und Kollegen gefragt, ob er denn schon einen koreanischen Namen habe. Dieser muss aus drei Silben bestehen (z.B. *Kim Dae Jung*), wobei die erste der Nachname ist *(Kim)* und die beiden anderen den Vornamen bilden *(Dae Jung)*. Zusammen genommen sollten sie immer eine positive Bedeutung haben. D. Gere, ein Angehöriger der amerikanischen Marine, der in den 1990er-Jahren für einige Zeit in Korea stationiert war, nannte sich deshalb *Gil Hae Yong*: Seinen Nachnamen *Gere* übersetzte er als *Gil. Hae* heißt auf Koreanisch Meer und symbolisiert die Zugehörigkeit des Namensträgers zur Marine. *Yong* bedeutet Drachen, was an Kraft und Mut erinnert: beides Eigenschaften, die zu einen Soldaten passen.

Glücksnamen. Mehr noch als anderswo erfreuen sich in diesem Kulturraum Glücksnamen und Glückszahlen großer Beliebtheit. Unternehmen sollten deshalb einen (Marken-)Namen suchen, der Glück verheißt. Dabei gilt es, die Balance zwischen Yin und Yang zu wahren.

- Yang-Schriftzeichen setzen sich aus einer ungeraden Anzahl von Strichen zusammen, Yin-Schriftzeichen aus einer geraden Zahl.
- Besteht ein Name aus mehreren Schriftzeichen, so ist deren Kombination bedeutsam. Die Abfolge Yin-Yin-Yang ist vorteilhafter als die Abfolge Yin-Yang-Yin.
- Um einem „Glücksnamen" handelt es sich schließlich nur dann, wenn die Summe der Striche eine Glückszahl ergibt (z.B. 8, 11, 13, 15, 16, 17, 18, 25, 29, 31, 32, 39).

Technische Produkte werden weltweit vorzugsweise mit alpha-numerischem Namen markiert (vgl. Pavia/Costa 1993). Im westlichen Kulturraum gilt die „7" als Glückszahl. Der US-amerikanische Flugzeughersteller *Boeing* kennzeichnete deshalb seine Modelle mit Ziffernfolgen wie *737*. Im östlichen Kulturraum sind andere Glückszahlen (z.B. „8") bzw. Unglückszahlen (z.B. „4") zu beachten: kein gutes Omen für den *A4*, das vermutlich wichtigste *Audi*-Modell.

Wie Francis et al (2002, S. 109 f.) berichten, legen US-amerikanische Unternehmen in Fernost mehr Wert auf eine positive Konnotation als in ihrem Heimatmarkt (58% vs. 24%). Oft werden positiv besetzte ...

- Symbole (z.B. der Kaiser bzw. eine Glückszahl) oder
- Worte wie „Schatz" bzw. „Wohlergehen"

verwendet. *Coca-Cola* gelang es, mit der Transliteration seines Markennamens für den chinesischen Markt einen solchen Glücksnamen zu kreieren. Denn sowohl *ke-kou-ke-le* (Mandarin) als auch *ho-hau-ho-lohk* (Kantonesisch) ähneln nicht nur lautmalerisch dem englischen Original, sondern bescheinigen der Limonade überdies, dass sie „köstlich schmeckt und Freude bereitet". Damit sind zwei zentrale Kriterien erfüllt: positive Assoziation und Produktbezug.

Verständlichkeit durch Produktbezug. Alphabetische Sprachen fördern abstraktes Denken und Schriftzeichensprachen konkretes Denken. Deshalb sind amerikanische Unternehmen in China noch häufiger (85%) als im englischsprachigen Raum (61%) bemüht, Markennamen mit einer konkreten Bedeutung zu etablieren (vgl. Francis et al 2002, S. 109 f.). Der von *Sprite* für den chinesischen Markt gewählte Markenname *Xuebi* („Schnee" und „grün") ähnelt zwar dem Originalnamen nicht, hebt aber wünschenswerte Eigenschaften des Produkts hervor (kühl, klar) und korrespondiert mit der Verpackung: einer grünen Flasche bzw. Dose (vgl. Zhang/Schmitt 2001, S. 315).

Vor allem dann, wenn die Sprache reich an ⇒ Homonymen ist, an sinngleichen Wörtern, sollten Markennamen auf das Produkt Bezug nehmen. In Low Context-Kulturen wie Deutschland kommen Homonyme eher selten vor (vgl. Müller/Gelbrich 2014, S. 21 ff.). Dagegen sind Mehrfachbedeutungen in High Context-Kulturen fast die Regel. Im Chinesischen bspw. hat das Zeichen *Gong* mindestens zehn Bedeutungen (z.B. Arbeit, Verbeugen, öffentlich, Attacke, Palast, respektvoll). Sogar als Vorname ist dieser Begriff möglich (vgl. Schmitt/Pan 1994). Da die konkrete Bedeutung von Homonymen sich somit erst aus dem jeweiligen Kontext (z.B. Satz, Bild, Umgebung) ergibt und ausländische Marken bei ihrem Markteintritt im Gastland üblicherweise unbekannt sind (d.h. keinen eindeutigen Kontext besitzen), ist die Verwechslungsgefahr groß. Amerikanische Unternehmen wählen deshalb für ihre Märkte in China und Hong Kong häufiger als für den Heimatmarkt Markennamen, welche wie *Mr. Proper, Pampers* oder *Du darfst* eine Verbindung zum Produktnutzen herstellen (vgl. Francis et al. 2002, S. 110).

Keine Regel ohne Ausnahme: Auch für Markennamen, die keine konkrete Bedeutung besitzen, spricht ein gewichtiges Argument. Verbraucher in Schwellen- und Entwicklungsländern assoziieren damit häufig „ausländisch", was durchaus wünschenswert sein kann. Denn Importprodukte besitzen dort vielfach einen Image-Bonus. Denn sie gelten als modern, sauber und neu (vgl. z.B. Papadopoulos et al. 1990).

Einprägsamkeit. Je besser ein Markenname erinnerbar ist, desto leichter fällt es uns, das mit diesem Namen markierte Produkt zu kaufen sowie weiterzuempfehlen, und desto besser lässt sich die Marke positionieren. Wie das gesprochene Wort, so werden auch alphabetische Markennamen vorrangig phonologisch encodiert, ein in Form eines Schriftzeichens dargebotener Markenname dagegen vor allem visuell. Die Erinnerbarkeit alphabetischer Markennamen hängt deshalb u.a. davon ab, ob sie phonologisch auffallen. So werden Markennamen, die mit einem Plosiv („b", „d", „g", „k", „t") beginnen, besser erinnert und wiedererkannt als andere Markennamen (vgl. Paiva/Costa 1993). Damit Markennamen, die als Logogramm bzw. als Ideogramm kommuniziert werden (z.B. chinesische Markennamen), einprägsam sind, müssen sie visuell prägnant sein (vgl. Schmitt/Pan 1994). Folglich gilt es, bei der Entwicklung von Markennamen in …
- alphabetischen Schriften (z.B. Deutsch, Englisch) auf Sprachqualität und lautmalerische Eigenschaften zu achten,
- ideographischen Schriften (z.B. Chinesisch, Japanisch) hingegen auf Kalligraphie und Design des Logos.

Wie gut sich Konsumenten an einen Markennamen erinnern können, hängt auch von der Zahl der bereits etablierten assoziativen Verknüpfungen mit dem Namen bzw. dessen Bestandteilen ab (z.B. *Deutsche Bank* → Deutschland → Land der Dichter und Denker, Nationalsozialismus, Fleiß, hochwertige Produkte). Anders als man vermuten würde, kann ein besonders umfassend und tief strukturiertes semantisches Netzwerk jedoch die Erinnerbarkeit behindern: Nämlich dann, wenn die Fülle möglicher Assoziationen eine eindeutige Zuordnung verhindert (vgl. Meyers-Levy 1989).

Morphologie

Relevante morphologische Entscheidungskriterien der Namensbildung sind die Länge von Wörtern, Wortkombinationen, Zusammensetzungen, Präfixe und Suffixe. Zwar können sich die Menschen im Normalfall kurze Markennamen leichter einprägen als lange Markennamen. Da aber in High Context-Sprachen gerade einsilbige Begriffe oft homonym und damit vieldeutig sind, kommen dort kurze Markennamen vermutlich seltener zum Einsatz als im angelsächsischen Sprachraum. Francis et al. (2002) konnten diese These nach der Analyse von 209 Marken, die 47 führende US-amerikanische Konsumgüterhersteller sowohl auf dem Heimatmarkt als auch auf dem chinesischen Markt anbieten, bestätigen. Während immerhin 16,0 % der in den USA vertriebenen Marken einen einsilbigen Markennamen tragen, kommen im chinesischen Markt ausschließlich mehrsilbige Markennamen zum Einsatz (vgl. Abb. 115).

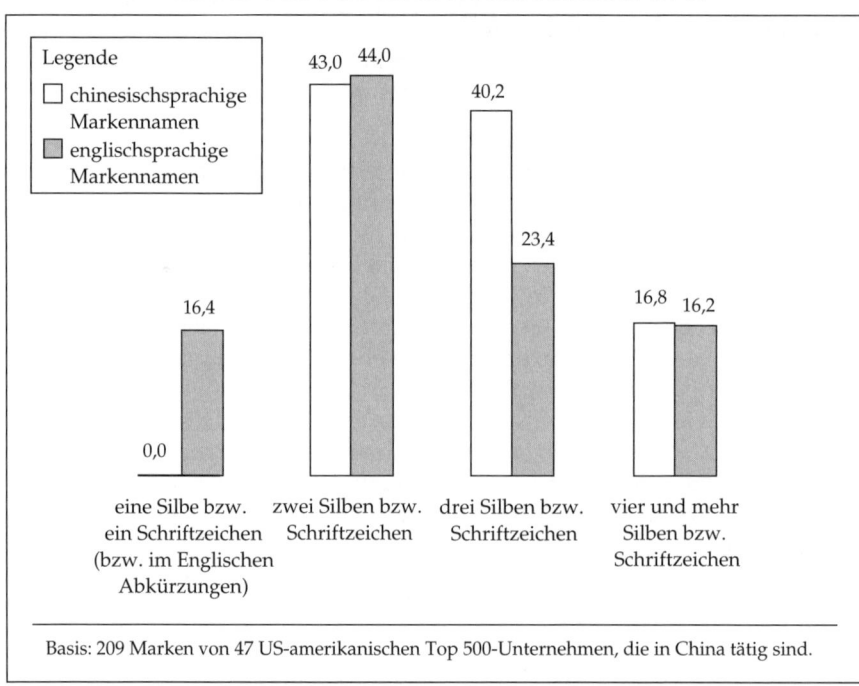

Abb. 115: Anzahl der Silben von Markennamen (in %)

Legende:
- ☐ chinesischsprachige Markennamen
- ■ englischsprachige Markennamen

	eine Silbe bzw. ein Schriftzeichen (bzw. im Englischen Abkürzungen)	zwei Silben bzw. Schriftzeichen	drei Silben bzw. Schriftzeichen	vier und mehr Silben bzw. Schriftzeichen
chinesischsprachige	0,0	43,0	40,2	16,8
englischsprachige	16,4	44,0	23,4	16,2

Basis: 209 Marken von 47 US-amerikanischen Top 500-Unternehmen, die in China tätig sind.

Quelle: Francis et al. (2002, S. 111).

5.5.4 Wirkung von Markennamen

5.5.4.1 Grundlagen

Markennamen zählen zu den extrinsischen Produktmerkmalen. Die Regel, dass diese das Kaufverhalten weniger stark beeinflussen als intrinsische Produktmerkmale (vgl. Batra et al. 2000, S. 88), gilt allerdings nicht für Markennamen. Denn sie sind ein augenfälliges, kognitiv besonders leicht zugängliches Produktmerkmal und werden deshalb gerade bei alltäglichen Kaufentscheidungen als Schlüsselinformation bevorzugt herangezogen, um den Aufwand der Informationsbeschaffung und Informationsverarbeitung zu minimieren. Dies gilt umso mehr dann, wenn keine anderen Informationsquellen zur Verfügung stehen. Auch hat sich gezeigt, dass Käufer extrinsische Qualitätssignale vorzugsweise dann nutzen, wenn ihre Produktkenntnis gering ist (vgl. Elliot/ Cameron 1994).

Markenname sollten leicht aussprechbar sein, gut klingen und eine positive Bedeutung haben. Wie schwer es fällt, alle drei Anforderungen weltweit gleichermaßen zu erfüllen, musste u.a. die *Robert Bosch GmbH* erkennen, als sie vor Jahren für den chinesischen Sprach- und Kulturraum einen geeigneten Markennamen suchte.

> **Weltweit gewinnen**
> Im Chinesischen setzt sich das Wort *Bosch* aus zwei Wortbestandteilen mit vier *(BO)* bzw. acht *(SCH)* möglichen Schreibweisen zusammen. Insgesamt sind 32 Kombinationen vorstellbar. Allerdings waren die meisten ungeeignet, da ...
> • es signifikante Unterschiede in Aussprache bzw. Klang auf Mandarin und Kantonesisch gab,
> • kein Bezug zum Unternehmen bestand,
> • sie eine negative Bedeutung hatten (z.B. Tod).
>
> Der weltweit bekannte Automobilzulieferer wählte schließlich eine Schreibweise, welche in etwa „weltweit gewinnen" bedeutet. In anderen asiatischen Ländern erhielten die Hangul-Schrift (Korea) bzw. Romaji oder Katakana (Japan) den Vorzug, weil dort die chinesische Wortschöpfung nicht gut klingt. Auch empfindet man in diesen Ländern die klassischen Zeichen als altmodisch, was wiederum nicht zu einem innovativen Unternehmen passen würde.

5.5.4.2 Fremdheit vs. Vertrautheit

Fremdsprachige Markennamen

Erfüllen fremdsprachige Markennamen die oben genannten Anforderungen besser oder schlechter als muttersprachige Markennamen? Und wie wirkt sich die mit ihnen assoziierte Fremdheit aus?

In Ausnahmefällen – z.B. bei völlig sprachunkundigen Rezipienten bzw. unbekannten Sprachen – mag es sein, dass ein fremdsprachiger Markenname als bloße Buchstabenfolge wahrgenommen wird, ohne spezifischen Informationsgehalt (vgl. Lerman/Garbarino 2002, S.625). Wahrscheinlicher aber ist, dass daraus auf die Produktherkunft geschlossen wird (vgl. Samiee et al. 2005, S.381; Thakor/Lavack 2003, S.395) und die fremde Sprache somit wie ein generisches Herkunftszeichen wirkt. Unabhängig davon, ob die dadurch ausgelöste Attribution das tatsächliche oder, wie beim ‚foreign branding', ein vermeintliches Herkunftsland identifiziert: In letzter Konsequenz dieser Wirkungskette ist ein Goodwill oder ein Badwill zu erwarten. Ob „gut" oder „schlecht" – dies hängt zunächst von zwei Moderatorvariablen ab:
• Einstellung zum Fremden und zu fremden Ländern im Allgemeinen (⇒ Xenophobie vs. Xenophilie),
• Einstellung zu dem Land, in dem das Produkt tatsächlich oder vermeintlich überwiegend gefertigt wurde.

Weitere Einflussfaktoren lassen sich aus der Fremdheitsforschung ableiten (vgl. Abb. 116). Die kulturvergleichende Forschung schließlich hat gezeigt, dass u.a. Angehörige kollektivistischer, ungewissheitsmeidender Gesellschaften überdurchschnittlich anfällig für xenophobe, d.h. fremdenfeindliche Tendenzen sind (vgl. Leong/Ward 2006).

Abb. 116: Einflussfaktoren der Akzeptanz fremdsprachiger Markennamen

Soziodemographische Merkmale	Einstellungen & Persönlichkeitsmerkmale	Informations- verarbeitung	
• Alter (hoch)	• Rigorismus	Kategorisierung	
• Bildungsniveau (gering)	• Politische Orientierung (rechts)	⇩	geringe Akzeptanz fremdsprachiger Markennamen
• Einkommen (gering)	• Patriotismus		
• Erwerbslosigkeit	• Religiosität	Ingroup/Outgroup- Differenzierung	
• Geschlecht (weiblich)	• Konservatismus	(stark)	

	Landeskultur		Merkmale der Fremdsprache
	• Kollektivismus		• Klang (ungewohnt)
	• Ungewissheits- vermeidung		• Beliebtheit (gering)

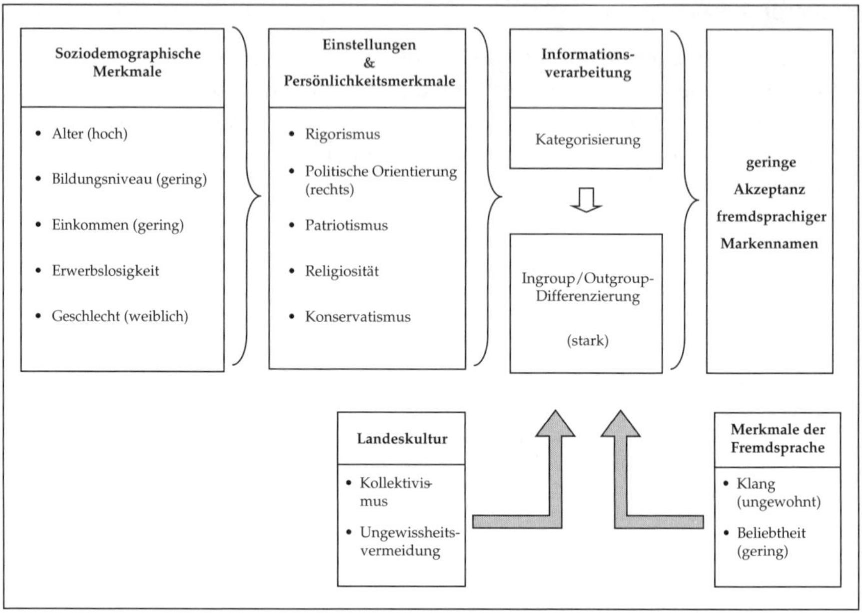

Quelle: eigene Darstellung in Anlehnung an Stolz (2000, S. 114).

Wird der Markenname in Kombination mit der „Made-in ...-Information" dargeboten, so erschließen die Befragten, jedenfalls in der Laborsituation, die Produktherkunft primär aus der expliziten Herkunftsangabe und ziehen ihre Schlüsse daraus. Deshalb konnte der (erfundene) deutschsprachige Markenname *Panorama* die negativen Reaktionen österreichischer Probanden auf ein TV-Gerät „Made in China" nicht neutralisieren. Da in dieser Studie von Chao et al. (2005) das Herkunftsland explizit angegeben und so in den Mittelpunkt der Aufmerksamkeit der Probanden gerückt wurde, ist die externe Validität dieses Befundes indessen strittig. Denn dies entspricht nicht den realen Bedingungen der Informationsbeschaffung (vgl. Samiee et al. 2005, S. 380). Viele Konsumenten sind sich der Herkunft von Produkten gar nicht bewusst und suchen auch nicht gezielt nach Hinweisen darauf (z.B. „Made in ... Angabe").

Fremdsprachige Slogans

Im Falle von fremdsprachigen Slogans ist die Sachlage eindeutig: Sie sind ein Irrweg. Wie bspw. Müller/Brüggemann-Helmold (2002) berichten, präferieren deutsche Dienstleistungskunden deutschsprachige Werbebotschaften (vgl. Abb. 117). Selbst „The Citi never sleeps", womit die *Citibank* warb, fand trotz der ausgeprägten und positiven „New York, New York-Assoziation" *(Frank Sinatra)* nur bei 5% der Befragten Anklang. *Comdirect* sprach mit dem kryptischen Slogan „Be empowered" sogar nur 2% an. Da die Teilstichprobe der Befragten mit Abitur nicht wesentlich anders urteilte als die im Durchschnitt weniger gebildete Gesamtstichprobe, ist davon auszugehen, dass das Akzeptanzproblem nicht die Folge mangelnder Sprachkompetenz ist, sondern eine grundlegende Aversion gegen das Fremde an sich widerspiegelt.

Abb. 117: Akzeptanz ausgewählter Slogans (in %)

Slogan	Unternehmen	Gesamt-stichprobe	Probanden mit Abitur	Haushaltsnettoeinkommen < 1500 €	Haushaltsnettoeinkommen > 2500 €
Schließlich ist es Ihr Geld	Postbank	37	34	36	36
Wenn's um Geld geht	Sparkasse	31	27	32	29
Leben Sie. Wir kümmern uns um die Details.	Hypo Vereinsbank	27	34	24	32
Wir machen den Weg frei	V+R	23	17	24	20
Die Bank an Ihrer Seite	Commerzbank	22	22	20	22
More than a bank	SEB	12	16	8	17
The Citi never sleeps	Citibank	5	5	4	6
Leading to results	Deutsche Bank Private Banking	3	4	2	3
Be empowered	Comdirect	2	3	2	3

Quelle: Müller/Brüggemann-Helmold (2002, S. 23).

Indirekte Wirkungen

Von der generellen Einstellung zum Fremden hängt ab, wie neue Informationen über ein ausländisches Produkt verarbeitet werden (vgl. Supphellen/Grønhaug 2003, S. 222). Vor allem die wahrgenommene Produktqualität ist durch einen fremdsprachigem Markennamen leicht beeinflussbar (vgl. Shimp/Sharma 1987). Möglicherweise sind es nicht selten fremdenfeindliche Menschen, die ausländische Produkte meiden bzw. abwerten. Ouellet (2005, S. 423) vermutete hinter ihrer häufig demonstrativen Buy National-Attitüde nichts anderes als den sozial akzeptierten Ausdruck von Fremdenfeindlichkeit.

5.5.4.3 Künstliche vs. sinnhafte Markennamen

Im Zuge der Globalisierung werden immer häufiger Akronyme oder künstliche Wortschöpfungen als Markennamen eingeführt. Die Gründe sind vielgestaltig:
- Unternehmensmarken basieren häufig auf dem Familiennamen des Firmengründers. Erweist sich dieser in bedeutenden Auslandsmärkten als nicht oder schwer aussprechbar, so liegt es nahe, ihn zu ersetzen. Dies war einer der Gründe, warum der Pharmagroßhändlern *GEHE AG* 2003 sich in *Celesio AG* umbenannte. Denn im frankophonen Raum wird die Abfolge E-H-E als unangenehmer Zungenbrecher empfunden – und im Übrigen als unverkennbar deutsch.

- Bei deskriptiven (z.B. *Spüli*) und assoziativen Markennamen (z.B. *Landliebe*) ist nicht auszuschließen, dass sie in einzelnen Auslandsmärkten störende oder gar geschäftsschädigende Assoziationen auslösen (vgl. Tab. 97).

Tab. 97: Missverständliche Markennamen (Auswahl)

Hersteller	Markenname	Sprache, in der Fehlassoziationen auftreten	
Toyota	Opa	Deutsch	→ Großvater
	MR2	Französisch	→ Sch... (merde')
Nissan	MOCO	Spanisch	→ Rotz
	Qashqai	Mehrzahl der Sprachen	→ sinnloser Zungenbrecher
Ford	Pinto	Lateinamerika	→ kleiner Penis
Citroen	Berlingo	Deutsch	→ Bandit bzw. Feigling
Mitsubishi	Pajero	Spanisch	→ Weichei
	iMIEV	Deutsch	→ Mief (= schlechte Luft)
Audi	E-tron	Französisch	→ Kothaufen

Deshalb liegt es nahe, phonetische oder artifizielle Markennamen zu bevorzugen. Allerdings finden Wortschöpfungen wie *Cisco* oder *RWE* zumeist weniger Akzeptanz (vgl. Kohli et al. 2001, S. 457). Wie auch Abb. 118 zeigt, bevorzugen die meisten Konsumenten bedeutungsvolle Markennamen (vgl. Klink 2001, S. 30).

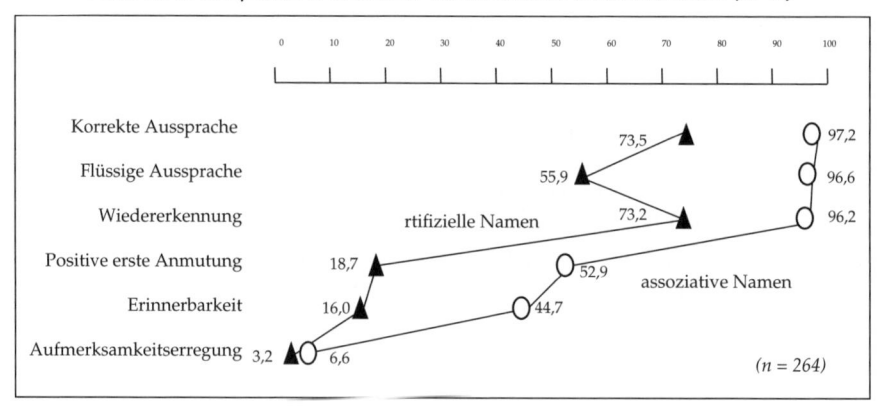

Abb. 118: Akzeptanz artifizieller vs. sinnhafter Markennamen (in %)

	artifizielle Namen	assoziative Namen
Korrekte Aussprache	73,5	97,2
Flüssige Aussprache	55,9	96,6
Wiedererkennung	73,2	96,2
Positive erste Anmutung	18,7	52,9
Erinnerbarkeit	16,0	44,7
Aufmerksamkeitserregung	3,2	6,6

(n = 264)

Quelle: eigene Erhebung.

Ob Markennamen, die einen lateinisch- bzw. griechischsprachigen Wortstamm haben (z.B. *Phaeton*), auch zur Kategorie der Kunstworte zählen, ist strittig. Fraglos aber fallen latinisierte Namen wie *Entrium*, *Avanzo* oder *Novartis* darunter. Besonders kritisch sind indessen Akronyme, wie der in Abb. 119 vorgestellte Wirkungsvergleich zeigt: Obwohl beide Varianten zeitgleich eingeführt und gleichermaßen intensiv beworben wurden, schnitt *Maxblue*, wie alle Namensmarken, wesentlich besser ab als *SEB*. Diesem Akronym fehlt es fundamental an Eindeutigkeit und Unterscheidbarkeit. Kein Wunder: Wer nach *SEB* sucht, findet bei *Google* zahllose Eintragungen (u.a. *Society for Experimental Biology, Student Entertainment Bord* oder *Skandinavska Enskilda Banken*).

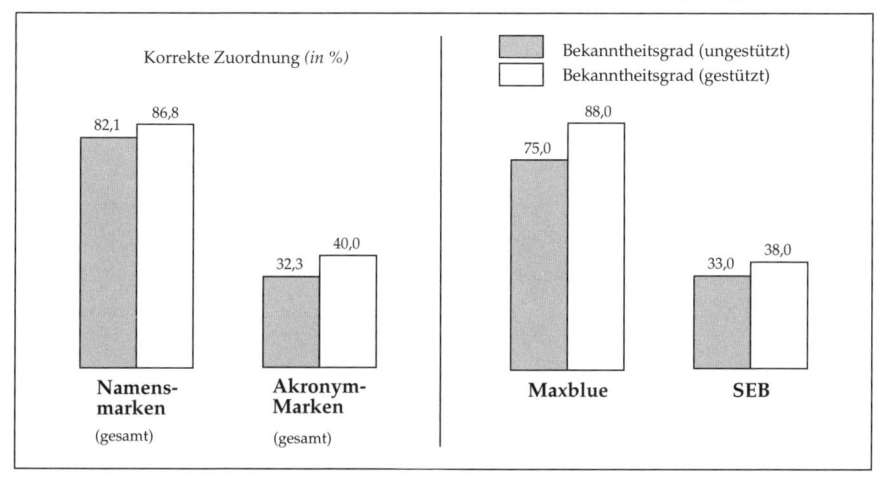

Abb. 119: Namensmarken & Akronym-Marken im Leistungsvergleich

Quelle: Endmark AK, Köln, in: bank und markt (Nr. 7, 2001, S. 40).

5.6 Internationalisierung bzw. Globalisierung von Markennamen

5.6.1 Handlungsmöglichkeiten

Jede der in Abb. 120 vorgestellten vier Optionen bietet Vor- und Nachteile. Während von einer klassischen Übersetzung zwei der linguistischen Entscheidungskriterien betroffen sind (Phonetik und Morphologie), tangieren die Strategien „Übernahme" und „Transliteration" eines Markennamens lediglich das Kriterium der semantischen Äquivalenz. Wird ein vollkommen neuer Markenname kreiert, so sind naturgemäß alle drei Kriterien betroffen.

In Praxis finden sich für alle vier Strategien Beispiele erfolgreicher Namensgebung (vgl. Tab. 98).

5.6.2 Übernahme des originalen Markennamens

Diese Strategie setzt voraus, dass es sich bei den Zielmärkten um kulturell und sprachlich affine Länder handelt. Denn nur dann, wenn die kulturell-sprachliche Distanz gering ist, wird die ausländische Zielgruppe mit der Aussprache keine Probleme haben. Zudem müssen negative Konnotationen ausgeschlossen sein. Vorteilhaft ist, dass das Unternehmen seine Identität wahren kann, da der Originalnamen erhalten bleibt. Und dem – kosmopolitisch eingestellten und international mobilen – Verbraucher ist der Markenname, den er bereits bei seinen Auslandsreisen kennengelernt hat, schon vertraut.

Abb. 120: Möglichkeiten der Entwicklung eines Markennamens

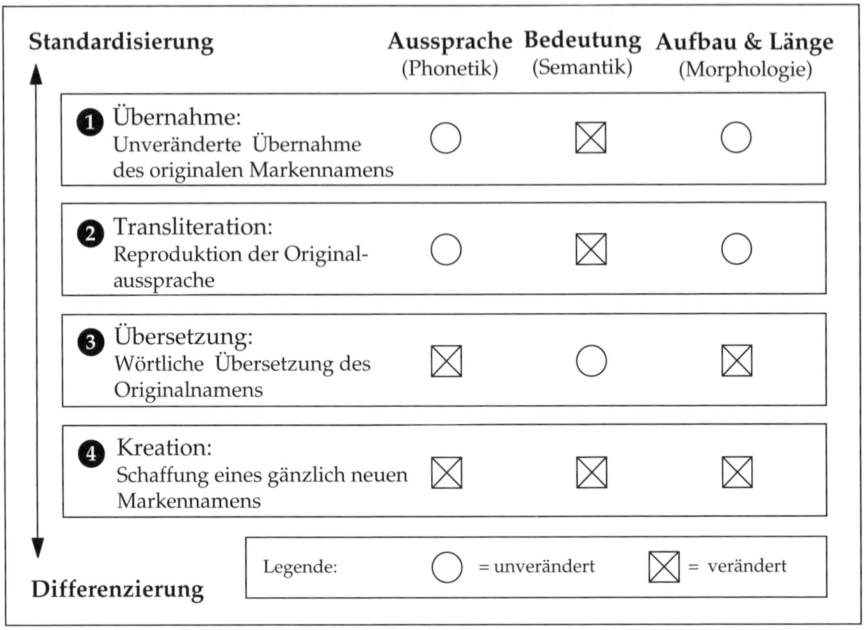

Standardisierung		Aussprache (Phonetik)	Bedeutung (Semantik)	Aufbau & Länge (Morphologie)
↑	❶ Übernahme: Unveränderte Übernahme des originalen Markennamens	○	⊠	○
	❷ Transliteration: Reproduktion der Originalaussprache	○	⊠	○
	❸ Übersetzung: Wörtliche Übersetzung des Originalnamens	⊠	○	⊠
↓	❹ Kreation: Schaffung eines gänzlich neuen Markennamens	⊠	⊠	⊠
Differenzierung	Legende: ○ = unverändert ⊠ = verändert			

Quelle: eigene Darstellung auf Basis von Francis et al. (2002, S. 102 ff.).

Tab. 98: Auswahl realer Beispiele

Strategie	Ursprungsname (Herkunftsland)	Bedeutung	Name im Ausland	Bedeutung
Übernahme	• Benetton (I)	• keine	• Benetton (D)	• keine
Transliteration	• Motorola (USA)	• keine	• Mou-tuo-luo-la (C)	• keine
	• Swatch (Ch)	• keine	• Si-wo-qi (C)	• keine
Übersetzung	• Microsoft (USA)	• Mikro + weich	• Wie-ruan	• Mikro + weich
	• Northwest Airlines (USA)	• Nordwest-Fluglinien	• Xi-bei (C)	• Nordwest
	• United Airlines (USA)	• Vereinigte Fluglinien	• Lian	• Verbinden
Kreation	• Wall's (GB)	• keine	• Eskimo (Österreich)	• Einwohner Alaskas

Quelle: teilweise auf Basis von Zhang/Schmitt (2001, S. 315).

5.6.3 Übersetzungsstrategien

5.6.3.1 Semantische Übersetzung

Sofern der Markenname kein Kunstwort ist, kommt eine wörtliche Übersetzung in Frage. Dabei bleibt im Regelfall die ursprüngliche Bedeutung des Originalnamens erhalten (vgl. Tab. 99). Wie im Falle von *Microsoft (wie-ruan* = mikro-weich) erleichtert dies der ausländischen (hier: chinesischen) Zielgruppe, einen Bezug zum Produkt herzustellen. Das Unternehmen wiederum profitiert von dem verringerten Kommunikationsaufwand. Denn es kann darauf verzichten, den Produktbezug zu konditionieren. Ansatzweise gelang dies auch den *Northwest Airlines*, deren in China eingeführter Markenname *(= xi bei)* „Nordwest" bedeutet.

Tab. 99: Markennamen westlicher Unternehmen in China

Deutscher Produkt- bzw. Unternehmensname	Chinesische Übertragung mit der Interlinear-Version	Hanyu pinyin-Version	Konkreter Sinngehalt
Mercedes-Benz (Lkw, Pkw)	schnell laufen sicher fahren	ben chi 奔馳	schnell und sicher fahren
Porsche (Pkw)	gewinnen Zeit schnell	bao shi jie 保時捷	schnell und zeitsparend fahren
Pfaff (Nähmaschine)	hundert Glück	bai fu 百福	hundert Mal Glück
Basagran (Herbizid)	Vernichten Unkraut Zinnober	pai cao dan 排草丹	Wirksames Mittel gegen Unkraut
Sacox (Arzneimittel)	töten können stoppen	sha ke zhi 殺可止	vernichten und stoppen
Rollei (Kamera)	gutes Einkommen kommen	lu lai 祿來	Reichtum möge kommen
OMO (Waschmittel)	geheimnisvoll wunderbar	ao miao 奧妙	geheimnisvoll und wunderbar
Triumph (Miederwaren)	Pigmentfarbe Name Duft	dai an fen 黛安芬	typischer Frauenname im Okzident
Wella (Kosmetik)	können beleben Energie	ke huo neng 可活能	vitalisieren

5.6.3.2 Transliteration

Unter Transliteration versteht der Duden die „buchstabengetreue Umsetzung eines in einer Buchstabenschrift geschriebenen Textes in eine andere Buchstabenschrift". Wer Markennamen transliteriert, versucht, durch eine phonetische Übersetzung die Originalaussprache zu reproduzieren. Der dabei geschaffene Name ist in der Regel bedeutungslos und nicht geeignet, bestimmte Produktassoziationen zu wecken.

Transliterierte Markennamen, wie das Kunstwort *Motorola*, besitzen häufig keine konkrete Bedeutung. Durch die Art der Aussprache werden sie mit dem Originalnamen bzw. bestimmten, für wünschenswert gehaltenen Eigenschaften in Verbindung gebracht. Da das 1928 in Chicago gegründete Unternehmen ursprünglich nur Autoradios herstellte, sollte der Markenname lautmalerisch an „Sound in Motion" erinnern. Transliterierte globale Namen sind zumeist englischsprachiger Herkunft. Nicht zuletzt deshalb sprechen sie vor allem junge Menschen an.

> **Café ≠ Café**
> Ein französischer Austauschstudent erntete ein nachsichtiges Lächeln, als er seinen südkoreanischen Freunden vorschlug, ein *tabang* aufzusuchen. Denn junge, urbane Koreaner nutzen das traditionelle koreanische Wort für Café kaum noch. Sie gehen, ganz weltmännisch, ins *gape* (= Transliteration von Café).

Falls bestimmte, für die Aussprache des Markennamens erforderliche Laute in der Fremdsprache nicht zur Verfügung stehen, ist eine Transliteration nicht möglich. Abhilfe verspricht dann der phono-semantische Ansatz der Markennamenpolitik: eine Mischform aus Transliteration und Übersetzung. Der Name soll ähnlich klingen, etwas Positives bedeuten und sich mit dem Produkt auf glaubwürdige und überzeugende Weise in Verbindung bringen lassen. Der amerikanische Kosmetikhersteller *Johnson & Johnson* bspw. firmiert in China als *quiang-sheng*. Dieser Name ähnelt phonetisch dem Ursprungswort und bedeutet so viel wie „das Leben stärker machen", was der Positionierung von Pflegeprodukten angemessen ist (vgl. Zhang/Schmitt 2001, S. 315). Eine perfekte phono-semantische Übertragung gelingt indessen selten: Von den 209 Fällen, die Francis et al. (2002, S. 113) untersucht haben, entsprach der transliterierte dem ursprünglichen Markennamen nur dreimal weitestgehend in Aussprache und Bedeutung.

Eine besondere Herausforderung ist die Transliteration eines alphabetischen (z.B. englischen) Markennamens in eine ideographische Sprache (z.B. Japanisch). Soll sie gelingen, müssen folgende grundlegende Probleme bewältigt werden:
- Abkürzungen sind nicht möglich, weil der kleinste sprachliche Informationsträger eine Silbe ist.
- Viele alphabetisch gebildeten Namen verlieren bei der Übertragung in ein ideographisches System ihren Sinn.
- Ein Alphabet erlaubt mehr Kombinationen als eine Silbenschrift.
- Aussprache und Reproduktion sind erschwert.

5.6.3.3 Kreation

Aus den verschiedensten Gründen kann es vorkommen, dass ein Markenname nicht übersetzbar ist. *Henkel* etwa konnte anlässlich der Einführung seines Premium-Waschmittels in den französischen Markt weder den in Deutschland etablierten Markennamen *Persil* beibehalten, noch ihn übersetzen. Denn ‚persil' bedeutet im Französischen Petersilie. Folglich war es geboten, einen völlig neuen Markennamen zu entwickeln: zu „kreieren". Seitdem wird *Persil* jenseits des Rheins als *Le Chat* vertrieben: die Katze. Ob dieser Name besser zu einem Waschmittel passt als „Petersilie", ist indessen eine andere Frage. Vergleichbare Probleme bereiteten die Markennamen ...
- *Tchibo* (heißt auf Japanisch „Tod") und
- *Porsche Cayenne* (verbinden Franzosen mit dem berüchtigten Arbeitslager Cayenne in Französisch-Guyana; vgl. o.V. 2009).

Die Strategie der Wortschöpfung empfiehlt sich aber nicht nur aufgrund linguistischer Erwägungen. Kreation kann auch geboten sein, wenn das Unternehmen durch den Markennamen keinen Bezug zum Originalprodukt schaffen möchte (z.B. um Preisdifferenzierung betreiben zu können, ohne ⇒ Arbitrage fürchten zu müssen).

Abb. 121: Universalwaschmittel von Henkel (Deutschland vs. Frankreich)

Quelle: Henkel.

5.6.4 Verfahrensweise der Unternehmen

Welcher Markennamenstrategie geben international tätige amerikanische Unternehmen den Vorzug? Alashban et al. (2002, S. 34) befragten hierzu 177 Manager. Von diesen gaben 61 % an, ihr Unternehmen nutze für ein bestimmtes Produkt weltweit nur einen Markennamen. Denn dies habe sich als erfolgreich erwiesen: „The more standardized the brand name worldwide, the higher are the firm's cost savings and the higher is the product's sales volume as perceived by marketing executives" (Alashban et al. 2002, S. 22). Francis et al. (2002,

S. 98) bestätigten diese Aussage, präzisierten sie aber insofern, als weltweit agierende Unternehmen zumeist den Markennamen standardisieren, ihre Werbung jedoch differenzieren. Sandler/Shani (1992) gehörten zu den ersten, die nachwiesen, dass die Mehrzahl kanadischer Unternehmen den Slogan ‚brand globally, advertise locally' beherzigt. Denn es fällt leichter, den Markennamen zu standardisieren, als Werbekampagnen, die häufig kulturspezifisch zu codierende Werbebotschaften enthalten.

Allerdings gehören in vielen dieser Studien sowohl Hersteller als auch Zielmärkte dem westlichen Kulturkreis an. Deshalb sollte man den Schlüsselbefund dieses Forschungsfeldes entsprechend einschränken bzw. präzisieren: Innerhalb eines Clusters relativ homogener (westlicher) Länder wird der Markenname zumeist standardisiert. In den asiatischen Märkten hingegen verfolgen viele westliche Unternehmen die Differenzierungsstrategie (vgl. Huang/Chan 1997; Tai 1997).

Francis et al. (2002) wählten aus der *Fortune-500 List* der 500 umsatzstärksten US-Unternehmen 49 Konsumgüterproduzenten aus, die ihre Produkte u.a. in ...
- Hong Kong (Verkehrssprache Kantonesisch) und
- China (Verkehrssprache Mandarin)

anbieten. Analysiert wurden zum einen die Geschäftsberichte sowie die US-Homepages der Unternehmen, zum anderen chinesische Websites und chinesische Zeitschriften. Ergänzend betrieben die Wissenschaftler in führenden Supermärkten und Gemischtwarenläden Feldforschung. Insgesamt identifizierten sie 209 Markennamen, deren englische Version sie mit der chinesischen Fassung verglichen. Gegenüber der klassischen Befragungsmethode bietet dieser Ansatz den Vorteil, dass die Befunde nicht auf subjektiven Meinungen voreingenommener Manager, sondern auf den Einschätzungen neutraler Wissenschaftler beruhen. Zwar können auch deren Urteile verzerrt sein und bspw. dem ⇒ Observer Bias unterliegen. Da aber drei zweisprachige Kodierer (Englisch – Kantonesisch bzw. Englisch – Mandarin) zum Einsatz kamen, deren Objektivität mithilfe der Intercoder-Reliabilität überprüft wurde, ist die Gefahr gering.

Wie Francis et al. (2002) ermittelten, verfolgen US-Unternehmen in den chinesischen Märkten alle Strategien: von der Übernahme bis zur Kreation, am häufigsten aber die Transliteration. Sie kann indessen mehr oder weniger gut gelingen. Von den 92 transliterierten Markennamen bewerteten die Wissenschaftler lediglich 13,9 % (Englisch → Kantonesisch) bzw. 8,5 % (Englisch → Mandarin) als „ähnlich" oder „sehr ähnlich". Angesichts grundlegender Unterschiede in der Sprachstruktur (alphabetisches vs. ideographisches System) ist es offenbar nur selten möglich, perfekt zu transliterieren.

Da sie so ihre Identität am besten wahren können, präferieren amerikanische Manager dennoch diese Strategie der Namensfindung. Allerdings ist unter bestimmten Bedingungen eine Übersetzung unmöglich. Nämlich dann, wenn der Originalname ...
- ein Eigenname ist *(McDonald's),*
- keine konkrete Bedeutung besitzt *(Aventis),*

5.6 Internationalisierung bzw. Globalisierung von Markennamen

- eine Abkürzung bzw. ein Akronym ist (wie *IKEA:* Initialen des Namens des Firmengründers *I. Kamprad*, des väterlichen Bauernhofes Elmtaryd sowie seines Heimatortes Agunnaryd).

5.6.5 Erfolgskontrolle

Zwar bevorzugen viele (US-amerikanische) Manager die Transliteration. Daraus folgt aber nicht zwangsläufig, dass diese Strategie auch am erfolgreichsten ist. Vielmehr legen zahlreiche Gründe es nahe, verschiedene Strategien zu kombinieren – etwa auf der Verpackung den (englischen) Originalnamen und dessen phonetische Umschreibung angeben (Übernahme & Transliteration) oder ihn zusätzlich übersetzen (Übernahme & Übersetzung). Hong et al. (2002, S. 33 ff.) befragten in Singapur lebende Auslandschinesen zu den Markennamen von Fruchtsaftgetränken. Die Wissenschaftler übertrugen den Markennamen einer dort unbekannten Marke *(Sunrise)* sowie den einer bekannten Marke *(Treetop)* sowohl mittels Transliteration als auch mittels wörtlicher Übersetzung ins Mandarin. Varianzanalytisch wurde sodann getrennt für *Sunrise* und für *Treetop* untersucht, ob und wie die Markennamenstrategie die Kaufabsicht der Probanden beeinflusst. Für beide Markentypen konnte ein signifikanter Effekt festgestellt werden ($p < 0{,}05$).
- Bekannte Marken: In ihrem Fall empfiehlt es sich, den Originalnamen zu übernehmen, wobei eine zusätzliche Transliteration nicht schadet (vgl. Abb. 122).

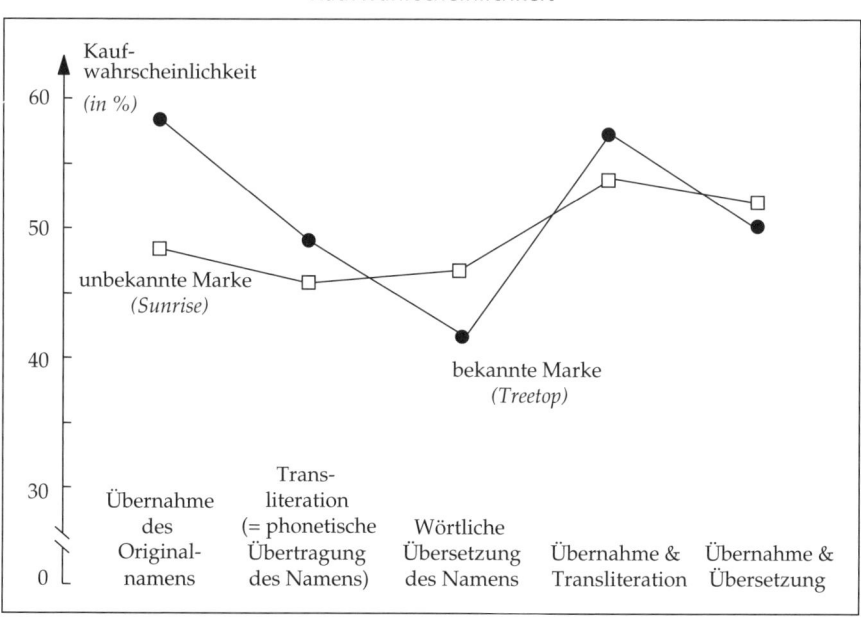

Abb. 122: Einfluss verschiedener Übersetzungsstrategien auf die Kaufwahrscheinlichkeit

Quelle: auf Basis von Hong et al. (2002, S. 33 ff.).

- Unbekannte Marken: Sie reagieren weniger sensibel auf die verschiedenen Übersetzungsstrategien. „Übernahme & Transliteration" und „Übernahme & Übersetzung" beeinflussen die Kaufwahrscheinlichkeit in vergleichbarem Maße. Beide Kombination wirken etwas besser als jede Monostrategie für sich genommen.

Hingegen ist bei unbekannten Marken von der einfachen Übernahme abzuraten. Die Kombination des Originalnamens mit seiner chinesischen Übertragung – und zwar am besten mit der phonetischen Entsprechung (Übernahme & Transliteration) – wirkt besser als jede Monostrategie für sich genommen. Dass der transliterierte Markenname die Kaufbereitschaft von Chinesen vor allem dann steigert, wenn das englische Original besonders hervorgehoben, also zuerst und größer als die chinesischen Zeichen gedruckt wird (vgl. Zhang/ Schmitt 2001, S. 318), lässt sich mit dem ⇒ Priming-Effekt erklären: Der so akzentuierte englische Originalname wird zuerst beachtet und sensibilisiert den Betrachter für die phonetischen Komponente.

5.6.6 Entwicklung globaler Markennamen

Huang/Chan (1997) sowie Usunier/Shaner (2002) haben hierzu eine Reihe von Vorschlägen formuliert (vgl. Tab. 100). Diese reichen von der für einen globalen Markennamen empfehlenswerten Wortstruktur (= einfach) über geeignete Wortendungen („o" und „a") bis hin zur Vermeidung von Sprachspezifika, die in anderen Sprachen möglicherweise nicht adäquat ausgedrückt werden kön-

Tab. 100: Empfehlungen zur Gestaltung globaler Markennamen

Gestaltungselement	Mögliche Ausprägung	Beispiel
Empfohlen:		
Einfache Wortstruktur	K-V, K-V-K	Sony, Canon, Coca-Cola
Universelle Vokale	i, a, u	Adidas, Milka, Purissa
Universelle Konsonanten	k, p, t	Kodak, Toyota, Bacardi
Begrenzte Silbenzahl	ein bis zwei Silben	Twix, Twingo, Armani
Typische Wortendung	Vokale -o, -a	Tabasco, Nokia, Polo
Positive oder neutrale Zahlen	1, 5, 7, 8	CK1, Chanel Nr. 7, Boeing 737
Begriffe des ‚global lexicon'	Aus dem Griechischen oder Lateinischen entlehnte Worte	Magnum, Mon Chéri, Mars
Nicht empfohlen:		
Aneinanderreihung von Vokalen	K-V-V-V-K	Peugeot, Daewoo
Aneinanderreihung von Konsonanten	K-V-K-K-K	Hertz, Vectra, Volkswagen
Sprachspezifische Eigenheiten	nicht ausgesprochene Buchstaben, Umlaute	Renault, Löwenbräu
Legende: K = Konsonant; V = Vokal		

Quelle: in Anlehnung an Huang/Chan (1997, S. 323 f.) sowie Usunier/Shaner (2002, S. 225 f.).

5.6 Internationalisierung bzw. Globalisierung von Markennamen

nen (z.B. Umlaute wie „ö"). Bestimmte Vokale (z.B. „a", „i") und Konsonanten (z.B. „k", „t") erfüllen in allen Sprachen eine gleichartige Funktion. Sie werden deshalb Sprachuniversalien genannt und eignen sich in besonderem Maße zur Bildung globaler Markennamen (vgl. Greenberg/Haspelmath 2005; Chan/Huang 1997; Greenberg 1978).

Im Einzelfall allerdings kann es zweckdienlich sein, von diesen Regeln abzuweichen. Beim ‚foreign branding' etwa (vgl. Teil D-5.4.3.2) werden bewusst landesspezifische, aber schwer aussprechbare Umlaute und Buchstabenfolgen kreiert (z.B. *Häagen Dazs*), um die angebliche Herkunft des bezeichneten Produkts aus einem bestimmten Land, welchem besondere Produktkompetenz zugeschrieben wird, zu suggerieren. So soll die nordische Anmutung von *Häagen Dazs* potentielle Kunden an „kalt, Eis etc." erinnern.

Die Erfolgsaussichten globaler Markennamen lassen sich erhöhen, wenn man nicht deskriptive oder assoziative, sondern artifizielle oder phonetische Namen wählt (vgl. Tab.101). Artifizielle Markennamen, wie *Barilla*, sind anfänglich zumeist bedeutungslos und können deshalb weltweit einheitlich konditioniert und mit derselben Bedeutung aufgeladen werden. Allerdings erfordert die Konditionierungsstrategie einen erheblichen kommunikativen (und finanziellen) Aufwand. Bei assoziativen Markennamen empfiehlt es sich, fundamentale Sprachstämme (z.B. aus dem Indogermanischen oder dem Romanischen) zu verwenden. Denn sie lösen länder- und sprachübergreifend ähnliche Assoziationen aus (z.B. *Securitas* → sicher).

Tab. 101: Eignung verschiedener Markennamentypen für den globalen Markt

	deskriptive Markennamen (z.B. *Spüli*)	assoziative Markennamen (z.B. *Landliebe*)	artifizielle Markennamen (z.B. O_2)	phonetische Markennamen (z.B. *Yahoo*)
Verständlichkeit	--	-	--	o
Aussprechbarkeit	--	o	o	o
Positionierungsrelevanz	--	-	--	+
Einprägsamkeit	-	o	o	o
– Recall	--	-	--	o
– Recognition	o	o	+	+
Assoziationen	--	-	o	++
Konditionierbarkeit	--	-	++	+
Sprachunabhängigkeit	--	-	++	++
Schutzfähigkeit	-	o	++	++
Legende: ++ = sehr geeignet + = geeignet o = neutral bzw. keine eindeutigen Aussagen möglich – = wenig geeignet -- = nicht geeignet				

Quelle: in Anlehnung an Herstatt (1985, S. 248).

5.6.7 Einfluss der Landeskultur

Markenstrategie

Differenzierte Markenstrategien dienen der Abgrenzung von Konkurrenten und der Positionierung einer bestimmten Marke innerhalb des eigenen Markenportfolios. Diese Zielsetzung entspricht dem in den westlichen Industrieländern dominanten Wettbewerbsdenken. Im östlich-kollektivistischen Kulturkreis hingegen steht auch die Markenkommunikation im Dienst der Aufgabe, die Beziehung zwischen dem Unternehmen und seinen Kunden zu stärken und Vertrauen zu schaffen. Dazu müssen Kunden buchstäblich wissen, mit wem sie es zu tun haben. Diese Signalfunktion kann nur eine traditionelle Unternehmensmarke erfüllen, nicht jedoch die differenzierenden, häufig durch Kunstnamen anonymisierten Produktmarken. Deshalb empfiehlt de Mooij (2003, S. 194), in kollektivistischen Märkten eine Unternehmensmarke zu etablieren, während in individualistischen Märkten aus den genannten Gründen eine Mehrmarkenstrategie empfehlenswert sein kann.

Markenfunktionen

Auf internationalen Märkten erfüllen Marken prinzipiell dieselben Funktionen wie auf nationalen Märkten (z.B. Positionierung und Abgrenzung von Wettbewerbern). Universell ist weiterhin die Tendenz von Käufern, die bei Kaufentscheidungen häufig auftretende Unsicherheit zu reduzieren, indem sie eine Marke wählen, der sie vertrauen. Gemäß der Studie „European Trusted Brands" besaßen 2013 vor allem *Nivea, Visa* und *Canon* einen Vertrauensbonus (vgl. Abb. 123). In zwölf europäischen Ländern wurden diese drei von den Befragten am häufigsten als die Marke genannt, denen sie in ihrer jeweiligen Produktkategorie am meisten vertrauen *(Nivea = 49% ... VW = 23%)*. Für 73% der befragten Deutschen ist Vertrauen vor allem eine Frage der Produktqualität und für 62% abhängig vom Eindruck, dass ein Unternehmen ihre Kundenbedürfnisse versteht.

Abb. 123: Vertrauenswürdigste Marken in zwölf europäischen Ländern (2013)

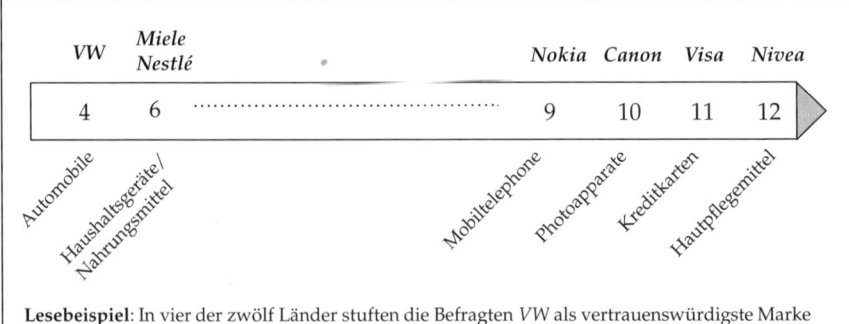

VW	Miele Nestlé		Nokia	Canon	Visa	Nivea
4	6		9	10	11	12
Automobile	Haushaltsgeräte/ Nahrungsmittel		Mobiltelephone	Photoapparate	Kreditkarten	Hautpflegemittel

Lesebeispiel: In vier der zwölf Länder stuften die Befragten *VW* als vertrauenswürdigste Marke in der Produktkategorie Automobile ein. *Nivea* landete in allen zwölf Ländern auf dem ersten Platz.

Quelle: eigene Darstellung auf Basis von Reader's Digest; www.trustedbrands.de.

5.6 Internationalisierung bzw. Globalisierung von Markennamen

Bedeutung des Markennamens

In Gesellschaften, die Machtdistanz akzeptieren, messen Konsumenten einem (Marken-)Namen mehr Bedeutung zu als Vergleichspersonen, die einer egalitären Gesellschaft entstammen (vgl. Bristow/Asquith 1999). Dies ist insoweit nachvollziehbar, als Markenhierarchien (z.B. Premiummarke, Standardmarke ...) bestens geeignet sind, der in machtdistanten Gesellschaften so bedeutsamen sozialen Hierarchie Ausdruck zu verleihen. Auch Angehörige kollektivistischer Gesellschaften schließen mehr als andere vom Markennamen auf die Zugehörigkeit zu bestimmten sozialen Gruppen (vgl. Johansson et al. 1994).

Markenpräferenz

Wie Roth (1995) erkannte, bevorzugen Individualisten Marken, welche die Unabhängigkeit des Käufers bzw. Besitzers unterstreichen und einen individuellen Nutzen versprechen. Angehörige einer kollektivistischen Kultur präferieren hingegen Marken, die ihre Zugehörigkeit zu bestimmten sozialen Gruppen signalisieren bzw. den Wunsch, einer solchen Gruppe anzugehören. Weiterhin zeigte sich, dass Kollektivisten aufgrund ihres Strebens nach Konsens und Harmonie starke (bzw. dominante) Marken bevorzugen (vgl. Robinson 1996).

Kaufentscheidung

Die Glaubwürdigkeit von Marken beeinflusst die Kaufentscheidungen von kollektivistischen und unsicherheitsmeidenden Käufern signifikant stärker als die von Kunden mit einer andersartigen kulturellen Orientierung. Erdem et al. (2006) begründen dies damit, dass glaubwürdige Marken für Kollektivsten einen höheren Markenwert besitzen, da sie deren Gruppenidentität stärken. Für Unsicherheitsmeider wiederum sind die klassischen Markenfunktionen vorrangig: Reduktion des Kaufrisikos und der Informationsbeschaffungskosten.

> ☞ Markennamen können über Erfolg oder Misserfolg eines Unternehmens entscheiden. Ihre Aufgabe ist es, bei der Zielgruppe positive und positionierungsrelevante Assoziationen zu wecken. Fremdsprachige Markennamen unterliegen dabei besonderen Bedingungen. Wenn die Zielgruppe sie schwerer versteht als entsprechende Begriffe in ihrer Muttersprache, dann können Akzeptanzprobleme die Folge sein, bis hin zu Xenophobie. Kunden neigen dazu, von fremdsprachigen Markennamen auf den Country-of-Origin zu schließen. Dabei werden zumeist die klassischen Länderstereotype aktiviert (z.B. französisch = Lebenskunst, Genuss und Sinnesfreude; italienisch = Chic und Modebewusstsein; deutsch = Präzision oder Gemütlichkeit). Besteht zwischen Stereotyp (z.B. Chic) und verkauftem Produkt (z.B. Schuhe) ein Fit, dann sind positive Effekte zu erwarten: Akzeptanz und Qualitätswahrnehmung des Produkts steigen, und die gewünschte Positionierung wird erleichtert.
>
> Für die Übertragung eines (Marken-)Namens in einen anderen Kultur- und Sprachraum empfiehlt sich eine schrittweise Verfahrensweise. Während der Produkteinführung sollte das Hauptaugenmerk darauf liegen, die Marke bekannt zu machen und nötigenfalls die Aussprache zu üben. Dies gelingt am besten, wenn man den Originalnamen zusammen mit seiner phonetischen Entsprechung kommuniziert. Später, sobald das Produkt eingeführt ist und den Verbrauchern die Aussprache der fremden Worte keine Mühe mehr bereitet, kann die Transliteration wegfallen, muss aber nicht.

> In individualistischen Kulturen sind Marken mutmaßlich dann erfolgreich, wenn sie es dem Käufer bzw. Verwender als Zusatznutzen ermöglichen, sich von anderen Individuen abzugrenzen. Ganz anders in kollektivistischen Kulturen. Dort sollten Marken es dem Käufer bzw. Verwender erlauben, seine Ähnlichkeit mit den übrigen Angehörigen seiner sozialen Gruppe zu demonstrieren. Somit sollten Produkt- bzw. Markennamen nicht nur differenzierend (von Wettbewerbern), schutzfähig, motivierend, aussprechbar, attraktiv und merkfähig sein, sondern auch den beschriebenen kulturspezifischen Implikationen Rechnung tragen.

6 Sortimentspolitik

Die Sortimentspolitik des Handels entspricht der Produkt- und Programmpolitik der Hersteller. Ob ein Produktprogramm bzw. Sortiment tief oder flach, breit oder schmal sein sollte, hängt in erster Linie von der strategischen Ausrichtung der Unternehmenspolitik ab. Während sich einige Anbieter als Spezialisten positionieren und deshalb ein tiefes und schmales Sortiment vorhalten, setzen andere auf ‚one stop shopping': Ihre Kunden sollen bei ihnen „alles unter einem Dach" finden können. Dafür ist ein flaches und breites Sortiment erforderlich.

Die für die nationale Sortimentspolitik charakteristische Entscheidungsmatrix („tiefes vs. flaches" und „breites vs. schmales" Warenangebot, Produktqualität, Preis/Leistungsverhältnis, Markenstruktur etc.) muss im internationalen Kontext um die Dimension Standardisierung vs. Differenzierung erweitert werden:
- Soll bzw. kann dasselbe Sortiment in allen Ländermärkten, in denen ein international tätiges Unternehmen mit seinen Verkaufsstätten präsent ist, angeboten werden (um Standardisierungspotential und somit Skaleneffekte zu erschließen)?
- Oder soll bzw. muss das Sortiment landes- bzw. kulturspezifischen Bedingungen Rechnung tragen?

In dem Maße, wie kulturfreie Produkte (z.B. Unterhaltungselektronik) einerseits und kulturgebundene Produkte (z.B. Kleidung, Nahrungsmittel) andererseits Bestandteil des Sortiments sind, muss die Antwort auf diese Frage unterschiedlich ausfallen. So wird man im Sortiment von Handelsunternehmen an asiatischen Standorten keine oder nur wenige Deodorants finden. Denn die Haut von Asiaten transpiriert anders als die von Europäern. Körpergeruch ist selten, Parfüms und damit auch Deodorants gelten als aufdringlich. Auch Faltencremes sind wenig gefragt. Denn das Alter verändert bei Asiaten eher die Hautfarbe als die Hautstruktur. Dunkler Teint und Pigmentflecken deuten außerdem auf eine Beschäftigung an der frischen Luft hin und sind wenig beliebt. Dies wiederum hat zur Folge, dass Cremes, welche die Haut bleichen, so gefragt sind wie Bräunungs- und Sonnencremes im sonnenhungrigen Westen.

Die auf dem japanischen Markt zu beobachtende Tiefe vieler Sortimente hat verschiedene Gründe: u.a. die Begeisterung für alles Neue. Japaner mögen Innovationen. Weiterhin spielen kulturspezifische Werte eine Rolle. Denn der soziale Status japanischer Verbraucher ist getreu der konfuzianischen Hierarchie rigide definiert und nicht zuletzt durch den Besitz bzw. den Konsum der

5.6 Internationalisierung bzw. Globalisierung von Markennamen

jeweils passenden Marke zu demonstrieren. Dies erklärt, warum viele Japaner zwar schottischen Whisky präferieren, aber Erzeugnisse von *Suntory*, dem größten japanischen Whisky-Hersteller, kaufen. Denn dessen Markenfamilie ist passgenau auf die Karriereleiter eines japanischen Arbeitnehmers abgestimmt.

> **Soziales Signaling**
>
> „Die verschiedenen *Suntory*-Marken lassen sich in eine klar abgestufte Rangfolge bringen und damit exakt den verschiedenen Statusklassen innerhalb der Gesellschaft zuordnen. Viele der Marken sind analog dem Wachstum der japanischen Wirtschaft erst in neuerer Zeit eingeführt worden. Die gesellschaftliche Stellung des Käufers determiniert die Wahl der Whiskysorte. Solange er noch kein ‚shakaijin' ist, wählt er die billigeren und leichteren Marken *Tory* oder *White*. Bei Antritt der ersten Arbeitsstelle wird er zunächst zu *Red* und einige Jahre später zu *Kaku* wechseln. Als Unterabteilungsleiter stößt er zum größten Segment der Whiskytrinker vor und bevorzugt folglich die populärste Marke *Old*. Einige Jahre später, wenn er es zum ‚kacho' – Abteilungsleiter – gebracht hat, wechselt er zwischen *Old* und *Reserve*, wobei sich der Schwerpunkt zu *Reserve* verschiebt, nachdem er ‚bucho' geworden ist: Hauptabteilungsleiter" (Fields 1986, S. 123 f.).

Angesichts der Maxime ‚retailing is local' gibt die Praxis der Hybridstrategie „globales Konzept mit nationaler bzw. regionaler Anpassung" in Gestalt der Regionalisierung den Vorzug. So stammen 80% des Sortiments, das *Wal-Mart* in Ländern wie Brasilien, China oder Indonesien anbietet, von lokalen Herstellern bzw. Produzenten. Auch Harddiscounter wie *Aldi* bleiben zwar ihrem Erfolgsrezept (flaches und schmales Sortiment) weltweit treu, passen dessen Zusammensetzung aber zunehmend den jeweiligen Landesbedingungen an (bspw. unterschiedlichen Konsumgewohnheiten).

> ☞ Die Mehrzahl der Landeskulturen ist kollektivistisch geprägt, was ein starkes Macht- und Statusgefälle bedingt. In diesem Kulturkreis empfiehlt es sich, ein breites und sozial differenziertes Produktprogramm anzubieten. Dies erlaubt es, dem in diesen Gesellschaften tief verankerten Bedürfnis nach hierarchischer Abgrenzung Rechnung zu tragen.

Teil E

Dienstleistungspolitik

1 Überblick

1.1 Bedeutung von Dienstleistungen

In den hochentwickelten, arbeitsteiligen Volkswirtschaften der westlichen Welt haben Dienstleistungen einen ständig wachsenden Anteil an der Gesamtwirtschaft: Hierzu zählen u.a. Finanzdienstleistungen, Programmierungs- und Kommunikationsdienstleistungen sowie Transport und Tourismus. 2014 waren in Deutschland knapp 74% aller Erwerbstätigen im Dienstleistungssektor tätig (1991 = 61%). Zur Bruttowertschöpfung der deutschen Volkswirtschaft trugen sie in diesem Jahr 69% bei (1991 = 63%). Bei den sog. produktionsnahen Dienstleistungen (z.B. Transportdienstleistungen) sorgte insb. der durch den zunehmend globalen Wettbewerb ausgelöste Strukturwandel des Produzierenden Gewerbes (Konzentration auf Kernkompetenzen, Outsourcing von Leistungen, die nicht in diesen Bereich fallen) für vermehrte Nachfrage. Hinzu kommt ein wachsendes, durch Fortschritte der webbasierten Technologien ermöglichtes Angebot an innovativen Services (z.B. wissensintensive Dienstleistungen). Der private Konsum unterlag in der jüngeren Vergangenheit gleichfalls einem drastischen Strukturwandel. Treiber dieser Entwicklung sind die Alterung der Gesellschaft, der vermehrte Anteil an Ein- und Zwei-Personenhaushalten sowie ein überproportionaler Einkommenszuwachs der wohlhabenden sozialen Schicht. Hinzu kommen partielle Sättigungserscheinungen im Konsumgüterkonsum (vgl. Dapp/Heymann 2013; Ehmer 2009).

1.2 Merkmale von Dienstleistungen

1.2.1 Überblick

In der Literatur finden sich zahlreiche Vorschläge, die prinzipiell unbegrenzte Fülle an Dienstleistungen zu systematisieren (für einen Überblick vgl. Corsten/Gössinger 2007). So wird zwischen Dienstleistungen, die Zeit „sparen" (z.B. Steuerberatung), und solchen, die Zeit „kosten" (z.B. Musical), unterschieden oder zwischen Dienstleistungen, die vor dem Kauf (z.B. Kaskoversicherung), während des Kaufs (z.B. Verpackungsservice) oder nach dem Kauf (z.B. Wartung) erworben bzw. konsumiert werden. Neben diesen eindimensionalen Typologien wurden auch zweidimensionale Systematisierungen vorgeschlagen. Backhaus/Voeth (2014) bspw. kombinieren die Kriterien „Zeitpunkt der Leistungserbringung" und „Produktnähe" (vgl. Tab. 102).

Gemäß dieser Systematisierung erfüllen Dienstleistungen eine komplementäre Funktion: Sie ergänzen Produkte, und zwar sowohl zeitlich (d.h. vor oder nach dem Kauf des Produktes) als auch inhaltlich-räumlich (d.h. mit engerem oder weiteren Bezug zum Produkt). Diese Sichtweise ist sinnvoll. Denn viele Pro-

Tab. 102: Dienstleistungstypologie

Produktnähe / Zeitpunkt	Produktnahe Dienstleistungen		Produktferne Dienstleistungen	
	Güterart		Güterart	
	Konsumgüter	Industriegüter	Konsumgüter	Industriegüter
... im Vorfeld des Kaufs	• Beratung • Katalog etc.	• Angebotserstellung • Demonstration • Referenzanlage	• Kinderhort • Parkraum	• Vorträge • Problemanalyse • Beratung
... mit dem Kauf	• Lieferung zur Probe • Gebrauchsanweisung • Installation zur Probe	• Montage • Schulung	• Zusatzgeschenke • Verpackungsservice • Lieferservice	• Finanzierung • Kompensationsgeschäfte
... nach dem Kauf	• Kundendienst • Ersatzteildienst	• Reparaturservice • Ersatzteilservice	• Kundenclubs/ Kundenkarten • Kundenzeitschrift	• Mitarbeiterschulungen

Quelle: Backhaus/Voeth (2014).

dukte sind austauschbar bzw. werden von den Kunden als austauschbar erlebt. Um ein Alleinstellungsmerkmal, d.h. einen USP zu kreieren, verfolgen deshalb viele Unternehmen die Value Added-Strategie. In deren Mittelpunkt stehen zusätzliche, das Produkt ergänzende Dienstleistungen (z.B. Einpackservice, Reparaturversicherung), welche dem Kunden einen Zusatznutzen und dem Anbieter einen Wettbewerbsvorteil verschaffen sollen.

1.2.2 Dienstleistungen vs. Produkte

Von Produkten unterscheiden sich Dienstleistungen in dreierlei Hinsicht grundsätzlich:
- Dienstleistungen sind nicht greifbar (= Immaterialität).
- Zahlreiche Dienstleistungen (z.B. Übernachtung in einem Hotel) werden gleichzeitig produziert und konsumiert. Denn sie sind weder transportierbar noch lagerfähig (= Uno Actu-Prinzip).
- Kunden müssen mehr oder weniger in den Leistungsprozess einbezogen werden (= Integration des externen Faktors).

Eine Besonderheit stellen in diesem Zusammenhang sog. Self-Service-Technologien (SST) dar, welche Dienstleistungsunternehmen aus Kostengründen vermehrt einsetzen, um den Dienstleistungsprozess zu unterstützen oder eine Dienstleistung insgesamt zu erbringen (vgl. Alcock/Millard 2006). Bankautomaten (Finanzdienstleister), Onlinekauf (Handel) oder Self Check-In (Fluglinie): Bei diesen und anderen Self-Services wird der persönliche Kontakt mehr oder weitgehend durch einen technologiebasierten Anbieter-Kunden-Kontakt ersetzt (vgl. Salomann 2009).

Prinzipiell in Frage gestellt wird die Dichotomisierung von Produkt und Dienstleistung durch die sog. ‚service-dominant logic' (Vargo/Lusch 2004, 2008). Demzufolge unterbreiten Unternehmen ihren Kunden „nur" ein Wertversprechen ('value-in-use'; Vargo et al. 2008). Der eigentliche Wert entstehe während der Nutzung (Lemke et al. 2011). Firma und Kunde schaffen ihn gemeinsam in einem Akt der ‚co-creation' (Vargo et al. 2008). Aus dieser Sicht ist ein Auto kein Produkt. Denn für sich genommen stellt es keinen Wert dar. Erst, wenn der Kunde seine Kompetenzen einbringt (z.B. das Auto fährt, es putzt oder betrachtet), verwandelt sich das Wertversprechen in einen realen Wert.

Für die Zwecke des Interkulturellen Marketing wollen wir Dienstleistungen jedoch weiterhin als eigenständige, von Produkten abgrenzbare Kategorie begreifen. Denn die drei konstituierenden Merkmale von Dienstleistungen (Immaterialität, Uno-Actu-Prinzip und Integration des externen Faktors) spielen abhängig vom kulturellen Umfeld unterschiedliche Rollen und sollen daher eigenständig thematisiert werden. So variieren die Wichtigkeit von materiellem Besitz bzw. immaterieller Werte, die Zeitwahrnehmung sowie das gewünschte Ausmaß an zwischenmenschlicher Interaktion in Abhängigkeit von der jeweiligen Prägung durch die Landeskultur. Um nur ein Beispiel zu nennen: Koreaner, die von einem Servicemitarbeiter eine Auskunft erbitten, empfinden es als höflich, sich bei diesem mehrmals für die damit verbundene „Belästigung" zu entschuldigen. Amerikaner und andere Angehörige des westlichen Kulturkreises bedanken sich zwar auch wiederholt, aber erst, nachdem sie die erbetene Auskunft erhalten haben (vgl. Guan et al. 2009). Mit solchen Unterschieden beschäftigt sich das Interkulturelle Dienstleistungsmarketing.

1.3 Besonderheiten von Dienstleistungen im interkulturellen Umfeld

1.3.1 Dienstleistungsmentalität

Kehren Deutsche von einer USA-Reise nach Hause zurück, dann sind sie gewöhnlich davon beeindruckt, wie zuvorkommend sie in Restaurants, Geschäften etc. bedient wurden. Dass Verkäufer es übernehmen, die Einkäufe in den landestypischen Papiertüten zu verstauen: undenkbar in der „Service-Wüste Deutschland" (vgl. Geyer/Ronzal 2010, S. 161 ff.). Andererseits empfinden wir es als übertrieben, wenn im Fahrstuhl eines japanischen Kaufhauses eine junge Dame in Business-Kleidung sich in jedem Stockwerk vor den Kunden verbeugt und die Produkte vorstellt, die dort angeboten werden.

Offensichtlich ist Servicementalität u.a. eine Frage der Landeskultur. Es beginnt damit, dass der Begriff des Dienens nicht überall positiv besetzt ist. In vorchristlicher Zeit galt nur die Tätigkeit von Philosophen sowie der Dienst für die ‚polis' (= antiker griechischer Stadtstaat) als würdevoll. Feldarbeit, Handwerk, selbst künstlerisches Schaffen waren verpönt und Aufgabe der unteren Schichten (vgl. Baumgartner 1998, S. 25). Später wertete die jüdisch-christliche Religion das Dienen auf: *Jesus* wusch seinen Jüngern die Füße, und *Maria-Magdalena* trocknete mit ihren Haaren *Jesus* die Füße. Im Laufe der Zeit galt jede Form von Arbeit als wertvoll, wobei der Wert weniger aus dem Ergebnis als aus der Tätigkeit an sich erwächst. *Calvin* begründete das Arbeitsideal des asketischen Protestantismus damit, dass der Mensch im Dienen seine Erfüllung findet.

Im säkularen deutschsprachigen Kulturraum allerdings assoziieren wir mit „Dienen" vorrangig Unterwürfigkeit, Abhängigkeit und minderwertige Arbeit. Dieser Akzent hat eine lange Tradition. Bereits im Mittelhochdeutschen war der Begriff negativ besetzt: „in abhängiger Stellung [gegen Lohn] bestimmte Pflichten erfüllen, bestimmte Arbeiten verrichten" (Duden 1996, S. 341). In konfuzianisch beeinflussten Gesellschaften (z.B. China, Japan, Korea) hingegen gelten Dienen und die damit verbundenen Gesten nicht als unterwürfig. Verbeugungen etwa sind unerlässlich für die Pflege sozialer Beziehungen und fördern die Harmonie zwischen den Menschen, den zentralen konfuzianischen Wert (vgl. Müller/Gelbrich 2014, S. 279 f.).

1.3.2 Leistungsspezifische Besonderheiten

Immaterialität von Dienstleistungen

Angesichts ihrer „unkörperlichen Beschaffenheit" fällt es potentiellen Kunden häufig schwer zu erkennen, welchen Nutzen eine Rechtsberatung, eine Transportversicherung oder andere Dienstleistungen ihnen voraussichtlich stiften werden. Mehr noch als bei einem Produktkauf und mehr noch als im nationalen Kontext fällen Dienstleistungskunden in einem interkulturellen Umfeld deshalb ihre (Kauf-)Entscheidungen anhand von Heuristiken. Vor allem in Märkten, deren Landeskultur von einer starken Tendenz zur Unsicherheitsvermeidung geprägt ist (u.a. Belgien, Griechenland und Japan), leiten die Konsumenten aus dem Herkunftsland, dem Unternehmensimage, der Marke, einem Gütesiegel oder einer Garantiezusage Hinweise auf die erwartbare Dienstleistungsqualität ab (vgl. Furrer et al. 2000).

Kunden wiederum, die wie Asiaten oder Araber einer sog. High Context-Kultur entstammen (vgl. Hall 1976), sind es gewöhnt, ihre Unsicherheit dadurch zu reduzieren, dass sie der Verkaufssituation oder anderen Kontextbedingungen implizite Informationen entnehmen – etwa über die Qualität des Angebots oder die Zuverlässigkeit des Anbieters. Sie schließen bspw. von der Gestaltung und technischen Ausstattung des Behandlungszimmers auf die Qualität der von einem Arzt angebotenen Dienstleistung. Anders verhält es sich in Low Context-Kulturen, zu denen u.a. die deutschsprachigen Länder zählen (vgl. Müller/Gelbrich 2014, S. 21 ff.). Dort entspricht es dem Kulturstandard, Entscheidungen auf Basis expliziter, möglichst „harter" bzw. objektiver Informationen zu fällen. Hinzu kommt, dass Deutschland, Österreich und die deutschsprachige Schweiz sich nicht nur durch eine geringe Kontextabhängigkeit und eine überdurchschnittliche Tendenz zur Unsicherheitsvermeidung auszeichnen, sondern auch durch eine vergleichsweise geringe Akzeptanz von Machtdistanz. Daher bietet es sich in diesen Märkten an, den Kunden mit Hilfe von Testimonials, die auf der gleichen Stufe der sozialen Hierarchie stehen wie sie selbst, Vertrauenswürdigkeit zu signalisieren: also nicht Experten bzw. Prominente, sondern Menschen „wie Du und ich".

1.3 Besonderheiten von Dienstleistungen im interkulturellen Umfeld

Standortgebundenheit

Abgesehen von Ausnahmen wie touristischen Dienstleistungen und Finanzdienstleistungen schienen Dienstleistungen aufgrund des Uno Actu-Prinzips lange Zeit nur begrenzt internationalisierbar zu sein. Die stellenweise dramatischen Effizienzgewinne der Informations- und Kommunikationstechnologie heben diese Beschränkung jedoch zunehmend auf. „IT-enabled Services" etwa sind Dienstleistungen, die im Zuge der globalen Restrukturierung der Wertschöpfungsketten und der weltweiten Vernetzung durch Internet und Intranet unabhängig von den Standorten der auftraggebenden und der auftragnehmenden Unternehmung erbracht werden können. Nachdem die Versicherungsbranche als Vorreiter des „Business Process Outsourcing" Leistungen wie Schadensregulierung vor allem nach Indien verlagert hat, folgten immer mehr Branchen bzw. Industriezweige diesem Beispiel. Die standortunabhängig erbrachten Dienstleistungen (z.B. Verkauf, Beschwerdemanagement, Hotline, Lohnabrechnung, Konten- und Aktiendepot-Verwaltung, Bearbeitung von Kreditanfragen) gehen mehr und mehr über das Leistungsspektrum eines klassischen Call Centers hinaus (vgl. Hätönen/Eriksson 2009). Empirisch lässt sich u.a. nachweisen, dass die Standortwahl beim internationalen Outsourcing von Dienstleistungen eher weniger mit Blick auf Lohnkostenvorteile gefällt wird. Bessere Prädiktoren dieser Entscheidung sind die Qualität des Bildungswesens und kulturelle Ähnlichkeit, d.h. eine geringe kulturelle Distanz zwischen den Standorten des auftraggebenden und des auftragnehmenden Unternehmens (vgl. Bunyartavej et al. 2007).

Dank der wachsenden weltweiten Vernetzung durch das Internet beschaffen auch immer mehr Endverbraucher Dienstleistungen grenzüberschreitend. So soll es in China bereits mehr als 100.000 Profispieler geben, die für 30 US-Cents in der Stunde in Online-Rollenspielen wie *World of Warcraft* ihrem Auftraggeber stellvertretend aus westlichen Industrienationen den Weg zu höheren Spiellevels erkämpfen. Nachhilfelehrer aus Indien, Hong Kong oder Südamerika geben dank preisgünstiger Internet-Telephonie Nachhilfe- bzw. Sprachunterricht. Allein *TutorVista* beschäftigt in Indien, Hong Kong, Singapur und auf den Philippinen etwa 600 Nachhilfelehrer. Weitere Dienstleistungen, die zunehmend international gehandelt werden, sind Hotel- und Restaurantreservierung, Taxiruf und Ähnliches.

Integration des externen Faktors

Zusammen mit der Standortgebundenheit von Dienstleistungen begründet die häufig gegebene Notwendigkeit, den Kunden unmittelbar an dem Leistungsprozess zu beteiligen, die zentrale Randbedingung des Interkulturellen Dienstleistungsmarketing: Angesichts regelmäßiger persönlicher Begegnungen zwischen Kunden und Mitarbeitern mit unterschiedlicher kultureller Prägung kommt zu den üblichen Konfliktursachen (sachlich-rationale und sozial-emotionale Konflikte) bei Dienstleistungen eine dritte Quelle von Interessengegensätzen hinzu: wechselseitige Unkenntnis, interkulturelle Missverständnisse, positive wie negative Vorurteile und unverträgliche Management- und Problemlösungsstile. Für international tätige Dienstleistungsunternehmen bedeutet dies, dass interkulturelle Kompetenz ihrer Mitarbeiter ein unerlässliches Qualifikationsmerkmal ist – mehr noch als für international tätige Industrieunternehmen (vgl. Teil F-5.1).

Kunden, die in den Dienstleistungsprozess integriert werden, erleben mittelbar oder unmittelbar, wie Dienstleistungen „hergestellt" werden. Dass dabei Anbieter (bzw. Produzent) und Nachfrager sich persönlich begegnen, macht aus einer vermeintlich rein ökonomischen Transaktion eine zwischenmenschliche Begegnung. Dies wiederum verleiht der Leistungsbeurteilung eine zusätzliche, besonders sensible Dimension und verändert den Attributionsprozess (vgl. Teil E-5.1.2):

- Ein Kunde, der persönlich erlebt, dass sich der Verkäufer „über seinen Kopf hinweg" mit einem anderen Angestellten über Pläne für das kommende Wochenende unterhält, wird sich missachtet fühlen und das Verkaufslokal selbst dann mehr oder weniger unzufrieden verlassen, wenn es an der eigentlichen Dienstleistung (z.B. Verpacken und Kassieren) nichts auszusetzen gibt.
- Derselbe Kunde ist mit dem Gegenstand seines Kaufs (z.B. MP3-Player) äußerst zufrieden, obwohl die Arbeiter in dem Montagewerk sich gleichfalls über persönliche Dinge unterhielten, während sie die zugelieferten Teile zu dem MP3-Player zusammenfügten.
- Ein Kunde, der unmittelbar erlebt, wie sich der offensichtlich kompetente Service-Mitarbeiter alle erdenkliche Mühe gibt, um die Unwucht der Waschmaschinentrommel zu beheben, wird die Vergeblichkeit seines Einsatzes situativ attribuieren und mit der – letztlich gescheiterten – Dienstleistung weit weniger unzufrieden sein, als es angesichts des objektiv gesehen unbefriedigenden Ergebnisses eigentlich der Fall sein müsste.

2 Standardisierung vs. Differenzierung

2.1 Standardisierbarkeit von Dienstleistungen

Dienstleistungen lassen sich aus vielerlei Gründen weniger leicht standardisieren als Produkte. Da der Kunde zumeist anwesend sein muss, wenn bspw. Friseure oder Sprachlehrer ihre Dienste erbringen, beeinflussen immer wieder nicht vorhersehbare, nur schwer kontrollierbare personale Einflüsse den Leistungsprozess. Nicht zuletzt das kulturbedingt unterschiedliche Verständnis von Servicequalität (vgl. Teil E-3) sorgt immer wieder dafür, dass Dienstleistungen differenziert werden müssen (vgl. z.B. Donthu/Yoo 1998).

Ein weiterer Grund sind divergierende volkswirtschaftliche Rahmenbedingungen. So besteht ein eindeutiger Zusammenhang zwischen der Leistungskraft einer Volkswirtschaft und dem Grad an Regulierung, dem der Dienstleistungssektor unterworfen wird. Da gesetzliche Vorschriften die Unternehmen zur Anpassung zwingen, folgt daraus, dass der Differenzierungsbedarf in zur Regulierung neigenden Entwicklungs- und Schwellenländern größer ist als in den vergleichsweise liberalen und wohlhabenden Industrieländern (vgl. Abb. 124).

Abb. 124: Regulierung der Dienstleistungspolitik in Abhängigkeit vom Bruttoinlandsprodukt

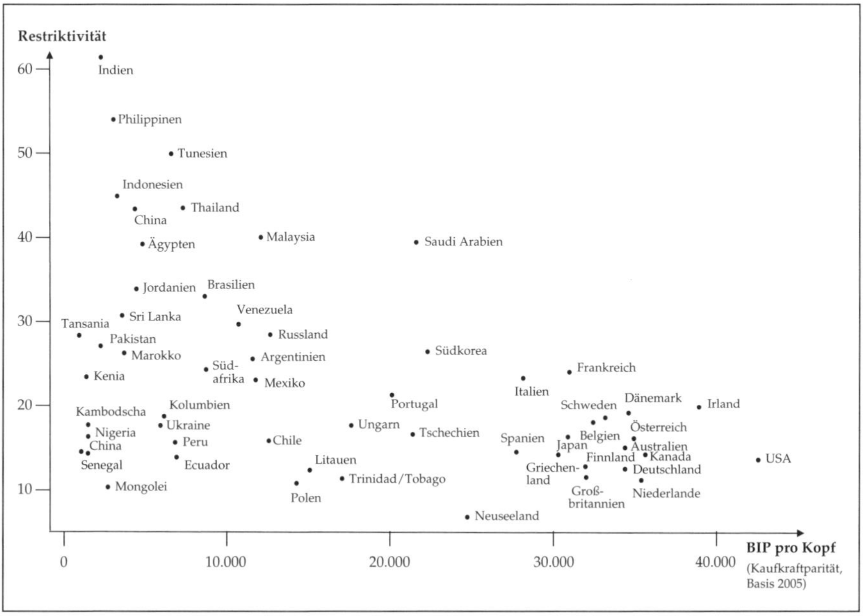

Quelle: Gootiiz/Mattoo (2009).

2.2 Besonderheiten des Einzelhandels

Gemessen am Umsatz stellt der Einzelhandel die wohl wichtigste Dienstleistung dar. Auch dort ist eine weltweite Standardisierung schwierig. Denn in der Mehrzahl der Länder überwiegt noch das traditionelle Einkaufsverhalten, weshalb dort Straßenmärkte und kleine Nachbarschaftsläden nach wie vor bedeutsam sind. In China bspw. ist bislang lediglich ein Drittel der Bevölkerung durch moderne Vertriebsformen überhaupt erreichbar: die städtische Bevölkerung, die in den Zentren an der Ostküste lebt. Hinzu kommt, dass viele Chinesen – wie andere Menschen in weniger entwickelten Ländern auch – durchschnittlich ca. 30 % ihres Einkommens dafür aufwenden müssen, um ihren Bedarf an Lebensmitteln zu decken. Zum Vergleich: In Deutschland liegt deren Anteil an den gesamten Lebenshaltungskosten bei 10 %. Auch dies setzt einer weitgehenden Standardisierung enge Grenzen.

Aber selbst zwischen vergleichbar entwickelten Industrieländern bestehen im Einzelhandel große strukturelle Unterschiede (z.B. hinsichtlich der Anzahl an Geschäften, Verkaufsfläche, Pro-Kopf-Umsatz; vgl. Tab. 103). Amerikaner etwa kaufen vorzugsweise in wenigen (fünf je 1.000 Einwohner), aber ungewöhnlich großen Einkaufszentren ein (drei m² Verkaufsfläche je Einwohner). Britischen und französischen Konsumenten hingegen steht bei gleicher Anzahl an Geschäften spürbar weniger Verkaufsfläche zur Verfügung. Dies tut ihrer Kauffreude allerdings keinen Abbruch. Denn der Pro-Kopf-Umsatz ist in diesen drei Ländermärkten vergleichbar. Japan wiederum weist eine ganz andere Einzelhandelsstruktur auf. Dort setzt der Handel mit rund 10.000 $ pro Kopf und Jahr am meisten um, aber in vielen kleinen Läden (elf pro 1.000 Einwohner).

Tab. 103: Strukturdaten des europäischen Einzelhandels (2013)

	Einwohner (in Mio.)	BIP je Einwohner (in €)	Privater Konsum je Einwohner (in €)	Marktanteil TOP 5 im LEH (Food-Umsatz, in %)
Belgien	10,8	34.171	18.367	75,1
Bulgarien	7,4	5.436	3.531	–
Dänemark	5,6	44.125	21.986	81,7
Deutschland	80,2	33.343	19.141	62,1
Finnland	5,4	37.018	20.436	81,3
Frankreich	63,8	31.330	17.752	61,6
Griechenland	11,5	17.938	11.743	57,4
Großbritannien	63,3	30.000	20.415	50,9
Irland	4,6	32.500	17.110	56,4
Island	0,3	34.496	18.765	–
Italien	61,1	25.554	16.149	34,8
Kroatien	4,4	10.140	6.205	–
Luxemburg	0,5	82.729	25.797	70,4
Niederlande	16,8	35.900	17.236	59,1
Norwegen	5,0	75.998	31.131	82,2
Österreich	8,4	38.050	20.504	69,6
Polen	38,3	10.000	6.262	26,6
Portugal	10,7	16.266	10.585	63,0
Rumänien	21,3	6.551	4.474	26,8
Russland	142,6	11.227	4.663	32,9
Schweden	9,6	46.673	21.208	77,6
Schweiz	7,8	61.609	34.686	64,7
Slowakei	5,5	12.057	7.710	51,2
Slowenien	2,0	17.128	9.499	-
Spanien	47,0	22.772	13.099	54,6
Tschechien	10,6	14.547	7.421	44,8
Türkei	75,4	8.193	5.813	-
Ukraine	44,7	2.969	1.987	31,4
Ungarn	10,0	10.168	5.354	62,1
Zypern	1,1	19.400	14.285	–

Quelle: METRO-Handelslexikon 2014/2015, S. 104, 120.

2.2 Besonderheiten des Einzelhandels

Ausgangs des vergangenen Jahrhunderts zogen Greipl et al. (1999) aus den damals vorliegenden Strukturdaten den Schluss, dass der Einzelhandel vergleichsweise wenig globalisiert ist. An dieser Einschätzung hat sich bis heute wenig geändert. Während bei Industrieunternehmen Auslandsquoten von 70 oder 80% keine Seltenheit sind und z.b. *Siemens* in mehr als 190 Ländern vertreten ist, erreicht kein Handelsunternehmen vergleichbare Werte (vgl. Tab. 104). Der am stärksten globalisierte Anbieter, die *Metro Group*, erwirtschaftet zwar immerhin etwa 60% ihres Umsatzes auf Märkten außerhalb Deutschlands. Aber der gemittelte Auslandsumsatz der 250 führenden Handelsunternehmen liegt noch immer unter 25%. Deshalb und weil die wenigen Global Player selbst in den Triade-Märkten nur ausnahmsweise direkt miteinander konkurrieren, kann von einer umfassenden Globalisierung des Handels nach wie vor nicht die Rede sein.

Tab. 104: Internationalisierungsgrad führender Handelsunternehmen: Umsatz Lebensmittelhandel in Mrd. € & Anzahl Auslandsmärkte

	Gesamt	West-europa	Ost-europa	NAFTA	Latein-/ Süd-amerika	Asien	Ozea-nien	Mittlerer Osten/ Afrika	Auslands-märkte (gesamt)
METRO-Group (D)	68,0	13	13	–	–	5	–	1	32
Schwarz-Gruppe (D)	55,3	16	9	–	–	–	–	–	25
Carrefour (F)	87,0	5	6	–	3	6	–	–	20
Aldi (D)	44,9	12	4	1	–	–	1	–	18
Wal-Mart (USA)	276,6	1	–	3	9	3	–	–	16
REWE-Group (D)	49,8	5	9	–	–	–	–	–	14
Tesco (GB)	68,2	2	5	1	–	5	–	–	13

Quelle: METRO-Handelslexikon 2009/2010, S. 80 f.

Mehr als ungenügender Auslandsorientierung des Managements oder geringem Internationalisierungsdruck ist diese Zurückhaltung der Handelsunternehmen der Kulturspezifität von Verbraucherverhalten und Distributionskanälen geschuldet. Dem musste auch *Wal-Mart* Tribut zollen. Der im Geschäftsjahr 2012/13 mit einem Umsatz von 466,1 Mrd. US-$ weltweit größte Handelskonzern scheiterte aufgrund seiner Standardisierungsphilosophie bspw. auf dem besonders schwierigen deutschen Markt bislang ebenso wie renommierte britische und französische Handelsunternehmen (vgl. Pioch et al. 2009; Knorr/Arndt 2003). Umgekehrt gilt der amerikanische Markt als der „Friedhof des europäischen Einzelhandels". Selbst andernorts erfolgreiche Akteure wie *Casino*, *Carrefour* oder *Marks & Spencer* mussten dort Lehrgeld bezahlen (vgl. Grol/Schoch 2000, S.K4).

Um die Gefahr von Fehleinschätzungen zu minimieren, fällen international tätige Handelsunternehmen Entscheidungen zumeist auf lokaler Ebene. Lediglich das Management der Eigenmarken ist nach Einschätzung der von *McKinsey* befragten Konsumgüterhersteller – d.h. der Lieferanten der Händler – zumeist der Zentrale vorbehalten (vgl. Abb. 125).

Abb. 125: Entscheidungsfindung internationaler Handelsunternehmen (in %)

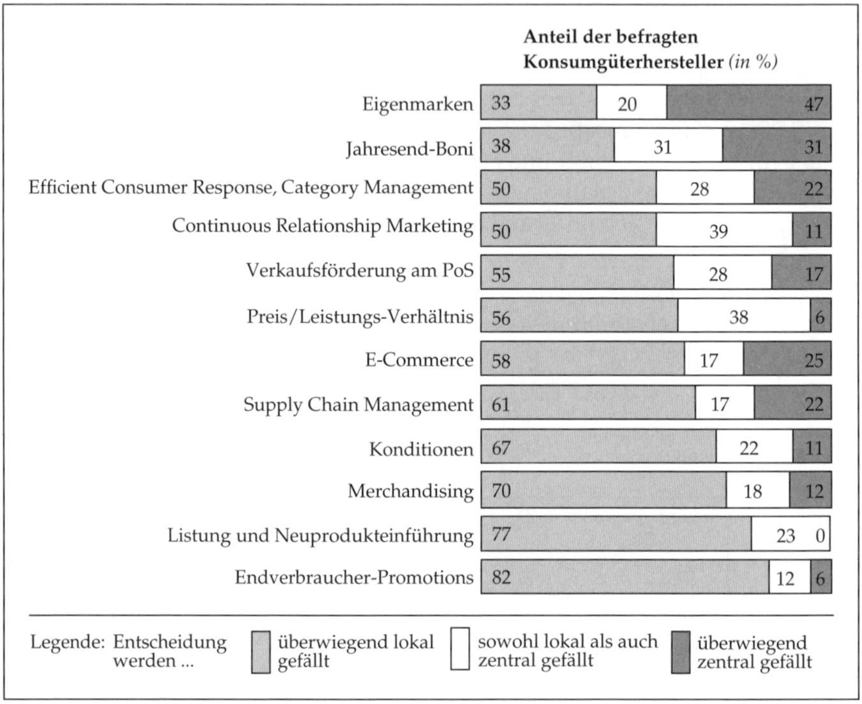

	Anteil der befragten Konsumgüterhersteller (in %)		
Eigenmarken	33	20	47
Jahresend-Boni	38	31	31
Efficient Consumer Response, Category Management	50	28	22
Continuous Relationship Marketing	50	39	11
Verkaufsförderung am PoS	55	28	17
Preis/Leistungs-Verhältnis	56	38	6
E-Commerce	58	17	25
Supply Chain Management	61	17	22
Konditionen	67	22	11
Merchandising	70	18	12
Listung und Neuprodukteinführung	77	23	0
Endverbraucher-Promotions	82	12	6

Legende: Entscheidung werden ... | überwiegend lokal gefällt | sowohl lokal als auch zentral gefällt | überwiegend zentral gefällt

Quelle: Carr/Barrenstein (2000, S. 27).

Angesichts der ausgeprägten Kulturspezifität der historisch gewachsenen Distributionssysteme fiel es selbst *Aldi* und den anderen, in ihrem Heimatmarkt so erfolgreichen deutschen Harddiscountern (z.B. *Lidl*) lange Zeit schwer, mit ihren weitestgehend standardisierten Konzepten ausländische Märkte zu erschließen. Im Falle des britischen Marktes verhinderten nicht zuletzt Selbstüberschätzung und Kulturignoranz einen nachhaltigen Erfolg. Für eine Trendwende sorgte paradoxerweise die durch die Finanzkrise ausgelöste Wirtschaftskrise. Sie „trieb" auch die bislang skeptische und nun zunehmend verarmte Mittelschicht in die *Aldi*-Filialen.

> **Verlierer und ...**
>
> „Wie praktisch alle Händler glauben auch die *Aldi*-Brüder, dass ihr Erfolg in Deutschland eine Frage der Beherrschung von Prozessen sei. Sie beherrschen die Prozesse der Beschaffung, des Sortimentsmanagements, der Logistik, der Filialsteuerung etc. eben besser als andere. Aber dass diese Kompetenzunterschiede ausreichen, Profitabilitätsunterschiede von fünf Prozent oder mehr zu erklären, kann bezweifelt werden. Denn dabei gerät das Konsumentenverhalten völlig aus dem Blickfeld. [...] In Großbritannien genießt *Aldi* nicht den Kultstatus und den klassenlosen Appeal wie in Deutschland. Britische Konsumenten glauben erstens dem Discounter einfach nicht, dass seine Artikel das Qualitätsniveau von Markenartikeln haben,

und zweitens haben die Engländer Sparen noch nicht zum Nationalsport erklärt. Deshalb bleibt der gesamte Discount auf die Unterschicht beschränkt. *Aldi* hat diese Positionierung als Geschäft für arme Leute im Übrigen bewusst durch die Standortpolitik forciert, indem man die Standorte gezielt in sozialen Problemlagen anlegte. Arme Leute aber kaufen – ein altes, international zu beobachtendes Phänomen – gerade nicht billige Handelsmarken, weil sie durch den Kauf von Markenartikeln den Eindruck von Armut vermeiden wollen. Die Mittel- und Oberschicht wiederum kauft nicht bei *Aldi*, weil sie es ‚nicht nötig' hat, in einem Billigladen einzukaufen. Der Brite besitzt ein ausgesprochenes Klassenbewusstsein" (Roeb 2003, S. 36).

... Gewinner: Aldi & Lidl in Großbritannien

„Großbritannien trudelt wegen der Finanzkrise, abstürzender Häuserpreise und der hohen Verschuldung der privaten Haushalte in die schlimmste Rezession seit Anfang der Neunzigerjahre des vergangenen Jahrhunderts. Die Arbeitslosigkeit steigt, die Verbraucher halten die Geldbörse zu. Hinter den Ladentheken herrscht Panik. Mit Sonderangeboten und langen Öffnungszeiten versuchen die Händler, ihr Weihnachtsgeschäft zu retten. Doch die Pleite der Traditionskette *Woolworth* hat die Stimmung weiter eingetrübt. Der Kollaps von *Woolies* war für die Briten ein ähnlicher Schock wie die Pleite von *Lehman Brothers* für die Finanzmärkte. Dabei hatte die Billigkette, die etwa Haushaltswaren und Kinderkleidung im Sortiment führte, schon seit Jahren gegen den Niedergang angekämpft. Krisengewinnler sind *Aldi* und *Lidl*. Bisher kauften dort vor allem osteuropäische Immigranten und weniger betuchte Briten. Heute ziehen die schlichten Märkte mit ihrem Niedrigpreisangebot auch Kunden aus höheren Einkommens- und Bildungsschichten an. Zugleich schaffen es die Deutschen, ihr Arme-Leute-Image aufzupeppen. Im Foyer der *Lidl*-Zentrale im Londoner Nobelvorort Wimbledon hängt eingerahmt der *Value for Money Award 2008*, ein Preis der Verbraucherschutzorganisation *Which*, mit dem *Lidl* ausgezeichnet wurde. Auf Platz zwei: *Aldi*. In drei Monaten wanderten 10 Mio. £ Umsatz von *Tesco* zu *Aldi*. Im Vergleich zum Branchenprimus *Tesco*, der fast ein Drittel des Marktes beherrscht, sind *Aldi* und *Lidl* mit einem gemeinsamen Marktanteil von 5 % zwar nach wie vor Zwerge, aber solche, die dem Riesen zu schaffen machen" (Esterhazy 2008).

Aussicht auf Erfolg bietet Standardisierung im Handelsbereich vornehmlich dann, wenn Produkte bzw. Dienstleistungen als Franchisesystem vertrieben werden können (vgl. Teil F-3.4.3.2). Tatsächlich favorisieren viele Unternehmen diese Markteintrittsstrategie. Mit Franchising erschloss der Handel vor allem in der ersten Phase der Internationalisierung fremde Märkte, und noch heute bevorzugen u.a. *Benetton, Body-Shop* und *Obi* diese vergleichsweise risikoarme Strategie (vgl. Doherty 2007; Quinn/Alexander 2002). Auch kleinere Handelsunternehmen, wie die in Meckenheim bei Bonn ansässige *TeeGschwendner GmbH*, expandierten mithilfe von derzeit etwa 125 Franchisenehmern international. Nachdem der „Teeladen" den deutschsprachigen Raum (Deutschland, Österreich, Schweiz und Luxemburg) erschlossen hatte, folgten ab 2005 Brasilien, Kuwait, Saudi-Arabien und die USA.

Gripsrud/Benito (2005) analysierten die Internationalisierungspfade britischer Handelsunternehmen und beobachteten einen deutlichen Zeiteffekt: Den ersten vier Eintritten in ausländische Märkte war umso weniger Erfolg beschieden, je größer die kulturelle Distanz. Im weiteren Verlauf ihrer Internationalisierung, d.h. mit wachsender Auslandserfahrung, verschwand dann der negative Zusammenhang zwischen den Variablen „kulturelle Distanz" und „Erfolg des Markteintritts". *Gripsrud & Benito* erklärten dies u.a. mit der im Zeitverlauf erworbenen profunderen Marktkenntnis und der deshalb verbesserten Fähigkeit, erfolgversprechende Anpassungsstrategien zu entwickeln.

3 Servicequalität

3.1 Überblick

Aufgrund der genannten Besonderheiten (insb. Immaterialität, Mitwirkung des Kunden am Leistungsprozess) ist es äußerst schwierig, die Qualität von Dienstleistungen objektiv zu erfassen. Ob durch ...
- Expertenurteile (speziell geschulte Personen beobachten den Dienstleistungsprozess und analysieren das Verhalten von Kunden und Mitarbeitern),
- Dienstleistungstests (z.B. Bewertung von Vermögensbildungsangeboten durch die *Stiftung Warentest*) oder
- Mystery Shopping (z.B. anonyme Überprüfung von Autowerkstätten durch den *ADAC):*

Immer wird versucht einzuschätzen, ob eine Dienstleistung einige objektive, vorab festgelegte Kriterien erfüllt (z.B. „Informiert der Anbieter die Kunden in nachvollziehbarer und juristisch korrekter Weise über sein Rücktrittsrecht?"; vgl. Holbrock/Corfman 1985, S. 33). Dieses Qualitätsverständnis vermag das für die Anbieter/Nachfrager-Beziehung letztlich entscheidende Qualitätserleben jedoch nur teilweise abzubilden (vgl. Grönroos 2001; 1984). Um auch und gerade dessen subjektiven Anteile erfassen zu können, wurde eine Vielzahl von Messverfahren entwickelt, in deren Mittelpunkt die von den Kunden wahrgenommene Dienstleistungsqualität steht (vgl. Tab. 105).

Tab. 105: Subjektive Maße von Servicequalität

Merkmalsorientierte Verfahren	Ereignisorientierte Verfahren	Problemorientierte Verfahren
• Einfache Kundenbefragung • Multiattributive Verfahren (z.B. SERVQUAL) • Conjoint-Analyse • Vignette-Methode • Penalty-Reward-Faktoren-Ansatz	• Sequenzielle Ereignismethode • Critical-Incident-Technik	• Frequenz-Relevanzanalyse • Beschwerdeanalysen • Web 2.0-Analyse

Quelle: Bruhn (2013, S. 59).

Das subjektive Messverfahren, das trotz aller Kritik am häufigsten eingesetzt und diskutiert wird, ist der SERVice-QUALity-Ansatz: *SERVQUAL* (vgl. Parasuraman et al. 1988; 1985). Er steht deshalb auch im Mittelpunkt der folgenden Ausführungen.

3.2 Wahrgenommene Servicequalität

Vergleichen Kunden die von ihnen erwartete mit der „tatsächlichen", d.h. der von ihnen erlebten Leistung, dann empfinden sie gemäß dem Confirmation/Disconfirmation-Paradigma Zufriedenheit bzw. Unzufriedenheit (vgl. Oliver 1997).

3.2 Wahrgenommene Servicequalität 407

- Confirmation: Die erlebte entspricht der erwarteten Serviceleistung.
- Positive Disconfirmation: Die erlebte ist besser als die erwartete Serviceleistung.
- Negative Disconfirmation: Die erlebte ist schlechter als die erwartete Serviceleistung.

Parasuraman et al. (1985) definierten im Rahmen einer qualitativen Studie (Fokusgruppen und Tiefeninterviews) zehn Dimensionen von Dienstleistungsqualität. Nach der empirischen Evaluation des Ansatzes (vgl. Parasuraman et al. 1994; 1993, 1991) reduzierten sie diesen auf fünf Qualitätsdimensionen:
- Zuverlässigkeit (‚reliablility' = korrekte und verlässliche Ausführung der Dienstleistung),
- Reaktionsfähigkeit (‚responsiveness' = schnelle und aktive Reaktion auf Kundenwünsche),
- Kompetenz (‚assurance' = Höflichkeit, sicheres Auftreten, Fähigkeit),
- Einfühlungsvermögen (‚empathy' = Mitgefühl der Servicemitarbeiter),
- physisches Umfeld (‚tangibles' = äußeres Erscheinungsbild des Unternehmens, der Mitarbeiter).

SERVQUAL (vgl. Abb. 126) ist im C/D-Paradigma verwurzelt. Denn 22 Items des zugehörigen Fragebogens erfassen die „So ist es-Komponente" (d.h. die subjektive Wahrnehmung einer Dienstleistung durch die Kunden) und 22 Items die entsprechenden Erwartungen („so sollte es sein"). Beurteilt werden die der jeweiligen Dienstleistung anzupassenden Statements anhand einer siebenstufigen Ratingskala mit den Antwortspektrum „1 = lehne völlig ab" bis „7 = stimme völlig zu".

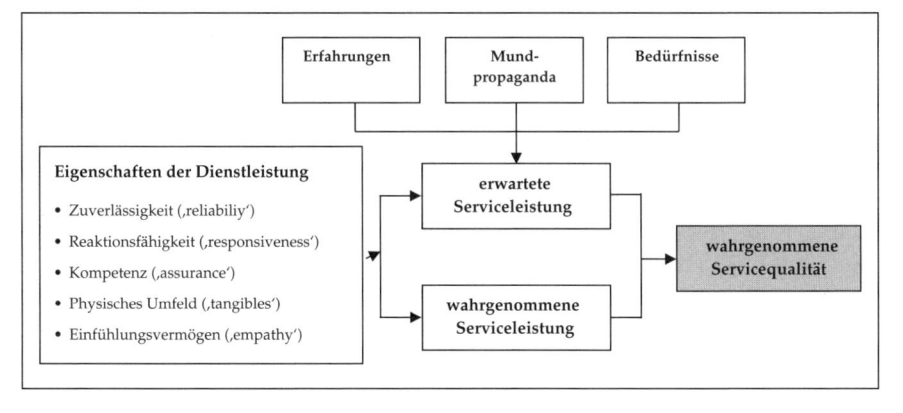

Abb. 126: Struktur des SERVQUAL-Ansatzes

Kritische Anmerkungen zum SERVQUAL-Ansatz (z.B. Ladhari 2009; Hentschel 2000; Buttle 1996; Cronin et al. 1994; Brown et al. 1993; Peter et al. 1993) konzentrieren sich auf die ...
- Gefahr der Anspruchsinflation durch die „So sollte es sein-Fragen" und deren Mehrdeutigkeit (Mindestniveau oder ideales Niveau?),

- Reliabilitätsproblematik bei der Bildung von Differenzwerten,
- Gültigkeit des Messmodells (Wie realistisch ist es, dass Kunden Servicequalität als „Wahrnehmungs-Erwartungsdiskrepanz" erleben?),
- Kontextabhängigkeit und nicht gegebene Universalität der fünf Dimensionen,
- mangelnde Trennschärfe verschiedener Items.

3.3 Kulturelles Umfeld & wahrgenommene Servicequalität

Seit Ende der 1990er-Jahre analysieren Wissenschaftler verstärkt den Zusammenhang zwischen der kulturellen Zugehörigkeit der Kunden und der von ihnen wahrgenommenen Dienstleistungsqualität (vgl. Barker/Härtel 2004; Younghahl et al. 2003). So haben Angehörige verschiedener Kulturen unterschiedliche Erwartungen mit Blick auf die Qualität einer Dienstleistung (z.B. Zuverlässigkeit des Service). Auch unterscheiden sie sich in ihrem Glauben an die Kontrollierbarkeit des Dienstleitungsprozesses, was bspw. den Umgang mit Servicefehlern beeinflusst.

3.3.1 Erwartungen & Bedürfnisse

Erwartungen beeinflussen unmittelbar die Zufriedenheit der Kunden. Dies erklärt u.a., warum Besucher eines einfachen Restaurants (bspw. eines Fast Food-Restaurants) zufriedener sein können als Besucher eines exklusiven Sternerestaurants.

Reaktionsfähigkeit & Zuverlässigkeit

Angehörige von maskulinen Kulturen legen besonderen Wert auf die Reaktionsfähigkeit des Anbieters (z.B. Wartezeit am Verkaufsschalter). Und wer kulturbedingt Machtdistanz akzeptiert, erwartet nicht nur qualitativ hochwertige Dienstleistungen, sondern achtet im selben Maße auch auf die Schnelligkeit und Zuverlässigkeit des Dienstleistungsanbieters (vgl. Donthu/Yoo 1998). Bezieht man allerdings die soziale Stellung der Befragten und des Dienstleisters in die Analyse ein, dann zeigt sich: Angehörige von machtdistanten Gesellschaften (China, Korea, Singapur), die selbst einen eher geringen sozialen Status haben, tolerieren mit größerer Wahrscheinlichkeit Fehler eines mächtigen Dienstleisters als Angehörige von Gesellschaften, die Machtdistanz ablehnen (Schweiz, USA; vgl. Furrer et al. 2000).

Kanadischen Supermarktkunden ist die zeitliche Dimension des Dienstleistungsprozesses (= Reaktionsfähigkeit) besonders wichtig. Espinoza (1999) erklärt dies mit dem Stellenwert, den Pünktlichkeit, Termintreue etc. für Angehörige einer monochronen Kultur haben. Die in dieser SERVQUAL-Studie gleichfalls befragten Peruaner repräsentieren den polychronen Kulturtypus. Ihnen waren die ‚tangibles', d.h. das äußere Erscheinungsbild der Supermärkte, besonders wichtig. Denn im polychronen Kulturraum wird relativ mehr Wert auf Beziehungsqualität als auf Aufgabenerfüllung gelegt.

3.3 Kulturelles Umfeld & wahrgenommene Servicequalität

Physisches Umfeld

Unsicherheitsaverse Kunden erwarten kompetente, reaktionsschnelle Servicemitarbeiter (Kompetenz & Reaktionsfähigkeit), nicht jedoch ein angenehmes Umfeld des Dienstleistungsprozesses (vgl. Tab. 106). Furrer et al. (2000) bieten hierfür folgende Erklärung an: Unsicherheitsaverse nehmen keinen Zusammenhang zwischen der Ausstattung eines Dienstleisters und der Wahrscheinlichkeit von Servicefehlern wahr.

Tab. 106: Landeskultur & Wichtigkeit von SERVQUAL-Dimensionen

	Akzeptanz von Machtdistanz	Individualismus	Maskulinität	Unsicherheitsvermeidung	Langfristorientierung
Zuverlässigkeit	.228**	.094	–.067	.178**	.145*
Reaktionsfähigkeit	–.199**	.113*	–.212**	.233**	.181**
Kompetenz	.135*	–.192**	–.043	.215**	–.175**
Physisches Umfeld	.215**	.183**	.134*	–.350**	–.113*
Einfühlungsvermögen	–.096	-.170**	.067	.187**	.060
Legende: * p<.05 **p<.01					

Quelle: Furrer et al. (2000, S. 368).

Höflichkeit & Freundlichkeit

Winsted (1999) erfragte von 593 amerikanischen und 645 japanischen Studenten, worauf sie bei einem Restaurantbesuch Wert legen. Zu beurteilen waren acht Dienstleistungsdimensionen. Kulturübergreifend scheint das Bedürfnis, höflich bedient zu werden, Vorrang zu haben. Die befragten Amerikaner erwarten von einem Dienstleistungsanbieter zudem Freundlichkeit. Dieses Qualitätsmerkmal einer Dienstleistung unterscheidet sich von der eher förmlichen Höflichkeit durch stärkere Emotionalität und Individualität. In besonderem Maße bemerkenswert aber ist die kulturspezifische Funktion der Dienstleistungsdimensionen „Personalisierung" und „Formalität". Von Personalisierung einer Dienstleistung spricht man in Anlehnung an Parasuraman et al. (1988), wenn die Kunden individuell Aufmerksamkeit erfahren. Formalität hingegen drückt aus, ob die Dienstleistungsanbieter die angemessene soziale Distanz zum Kunden (vgl. Goodwin/ Frame 1989) sowie die im ⇒ Skript vorgegebenen Rollen und Rituale einhalten (vgl. Schank/Abelson 1977). Erwartungsgemäß legen die individualistischen Amerikaner signifikant mehr Wert auf personalisierte Restaurantdienstleistungen und weniger auf Formalität als die kollektivistische Vergleichsgruppe der Japaner (vgl. Abb. 127). Konkret bedeutet dies, dass es amerikanischen Kunden (als Repräsentanten des individualistischen Kundentypus) vor allem wichtig ist, vom Anbieter namentlich begrüßt zu werden und im Small Talk erfahren zu können, dass der Dienstleister sich an sie erinnert. Japaner hingegen legen mehr Wert auf Höflichkeit sowie auf die Beachtung formaler Regeln im Umgang miteinander (z.B. korrekte Verwendung von Titeln, Reihenfolge der Begrüßung).

Abb. 127: Wichtigkeit verschiedener Facetten von Restaurantdienstleistungen

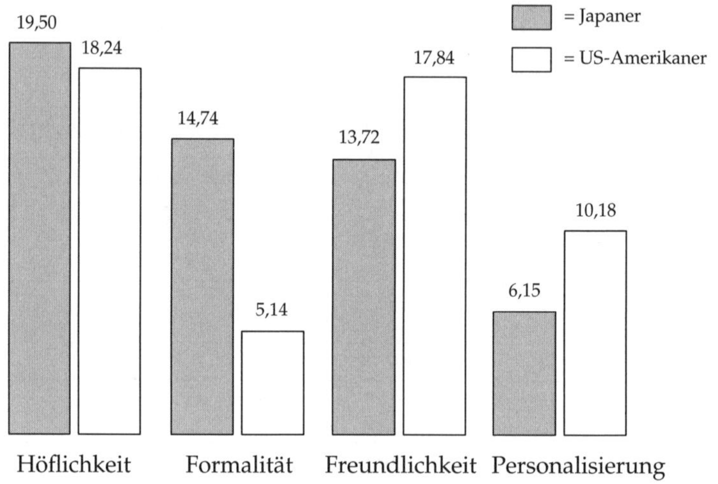

	Japaner	US-Amerikaner
Höflichkeit	19,50	18,24
Formalität	14,74	5,14
Freundlichkeit	13,72	17,84
Personalisierung	6,15	10,18

Anmerkung: jeweils signifikante Mittelwertunterschiede (arithmetisches Mittel der standardisierten und zur Eliminierung von Antworttendenzen ipsatierten Messwerte).

Quelle: auf Basis von Winsted (1999, S. 116).

Wartezeit

In Nordamerika, Nord- und Mitteleuropa herrscht das monochrone Zeitempfinden vor (vgl. Hall/Hall 1990, S. 13). In diesen sog. M-Time-Kulturen (= monochron) wird Dienstleistungsqualität überwiegend anhand von Zeitkriterien beurteilt (z.B. Termintreue von Lieferungen, Wartezeit). Empirisch lässt sich nachweisen, dass im internationalen Vergleich beträchtliche Unterschiede bestehen: So warten deutsche Patienten im Wartezimmer wesentlich länger als amerikanische Vergleichspersonen, bis sie zum Arzt vorgelassen werden (vgl. Donelan et al. 1996). Dies ist insofern bemerkenswert, als in zeitgeizigen Kulturen selbst kleinere Wartezeiten die Kundenzufriedenheit nachhaltig beeinträchtigen (vgl. Martin-Cejas 2006; Lee/Lambert 2000). Auch neigen Angehörige von M-Time-Kulturen dazu, die Dauer der Wartezeit zu überschätzen (vgl. Katz et al. 1991; Hornik 1984). Der amerikanische Einzelhandel versuchte deshalb, die subjektive Wartezeit durch Monitore, die oberhalb der Kassen angebracht und auf eine durchschnittliche Wartezeit von 7,5 Minuten eingestellt waren, zu verkürzen (vgl. Stauss 1991, S. 89). In P-Time-Kulturen (= Länder mit polychronem sozialem Tempo) wird Wartezeit hingegen im Regelfall nicht mit „verlorener Zeit" gleichgesetzt.

Deutschen, Franzosen, Briten und anderen Angehörigen des individualistischen Kulturraumes ist die Zeiteffizienz von Transaktionen (z.B. Einkaufen,

Bahnfahrt) zumeist wichtiger als das Transaktionsklima. Im kollektivistischen Kulturraum (hauptsächlich in Afrika, Asien, dem Mittleren Osten und in Südamerika) ist hingegen auch bei ökonomischen Transaktionen der soziale Kontext wichtig. Dies hat u.a. zur Folge, dass dort Dienstleistungsprozesse mehr Zeit benötigen als in den zeitgeizigen westlichen Industrienationen (vgl. Brislin/ Kim 2003).

Standesbewusstsein & Rollenverständnis

Menschen, die einer machtdistanten Gesellschaft entstammen und in der sozialen Hierarchie weit oben stehen, betrachten es als Affront, wenn alle Kunden mehr oder minder gleich behandelt werden. Und wer in einer maskulinen Gesellschaft sozialisiert wurde und von einem Mann bedient wird, neigt aufgrund seines im Regelfall traditionellen Rollenverständnisses dazu, dies als höchst irritierend zu empfinden (vgl. Stauss 1999, S. 294).

3.3.2 Kontrollüberzeugung & Kontrollierbarkeit der Situation

Ist der Server eines sozialen Netzwerkes plötzlich nicht erreichbar, verzögert sich ein Anschlussflug auf unbestimmte Zeit oder scheint die Telefonwarteschleife keine Ende zu nehmen: Bei derartigen Servicefehlern beschleicht viele Kunden das Gefühl, die Kontrolle zu verlieren. Dieser Zustand wird als sehr unangenehm empfunden. Wahrgenommener Kontrollverlust – wie auch die Reaktionen darauf (insb. die wahrgenommene Dienstleistungsqualität) – variieren jedoch interkulturell, und zwar unabhängig von der objektiven Natur und Dauer des Fehlers. So erleben Kanadier, denen mangelhafte Dienstleistungen angeboten werden, diesen Zustand weitaus stärker und sind eher wechselbereit als Chinesen (vgl. Poon et al. 2004). Denn Angehörige des angelsächsischen Kulturraumes zeichnen sich durch eine überdurchschnittliche Kontrollüberzeugung aus: Sie möchten ihre Umwelt gerne kontrollieren und glauben auch, dass dies prinzipiell möglich ist. Wenn nun eine Situation eintritt, in der ihnen die Kontrolle entgleitet und sie nichts tun können, dann empfinden sie dies als ausgesprochen unangenehm.

Trompenaars (1993) hat für eine Reihe von Ländern den Anteil an Personen ermittelt, die davon überzeugt sind, ihr Schicksal selbst kontrollieren zu können. Zwischen der so gemessenen Kontrollüberzeugung und der Kulturdimension „Vermeidung von Ungewissheit" besteht ein signifikanter, allerdings nichtlinearer Zusammenhang ($r^2 = 0{,}35$). Dies bedeutet (vgl. Abb. 128):

- Sowohl Angehörige von Gesellschaften, die Ungewissheit akzeptieren (z.B. Singapur, Hong Kong, Schweden), als auch „Ungewissheitsmeider" wie Portugiesen, Griechen oder Japaner haben häufiger den Eindruck, ihre Lebensumstände nicht kontrollieren zu können. Im Extremfall führt schwache Kontrollüberzeugung zu subjektiv erlebtem Kontrollverlust. Erklären lässt sich dieser Zusammenhang mit der ⇒ Theorie der gelernten Hilfosigkeit" (vgl. Seligman 1975).
- Eine starke Kontrollüberzeugung hingegen scheint mit einer moderaten Tendenz, Ungewissheit zu meiden, einherzugehen (z.B. USA, Kanada, Schweiz,

Pakistan). Wenn man bedenkt, dass es sich dabei jeweils um Länder handelt, in denen die evangelisch-reformierten Kirchen großen Einfluss hatten (indirekt, durch die Kolonialmacht Großbritannien auch in den Commonwealth-Ländern Indien und Pakistan), liegt die Vermutung nahe, dass dieser Zusammenhang vom Einfluss der in einer Gesellschaft dominanten Religion und der von ihr vermittelten Tugenden moderiert wird (bspw. dem Arbeitsethos). Der Calvinismus etwa lehrt, dass der Mensch durch „harte Arbeit" sein Leben meistern kann. Nicht umsonst gehört in den USA, wo diese Form des Protestantismus stark verwurzelt ist, der „Vom Tellerwäscher zum Millionär-Mythos" zur nationalen Identität. Andere Religionen fördern hingegen eher Fatalismus. So verkörpern im Buddhismus Bescheidenheit und Askese höchste Erfüllung. Auch im klassischen Hinduismus spielt Enthaltsamkeit eine zentrale Rolle.

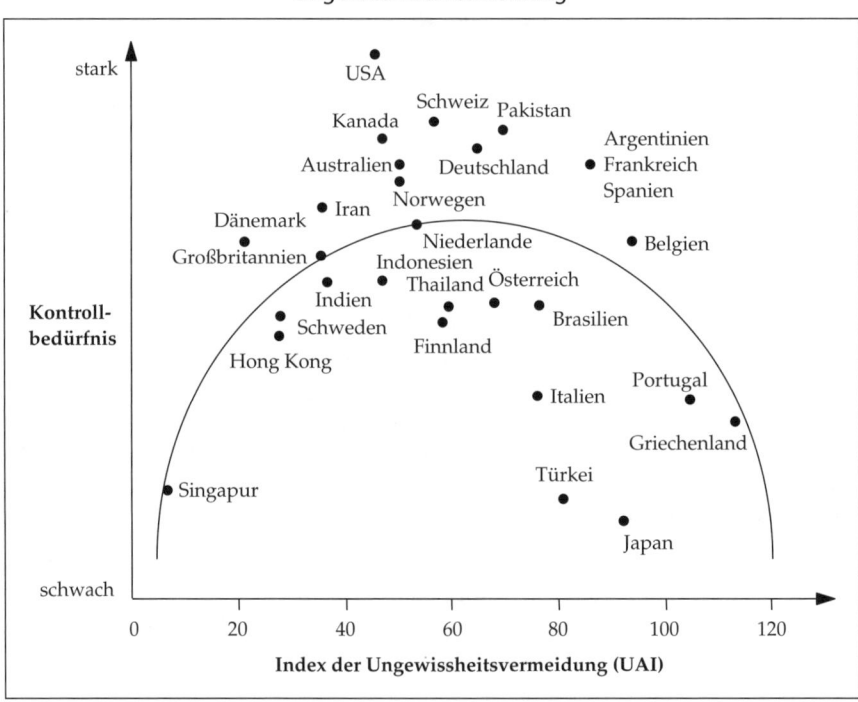

Abb. 128: Ausmaß der Kontrollüberzeugung & Streben nach Ungewissheitsvermeidung

Die Kontrollüberzeugung interagiert auch mit den Attributionen der Kunden, d.h. damit, wen sie einen Fehler für verantwortlich halten (vgl. auch Teil E-5.1.2). Sind Kunden davon überzeugt, dass der Anbieter einen Servicefehler leicht hätte vermeiden können, dann sind sie mit dessen Dienstleistung überdurchschnittlich unzufrieden. Ist hingegen nicht offensichtlich, wer dafür verantwortlich ist, dann fallen die Zufriedenheitsurteile weniger negativ aus (vgl. Choi/Mattila 2008).

3.4 Servicequalität & Kundenzufriedenheit

Die wahrgenommene Servicequalität ist ein starker Indikator dafür, wie zufrieden die Kunden mit der Dienstleistung insgesamt sind. Im Geschäftskundenbereich (B-to-B) wird die Beziehung „wahrgenommene Servicequalität – Kundenzufriedenheit" durch die Kulturdimension Unsicherheitsvermeidung moderiert (vgl. Reimann et al. 2008). Dies bedeutet: Je mehr Kunden kulturbedingt zu Ungewissheitsvermeidung neigen, desto unzufriedener sind sie im Falle schlechter Servicequalität. So äußerten Spanier (UAI = 86) signifikant höhere Unzufriedenheit, wenn sie ihre Erwartungen nicht erfüllt sahen, als deutsche (UAI = 65) und schwedische Kunden (UAI = 29).

Wie die individuelle Erfassung der Ausprägung dieser Kulturdimension in dem jeweiligen Herkunftsland auf einer dreistufigen Ratingskala ergab (1 = schwache Tendenz zur Ungewissheitsvermeidung, 3 = starke Tendenz zur Ungewissheitsvermeidung), schätzten die Probanden ihre Landeskultur in etwa so ein, wie G. *Hofstede* sie eingestuft hat (Spanien = 2,51, Deutschland = 2,11, Schweden = 1,29). Die Wissenschaftler vermuten, dass das Streben, Ungewissheit zu vermeiden, mit einer geringen Toleranzbereitschaft einhergeht, mit der Folge, dass bereits vergleichsweise geringfügige Abweichungen vom Erwarteten als Mangel empfunden werden. Der Schlüsselbegriff lautet „Toleranzzone": „A tolerance zone can be defined as a range of service performance that a customer considers satisfactory" (Reimann et al. 2008, S. 64).

4 Bereitschaft zur Belohnung von Dienstleistungen

4.1 Überblick

Gute Servicequalität honorieren Kunden oft mit Trinkgeld. Hierfür gibt es ein universelles Motiv: In den meisten Fällen geht es darum, die Reziprozitätsnorm zu erfüllen (vgl. Falk/Fischbacher 2006). Denn als soziales Wesen sucht der Mensch nicht immer nur seinen Vorteil, sondern möchte sich „richtig" bzw. „gerecht" verhalten. Ein Hotelgast, der zuvorkommend behandelt wurde und ein besonders ruhiges, helles Zimmers mit Blick aufs Meer erhielt, fühlt sich in der Schuld der Empfangsdame. Durch ein angemessenes Trinkgeld lässt sich diese „Schuld" tilgen und die Unabhängigkeit zurückgewinnen (vgl. Shamir 1993, S. 102).

> **Der Rest ist für Sie**
>
> Aufgrund „der Globalisierung des Massentourismus gibt es mittlerweile kaum noch einen Fleck auf der Erde, an dem nicht ein Kellner, Reiseführer, Hotelpage oder sonstiger hilfreicher Geist mehr oder weniger diskret, mehr oder weniger erwartungsvoll und ungeduldig die Hand aufhält – auch im ehemals trinkgeldresistenten China, auch in Korea, auch auf den abgelegensten Pazifikinseln. Diese Geste zu übergehen, gilt überall als Fauxpas. Speitkamp (2008) benutzt in seiner ‚kleinen Geschichte des Trinkgeldes' den schönen Begriff des ‚unvermeidlichen Fremdkörpers', den das Trinkgeld in der durchrationalisierten Moderne darstellt. Für die Empfänger ist es eine wichtige Neben-, oft sogar eine Hauptverdienstquelle. Doch

was bewegt den Geber? Eigennutz und Dankbarkeit, Berechnung und soziale Sensibilität, Eitelkeit und Selbstlosigkeit, Abgeltung einer lästigen Erwartung und Empathie, Statusdenken und praktizierte Gleichheit? Sicher ist nur, dass das Trinkgeld für einen flüchtigen Moment zwei Fremde durch einen vieldeutigen Akt verbindet" (Zielcke 2014, S. 19).

Die Frage „Trinkgeld ja/nein und wenn ja: in welcher Höhe?" stellt sich aber nicht nur im Hotel, beim Friseur oder im Restaurant. Da viele Produkte austauschbar sind, versuchen deren Anbieter häufig, durch die ⇒ Value Added-Strategie einen Wettbewerbsvorteil zu generieren. Nicht selten besteht der „zusätzliche Wert" in Dienstleistungen (z.B. Einpackservice im Warenhaus). Allerdings ist die Bereitschaft, solche Zugaben finanziell zu honorieren, nicht überall auf der Welt gleichermaßen gegeben. Denn zum einen ist die Reziprozitätsnorm in verschiedenen Kulturen unterschiedlich stark ausgeprägt und zum anderen mögen auch noch andere Motive bzw. Gründe eine Rolle dafür spielen, warum man Trinkgeld gibt – oder eben nicht. Während etwa Amerikaner daran gewöhnt sind, auch kleinere Handreichungen zu entlohnen, verzichten Deutsche zumeist darauf und behelfen sich lieber selber, so mühsam es auch sein mag. Erinnert sei in diesem Zusammenhang an den wiederholt gescheiterten Versuch, auf deutschen Bahnhöfen wieder die Institution des Gepäckträgers zu etablieren. Nicht immer sind Sparsamkeit oder gar Geiz dafür verantwortlich. Vermutlich spielt auch Unerfahrenheit bzw. Unbeholfenheit eine Rolle: Wir haben es verlernt, uns bedienen zu lassen. Auch wissen wir nicht mehr, wie solche Leistungen angemessen zu entlohnen sind – zumal im Ausland.

Wie das Beispiel „Trinkgeld im Restaurant" zeigt, haben sich auf diesem Feld die unterschiedlichsten Sitten und Gebräuche entwickelt. „For example, in Australia, China, Denmark, Japan, and Iceland, restaurant tipping is not used; and in Belgium, France, Italy, the Netherlands, Norway, and Sweden, it is customary merely to round up the bill or to leave small change in addition to an automatic service charge" (Conlin et al. 2003, S. 317).

Trinkgeld-Etikette

„Speitkam: Trinkgeld ist in den USA ein großes Thema. Es gibt viele Bücher, die sich nur mit der Trinkgeld-Etikette beschäftigen.

ZEIT: Das mag daran liegen, dass in den USA der Service nicht im Preis inbegriffen ist und man die Höhe des Trinkgelds selbst bestimmen muss.

Speitkam: Es gibt hier in der Tat wenige fixe Regeln. Das hat historische Gründe. Trinkgeld war in den USA immer sehr umstritten. Ein freier weißer Mann verrichte keine Dienstleistungen und nehme erst recht keine Almosen dafür. Anfang des 20. Jahrhunderts gab es Gesetze, die Trinkgelder verbieten wollten. Die sind alle gescheitert. Es gibt nach wie vor Vereine, die das Trinkgeld bekämpfen. Das Bedienungspersonal ist aber in den USA auf Trinkgeld angewiesen. Es macht dort bis zu 50 % des Lohns aus.

ZEIT: Ist es denn überall auf der Welt üblich, Trinkgeld zu geben?

Speitkam: Nein. In ostasiatischen Ländern hat das keine Tradition. Der globale Tourismus weicht allerdings die Sitten auf. In großen Städten ist man mittlerweile an Trinkgelder gewöhnt. In Korea aber sollte man nach wie vor darauf verzichten. Es gilt dort als unehrenhaft, Trinkgeld anzunehmen" (Linzer 2008, S. 68).

In der überwiegenden Mehrzahl der Länder und Regionen allerdings erwarten Dienstleister Trinkgeld in unterschiedlicher Höhe und zu verschiedenen Anlässen. Nur ausnahmsweise wird ein „Tip" noch als Beleidigung empfunden.

Tab. 107 dokumentiert die internationalen Usancen bei der Vergabe von Trinkgeld. Diese variieren quantitativ (= Höhe des Trinkgeldes) und qualitativ (= Einstellung zu Trinkgeld). Wie kompliziert dies im Einzelfall sein kann, lässt sich am Beispiel Chinas verdeutlichen. Obwohl seit der Kulturrevolution eigentlich unüblich, erwarten chinesische Kellner zumindest an touristischen Orten eine angemessene Zuwendung. Aber selbst in internationalen Hotels sollte ihnen der Gast das Trinkgeld immer diskret und nie vor den Augen anderer zustecken, weil der Kulturstandard nach wie vor besagt: Kein Trinkgeld!

Tab. 107: Gewohnheiten & Regeln bei der Vergabe von Trinkgeld

	Trinkgeld ist allgemein …	Hotelpage	Hotel & Restaurant	Concierge	Taxi
Ägypten	üblich	1 €*	12 %	2–3 €	10 %
Australien/ Neuseeland	üblich	2 €*	10–15 %	2 €**	aufrunden
Bahamas	üblich		15 %		15 %
Barbados	üblich		15 %		15 %
Belgien	eher unüblich		enthalten		enthalten
Bermuda	üblich		15 %		15 %
Brasilien	eher unüblich, da Servicegebühr		10–15 %		aufrunden
Bulgarien	üblich		5–10 %		5–10 %
China	nicht üblich	2–3 €*	3 %	3–5 €**	
Costa Rica			10 %		10 %
Dänemark	eher unüblich		aufrunden		aufrunden
Deutschland	üblich	1 €*	10 %	1–2 €**	10 %
Finnland	eher unüblich		nur in „besseren" Restaurants		nein
Frankreich	üblich	1 €*	10–15 %	2–3 €**	10 %
Griechenland	üblich	1 €*	5–10 %	10 €***	5–15 %
Großbritannien/ Irland	üblich	1–2 €*	10–15 %	2–3 €**	10–15 %
Hongkong		2–3 €*	10–15 %	3–5 €**	aufrunden
Indien		1 €*	10 %	2 €**	
Israel	üblich		10–15 %		10–15 %
Italien	üblich		max. 10 %	5 €***	aufrunden
Jamaika			10–15 %		vorher auszuhandeln
Japan	nicht üblich	nein	nein	nein	nein
Marokko	üblich	1 €*	10 %	2–3 €	10 %
Mexico/ Mittelamerika	üblich	1 €*	10–15 %	2 €**	aufrunden
Niederlande	eher unüblich				

	Trinkgeld ist allgemein ...	Hotel-page	Hotel & Restaurant	Concierge	Taxi
Österreich	üblich	1 €*	10–15 %	1–2 €**	aufrunden
Schweiz	üblich	1 SFr	10 %	1–2 SFr**	10 %
Spanien/Portugal	üblich, aber wenig	1 €*	5–10 %	1–2 €**	aufrunden
Südafrika	üblich	1 €*	10 %	2 €**	10 %
Südamerika	üblich	1 €*	10 %	20 €***	aufrunden
Thailand	nicht üblich		nur in „besseren" Restaurants		nein
Türkei	üblich	1 €*	10 %	1–2 €**	aufrunden
USA	üblich und viel	1–2 €*	15–20 %	3–5 €**	15 %

* pro Gepäck   ** für kleiner Dienste, für Ticketservice oder Organisation bis zu 30 €
*** beim Auschecken

Quelle: Touristen-Informationen von t-online (2003), Freenet (2003), Focus (2003) Sächsische Zeitung (2010).

4.2 Einfluss der Landeskultur

Bei den eingangs vorgestellten Trinkgeldusancen handelt es sich teils um mehr oder weniger zufällig entstandene Gewohnheiten und teils um systematische, nicht zuletzt kulturtheoretisch erklärbare Verhaltensunterschiede. Lynn et al. (1993) gingen dieser Frage empirisch nach. Hier ihre Befunde:

In Dänemark, Finnland, den Niederlanden und anderen femininen Gesellschaften, in denen die Menschen Machtdistanz ablehnen, ist es nicht üblich, Trinkgeld zu geben. Denn dort herrschen egalitäre soziale Beziehungen. Das Gesellschaftsgefüge basiert auf einer Werthaltung, die in ihrem Kern besagt, dass Fürsorge wechselseitig gewährt wird, ohne finanzielle Gegenleistung. Hinzu kommt, dass die Beziehungen zwischen den Menschen wenig hierarchisch strukturiert sind, Dienste also nicht unbedingt als eine belohnenswerte Sonderleistung angesehen werden.

Honoriert werden Dienstleistungen demgegenüber zum einen in individualistischen, leistungsorientierten Kulturen. Hauptsächlich dann, wenn eine Dienstleistung in ihrer Gegenwart erbracht wurde, sind die Menschen dort bestrebt, durch ein Trinkgeld oder ein Geschenk der Reziprozitätsnorm Rechnung zu tragen. Trinkgeld ist zum anderen auch in kollektivistischen Kulturen üblich, zumal dann, wenn damit die Tendenz, Ungewissheit zu vermeiden, einhergeht. In solchen Ländern (z.B. Brasilien, Griechenland oder Pakistan) müssen hierarchisch Höhergestellte ihrer sozialen Verantwortung Niederrangigen gegenüber nicht zuletzt finanziell gerecht werden – etwa indem sie ein großzügiges Trinkgeld geben. Und wer bestrebt ist, ungewisse Situationen zu meiden, wie sie bei der Inanspruchnahme einer Dienstleistung zwangsläufig auftreten, der hofft, mit einem finanziellen Bonus die Qualität der Leistung verbessern und sein Risiko minimieren zu können (d.h. Kontrolle auszuüben).

> **Ausnahmen von der Regel**
>
> Als ein relativ kollektivistisches Volk, das zur Ungewissheitsvermeidung neigt, müssten Japaner es eigentlich gewohnt sein, Trinkgeld zu geben. Vermutlich deshalb, weil ihre Kultur kaum das Gefühl der Schuld kennt, ist dies dort aber eher unüblich. Japaner ziehen es vor, ihre Dankbarkeit durch Geschenke auszudrücken. Amerikaner hingegen, individualistisch und kaum ungewissheitsavers, geben häufig und viel Trinkgeld. Dies lässt sich mit dem dort üblichen, leistungsorientierten Entlohnungssystem begründen, das generell einen hohen variablen Lohnanteil vorsieht (Lynn et al. 1993, S. 485).

5 Beschwerdemanagement

Die (interkulturelle) Forschung zu Servicefehlern lässt sich in zwei Bereiche einteilen: Analyse des Verhaltens vor der Beschwerde („Warum und wie beschweren sich Kunden?") und des Verhaltens nach der Beschwerde („Wie reagieren sie auf die Wiedergutmachungsbemühungen des Anbieters?"). In beiden Fällen spielen kulturbedingte Verhaltensweisen eine wichtige Rolle. So neigen Chinesen dazu, sich nicht vor den Augen anderer Kunden zu beschweren, weil sie den Gesichtsverlust, der mit einem öffentlich geführten Disput einhergeht, scheuen. Im ostasiatisch-konfuzianischen Kulturkreis empfiehlt es sich deshalb, einem unzufriedenen Kunden in einem ausführlichen Einzelgespräch zuzuhören und diesen das kritische Ereignis aus seiner Sicht schildern zu lassen. Kanadier hingegen sind weniger öffentlichkeitsscheu und ziehen eine „handfeste" Lösung vor: finanzielle Kompensation für ihre Ärgernisse. Erklären lässt sich dieser Unterschied mit dem besonderen Harmoniebedürfnis der Chinesen, die Konflikte lieber im Gespräch entschärfen, anstatt eine „kanadische", d.h. unpersönliche Lösung anzustreben (vgl. Hui 2001). Offensichtlich sollten kulturelle Eigenheiten der Kunden auch bei der Gestaltung des Beschwerdemanagements beachtet werden.

5.1 Verhalten vor der Beschwerde

5.1.1 Servicefehler

Probleme, die in interkulturellen Dienstleistungsprozessen auftreten, lassen sich u.a. mit Hilfe der Skripttheorie analysieren und erklären (⇒ Skript). Denn das, was als „übliche, d.h. skriptgemäße Handlungsabfolge" angesehen wird, ist häufig kulturspezifisch definiert (vgl. Schank/Childers 1984). Signifikant divergierende Skripte können unterschiedliche Erwartungen und letztlich Konflikte provozieren. So werden ein Hotelgast, dessen kulturspezifisches Skript besagt, dass Trinkgeld am letzten Tag des Aufenthaltes pauschal gegeben wird, und Hotelangestellte, deren Skript vorgibt, dass jeweils einzelne Dienstleistungen zeitnah und individuell mit einem Trinkgeld belohnt werden, wenig Freude aneinander haben.

Mancher Konflikt könnte vermieden oder konstruktiv beigelegt werden, wenn die Beteiligten „kulturelles Feingefühl" besäßen. Um herauszufinden, ob Hotelangestellte diese Eigenschaft besitzen sollten, befragten Sizoo et al. (2005) in einer explorativen Studie 383 Mitarbeiter von 27 führenden Hotels in Florida, die überwiegend ausländische Gäste beherbergen. Gemessen haben die Autoren ‚cultural sensitivity' mit Hilfe zweier Skalen, die dem *Cross Cultural Adaption Inventory (CCAI)* entstammen (vgl. Kelley/Meyers 2001):

- Die *Flexibility-Openness-Scale* erfasst, ob und in welchem Maße es einer Person angenehm ist, neue Denk- und Verhaltensweisen zu erleben. Hinzu kommen Toleranz und Flexibilität.
- Die *Perceptual-Acuity-Scale* misst die Fähigkeit, kulturspezifische Signale in einer interkulturellen Kommunikation wahrzunehmen und angemessen zu interpretieren.

Die Analyse zeigt, dass sowohl die Aufmerksamkeit des Dienstleisters gegenüber seinen Kunden (‚service attentiveness') als auch die Erfolgsaussichten von ‚cross selling' (‚suggestive selling skills') positiv mit ‚cultural sensitivity' korrelieren. Dies bedeutet: Je ausgeprägter das kulturelle Feingefühl, desto aufmerksamer betreuen Hotelangestellte ihre Gäste und umso häufiger gelingt ihnen ‚cross selling' (z.B. den Hotelgästen Produkte aus dem Hotelshop bzw. zusätzliche Serviceangebote wie Tagesauflüge zu verkaufen). Zudem sind kulturell feinfühlige Hotelmitarbeiter mit ihrem Beruf überdurchschnittlich zufrieden und verstehen sich mit ihren Kollegen besser als kulturell Unsensible. Da zufriedene Servicemitarbeiter ihre Kunden vermutlich besser betreuen als unzufriedene Angestellte, liegt es nahe davon auszugehen, dass kulturelles Feingefühl der Mitarbeiter nicht nur die Zufriedenheit der Kunden steigert, sondern auch den Unternehmenserfolg.

> Kulturell sensitive Mitarbeiter können effizienter als andere interkulturell kommunizieren, ohne Vorbehalte auf fremdkulturelle Gäste zugehen und sie angemessen behandeln. Deshalb sollte bei der Auswahl und dem Training von Servicemitarbeitern und anderen Angestellten, die unmittelbar mit Kunden unterschiedlicher kultureller Prägung Umgang haben, deren kulturelle Sensitivität berücksichtigt und geschult werden.

5.1.2 Attribution des Servicefehlers

Gemäß der von Heider (1958, 1944) begründeten Attributionstheorie neigen Menschen generell dazu, nach Ursachen für Ereignisse zu suchen. Dies wird als Ursachenzuschreibung bzw. Kausalattribution bezeichnet. Insbesondere denken Menschen darüber nach, wer für ein Ereignis verantwortlich ist (z.B. man selbst, eine andere Person oder aber äußere Umstände).

Weist eine Leistung einen Mangel auf, so hängen Art und Intensität der Reaktion der Kunden davon ab, wen sie dafür verantwortlich machen – also von Attributionsprozessen. Diese sind kulturspezifisch geprägt, wobei sich zwei übergeordnete Muster erkennen lassen, die in den verschiedensten Studien wiederkehren: Angehörige …

- kollektivistischer, vor allem fernöstlicher Kulturen neigen zur situativen Attribution,
- individualistisch-westlicher Kulturen neigen zur dispositionalen Attribution.

Kollektivistisch-fernöstliche Kulturen

Chinesen, Koreaner, Japaner etc. sind stark vom Konfuzianismus sowie vom Buddhismus beeinflusst. Im Zusammenhang mit Servicefehlern und anderen negativen Ereignissen spielt dort ‚yuarn' die Schlüsselrolle. Damit ist eine Wertvorstellung gemeint, die man als Karma übersetzen kann: das letztlich unausweichliche Schicksal eines Menschen. Wer an ‚yuarn' glaubt, wird weder Hersteller noch Verkäufer für Servicefehler, Produktmängel etc. verantwortlich machen, sondern diese als Teil des gemeinsamen Schicksals begreifen, dem alle Beteiligten gleichermaßen unterworfen sind (vgl. Yau 1988).

Angehörige dieses Kulturkreises neigen somit dazu Servicefehler, Produktmängel etc. situativ zu attribuieren. Sie machen keine Personen dafür verantwortlich, sondern äußere – letztlich von niemand zu verantwortende – Umstände des Leistungsprozesses. Die Folge: Sie beschweren sich seltener (vgl. Yau 1988) und ziehen auch seltener als andere einen Anbieterwechsel in Erwägung (vgl. Poon et al. 2004).

Individualistisch-westliche Kulturen

Angehörige des individualistischen Kulturkreises (z.B. USA, Kanada) neigen dazu, die Ursache eines Produktmangels bzw. Servicefehlers dispositional zu attribuieren. Im Rahmen der Attributionstheorie wird diese Neigung auch als fundamentaler Attributionsfehler bezeichnet. Damit ist die Tendenz, bevorzugt Personen und deren Eigenschaften, Einstellungen etc. als Ursache von Ereignissen wahrzunehmen, gemeint.

Aufgrund dieser Strategie der Schuldzuschreibung empfinden amerikanische Kunden stärkere Unzufriedenheit nach einem Servicefehler und beschweren sich häufiger als chinesische Kunden (vgl. Yau 1988). Ähnliches ließ sich bei kanadischen Kunden beobachten: Sie dachten nach einem Servicefehler häufiger als chinesische Kunden darüber nach, den Anbieter zu wechseln (vgl. Poon et al. 2004). Aufgrund ihrer ausgeprägten Kontrollüberzeugung (vgl. Teil E-3.3.2) gehen Kanadier nicht nur davon aus, dass der Dienstleister für das Problem verantwortlich ist, sondern es auch hätte vermeiden können. Da er dies nicht getan hat, ist die Gefahr groß, dass derartige Probleme immer wieder auftreten werden, weshalb es ratsam erscheint, zu einem anderen Dienstleister zu wechseln.

Derartige Unterschiede ließen sich nicht nur zwischen westlichen und östlichen Kulturen beobachten, sondern auch innerhalb eines Landes. So berichtet Villarreal-Camacho (1983), dass Mexikaner, die in Nordamerika leben, sich seltener über einen Servicefehler beschweren als US-Amerikaner. Überdies bestätigt diese Studie die These der kulturspezifischen Ursachenattribution. Denn die befragten Mexikaner bevorzugten eine variable, situative Erklärung der Fehlleistung, die sie hauptsächlich im Leistungsprozess erblickten, während US-Amerikaner vornehmlich am Leistungsergebnis, d.h. dem fehlerhaften Produkt, interessiert waren und eher stabil attribuierten. Auch in der Studie von Chan/Wan (2008) reagierten die amerikanischen Kunden eines Computerreparaturservices hauptsächlich dann, wenn sie das Leistungsergebnis (d.h. den Reparaturerfolg) als unbefriedigend empfanden, während die befragten chinesischen Kunden für Probleme im Leistungsprozess sensibel waren (d.h. die Art und Weise, wie der Reparaturauftrag angenommen und durchgeführt wurde).

5.1.3 Beschwerdeanlass

Aufgrund ihrer Kulturzugehörigkeit lässt sich aber nicht nur vorhersagen, ob Kunden sich beschweren werden, sondern auch worüber. So beklagten deutsche Touristen in Tansania vor allem die von ihnen als ungenügend empfundene Ausstattung ihres Hotelzimmers. Weiterhin störten sie sich an Sicherheitsmängeln und Schmutz, während Amerikaner, die dort gleichfalls logierten, hauptsächlich die Qualität des Essens bemängelten und die wenig leistungsfähige Telefonanlage (vgl. Komba 1997, S. 145 ff.). Da beide Gruppen dieselbe Leistung in Anspruch genommen haben, lässt sich das abweichende Beschwerdeverhalten mit hoher Wahrscheinlichkeit damit erklären, dass sie kulturbedingt mit unterschiedlichen Erwartungen angereist waren. So deuten die typischen Klagen deutscher Touristen auf ein erhöhtes Sicherheitsbedürfnis hin, das sich mit der landestypischen Neigung zur Ungewissheitsvermeidung erklären lässt (UAI = 65). Amerikaner hingegen gelten als weniger risikoavers (UAI = 46) und legen mehr Wert auf Service sowie auf Bequemlichkeit. Dies wiederum führt dazu, dass sie überproportional häufig die Qualität der Bewirtung und der Kommunikationstechnologie kritisieren.

5.1.4 Beschwerdebereitschaft

5.1.4.1 Überblick

Erfahrungsgemäß behalten 60–70 % der unzufriedenen Kunden ihren Ärger für sich, wechseln stillschweigend den Anbieter, wenden sich an Externe (z.B. Bewertungsportale im Internet) oder berichten Freunden und Bekannten von dem unerfreulichen Erlebnis. Lediglich ein Drittel teilt seinen Unmut dem Anbieter mündlich bzw. schriftlich mit. Die Beschwerdewahrscheinlichkeit hängt von mehreren Einflussfaktoren ab: von der ...
- spezifischen Situation (z.B. wahrgenommener Beschwerdeaufwand oder Wert der strittigen Leistung),
- Persönlichkeit des betroffenen Kunden (überproportional viele Beschwerdeführer sind selbstbewusste, tendenziell aggressive Menschen; vgl. Wünschmann 2007),
- Interpretation eines Ereignisses (wurde es subjektiv als „schlimm" bzw. „enttäuschend" bewertet).

Nicht zuletzt nimmt die Landeskultur wesentlichen Einfluss darauf, ob unzufriedene Kunden sich beschweren oder auf andere Weise ihrer Enttäuschung Ausdruck verleihen. Neben der kulturspezifischen Form der Zeitwahrnehmung sind in diesem Zusammenhang die Kulturdimensionen Akzeptanz von Machtdistanz, Individualismus-Kollektivismus sowie Feminität-Maskulinität bedeutsam (vgl. Abb. 129).

Abb. 129: Kulturstandards & Handlungsoptionen unzufriedener Kunden

Landes-kultur	Kultur-standard	Handlungs-optionen (vgl. Hirschman 1970)		
		Exit	Voice	Loyalty
individualistisch-feminin	„Keep Smiling"	☒	☐	▨
individualistisch-maskulin	„Wahrheit sagen"	☐	☒	☐
kollektivistisch-machtdistant	„Harmonie wahren"	☐	☐	☒

5.1.4.2 Einfluss der Zeitwahrnehmung

Kulturen unterscheiden sich nicht zuletzt in ihrer Zeitwahrnehmung: Während manche zeitgeizig sind, haben Menschen anderswo eher das Gefühl, dass ihnen Zeit weitgehend unbeschränkt zur Verfügung steht (vgl. Müller/Gelbrich 2014, S. 24 ff.; Hall/Hall 1990, S. 15). Die unterschiedliche Zeitwahrnehmung wiederum nimmt Einfluss darauf, wie Kunden Servicefehler, die mit langen Wartezeiten einhergehen, empfinden. Hierzu liegt eine internationale Vergleichsstudie der *Mystery Shopping Providers Association (MSPA)* zum Warte- und Beschwerdeverhalten von Einzelhandelskunden vor. Demnach müssen französische, ungarische und schwedische Kunden von Modegeschäften, Supermärkten sowie in Fast Food-Lokalen und am Bahn- bzw. Bankschalter am längsten warten, bis sie bedient werden. Die durchschnittliche Wartezeit beträgt in diesen Ländern 7,0 Minuten. Am wenigsten Geduld mussten die Testkunden in Finnland, Dänemark und Großbritannien aufbringen: durchschnittlich 3,5 Minuten Wartezeit. Allerdings korrespondiert die objektive Wartezeit kaum mit dem subjektiven Empfinden. Denn obwohl sie durchschnittlich länger als andere warten mussten, beschweren sich die Franzosen und Ungarn am seltensten (etwa 10 %). Dagegen nahmen 33 % der deutschen und 42 % der irischen Kunden ihre durchschnittlich kürzere Wartezeit (6,0 Minuten) zum Anlass, sich zu beschweren.

Erklären lässt sich dieses Paradoxon zum einen mit der Kulturspezifität der Zeitwahrnehmung und zum anderen mit Unterschieden in der Käufer/Verkäufer-Interaktion: Nur etwa 30 % der irischen, aber 80 % der dänischen Kunden wurden vom Verkaufspersonal mit einem Lächeln begrüßt. Und die französischen Verkäufer belegten nicht nur in der Bewertungskategorie „Lächeln", sondern auch bei „Begrüßung" und „Entschuldigung für die Wartezeit" eine Spitzenposition.

5.1.4.3 Einfluss von Kollektivismus-Individualismus & Machtdistanz

Nach Watkins/Liu (1996) haben zahlreiche weitere Studien bestätigt, dass die Bereitschaft bzw. Neigung, sich nötigenfalls zu beschweren, in kollektivistischen, Machtdistanz akzeptierenden Gesellschaften gewöhnlich weitaus geringer ist als im individualistischen, weniger machtdistanten Kulturkreis. Kollektivistisch sozialisierte Verbraucher neigen dazu, ihren Anbieter als Partner, als Angehörigen ihrer ‚in-group' zu betrachten, mit dem sie keine Konflikte haben möchten.

- Asienstämmige Hotelgäste äußerten in persönlichen Interviews eine geringere Bereitschaft, sich bei den Hotelangestellten oder dem Management zu beschweren. Auch waren sie mit möglichen Beschwerdekanälen weniger vertraut als Hotelgäste, die aus nicht-asiatischen Ländern stammten (vgl. Ngai et al. 2007).
- US-amerikanische Kunden eines Computer-Reparaturdienstes waren überproportional häufig mit dem Leistungsergebnis unzufrieden und beschwerten sich signifikant häufiger als chinesische Kunden, die vorzugsweise den Leistungsprozess bemängelten (vgl. Chan/Wan 2008, S. 87 ff.).
- Nur 27,3 % der von Liu/McClure (2001, S. 61) befragten südkoreanischen Probanden, aber 61,0 % einer US-amerikanischen Vergleichsgruppe würden laut Selbsteinschätzung den zuständigen Mitarbeiter auf ein bestehendes Problem ansprechen.
- Puertoricanische Käufer eines fehlerhaften Videorecorders beschweren sich seltener als US-amerikanische Käufer (vgl. Hernandez et al. 1991).
- Kunden, die einer High Context-Kultur angehören, reklamieren im Zweifelsfall nicht offen und persönlich, sondern neigen dazu, unmittelbar den Anbieter zu wechseln (vgl. Villareal-Camacho 1983).

Begründen lässt sich die Scheu vor einer Beschwerde damit, dass Kunden in machtdistanten Kulturen das Handeln eines vermeintlich oder tatsächlich Überlegenen – in diesem Falle des Anbieters – oft klaglos akzeptieren, da sie gelernt haben, die soziale Hierarchie zu akzeptieren. Hinzu kommt, dass in kollektivistischen Kulturen, anders als in individualistischen, zwischenmenschliche Harmonie einen wichtigen Wert darstellt. Öffentliche Unmutsäußerungen stören die Harmonie und sind, da sie zu einem Gesichtsverlust aller Beteiligten führen, „nicht erwünscht".

Warum sich beschweren?

„Es geht fast ausschließlich ums schnelle Geld in China. Die Konsumenten haben sich in ihr Schicksal ergeben. Sie fühlen sich machtlos gegen windige Unternehmer und deren Praktiken. ‚Warum beschweren? Dir hilft doch sowieso keiner', sagt ein junger Mann namens Fang, der durch den Küchenmarkt streunt. Eine junge Frau meint, es sei eben Kultur in China, dass man sich nicht wehre. Nur selten geht ein Aufschrei durch die Nation. Etwa wenn verseuchtes Milchpulver Babys tötet" (Grzanna 2010, S. 23).

In kollektivistischen Kulturen liegt übrigens nicht nur die Hemmschwelle für Beschwerden höher. Auch die Präferenz für bzw. das Umgehen von bestimmten Beschwerdekanälen werden von der Landeskultur beeinflusst. Kollektivisten neigen dazu, „öffentliche Beschwerdekanäle" zu meiden (vgl. Wegmann 2001, S. 156). Denn an einem Serviceschalter oder an der Kasse im Supermarkt lässt es sich kaum vermeiden, dass andere Kunden mithören. Der Beschwerdeführer muss sich exponieren und sein Anliegen öffentlich machen. Möchte man „stille" Unzufriedene zu einer Beschwerde animieren, so empfiehlt es sich dort, einen separaten Serviceschalter einzurichten. Allerdings ist es zumeist auch in individualistisch geprägten Ländern ratsam, Beschwerdeführer von den anderen Kunden zu trennen. Da es dort häufig nicht an dem erforderlichen Selbstbewusstsein und Aggressivität mangelt, muss das Unternehmen damit rechnen, dass die Beschwerde lautstark vorgebracht wird, was negative Mund-zu-Mund-Propaganda begünstigt.

5.1.5 Öffentliche, private & institutionelle Beschwerden

Neben der Frage, ob sich ein Kunde beschwert oder nicht, befasst sich die einschlägige Forschung auch mit möglichen Typologien von Beschwerden – allgemeiner formuliert: mit möglichen Reaktionen der Kunden auf wahrgenommene Produkt- bzw. Dienstleistungsmängel. Abgesehen von der Möglichkeit, den Sachverhalt zu verdrängen bzw. vergessen (= kognitive Reaktion), werden hauptsächlich drei Arten von Verhaltensreaktionen diskutiert:
- Öffentliche Reaktionen („voice responses': Unzufriedenheit wird öffentlich gegenüber dem Unternehmen geäußert),
- private Reaktionen („private responses': Unzufriedenheit äußert sich in privaten Handlungen wie einem Wechsel des Anbieters oder negativer Mundpropaganda),
- institutionelle Reaktionen („third-party-responses': Unzufriedenheit wird z.B. Medien gegenüber geäußert oder auf einschlägigen Websites gepostet).

Wie Liu/McClure (2001) berichteten, neigen amerikanische Kunden wesentlich häufiger als südkoreanische Vergleichspersonen dazu, ihrer Unzufriedenheit öffentlich Luft zu machen und z.B. das Problem mit Mitarbeitern des Unternehmens zu diskutieren. Südkoreaner wiederum präferieren aufgrund ihres Kulturstandards „Gesicht wahren" die vergleichsweise dezenten „privaten Reaktionen". Ohne Vorwarnung wechseln sie den Anbieter, betreiben in ihrem engeren sozialen Umfeld negative Mund-zu-Mund-Propaganda etc. Die aufwändigeren institutionellen Reaktionen (z.B. Beschwerdebrief an Zeitung schreiben) und kognitiven Reaktionen waren weitaus seltener zu beobachten. Auch konnten dabei keine systematischen Unterschiede zwischen den beiden Gruppen festgestellt werden. Jeweils rund ein Viertel der Befragten zog es vor, das Ganze zu vergessen (vgl. Tab. 108a).

Ähnliche Ergebnisse erbrachten die zahlreichen Studien, welche US-amerikanische mit chinesischen Beschwerdeführern verglichen. Amerikaner wenden sich regelmäßig mit ihrer Klage an den Anbieter bzw. dessen Mitarbeiter, während asiatische Beschwerdeführer es vorziehen, Freunden und Bekannten davon zu berichten. Dies lässt sich nicht nur mit den konfuzianischen Normen „Harmonie wahren" und „Gesicht wahren" erklären, sondern auch damit, dass Angehörige kollektivistischer Gesellschaften …
- auch als Konsumenten langfristige Beziehungen anstreben (vgl. Watkins/Lin 1996, S. 74 f.),

- es nach Möglichkeit vermeiden, sich mit anderen Menschen zu messen (vgl. Triandis et al. 1988, S. 335),
- Fremden gegenüber ihre Emotionen verbergen, zumal in der Öffentlichkeit (vgl. Takahashi et al. 2002, S. 454 f.),
- zu Passivität neigen: „The positive correlation of in-group collectivism practices and passiveness illustrates that the phenomena of signing petitions, boycotting, attending demonstrations, and joining strikes are less frequent in these societies" (Gelfand et al. 2004, S. 487).

Tab. 108a: Präferierter Beschwerdetyp in zwei Ländern (Zustimmung in %)

	Südkorea (n = 121)	USA (n = 290)	χ^2	df	p
Öffentliche Reaktionen					
„Discussed the problem with manager or other employee of the firm"	27,3	61,0	9,99	1	0,000
„Asked the firm to take care of the problem (e.g. to fix or replace item or to return your money)"	34,7	59,0	20,32	1	0,000
„Informed the firm about the problem so that will do better in the future"	30,6	55,9	22,33	1	0,000
Private Reaktionen					
„Avoided that firm's products or services from then on"	80,2	53,4	27,35	1	0,000
„Bought from another firm the next time"	73,6	56,6	10,77	1	0,001
„Spoke to your friends and relatives about your bad experience"	86,0	77,9	3,65	1	0,056
„Convinced your friends and relatives not to do business with that firm"	56,2	33,8	17,61	1	0,000
Institutionelle Reaktionen					
„Wrote a letter to the local newspaper about your bad experience"	5,8	4,1	0,50	1	0,478
„Reported the problem to a consumer agency"	5,8	5,2	0,06	1	0,803
„Took legal action against the firm"	7,4	4,5	1,39	1	0,239

Quelle: Liu/McClure (2001, S. 61), leicht verändert.

Individualistisch sozialisierte Konsumenten hingegen sind eher anspruchsvoll und vergleichsweise schnell bereit, sich beim Anbieter zu beschweren. Denn Konsequenzen ihrer ausgeprägten Ich-Identität sind u.a. (vgl. Hofstede 1991, S. 50, 58, 61 ff.):
- Sensibilität für die eigenen Bedürfnisse sowie Bereitschaft, diese zu äußern und für das eigene Handeln Verantwortung zu übernehmen,
- Meinungsunterschiede, bis hin zu Konflikten, als Teil der sozialen Realität anzusehen und zu akzeptieren,
- Streben nach Selbstwerterhöhung,
- Wertschätzung von Selbstbewusstsein und Durchsetzungsfähigkeit.

5.1.6 Elektronische Beschwerden

Das Internet versetzt immer mehr Kunden in die Lage, sich auf bequeme und, falls gewünscht, mehr oder minder anonyme Weise zu beschweren. Zugleich können sie dank dieses grenzlosen Mediums ihrer Beschwerde ein bislang nicht für möglich gehaltenes Gewicht verleihen. Denn nunmehr erfährt „die ganze Welt", dass sie in einem bestimmten Hotel unfreundlich bedient wurden, dieser oder jener Versender nicht kulant auf ihren Rückgabewunsch reagiert hat etc. (vgl. Buhalis/Law 2008). Die ungewöhnliche Macht von eBeschwerden hat dazu geführt, dass immer mehr Bewertungsportale online gestellt werden (bspw. *Jameda* zur Bewertung von Ärzten).

Wie eine der bislang wenigen empirischen Studien zum Zusammenhang von „eBeschwerde & Landeskultur" zeigt, verändert das elektronische Medium das Beschwerdeverhalten allerdings nicht grundlegend. Gemäß einer inhaltsanalytischen Auswertung von insgesamt 964 Beschwerden, gepostet auf *Ctip.com* bzw. *TripAdvisor.com*, beschweren sich chinesische Reisende auch online seltener als Reisende, die aus dem Westen stammen. Dieser Unterschied machte sich vor allem dann bemerkbar, wenn der Beschwerdegrund den zwischenmenschlichen Bereich betraf. Obwohl die Festlandchinesen den Eindruck hatten, „that their services received was worse than Western guests, such as hotels ignored their requests for non-smoking rooms, their complaint percentages were significantly lower on staff competency (6 % vs 13 %) and personal interaction (6 % vs 9 %) comparing with non-Chinese customers" (Au et al. 2010, S. 290).

> ☛ Angehörige kollektivistischer Gesellschaften neigen vermehrt dazu, über negative Erlebnisse im Freundes- und Bekanntenkreis zu berichten und auf eine öffentliche Beschwerde zu verzichten. Entscheiden sie sich trotz dieses Kulturstandards dazu, den Anbieter zu wechseln, dann lässt sich ihr Entschluss zumeist nicht mehr revidieren. Deshalb ist dort das in vielen westlichen Industriestaaten übliche reaktive Beschwerdemanagement wenig sinnvoll: Zum einen fallen weniger Beschwerden an, zum anderen ist mit der Beschwerde „das Kind schon in den Brunnen gefallen" (d.h. Kundenrückgewinnung gelingt nur selten).

5.2 Verhalten nach der Beschwerde

5.2.1 Überblick

Hat sich ein Kunde bei seinem Anbieter beschwert, dann steht diesem ein vielfältiges Instrumentarium an Möglichkeiten der Beschwerdebehandlung zur Verfügung, um den Fehler wieder gutzumachen („service recovery'). Gelingt dies, dann sind Beschwerdeführer mitunter sogar zufriedener als solche Kunden, die gar keinen Servicefehler erlebt haben. Dieses Phänomen wird auch als Beschwerdeparadoxon bezeichnet (De Matos et al. 2007). Erklären lässt es sich damit, dass das Selbstwertgefühl des Beschwerdeführers gestärkt bzw. bestätigt wurde. Denn er hat sich mit seiner Beschwerde durchgesetzt und verschiedene Formen von Belohnung erhalten. In der Folge ist er nicht nur loyaler als andere Kunden, sondern betätigt sich unbewusst als „Botschafter" für den Dienstleister: Zufriedengestellte Beschwerdeführer betreiben in besonderem Maße positive Mundpropaganda.

Abb. 130 gibt einen Überblick über den gesamten Service Recovery-Prozess, der empirisch intensiv untersucht und bestätigt wurde (vgl. Gelbrich/Roschk 2011; Orsingher et al. 2010). Am Anfang dieses Prozesses steht die Art der Beschwerdebehandlung durch den Anbieter und die Frage, ob dieser in seinem Unternehmen eine sog. Beschwerdekultur etabliert hat. Von einer Beschwerdekultur spricht man, wenn das Unternehmen ...

- es seinen Kunden strukturell erleichtert, sich zu beschweren (z.B. indem es eine Beschwerdehotline anbietet),
- dem Beschwerdeführer aufmerksam zuhört (z.B. öfter nachfragt),
- sich gegebenenfalls entschuldigt (z.B. indem der Mitarbeiter, welcher die Beschwerde entgegennimmt, sein Bedauern ausdrückt),
- eine angemessene Kompensation anbietet (z.B. einen Nachlass auf die Rechnung),
- die Ursache für den Fehler erklärt (z.B. Zusammentreffen mehrerer unglücklicher Umstände),
- schnell reagiert (z.B. umgehend auf Facebook eine Antwort postet).

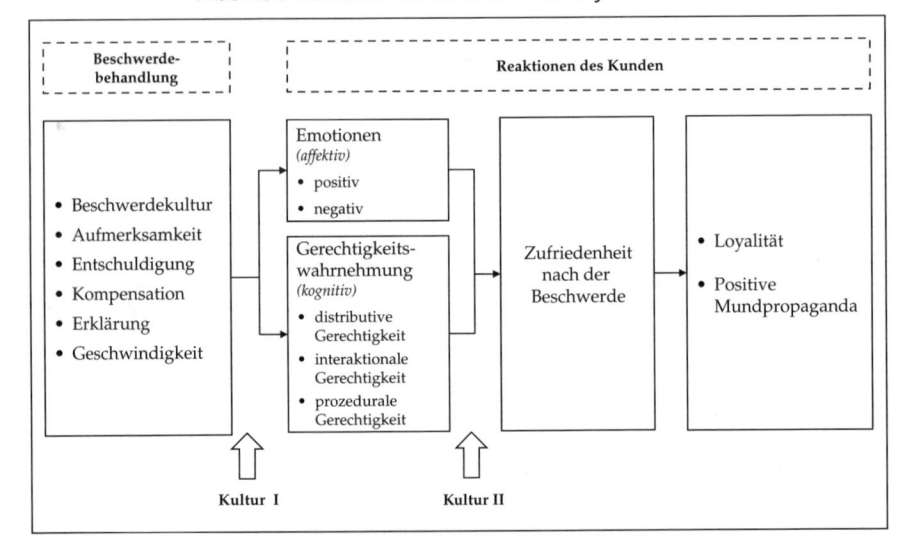

Abb. 130: Struktur des Service Recovery-Prozesses

Quelle: Gelbrich/Roschk (2011); ergänzt und modifiziert.

Die verschiedenen Erscheinungsformen einer Beschwerdekultur erhöhen die Wahrscheinlichkeit, dass die Beschwerdeführer positiv auf die Beschwerdebehandlung reagieren. Ihre Reaktionen können affektiver bzw. kognitiver Natur sein.
- Affektive Reaktionen: Der Kunde entwickelt positive Gefühle (z.B. Freude), und negative Gefühle wie Ärger werden gelindert.

- Kognitive Reaktionen: Der Kunde empfindet das Ergebnis (distributive Gerechtigkeit) und den Prozess der Beschwerdebehandlung (prozedurale Gerechtigkeit) sowie den persönlichen Umgang mit dem Anbieter als gerecht oder ungerecht (Liao 2007).

Emotionen und Gerechtigkeitswahrnehmung wiederum beeinflussen die Zufriedenheit der Kunden – mit positiven Konsequenzen für Loyalität und positive Mundpropaganda.

Zwar ist diese Prozesskette tendenziell universell gültig. Aber die Bedeutung der einzelnen Maßnahmen der Beschwerdebehandlung sowie Art und Ausmaß der emotionalen und kognitiven Reaktionen variieren mitunter erheblich, je nach kultureller Prägung der Beteiligten (Beschwerdeführer, Mitarbeiter des Unternehmens). Zwei Moderationseffekte werden im Folgenden ausführlicher behandelt:
- Kultur I = Die Landeskultur moderiert die Wirkung einzelner unternehmerischer Maßnahmen der Beschwerdebehandlung,
- Kultur II = Die Landeskultur moderiert die Auswirkungen der Emotionen und Gerechtigkeitswahrnehmung auf das Zufriedenheitsurteil (vgl. Abb. 130).

5.2.2 Beschwerdebehandlung

Die verschiedenen Formen der Beschwerdebehandlung fördern positive und mindern negative Gefühle. Weiterhin sorgen sie aus Sicht des Beschwerdeführers für Gerechtigkeit und mithin für Zufriedenheit. Welche Rolle spielt die Landeskultur in diesem Zusammenhang? Auf Basis der vorliegenden Forschungsbefunde lässt sich diese Frage am besten mit Blick auf den Einfluss von Beschwerdekultur, Entschuldigung und Kompensation beantworten.

5.2.2.1 Auswirkungen einer Beschwerdekultur

Wer in seinem Unternehmen eine lebendige Beschwerdekultur etablieren möchte, muss strukturelle Vorkehrungen treffen, die es den Kunden erleichtern, sich zu beschweren. Natürlich sorgen derartige Maßnahmen dafür, dass die Zahl der Beschwerden steigt. Dies ist aber keineswegs nachteilig. Denn zum einen wird dadurch lediglich aufgedeckt – und damit prinzipiell beeinflussbar –, was bei einer restriktiveren Beschwerdekultur „unter dem Teppich" bliebe. Zum anderen und vor allem aber hat sich gezeigt, dass Beschwerdeführer unter den Bedingungen einer proaktiven Beschwerdekultur vermehrt prozedurale Gerechtigkeit empfinden („Das Unternehmen hat klare Abläufe für ein Beschwerdemanagement festgelegt") wie auch interaktionale Gerechtigkeit („Das Unternehmen kümmert sich um mich") zufriedener sind. Vor allem aber sind sie als vergleichbare Kunden von Unternehmen, die keine konstruktive Beschwerdekultur entwickelt haben.

Die kulturvergleichende Forschung konnte belegen, dass Angehörige kollektivistischer Gesellschaften für diese Effekte besonders empfänglich sind. Hui/Au (2001) verglichen chinesische (IDV = 15) mit kanadischen Probanden (IDV =

80) und zeigten, dass eine Beschwerdekultur die Gerechtigkeitswahrnehmung chinesischer Beschwerdeführer überdurchschnittlich fördert. Patterson et al. (2006) bestätigen den moderierenden Effekt der Kulturdimension Individualismus-Kollektivismus in einer Befragung von Thailändern (IDV = 20) und Australiern (IDV = 90). Demnach fördert eine ausgeprägte Beschwerdekultur vor allem die von kollektivistisch orientierten Kunden empfundene interaktionale Gerechtigkeit und weniger die von individualistisch orientierten Kunden.

Nachdem kollektivistisch sozialisierte Kunden aufgrund des Harmoniegebots ihrer Gesellschaftsform Beschwerden tendenziell scheuen, wirkt das Instrument „Beschwerdekultur" bei ihnen auf doppelte Weise: Einerseits hilft es ihnen, ihre kulturbedingte Zurückhaltung zu überwinden und sich zu beschweren, womit sie dem Unternehmen die Chance auf Wiedergutmachung überhaupt erst einräumen. Andererseits fördert es ihre Gerechtigkeitswahrnehmung und mithin eine Wiedergutmachung des Servicefehlers.

Beschwerdekultur zeichnet sich aber nicht nur dadurch aus, dass sie unzufriedene Kunden zu einer Beschwerde ermutigt. Sondern sie sorgt gleichzeitig für Transparenz: Während der Kunde auf das Ergebnis seiner Beschwerde wartet, wird er darüber informiert, dass, wann, von wem und wie sein Anliegen bearbeitet wird. Patterson et al. (2006) wiesen nach, dass Ungewissheitsmeider diese Form der kognitiven Kontrolle mehr schätzen als Kunden, für deren Landeskultur Ungewissheitstoleranz charakteristisch ist. Denn kognitive Kontrolle geht mit Transparenz einher und mindert das Gefühl, einer Situation hilflos ausgeliefert zu sein und nicht zu wissen, ob die Beschwerde bearbeitet, geschweige denn gelöst wird.

5.2.2.2 Auswirkungen einer Entschuldigung

Eine Entschuldigung gilt zwar mittlerweile als „Basisreaktion" auf eine Beschwerde. Aber wie eine Umfrage unter amerikanischen Konsumenten erkennen lässt, erlebt dies nach einem Servicefehler nur eine Minderheit (= 32% aller Befragten; vgl. CCMC 2013). In der Praxis scheuen Servicemitarbeiter öfter als gedacht davor zurück. Dies kann verschiedene Gründe haben. Sie ...
- sind zu bequem, um sich zu entschuldigen (vgl. Ohtsubo/Watanabe 2009),
- geben anderen die Schuld für den Fehler (vgl. Kelley et al. 1993),
- haben Angst vor Zurückweisung (vgl. Leary 2010),
- wollen keine Gefühle zeigen (vgl. Tavuchis 1991, S. 8).

Letzteres ist besonders dann der Fall, wenn das Unternehmen von seinen Mitarbeitern den Ausdruck von Emotionen erwartet, die diese selbst nicht empfinden (vgl. Hennig-Thurau et al. 2006).

Wenn Mitarbeiter es aus den genannten oder anderen Gründen unterlassen, sich zu entschuldigen, dann nehmen kollektivistisch geprägte Kunden ihnen das besonders übel. Zwar beschweren sich Kollektivisten tendenziell eher nicht, weil sie nach Harmonie streben und einen öffentlichen Gesichtsverlust vermeiden möchten. Und selbst wenn sie sich beschweren, dann ziehen sie seltener als Angehörige individualistischer Kulturen Konsequenzen (z.B. das Produkt nicht weiter zu nutzen oder das Hotelzimmer nicht weiter zu bewohnen; vgl. Au et al. 2001). Aber nach ihrer Beschwerde legen Kollektivisten (z.B. Bewohner von Singapur) besonders großen Wert auf eine angemessene Entschuldigung des Unternehmens. Denn sie erwarten interaktionale Gerechtigkeit, also einen fairen zwischenmenschlichen Umgang und die Wiederherstellung des Gesichts – beides Ziele, zu der eine empathische Entschuldigung beiträgt. Individualisten (z.B. Amerikaner und Australier) reagieren aufgrund ihrer geringeren ⇒ Beziehungsorientierung weniger ablehnend auf einen Mangel an Mitgefühl (vgl. Wong 2004, S. 962).

Differenziertere Aussagen zur Wirkung einer Entschuldigung sind unter Einschluss der Kulturdimension Akzeptanz von Machtdistanz möglich. Sie hilft zu klären, wie sich die hierarchische Stellung der Person auswirkt, die sich entschuldigt. So zeigen Patterson et al. (2006), dass Beschwerdeführer, die aufgrund ihrer Landeskultur Machtdistanz akzeptieren (z.B. Thais), die Entschuldigung eines Verkäufers mit hohem Status als gerechter wahrnehmen als Menschen mit einer egalitären Prägung (wie sie in Australien dominiert). Für erfolgreiches Beschwerdemanagement gegenüber machtdistanten Kunden gilt daher: Es sollten sich nach Möglichkeit hochrangige Manager entschuldigen. Wenn Kunden wenig hierarchiebewusst sind, genügt auch die aufrichtige Entschuldigung des betreffenden Servicemitarbeiters.

5.2.2.3 Auswirkungen einer Kompensation

Unter Kompensation versteht man die Widergutmachung eines Fehlers, etwa in Form eines Ersatzangebots, eines Gutscheins, eines Rabatts. Möglicherweise wird dem Kunden sogar der Kaufpreis erstattet. Diese materielle Form der Beschwerdebehandlung hat sich als wirkungsvollstes Instrument des Service Recovery-Prozesses erwiesen (vgl. Gelbrich/Roschk 2010). Wer aus einer individualistischen Kultur wie den Niederlanden oder Großbritannien stammt, legt darauf noch mehr Wert als Beschwerdeführer aus kollektivistischen Ländern wie Singapur (vgl. Wong 2004, S. 962). Denn individualistisch sozialisierte Menschen sind überdurchschnittlich zielorientiert. Sie erwarten, dass ihre Beschwerde zu einem konkreten Ergebnis führt – idealerweise zu einer materiellen Wiedergutmachung. Weiterhin wiesen ...
- Mattila/Patterson (2004a/b) nach, dass eine Kompensation die Gerechtigkeitswahrnehmung bzw. Nachbeschwerdezufriedenheit US-amerikanischer Kunden stärker verbessert als die Zufriedenheit thailändischer und malaysischer Kunden.
- Hui/Au (2001) nach, dass eine Kompensation die Gerechtigkeitswahrnehmung kanadischer im Vergleich zu der chinesischer Beschwerdeführer überdurchschnittlich fördert (vgl. auch Tab. 108b).

5.2.3 Antezedenzen von Beschwerdezufriedenheit

Wie Abb. 130 verdeutlicht, bilden Beschwerdeführer ihr Zufriedenheitsurteil auf Basis affektiver (Emotionen) und kognitiver Eindrücke (Gerechtigkeitswahrnehmung). Dieser Urteilsprozess variiert interkulturell. Schoefer (2010),

Tab. 108b: Befunde der Nachbeschwerdeforschung im Überblick

	Theoretisches Konzept	Untersuchungs-felder	Unabhängige Variablen	Abhängige Variablen	Zentrale Befunde
Au et al. (2001)	INDCOL (Hui 1988 → Hofstede) IDV	• China • Kanada	• Kompensation	• Verhalten nach der Beschwerde • Gerechtigkeitswahrnehmung (GW)	• Angehörige kollektivistischer Kulturen (IDV-) neigen mehr als Angehörige individualistischer Kulturen (IDV+) dazu, nach der Beschwerde ihr Verhalten beizubehalten (z.B. das Produkt weiter zu nutzen oder das Hotelzimmer weiter zu bewohnen). • Die kulturelle Ausprägung (IDV) hat keinen Einfluss auf die GW • Kompensation fördert ein positives Verhalten nach der Beschwerde und die GW sowohl von kollektivistischen als auch von individualistischen Kulturen.
Hui/Au (2001)	Hofstede IDV	• China • Kanada	• Beschwerdekultur • Entschuldigung • Kompensation	• Gerechtigkeitswahrnehmung	• Beschwerdekultur fördert überdurchschnittlich die GW chinesischer Beschwerdeführer • Kompensation fördert überdurchschnittlich die GW kanadischer Beschwerdeführer • Entschuldigung fördert in beiden Ländern die GW
Mattila/Patterson (2004a)	Ländervergleich	• Malaysia • Thailand • USA	• Erklärung • Kompensation	• Gerechtigkeitswahrnehmung	• Kompensation fördert die GW amerikanischer Beschwerdeführer mehr als die GW von Malaien und Thais • Erklärungen fördern in allen drei Ländern die GW, in Thailand und Malaysia die interaktionale GW aber stärker als in den USA
Mattila/Patterson (2004b)	Ländervergleich	• Malaysia • Thailand • USA	• Erklärung • Kompensation	• Nachbeschwerdezufriedenheit • Attribution (intern/extern)	• Kompensation fördert die Beschwerdezufriedenheit US-amerikanischer Kunden mehr als die Nachbeschwerdezufriedenheit von Malaien und Thais
Patterson et al. (2006)	Hofstede IDV PDI UAI	• Australien • Thailand	• Beschwerdekultur • Entschuldigung	• Gerechtigkeitswahrnehmung	• In machtdistanten Kulturen (PDI+) stärkt die Entschuldigung eines Verkäufers mit hohem Status die GW der Beschwerdeführer mehr als in vergleichsweise egalitären Kulturen (PDI-) • In kollektivistischen Kulturen (IDV-) stärkt eine Beschwerdekultur die wahrgenommene interaktionale Gerechtigkeit mehr als in individualistischen Kulturen (IDV+) • In unsicherheitsmeidenden Kulturen (UAI-) stärkt eine Beschwerdekultur die wahrgenommene prozessuale Gerechtigkeit mehr als in unsicherheitstoleranten Kulturen (UAI+)

Theoretisches Konzept	Untersuchungsfelder	Unabhängige Variablen	Abhängige Variablen	Zentrale Befunde
Wong (2004) Hofstede IDV PDI UAI MAS	• Australien • Singapur • USA	• Entschuldigung • Kompensation	• Nachbeschwerdezufriedenheit • Mundpropaganda • Wiederkaufabsicht • Servicezufriedenheit (service disconfirmation) • Servicebeurteilung (service assessment)	Machtdistanz als Erklärungsansatz: • In machtdistanten Kulturen (PDI+; Singapur) führt eine Entschuldigung zu geringerer positiver Mundpropaganda als in egalitären Kulturen (PDI-; USA und Australien) • Kompensation fördert die Beschwerdezufriedenheit US-amerikanischer Kunden mehr als die Beschwerdezufriedenheit von Bewohnern Singapurs und Australiens Individualismus als Erklärungsansatz: • In individualistischen Kulturen (IDV+; USA und Australien) führt eine Entschuldigung eher zu positiver Mundpropaganda und Wiederkaufabsicht als in kollektivistischen Kulturen (IDV-; Singapur) • In kollektivistischen Kulturen (IDV-; Singapur) führt eine Entschuldigung eher zu Beschwerdezufriedenheit als in individualistischen Kulturen (IDV+; USA und Australien) • In individualistischen Kulturen (IDV+; USA) führt eine Kompensation eher zu Beschwerdezufriedenheit, positiver Mundpropaganda und Wiederkaufabsicht als in kollektivistischen Kulturen (IDV-; Singapur) • Kompensation fördert die Beschwerdezufriedenheit, die positive Mundpropaganda und die Wiederkaufabsicht US-amerikanischer Kunden mehr als jene von Australiern. Maskulinität als Erklärungsansatz: • Entschuldigung führt bei singapurianischen Kunden zu geringerer Serviceunzufriedenheit und besserer Servicebeurteilung als bei australischen Kunden • Kompensation führt bei singapurianischen Kunden zu geringerer Serviceunzufriedenheit und besserer Servicebeurteilung als bei US-amerikanischen Kunden Unsicherheitsvermeidung als Erklärungsansatz: • Kompensation führt in unsicherheitsvermeidenden Kulturen (UAI-, Australien) zu geringerer Wiederkaufabsicht als in unsicherheitstoleranten Kulturen (UAI+, USA und Singapur). • Entschuldigung führt in unsicherheitsvermeidenden Kulturen (UAI-, Australien) zu höheren Wiederkaufabsicht als in unsicherheitstoleranten Kulturen (UAI+, USA und Singapur).

der chinesische und englische Studenten über einen kürzlich selbst erlebten Beschwerdefall Auskunft geben ließ, untersuchte diese Moderatorbeziehungen. Außerdem erhob er die individuellen Wertorientierungen der Probanden (z.B. Ungewissheitsvermeidung, Langzeitorientierung). Tab. 109 fasst die in dieser Studie identifizierten Moderatoreffekte zusammen.

Tab. 109: Einfluss von Kultur auf das affektive & das kognitive Zufriedenheitsurteil nach einer Beschwerde

Zufriedenheitsurteil	Einflussfaktor	Moderatoreffekt*
kognitiv	interaktionale Gerechtigkeit	IDV (–), LTO (+)
kognitiv	prozedurale Gerechtigkeit	UAI (+)
affektiv	positive Emotionen	IDV (+), MAS (–)
affektiv	negative Emotionen	IDV (+), MAS (–)
* Einflussfaktor wirkt besonders stark auf Beschwerdezufriedenheit, wenn die Kulturdimension stark (+) oder schwach (–) ausgeprägt ist. Lesebeispiel: Interaktionale Gerechtigkeit sorgt bei kollektivistischen (IDV-) und langzeitorientierten (LTO+) Beschwerdeführern in überproportionalem Maße für Beschwerdezufriedenheit prozedurale Gerechtigkeit hingegen bei Ungewissheitsmeidern (UAI+).		

Quelle: eigene Darstellung auf Basis von Schoefer (2010).

5.2.3.1 Emotionale Reaktionen

Vor allem die Nachbeschwerdezufriedenheit von individualistisch und von feminin geprägten Beschwerdeführern wird durch deren positive bzw. negative Emotionen beeinflusst. Im Falle von Individualisten lässt sich dies mit der diagnostischen Funktion begründen, die Emotionen in diesem Kulturraum erfüllen. Stärker als Kollektivisten „nutzen" sie Emotionen zur Urteilsfindung. Wenn individualistische Kunden sich aufgrund der Art und Weise der Beschwerdebehandlung gut fühlen (= positive Emotionen), dann fällen sie ein positives Urteil und sind zufrieden. Kommen jedoch negative Emotionen in ihnen hoch, sind negative Urteile und Unzufriedenheit die Folge. Die Kulturdimension Feminität wiederum ist für das affektive Zufriedenheitsurteil bedeutsam, nicht jedoch für das kognitive Zufriedenheitsurteil. Denn feminin geprägte Menschen lassen sich generell stärker von Emotionen leiten als maskulin geprägte Menschen.

5.2.3.2 Wahrgenommene Gerechtigkeit

Von interaktionaler Gerechtigkeit spricht man, wenn Beschwerdeführer die Art und Weise, wie das Unternehmen ihrer Beschwerde behandelt, als fair und menschlich gerecht erleben. Empfundene interaktionale Gerechtigkeit steigert vor allem die Beschwerdezufriedenheit kollektivistischer und langzeitorientierter Beschwerdeführer. Denn in diesem Kulturraum legen die Menschen überdurchschnittlich viel Wert auf den Aufbau und die Pflege langfristiger Beziehungen. In Abgrenzung dazu rückt das Konstrukt der prozeduralen Gerechtigkeit den Aspekt der Transparenz in den Mittelpunkt der Betrachtung. Ein transparenter und nachvollziehbarer Prozess der Beschwerdebehandlung

5.2 Verhalten nach der Beschwerde

stellt primär Menschen zufrieden, die kulturbedingt Ungewissheit scheuen. Sie wünschen sich eine überschaubare Welt mit eindeutigen Regeln und vorhersehbaren Prozessen. Ein transparenter Beschwerdeprozess trägt diesem Bedürfnis Rechnung.

> ☞ Die meisten Complaining-Studien, welche den individualistischen mit dem kollektivistisch-ostasiatischen Kulturraum vergleichen, kommen zu dem Ergebnis, dass chinesische, japanische oder südkoreanische Kunden in einer vergleichbaren Situation sich mit geringerer Wahrscheinlichkeit beschweren als westliche Probanden. Erklärt wird dieser Unterschied zum einen mit dem besonderen Harmoniebedürfnis der konfuzianisch geprägten Gesellschaften. Zum anderen geht man davon aus, dass Angehörige kollektivistischer Kulturen aufgrund ihrer ausgeprägten Beziehungsorientierung grundsätzlich loyaler sind als Individualisten, auch „ihrem" Unternehmen gegenüber. Vor allem dann, wenn der Mangel in einem ungenügenden Leistungsergebnis besteht (bspw. wenn der Dienstleister die Lüftergeräusche des PCs nicht spürbar reduzieren konnte), sind schlechte Erfahrungen für Kollektivisten im Regelfall kein Grund, sich zu beschweren. Auf Probleme im Leistungsprozess allerdings reagieren sie vergleichsweise sensibel. Auch neigen kollektivistische Kunden verstärkt dazu, in ihrer ‚in group' über Servicefehler, Produktmängel etc. zu berichten und so negative Mund-zu-Mund-Propaganda zu betreiben. Und haben sie sich einmal dazu entschlossen, den Anbieter zu wechseln, so ist die Abwanderung zumeist endgültig. Umso mehr bedarf es in diesen Ländern eines kulturadäquaten Beschwerdemanagements. Dabei ist zu bedenken, dass die generelle Einstellung der Konsumenten sowie deren konkretes Beschwerdeverhalten maßgeblich davon abhängen, ob sie das Unternehmen als Teil ihrer ‚in group' betrachten und damit als grundsätzlich vertrauenswürdig. Nur dann gehen kollektivistisch sozialisierte Kunden davon aus, dass dem Unternehmen an ihrem Wohlergehen gelegen ist. Angesichts der weitgehenden Irreversibilität einer Abwanderung ist in diesen Ländern das in westlichen Industrienationen übliche reaktive Beschwerdemanagement ungeeignet. Dort müssen Unternehmen erstens kritische Ereignisse antizipieren, um möglichst frühzeitig in die „Erfahrungskette" des Käufers eingreifen zu können, und zweitens mehr Beziehungs- als Beschwerdemanagement betreiben: Nicht das fehlerhafte Produkt darf im Mittelpunkt der Bemühungen stehen, sondern die durch den Servicefehler gestörte zwischenmenschliche Beziehung.

Teil F

Distributionspolitik

1 Besonderheiten der Distribution im interkulturellen Kontext

Die meisten Lehrbücher und wissenschaftliche Beiträge zum Interkulturellen Marketing beschäftigen sich vorrangig mit den Besonderheiten von Produkt- und Kommunikationspolitik in einem kulturell heterogenen Umfeld. In der Praxis erweisen sich jedoch häufig Wahl und Gestaltung geeigneter Absatzwege als der entscheidende Engpass. Zwar leitet das Internet in Gestalt von E-Commerce auch in diesem Bereich einen Strukturwandel ein. Aber noch immer gilt der alte Lehrsatz: Die räumliche Distanz zum Käufer müssen Anbieter im Regelfall auf herkömmliche Weise überwinden. Und die traditionellen Absatzkanäle werden oft von einheimischen Absatzmittlern und Absatzhelfern kontrolliert. Eine in den USA gebräuchliche Redensart bringt die Besonderheit der Distributionspolitik auf den Nenner: „You can't fax or mail a hand-shake": Denn mehr als andere Marketinginstrumente ist Distribution auf unmittelbare menschliche Interaktion angewiesen.

Dies hat mittlerweile auch der Online-Handel erkannt und beginnt damit, in den Innenstädten und Einkaufszentren der großen Städte stationäre Ladengeschäfte zu eröffnen. „Was reizt die Internethändler daran, sich mit den Kosten eines realen Shops zu belasten? *T.Täuber*, Handelsexperte bei der Unternehmensberatung *Accenture*, meint: Die Kunden wollen nicht nur online bestellen. Sie wollen die Produkte anfassen können und auch beraten werden" (Bialdiga 2014, S. 20).

> **Engpass Distribution**
> Ein Anbieter von Stahlwinkeln für Lagersysteme wollte internationale Märkte erschließen. Nach langer Diskussion entschied sich das Management nicht etwa für das Land mit dem größten Marktvolumen, dem höchsten Entwicklungsstand oder den geringsten Produktionskosten. Vielmehr wählte man jene Märkte aus, in denen es eine realistische Chance gab, Zugang zu erfolgversprechenden Distributionskanälen zu gewinnen und diese zu kontrollieren. Denn nur so konnte der Hersteller mit seinen Kunden, einheimischen Architekten und Bauunternehmen, in Verbindung treten (vgl. Simmonds 1999, S. 55).

Bei internationalen Geschäften kommt lokalen Händlern häufig die Schlüsselposition zu: Sie erfüllen die …
- Zugangsfunktion: Händler haben unmittelbaren, zumeist physischen Kontakt mit den Endabnehmern.
- Informationsfunktion: Als einheimische Marktteilnehmer kennen sie die Bedürfnisse und Gewohnheiten der Kunden besser als die ausländischen Hersteller.

Hinzu kommt, dass es für einen ortsfremden Anbieter zumeist unverhältnismäßig teuer und aufwändig wäre, eigene Vertriebswege aufzubauen und eigene Marktkenntnis zu erwerben.

2 Standardisierung vs. Differenzierung

Das Distributionsnetz ist in den einzelnen Ländern historisch gewachsen und mithin hochgradig kulturspezifisch. Diese Erkenntnis hat sich in den Unternehmen allerdings erst nach und nach durchgesetzt.

Wie Griffith et al. (2000) am Beispiel chilenischer und mexikanischer Distributeure einerseits sowie kanadischer und US-amerikanischer Vergleichsunternehmen anderseits beschrieben, können distributionspolitische Entscheidungen dann standardisiert werden, wenn Heimat- und Auslandsmarkt sich sehr ähnlich sind, d.h. wenn zwischen beiden ein geringe kulturelle Distanz besteht (vgl. Teil F-3.3.1.2). Dimitrova et al. (2010) haben diese Aussage zwar einerseits bestätigt, sie anderseits aber auch entscheidend relativiert. Kein Element des Marketingmix sei derart anfällig für den Einfluss kultureller Distanz wie die internationale Distributionspolitik. Davon auszunehmen sind gemäß Hultman et al. (2009) große Unternehmen, die auf einer Vielzahl von Auslandsmärkten homogene Produkte anbieten und die Kostenführerschaftsstrategie verfolgen.

Dies erklärt, warum sich in der Distributionspolitik international tätiger Hersteller schon seit längerem eine deutliche Tendenz zu einer differenzierten Marktbearbeitung nachweisen lässt. Im Wesentlichen sprechen zwei Kontextfaktoren für eine länderspezifische Differenzierung des Außendienstes: hohe Wettbewerbsintensität und große geographische Distanz (vgl. Dow 2006).

Amerikanische Unternehmen passen ihre Distributionspolitik am stärksten den Erfordernissen bzw. Besonderheiten ihrer einzelnen Auslandsmärkte an, gefolgt von der Preispolitik und der Kommunikationspolitik. Am wenigsten wird die Produktpolitik modifiziert (vgl. Powers/Loyka 2010). Distributionspolitische Entscheidungen treffen vorzugsweise die lokalen Ländergesellschaften, selten die häufig ferne Zentrale im Stammland. Dies gilt vor allem für „schwierige" Märkte wie Japan. Gemäß einer Studie des *Instituts der deutschen Wirtschaft*, Köln, lassen annähernd 70 % der in Japan engagierten deutschen Unternehmen Fragen des Vertriebs „vor Ort", d.h. von ihrer Japan-Niederlassung entscheiden.

3 Erschließung ausländischer Märkte

Nicht immer ist der Umstand, dass ein Unternehmen sein Tätigkeitsfeld über die Landesgrenzen hinaus ausdehnt und in einen bestimmten Auslandsmarkt eintritt, Ergebnis einer Strategischen Marketingplanung, unter systematischer Abwägung der Standortvor- und -nachteile der verschiedenen Märkte. Nicht selten spielt der Zufall die entscheidende Rolle, etwa in Gestalt einer Lieferanfrage aus dem Ausland, die nicht gezielt akquiriert wurde. Es kommt auch vor, dass Unternehmen – bewusst oder unbewusst – einem Modetrend folgen, wenn sie sich für einen bestimmten Auslandsmarkt oder eine bestimmte Markteintrittsstrategie entscheiden Zu dieser Kategorie zählt u.a. die *Margarete Steiff GmbH*. Wie zahllose andere Unternehmen verlegte der Teddy-Produzent 2003 aus Kostengründen seine Produktion nach China, machte aber 2007 aufgrund von unlösbaren Qualitätsproblemen und langer Transportwege diese folgenschwere Entscheidung wieder rückgängig.

> **Lehrgeld**
>
> „Für Premiumprodukte ist China einfach nicht kalkulierbar, sagte Firmenchef M. Frechen den *Stuttgarter Nachrichten*. Vor allem für Kuscheltiere mit komplizierten Schnitten ist laut *Steiff* die Vergabe an chinesische Fremdfirmen nicht geeignet. So brauche man ein halbes Jahr Einarbeitungszeit, um Qualität zu produzieren. Da können die Leute schon wieder weg sein, weil eine Autofabrik nebenan ein wenig mehr zahlt. Ein Problem seien auch die langen Lieferzeiten. Die Kuscheltiere waren per Schiff bis zu drei Monate unterwegs. Für Verkaufserfolge wie den Eisbären *Knut*, der binnen weniger Monate 80.000 Mal bestellt worden war, eine zu lange Wartezeit. Als China im vergangenen Jahr wegen gesundheitsgefährdendem Spielzeug in die Schlagzeilen kam, beschloss *Steiff* das Ende der Produktion in China" (www.spiegel.de/wirtschaft/0,1518,563223,00html).

Zulieferunternehmen wiederum kommen häufig nicht darum herum, den Internationalisierungspfaden ihrer Großkunden zu folgen. Man spricht in ihrem Fall deshalb von Kielwasserinternationalisierung (vgl. Tab. 109). So sind der „Produktionsniederlassung der *Mercedes-Benz U.S. International (MBUSI)* bei Tuscaloosa neun Zulieferer nach Alabama gefolgt, darunter die *Rehau AG* und *ZF*. [...] Eine wichtige Rolle spielt dabei das Just in Time-Prinzip. Da *Brose*, Weltmarktführer bei Fensterhebern und Türsystemen, von seinen internationalen Kunden oft nur wenige Stunden vorher erfährt, was wann in welcher Reihenfolge zu liefern ist, gründete das fränkische Familienunternehmen Niederlassungen in der Nähe seiner Kunden: in Großbritannien, Spanien, Mexiko, Brasilien, Südafrika, Ostdeutschland, China, Japan und zuletzt in Bratislava (Slowakei). Dort wurden Türsysteme u.a. für die weitgehend baugleichen Geländewagen *VW Touareg* und *Porsche Cayenne* montiert" (Gelbrich/Müller 2011, S. 741).

Tab. 110: Kriterien der Markteintrittsentscheidung

Grundsatzentscheidung (Markteintritt ja/nein)	Markteintrittsstrategie	Ländermärkte	Timing	Zielgruppen

• Ungeplante Ereignisse (z.B. zufällige Anfrage)	• Export
	➢ Indirekter Export
	➢ Direkter Export
	  - Endverbraucher/ Importeur
	  - mit Repräsentanzbüro
	  - mit Vertriebsniederlassung
	  - mit Serviceniederlassung
		• Distanz
		➢ geographisch
		➢ kulturell
		➢ psychisch
		• Kaufkraft
		• Länderrisiko
			• Pionier- vs. Folgerstrategie
			• Wasserfallstrategie
			• Sprinklerstrategie
			• Brückenkopfstrategie
				Euro-Socio-Styles (GfK)
				➢ Steady World
				➢ Secure World
				➢ Magic World
				➢ Crafty World
				➢ Cosy Tech World
				➢ New World
				➢ Authentic World
				➢ Standing World

• Band-Wagon-Effekt ➢ „Mode" (z.B. Produktionsstandort China) ➢ Cross Investment		• Wettbewerbsintensität • Rechtssicherheit		
• Marktstagnation vs. Marktdynamik				
• Standortvorteile vs. Standortnachteile	• Kooperative Formen ➢ Vertragliche Kooperation ➢ Informelle Kooperation	• Lead-Funktion		
• Kielwasserinternationalisierung	• Direktinvestition ➢ Greenfield-Investition (Neugründung) ➢ Brownfield-Investition (Unternehmenskauf)			

3.1 Überblick

Ob, auf welche Weise und mit welchem Erfolg Unternehmen in fremde Märkte eintreten, hängt von zahlreichen Faktoren ab: Marktpotential, Konkurrenzintensität, Art und Höhe der Zölle etc. Diese und weitere Kriterien der Marktselektion (z.B. Rechtssicherheit; vgl. Tab. 111) werden in den einschlägigen Lehrbüchern ausführlich diskutiert (z.B. Zentes et al. 2013, S. 146 ff.; Backhaus/Voeth 2010, S. 85 ff.; Welge/Holtbrügge 2006, S. 106 ff.; Müller/Kornmeier 2002, S. 158 ff.).

Tab. 111: Anzahl an Morden (2011, pro 100.000 Einwohner)

Rang	Land	Anzahl Morde	Rang	Land	Anzahl Morde
1	Honduras	91,6	179	Deutschland	0,8
2	El Salvador	69,2	180	Schweiz	0,7
3	Elfenbeinküste	56,9	181	Oman	0,7
4	Jamaika	52,2	182	Norwegen	0,6
5	Venezuela	45,1	183	Österreich	0,6
6	Belize	41,4	184	Bahrain	0,6
7	Am. Jungferninseln	39,2	185	Guam	0,6
8	Guatemala	38,5	186	Singapur	0,3
9	Sambia	38,0	187	Island	0,3
10	Uganda	36,3	188	Hong Kong	0,2
...	....	...			

Quelle: Bundeszentrale für politische Bildung.

Angesichts der leichten Verfügbarkeit und Augenscheinvalidität der mehr oder minder objektiven („harten") Kennzahlen wird häufig die Rolle, welche subjektive („weiche") Variablen in diesem Entscheidungsprozess (vgl. Abb. 131) spielen, unterschätzt. Die sog. Distanzforschung hat in zahllosen Studien den Einfluss der wahrgenommenen kulturellen Distanz zwischen Stamm- und Zielland auf ökonomisch relevante Entscheidungen analysiert – allen voran auf die Markteintrittsentscheidung (vgl. Teil F-3.4). Weiterhin konnte in zahlreichen Studien nachgewiesen werden, dass bestimmte Ausprägungen der Landeskultur die Wahrscheinlichkeit des Eintritts in ausländische Märkte mindern, während andere diese erhöhen. Als hinderlich hat sich eine ausgeprägte Tendenz zur Ungewissheitsvermeidung erwiesen und als förderlich das individualistische wie auch das maskuline Werteprofil (vgl. Rothaermel et al. 2006).

3.2 Auswahl geeigneter Ländermärkte

Angesichts der Fülle an Informationen, welche über die annähernd 200 Staaten verfügbar sind (z.B. *OECD Factbook; The World Factbook, World Competitiveness Yearbook*), muss die Marktauswahl möglichst effizient betrieben werden – d.h. informationsökonomisch. Dies hat zur Folge, dass in der Praxis heuristische Verfahren (z.B. Checklist-Verfahren, Filterverfahren; vgl. Teil F-3.2.1) Vorrang vor den rechentechnisch vergleichsweise aufwändigen analytischen, häufig clusteranalytischen Verfahren haben (vgl. Teil F-3.2.2). Nicht selten allerdings spielen Zufall und Intuition oder subjektive, nur psychologisch erklärbare Präferenzen die entscheidende Rolle (vgl. Teil F-3.2.3).

Abb. 131: Einflussfaktoren der Markteintrittsentscheidung

Transaktionsspezifische Faktoren
- Spezifität (Human- und Finanzkapital)
- Technologie (Leistungsfähigkeit und Kompatibilität)
- Länderrisiko (z.B. politisches Risiko, Infrastruktur)
- Kultureller Fit

Unternehmensstrategie
- Positionierung
- Globale Integration
- Standardisierung vs. Differenzierung

Organisationale Faktoren
- Unternehmensgröße
- Internationale Erfahrung
- Commitment
- Wissensmanagement

Entscheidung

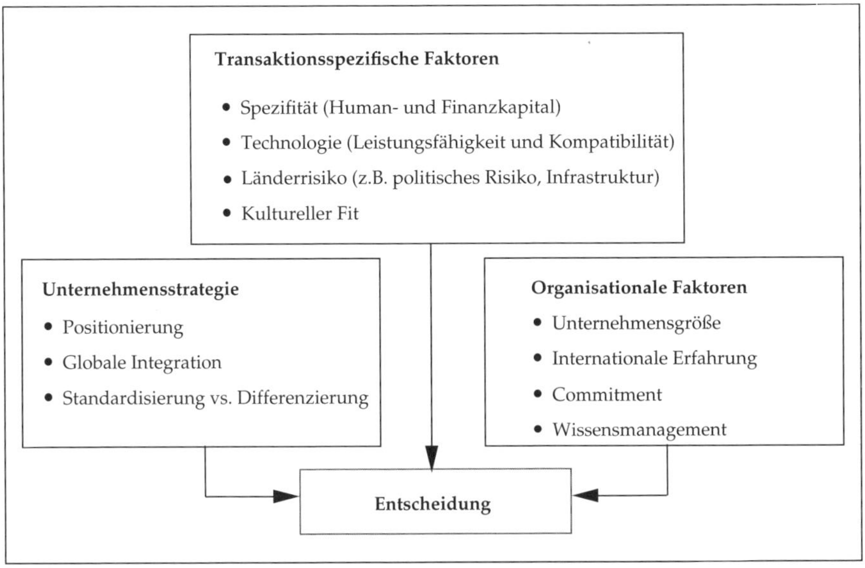

3.2.1 Heuristische Marktauswahlverfahren

Als „heuristisch" werden Verfahren bezeichnet, die es erlauben, ein komplexes Entscheidungsproblem mit einfachen Mitteln näherungsweise zu lösen. Im Falle von Markteintrittsentscheidungen erwächst die Komplexität aus der Vielzahl an Ländern, Markteintrittsstrategien und Kriterien zur Beurteilung der Marktattraktivität. Tab. 112 visualisiert beispielhaft und stark vereinfacht eine solche Entscheidungssituation, wobei in der Realität weitere Dimensionen zu beachten sind (bspw. das Timing des Markteintritts oder die Finanzierung; vgl. Teil F.-3.6).

3.2.1.1 Checklist-Verfahren

Neben Schnelligkeit und geringen Kosten nennen Berndt et al. (2010, S. 117) „einfache Handhabbarkeit" als entscheidenden Vorteil des Checklist-Verfahrens. Es dient hauptsächlich dazu, mit vergleichsweise geringem Aufwand Ländermärkte auszusondern, die bestimmte Mindestkriterien nicht erfüllen (vgl. Tab. 113). Politische Instabilität etwa schließt im Regelfall Markteintrittsstrategien wie Direktinvestitionen aus. Denn sie binden in großem Umfang Kapital, Know how und andere strategische Ressourcen. Aufgrund seiner Eignung zur Grobselektion kann das Checklist-Verfahren auch als erste Stufe des Filterverfahrens angesehen werden.

Tab. 112: Zur Vorbereitung einer Markteintrittsentscheidung auszufüllende Datenmatrix (Ausschnitt)

Land / Bewertungskriterium \ Strategie	Ägypten			China			Kanada			Venezuela		
	Lizenzvergabe	Joint Venture	Tochterunternehmen	Lizenz-Vergabe	Joint Venture	Tochterunternehmen	Lizenz-Vergabe	Joint Venture	Tochterunternehmen	Lizenz-Vergabe	Joint Venture	Tochterunternehmen
Marktpotential												
Risiken												
Transferierbarkeit von Gewinnen												
Schutz geistigen Eigentums												
Transparenz und Verlässlichkeit des Rechtssystems												
Infrastruktur												
Konkurrenzintensität												
Verfügbarkeit von Zulieferern												
Humankapital												

Tab. 113: Checkliste zur Vorbereitung des Markteintritts (vereinfachtes Beispiel)

	gering	mittel	stark
Marktpotential			
• aktuelle Nachfrage			✓
• voraussichtliche Entwicklung		✓	
• Kaufkraft		✓	
Markteintritt			
• Eignung potentieller Importeure	✓		
• Eignung potentieller Distributeure		✓	
• Markteintrittsbarrieren	✓		
– Tarifäre Barrieren	✓		
– Nicht-tarifäre Barrieren		✓	
Wettbewerbsbedingungen			
• Konkurrenzintensität		✓	
• Sicherheit von Schutzrechten	✓		
Umfeldbedingungen			
• Politische Stabilität	✓		
• Korruptionsanfälligkeit		✓	

Praktikabel ist das Checklist-Verfahren jedoch nur so lange, wie die Menge an Entscheidungskriterien überschaubar bleibt. In dem Maße, wie die Vielzahl der zu verarbeitenden Informationen (vgl. Tab. 114) die kognitive Kapazität der Entscheider überfordert, sind komplexer strukturierte Entscheidungsverfahren erforderlich.

Tab. 114: Anreize & Hemmnisse einer Direktinvestition

	Allgemeine Kriterien			Investitionsspezifische Kriterien				
	Politische und wirtschaftliche Stabilität	Einfuhrbeschränkungen	Devisenbeschränkung	Möglichkeit des Gewinntransfers	Anreize für Investitionen	Rechtsschutz	Steuervergünstigungen	Genehmigungspflicht/Beschränkungen
Ägypten		●	●	●		∅	●	
Argentinien			●	●	●			
Chile	∅		∅	●	∅			
China	∅		∅	●			∅	
Griechenland	∅			∅	●	∅	∅	
Großbritan.	●			●	●	●		●
Japan	●	∅	●		●		●	∅
Kambodscha	○			●		∅		
Kongo	○			∅	∅			
Kuwait	∅	∅		●	∅		●	∅
Litauen	○			●	∅	●	∅	
Malaysia	∅			●	●		∅	●
Mexiko	○		●	●	∅	∅	∅	∅
Mosambik	○		∅	●	∅		∅	
Niederlande	●		●	●	●			
Nigeria	○		∅	∅	∅	●		
Pakistan	○			●	∅	●		
Paraguay	○			●			∅	∅
Peru	○		●		∅			
Philippinen	○	●		●	●	●		∅
Polen	∅		●		∅	∅	∅	
Schweiz	●			●	●		●	
Simbabwe	○			●	●			
Spanien	●			●	●		●	
Südafrika	○	∅	∅	∅		∅	●	
Südkorea	∅		∅		●	∅		○
Syrien	○	∅		●	●			
Thailand	○	●	●	●	●	●	●	
Ukraine	○	●			●		∅	

	Allgemeine Kriterien			Investitionsspezifische Kriterien				
	Politische und wirtschaftliche Stabilität	Einfuhrbeschränkungen	Devisenbeschränkung	Möglichkeit des Gewinntransfers	Anreize für Investitionen	Rechtsschutz	Steuervergünstigungen	Genehmigungspflicht/Beschränkungen
Ungarn	Ø	Ø	Ø		Ø	•	Ø	•
USA	•			•	Ø			Ø
Vietnam	O	Ø	Ø	O	•	•	Ø	Ø

Legende:

•	stabil	freie Einfuhr	keine Devisenbeschränkung	vollständiger Transfer möglich	Investitionsanreize	stark	Steuervergünstigungen	gering
Ø	moderat	geringe Beschränkungen	mittlere Beschränkungen	mittlere Beschränkungen	geringe Beschränkungen	mäßig	mittlere Steuerlast	mittel
O	unsicher	starke Beschränkungen	starke Beschränkungen	starke Beschränkungen	starke Beschränkungen	gering	hohe Steuerlast	stark

Quelle: Eigene Zusammenstellung und Darstellung auf der Basis von BfAi „Länder und Märkte" sowie Institutional Investor.

3.2.1.2 Filterverfahren

Die von verschiedenen Autoren vorgeschlagenen Filterverfahren ähneln sich insofern, als sie alle einen mehrstufigen Entscheidungsprozess simulieren. Bemerkenswerte Unterschiede bestehen lediglich hinsichtlich der ...

- Anzahl der vorgesehenen Filterstufen,
- zur Beurteilung der Länder verwendeten Kriterien,
- Art der zur Evaluation der Länder herangezogenen Verfahren (vor allem Checklisten und Punktbewertungsmodelle) und
- Beurteilungsobjekte (z.B. indirekter Export, Lizenzvergabe, Joint Venture).

Charakteristisch und nach wie vor aktuell ist das vierstufige Verfahren, welches Henzler (1979) für Bauunternehmen entwickelt hat (vgl. Abb. 132). Zunächst wird in der Screening-Phase die Menge der Märkte, die für das Unternehmen prinzipiell in Frage kommen, anhand einfach zugänglicher und plausibler Knock out-Kriterien bzw. Muss-Kriterien reduziert – nach Möglichkeit drastisch, um den im weiteren Verlauf erforderlichen Informationsbeschaffungs- und Informationsverarbeitungsaufwand möglichst frühzeitig spürbar zu reduzieren. Im Mittelpunkt der Überlegungen steht dabei häufig die Stabilität der wirtschaftlichen bzw. politischen Lage. So unumgänglich dieser pragmatische Ansatz auch sein mag, so gravierend können sich Fehlentscheidungen in dieser frühen Phase des Auswahlprozesses auswirken. Denn die bisweilen nur aufgrund eines Kriteriums (z.B. Länderrisiko) ausgesonderten Länder sind zumeist unwiderruflich von der weiteren Analyse ausgeschlossen. In der zweiten Phase werden die verbleibenden Länder anhand globaler makroökonomischer Kriterien (z.B. Pro-Kopf-Einkommen, Lebenserwartung, Rechtssicherheit) erneut

3.2 Auswahl geeigneter Ländermärkte

und intensiver bewertet. Gegenstand der dritten und der vierten Selektionsstufe sind die klassischen betriebswirtschaftlichen Entscheidungskriterien (z.B. technologisches Niveau und Qualitätsstandard von Zulieferunternehmen).

Abb. 132: Filterverfahren zur Auswahl geeigneter Ländermärkte

```
1. Stufe
Kriterien                                                    Bsp.: Bauindustrie
• Politische
  Stabilität      2. Stufe
• Gesetzliche
  Restriktionen   Kriterien
       29         • Umfang der
     Länder         Bevölkerung
     scheiden     • Bruttosozial-
       aus          produkt

                      72          3. Stufe
                    Länder
                    scheiden      Kriterien         4. Stufe
                      aus         • Wohnungs-
                                    bedarf          Kriterien
                                  • Wettbewerbs-    • Marktpotential
                    In der          situation       • Marktgröße pro Kopf
                    Analyse                         • Technisches Niveau
                    verbleibende                    • Regulierungsdichte
                    Länder                          • Verfügbarkeit von
                                      22              Ressourcen
                                                        11
                                                                } Ergebnis der   16 attraktive
 150      121         49              27               16         Analyse    =   Länder
```
(Ausgangsbasis: 150 Länder)

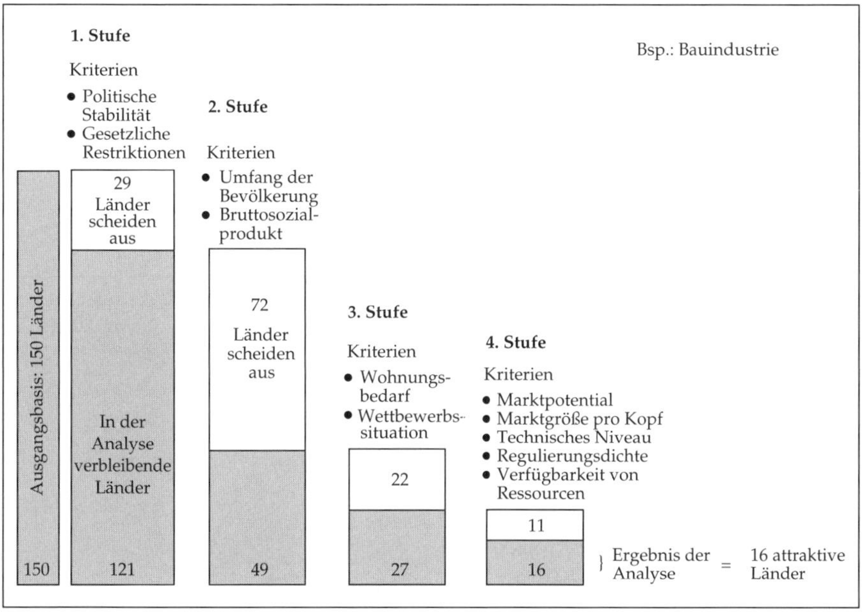

Quelle: Henzler (1979, S. 122); leicht modifiziert.

3.2.1.3 Portfolio-Verfahren

In formaler Analogie zur finanzwirtschaftlichen Portfolioanalyse werden häufig auch Chancen/Risiken-Analysen durchgeführt, um erfolgversprechende Märkte zu identifizieren. Chancen erwachsen insb. aus der Marktattraktivität (z.B. Produktionskostenvorteile, verfügbare Kaufkraft, geringe Wettbewerbsintensität), Risiken aus Markteintrittsbarrieren (z.B. großer Kapitalbedarf, protektionistische Maßnahmen, politische Risiken). Durch Kombination beider Dimensionen (Marktattraktivität und Markteintrittsbarrieren) entsteht eine Typologie von Ländermärkten, die zwischen Kernmärkten, Hoffnungsmärkten, Gelegenheitsmärkten und Abstinenzmärkten unterscheidet (vgl. Tab. 115).

Tab. 115: Markttypologie

Abstinenzmärkte	Hoffnungsmärkte
• hohe Markteintrittsbarrieren • geringe Marktattraktivität	• hohe Markteintrittsbarrieren • große Marktattraktivität
Gelegenheitsmärkte	Kernmärkte
• niedrige Markteintrittsbarrieren • geringe Marktattraktivität	• niedrige Markteintrittsbarrieren • große Marktattraktivität

Da es häufig hilft, komplexe Sachverhalte auf einfache Weise zu visualisieren, wird das Portfolio-Schema auf vielfältige Weise genutzt. So erkennt man, dass die Handelsunternehmen in den großen Märkten unterschiedliche Strategien verfolgen, wenn, wie in Abb. 133, Einzelhandelsumsatz und Verkaufsfläche standardisiert – d.h. jeweils auf 1.000 Einwohner bezogen – kombiniert werden. Während demnach für Großbritannien und Frankreich eine unterdurchschnittliche Verkaufsflächenausstattung und ein überdurchschnittlicher Einzelhandelsumsatz charakteristisch sind, verhält es sich im deutschen Markt umgekehrt: Trotz eines unterdurchschnittlichen Einzelhandelsumsatzes halten die Handelsunternehmen hier überdurchschnittlich viel Verkaufsfläche pro Kopf der Bevölkerung vor.

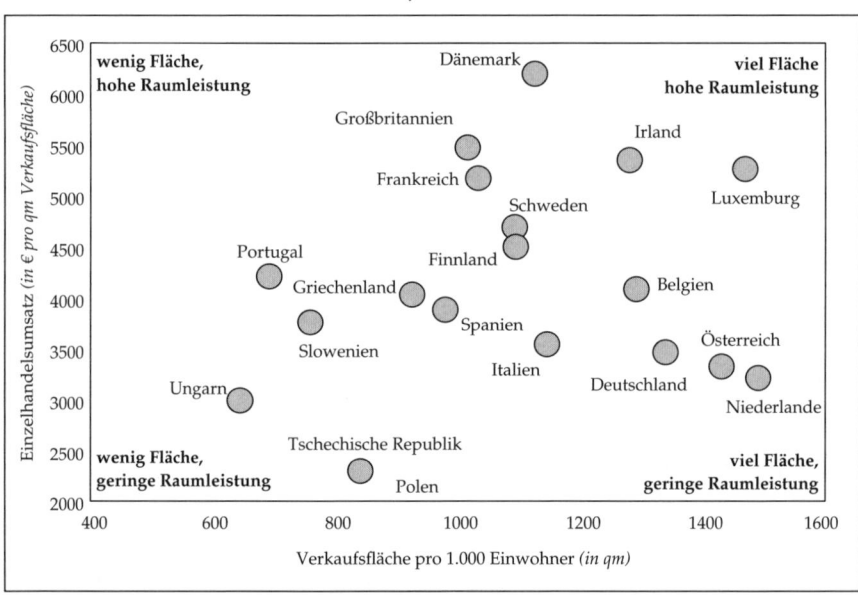

Abb. 133: Flächenproduktivität & Verkaufsflächenausstattung in der Europäischen Union

Quelle: European Retail Network der GfK PRISMA.

3.2.2 Analytische Verfahren

Während die Praxis gewöhnlich die heuristischen Verfahren bevorzugt, präferieren Wissenschaftler Gruppierungsverfahren. Dabei werden, häufig mit Hilfe der Clusteranalyse, Gruppen von Ländern gebildet, die sich hinsichtlich der zur Segmentierung herangezogenen Kriterien möglichst ähnlich sind und sich zugleich von den anderen Ländergruppen so deutlich wie möglich unterscheiden. Mit Blick auf die Vermarktung kultursensibler Güter bietet es sich an, Gruppen von Ländermärkten zu bilden, die den Unternehmen bei ihrem Markteintritt vergleichbare kulturelle Bedingungen bieten. Dieses Verfahren wird in Teil C-3.2 ausführlich demonstriert.

3.2.3 Subjektive Einflussfaktoren

Die Vorstellung, dass unternehmensstrategische Entscheidungen grundsätzlich auf Basis eines analytischen Kalküls oder wenigstens anhand eines heuristischen Verfahrens gefällt werden, ist insb. mit Blick auf klein- und mittelständische Unternehmen vielfach eine Illusion. Neben zufälligen Ereignissen (z.B. nicht gezielt akquirierte Anfragen aus dem Ausland, Besuch einer Auslandsmesse oder eines „Ländertags" der örtlichen *IHK*, Eindrücke einer Ferienreise oder Fremdsprachenkenntnisse einzelner Manager) spielt dabei vor allem die gefühlte Ähnlichkeit zwischen Heim- und Auslandsmarkt eine Rolle. Als einer der ersten hat Davidson (1983) diesen Zusammenhang empirisch belegt. Demnach bestand zum Zeitpunkt der Erhebung zwischen der ...
- „Reihenfolge, in der amerikanische Unternehmen in Auslandsmärkten investieren", und
- „deren Ähnlichkeit mit den USA"

eine Rangkorrelation von 0,8. Die Präferenz für ähnliche Marktbedingungen lässt sich auf die generelle Aversion gegenüber unsicheren Entscheidungssituationen zurückführen. Dies wiederum legt die Vermutung nahe, dass vor allem Manager, die kulturbedingt zur Ungewissheitsvermeidung tendieren, dafür anfällig sind. In dem Maße, wie das Management an Auslandserfahrung gewinnt, nimmt der Einfluss der Ähnlichkeit/Unähnlichkeit der Märkte auf die Marktauswahl ab.

3.3 Markteintrittsbarrieren

Zahlreiche Markt- und Umweltbedingungen sind geeignet, Unternehmen den Markteintritt zu erschweren bzw. sie ganz davon abzuhalten. Hierzu zählen u.a. Protektionismus, ungenügende Kaufkraft der Zielgruppe und mangelhafter Rechtsschutz. Die Markteintrittsbarriere Korruption wird ausführlich in Teil H-9 behandelt, da es sich dabei zugleich um ein Schlüsselproblem der Preispolitik handelt. Den Markteintritt erschweren oder verhindern kann weiterhin eine große kulturelle Distanz zwischen Stammland und Zielland (vgl. Teil F-3.3.1). Darüber hinaus gibt es zahllose, teils nebensächliche, teils schwerwiegende Hindernisse, welche auf die ein oder andere Weise internationale Geschäftsbeziehungen behindern. So ist deutschen Bauern untersagt, was ihre Konkurrenten in Belgien, Dänemark und den Niederlanden dürfen: tierische Fette zu verfüttern. Sie wiederum müssen unterlassen, was den Deutschen erlaubt ist: der Tiernahrung Speisereste beizumengen. Andererseits gelten innerhalb der *Europäischen Union* nirgendwo so niedrige Grenzwerte für Pestizide wie in Deutschland.

3.3.1 Distanz zwischen Herkunftsland & Auslandsmarkt

Ob, auf welche Weise und mit welchem Erfolg Unternehmen in fremde Märkte eintreten, hängt nicht nur von „harten" ökonomischen und rechtlichen Faktoren wie Marktpotential oder Zöllen ab, die einschlägige Lehrbücher ausführlich behandeln (z.B. Zentes et al. 2013, S. 149 ff.; Backhaus/Voeth 2010, S. 72 ff.; Müller/Kornmeier 2002, S. 378 ff.). Häufig unterschätzt wird die Rolle, die „weiche" Faktoren spielen, bspw. die kulturelle Distanz zwischen Stamm- und Zielland. Von der psychischen und der geographischen Entfernung unterscheidet sie sich in vielfältiger Weise.

3.3.1.1 Strömungen der Distanzforschung

Sozialwissenschaftliche Distanzforschung

Manche Länder, Menschen, Produkte etc. erwecken in uns ein Gefühl der Vertrautheit, während andere soziale Phänomene als fremdartig erlebt werden, je nachdem, wie stark sie z.b. hinsichtlich Landeskultur, Sprache oder Rechts- und Verhaltensnormen von den heimischen Gegebenheiten abweichen. Plausiblerweise ist die Neigung, unter sonst gleichen objektiven Bedingungen (z.B. Marktpotential, Wettbewerbsintensität) mit einem vertraut erscheinenden Land in Kontakt zu treten (z.B. Geschäftsbeziehungen anbahnen oder dorthin eine Urlaubsreise unternehmen), größer, als wenn Gefühle der Distanziertheit und Fremdartigkeit überwiegen. Da die sozialwissenschaftliche Distanzforschung mit ...

- psychischer Distanz,
- kultureller Distanz und
- geographischer Distanz

nicht nur verschiedenartige Konstrukte vorgeschlagen, sondern diese zumeist auch unterschiedlich operationalisiert hat, liegt eine Vielzahl unterschiedlicher Konzeptionalisierungen vor (vgl. Abb. 134). Die bekannteste Operationalisierung kultureller Distanz entwickelten Kogut/Singh (1988). Der nach ihnen benannte *Kogut/Singh*-Index wird im weiteren Verlauf eingehender dargestellt. Er basiert auf den *Hofstede*-Kulturdimensionen. Mittlerweile wurde anhand der vom *GLOBE*-Konsortium (vgl. Teil B-4.3) identifizierten Kulturdimensionen ein entsprechender Index der kulturellen Distanz entwickelt und, bspw. von Estrin et al. (2009), in der Managementforschung eingesetzt.

Im Einzelnen wurde bspw. untersucht, ob kulturelle Distanz ...
- Handelsbeziehungen ebenso erschwert, wie dies die klassischen Handelshemmnisse tun (z.B. Informationsdefizite, bürokratische Erschwernisse),
- individuelle Adoptionsentscheidungen bzw. den Verlauf von Diffusionskurven beeinflusst,
- mit der Einschätzung objektiver Entfernungen, die zwischen Ländern oder anderen Urteilsobjekten bestehen, korreliert.

Volkswirtschaftliche Distanzforschung

Von dieser Forschungsrichtung hat insb. der Gravitationsansatz Bedeutung erlangt. Er dient der Analyse der regionalen Struktur von Handelsströmen und besagt, dass geographische Distanz und Außenhandel negativ korrelieren. Wie Frankel/Rose (2002) nachgewiesen haben, macht das bilaterale Handelsvolumen zweier Volkswirtschaften, deren geographische Distanz 5.000 km beträgt, c.p. lediglich ein Fünftel des bilateralen Handelsvolumens aus, das

3.3 Markteintrittsbarrieren

Abb. 134: Ausgewählte Distanzmaße

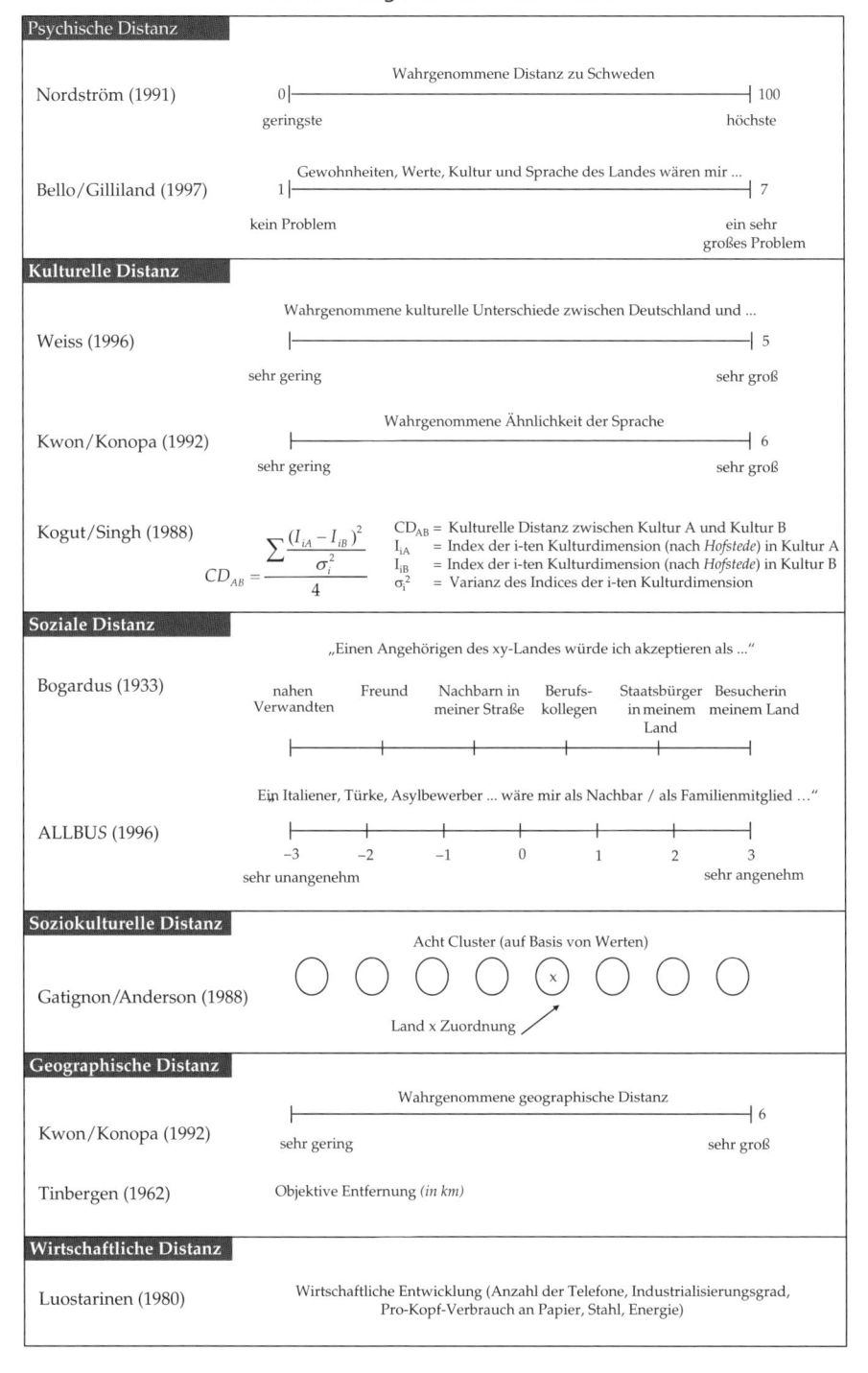

Psychische Distanz

Nordström (1991) — Wahrgenommene Distanz zu Schweden: 0 (geringste) — 100 (höchste)

Bello/Gilliland (1997) — Gewohnheiten, Werte, Kultur und Sprache des Landes wären mir ...: 1 (kein Problem) — 7 (ein sehr großes Problem)

Kulturelle Distanz

Weiss (1996) — Wahrgenommene kulturelle Unterschiede zwischen Deutschland und ...: sehr gering — sehr groß, 5

Kwon/Konopa (1992) — Wahrgenommene Ähnlichkeit der Sprache: sehr gering — sehr groß, 6

Kogut/Singh (1988):

$$CD_{AB} = \frac{\sum \frac{(I_{iA} - I_{iB})^2}{\sigma_i^2}}{4}$$

CD_{AB} = Kulturelle Distanz zwischen Kultur A und Kultur B
I_{iA} = Index der i-ten Kulturdimension (nach *Hofstede*) in Kultur A
I_{iB} = Index der i-ten Kulturdimension (nach *Hofstede*) in Kultur B
σ_i^2 = Varianz des Indices der i-ten Kulturdimension

Soziale Distanz

Bogardus (1933) — „Einen Angehörigen des xy-Landes würde ich akzeptieren als ..."
nahen Verwandten | Freund | Nachbarn in meiner Straße | Berufskollegen | Staatsbürger in meinem Land | Besucher in meinem Land

ALLBUS (1996) — Ein Italiener, Türke, Asylbewerber ... wäre mir als Nachbar / als Familienmitglied ...": −3 (sehr unangenehm) — 3 (sehr angenehm)

Soziokulturelle Distanz

Gatignon/Anderson (1988) — Acht Cluster (auf Basis von Werten); Land x Zuordnung

Geographische Distanz

Kwon/Konopa (1992) — Wahrgenommene geographische Distanz: sehr gering — sehr groß, 6

Tinbergen (1962) — Objektive Entfernung *(in km)*

Wirtschaftliche Distanz

Luostarinen (1980) — Wirtschaftliche Entwicklung (Anzahl der Telefone, Industrialisierungsgrad, Pro-Kopf-Verbrauch an Papier, Stahl, Energie)

zwei Länder erwirtschaften, die nur 1.000 km voneinander entfernt sind. Allerdings haben sich alternative Distanzvariablen als weitaus einflussreicher erwiesen (vgl. Tab. 116): u.a. die Staatsform, eine gemeinsame Sprache oder die „Verbundenheit" ehemaliger Kolonien mit der jeweiligen Kolonialmacht (z.B. Algerien/Frankreich, Republik Kongo/Belgien). So wird ein Unternehmen „wahrscheinlich ein zehnmal größeres Geschäft in einem Land erreichen, das ehemals Kolonie des eigenen Landes war, als mit einem anderen Land, zu dem es keine solche Bindung gibt. Eine einheitliche Währung steigert das gemeinsame Handelsvolumen um 340% und die Mitgliedschaft in einer regionalen Wirtschaftsgemeinschaft um 330%" (Ghemawat 2002, S. 83).

Tab. 116: Ökonomische Effekte verschiedener Erscheinungsformen von Distanz

Art der Distanz	Veränderung des Außenhandels (in %)
Einkommensniveau: Bruttoinlandsprodukt pro Kopf (je 1% Zunahme)	+ 0,7
Wirtschaftskraft: Bruttoinlandsprodukt (je 1% Zunahme)	+ 0,8
Geografische Entfernung (je 1% Zunahme)	− 1,1
Räumliche Größe (je 1% Zunahme)	− 0,2
Zugang zum Meer	+ 50
Gemeinsame Grenze	+ 80
Gemeinsame Sprache	+ 200
Demselben regionalen Wirtschaftsblock angehörig	+ 330
Verbindung aus der Kolonialzeit (zwischen Ex-Kolonie und Kolonialmacht)	+ 900
Einst derselben Kolonialmacht unterworfen	+ 190
Gleiche Staatsform	+ 300
Gemeinsame Währung	+ 340

Quelle: Frankel/Rose (2002), in: Ghemawat (2002, S. 83).

Kulturelle Distanz ist jedoch nicht nur auf einzel-, sondern auch auf volkswirtschaftlicher Ebene ein wertvoller Prädiktor. So korreliert die sog. Lieferantenposition eines Landes negativ mit dessen kultureller Distanz zu den verschiedenen Auslandsmärkten (d.h. desto geringer ist der Anteil, den Lieferungen aus dem einen Land an den Importen der anderen Länder haben).

Betriebswirtschaftliche Distanzforschung

Im Mittelpunkt dieses Forschungsfeldes steht die Frage, wie sich kulturelle Unterschiede und Gemeinsamkeiten auf die Wahl der Markteintrittsstrategie auswirken (vgl. Dow/Karunaratna 2006; Harzing 2004; Ghemawat 2002; Kwon/Konopa 1992; Kogut/Singh 1988). Darüber hinaus analysiert die betriebswirtschaftliche Distanzforschung, welche Bedeutung welche Distanzart für welche Branche bzw. welches Produkt hat (vgl. Tab. 117).

Tab. 117: Ursachen & Konsequenzen verschiedener Distanzkonzepte

	Kulturelle Distanz	Politisch-administrative Distanz	Geographische Distanz	Ökonomische Distanz
Distanzfaktoren	Verschiedene • Sprachen • Volksgemeinschaften • Religionen • soziale Normen Fehlen ethnischer oder sozialer Verbindungen	Nichts Verbindendes aus der Kolonialzeit Keine Zugehörigkeit zu einem gemeinsamen Währungs- oder politischen Verbund Politische Gegnerschaft Dirigismus in Staat und Wirtschaft Institutionelle Schwächen	Räumliche Entfernung Keine gemeinsame Grenze Kein Zugang zu einem Meer oder großen Fluss Schlechte Infrastruktur Klimatische Unterschiede	Unterschiedlich hohe Verbrauchereinkommen Unterschiede hinsichtlich Kosten und Qualität • bei den natürlichen Ressourcen • bei den Kapitalressourcen • beim Personal • bei der Infrastruktur • bei Vorleistungen • bei Information und Wissen

Von Distanz betroffene Produkte bzw. Branchen	Produkte ...
	• mit hohem Sprachanteil (etwa Film)
	• welche die kulturelle Identität der Verbraucher berühren (etwa Nahrungsmittel)
	• mit landesspezifischen Qualitätssiegeln (z.B. Wein)
	• die landesspezifisch angepasst werden müssen, etwa in Hinblick auf ...
	  – Größe (Autos)
	  – nationale Standards (elektrische Geräte)
	  – Verpackung
		Staatseingriffe in die Wirtschaft – die generell ein Fußfassen in Auslandsmärkten erschweren – gibt es besonders in Branchen, wo Unternehmen ...
		• Grundversorgungsgüter produzieren (etwa Strom)
		• andere „Notwendigkeiten" herstellen (etwa Arzneimittel)
		• große Arbeitgeber sind
		• als Großdienstleister für den Staat arbeiten (etwa Massenverkehrsbetriebe)
		• nationale Vorzeigeunternehmen sind (etwa in der Luft- und Raumfahrt)
		• wichtig für die nationale Sicherheit sind (etwa Telekommunikation)
		• natürliche Ressourcen abbauen (etwa Ölförderung, Bergbau)
		• hohe Vorabinvestitionen tätigen müssen (Infrastruktur)
			Produkte, die ...
			• im Verhältnis zu ihrem Gewicht wenig Wert – also eine niedrige „Bulk Ratio" – besitzen (etwa Zement)
			• zerbrechlich oder verderblich sind (etwa Gläser, Früchte)
			Branchen, bei denen wichtig sind ...
			• gute Kommunikationsmöglichkeiten (etwa Finanzdienstleistungen)
			• örtliche Aufsicht und betriebliche Anforderungen (bei vielen Dienstleistungen)
				Art der Nachfrage variiert mit der Höhe der Einkommen (etwa bei Autos)
				Produkte/Branchen, für die zentral sind ...
				• Effizienzvorteile einer Standardisierung oder Skaleneffekte (etwa Mobiltelefon)
				• unterschiedliche Arbeits- und sonstige Faktorkosten (etwa Textilien)
				• Vertriebssysteme oder Geschäftsmodelle (etwa Versicherungen)
				• Reaktionsschnelligkeit (etwa Haushaltsgeräte)

Quelle: Ghemawat (2002, S. 84), leicht gekürzt.

3.3.1.2 Distanzmaße

Die Konstrukte „psychische Distanz" und „kulturelle Distanz" zählen zu den subjektiven (Un-)Ähnlichkeitsmaßen. Je unähnlicher ein Auslandsmarkt dem heimischen Markt ist, so die plausible Annahme, desto schwieriger sind Informationsbeschaffung und Informationsverarbeitung und desto größer die Risiken: „The more different a foreign environment is as compared to that of a firm's (or an individual's) country of origin, the more difficult it will be to collect, analyze and correctly interpret information about it, and the higher are therefore the uncertainties and difficulties – both expected and actual – of doing business there" (Håkanson/Ambos 2007, S. 1).

Das Konstrukt der kulturellen Distanz erfüllt für die International Business-Forschung eine Schlüsselfunktion. In verschiedenen Operationalisierungen wird es dazu herangezogen, den Einfluss kultureller Unterschiede und Gemeinsamkeiten auf die Wahl der Markteintrittsstrategie zu erfassen.

Soziale Distanz

Seit Bogardus (1925) wird dieses Konstrukt genutzt, um Art, Struktur und Intensität sozialer Beziehungen zu erfassen. „Social distance … refers to the degree and grades of understanding and feeling that persons experience regarding each other. It explains the nature of a great deal of their interaction. It charts the character of social relations" (Bogardus 1933, S. 266). Allerdings misst diese Erscheinungsform von sozialer Distanz lediglich die Intensität des gewünschten Kontakts mit Angehörigen anderer Kulturen, welche innerhalb des eigenen Landes leben, und damit eine sehr spezielle Spielart von kultureller Offenheit (z.B. Akzeptanz von Türken als Nachbarn oder Berufskollegen; vgl. Kornmeier 2002). Das dabei erfragte Reaktionsspektrum reicht von „würde ich als nahe Verwandte zulassen (durch Heirat)" bis „würde ich aus meinem Land ausschließen" (vgl. Abb. 134, S. 449).

Psychische Distanz

Dieses Konstrukt repräsentiert die wahrgenommene Fremdartigkeit anderer Kulturen im Vergleich zur Kultur des Herkunftslandes der urteilenden Person (vgl. Müller 1991). Während die gängigen Maße die kulturelle Distanz zweier Kulturen (A und B) miteinander vergleichen, indem sie Werte, die in beiden Ländern per Selbsteinschätzung erhoben wurden, verrechnen, beurteilen im Falle der psychischen Distanz nur Angehörige einer Kultur deren gefühlte (Un-)Ähnlichkeit mit einer anderen Kultur. Das Herkunftsland fungiert somit als Ankerpunkt des Urteils über das fremde Land.

Abb. 135 verdeutlicht die Konsequenzen des unterschiedlichen ‚locus of judgement'. Der variierende Bezugspunkt sorgt dafür, dass zwei Kulturen kulturell und psychisch unterschiedlich weit voneinander entfernt liegen können. Auch weichen beide Werte gleichermaßen zum Teil erheblich von der objektiven Entfernung ab, d.h. von der geographischen Distanz (vgl. Kornmeier 2002).

3.3 Markteintrittsbarrieren

Abb. 135: Kulturelle & psychische Distanz im Vergleich

Distanzmaß	PD_{AB} = Psychische Distanz von A zu B	KD_{AB} = Kulturelle Distanz zwischen A und B
Operationalisierung	Ordnen Sie die aufgeführten Länder nach der von Ihnen empfundenen Fremdartigkeit auf den Kreislinien an (Fremdartigkeit = Entfernung zum Mittelpunkt A*). Zur Ihrer Orientierung ist das Land X bereits eingezeichnet. 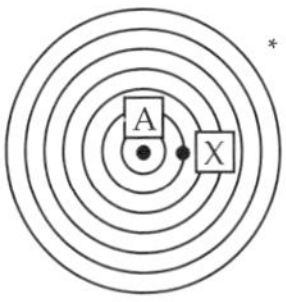 * Insgesamt sind 15 Kreise vorgegeben, so dass die psychische Distanz zwischen 0 (Kultur A) und 14 (fremdeste Kultur) variieren kann.	$$KD_{AB} = \frac{\sum \frac{(I_{iA} - I_{iB})^2}{\sigma_i^2}}{4}$$ I_{iA} = Index der i-ten Kulturdimension** in Kultur A I_{iB} = Index der i-ten Kulturdimension** in Kultur B σ_i^2 = Varianz des Indices der i-ten Kulturdimension** ** nach G. Hofstede
Locus of Judgement	Kultur A − Kultur B Differenz ⇑ Angehöriger von Kultur A	Kultur A ⇑ Kultur B ⇑ Angehöriger von Kultur A — Angehöriger von Kultur B Differenz
Konsequenz	$PD_{AB} \neq PD_{BA}$	$KD_{AB} = KD_{BA}$

Da „psychische Distanz", anders als „kulturelle Distanz", kein reziprokes, sondern ein unilaterales Maß ist, werden unterschiedliche Werte gemessen, je nachdem, ob Angehörige von Kultur A oder Angehörige von Kultur B die psychische Distanz, die zwischen A und B besteht, beurteilen. Wie Müller/Kornmeier (2002, S. 544 f.) zeigen, überschätzen finnische Manager die zwischen Finnland und Deutschland bestehende Entfernung in km deutlich (= 272 % der geographischen Distanz), während deutsche Manager diese vergleichsweise realistisch beurteilen (= 104 % der geographischen Distanz). Südkoreanische Manager wiederum unterschätzen die Distanz zwischen Südkorea und Deutschland (= 77 % der geographischen Distanz), deutsche Manager überschätzen sie mit 119 % hingegen (vgl. Tab. 118).

Tab. 118: Psychische Distanz als Prozentsatz der objektiven Distanz

	Deutsche Manager	Finnische Manager	Japanische Manager	Südafrikanische Manager	Südkoreanische Manager
Deutschland		104	48	52	77
Finnland	272				
Japan	63				
Südafrika	95				
Südkorea	119				

Kulturelle Distanz

Anders als „psychische Distanz" wird „kulturelle Distanz" nicht auf individueller Ebene, sondern aggregiert erfasst: als soziokultureller Unterschied zwischen zwei Ländern. Alle Maße kultureller Distanz gehen in der ein oder anderen Weise davon aus, dass je unähnlicher die Landeskulturen, desto fremder sind sich die Angehörigen zweier Länder und desto größer die kulturelle Distanz.

- (Un-)Ähnlichkeit der Werte (vgl. Basanez et al. 1997; Kogut/Singh 1988),
- wahrgenommene kulturelle, ökonomische, politische etc. Unterschiede zwischen Herkunftsland und Gastland (vgl. Kim/Hwang 1992),
- (Un-)Gleichartigkeit der Sprache (vgl. Kwon/Konopa 1992),
- (Un-)Ähnlichkeit des Länderrisikos (vgl. Chu/Anderson 1992).

Basanez et al. (1997) wiederum schlugen vor, die in der *World Values-Survey* erfassten Länder nach Maßgabe des Stellenwerts, welchen verschiedene Lebensbereiche (z.B. Arbeit, Familie, Freunde, Freizeit) dort besitzen, in eine Rangfolge zu bringen. Da in dieser Studie 43 Länder analysiert wurden, beträgt die größtmögliche kulturelle Distanz (je Variable) 41. Denn zwischen dem jeweils erstplatzierten (= Rang 1) und dem letztplatzierten Land (= Rang 43) können allenfalls 41 Länder rangieren. Die kulturelle Distanz ist gleich 0, wenn zwei Länder unmittelbar aneinander grenzende Rangplätze einnehmen (z.B. Rang 22 und Rang 23). Inglehart (1998, S. 139) dokumentierte den Nutzen dieses Ansatzes am Beispiel der USA und mit Blick auf sechs Variablen: „Wichtigkeit von ... Arbeit, Familie, Freunde, Freizeit, Politik und Religion für das eigene Leben". Zwischen den USA und Kanada beträgt demnach die kulturelle Distanz 3,3, weil bei den sechs Kriterien im Durchschnitt 3,3 Länder zwischen den beiden Nachbarstaaten liegen. Hingegen beantworteten Chinesen und Amerikaner die Fragen derart unterschiedlich, dass durchschnittlich 23,8 Länder zwischen den Repräsentanten des individualistischen Kulturraumes einerseits und des kollektivistischen Kulturraumes andererseits platziert waren (vgl. Abb. 136).

Abb. 136: Kulturelle Distanz der USA zu ausgewählten Ländern

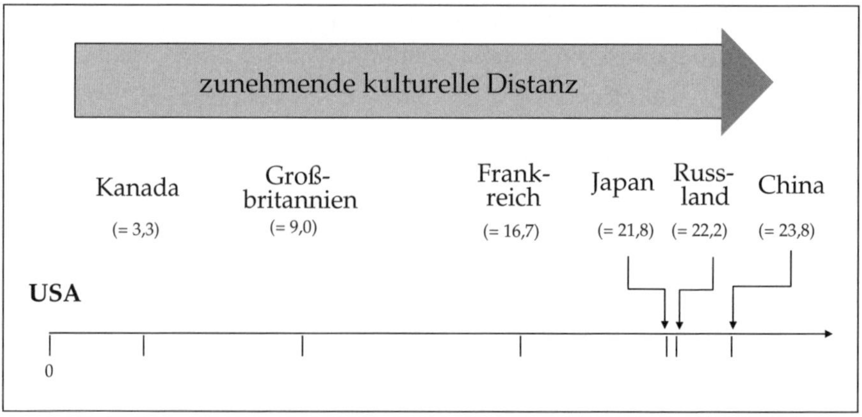

zunehmende kulturelle Distanz

Kanada	Groß- britannien	Frank- reich	Japan	Russ- land	China
(= 3,3)	(= 9,0)	(= 16,7)	(= 21,8)	(= 22,2)	(= 23,8)

USA

Quelle: Inglehart (1998, S. 139); eigene Darstellung.

3.3 Markteintrittsbarrieren

Weitgehend durchgesetzt hat sich allerdings ein sekundärstatistisches Maß: der *Kogut/Singh*-Index. Als Dateninput nutzt er die Positionen der einzelnen Länder auf den *Hofstede*-Kulturdimensionen (vgl. Teil B-2.2).

Index der kulturellen Distanz nach Kogut/Singh (1988)

$$CD_{AB} = \frac{\sum \frac{(I_{iA} - I_{iB})^2}{\sigma_i^2}}{4}$$

CD_{AB} = Kulturelle Distanz zwischen Kultur A und Kultur B
I_{iA} = Index der i-ten Kulturdimension (nach *Hofstede*) in Kultur A
I_{iB} = Index der i-ten Kulturdimension (nach *Hofstede*) in Kultur B
σ_i^2 = Varianz des Indices der i-ten Kulturdimension

Berechnet wird dieses Maß der kulturellen Distanz zwischen zwei Ländern, indem man für jede Kulturdimension die Differenz zwischen den entsprechenden Indices beider Kulturen bildet, diese quadriert und durch die Varianz der jeweiligen Kulturdimension teilt. Die resultierenden Quotienten aller Dimensionen werden, wie Tab. 119 beispielhaft für Deutschland und Indien dokumentiert, addiert und abschließend durch vier geteilt.

Tab. 119: Kulturelle Distanz zwischen Deutschland & Indien: ein Rechenbeispiel

	Akzeptanz von Machtdistanz	Individualismus	Maskulinität	Ungewissheitsvermeidung
Deutschland	35	67	66	65
Indien	77	48	56	40
Varianz[1)]	451,59	516,24	299,55	486,98
$I_{iA} - I_{iB}$	−42	19	10	25
$(I_{iA} - I_{iB})^2$	1.764	361	100	625
$\frac{(I_{iA} - I_{iB})^2}{\sigma_i^2}$	3,91	0,70	0,33	1,28
$\sum \frac{(I_{iA} - I_{iB})^2}{\sigma_i^2}$	6,22			
$\frac{\sum \frac{(I_{iA} - I_{iB})^2}{\sigma_i^2}}{4}$	1,56			

[1)] Varianz der Kulturdimension für alle 81 Länder, für welche die *Hofstede*-Daten vorliegen.

Abb. 137 zeigt die *Kogut/Singh*-Indices der kulturellen Distanz zwischen Deutschland und jenen Ländern, für welche die *Hofstede*-Daten vorliegen (vgl. Teil B-2.1.1). Die Schweiz und Italien stehen Deutschland demnach kulturell sehr „nahe". Hingegen ähneln die Niederlande ihrem Nachbarland Deutschland kulturell so wenig wie weit entfernte Länder (z.B. Thailand, Sierra Leone). Und der Iran liegt uns erstaunlicherweise erheblich näher als Schweden. Offensichtlich ist die kulturelle Distanz nicht mit der geographischen Distanz gleichzusetzen.

Abb. 137: Kulturelle Distanz deutscher Manager

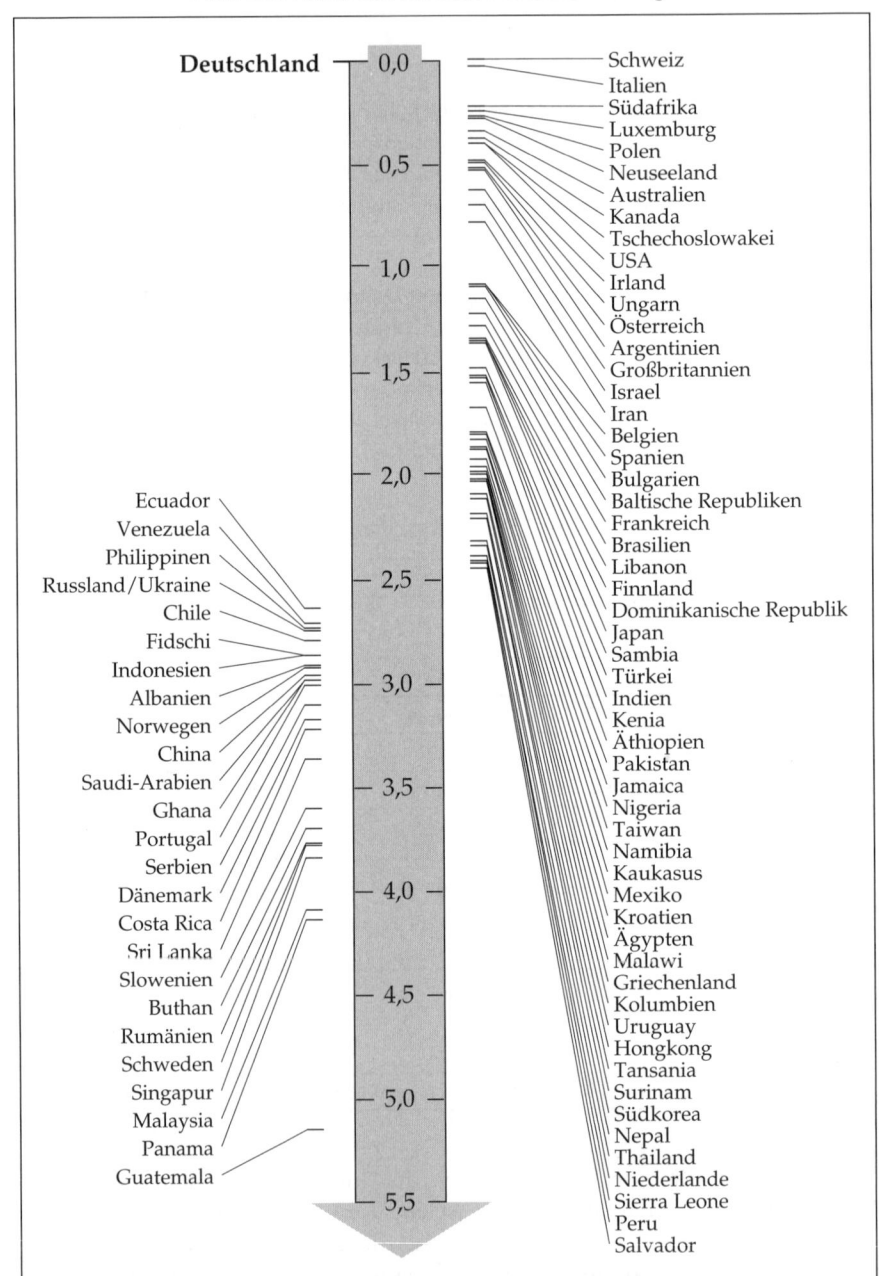

3.3.1.3 Validität

Diskriminanzvalidität

Ob „psychische Distanz" und „kulturelle Distanz" zwei unterschiedliche Konstrukte oder lediglich unterschiedliche Bezeichnungen vergleichbarer Sachverhalte sind, ist umstritten.

- „Cultural distance is, in most respects, similar to the psychic distance used by the Uppsala School" (Kogut/Singh 1988, S. 427).
- „Psychic distance is a firm's degree of uncertainty about a foreign market resulting from cultural differences and other business that present barriers to learn about the market and operating there" (O'Grady/Lane 1996, S. 310).
- „... both concepts are conceptually different and psychic distance is determined by cultural distance and the individual values ..." (Sousa/Bradley 2006, S. 49).

Während Kogut/Singh (1988) somit kulturelle Distanz und psychische Distanz mehr oder minder gleichsetzen, differenzieren andere zwischen beiden Konstrukten. O'Grady/Lane (1996) etwa konzeptionalisieren psychische Distanz als Konsequenz kultureller Distanz. Sousa/Bradley (2006, S. 49) wiederum beschreiben psychische Distanz und kulturelle Distanz als unterschiedliche, aber nicht voneinander unabhängige Konstrukte.

Unstrittig ist hingegen, dass „kulturelle Distanz" und „geographische Distanz" nur schwach korrelieren. Zwar entsprechen bei einer ganzen Reihe von Ländern (angefangen bei der Schweiz, Italien und Israel bis hin zu Panama und Guatemala) beide Maße einander, wenn es darum geht, die jeweilige Distanz zu Deutschland zu erfassen (vgl. Abb. 138). Andererseits gibt es aber auch Länder wie Australien, Neuseeland oder Argentinien, die trotz großer objektiver Entfernung eine ausgesprochen geringe kulturelle Distanz von Deutschland trennt. Umgekehrt verhält es sich mit den nordeuropäischen Ländern (Schweden, Norwegen, Dänemark) und den Niederlanden: Sie sind uns gemäß dem *Kogut/Singh*-Index kulturell weitaus fremder, als man aufgrund der vergleichsweise geringen geographischen Distanz vermuten würde.

Vorhersagevalidität

Der Erkenntniswert dieses Konstrukts ist groß. Allerdings greift die einfache lineare Hypothese („Je größer die kulturelle Distanz, desto ..."; vgl. Abb. 139) in vielen Fällen zu kurz. So besteht vermutlich kein stetiger Zusammenhang zwischen kultureller Distanz einerseits und der Wahrscheinlichkeit der Gründung einer Auslandsniederlassung andererseits. Vielmehr ist von einem zu präzisierenden Schwellenwert an Erfahrung auszugehen, bis zu dem kulturelle Distanz bedeutsam ist, während jenseits dieser Schwelle andere Faktoren wirksam werden (vgl. Li 1994). Allerdings gilt nach wie vor, dass Manager die Gründung eines Joint Venture bzw. einer 100%-Tochtergesellschaft mit umso größerer Wahrscheinlichkeit einer Lizenzvergabe vorziehen, je vertrauter ihnen das betreffende Land ist (Kim/Hwang 1992). Mit Blick auf den Kauf von Unternehmen hat sich gezeigt, dass Akquisiteure in kulturell fremdartigen Märkten bevorzugt solche Unternehmen erwerben, deren Manager mit der Landeskultur vertraut sind (vgl. Morosini et al. 1998). Damit internalisiert der Akquisiteur die für den betreffenden Auslandsmarkt erforderliche spezifische Kompetenz (z.B. Marktkenntnis).

Abb. 138: Kulturelle vs. geographische Distanz zwischen Deutschland & anderen Ländern

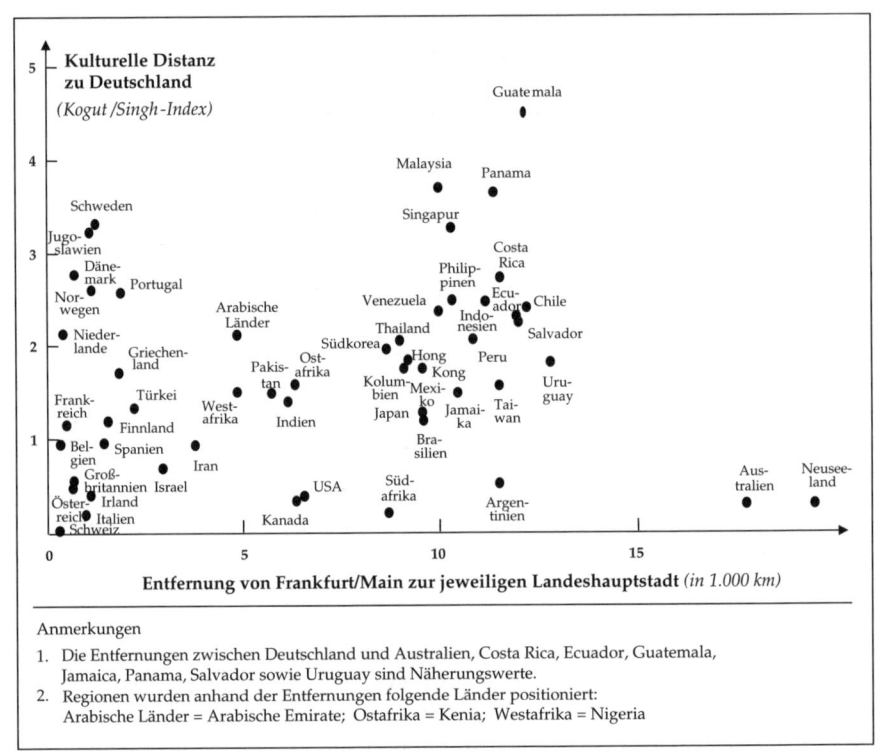

[Streudiagramm: Y-Achse "Kulturelle Distanz zu Deutschland (Kogut/Singh-Index)" von 0 bis 5; X-Achse "Entfernung von Frankfurt/Main zur jeweiligen Landeshauptstadt (in 1.000 km)" von 0 bis 15. Länderpositionen: Schweden, Jugoslawien, Dänemark, Norwegen, Portugal, Niederlande, Griechenland, Frankreich, Türkei, Finnland, Belgien, Spanien, Großbritannien, Israel, Österreich, Irland, Italien, Schweiz, Iran, Arabische Länder, Westafrika, Indien, Pakistan, Ostafrika, Südkorea, Thailand, Kolumbien, Japan, USA, Kanada, Malaysia, Singapur, Philippinen, Venezuela, Indonesien, Hongkong, Mexiko, Brasilien, Südafrika, Guatemala, Panama, Costa Rica, Ecuador, Chile, Salvador, Peru, Jamaika, Taiwan, Uruguay, Argentinien, Australien, Neuseeland.]

Anmerkungen
1. Die Entfernungen zwischen Deutschland und Australien, Costa Rica, Ecuador, Guatemala, Jamaica, Panama, Salvador sowie Uruguay sind Näherungswerte.
2. Regionen wurden anhand der Entfernungen folgende Länder positioniert:
Arabische Länder = Arabische Emirate; Ostafrika = Kenia; Westafrika = Nigeria

Das Konzept der kulturellen Distanz trägt weiterhin dazu bei zu erklären, warum Konsumenten eines Landes Produkte aus bestimmten Ländern (z.B. Autos aus Deutschland) bevorzugen, obwohl die Qualität der Angebote aus anderen Ländern vergleichbar oder sogar objektiv besser ist. Japanische Hersteller bspw. setzten hierzulande lange Zeit bei weitem nicht so viele Fahrzeuge ab, wie aufgrund ihres lange Zeit hervorragenden Abschneidens in der *ADAC*-Pannenstatistik zu erwarten gewesen wäre. Die damals vernachlässigbar geringe Korrelation zwischen Pannen- und Zulassungsstatistik ($r = -0{,}09$) besagt: Die durch das objektive Kriterium „Anzahl der Pannen" gemessene Produktqualität beeinflusst die Kaufentscheidung nicht. Bemerkenswert daran ist: Während der Beitrag der Pannenstatistik zur Erklärung das Kaufverhaltens ein Prozent nicht überschreitet, lassen sich die Zulassungszahlen mit Hilfe der kulturellen Distanz ($r = -0{,}64$) vergleichsweise gut vorhersagen: zu 42 %.

Allerdings ist der Erklärungsanspruch der Variable „kulturelle Distanz zwischen Herkunftsland und Zielmarkt" nicht unbegrenzt. So ist im Falle der

Bauwirtschaft die landeskulturell bedingte Tendenz des Managements zur Unsicherheitsvermeidung ein besserer Prädiktor der Wahrscheinlichkeit, dass es zur Markterschließung ein Joint Venture mit einem einheimischen Unternehmen eingehen wird (vgl. Fisher/Ranasinghe 2001).

Abb. 139: Linearitätsannahme zum Zusammenhang von kultureller Distanz & Markteintrittsstrategie

[Diagramm: Wahrscheinlichkeit (y-Achse) vs. Kulturelle Distanz (x-Achse); drei abfallende Pfeile: „Mehrheits-Joint Venture (vs. Lizenzvergabe)", „Kapitalbindende Markteintrittsstrategien", „Erschließung von Auslandsmärkten"]

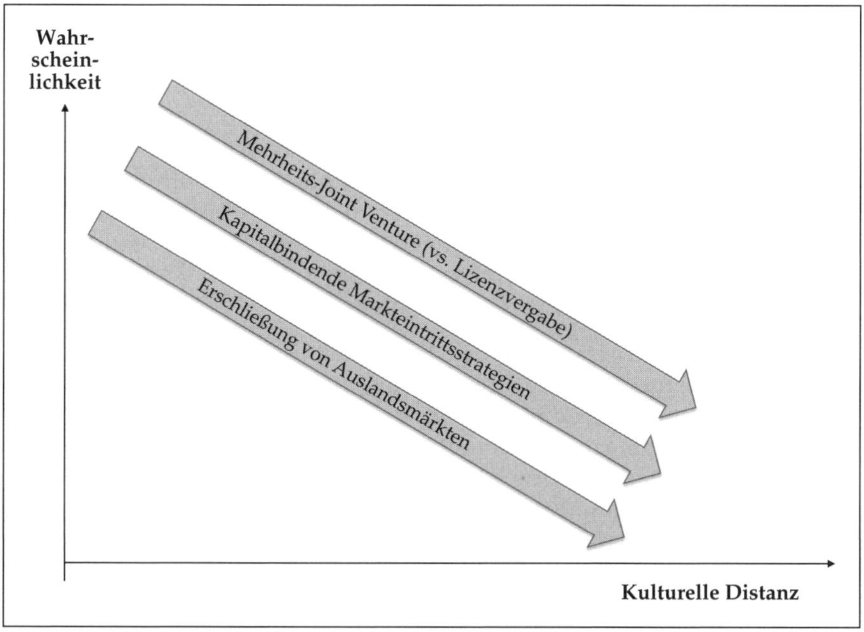

Quelle: Kwon/Konopa (1992).

3.3.2 Kulturelle Feindseligkeit

Manche Kulturen erschweren es einem Unternehmen nachhaltig, in ihrem Umfeld seine ökonomischen Ziele zu erreichen. Kulturelle Feindseligkeit beschreibt die grundsätzlich ablehnende Einstellung gegenüber dem Engagement von „Ausländern" (z.B. ausländischen Firmen) im eigenen Lebensraum (vgl. Terpstra et al. 2006). Kann sich ein Unternehmen dort ungehindert wirtschaftlich entfalten, d.h. auf die erforderlichen Ressourcen zurückgreifen, seine Produkte absetzen etc.?

Das Ablehnen oder Nicht-Verstehen-Wollen bzw. -Können des Andersartigen äußert sich im Extremfall in Fremdenfeindlichkeit, die zumeist latent ist, in Zeiten der (wirtschaftlichen) Bedrohung aber auch aggressiv zu Tage treten kann, u.a. in Gestalt von Buy National-bzw. Boykott-Aufrufen (vgl. Hoffmann/Müller 2009). So wurde während des ersten Golfkriegs im amerikanischen Fernsehen darüber diskutiert, ob man sich angesichts der Zurückhaltung der Deutschen in dieser Auseinandersetzung mit einem Fahrzeug „Made in Germany" überhaupt noch sehen lassen könne (vgl. Deysson et al. 1992, S. 12).

- Als *de Gaulle* Frankreichs Austritt aus der *NATO* erklärte, weigerten sich Tausende amerikanischer Getränke- und Supermärkte, noch französischen Wein zu verkaufen. In der Folge kam der französische Weinexport in die USA fast zum Erliegen.
- In den 1980er-Jahren verweigerte die UdSSR russischen Juden die Emigration. Daraufhin setzten in den USA Einzelhändler und Bars alle Wodka-Marken mit russisch klingendem Namen auf den Index. Dass unter dem Boykott vor allem auch die Marke *Smirnoff* gelitten hat, mag man als ausgleichende Gerechtigkeit werten. Denn dieser Wodka wurde nicht, wie der Name suggeriert, in dem (damaligen) „Reich des Bösen" destilliert, sondern in Amerika.
- Anfangs der 1990er-Jahre riefen britische Nationalisten vermehrt zum ‚buy british' auf und setzten damit die Repräsentanten des Landes starkem öffentlichen Druck aus. *Prinzessin Diana* bspw. trennte sich daraufhin vorsorglich von ihrem *Mercedes*-Cabrio. Und *Norma Major*, die Gattin des damaligen Premierministers, wurde vom Boulevardblatt *Daily Mirror* öffentlich dafür gerügt, dass sie auf einem Parteitag der Konservativen ein Kleid von *Escada*, einem deutschen Modehaus, getragen hatte.

Vor allem dann, wenn sie weniger dem Schutz heimischer Arbeitsplätze dienen, sondern primär Instrument politischer Auseinandersetzungen sind, können Buy National-Kampagnen (d.h. Aufrufe, nur einheimische Erzeugnisse zu kaufen) und Boykott-Kampagnen (d.h. Aufrufe, Erzeugnisse aus einem bestimmten Land nicht zu kaufen), Ausdruck kultureller Feindseligkeit sein. Warde (2011) spricht in diesem Zusammenhang von ‚cultural hostility' und Klein et al. (1998) von ‚cultural animosity' (vgl. auch Hoffmann et al. 2011; Riefler/Diamantopoulos 2007; Jung et al. 2002). Antipode von ⇒ Animosität ist ‚cultural openness' (vgl. Altintas/Tokol 2007).

Kunden, die Animosität gegenüber einem bestimmten Land empfinden, neigen dazu, die Qualität von Produkten, die aus diesem Land stammen, abzuwerten (vgl. Shoham et al. 2006). Vor allem aber leidet ihre Kaufbereitschaft unter diesem Gefühl (vgl. Russell/Russell 2006). Wie Russell/Russell (2010) durch eine Online-Umfrage unter 731 französischen Studenten nachweisen konnten, sind vor allem solche Marken für die verschiedenen Effekte von Animosität empfänglich, die eng mit dem entsprechenden Länderstereotyp assoziiert werden. In dieser Studie stuften die Auskunftspersonen auf einer von 1 (= ‚not at all') bis 7 (= ‚very') reichenden Antwortskala vor allem *McDonald's* (6,95), *Coca Cola* (6,94), *Levi's* (6,41) und *Nike* (6,35) als „amerikanisch" ein und *Nivea* (2,32), *Danone* (1,90), *IKEA* (1,51) sowie *Renault* (1,21) als „nicht-amerikanisch".

3.3.3 Protektionismus

3.3.3.1 Erscheinungsformen

Das Spektrum der Möglichkeiten, die internationale Wettbewerbsfähigkeit der eigenen Volkswirtschaft, einzelner Wirtschaftszweige oder Unternehmen zu Lasten konkurrierender Marktteilnehmer zu verbessern, ist groß. Zusammen mit den klassischen tarifären Handelshemmnissen (Abgaben, Gebühren, Zölle etc.) sind insb. die nicht-tarifären Handelshemmnisse ein nahezu unerschöpfliches Repertoire an Möglichkeiten, den Marktmechanismus außer Kraft zu setzen, um „nicht mehr" wettbewerbsfähige Wirtschaftszweige zu schützen (vgl. Abb. 140). Gilt die Unterstützung „noch nicht" wettbewerbsfähigen Sektoren, so stehen industriepolitische Motive im Vordergrund: Aufbau bzw. Förderung von sog. ‚infant industries'. Anlass können auch Autarkiebestrebungen, zumeist im Energie-, Rüstungs- und im Agrarbereich, sein.

Abb. 140: Struktur nicht-tarifärer Handelshemmnisse

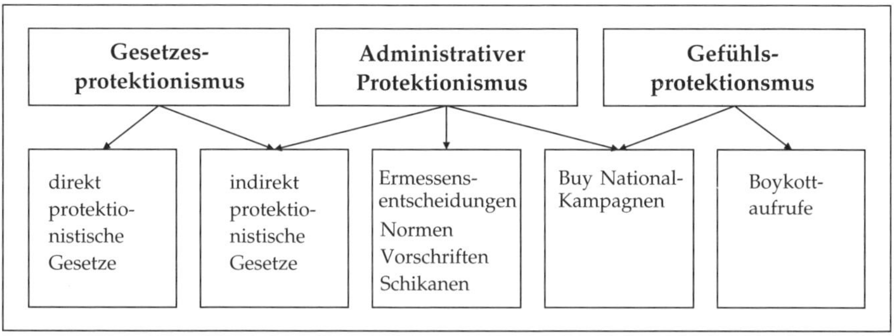

Gesetzes-protektionismus		Administrativer Protektionismus	Gefühls-protektionsmus	
direkt protektionistische Gesetze	indirekt protektionistische Gesetze	Ermessensentscheidungen Normen Vorschriften Schikanen	Buy National-Kampagnen	Boykottaufrufe

Quelle: Gelbrich/Müller (2011, S. 578), Quambusch (1989, Sp. 786).

Flaggen-Protektionismus ist eine Variante der nicht-tarifären Handelshemmnisse: die systematische Bevorzugung inländischer Anbieter durch staatliche Instanzen. So verpflichtet der *Buy American Act* seit 1933 amerikanische Behörden dazu, ausschließlich in den USA hergestellte Produkte zu beschaffen, außer es sind keine gleichwertigen heimischen Angebote erhältlich oder nur zu unverhältnismäßig hohen Preisen.

Zu den subtileren Instrumenten des Protektionismus zählen die nicht immer als nicht-tarifäre Handelshemmnisse erkennbaren „freiwilligen" Selbstbeschränkungsabkommen. Sie konkretisieren sich zumeist in Form von Rechts- und Verwaltungsvorschriften oder in Praktiken der Gesetzgebung, der Rechtsprechung bzw. der Verwaltung.

3.3.3.2 Ursachen des Protektionismus

Die theoretischen Erklärungsansätze sind ebenso vielgestaltig wie die Erscheinungsformen des Protektionismus (vgl. Rübel 2013, S. 165 ff.; Reuveny/Thompson 2001; Coughlin et al. 2000; Bhagwati 1988). Mit dessen Ursachen befassen sich u.a. volkswirtschaftlich, politisch-ökonomisch, empirisch und wirtschaftspsychologisch argumentierende Wissenschaftler.
- Klassischer volkswirtschaftlicher Erklärungsansatz (z.B. „Wechselkurs-Protektionismus als Folge der Diskrepanz zwischen der strukturellen Trägheit der Volkswirtschaften und der Flexibilität der deregulierten Finanzmärkte sowie der multioptionalen globalen Unternehmen")
- Politisch-ökonomische Theorie des Protektionismus („Handelsschranken als Folge der Fähigkeit der wirtschaftlichen Akteure [insb. in den von Struk-

turkrisen betroffenen Wirtschaftszweigen und Branchen], die politischen Akteure zu beeinflussen [z.B. Importbeschränkungen zu erlassen]")
- Empirische Wirtschaftsforschung („Protektionismus als Folge ungenügender internationaler Wettbewerbsfähigkeit"; vgl. Abb. 141)[1])
- Wirtschaftspsychologie („Protektionismus als Folge von Angst vor Veränderungen und des Gefühls der Unterlegenheit).

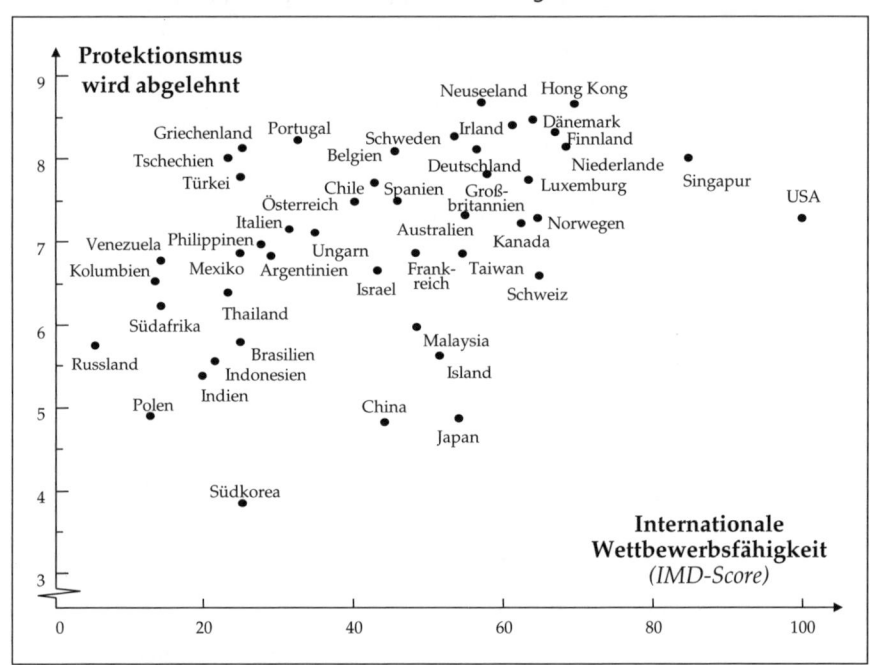

Abb. 141: Internationale Wettbewerbsfähigkeit & Protektionismus

```
        Protektionsmus
   9    wird abgelehnt                    Neuseeland  Hong Kong
                Griechenland  Portugal  Schweden   Irland  Dänemark
                                      Belgien                  Finnland
   8        Tschechien                       Deutschland        Niederlande
                 Türkei          Chile  Spanien  Groß-   Luxemburg   Singapur
                              Österreich             britannien                     USA
                                 Italien        Australien      Norwegen
   7    Venezuela Philippinen      Ungarn                Kanada
            Kolumbien   Mexiko  Argentinien  Frank-  Taiwan
                                         Israel  reich   Schweiz
                         Thailand
   6         Südafrika
                            Brasilien          Malaysia
          Russland        Indonesien        Island
                  Polen  Indien        China
   5
                                       Japan

   4              Südkorea
                                              Internationale
                                              Wettbewerbsfähigkeit
   3                                          (IMD-Score)
        0       20       40       60       80      100
```

Quelle: eigene Darstellung auf der Basis von: International Institute for Management Development (1998, S. 19, S. 374).

Frauen sind im Regelfall protektionistischer eingestellt als Männer (vgl. O'Rourke/Sinnot 2001). Vor allem bei der älteren Bevölkerung, die einen Collegeabschluss besitzt, macht sich dieser Geschlechterunterschied bemerkbar (vgl. Burgoon/Hiscox 2008). Da auch religiöse Probanden Statements, die eine protektionistische Einstellung zum Ausdruck bringen, in überdurchschnittlichem Maße befürworten (vgl. Lam 2006), könnte man meinen, dass das Feminine, in Gestalt von Fürsorglichkeit, die erklärende Variable ist (vgl. Abb. 142). Allerdings scheint eher das Gegenteil zuzutreffen: Denn „highly masculine societies have been found to pursue economic success and achievement more aggressi-

---

[1] Die Korrelation von r = −0,48 zwischen internationaler Wettbewerbsfähigkeit und der Einstellung zum Protektionismus (vgl. Abb. 141) kann unterschiedlich interpretiert werden: Werden Handelshemmnisse errichtet, um die eigene Wettbewerbsschwäche zu kompensieren? Oder begünstigt Protektionismus längerfristig Wettbewerbsschwäche?

vely by embracing and utilizing integrated global structures and systems and by supporting economic protectionism" (van Ittersum/Wong 2010, S. 105). Und Woolcook (2005) weist darauf hin, dass das maskuline Italien (MAS = 70) zu den ausgesprochen protektionistischen Ländern Europas zähle, während in den femininen Niederlanden (MAS = 14) derartige Bestrebungen kaum nachweisbar seien.

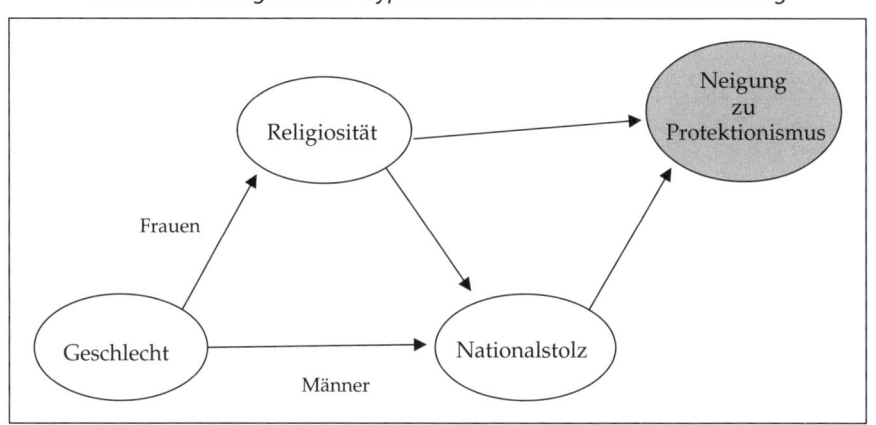

Abb. 142: Fürsorglichkeits-Hypothese der Protektionsmusforschung

Wie Shulman (2002) berichtet, befürworten chauvinistische Probanden mehr als andere Eingriffe in den freien Handel. Gleiches gilt für die domestizierte Form des Chauvinismus: den Nationalstolz, wozu Männer mehr neigen als Frauen. Menschen, die in besonderem Maße stolz auf ihre Nation sind, befürworten in starkem Maße protektionistische Eingriffe – vor allem dann, wenn es ihnen an Vertrauen in die demokratischen Institutionen ihres Landes mangelt (vgl. Mayda/Rodrik 2005).

Gemäß den Studien des *International Social Survey Programm (ISSP)* zur nationalen Identität sind von allen untersuchten Nationen die Venezolaner am stolzesten auf ihre Nation. Nationalstolz ist weiterhin charakteristisch für alle ehemaligen englischen Kolonien, während man sich in Großbritannien, wie in der Mehrzahl der mittel- und osteuropäischen Nationen, vergleichsweise wenig zu diesem Gefühl bekennt (vgl. Tab. 120). Da die Skala von 5 (= kein Nationalstolz) bis 25 (= sehr ausgeprägter Nationalstolz) reicht, handelt es sich hierbei jedoch um relative Unterschiede. Absolut betrachtet rangieren alle erfassten Nationen im Mittelfeld. Selbst die am wenigsten stolzen Schweden liegen mit 14,0 über dem Mittelwert der Skala.

3.3.4 Rechtsunsicherheit

Da es kaum eine Möglichkeit gibt, sich darauf einzustellen, fürchten viele Unternehmen wenig mehr als Rechtsunsicherheit. Sie kann Folge verschiedener Einflussfaktoren sein.

Tab. 120: Rangfolge des Nationalstolz (2003/04)

Venezuela	18,4	Philippinen	16,7	Slowenien	16,1	Tschechien	15,1
USA	17,7	Russland	16,7	Uruguay	16,1	Norwegen	14,9
Australien	17,5	Dänemark	16,6	Südkorea	16,0	Deutschland-West	14,5
Österreich	17,4	Neuseeland	16,6	Japan	15,9	Slowakei	14,5
Chile	17,1	Spanien	16,5	Taiwan	15,6	Frankreich	14,4
Kanada	17,0	Israel	16,2	Irland	15,3	Schweiz	14,3
Südafrika	17,0	Portugal	16,2	Polen	15,3	Deutschland-Ost	14,2
Ungarn	17,0	Finnland	16,1	Großbritannien	15,1	Schweden	14,0

Quelle: International Social Survey Program (ISSP), in: Smith/Kim (2006, S. 129).

3.3.4.1 Ungenügendes Rechtssystem

Formal bestehende Rechte (z.B. Schutz vor Enteignung, Korruption, Diebstahl geistigen Eigentums) sind in der Realität häufig nicht durchsetzbar, da die dazu erforderlichen Institutionen der Rechtspflege ...
- nicht oder nur in ungenügender Weise vorhanden sind,
- in ihrer Entscheidungsfindung nicht unabhängig sind, sondern expliziten oder impliziten Weisungen politischer Kreise unterliegen,
- selbst korrupt sind.

Für Unternehmen, die innovative Leistungen anbieten, ist die Verlässlichkeit des Schutzes geistigen Eigentums ein wesentliches Kriterium der Markteintrittsentscheidung. Seit einigen Jahren zeichnet die Aktion *Plagiarius*[2] die dreistesten Fälle von Produktpiraterie aus. 2014 landete *Wenzhou Haibao* mit einer 1:1-Kopie des Hochdruckreiniger HD 6/15 C von *Kärcher* (vgl. Abb. 143) auf dem zweiten Platz. „Schon seit Jahren fälscht das chinesische Unternehmen Produkte des schwäbischen Weltmarktführers. Inzwischen hat *Kärcher* einen Prozess in China gegen die Produktpiraten gewonnen: *Wenzhou Haibao* darf das Gerät nicht mehr herstellen und muss eine Strafe an *Kärcher* zahlen" (Jauernig 2014).

Die Anfälligkeit von Ländermärkten für Plagiate lässt sich u.a. anhand der „BSA Piracy-Rate", einem von der *Business Software Alliance* erhobenen Maß der Produktpiraterie, erfassen: dem Anteil der raubkopierten Software an der gesamten Softwarebasis eines Landes (vgl. Business Software Alliance 2009). Weltweit die höchsten Quoten wurden 2008 für folgende drei Länder berechnet: In Georgien waren 95 % der verfügbaren Software ohne Lizenz installiert worden, in Bangladesch 92 % und in Armenien 92 %. Die geringsten Verluste an Lizenzeinnahmen, die sich rund um den Globus Jahr für Jahr zu 55 Mrd. $ summieren, müssen Anbieter von Software in den USA (= 20 %), Japan (= 21 %) und Luxemburg (= 21 %) befürchten.

---

[2] Der gemeinnützige Verein *Aktion Plagiarius* verfolgt das Ziel, die Öffentlichkeit für das Problem der Produkt- und Markenpiraterie zu sensibilisieren und über dessen immense negative volks- und einzelwirtschaftliche Auswirkungen aufzuklären.

Abb. 143: Original & Plagiat

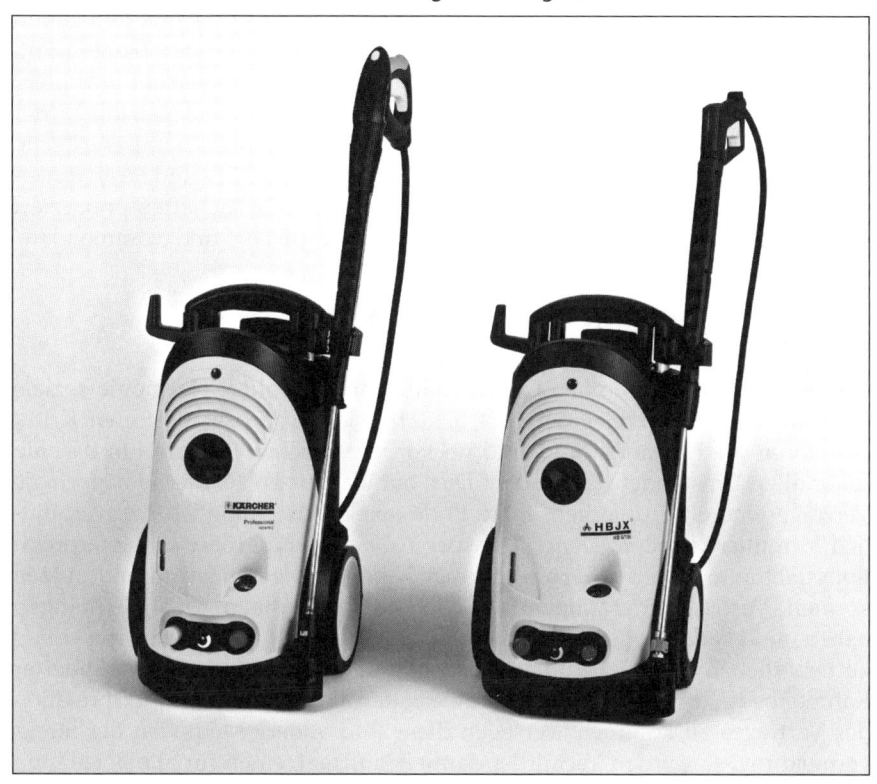

Quelle: Aktion Plagiarius.

Die Suche nach einem kulturtheoretischen Modell ergibt, dass „Akzeptanz von Machtdistanz" den größten Erklärungsbeitrag leistet (= Modell 1). Obwohl ein deutlicher negativer Zusammenhang zwischen dieser Kulturdimension und der wirtschaftlichen Leistungsfähigkeit einer Gesellschaft besteht, bleibt der Erklärungsbeitrag dieser Variable ungeschmälert, wenn man den Einfluss des Bruttoinlandsprodukts (pro Kopf) herausrechnet und das Regressionsmodell auf Basis der Partialkorrelationen erstellt (= Modell 2). Gemessen an dem Verhältnis „Anzahl der signifikanten Regressoren/Anteil erklärter Varianz" ist allerdings Modell 3 den beiden anderen Erklärungsmodellen vorzuziehen. Demnach müssen die Unternehmen in Ländermärkten, in denen Korruption das Geschäftsklima prägt und „Akzeptanz von Machtdistanz" Teil der Landeskultur ist, davon ausgehen, dass ihr geistiges Eigentum überdurchschnittlich gefährdet ist.

3.3.4.2 Unvertrautes Rechtssystem

Jede nationale Rechtsordnung ist geprägt von kulturspezifischen Rechtsauffassungen bzw. Rechtsphilosophien. Dies hat etwa zur Folge, dass für Manager, die an das kontinentaleuropäische ‚code law' gewöhnt sind und damit an ein legalistisch-rechtssystematisches Regelwerk, das im angelsächsischen Raum verbreitete ‚common law' eine Quelle der Unsicherheit ist. Denn hierbei handelt es sich um „ein überwiegend durch Fallsammlungen (d.h. frühere Entscheidungen höherer Gerichte) dokumentiertes Gewohnheitsrecht" (Müller/Gelbrich 2014, S. 273). Gemessen an der grundlegenden Andersartigkeit der verschiedenen Erscheinungsformen „göttlichen Rechts" (z.B. islamische Recht, jüdisches Recht; vgl. Prodi 2003) oder der Kultur der Konflikt- und Strafvermeidung, wie sie u.a. in den konfuzianisch geprägten Gesellschaften praktiziert wird, erscheint die kulturelle Distanz zwischen ‚code law' und ‚common law' allerdings eher gering.

Harmonieprinzip

Gemäß der konfuzianischen Gesellschaftslehre garantiert Harmonie soziale Ordnung (vgl. Müller/Gelbrich 2014, S. 132 ff.). Gerichtsprozesse, Strafen, Kritik etc. stören die Harmonie und sind im konfuzianischen Kulturraum deshalb unter allen Umständen zu meiden. Dies hat u.a. zur Folge, dass dort formale Verträge eine eher untergeordnete Rolle spielen und möglichst unverbindlich formuliert werden. Denn je unspezifischer, desto größer der Interpretationsspielraum, den die Vertragspartner haben und gesichtswahrend nutzen können. Vertragsverletzungen (z.B. Lieferverzögerungen, Qualitätsmängel) haben im Regelfall keine Vertragsstrafen zur Folge. Vielmehr geben sie Anlass zu neuerlichen Gesprächen bzw. Verhandlungen, um angesichts veränderter Rahmenbedingungen zu einer für beide Seiten akzeptablen Neuinterpretation des Vertrages zu kommen. Versagen diese und andere Methoden der Streitvermeidung, so werden Vermittler damit beauftragt, einen für alle Beteiligten gesichtswahrenden Ausweg zu finden (vgl. Foerste 2000). Aus westlicher Sicht ist dieses Rechtsverständnis – Verträge als vorläufige und jederzeit aufs Neue auszuhandelnde Vereinbarungen – nur schwer nachvollziehbar und regelmäßig Anlass für Konflikte.

Strafende bzw. exemplarische Entschädigung

1763 wurde im Prozess des Freiheitskämpfers *J. Wilkes* gegen die Polizei der britischen Krone im Geltungsbereich des angelsächsischen Rechts erstmals eine ‚punitive damage' ausgesprochen. Das Gericht begründete die außergewöhnliche Schadenersatzsumme, die damals einem Vermögen entsprach, folgendermaßen: „Der Fall reicht weit über die Person von Mister *Wilkes* hinaus, er berührt die Freiheit jedes Bürgers in diesem Land" (Zielcke 2014, S. 13). Noch heute wird die Höhe der den Täter unverhältnismäßig stark strafenden und das Opfer unverhältnismäßig stark (finanziell) belohnenden ‚punitive damage', die insb. im Rechtssystem der Vereinigten Staaten einen festen Platz hat, mit dem Argument gerechtfertigt, dass der Kläger, als er das Gericht anrief und das Prozessrisiko auf sich nahm, der Rechtssicherheit der Allgemeinheit einen großen Dienst erwiesen habe.

In den USA werden jährlich etwa eine Million Schadenersatzklagen eingereicht. In den meisten Fällen beträgt die Strafzahlung weniger als 50.000 US-$.

„Strafende Entschädigungszahlungen" wie im Falle von *McDonald's* sind allerdings die Ausnahme und setzen voraus, dass der Schädiger machtvoll ist und der Geschädigte machtlos. Im Regelfall darf das Strafmaß nicht das Vierfache des Vermögensschadens übersteigen. Bewertet der Supreme Court jedoch das Verhalten des Schädigers als „abscheulich", so können wesentlich höhere Multiplikatoren angesetzt werden (im Extremfall bis zum 500fachen des Vermögensschadens).

> **Klagefreudige Amerikaner**
>
> *P. Carr* hat *McDonald's* verklagt, weil laut ihrer Klageschrift *McDonald's*-Mitarbeiter eines Drive-in-Schalters den Deckel eines Kaffeebechers „fahrlässig, leichtfertig und unsachgemäß platziert hatten, was dazu führte, dass er bei der Übergabe herunterfiel. Deshalb wurde der heiße Kaffee auf die Klägerin geschüttet. […] Sie habe dadurch Verletzungen erlitten und deshalb Klage eingereicht. […] In den USA wird auch bei kleineren Unfällen jeder verklagt, der sich nicht rechtzeitig auf einen Baum retten kann. […] Der Fall von *P. Carr* ist deshalb besonders interessant, weil er 20 Jahre nach einem der skurrilsten Schmerzensgeldprozesse passiert. Auch damals ging es um *McDonald's* und heißen Kaffee. *S. Liebeck* bekam im Jahr 1994 von einem Gericht in New Mexico zunächst 2,9 Mio. US-$ zugesprochen, weil sie Verbrennungen dritten Grades erlitten hatte, als sie auf dem Beifahrersitz versuchte, Milch und Zucker in den Becher zu kippen, den sie zwischen ihren Beinen Platziert hatte. Dabei verschüttete sie Kaffee und verbrannte sich die Haut an den Oberschenkeln. Die Strafe wurde später zwar auf 0,6 Mio. US-$ reduziert, sorgte aber dennoch weltweit für Aufsehen: als der schnellste Weg zur ersten Million" (Schmieder 2014, S. 17).

„Was Kontinentaleuropäer am meisten irritiert, ist der unverhohlene Strafcharakter des Schadensersatzes […]. Irritierend, weil die Sanktion eben nicht in einem Strafprozess mit seinen speziellen Schutzrechten für den Täter, seinen strengen Beweisregeln und seiner differenzierten Kasuistik der Strafzumessung verhängt wird, sondern in dem dafür systemfremden Zivilverfahren" (Zielcke 2014, S. 13).

3.3.4.3 Administrative Handelshemmnisse

Die den nicht-tarifären Handelshemmnissen zuzurechnenden sog. administrativen Hemmnisse sind in besonderem Maße geeignet, ausländische Konkurrenten in einen Zustand „latenter Rechtsunsicherheit" zu versetzen. Denn sie sind im Regelfall weniger gut über die Rechtslage informiert als inländische Anbieter. Relativ kurzfristig zu erlassende Verordnungen erschweren eine langfristige Investitionsplanung und bedingen Zeitverzögerungen sowie zusätzliche Kosten. Gleiches bewirken häufige, nicht zu prognostizierende Änderungen von technischen Normen.

Unterschiedliche technische Normen, in Verbindung mit kulturspezifischen Gewohnheiten der Abnehmer, sind allerdings immer ein gravierendes Problem, gleichgültig, ob sie bewusst eingesetzt werden, um ausländische Konkurrenten zu benachteiligen, oder ob sie sich im Verlauf der Industriegeschichte eben unterschiedlich entwickelt haben. Als ein Beispiel unter vielen und Beleg für diese These kann der Stromkasten dienen: „Franzosen schließen den Strom von oben an den Sicherungskasten an, die Deutschen von unten. In Frankreich müssen Stromschränke aus Plastik sein, deutsche Kunden verlangen nach Blech. Und natürlich sind alle Abmessungen unterschiedlich" (Klimm 2014, S. 26).

3.4 Markteintrittsstrategien

3.4.1 Überblick

Die jeweiligen Vor- und Nachteile der verschiedenen Markteintrittsstrategien werden in den einschlägigen Lehrbüchern ausgiebig diskutiert und dokumentiert (z.B. Zentes et al. 2013, S. 225 ff.; Kutschker/Schmid 2011, S. 848 ff.; Backhaus/Voeth 2010, S. 194 ff.; Müller/Kornmeier 2002, S. 120 ff.). Im „Genetischen Modell der Internationalisierung" beschreiben Meissner/Gerber (1980, S. 224) die verschiedenen Form der Markterschließung als „zunehmende Verlagerung der erforderlichen Kapital- und Managementleistung vom Stamm- in das Gastland". Denn Unternehmen, die dauerhaft in einem ausländischen Markt tätig werden möchten, müssen festlegen, wie viel Kapital und Managementleistungen sie dorthin transferieren bzw. dafür einsetzen wollen, um die mit diesem Schritt der Internationalisierung verfolgten Unternehmensziele erreichen zu können (vgl. Abb. 144).

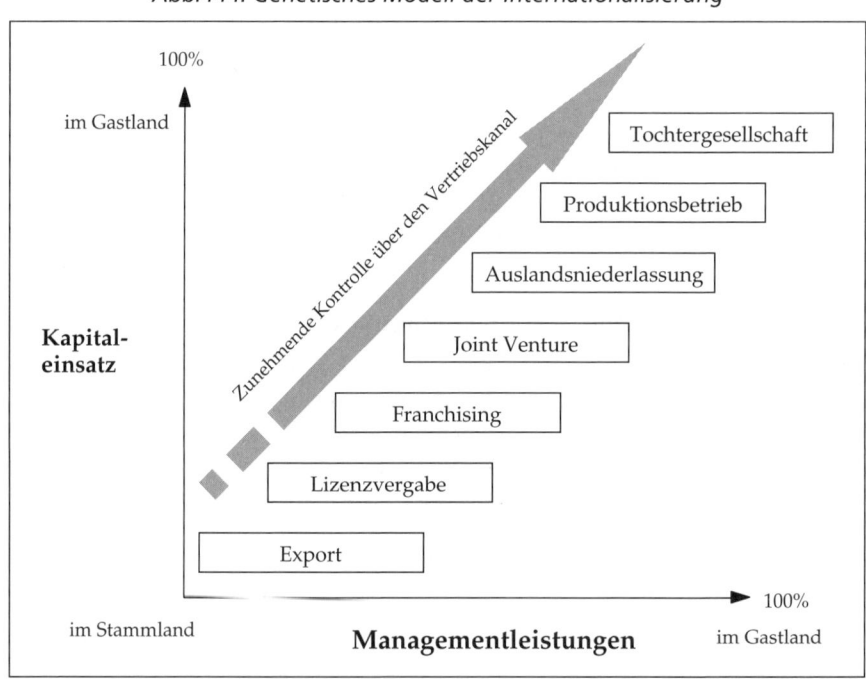

Abb. 144: Genetisches Modell der Internationalisierung

Quelle: Meissner/Gerber (1980, S. 224).

Die meisten Wissenschaftler beziehen sich allerdings auf eine Systematik, welche Weiss (1996, S. 7) vorgeschlagen hat. Sie klassifiziert die verschiedenen Markteintrittsstrategien hinsichtlich des Kriteriums „Schwerpunkt der Wertschöpfung": Liegt der Fokus im Inland, wie bei den Exportstrategien, oder im Ausland (vgl. Abb. 145)?

3.4 Markteintrittsstrategien

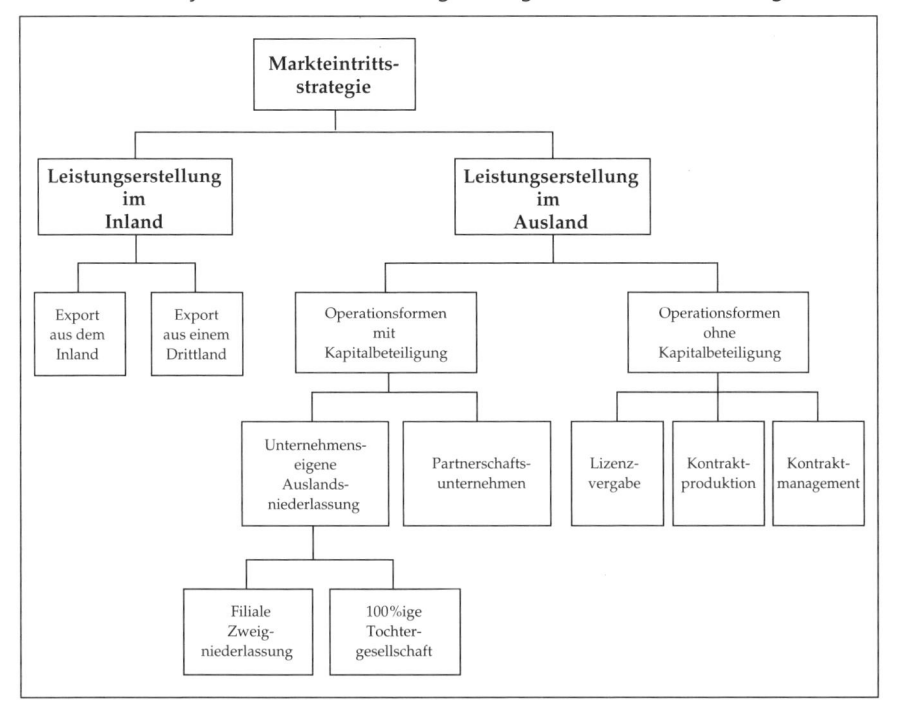

Abb. 145: Systematische Darstellung wichtiger Markteintrittsstrategien

```
                          Markteintritts-
                            strategie
                    ┌───────────┴───────────┐
          Leistungserstellung       Leistungserstellung
                 im                        im
               Inland                    Ausland
           ┌──────┴──────┐         ┌────────┴────────┐
        Export       Export    Operationsformen   Operationsformen
       aus dem      aus einem        mit                ohne
        Inland      Drittland   Kapitalbeteiligung  Kapitalbeteiligung
                              ┌──────┴──────┐    ┌──────┬──────┬──────┐
                        Unternehmens-   Partnerschafts- Lizenz- Kontrakt- Kontrakt-
                          eigene        unternehmen    vergabe produktion management
                         Auslands-
                       niederlassung
                         ┌────┴────┐
                      Filiale    100%ige
                       Zweig-    Tochter-
                    niederlassung gesellschaft
```

Quelle: vereinfachte Darstellung der Systematik von Weiss (1996, S. 7).

Aus Sicht des Interkulturellen Marketing ist primär von Interesse, welche Kontrollmöglichkeiten die verschiedenen Markterschließungsstrategien dem Unternehmen bieten. Denn die Intensität des Kontrollbedürfnisses des Managements hängt ab von der ...
- kulturbedingten Ausprägung von Vertrauen und Streben nach Ungewissheitsvermeidung sowie der
- kulturellen Distanz zwischen Stamm- und Gastland.

Am wenigsten Einfluss auf das Geschehen im Auslandsmarkt hat ein Unternehmen, wenn es indirekt exportiert oder eine Lizenz vergibt. Bessere Kontrollmöglichkeiten eröffnen demgegenüber stärker hierarchisch geregelte Formen des Markteintritts wie Joint Venture und Vertriebs- oder Produktionsniederlassungen. 100%-Tochtergesellschaften schließlich unterliegen der vollständigen Kontrolle der Unternehmenszentrale. Ein Know how-Abfluss bspw. ist in diesem Fall nicht zu erwarten (vgl. Abb. 146).

3.4.2 Export

Charakteristisch für die verschiedenen Erscheinungsformen dieser Markteintrittsstrategie ist, dass Unternehmen Abnehmer für Waren außerhalb des Landes, in dem sie produziert wurden, finden. Aus gesamtwirtschaftlicher Sicht sind die verschiedenen Erscheinungsformen von Export die wichtigste

Internationalisierungsstrategie. Während die Weltwirtschaftsleistung – d.h. das summierte Bruttoinlandsprodukt aller Volkswirtschaften – zwischen 1950 (= 100) und 2012 (= 898) sich „nur" knapp verneunfacht hat, wuchs der Welthandel – d.h. die summierten Exporte aller Volkswirtschaften – im gleichen Zeitraum um den Faktor 31 (1950 = 100; 2012 = 3174; vgl. Fischermann et al. 2013).

Abb. 146: Kriterien zur Bewertung von Markteintrittsstrategien

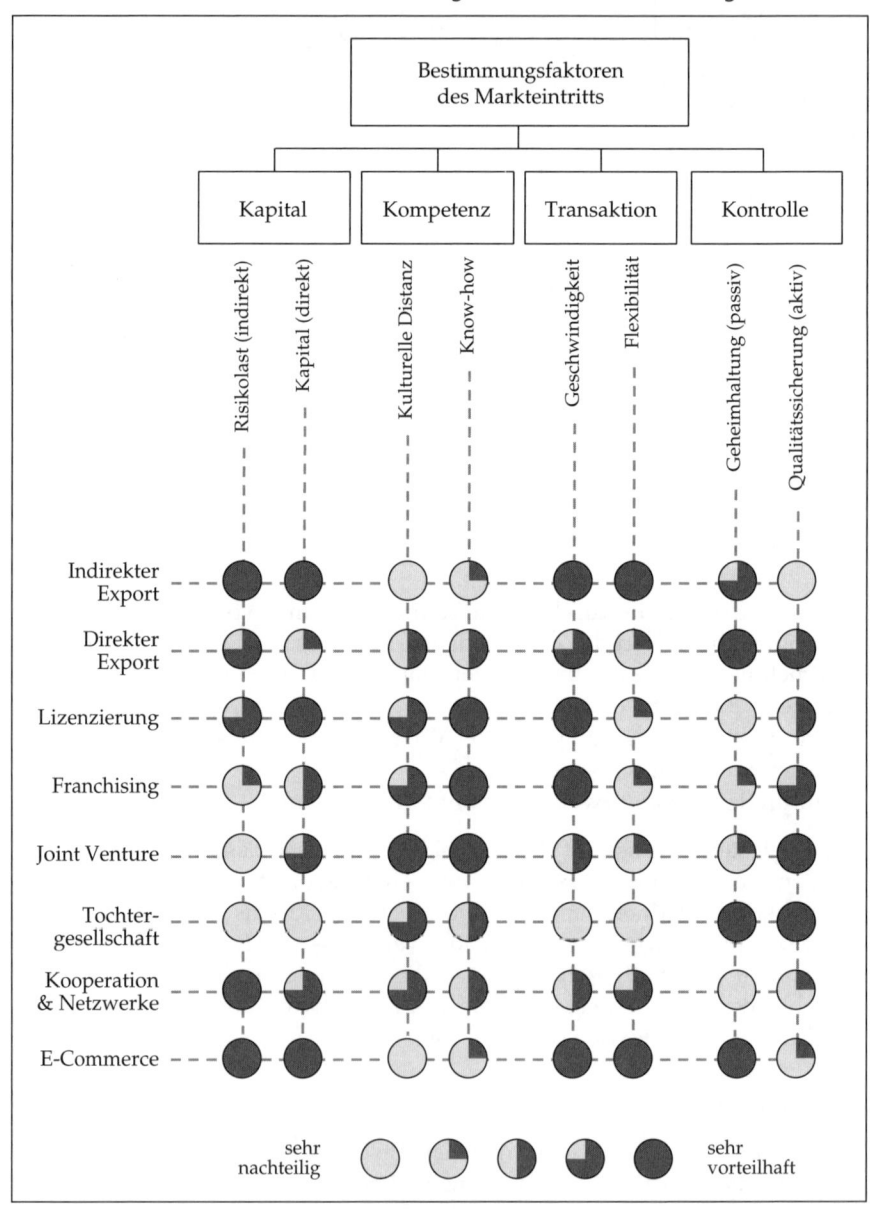

Quelle: Backhaus/Voeth (2010, S. 213), geringfügig modifiziert.

3.4.2.1 Indirekter Export

Bei dieser Form der Marktbearbeitung übernehmen spezialisierte Absatzorgane (z.B. Handelshäuser, Importhändler) sämtliche Funktionen, Kosten und Risiken der grenzüberschreitenden Geschäftstätigkeit. Deshalb eröffnet der indirekte Export dem Produzierenden Gewerbe die einfachste Möglichkeit, Auslandsgeschäfte zu betreiben. Nicht nur auslandsunerfahrene, zumeist klein- und mittelständische Unternehmen sind im Regelfall gut beraten, wenn sie solche Absatzmittler einschalten und deren Know how nutzen. Auch größere Unternehmen können unter bestimmten Bedingungen von der Erfahrung der Absatzmittler profitieren: wenn sie Auslandsmärkte erschließen wollen, die sie bislang noch nicht bearbeitet haben.

3.4.2.2 Direkter Export

Verzichtet ein Hersteller darauf, Absatzmittler einzuschalten, und beliefert er seine ausländischen Kunden bzw. Wiederverkäufer unmittelbar selbst, dann handelt es sich um direkten Export (vgl. Abb. 147). Hierbei agiert das Unternehmen selbst als Exporteur. Sollen allerdings beratungs- bzw. wartungsbedürftige Erzeugnisse (z.B. hochwertige Baumaschinen) exportiert werden, so empfiehlt es sich, im Bestimmungsland eine Vertriebsorganisation aufzubauen, z.B. mit Hilfe von Handelsvertretern oder Reisenden. Deren Aufgabenspektrum umfasst neben dem Verkauf und der Distribution der Ware auch den Kundendienst.

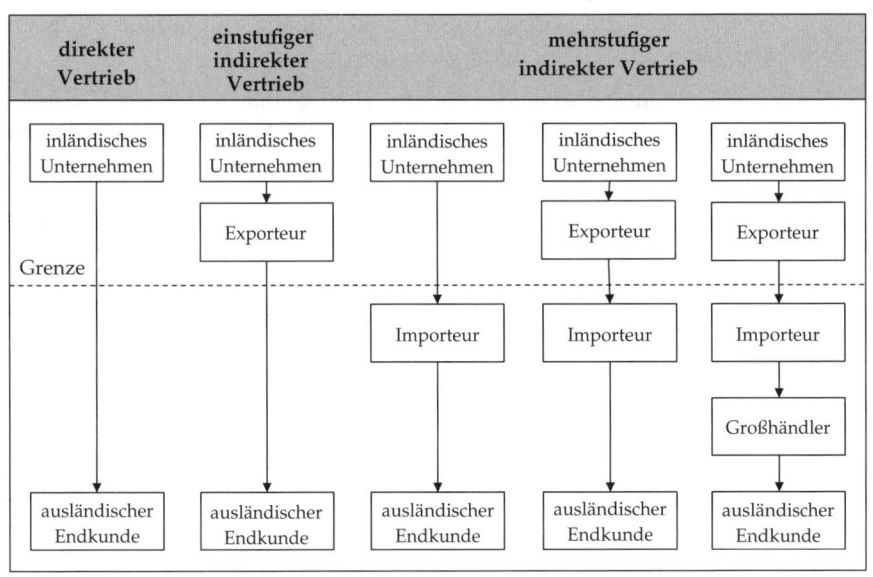

Abb. 147: Direkter & indirekter Export

direkter Vertrieb	einstufiger indirekter Vertrieb	mehrstufiger indirekter Vertrieb		
inländisches Unternehmen	inländisches Unternehmen	inländisches Unternehmen	inländisches Unternehmen	inländisches Unternehmen
	Exporteur		Exporteur	Exporteur
Grenze				
		Importeur	Importeur	Importeur
				Großhändler
ausländischer Endkunde	ausländischer Endkunde	ausländischer Endkunde	ausländischer Endkunde	ausländischer Endkunde

Quelle: Backhaus/Voeth (2010, S. 348).

3.4.3 Kooperation

3.4.3.1 Theoretische Grundlagen

Einleitung

Unternehmen kooperieren im Regelfall dann, wenn sie davon ausgehen, bestimmte strategische Ziele (z.B. Eintritt in ausländische Märkte) gemeinsam besser erreichen zu können als auf sich alleine gestellt. Die Kooperationspartner bewahren ihre rechtliche Unabhängigkeit und agieren in den nicht-koordinierten Unternehmensbereichen weiterhin wirtschaftlich selbständig. Alle Formen zwischenbetrieblicher Kooperationen basieren auf Freiwilligkeit und können, obwohl sie zumeist längerfristig angelegt sind, jederzeit einseitig gekündigt werden. Charakteristisch ist weiterhin, dass sich die Partnerunternehmen nicht unmittelbar finanziell beteiligen, aber sich wechselseitig Zugang zu kritischen, d.h. für ihre Wettbewerbsfähigkeit maßgeblichen Ressourcen verschaffen (z.B. Rohstoffe, Vorleistungen, Know how, Geschäftskontakte).

Eine Zusammenarbeit, die mehr oder minder „zufällig" zustande kam, jedenfalls weder schriftlich noch mündlich explizit vereinbart wurde, gilt nicht als zwischenbetriebliche Kooperation, selbst wenn sie länger andauert. Kooperieren rechtlich selbständige Unternehmen für die Dauer eines zeitlich begrenzten Projekts freiwillig, so handelt es sich um eine kurzfristige Kooperation. Sie ist charakteristisch für Virtuelle Unternehmen: zeitweise bestehende, häufig branchenübergreifende Netzwerke von rechtlich sowie wirtschaftlich weitgehend unabhängigen Unternehmen, die sich freiwillig, ohne eine formale Struktur zusammenschließen, um Wissen, Kosten und Zugang zu Märkten zu teilen (vgl. Braßler/Grau 2005, S. 244; Byrne et al. 1993, S. 37).

Geboten sind kooperative Strategien vor allem bei der internationalen Vermarktung von Investitionsgütern. Denn die gewaltigen Risiken derartiger Vorhaben sind geeignet, die Überlebensfähigkeit selbst von Großunternehmen zu gefährden. Deshalb werden Flughäfen, Kraftwerke, Staudämme etc. im Regelfall mittels verschiedener Projektkooperationen errichtet (vgl. Backhaus/Voeth 2010a).

Wirtschaftswissenschaftliche Perspektive

Um Entstehungsbedingungen und Erfolgsaussichten zwischenbetrieblicher Kooperationen erklären zu können, rekurrieren Wissenschaftler auf unterschiedliche Theorien, vorrangig jedoch auf die Transaktionskostentheorie (vgl. Tab. 121). Denn sie wurde u.a. entwickelt, um die Gründe kooperativen Verhaltens in einem ökonomischen Kontext erklären zu können (vgl. Williamson 1975; Coase 1937). Demnach arbeiten Unternehmen im Rahmen ihrer Internationalisierung dann zusammen, wenn die Kooperation anderen Möglichkeiten des Markteintritts überlegen ist (vgl. Güntzel/Reinhard 2007). Diese „anderen Möglichkeiten" sind die hierarchischen Formen, ökonomische Transaktionen zu bewältigen (z.B. 100%-Tochtergesellschaft), oder Transaktionen mit Hilfe des Marktes (z.B. direkter Export).

Tab. 121: Kooperation als wissenschaftliches Erkenntnisobjekt

Theorie	Zentrale Fragestellung	Aussage
Transaktionskostenansatz	• Gründe für die Existenz von Kooperationen	• Unternehmen kooperieren, wenn die Zusammenarbeit sowohl marktlichen als auch hierarchischen Transaktionsformen überlegen ist.
Spieltheorie	• Wechselseitiges Verhalten der Kooperationspartner • Einflussfaktoren der Stabilität von Kooperationen	• Kooperationspartner verhalten sich u.a. dann nicht opportunistisch, wenn die Zusammenarbeit mit einer Kapitalbeteiligung unterlegt wird. Denn dieses Commitment signalisiert die Bereitschaft zu kooperativem Verhalten. Dadurch entsteht eine Win/Win-Situation.
Agency-Theorie	• Wechselseitiges Verhalten der Kooperationspartner • Einflussfaktoren der Stabilität von Kooperationen	• Das Handeln des Agenten (z.B. Manager) beeinflusst das Wohlergehen des Principals (z.B. Aktionär). • Agenten haben einen Informationsvorsprung, den sie zur Durchsetzung eigener Ziele nutzen können. • In Kooperationen kommen Agency-Probleme auf zweifache Weise zum Tragen: Zum einen innerhalb der Kooperation und zum anderen zwischen dem gemeinsamen Leitungsgremium und den Führungskräften in der Kooperation.
Theorie des organisationalen Lernens	• Unter welchen Bedingungen kann ein Unternehmen in einer Kooperation Know how des Partners internalisieren? • Möglichkeiten zum Schutz des Know how vor Diffusion	• Kooperationen dienen in erster Linie dem Zugriff auf das Know how des Partnerunternehmens. • Der Erfolg einer Kooperation hängt vom Gleichgewicht der Partner ab.

Quelle: Pausenberger/Nöcker (2000, S. 395).

Kulturwissenschaftliche Perspektive

Im Focus dieses Zweiges der Kooperationsforschung stehen Kontrollbedürfnis, Vertrauen und vergleichbare Konstrukte. Beeinflussen sie die Bereitschaft, Kooperationen einzugehen? Sind sie für den Erfolg von Kooperationen bedeutsam?

Allgemeine Einstellung zu Kooperationen. In kollektivistischen Gesellschaften gilt Kooperation als „Königsweg der Gestaltung von Austauschbeziehungen" und als Erfolgsgarant schlechthin (vgl. Phuong-Mai et al. 2005). Am Beispiel von Entrepreneuren aus sieben Ländern bestätigten Steensma et al. (2000) diese These in einer explorativen Studie und erweiterten sie: Angehörige von femininen und unsicherheitsmeidenden Kulturen zeichnen sich im Vergleich zu individualistischen, maskulinen und unsicherheitstoleranten Managern durch eine positivere Einstellung zu kooperativen Arrangements aus. Überdies präferieren sie andere Kontrollmechanismen. Während Entrepreneure aus individualistischen Gesellschaften vorrangig versuchen, durch vertragliche Vereinbarungen den Erfolg einer Kooperation zu gewährleisten, verlassen sich feminin sozialisierte Entrepreneure lieber auf die verbindende Wirkung gemeinsamer Werte und Ziele.

Hinzu kommt, dass im kollektivistischen Kulturkreis vor allem gemeinsam errungene Erfolge Anerkennung finden. Erfolge, die auf außerordentlichen Anstrengungen Einzelner basieren, sind hingegen das Ideal individualistischer Gesellschaften. Denn sie ziehen den „Wettbewerb" der Kooperation vor. Aus Sicht von Amerikanern und anderen Angehörigen des individualistischen Kulturkreises ist Kooperation lediglich dann ratsam, wenn Synergieeffekte erzielt und der Gesamtertrag aller Beteiligten optimiert werden soll.

Dem Gerechtigkeitsempfinden von Individualisten entspricht es, wenn die Erträge einer Kooperation leistungsgerecht aufteilt werden (= Equity-Prinzip). Gehören die Kooperationspartner der ‚in group' an, so ziehen Chinesen und andere Repräsentanten des kollektivistischen Kulturkreises das Equality-Prinzip vor, wonach eine gleichmäßige Verteilung der Erträge unter den Kooperationspartnern gerecht ist (vgl. Gómez et al. 2000). In Out Group-Beziehungen gilt hingegen auch in kollektivistischen Gesellschaften das Equity-Prinzip. Moderatorvariablen sind „Guanxi" (vgl. Teil F-3.4.3.2) und „Seniorität". Demnach hängt das, was im konkreten Fall als Verteilungsgerechtigkeit verstanden wird, vom „Beziehungsguthaben" ab, welches der Einzelne in das Kooperationsprojekt einbringt, und von dessen Seniorität. Dies erklärt, warum Kollektivisten es als gerecht empfinden, wenn ein älterer Geschäftspartner, der ein besonders hochwertiges Netzwerk an sozialen Beziehungen in ein Joint Venture einbringt, einen überproportionalen Ergebnisanteil erhält.

Vertrauen & Kooperationsbereitschaft. Nach Gambetta (1988) sind Amerikaner aufgrund ihrer begrenzten Ambiguitätstoleranz und ihres starken Kontrollbedürfnisses weniger als andere dafür geeignet, Strategischen Allianzen und ähnlichen kooperativen Arrangements zum Erfolg zu verhelfen. Hinderlich ist weiterhin ihr geringes Vertrauen in Angehörige anderer Nationen. Lediglich jeder vierte US-Amerikaner zeigte sich in den Studien von Brewer et al. (2005) davon überzeugt, dass die USA anderen Ländern vertrauen können. „What they found was that Americans were cynical about the outside world. Over 70% of respondents agreed that the U.S. can't be too careful in dealing with other countries. And 65% of Americans rejected the idea that other countries try to help the U.S." (Drezner 2008, S. 56). Bemerkenswerterweise vertrauen US-Amerikaner auch ihren Landsleuten wenig, jedenfalls verglichen mit dem Ausmaß an Vertrauen, das insb. Chinesen, aber auch Kanadier in ihre jeweiligen Landsleute haben (vgl. Niu et al. 2010).

Günstige Voraussetzungen für Kooperationen bieten aus dieser Sicht die femininen Gesellschaften Nordeuropas. Den Gegenpol bilden die unsicherheitsaversen Gesellschaften Südamerikas. Dort behindert ausgeprägtes Misstrauen zwischenmenschliche Interaktionen (vgl. Abb. 148).

Auch deutsche Manager sind vergleichsweise wenig kooperationswillig. Nach Angaben von *Eurostat* unterhielten 2000 nur 17,4% der innovativen deutschen Unternehmen eine Kooperation. Spitzenreiter dieser Rangfolge war Finnland

(= 50,0 %), gefolgt von Dänemark (= 38,6 %) und Schweden (= 31,8 %). Lediglich portugiesische (= 16,8 %) und insb. spanische (= 9,9 %) sowie italienische Unternehmen (= 9,3 %) waren noch weniger kooperationswillig als die in dieser Studie erfassten deutschen Unternehmen. Sie alle gehören dem Typus „maskuline, unsicherheitsmeidende Landeskultur" an (vgl. Tab. 122).

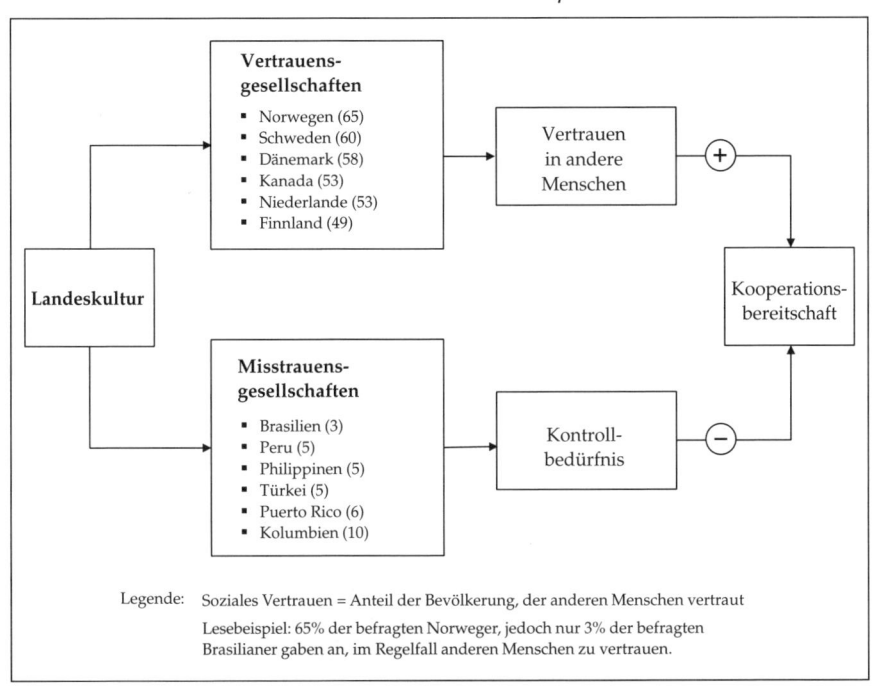

Abb. 148: Einfluss von Vertrauen auf die Kooperationsbereitschaft

```
                    Vertrauens-
                    gesellschaften
                    • Norwegen (65)
                    • Schweden (60)          Vertrauen
                    • Dänemark (58)          in andere        (+)
                    • Kanada (53)            Menschen
                    • Niederlande (53)
                    • Finnland (49)
                                                                    Kooperations-
Landeskultur                                                        bereitschaft

                    Misstrauens-
                    gesellschaften
                    • Brasilien (3)          Kontroll-
                    • Peru (5)               bedürfnis        (−)
                    • Philippinen (5)
                    • Türkei (5)
                    • Puerto Rico (6)
                    • Kolumbien (10)

Legende:   Soziales Vertrauen = Anteil der Bevölkerung, der anderen Menschen vertraut
           Lesebeispiel: 65% der befragten Norweger, jedoch nur 3% der befragten
           Brasilianer gaben an, im Regelfall anderen Menschen zu vertrauen.
```

Quelle: auf Basis von Delhey/Newton (2005).

☛ Die vorliegenden Daten sprechen dafür, dass feminine und ungewissheitstolerante Landeskulturen die Kooperationsbereitschaft fördern, während Maskulinität und insb. Ungewissheitsaversion dabei eher hinderlich sind.

3.4.3.2 Kooperative Markterschließungsstrategien

Überblick

International tätige Unternehmen haben die verschiedensten kooperativen Strategien entwickelt, um ausländische Märkte erfolgreich bearbeiten zu können. Neben den lang- und den kurzfristigen Kooperationen unterscheidet man die vertraglich geregelten kooperativen Formen der Internationalisierung von internationalen Gemeinschaftsunternehmen. Die Strategische Allianz lässt sich weder ausschließlich der einen noch ausschließlich der anderen Rubrik zuordnen (vgl. Abb. 149).

Tab. 122: Landeskultur innovativer Unternehmen, die mit anderen Unternehmen kooperieren (Anteil in %)

	unsicherheitstolerante Gesellschaften (Ø UAI = 47,5)		unsicherheitsmeidende Gesellschaften (Ø UAI = 82,3)	
feminine Gesellschaften (Ø MAS = 28,3)	Finnland Dänemark Schweden Frankreich Niederlande Großbritannien Ø	= 50,0 = 38,6 = 31,8 = 28,4 = 24,0 = 22,6 = **32,6**		
maskuline Gesellschaften (Ø MAS = 76,0)			Belgien Österreich Deutschland Portugal Spanien Italien Ø	= 21,6 = 21,1 = 17,4 = 16,8 = 9,9 = 9,3 = **16,0**

Quelle: eigene Darstellung auf Basis von Eurostat-Daten.

Abb. 149: Systematik kooperativer Markterschließungsstrategien

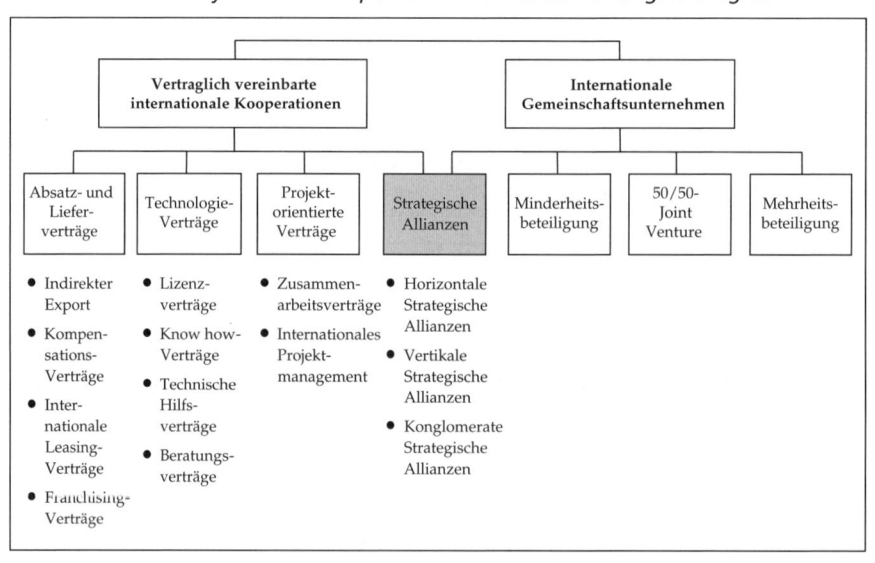

```
                    Vertraglich vereinbarte                         Internationale
                  internationale Kooperationen                 Gemeinschaftsunternehmen

  Absatz- und   Technologie-   Projekt-     Strategische   Minderheits-   50/50-      Mehrheits-
  Liefer-       Verträge       orientierte  Allianzen      beteiligung    Joint       beteiligung
  verträge                     Verträge                                   Venture
```

- Indirekter Export
- Kompensations-Verträge
- Internationale Leasing-Verträge
- Franchising-Verträge

- Lizenzverträge
- Know how-Verträge
- Technische Hilfsverträge
- Beratungsverträge

- Zusammenarbeitsverträge
- Internationales Projektmanagement

- Horizontale Strategische Allianzen
- Vertikale Strategische Allianzen
- Konglomerate Strategische Allianzen

Quelle: Perlitz (2004, S. 537).

Letztlich ist es möglich, jede Markteintrittsstrategie kooperativ zu gestalten (vgl. Foscht et al. 2004):
- Exportunternehmen können eine sog. Exportgemeinschaft bilden und komplementäre Sortimente anbieten (vgl. Mundschütz/Sternad 2013). Weiterhin bietet es sich vielfach an, Auslandsmessen gemeinsam zu planen, zu finanzieren und durchzuführen.

- Beim Cross Licensing, der kooperativen Form der Lizenzvergabe, fallen keine Lizenzgebühren an. Vielmehr tauschen Lizenzgeber und Lizenznehmer ihre Lizenzen. Im Falle japanischer Unternehmen des Verarbeitenden Gewerbes hat sich gezeigt, dass die Wahrscheinlichkeit eines Lizenztausches von der Unternehmensgröße und der Art der Sicherung des mit der Lizenz weitergegebenen Know hows abhängt: „… cross-licensing, compared with unilateral licensing, is more prevalent between large and symmetric firms [… and …] the incidence of cross-licensing is higher when the contract covers only patent than when it covers only know-how" (Nagaoka/Kwan 2006, S. 1347).
- Direktinvestitionen (vgl. Teil F-3.4.4) können gleichfalls kooperativ gestaltet werden. Dies empfiehlt sich insb. dann, wenn die eigene internationale Wettbewerbsfähigkeit unter einem negativen Image des Stammlandes leidet und ein Halo-Effekt zu befürchten ist. Deutsche Möbelhersteller etwa werden primär der Qualität ihrer Erzeugnisse wegen geschätzt. Ein besonderes Design wird in dieser Branche hingegen nur ausnahmsweise (z.B. *Benz*) mit dem Made-in-Germany assoziiert. Dies könnte für einen deutschen Hersteller Grund sein, mit einem italienischen Anbieter ein Joint Venture einzugehen: Um sich weltweit glaubhaft als designorientiertes Unternehmen präsentieren zu können.

Joint Venture

Gründen zwei oder mehr Unternehmen ein gemeinsames Unternehmen, so spricht man von einem Gemeinschaftsunternehmen bzw. Joint Venture. Liegt dessen Standort in einem ausländischen Markt, so handelt es sich um ein internationales Joint Venture. Dabei binden sich die Partner vertraglich und kapitalmäßig aneinander, bleiben aber außerhalb des Gemeinschaftsunternehmens wirtschaftlich und rechtlich selbständig. Abhängig von der Zahl der Kooperationspartner, dem Leistungsgegenstand und dem geographischen Erstreckungsbereich sowie verschiedenen weiteren Kriterien lassen sich zahlreiche Varianten von Gemeinschaftsunternehmen unterscheiden (z.B. horizontales Joint Venture; vgl. Tab. 123).

Tab. 123: Varianten der Markteintrittsstrategie Joint Venture

Differenzierungskriterium	Ausprägungsform
Zahl der Kooperationspartner	• Joint Venture mit einem Partner • Joint Venture mit mehreren Partnern
Sachlicher Kooperationsbereich	• Joint Venture in einer Wertschöpfungsaktivität • Joint Ventures in mehreren Wertschöpfungsaktivitäten • Gesamtunternehmerisches, funktionsübergreifendes Joint Venture
Standort	• Joint Venture mit Sitz im Stammland eines Kooperationspartners • Joint Venture in einem Drittland
Geographischer Kooperationsbereich	• Lokales Joint Venture für ein bestimmtes Gastland • Joint Venture für eine bestimmte Region oder den Weltmarkt

Differenzierungskriterium	Ausprägungsform
Kooperationsrichtung	• Horizontales Joint Venture • Vertikales Joint Venture • Konzentrisches Joint Venture • Konglomerates Joint Venture
Kapitalbeteiligung/ Stimmrechtsbeteiligung	• Gleiche Anteile der Partner • Ungleiche Anteile der Partner
Zeitlicher Horizont der Kooperation	• Joint Venture auf Zeit • Joint Venture ohne zeitliche Befristung

Quelle: Kutschker/Schmid (2011, S. 889).

Die Gründe, weshalb Unternehmen ausländische Märkte mittels der Joint Venture-Strategie erschließen, sind vielgestaltig. So können gesetzliche Vorgaben sie dazu zwingen, etwa ...

- weil im Zielmarkt Importverbote bzw. Importrestriktionen bestehen und deshalb die Exportstrategie keine Option ist oder
- weil dort Engagements ausländischer Unternehmen nur zulässig sind, wenn dies in Gestalt eines Gemeinschaftsunternehmens (mit einem inländischen Partnerunternehmen) geschieht und nicht in Gestalt eines 100%-Tochterunternehmens.

Aus unternehmensinterner Sicht sprechen hauptsächlich Gründe wie ‚risk sharing', Know how-Transfer, Beschleunigung des Markteintritts etc. dafür, ein Joint Venture zu gründen (vgl. Tab. 124).

Tab. 124: Argumente für bzw. gegen ein internationales Joint Venture

Vorteile	Nachteile
• geringerer Kapitalaufwand und geringeres Risiko als beim Alleingang • Umgehung von Local Content-Vorschriften u.a. Handelshemmnissen • Zugang zu regionalen Ressourcen • Umgehung von Regelungen, die im Gastland die Gründung von Tochtergesellschaften oder den Kauf inländischer Unternehmen untersagen • Schaffung oder Veränderung von Marktbarrieren • Imagevorteile („lokales Unternehmen") • Inanspruchnahme von Förderprogrammen oder Subventionen im Gastland • Synergieeffekte (Know how, F+E, Distribution etc.)	• hohe Kontroll- und Steuerungsaufwendungen • Gefahr unternehmerischer Konflikte (Ziel-, Strategie-, Mittel- und Gewinnverwendungskonflikte) • Gefahr soziokultureller Konflikte • Verlust von Einfluss- und Kontrollmöglichkeiten

Quelle: Zentes et al. (2013, S. 258), geringfügig verändert und erweitert.

Obwohl die Partnerunternehmen im Regelfall versuchen, im Joint Venture-Vertrag alle relevanten Rahmenbedingungen ihrer gemeinsamen Geschäftstätigkeit zu planen (z.B. strategische Vision, Gewinn- bzw. Verlustverteilung und -verwendung, Besetzung und Kompetenzprofil von Führungspositionen und Aufsichtsgremien, Markenrechte, Lizenzgebühren für Leistungen, welche die

Partner in das Joint Venture einbringen, Ausstiegsregelungen und Gerichtsstand), scheitert die Mehrzahl internationaler Joint Ventures früher oder später (vgl. Teil F-3.7.2.1). Ursächlich dafür ist u.a. die Notwendigkeit, unmittelbar und intensiv mit kulturell andersartig sozialisierten Kunden, Mitarbeitern und Intermediären zu interagieren. Deshalb setzen kooperative Markteintrittsstrategien ein überdurchschnittliches Maß an kultureller Offenheit voraus. Konflikte sind weiterhin programmiert, wenn es nicht gelingt, zwischen dem Bedürfnis der Muttergesellschaften, das Gemeinschaftsunternehmen zu kontrollieren, und der Notwendigkeit, diesem hinreichende unternehmerische Selbständigkeit zu gewähren, einen tragfähigen Kompromiss zu finden.

Strategische Allianz

Wenn Unternehmen, welche der gleichen Branche angehören und gemeinsame strategische Ziele verfolgen, auf einer vertraglichen Basis in einem definierten Leistungsbereich längerfristig kooperieren, so spricht man von einer Strategischen Allianz. Die beteiligten Unternehmen bleiben rechtlich selbstständig und – außerhalb der vertraglich geregelten Kooperationsfelder – Konkurrenten (vgl. Sydow 2002, S. 63). Wie jede Form von Kooperation verfolgen Strategische Allianzen das übergeordnete Ziel, durch kompensatorisches Teilen von Ressourcen und Kompetenzen, aber auch von Risiken den beteiligten Unternehmen Wettbewerbsvorteile zu verschaffen. Dabei kommt es weder zur Gründung eines Gemeinschaftsunternehmens noch zur wechselseitigen Kapitalbeteiligung.

Idealerweise, wie im Falle von *Siemens AG* und *3Com*, kompensieren sich die Stärken und Schwächen der Allianzpartner. Zum fraglichen Zeitpunkt waren die Deutschen Marktführer im Bereich „Private Kommunikationssysteme" und die Amerikaner Marktführer auf dem Felde der Datenkommunikation. Die Strategische Allianz wurde mit dem Ziel gegründet, gemeinsam Forschung & Entwicklung betreiben und dabei Synergieeffekte erzielen zu können (etwa Produktentwicklung im Bereich der integrierten Sprach- und Datennetze). Darüber hinaus übernehmen die Partnerunternehmen „typische" Aufgaben einer klassischen Kooperation. So vertrieben *Siemens*-Mitarbeiter im deutschen Markt die gesamte Produktlinie von *3Com* im Bereich der Datenkommunikation.

Angesichts der weltweit wachsenden Wettbewerbsintensität erfreuen sich Strategische Allianzen zunehmender Beliebtheit. Denn mehr noch als die klassische Kooperation ermöglichen F+E-Allianz, Produktionsallianz, Vertriebsallianz etc. es den Partnerunternehmen, zentrale Ressourcen zu bündeln und damit zu schonen (vgl. Welge/Al-Laham 2002). Damit dies gelingt, ist bei der Partnerwahl auf den strategischen Fit zu achten (u.a. auf den kulturellen Fit; vgl. Teil F-4.2.2). Angesichts der Intransparenz ausländischer Distributionskanäle kommt Vertriebsallianzen eine Schlüsselrolle beim Markteintritt zu.

Franchising

Diese Form der Marktbearbeitung ist gleichermaßen Vertriebs- wie Marketingstrategie. Hierbei kooperieren zwei rechtlich selbständige Unternehmungen vertikal (vgl. Zentes et al. 2013, S. 247 ff.). Rechtlich geregelt wird das Verhältnis der Vertragspartner durch den Franchisevertrag, welcher die Rechte und Pflichten beider Parteien sowie das Entgelt festlegt. Im Regelfall verpflichtet sich der Franchisegeber, dem Franchisenehmer ein umfassendes Marketingkonzept zur Verfügung zu stellen und beim Aufbau sowie der Führung des Unternehmens Hilfestellung zu leisten. Entscheidend ist dabei das Recht, Schutzrechte des Franchisegebers nutzen zu können – insb. die am Markt eingeführte Unternehmensmarke (z.B. *Engel & Völkers, Fressnapf, Obi, Subway*). Im Gegenzug billigt der Franchisenehmer dem Franchisegeber ein mehr oder weniger umfassendes Kontroll- und Weisungsrecht zu. Dieses hilft sicherzustellen, dass der Franchisenehmer das Unternehmens- und Marketingkonzept so umsetzt, dass die Marke keinen Schaden nimmt. Hinzu kommen eine (einmalige) Einstandsgebühr sowie laufende Abgaben. *Kamps*-Franchisenehmer etwa mussten 2005 eine Franchisegebühr von 5.000 € sowie 10.000 € Bankbürgschaft aufbringen, während im gleichen Zeitraum *Obi* 40.000 € Eintrittsgebühr und 500.000 € Investitionssumme verlangte. Der Franchisenehmer handelt zwar „in eigenem Namen und auf eigene Rechnung". Da der Franchisegeber jedoch die maßgeblichen strategischen, organisatorischen sowie beschaffungs- und absatzpolitischen Entscheidungen fällt, ist der faktische Handlungsspielraum des Franchisenehmers eingeschränkt. Hingegen profitiert er davon, ein am Markt bewährtes Konzept nutzen zu können und deshalb kein existentielles Scheiterrisiko tragen zu müssen.

Franchising bietet beiden Seiten wesentliche Vor- und Nachteile (vgl. Tab. 125). Somit ist in jedem Einzelfall mit Blick auf die jeweils aktuellen Marktbedingungen zu entscheiden, ob der Markteintritt per Franchising Erfolg verspricht.

Weltweit gibt es mehr als 13.000 Franchisegeber und 870.000 Franchisenehmer. Mit 37.199 Outlets war die Fast Food-Kette *Subway* 2011 das größte Franchisesystem (vgl. Zentes et al. 2013, S. 251). *Obi*, das in Deutschland führende Franchisesystem, ist mittlerweile europaweit mit knapp 500 Filialen vertreten, von denen die meisten von Franchisenehmern geleitet werden. *McDonald's* führt aus strategischen Gründung (Erhalt und Pflege eines eigenständigen Know how) 28 % seiner 33.735 Filialen in Eigenregie und lässt 59 % seiner Filialen von Franchisenehmern sowie 13 % von Partnerunternehmen betreiben (vgl. Hollstein/ Stippel 2007; Tschoegl 2007). Deshalb erwirtschaftet *McDonald's* den größeren Teil seines Unternehmensgewinns nicht mit dem Eigenbetrieb von Restaurants, sondern aus den Lizenzgebühren.

Unternehmensnetzwerke: das Beispiel Guanxi

Seit Beginn der 1990er-Jahre gewann das Netzwerkkonzept starken Einfluss auf die organisationstheoretische Forschung. Damit nicht jede mehr oder minder zufällige Interaktion im umgangssprachlichen Sinn als Netzwerk bezeichnet wird, sollte dieser Terminus „absichtlichen, längerfristigen Beziehungen zwischen Unternehmen" vorbehalten sein (vgl. Gerum 2000, S. 278). Weiterhin sind folgende Kriterien relevant: Netzwerkmitglieder ...

- bleiben juristisch und ökonomisch selbständig.
  - kooperieren auf manchen Feldern (insb. in strategischer Hinsicht), auf anderen konkurrieren sie jedoch (z.B. Preis- und Kommunikationspolitik),

- müssen einander vertrauen können (vgl. Sydow 2006, S. 7 ff.). Insofern bieten Vertrauensgesellschaften gute und Misstrauensgesellschaften schlechte Voraussetzungen für Bildung und Funktionsfähigkeit von Netzwerken (vgl. Abb. 148).

Tab. 125: Vorteile & Nachteile von Franchising

Franchisegeber		Franchisenehmer	
Vorteile	Nachteile	Vorteile	Nachteile
1. Enge Bindung der Partner 2. Geringe Kapitalkraft 3. Geringe personelle Belastung 4. Gewinnung weiterer externer Kapitalgeber 5. Niedrige Fixkosten im Vertriebssystem 6. Gute Expansionschancen 7. Auch kleine Partner möglich 8. Minderung des Absatzrisikos 9. Verbesserung der Marktausschöpfung 10. Erleichterung der Diversifikation 11. Dezentralisierung von Personalproblemen 12. Risikoabsicherung durch Systemeinnahmen	1. Einräumung von Mitbestimmungsrechten an Partner 2. Hohe Managementqualifikation in der Systemführung erforderlich 3. Mindestmarktstellung erforderlich 4. Intensiver Einsatz und Durchführung der Kontrollen 5. Stärkung der rechtlichen Stellung der Franchisenehmer	1. Risikoabsicherung 2. Oft Absicherung der Betriebserhaltung 3. Einkommenssicherung 4. Verbesserung des Ausbildungsstandes 5. Oft einziger Weg zur Selbständigkeit 6. Recht zur Mitgestaltung des Systems 7. Wettbewerbsvorteile durch Franchisepakete und Funktionszentralisierung 8. Minimierung von Anlaufverlusten 9. Erzielung von Einkaufsvorteilen 10. Erleichterung der Umstrukturierung 11. Unterstützung im Finanzierungsbereich 12. Sicherung einer laufenden Beratung 13. Vorteile bei Versicherung und Rechtsberatung	1. Teilweise Aufgabe von Selbständigkeit 2. Zwang zur Standardisierung und Aufgabe von Individualitätselementen 3. Oft hohe Arbeitsbelastung 4. Bedingte lokale Anpassungsfähigkeit 5. Teilweise kein Gebietsschutz 6. Systemstandards erfordern Mobilisierung aller Reserven

Quelle: Bruns (2003, S. 103).

Das übergeordnete Managementprinzip von Family Business Networks – d.h. von Mischkonzernen, die im Familienbesitz von Auslandschinesen sind – wird als Guanxi bezeichnet. „Guanxi seems to be the lifeblood of the Chinese business community, extending into politics and society. Without guanxi one simply cannot get anything done. [...] With guanxi anything seems possible" (Davies et al. 1995, S. 209 f., zitiert nach Kutschker/Schmid 2011, S. 803 f.). Guanxi wird in Teil F-5.1.2.1 ausführlich diskutiert.

3.4.4 Direktinvestitionen

Neben der Export- und der Kooperationsstrategie bilden die verschiedenen Formen von Auslands- bzw. Direktinvestitionen die dritte Kategorie von Markteintrittsstrategien. Dieser Zugang zu ausländischen Märkten zeichnet sich dadurch aus, dass Ressourcen dauerhaft ins Ausland verlagert werden. Das Spektrum der Direktinvestitionen reicht vom einfachen Kontaktbüro bis hin zur

Gründung bzw. dem Erwerb von Tochtergesellschaften mit allen Wertschöpfungsphasen eines Unternehmens (vgl. Abb. 150).

Abb. 150: Formen von Direktinvestitionen

Bedeutung des Auslandsengagements (vertikale Achse) – Verlagerung der Wertschöpfung (horizontale Achse). Stufen von unten links nach oben rechts: Kontaktbüro, Service-Center, Vertriebsgesellschaft, F+E Niederlassung, Montageunternehmen, Produktionsunternehmen, Tochtergesellschaft mit allen Wertschöpfungsphasen.

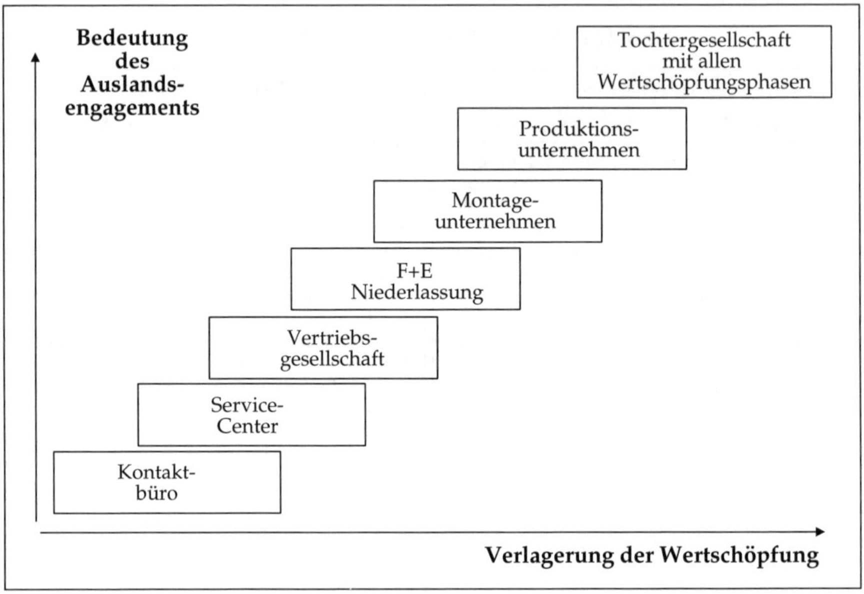

Während sog. Portfolioinvestitionen (Kauf ausländischer Wertpapiere, Unternehmensanteile etc.) vornehmlich getätigt werden, um eine möglichst hohe Rendite zu erzielen, sind Direktinvestitionen primär dazu bestimmt, unter einem Höchstmaß an Kontrolle über operative Einheiten im Ausland ausländische Absatz- bzw. Beschaffungsmärkte zu erschließen (vgl. Hymer 1976). Dass „eine natürliche oder juristische Person, die Direktinvestitionen tätigt, eine (gewisse) Kontrolle über eine wirtschaftliche Einheit in einem anderen Land ausüben möchte" (Kutschker/Schmid 2011, S. 85), erklärt zum einen, warum Direktinvestitionen in der englischsprachigen Literatur als ‚high control entry mode' bezeichnet werden (vgl. Blomstermo et al. 2006). Zum anderen macht die Schlüsselrolle des Kontrollmotivs verständlich, warum Joint Ventures üblicherweise den „kooperativen Markteintrittsstrategien" zugeordnet werden und nicht den „Direktinvestitionen": Zwar handelt es sich dabei um „Investitionen in einen Auslandsmarkt". Vor allem bei Minderheits-Joint Ventures, aber auch bei 50/50-Joint Ventures sind die Kontrollmöglichkeiten begrenzt.

Darüber hinaus werden mit Direktinvestitionen folgende strategische Unternehmensziele verfolgt:
- Reduktion der Anzahl relevanter Konkurrenten durch Kauf ausländischer Wettbewerber,
- Risikostreuung (z.B. Minderung des unternehmerischen Risikos durch regionale Diversifikation),
- Sicherung der Versorgung mit Rohstoffen,

- Erlangung von Kostenvorteilen,
- Absicherung gegen Schwankungen der Wechselkurse,
- Erlangung von Subventionen,
- Zugang zu Know how,
- Erfüllung von Local Content-Vorschriften,
- Überwindung protektionistischer Hemmnisse (z.B. Importbeschränkungen).

Letzteres geschieht häufig mit Hilfe sog. Schraubenzieher-Fabriken. Deren Leistungsspektrum beschränkt sich darauf, die an einem anderen Standort (zumeist im Herkunftsland des Unternehmens) gefertigten Teile zu montieren.

Da Direktinvestitionen, wie alle ‚high control entry mode', gewöhnlich risikoreicher sind als ‚low control entry mode' (z.B. Lizensierung, indirekter Export, Franchising), verzichten Unternehmen mit geringer Marktkenntnis zumeist auf die Markterschließung mittels einer 100%-Tochtergesellschaft. Um ihre Marketingstrategie dem andersartigen Ma'rktumfeld anpassen zu können, benötigen sie die Expertise lokaler Partnerunternehmen (vgl. Morschett 2006).

Deutschland zählt zu den Ländern mit einem negativen Saldo der Direktinvestitionen. Denn deutsche Unternehmen investieren mehr im Ausland, als ausländische Unternehmen in Deutschland. Bedeutet dies, dass die deutsche Wirtschaft „Standortflucht" begeht, um ungünstigen Standortbedingungen an ihrem Heimatmarkt zu entgehen (insb. Arbeitskosten, Steuern und Abgaben sowie Umweltschutz- und Verbraucherschutzauflagen)? Gegen die im politischen Diskurs so beliebte These sprechen alle bislang vorliegenden Befunde von Unternehmensbefragungen (vgl. u.a. Maaß 2004, S. 43 ff.). So belegt die *DIHT*-Frühjahrsumfrage, dass das Ziel „Kostenersparnis" im Verlauf der vergangenen 15 Jahre zunehmend an Bedeutung verlor. 2011 etwa wurden Direktinvestitionen hauptsächlich mit Vorteilen für „Vertrieb & Kundendienst" (= 43%) sowie „Markterschließung" (= 35%) begründet (vgl. Tab. 126).

Tab. 126: Ziele von Direktinvestitionen

	Bezugsjahr			
	1999	2003	2007	2011
Kostenersparnis	34	42	29	22
Vertrieb & Kundendienst	37	32	40	43
Markterschließung	29	26	31	35

Quelle: DIHK-Frühjahrsumfrage (1999–2003-2007–2011).

3.4.5 Unternehmenszusammenschlüsse

3.4.5.1 Fusionen

Definition

Der Zusammenschluss zweier vormals selbständiger Unternehmen wird als Fusion bezeichnet (engl. = ‚merger'). Von einer internationalen Fusion (‚cross border merger') spricht man, wenn sich ein inländisches und ein ausländisches

Unternehmen zusammenschließen. Während bei der klassischen Fusion ein eindeutiges Über/Unterordnungsverhältnis besteht, vereinen sich beim ‚merger of equals' (zwei) prinzipiell gleichberechtigte bzw. gleichwertige Unternehmen. Insofern könnte man den Typus der Fusion gleichberechtigter Unternehmen auch der Kategorie „kooperative Markterschließungsstrategien" zuordnen (vgl. Zaheer et al. 2003).

Ursachen & Ziele

In Zeiten weltweiter Konzentrationstendenzen und zunehmender Wettbewerbsintensität gilt vielen „externes Wachstum" – bspw. durch den Zusammenschluss von Unternehmen – als probates Mittel, um auf globalen Märkten bestehen zu können. Denn die Merger-Strategie erlaubt es, schnell eine Unternehmensgröße zu erlangen, die erforderlich ist, um vorrangige strategische Ziele zu erreichen (z.B. Marktführer). Treiber dieser von Investmentbanken geförderten Wachstumsstrategie sind u.a. die Liberalisierung der Finanzmärkte sowie die in vielen Märkten wachsende Innovationsgeschwindigkeit, welche die Produkt- und Marktlebenszyklen entscheidend verkürzt.

Fusionen werden regelmäßig damit begründet, dass die beteiligten Unternehmen durch den Zusammenschluss Synergien „heben" und dadurch Kosten senken möchten, etwa ...
- Input-Synergien (z.B. Bündelung von Einkaufsvolumina),
- Prozess-Synergien (z.B. Konzentration gleichartiger Produktionskompetenzen) bzw.
- Output-Synergien (z.B. Bündelung von Vertriebsleistungen).

Im Falle grenzüberschreitender Fusionen kommen gewichtige Vorteile bei der Markterschließung hinzu: Sie kann schneller, kostengünstiger und aufgrund der Marktkenntnis des Fusionspartners mit mehr Aussicht auf Erfolg betrieben werden.

3.4.5.2 Unternehmenskauf

Erwirbt ein inländisches Unternehmen mehr als 50% der Anteile an einem ausländischen Unternehmen, so handelt es sich um eine internationale Akquisition. Von einer Minderheitsbeteiligung spricht man, wenn weniger als 50% der Unternehmensanteile erworben werden. Eine vergleichsweise aggressive Akquisitionsstrategie sind ‚unfriendly take over': feindliche bzw. unfreundliche Übernahmen. Dabei werden die erforderlichen Unternehmensanteile ohne Zustimmung des Topmanagements des akquirierten Unternehmens erworben – bisweilen sogar gegen dessen erklärten Widerstand.

Gegenüber der Neugründung eines Unternehmens (= ‚greenfield investment') bieten internationale Akquisitionen (= ‚brownfield investment') eine Reihe von Vorteilen:
- schnellerer Markteintritt und schnellere Marktdurchdringung,
- Erwerb komplementärer Ressourcen,
- Erwerb bestehender Geschäftsbeziehungen,

- Erwerb von Humankapital und Markt-Know how (vgl. Kutschker/Schmid 2011, S. 919 f.).

Als Nachteile werden genannt (vgl. Kutschker/Schmid 2011, S. 921 f.):
- Furcht vor und Widerstand gegen ausländische Investoren,
- hohe Scheiterquote aufgrund kultureller Unverträglichkeit (vgl. Teil F-3.7.4),
- systematische Überschätzung des Synergiepotentials.

Handelsunternehmen, die angesichts der Kulturgebundenheit von Nahrungsmitteln, Kleidung etc. in besonderem Maße auf eine intime Marktkenntnis angewiesen sind, erschließen Auslandsmärkte besonders häufig durch Akquisitionen.
- Die deutsche *REWE-Group* übernahm in Österreich nacheinander zwei einheimische Handelsunternehmen: 1996 den damaligen Marktführer *Brilla* und 1998 *Meinl*. 2003 erwarb das Unternehmen in der Schweiz die *Bon Appetit Group*, „um die Lücke zwischen Deutschland und Italien sowie Frankreich und Österreich in ihrem Länderportfolio zu schließen" (vgl. Zentes et al. 2010, S. 305).
- 1997 wurde *Intermarché* (Frankreich) Mehrheitsaktionär von *Spar* (Deutschland). 1998 erwarb das deutsche Handelsunternehmen eine Beteiligung an *Adeg* (Österreich).
- *Tesco* wiederum übernahm in Mittel- und Osteuropa *Global*, in Tschechien und der Slowakei *K-Markt* sowie in Polen *Savia* (vgl. Palmer 2004).

3.5 Präferenz des Managements für bestimmte Markteintrittsstrategien

Die traditionelle Markteintrittsforschung wurde von transaktionskostentheoretischen Überlegungen dominiert: Welche Transaktionen können Unternehmen kostengünstiger durch Marktprozesse bewerkstelligen und welche unternehmensintern (Markt vs. Hierarchie; vgl. Williamson 1975)? Die dadurch bedingte Konzentration der Forschung auf firmen- bzw. industriespezifische Einflussfaktoren der Markteintrittsentscheidung bedeutete zugleich eine Vernachlässigung des nationalen bzw. des kulturellen Umfeldes der Unternehmen (vgl. Yiu/Makino 2002). Die Variablen „Nation" und „Landeskultur" stehen deshalb im Mittelpunkt der folgenden Ausführungen. *U. Mayrhofer* identifizierte 26 empirische Studien, welche „attempt to measure home-country effects on the choice of market entry mode. […] Of the 26 studies, 18 focus on company nationality, and 8 studies use specific cultural or economic dimensions to characterize the domestic environment of companies. None of the authors considers both categories of proxies" (Mayrhofer 2004, S. 79).

3.5.1 Einfluss des Herkunftslandes des Unternehmens

Die Anfänge dieser Forschung reichen bis in die frühen 1980er-Jahre zurück. Kojima (1978) und Lecraw (1983) stellten zum einen fest, dass japanische Unternehmen Direktinvestitionen damals vorzugsweise in arbeitsintensiven Industrien vornahmen, während US-Amerikaner und Europäer schwerpunktmäßig in F+E-intensive Industrien investierten. Dabei bevorzugten japanische Unternehmen Joint Ventures und US-amerikanische Unternehmen 100%-Tochtergesellschaften. Kurz danach analysierte Beamish (1985) die Eigentumsverhältnisse von Gemeinschaftsunternehmen: Stammen diese aus Industrieländern, so überwiegen 50/50-Joint Ventures, während es sich wahrscheinlich um ein Mehrheits/Minderheits-Joint Venture handelt, wenn das Herkunftsland des einen Partnerunternehmens ein Entwicklungsland ist und das des anderen ein Industrieland. Diese und ähnliche Studien nahmen Hennart/Larimo (1998) zum Anlass, die Grundsatzfrage nach dem Einfluss von nationaler Herkunft und Landeskultur auf die Markteintrittsstrategie zu stellen.

Die von Mayrhofer (2004, S. 80) inhaltsanalytisch analysierten Studien sprechen dafür, dass die Nationalität des Managements darauf Einfluss nimmt, welchen Grad an Kontrolle es bei Auslandsengagements anstrebt, nicht jedoch auf die Eigentumsverhältnisse in Joint Ventures.

3.5.2 Einfluss der Landeskultur

Von den *Hofstede*-Kulturdimensionen wurden bislang „Ungewissheitsvermeidung" und „Akzeptanz von Machtdistanz" am häufigsten dazu herangezogen, die Präferenz des Managements für eine bestimmte Markteintrittsstrategie zu erklären (vgl. Teil F-3.5.2.1 und F-3.5.2.2). Die kulturelle Distanz, die üblicherweise mittels des *Kogut/Singh*-Indexes operationalisiert wird (vgl. Teil F-3.3.1.1), reflektiert die kulturellen Unterschiedlichkeit zweier Länder auf allen Kulturdimensionen (vgl. Teil F-3.5.2.3).

3.5.2.1 Unsicherheitsvermeidung

Wer kulturbedingt Ungewissheit meidet, empfindet das Risiko des Eintritts in einen ausländischen Markt überproportional intensiv. Kogut/Singh (1988) wiesen am Beispiel der Erschließung des US-amerikanischen Marktes nach, dass Unternehmen, die aus unsicherheitsaversen Kulturen stammen, eher ein Joint Venture mit einem US-amerikanischen Partner eingehen, als in den USA ein Tochterunternehmen zu gründen oder ein bestehendes Unternehmen zu kaufen.

Die weiterführende Forschung hat gezeigt, dass dieser Zusammenhang vom Grad an Auslandserfahrung moderiert wird: Ein unerfahrenes und unsicherheitsaverses Management wird wahrscheinlich ein Joint Venture einer 100%-Tochtergesellschaft vorziehen. Umgekehrt reduziert zunehmende Auslandserfahrung die allgemeine Unsicherheit und indirekt auch das wahrgenommene Risiko eines Engagements jenseits der eigenen Landesgrenzen. Wie eine Befragung von Führungskräften amerikanischer Dienstleistungsunternehmen ergab, wird dadurch die Wahl der Markteintrittsform jedoch nicht linear beeinflusst (vgl. Erramilli 1991). International unerfahrene Manager werden durch das von ihnen überproportional intensiv empfundene Risiko des Eintritts in ausländische Märkte dazu veranlasst, Markteintrittsstrategien zu präferieren, die ihrem Kontrollbedürfnis Rechnung tragen: Indem sie anstelle eines Joint Ventures eine

Auslandsniederlassung gründen, vermeiden sie die in einem Gemeinschaftsunternehmen unausweichlichen, häufig konfliktreichen Abstimmungsprozesse mit dem Joint Venture-Partner. Erfahrene Manager bevorzugen gleichfalls die Markteintrittsstrategie „Gründung einer von ihnen vollständig kontrollierbaren Tochtergesellschaft", allerdings aus einem anderem Grund (vgl. Abb. 151): Sie meinen, nicht auf die Marktkenntnis einheimischer Partner angewiesen zu sein (vgl. Müller/Kornmeier 2000b, S. 29). Wer schließlich ein mittleres Maß an Auslandserfahrung besitzt, verspürt einerseits ein geringeres Kontrollbedürfnis als ein Neuling. Andererseits erkennt er aber auch leichter als dieser die Grenzen der eigenen Marktkenntnis. Deshalb geben moderat Erfahrene zumeist kooperativen Markterschließungsstrategien den Vorzug (z.B. Joint Venture).

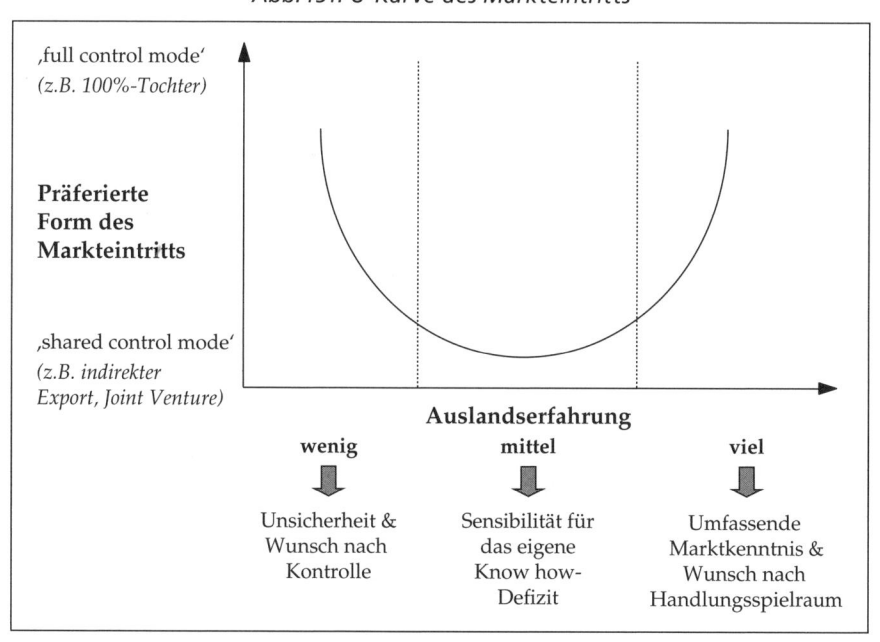

Abb. 151: U-Kurve des Markteintritts

Präferierte Form des Markteintritts			
‚full control mode' (z.B. 100%-Tochter)			
‚shared control mode' (z.B. indirekter Export, Joint Venture)			
	Auslandserfahrung		
	wenig ⇩	mittel ⇩	viel ⇩
	Unsicherheit & Wunsch nach Kontrolle	Sensibilität für das eigene Know how-Defizit	Umfassende Marktkenntnis & Wunsch nach Handlungsspielraum

Pan (2002) analysierte 8.078 Joint Ventures, die amerikanische, asiatische und europäische Unternehmen in China gegründet hatten, hinsichtlich der Eigentumsstruktur. Im Ergebnis zeigte sich, dass die Präferenz für Equity-Joint Ventures (d.h. 50/50) durch folgende Variablen prognostizierbar ist: Das Herkunftsland besitzt eine starke Währung, bietet günstige Finanzierungsbedingungen, erzielt einen Exportüberschuss und für die Landeskultur ist eine starke Tendenz zur Ungewissheitsvermeidung charakteristisch.

3.5.2.2 Akzeptanz von Machtdistanz

In Märkten, in denen Machtdistanz nicht akzeptiert wird, ziehen amerikanische Unternehmen das Mehrheits-Joint Venture der Lizenzvergabe vor (vgl. Shane 1994). Denn die mit dieser Markteintrittsstrategie verbundenen Einflussmöglichkeiten erlauben es ihnen, auch in egalitären (d.h. hierarchiefeindlichen) Märkten ihre eigenen (wirtschaftlichen) Interessen durchzusetzen.

Eine Reihe von Studien nutzte diese Kulturdimension als (inverses) Maß der Wahrscheinlichkeit, dass Transaktionspartner einander vertrauensvoll begegnen. Die davon abgeleitete Vermutung, dass geringe Akzeptanz von Machtdistanz (d.h. großes Vertrauenspotential) die Präferenz für kooperative Markteintrittsstrategien steigert, konnte empirisch nicht bestätigt werden (vgl. Brouthers/ Brouthers 2003; Makino/Neupert 2000). Hingegen bestätigte die Metaanalyse von Morschett et al. (2010) den Zusammenhang „Akzeptanz von Machtdistanz im Herkunftsland des Investors → Gründung einer 100%-Tochtergesellschaft).

3.5.2.3 Einfluss der kulturellen Distanz

Theoretische Überlegungen

Die empirische Forschung nutzt das Konstrukt der kulturellen Distanz als Proxyvariable der Unsicherheit, die Manager empfinden, wenn sie Entscheidungen fällen (sollen), die sich auf ausländische Märkte beziehen (vgl. Slangen/ van Tulder 2009; Harzing 2004). Rechtfertigen lässt sich dies damit, dass die kulturelle Distanz umso größer ausfällt, je unterschiedlicher die kulturspezifischen Normen und Werte sind und je größer die sog. externe Unsicherheit. „International management scholars have defined external uncertainty as the uncertainty that multinational enterprises executives perceive in the formal and informal institutional environment of the target countries of their investments" (Slangen/van Tulder 2009, S. 276).

Je größer die kulturelle Distanz, desto mehr Risiken nehmen Menschen wahr (vgl. Weiss 1996). Wer Waren in ein andersartiges Land ausführt, bewegt sich auf unsicherem Terrain. Kommen bestimmte ungünstige individuelle Bedingungen hinzu (z.B. Risikoaversion, geringe Auslandserfahrung), kann es dem Management ratsam erscheinen, den unmittelbaren Kundenkontakt einheimischen Partnern zu überlassen, weil diese den Markt besser kennen und es ihnen leichter fällt, kulturadäquat zu handeln. Der Kooperationsbedarf wächst also mit zunehmendem wahrgenommenem Risiko, das seinerseits als Funktion der Verschiedenheit der Kulturen aufgefasst werden kann.

Dies erklärt, warum bislang so häufig untersucht wurde, wie gut man die Präferenz für eine bestimmte Markteintrittsstrategie anhand der kulturellen Distanz, die zwischen Stamm- und Gastland besteht, vorhersagen kann (vgl. Morschett et al. 2010): Je größer diese ist und je geringer die Marktkenntnis, desto ausgeprägter das wahrgenommene Markteintrittsrisiko (vgl. Abb. 152) und somit die Befürchtung, den kulturellen Besonderheiten des Zielmarktes nicht gerecht werden zu können. Die daraus erwachsende Verunsicherung fördert die Bereitschaft, mit einheimischen Partnern zu kooperieren, welche den Markt besser kennen als das eigene Management, auch wenn dies Kontrollverzicht bedeutet. Dass viele technologieorientierte Unternehmen bei großer kultureller Distanz nur ungern Lizenzen vergeben, lässt sich gleichfalls kontrolltheoretisch deuten: als antizipierter Kontrollverlust: Das Management befürchtet Know how-Abfluss.

3.5 Präferenz des Managements für bestimmte Markteintrittsstrategien

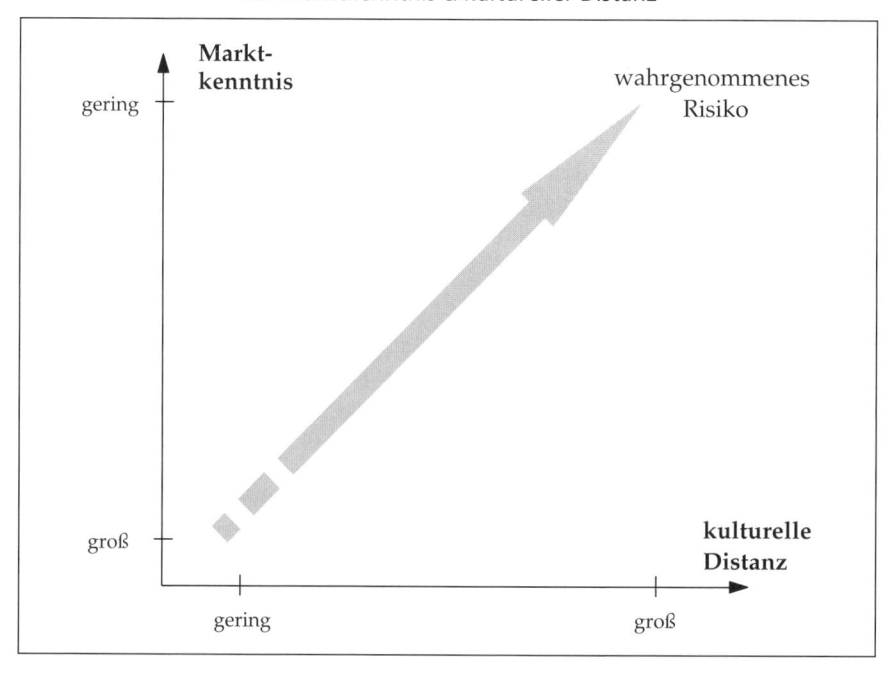

Abb. 152: Wahrgenommenes Markteintrittsrisiko in Abhängigkeit von Marktkenntnis & kultureller Distanz

Im Regelfall vergrößert eine geringe kultureller Distanz die Wahrscheinlichkeit, dass das Management international tätiger Unternehmen eine Strategie wählt, bei welcher das Stammhaus relativ viel Kapital und Managementleistungen ins Ausland transferieren muss. Dies ist vor allem bei der Gründung einer 100%igen Tochtergesellschaft der Fall. Auch muss davon ausgegangen werden, dass eine große Distanz die Präferenz für eine Variante, die weniger strategische Ressourcen bindet, erhöht. Bei Markteintrittsstrategien wie Joint Venture oder Lizenzvergabe verzichtet das Management allerdings auf weitgehende Kontrollmöglichkeiten.

Befunde der empirischen Forschung

Anfänglich schien die Kulturelle Distanz-Forschung diese überaus plausiblen Hypothesen zu bestätigen. So berichteten ...

- Kogut/Singh (1988), nachdem sie sekundärstatistisch 228 Markteintrittsentscheidungen reanalysiert hatten: Je größer die kulturelle Distanz der Herkunftsländer ausländischer Unternehmen zu den USA, desto häufiger zog deren Management beim Eintritt in den amerikanischen Markt ein Joint Venture dem Kauf oder der Neugründung einer Tochtergesellschaft vor.
- Erramilli (1991), dass die schriftlich befragten 175 Führungskräfte amerikanischer Dienstleister gleichfalls angaben, bei großer kultureller Distanz auf die Kontrollmöglichkeiten, die ihnen ein 100%iges Tochterunternehmen oder unternehmenseigene Vertriebsniederlassung zu verzichten und solche

Auslandsmärkte vorzugsweise mittels indirektem Export oder per Joint Venture zu erschließen.

- Erramilli/Rao 1993), dass Dienstleistungsunternehmen bei großer kultureller Distanz ein Joint Venture auch der Lizenzvergabe vorziehen. Denn in diesem Sektor ist das Risiko eines Know how-Abflusses für den Lizenzgeber kaum kontrollierbar.

Die neueren Forschungsarbeiten sprechen jedoch eine andere Sprache. Morschett et al. (2010) etwa, die insgesamt 51 einschlägige Studien metaanalytisch untersucht haben, konnten keinen direkten Effekt von kultureller Distanz auf die Markteintrittsstrategie feststellen. Ähnliches hatten wenige Jahre zuvor Tihanyi et al. (2005) berichtet.

Eine mögliche Erklärung dafür, warum die neuere empirische Forschung die theoretisch plausiblen Hypothesen zum Zusammenhang von kultureller Distanz und Markteintrittsstrategie bislang nicht bestätigen konnten, bieten Wang/Schaan (2008). Am Beispiel von Direktinvestitionen, die japanische Unternehmen im Verlauf von 30 Jahren in 53 Ländern und Regionen vorgenommen haben, ermittelten sie einen nicht-linearen Zusammenhang zwischen beiden Variablen. Die größte Wahrscheinlichkeit, dass für den Markteintritt ein Joint Venture gegründet wurde, bestand demnach bei einer mittleren kulturellen Distanz (umgekehrte U-Funktion). Somit könnte hinter dem ‚cultural distance paradox' ein Methodenproblem stehen. Denn selbstverständlich sind lineare Regressionsanalysen ungeeignet, nicht-lineare Zusammenhänge aufzudecken.

Eine ganz andere Frage lautet: Was sind die Moderatoren, die für die Nicht-Linearität des Zusammenhangs „kulturelle Distanz → Markteintrittsstrategie" sorgen (bzw. Kontingenzvariablen; vgl. Teil C-2)? Chang et al. (2012) haben 2.451 Markteintrittsentscheidungen von taiwanesischen Multinationalen Unternehmen analysiert und die sog. Qualität des Regierungshandelns (‚governance quality') in den verschiedenen Auslandsmärkten als eine dieser Variablen identifiziert. Wenn große kulturelle Distanz mit schwachen Institutionen, geringer Rechtssicherheit etc. einherging, dann entschieden sich die von ihnen untersuchten Unternehmen bevorzugt dafür, in diesem Markt eine 100%-Tochtergesellschaft zu gründen. Denn unter derartigen Bedingungen erschienen dem Management die Risiken einer Zusammenarbeit mit lokalen Unternehmen in einem Joint Venture unkalkulierbar. War hingegen die ‚governance quality' zumindest durchschnittlich, dann hielt eine große kulturelle Distanz die Verantwortlichen nicht davon ab, 100%-Tochtergesellschaften zu gründen. Ein weiterer Moderator ist das Länderrisiko (vgl. López-Duarte/Vidal-Suárez 2013).

3.5.3 Einfluss der sprachlichen Distanz

Von deutsch-französischen Gemeinschaftsunternehmen wird häufig berichtet, dass die Sprachbarriere hoch ist. Nicht selten dient Englisch als „gemeinsame Fremdsprache", was aber keine wirklich befriedigende Verständnismöglichkeit schafft (vgl. Henderson 2005). Unter dieser Bedingung ist der lokale Joint Venture-Partner zumeist nicht in der Lage, die ihm zugedachte Vermittlerrolle angemessen zu auszufüllen (vgl. López-Duarte/Vidal-Suárez 2010). „When a common language is not shared, it becomes more difficult for the local partner to play his role as a bridge between the local environment and the foreign investor" (Lorillon 2011, S. 35). Auch kommt es leicht zu Missverständnissen, wechselseitigem Vertrauensverlust und letztlich zur Erosion der Geschäftsgrundlage eines Joint Ventures (vgl. Harzing-Feely 2008).

3.6 Timing des Markteintritts

Unternehmen, die mehrere Auslandsmärkte erschließen wollen, müssen ihren Markteintritt auch zeitlich koordinieren. Welche strategischen Optionen stehen ihnen dabei zur Verfügung? Unabhängig von der gewählten Markteintrittsstrategie sind dies die …
- Basisstrategien Wasserfall- und Sprinklerstrategie (vgl. Abb. 153) sowie die
- Hybridstrategien Brückenkopf- und Near Market-Strategie.

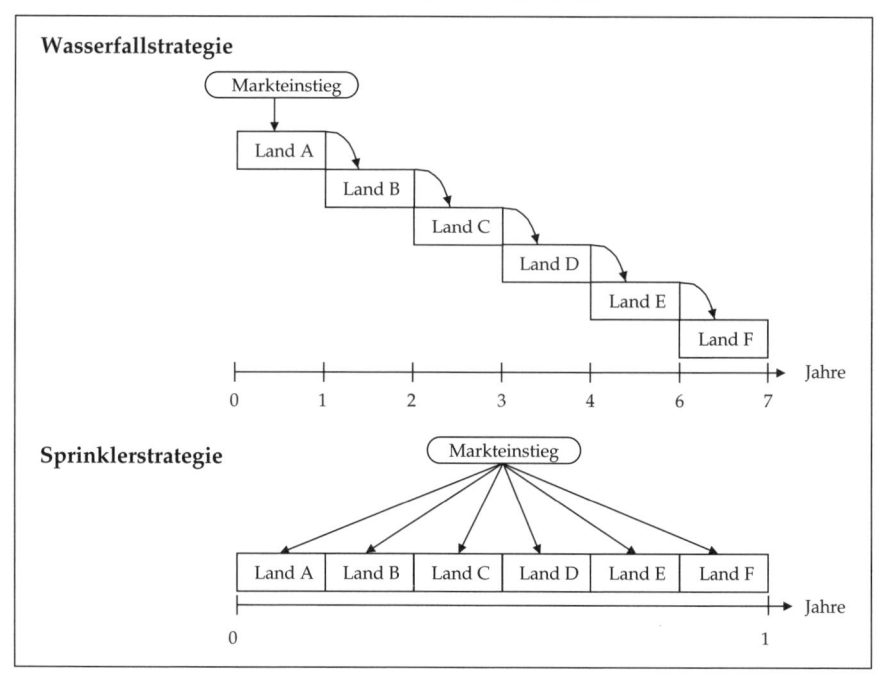

Abb. 153: Basisstrategien der zeitlichen Strukturierung des internationalen Markteintritts

Quelle: Kreutzer (1989, S. 255 ff.).

3.5.1 Basisstrategien

3.5.1.1 Wasserfallstrategie

Um Ressourcen zu schonen und Risiken zu begrenzen, bevorzugen die meisten Unternehmen den sukzessiven Markteintritt: Sie internationalisieren ihre Geschäftstätigkeit schrittweise (vgl. Backhaus/Voeth 2010b, S. 105 ff.). Im Regelfall werden zunächst Ländermärkte erschlossen, zu denen eine geringe psychische bzw. kulturelle Distanz besteht, etwa weil sie dem Management vergleichsweise vertraut sind oder die aus anderen Gründen als besonders risikoarm bzw. chancenreich gelten. In dem Maße, wie Commitment und internationale Erfahrung wachsen, kommen auch fremdartigere und risikoreiche Märkte, zu denen eine große kulturelle Distanz besteht, in Betracht. Die Vorteile der Wasserfallstrategie bestehen in Risikoreduktion und der Möglichkeit, Internationalisierung als organisationalen Lernprozess zu gestalten. Eine, allerdings bedeutsame Gefahr droht, wenn, womöglich nur aufgrund mentaler Barrieren, wichtige Märkte vernachlässigt und den Konkurrenten überlassen werden, die dadurch Skalen- und somit Kostenvorteile erringen können.

3.5.1.2 Sprinklerstrategie

Aufgrund sehr kurzer Produkt- und Technologiezyklen sehen sich neben anderen Halbleiter- oder Computerhersteller häufig gezwungen, viele Ländermärkte gleichzeitig zu erschließen (‚to sprinkle': engl. = gleichmäßig streuen). Ein Halbleiterwerk bspw. ist erfahrungsgemäß spätestens nach sieben Jahren technologisch überholt. Deshalb müssen sich die in diesem Sektor üblicherweise gewaltigen F+E-Kosten in der zeitlich knapp bemessenen Pay Back-Phase amortisieren. Dies wiederum ist nur möglich, wenn die Unternehmen simultan in möglichst viele Absatzmärkte eintreten (vgl. Backhaus/Voeth 2010b, S. 111 ff.). Gewichtige Risiken dieser Timing-Strategie sind die Überforderung der eigenen Ressourcen und der Verzicht auf Erfahrungsgewinn. Vorteilhaft ist die Möglichkeit, Skalen- und somit Kostenvorteile zu generieren.

3.5.2 Hybride Timing-Strategien

3.5.2.1 Brückenkopfstrategie

Unternehmen, welche diese auch ⇒ Nukleus- bzw. ⇒ Wassertropfenstrategie genannte Markteintrittsstrategie verfolgen, bearbeiten innerhalb einer geographisch oder kulturell homogenen Region zunächst nur einen Ländermarkt, um dort bei begrenztem Risiko Erfahrungen sammeln zu können (vgl. Berndt/Cansier 2003; Jahrmann 2004, S. 245). Die Kriterien, nach denen dieser Lead- bzw. Schlüsselmarkt ausgewählt wird, sind vielfältiger Natur. Aufgrund des Sprach- und Mentalitätsvorteils bevorzugen viele außereuropäische Unternehmen aus dem angelsächsischen Kulturraum Großbritannien bzw. Irland als „Sprungbrett" für die Erschließung des Europäischen Binnenmarktes. Deutschen Unternehmen, welche in der aus Kanada, Mexiko und den USA bestehenden Nordamerikanischen Freihandelszone tätig werden wollen, bietet sich der kanadische Markt als Brückenkopf an. Denn „Made in Germany" hat dort einen besonders guten Ruf. Von Vorteil ist weiterhin, dass in Kanada das metrische System gilt und das dortige Zollregime dem europäischen relativ gut entspricht. Aufgrund ihrer vergleichsweise geringen kulturellen Distanz zum deutschen Heimmarkt eignen sich weiterhin folgende Länder als Brückenkopfmärkte:
- Türkei bei der Erschließung des Nahen Ostens,
- Singapur bei der Erschließung des südostasiatischen Raumes,

- Südafrika bei der Erschließung des „jenseits der Sahara" gelegenen afrikanischen Raumes.

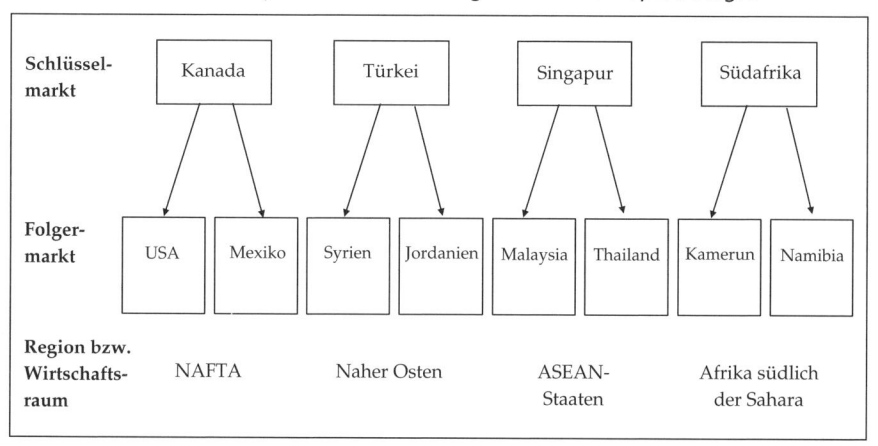

Abb. 154: Beispielhafte Umsetzung der Brückenkopfstrategie

Schlüssel-markt	Kanada		Türkei		Singapur		Südafrika	
Folger-markt	USA	Mexiko	Syrien	Jordanien	Malaysia	Thailand	Kamerun	Namibia
Region bzw. Wirtschaftsraum	NAFTA		Naher Osten		ASEAN-Staaten		Afrika südlich der Sahara	

3.5.2.2 Near Market-Strategie

Theoretische Grundlage

In welcher Reihenfolge sollte ein Unternehmen verschiedene Auslandsmärkte erschließen? Mitra/Golder (2002) haben drei Kriterien vorgeschlagen, anhand derer das Management diese Frage beantworten kann:

Wirtschaftliche Attraktivität. Aus ökonomischer Sicht empfiehlt es sich zunächst, Auslandsmärkte in der Rangfolge ihrer wirtschaftlichen Attraktivität zu erschließen. Sie lässt sich vergleichsweise leicht ermitteln, insb. anhand von Kriterien wie ...

- Kaufkraft (z.B. BIP pro Kopf),
- Marktvolumen (z.B. BIP absolut),
- Infrastruktur (z.B. laufende Kilometer Straßennetz pro Quadratkilometer Fläche) und
- Erreichbarkeit (z.B. Bevölkerungsdichte).

Near-Market Cultural Knowledge. Unternehmen, die in einem Auslandsmarkt tätig sind, erwerben Wissen über dessen Landeskultur und können dieses Know how für den Eintritt in ähnliche Zielmärkte nutzen. Das sog. ‚near-market cultural knowledge' wächst mit der Anzahl der erschlossenen ‚near markets'. So werden Auslandsmärkte bezeichnet, welche dem potentiellen Zielmarkt kulturell näher bzw. ähnlicher sind als der Heimatmarkt (vgl. Mitra/Golder 2002, S. 351 ff.). Diese Kennzahl lässt sich für jede Zielkultur ermitteln, indem man die Erfahrung, die in kulturell ähnlichen Ländermärkten erworben wurde, durch die kulturelle Distanz dieser Märkte zur Zielkultur teilt (vgl. Tab. 127).

Tab. 127: Formel zur Berechnung des ‚near-market cultural knowledge'

$$ck_{Ziel} = \sum_{i=1}^{n_t} \frac{\log\,(1+Jahre_{it})}{cd_{i,Ziel}}$$

ck_{Ziel}	=	‚near-market cultural knowledge' über den potentiellen Zielmarkt
i	=	ähnlicher Markt
Ziel	=	potentieller Zielmarkt
n_t	=	Anzahl der Märkte, in denen ein Unternehmen zum Zeitpunkt t agiert, welche dem potentiellen Zielmarkt ähnlicher sind als der Heimatmarkt
$Jahre_{it}$	=	Anzahl der Jahre, in denen das Unternehmen zum Zeitpunkt t im Markt i agiert
$cd_{i,Ziel}$	=	Kulturelle Distanz *(Kogut-/Singh*-Index) zwischen ähnlichem Markt und potentiellem Zielmarkt

Anmerkung: Die Auslandserfahrung ist zu logarithmieren, weil das Wissen in den Anfangsjahren überproportional wächst und der Logarithmus den abnehmenden Grenznutzen abbildet. Damit sich bereits im ersten Jahr ein positives ‚near-market cultural knowledge' ergibt, wird zur Anzahl der Jahre jeweils eine 1 addiert. Denn der Logarithmus von 1 wäre 0.

Near-Market Economic Knowledge. Im Zuge ihrer Auslandstätigkeit erwerben Unternehmen nicht nur Wissen über fremde Landeskulturen, sondern auch über die dort herrschenden ökonomischen Verhältnisse (z.B. Kaufkraft, Marktvolumen, Infrastruktur). Ihr ‚near-market economic knowledge' erleichtert gleichfalls die wirtschaftliche Tätigkeit in strukturell ähnlichen Zielmärkten und berechnet sich entsprechend der Formel, anhand derer das kulturelle Wissen ermittelt wird.

In Abb. 155 wird die Near Market-Strategie graphisch dargestellt und von der Wasserfallstrategie abgegrenzt.

Abb. 155: Von der Wasserfallstrategie zur Near Market-Strategie

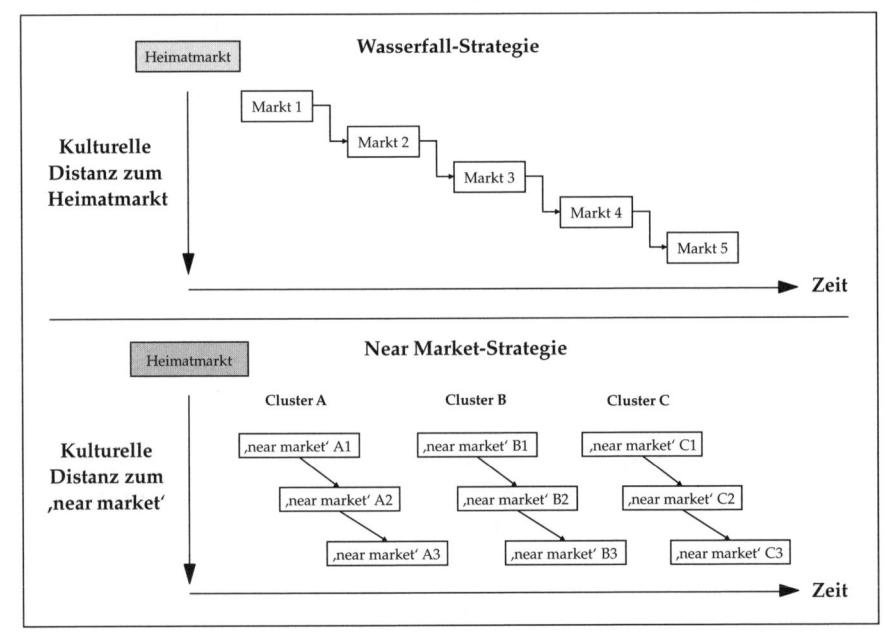

3.6 Timing des Markteintritts

Validierung

Mitra/Golder (2002) untersuchten vor mehr als einem Jahrzehnt, welche Aussagekraft die Kriterien „wirtschaftliche Attraktivität des Zielmarktes", „near-market cultural knowledge" und „near-market economic knowledge" mit Blick auf das Timing des Markteintritts besitzen. Neben sekundärstatistischem Datenmaterial werteten sie dazu die Selbstauskünfte von 19 bekannten Konsumgüterherstellern aus. Die befragten amerikanischen (z.B. *Burger King*), britischen (z.B. *Cadbury*), japanischen (z.B. *Sony*), niederländischen *(Unilever)* und schweizerischen Unternehmen *(Nestlé)* besitzen allesamt mehrjährige Erfahrung in mindestens 20 Auslandsmärkten.

Kausalanalytisch konnten die beiden Wissenschaftler nachweisen, dass es vor allem von der wirtschaftlichen Attraktivität des Zielmarktes abhängt, ob und wie schnell sich ein Unternehmen diesem nähert. Als zweitwichtigstes Kriterium erwies sich in dieser Analyse das ‚near-market cultural knowledge'. Das in kulturell ähnlichen Auslandsmärkten erworbene ökonomische Wissen beeinflusst die Markteintrittsentscheidung hingegen vergleichsweise wenig. Lediglich die in Ländern mit vergleichbarer Kaufkraft gewonnene Erfahrung spielt eine – wenn auch geringe – Rolle (vgl. Abb. 156).

Abb. 156: Einflussfaktoren des Timing des Markteintritts

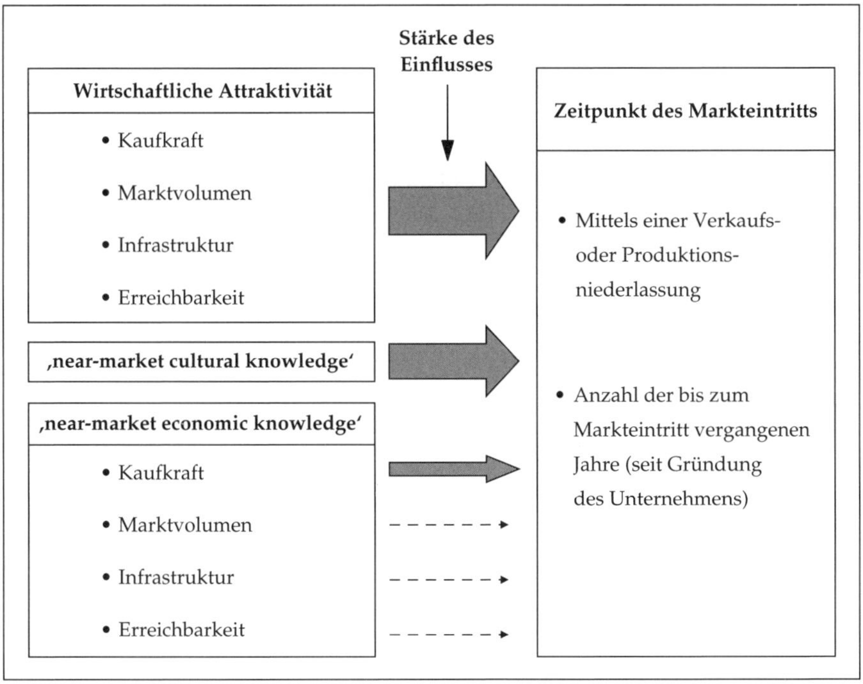

Quelle: eigene Darstellung auf Basis von Mitra/Golder (2002, S. 358).

> Neben den klassischen ökonomischen Daten bestimmen die Erfahrungen, welche ein Unternehmen in sog. ‚near markets' sammeln konnte, den zeitlichen Ablauf der Erschließung ausländischer Märkte. Dies sind Märkte, welche dem Zielmarkt kulturell ähnlicher sind als der Heimatmarkt des Unternehmens. Je fundierter das Wissen über die ‚near markets' ist, desto früher wird ein Unternehmen den Zielmarkt erschließen – vorausgesetzt, es war in den ‚near markets' erfolgreich. Aber auch im Falle des Scheiterns kann das erworbene kulturspezifische Wissen hilfreich sein. Denn es gibt Anlass, den Eintritt in kulturell ähnliche Märkte aufzuschieben, sich beim nächsten Auslandsengagement besser vorzubereiten, Kooperationspartner zu suchen etc.

3.7 Erfolg des Markteintritts

3.7.1 Exportstrategie

3.7.1.1 Einfluss des Distributionskanals

In einer Studie, welche Beamish et al. (1993) durchgeführt haben, erzielten solche Exportunternehmen eine überdurchschnittliche Rendite, die sich dauerhaft auf einen Distributionskanal konzentrierten, vorzugsweise eine Verkaufsniederlassung. Untersuchungsgegenstand war die Exporttätigkeit britischer und kanadischer Mittelständler. Mehr als zehn Jahre später bestätigten Eusebio et al. (2007) diesen Befund am Beispiel italienischer und spanischer Textilunternehmen: „Fokussierung & Beständigkeit des Distributionskanals" trugen zu einem überdurchschnittlichen Exportumsatz der an der Untersuchung beteiligten Unternehmen bei.

3.7.1.2 Einfluss der psychischen Distanz

Unternehmen, deren Management mit einem bestimmten Auslandsmarkt vertraut ist, exportieren dorthin mit überdurchschnittlichem Erfolg (vgl. Sousa et al. 2008). Als eine der ersten haben Dichtl et al. (1990) am Beispiel mittelständischer deutscher, finnischer und japanischer Exportunternehmen nachgewiesen, dass das Exportvolumen in dem Maße wächst, wie die wahrgenommene psychische Distanz zwischen den Märkten abnimmt.[3] Als weitere Prädiktoren des Exporterfolgs konnten in den drei landesspezifischen multiplen linearen Regressionsanalysen folgende Variablen identifiziert werden:
- Akzeptanz von Export als Unternehmensstrategie,
- Änderungs- und Risikobereitschaft,
- Produktivität und Auslastungsgrad der Produktion.

In der Folgezeit wies die empirische Erfolgsfaktorenforschung wiederholt nach, dass Exportunternehmen vor allem in solchen Auslandsmärkten gut

---

[3] Henne oder Ei? Wie so häufig, so ist auch in diesem Forschungsfeld die Kausalitätsfrage letztlich unbeantwortet. Natürlich erscheint es plausibel, dass die psychische Distanz zwischen dem Herkunfts- und dem Zielland eines Anbieters dessen Exporterfolg beeinflusst. Nicht minder nachvollziehbar ist allerdings die Umkehrung dieser These: Managern wird eine Kultur umso vertrauter, je intensiver ihre Exportbeziehungen mit diesem Land (d.h. je häufiger sie mit diesem Land zu tun haben). Vermutlich bedingen kulturelle Ähnlichkeit und Exporterfolg einander wechselseitig.

abschneiden, die ihrem Heimatmarkt weitgehend ähneln. Allerdings finden sich auch Untersuchungen, welche diese plausible These verwerfen. Unter anderen berichteten Sousa/Bradley (2008), dass die von ihnen analysierten portugiesischen Exporteure hauptsächlich in besonders fremdartigen Auslandsmärkten Erfolg hatten. Erklären lässt sich dieser kontraintuitive Befund mit der Gefahr der Unterschätzung scheinbar geringfügiger Abweichungen: „When exporting to similar countries, some firms often fall into the trap of ignoring small but important differences that exist between them" (Sousa/Bradley 2008, S. 216).

3.7.1.3 Einfluss der Marketingstrategie

Kleinere Unternehmen, die einzigartige Produkte in Länder exportieren, in denen gänzlich andersartige politisch-rechtliche Bedingungen herrschen, erzielen eine überdurchschnittliche Rendite, wenn sie ihre Marketingstrategie dem jeweiligen Marktumfeld anpassen. O'Cass/Julian (2003) leiteten diese These aus der schriftlichen Befragung von 151 thailändischen Exportunternehmen ab.

3.7.1.4 Einfluss der Unternehmenskultur

Die Unternehmens- bzw. Organisationskultur kann als eine Art „gemeinsamer Code" einer Organisation begriffen werden. Er beschreibt das Welt- und Selbstbild des Unternehmens und dessen Mitglieder: Wie sie die Realität wahrnehmen, was sie für richtig halten und was für falsch (vgl. Kieser/Walgenbach 2010). Von der unternehmensspezifischen Weltsicht hängt wesentlich ab, wie die Mitarbeiter miteinander sowie mit ihrer Umwelt umgehen. Unternehmenskulturen wirken somit nicht nur nach innen, sondern nehmen auch darauf Einfluss, wie Manager nach außen hin auftreten (z.B. wie sie in einem Auslandsmarkt agieren).

Kulturtypen

Ausgehend von den in Teil A-5.2 skizzierten Überlegungen zur Unternehmenskultur untersuchten Holzmüller/Kasper (1989) deren Einfluss auf den Exporterfolg von österreichischen KMU des Produzierenden Gewerbes. Hierzu interviewten sie 103 Verkaufs- bzw. Exportmanager (vgl. auch Holzmüller/Stöttinger 1996; Holzmüller/Kasper 1991). Die Vielfalt möglicher Unternehmenskulturen reduzierten die Wissenschaftler auf vier Kulturtypen:
- Machtkulturen,
- Rollenkulturen,
- Personenkulturen,
- Aufgabenkulturen.

Eine schrittweise Regressionsanalyse ergab, dass zwei dieser Kulturtypen die Exportquote signifikant beeinflussen: Machtkultur und Personenkultur. Die in Tab. 128 dokumentierten β-Koeffizienten geben Stärke und Richtung des Einflusses an.

Tab. 128: Einfluss der Unternehmenskultur auf die Exportquote

Kultur-Typ	Merkmalsprofil	β-Koeffizient
Macht-Kultur	• Opposition wird unterdrückt • Kontrolle der Untergebenen („wohlwollende Autorität") • Zentrale Entscheidungsfindung • Suche nach persönlichen Vorteilen • Vorauseilender Gehorsam der Untergebenen • Wenig Bürokratie, relativ flexibel • Stark Gründer-orientiert ➢ Typisch für Eigentümergeführte Unternehmen	+ 0,221
Rollen-Kultur	• Rationales, geregeltes Vorgehen und Entscheiden • Betonung von Hierarchie und Status • Klare Regeln für Kompetenzen, Arbeitsbereiche, Konflikte • Expertenmacht statt persönlicher Macht • Relativ starke Bürokratie ➢ Typisch für Behörden	n.s.
Aufgaben-Kultur	• Aufgabe wichtiger als Bedürfnisse der Mitarbeiter • Unterordnung aller unter ein übergeordnetes Ziel • Unfähige Mitarbeiter werden umgeschult oder ersetzt • Fachlich begründete Autorität • Dezentrale Einflussnahme • Starkes Wir-Gefühl ➢ Typisch für kleine Agenturen	n.s.
Personen-Kultur	• Unterordnung der Aufgabe unter den Menschen • Verzicht auf Autorität • Entscheidung im Konsens • Kaum Führung oder Kontrolle, viele Freiräume • Hochgradig motivierte Mitarbeiter • Geringer Einfluss von Führungskräften ➢ Typisch für Anwalts-, Consulting- & Architekturbüros	+ 0,302

Quelle: eigene Darstellung auf Basis von Holzmüller/Kasper (1989, S. 1303 ff.).

Vor allem Personenkulturen erwiesen sich in dieser Studie als erfolgreiche Exporteure: Wenn die Mitarbeiter von der Unternehmensleitung Wertschätzung erfahren, selbständig entscheiden können und auch sonst einen großen Freiraum besitzen, dann kommt dieser mitarbeiterorientierte Führungsstil nicht zuletzt dem Exporterfolg zugute (β = +0,302). Auch Machtkulturen agieren auf Auslandsmärkten relativ erfolgreich (β = +0,221). Dies erscheint auf den ersten Blick erstaunlich, da dieser Unternehmenstypus der Antityp der Personenkultur ist und wenig von der Partizipation der Mitarbeiter hält. Vermutlich ist in machtorientiert geführten Unternehmen die Autorität des Eigentümers bzw. Gründers maßgeblich für den Exporterfolg: etwa weil es ihm möglich ist, Entscheidungen ohne Zeitverzug zu fällen. Weiterhin sind Risikobereitschaft und Commitment für diesen Typus charakteristisch.

Marktorientierung

Als Ergebnis einer Metaanalyse von 114 Studien zum Einfluss der Marktorientierung von produzierenden Unternehmen auf deren Erfolg berichten Kirca et al. (2005, S. 33): Marktorientierung, d.h. die Ausrichtung aller Unternehmenstätigkeiten an den Anforderungen der Kunden und des Wettbewerbs, fördert den Exporterfolg, falls das Stammland des Unternehmens von einer Gesellschaft geprägt wird, die Unsicherheit toleriert und/oder Machtdistanz ablehnt. Hingegen moderieren die Kulturdimensionen „Individualismus vs. Kollektivismus" und „Feminität vs. Maskulinität" die Beziehung „Marktorientierung – Exporterfolg" nicht.

3.7.2 Kooperationsstrategie

3.7.2.1 Joint Venture

Überblick

Wie zahlreiche Studien gezeigt haben, scheitert nahezu jedes zweite Gemeinschaftsunternehmen, viele von diesen an „gravierenden Kulturunterschieden" zwischen den Beteiligten (vgl. z.B. Kahle/Singh 2009; Freimuth et al. 2005; Pothukuchi et al. 2002; Apfelthaler 1999; Raffée/Eisele 1994). Die Ursachen sind vielgestaltig: So halten es chinesische Manager grundsätzlich nicht für verwerflich, Produkte ihrer Kooperationspartner (unrechtmäßig) zu imitieren oder sich deren Know how anzueignen. Denn in ihrem Kulturraum hat Imitation keinen negativen Beigeschmack wie im abendländischen Verständnis (vgl. Fuchs 2006, S. 63 ff.).

Dies erklärt, warum das Konstrukt der „kulturellen Distanz" in der einschlägigen Forschung so viel Aufmerksamkeit erfahren hat. Zahlreiche Studien legen den Schluss nahe, dass je größer die kulturelle Distanz zwischen den Herkunftsländern der Partnerunternehmen, desto weniger Erfolg haben die von diesen gegründeten Gemeinschaftsunternehmen (vgl. Meschi/Riccio 2008; Makino et al. 2007; Luo 2001; Yeheskel et al. 2001). Wie Barkema/Vermeulen (1997) am Beispiel niederländischer Unternehmen, die mit ausländischen Partnern ein Joint Venture gegründet haben, nachweisen konnten, mindern vor allem unterschiedlich Kulturstandards hinsichtlich zweier Kulturdimensionen die Erfolgsaussichten: Unsicherheitsvermeidung und Langzeitorientierung. „Erfolg" wird u.a. als Lebensdauer des Joint Venture oder Zielerreichungsgrad gemessen.

Allerdings widersprechen auch einige Wissenschaftler dieser plausiblen These. So berichten Brown et al. (1989), dass große Unterschiede in der Landeskultur die Innovativität eines Joint Ventures fördern und dadurch auch dessen ökonomischen Erfolg (vgl. auch Puck et al. 2007; Earley/Masakowski 2000; Park/Ungson 1997).

Zu bedenken ist überdies, dass Landeskultur und Unternehmenskultur nicht unabhängig voneinander sind und bspw. die Unternehmenskulturen britischer Unternehmen sich systematisch von denen deutscher Unternehmen unterscheiden. Deshalb wurde in verschiedenen Studien die Interaktion beider Kulturkonzepte und deren Konsequenzen für den Erfolg von Gemeinschaftsunternehmen analysiert, mit einem überraschenden Befund: „We found, that the presumed neagtive effect from culture distance on international joint venture performance originates more from differences in organizational culture than from differences in national culture" (Pothukuchi et al. 2003, S. 243). Neben anderen bestätigten Ozorhon et al. (2008) den Vorrang der Unternehmenskultur. Vor allem unterschiedliche Ausprägungen der Kulturdimension „Femininität-Maskulinität" scheinen dem Erfolg von Gemeinschaftsunternehmen abträglich zu sein (vgl. Ren et al. 2009, S. 821).

Studie von Isidor et al. (2012)

Offenbar sind einfache, d.h. eindimensionale Versuche, die hohe Scheiterquote von Joint Ventures zu erklären, wenig überzeugend. Wie eine Metaanalyse von 106 Studien mit insgesamt mehr als 30.000 Unternehmen ergab, können Erfolg und Misserfolg internationaler Joint Ventures nur multifaktoriell erklärt werden (vgl. Isidor et al. 2012). Als bedeutsam haben sich drei Variablengruppen erwiesen:

Betriebswirtschaftlich beschreibbare Merkmale von Joint Ventures. Hierunter fallen. neben dem strategischen Fit der Partnerunternehmen (vgl. Kap F-4.2.2) und deren Grad an Erfahrenheit, die Art des Konfliktmanagements sowie Bereitschaft und Fähigkeit zu organisationalem Lernen.

> **Vorbei das Lächeln, vorbei die Contenance, vorbei die Konsenskultur**
>
> *Volkswagen vs. Suzuki*, die beiden Akteure „der gescheiterten Auto-Liaison liefern sich seit Monaten einen öffentlichen Rosenkrieg. Es begann damit, dass die Deutschen den Japanern vorwarfen, sich nicht an die Vereinbarungen gehalten zu haben, als sie Dieselmotoren bei *Fiat* und nicht in Wolfsburg orderten. Briefe aus Deutschland kommentierten die Japaner mit dem Hinweis, ihr Inhalt sei es nicht wert, Stellung zu beziehen. Ultimaten, Beschimpfungen, Drohungen. In den *VW*-Büros ist man verwundert über den scharfen Ton, der aus dem gegnerischen Lager kommt. Von Japanern ist man so etwas nicht gewohnt. Und doch hätte man damit rechnen müssen. Der größte europäische Hersteller hier, der wesentlich kleinere japanische Familienkonzern da – die kulturellen Gräben waren von Anfang an zu groß, um zueinander zu kommen" (Fromm et al. 2011, S. 34).

Der in Tab. 129 dokumentierte Katalog wechselseitigen Unverständnisses wurde zwar nur am Beispiel deutsch-russischer Joint Ventures gewonnen. Die daraus ablesbare Psychodynamik intraorganisationaler Konflikte dürfte jedoch charakteristisch sein für Gemeinschaftsunternehmen, in denen Angehörige von Industrieländern und von Schwellen- oder Entwicklungsländern aufeinander treffen. Dabei verwechseln die meisten Akteure ihre eigene, d.h. letztlich immer subjektive, kulturspezifische Sicht der Dinge mit einer objektiven Problemanalyse.

Psychologisch beschreibbare Merkmale von Joint Ventures. Einem Joint Venture wird nur dann Erfolg beschieden sein, wenn sich die Partnerunternehmen zu dem gemeinsamen Vorhaben bekennen und die erforderlichen Ressourcen bereitstellen (= Commitment), sich wechselseitig vertrauen und nicht durch eine übertriebene Kontrollorientierung die Zusammenarbeit über Gebühr erschweren. Exemplarisch für die Schlüsselrolle, welche Vertrauen in Gemeinschaftsunternehmen spielt, sei an den Fall *Covisint* erinnert, eine von *DaimlerChrysler, Ford* und *General Motors* 2000 gegründete elektronische Einkaufsplattform (vgl. Kisiel 2002). Neben der Unvereinbarkeit der deutschen und der amerikanischen Vision vom Automobil (hochpreisiges Luxusgut vs. preiswertes Convenience-Gut) sowie inkompatibler technischer Standards der Betreiber der Plattform sorgte wechselseitiges Misstrauen dafür, dass *Covisint* Ende 2003 mit einem Verlust von 400 Mio. $ an *Free Markets* verkauft wurde. Offensichtlich wogen die in der Beschaffung erzielbaren Kostenvorteile die Furcht der Verantwortlichen vor Know how-Abfluss nicht auf. Denn auf dem Weltautomobilmarkt sind *DaimlerChrysler, Ford* und *General Motors* vor allem Konkurrenten. Die Zulieferer wiederum fürchteten, die gemeinsame Plattform werde für Preistransparenz sorgen und letztlich den Kostendruck erhöhen.

Tab. 129: Wechselseitige Schuldzuweisung von Joint Venture-Partnern

Sicht deutscher Führungskräfte	Sicht mittel- und osteuropäischer Führungskräfte
Osteuropäische Führungskräfte ...	Deutsche Führungskräfte ...
• argumentieren vielfach anhand relativ unwichtiger Details, während dringende Probleme oft viel zu spät angesprochen werden.	• sind mit den vergleichsweise schwierigen Lebensbedingungen unzufrieden und erschweren damit die Zusammenarbeit.
• verschieben wichtige Entscheidungen („sitzen sie aus" oder „delegieren sie nach oben").	• sind häufig wenig bereit, sich den Bedingungen des Gastlandes anzupassen (z.B. die Landessprache zu erlernen).
• veranstalten Besprechungen und Verhandlungen häufig ohne klare Struktur bzw. roten Faden (stattdessen mit vermeintlichen philosophischen Erkenntnissen gespicktes „Palaver").	• nehmen die spezifischen Bedingungen des Gastlandes häufig nur sehr oberflächlich wahr und berücksichtigen sie bei ihren Entscheidungen nicht hinreichend.
• argumentieren zumeist sehr vage (auf Grundlage allgemeiner moralischer Werte).	• behandeln uns häufig nicht als gleichberechtigte Partner, sondern nur als geduldete „Zuarbeiter".
• entwickeln selten kontrovers zu diskutierende Alternativen.	• unterschätzen häufig die Qualifikationen und Problemlösungsfähigkeiten der inländischen Führungskräfte.
• bedenken mögliche Folgewirkungen unterschiedlicher Alternativen oft nicht.	• haben häufig eine materialistische und stark profitorientierte Einstellung und vernachlässigen soziale Ziele.
• benötigen für die Entscheidungsfindung häufig ausgesprochen viel Zeit.	• sehen westliche Management-Techniken zumeist als grundsätzlich überlegen an und präferieren eine sehr rationale Vorgehensweise, die jedoch den dynamischen und tiefgreifenden Veränderungen des Gastlandes nicht gerecht wird.
• berücksichtigen Kosten und Effizienz von Entscheidungen kaum.	
• sehen ihre häufig vagen Entscheidungen zumeist nicht als verbindlich an.	
• verdrängen Konflikte.	
• sind häufig wenig kompromissbereit.	

Quelle: eigene Darstellung auf der Basis von Holtbrügge (1995, S. 132).

Sind deutsche Unternehmen an einem internationalen Joint Venture beteiligt, so besteht die Gefahr, dass ihr kulturbedingt starkes Kontrollbedürfnis zum Stolperstein wird. Als Angehörige einer monochronen Kultur legen deutsche Manager mehr als andere Wert auf den strikten Zeitablauf von Projekten (z.B. Pünktlichkeit), das Einhalten von Plänen und formalen Prozeduren sowie auf systematisches „Abarbeiten" der Agenda. Kulturfremden erscheint dies als umständlich, unnötig kompliziert und bisweilen sogar als destruktiv. In Zusammenarbeit mit Mitgliedern einer eher polychronen Kultur wie Frankreich führt diese soziale Konditionierung fast zwangsläufig zu Konflikten, sobald das Zeitmanagement maßgeblich für den Projekterfolg ist (vgl. Jahn 2006, S. 56; Hall/Hall 1990).

Die Besonderheiten des in Frankreich und anderen polychronen Gesellschaften weit verbreiteten Arbeitsstils werden als „System D" bezeichnet (d = ‚se débrouiller' = sich durchwursteln, sich zu helfen wissen, auch mit ungenügenden Mittel zurechtkommen): eine dem romanischen Typus zugeschrieben Bereitschaft, formale Regeln und Gesetze zu umgehen, ohne sie zu brechen. „Die Erfahrungsberichte der interviewten Manager lassen auf unterschiedliche Auffassungen über effizientes Arbeiten schließen. Während Deutsche es als effizient ansehen, eine Besprechung oder einen Arbeitsvorgang nach vorher festgelegtem Plan durchzuführen, beglückwünschen sich Franzosen, wenn sich mehr ergab, als eigentlich erwartet werden konnte. […] Die deutsche „Von-oben-nach-unten-Abarbeiten-Mentalität" wirkt auf Franzosen langweilig und ineffizient" (Jahn 2006, S. 59).

Über die Probleme, unter denen gerade deutsch-französische Gemeinschaftsunternehmen immer wieder leiden, wurde vielfach berichtet. Breuer/de Bartha (2012) haben ihre langjährigen Erfahrungen in den „Zehn Todsünden deutsch-französischer Joint Ventures" zusammengefasst. Häufig unterschätzt wird in diesem Zusammenhang die Rolle, welche asymmetrische emotionale Beziehungen dabei spielen: Gemäß einer Umfrage des in Paris beheimateten *Ifop*-Instituts empfinden 65 % der Deutschen Sympathie für ihre linksrheinischen Nachbarn, während nur 26 % der Franzosen entsprechend fühlen (vgl. Wernicke 2014).

„Zehn Todsünden bei deutsch-französischen Joint Ventures

1. Unterschiedliche Ziele stillschweigend übergehen: Den Deutschen geht es um Geld, den Franzosen um die Macht.
2. Argumentieren wie in der eigenen Managementkultur: Deutsche wollen überzeugen, Franzosen verführt werden.
3. Sich auf den Wortlaut von Verträgen verlassen: Die Deutschen halten sich ans Komma, die Franzosen an den Geist der Abmachungen.
4. Zu viele faule Kompromisse schließen: Deutsche akzeptieren Kompromisse aus Vernunftgründen. Franzosen werden durch Kompromisse demotiviert und brechen bei erster Gelegenheit aus.
5. An die Verbindlichkeit von Organigrammen glauben: In Deutschland bestimmt die Funktion die Person, in Frankreich die Person die Funktion.
6. Arbeitsgruppen unvorbereitet ins kalte Wasser werfen: Die Deutschen werden durch französische Improvisation verunsichert, die Franzosen fühlen sich durch deutsche Systematik und Planung eingeengt.
7. Spezialisten mit Generalisten zusammensetzen: Sachkompetente Deutsche empfinden Franzosen als substanzlos, brillante französische Generalisten halten deutsche Spezialisten für kleinkarierte Fachidioten.
8. Machtverhältnisse absichtlich offen lassen: Der Deutsche hat Angst, vom Franzosen übervorteilt zu werden, während der Franzose fürchtet, vom Deutschen überrollt zu werden.
9. Einen Deutschen und einen Franzosen zu Chefs machen: Beide arbeiten gegeneinander. Der deutsche Fachmann, der sein Konzept durchzieht, und der französische Stratege, der Schach spielt.
10. Sich blind auf Sprachkenntnisse verlassen: Wenn die emotionale Basis nicht stimmt, helfen auch die besten Sprachkenntnisse nichts" (Breuer/de Bartha 2012, S. 405 f.).

Moderatoren des Erfolgs von Joint Ventures. Besondere Beachtung verdienen in diesem Zusammenhang die kulturelle Distanz zwischen den Herkunftsländern der Partnerunternehmen sowie die gewählte Organisationsform (z.B. Mehrheits/Minderheits-Joint Venture) und die Branchenzugehörigkeit.

Dass die kulturelle Distanz zwischen den Herkunftsländern der Partner eines Joint Venture für dessen Erfolg bedeutsam ist, lässt sich u.a. einer Studie von Hennart/Zeng (2002) entnehmen. Ihr Vergleich von amerikanisch-japanischen mit japanisch-japanischen Joint Ventures ergab: Gemischt-kulturelle Gemeinschaftsunternehmen haben einen kürzeren Lebenszyklus als kulturell homogene Gemeinschaftsunternehmen. Bezieht man allerdings neben der kulturellen Distanz der Landeskulturen auch die kulturelle Distanz der Organisationskulturen der Partnerunternehmen in die Analyse ein, dann muss diese Aussage relativiert werden. Denn Pothukuchi et al. (2002) belegen am Beispiel internationaler Joint Ventures, welche indische Unternehmen mit Unternehmen verschiedener nationaler Herkunft gebildet haben, dass zwar auch die kulturelle Distanz zwischen Herkunftsländern der Partnerunternehmen, vorrangig jedoch die kulturelle Distanz der Organisationskulturen für die Leistungsstärke internationaler Gemeinschaftsunternehmen maßgeblich ist.

Ein Missverständnis

Wie kann man erkennen, ob ein Joint Venture erfolgreich ist bzw. war oder erfolglos? Wenn die mit dem Gemeinschaftsunternehmen verfolgten Unternehmensziele erreicht bzw. nicht erreicht wurden! So einfach und einleuchtend diese Antwort zu sein scheint, so schwierig ist es für die empirische Forschung, dieses Kriterium zu operationalisieren. Denn kaum ein Unternehmen wird über seine Ziele Auskunft geben wollen. Deshalb behilft man sich zumeist mit einer simplen Proxy-Variable: (Internationale) Joint Ventures, die andauern, gelten als erfolgreich, und solche, die beendet wurden, als erfolglos. Wie Nemeth/Nippa (2013) darlegen, ist dies zwar pragmatisch (im Sinne von Forschungsökonomie), aber nicht selten irreführend. Denn Internationale Joint Ventures würden auch beendigt, weil sie erfolgreich waren. Dies ist dann der Fall, wenn zumindest eines der beteiligten Unternehmen seine mit dem Gemeinschaftsunternehmen verfolgten Ziele erreicht sieht (z.B. Markteintritt, Technologietransfer).

3.7.2.2 Strategische Allianz

Die gescheiterten Versuche etwa von *BMW* und *Peugeot* oder von *Siemens* und *Areva*, gemeinsame strategische Unternehmensziele zu verfolgen und längerfristig zu kooperieren, scheinen dafür zu sprechen, dass mehr als andere deutsch-französische Kooperationen nicht unter einem guten Stern stehen. Unterstützt wird diese Vermutung durch die vergleichsweise große kulturelle Distanz zwischen Deutschland und Frankreich, die kaum geringer ist als bspw. die zwischen Deutschland und Japan. Ein wichtiges Gegenargument liefert die Studie von Sirmon/Lane (2004). Sie bestätigen, was bereits die Analyse der Erfolgsfaktoren internationaler Joint Venture ergab: Wesentlicher als die kulturelle Distanz der Herkunftsländer ist die kulturelle Distanz der Organisationskulturen der Partnerunternehmen für den Erfolg einer Strategischen Allianz. Beide Variablen können jedoch von den Besonderheiten der Branchenkultur überlagert werden, falls diese für den Wertschöpfungsprozess der Allianz relevant ist (vgl. Teil A-5).

3.7.3 Direktinvestitionen

Gemäß einer *KPMG*-Analyse steigern nur 17% der grenzüberschreitenden Akquisitionen den Unternehmenswert; in 53% der Fälle muss sogar ein Verlust verbucht werden (vgl. Shimizu et al. 2004). Ein negativer Ausgang ist umso wahrscheinlicher, je größer die kulturelle Distanz zwischen dem Herkunftsland des akquirierenden und dem Herkunftsland des akquirierten Unternehmens ist. Letzteres stellten Datta/Puia (1995) am Beispiel von 112 großen ‚brownfield investments' (= Kauf einer Tochtergesellschaft) fest, die US-amerikanische Unternehmen in den 1980er-Jahren vorgenommen haben. Conn et al. (2005), die mehr als 4.000 Direktinvestitionen britischer Unternehmen auswerten konnten, bestätigten den moderierenden Effekt der kulturellen Distanz. Neuere Untersuchungen sprechen jedoch dafür, dass eine große kulturelle Distanz zwischen dem akquirierenden und dem akquirierten Unternehmen den Wissenstransfer (vgl. Sarala/Vaara 2010) und den Unternehmenserfolg fördert (vgl. Chakrabarti et al. 2009).

Erklären lassen sich die auf den ersten Blick widersprüchlichen Befunde damit, dass einerseits kulturelle Distanz die Kommunikation zwischen den Unternehmensteilen erschwert und unterschiedliche, inkompatible Führungsstile, Organisationsprinzipien etc. fördert (vgl. Slangen 2006). Andererseits schärft das Bewusstsein der bestehenden großen kulturellen Unterschiede die kulturelle Sensibilität sowie die Bereitschaft, mit diesen Unterschieden konstruktiv umgehen zu wollen. Systematische Kulturintegration ist geeignet, ersteres zu mindern und letzteres zu stärken.„On one hand, we find that cultural distance impedes understandability of key capabilities that need to be transferred, and constrains communication between acquirers and their acquired units, bringing about a negative indirect effect on acquisition performance. On the other hand, we find that cultural distance enriches acquisitions by enhancing the positive effects of understandability and communication on acquisition performance. Acquirers that can overcome the impeding effects of cultural distance on understanding key capabilities and effective communication appear to reap significant performance gains" (Reus/Lamont 2009, S. 1298).

3.7.4 Unternehmenszusammenschlüsse

3.7.4.1 Wunsch & Wirklichkeit

Wie Unternehmensübernahmen, so werden auch Fusionen im Regelfall mit dem Ziel gerechtfertigt, Synergien zu „heben" (z.B. Optimierung der Kapazitätsauslastung), Kostenvorteile zu generieren (z.B. durch Bündelung von F+E, Einkaufsvolumina etc.) und die Eigenkapitalrendite zu erhöhen (vgl. Chatterjee 2007; Wildemann 2003; Apfelthaler 1999, S. 12). Nicht selten, wie im Falle des Kölner Arzneimittelwerks *Nattermann* und *Rhône-Poulenc,* entpuppen sich diese Begründungen allerdings als Wunschdenken. „Dort gab es so viel Streit, dass die Kölner B. *Suazay* zu Hilfe holten, eine in Diplomatenkreisen erfahrene Dolmetscherin, die früher für *F. Mitterand*, den französischen Staatspräsidenten, gearbeitet hatte. Doch selbst mehrere Workshops mit ihr konnten keine deutsch-französische Freundschaft begründen" (Hoffritz 1999a, S. 25).

Ein Franzose in Köln

„,Wir sind einfach nicht zusammengewachsen', erinnert sich ein *Avensis*-Manager, der lange Zeit in Köln gearbeitet hat. *Rhône-Poulenc* sei ein besonders hierarchisches Unternehmen, in dem die Mitarbeiter je nach Herkunft, Hautfarbe und politischer Couleur eigene Cliquen bildeten. ,Als Deutscher ist man darauf nicht vorbereitet und wundert sich, wo die Spannungen herkommen'. Häufig scheiterte die Verständigung schon an der Sprache. „Selbst wenn man fest vereinbart hatte, nur englisch zu sprechen", erinnert er sich: „Die Franzosen hielten sich einfach nicht daran'" (Hoffritz 1999a, S. 25).

Zu den besonders spektakulär gescheiterten Fusionen zählt der Zusammenschluss von *Daimler* und *Chrysler* zu *DaimlerChrysler*. Die laut *J.E. Schrempp,* dem damaligen Vorstandsvorsitzenden der *Daimler AG*, „im Himmel geschlossene Ehe" landete bekanntlich schnell auf dem harten Boden der Realität. Denn sowohl die Landeskulturen als auch die Unternehmenskulturen der Beteiligten erwiesen sich als letztlich unvereinbar.

Daimler/Chrysler-Debakel

1998 hatte *J. Schrempp* „aus den beiden Autobauern *Daimler* und *Chrysler* einen neuen Konzern geschaffen. Er wollte eine Welt-AG führen, […] eines der innovativsten und rentabelsten Unternehmen, das die Welt je gesehen hat. […] Andere hielten den Zusammenschluss über den Atlantik hinweg für eine Schnapsidee. Luxusautos und Massenfahrzeuge passten nicht zusammen, sagten sie. [… Tatsächlich ging] zwischen Deutschen und Amerikanern vieles einfach nicht zusammen. So galt bei *Daimler* die oberste Regel: Das Beste ist gerade genug. Bei *Chrysler* wurden dagegen aus Kostengründen pausenlos Kompromisse zu Lasten der Qualität gemacht. Auch die erwarteten Synergien stellten sich nicht ein: Die *Daimler*-Ingenieure trauten den *Chrysler*-Kollegen nicht zu, gute Autos zu bauen. Die Amerikaner belächelten die Behäbigkeit der Teutonen, bemängelten, dass die Deutschen weniger profitabel waren als sie. Sollten *Mercedes*-Teile in die *Chrysler*-Modelle eingebaut werden? Das hätte die Autos der Amerikaner verteuert. *Chrysler*-Teile in *Mercedes*-Karossen? Damit litte die Qualität. […. Zwei Jahre nach der von *J. Schrempp* beschworenen ,Hochzeit im Himmel' war] *Chrysler* zum Verlustbringer geworden, der einen Jahresverlust von 5,2 Mrd. € machte. *Schrempp* hatte 38 Mrd. DM für ein Unternehmen ausgegeben, das offenbar nicht halb so gut war, wie er geglaubt hatte. […] Die Managementkapazitäten reichten nicht. Man kümmerte sich nun vornehmlich um den amerikanischen Patienten. Mit Folgen. Schon bald ging es *Daimler* schlecht. Es kam zu spektakulären Rückrufaktionen für die Autos mit dem Stern. Qualitätsprobleme bei *Mercedes*! Ein Unding. Am 28. Juli 2005 tritt *Schrempp* zurück" (Büschemann 2013, S. 18).

Gemischt-kulturelle Fusionen bzw. Übernahmen erzeugen etwas Neu- und Einmaliges: eine Third-Culture-Identity. Neben unterschiedlichen Unternehmenskulturen treffen dabei auch „typisch" deutsche, amerikanische, britische, japanische etc. und häufig unvereinbare Ansichten aufeinander. Denn natürlich sind die einzelnen Mitarbeiter wie auch die Organisationskultur insgesamt von der jeweiligen Landeskultur geprägt (vgl. Rothlauf 2009, S. 74). Die amerikanischen Mitarbeiter von *DaimlerChrysler Services* waren sich daher unsicher, wie sie sich verhalten sollten, als sie zum ersten Mal nach der Fusion den deutschen Stammsitz besuchten.

> **Ein Amerikaner in Berlin**
> „Worüber wundert sich ein Amerikaner, der zum ersten Mal in das Headquarter von *DaimlerChrysler Services* nach Berlin kommt? ‚Die Unterschiede zwischen den Lebensformen sind subtil', meint *R. Wecker*, die dort eine interne Akademie für interkulturelles Training aufbaute. Aber sie werden schon im Flur des Bürogebäudes am Potsdamer Platz sichtbar. ‚Warum sind die meisten Türen geschlossen?', fragt sich der amerikanische Gast. ‚Darf man durch die Scheibe sehen? Soll man bei Besuchen vorher anrufen, anklopfen oder einfach eintreten? Wie spreche ich die deutschen Kollegen an?'" (o.V. 2003a, S.15).

3.7.4.2 Erfolg & Misserfolg

Angesichts solcher Probleme verwundert es nicht, dass zahlreiche länderübergreifende Zusammenschlüsse schon in den ersten drei Jahren scheitern. Abgesehen von einem Strohfeuer, das die Verkündung der Fusion im Regelfall auslöst, entwickelte sich bspw. der Börsenwert der meisten der 300 von *Mercer Management Consulting* beobachteten Zusammenschlüsse weit schlechter als der Branchendurchschnitt (vgl. Ghemawat/Ghadar 2001). Je nachdem, auf welche Studie man sich bezieht und wie „Scheitern" definiert wird, variiert die Scheiterquote zwischen 10 und 70% (vgl. z.B. Peng/Shenkar 2002; Winkler/Dörr 2001; Habeck et al. 2000).

Die Gründe der Fehlschläge sind vielgestaltig:
- Ungenügende Anpassungs- bzw. Änderungsbereitschaft: Zwar „wissen" die Unternehmen im Regelfall, dass Fusionen nur dann erfolgreich sein können, wenn jeder sich anpasst. Letztlich aber erwarten alle, dass „die anderen" sich anpassen.
- Ungenügende Vor- und Nachbereitung der Fusion: Wie regelmäßige Erhebungen der Unternehmensberatung *Bain & Company* zeigen, geben die für den Zusammenschluss verantwortlichen Manager im Falle des Scheiterns gewöhnlich an, ...
  ➢ keine genaue Vorstellung davon gehabt zu haben, auf welche Weise der Zusammenschluss den Unternehmenswert steigern soll,
  ➢ falls doch, die erzielbaren Synergieeffekte überschätzt und die Schwierigkeit, die es bereitet, zwei eigenständige Unternehmen zu verschmelzen, unterschätzt zu haben,
  ➢ die weichen, aus unverträglichen Unternehmenskulturen erwachsenden Hemmnisse falsch beurteilt zu haben,
  ➢ Status quo und Aussichten beschönigend dargestellt zu haben (= ‚window dressing'),
  ➢ ‚due diligence' nicht ernsthaft genug und schon gar nicht als ‚cultural due diligence' betrieben zu haben (vgl. Teil F-4.2.2).
- Rechtliche Vorgaben: Aufgrund von Gesetzen zu Schutz des Wettbewerbs (bspw. der US-amerikanischen *Federal Trade Commission*) dürfen viele sensible Informationen, die zur Beurteilung der Erfolgsaussichten eigentlich vor der Fusion zur Verfügung stehen sollten, erst nach der Fusion ausgetauscht werden.
- Marktbedingungen: Natürlich können ein unerwarteter Einbruch der Konjunktur oder andere Verschlechterungen der volkswirtschaftlichen Rahmenbedingungen dem Vorhaben den Boden entziehen. Wie jedoch die Auswer-

tung von US-amerikanischen Unternehmenszusammenschlüssen der Jahre 1981–1999 gezeigt hat, scheitern Fusionen gehäuft in Zeiten wirtschaftlichen Aufschwungs. Dies bedeutet: Vermutlich ist übermäßiger Optimismus das Kernproblem.
- Reaktanz: Verunsichert durch den häufig schlecht vorbereiteten Zusammenschluss beharren die Beteiligten umso mehr auf ungeschriebenen Gesetzen, Regeln und Verhaltensweisen, die sich über Jahre hinweg in „ihrem Unternehmen" eingeschliffen haben. Gegen diese Beharrungskräfte vermögen die üblichen Integrationsmaßnahmen wenig auszurichten. Symptomatisch ist die Klage von Mitarbeitern eines deutschen Anbieters für CRM-Systeme, der 2003 mit einer Werbe- und einer Direktmarketing-Agentur zu einem Komplettanbieter für Marketing-Dienstleistungen fusioniert wurde: „Unmittelbar nach der Fusion bekamen wir von der neuen Geschäftsleitung eine Vorlage für unsere E-Mails zugesandt. Diese sah vor, dass alles generell klein geschrieben wird: „sehr geehrter herr …", „mit freundlichen grüßen" etc. Ich kann nur sagen, dass von mir keine Mail so an irgendeinen Kunden rausgeht."

3.8 Besonderheit der Markteintrittsentscheidung von Industriegüterherstellern

Bislang haben wir den Markteintritt aus der Perspektive von Unternehmen betrachtet, die Ge- und Verbrauchsgüter herstellen und deren Kunden Endverbraucher sind. Viele Industriegüterhersteller stehen vor einer grundlegend andersartigen Entscheidungssituation. Sie müssen sprichwörtlich im „Kielwasser" ihrer Schlüsselkunden deren Internationalisierungspfaden folgen, gleichgültig, wie es etwa um die kulturelle Distanz zu den fraglichen Märkten und andere Markteintrittsbarrieren bestellt ist.

Ende der 1980er-, Anfang der 1990er-Jahre wurde das Phänomen der „Kielwasser-Internationalisierung" evident. So stieg die Zahl der Auslandsengagements deutscher Automobilzulieferer in Gestalt von Joint Ventures, Tochtergesellschaften und Lizenzvergaben zwischen 1992 und 1996 um 20,1 % (von 851 auf 1.022). Der Auspuffhersteller *Zeuna Stärker* und der Kraftstoffsystemhersteller *Alfmeier* bspw. investierten in unmittelbarer Nähe des Werkes, welches damals ihr Großkunde *BMW* im US-Bundesstaat South Carolina errichtet hatte. Und der Produktionsniederlassung von *Mercedes-Benz* folgten neun deutsche mittelständische Zulieferer nach Tuscaloosa (Alabama), unter ihnen die *Rehau AG* und die *ZF Friedrichshafen AG*, ein weltweit führender Anbieter von Antriebs- und Fahrwerktechnik.

Brembo und *Webasto* sind aktuelle Beispiele für begrenzte Freiheit von Zulieferunternehmen, über ihre Internationalisierungsstrategie zu entscheiden. Sie müssen ihren Großkunden folgen, notfalls bis ans Ende der Welt. „Denn im Milliardengeschäft mit Bremsen und Autodächern zählt vor allem eines: Nähe" (Fromm 2014, S. 20). In Zeiten von Just in Time und minimierten Lagerbeständen ist häufig kurzfristige Lieferfähigkeit entscheidend.

> **Brembo & Brose**
>
> „Traditionell gehören die deutschen Hersteller von Oberklasseautos zu den besten Kunden von *Brembo*, einer Firma, die vor allem für ihre farbigen Bremssättel in Sportwagen bekannt ist. Eine wichtige Rolle spielt dabei auch das Just in Time-Prinzip. Da die *Brose Fahrzeugtechnik GmbH & Co*, Coburg, Weltmarktführer bei Fensterhebern und sog. Türsystemen, von ihren internationalen Kunden oft nur wenige Stunden vorher erfährt, was wann in welcher Reihenfolge zu liefern ist, gründete das fränkische Familienunternehmen Niederlassungen in der Nähe ihrer Kunden: in Großbritannien, Spanien, Mexiko, Brasilien, Südafrika, Ostdeutschland, China, Japan und zuletzt in Bratislava (Slowakei). Dort wurden Türsysteme u.a. für die weitgehend baugleichen Geländewagen *VW Touareg* und *Porsche Cayenne* montiert" (Fromm 2014).

4 Distributionsmanagement

4.1 Auswahl des Distributionskanals

4.1.1 Überblick

International tätige Anbieter müssen entscheiden, ob sie ihre Produkte direkt (z.B. mithilfe eigener Vertriebsniederlassungen bzw. Außendienstmitarbeiter) oder indirekt vertreiben wollen, indem sie Absatzmittler einschalten (z.B. einen Importeur). Direkter Vertrieb ist zwar teuer und aufwändig, verschafft dem Hersteller aber unmittelbaren Kundenkontakt. Wer unternehmensfremde Intermediäre einsetzt, muss kein eigenes Vertriebsnetz aufbauen, verzichtet jedoch auf die in vielen Märkten entscheidende Markt- und Kundennähe.

Diese und weitere Vor- und Nachteile sind in jedem Einzelfall gegeneinander abzuwägen. Erklärungsbedürftige Produkte etwa sollten im Regelfall direkt vertrieben werden, und geringe Marktkenntnis spricht für indirekten Vertrieb (vgl. Teil F-4.1.2). Weiterhin sind, wie folgende Beispiele zeigen, die traditionelle Rolle des Handels im Zielland und die dort gewachsene Handelsstruktur wesentliche Entscheidungskriterien (vgl. Teil E-2.2).

Zum Beispiel Frankreich

Wie sehr sich die in Frankreich gewachsene Handelsstruktur von den Gegebenheiten in Deutschland unterscheidet, musste u.a. *Uzin*, ein in Ulm beheimateter mittelständischer Hersteller von Spachtelmasse und Klebstoffen für Bodenbeläge, erkennen. Da der Großhandel im französischen Baugewerbe weit weniger leistungsstark ist als hierzulande, bestellen dort Handwerksbetriebe vorzugsweise direkt beim Hersteller (vgl. Reicherzer 2003, S. 28).

Zum Beispiel Japan

In diesem Land dominierten in den meisten Branchen über lange Zeit hinweg weit verzweigte, für den Außenstehenden unüberschaubare Vertriebsnetze mit vielen, von mehreren Groß-, Zwischen- und Einzelhändlern gebildeten Handelsstufen. Diese betrieben in starkem Maße ‚single sourcing' (sourcing: engl. = Beschaffung). Selbst Großhändler lieferten ihre Waren nur an einige ausgewählte Einzelhändler, mit denen sie schon seit langem Geschäftsbeziehungen unterhielten.

Diese überaus komplexe Handelsstruktur ist zum einen historisch erklärbar. Denn das japanische Gewerbe bestand früher aus vielen sehr kleinen Betrieben, die ihre Waren nicht selbst vermarkten konnten, weshalb Zwischenhändler diese Aufgabe übernahmen. Zum anderen zeichnen dafür kulturelle Gründe verantwortlich (vgl. Usunier/Wallisier 1993, S. 198 f.):

- Getreu dem Prinzip der wechselseitigen Zuneigung (‚amae') pflegten japanische Absatzmittler enge Kontakte zu den nachgelagerten Handelsstufen sowie zu ihren Abnehmern (‚amaeru': jap. = sich anlehnen, schwach sein, sich abhängig und geborgen fühlen).
- Die konfuzianische Ethik regelt die Beziehungen zwischen Vorgesetztem (‚senpai') und Untergebenen (‚kohai') eindeutig und verbindlich: Dem ‚senpai' obliegt es, seinen ‚kohai' anzuleiten, ihn zu unterstützen und notfalls auch zu beschützen. Dieser dankt es ihm mit Gehorsam. Die tiefreichende Verankerung dieses wechselseitigen Abhängigkeitsverhältnisses trug wesentlich dazu bei, in Japan vertikale Handelsstrukturen zu etablieren.
- Die japanische Kultur ist langfristig orientiert (LTO: Japan = 80, Deutschland = 31). Deshalb streben die Beteiligten dort nicht einzelne Transaktionen, sondern dauerhafte Geschäftsbeziehungen an.

Im Verlauf der 1980er-Jahre gewann jedoch auch in Japan das Kriterium der Effizienz an Einfluss. Dies hatte zur Folge, dass die nachgelagerten Großhandelsstufen zunehmend überflüssig wurden (vgl. Abb. 157). Deshalb kann die lange Zeit gültige These von der nahezu unüberwindbaren Markteintrittsbarriere „japanisches Distributionssystem" nicht mehr ohne weiteres aufrecht erhalten werden.

Dennoch sorgen nach wie vor viele Besonderheiten dafür, dass Japan noch immer als „schwieriger" Markt gilt. So wirkt die zwar abnehmende, aber noch immer ausgeprägte Kundentreue japanischer Verbraucher (vgl. Malai/Speece 2005) wie eine Markteintrittsbarriere. Gleiches gilt für deren hohes Anspruchsniveau (vgl. Waldenberger/van Mylius 2007). Für den Einzelhandel wiederum ist die Einkaufshäufigkeit bedeutsam. Erkol et al. (2001), Meyer-Ohle (1998, S. 194) u.a. begründen sie mit ...

- der zentralen Rolle, welche frische Produkte in der japanischen Küche spielen,
- den beschränkten Möglichkeiten der Vorratshaltung (angesichts kleiner Wohnungen),
- den Besonderheiten der einzelhandelsrelevanten Infrastruktur (z.B. hohe Verkehrsdichte, enge Bebauung sowie Mangel an Parkplätzen), welche dazu beitragen, dass Japaner zumeist zu Fuß oder mit dem Fahrrad einkaufen. Da man so weniger tragen kann, ist die Kauffrequenz zwangsläufig relativ hoch.

Das entscheidende Hemmnis dürfte indessen die ausgeprägte Beziehungsorientierung der japanischen Gesellschaft sein (⇒ Beziehungskultur). Sie hat zur Folge, dass Geschäftspartner ein Netzwerk bilden, zu dem Außenstehende nur schwer Zugang finden, zumal Ausländer. Deshalb und weil japanische Behörden einheimische Unternehmen unverhohlen bevorzugen, kann es sinnvoll sein, Japan per direkten Vertrieb (z.B. eigene Filialen bzw. Außendienstmitarbeiter) zu erschließen, wobei auch und vor allem einheimisches Personal einzusetzen ist. Mit einem solchen Engagement signalisiert der ‚gajin', der Fremde, dass er beabsichtigt, dauerhaft in diesem Markt präsent zu sein. In einer Kultur, die wie die japanische größten Wert auf die Verbindlichkeit von Beziehungen legt, ist die verlässlich dauerhafte Präsenz eine wesentliche Voraussetzung, um erfolgreich zu agieren. Neben anderen belegt dies das wechselvolle Japan-Engagement von *BMW* (vgl. Rothlauf 2012, S. 175 ff.; Eli 2004, S. 88 ff.; Sonnenborn/Esser 1991).

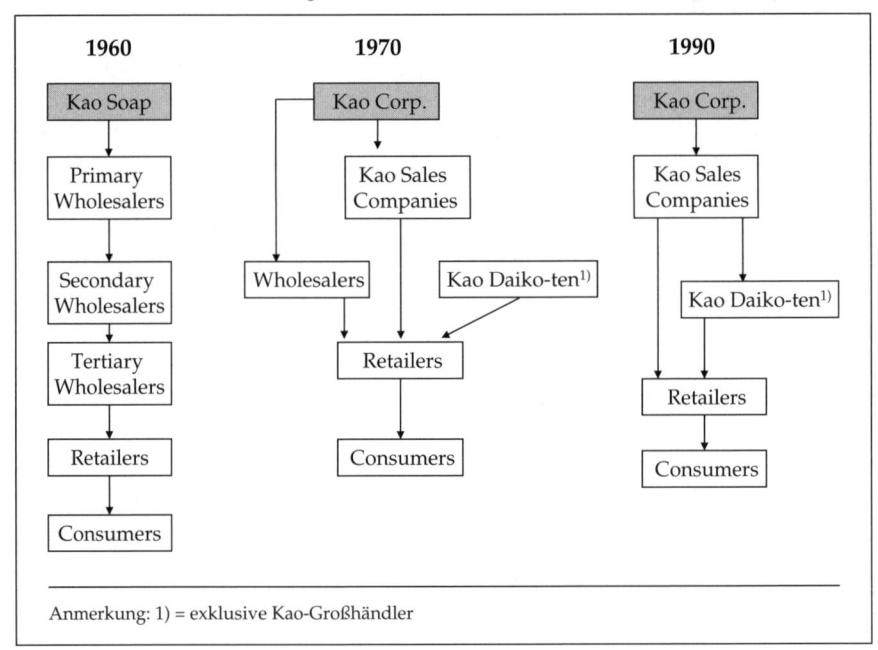

Abb. 157: Verkürzung des Distributionskanals der Kao Corporation

```
    1960                    1970                    1990

  Kao Soap              Kao Corp.               Kao Corp.
      ↓                     ↓                       ↓
   Primary              Kao Sales               Kao Sales
  Wholesalers           Companies               Companies
      ↓                     ↓                       ↓
  Secondary          Wholesalers → Kao Daiko-ten¹⁾    Kao Daiko-ten¹⁾
  Wholesalers              ↓                       ↓
      ↓                Retailers                Retailers
  Tertiary                 ↓                       ↓
  Wholesalers          Consumers                Consumers
      ↓
  Retailers
      ↓
  Consumers
```

Anmerkung: 1) = exklusive Kao-Großhändler

Quelle: Fahy/Taguchi (1995, S. 51).

4.1.2 Direktvertrieb

Setzt ein Hersteller seine Waren oder Dienstleistungen unmittelbar an den Kunden ab, ohne Handelsbetriebe einzuschalten, dann hat er sich für den Direktvertrieb entschieden. Manche rechnen dieser Vertriebsstrategie nur den Persönlichen Verkauf durch Außendienstmitarbeiter zu, andere auch den ...
- Fabrikverkauf,
- Verkauf durch herstellereigene Filialgeschäfte und den
- Direktverkauf in Gestalt von Versandhandel, E-Commerce etc. (vgl. Holland 2009).

Wie der *Bundesverband Direktvertrieb Deutschland (BDD)* mitteilte, erwirtschaftete diese Branche 2012 einen Umsatz von mehr als 17 Mrd. € (vgl. Weber 2013). Tab. 130 stellt die Stärken und Schwächen dieser Vertriebsstrategie einander gegenüber.

Tab. 130: Stärken/Schwächenprofil des internationalen Direktvertriebs

Vorteile	Nachteile
• Unabhängige Steuerung aller Akquisitionsmaßnahmen • Kontrollmöglichkeiten (Mitarbeiter) • Schnelle Reaktionsmöglichkeiten auf Marktveränderungen • Keine Entscheidungsrechtfertigung/Verhandlungsprozesse (z.B. über Preis, Sortiment, Liefer- und Zahlungsbedingungen o.Ä.) • Direkter Imagetransfer (evtl. direkter Kontakt zu den Endabnehmern) • Einsparung Spanne/Kosten der Fremddistribution	• Ggf. hoher Aufwand eines eigenen Distributionssystems • Kulturelle Anpassungsprobleme möglich • Ggf. Probleme beim Einsatz inländischer Mitarbeiter im Ausland • Abhängigkeit von lokalen/entsandten Mitarbeitern vor Ort • Auftritt als Auslandsunternehmen (ggf. negativer Country-of-Origin-Effekt) • Häufig hohe Markteintrittsbarrieren • Hohe Verlustrisiken bei Misserfolg • Keine/geringfügige Partizipation am Know how ausländischer Absatzmittler vor Ort

Quelle: in Anlehnung an Zentes et al. (2010, S. 369).

4.1.2.1 Persönlicher Verkauf

Vor allem im Investitionsgüterbereich, wo zumeist nicht-standardisierte und erklärungsbedürftige komplexe Güter gehandelt werden, spielt diese Variante des Direktvertriebs eine Schlüsselrolle. Wie folgendes Beispiel zeigt, gilt dies in besonderem Maße dann, wenn der Kunde einer High Context-Kultur angehört.

Eine Frage des Vertrauens

„Der Geschäftsführer eines malaysischen Unternehmens hatte einen Auftrag für den Bau von Kraftwerksturbinen im Werte von 600 Mio. € zu vergeben. Er wollte unbedingt die Vorstände der konkurrierenden Bieterunternehmen, *General Electric* und *Siemens*, persönlich treffen, um „ihnen in die Augen zu schauen und zu sehen, ob er mit ihnen Geschäfte machen könne." Während *General Electric* keinen Vorstand entsandte, entsprach *Siemens* der Bitte – und erhielt den Auftrag" (Keegan/Schlegelmilch 2001, S. 485).

In Japan, Prototyp einer beziehungsorientierten Kultur, ist der Persönliche Verkauf selbst im Konsumgüterbereich üblich (bspw. im Automobilhandel mit Privatleuten). *S. Edamitsu*, eine erfolgreiche japanische *Toyota*-Verkäuferin, schrieb jedem Kunden, der jemals einen Wagen bei ihr gekauft hat, einmal im Vierteljahr per Hand einen Brief. Die Daten ihrer 600 Stammkunden führte sie, ebenfalls handschriftlich, in DIN A4-Heften. Viele Europäer würden diese Art der Beziehungspflege vermutlich als aufdringlich empfinden. In aufgaben- und transaktionsorientierten Kulturen wie den USA wiederum zählt Effizienz: Schon vor mehr als einem Jahrzehnt schätzte ein amerikanischer *Toyota*-Händler, dass ein Drittel seiner Kunden Kaufverträge per Internet abschließt (vgl. Grauel et al. 2003, S. 70 ff.).

4.1.2.2 Fabrikverkauf

Fabrikläden dienten ursprünglich dazu, Lagerüberstände, Zweite Wahl-Artikel, Auslaufmodelle etc. verbilligt anzubieten, ohne Absatzmittler einzuschalten. Da die traditionellen ‚factory outlets' zumeist in der Nähe der Produktionsstätten angesiedelt wurden, war diese Form des Direktvertriebs anfangs unmittelbar an die Standortentscheidung im Produktionsbereich gebunden und damit keine spezifische Fragestellung des Interkulturellen Marketing. In dem Maße jedoch, wie ‚factory outlet center' in Mode kamen, stellte sich die Standortentscheidung unabhängig vom Stammhaus.

4.1.2.3 Versandhandel

Dieser Distributionskanal zeichnet sich dadurch aus, dass der Hersteller die Ware zwar direkt an den Kunden verkauft, aber kein unmittelbarer physischer Kontakt zwischen beiden Seiten besteht. Transaktionsmedien sind das Internet, Kataloge und Zusteller. Den Kunden bietet diese Variante des Direktvertriebs einen entscheidenden Vorteil: Sie können die Ware bequem von zu Hause aus bestellen. Erkauft wird diese Form von Convenience allerdings durch ein erhöhtes funktionales Risiko: Die Ware kann nicht im Original begutachtet werden. Zwar räumt der Versandhandel deshalb ein großzügiges Rückgabe- bzw. Umtauschrecht ein. Aber Kunden mit einem starken Sicherheitsbedürfnis fühlen sich dennoch davon irritiert, dass sie dann, wenn sie ihre Bestellung aufgeben, nicht mit Sicherheit wissen können, ob das Angebot ihren Erwartungen entspricht. Weil sowohl das Bedürfnis nach Bequemlichkeit und als auch die Risikoaversion kulturbedingt variieren, ist der Versandhandel nicht in allen Ländern gleichermaßen erfolgreich. Gute Voraussetzungen findet er in individualistischen und in maskulinen Gesellschaften vor, während das kulturell bedingte Streben nach Ungewissheitsvermeidung die Geschäftsaussichten verschlechtert (vgl. Tab. 131).

Tab. 131: Erfolgsaussichten des Versandhandels in Abhängigkeit von der Landeskultur[1)]

	Umsatz (pro Kopf, in €)	Umsatz (in Mrd. €)	Anteil am Einzelhandelsumsatz (in %)
Individualismus/ Ablehnung von Machtdistanz [2)]	+0,45[3)]	+0,16	+0,51[3)]
Maskulinität	+0,32	+0,39[3)]	+0,14
Ungewissheitsvermeidung	−0,26	−0,10	−0,40[3)]
Anmerkungen: 1) *Pearson*-Korrelation 2) Die Kulturdimensionen Individualismus und Akzeptanz von Machtdistanz korrelieren sehr stark negativ miteinander und wurden deshalb faktoranalytisch zusammengefasst. 3) p < 0,05 (zweiseitig)			

Quelle: Müller/Kornmeier (2001, S. 63).

Briten (UAI = 35) und US-Amerikaner (UAI = 40) sind im Regelfall wesentlich risikofreudiger als etwa Österreicher (UAI = 70) und Schweizer (UAI = 58). Folglich akzeptieren sie auch mehr als andere das Risiko, Ware kaufen zu müssen, ohne sie vorher in Augenschein nehmen zu können. Maskuline Kulturen wie Deutschland und Japan sind gleichfalls dem Versandhandel gegenüber relativ aufgeschlossen (vgl. Tab. 132). Dort zählt die Bequemlichkeit des Einkaufs mehr als in femininen Kulturen, in denen die Menschen eher fürsorglich eingestellt sind, was sich z.B. im täglichen Einkauf frischer Produkte äußern kann. Am meisten verbreitet ist das Mail Order-Geschäft aber in individualistischen Gesellschaften, welche Machtdistanz ablehnen. Offensichtlich zählt dort die soziale Funktion, die Einkaufen in kollektivistischen Kulturen innehat, wenig: Bekannte und Nachbarn zu treffen, sich zu unterhalten etc. Hinzu kommt, dass Individualisten dazu neigen, mit ihrer Zeit zu „geizen" (vgl. Levine 2004), weshalb aus ihrer Sicht die Bestellung per Katalog oder Mausklick einen wichtigen Vorteil bietet.

Tab. 132: Versandhandelsumsatz in Europa (in Mrd. €)

	2006	2012		2006	2012
Großbritannien	26,8	67,3	Spanien	1,1	10,8
Deutschland	26,3	50,6	Norwegen	1,0	5,7
Frankreich	18,0	48,9	Polen	–	5,5
Benelux	5,1	13,9	Tschechien	0,7	–
Schweden	1,8	6,7	Finnland	0,6	–
Schweiz	1,6	6,3	Griechenland	0,2	–
Österreich	1,5	–	Ungarn	0,2	–
Russland	1,3	–	Slowakei	0,2	–
Dänemark	1,2	5,9	Irland	0,1	–

Quelle: European Mail Order and Distance Selling Trade Association, Brüssel (= 2006); Centre for Retail Research, Nottingham (= 2012).

4.1.2.4 E-Commerce

Grundlagen

2014 gaben 10,9 % der anlässlich der *IHK*-Umfrage „Going International" befragten 2.500 auslandsaktiven deutschen Unternehmen an, ausländische Märkte „via Internet" zu bearbeiten (2010 = 9,7 %). Angesichts des im Regelfall begrenzten finanziellen Aufwands erblicken vor allem kleinere und auslandsunerfahrene Unternehmen darin eine risikoarme Möglichkeit, international präsent zu sein.

Vom traditionellen Versandhandel unterscheidet sich diese Form des Direktvertriebs insofern, als die Händler ihr Angebot nicht durch einen gedruckten Katalog verbreiten, sondern in einem Online-Shop. Auch müssen die Kunden über eine bestimmte technische Ausstattung verfügen (Computer, Zugang zum Internet etc.). Den internationalen Wirtschaftsstatistiken ist zu entnehmen, dass die einzelnen Weltregionen dafür nach wie vor höchst unterschiedliche Voraussetzungen bieten. Während in Skandinavien sowie anderen ökonomisch und infrastrukturell hoch entwickelten Ländern die Sättigungsgrenze mehr oder minder erreicht ist und nahezu alle Menschen Internetzugang haben, besteht in anderen Ländern und Regionen noch erheblicher Nachholbedarf (z.B. Indien, Afrika). Wie Abb. 158 zu entnehmen ist, hängt die Zugänglichkeit des Internet nicht allein vom ökonomischen Entwicklungszustand einer Gesellschaft ab, sondern auch von dem Ausmaß an Rechtssicherheit. Vermutlich fürchten Regierungen, die mit den Freiheitsrechten auf dem Kriegsfuß stehen, die weitgehende Unkontrollierbarkeit des Internet.

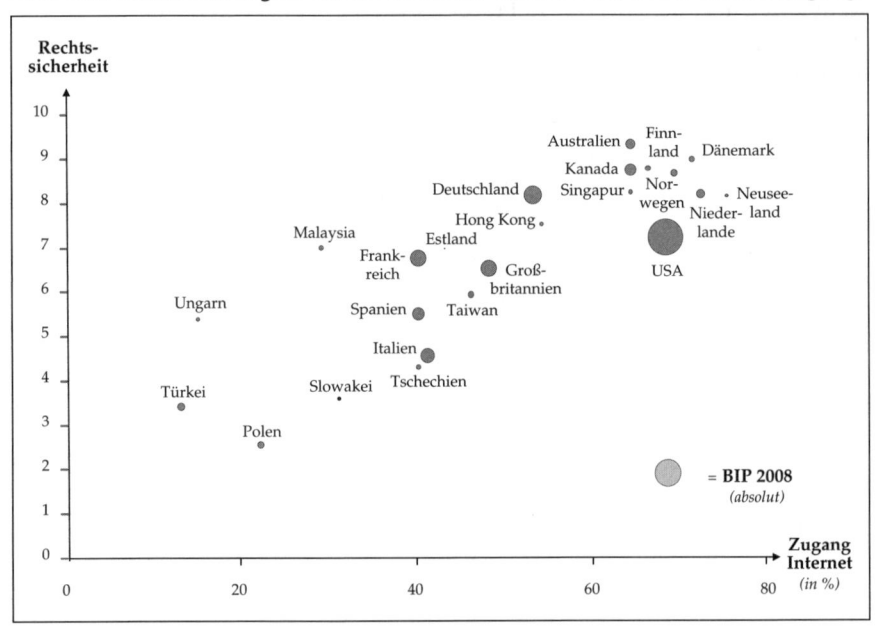

Abb. 158: Zusammenhang zwischen Rechtssicherheit & Freiheit des Internetzugangs

Die Umsatzentwicklung dieses Vertriebsweges ist dynamisch. Vor allem im asiatischen Raum verläuft das Wachstum stürmisch. Weltweit stieg der summierte Umsatz der Internethändler von 572,5 Mrd. $ (= 2010) auf 981,6 Mrd. $ (= 2013). Zum Vergleich: 2011 setzte der Konsumgüterhandel weltweit etwa 14,8 Bill. $ um.

Während der E-Commerce boomt, stagniert der klassische Handel in vielen Ländern seit Jahren. Hinzu kommt, dass viele Verbraucher im Netz zwar (noch) keine Kaufverträge abschließen, sich aber auf diesem Wege verstärkt über geeignete Anbieter und deren Leistungen informieren. Schon zur Jahrtausendwende orientierten sich etwa 80 % der Autokäufer vor einer Probefahrt im Internet (vgl. Grauel et al. 2003, S. 75).

Einfluss der Landeskultur

Surf- und Kaufverhalten. Ist das WWW das von den Befürwortern der Standardisierungsthese verheißene „globale Dorf", in dem kulturelle Unterschiede ihre ursprüngliche Bedeutung verlieren? So plausibel diese Vorstellung aufgrund der normierenden Wirkung der technologischen Besonderheiten dieses Vertriebskanals auch klingen mag: Bislang spricht mehr gegen als für sie. Wie

Park/Jun (2003) berichten, unterscheiden sich US-amerikanische und südkoreanische Online-Käufer nicht nur in ihrem Surfverhalten und ihrer Risikowahrnehmung, sondern auch in ihrem Online-Kaufverhalten.

Der Anteil, den dieser Vertriebskanal am gesamten Einzelhandelsumsatz eines Landes hat, hängt von zahlreichen Faktoren ab: Bruttosozialprodukt, Ausbildungsniveau, Arbeitslosenquote und Kriminalitätsrate. Zusammen erklären diese Variablen 63 % der Varianz des Modells. Dessen Erklärungskraft lässt sich auf 77 % steigern, wenn man zusätzlich die Landeskultur der untersuchten Länder berücksichtigt. In individualistischen Gesellschaften, die Ungewissheit tolerieren, spielt demzufolge Internet-Shopping eine größere Rolle als in kollektivistischen Gesellschaften, die Ungewissheit meiden (vgl. Lim et al. 2004).

Vertrauen. Dieses Gefühl ist der entscheidende Erfolgsfaktor des E-Commerce (vgl. Van Slyke et al. 2004). Wer dem elektronischen Vertriebskanal vertraut, äußert nicht nur eine höhere Kaufintention, sondern kauft auch tatsächlich häufiger online ein als Probanden, die eher Misstrauen empfinden (vgl. Lim et al. 2006). Wie Siala et al. (2004) am Beispiel der realen Webseiten von christlichen, islamischen und nicht-konfessionell gebundenen Online-Buchhändlern nachweisen, vertrauen Online-Kunden Webseiten, deren Betreiber der eigenen Glaubensrichtung angehören, signifikant mehr als Webseiten von Betreibern mit einer anderen bzw. keiner religiösen Orientierung. Während aber Muslime ausschließlich islamischen Online-Buchhändlern vertrauen, akzeptieren christliche und atheistische Online-Nutzer auch Anbieter, die keiner bzw. einer anderen Religion angehören. Dass für Muslime die gleiche Konfession nicht nur förderlich, sondern notwendige Voraussetzung von Geschäftsbeziehungen ist, erklären die Wissenschaftler mit der deutlich negativen Einstellung dieser Glaubensgemeinschaft gegenüber anderen Religionsgruppen.

Ausgehend von der Überlegung, dass der Prozess der Vertrauensbildung unterschiedlich verläuft, je nachdem, wie das kulturelle Umfeld beschaffen ist (vgl. Gefen/Heart 2006), untersuchten Sia et al. (2009) zwei der im Internet am häufigsten angewandten Strategien der Vertrauensbildung:
- ‚peer customer endorsement': Empfehlung von gleichaltrigen Kunden,
- ‚website affiliation': Verknüpfung einer „jungen" Webseite ohne eigene Reputation mit einer etablierten und weithin angesehenen Webseite (z.B. *Yahoo, Amazon).* Dazu wird das Logo der etablierten Webseite auf der Webseite des noch unbekannten Internet-Shops als Hyperlink präsentiert.

Wie die Wissenschaftler am Beispiel des Kaufs eines eBooks in einer Online-Buchhandlung aufzeigten, tragen bei den befragten 166 australischen Studenten beide Beeinflussungsstrategien signifikant, aber moderat zur Vertrauensbildung bei (.31 bzw. .28; vgl. Abb. 159). Für die Vergleichsstichprobe – 128 Studenten aus Hong Kong – spielen hingegen die Empfehlungen ihrer ‚peer group' die Schlüsselrolle. Denn anders als die anonymen Portale werden sie der ‚in group', die für das soziale Leben kollektivistischer Gesellschaften von zentraler Bedeutung ist, zugerechnet. Unter anderem gelten In Group-Mitglieder in einem kollektivistischen Umfeld als besonders glaubwürdig. In individualistischen Gesellschaften wie Australien wird weniger scharf zwischen ‚in group' und ‚out group' differenziert, weshalb es bei dieser Stichprobe nicht zu einer vergleichbaren Polarisierung kam. Bemerkenswert ist schließlich, dass das Erklärungsmodell lediglich Kaufintention ($R^2 = .65$) und Kaufverhalten ($R^2 = .49$) der australischen Probanden gut vorherzusagen vermag. Die deutlich geringere Varianzaufklärung im Falle der Hong Konger Studenten ($R^2 = .36$ bzw. .15) spricht dafür, dass in dem Erklärungsmodell wesentliche Antezedenzen des Kaufverhaltens von Angehörigen kollektivistischer Gesellschaften nicht enthalten sind.

Abb. 159: Pfadmodell „Vertrauensbildung & Kaufverhalten"

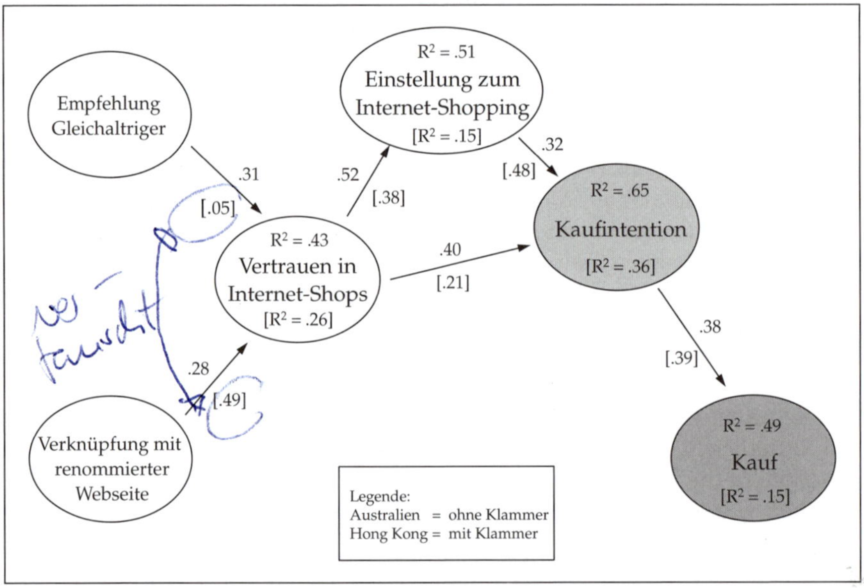

Quelle: eigene Darstellung auf Basis von Sia et al. (2009, S. 501).

Eigenschaften von Online-Shops. Lightner et al. (2002) wollten von türkischen und amerikanischen Studenten wissen, welche Eigenschaften von Online-Shops (z.B. Sicherheit, Schnelligkeit der Navigation) ihnen in welchem Maße wünschenswert erscheinen. Die Probanden konnten ihre Antworten mit Hilfe einer siebenstufigen Rating-Skala angeben (1 = lehne voll und ganz ab, 7 = stimme voll und ganz zu). Vier Jahre später stellten Hwang et al. (2006) südkoreanischen Studenten die gleichen Fragen. Vernachlässigt man zunächst die kleineren Unterschiede, dann legen die für das Segment der Heavy-User (= Konsumenten, die mehr als einmal pro Woche im Internet einkaufen) in Abhängigkeit von ihrer Nationalität dokumentierten Mittelwerte den Schluss nahe, dass alle vier Kriterien, welche die Wissenschaftlern den Probanden vorgegeben hatten, höchst wünschenswerte Eigenschaften von Online-Shops sind (vgl. Abb. 160). Die Befunde lassen sich zum einen kulturtheoretisch und zum anderen messtheoretisch begründen.

4.1 Auswahl des Distributionskanals 517

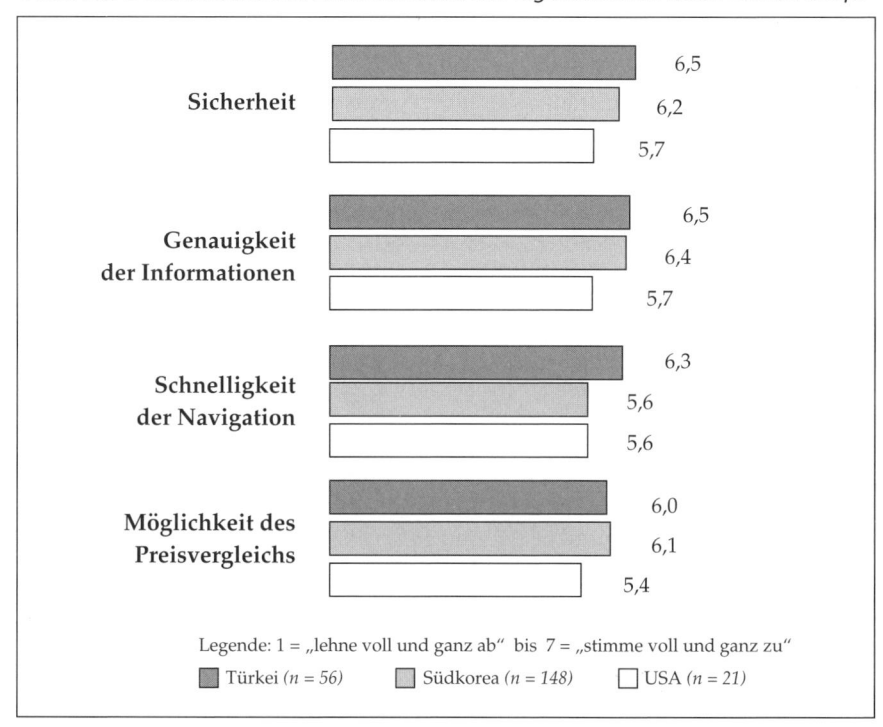

Abb. 160: Durchschnittliche Erwünschtheit von Eigenschaften eines Online-Shops

	Türkei (n = 56)	Südkorea (n = 148)	USA (n = 21)
Sicherheit	6,5	6,2	5,7
Genauigkeit der Informationen	6,5	6,4	5,7
Schnelligkeit der Navigation	6,3	5,6	5,6
Möglichkeit des Preisvergleichs	6,0	6,1	5,4

Legende: 1 = „lehne voll und ganz ab" bis 7 = „stimme voll und ganz zu"

Quelle: Hwang et al. (2006, S. 16); Lightner et al. (1999, S. 377).

(1) Kulturtheoretische Begründung: Dass türkische und südkoreanische Online-Nutzer allergrößten Wert auf die Sicherheit der Internetverbindung und die Genauigkeit der Informationen legen, korrespondiert mit der überdurchschnittlichen Unsicherheitsaversion, die für diese beiden Gesellschaften charakteristisch ist. Auch zählen Muslime nachgewiesenermaßen nicht zu den risikofreudigen Konsumenten (vgl. z.B. Esso/Dibb 2004). Anders als der tendenziell risikofreudige angelsächsische Kulturraum gilt auch die koreanische Kultur als vorsichtig und zurückhaltend. Denn in diesem Land ist der Buddhismus weitaus einflussreicher, als man aufgrund der konfessionellen Struktur (46 % konfessionslos, je 26 % Buddhisten und Christen und 1 % Konfuzianer) vermuten würde. Ein zentraler Lehrsatz buddhistischer Mönche lautet, dass der Mensch Geduld und Zurückhaltung üben solle.

(2) Messtheoretische Begründung: Die Spannweite der Mittelwerte der amerikanischen Versuchsteilnehmer beträgt 5,4–5,7, die der Südkoreaner 5,6–6,4 und die der Türken 6,0–6,5. Letztlich muss aber offen bleiben, ob den eher maskulin-risikofreudigen US-Amerikanern die vier Eigenschaften von Online-Shops tatsächlich etwas weniger wünschenswert erscheinen als ihren südkoreanischen und insb. als ihren türkischen Kommilitonen oder ob sie nur etwas weniger anfällig für das Phänomen der ⇒ Anspruchsinflation sind als diese.

Verkaufsparty

Zumeist sind es Hausfrauen, die Freundinnen und gute Bekannte zu einer Kaffeerunde oder einer anderen Form von Geselligkeit einladen. Bei dieser Gelegenheit – d.h. in einem privaten, Vertrauen stiftenden Umfeld – stellt ein Vertreter (bzw. die Gastgeberin selbst) die Erzeugnisse eines Herstellers vor (z.B. *Avon*-Pflegeprodukte). Entlohnt wird die Gastgeberin mit einem bestimmten Anteil am Verkaufserlös.

Verkaufspsychologie

„Ob Haushaltsgeräte, Schmuck, Kosmetik oder Sexartikel. Immer mehr Firmen vertreiben ihre Produkte auf privaten Verkaufspartys. [...] Es besteht kein Verkaufszwang. Aber Verkaufspsychologen weisen darauf hin, dass viele Gäste sich der Gastgeberin verpflichtet fühlen und deshalb zumindest eine Kleinigkeit erwerben. Auch, wenn sie den Artikel nicht brauchen [...] Die Firmen schwärmen von den Verkaufserfolgen. So hat *Vorwerk* auf diesem Weg 2012 weltweit mehr als 750.000 Exemplare seiner Küchenmaschine *Thermomix* für knapp 1.000 € das Stück abgesetzt" (Weber 2013, S. 20).

Perfektioniert hat dieses Vertriebssystem u.a. *Tupperware*. Seit 1951 verkauft dieses Direktvertriebsunternehmen mit Hauptsitz in Orlando/Florida sog. funktionale Kunststoffprodukte für Küche, Haushalt und Wohnbereich. Durch den Kauf von *Beauty Control* (2001) und *International Beauty Control* (2005) entwickelte *Tupperware* sich zu einer „Multi-Brand, Multi-Category Direct Sales Company". Die *Tupperware Brands Corporation* erzielte 2009 mit Unterstützung von 2,4 Mio. *Tupperware*-Beraterinnen und -Beratern in 102 Ländern einen Umsatz von 2,1 Mrd. $ (davon 770 Mio. $ in europäischen Märkten). Auf einer durchschnittlichen *Tupperparty* – dem Unternehmen gelang es aufgrund seiner großen Verkehrsgeltung, den Begriff markenrechtlich schützen zu lassen (vgl. Teil D-5) – wird Ware im Wert von 450 € verkauft, wovon die Gastgeberin etwa 150 € erhält. Überdurchschnittlich erfolgreich ist *Tupperware* in Deutschland, wo die Menschen in besonderem Maße Qualität und Ordnung schätzen. Laut einer *GfK*-Studie besitzen mehr als 80 % der deutschen Haushalte *Tupperware*-Produkte. Hingegen sind die preisfixierten Briten keine guten Kunden.

Tupperware & die Deutschen

„Die Deutschen sind Fans guter Qualität. Vergleichen Sie mal Deutschland und die USA an Weihnachten. In Amerika schenkt man sich gegenseitig einen Haufen billigen Kram. Bei ihnen gibt es nur ein paar wenige, aber hochwertige Geschenke. Ich habe mal auf einer Reise nach Deutschland festgestellt, dass dort sogar die Taxis von *Mercedes* oder *Audi* sind. Man denkt auf den ersten Blick: Wie können sich die Taxiunternehmer solche Autos leisten? Aber wenn man darüber nachdenkt, ist es logisch. Schließlich halten diese Autos viel länger. [...] Unsere Produkte sind hochwertiger als die der Konkurrenten und halten deshalb unendlich lange. Ich wette, Sie werden eine Dose von uns nie in einer Abfalltonne finden. Es gibt aber noch einen anderen Grund, warum wir in Deutschland stark sind. Niemand liebt Ordnung so wie die Deutschen. Ich habe zu Hause ein Foto von einem Stapel Brennholz hängen, das ich vor Jahren vor einem Haus nahe dem Tegernsee gemacht habe. Ich war furchtbar beeindruckt davon. Denn jedes Stück Holz war millimetergenau auf das andere gestapelt" (R. Goings, Vorsitzender des Vorstands von *Tupperware*).

Für *Tupperware* ist das in der amerikanischen Kultur verankerte Konzept der Verkaufsparty mehr als ein Vertriebskonzept: Es ist Teil des Markenkults. Zwar werden diese Parties weltweit unterschiedlich gestaltet. Aber erfolgreich sind sie fast überall – außer in Lateinamerika, wo die Menschen zwar gerne feiern, aber weniger als andere strukturierte Abläufe mögen.

Vertriebsniederlassungen

Wer eigene Vertriebseinrichtungen unterhält, kann weltweit seine Strategie verfolgen (bspw. seine Corporate Identity durchsetzen) und muss keine Interessenskonflikte mit Intermediären in Kauf nehmen. Die gilt vor allem dann, wenn die Vertriebsmitarbeiter im Stammhaus sozialisiert wurden und folglich mit „ihrer" Organisation und der dort herrschenden Politik vertraut sind. Allerdings sollten auch lokale Mitarbeiter rekrutiert werden, da es weder sinnvoll noch möglich ist, alle Positionen mit Stammhausmitarbeitern zu besetzen. ‚Locals' kennen die kulturellen Gegebenheiten vor Ort im Allgemeinen und die Gepflogenheiten der Kunden (z.B. Kultur des Feilschens, Erwartungen an Service und Beratung etc.) im Besonderen.

Wie die Manager und Mitarbeiter von *Wal-Mart* erfahren mussten, birgt diese Personalstrategie allerdings auch Konfliktpotential. Denn hierbei prallen unterschiedliche Kulturen aufeinander. Nicht nur die Amerikaner stießen bei dem Versuch, die *Wal-Mart*-Ideologie auch in Deutschland einzuführen, auf wenig Gegenliebe. Auch das „skandinavische Duzen", das *Ikea* seinen Mitarbeitern verordnet, ist nicht jedermanns Sache.

> **Drei-Meter-Regel, Wal-Mart-Cheer & Ikea-Du**
>
> „Die wichtigste Regel ist die ‚Drei-Meter-Regel': Immer dann, wenn sich ein Kunde einem Mitarbeiter auf weniger als drei Metern nähert, ist dieser gehalten, den Kunden anzusehen, ihn freundlich zu begrüßen und höflich zu fragen, ob er Hilfe benötigt." […] „Wie wär's mit ein bisschen Morgengymnastik?" Geschäftsführer *B. Lubitz* beginnt mit rhythmischem Händeklatschen. Wer beim Kommando nicht prompt in die zweite Reihe abgetaucht ist, macht es ihm nach. „Gib mir ein W!", brüllt *Lubitz*. Die Angestellten rufen, nicht ganz so laut: „W!" – „Gib mir ein A!" – „A!" So buchstabieren sie „W-A-L-M-A-R-T". Dann die letzten Brüller: „Wer ist die Nummer Eins?" – „Der Kunde!" Am Ende geht Cheerleader *Lubitz* noch mit wackelnder Hüfte in die Knie. Als wären sie fußkrank, bleiben die anderen stehen. Da kann sie der Chef noch so beschwingt anfeuern, mitzumachen bei dieser Mischung aus Südkurve, kollektivem Twist und Ententanz. […] „Irgendwo sind Grenzen. Zum Kasper macht sich unser Personal nicht. Die kommen sich verarscht vor", sagt *S. Fricke* über den „Cheer". Die Leiterin der Drogerieabteilung steht vor einem Regal mit Sprühdosen und mit einem Bild von ihr. „Mein Top-Favorit" steht dran. Wie üblich bei *Wal-Mart*-Angestellten hat sie eine Patenschaft für ein Produkt übernommen. Frau *Fricke* ist Patin für Kloreiniger" (Schirmer 2000, S. 3).
>
> „Obwohl *Ikea* seit über 20 Jahre in Deutschland vertreten ist, empfinden deutsche *Ikea*-Mitarbeiter das schwedische Management noch immer als sonderbar. Die Deutschen, diszipliniert und akkurat, tun genau das, was ihr Chef ihnen aufträgt. Alle Vereinbarungen werden schriftlich fixiert. Folglich kann das Grundprinzip schwedischer Arbeitsweise, eigenverantwortlich zu handeln, bei den Deutschen auf Unverständnis stoßen. Auch das allgemeine Duzen in *Ikea*-Betrieben machte ihnen Schwierigkeiten. Vor allem ältere Mitarbeiter empfanden es als Respektlosigkeit. Lernen mussten sie auch, dass es, wie eine deutsche Personalleiterin sagt, ein *Ikea*-Du gibt und das Du, das zwischen Freunden benutzt wird" (Grol/Schoch 2000, S.K4).

4.1.3 Indirekter Vertrieb & Auswahl von Handelspartnern

Natürlich beansprucht es weniger Ressourcen, bestehende Distributionskanäle im Ausland zu nutzen, als selbst einen Direktvertrieb aufzubauen. Allerdings ist es oft schwierig, geeignete lokale Intermediäre zu finden und für eine Zusammenarbeit zu gewinnen. Die größte Herausforderung besteht darin, den

„richtigen" Partner zu finden. In High Context-Kulturen, wo Beziehungen eine zentrale Rolle spielen, ist es besonders wichtig, mit namhaften Partnern zusammenzuarbeiten. Diese sollten nicht nur einflussreich sein, sondern auch routiniert im Umgang mit den Behörden. Denn von deren Wohlwollen hängt der Verkaufserfolg oft maßgeblich ab. Vor allem in weniger entwickelten bzw. unbekannten Märkten sollte man sich bei der Partnersuche auf renommierte Vertriebspartner konzentrieren.

Unabhängig von der Beschaffenheit der Landeskultur besteht eine nicht zu unterschätzende Gefahr darin, an einen ‚dead distributor' zu geraten. So werden Vertriebspartner bezeichnet, die aufgrund von Interessenkonflikten nicht wirklich am Verkaufserfolg interessiert sind – etwa weil sie auch Konkurrenzmarken vertreiben (vgl. Simmonds 1999, S. 60).

Auch wem es gelingt, einen geeigneten lokalen Handelspartner zu finden, muss zu Zugeständnissen an die eigenen Prinzipien, Unternehmensleitsätze etc. bereit sein. Dazu sah sich u.a. *Wal-Mart* genötigt. Der amerikanische Handelskonzern, der ausländische Märkte oft mithilfe von lokalen Intermediären erschließt, gründete Anfang der 1990er-Jahre in Indonesien mit einem lokalen Partner ein Joint Venture. Entsprechend ihren Gepflogenheiten offerierten die einheimischen Lieferanten den Einkäufern diverse Geschenke. Nun verbietet der für seine restriktiven internen Vorschriften bekannte amerikanische Branchenführer es seinen Einkäufern jedoch, Geschenke anzunehmen. Die indonesischen Partner wiederum fühlten sich zutiefst beleidigt, als ihre Gaben zurückgewiesen wurden. Deshalb mussten die Amerikaner schließlich einlenken und diese Praxis tolerieren (vgl. Dawson 1999, S. 49). Die unterschiedlichen Sitten und Gebräuche kommen nicht von ungefähr: Auf der weltweiten Rangliste der Korruption, die 175 Länder umfasst, standen die USA 2014 an 17. Stelle und Indonesien an 107. Stelle (vgl. Teil H-9.3.2).

4.2 Kulturintegration

4.2.1 Anliegen

Die nächste Stufe der Entwicklung eines umfassenden interkulturellen Management-Ansatzes wurde mit der Analyse der zwischen Unternehmens-, Branchen- und Landeskultur bestehenden Beziehung erreicht (vgl. Teil A-5). Ausgangspunkt war die Forderung, dass international tätige Unternehmen lernen müssen, das dynamische Wechselspiel zwischen diesen drei Kulturebenen derart zu gestalten, dass auch ausländische Niederlassungen auf effiziente Weise geführt werden können (vgl. Scholz 2013; Deshpande/Webster 1989). Da bspw. die mit einer Auslandsakquisition verfolgten Ziele nur erreicht werden können, wenn die Corporate Cultures der beteiligten Unternehmen harmonieren, wurden Tochterunternehmen nun nicht nur als risikoreiche Investitionen, sondern auch als „kulturell zu integrierende Teile eines Unternehmensverbandes" betrachtet. Durch „Kulturpolitik" solle das Management die evolutionär gewachsene Unternehmenskultur so verändern, dass die eigene Wettbewerbsposition nachhaltig gestärkt wird (⇒ Diversity Management). Dabei dürfe es die informellen Subkulturen innerhalb des Unternehmensverbandes nicht vernachlässigen. Denn sie vermittelten ihren Mitgliedern oft ein stärkeres Gefühl der Geborgenheit und Zugehörigkeit als die offizielle Unternehmenskultur (vgl. Kötter et al. 2009; Neuberger/Kompa 1986, S. 63).

4.2.2 Cultural Due Diligence

4.2.2.1 Grundlagen

Die ausführliche Prüfung und Bewertung von Übernahmekandidaten (vgl. Teil F-3.4.5) hinsichtlich ihrer Übereinstimmung mit dem übernehmenden Unternehmen (z.B. hinsichtlich Finanzstruktur, Organisationsstruktur, strategischer Stimmigkeit) wird als „Due Diligence" bezeichnet (vgl. Angwin 2001). Der dem amerikanischen Kapitalmarktrecht entlehnte Begriff bedeutet „im Geschäftsverkehr erforderliche Sorgfalt".

„Cultural Due Diligence" ergänzt die sog. Kaufprüfung. Dabei wird der kulturelle Fit der beteiligten Unternehmen geprüft: der Grad an landes- bzw. unternehmenskultureller Übereinstimmung. Entscheidungskriterien sind u.a. Führungsstil, Innovationsfähigkeit, Konfliktstil, Offenheit gegenüber der Unternehmensumwelt (vgl. Zimmer 2001). Besonderes Interesse gilt dem Konfliktstil. Denn zu den beiden üblichen Konfliktursachen (sachlich-rationale und sozial-emotionale Interessengegensätze) kommen bei grenzüberschreitenden Unternehmenszusammenschlüssen interkulturelle Missverständnisse und Unverträglichkeiten hinzu. So neigen Angehörige von maskulin-wettbewerbsorientierte Kulturen dazu, Konflikte als Machtkampf offen auszutragen (,lose/win'), während Angehörige feminin-kompromissorientierter Kulturen Win/Win-Konstellationen anstreben (etwa durch Kooperation oder Verhandlung; vgl. Müller/Gelbrich 2014, S. 469 ff.; Hofstede 1994, S. 92).

4.2.2.2 Kultureller Misfit

Die „Summe aller kulturell bedingten Unverträglichkeitsreaktionen, die [...] während und nach einer Übernahme auftreten", ist nach Hermsen (1994, S. 79) der kulturelle Misfit. Derartige Friktionen zwischen dem akquirierenden und dem akquirierten Unternehmen bzw. den fusionierenden Unternehmen mindern den Shareholder Value (vgl. Datta/Puia 1995). Sie können als intra- wie auch als interkultureller Misfit zutage treten.

Intrakultureller Misfit

Bei jeder Akquisition müssen zwei zum Teil völlig unterschiedliche Unternehmenskulturen zusammenwachsen. Das daraus erwachsende Konfliktpotential ist selbst dann groß, wenn beide Unternehmen ein und demselben Land entstammen – und somit „nur" die Unternehmenskulturen divergieren und nicht auch noch die Landeskulturen. Dem musste u.a. die *Allianz SE*[4] Tribut zollen. Die Münchner hatten am 23.7.2001 die *Dresdner Bank AG* übernommen,

---

[4] Rechtsform der Societas Europea.

verkauften das Bankhaus aber am 31.8.2008 an die *Commerzbank*, weil nun auch sie akzeptieren mussten, was lange vorher schon bekannt war: Bankkultur und Versicherungskultur sind nicht kompatibel. Die stolzen „Dresdner" empfanden es als unter ihrer Würde, Allianzprodukte zu verkaufen. Sie wollten Berater („Die Beraterbank") und nicht Vertreter (bzw. gar „Drücker") sein und lehnten diese Aufgabe mehr oder weniger offen ab (vgl. Müller-Stewens et al. 2010).

Interkultureller Misfit

Der interkulturelle Vergleich von Unternehmensleitlinien verdeutlicht die Unterschiedlichkeit und bisweilen Unverträglichkeit der jeweiligen Weltsicht. Inkompatible Normen und Werte sowie wechselseitig unverträgliche Rituale und Symbole begründen die Komplexität und Störanfälligkeit grenz- und kulturübergreifender Akquisitionen. Koreanische Unternehmen bspw. rahmen ihre Leitlinien und hängen sie an einer gut sichtbaren Stelle im Betrieb aus. Am häufigsten finden sich darin Grundsätze, die aus westlicher Sicht abstrakt und übermäßig selbstbezogen wirken, scheinbar losgelöst von den konkreten Bedürfnissen der Kunden. Beschworen werden ein von Harmonie und Einheit geprägtes Arbeitsklima (46,4 %) sowie Aufrichtigkeit und Sorgfalt (44,2 %). Ganz anders lesen sich die Unternehmensleitlinien von *Mövenpick*: einem Prototyp der westlichen Unternehmenskultur.

> **Unternehmensgrundsätze von *Mövenpick***
>
> (1) In der Forderung nach höchster Qualität der Waren, die wir kaufen und verkaufen, sind wir kompromisslos.
>
> (2) Unser vielseitiges, wohlausgewogenes Angebot ist Ausdruck echter Lebensfreude.
>
> (3) An Sauberkeit und Hygiene stellen wir hohe Ansprüche.
>
> (4) Die Atmosphäre in unseren Restaurants ist angenehm und entspannend.
>
> (5) Was wir durch unsere gute Organisation einsparen können, soll dem Gast durch Preiswürdigkeit zu Gute kommen.
>
> (6) Auf alles, was wir dem Gast anbieten, wollen wir selbst stolz sein dürfen.
>
> (7) Wir wollen unser Geschäft sauber und korrekt führen.
>
> (8) Wir wollen unsere Gäste gut und zuvorkommend bedienen. Beanstandungen behandeln wir in jeder Beziehung großzügig.
>
> (9) Wir möchten, dass unsere Mitarbeiter wohl gelaunt und liebenswürdig sind und sich durch Kameradschaftlichkeit untereinander auszeichnen.
>
> (10) Alles, was wir unternehmen, soll den Stempel tragen: jung, frisch, gut und freundlich.

4.2.3 Post Merger-Integration

Sollen Unternehmen trotz geringem kulturellen Fit aus übergeordneten Gründen (z.B. Erleichterung des Marktzugangs) fusioniert oder gekauft werden, dann liegt es nahe, Post Merger-Integration zu betreiben: zielorientiertes Management von Kulturunterschieden (vgl. z.B. Habeck et al. 2000). Dass dies zumeist jedoch leichter gesagt als getan ist, belegt folgendes Beispiel: Als im Oktober 2008 der japanische Finanzdienstleister *Nomura* das Europageschäft der insolventen Investmentbank *Lehmann Brothers* kaufte, erlebte die Mehrzahl der „Lehmänner" die Integrations-Workshops weniger als Unterstützung denn als

Demütigung: als Einübung in die Unterwerfung unter eine fremde Unternehmenskultur, als „Kampf der Kulturen". Von Anfang an war die Kommunikation zwischen den risikofreudigen, liberalen Angelsachsen und den vorsichtigen, traditionsbewussten Japanern gestört. Das Fass zum Überlaufen brachte ein nach Männern und Frauen getrennter Workshop, in dessen Verlauf „die Neuen" mit den rigiden japanischen Bekleidungsritualen vertraut gemacht wurden.

4.2.3.1 Einfluss der Landeskultur

Akzeptanz von Machtdistanz

Wie die Organisationsforschung zeigen konnte, sind in Gesellschaften, welche Machtdistanz prinzipiell akzeptieren, die Mehrzahl der Unternehmen stärker zentralisiert und hierarchisch organisiert als in egalitären Gesellschaften. Auch beteiligen Führungskräfte, die an den „Kult der Hierarchie" gewöhnt sind (z.B. in französischen Unternehmen), ihre Mitarbeiter weniger an wichtigen Entscheidungsprozessen als Führungskräfte, für die der „Kult der Gleichheit" gilt (z.B. in skandinavischen Unternehmen). Die geringe Partizipationsmöglichkeit bedingt ein schwächeres Involvement der Mitarbeiter und in der Folge Defizite der Unternehmen auf verschiedenen Leistungsebenen (z.B. Unternehmenswachstum, finanzieller Erfolg; vgl. z.B. Denision/Mishra 1995). Daraus folgt, dass das Personalmanagement des fusionierten Unternehmens erhebliche Probleme zu bewältigen hat, wenn das eine Unternehmen aus Südostasien stammt (Malaysia: PDI = 104, Philippinen = 94, Indonesien = 78) und das andere aus Nordeuropa (Dänemark: PDI = 18, Schweden = 31, Norwegen = 31, Finnland = 33).

Dabei ist allerdings zu bedenken, dass Partizipation nicht ‚a priori' ein Erfolgsfaktor ist, sondern nur dann, wenn Landeskultur und folglich Erwartungen sowie tief sitzende Überzeugungen von Management und Mitarbeitern kongruent sind. „The efficacy of participation in high power distance cultures is doubtful. Employees in high power distance cultures are likely to view participative management with fear, distrust and disrespect because participation is not consistent with the national culture. Managers who encourage participation in these countries are likely to be seen as weak and incompetent. Morris/Pavett (1992) for example, found participative management to be related positively to performance in the U.S. but not in Mexico. More authoritarian management practices were effective in Mexico but not in the U.S. Jaeger (1986) argues that management initiatives such as team building are not effective in high power distance cultures because employees from different levels in the organization are not comfortable interacting face-to-face in a group" (Neman/Nollen 1996, S. 756).

Ungewissheitsvermeidung

Begreift man Management als die Bewertung und Handhabung von Risiken, so wird die Schlüsselrolle, welche diese Kulturdimension im Integrationsprozess spielt, offensichtlich (vgl. Morosini/Singh 1994). Denn Akquisitionen lösen bei den Mitarbeitern und auch bei vielen Führungskräften das Gefühl des Kontrollverlustes aus, wecken allerlei Befürchtungen (etwa Möglichkeit des Arbeitsplatzverlustes) und fordern die in dem Unternehmen bislang unstrittigen Normen und Werte heraus (vgl. Sarala 2010).

Gravierende Unterschiede im Streben nach Unsicherheitsmeidung tangieren zahlreiche Unternehmensfunktionen. Wer Ungewissheit nicht als existenzbedrohend, sondern als unvermeidbaren Teil menschlicher Existenz begreift, wird ...
- Innovationen gegenüber aufgeschlossen sein,
- das Controlling auf das unbedingt Notwendige beschränken,
- den partizipativen Führungsstil bevorzugen etc.

Es liegt somit auf der Hand, dass der kulturbedingt unterschiedliche Umgang mit Risiken im Rahmen von Post Merger-Programmen besondere Aufmerksamkeit erfahren sollte. Dies gilt vor allem dann, wenn das eine Unternehmen aus dem unsicherheitstoleranten nordwesteuropäischen Raum stammt und das andere aus dem unsicherheitsaversen südeuropäischen Raum.

4.2.3.2 Einfluss des Weltbildes

2012 scheiterte der Versuch, *EADS* und *BAE* zu fusionieren. Dies hat sicherlich mehrere Gründe, u.a. das Beharren der an *EADS* beteiligten Deutschen auf München als Standort der Unternehmenszentrale oder die Furcht der US-Amerikaner, des wichtigsten Kunden von *BAE*, vor Know how-Abfluss. Eine nicht zu unterschätzende Rolle spielte aber auch die gegensätzlichen industriepolitischen Auffassungen der frankophonen Welt einerseits – die zu Dirigismus neigt – und der angelsächsischen Welt andererseits (Liberalismus). Und sie wiederum lassen sich zurückführen auf das 17. Jahrhundert, auf die damals von *J.-J. Rousseau* in Frankreich sowie von *J. Locke* in England propagierten und von den verfeindeten Gesellschaften übernommenen Überlegungen zu den Eigentumsrechten.
- Der Franzose forderte in der 1762 veröffentlichten staatstheoretischen Schrift „Du Contrat Social", dass Eigentum dem öffentlichen Wohl zu dienen habe. Damit gab er der dirigistischen Wirtschaftspolitik des zentralistischen Frankreich ein theoretisches Fundament.
- Der Engländer begründete 1690 in den nicht minder berühmten „Two Treatises of Government" die „britische Weltsicht, dass starke private Eigentumsrechte das Gemeinwohl am besten sichern" (Bittner 2012, S. 29).

4.2.4 Dekulturation

Vielfach schlägt jedoch der Versuch der wechselseitigen Anpassung der Unternehmenskulturen fehl. Leidet darunter auch die Unternehmenskultur des akquirierten Unternehmens, so spricht man von Dekulturation (vgl. Wirtz 2003, S. 317). Ein untrügliches Symptom von Dekulturation ist ‚brain drain': die gehäufte Abwanderung qualifizierter Mitarbeiter. Zumeist sind die einzelnen Unternehmensbereiche in unterschiedlichem Maße von dieser Entwicklung betroffen. So mögen die F+E-Abteilungen beider Unternehmen konstruktiv zusammenarbeiten, während es häufig schwerer fällt, die Marketingabteilungen zu koordinieren. Denn sie werden in ihrer täglichen Arbeit durch die jeweilige Landeskultur stärker beeinflusst als andere (vgl. Hausmann 2002). Weiterhin hat sich gezeigt, dass divergierende Unternehmenskulturen soziale Konflikte innerhalb des Unternehmensverbundes schüren, während unterschiedliche Ausprägungen der Landeskulturen eher konfliktdämpfend wirken (vgl. Vaara et al. 2012).

4.3 Gestaltung des Distributionskanals

4.3.1 Ladengestaltung

4.3.1.1 Gestaltung realer Einkaufsstätten

Grundlagen

Einkaufsstätten sind ein Aushängeschild. Ihr Aussehen, Standort etc. prägen das Image des Anbieters. Nur am Point-of-Sale treffen Anbieter und Abnehmer unmittelbar aufeinander. Vielfach entscheidet es sich erst dort, ob der Kunde kauft oder nicht. Dazu muss er das Geschäftslokal zunächst einmal betreten. Wie aber bewegt man einen Menschen dazu, in eine Einkaufsstätte einzutreten und dort zu verweilen, zu „stöbern" und mehr oder minder spontan zu kaufen? Und sind in den verschiedenen Kulturräumen hierfür unterschiedliche oder ähnliche Anreize nötig?

Wer Menschen zu einem bestimmten Verhalten (z.B. Kauf) veranlassen will, muss gemäß dem umweltpsychologischen Verhaltensmodell diese aktivieren. Erreicht das Erregungsniveau ein als angenehm empfundenes – häufig mittleres – Niveau, dann gefällt der Laden dem Betrachter, was wiederum Voraussetzung dafür ist, dass er sich im Geschäft umschaut. Ob diese drei Ziele – Aktivierung, Gefallen und Annäherungsabsicht – erreicht werden, hängt von vier Umweltfaktoren ab (vgl. Kroeber-Riel et al. 2009, S. 469 ff.; Diehl 2002, S. 21 ff.): Informationsrate, Involvement, Lebensstil und Orientierungsfreundlichkeit (vgl. Abb. 161).

Informationsrate. Je mehr Reize auf die Kunden einwirken (z.B. Beleuchtung, Musik, Farbe, Geruch), desto stärker die Aktivierung. Bei Reizüberflutung (z.B. zu laute Musik, zu intensive Gerüche) tritt das Gegenteil ein: Der Käufer ist überfordert und wird das Geschäft so schnell wie möglich verlassen.

Involvement. Je mehr sich ein Kunde z.B. für die Innendekoration interessiert, desto stärker ist er für die entsprechenden Reize sensibilisiert. Da es sich bei dieser Art von Ich-Beteiligung bzw. Involvement um eine Personenvariable handelt, kann der Anbieter diesen Teil des Modells nicht unmittelbar beeinflussen. Allerdings sollte er sich auf Zielgruppen konzentrieren, die hinreichend involviert sind.

Lebensstil. Entspricht das Selbstbild der Zielgruppe dem Geschäftsimage, dann werden sie wahrscheinlich Gefallen an der Einkaufsatmosphäre und dem Geschäft insgesamt finden. Für den erforderlichen Fit von Einkaufsstätte und Lebensstil kann ein international engagierter Anbieter sorgen, indem er transnationale Zielgruppen anspricht, deren Lebensstil mit dem Unternehmensimage übereinstimmt. Entscheidungshilfe bieten u.a. die von der *GfK* ermittelten Konsumententypen *(Euro Socio-Styles)*, die sich europaweit nachweisen lassen und unabhängig von ihrer Nationalität ähnliche Einstellungen, Ziele, ⇒ Bedürfnisse und Verhaltensweisen aufweisen (vgl. Teil C-3.3). Angehörige des Typus *Standing World* etwa richten ihre Wohnung gerne im Landhausstil ein. Sie sind kultivierte, pflichtbewusste und vermögende Staatsbürger, die ihren Überzeugungen treu bleiben und sich an Traditionen ausrichten.

Abb. 161: Umweltpsychologisches Verhaltensmodell

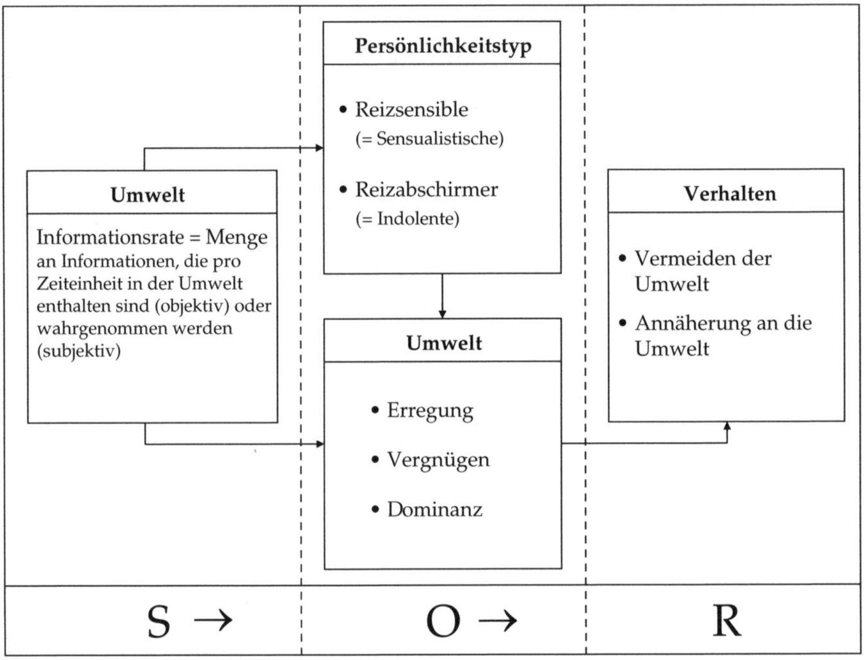

Umwelt	Persönlichkeitstyp	Verhalten
Informationsrate = Menge an Informationen, die pro Zeiteinheit in der Umwelt enthalten sind (objektiv) oder wahrgenommen werden (subjektiv)	• Reizsensible (= Sensualistische) • Reizabschirmer (= Indolente) **Umwelt** • Erregung • Vergnügen • Dominanz	• Vermeiden der Umwelt • Annäherung an die Umwelt
S →	O →	R

Quelle: Mehrabian/Russell (1974).

Orientierungsfreundlichkeit. Die meisten Kunden mögen übersichtliche Verkaufsräume. Wichtig ist überdies ein ausgewogenes Verhältnis von Nähe und Distanz zu den anderen Kunden. Bei einem Mangel an Orientierungshilfen fühlen sich viele schnell überfordert.

Empirische Überprüfung

Diehl (2002) ging in einer kulturübergreifenden Studie der Frage nach, ob diese Anreize kulturspezifisch wirken oder ‚cultural universals' sind. Dazu ließ sie Deutsche (Trier), Franzosen (Paris) und US-Amerikaner (New York) die Dekoration eines Einrichtungshauses bewerten. Wie die Auswertung ergab, ist das in Abb. 162 beispielhaft für Deutschland dargestellte Kausalmodell kulturübergreifend gültig: In allen drei Ländern sprechen die Menschen offenbar auf ähnliche Umweltreize an.

4.3 Gestaltung des Distributionskanals

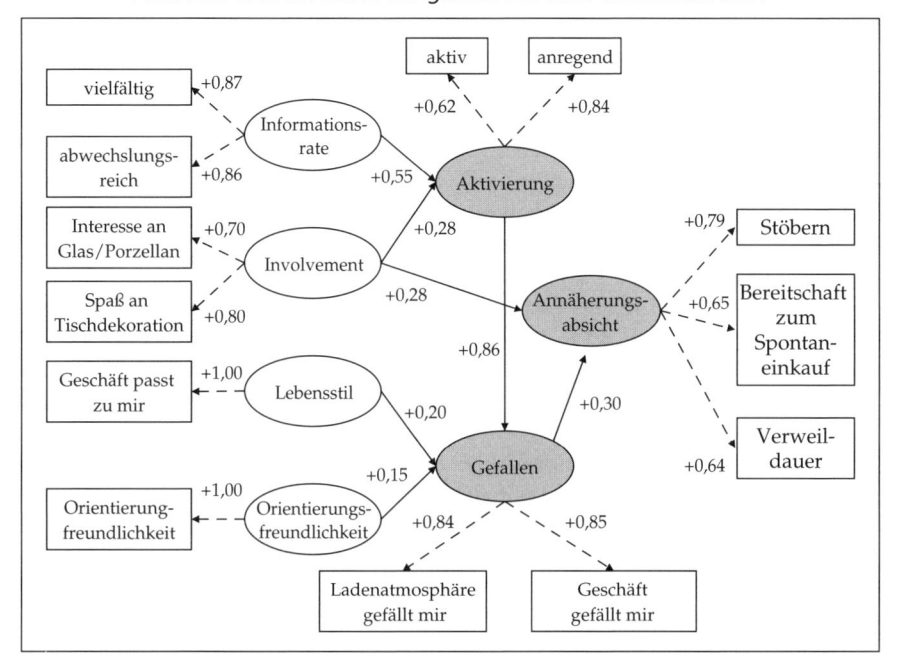

Abb. 162: Was ein Einrichtungshaus attraktiv erscheinen lässt

Quelle: Diehl (2002, S. 27).

Die Studien von Donovan/Rossiter (1982) sowie Donovan et al. (1994) einerseits und Gröppel-Klein (1998) andererseits legen jedoch eine Differenzierung nahe. Denn sie zeigen, dass es bei US-amerikanischen und australischen Kunden hauptsächlich die durch die Ladengestaltung ausgelösten Emotionen „Vergnügen" und „Erregung" sind, welche für „Annäherungsbereitschaft" (operationalisiert als Einkaufsbereitschaft) sorgen, während bei deutschen Kunden vor allem die Emotion „Dominanz" verhaltenswirksam ist. Dominanz empfinden Kunden, die sich frei, sicher sowie überlegen fühlen und den Eindruck haben, der Einkaufsstätte gewachsen zu sein. Mehr als Kunden, die sich unterlegen fühlen, neigen sie dazu, eine Einkaufsstätte als preiswürdig einzuschätzen (vgl. Kroeber-Riel et al. 2009, S. 470). Ex post lässt sich vermuten, dass die geringere Ungewissheitstoleranz der Deutschen für diesen Unterschied sorgt.

Zu bedenken ist weiterhin, dass das vorgestellte Erklärungsmodell auf die Ladendekoration beschränkt ist. Servicefaktoren wie Bequemlichkeit oder Erreichbarkeit blieben in dieser Studie außer Acht. Auch wurde das Erklärungsmodell nur in drei westlichen Gesellschaften überprüft und nur bei urbaner Kundschaft.

4.3.1.2 Gestaltung virtueller Einkaufsstätten

Was macht virtuelle Läden Kunden attraktiv? Diehl (2002, S. 28 f.) wandte das eingangs beschriebene umweltpsychologische Modell zur Erklärung der Attraktivität eines realen Einrichtungshauses auf ein virtuelles Geschäft derselben

Branche an, allerdings nur bei deutschen Käufern. Es zeigte sich, dass in der elektronischen Welt des E-Commerce dieselben Anreize wirken:
- Werden vielfältige und abwechslungsreiche Informationen dargeboten, so aktiviert dies den (potentiellen) Käufer. Zu viele Reize überfordern ihn jedoch.
- Involvierte Kunden sind stärker aktiviert als nicht-involvierte Personen. Allerdings sorgen im Falle virtueller Läden nicht Dekoration und Einrichtung für Involvement, sondern das Medium selbst. Der typische Online-Käufer interessiert sich für Computer und erfreut sich am Internet, das er als neuartig und komplex wahrnimmt. Technik-averse Menschen hingegen empfinden gerade dies als Hemmnis.
- Mehr noch als bei realen Läden ist in der virtuellen Welt die Übereinstimmung von Lebensstil und Ladenimage wichtig: „Das Geschäft passt zu mir". Gefallen beeinflusst die Annäherungsabsicht von Online-Kunden wesentlich stärker (+0,76) als die von Kunden realer Geschäfte (+0,30). E-Commerce-Angebote sollten daher noch stärker als traditionelle Vertriebseinrichtungen auf den Lebensstil der Zielgruppe zugeschnitten werden (vgl. Diehl 2002, S. 30).
- Noch mehr als in der realen Welt gilt im Internet, wo sich der Nutzer bekanntlich durch ein oder zwei Mausklicks schnell „verirren" kann: Entscheidende Hygiene-Faktoren sind Übersichtlichkeit und Orientierungsfreundlichkeit.

Allerdings bestehen auch Unterschiede. Wie Lynch et al. (2001) berichten, die 299 Online-Shopper aus zwölf Ländern befragt haben, beeinflussen weltweit ...
- das Vertrauen in den Verkäufer,
- das Einkaufserlebnis sowie
- die Qualität einer Website

die Absicht, online ein T-Shirt zu erwerben – aber je nach Herkunft der Käufer unterschiedlich stark (vgl. Abb. 163).

Lateinamerikaner legen mehr als andere Wert auf die Vertrauenswürdigkeit der Website: Dass diese einen guten Namen hat und hält, was sie verspricht, beeinflusst ihre Kaufabsicht am stärksten (+0,74). Ex post lässt sich dies mit der weit überdurchschnittlichen Tendenz südamerikanischer Gesellschaften, ungewisse Situationen zu meiden, erklären. Auch Nordamerikaner achten darauf, ob ihnen eine Webseite vertrauenswürdig erscheint, jedoch nicht ganz so sehr (+0,44). Westeuropäer hingegen lassen sich fast ausschließlich durch ein besonderes Einkaufserlebnis zum Online-Shopping motivieren (+0,62). Ähnliche Koeffizienten ergaben sich mit Blick auf den Kauf von CD-Playern.

4.3.2 Sortimentspolitik

Der Programmpolitik des Herstellers entspricht im Handel die Sortimentspolitik. National wie international müssen Absatzmittler sich zwischen einem ...
- „tiefen oder flachen" sowie einem
- „breiten oder schmalen" Angebot an Waren entscheiden.

Jede dieser Strategien besitzt ihre eigenen Vorzüge. So bietet ein flaches und schmales Sortiment Kostenvorteile, während ein breites Angebot dem Kunden die Möglichkeit eröffnet, „alles unter einem Dach" zu kaufen. Eine schmale,

4.3 Gestaltung des Distributionskanals

aber tief gestaffelte Palette wiederum spricht eine kaufkräftige Spezialkundschaft an.

Abb. 163: Korrelate der Kaufabsicht von Online-Kunden in drei Regionen

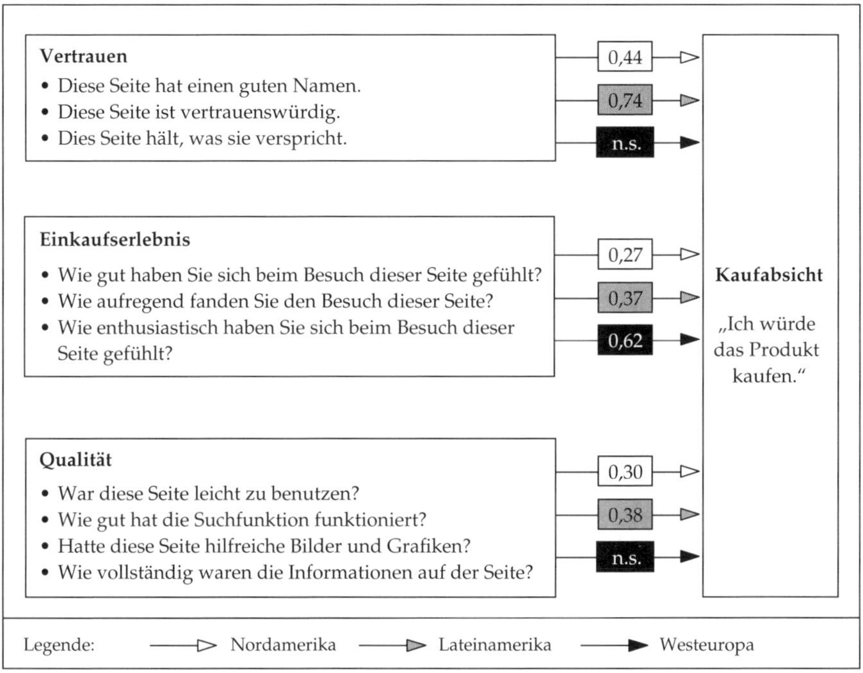

```
Vertrauen
• Diese Seite hat einen guten Namen.                    0,44 ▷
• Diese Seite ist vertrauenswürdig.                     0,74 ▷
• Dies Seite hält, was sie verspricht.                  n.s. ▶

Einkaufserlebnis
• Wie gut haben Sie sich beim Besuch dieser Seite gefühlt?   0,27 ▷        Kaufabsicht
• Wie aufregend fanden Sie den Besuch dieser Seite?          0,37 ▷
• Wie enthusiastisch haben Sie sich beim Besuch dieser       0,62 ▶      „Ich würde
  Seite gefühlt?                                                          das Produkt
                                                                          kaufen."
Qualität
• War diese Seite leicht zu benutzen?                   0,30 ▷
• Wie gut hat die Suchfunktion funktioniert?            0,38 ▷
• Hatte diese Seite hilfreiche Bilder und Grafiken?     n.s. ▶
• Wie vollständig waren die Informationen auf der Seite?

Legende:    ──▷ Nordamerika    ──▷ Lateinamerika    ──▶ Westeuropa
```

Quelle: eigene Darstellung auf Basis von Lynch et al. (2001, S. 20).

Internationale Sortimentspolitik muss nicht nur die klassischen Entscheidungen fällen („tiefes vs. flaches" und „breites vs. schmales" Warenangebot, Standard- vs. Premiumqualität, untere vs. mittlere vs. obere Preislage, Eigen- vs. Fremdmarken etc.), sondern auch die Frage beantworten: Standardisierung oder Differenzierung? Soll bzw. kann dasselbe Sortiment in allen Ländermärkten, in denen ein international tätiges Handelsunternehmen präsent ist, angeboten werden (um Standardisierungspotential und somit Skaleneffekte zu erschließen)? Oder soll das Sortiment landes- bzw. kulturspezifischen Bedingungen Rechnung tragen?

Angesichts der Maxime ‚retailing is local' wird bspw. das Sortiment von Handelsunternehmen an asiatischen Standorten keine (große Auswahl) an Deodorants enthalten. Denn Asiaten schwitzen anders als Europäer. Körpergeruch ist selten, Parfüms und damit auch Deodorants gelten als aufdringlich. Da das Alter eher die Hautfarbe von Asiaten verändert als deren Hautstruktur, sind dort auch Faltencremes wenig gefragt – ganz im Gegensatz zu Cremes, welche die Haut bleichen. Denn dunkler Teint und Pigmentflecken sind wenig beliebt, lassen sie doch auf eine Beschäftigung an der frischen Luft schließen (z.B. als Bauarbeiter, Bauer, Fischer, Gärtner etc.).

International tätige Händler müssen bedenken, in welchem Maße ihr auf dem heimischen Markt angebotenes Sortiment kulturspezifische Produkte enthält. Lebensmittel bspw. gelten als hochgradig ‚culture-bound', wie entsprechende Stereotype belegen (Reis → Chinesen, Spagetti → Italiener, Kartoffeln → Deutsche). Das Standardisierungs/Differenzierungsproblem lösen die meisten Händler, indem sie ein in großen Teilen landestypisches Sortiment anbieten. In den 1990er-Jahren stammten 80 % der Ware, die *Wal-Mart* in Ländern wie Indonesien, Brasilien oder China anbot, von heimischen Herstellern (vgl. Dawson 1999, S. 49).

Aldi ist ein Vorreiter der „Flaches und schmales Sortiment-Strategie". Derzeit bietet eine durchschnittliche Filiale des Hard-Discounters etwa 700 Artikel an. Um die Jahrtausendwende waren es ca. 400 Artikel. Allerdings achtet selbst dieses mittlerweile in vielen Ländern erfolgreiche deutsche Unternehmen verstärkt darauf, seinen Kunden auch Landestypisches anzubieten.

> **Keine Bockwürste in ‚down under'**
> „*Aldi* verfolgt auch auf dem fünften Kontinent seine Niedrigpreispolitik und platziert die meisten seiner 47 Filialen in einkommensschwachen Stadtteilen. Treu bleibt er auch seiner Sortimentspolitik: Die Australier können zwischen 700 Artikeln wählen, während in den großen australischen Supermärkten zwischen 20.000 und 30.000 verschiedene Waren zur Auswahl stehen. Allerdings unterscheidet sich das australische *Aldi*-Sortiment von dem Angebot in Deutschland: Die hierzulande so beliebten Gummibärchen, Salzstangen und Bockwürste findet man in ‚down under' selten" (Hofmann 2003, S. 25).

Andere Güter gelten als ‚culture-free' und bieten daher bei der Zusammenstellung des Sortiments ein größeres Standardisierungspotential. Kulturfrei sind vor allem High Tech-Güter, also Computer, Fototechnik, Soft- und Hardware.

4.3.3 Einkaufsstättenimage

Neben dem Sortiment und dem Preisniveau ist religiösen Menschen auch das Image, das einer Einkaufsstätte zugeschrieben wird, wichtiger als Nicht-Religiösen. Mit Blick auf die extrinsisch Religiösen erklärt Mokhlis (2006a, S. 428) diesen Effekt damit, dass diesen Gläubigen der Status, den sie innerhalb ihrer Religionsgemeinschaft besitzen, wichtig ist. Das „richtige" Image hilft ihnen, ihren Status zu wahren. Intrinsisch Religiöse hingegen gelten vorrangig als unsicher. Ihnen hilft das „richtige" Image, die üblichen Kaufrisiken (insb. das Qualitätsrisiko) zu reduzieren.

4.4 Gestaltung der Anreize für Handelspartner & Außendienstmitarbeiter

4.4.1 Verkaufsförderung als Reaktion auf die gewachsene Handelsmacht

Die Hersteller/Handels-Beziehung unterliegt zahlreichen Interessenkonflikten. Händler nehmen bevorzugt „schnell drehende" (d.h. gut verkäufliche) Produkte in ihr Sortiment auf und listen „Penner" ebenso aus wie Ware, für

4.4 Gestaltung der Anreize für Handelspartner & Außendienstmitarbeiter

die besondere Verkaufsanstrengungen notwendig sind. Herstellern hingegen ist daran gelegen, möglichst viel von dem knappen Regalplatz des Handels mit ihren Produkten zu bestücken, um eine große „Kontaktstrecke" zu besetzen und so die Wahrscheinlichkeit zu erhöhen, auch von jenen Kunden wahrgenommen zu werden, die nicht bewusst nach diesen Produkten Ausschau halten. Der Ausgang dieses Interessenkonflikts hängt vom Kräfteverhältnis im Absatzkanal ab. Da sie im Zuge des Konzentrationsprozesses auch international zunehmend (Einkaufs-)Macht erlangen, gewinnen Absatzmittler dabei immer häufiger die Oberhand. Sie entscheiden deshalb nicht nur weitgehend, welche Produkte gelistet werden, sondern auch, zu welchen Bedingungen (z.B. Preise) diese angeboten werden (vgl. Schögel 2012, S. 189 ff.).

Nach einem Unternehmenszusammenschluss (vgl. Teil F-3.7.4) fordern nachfragestarke Handelsunternehmen von ihren Lieferanten häufig eine „Harmonisierung der Konditionen", zumeist nach dem Meistbegünstigungsprinzip. Denn das aus den Unternehmen A und B hervorgegangene „neue" Unternehmen AB erkennt nach der Fusion, dass die Vorgängerunternehmen A und B in der Vergangenheit von ein und demselben Hersteller in den gleichen Ländermärkten teilweise höchst unterschiedliche Konditionen erhalten haben. Aufgrund der gewonnenen Transparenz und gewachsenen Nachfragemacht kann Unternehmen AB nun durchsetzen, dass es in jedem Land in Zukunft die jeweils höhere Rabattstufe erhält (vgl. Tab. 133). Aus Sicht des Handels bildet die Harmonisierung der Konditionen ein Gegengewicht zu der häufig mengenabhängigen Konditionenspreizung der Hersteller.

Tab. 133: Fiktives Beispiel für die „Harmonisierung von Konditionen"

Unternehmen	Abholrabatt in Land 1 – n *(in %)*					
	1	2	3	4	...	n
A	0,41	0,29	0,17	0,36	...	0,47
B	0,28	0,35	0,19	0,22	...	0,43
AB (nach Fusion)	0,41	0,35	0,19	0,36	...	0,47

Im Zuge von Global Sourcing kaufen auch Automobilhersteller und internationale Reifenhändler ihre Ware naturgemäß dort ein, wo sie zum niedrigsten Preis angeboten werden (vgl. Humphrey 2003). Darunter leiden Standorte, die aufgrund ungünstiger Standortbedingungen zu einer Hochpreispolitik gezwungen sind. Um ihre Niederlassungen in solchen Ländern zu schützen, legte die *Continental AG* deshalb eine weltweit einheitliche und verbindliche Preisuntergrenze fest.

Henkel hatte entschieden, das Waschmittel *Dixan* auf dem belgischen Markt als Premiummarke einzuführen. Gefährdet wurde diese Positionierung durch einen lokalen Discounthändler, der das Produkt ohne Wissen der Düsseldorfer aus Spanien importierte und in Belgien – mit spanischem Aufdruck und ausgesprochen niedrigpreisig – anbot.

Wie mächtig der Handel in verschiedenen Ländern ist, lässt sich nicht zuletzt an der jeweiligen Marktstellung der Handelsmarken ablesen (vgl. Zentes/Swoboda 2005). In zunehmendem Maße gelingt es diesen, die klassischen Herstellermarken zu verdrängen. Überall dort, wo der Handel im Laufe der Jahre eine starke Machtposition errungen hat, wie in der Schweiz, Spanien und Großbritannien, aber auch in Belgien und Deutschland (vgl. Tab.134), müssen die Hersteller Anreize wie Rabatte, Verkaufshilfen und andere Vergünstigungen einsetzen, um ihren Produkten einen vorteilhaften Regalplatz und damit Erhältlichkeit zu sichern. Diesem Zweck dienen auch Handelspromotions (vgl. Gedenk et al. 2006). Je nach Ausgestaltung sollen sie nicht nur Absatzmittler, d.h. unternehmensexterne Dienstleister, sondern auch interne Absatzhelfer motivieren.

Tab. 134: Veränderung des Marktanteils von Handelsmarken (2003–2013; in %)

	2003	2013		2003	2013
Schweiz	39	53	Österreich	20	39
Spanien	27	51	Frankreich	26	36
Großbritannien	39	45	Dänemark	23	31
Deutschland	32	42	Niederlande	21	29
Belgien	40	36	Italien	12	20

Quelle: AC Nielsen.

4.4.2 Einfluss der Landeskultur

Abhängig von ihrer individuellen Lerngeschichte, aber auch von ihrer spezifischen kulturellen Prägung reagieren Menschen auf die verschiedenen Anreize unterschiedlich (vgl. Dreesmann 2003; Trommsdorff 2002). Wer also Geschäftspartner und Mitarbeiter kuituradäquat beeinflussen möchte, sollte in Erfahrung bringen, in welchen Kulturräumen welche Anreize wie wirken.

4.4.2.1 Generelle Wirkung von Anreizen

Anreize fallen vorrangig dort auf fruchtbaren Boden, wo Menschen kontrollorientiert sind und folglich davon überzeugt, durch ihr individuelles Handeln Ereignisse beeinflussen zu können. Dies ist in besonderem Maße im angelsächsischen, vom voluntaristischen Weltbild geprägten Kulturraum gegeben (vgl. Müller/Gelbrich 2014, S.143f.). Wer hingegen unter dem Eindruck des magischen Weltbildes (vgl. Müller/Gelbrich 2014, S.129f.) glaubt, sein Schicksal hänge von externen Mächten ab bzw. sei vorbestimmt, für den sind ‚incentives' kein nennenswerter Ansporn.

Wie Abb.164 am Beispiel des Umweltschutzes darstellt, neigen vor allem Russen, Franzosen, Inder und Polen in diesem Lebensbereich zu Kontrollverlust. Deutsche scheinen hingegen, zusammen mit Italienern, Südkoreanern und US-Amerikanern, eher davon überzeugt, durch ihr Verhalten den Zustand ihrer Umwelt beeinflussen zu können (vgl. auch Teil E-3.3.2).

4.4 Gestaltung der Anreize für Handelspartner & Außendienstmitarbeiter

Abb. 164: Kontrollüberzeugung im internationalen Vergleich

Zustimmung zu der Feststellung:
"There is little individuals can do about the environment" (in %)

Land	%
Russland	93
Frankreich	85
Indien	76
Polen	74
Venezuela	67
Mexiko	58
Japan	53
Spanien	51
Griechenland	48
Brasilien	38
Niederlande	38
Deutschland	33
Italien	33
Südkorea	27
USA	27

Quelle: Environics International: Environmental Monitor 2000, in: Balderjahn (2003, S. 155).

Generell hat sich gezeigt, dass Anreize u.a. überall dort mit Aussicht auf Erfolg zur Verhaltenssteuerung einsetzbar sind, wo Kontrollüberzeugung, Individualismus und kurzfristige Zeitorientierung Teil des kulturellen Wertekanons sind (vgl. Abb. 165).

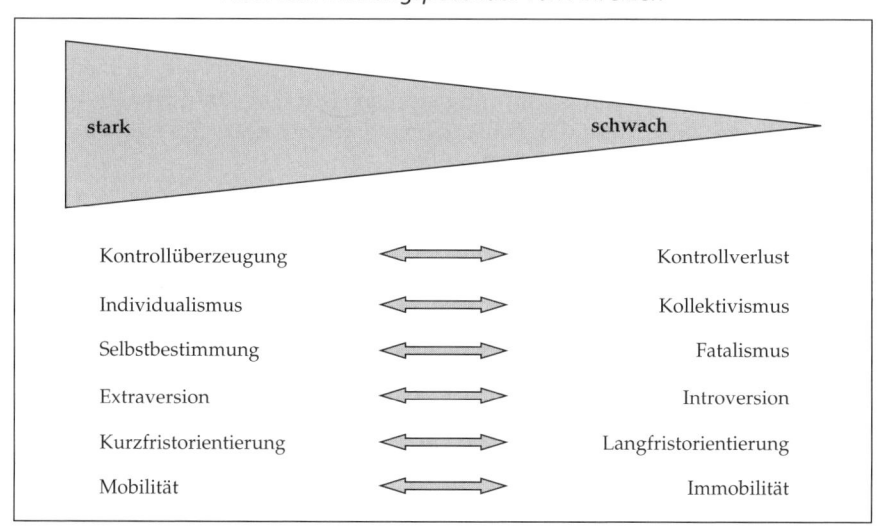

Abb. 165: Wirkungspotential von Anreizen

stark		schwach
Kontrollüberzeugung	⇔	Kontrollverlust
Individualismus	⇔	Kollektivismus
Selbstbestimmung	⇔	Fatalismus
Extraversion	⇔	Introversion
Kurzfristorientierung	⇔	Langfristorientierung
Mobilität	⇔	Immobilität

Quelle: eigene Darstellung auf Basis von Dreesmann (2003, S. 141 ff.).

4.4.2.2 Kulturspezifische Einflüsse

Zwar ist die Anreizwirkung von Belohnungen (z.B. Bonus, Lob, Preisnachlass, Zugaben) ein universelles Phänomen („cultural universal'). Dennoch sollten Unternehmen auch in diesem Zusammenhang die Landeskultur der Zielpersonen beachten.

Individualismus vs. Kollektivismus

Bei Angehörigen kollektivistischer Kulturen (z.B. Chinesen) versprechen Anreize vor allem dann Erfolg, wenn die Belohnung primär darin besteht, Individuen in eine soziale Gruppe zu integrieren bzw. das Gemeinschaftsgefühl zu stärken. Honoriert werden muss das Team, nicht der Einzelne. Denn kollektivistische Gesellschaften verbuchen Leistung als Erfolg der Gruppe; Individualisten hingegen nehmen vor allem den persönlichen Anteil daran wahr (vgl. Nisbett 2003; Triandis et al. 1988). Deshalb wirken Belohnungen im westlichen Kulturraum am besten, wenn sie dem Einzelnen zu Gute kommen. Empirisch gestützt wird diese Empfehlung durch Studien, welche belegen, dass es für Individualisten akzeptabel ist, Menschen vorrangig allein nach ihrer Leistung zu beurteilen. Kollektivsten hingegen bevorzugen eine nicht-leistungsbezogene Bewertung (z.B. nach sozialer Umgänglichkeit). Noch anders verhält es sich in solchen kollektivistischen Kulturen, in denen Verwandtschaftsbeziehungen eine wichtige Rolle spielen: Lateinamerikaner etwa verstehen unter Leistung die Summe des Familienerfolgs, weshalb dort stellvertretend auch ein Familienmitglied bzw. die Familie als Ganzes belohnt oder bestraft werden kann (vgl. Scherm/Süß 2002).

Maskulinität vs. Feminität

Angehörige maskuliner Kulturen sind daran gewöhnt, „rau aber herzlich" miteinander umzugehen. In solchen Ländermärkten (z.B. Österreich MAS = 79, Venezuela = 73, Schweiz = 70, Deutschland = 66, Großbritannien = 66) finden Sanktionen (bspw. eine Abmahnung) mehr Akzeptanz als in femininen Kulturen. Dort sucht man zunächst nach externen Gründen von unerwünschtem Verhalten und stellt diese möglichst ab, bevor ernsthaftere Schritte erwogen werden (vgl. Usunier/Walliser 1993, S. 204).

Tendenz zur Ungewissheitsvermeidung

Angehörige von Kulturen, die zur Ungewissheitsvermeidung neigen, erstreben vor allem Sicherheit. Was also liegt näher, als Verkäufern, Vertriebsmitarbeitern etc. in Ländern wie Griechenland (UAI = 112), Portugal (UAI = 104) oder Uruguay (UAI = 100) für gute Leistungen einen sicheren Arbeitsplatz in Aussicht zu stellen? In Märkten, wo man Ungewissheit eher toleriert, bietet es sich hingegen an, extrinsische Anreize einzusetzen: z.B. Geld, in Gestalt eines spürbaren variablen, d.h. leistungsabhängigen Gehaltsanteils (z.B. Singapur UAI = 8, Hong Kong UAI = 29, Irland UAI = 35).

4.5 Kundenmanagement

4.5.1 Einkaufsorientierung

Es finden sich zahlreiche empirische Hinweise darauf, dass Katholiken, entsprechend der prachtvollen Selbstdarstellung dieser Religion, die sozial-hedonistische Einkaufsorientierung bevorzugen. Sie zeichnet sich bspw. durch eine starke Ausprägung des Marken-, Mode- und Freizeitbewusstseins aus. Die von Shin et al. (2010) erhobenen Befragungsergebnisse bestätigen diese These zwar tendenziell. Aber die geringen Mittelwertunterschiede (vgl. Tab. 135) bestehen die Signifikanzprüfung nicht.

Die ausgeprägte Leistungsorientierung ihrer Konfession legt die Hypothese nahe, dass Protestanten mehr als andere die utilitaristische Shopping-Orientierung verinnerlicht haben und Einkaufsstätten vorrangig mit Blick auf ihre Nützlichkeit beurteilen ($\Rightarrow$ Protestantismus-Hypothese). Diese Vermutung lässt sich nur im Vergleich mit den Katholiken erhärten, nicht jedoch im Vergleich mit den Buddhisten. Entsprechend dem Selbstbild, das sie in dieser Studie zeichnen, finden sich unter den strenggläubigen Buddhisten die meisten Utilitaristen.

Tab. 135: Einfluss der Konfession auf die Einkaufsorientierung

	Strenggläubige Protestanten (n = 49)	Strenggläubige Katholiken (n = 47)	Strenggläubige Buddhisten (n = 50)
Hedonistisch			
• Markenbewusstsein	4,75	4,82	4,72
• Modebewusstsein	4,67	5,03	4,83
• Freizeitorientierung	4,97	5,33	4,87
• Markentreue	4,44	4,75	4,63
Spontan-ziellos			
• Impulsives Einkaufsverhalten	4,33	4,32	3,83
• Verwirrung durch Überangebot	4,69	4,19	4,36
Utilitaristisch			
• Qualitätsbewusstsein	6,19	6,08	6,19
• Preisbewusstsein	4,05	3,61	4,28

Quelle: Shin et al. (2010, S. 157); eigene Übersetzung.

4.5.2 Einkaufsstättentreue

Religiöse Südkoreaner sind weniger schnell zu einem Wechsel der Einkaufsstätte zu bewegen als moderat-religiöse und nicht-religiöse Südkoreaner (vgl. Choi 2010). Dieser Effekt besteht unabhängig von der Konfession der Befragten; d.h. es lässt sich keine Interaktion zwischen der Intensität der religiösen Überzeugungen und deren Glaubensbekenntnis nachweisen (Buddhismus, Katholizismus oder Protestantismus). Für die Generalisierbarkeit der These „Gläubige sind verlässlichere Kunden als Nicht-Gläubige" spricht, dass sie auch seltener zum Markenwechsel neigen.

5 Beziehungsmanagement

5.1 Aufgaben- vs. Beziehungsorientierung

Diller/Kusterer (1988) definierten Beziehungsmanagement als „aktive und systematische Analyse und Gestaltung von Geschäftsbeziehungen zwischen zwei Unternehmen". Davon ausgehend lassen sich drei Erscheinungsformen unterscheiden:
- Taktisches Beziehungsmanagement. Das Unternehmen versucht, durch punktuelle, kurzfristig wirkende Maßnahmen seine Geschäftspartner zu einem erwünschten Verhalten zu bewegen.
- Strategisches Beziehungsmanagement. Geschäftspartner sollen dauerhaft – zumindest mittelfristig – an das Unternehmen gebunden werden.
- Beziehungsmanagement als Geschäftsphilosophie. Wer Geschäftsbeziehungen auf möglichst vielen Ebenen als Win/Win-Situation konzipiert, erhöht für alle Beteiligten den „Wert" einer Beziehung.

Unter dem Einfluss des Stakeholder-Ansatzes (vgl. Teil G-1.1) ordnet man mittlerweile nicht nur Geschäftsbeziehungen dem Geltungsbereich des Beziehungsmanagements zu, sondern jegliche Art von Beziehung, die Unternehmen unterhalten. Überdies wird deutlich, dass diese Typologie die westliche Sichtweise reflektiert: Beziehungen als Mittel zum Zweck, wobei primär das Ergebnis interessiert und weniger die Art und Weise, wie dieses erreicht wurde. Charakteristisch ist in diesem Zusammenhang auch die unterschiedliche Auffassung von Verteilungsgerechtigkeit. Das kollektivistische Wertesystem präferiert das Equality-Prinzip (= Gleichwertigkeit). Individualistischen Gesellschaften hingegen orientieren sich am Equity-Prinzip (= Erfolgsbeteiligung entsprechend dem jeweiligen Leistungsbeitrag des Einzelnen).

5.1.1 Beziehungsorientierung nach individualistischer Art

Abgesehen davon, dass kollektivistische Kulturen stärker beziehungsorientiert sind und individualistische Kulturen stärker aufgabenorientiert (vgl. Hofstede 1997, S. 89), ist das unterschiedliche Verständnis von „Beziehung" bemerkenswert. Individualisten neigen dazu, Beziehungen zu institutionalisieren und zu instrumentalisieren. Dies hat vielfältige Gründe, u.a. die spezifische Art der Zeitwahrnehmung. Im individualistischen wird Zeit als linear strukturiert wahrgenommen, als Abfolge von einzelnen „vorübergehenden" Ereignissen (vgl. Müller/Gelbrich 2014, S. 53 f.). Das für kollektivistische Kulturen charakteristische synchrone Zeitverständnis hingegen grenzt Vergangenheit, Gegenwart und Zukunft nicht eindeutig voneinander ab. Vielmehr werden sie als miteinander verwoben angesehen. Entsprechend sind dort auch (wichtige) Beziehungen weniger linear-endlich, als vielmehr zirkulär-unendlich konzipiert (vgl. Trompenaars 1993a, S. 161). Synchrone Zeitwahrnehmung trägt überdies dazu bei, dass Effektivität (z.B. eine langfristige, enge Beziehung) Vorrang hat vor Effizienz (d.h. ein Ziel in möglichst kurzer Zeit zu erreichen).

Weiterhin ist das Phänomen der Kontextabhängigkeit zu beachten (vgl. Müller/Gelbrich 2014, S. 21 f.). Die individualistischen Gesellschaften zählen zu den sog. Low Context-Kulturen, die kollektivistischen Gesellschaften zu den High Context-Kulturen. In Low Context-Kulturen …

- werden Beziehungen aller Art (d.h. bspw. auch Kooperationen und Strategische Allianzen) als Zweckbündnisse auf Zeit angesehen. Erfüllen diese innerhalb eines bestimmten, häufig recht knapp bemessenen Zeitraums die in sie gesteckten Erwartungen nicht, so steht es allen Beteiligten frei, die Beziehung zu beenden und neue Bindungen einzugehen. Angehörige von High Context-Kulturen hingegen haben ein vergleichsweise wenig determiniertes Weltbild. Nach Trompenaars (1993a) bewältigen sie das Leben nicht auf „spezifische", sondern auf „diffuse" Weise. Damit ist gemeint, dass die verschiedenen Lebensbereiche (insb. Berufs- und Privatleben) als miteinander verbunden und sich wechselseitig beeinflussend angesehen werden.
- geht man davon aus dass Kommunikation mittels Sprache, Mimik, Gestik etc. eindeutig ist. In kontextabhängigen Gesellschaften legen die Menschen hingegen Wert darauf, in der Anfangsphase einer Beziehung zunächst die erforderliche Vertrauensbasis zu schaffen, bevor man sich den Sachthemen zuwendet.
- bevorzugt man „eindeutige", d.h. vertraglich fixierte Verhaltensregeln als soziale Steuerungsmechanismen (z.B. ein kodifiziertes Rechtssystem). Gemäß den Regeln der kontextabhängigen Kommunikation aber verpflichten mündliche Vereinbarungen die Beteiligten nicht minder als schriftliche Verträge (vgl. Bandyopadhyay et al. 1994). Anstatt unpersönliche gesetzliche Sanktionen anzudrohen, verlässt man sich dort auf die Bindungswirkung gemeinsamer Werte (z.B. Vertrauen, Ehre): personalisierte anstelle institutionalisierte Verantwortung.

5.1.2 Beziehungsorientierung nach kollektivistischer Art

Dem individualistischen Verständnis von der Beziehungspflege als „Mittel zum Zweck" steht idealtypisch die in kollektivistischen Ländern verbreitete Auffassung gegenüber: Beziehungspflege als Selbstzweck (vgl. Hampden-Turner/Trompenaars 1993).

5.1.2.1 Grundlagen von Guanxi

Häufig wird Guanxi als die chinesische Variante von Beziehungsmanagement vorgestellt. Dies trifft allerdings nur teilweise zu. Denn zum einen reicht das westliche Beziehungsmanagement insofern weiter, als es auch das Prozessmanagement umfasst (Arias 1998). Und zum anderen bedarf auch Guanxi einer weitaus differenzierteren Wertung. Dabei kommt dem Wanderprediger *kung fu tse* (551–479 v.Chr.) die Schlüsselrolle zu. Wie Graham/Lam (2004, S. 42 ff.) darlegen, zählt die „Lehre von der Sittlichkeit", welche der im westlichen Kulturkreis unter dem Namen *Konfuzius* besser bekannte Philosoph begründet hat, zu den vier Grundpfeilern der chinesischen Kultur. Neben der ländlich geprägten Gesellschaftsstruktur und der Piktographie, welche eine ganzheitliche Verarbeitung von Informationen begünstigt, ist dies das ausgeprägte Misstrauen gegenüber Fremden und Fremdem, eine nicht selten xenophobe Vorsicht gegenüber Ausländern.

Dreh- und Angelpunkt der Lehre von der Sittlichkeit aber ist Harmonie. Erklären lässt sich dies damit, dass zu Lebzeiten von *Konfuzius* Gewalt und Bürgerkrieg an der Tagesordnung waren. Seiner Lehre zufolge ist eine mildtätige und moralische Gesellschaft auch wirtschaftlich erfolgreich und politisch stabil. Beide Faktoren sorgen im Verbund für materielle und existenzielle Sicherheit (nicht zuletzt vor dem Angriff Fremder). *Laotse*, ein Zeitgenosse von *Konfuzius*, lehrte gleichfalls Mittel und Wege, um in Harmonie mit seiner Umwelt zu leben. Für den Begründer des Taoismus war dies der Mittelweg, „der Weg" (d.h. das Tao) zwischen den beiden zugleich antagonistischen und sich ergänzenden Mächten

- Yin (das Weibliche, Dunkle und Passive) und
- Yang (das Männliche, Helle und Aktive).

Beide Phänomene, Konflikt und Harmonie zwischen Yin und Yang, bestehen gleichzeitig und können nicht isoliert, sondern nur ganzheitlich erfasst werden. Mit dem Untergang des Kaiserreiches (1911) verschwand in China offiziell die als „Staatskult" oder „Konfuzianismus" bezeichnete Lehre, welche die einen als Religion und die anderen als Morallehre, Staatsdoktrin oder schlicht als pragmatische Regeln für das alltägliche Leben begreifen (Gelbrich/Müller 2014, S. 254 f.; Dülfer/Jöstingmeier 2008, S. 335.; Hofstede/Bond 1988, S. 7 f.). Kernpunkt ist die Förderung von Humanität (‚ren') mit dem Ziel, einen edlen und weisen Menschen zu schaffen, der „vor allem ein Mensch für andere" ist (vgl. hierzu und im Folgenden Müller et al. 2004). Bezeichnenderweise setzt sich das chinesische Zeichen für ‚ren' aus zwei Schriftzeichen zusammen: das für „Mensch" und das für „zwei". Dies symbolisiert die Bedeutung, welche die chinesische Gesellschaft der Beziehung zwischen den Menschen beimisst.

Hierarchie, Familie, Harmonie und Tugend bilden die Eckpfeiler der konfuzianischen Ethik und zugleich das Fundament einer stabilen gesellschaftlichen Ordnung (vgl. Zinsius 1996, S. 25 ff.). Die fünf konfuzianischen Konstellationen definieren ungleiche hierarchische Beziehungen zwischen Menschen. In diesen ‚wulun' (vgl. Abb. 166) bestehen je nach sozialem Rang der Beteiligten Fürsorgepflicht oder die Verpflichtung zu Respekt und Gehorsam.

Drei der fünf Wulun-Beziehungen sind innerfamiliärer Natur. Die Familie bildet die kleinste Einheit der chinesischen Gesellschaft und ist bedeutsamer als das Individuum (Zinsius 1999, S. 38). Andere konstitutive Merkmale sind Schamgefühl und „Gesicht". In China sind diese und die eingangs erwähnten sozialen Konzepte besonders eng miteinander verbunden. Eine Bloßstellung etwa bedeutet Gesichtsverlust, weshalb Kritik, wenn überhaupt, unbedingt so zu „verpacken" ist, dass sie nicht das Gefühl der Scham provoziert.

Respekt gegenüber sozialen Beziehungen, der sich in der Balance von Geben und Nehmen ausdrückt, sorgt – bspw. bei Vertragsverhandlungen – für die notwendige Harmonie und gegenseitiges Vertrauen. Schließlich ist tugendhaftes Verhalten Dreh- und Angelpunkt des Konfuzianismus. Es konkretisiert sich in den Kardinaltugenden Sittlichkeit, Gerechtigkeit, Ausdauer, Sparsamkeit und Humanität.

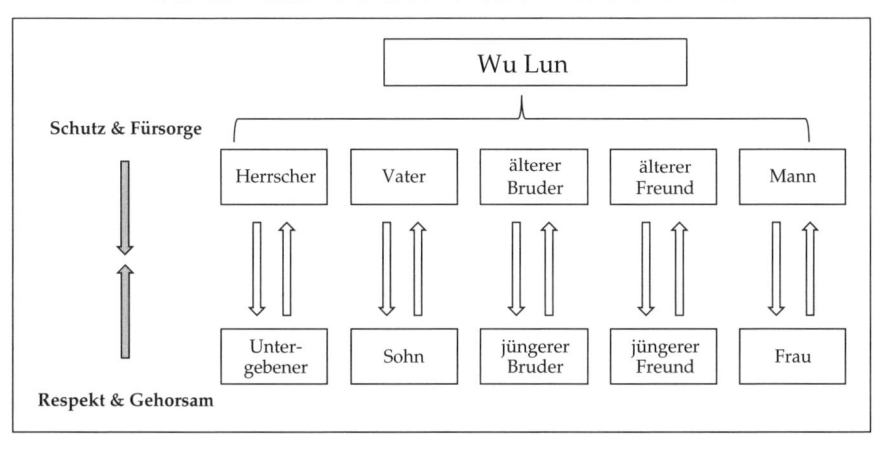

Abb. 166: Wulun – die konfuzianischen Pflichtverhältnisse

```
                              Wu Lun
                    ┌────┬─────┬─────┬─────┐
Schutz & Fürsorge

         Herrscher  Vater  älterer  älterer  Mann
                           Bruder   Freund

          ↓↑       ↓↑     ↓↑       ↓↑      ↓↑

         Unter-    Sohn   jüngerer jüngerer Frau
         gebener         Bruder    Freund

Respekt & Gehorsam
```

Quelle: eigene Darstellung in Anlehnung an Zinsius (1996, S. 26).

Noch heute hoffen chinesische Eltern, dass ihre Kinder durch frühzeitiges und hartes Lernen der Familie Reichtum bescheren. Die gleichfalls im Konfuzianismus verankerte Überzeugung, dass Bildung eine gute Investition ist, hat dazu geführt, dass begabte chinesische Studenten sich weltweit in den besten Hochschulen einschreiben.

5.1.2.2 Struktur & Funktion von Guanxi

Guanxi kann als ein Netzwerk überwiegend persönlicher und gesellschaftlicher Beziehungen beschrieben werden, als ein spezieller Typ zwischenmenschlicher, langfristig angelegter Beziehungen, die auf persönlichen Kontakten beruhen (vgl. Tsui/Farh 1997, S. 58 ff.). Andere setzen Guanxi mit „Korporativität" gleich (z.B. Davies et al. 1995, S. 205).

Vier Bedingungen müssen erfüllt sein, damit eine „wahre, gesunde und langlebige" Beziehung entstehen kann (vgl. Yau et al. 2000, S. 17):
- Bindungsbereitschaft (‚bonding'),
- Einfühlungsvermögen (‚empathy'),
- Gegenseitigkeit (‚reciprocy') und
- Vertrauenswürdigkeit (‚trust').

Vertrauen ist gleichermaßen Ausgangspunkt und Ergebnis von Guanxi. Zunächst versucht man, das Vertrauen des Partners zu gewinnen. Insbesondere Joint Venture-Partner werden sorgfältig geprüft, ob sie vertrauenswürdig sind (vgl. Huang/Schroeder 1998; Stucken 1996, S. 120). Gefestigte Beziehungen sichern im zweiten Schritt die langfristige wechselseitige Verpflichtung (vgl. Henze 2008).

Grundsätzlich ordnen Chinesen die Menschen, denen gegenüber sie sich verpflichtet fühlen, drei Kategorien zu (vgl. Tsui/Farh 1997, S. 75 f.):
- Familienmitglieder ('chiajen'),
- nahe Bekannte ('shoujen') und
- Fremde ('shengjen').

Das wechselseitige Vertrauen nimmt in der Reihenfolge der Nennung dieser Kategorien ab. Wie lange der Prozess der Vertrauensbildung dauert, hängt wesentlich von der Demographie der potentiellen Partner ab. Bestehen zwischen zwei anfänglich fremden Personen Gemeinsamkeiten hinsichtlich Alter, Ausbildung, Herkunft oder Bekanntschaftskreis, so erleichtert oder beschleunigt dies den Aufbau von Guanxi.

Für alle drei dargestellten Beziehungskonstellationen ist das Gesetz des ‚renqing' maßgeblich (Luo 1997, S. 53). Dieses leitet sich einerseits von der Reziprozitätsnorm ab. Andererseits bezieht es sich auf das Einfühlungsvermögen des wohlwollenden Individuums in sozialen Kontakten (Hwang 1987, S. 953 ff.).

Innerhalb eines Guanxi-Netzwerkes gelten vier Grundsätze:
- Beziehungen verpflichten, auch persönlich. Manager bspw. verpflichten sich nicht nur stellvertretend für ihr Unternehmen, sondern auch als Privatpersonen
- Der Gefallen, den man einem Mitglied eines Guanxi-Netzwerkes erweist, muss dessen Status und Ansehen entsprechen.
- Die Verpflichtung, die daraus erwächst, dass man Beziehungen innerhalb eines Guanxi-Netzwerkes zum eigenen Vorteil genutzt hat, verjähren nicht.
- Beziehungen sind langfristig, nicht episodisch.

Manager eines westlichen Unternehmens, das sich um die Aufnahme in ein Guanxi-Netzwerk bemüht, müssen sich der Art und Dauer der Verpflichtungen bewusst sein, die damit nicht nur das Unternehmen als Institution, sondern auch sie persönlich eingehen.

5.1.2.3 Wirkung von Guanxi

Guanxi ist ein Netzwerk konkreter persönlicher Beziehungen zwischen Individuen. Netzwerke zwischen Unternehmen sind sekundär, d.h. eine Begleiterscheinung der persönlichen Beziehungen von Eigentümern, Führungskräften und Mitarbeitern. Die Verpflichtungen, die daraus erwachsen, sind deshalb nicht institutioneller Art (bspw. von Positionsinhabern), sondern Verpflichtungen, welche das Individuum als natürliche Person eingegangen ist.

Gutes Guanxi zu haben scheint gerade in einem risikoreichen Umfeld, in dem das Bewusstsein für die Notwendigkeit normativer Regeln kaum vorhanden ist (etwa in zahlreichen Entwicklungs- und Schwellenländern), das geeignete Mittel zu sein, um die Unternehmensziele zu erreichen. Eine Befragung von Davies et al. (1995, S. 207 ff.), die in einem Pretest 15 Sachverhalte ermittelten, welche Guanxi positiv beeinflussen kann, bestätigt diese Vermutung. Nach Ansicht von 150 chinesischen, in Hong Kong tätigen Managern hilft Guanxi vor allem, den Eingang von Zahlungen zu erleichtern bzw. zu gewährleisten. An zweiter

Stelle rangiert „Unterstützung beim Beantragen von Importlizenzen" und an dritter Stelle „Unterstützung bei Anträgen an Behörden". Unterzieht man die Gesamtheit der Wichtigkeitsurteile einer Faktorenanalyse, so ergibt sich eine vierfaktorielle Struktur des Nutzens, den Guanxi verspricht:
- Faktor 1 = Zugang zu Ressourcen,
- Faktor 2 = Erleichterung des Umgangs mit Behörden,
- Faktor 3 = Verbesserung von Marktchancen,
- Faktor 4 = Beschleunigung von Prozessen.

Dass die meisten Auslandschinesen in den ersten Jahren der marktwirtschaftlichen Öffnung der Volksrepublik China vorrangig in ihren alten Heimatstädten investierten, lässt sich damit begründen, dass sie in ihr Guanxi investieren wollten. Denn ihr finanzielles Engagement verschuf ihnen Zugang zu den machthabenden Kreisen in ihrer Stadt. Dies wiederum hatte bspw. zur Folge, dass „ihre Verwandten bessere Arbeitsplätze erhielten und schließlich auswandern konnten. Ihnen selbst erwuchs aus ihrem Engagement zukünftiges Guanxi für weitere Investitionen. So entwickelte sich ein riesiges Netzwerk, das heute in alle Bereiche des Staates hineinreicht. Als die westlichen Unternehmen schließlich den lang erwarteten Schritt nach China unternahmen, fanden sie dort einen Staat vor, dem durch persönliche Konflikte und konkurrierende Interessen innerhalb der Ministerien die Hände gebunden sind" (Fok 2000).

5.1.2.4 Kritische Würdigung

Befürworter vergleichen Investitionen in Guanxi mit dem Bau einer Brücke über einen trennenden Fluss (vgl. Yau et al. 2000, S. 17).). Kein Marketinginstrument generiere bei vergleichbar geringen Kosten mehr Wachstum (vgl. Luo 1997). Kritiker setzen Guanxi hingegen mit Vetternwirtschaft gleich und führen bspw. die Asienkrise auf die Überbetonung von Beziehungen und damit die Patronage unfähiger Manager zurück (Lovett et al. 1999, S. 242). Häufig werde auch übersehen, dass Guanxi das persönliche Eigentum des jeweiligen Mitarbeiters ist und deshalb nicht ausschließlich zum Vorteil des Unternehmens eingesetzt wird. Wenn der chinesische Verkaufsrepräsentant eines ausländischen Pharmaunternehmens „nebenher" auch die Produkte eines konkurrierenden chinesischen Anbieters verkauft, so deshalb, weil er Guanxi als sein persönliches Kapital auffasst (vgl. Vanhonacker 2004, S. 8). Weiterhin muss das Unternehmen damit rechnen, dass der gleiche Verkäufer für „seine" Kunden möglichst günstige Zahlungsbedingungen vereinbart, selbst wenn er dadurch den Interessen seines Arbeitgebers schadet. Wer also sicher gehen möchte, dass diese „Ethik des Austausches und der gegenseitigen Verpflichtung" nicht zu seinen Lasten geht, sollte über die Guanxi-Verpflichtungen seiner Mitarbeiter Bescheid wissen.

> Wer Guanxi als „Beziehung" übersetzt, erfasst nur einen mehr oder minder großen Teil der tatsächlichen Bedeutung: die aus …
> - Kontakten (= Bekanntsein mit anderen Menschen),
> - Verbindungen (= Netzwerk vielfältiger Beziehungen) und
> - Sozialkompetenz (= Fähigkeit, Personen oder Ereignisse zu beeinflussen)
>
> erwachsene Fähigkeit zur systematischen und nachhaltigen Einflussnahme. Dies reicht von singulären Akten bis hin zu einem „Netzwerk des kalkulierten Vorteils", das den meisten

Organisationen und Regierungsbehörden in China zugrunde liegt. Das Sprichwort, „sich durch die Hintertüre das zu beschaffen, was man durch den Haupteingang nicht erreicht hat" (Kutschker/Schmid 1997, S. 180), bringt die Guanxi-Philosophie bildhaft zum Ausdruck. Guanxi (= östlicher Kulturkreis) kann nicht mit Beziehungsmarketing (= westlicher Kulturkreis) gleichsetzt werden: Denn „service and process management, two basic strategic essentials of relationship marketing" (Arias 1998, S. 146), sind nicht Aufgabe von Guanxi.

5.2 Kultursensibles Beziehungsmanagement

5.2.1 Kulturelle Vielfalt

Globalisierung der Geschäftsbeziehungen

Die meisten Unternehmen haben auf vielfältige Weise mit kultureller Vielfalt zu tun. *SAP* zum Beispiel. Der Weltmarktführer für betriebswirtschaftliche Standardsoftware wurde 1972 gegründet. 2011 setzte das Unternehmen mit weltweit 180.000 Kunden etwa 14 Mrd. € um. Die insgesamt 55.800 Mitarbeiter – davon 12.200 an den deutschen Standorten Walldorf und St. Leon-Rot – stammen aus 124 Nationen. Das globale Netzwerk der *BMW*-Zulieferer umfasst mehr als 12.000, in 70 Ländern ansässige Lieferanten. Sie gilt es, in vielerlei Hinsicht zu koordinieren – etwa hinsichtlich der Achtung der Menschenrechte (vgl. Dohmen 2014, S. 18).

Nicht nur diese und andere Global Player haben Kunden in mehr als 100 Ländern. Auch viele Mittelständler sind in zahlreichen Auslandsmärkten tätig und darauf angewiesen, dass ihre Mitarbeiter mit Angehörigen fremder Kulturen angemessen umgehen können: dass sie über interkulturelle Kompetenz verfügen (vgl. Teil F-5.2.3). Denn aufgrund der wachsenden Anzahl und Verflechtung international agierender Unternehmen steigt auch die Zahl der Entsendungen von Fach- und Führungskräften. Je nach Dauer und Lebensmittelpunkt spricht man von Dienstreise, Abordnung, Delegation oder Versetzung (vgl. Abb. 167). Mitarbeiter, die ins Ausland delegiert werden, um dort längerfristig für ihren Arbeitgeber tätig zu sein, bezeichnet man als Expatriates (vgl. Moosmüller 2007, S. 480).

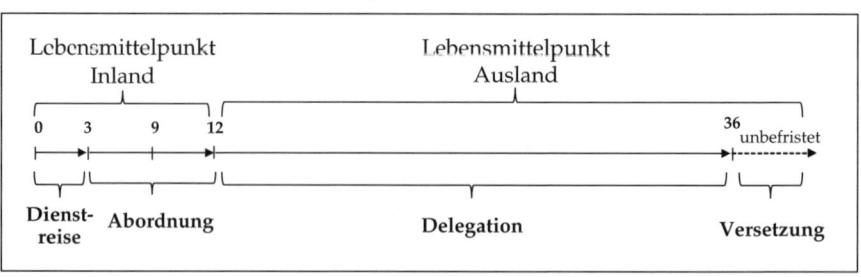

Abb. 167: Erscheinungsformen des Auslandseinsatzes

Lebensmittelpunkt Inland		Lebensmittelpunkt Ausland	
0 3 9 12		36	unbefristet
Dienstreise	Abordnung	Delegation	Versetzung

Frauen werden nicht nur im Vergleich zu ihren männlichen Kollegen, sondern auch gemessen an dem Anteil, den sie an Führungspositionen haben, auffällig selten entsandt (vgl. Stroh et al. 2000). Erklärbar ist dies insofern, als insb. jüngere Frauen in maskulinen, Machtdistanz akzeptierenden Kulturen (z.B. in Japan, Kolumbien, Saudi Arabien) nicht als Verhandlungspartner akzeptiert werden (vgl. Chen 2004). Unverständlich ist diese Ungleichbehandlung aber gleichwohl. Denn es hat sich gezeigt, dass weibliche Führungskräfte an einer Entsendung interessiert sind und dafür aufgrund geschlechtsspezifischer Fähigkeiten (soziale Kompetenz) auch in besonderem Maße geeignet sind (vgl. Domsch/Lieberum 2004; Hartl 2004; Westwood/Leung 1994).

Ein nicht geringer Teil dieser Entsendungen scheitert jedoch (vgl. Gelbrich 2008, S. 255). Konsequenzen eines vorzeitigen Endes sind im Regelfall ein Karriereknick des Mitarbeiters (vgl. Stahl 1999, S. 688) und finanzielle Einbußen des Unternehmens sowie Image-Erosion und Verlust an Goodwill (vgl. Bennet et al. 2000, S. 239). Erklären lässt sich die hohe Scheiterquote u.a. damit, dass die meisten Unternehmen Mitarbeiter vorrangig aufgrund ihrer fachlichen Qualifikation für einen Auslandseinsatz auswählen (vgl. Anderson 2005, S. 579). Darüber wird häufig die Schlüsselqualifikation „interkulturelle Kompetenz" vernachlässigt. Vor allem bei längeren Auslandseinsätzen ist sie für Beziehungsqualität und Entsendungserfolg maßgeblich (vgl. Yuelu et al. 2003, S. 277).

Kulturschock Moskau

„Moskau ist groß und laut, teuer und schmutzig, grob und stressig. Auf einer Fläche von der Größe Berlins quetschen sich so viele Menschen zusammen, wie ganz Ostdeutschland Einwohner hat. Deutsche Expats, die aus ihrer schwäbischen oder rheinländischen Reihenhaussiedlung gen Osten entsandt werden, finden sich wenige Flugstunden entfernt in einem fremden Kosmos wieder. Erdrückende, in die Wolken strebende Betonarchitektur, endlose Staus auf 20 Fahrspuren, ungemütliches Klima und die Abwesenheit von allem Vertrauten – Radwegen, Grünanlagen, Alltagslächeln, lateinischer Schrift und frischer Luft – machen die ersten Stunden in Moskau zur Zerreißprobe. Spätestens am neuen Arbeitsplatz stoßen deutsche Unternehmer auf ein weiteres Problem: die russische Unternehmenskultur. Strenge Hierarchien, wenig Entscheidungsfreude und ein kreativer Umgang mit Terminen irritieren zunächst. Pläne werden kurzfristig verworfen, auf Zusagen ist selten Verlass. Geschäftskontakte beruhen häufig nicht, wie in Westeuropa üblich, auf Verträgen, sondern auf persönlichen Beziehungen. Neue Ideen einzubringen und im Team, dem ‚Kollektiv', zu diskutieren oder Verantwortung zu übernehmen, haben die meisten russischen Arbeitnehmer nie gelernt" (Schulze 2009, S. 39).

Diversity Management

Seit Glazer/Moynihan (1954) mit „Beyond the Melting Pot" den Mythos der Interkulturalität begründet haben, wird intensiv über die Vor- und Nachteile ethnisch-kultureller Vielfalt in den verschiedensten Lebensbereichen diskutiert. Als Teilgebiet von Human Ressource-Management (HRM) befasst sich Diversity Management mit dem Phänomen der kulturellen Heterogenität innerhalb des Unternehmensverbundes (vgl. Süß/Kleiner 2006; Wagner/Sepehri 2000). Man kann es deshalb auch als „HRM in kulturell heterogenen Unternehmen" bezeichnen. Denn Diversity Management trägt dem Umstand Rechnung, dass Manager im Zuge der Internationalisierung bzw. Globalisierung der Geschäftstätigkeit lernen müssen, mit den verschiedenen Phänomenen von Diversität und deren Konsequenzen für den Unternehmensalltag umzugehen.

Innerhalb des wirtschaftswissenschaftlichen Denkansatzes sind zwei Perspektiven von Diversity Management zu unterscheiden:
- personenbezogene, moralisch-wertende Sicht auf Diversität, welche die Konzepte Fairness und Diskriminierung in den Mittelpunkt der Überlegungen stellt,
- institutionell-strukturelle Sichtweise. Sie beschäftigt sich vor allem mit der Frage, ob und in welcher Weise Diversity Management den Markteintritt erleichtert und für Legitimität sorgt.

Der generische Ansatz beschränkt sich nicht auf das Management landeskulturell bedingter Variabilität, sondern bezieht auch das Geschlecht, die Hautfarbe, die sexuelle Orientierung, den Grad der formellen Bildung oder etwaige Behinderungen in das Diversitätskonzept ein.

Warum betreiben Unternehmen Diversity Management? Als Konsequenz ...
- moralischer Selbstverpflichtung (bspw. in einem Code of Conduct)?
- rechtlicher Vorgaben („Gesetz zur Bekämpfung der Arbeitslosigkeit Schwerbehinderter")?
- betriebswirtschaftlichen Effizienzstrebens?

Das ökonomische Motiv beruht auf der Vorstellung, dass kulturell sensible (tolerante etc.) Mitarbeiter weniger Reibungsverluste erzeugen und dadurch den Unternehmenserfolg steigern – etwa dadurch, dass sie dazu beitragen, innerbetrieblicher Konflikte zu vermeiden oder zu entschärfen. Obwohl es hierfür kaum empirische Evidenz gibt, erfreut sich diese These aufgrund ihrer Plausibilität großer Beliebtheit. Ähnliches gilt für die Annahme, dass kulturell heterogen besetzte Arbeitsgruppen weniger anfällig sind für „Gruppendenken" und andere gruppendynamische Effekte, welche die Entscheidungsfindung beeinträchtigen (bspw. wegen des durch Konformitätsdruck bei Gruppenentscheidungen bedingten Realitätsverlustes).

Mehr als anderswo hat das in den USA besonders ausgeprägte Diskriminierungsverbot die Diversity-Bewegung befördert. In Deutschland entschlossen sich deshalb zunächst vor allem größere Unternehmen, die einen signifikanten Anteil ihres Umsatzes auf dem amerikanischen Markt erzielen (z.B. *Daimler-Benz*, *Deutsche Bank*, *Kraft Foods*), Diversity-Management zu betreiben (vgl. Süß 2008).

Dies bedeutet u.a., dass entwicklungsfähige Nachwuchsmanager weltweit gesucht und gezielt gefördert werden. Angesichts der Knappheit von ‚high potentials' und der strategischen Bedeutung von Humankapital kann bereits das globale Recruiting dem Unternehmen Wettbewerbsvorteile verschaffen. Allerdings genügt dies nicht. Vielmehr zielt Diversity Management darauf, die gesamte Organisation dem Ziel zu verpflichten, die kulturelle (soziale, politische, religiöse etc.) Toleranz der Mitarbeiter zu fördern. So unterstützten die *Ford Werke* als erstes Großunternehmen in Deutschland eine betriebsinterne Gruppe für homosexuelle Mitarbeiter. Trotz regelmäßiger Erfolgsmeldungen (bei der *Deutschen Shell* etwa war nach fünf Jahren Managing Diversity der Frauenanteil bei Fach- und Führungskräften von 8 auf 20% gestiegen), fällt es aus wissenschaftlicher Sicht zumeist schwer, eindeutig festzustellen, worin der Erfolg derartiger Maßnahmen besteht. Kann man bspw. einen bestimmten Anteil an Minderheiten auf verschiedenen Hierarchieebenen ‚a priori' als Erfolg werten?

Anpassung oder Abgrenzung?

Wie reagieren Menschen, wenn sie einer fremden Kultur begegnen? Ausgehend von den Antworten auf zwei Schlüsselfragen unterscheidet das bekannte Akkulturationsmodell von Berry (1990) vier Aggregationsstrategien (vgl. Tab. 136). In begrifflicher Abgrenzung zur Enkulturation, das sich auf die eigene Kultur bezieht, bezeichnet Akkulturation das Hineinwachsen in und die Anpassung an eine fremde Kultur – allerdings nicht als einseitige Anpassung der Minderheitskultur an die Mehrheitskultur (= Assimilation), sondern als wechselseitige Anpassung (vgl. Berry 2005).

Tab. 136: Modell der Akkulturation

		Erachtet es als wertvoll, die eigene kulturelle Identität und die kulturellen Charakteristika zu wahren.	
		ja	nein
Erachtet es als wertvoll, Beziehungen zu anderen kulturellen Gruppen zu unterhalten	ja	Integrierer	Assimilierer
	nein	Segregierer/ Separierer	Marginalisierer

Quelle: eigene Darstellung auf Basis von Berry (1990).

Segregierer bspw. lehnen fremdartige Kulturen – bzw. deren Angehörige, Artefakte etc. – strikt ab und vermeiden unmittelbare Begegnungen nach Möglichkeit. Dieser Typus hat ein ethnozentrisches Weltbild und zieht sich bei längeren Auslandsaufenthalten überdurchschnittlich häufig in das „goldene Ghetto" eines Hotels bzw. einer geschlossenen Wohnsiedlung zurück (vgl. Janssens 1995). Für das entsendende Unternehmen „kann dieser Mitarbeitertypus dann von Vorteil sein, wenn es darum geht, die Stammhausphilosophie ohne Rücksicht auf lokale Besonderheiten auch in den Niederlassungen durchzusetzen oder ganz allgemein: Kontrolle auszuüben" (Gelbrich/Müller 2011, S. 1254).

5.2.2 Kulturschock

In den wissenschaftlichen Diskurs eingeführt wurde dieses Konstrukt von Oberg (1960). Umgangssprachlich versteht man unter einem Kulturschock eine heftige, plötzlich eintretende Reaktion auf ein überwältigendes Ereignis (z.B. Begegnung mit einer fremden Kultur). Im Mittelpunkt der wissenschaftlichen Definition stehen „langfristige, subtile Veränderungen der Persönlichkeit als Folge der Auseinandersetzung mit einer fremden Kultur" (Moosmüller 1996, S. 282). Die Notwendigkeit und das Bemühen um Anpassung an fremde Lebensverhältnisse, vor allem an andersartige Denk- und Handlungsgewohnheiten, werden als eine Grenzsituation im Leben eines Menschen aufgefasst. Bei negativem Verlauf können Angst, Verwirrung, Desorientierung und Depression die Folge sein (vgl. Thomas et al. 2003, S. 242). Erst wenn es dem Entsandten (bzw. dem Emigranten) gelingt, mit den Besonderheiten der fremden Kultur konstruktiv umzugehen, kann er sein Wohlbefinden zurückgewinnen und seine gewohnte Arbeitsleistung wieder erbringen.

Subjektiv erlebt wird ein Kulturschock als emotionale Reaktion (z.B. Ängstlichkeit, Ärger und Frustration) auf gravierende Unterschiede zwischen dem Ich und dem Fremden. Dies geschieht häufig während der Frühphase der Begegnung mit der andersartigen Kultur. In dem Maße, wie der Entsandte dadurch zur verstärkten Auseinandersetzung mit der eigenen Identität angeregt wird, besteht die Gefahr des „Selbstschocks". Dieses Gefühl wiederum verstärkt das Bedürfnis nach Schutz der eigenen Identität, z.B. durch Rückzug, Idealisierung der eigenen Kultur und negativ-stereotypisierende Wahrnehmung der Fremdkultur. Von einem Schock spricht man, weil diese Emotionen in der zweiten Phase der Anpassung an die Fremdkultur auftreten und in scharfem Kontrast zu der idealisierenden Wahrnehmung des Fremden in der Honeymoon-Phase stehen (vgl. Abb. 168).

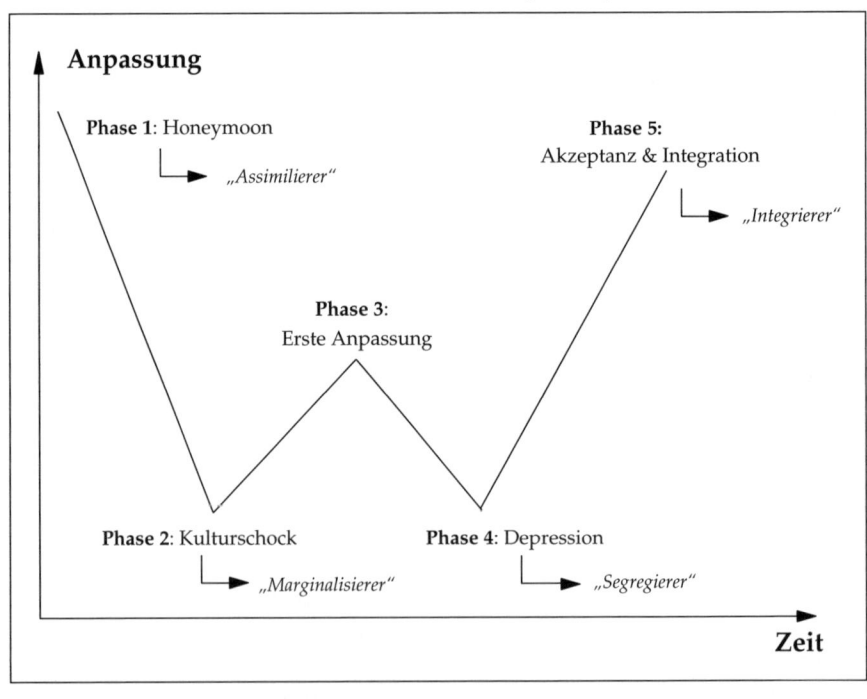

Abb. 168: W-Kurve der Anpassung

Quelle: eigene Darstellung auf Basis von Gullahorn/Gullahorn (1963).

Vom Kulturschock sind nicht nur die Mitarbeiter selbst, sondern auch deren mitausreisenden (Ehe-)Partner und Kinder bedroht. Dauer, Intensität und

Symptomatik können aufgrund unterschiedlicher Persönlichkeitseigenschaften (z.B. Frustrationstoleranz) und situativen Einflussfaktoren erheblich variieren. Während manche Orientierungs- und Hilflosigkeit empfinden, bis hin zu umfassendem Kontrollverlust und Bedrohung der eigenen Identität, beklagen andere Gefühle der Isolation und Heimweh. Hinzu können psychosomatische Symptome wie Niedergeschlagenheit sowie Verlust an Spontaneität und Lebensfreude aufkommen; selbst Wut auf die Angehörigen der fremden Kultur und permanentes Misstrauen sind zu beobachten.

Ein Kulturschock ist keine Fehlsteuerung, die es unter allen Umständen zu vermeiden gilt. Vielmehr handelt es sich um eine Phase der Anpassung, die jeder Mitarbeiter mehr oder minder intensiv durchleben muss, der erfolgreich in einem fremdkulturellen Umfeld tätig sein will. „ … a profound learning experience that leads to greater self-awareness and personal growth" (Pennington 2000, S. 269). Interkulturelle Trainingsmaßnahmen (vgl. Teil F-5.2.5) werden u.a. mit dem Ziel angeboten, …

- Kulturschocks als Lernerfahrung zu begreifen und konstruktiv damit umzugehen,
- interkulturelle Kompetenz zu fördern.

5.2.3 Interkulturelle Kompetenz

5.2.3.1 Grundlagen

Nur jedes vierte der 500 größten deutschen Unternehmen war 2011 gemäß einer Studie der Personalberatung *Odgers Berndtson* bereit, Managementnachwuchs ausländischer Herkunft einzustellen. Als wichtigste Gründe nannten die befragten Personalmanager, neben bürokratischen Hemmnissen, die Sprachbarriere und kulturelle Unterschiede. Dies ist aber nicht der einzige Grund, warum interkulturelle Kompetenz Vielen als die wichtigste Qualifikation international tätiger Führungskräfte gilt – wichtiger noch als etwa Weitsicht, Durchsetzungskraft oder logisches Denkvermögen (vgl. Thomas/Hößler 2007; Stahl 2002). Es hat sich auch gezeigt, dass der Erfolg internationaler Geschäftskontakte nicht zuletzt davon abhängt, wie gut man sich auf die ausländischen Partner einstellen und mit diesen interagieren kann. Denn die Ansichten darüber, wie Verhandlungen ablaufen sollten, wie man erfolgversprechend kommuniziert und kooperiert: dies alles unterscheidet sich von Kultur zu Kultur. Unternehmen, die Mitarbeiter für längere Zeit ins Ausland entsenden, erwarten von diesen daher als Schlüsselqualifikation interkulturelle Kompetenz (vgl. Graf/Harland 2005). Expatriates müssen einerseits in der Lage sein, eigene Ziele zu erreichen (= Effektivität). Andererseits sollten sie auch bereit und fähig sein, die Ziele ihrer ausländischen Geschäftspartner sowie deren Regeln sozialen Verhaltens zu achten (= Angemessenheit).

5.2.3.2 Dimensionen interkultureller Kompetenz

Überblick

Seit mehr als fünf Jahrzehnten untersuchen Sozial- und Kommunikationswissenschaftler, Anthropologen, Psychologen und Betriebswirtschaftler das

Konstrukt der interkulturellen Kompetenz. Einigkeit besteht insofern, als es sich dabei um ein latentes Konstrukt handelt. Denn interkulturelle Kompetenz ist nicht unmittelbar beobachtbar und nicht direkt messbar (vgl. Cui/Awa 1992, S. 311). Gertsen (1990, S. 346) postulierte, dass dieses Konstrukt drei Dimensionen besitzt.

- Die Dimension Affekt beschreibt Eigenschaften, die eine interkulturell kompetente Person besitzen sollte, z.B. Einfühlungsvermögen (vgl. Spitzberg 1989, S. 245).
- Die Dimension Kognition umfasst das Wissen und die Erfahrungen einer Person, z.B. ihr Wissen über das Zielland, ihre Einsatzbedingungen etc. (vgl. Müller/Gelbrich 2001, S. 267).
- Die Dimension Handlungskompetenz repräsentiert die Fertigkeiten und Fähigkeiten, über die eine Person mit interkultureller Kompetenz verfügen sollte, z.B. Ambiguitätstoleranz oder Respekt vor anderen Kulturen (vgl. Ruben 1976, S. 339 ff.).

Dieser Auffassung vom Dreiklang der Dimensionen folgen sowohl ältere Ansätze wie B.D. Rubens konativer Ansatz zur interkulturellen Kommunikationskompetenz als auch jüngere Ansätze wie der kultur-allgemeine Ansatz zur interkulturellen Kompetenz von Arasaratnam & Doerfel (vgl. Sinicrope et al. 2007, S. 3 ff.).

Als gemeinsamen Nenner der mittlerweile unübersehbaren Vielfalt an Definitionen (vgl. Deardorff 2006, S. 241) schlugen Müller/Gelbrich (2001, S. 248) „Effektivität" und „Angemessenheit" vor. Demzufolge ist eine Person, die mit Angehörigen eines anderen Kulturkreises effektiv und angemessen interagiert, interkulturell kompetent (vgl. Abb. 169):

- Effektiv sind Expatriates, wenn sie im Ausland stabile soziale Beziehungen knüpfen, d.h. unter den Einheimischen Freunde und Bekannte gewinnen (= soziale Anpassung). Zudem müssen sie den Anforderungen des Arbeitslebens gerecht werden (= berufliche Anpassung), mit dem Ergebnis ihres Auslandsaufenthaltes zufrieden sein und ihre Mission nicht vorzeitig beenden (wollen).
- Erfolgreich ist ein Auslandseinsatz aber erst dann, wenn auch die ausländischen Partner davon überzeugt sind, dass sich ihr Gegenüber angemessen verhält (d.h. ihre Gefühle respektiert, die Regeln des Gastlandes beachtet und sich fair verhält).

> ☞ Interkulturelle Kompetenz ist ein mehrdimensionales Konstrukt, bestehend aus der affektiven Dimension (= Gefühle), der kognitiven Dimension (= Wissen und Gedanken) und der Handlungsdimension (= Verhalten). Bezogen auf die Situation von Expatriates lässt sich daraus ableiten, dass diese voraussichtlich erfolgreich sein – also im Ausland effektiv und angemessen handeln – werden, wenn sie u.a. ...
> - unvoreingenommen und offen sind (= affektive Komponente) sowie
> - selbstbewusst und realistisch (= kognitive Komponente) sowie
> - respektvoll und sprachfertig (= Handlungskomponente).

5.2 Kultursensibles Beziehungsmanagement

Abb. 169: Interkulturelle Kompetenz & Auslandserfolg

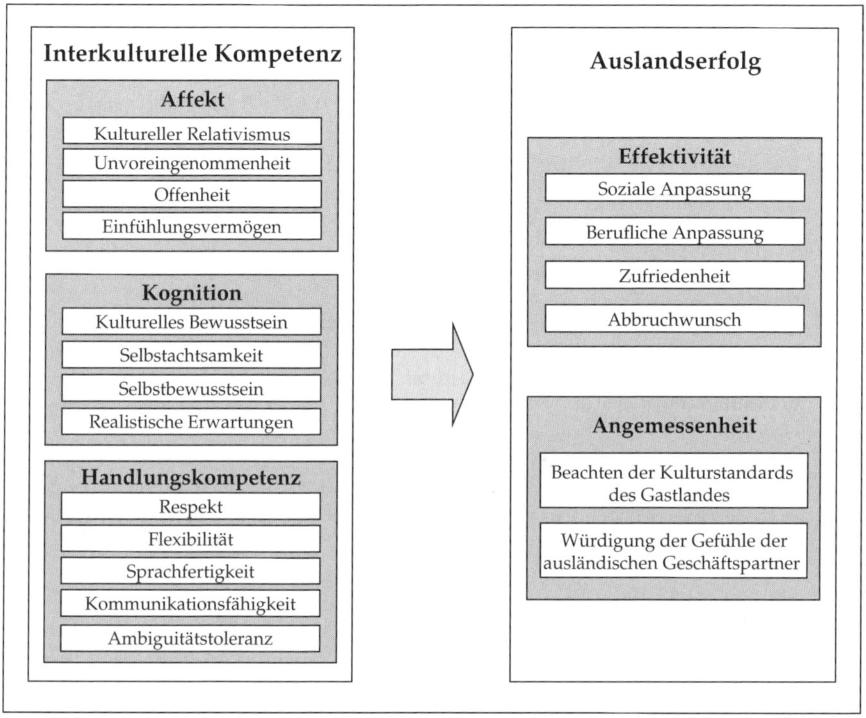

Interkulturelle Kompetenz

- **Affekt**
  - Kultureller Relativismus
  - Unvoreingenommenheit
  - Offenheit
  - Einfühlungsvermögen
- **Kognition**
  - Kulturelles Bewusstsein
  - Selbstachtsamkeit
  - Selbstbewusstsein
  - Realistische Erwartungen
- **Handlungskompetenz**
  - Respekt
  - Flexibilität
  - Sprachfertigkeit
  - Kommunikationsfähigkeit
  - Ambiguitätstoleranz

Auslandserfolg

- **Effektivität**
  - Soziale Anpassung
  - Berufliche Anpassung
  - Zufriedenheit
  - Abbruchwunsch
- **Angemessenheit**
  - Beachten der Kulturstandards des Gastlandes
  - Würdigung der Gefühle der ausländischen Geschäftspartner

Quelle: Müller/Gelbrich (2001, S. 252).

Affektive Dimension

Kultureller Relativismus. Dieses auch als Ethnorelativismus bezeichnete Konstrukt ist das Gegenteil von Ethnozentrismus. Dieser lässt sich vereinfacht als „Egoismus auf kollektiver Ebene" beschreiben. Ethnozentrische Menschen begreifen die eigene Kultur als Maß aller Dinge und werten andere ab. Dies hindert sie daran, mit Angehörigen anderer Kulturen „auf Augenhöhe" zu interagieren und deren Verhaltensregeln, Traditionen etc. zu achten. Daraus erwachsen häufig Konflikte, weshalb ethnozentrische Expatriates den Unternehmenserfolg gefährden. Kulturrelativisten, welche von der prinzipiellen Gleichwertigkeit der verschiedenen Landeskulturen überzeugt sind, bieten demgegenüber bessere Voraussetzungen für einen erfolgreichen Verlauf einer Entsendung.

Unvoreingenommenheit. Wir alle haben bestimmte Vorstellungen davon, wie sich ein „typischer" Franzose, Brite oder Japaner verhält bzw. woran man ihn erkennt. Derartige Vor- bzw. Vorausurteile können durchaus hilfreich sein, wenn es gilt, andere in kurzer Zeit und ohne großen kognitiven Aufwand einzuschätzen (etwa in Low Involvement-Situationen, wenn diese Art der Urteilsbildung keinen entscheidenden Einfluss auf unser Verhalten nimmt). Sind sie jedoch diskriminierend, d.h. negativ ausgeprägt sowie änderungsresistent, dann wirken Vorurteile in Gestalt von Länder- bzw. Nationalitätenstereotypen häufig kontraproduktiv: Wer ausländische Geschäftspartner, Kunden etc. voreingenommen „in eine bestimmte Schublade steckt" und nicht bereit ist, von seinen (negativen) Ansichten abzulassen, wird nicht in der Lage sein, neue, realitätsgerechtere Informationen aufzunehmen. Unvoreingenommenheit ist daher gleichfalls eine wichtige Facette interkultureller Kompetenz.

Wechselseitige Vorurteile

Briten über Deutsche:
- „Deutsche schauen immer auf die Uhr. Außerhalb der Arbeitszeit kann man sie nicht erreichen."
- „Den Deutschen kann man keine Aufgaben geben, sondern nur Anweisungen."

Deutsche über Briten:
- „Briten lieben es, Entscheidungen zu treffen – auch wenn sie kaum Ahnung haben."
- „In Großbritannien will jeder ein Manager sein, aber keiner will arbeiten" (Kerber 1998, S. 34).

Aufgrund der Zwangläufigkeit stereotypisierender Informationsverarbeitung sind auch vermeintlich rational denkende Manager vor solchen Vorurteilen bzw. „Laientheorien" nicht gefeit (vgl. Thomas 2006).

Offenheit. Dieses Konstrukt beschreibt im Allgemeinen die Bereitschaft, Neues zu lernen. Auf einen Auslandsaufenthalt bezogen meint Offenheit die Absicht bzw. Fähigkeit, neuartige Erfahrungen mit Angehörigen anderer Kulturen zu sammeln, sich für die fremde Erfahrungswelt zu interessieren und auf diesem Wege hinzuzulernen. Expatriates, die meinen, bereits alles zu wissen, werden kaum Erfolg haben.

Einfühlungsvermögen. Die Fähigkeit, sich in die Lage eines anderen zu versetzen und ihm mitfühlend zu begegnen, wird häufig auch als auch Empathie bezeichnet. Nur wer einen Sachverhalt auch aus dem Blickwinkel seines Gegenübers betrachten kann, verschafft sich ein vollständiges Bild der Lage. Somit ist Empathie gleichfalls eine wichtige Voraussetzung für einen erfolgreichen Auslandseinsatz (vgl. Thomas 2014).

jen – wa – simpatía

„Im immer noch stark konfuzianisch geprägten China wird als höchste Tugend ‚jen' angesehen, die Fähigkeit, mit anderen in ehrlicher, höflicher und bescheidener Weise zu interagieren. In Japan wiederum gilt es als entscheidend, das ‚wa' nicht zu stören, worunter harmonische, von gegenseitigem Respekt geprägte Interaktionen verstanden werden. In südamerikanischen Kulturen schließlich wird ‚simpatía' hoch geschätzt, die Fähigkeit, die Gefühle anderer zu erkennen und zu respektieren" (Asendorpf/Neyer 2012, S. 392)

Kognitive Dimension

Kulturelles Bewusstsein. Interkulturelle Kompetenz bedarf auch der Fähigkeit, zu erkennen und zu respektieren, dass Menschen, die in unterschiedlichen Kulturen aufgewachsen sind, auf eine jeweils eigene Art fühlen, denken und handeln. Dieses Wissen hilft zu verstehen, dass ein Lateinamerikaner nicht „lügt", wenn er die Frage, wann ein Auftrag erledigt sein wird, scheinbar wider besseren

5.2 Kultursensibles Beziehungsmanagement

Wissens mit ‚mañana' beantwortet. Denn ‚mañana' bedeutet eben nicht „morgen", wie wir zu wissen meinen, sondern „wird erledigt, aber nicht heute".

Selbstachtsamkeit. Diese Subdimension interkultureller Kompetenz erfasst ‚self awareness'. Ist die Auskunftsperson sich ihrer selbst bewusst – im Sinne von Selbstgewahrsamkeit und nicht von Selbstbewusstsein – und bereit, das eigene Verhalten zu hinterfragen? Wie Empathie und kulturelles Bewusstsein hilft Selbstachtsamkeit dabei, die eigene Position zu hinterfragen und sich vorbehaltlos auf den Umgang mit Kulturfremden einzulassen.

Selbstbewusstsein. Kulturelles Bewusstsein (‚cultural awareness') und Selbstachtsamkeit (‚self awareness') versetzen Entsandte in die Lage, angemessen zu handeln (d.h. den Erwartungen der Verhandlungspartner zu entsprechen), Selbstbewusstsein hingegen, effektiv zu handeln. Denn Entsandte sollen nicht die eigene kulturelle Identität verneinen und sich der fremden Kultur bedingungslos unterordnen. Sie streben selbstbewusst danach, ihre eigenen Ziele zu erreichen.

Realistische Erwartungen. Wer weiß, was ihn im Gastland erwartet, wird weniger leicht enttäuscht und daher mit seinem Aufenthalt zufriedener sein als ein Kollege, der mit idealisierenden Vorstellungen seine Aufgabe in einer Auslandsniederlassung übernommen hat. Realistische Erwartungen sorgen dafür, dass die Honeymoon-Phase nicht allzu überschwänglich und der anschließende Kulturschock nicht allzu heftig ausfallen.

Handlungsdimension

Respekt. Wer die Grundregeln menschlicher Kommunikation beachtet – d.h. höflich und zugewandt ist, andere Ansichten anerkennt etc. –, wird von seinen Gesprächs- bzw. Geschäftspartnern allein schon aufgrund der Reziprozitätsnorm mehr Entgegenkommen erwarten können als jemand, der durch Körperhaltung, Mimik und mit Worten zu erkennen gibt, dass er seinen Verhandlungspartner nicht ernst nimmt oder ablehnt.

Spielarten alltäglicher Unhöflichkeit
- Während der Unterhaltung schaut Ihr Gesprächspartner immer wieder auf den Monitor seines PCs, ruft E-Mails ab etc.
- Ihr Gesprächspartner schaut wiederholt auf seine Armbanduhr.
- Während eines Telefonats hören Sie im Hintergrund die Tastatur des PCs ihres Gesprächspartners klappern.
- Zu einem Treffen, um das Sie gebeten haben, schickt ein Geschäftspartner ohne Begründung einen Stellvertreter.

Manche Formen der Respektbezeugung (bzw. Unhöflichkeit) allerdings unterscheiden sich von Land zu Land. So gilt es nicht überall als höflich, sich bei seinem Gastgeber mit einem Blumenstrauß zu bedanken. Nicht überall ist es verpönt, mit der linken, der „unreinen Hand" bestimmte Tätigkeiten (z.B. Essen) zu vollziehen. Aber es gibt einige universelle Verhaltensweisen, die in jeder Kultur als höflich gelten und die Verständigung erleichtern (vgl. Tab. 137).

Tab. 137: Regeln für respektvolles Verhalten in interkulturellen Verhandlungen

Verbale Kommunikation
Durch Blickkontakt, Fragen und Wiederholungen zeigen, dass man „aktiv" zuhört
Nachfragen, um sicherzugehen, dass man sein Gegenüber verstanden hat
Nachfragen, um sicherzugehen, dass der Gesprächspartner verstanden hat
Implizite Botschaften vermeiden (Metaphern, Sprichwörter, Wortspiele)
Die eigene Sprache langsam und deutlich sprechen, aber nicht zu langsam und überdeutlich
Einfache Wörter und Satzkonstruktionen benutzen
Dauer und Intensität des Blickkontakts den landestypischen Gepflogenheiten anpassen
Non-verbale Kommunikation
Körperliche Distanz zum Gesprächspartner dem jeweiligen Kulturstandard anpassen
Länge und Rhythmus der Gesprächspausen dem jeweiligen Kulturstandard anpassen

Quelle: Blom/Meier (2002, S. 279 f.).

Flexibilität. Im Vorteil ist auch, wer sich auf wechselnde oder ungewohnte Situationen, wie sie häufig bei Auslandsgeschäften vorkommen, einstellen kann. Flexibilität muss bspw. ein Deutscher beweisen, wenn er von seinen japanischen Geschäftspartnern gebeten wird, in einer Karaoke-Bar ein heimisches Volkslied zu singen. Eine Ablehnung wäre ein Affront. Wer hingegen ein „Am Brunnen vor dem Tore" oder „Sah' ein Knab' ein Röslein stehn" zum Besten gibt, kann sich der Anerkennung seiner Geschäftspartner sicher sein, so bescheiden seine Sangeskunst auch sein mag (vgl. Köglmayr/Müller 1983).

Sprach- und Kommunikationsfertigkeiten. Sie erleichtern naturgemäß die Gesprächsführung, garantieren jedoch keinen Verhandlungserfolg. Wichtiger ist es häufig, das eigene Sprechtempo der Sprachkompetenz des Gegenübers anzupassen und implizite Botschaften, die leicht missverstanden werden können, zu vermeiden. Gleiches gilt für Ironie, doppelte Verneinung etc. Deutsche, die in ihrer Muttersprache mit Ausländern verhandeln, sollten bedenken, dass die deutsche Sprache für die meisten Fremden ein Martyrium ist. So zumindest erlebte es *Mark Twain* während einer sechsmonatigen Europareise, wie er auf amüsante Weise in seinem 1880 erschienen Buch „A Tramp Abroad" schrieb. Probleme bereiteten ihm vor allem die Artikel und „Substantiv-Ungetüme" wie Generalstaatsverordnetenversammlung oder Altertumswissenschaften (vgl. Twain 1880).

Ambiguitätstoleranz. Mehrdeutiges, Widersprüchliches etc. „nebeneinander stehen lassen" zu können, ohne sich daran zu stören bzw. auf Auflösung des Widerspruchs zu drängen: Dies kann bei der Begegnung mit Ausländern gleichfalls hilfreich sein. Denn deren Verhaltensweisen mögen auf den ersten Blick bisweilen widersprüchlich bzw. auf andere Weise unverständlich erscheinen. Während Angehörige des individualistischen Kulturkreises dazu neigen, Gegensätzliches und Ungewohntes zu hinterfragen, gehen bspw. Inder mit solchen Situationen gelassener um. Sie leben in einer vom polytheistischen Hinduismus nachhaltig geprägten Gesellschaft, die verschiedene Meinungen, Werte und Weltanschauungen prinzipiell akzeptiert (vgl. Müller/Gelbrich 2014).

5.2.3.3 Paradoxon der interkulturellen Kompetenz

Die Diskussion über interkulturelle Kompetenz verläuft häufig eindimensional. Manager A passt sich der Kultur des Landes, in das er entsandt wurde oder mit dem er auf andere Weise interagiert, mehr oder weniger an. Was aber geschieht, wenn nicht nur Manager A sich kompetent verhalten möchte, sondern auch seine Geschäftspartner in dem Gastland. Wenn also bspw. Deutsche sich den Gepflogenheiten der chinesischen Gesellschaft anpassen und deren chinesischen Kollegen sich gleichzeitig der Gepflogenheiten des Westens?

Mail aus Peking
„Ich wollte mich gerade von einem neu gewonnenen chinesischen Freund verabschieden, da war er auch schon wieder: der peinliche Moment. Wie den neuen Freunden aus anderen Kulturkreisen Tschüss sagen? Traditionell knurrt der Pekinger einmal versöhnlich zum Abschied und ist auch schon davongeschlappt. Viele junge Chinesen haben sich indessen daran gewöhnt, von Ausländern gedrückt zu werden – und schauen gekränkt, wenn diese umarmungslos davontrotten. Was also tun?" (Koeckritz 2014, S. 8).

5.2.3.4 Validierung

Konstruktvalidität

Die Mehrzahl der Studien befasst sich mit der Frage der Konstruktvalidität: Welcher Zusammenhang besteht zwischen interkultureller Kompetenz und anderen psychischen Konstrukten (z.B. den ‚big five' der Persönlichkeitsfaktoren; vgl. Burke et al. 2009; Kim/Slocum 2008; Liu/Lee 2008; Choi/Chen 2007)? Da Entsandte einen Auslandsaufenthalt mitunter aus Gründen abbrechen, die nichts mit (mangelnder) Kompetenz zu tun haben, sondern z.B. politisch, familiär oder gesundheitlich bedingt sind, ist der tatsächliche Abbruch einer Entsendung vielfach kein valides Erfolgskriterium. Auch wird die vorzeitige Rückreise erfolgloser Entsandter häufig offiziell nicht als Misserfolg, sondern als Versetzung deklariert oder mit externen Widrigkeiten begründet. Problematisch ist weiterhin, dass hierzu häufig Studenten befragt werden. Da sie bei ihren Auslandsaufenthalten aber wahrscheinlich weniger Leistungsdruck verspüren als Expatriates, sind derartige Studien nur bedingt aussagefähig (vgl. Gelbrich 2008, S. 269).

Diskriminanzvalidität

Nachteilig ist auch die terminologisch-konzeptionelle Heterogenität dieses Forschungsfeldes. Sind „kulturelle Intelligenz", „interkulturelle Sensibiliät", „interkulturelle Kommunikationsfähigkeit" oder „interkulturelle Handlungskompetenz" lediglich andersartige verbale Etikettierungen oder inhaltlich andersartige Konstrukte? Zumeist werden diese Konstrukte gleichgesetzt, ohne die Diskriminanzvalidität der verschiedenen Vorschläge zu diskutieren (vgl. Sinicrope et al. 2007, S. 3; Straub 2007, S. 35; Deardorff 2006, S. 247; Spitzberg 1989, S. 242).

Kulturelle Intelligenz. Dieses Konstrukt erfasst die Fähigkeit einer Person, sich in interkulturellen Kontaktsituationen neuartigen sozialen Bedingungen anzupassen. Dazu bedarf es u.a. der Fähigkeit und Bereitschaft, Informationen außerhalb des bisherigen eigenen Erfahrungsbereiches zu sammeln, und Beharrlichkeit. Denn in interkulturellen Kontaktsituationen sind Hemmnisse und Rückschläge unvermeidbar (vgl. Ang et al. 2007).

Interkulturelle Sensibilität. Chen/Starosta (1996) konzeptionalisierten interkulturelle Sensibilität als affektive Komponente von interkultureller Kompetenz: als Akzeptanz bzw. Wertschätzung einer fremden Kultur. Für die Fähigkeit, die emotionalen Anteile einer interkulturellen Interaktion wahrzunehmen und zu würdigen, sind gemäß diesem Ansatz folgende Merkmale bedeutsam: Aufgeschlossenheit, Selbstwertgefühl, soziale Entspanntheit und Unvoreingenommenheit. Später operationalisierten Chen/Starosta (2000) interkulturelle Sensibiltät als eigenständiges Konstrukt. Der Fragebogen der deutschsprachigen Adaption der *Intercultural Sensitivity Scale (ISS)* umfasst 22 fünfstufige Items, die fünf Subdimensionen bilden:

- Engagement (z.B. „Ich gehe gerne mit Menschen aus anderen Kulturen um"),
- Respekt vor kulturellen Unterschieden (z.B. „Ich respektiere die Werte von Menschen aus anderen Kulturen"),
- Selbstsicherheit (z.B. „Ich bin selbstsicher, wenn ich mit Menschen aus anderen Kulturen umgehe"),
- Freude (z.B. Verneinung des Statements: „Ich gerate schnell aus der Fassung, wenn ich mit Menschen aus anderen Kulturen umgehe"),
- Aufmerksamkeit (z.B. „Ich beobachte sehr aufmerksam, wenn ich mit Menschen aus anderen Kulturen umgehe").

Interkulturelle Kommunikationsfähigkeit. Dieses Konstrukt wird teils als zentrale Facette interkultureller Kompetenz beschrieben (bspw. Gudykunst Lee 2001) und teils mit dieser gleichgesetzt (vgl. Spitzberg 2000). Als Operationalisierung hat die *Behavioral Assessment Scale for Intercultural Communication Effectiveness (BASIC)* besondere Bedeutung erlangt (vgl. Olebe/Koester (1989; 1988). Interkulturelle Kommunikationsfähigkeit von Expatriates manifestiert sich demzufolge als ...:

- Respekt: Fähigkeit, Angehörige anderer Kulturen zu achten.
- Bewertung: Fähigkeit, anderen in einer nicht wertenden Weise zu begegnen.
- Ursachenzuschreibung: Fähigkeit, eigenes Verhalten und das Verhalten anderer Personen sachgerecht erklären zu können.
- Aufgabenorientiertes und verhaltensorientiertes Rollenverhalten: Fähigkeit, sich in verschiedenen Situationen angemessen aufgabenorientiert, sozial und emotional zu verhalten.
- Interaktionskompetenz: Fähigkeit, zwischenmenschliche Begegnungen aktiv zu gestalten.
- Ambiguitätstoleranz: Fähigkeit, neue, mehrdeutige Situationen zu akzeptieren.

Interkulturelle Handlungskompetenz. Kühlmann/Stahl (1998) haben die kritischen Ereignisse, welche mehr als 300 deutsche Fach- und Führungskräfte kurz nach einem Auslandsaufenthalt berichteten, analysiert und daraus einen Katalog jener Merkmale bzw. Persönlichkeitseigenschaften extrahiert, welche interkulturelle Handlungskompetenz ausmachen. Im Einzelnen sind dies Ambiguitätstoleranz, Verhaltensflexibilität, Zielorientierung und Kontaktfreudigkeit. Weiterhin tragen gemäß dieser Studie folgende Eigenschaften bzw. Fähigkeiten zu interkultureller Handlungskompetenz bei: Empathie, Polyzentrismus und meta-kommunikative Kompetenz. Entscheidend aber ist die Fähigkeit zur Variation und Anpassung wichtiger Verhaltensparameter wie Führungsstil, Verhandlungsstil oder Konfliktlösungsstrategie an die jeweiligen fremdkulturellen Bedingungen.

Vorhersagevalidität

Aus betriebswirtschaftlicher Sicht besonders interessant sind jene Arbeiten, die versuchen, den Einfluss der interkulturellen Kompetenz von Mitarbeitern auf den Unternehmenserfolg im Ausland zu bestimmen. Dafür bedarf es valider Erfolgskriterien.

Quantitative Erfolgskriterien. Neben anderen Wissenschaftlern befassten sich in diesem Zusammenhang u.a. Colakoglu/Caligiuri (2008) und McNulty (2008) mit wirtschaftlichen Kennzahlen. Allerdings sind der Abbruch eines Auslandsengagements oder einer Entsendung bzw. das Volumen der erzielten Geschäftsabschlüsse oder der Folgeaufträge nicht zwangsläufig valide Indikatoren von Auslandserfolg. Denn es kann vorkommen, dass ein Entsandter seinen Auslandsaufenthalt aus familiären Gründen oder auf Wunsch seines Unternehmens vorzeitig beendet. In diesem Fall handelt es sich nicht um berufliches Versagen, weshalb die Zahl der vorzeitigen Abbrüche kein eindeutiges (Miss-)Erfolgskriterium ist. Gleiches gilt, wenn der vorzeitige Abbruch auf externe Gründe zurückzuführen ist, etwa einen Bürgerkrieg im Gastland. McNulty (2008, S. 38 f.) schlug deshalb den Return on Investment (ROI) als quantitatives Kriterium vor. Allerdings lässt sich dieses dem einzelnen Expatriate zumeist nicht eindeutig zuordnen lassen. Insbesondere dann, wenn sich dessen Aufgabenspektrum nicht auf Verkauf oder den Abschluss von Verträgen beschränkt, ist dies nicht möglich.

Qualitative Erfolgskriterien. Daher wird in der Forschung zur Bestimmung der Vorhersagevalidität interkultureller Kompetenz gerne auf qualitative Erfolgskriterien zurückgegriffen (vgl. Abb. 169). Sie messen die …
- Effektivität (z.B. soziale Anpassung, berufliche Anpassung, Zufriedenheit mit dem Auslandsaufenthalt) oder
- Angemessenheit (z.B. Einhaltung von Normen und Regeln, Wahrung des Gesichts)

des Expatriates. So zeigt Gelbrich (2004, S. 270), dass Offenheit, Einfühlungsvermögen und realistische Erwartungen die berufliche Anpassung fördern, Einfühlungsvermögen, realistische Erwartungen, Kommunikationsfähigkeit sowie Selbstbewusstsein die soziale Anpassung und Offenheit, realistische Erwartungen, Kommunikationsfähigkeit und Selbstbewusstsein die Zufriedenheit mit dem Auslandsaufenthalt.

Allerdings wirken diese Erfolgsfaktoren nicht unabhängig voneinander, sondern korrelieren. So fördern die berufliche und die soziale Anpassung des Expatriates seine Zufriedenheit mit dem Auslandsaufenthalt, was wiederum seine Abbruchwahrscheinlichkeit mindert (vgl. Gelbrich 2008). Mitarbeiterzufriedenheit wiederum fördert auch „harte" Erfolgskriterien (Kim/Slocum 2008).

Denn zufriedene Mitarbeiter tragen dazu bei, dass das Unternehmen seine Produktivität steigern kann (Patterson et al. 2004, S. 206). Zudem ist anzunehmen, dass zufriedene Mitarbeiter seltener kündigen und zielgerichteter mit Kollegen kommunizieren, was hilft, Doppelarbeit zu vermeiden. Auch trägt Arbeitszufriedenheit zu einem besseren Betriebsklima bei. Insbesondere im Kontext von Auslandsentsendungen verursachen neuartige Lernsituationen psychischen Stress (vgl. Liu/Lee 2008, S. 180; Black et al. 1991, S. 132). Zufriedene Mitarbeiter können damit im Regelfall besser umgehen, da sie sich ihrem Unternehmen verpflichtet fühlen.

Folgende Antezedenzen interkultureller Kompetenz fördern die Zufriedenheit mit dem Auslandsaufenthalt sowie die berufliche Anpassung und die soziale Anpassung: Mitgefühl, Offenheit, realistische Erwartungen, kommunikative Fähigkeiten und Selbstvertrauen. Hohe Zufriedenheit und gute berufliche Anpassung reduzieren die Wahrscheinlichkeit eines frühzeitigen Abbruchs, nicht jedoch eine gute soziale Anpassung (vgl. Gelbrich 2004, S. 270).

Weiterhin ist zu beachten, dass berufliche Anpassung die Zufriedenheit mit dem Auslandsaufenthalt vor allem dann fördert (und damit den Abbruchwunsch mindert), wenn es sich um einen langen Aufenthalt (mehr als 30 Wochen) in einem kulturell entfernten Gastland handelt (z.B. Japan) handelt (vgl. Gelbrich 2008, S. 265). Soziale Anpassung wiederum erhöht die Zufriedenheit (und mindert damit den Abbruchwunsch) dann besonders stark, wenn die Betroffenen lange Zeit ins Ausland gehen, unabhängig von der kulturellen Distanz des Gastlandes (vgl. Abb. 170).

Abb. 170: Einfluss der beruflichen & der sozialen Anpassung auf die Zufriedenheit mit dem Auslandsaufenthalt

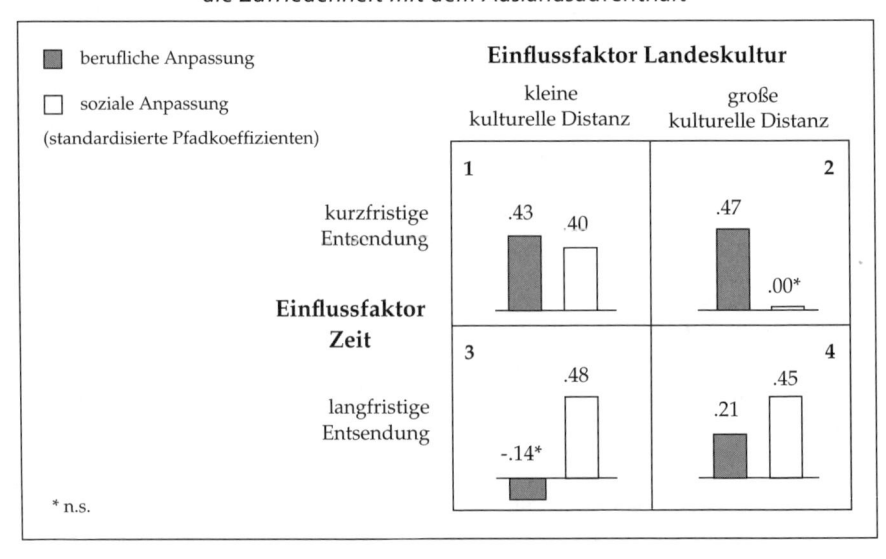

Quelle: Gelbrich (2008, S. 265).

Aus diesem Befund lassen sich Handlungsempfehlungen für die Gestaltung interkultureller Trainingsmaßnahmen ableiten (vgl. Teil F-5.2.5). Wer nur kurzzeitig in ein kulturell völlig andersartiges Land wie Japan entsandt wird, sollte vor allem in der Lage sein, sich an das dortige Arbeitsleben anzupassen. Solche Expatriates müssen z.B. lernen, sich auf möglicherweise unterschiedliche Leistungsanforderungen einzustellen. Wer hingegen lange ins Ausland geht – egal wohin –, muss sich auch und vor allem sozial integrieren. Ein interkulturelles Training sollte in diesem Falle u.a. einen Schwerpunkt auf Sprachfertigkeiten, Kulturstandards etc. legen.

5.2.4 Multikulturelle Teams
5.2.4.1 Grundlagen

Mythos Team

Aufgrund der zunehmenden Internationalisierung und Globalisierung der Unternehmenstätigkeit kommt es immer häufiger vor, dass Angehörige verschiedener Kulturkreise kurz- oder längerfristig zusammenarbeiten. Dies kann informell geschehen oder im Rahmen von formellen Teams, die explizit in die Unternehmensstruktur eingebunden sind. Als unstrittig gilt in diesem Zusammenhang, dass interkulturelle Kompetenz eine notwendige Bedingung der erfolgreichen Führung von bzw. der Mitarbeit in multikulturellen Teams ist (vgl. Matveev/Milter 2004).

Etwas anders verhält es sich mit der grundsätzlichen Einschätzung von Vor- und Nachteilen multikultureller Teams. So, wie lange Zeit Teamarbeit grundsätzlich idealisiert wurde (vgl. Malik 1999), so glaubte man auch, dass kulturell heterogene Arbeitsgruppen effizienter, kreativer, innovativer etc. arbeiten als monokulturelle Teams (vgl. Gassmann 2001). Begründet wurde dies mit den kulturbedingt unterschiedlichen Weltbildern, Führungstheorien, Arbeitsstilen etc. der Gruppenmitglieder, die sich – so die Hoffnung – wechselseitig ergänzen und befruchten.

Aufgrund der Kulturspezifität der Vorstellungen über die Wünschbarkeit oder Angemessenheit unterschiedlicher Problemlösungsstrategien, von divergierenden Arbeitsstilen sowie Modi des Zeitmanagements kommt es in multikulturellen Teams jedoch immer wieder zu grundlegenden Konflikten und Enttäuschungen. Nur wenn diese Teams nicht sich selbst überlassen, sondern aktiv und kultursensibel geführt werden (vgl. von der Oelsnitz 2006), kann sich die Hoffnung auf kulturelle Synergie erfüllen (vgl. Gassmann 2001). Vor allem in der Anfangsphase der Teambildung haben multikulturelle Teams normalerweise mehr Probleme zu bewältigen als monokulturelle Teams. Nur dann, wenn die Beteiligten bereit und in der Lage sind, fremdkulturelle Arbeitsstile, Verfahrensweisen und Lösungsansätze als prinzipiell gleichwertig und bisweilen sogar als überlegen anzuerkennen, können multikulturelle Teams ihre Stärken ausspielen und die in sie gesetzten Hoffnungen erfüllen (vgl. Thomas 2003).

Maximal zwölf Zeilen

„Ende der achtziger Jahre verlor die Marketing-Abteilung der deutschen Niederlassung eines amerikanischen multinationalen Konzerns in kurzer Zeit fast ihre gesamte, bis dahin rein deutsche Mitarbeiterschaft. Die Zentrale in den USA hatte als Nachfolgerin eines Deutschen, der für die Niederlassung eine eigenständige, an einheimischen Verhältnissen orientierte Organisationskultur hatte entstehen lassen, eine nur englischsprachige junge Amerikanerin als Geschäftsführerin nach Deutschland beordert, wo sie sogleich die Standards der Muttergesellschaft einführte. Eine ihrer Innovationen betraf die Anpassung des lokalen Berichtswesens an jenes der Zentrale: von Sitzungen, Werbekampagnen usw. durfte in Zukunft nur noch mit maximal zwölf Zeilen berichtet werden. Die deutschen Mitarbeiter sahen sich dadurch um die Möglichkeit gebracht, Sachverhalte differenziert genug darzustellen und damit ihrer Kompetenz Ausdruck zu verleihen. Andere Veränderungen der organisationsinternen Kommunikation wie direkte und öffentliche Kritik an – auch älteren – Mitarbeitern und die Anforderung, in ihrer Gegenwart das Englische für alle Gespräche zu gebrauchen, kamen hinzu" (Knapp 1996, S. 69).

Risiken multikultureller Teams

Falscher Konsensus. Dieser aus der Attributionstheorie bekannten systematischen Fehleinschätzung nicht unähnlich, neigen Menschen dazu, fälschlicherweise zu unterstellen, dass andere Menschen so fühlen, denken und handeln wie sie selbst. Barmeyer/Davoine (2006) sprechen in diesem Zusammenhang von den häufig unterschätzten Gefahren der Ähnlichkeitsannahme: „Manager und Mitarbeiter eines Landes haben eine für sie selbstverständliche Auffassung von Teamarbeit, Zusammenarbeit, Führung, Delegation, Partizipation etc, die sie als „normal" und „richtig" ansehen und danach – unbewusst – ihr Verhalten ausrichten. Dabei ist jedes Managementsystem in der Regel erfolgreich und basiert auf bestimmten Grundannahmen, die sich in der Vergangenheit bewährt haben. Diese „Ähnlichkeitsannahme" führt zu der Auffassung, dass das Gegenüber ähnlich denkt, fühlt und handelt. Problematisch ist, dass diese „geglaubte Selbstverständlichkeit" nicht thematisiert wird und die unterschiedlichen Auffassungen verborgen bleiben. Dass es gravierende, meist unterschätzte oder gar vollkommen ignorierte Systemunterschiede gibt, erschwert die Arbeit in interkulturellen Teams" (Barmeyer/Davoine 2006, S. 35).

Unvereinbarer Arbeitsstil. Gibt es, kulturbedingt, unterschiedliche Arbeitsstile? Und begünstigt oder erschwert diese Variabilität Teamarbeit, wenn die Teammitglieder unterschiedliche Kulturstandards beachten? Um diese Fragen beantworten zu können, bildete Zeutschel (2000) für die Zwecke eines computergestützten Unternehmensplanspiels 27 Teams, bestehend aus deutschen, amerikanischen und indonesischen Teilnehmern. Sie alle erhielten die Aufgabe, ein kleines Textilunternehmen zu leiten. Bemerkenswerte Unterschiede traten vor allem zwischen den überaus ehrgeizigen, leicht übermotiviert agierenden Deutschen und den vergleichsweise gelassenen und rücksichtsvollen Amerikanern auf (vgl. Tab. 138). Für den „US-Arbeitsstil" war typisch, Misserfolge möglichst nicht persönlich zu nehmen, selbst kleine Erfolge hingegen ausführlich zu zelebrieren. Das Konfliktpotential, das dem unterschiedlichen Umgang mit Erfolg und Misserfolg, der unterschiedlichen Arbeitsmotivation etc. innewohnt, liegt auf der Hand.

Tab. 138: Arbeitsstile im Vergleich

	Deutsche	US-Amerikaner
Arbeitsweise	• aufgabenorientiert • analytisch • faktenorientiert • Dokumentation der zur Entscheidungsfindung genutzten Daten	• entscheidungs- und experimentierfreudig
Arbeitsstil/ Persönlichkeit	• Identifikation mit der Aufgabe (bis hin zur Verbissenheit) • konfrontative, persönliche Kritik • Suche nach der optimalen Lösung	• Gelassenheit • eher humorvolle, indirekte Kritik • Suche nach Kompromissen
Übergeordnetes Ziel	• Arbeitsergebnis • Richtigkeit von Ideen und Vorschlägen	• Gruppenharmonie

Quelle: eigene Darstellung auf der Basis von Zeutschel (2000).

Selbst- und Rollenbild. Für die Funktionsfähigkeit und Psychodynamik von Arbeitsgruppen spielt u.a. die von den Mitgliedern einer Gruppe „wahrgenommene Problemlösungskompetenz von prominenten Gruppenmitgliedern" eine zentrale Rolle. Wie einschlägige Studien nahe legen (vgl. z.B. Trommsdorff 2002; 1985), haben vornehmlich in Europa Entscheider und Führungskräfte das Bedürfnis, von anderen ...
• als kompetent wahrgenommen zu werden und
• diese Problemlösungskompetenz auch dauerhaft zugeschrieben zu bekommen.

Wird ihre Kompetenz in Frage gestellt, sind in diesen Ländern stark emotionale, u.U. aggressive Reaktionen wahrscheinlicher als in anderen Kulturkreisen (vgl. Kornadt 2003).

Weiterhin ist die sog. Kontrollspanne zu beachten, d.h. der Spielraum, den ein Stelleninhaber besitzt, um Entscheidungen herbeizuführen und umzusetzen (vgl. Frese 2005). In Gesellschaften, die Machtdistanz akzeptieren, hängt die Kontrollspanne von der relativen hierarchischen Position der Führungskraft ab. Dort tendieren Manager, die nicht an der Spitze der (Unternehmens-)Hierarchie stehen, dazu, möglichst wenig Verantwortung zu übernehmen. Zugleich stellen sie die Kontrollspanne von Vorgesetzten nicht in Frage. Während deutsche Gruppenmitglieder im Regelfall eine ausgeprägte Kontrollmotivation besitzen und dazu neigen, den Gruppenprozess beeinflussen zu wollen, lassen sich indische Probanden bspw. wesentlich stärker vom Affiliationsmotiv lenken. Sie streben nach Zugehörigkeit zur Gruppe und bemühen sich um sog. Legitimitätssignale. Diese zeigen an, dass die eigenen Ansichten, Entscheidungen und Handlungen von wichtigen Bezugspersonen für „richtig" gehalten werden und die gegebene Sozialstruktur nicht in Frage gestellt wird (vgl. Strohschneider 2001, S. 293).

5.2.4.2 Beispiele bikultureller Teams

Deutsch-amerikanische Teams

Die Unterschiede, die zwischen der amerikanischen und der deutschen Arbeitskultur bestehen sind subtil und können vielleicht gerade deshalb die Zusammenarbeit beeinträchtigen. Während das deutsche Ideal sorgfältige und effektive Arbeit ist, entspricht es der amerikanischen Mentalität, schnell und effizient zu arbeiten. Ein weiterer wichtiger Unterschied lautet „doing your best (German) versus being successful (American). It is important to discuss these differences because Americans consider themselves to be thorough and effective while putting forth their best performance. However, Americans generally do not meet German expectations when applying American standards" (Hager 2005, S. 275).

Weiterhin neigen Amerikaner entsprechend ihres voluntaristischen Weltbildes (vgl. Müller/Gelbrich 2014, S. 143 f.) dazu, lösungsorientiert zu denken und zu handeln (vgl. Badke-Schaub/Strohschneider 1998). Für Angehörige anderer Gesellschaften hat kulturbedingt in vergleichbaren Situationen das Streben nach Einsicht Vorrang. In Deutschland etwa geht diese vorwiegend kognitive Orientierung mit einer generalisierten Risikoaversion einher sowie mit einer geringen Kontrollüberzeugung und dem Gefühl des Selbstzweifels. Letzteres korrespondiert mit einer überdurchschnittlichen Tendenz zur Unsicherheitsvermeidung.

100 vs. 80 %

M. Emmens, ein 52-jähriger Manager, leitet ein zehnköpfiges Führungsteam aus Deutschen, Franzosen und Amerikanern, das gemeinsam bestimmte Arzneimittel weltweit vermarktet. Seiner Erfahrung zufolge sind die Kulturen fundamental verschieden. Besonders auffällig sei der Drang der Deutschen nach Perfektion. Hier würden immer 100 % verlangt, während in Amerika 80 % genug seien. Der Sinn für Dringlichkeit gehe den Deutschen indessen ab. Bei wichtigen Entscheidungen aber steuerten sie im Team eine Menge Informationen bei, die Franzosen brächten die Sache durch ihre Emotionen voran und die Amerikaner durch ihre Handlungsorientierung.

Viele Beobachter schildern das Verhältnis zwischen beiden Seiten als enttäuschte Liebe – wie in folgendem Fall, als die Manager ihres US-Tochterunternehmens sich nach Einschätzung der deutschen Delegation nicht in angemessener Weise auf die Präsentation ihres aus Deutschland angereisten Chefs zur geplanten Fabrikerweiterung konzentrierten. „Und in der Diskussion trugen sie nichts zur Analyse und Problemfindung bei, sondern drängten in ihrer Cowboy-Mentalität ständig darauf, endlich zur Tat zu schreiten. Typisch amerikanisch eben: Erst schießen, dann fragen! Frust machte sich auch auf der amerikanischen Seite breit: Die Cowboys empfanden die Besprechung als ‚information overkill' – also sagten sie nichts, was die Diskussion in die Länge hätte ziehen können. Außerdem waren die Deutschen einfach zu sehr auf die Theorie statt auf die Lösungen fixiert – der Plan würde in der Praxis sowieso modifiziert werden müssen. Typisch deutsch eben: Lieber reden als handeln" (LeMont-Schmidt 2002, S. 17 f.).

Auch bezüglich des Verhältnisses von Privatem und Beruflichem bestehen gravierende Unterschiede. In den USA durchdringen und beeinflussen sich die verschiedenen Lebensbereiche wechselseitig, während diese in Deutschland stärker getrennt werden. „Wenn ein Deutscher zur Arbeit kommt, dann arbeitet er. Da gibt es kein Geplauder, und es werden keine persönlichen Dinge erledigt. Die Zeit, die man in Deutschland im Büro verbringt, ist limitiert, die meisten gehen nach der regulären Arbeitszeit nach Hause. In den USA dagegen arbeiten die Menschen weniger intensiv, dafür länger. C. *Martin*, Amerikaner und Führungskraft bei *Bosch*, sagt: Das hohe Produktivitätsniveau in Deutschland beeindruckt mich. In den USA vermischen wir Privates und Arbeit stärker. Da wir länger im Büro sitzen, wundert sich auch niemand, wenn Sie zwischendurch ein privates Gespräch führen oder mitten am Tag die Kinder von der Schule abholen. H. *Stock*, Deutscher und CEO des Arzneimittelkonzerns *Grünenthal Group*, ergänzt: In Deutschland gereicht es Managern zum Nachteil, wenn sie sich verabschieden, um das Fußballspiel ihrer Tochter anzuschauen. In den USA ist das völlig akezptabel. Deutsche Expatriates sollten sich in den USA darauf einstellen, dass Arbeit mehr Raum im Leben einnimmt. Sie müssen ihre Arbeit stärker mit ihrem Privatleben verzahnen und vor allem Verständnis dafür haben, wenn ihre US-Mitarbeiter sich dementsprechend verhalten. Es wird erwartet, dass Sie einen *Blackberry* benutzen und auch am Wochenende E-Mails beantworten. Flexibilität wird vorausgesetzt und geschätzt. Sie verbringen zwei, drei Stunden mit ihrer Familie und kehren abends an ihren Computer zurück" (Gorlick 2009).

Deutsch-französische Teams

Die kulturelle Distanz zwischen Frankreich und Deutschland ist vergleichsweise groß, größer bspw. als die kulturelle Distanz zwischen den USA und Deutschland (vgl. Abb. 137, S. 456). Zu den Mythen der französischen Arbeitswelt zählt „Système D": D wie ‚se débrouiller' (frz. = sich durchbeißen, sich zu helfen wissen) oder ‚se démerder' (= vulgäres Äquivalent für ‚se débrouiller'). Damit ist die in der Tradition des angeblich romanischen Improvisationstalents stehende „Kunst" gemeint, entsprechend dem betriebswirtschaftlichen Minimalprinzip Arbeitseinsatz und Zeitaufwand zu reduzieren und dennoch ein gutes Ergebnis zu erzielen. Tatsächlich aber handelt es sich dabei nicht um ein „System", sondern um „flexibles und zielgerichtetes Reagieren auf eine unvorhergesehene Situation mit Hilfe des gesunden Menschenverstandes" (vgl. Barmeyer 2000). Dennoch ist Système D für das Selbstbild französischer Manager wesentlich. In ihrer Neigung zu situativ angepasster Flexibilität erblicken sie gerne einen Wettbewerbsvorteil, deutsche Manager hingegen eher Unvermögen bzw. Unwilligkeit zu systematischer und zielgerichteter Planung.

Projektplanung und Projektausführung werden in französischen Unternehmen gewöhnlich zeitlich überlappend durchgeführt, in deutschen Unternehmen jedoch deutlich voneinander getrennt. Deshalb empfinden viele französische Manager das vergleichsweise strukturierte Verhalten ihrer deutschen Kollegen häufig nicht als „strukturiert", sondern als Hinhaltestrategie, während der umgekehrte Vorwurf „überstürztes, fahrlässiges Handeln" lautet. Ähnlich verhält es sich mit der damit verbundenen Bereitschaft, bereits getroffene Entscheidungen zu revidieren, wenn unvorhergesehene Ereignisse eintreten oder die Rahmenbedingungen sich verändern.

Deutsch-chinesische Teams

Lange Zeit war die Rollenverteilung unstrittig: Die erfahrenen Deutschen hatten die im konfuzianschen China hochgeschätzte Rolle des Lehrers inne, und die Chinesen waren die gelehrigen Schüler, die ihren Meister verehrten. Seitdem China nicht mehr nur die verlängerte Werkbank der Welt und zur führenden Handelsnation aufgestiegen ist, hat sich das Verhältnis grundlegend geändert. „Westliche Experten werden nicht mehr vergöttert. In den vergangenen Jahren hat sich die Qualifikation der Chinesen deutlich verbessert. Sie studieren und arbeiten im Ausland und kommen sehr selbstbewusst nach China zurück. So selbstsicher treten sie dann auch westlichen Managern gegenüber auf" (Schröder 2012, S.V2/9).

Seitdem Chinesen immer häufiger ausländische Tochterunternehmen kaufen und führen, erwarten sie, dass ihre kulturelle Eigenheiten und ihr direktiver, wenig partizipativer Führungsstil respektiert werden. Selbst höherrangige Mitarbeiter werden zumeist nicht an Entscheidungen beteiligt. Auch bei der Entscheidungsvorbereitung bestehen erhebliche Unterschiede. „In Europa ist man stark in der Analyse. Man trägt Daten zusammen, stellt quantitative Untersuchungen an, baut Foliensätze und trifft daraufhin die Entscheidung. In China dagegen wird nicht groß diskutiert, sondern gehandelt" (Demmer 2012, S.V2/9).

Chinesen halten sich nicht nur für tatkräftiger und arbeitsamer als Deutsche, sondern auch für pragmatischer und konstruktiver, für flexibler und loyaler. Ihre Unfähigkeit, mit offener Kritik umzugehen, sowie ihr Bedürfnis nach Respektsbezeugungen sind für Deutsche ebenso gewöhnungsbedürftig wie die Art und Weise der Entscheidungsfindung. „In großer Runde werden selten echte Diskussionen geführt. Die Dinge sind meist vorher abgestimmt worden. Wer versucht, mit originellen und kreativen Ideen in einer Besprechung auf sich aufmerksam zu machen, fällt in Ungnade. Verschmelzen mit der Gruppe ist ein Erfolgsrezept im Umgang mit Vorgesetzten" (Demmer 2012, S.V2/9).

5.2.5 Interkulturelles Training

5.2.4.1 Grundlagen

Manchmal geht es „nur" darum, Fach- und Führungskräfte, die entsandt werden sollen, auf einen fremdkulturellen Lebens- bzw. Arbeitskontext vorzubereiten. Ein andermal wollen Unternehmen, die Angehörige verschiedener Kulturen beschäftigen, sicherstellen, dass die interne Zusammenarbeit durch die unterschiedlichen Normen, Werte und Verhaltensweisen zumindest nicht verschlechtert und nach Möglichkeit verbessert wird. Ob es sich dabei nun um Diversity Training, kulturelles Training oder interkulturelles Coaching handelt: Immer lautet das Ziel: „Förderung interkultureller Kompetenz" (neben der Vermittlung von Landeskunde). Weiterhin sollen derartige Maßnahmen dem Synergie-Management dienen. Denn natürlich ist Diversität nicht immer von Vorteil, etwa dann, wenn sich aus Interessenunterschieden Konflikte entwickeln. Angehörige anderer Kulturen werden zumeist der ‚out group' zugeordnet, was, wie sich in mehreren empirischen Studien mit amerikanischen und japanischen

Probanden gezeigt hat, für negative Konsequenzen sorgt. So gehen Angehörige kollektivistischer Kulturen mit Außenstehenden weniger kooperativ um als mit In Group-Mitgliedern (vgl. Adair et al. 2001).

5.2.4.2 Überblick

Kurz nach dem Zweiten Weltkrieg wurden die ersten Trainingsmaßnahmen entwickelt, um interkulturell kompetente Diplomaten, Mitarbeiter von Entwicklungshilfeorganisationen etc. auszubilden. Letztlich waren diese Frühformen jedoch kaum mehr als eine verbesserte Form von Sprach- und Länderkunde (vgl. Herbrand 2000). Im Verlauf der 1960er-Jahre wurde dann erstmals versucht, mit Hilfe von ‚area simulations' fremdkulturelle Alltagssituationen zu simulieren. Die teilweise extremen Übungen, die an die modernen Survival-Seminare erinnern, sollten den Teilnehmern existentielle Erfahrungen vermitteln und sie in die Lage versetzen, mit „Gefühlen der Befremdung und Unsicherheit, die aus der Konfrontation mit einer fremden Umwelt erwachsen, umzugehen". Da dieser Trainingsansatz die soziokulturellen und politischen Hintergründe vernachlässigte und primär versuchte, die zu Entsendenden auf die physischen Herausforderungen vorzubereiten, war auch ihm nur wenig Erfolg beschieden.

Dieses Defizit wollten die sozial- und verhaltenswissenschaftlich begründeten sog. erfahrungsbezogenen Trainingsansätze beheben. Auf der Basis von Erkenntnissen der Interkulturellen Psychologie, der Kulturanthropologie und anderer Wissenschaften gehen sie weit über die traditionellen Maßnahmen zur Vorbereitung von Entsandten auf einen Auslandseinsatz (z.B. durch Sprachkurse, länderkundliche Seminare) hinaus und versuchen, interkulturelle Kompetenz authentisch und realitätsnah zu vermitteln – d.h. Wissen, Kulturstandards, Fähigkeiten und Fertigkeiten, welche es ermöglich, sich an die Zielkultur sozial anzupassen und die gestellten beruflichen Aufgaben effektiv zu bewältigen. Dabei werden die in Abb. 171 zusammengefassten Trainingsmethoden eingesetzt.

Entscheidend für den Trainingserfolg ist die Fähigkeit, die in einem letztlich dennoch künstlichen Kontext erworbenen Kompetenzen zu generalisieren und auf Situationen des interkulturellen Alltags zu transferieren. Wie Waxin/Panaccio (2005) nachweisen konnten, vermag erfahrungsorientiertes interkulturelles Training auch die emotionalen und verhaltensbezogenen Facetten interkultureller Kompetenz zu fördern. Dazu konfrontiert man die Trainees mit konkreten Aufgaben oder Konfliktsituationen, die gemeinsam zu lösen sind. Anschließend diskutieren die Teilnehmer über die dabei gewonnenen Erfahrungen (u.a. über Kommunikationsstile und emotionale Reaktionsmuster, fremdkulturelle Normen und Werte).

5.2.4.3 Trainingsformen

Erfahrungsorientiertes kulturspezifisches Training

Hierbei kommen Techniken zum Einsatz, die auf eine spezifische Kultur ausgerichtet sind. Anders als traditionelle Workshops konzentrieren sich die bikulturellen Kommunikations-Workshops auf den Kulturraum, in dem die

Entsandten sozialisiert wurden, und den Kulturraum, in dem sie tätig werden sollen. Eine spezifische Technik des bikulturellen Kommunikations-Workshops ist das Linguistic Awareness-Training. Die Stärke dieser Technik liegt darin, dass sie den Trainees das Verhältnis zwischen Sprache und Kultur vermittelt (vgl. Müller 2000).

Abb. 171: Typologie interkultureller Trainingskonzepte

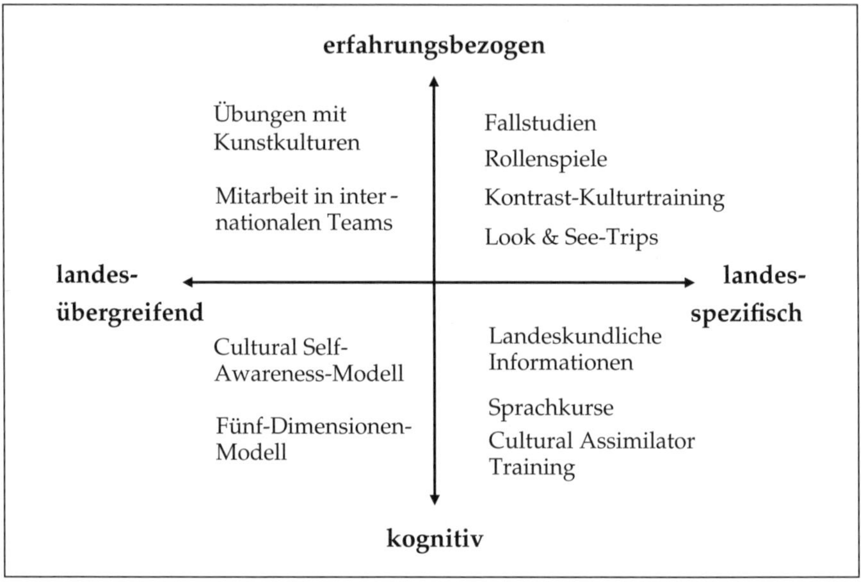

	erfahrungsbezogen	
	Übungen mit Kunstkulturen	Fallstudien
		Rollenspiele
landes-übergreifend	Mitarbeit in internationalen Teams	Kontrast-Kulturtraining
		Look & See-Trips
		landes-spezifisch
	Cultural Self-Awareness-Modell	Landeskundliche Informationen
	Fünf-Dimensionen-Modell	Sprachkurse
		Cultural Assimilator Training
	kognitiv	

Quelle: Welge/Holtbrügge (2006, S. 231).

Da erfahrungsorientiertes Training – in dieser oder einer anderen Form – höchst zeitaufwändig ist, kann es lernschwache bzw. wenig motivierte Trainees schnell überfordern. Earley/Peterson (2004) sowie Gudykunst et al. (1996) empfehlen deshalb, erfahrungsorientierte mit informationsorientierten Methoden des interkulturellen Trainings zu kombinieren.

Kulturgenerelle Simulationen & Rollenspiele

Die Trainees stellen grundlegende interkulturelle Kontaktsituationen nach und agieren in diesen entsprechend ihrer jeweiligen Rolle. Simulationen wie *Bafa Bafa* sind so konzipiert, dass die Teilnehmer den Kontakt mit Fremdheit nachempfinden und dabei möglichst realistisch erleben können, was es bedeutet, ein Fremder zu sein (bis hin zum Kulturschock).

Ursprünglich für die Bedürfnisse der amerikanischen Marine entwickelt, wurde *Bafa Bafa* bspw. auch Bestandteil des Auslandsvorbereitungsprogramms der *Bosch*-Gruppe. In dessen Verlauf werden die Kursteilnehmer einer von zwei fiktiven Kulturen zugeteilt. „Kultur Alpha" ist eine patriarchalisch (oder matriarchalisch) geprägte Gesellschaft, deren Mitglieder freundlich und warmherzig interagieren. Hierbei hilft eine Sprache, die alle beherrschen. Wichtig sind überdies Freundschaften, die durch ein bestimmtes Ritual bekräftigt werden. In der egalitären „Kultur Beta" dreht sich alles um das Sammeln von „Punkten". Sie können nur durch den Handel mit anderen gewonnen werden. Eine künstliche, mit Tierlauten durchsetzte „Sprache" ermöglicht eine rudimentäre „Verständigung" (vgl. Shirts 1977).

Die Kursteilnehmer lernen zunächst, sich entsprechend den Kulturstandards „ihrer Kultur" zu verhalten. Wie begrüßt man sich? Wie ruft man um Hilfe? Wie hilft man anderen? Wie zeigt man Unsicherheit, Angst (vor Fremden), Ablehnung? Wie äußert man Freude, Zuneigung, Liebe? Wie funktioniert meine Kultur? Wie gehen wir miteinander um? Ist meine Kultur friedlich oder kriegerisch? Will meine Kultur herrschen, beobachten, sich anpassen? Sodann begegnen die Angehörigen der einen den Angehörigen der anderen Kultur. Im anschließenden ‚debriefing' erfahren die Akteure, welchen Verhaltensregeln den „Fremden" vorgegeben waren.

Ziel von *Bafa Bafa* ist es, den Teilnehmern Gelegenheit zu geben, durch strukturierte Selbsterfahrung interkulturelle Sensibilität zu entwickeln. Wie reagiere ich auf Neues, wie auf Zustimmung und wie auf Ablehnung?

Planspiele

Diese Trainingsform orientiert sich an der Realität der Arbeitswelt – im Falle von *InterAct* an den Geschäftsprozessen eines international tätigen Unternehmens aus der Textilbranche (vgl. Bolten 2002a/b). Ziel dieses Planspiels ist es, ausländische Geschäftsleute, die von den Trainees gespielt werden, zur Kooperation zu gewinnen. Da in mehreren Sprachen „verhandelt" wird, fördert *InterAct* fachliche, soziale und persönliche Fähigkeiten in einem fremdkulturellen Kontext. Ein weiteres Planspiel ist *Atlanticon*, welches gleichfalls Geschäftsvorgänge eines international tätigen Unternehmens simuliert. Dabei wird das Verhalten der Trainees aufgezeichnet und hinsichtlich der wichtigsten Kriterien interkultureller Kompetenz analysiert (vgl. Stumpf et al. 2003).

Interkulturelles Handlungstraining

In den frühen 1960er-Jahren wurde der *Intercultural Sensitizer* entwickelt – einerseits als Instrument zur Prognose interkulturelle Kompetenz und andererseits als Trainingsmethode für zukünftige Expatriates (vgl. Fiedler et al. 1971). Sog. „Critical Incidents" stehen im Mittelpunkt dieses auch *Culture Assimilator* bzw. Kulturassimilator genannten Tests. Zu „kritischen Situationen" kann es kommen, wenn Angehörige verschiedener Kulturen interagieren. Denn aufgrund unterschiedlicher Normen, Werte, Sitten & Gebräuche sind Missverständnisse programmiert.

Idealerweise vermittelt ein interkulturelles Handlungstraining – länder- bzw. kulturspezifisch – in verschiedenen Verhaltensbereichen Einsichten, Kenntnisse und Fertigkeiten. Hierzu zählt z.B. die Fähigkeit, Normen, die für angemessenes soziales Verhalten, etwa gegenüber Vorgesetzten, älteren Personen etc., in einem fremden Land bedeutsam sind, zu erkennen. Denn nur wer weiß, …

- warum Verhandlungspartner sich in einer bestimmten, zumeist ungewohnten Weise wie verhalten (= Kausalattribution) und
- welche Ziele sie dabei verfolgen (= Finalattribution),

kann soziale Ereignisse sowie interaktives Verhalten vorhersagen und beeinflussen. Eine wichtige Rolle spielt auch die Fähigkeit, mit Lob und Kritik kulturadäquat umzugehen.

Kulturspezifischer Umgang mit Kritik. In Deutschland und kulturell ähnlichen Gesellschaften lautet ein Kulturstandard: Kritik ist, wenn sie sachorientiert geäußert wird, grundsätzlich positiv. Die beziehungsorientierten, z.B. südostasiatischen Gesellschaften befolgen ganz andere Regeln. Höherrangige werden grundsätzlich nicht kritisiert, weshalb Vorgesetzte sich erst gegen Ende einer Diskussion bzw. eines Problemlösungsprozesses – d.h. wenn der Ausgang absehbar ist – zu Wort melden. Im Übrigen sind alle Teilnehmer bemüht, nur auf die positiven Ansätze der Beiträge ihrer Vorredner einzugehen. Kritische Anmerkungen werden „überhört" und nicht mehr aufgegriffen. Diese Technik der indirekten Kritik ist für Kulturfremde erfahrungsgemäß besonders schwer erlernbar.

Wie die Negativbeispiele *Olympus* und *Tepco* in diesem Zusammenhang belegen, kann die Tabuisierung von Kritik, die Kehrseite des früher bewunderten „Management by Trust", verantwortlich für den Niedergang großer Unternehmen sein. „So werden schon Schüler und Studenten sozialisiert. Grenzenloses Vertrauen und Loyalität bedeuten aber auch: Kontrollen und Kritik gelten als äußerst unhöflich. Wer es dennoch tut, ist ein Nestbeschmutzer" (Fromm et al. 2011, S. 34).

Außenseiter & Nestbeschmutzer

K. Sugaoka wagte es, dem großen japanischen Atomkonzern *Tepco* Ärger zu machen. [...] *Sugaoka* sieht zwar aus wie ein Japaner. Und er heißt wie ein Japaner. Eigentlich aber ist *Sugaoka* Amerikaner. Und deswegen war er nicht Teil des Systems. Der Mann mit dem japanischen Gesicht und der amerikanischen Kultur war eine Art Systemfehler. Nicht vorgesehen. Die Geschichte des Systemfehlers begann 1989. Der Sicherheitsexperte des US-Konzerns *General Electric (GE)* war gerade für eine Routineprüfung in die Kühlanlage des Atomreaktors von Fukushima hinunter geklettert, als er tiefe Risse und ein falsch eingestelltes Ventil entdeckte. Der Ingenieur tat seine Pflicht. Schrieb auf, was er sah. Und wunderte sich, als der AKW-Betreiber *Tepco* die Schäden später wieder aus seinem Inspektionsprotokoll strich und ihn anwies, die dazugehörigen Videoaufnahmen zu fälschen. *Sugaoka* glaubte immer noch, das Richtige zu tun, als er die japanische Nuklearaufsicht einschaltete. Doch der löchrige Reaktor lief weiter, bis er bei dem schweren Erdbeben vom 11. März 2011 zerstört wurde.

Untersuchungen förderten später zutage, was eigentlich unter der Decke bleiben sollte: Fälschungen, Manipulationen und Vertuschungen aus Jahrzehnten Atom-Management. Viele *Tepco*-Manager blieben im Amt, wendeten einen Konkurs ab und schirmten ihr Unternehmen erfolgreich gegen Schadenersatzansprüche ab. Sie wahrten ihr Gesicht. Nur *Sugaoka*, der besonnene Amerikaner mit japanischen Wurzeln, wurde seinerzeit entlassen. Für Kollegen und Vorgesetzte war der Whistleblower ein Verräter. Einer, der sich nicht an die Spielregeln gehalten hatte" (Fromm et al. 2011, S. 34).

Kulturspezifischer Umgang mit Lob. Nicht nur Kritik, auch Lob ist in konfuzianisch geprägten Gesellschaften geeignet, soziale Beziehungen zu belasten: nämlich dann, wenn Einzelne und nicht die gesamte Gruppe gelobt werden. Denn zum einen hebt individuelles Lob die Einzelperson auf unangemessene

Weise aus der Gruppe hervor und zum anderen impliziert es einen sozialen Vergleich, der zu Lasten der nicht gelobten Gruppenmitglieder geht und ihnen das „Gesicht" nimmt (vgl. auch Müller/Gelbrich 2014, S. 89 ff.).

Wie Cushner (1989, S. 137 f.) ermittelte, wirkt ein Training mit dem *Culture-General Assimilator* vorbeugend: Studenten, die damit auf einen Auslandsaufenthalt vorbereitet wurden, konnten sich den Lebens- und Arbeitsbedingungen im Zielland besser anpassen und effektivere Problemlösungsstrategien einsetzen. Unternehmen allerdings sind bestrebt, ihre Entsandten nicht kultur-generell, sondern kultur-spezifisch vorzubereiten. Dafür bieten sich u.a. die von *A. Thomas* und anderen entwickelten kultur-spezifischen Trainingsprogramme „Beruflich in ..." an (z.B. Fischer et al. 2007; Thomas/Schenk 2005; Brüch/Thomas 2004; Foellbach et al. 2002). Sie modifizieren die klassische Kritische-Ereignis-Methode insofern, als die Probanden kritische Situationen zwischen Angehörigen unterschiedlicher Kulturen anhand mehrerer Antwortmöglichkeiten interpretieren. Diese Verhaltensoptionen beschreiben mehr oder minder kulturadäquate Reaktionen: von „dem Kulturkreis angemessen" (= beste Antwort) bis „den Gastgeber vor den Kopf stoßend" (= schlechteste Antwort). Die Häufigkeit der besten Antworten ist ein Maß der interkulturellen Sensibilität des Probanden und lässt Rückschlüsse auf seinen potentiellen Auslandserfolg zu.

5.2.4.3 Trainingsziele

Unabhängig davon, welches didaktisch-organisatorische Konzept verfolgt wird, lassen sich folgende Trainingsziele unterscheiden:
- kognitive Ziele (u.a. Kenntnis der jeweiligen Kulturstandards, Werte und Bedürfnisse),
- affektive Ziele (u.a. Steigerung von Empathiefähigkeit, Toleranz und Weltoffenheit),
- verhaltensorientierte Ziele (u.a. Handlungssicherheit, Konfliktfähigkeit).

Letztlich sollen Entsandte in die Lage versetzen werden, sich während eines Auslandseinsatzes an die jeweiligen fremdkulturellen Bedingungen anzupassen (vgl. Thomas et al. 2003a; Thomas 1989). Es liegt auf der Hand, dass dies nur gelingen kann, wenn das Trainingsprogramm alle Bereiche fördert, also die kognitive und die affektive und die Verhaltensebene. Dies ist jedoch nur ausnahmsweise der Fall. Der *Intercultural Sensitizer* etwa spricht ausschließlich die kognitive Ebene an. Trainingsteilnehmer erwerben nur Wissen darüber, welches Verhalten in kulturell kritischen Situationen angemessen ist. Ob und wie dieses Wissen auch genutzt – d.h. in kulturadäquates Verhalten umgesetzt – wird, ist ungewiss.

5.3 Beziehungsmanagement & Vertragsgestaltung

5.3.1 Ziel- vs. beziehungsorientierter Ansatz

Im westlichen Kulturkreis ist bei der Anbahnung von Geschäftskontakten folgende Vorgehensweise üblich (vgl. Fisher et al. 2011): Man sammelt möglichst viele Informationen über den jeweils Anderen und versucht, dessen Interessenlage zu erkennen. Sodann legt man die Vorteilhaftigkeit des eigenen Vorschlags möglichst überzeugend dar, handelt gemeinsame Ziele und Abreden aus und unterzeichnet schließlich einen möglichst exakt formulierten Vertrag. Auf den Geschäftsabschluss folgt die Phase der Nachbereitung. Auf das Ziel Vertragsabschluss arbeiten die Partner unmittelbar hin und ordnen ihm alles andere unter, weshalb man vom zielorientierten Ansatz spricht.

Doch nicht in jeder Kultur verspricht der direkte Weg Erfolg. Vielfach empfiehlt sich der beziehungsorientierte Ansatz, den Schuster/Copeland (1999, S. 64 ff.) in sechs Phasen unterteilen (vgl. Abb. 172).

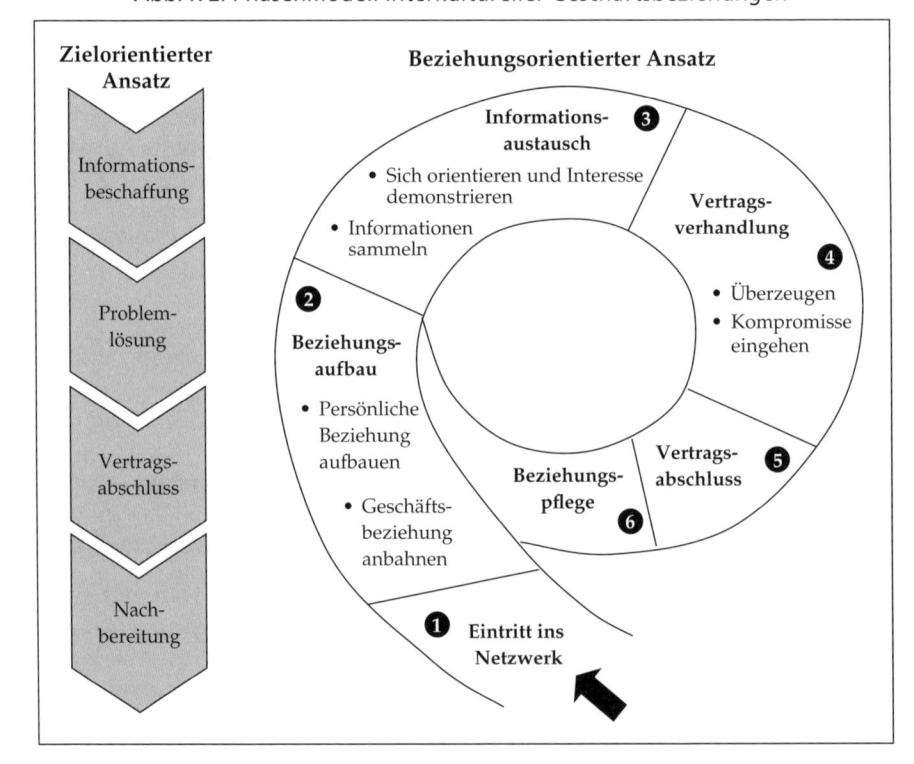

Abb. 172: Phasenmodell interkultureller Geschäftsbeziehungen

Quelle: eigene Darstellung in Anlehnung an Schuster/Copeland (1999, S. 68).

5.3.2 Eintritt in das Netzwerk

Während individualistisch geprägte Manager ihr Ziel „Vertragsabschluss", unmittelbar ansteuern und dabei nicht selten „mit der Tür ins Haus fallen", legt man in anderer Kulturen wesentlich mehr Wert auf die Kontaktanbahnung. Vor allem in kollektivistisch-beziehungsorientierten Gemeinschaften spielen Netzwerke eine wichtige Rolle. Wer Geschäftskontakte knüpfen möchte, muss zunächst das für das jeweilige Geschäftsfeld maßgebliche soziale Beziehungsgeflecht durchschauen und schließlich selbst Zugang dazu gewinnen. Nur dann wird er überhaupt die im weiteren Verlauf erforderlichen Informationen erhalten. Weniger bedeutsam sind Netzwerke in individualistisch orientierten Ländern wie den USA, wo die verschiedenen Varianten von Direkt-Marketing eine bedeutende Rolle spielen (z.B. Telefon-Verkauf).

Wichtig für die Art und Weise, wie Geschäftskontakte angebahnt werden, ist darüber hinaus, ob die Menschen Machtdistanz akzeptieren oder nicht. Dort, wo Hierarchiestatus und Autorität wichtige Bezugsgrößen sozialen Handelns sind, erleichtern Kontakte zu hochgestellten Mittelsmännern (extern) und Schlüsselpersonen (intern) den Zugang zu potentiellen Geschäftspartnern. In Kulturen, deren Angehörige Machtunterschiede ablehnen, mögen derartige Kontakte hilfreich sein, nicht aber entscheidend (vgl. Abb. 173).

Zugang zum Netzwerk

In einer bestimmten Gruppe von Ländern sind die Menschen kollektivistisch, lehnen aber Machtdistanz ab. Geschäftsleute, die aus ...
- Griechenland (= Europa),
- Uruguay (= Südamerika),
- Südkorea (= Asien) oder
- Sambia (= Afrika)

stammen, empfinden sich als Teil einer Gemeinschaft. Sie sind in ein soziales Netzwerk eingebunden, das über die Grenzen des eigenen Unternehmens hinweg reicht. Geschäfte tätigen sie nach Möglichkeit nur mit solchen Partnern, die sie gut kennen und die ihr soziales Umfeld akzeptieren. Außenstehende finden nur schwer Zugang zu einem solchen Netzwerk, es sei denn, ein „Türöffner" übernimmt die Rolle des Fürsprechers: d.h. ein angesehenes Mitglied des Netzwerkes.

Zugang zum Mittelsmann

Auch in dieser Ländergruppe, die von Ägypten bis Venezuela reicht (vgl. Abb. 171) sind Beziehungen das „A und O". Diesem Cluster gehören viele lateinamerikanische Gesellschaften an, die hierarchische Organisationsformen und zentralisierte Entscheidungsfindung präferieren. Manager legen Wert darauf, die Menschen, mit denen sie geschäftlich verkehren, auch privat gut zu kennen. Zugang findet man nur durch einen Mittelsmann, der Guanxi besitzt und angesehen ist (vgl. Teil F-5.1.2). Wer das Vertrauen des Mittelsmannes gewinnt und die hierarchischen Beziehungen innerhalb der Pyramide beachtet, der hat die erste Hürde überwunden.

Mittelsmann

„Amerikaner haben in China keine Chance auf einen Geschäftsabschluss ohne den ‚zhongjian ren', den Mittelsmann. In den Vereinigten Staaten neigen wir dazu, anderen so lange zu vertrauen, bis wir Grund dazu haben, das nicht mehr zu tun. In China bestimmen Argwohn und Misstrauen alle Geschäftstreffen mit Fremden. Aufbauen kann man Vertrauen im Geschäftsleben nicht, da jegliche Art von Geschäftsbeziehung ohne Vertrauen gar nicht erst zustande kommt. Stattdessen muss Vertrauen mithilfe von Guanxi vermittelt werden: Ein Geschäftspartner, dem Sie vertrauen, muss Sie an Geschäftspartner, denen er vertraut, weitervermitteln. Der erste und zugleich ausschlaggebende Schritt besteht darin, persönliche Kontakte zum jeweiligen Unternehmen oder Geschäftsführer herzustellen (z.B. über die Heimatstadt, die Familie, die Schule oder über vorhergehende Geschäftsbeziehungen). Dabei ist entscheidend, dass die Verbindungen auf persönlichen Erfahrungen basieren. Sie rufen bspw. einen früheren Klassenkameraden an und bitten ihn, ein Treffen zum Abendessen mit seinem Freund zu arrangieren. Ein exklusives Dinner in schönem Ambiente ist der Schlüssel zum Erfolg. Wenn alles gut läuft, übernimmt dieser Freund die Rolle des Mittelsmannes und arrangiert ein Treffen mit dem potentiellen Kunden oder Geschäftspartner, den er gut kennt" (Graham/Lee 2004, S. 46 f.).

Abb. 173: Kulturabhängige Strategien der Kontaktanbahnung

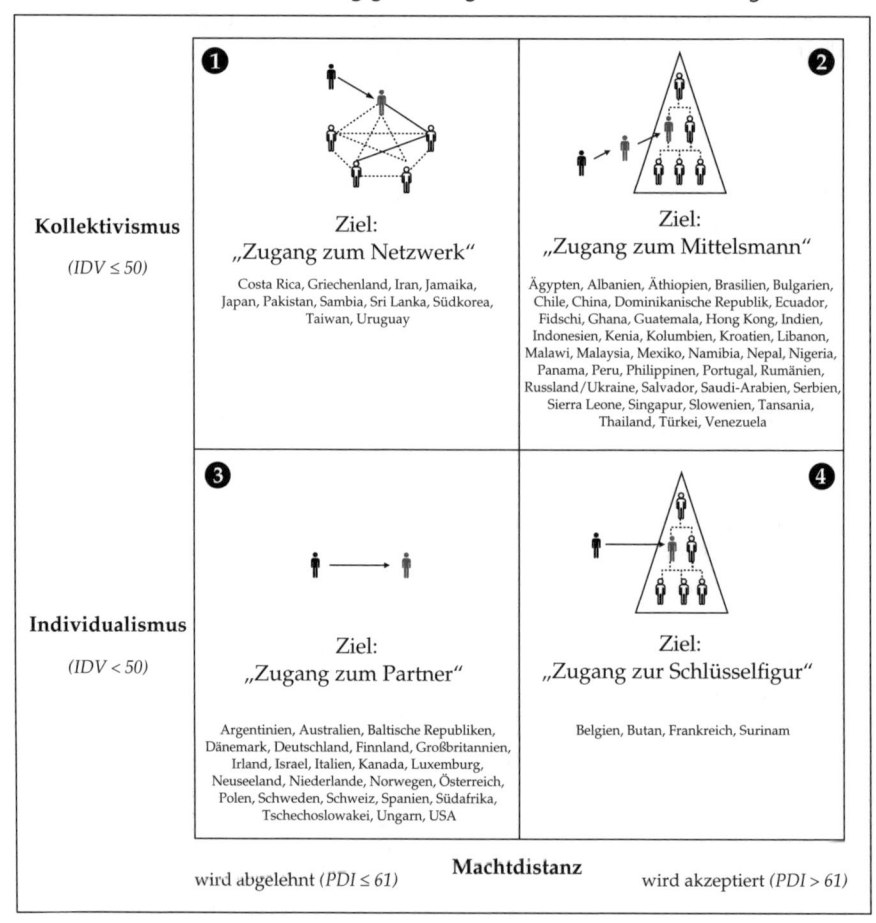

Kollektivismus (IDV ≤ 50)	❶ Ziel: „Zugang zum Netzwerk" Costa Rica, Griechenland, Iran, Jamaika, Japan, Pakistan, Sambia, Sri Lanka, Südkorea, Taiwan, Uruguay	❷ Ziel: „Zugang zum Mittelsmann" Ägypten, Albanien, Äthiopien, Brasilien, Bulgarien, Chile, China, Dominikanische Republik, Ecuador, Fidschi, Ghana, Guatemala, Hong Kong, Indien, Indonesien, Kenia, Kolumbien, Kroatien, Libanon, Malawi, Malaysia, Mexiko, Namibia, Nepal, Nigeria, Panama, Peru, Philippinen, Portugal, Rumänien, Russland/Ukraine, Salvador, Saudi-Arabien, Serbien, Sierra Leone, Singapur, Slowenien, Tansania, Thailand, Türkei, Venezuela
Individualismus (IDV < 50)	❸ Ziel: „Zugang zum Partner" Argentinien, Australien, Baltische Republiken, Dänemark, Deutschland, Finnland, Großbritannien, Irland, Israel, Italien, Kanada, Luxemburg, Neuseeland, Niederlande, Norwegen, Österreich, Polen, Schweden, Schweiz, Spanien, Südafrika, Tschechoslowakei, Ungarn, USA	❹ Ziel: „Zugang zur Schlüsselfigur" Belgien, Butan, Frankreich, Surinam
	wird abgelehnt (PDI ≤ 61) **Machtdistanz**	wird akzeptiert (PDI > 61)

Zugang zum Partner

Angehörige anderer Länder sind individualistisch geprägt und wenig autoritätsgläubig. Prototyp dieser Kombination sind die USA: eine Gemeinschaft, die allergrößten Wert auf Selbstbestimmung legt – und sei es in Gestalt des Rechts, Waffen zu tragen. Aber auch in vielen Ländern Westeuropas ist es relativ leicht, mit potentiellen Geschäftspartnern direkt ins Gespräch zu kommen. „Kalt-Akquise" ist dort eine weithin akzeptierte Form der Kontaktanbahnung.

5.3 Beziehungsmanagement & Vertragsgestaltung

Zugang zur Schlüsselfigur

In individualistischen Gesellschaften, die Machtdistanz akzeptieren, spielen Netzwerke eine untergeordnete Rolle. Dort muss der Kontaktsuchende nicht das gesamte soziale Umfeld potentieller Geschäftspartner in seine Bemühungen einbeziehen. Allerdings sind Angehörige solcher Kulturen relativ autoritätsgläubig, weshalb es auch dort angebracht ist, zunächst eine hochrangige Person anzusprechen. Diese Schlüsselfigur sollte Zugang zu den potentiellen Verhandlungspartnern haben und für diese eine Autorität sein. Anders als in Gruppe 2 („Zugang zum Netzwerk") muss dabei nicht die gesamte „Pyramide hierarchischer Beziehungen" durchlaufen werden. Es genügt, „die richtige" Person als Vermittler zu gewinnen. „Richtig" ist, wer den entscheidenden Kontakt zum Verhandlungspartner herstellen kann.

5.3.3 Beziehungsaufbau

Ist der Eintritt in das Netzwerk gelungen, dann gilt es, eine Beziehung aufzubauen und damit eine Basis für eine langfristige Zusammenarbeit zu schaffen.

Westliche Welt

In den angelsächsischen Ländern Nordamerikas und Ozeaniens sowie in West- und Zentraleuropa werden Beziehungen zumeist der Sache untergeordnet. Man unterhält Kontakte vorwiegend zu Organisationen und weniger zu Personen. Objektivität gilt als zentraler Wert, und da man den Vorwurf der Vetternwirtschaft fürchtet, werden in solchen Kulturen Privat- und Berufsleben im Regelfall bewusst getrennt. Persönliche Beziehungen für Geschäfte zu nutzen gilt bestenfalls als clever. Wer allzu sichtlich Verwandte oder Freunde bei der Vergabe von Aufträgen bevorzugt, muss vor allem dann, wenn es sich um öffentliche Aufträge handelt, mit gravierenden juristischen Konsequenzen rechnen (vgl. hierzu die Unterscheidung „diffuse vs. spezifische Beziehungen"; ⇒ Kulturdimensionen nach *Trompenaars*).

Mittel- und Südamerika

Davon abweichend legen Lateinamerikaner auch in Geschäftsbeziehungen allergrößten Wert auf das Private und Zwischenmenschliche. Um einen Geschäftspartner auch als Mensch kennen zu lernen, widmen sie Themen und Tätigkeiten, die aus westeuropäischer Sicht nebensächlich, jedenfalls nicht „zielführend" sind, sehr viel Aufmerksamkeit und Zeit. Man möchte mit dem künftigen Partner auch die Freizeit verbringen, ein gemeinsames Essen genießen etc. Denn eine Geschäftsbeziehung besteht aus Sicht von lateinamerikanisch sozialisierten Managern primär zwischen Personen und weniger zwischen Organisationen (vgl. Schuster/Copeland 1999, S.73).

Ostasien

Auch in den Ländern Ostasiens sind Beziehungen vor allem eine Angelegenheit von (natürlichen) Personen und weniger von Unternehmen oder anderen

Institutionen. Beziehungsnetzwerke zwischen Unternehmen werden eher als Begleiterscheinung der Beziehungen zwischen Individuen (z.B. Mitarbeitern) begriffen (vgl. Kleist 2006; Sin et al. 2005).

Dabei wird strikt zwischen ‚in-group' und ‚out-group' getrennt. Wer dem gleichen Guanxi-Netzwerk (vgl. Teil F-5.1.2.1) angehört wie man selbst, ist Insider. Mit ihm kooperiert man. Aber auch dann ist Fürsprache immer eine hilfreiche und bisweilen notwendige Bedingung. Daran schließt sich gewöhnlich eine längere Phase des Kennenlernens an, während der beide Seiten prüfen, ob die Bedingungen (nicht zuletzt persönlicher Art) für eine dauerhafte Geschäftsbeziehung erfüllt sind. Schwierigkeiten sind im Konsens auszuräumen: Keine Seite darf Gesichtsverlust erleiden. Ist eine (Geschäfts-)Beziehung etabliert, so haben sich im weiteren Verlauf alle Beteiligten für die Belange des Netzwerks, dessen Mitglied sie geworden sind, einzusetzen. Denn im Gegensatz zur westlichen Auffassung, die eher in Episoden denkt und das Kriterium der Flexibilität (z.B. Entscheidungs- und Vertragsfreiheit) über das der Stabilität stellt, gehen Chinesen davon aus, dass Beziehungen dauerhaft sind und nur aufgrund außergewöhnlicher Ereignisse gelöst werden können (vgl. Jahns/Hartmann 2007). Für diese Art von Langfristorientierung (vgl. Teil B-2.2.5) sorgt u.a. die für die chinesische Kultur charakteristische synchrone Zeitauffassung. Anders als gemäß der linearen Zeitauffassung der westlichen Welt sind für sie weder „Anfang" noch „Ende" relevante Denkkategorien.

Geschäfte mit Outsidern hingegen sind nach individualistisch-westlicher Art strukturiert. Sie werden als Konkurrenzbeziehungen begriffen, in denen es wichtiger ist, die eigenen (ökonomischen) Ziele zu erreichen, als eine gemeinsame soziale Beziehung zu begründen bzw. zu erhalten. Durch Empfehlung (z.B. der Hausbank) können Outsider Gruppenmitglieder werden.

In weiten Teilen Ostasiens ist es für Einheimische eigentlich unmöglich, mit einem Ausländer eine enge Beziehung zu unterhalten; denn idealerweise werden Freundschaften schon relativ früh geknüpft, um dann ein Leben lang zu halten. Koreaner bspw. gewinnen ihre „besten Freunde" üblicherweise in der Oberschule. Je später eine Verbindung entsteht – und dies liegt bei Geschäftskontakten in der Natur der Sache –, desto geringer ist die Chance, in den Kreis aufgenommen zu werden. Wer gar einer anderen ethnischen Gruppe angehört, kann bestenfalls eine Zwischenposition erlangen, aus der heraus Geschäfte sich lediglich langfristig erfolgreich entwickeln lassen (vgl. Schuster/Copeland 1999, S. 74).

Außenstehende benötigen in diesem Kulturkreis einen Mittelsmann, der bereit ist, sein Guanxi für sie einzusetzen, um den Aufbau einer persönlichen Beziehung zu ermöglichen.

Langzeit-Gegenseitigkeit

„Als *C.T. Teng*, der Generaldirektor von *Honeywell-Bull* für die Region Groß-China, erfuhr, dass die Bank *China Post Savings Bureau* plante, ihr Computernetz zu modernisieren, bat er seinen Vertriebsdirektor in Peking, mit der für dieses Projekt zuständigen Führungskraft der Bank Kontakt aufzunehmen. Die beiden waren nämlich seit ihrer Studienzeit befreundet, hatten also Guanxi. Der Kontakt ermöglichte es *Teng*, den Geschäftsführer der chinesischen Bank zu einem Partnerforum am Hauptsitz von *Honeywell-Bull* in Boston einzuladen. Außerdem lud er den Geschäftsführer vom *Institut für Informationsindustrie* in Taiwan zu dieser Veranstaltung ein. Im Verlauf des Treffens schlug *Teng* dem Geschäftsführer der Bank ein-System mit Hardware von *Honeywell-Bull* und Software vom taiwanesischen Institut vor. Und dem Geschäft wurde zugestimmt.

Gutes Guanxi hängt aber auch von ‚hui bao' ab: einem strengen System der Wechselseitigkeit. Damit ist keine sofortige Gegenseitigkeit im amerikanischen Stil gemeint, im Sinne von: ‚Ich mache ein Zugeständnis und erwarte im Gegenzug auch eines, hier und jetzt' In China hat das keine Eile. Das Pendel der Uhr schwingt langsam. An einen Gefallen erinnert man sich beinahe für immer, und er wird erwidert, wenn auch nicht sofort. Diese Langzeit-Gegenseitigkeit ist ein Eckpfeiler andauernder persönlicher Beziehungen. Dies zu ignorieren bedeutet in China nicht nur schlechtes Benehmen. Es wird als unmoralisch angesehen. Wenn jemand als ‚wand en fuyi' bezeichnet wird (‚einer, der Gefallen vergisst und sich nicht rechtschaffen und loyal verhält'), vergiftet das die Quelle für alle künftigen Geschäfte" (Graham/Lam 2004, S. 46).

Naher Osten

Mehr noch als andere Kulturräume und in spezifischer Weise ist der Nahe Osten beziehungsorientiert. Im Unterschied zu Ostasien können nur Familienmitglieder der Kerngruppe angehören, also Blutsverwandte. Der Begriff der Verwandtschaft wird hier enger ausgelegt als in vielen Ländern Ostasiens, wo „Blutsbande" bspw. auch durch die gemeinsame Heimat (gleiche Region oder Provinz) bzw. schulische Ausbildung (z.B. gleiche Universität) geschaffen werden können. Die Hierarchie innerhalb der Familie ist strikt geregelt: Das Familienoberhaupt, d.h. der Patriarch, entscheidet, und nur Blutsverwandte können ausländische Geschäftspartner mit ihm bekannt machen. Außenstehende sollten sich zunächst informieren, welcher Clan welche Industrie kontrolliert. Dann gilt es, Mitglieder dieser Familie zu treffen, eine persönliche Beziehung zu ihnen aufzubauen, wechselseitige Verpflichtungen einzugehen und kleinere Geschäfte abzuwickeln, um deren Vertrauen zu gewinnen. Nur dann wird ein Familienmitglied bereit sein, einen Kontakt zum Patriarchen herzustellen oder als Mittelsmann ein Geschäft zu arrangieren (vgl. Dirani 2006; Kabasakal/Bodur 2002; Schuster/Copeland 1999, S. 76).

☞ Die Aussagen zu den vier Regionen (Westliche Welt, Mittel- und Südamerika, Ostasien und Naher Osten) sind idealtypisch vereinfacht. So besteht zwischen der japanischen und der chinesischen Auffassung von Beziehung ein fundamentaler Unterschied. Begriffe wie „Vitamin B" zeugen davon, dass auch in westlichen Kulturen ‚networking' zumeist nicht schädlich ist. Im Gegenteil: Theoretische Konzepte wie ...
- Prozesspromotor (= Mitglied eines ‚buying center', das Kommunikationsbeziehungen zu Schlüsselakteuren der Organisation nutzen kann),
- Gatekeeper (= „soziometrische Stars", die, weil sie aus internen und externen Quellen Informationen aufnehmen und verarbeiten, als kompetente Ratgeber gesucht sind) und
- Beziehungspromotor (= überwindet Barrieren, indem er Beziehungen zwischen den relevanten Akteuren stiftet)

belegen, dass auch im westlichen Kulturkreis Beziehungen eine wichtige Rolle spielen. Aber dies geht nicht so weit, dass die Qualität der Beziehung das wichtigste oder gar einzige Erfolgskriterium ist. So entscheiden bspw. bei der Einstellung von Hochschulabsolventen hierzulande nach wie vor hauptsächlich Fachrichtung und Abschlusszeugnis. In Japan hingegen ist es durchaus üblich, dass ein Germanist, der sein Diplom an der renommierten *Todai*-Universität erworben hat, von einem Industrieunternehmen für eine Position im ökonomischen Bereich eingestellt wird und nicht der Absolvent einer weniger renommierten, aber fachlich einschlägig ausgewiesenen Ausbildungsstätte.

5.3.4 Informationsaustausch

Haben sich die Partner näher kennen gelernt, dann beginnt die Phase, welche Angehörige individualistischer Kulturen als den eigentlichen Beginn der Geschäftsbeziehung ansehen: der Austausch von Informationen. Die potentiellen Partner erkundigen sich einerseits übereinander und berichten andererseits über das eigene Unternehmen. Nordamerikaner sowie West- und Zentraleuropäer neigen dazu, allgemeinen Informationen über die beteiligten Unternehmen und Personen wenig Beachtung zu schenken und vor allem auf „harte" Kennzahlen, wie Umsatz, Finanzierung, Kostenstruktur oder Humankapital, zu achten. Man interessiert sich primär für solche Sachverhalte, die geeignet erscheinen, die spätere Vertragsanbahnung zu ermöglichen bzw. zu beschleunigen (bspw. um den Partner überzeugen und beeinflussen zu können). Angehörige von „zeitgeizigen" Kulturen legen Wert darauf, dass die Informationsbeschaffung möglichst effizient abläuft. Der zeitliche Ablauf von Meetings wird strikt geplant und als Agenda oder Tagesordnung vorgegeben. Es gilt als professionell und höflich, diese und die zugehörigen Zeitpläne peinlich genau einzuhalten.

In kollektivistischen Kulturen schließt der Informationsaustausch auch Themen ein, die scheinbar nicht zur Sache gehören. Man möchte wissen, mit wem man es zu tun hat, welche Art von Unternehmen der Geschäftspartner vertritt und welche Ziele er verfolgt – kurz: ob der potentielle Partner vertrauenswürdig ist. Wird der Bedarf an „sozialen" bzw. „kontextbezogenen" Informationen nicht hinreichend befriedigt, kann die gesamte Verhandlung scheitern. Entsprechend viel Zeit beansprucht diese Phase. Direkte Fragen zu „harten" Kenngrößen empfinden Angehörige beziehungsorientierter Kulturen zu diesem frühen Zeitpunkt bestenfalls als unhöflich.

Konfuzianisch sozialisierte Manager unterscheiden, ob es sich um eine hierarchische Beziehung handelt, die auf Respekt und Verantwortungsgefühl basiert, oder um eine vertikale Beziehung (d.h. zwischen Gleichgestellten). Letztere benötigen ‚renji hexie', eine Sondierungsphase, in der es festzustellen gilt, ob Harmonie besteht und eine längerfristige Beziehung möglich ist. Die Eile, mit der Manager westlicher Herkunft zumeist versuchen, Geschäfte abzuschließen, ohne zuvor hinreichend Beziehungsarbeit geleistet zu haben, empfinden traditionell denkende chinesische Manager als unangemessen, bisweilen auch als unverschämt.

> **Protestantische Hast – Konfuzianische Geduld**
>
> „Der Vizepräsident eines amerikanischen Computer-Herstellers reiste in der Hoffnung nach Peking, dort ein Geschäft mit dem Kulturministerium abschließen zu können. Das örtliche Vertriebsteam hatte seit mehr als sechs Monaten zusammen mit einem Mittelsmann an diesem Fall gearbeitet. Dieser arrangierte für den Abend, an dem der Vizepräsident ankommen sollte, eine Dinnerparty mit dem stellvertretenden Kultusminister. Viele Toasts auf die gegenseitige Zusammenarbeit wurden ausgebracht, und anweisungsgemäß sprach der amerikanische Manager nicht über das Geschäft. Am nächsten Tag stattete der Vizepräsident dem stellvertretenden Minister einen Besuch ab. In dem Gefühl, nun sei der richtige Zeitpunkt gekommen, fragte der Vizepräsident: ‚Also, wann können wir den Vertrag unterzeichnen?' Der stellvertretende Minister entgegnete höflich: ‚Nun, Herr Vizepräsident, Sie sind doch gerade erst in Peking angekommen. Sie müssen erschöpft sein. Warum nehmen Sie sich nicht ein wenig Zeit, um die Stadt anzuschauen?' Die Stadtbesichtigung dauerte eine Woche, erst dann kamen die Verhandlungen wieder in Gang" (Graham/Lee 2004, S. 48).

5.3.5 Vertragsverhandlung

Entstammen die Geschäftspartner verschiedenen Kulturräumen, so können auch die (Vertrags-)Verhandlungen eine Quelle gravierender Missverständnisse sein. Dies beginnt bereits mit dem unterschiedlichen Stellenwert, den individualistische Kulturen einerseits und kollektivistische Kulturen andererseits dieser Verhandlungsphase beimessen.

5.3.5.1 Einfluss von Individualismus & Kollektivismus

Endlich erreicht die Verhandlung die „heiße Phase", und die Verhandlungspartner kommen „zur Sache"! Ihr Ziel, den Vertragsabschluss vermeintlich vor Augen, legen Manager, die dem individualistischen Kulturraum entstammen, in dieser Phase allergrößten Wert darauf, die Gegenseite von der Richtigkeit ihrer Position zu überzeugen. Getreu ihrem Ideal, der Rationalität, argumentieren Individualisten möglichst sachbezogen und logisch. Sie begreifen Problem und Lösung als lineare Argumentationskette: Die Agenda wird „abgearbeitet". Der Argumentationsstil ist häufig induktiv – d.h. vom Einzelfall auf das Allgemeine schließend (vgl. Müller/Gelbrich 2014, S. 473 ff.). Auch gilt es als professionell, Emotionen aus dem Spiel zu lassen. Gemäß der *Harvard*-Konzept genannten „Methode für erfolgreiches Verhandeln" sind Sach- und Beziehungsebene strikt voneinander zu trennen (vgl. Fisher et al. 2011).

Trotz dieser Gemeinsamkeiten unterscheiden sich die Verhandlungsstile individualistischer Manager im Detail. Mitteleuropäer bspw. agieren vergleichsweise formal. Man spricht sich per Nachnamen an, legt Wert auf Titel und respektiert ältere Verhandlungsteilnehmer mehr, als dies etwa bei Amerikanern üblich ist. Sachinformationen stehen im Mittelpunkt. Italiener versuchen dagegen, durch einen „emotionalen Wortschwall" (Kumbruck/Derboven 2009, S. 22) zu überzeugen und Franzosen durch eloquente Sprachlogik. Den romanischen Diskussions- bzw. Konversationsstil beschrieben Gudykunst/Kim (2002): Man unterbricht sich gegenseitig, mal spricht der eine, mal der andere. Auch stellt man häufig Fragen, ohne wirklich eine Antwort zu erwarten. Ganz anders der durchschnittliche Mittel- und Nordeuropäer. Er nimmt sich mehr Zeit für seine Antworten, unterbricht den anderen seltener. Die Unterhaltung verläuft kontinuierlich. Den romanischen Stil empfindet er als Ausdruck von Desinteresse am Gesprächspartner und insgesamt unangemessen bzw. inkompetent.

Manager, die im afrikanisch-asiatisch-lateinamerikanischen Kulturraum sozialisiert wurden, messen dieser Phase weniger Bedeutung bei. Denn aus ihrer Sicht ist das Entscheidende bereits geschehen: Die potentiellen Partner haben sich kennen gelernt, Informationen übereinander eingeholt, Vertrauen zueinander gefasst und eine persönliche Beziehung aufgebaut. Auch ist ihr Verhandlungsstil ein anderer als der von Individualisten: Kollektivisten präferieren den holistisch-zirkulären Argumentationsstil. Sie sprechen gerne lange und wiederholen sich. Denn sie sind es gewohnt, einen Sachverhalt von vielen Seiten aus zu beleuchten. Dabei haben auch emotionale Argumente, die aus westlicher Sicht eher stören, ihren Stellenwert (vgl. Schugk 2014, S. 410 f.).

Verhandlungen zwischen Deutschen (IDV = 67) und Chinesen (IDV = 15) scheitern auffallend häufig. Kommt es doch zu einem Vertragsabschluss, so bietet dies keine Gewähr für gute Geschäfte: Sei es, weil der Vertrag insgesamt nicht erfüllt wird, oder weil einzelne Vertragsinhalte unter Hinweis auf veränderte Rahmenbedingungen später nicht mehr akzeptiert werden. Dies hat weniger mit einer grundsätzlichen Unzuverlässigkeit zu tun als mit andersartigen Wahrnehmungs- und Denkprozessen, aber auch mit abweichenden Vorstellungen bezüglich der Funktion von Verträgen.

> **Verbindlichkeit von Verträgen**
> „Ein mittelständisches deutsches Maschinenbau-Unternehmen hatte mit einem chinesischen Zulieferer einen Vertrag über Preise und die zu liefernden Stückzahlen geschlossen. Als dann der Stahlpreis stieg, wollten die Chinesen nicht mehr zu den vereinbarten Bedingungen liefern, da sich ja die Rahmenbedingungen des Vertrages geändert hätten" (Hein 2004, S. 41).

Die starke Beziehungsorientierung der chinesischen Kultur hat zur Folge, dass durch Verhandlungen nicht nur das konkrete Verhandlungsziel – z.B. Gründung eines Joint Venture – erreicht, sondern auch eine dauerhafte Beziehung zwischen beiden Seiten geschaffen werden soll. Im Idealfall entwickelt sich daraus eine Freundschaft. In traditionellen Geschäftsbeziehungen mit und unter Chinesen entfalten persönliche Beziehungen keine geringere Bindungswirkung, als dies formale Verträge im westlichen Kulturkreis tun (vgl. Weede 2002).

Generell gilt, dass natürliche Personen – und nicht Institutionen oder Funktionen, in deren Auftrag jemand handelt – in geschäftlichen Beziehungen Verantwortung übernehmen (müssen). Die Verhandlungspartner stehen mit „ihrem Gesicht" dafür ein, dass das Unternehmen die mit einem Vertrag eingegangenen Verpflichtungen einhält bzw. erfüllt. Um die Gefahr des Gesichtsverlusts gering zu halten, behilft man sich deshalb mit vagen Vereinbarungen und möglichst wenig konkreten Zusagen, die im Übrigen nicht als „Leistung", sondern als „Gefallen" interpretiert werden. Dies erklärt, warum die chinesische Gesellschaft in der Vergangenheit kein formales Handelsrecht entwickelt und lange Zeit statt auf juristische auf soziale Kontrolle gesetzt hat. In diesem Zusammenhang sind auch die Dominanz kleiner Familienbetriebe und die geringe Bedeutung von Großunternehmen für die chinesische Wirtschaft zu sehen. *Haier* war das erste Unternehmen, das die Kriterien eines Multinationalen Unternehmens erfüllte.

Aus chinesischer Sicht ist insb. das westliche Zeitmanagement problematisch. Die daraus erwachsende Ungeduld korrespondiert mit einer kulturell bedingten prinzipiellen Kurzfristorientierung und der linear-abstrakten Zeitwahrnehmung (vgl. Müller/Gelbrich 2014, S. 53 f.). Für chinesische Verhandlungsführer ist der Verlauf der Verhandlung (d.h. „der Weg") wichtiger als das Ergebnis (d.h. das Ziel). Um Harmonie zu wahren, darf keine der beteiligten Parteien Gesichtsverlust erleiden. Die dazu erforderlichen Kompromisse sind nur durch ritualisiertes beidseitiges Feilschen erzielbar. Dieser Prozess (bzw. „Weg") kann nicht abgekürzt werden. Die Harmonie stört, wer Versprechen nicht einhält oder Wut, Frustration bzw. Aggression zum Ausdruck bringt. Beide Seiten erleiden dadurch Gesichtsverlust.

Während Europäer, Amerikaner, Australier etc. im Regelfall ihr Verhandlungsziel möglichst auf direktem Weg – und aus chinesischer Sicht allzu forsch – anstreben, verläuft die chinesische Verhandlungsführung oft in „Schleifen": Man kommt auf das scheinbar schon abschließend Geklärte wiederholt zurück, diesmal möglicherweise aber aus einem anderen Blickwinkel und in einem personell anders zusammengesetzten Verhandlungsteam (vgl. Bufe/Böddeker 1998, S. 13). Während Personen, die im westlichen Kulturraum aufgewachsen sind, meist deduktiv argumentieren – d.h. vom Allgemeinen auf das Spezielle schließen –, ist der chinesische Argumentationsstil überwiegend induktiv: Man versucht, anhand vieler Details eine generelle Lösung zu erarbeiten.

Wie Nisbett (2004) darlegt, erlernen Asiaten in ihrem kulturellen Umfeld kontextorientierte Strategien der Aufmerksamkeitssteuerung. Europäer und Nordamerikaner sind hingegen darin trainiert, sich auf das ihrer Ansicht nach Wesentliche zu konzentrieren. Gravierende Unterschiede bestehen auch darin, wie man mit widersprüchlichen Informationen umgeht. Im Gegensatz zum westlichen Entweder/Oder-Denken fällt es Chinesen und anderen Asiaten nicht schwer, selbst gegensätzliche Aussagen für wahr bzw. richtig zu halten. „*Nisbett* erklärt auch dieses Phänomen aus der Geschichte: Während die naturwissenschaftlichen Modelle im Griechenland der Antike den Gesetzen der formalen Logik genügen mussten, glaubten bereits die alten Chinesen an die gleichzeitige Gültigkeit paradoxer Aussagen. Wie heißt es doch im Zen-Buddhismus? ‚Das Gegenteil einer großen Wahrheit ist auch wahr'" (Hein 2004, S. 41).

Bezüglich der Zusammensetzung des Verhandlungsteams ist zu bedenken: Wird im Verlauf des Verhandlungsprozesses ein Verhandler durch einen anderen ersetzt, so bedeutet dies, „dass eine neue zwischenmenschliche Beziehung erst aufgebaut werden muss, bevor Verhandlungen erfolgreich weitergeführt und abgeschlossen werden können" (Schugk 2014, S. 409). Auch sollten, wie in allen kollektivistischen Ländern, vorzugsweise ältere Mitarbeiter als Verhandlungsführer eingesetzt werden, da sie dort allein schon ihres Alters wegen geachtet und geschätzt werden. Ist dieser nach chinesischen Maßstäben „zu jung", „zu unerfahren" etc., so spricht dies für mangelnde Ernsthaftigkeit und geringe Erfolgsaussichten des Projekts.

5.3.5.2 Einfluss der Akzeptanz von Machtdistanz

Im arabischen (z.B. Saudi-Arabien), mittelamerikanischen (z.B. Panama) und asiatischen Kulturraum (z.B. Malaysia) kommt der sozialen Stellung der Verhandlungspartner bzw. deren Position in der Unternehmenshierarchie eine überragende Bedeutung zu. Dies wiederum erklärt die fast schon rituelle Funktion des Austauschs von Visitenkarten (in Japan unbedingt mit beiden Händen). Man informiert sich so wechselseitig über die jeweilige hierarchische Stellung und damit über Machtposition, Entscheidungsbefugnisse etc. des Gegenübers. Zu beachten sind weiterhin die …

- Sitzordnung bei Verhandlungen (der Ranghöchste wird am weitesten von der Tür entfernt platziert),
- Reihenfolge, in der das Wort ergriffen wird (Ranghöhere beteiligen sich erst relativ spät an der Diskussion),

- Sonderstellung hierarchisch höhergestellter Personen (Kritik an ihnen ist verpönt).

Naher Osten

In dieser Region (PDI = 80) wird es gerne gesehen, wenn die Vertragsverhandlungen genutzt wird, um die Gegenseite durch geschicktes Argumentieren zu beeindrucken, durch Eloquenz, Cleverness, Charme und Emotionalität (vgl. Nydell 2012). Wie im lateinamerikanischen Kulturraum, so ist auch in den arabischen Ländern unmittelbarer Körperkontakt ein wesentliches Stilelement. Berührungen helfen, Sympathie zu bekunden und Argumente zu unterstreichen.

Immer wieder zu betonen, dass die getroffenen Entscheidungen den beidseitigen guten Beziehungen dienen, entspricht der in ihrer Kultur überaus bedeutsamen Reziprozitätsnorm (vgl. Hall 1981). Westliche Verhandlungsführer empfinden dies oft als irrelevant. Umgekehrt fühlen sich Libanesen, Syrer etc. von ihren auf den Verhandlungsgegenstand fokussierten westlichen Gesprächspartnern brüskiert. Diesen Stil halten sie für ungehobelt bzw. unelegant (vgl. Schuster/Copeland 1999, S. 76). Und die mit Statistiken oder unabhängigen Expertenmeinungen belegten „logischen" Argumente westlicher Gesprächspartner (vgl. Tab. 139) rufen im Nahen Osten oft Reaktanz hervor: Man spürt die Absicht und wehrt sich – implizit oder explizit – gegen den Beeinflussungsversuch.

Tab. 139: Argumentationstechniken im Vergleich

Sachorientierte Kulturen (insb. westliche Industrienationen)	Beziehungsorientierte Kulturen (insb. Naher Osten)
logische Argumentation	• anekdotische Argumentation
reduktionistische Argumentation	• ganzheitliche Argumentation
linear-sequentielle Zeitstruktur	• zirkuläre Zeitstruktur
Stringenz	• Redefluss und Eloquenz
Beweiskraft von Fakten	• Appelle an persönliche Beziehungen
Expertenstatus	• persönliches Involvement

Nicht nur im Nahen Osten, sondern im gesamten kollektivistisch geprägten Kulturraum ist „Ehre" zentral für alle sozialen Beziehungen. Niederlagen jeder Art, also auch in Verhandlungen, werden als persönlicher Fehlschlag empfunden, der Gesichtsverlust bedeutet. Folglich verbietet sich eine konfrontative Verhandlungsstrategie, welche die Schwächen der Verhandlungsposition des Gegenübers rücksichtslos ausnutzt. Vielmehr gilt es, eine persönliche und angenehme Atmosphäre zu schaffen. Deshalb werden in arabischen Ländern Mediatoren – anders als in Japan – nicht nur mit der Kontaktanbahnung, sondern bisweilen mit der gesamten Verhandlung betraut. Denn scheitert diese, erleidet keine der beiden Seiten Gesichtsverlust (vgl. Deresky 2010).

Die für eine Einigung im Regelfall erforderlichen Zugeständnisse räumt man zumeist erst ganz am Ende der Verhandlung ein. Um Gesichtsverlust zu vermeiden, sollten sie aber möglichst nicht als Nachgeben erscheinen, da dies als Ausdruck von Schwäche und nicht, wie im westlichen Kulturkreis, von Flexibilität und Vertrauen gewertet würde (vgl. Adler 2008, S. 219 f.). Deshalb aktivieren in diesem Kulturraum Zugeständnisse auch nicht die Reziprozitätsnorm.

Tab. 140 fasst einige Regeln für erfolgreiches Verhandeln im kollektivistischen Nahen Osten und Lateinamerika im Vergleich zu den individualistisch geprägten USA zusammen.

Tab. 140: Anleitung zum kultursensiblen Verhandeln

USA	Naher Osten	Lateinamerika
• Im Geschäftsleben sind Pünktlichkeit, korrekte Kleidung, Unauffälligkeit und Etikette sowie ‚keep smiling' wichtig.	• Haben Sie ausreichend Zeit mitgebracht? Sie werden sie brauchen. Seien Sie pünktlich, erwarten Sie aber keine Pünktlichkeit von Ihrem Partner.	• Pünktlichkeit hängt von der Wichtigkeit der Situation und des Gesprächspartners ab.
• Der Umgangston ist locker und lässig, die Anrede mit Vornamen üblich. Eine ungezwungene Atmosphäre und positive Stimmung werden geschätzt.	• Lassen Sie sich von Kennern des Landes persönlich einführen. Familiäre und freundschaftliche Beziehungen sind ungemein hilfreich.	• Persönliche Beziehungen sind entscheidend. Nutzen Sie informelle Kontakte.
• Eine noch so kleine Rede ohne Humor gerät schnell zum Flop. Witz und Rhetorik gehören auch bei ‚bad news' dazu.	• Entscheidungen werden in der Hierarchie weit oben getroffen. Verhandeln Sie deshalb auf entsprechend hoher Ebene.	• Höflichkeit und Beachtung der Etikette sind im Geschäftsleben geboten.
• Verhandelt wird dennoch sehr hart. Schwierige Verhandlungen sollten nicht ohne Anwalt geführt werden.	• Versuchen Sie erst gar nicht, direkt ans Ziel zu kommen. Lernen sie stattdessen ihren Partner kennen. So erreichen Sie schneller mehr.	• Wenn immer sich Gelegenheit bietet, äußern Sie sich positiv über die kulturellen, sportlichen und sonstigen Leistungen des Landes.
• Einladungen nach Hause sind nur ernst gemeint, wenn sie förmlich und mit genauer Zeitangabe ausgesprochen werden.	• Verzichten Sie auf gut gemeinte Ratschläge. Was Ihnen missfällt, behalten Sie besser für sich. Seien Sie nie überheblich.	• Sagen Sie nie „nein", sondern „morgen", „vielleicht", „ich werde darüber nachdenken", wechseln Sie das Thema – aber sagen Sie nie „nein".
• Geschäfte werden gerne in entspannter Atmosphäre besprochen (z.B. im Country-Club, beim Golf)	• Es gilt das gesprochene Wort unter Ehrenmännern. Schriftliches hat weniger Wert.	• Lernen Sie, Vieles gleichzeitig zu besprechen (zu bearbeiten etc.).

Quelle: Westermeier (1991, S. 104), geringfügig modifiziert.

Frankreich

Im Einklang mit den Besonderheiten ihrer Landeskultur – außergewöhnliche Kombination von hoher Akzeptanz von Machtdistanz (PDI = 68) und Individualismus (IDV = 71) – legen französische Manager Wert auf eine adäquate hierarchische Position ihres Verhandlungspartners. In der weltweit am stärksten zentralistischen Industrienation, in der wichtige Entscheidungen zumeist in Paris gefällt werden, hat sich eine ausgeprägte bürokratische Kultur entwickelt, die zahlreiche Abläufe behindert. Hinzu kommt, dass Terminpläne und Tagesordnungen nur als bedingt verbindlich angesehen werden. Bei Geschäftsessen wird frühestens vor bzw. nach dem Nachtisch über das Verhandlungsthema gesprochen: ‚entre le poire et le fromage'. Zusammenfassend lässt sich der Verhandlungsstil französischer Manager als kompetitiv-konfrontativ beschreiben.

Wining & Dining

In Frankreich sind Informationen Holschuld. „Weil Befindlichkeiten und Zwischenmenschliches wichtig genommen werden, ist das mittägliche Geschäftsessen nach wie vor ein probater Weg, Informationen zu erhalten. ‚Dabei sollte man keinen blauen Anzug tragen' (er ist Busfahrern und Kontrolleuren vorbehalten) oder den Wein ablehnen: ‚Das ist unhöflich. Notfalls nippt man eben nur', rät C. *Grewe*, Leiterin der Abteilung International der *IHK Trier*. Den Restaurantbesuch solle man bloß nicht nach dem Motto ‚Zeit ist Geld' abwickeln, sondern geduldig sein und immer bis zum Dessert durchhalten. Denn manchmal kommen das gute Angebot oder die gesuchte Information erst zum Schluss."

Schweden

Wie die meisten Skandinavier bevorzugen die egalitären Schweden (PDI = 31) einen sachlich-direkten Verhandlungsstil. Konfrontation ist ebenso verpönt wie betont forsches, selbstgewisses Auftreten. Small Talk spielt eine wichtige Rolle als Eisbrecher, wobei Sport, Urlaub und Outdoor-Aktivitäten beliebte Gesprächsthemen sind. „Alles, was nach Rang, Auffälligkeit und Status riecht, wird prinzipiell heruntergespielt" (Uhl/Uhl-Vetter 2013, S. 200). Ähnliches berichtet Frank (2005): „Das einst spärlich besiedelte Land mit seinen langen, einsamen Winterabenden hat den Kommunikations- und Verhandlungsstil seiner Geschäftsleute geprägt. In Schweden verlaufen Gespräche eher zurückhaltend und ruhig. Meistens wird eine introvertierte und stillere Kommunikationskultur bevorzugt. Rhetorische Kniffe, angeberische Selbstdarstellung und der Hang zur Übertreibung sind verpönt."

5.3.5.3 Einfluss der Tendenz zur Ungewissheitsvermeidung

Mehr als anderswo ist in Griechenland, Portugal, Uruguay, Belgien und Japan die Tendenz zur Ungewissheitsvermeidung das maßgebliche Kulturelement. Dies hat bspw. zur Folge, dass überdurchschnittlich viele Informationen eingeholt und nach Möglichkeit schriftlich weitergegeben werden. Verhandlungen werden ausführlich protokolliert. Chancen zu erkennen und zu ergreifen ist für ungewissheitsaverse Verhandlungsführer weniger wichtig, als Risiken zu vermeiden. Ungewissheitsmeidern fällt es schwer, Ambiguität zu tolerieren (bspw. unerwartete, mehrdeutige Wendungen des Verhandlungsverlaufes) und Vertrauen zu fassen.

Gelfand/Christakopoulou (1999) ließen griechische Studenten (UAI = 112) und US-amerikanische Studenten (UAI = 46) in die Rolle von Managern amerikanischer bzw. griechischer Unternehmen schlüpfen und über die Gründung eines Drittland-Joint Venture verhandeln. Im Verlauf der Verhandlungen zeigte sich, dass die Griechen vergleichsweise intensiv versuchten, Einblick in die Interessenlage ihres Verhandlungspartners zu erlangen. Deshalb waren sie nach Abschluss der Verhandlungen mehr als die ego-zentrierten Amerikaner in der Lage, die Verhandlungsziele und Prioritäten der Gegenseite zu benennen. Sie wiederum erwiesen sich als überproportional anfällig für den ‚self serving bias': Die Amerikaner meinten (fälschlicherweise), die Interessen ihrer Verhandlungspartner besser verstanden zu haben als umgekehrt. Auch glaubten sie, die Interessen beider Parteien angemessen berücksichtigt zu haben, während die Griechen unterstellten, mehr auf die Interessen ihrer amerikanischen Verhandlungspartner eingegangen zu sein als diese umgekehrt auf ihre Situation. Tatsächlich aber erzielten beide Seiten ein vergleichbares Verhandlungsergebnis. Dennoch waren die kollektivistisch konditionierten Griechen damit eher unzufrieden. Denn für sie zählte nicht nur das Ergebnis der Verhandlungen, sondern auch das Verständnis, das sie im Verlauf der Verhandlungen von der Gegenseite erfahren haben.

5.3.5.4 Einfluss von Maskulinität & Feminität

Angehörige maskuliner Kulturen präferieren (nicht nur) in Verhandlungen die Win/Lose-Strategie. Aufgrund ihrer ausgeprägten Konkurrenzorientierung betrachten sie Interaktionen zumeist als Null-Summen-Spiele, in denen nicht Kooperation, sondern Wettbewerb zum Erfolg führt. Verhandlungsexperimente, die Graham et al. (1994) mit 700 Managern aus elf Ländern durchgeführt haben, sprechen dafür, dass eine solche vergleichsweise aggressive Herangehensweise zwar nicht unbedingt Erfolg verspricht – die höchsten Gewinne erzielten Versuchsteilnehmer, deren Herkunftsgesellschaft Machtabstand akzeptiert –, aber den Beteiligten offenbar Vergnügen bereitet: Maskuline Manager genossen die Verhandlungssituation mehr als feminine Manager.

Da in ihren Herkunftsländern die traditionellen Geschlechterrollen nach wie vor gültig sind, gelten Frauen in maskulinen Gesellschaften nicht als geeignete Verhandlungspartner, jedenfalls nicht in einer führenden Funktion. In femininen Kulturen, wo man eine freundliche, persönliche Verhandlungsatmosphäre und einen kooperativen, kompromissorientierten Verhandlungsstil schätzt, führen hingegen vergleichsweise viele Frauen Verhandlungen (vgl. Frank 2003).

5.3.6 Vertragsabschluss

Nach westlicher Lesart handelt es sich beim Vertragsabschluss um einen gesonderten Abschnitt der Verhandlung, auch wenn sich die Parteien vorher bereits mündlich geeinigt haben. Im Vertrag werden die einzelnen Projektschritte exakt und verbindlich festgelegt, damit später möglichst wenig Spielraum für unterschiedliche Interpretationen oder Diskussionen bleibt. Der Vertragstext verkörpert den Leitfaden für späteres Verhalten und begründet einklagbare Rechte und Pflichten.

Demgegenüber erscheint bspw. Lateinamerikanern dieses Schriftstück als relativ unwichtig. Angesichts der wirtschaftlichen Instabilität ihrer Region mussten sie häufig erleben, dass Verträge von heute auf morgen Makulatur sein können. Folglich betrachten sie ihn als „ideales Dokument" (vgl. Schuster/Harris 2009;

Mendonsa 1988), das primär die Absicht, eine Geschäftsbeziehung zu begründen bzw. auszuweiten, zum Ausdruck bringt. Die darin fixierten Vereinbarungen hält man zwar für erstrebenswert, aber nicht für verbindlich und selten für realisierbar. Man behält sich vor, weiter zu verhandeln, sobald neue Informationen vorliegen. Dementsprechend werden Nachbesserungen für unumgänglich oder sogar erwünscht gehalten. Wenn ein Projekt dennoch „funktioniert", so deshalb, weil die Geschäftspartner in der Vorbereitungsphase viel Zeit und Energie darauf verwendet haben, wechselseitiges Vertrauen aufzubauen.

Im asiatischen Kulturkreis erfüllt ein Vertrag unterschiedliche Funktionen: Wie für Lateinamerikaner verkörpert er für Chinesen nicht den Schlusspunkt der Verhandlung, sondern den Beginn einer Beziehung, die sich in guten wie in schlechten Zeiten bewähren soll. Auch sie betrachten das Schriftstück nicht als unabänderlich, sondern als Absichtserklärung: Dass beide Partner zusammenarbeiten – und den Vertrag revidieren werden, sobald sich die Bedingungen wesentlich ändern. Da sie Gesichtsverlust fürchten, formulieren Chinesen Versprechen und Vereinbarungen möglichst vage. Hinzu kommt, dass sich in der traditionellen chinesischen Gesellschaft kein Handelsrecht entwickelte. Anstelle formeller Verträge sorgen soziale Kontrollmechanismen dafür, dass Pflichten erfüllt werden. Entscheidend ist wechselseitiges Vertrauen: dass die mit der eingegangenen Beziehung übernommenen Verpflichtungen erfüllt werden. Wer diese Norm verletzt, wird sozial geächtet. Dieser Sanktionsmechanismus ist in den „Low Context-Kulturen" des Westens weitaus weniger machtvoll, weshalb sich dort kompensatorisch komplexe Rechtssysteme entwickelt haben (vgl. Müller/Gelbrich 2014, S. 230 ff.).

Japanische Manager halten gleichfalls einen Vertrag nicht deshalb für wichtig, weil darin akribisch jedes Detail der künftigen Zusammenarbeit festgehalten wird. Für sie ist weitaus bedeutsamer, dass er eine moralische Verpflichtung darstellt: Ein Versprechen, weiterhin zusammenzuarbeiten und die Beziehung fortzuführen, auch wenn es möglicherweise nicht immer gelingt, sich an jedes Detail zu halten. Im Nahen Osten wiederum ist der formelle Vertrag nur insofern wichtig, als er die Beziehung zwischen den Vertragspartnern auf eine offizielle Ebene hebt. Entsprechend legen muslimische Geschäftsleute Verträge gleichfalls äußerst flexibel aus. Denn allein *Allah* hat es in der Hand, was passiert. Menschen können nicht in die Zukunft schauen, und die Dinge ändern sich.

> In beziehungsorientierten Ländern sind Vertrautheit und Vertrauen Vorbedingung, in aufgabenorientierten Ländern hingegen Folge von erfolgreichen und länger andauernden Geschäftsbeziehungen. Weiterhin markiert der Vertragsabschluss in beziehungsorientierten Ländern nicht das Ende der Verhandlungen. Vielmehr sollten die Beteiligten gerade jetzt viel Zeit investieren, um die Beziehung zu erhalten und zu pflegen. Angestrebt wird ein langfristiger Austausch, der garantiert, dass das Projekt fortbestehen kann, auch wenn sich das Geschäftsumfeld ändert. Nur ständiger Kontakt stellt sicher, dass ein Vertrag erfüllt wird. Gewissheit und Konstanz in der Geschäftsbeziehung schafft nicht das „anonyme" Schriftstück, sondern die persönliche Beziehung (vgl. Schuster/Copeland 1999, S. 72).

5.3 Beziehungsmanagement & Vertragsgestaltung

Hilfreiche Links

http://ikkompetenz.thueringen.de/selbsttest/index.htm

Wer seine interkulturelle Kompetenz überprüfen möchte, kann auf der Seite von interculture.de e.V. einen Online-Selbsttest der interkulturellen Kompetenz ausfüllen.

http://www.sietar-deutschland.de

Die 1968 in den USA gegründete *Society for Intercultural Education, Training and Research* ist mit rund 3.000 Mitgliedern das weltweit größte Netzwerk, das Konzepte und Handlungsanleitungen für interkulturelle Kommunikation, Kooperation und Konfliktlösung erarbeitet und verbreitet.

http://www.transparency.org

Diese Nicht-Regierungsorganisation bekämpft die Korruption im öffentlichen Sektor: d.h. den Missbrauch von „öffentlicher", nur durch die berufliche Position bzw. Funktion verliehene Macht zu privatem Nutzen. Themenschwerpunkte sind die Problemfelder „Bestechung von Amtsträgern" sowie „Zahlung und Annahme von Schmiergeld bei der Vergabe von öffentlichen Aufträgen". Als zwar weltweit bekannte, faktisch aber machtlose Initiative konzentriert *Transparency International* sich darauf, die Weltöffentlichkeit für das Thema Korruption zu sensibilisieren und so indirekt Druck auf Regierungen auszuüben. Dafür, dass dies zunehmend gelingt, sorgen der *Corruption Perception Index (CPI)* und der *Bribe Payers Index (BPI)*. Denn sie erfüllen die im Zeitalter des Informationsüberflusses überaus bedeutsame Funktion, eine Vielzahl von Informationen zu komprimieren und mediengerecht zu präsentieren.

Teil G

Kommunikationspolitik[1]

---

[1] Teil G „Kommunikationspolitik" ist die überarbeitete und aktualisierte Fassung des Teils „Kommerzielle Kommunikation" aus Müller/Gelbrich (2014): Interkulturelle Kommunikation, München: Vahlen.

1 Bedeutung der Kommunikation im interkulturellen Kontext

1.1 Kommunikationsziele & Zielgruppen

Unternehmen kommunizieren mit ihrer Umwelt, um ihren Bekanntheitsgrad bzw. den ihrer Produkte, Dienstleistungen etc. zu steigern. Weiterhin wollen sie Goodwill schaffen, ein bestimmtes Image aufbauen, Reputation gewinnen und letztlich die Verbraucher zum Kauf animieren. Damit diese Kommunikationsziele erreicht werden können, müssen die verschiedenen ⇒ Zielgruppen des Unternehmens die Werbebotschaft in der gewünschten Weise wahrnehmen, verstehen und akzeptieren.

Häufig treten allerdings bereits in dieser frühen Phase des Kommunikationsprozesses fundamentale Verständigungsschwierigkeiten auf (vgl. Abb. 174). So sind englischsprachige Werbeslogans für deutsche Konsumenten vielfach ein Buch mit sieben Siegeln: Die meisten verstehen Slogans wie ‚come in and find out' *(Douglas)* nicht oder falsch. Zu Kommunikationsstörungen kommt es regelmäßig auch deshalb, weil viele Unternehmen gegen eine Grundregel der

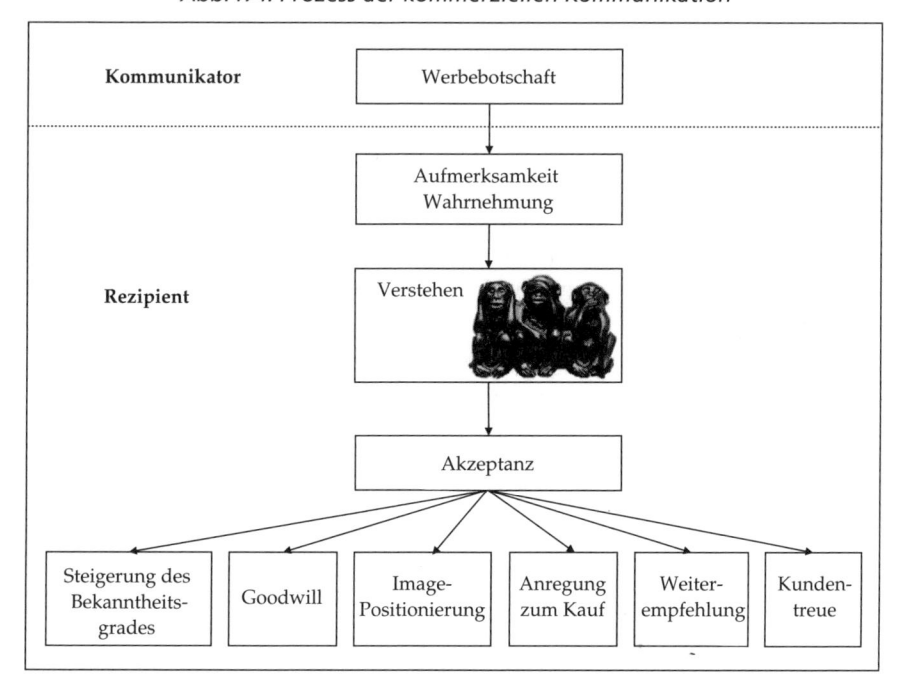

Abb. 174: Prozess der kommerziellen Kommunikation

Krisenkommunikation verstoßen und nicht proaktiv, sondern reaktiv kommunizieren – d.h. erst dann, wenn ein Fehlverhalten aufgedeckt und von den Medien skandaliert wurde (vgl. Beckmann 2006).

Zwar liegt der Schwerpunkt der Forschung nach wie vor bei der Analyse der kommunikativen Beziehung zwischen den Unternehmen und ihren (End-) Kunden. Tatsächlich aber müssen gerade grenzüberschreitend tätige Unternehmen weit mehr Zielgruppen beachten. Ausgehend vom Stakeholder-Ansatz präzisieren der ...

- Corporate Social Responsibility-Ansatz (vgl. Perrini et al. 2006; Fritz/Wagner 2004) und der
- Public Affairs Management-Ansatz (vgl. Welge/Holtbrügge 2010, S. 443 ff.)

die relevanten Zielgruppen unternehmerischer Kommunikationspolitik: Alle sog. Anspruchsgruppen, deren Interessen ein Unternehmen Rechnung tragen sollte. Neben den Kunden sind dies Lieferanten, Mitarbeiter, Investoren, Medien, Politiker und viele andere mehr (vgl. Teil G-5.1.3).

1.2 Einfluss kulturspezifischer Wertvorstellungen

Angesichts der allgegenwärtigen Informationsüberflutung fällt es zumeist sehr schwer, mit kommerziellen – und damit häufig unerwünschten – Kommunikationsmaßnahmen die Aufmerksamkeit der Zielgruppe zu erringen und wahrgenommen zu werden. Mehr noch: Die nachgelagerten und letztlich entscheidenden Beeinflussungsziele (z.B. Sympathie, Kaufabsicht) sind unter diesen Bedingungen gewöhnlich unerreichbar. Im interkulturellen Kontext ist diese Barriere besonders mächtig. Denn wie aus der Kommunikationsforschung sowie aus verschiedenen ⇒ Theorien zur Beeinflussungswirkung von Werbung bekannt ist, akzeptiert der Adressat eine Botschaft am ehesten dann, wenn Werbespot, Anzeige etc. formal und inhaltlich mit seiner Auffassung dessen, was er für wünschenswert hält, übereinstimmt (vgl. Tak et al. 1997).

Nun unterscheiden sich Kulturen aber gerade durch ihre Wertvorstellungen und somit darin, welche Einstellungen, Verhaltensweisen etc. ihre Mitglieder für wünschenswert halten. Deshalb kann ein und dieselbe Botschaft in dem einen Kulturkreis erfolgreich sein und in einem anderen abgelehnt oder erst gar nicht verstanden werden.

Werbespots etwa, welche dem Käufer bzw. Nutzer des beworbenen Gutes ein höheres Ansehen versprechen (vgl. Abb. 175), wirken in einem kulturellen Umfeld, das Machtdistanz akzeptiert (= PDI+), voraussichtlich positiv. Um die Erfolgsaussichten vergleichsweise schlecht bestellt ist es hingegen, wenn die Zielgruppe von klein auf gelernt hat, dass Hierarchieunterschiede ungerecht und alle Menschen gleich sind (= PDI–).

Ein weiteres Beispiel für die Relevanz kulturspezifischer Wertvorstellungen: In den USA sollten Werbespots unter allen Umständen politisch korrekt sein: also nichts thematisieren, was die Gefühle von Angehörigen der verschiedenen sozialen Schichten verletzen könnte (vgl. Macchiette/Roy 1994). Neben anderen

1.2 Einfluss kulturspezifischer Wertvorstellungen

verstieß *VW* gegen die Norm der Gender-Neutralität. Denn in einem der TV-Spots der Wolfsburger wuchsen „jedes Mal, wenn ein *Volkswagen* es schafft, mehr als 100.000 Meilen zu fahren, einem *VW*-Ingenieur Flügel" (Werner 2014, S. 26). Gegen welche soziale Norm hat dieser Spot verstoßen? Nun: Alle Ingenieure waren Männer, und keine Frau war zu sehen.

Abb. 175: Statusorientierte BMW-Werbung

Fotograf & Urheberrechte: Georg Fischer, www.georg-fischer.de.

Politisch unkorrekt von *VW* war es auch, in einem Werbespot drei Sekunden lang ein Kapuzineräffchen zu zeigen. „Primaten in der Werbung, das ist eines der größten Aufregerthemen für die Tierschutzorganisation *People for the Ethical Treatment of Animals (Peta)*. Schließlich werden die Tiere meist früh von ihren Müttern getrennt, zu Züchtern und Trainern gegeben ‚und bekommen nichts von dem, was natürlich und wichtig für sie ist,' kritisiert *Peta*. Außerdem würden sich mehr Menschen für Affen als Haustiere entscheiden, wenn sie die posierlichen Tiere in der Werbung sehen – aber Wildtiere sind keine guten Hausgenossen. *Peta* hat sich bei *VW* über das Drei-Sekunden-Kapuzineräffchen beschwert. Und *VW* reagierte. Nachdem der Konzern erfahren hat, welche Probleme es mit der artgerechten Haltung von Affen für die Werbeindustrie gibt, habe sich das Unternehmen sofort entschieden, den Clip aus dem Internet zu entfernen" (Werner 2014, S. 26). Da mittlerweile *Burger King, Johnson & Johnson, Pfizer* und viele andere Unternehmen sowie die zehn führenden amerikanischen Werbeagenturen sich verpflichtet haben, Affen nicht mehr als Werbefiguren einzusetzen, kann man davon ausgehen, dass in Zukunft Wildtiere in der amerikanischen Werbeszene nicht mehr zu sehen sein werden. Denn dies wäre politisch unkorrekt.

> **Rassistisch oder witzig?**
> Bis zu 800 Mio. Zuschauer verfolgen jährlich den Superbowl, das Finale der *American Football-League*. Jahr für Jahr gelang es *Volkswagen*, mit einem witzigen Werbespot in den Werbepausen gewaltig Resonanz zu erzeugen. „Der Spot für den diesjährigen Superbowl (3.2.2013) ist bereits online und sorgt nun in den USA für Aufregung. Darin ist ein weißer Mitarbeiter einer Firma zu sehen, der bestens gelaunt im Rastafari-Slang seine Trübsal blasenden Kollegen aufmuntern will. ‚Wicked coffe, Mista Jim' – ‚Geiler Kaffee, Herr Jim', ruft er etwa einem Kollegen zu. Diesen Dialekt, aus Raggae-Songs bekannt, sprechen aber eigentlich nur schwarze Jamaikaner. Nun fragen einige US-Medien, ob sich der deutsche Autokonzern über die Bewohner des Inselstaats lustig machen will" (Oppenheimer 2013, S. 1).

Anders als die auf ‚political correctness' fixierten US-Amerikaner sahen die Betroffenen selbst das Ganze entspannt. Jedenfalls lies der jamaikanische Tourismusminister mitteilen, der Werbespot sei nicht rassistisch.

> ☞ Die zentrale Botschaft dieser Einführung wird im weiteren Verlauf des Teils Kommunikationspolitik in vielfältiger Weise variiert und konkretisiert: Interkulturell tätige Unternehmen können Informationen und Kaufappelle nur dann wirksam kommunizieren, wenn sie die kulturbedingte „mentale Programmierung" ihrer Zielgruppen kennen und bei der Konzeption ihrer kommunikationspolitischen Maßnahmen berücksichtigen.

2 Standardisierung vs. Differenzierung

Die Schlüsselfrage des Interkulturellen Marketing lautet: Standardisierung oder Differenzierung? Sie wurde bislang am häufigsten am Beispiel von Werbemaßnahmen empirisch untersucht (vgl. Nasir/Altinbasak 2009; Fastoso/Whitelock 2007). Seit Anfang der 1960er-Jahre befasst sich die internationale Kommunikations- und Werbeforschung vorrangig mit der Frage, ob und in welchem Maße Kommunikationsstrategien und Kommunikationsmaßnahmen, die ursprünglich für den Heimatmarkt entwickelt wurden, auf Auslandsmärkte übertragbar sind (vgl. Fatt 1967, 1964; Elinder 1961). Die fortschreitende Globalisierung veränderte auch diese Fragestellung: Sollte Kommunikationspolitik nicht von vornherein für homogene Kultur- bzw. Ländercluster, Regionalmärkte oder Weltmärkte einheitlich konzipiert und umgesetzt werden? Die im Rahmen dieser Diskussion vorgebrachten Argumente lassen sich zu drei Grundsatzpositionen verdichten:
- Standardisierung,
- Differenzierung,
- Glokalisierung.

2.1 Ein Beispiel aus der Praxis

2006 beauftragte die *Beiersdorf AG* die Werbeagentur *TBWA* damit, für *Nivea* eine Dachkampagne zu entwickeln. Diese sollte weitgehend unverändert in 64 Ländermärkten eingesetzt werden können. Die theoretische Basis für diese Strategie der Standardisierung lieferten Wissenschaftler, die argumentieren, dass die grundlegenden emotionalen Reaktionen auf Werbebotschaften ‚cultural universals' sind (d.h. mehr oder minder überall gleichartig ablaufen). Deshalb könne man emotionale Appelle weltweit standardisieren (vgl. de Mooij 2004, S. 156). Neben Furcht- und Humorappellen sowie Werbebotschaften, die Wohlbefinden thematisieren, lösen – gemäß der vorherrschenden Meinung – Erotik und Schönheit weltweit vergleichbare emotionale Reaktionen aus (vgl. Müller 1997, S. 169).

Da zwischen Kosmetikerzeugnissen und Schönheit ein offensichtlicher Zusammenhang besteht, ließ *TBWA* in Brasilien, China, Deutschland, Russland und den USA potentielle *Nivea*-Kundinnen nach ihrem Verständnis von Schönheit befragen. Entscheidend, so der Befund, sei das Zusammenspiel von Aussehen, Wohlfühlen, Persönlichkeit und zwischenmenschlichem Erleben. Deshalb entwickelte *TBWA* Printmotive, die Werte wie Nähe, Glaubwürdigkeit, Vertrauen und Geborgenheit im Kontext zwischenmenschlicher Beziehungen thematisieren. Als kommunikative Klammer diente der Claim: „Schönheit ist Leben, Sehnsucht etc." (vgl. Abb. 176).

Abb. 176: Nivea Claim „Schönheit ist Leben"

2010 allerdings wurde die Kampagne wieder abgesetzt. Nunmehr sollte *Draftfcb* als neue Lead-Agentur den wieder differenzierten Werbeauftritt koordinieren. Dieser Schwenk der Kommunikationsstrategie von *Beiersdorf* dürfte die zahlreichen Kritiker der Standardisierungsphilosophie bestärkt haben. 2011 verkündete das Unternehmen dann, unter dem Eindruck von Marktanteilsverlusten im weltweiten Wettbewerb mit *Procter & Gamble* und *L'Oréal*, einen grundlegenden Konzernumbau.

Renaissance des Regionalen

„Als Teil des geplanten Umbaus will *Beiersdorf* seine Kosmetiksparte mit Marken wie *Nivea*, *Eucerin* und *Labello* stärker regionalisieren. Künftig sollen die drei Geschäftsregionen Europa/Nordamerika, Asien und Schwellenländer selbst entscheiden können, welche Produkte sie ihren Kunden anbieten. Die Zentrale in Hamburg soll lediglich die strategische Linie vorgeben und sich ansonsten auf globale Aufgaben beschränken" (Irtz 2011).

2.2 Grundzüge der Debatte

Sind Werbestrategien, Werbekonzepte und Werbemaßnahmen, die ursprünglich für den Heimatmarkt entwickelt wurden, auf Auslandsmärkte übertragbar und, falls ja, in welchem Maße? Unter dem Eindruck der fortschreitenden Globalisierung und wachsenden Wettbewerbsintensität wurde im weiteren Verlauf der Standardisierungs/Differenzierungsdebatte (= S/D-Debatte) diese Schlüsselfrage neu formuliert: Können bzw. sollten Werbe- bzw. Kommunikationspolitik nicht von vornherein für homogene Kultur- bzw. Ländercluster, Regionalmärkte oder Weltmärkte einheitlich konzipiert und umgesetzt werden? Wie der umfangreichen Literatur zu entnehmen ist, gibt es Argumente, die dafür sprechen, Werbebotschaften inhaltlich bzw. gestalterisch mehr oder weniger zu differenzieren, wie auch Argumente, welche Standardisierung favorisieren.

2.2.1 Standardisierungsthese

2.2.1.1 Ausgangsüberlegung

Die zentralen Argumente der Anhänger dieser Position lauten Globalisierung, Konvergenz der Märkte und Universalität der Bedürfnisse.
- „In most of the countries I have visited, I find that human desires are pretty much alike" (Dichter 1962, S. 121).
- „Despite obvious language and cultural differences, peoples of the world have the same basic wants and needs. He says that most ‚... people everywhere, from Argentina to Zanzibar, want a better way of life for themselves and their families ...', that the desire to be beautiful, to be free of pain, to be healthy, etc., is universal" (Ryans 1969, S. 70).

Deshalb könnten die Unternehmen ihre Werbestrategien und Werbemaßnahmen weltweit vereinheitlichen (vgl. Levitt 1983). Auch überwiege im Regelfall der Kostenvorteil, welchen Standardisierung bietet, den Nachteil, der aus dem Verzicht auf Differenzierung von Werbebotschaft und Gestaltung erwächst. Weiterhin wird mit der grundlegenden Andersartigkeit von Above the Line-Maßnahmen und Below the Line-Maßnahmen argumentiert. Letztere (z.B. Guerilla-Marketing, aber auch Verkaufsförderung und Persönlicher Verkauf) seien vielfach individualisiert und im Idealfall nicht als Werbung erkennbar, da sie unterhalb der Wahrnehmungsschwelle der Zielpersonen agieren. Traditionelle Medienwerbung hingegen spreche ein Massenpublikum an, was Standardisierung nahelege (vgl. Schweiger/Schrattenecker 2009, S. 115). Schließlich berufen sich die Anhänger der Standardisierungsthese auf die Möglichkeit, ‚universal appeals' einzusetzen: Häufig handelt es sich dabei um emotionale Werbebotschaften. Denn von ihnen wird angenommen, dass sie unabhängig vom kulturellen Kontext verstanden und interpretiert werden, weil sie weltweit wirksame Bedürfnisse thematisieren (insb. Attraktivität, Gesundheit, Entspannung, Schönheit, Sozialprestige). So nutzen Werbeagenturen rund um den Globus das sog. Kindchenschema (vgl. Abb. 177). Denn das Bedürfnis nach Schutz und Fürsorge ist universal.

2.2 Grundzüge der Debatte

Abb. 177: Kindchenschema – ein Universal Appeal

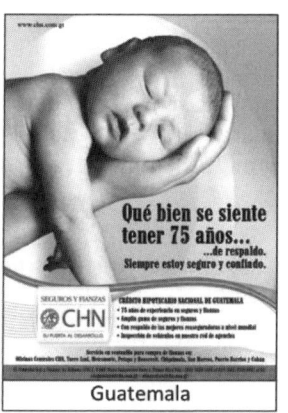

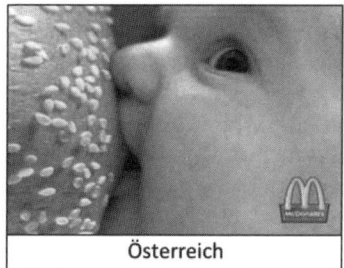

[Guatemala | Österreich]
[Rumänien | Thailand]
[| Deutschland]

2.2.1.2 Abgrenzungsprobleme

In der Mehrzahl der Studien, welche prüfen, ob die Unternehmen ihre Kommunikationspolitik standardisieren, kommen ⇒ inhaltsanalytische Verfahren zum Einsatz (vgl. Lerman/Callow 2004). Dies ist in mehrerlei Hinsicht problematisch.

Was versteht man als „standardisiert"?

Das Schlüsselkonzept der S/D-Debatte ist nicht hinreichend geklärt (vgl. Harris/Suleiman 2003). Wie Kanso/Nelson (2002, S. 84) am Beispiel von 95 skandinavischen Unternehmen nachgewiesen haben, kann mit „Standardisierung" höchst Unterschiedliches gemeint sein:
- 5,5 % der befragten Manager verstanden darunter, dass sie die Werbebotschaft in der ursprünglichen Sprache verbreitet haben,
- 5,5 %, dass sie die Werbebotschaft wörtlich übersetzt haben, und

- 34,2%, dass sie die Werbebotschaft sinngemäß übersetzt haben.
- 42,5% gaben an, dass sie Werbetext und Bildmotiv dem jeweiligen Markt angepasst haben,
- 2,3%, dass sie alles angepasst haben (außer das Werbekonzept).

Wie groß der Spielraum ist, wenn es darum geht, eine Werbemaßnahme, ein Produkt etc. als „standardisiert" oder als „differenziert" zu klassifizieren, demonstriert auch die Produktgestaltung von *Theramed* (vgl. Abb. 178): Ist sie standardisiert oder ist sie differenziert?

Abb. 178: Produktgestaltung von Theramed für den französischen & den deutschen Markt

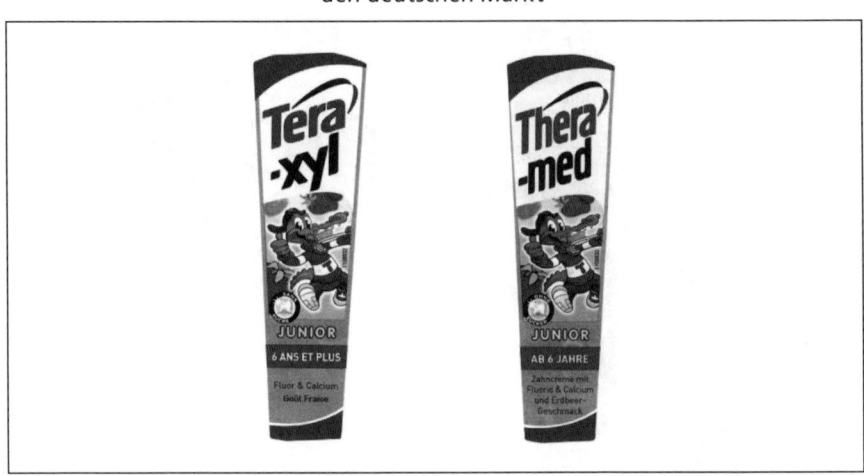

Weiterhin ist häufig unklar, ob mit „Standardisierung" die Vereinheitlichung der kreativen Strategie gemeint ist oder deren Umsetzung in konkrete Maßnahmen (vgl. Duncan/Ramasparad 1995). Plausibilität und empirische Befunde sprechen dafür, dass es leichter fällt, die Strategie zu standardisieren und die Umsetzung dem jeweiligen kulturellen Umfeld anzupassen (vgl. Kondelova/ Whitelock 2001).

Werden standardisierte Werbeappelle überall in gleicher Weise verstanden?

Zou/Belk (2004, S. 63) halten dieses Axiom der inhaltsanalytischen Forschung für höchst problematisch. Ausgangspunkt ihrer Reader-Response-Studie ist die Frage: „Is that what an ad says or what its creator intends it to convey also what it means to consumers?"

Chinesische Rezipienten verarbeiten den beiden Wissenschaftlern zufolge Werbebotschaften "dialektisch", zwischen ihrem Bedürfnis nach Status und einem kosmopolitischen Lebensstil einerseits und ihrem nationalistisch gefärbten Bedürfnis nach chinesischen Werten andererseits schwankend. Je nachdem, welches Bedürfnis in einer konkreten Situation aktualisiert ist, werden dann ausländische Modelle, wie sie üblicherweise in globalen Anzeigen zu sehen sind, aufgewertet – als Repräsentanten des kosmopolitischen Lebensstils – oder als „unchinesisch" abgewertet. Eine *Philishave*-Anzeige, die eine westlich aussehende Frau zeigt, wie sie zum Nachweis der sanften Gründlichkeit der Rasur ihrem Mann auf die Wange küsst, wird bspw. folgendermaßen kommentiert: „The intimate expression is more suitable for foreigners, not for us Chinese" (Zou/Belk 2004, S. 68).

2.2.1.3 Forschungsergebnisse

Die Mehrzahl der wissenschaftliche Studien spricht dafür, dass Werbung sogar in einem scheinbar homogenen Kulturkreis wie Europa höchst unterschiedlich wirkt und deshalb differenziert werden sollte (z.B. de Mooij 2009; Orth et al. 2007; Diehl/Terlutter 2006; Kanso/Nelson 2002; Müller 1997, S. 6 ff.). Dennoch wurden zahlreiche Bedingungen identifiziert, unter denen Unternehmen der Standardisierungsstrategie den Vorzug geben.

Kulturfreie vs. kulturgebundene Güter. Bestimmte Produkte werden mit größerer Wahrscheinlichkeit standardisiert beworben als andere:
- Unterhaltungselektronik (vs. Lebensmittel; vgl. Katsikeas et al. 2006),
- Kosmetikartikel (vs. Haushaltswaren und Lebensmittel; vgl. Nelson/Paek 2007).

Cultural Universals. Werbebotschaften, die universelle Bedürfnisse thematisieren (bspw. Schönheit, Gesundheit, Erfolg, Beliebtheit), können ‚universal appeals' nutzen (vgl. Müller 1997, S. 16 ff.). Dies ermöglicht es, die gleichen Photomotive, Grafiken etc. weltweit zu nutzen, was gerade im Falle von Printwerbung erhebliche Skalen- und damit Kostenvorteile verspricht (vgl. Melwar/Vemmervik 2004).

Transnationale Zielgruppen. In Märkten, für die ‚cross-national consumer segments' bedeutsamer sind als Landesgrenzen, können global oder regional nachweisbare Kundensegmente standardisiert umworben werden. Für den Bekleidungssektor haben Ko et al. (2007) clusteranalytisch vier transnationale Zielgruppen nachgewiesen: ‚information seekers', ‚sensation seekers', ‚utilitarian consumers' und ‚conspicuous consumers'.

Konvergenz von Wirtschaftsräumen. Amerikanische und japanische Unternehmen, die im europäischen Raum Niederlassungen unterhalten, neigen unter folgender Bedingung dazu, ihre Werbung zu standardisieren. Das Management ist von der Konvergenzthese überzeugt und geht davon ausgeht, dass es aufgrund der Integration dieses Wirtschaftsraumes u.a. zu einer Angleichung des Konsumentenverhaltens, des Medienangebots und der Wettbewerbsintensität kommt (vgl. Okazaki et al. 2007).

Kosten- vs. Kommunikationsziele. Zumeist werden kommunikationspolitische Maßnahmen standardisiert, um Kosten zu reduzieren, und eher selten, um markenpolitische Ziele (z.B. ein globales Markenimage) zu erreichen (vgl. Taylor/Okazaki 2006).

Strategische vs. taktische Ziele. Wenn international oder global tätige Unternehmen standardisieren, dann vorzugsweise ihre Unternehmensstrategie, Kommunikationsstrategie etc. Die taktische Umsetzung indessen wird häufig den nationalen Tochtergesellschaften überlassen, wobei eine mehr oder weniger weitgehende Anpassung an die jeweiligen Landes- und Marktbedingungen üblich ist (vgl. z.B. Taylor/Johnson 2002). „Advertising for multinational products uses standardization most often in strategy, less often in executions, and least often in language" (Duncan/Ramaprasad 1995, S. 55).

Kontrollmöglichkeiten der Zentrale. Je mehr es der Unternehmenszentrale möglich ist, ihre lokalen Tochtergesellschaften zu kontrollieren, umso mehr neigen Unternehmen dazu, ihren internationalen Werbeauftritt zu vereinheitlichen (vgl. Laroche et al. 2001). Dass die Entscheidung „pro Standardisierung" häufig eher machtpolitisch motiviert als sachlich begründet ist (z.B. homogene Marktverhältnisse), berichten u.a. Duncan/Ramaprasad (1995): Wie die von ihnen befragten Leiter der Auslandsniederlassungen führender Multinationaler Unternehmen zu Protokoll gaben, schrieben ihre Konzernzentralen ihnen die Standardisierungsphilosophie vor. Auch sei der dabei ausgeübte Druck im Laufe der Jahre ständig gewachsen. Indirekt bestätigt dies auch de Mooij (2010, S. 5): „The decision to standardize has more to do with corporate culture than with the culture of markets and nations."

Entwicklungsstand der Märkte. Die Wahrscheinlichkeit, dass standardisiert geworben wird, ist dann vergleichsweise groß, wenn die Verantwortlichen das Stammland ihres Unternehmens und die zu erschließenden Auslandsmärkte als ökonomisch vergleichbar entwickelt einstufen (vgl. Samiee et al. 2003).

2.2.2 Differenzierungsthese

Die Vertreter dieser Position fordern eine mehr oder minder weitgehende Anpassung der Kommunikationspolitik an die jeweiligen Bedingungen der einzelnen Zielmärkte. Werbung sei immer auch ein kulturspezifisches Artefakt – etwas von Menschen Geschaffenes. Deshalb müssten Werbebotschaften (d.h. Appelle, Claims, Slogans) zwangsläufig die Standards und Werte des jeweiligen kulturellen Umfelds reflektieren. Tatsächlich sind aus einer Reihe von Gründen die wenigsten Werbekampagnen wirklich global.

Kulturelle Myopie
„Unfortunately, advertisers have in the past shown a tendency to be culturally myopic. Indeed, many advertising campaigns that have been successful in the U.S. have ultimately failed in other countries because advertisers do not fully understand the foreign cultures and their social norms" (Bradley et al. 1994, S. 142).

2.2.2.1 Gesetzliche Vorgaben

Vor allem aus der juristischen Umwelt erwachsen zahlreiche landes- oder regionenspezifische Vorgaben, die unumgänglich sind und die Unternehmen zwingen, ihre Kommunikationspolitik zu differenzieren. So müssen in Frankreich Werbetexte in der Landessprache verfasst werden. Denn „La Grande Nation" begreift sich als Kulturnation und die Dominanz des angelsächsischen Weltbildes im Allgemeinen sowie des Englischen im Besonderen als Kulturimperialismus. Australien und Brasilien wiederum schreiben Werbungtreibenden vor, ihre Fernsehwerbung im Inland zu produzieren. Kommen dabei ⇒ Testimonials zum Einsatz, so müssen in Südafrika Quoten für die relevanten ethnischen Gruppen beachtet werden. Weibliche Werbemodelle sind in Saudi-Arabien und in anderen islamischen Ländern verpflichtet, traditionelle Kleidung zu tragen, die, abgesehen von Gesicht und Händen, den gesamten Körper verhüllt. Und in Russland darf in den elektronischen Medien nicht für Alkohol- und Tabakerzeugnisse geworben werden.

Weiterhin können juristische Vorgaben verhindern, dass mit „Informationen", welche der Gesetzgeber als irreführend einstuft, geworben wird. Hierzu zählen sowohl Falsch- als auch Pseudoinformationen (d.h. „Informationen" ohne Informationsgehalt). Und in Kontinentaleuropa ist es angesichts des noch immer verbreiteten restriktiven Verständnisses von Vergleichender Werbung vielfach unzulässig, den Produktvorteil gegenüber einem namentlich genannten Wettbewerber zu bewerben. Eine entscheidende Rolle spielt auch das Schulsystem. Textlastige Werbebotschaften etwa versprechen in Ländern mit einem hohen Anteil an Analphabeten (wie Pakistan, Bangladesch oder Äthiopien) wenig Erfolg. Wer dort nicht nur die gebildete Oberschicht ansprechen möchte, sondern die Mehrheit der Bevölkerung, muss vorrangig bildhaft kommunizieren.

2.2.2.2 Produktlebenszyklus

Differenzierungsbedarf besteht auch dann, wenn das zu bewerbende Produkt in den einzelnen Auslandsmärkten in unterschiedlichen Phasen des Produktlebenszyklus angekommen ist. Denn Produkte, die sich bspw. in der Einführungsphase befinden, müssen anders beworben werden als Produkte in der Sättigungsphase (vgl. Vakratsas/Ambler 1999; Papavassiliou/Stathakopoulos 1997).

2.2.2.3 Bedürfnisse

Selbst universelle ⇒ Bedürfnisse werden zumeist kulturspezifisch gestillt und müssen kommunikationspolitisch deshalb differenziert, d.h. kulturangepasst umgesetzt werden.

Bedürfnis nach Sicherheit

In kollektivistischen Gesellschaften erlangt man primär dadurch materielle Sicherheit, dass man seinen Platz im sozialen Gefüge akzeptiert und die damit verbundenen Aufgaben übernimmt (insb. für seine alt gewordenen Eltern sorgt). Ganz anders die westlichen Sozialstaaten: Sie haben die Vorsorge individualisiert und anonymisiert (z.B. mittels der Pflegeversicherung).

Bedürfnis nach Anerkennung

Im individualistischen Kulturraum findet Anerkennung, wer als Einzelperson besondere Leistungen erbringt. Im kollektivistischen Kulturraum sind hingegen Leistungen erwünscht, welche dem Team, der Gruppe etc. zum Erfolg verhelfen. Einzelkämpfer entsprechen nicht dem Ideal dieser Gesellschaftsform.

Bedürfnis nach Schönheit

Weltweit wollen Menschen „schön" sein. Aber was bzw. wer ist schön? In Mittel- und Nordeuropa bspw. entspricht gebräunte Haut dem Schönheitsideal, in Japan hingegen weiße Haut. Deshalb werden in den europäischen Märkten Bräunungscremes und in den asiatischen Märkten Cremes zur Hautaufhellung beworben (vgl. Waldenberger/von Mylius 2007, S. 123). Und deshalb schützen sich Asiaten mit einem Sonnenschirm, während in unseren Breiten „Sonnenhungrige sonnenbaden".

2.2.2.4 Menschenbild

Wie stellen sie sich eine Trägerin von Ökomode vor? Nordamerikaner beantworten diese Frage, indem sie eine Frau in den Zwanzigern beschreiben, die sich schlicht kleidet, „aber" selbstbewusst und sexy wirkt. Europäer assoziieren damit eine gut verdienende, spröde Frau Mitte 40, deren Geschmack zu wünschen lässt (vgl. Cervellon et al. 2010). Je nachdem, welches Menschenbild in einem bestimmten Werbemarkt dominiert, versprechen unterschiedliche Werbebotschaften und Gestaltungen Erfolg.

2.2.2.5 Religiöse Überzeugungen

Der bekannte *Esso*-Slogan „Put a Tiger in Your Tank" (vgl. Abb. 179) konnte zwar in vielen Ländern, aber nicht weltweit eingesetzt werden (vgl. Ryans 1969). Denn im christlichen Kulturraum hat sich eine andere Vorstellung von der Stellung der Tiere in der Schöpfung entwickelt (= dem Willen des Menschen unterworfen) als im buddhistischen und im islamischen Kulturraum. Für Buddhisten sind Mensch und Tier sogar gleichgestellt. Denn beide unterliegen dem Kreislauf der Wiedergeburt (vgl. Schmithausen/Maithrimurthi 1998). Aber auch in jenen Ländern, in denen Werbung mit Tieren kein Tabu verletzt, wurde der Werbeslogan differenziert eingesetzt (z.B. „Mettez un Tigre dans Votre Moteur" vs. „Pack den Tiger in den Tank").

Der *Ikea*-Katalog erschien erstmals im Jahre 1951. Mittlerweile wird er in 43 Ländern ausgeliefert, zuletzt mit einer Auflage von 208 Mio. Stück. Um religiöse Gefühle bzw. Normen nicht zu verletzen, sind für einzelne Länder bzw. Regionen immer häufiger „Anpassungen" erforderlich. So wurden 2012 aus dem für Saudi-Arabien bestimmten Katalog Abbildungen von Frauen weg-retouchiert, um der archaischen Gesellschaftsordnung dieses Landes, Rechnung zu tragen: Sie verbannt Frauen aus der Öffentlichkeit. Kurz zuvor hatte *Ikea* von seiner russischen Webseite ein Photo entfernt, das Jugendliche zeigte, die Sturmmasken im Stile von *Pussy Riot* trugen. Die russische Polit-Punkband war kurz zuvor wegen eines politisch-blasphemischen Auftritts in einer orthodoxen Kirche zu zwei Jahren Haft verurteilt worden.

Abb. 179: Esso-Werbung

2.2.2.6 Sprache & Schrift

Zahlreiche Begriffe lösen in den verschiedenen Ländern unterschiedliche Assoziationen aus. Während Franzosen mit „Nacktheit" Schönheit und Naturverbundenheit assoziieren, verbinden Russen damit eher etwas Anstößiges. „Orientalisch" erinnert Deutsche an den Nahen Osten, an Kamele und verschleierte Frauen, Amerikaner hingegen denken dann an den Fernen Osten, symbolisiert z.B. durch Kimonos oder Essstäbchen (vgl. Müller 1997, S. 21 f.). Und mit dem Slogan „Freude am Essen" verbinden die Menschen höchst unterschiedliche Vorstellungen, je nachdem, ob sie einer individualistischen oder einer kollektivistischen Gesellschaft angehören. So sagt man in Deutschland „Essen und Trinken halten Leib und Seele zusammen", und in Thailand heißt es: „Eine glückliche Familie isst zusammen, freut sich zusammen am Wohlgeschmack und an dem, was zu Hause gekocht wird".

Selbst wenn der Text einer Werbebotschaft standardisiert wird, verändert das unterschiedliche Schriftbild der verschiedenen Schriftsysteme (z.B. arabische, indische, kyrillische oder lateinische Schrift) den Gesamteindruck (vgl. Abb. 180). Wie folgendes Beispiel zeigt, ist dies besonders problematisch, wenn auch die Schreibrichtung variiert: Für zahlreiche Produkte bzw. Leistungen, welche Schönheit versprechen (z.B. Diät, Frisur, Fitness, Mode), wird mit sog. Vorher/Nachher-Bildern geworben. Entsprechend der Links/Rechts-Schreibrichtung der lateinischen Sprachfamilie wird dabei das Vorher-Bild (z.B. ein übergewichtiger oder ein von Kopfschmerzen geplagter Mensch) auf der linken Bildseite abgebildet, während die rechte Bildseite das Nachher-Bild zeigt: einen nach Einnahme der in der Anzeige beworbenen Sättigungspille oder Kopfschmerztablette normalgewichtigen oder vom Kopfschmerz befreiten Menschen. Die Rechts/Links-Schreibrichtung der arabischen Schrift zwingt zu einer Umkehrung der Abfolge bzw. zu einem Verzicht auf dieses Gestaltungselement. Denn es visualisiert kausales Denken, das hauptsächlich in den westlichen Industriegesellschaften verbreitet ist.

Abb. 180: Coca Cola-Logo in unterschiedlichen Schriftsystemen

Deutschland	Saudi-Arabien
Thailand	Israel	China

Weiterhin sollten in Ländern, in denen sich eine der alphabetischen Sprachen etabliert hat, akustische Signale den Vorzug erhalten, während in Märkten, in denen Schriftzeichensprachen dominieren, visuelle Signale mehr Erfolg versprechen (vgl. de Mooij 2010, S. 181 f.). So empfiehlt es sich, Markennamen, die im konfuzianischen Kulturraum zum Einsatz kommen, ⇒ kalligraphisch zu gestalten – wie ein Logo. Auch bei der Konzeption und Gestaltung der übrigen kommunikationspolitischen Strategien und Maßnahmen sollte man der kulturspezifischen Präferenz für die Art der Aufbereitung von Informationen Rechnung tragen:
- Bildinformationen (= kollektivistische Gesellschaften),
- Textinformationen (= individualistische Gesellschaften).

2.2.2.7 Landeskultur

Während für High Context-Märkte vielschichtige Bildmotive empfehlenswert sind, die Spielraum für die Deutung durch den Betrachter lassen, präferieren Angehörige von Low Context-Kulturen monothematische Bilder mit eindeutigem Objektbezug (vgl. Uskul et al. 2008). In diesen Märkten sollten Werbebotschaften die Produktvorteile thematisieren und nicht etwa das Umfeld des Konsums: „The hero is the product."

In Märkten, in denen Menschen generell bestrebt sind, Unsicherheit zu meiden, wird seltener damit geworben, dass ein Produkt innovativ bzw. preisgünstig ist. Denn Neuartiges ist häufig zugleich auch unsicher, und einem preisgünstigen Angebot wohnt die Gefahr inne, dass es qualitativ minderwertig ist. Andererseits werden in unsicherheitsaversen Märkten pro Spot mehr ⇒ Schlüsselinformationen dargeboten als in Märkten, in denen die Menschen kulturbedingt Unsicherheit tolerieren (vgl. Abernethy/Franke 1996). Das in Abb. 181 vorgestellte *BMW*-Motiv wiederum thematisiert Werte, die in individualistischen Gesellschaften wertgeschätzt werden: Unabhängigkeit, Individualität und Selbstverwirklichung.

Abb. 181: Individualistische BMW-Werbung

Fotograf und Urheberrechte: Christopher Thomas, www.christopher-thomas.de.

2.2.3 Glokalisierungsthese

2.2.3.1 Ausgangsüberlegung

Das Fazit der langjährigen kontroversen S/D-Diskussion lautet: Trotz Globalisierung und Konvergenz vielfältiger Lebensbedingungen in den Triade-Märkten sprechen mehr Argumente gegen als für eine weitgehende Standardisierung der Kommunikationspolitik (vgl. Brei et al. 2011; Cui/Yang 2009; Sousa/Lengler 2009; Solberg 2002; Cervellon/Dube 2000; Papavassiliou/Stathakopoulos 1997; Tse et al. 1989). Gleichwohl sind die ökonomischen Vorteile der Standardisierung offensichtlich. Deshalb liegt es nahe, einen Kompromiss zu suchen: Glokalisierung. Die Logik dieser von den meisten Wissenschaftlern präferierten Strategie (vgl. Melewar/Vemmervik 2004) besteht in der Suche nach dem optimalen Mittelweg zwischen dem Streben nach ...
- Effizienz (= Standardisierung bzw. Globalisierung) und dem Streben nach
- Effektivität (= Differenzierung bzw. Lokalisierung).

Die Hybridstrategie Glokalisierung verbindet Globalisierung und Lokalisierung. Im Unternehmensalltag wird zumeist die übergeordnete Kommunikationsstrategie global ausgerichtet, während man die einzelnen Kommunikationsmaßnahmen und Instrumente den lokalen Bedingungen anpasst.

2.2.3.2 Beispiele aus der Praxis

Audi

Der Ingolstädter Automobilhersteller wirbt in Japan und zahlreichen anderen Ländermärkten mit dem Slogan „Vorsprung durch Technik", um mit der deutschen Sprache als indirektes Herkunftszeichen die Assoziation „deutsch = besondere Qualität" auszulösen (vgl. Horn 2005, S.92). Davon abgesehen aber verfolgt das Unternehmen selbst im vergleichsweise homogenen europäischen Automobilmarkt die Differenzierungsstrategie. Deutsche Käufer versucht der Premiumhersteller primär mit rationalen, direkten Werbeappellen zu gewinnen, welche die technische Qualität der eigenen Erzeugnisse betonen (z.B. Quattro-Technologie). In England hingegen erhält häufig eine humorvoll-indirekte Ansprache den Vorzug. So ironisiert der Slogan *„Audi R8 – The slowest car we've ever built"* vordergründig die Höchstgeschwindigkeit des Sportwagens (301 km/h), thematisiert aber hintergründig das Besondere der „langsamen" manufakturellen Produktionsweise (kleine, exklusive Serie, großer Anteil von Handarbeit).

Procter & Gamble

Der ursprünglich amerikanische Konsumgüterhersteller warb für ein „Shampoo mit Conditioner" (= *all in one*) weltweit mit dem USP „Zeitersparnis" (⇒ Zeit). Kommuniziert wurde diese Nutzenkomponente jedoch regionenspezifisch. In „zeitgeizigen" Märkten (Europa, Nordamerika) kam ein TV-Spot zum Einsatz, der Hektik thematisiert: Einer jungen Frau, die sichtbar unter Zeitdruck steht, fällt in einem Fitness-Center die Tür der Umkleidekabine zu. Ganz anders der im asiatischen Markt ausgestrahlte Werbespot: Er setzte auf Stille und Bequemlichkeit (vgl. Alden et al. 1999, S.75).

Nivea

Der Claim „So sanft wie ein Morgenregen" verbalisiert das primäre Nutzenversprechen von *Nivea Soft:* Sanftheit und Milde. Selbst dann, wenn man ihn ohne Bedeutungsverlust übersetzen könnte, wäre dieser Claim für den globalen Einsatz ungeeignet (vgl. Esch 2007, S.202). Denn in ...
- weiten Bereichen der Welt (z.B. arabische Halbinsel, Maghreb) regnet es so selten, dass die dort lebenden Menschen diese Werbebotschaft als surreal empfänden,
- den tropischen Regionen (z.B. Indonesien) regnet es, wenn es regnet, sinnflutartig – und nicht sanft,
- manchen Ländern (z.B. Großbritannien) regnet es derart häufig, dass selbst der sanfteste Morgenregen niemanden beglücken würden.

Melitta

Die Marke *Toppits* wird zwar europaweit gleichartig beworben: mittels der detailgetreuen Zeichnung eines in Folie gehüllten Lebensmittels. Entsprechend den landestypischen Ernährungsgewohnheiten werden in Anzeigen, die auf dem spanischen Markt erscheinen, Käse und eine heimische Wurstspezialität dargestellt, während in den deutschen Medien eine Backkartoffel zu sehen ist. Die Gefrierbeutel-Verpackung wiederum zieren in Südeuropa Krustentiere und in Deutschland *Leipziger Allerlei*, also Mischgemüse.

McDonald's

Die Fast Food-Kette setzte bereits 2003 mit dem Claim „Ich liebe es / I'm lovin it" auf das Thema Liebe und damit auf eine dem vergleichsweise trivialen Werbeobjekt (Fastfood) scheinbar nicht angepasste Form der Emotionalisierung, noch bevor „Lovemarks" wie *Starbucks* zu einem Modethema wurden (vgl. Thompson et al. 2006; Roberts 2004). Der Erfolg sollte den Verantwortlichen Recht geben. In den mehr als 100 Ländermärkten konnte die Markenpräferenz innerhalb eines Jahres um bis zu 138% (= Australien) gesteigert werden (Deutschland = 69%; Campillo-Lundbeck 2007). „I'm lovin it" war zwar die erste globale Kampagne von *McDonald's*, wurde aber bspw. im Internet glokalisiert umgesetzt. Konkret bedeutet dies, dass die Startseite von *McDonald's* weltweit sowohl individualistische Werte (z.B. persönliche Freiheit) als auch kollektivistische Werte (z.B. Geborgenheit in der Familie) aktualisierte, in den einzelnen Ländermärkten jedoch unterschiedliche Akzente setzte. In Japan etwa, wo die Verbeugung der ikonographische Ausdruck des für diese Gesellschaft so bedeutsamen Strebens nach Harmonie ist, verneigen sich *McDonald's*-Mitarbeiter vor dem Betrachter. Auch der Medienmix trug nationalen Besonderheiten Rechnung. So wurde die Kampagne in China und Österreich primär durch SMS-Botschaften verbreitet, während in anderen Ländermärkten klassische elektronische Werbung (z.B. Großbritannien) bzw. Außenwerbung diese Funktion erfüllte (vgl. Schneider 2007):
- Australien = „Sky Art" bei Sportveranstaltungen,
- Brasilien = Plakatierung an Mautstationen,
- Japan = Großleinwände,
- Litauen = Dekoration von Straßenbahnen.

Liebe & Essen

„,Du gehst am liebsten dort essen, wo du dein Lieblingsessen bekommst, denn du liebst es.' So erklärte *A. Forberger*, Creative Director der Agentur *Heye Partner*, wie sie darauf kamen, das Briefing des Auftraggebers (‚*McDonald's* ist ein unkompliziertes Vergnügen im täglichen Leben') nicht mit ‚Zum Fressen gern', sondern mit ‚Ich liebe es' zu übersetzen" (Campillo-Lundbeck 2007, S. 26).

2.3 Forschungsergebnisse

Sind diese Beispiele verallgemeinerbar? Die meisten Wissenschaftler versuchen, die S/D-Frage auf der Basis von Einschätzungen, die Manager bzw. Konsumenten abgeben, zu beantworten. Anders als bei dieser subjektiven Forschungsstrategie (vgl. Teil G-2.3.1) wird beim objektiven Ansatz (vgl. Teil G-2.3.2) häufig durch inhaltsanalytische Verfahren versucht, möglichst verzerrungsfreie Daten zu erhalten. Ausgangspunkt des normativen Ansatzes (vgl. Teil G-2.3.3) sind Annahmen darüber, welche Bedingungen für Standardisierung sprechen und welche für Differenzierung. In einem zweiten Schritt beurteilt der Wissenschaftler, ob und in welchem Maße die von ihm eingangs formulierten Annahmen im vorliegenden Fall erfüllt sind und ob schließlich die Empfehlung Standardisierung, Differenzierung oder Glokalisierung lauten soll.

2.3.1 Subjektiver Ansatz

Die meisten älteren Studien (z.B. Hill/Shao 1994; James/Hill 1991; Hite/Fraser 1988) leiden unter der damals üblichen ethnozentrischen Herangehensweise. Eine Folge der Fixierung auf das eigene Weltbild war, dass zumeist nur Repräsentanten amerikanischer Unternehmen befragt wurden. Lediglich Sorenson/ Wiechmann (1975) und Harris (1994) wollten damals wissen, welche Erfahrungen europäische Manager mit der Standardisierung bzw. Differenzierung ihrer Kommunikationspolitik gewonnen haben. Und Asien war zu jener Zeit überhaupt nicht im Blickfeld der Wissenschaftler.

Ein weiterer Schwachpunkt ist die Simplifizierung des Forschungsgegenstandes. Erneut waren es nur Sorenson/Wiechmann (1975) sowie James/Hill (1991), die zwischen der Werbebotschaft an sich und deren kreativer Umsetzung differenzierten. Diese überaus bedeutsame Unterscheidung geht auf Killough (1978) zurück, der zwar Ideen für international transferierbar hielt, nicht aber deren Ausführung bzw. Umsetzung. Neuere Untersuchungen stützen diese These: Auswahl der Medien und Werbeagenturen sowie Gestaltung der Werbebotschaft sind demzufolge eine Domäne der lokalen Niederlassungen, während im Regelfall das Stammhaus über die generelle Strategie und das Budget entscheidet (vgl. Solberg 2002). Diese Vorgehensweise entspricht konzeptionell einer Dachkampagne: Die Werbebotschaft wird standardisiert, die konkrete Ausführung kulturell adaptiert (vgl. Wei/Jiang 2005).

Pae et al. (2002) wiesen auf ein weiteres Manko der S/D-Forschung hin: die Vernachlässigung der Rolle der Konsumenten. Deshalb befragten *Pae, Samiee & Tai* Probanden in Hong Kong nach deren Präferenzen. Die Studie ergab, dass Markenbekanntheit der entscheidende Moderator ist. Denn bei bekannten Marken verspricht den Untersuchungsbefunden zufolge eine Standardisierung der Kommunikation mehr Erfolg und bei weniger bekannten Marken die Lokalisierungsstrategie. Dow (2006) identifizierte in einer Längsschnittstudie zwei weitere Kontingenzvariablen: starke Wettbewerbsintensität im Zielmarkt und hohe Logistikosten.

☞ Die empirischen Studien bestätigen, was die eingangs vorgestellten Praxisbeispiele vermuten lassen: Global standardisierte Werbung ist tendenziell die Ausnahme. Lediglich in den 1970er-Jahren überwog die Überzeugung, dass die Standardisierungsstrategie Erfolg verspricht. Mittlerweile dominiert Glokalisierung. Die meisten auslandserfahrenen Unternehmen versuchen pragmatischerweise, Skaleneffekte zu generieren, wenn die Märkte es erlauben (d.h. zu standardisieren), und zu differenzieren, wo immer es nötig ist.

2.3.2 Objektiver Ansatz

Bei diesem Forschungsansatz beurteilen Experten den Standardisierungsgrad einzelner internationaler Werbekampagnen bzw. Werbeträger (häufig Zeitschriften), die ihnen vorgelegt werden. Gemäß den vorliegenden inhaltsanalytischen Studien bestätigen die so gewonnenen Befunde die im vorangegangenen Teil geschilderten subjektiven Einschätzungen der befragten Manager weitgehend. Whitelock/Chung (1989) bspw. untersuchten sowohl in Frankreich als auch in Großbritannien einzelne Gestaltungselemente von Printwerbung für Kosmetikartikel (z.B. Farbe, Bild, Text). Dabei zeigte sich, dass nur 14 % der Anzeigen für ein identisches Produkt als standardisiert gelten können. Ein Großteil der Anzeigen (69 %) wurde den landesspezifischen Bedingungen teilweise angepasst, der Rest (17 %) umfassend verändert.

2.3.3 Normativer Ansatz

Um das Standardisierungspotential der Werbeplanung ermitteln zu können, ging Harvey (1993) von sechs Faktoren aus, welche die Standardisierbarkeit der verschiedenen Phasen dieses Prozesses prinzipiell beeinflussen können.

Annahmen

(1) Bei erklärungsbedürftigen Produkten informiert die Werbebotschaft gewöhnlich über den Grundnutzen. Ist ein Produkt auf einem anderen Ländermarkt bereits eingeführt und wird dort primär der Zusatznutzen kommuniziert, dann bedarf es einer international differenzierten Werbebotschaft.

(2) Standardisierbar sind Werbebotschaften weiterhin nur dann, wenn in allen Ländermärkten dieselben Kommunikationsziele verfolgt werden (bspw. emotionale Positionierung, Steigerung des Bekanntheitsgrades). Dies wiederum setzt voraus, dass auch andere Einflussfaktoren (z.B. Wettbewerbsintensität oder Stellung des Werbeobjekts im Produktlebenszyklus) überall in vergleichbarer Weise wirken.

(3) Ein weiterer Grund, differenziert zu werben, liegt vor, wenn die Nachfrager die in Land A engagierten Konkurrenzunternehmen grundsätzlich anders wahrnehmen als jene, die in Land B tätig sind.

(4) Professionelle Werbung bedarf einer bestimmten Infrastruktur (z.B. Medien, technische Ausstattung). Stehen in einzelnen Ländern bspw. keine qualifizierten Werbeagenturen zur Verfügung, so spricht dies für die (einfachere) Strategie der Standardisierung (vgl. Kloos 2012).

(5) Unterschiedliche Vorstellungen bezüglich des Stellenwertes von sowie der Art und Weise des Verbraucherschutzes haben landesspezifische Werbeverbote zur Folge (vgl. Nelson 2010). Wie im Falle des Verbots von TV-Werbung für Zigaretten in Deutschland weichen die Anbieter in diesem Markt dann auf andere Medien bzw. Instrumente aus (z.B. Event-Marketing, Sport-Sponsoring).

(6) Die jeweilige Art der präferierten Produktnutzung und andere soziokulturelle Einflussgrößen legen gleichfalls eine differenzierte Ansprache nahe.

Das Fahrrad bspw. wird in den Schwellenländern primär als Verkehrsmittel genutzt. Folglich empfiehlt es sich, dort in der Werbebotschaft den primären Nutzen (= kostengünstige Fortbewegung) zu thematisieren. Mit dem sekundären Nutzen (z.B. Lebensstil, Gesundheit) sollte man hingegen in solchen Märkten werben, in denen die meisten potentiellen Kunden das Fahrrad als Freizeit- und Sportgerät gebrauchen (d.h. der Produktlebenszyklus von Fahrrädern weit vorangeschritten ist).

Scoring-Modell

Ein einfaches Scoring-Modell hilft, die Stärke dieser Einflussfaktoren in den einzelnen Phasen der Werbeplanung zu quantifizieren (vgl. Tab. 141). Davon ausgehend lässt sich dann ein Punktwert berechnen, der Hinweise darauf liefert, welche Phasen standardisiert werden können und welche differenziert werden sollten.

Tab. 141: Struktur eines Scoring-Modells zur Ermittlung der Standardisierbarkeit der einzelnen Phasen einer Werbekampagne

Einflussfaktor	Planungsphase				
	Forschung und Entwicklung	Kreativitäts- phase	Media- planung	Werbe- gestaltung	Werbe- erfolgs- kontrolle
Produkt					
Innovationsgrad					
Produktnutzen					
...					
Wettbewerb					
Anzahl der Konkurrenten					
Gefahr des Markt- eintritts neuer Wettbewerber					
...					
Organisation					
Einheitlichkeit der Werbeziele für die versch. Länder					
Internationale Erfahrung der Werbeabteilung					
...					
Infrastruktur der Werbewirtschaft					
Medien					
Werbeagenturen					
...					

2.3 Forschungsergebnisse

Einflussfaktor	Planungsphase				
	Forschung und Entwicklung	Kreativitätsphase	Mediaplanung	Werbegestaltung	Werbeerfolgskontrolle
Staatliche Beschränkungen					
Verbraucherschutz					
Werberecht					
...					
Soziokultur					
Intention der Produktnutzung					
Einstellung der Konsumenten zu ausl. Produkten					
...					
Summe					

Anmerkung: 1 = sehr schwaches, ..., 5 = sehr starkes Standardisierungspotential

Quelle: in Anlehnung an Harvey (1993).

Unterscheidet man bei jedem der sechs Einflussfaktoren fünf Ausprägungen, dann sind für alle fünf Phasen der Werbeplanung (5 x 6 =) 30 Konstellationen anhand einer fünfstufigen Skala zu bewerten (1 = sehr schwache Auswirkung; 5 = sehr starke Auswirkung auf das Standardisierungspotential). Somit beträgt die minimale Punktzahl (30 x 1 =) 30. Maximal können 150 Punkte (= 30 x 5) erzielt werden. Dies legt folgende Entscheidungsregel nahe (vgl. Abb. 182).

Abb. 182: Entscheidungsregel

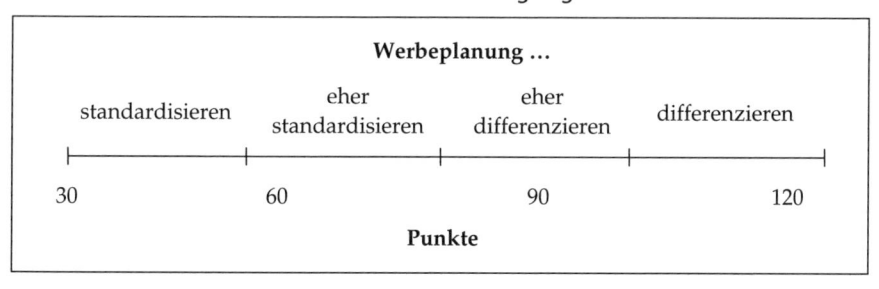

Werbeplanung ...

standardisieren	eher standardisieren	eher differenzieren	differenzieren
30	60	90	120

Punkte

3 Kommunikations-Mix

International stehen den Unternehmen prinzipiell dieselben kommunikationspolitischen Instrumente zur Verfügung wie auf dem Heimatmarkt (vgl. Abb. 183).

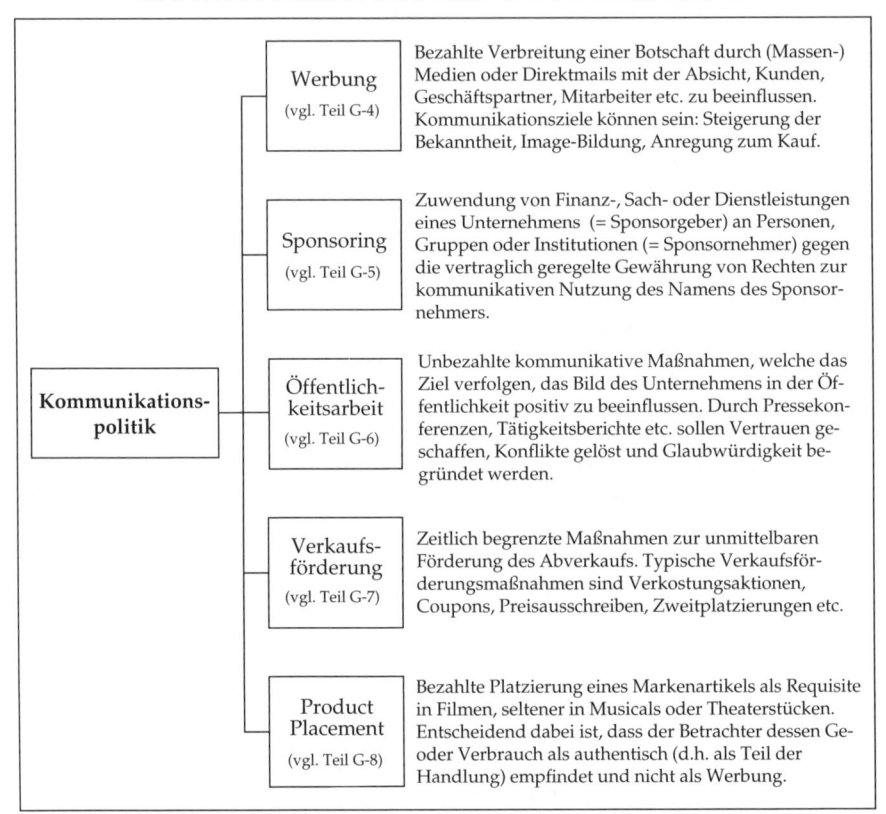

Abb. 183: Instrumente des klassischen Kommunikationsmix

Kommunikationspolitik	Instrument	Beschreibung
	Werbung (vgl. Teil G-4)	Bezahlte Verbreitung einer Botschaft durch (Massen-)Medien oder Direktmails mit der Absicht, Kunden, Geschäftspartner, Mitarbeiter etc. zu beeinflussen. Kommunikationsziele können sein: Steigerung der Bekanntheit, Image-Bildung, Anregung zum Kauf.
	Sponsoring (vgl. Teil G-5)	Zuwendung von Finanz-, Sach- oder Dienstleistungen eines Unternehmens (= Sponsorgeber) an Personen, Gruppen oder Institutionen (= Sponsornehmer) gegen die vertraglich geregelte Gewährung von Rechten zur kommunikativen Nutzung des Namens des Sponsornehmers.
	Öffentlichkeitsarbeit (vgl. Teil G-6)	Unbezahlte kommunikative Maßnahmen, welche das Ziel verfolgen, das Bild des Unternehmens in der Öffentlichkeit positiv zu beeinflussen. Durch Pressekonferenzen, Tätigkeitsberichte etc. sollen Vertrauen geschaffen, Konflikte gelöst und Glaubwürdigkeit begründet werden.
	Verkaufsförderung (vgl. Teil G-7)	Zeitlich begrenzte Maßnahmen zur unmittelbaren Förderung des Abverkaufs. Typische Verkaufsförderungsmaßnahmen sind Verkostungsaktionen, Coupons, Preisausschreiben, Zweitplatzierungen etc.
	Product Placement (vgl. Teil G-8)	Bezahlte Platzierung eines Markenartikels als Requisite in Filmen, seltener in Musicals oder Theaterstücken. Entscheidend dabei ist, dass der Betrachter dessen Ge- oder Verbrauch als authentisch (d.h. als Teil der Handlung) empfindet und nicht als Werbung.

3.1 Struktur & Dynamik der Werbeindustrie

3.1.1 Gesamtbetrachtung

2013 hatte der Weltmarkt der Werbung ein Gesamtvolumen von knapp 500 Mrd. $. Dominiert wurde er lange Zeit vom Nordamerika, Japan und Europa. Für die nahe Zukunft prognostiziert *Zenith Optimedia* eine Verschiebung der Werbeinvestitionen zugunsten der aufstrebenden Märkte. 2015 zählten bereits drei BRICS-Staaten zu den Top 10: neben Brasilien und China auch Russland. Wie dramatisch dieser Strukturwandel verläuft, offenbart Tab. 142. Der russische Werbemarkt bspw. wuchs zwischen 1999 und 2015 um 2.887 %: von 475 Mio. $ auf 13.714 Mio. $.

Tab. 142: Nationale Struktur & Entwicklung des Werbemarktes (in Mrd. $)

	1999	2007	2015
USA	134.349	169.178	182.427
Japan	33.377	38.529	53.453
China	3.381	44.805	48.678
Deutschland	20.126	26.759	28.569
Brasilien	4.353	9.509	23.901
Großbritannien	18.289	19.886	20.689
Russland	475	8.651	13.714
Australien	5.165	10.664	13.658
Frankreich	9.847	10.130	13.456
Südkorea	4.886	9.262	13.303

Quelle: Zenith Optimedia.

3.1.2 Differenzierte Betrachtung

Gemessen an der Einwohnerzahl ist allerdings nicht der US-amerikanische Markt der werbeintensivste Markt. Angeführt wird die Rangskala „Werbespending pro Einwohner" von Australien (541 $ pro Einwohner) und Österreich (537 $ pro Einwohner), vor den USA, wo die Unternehmen 2010 pro Einwohner 516 $ aufwendeten, um ihre Werbeziele zu erreichen.

Welche Kommunikationskanäle werden dazu vorrangig genutzt? 2010 entfiel der Löwenanteil der ‚global spendings' auf TV-Werbung (= 37,5 %). Während dieses Medium seinen Marktanteil von 2006 (= 37,8 %) somit weitgehend verteidigen konnte, zählt Zeitungswerbung (= 25,4 %) als Zweitplatzierte zu den Verlierern des Wandels des Medien- und Werbemarktes (2006 = 29,0 %). Gewinner ist Online-Werbung, die ihren Marktanteil zwischen 2006 und 2010 nahezu verdoppelte: von 6,4 % auf 11,5 %. Die übrigen Medien konnten ihre Positionen weitgehend halten: Zeitschriftenwerbung = 11,4 %; Radio-Werbung = 7,7 %; Außenwerbung = 5,9 %.

3.1.3 Einfluss der Landeskultur

Unter den 29 Ländern, welche Gegenstand der *World Advertising Trends* sind, wird vor allem in individualistischen Gesellschaften (r = 0,78**) und Gesellschaften, die Machtdistanz ablehnen (r = 0,86**), intensiv geworben. Entscheidend für diesen engen Zusammenhang dürfte die Kovariation beider Variablen („Pro-Kopf-Werbeausgaben" und „Kulturdimension") untereinander und jeweils mit dem Bruttosozialprodukt sein: Individualistische Gesellschaften, die von wenigen Ausnahmen Machtdistanz ablehnen, sind im Regelfall wohlhabend. Strittig ist allerdings, ...

- ob Werbung zum Konsum und damit zum Wachstum der Wirtschaftskraft eines Landes beiträgt oder

- ob in hochentwickelten Volkswirtschaften aufgrund ihres Überangebots an Gütern ein derart intensiver Verdrängungswettbewerb herrscht, dass sich Anbieter mit allem Mitteln voneinander abgrenzen müssen, u.a. durch Werbung.

3.2 Verbreitung & Nutzung von Medien

Während international tätige Unternehmen ihre Werbestrategie oft in der Zentrale festlegen, ist Media-Selektion üblicherweise Aufgabe der nationalen Niederlassungen. Denn für eine sachgerechte Auswahl geeigneter Werbeträger bedarf es intimer Marktkenntnis, insb. über die Verbreitung und Nutzung von Medien.

3.2.1 Klassische Medien

Eine Werbebotschaft kann noch so gelungen formuliert und gestaltet sein: Wenn sie den Empfänger physisch nicht erreicht, wird sie wirkungslos bleiben. Welche Werbeträger dafür zur Verfügung stehen, hängt von der in einem Land verfügbaren Medienstruktur ab und diese wiederum vom technischen bzw. ökonomischen Entwicklungsstand des Auslandsmarktes (vgl. Tab. 143).

Tab. 143: Wirtschaftsleistung & Ausstattung mit Medien

	BIP (pro Kopf, in US-$)	Tageszeitungen (Auflage 2004, pro 1.000 Einwohner)	Rundfunkgeräte (pro 1.000 Einwohner)	Fernsehgeräte (pro 1.000 Einwohner)	Telefonanschlüsse/ Festnetz (pro 1.000 Einwohner)
Schweiz	46.978	420	970	645	759
USA	45.172	193	2.148	950	658
Japan	43.249	551	974	835	591
Schweden	41.553	481	918	617	759
Österreich	37.033	311	749	568	491
Deutschland	36.646	268	947	743	670
Australien	31.334	155	1.949	791	553
Polen	8.091	114	542	486	393
Südafrika	6.189	30	496	237	111
Russland	4.673	92	435	467	262
Brasilien	3.713	36	431	398	210
Rumänien	3.653	70	339	452	208
China	1.972	74	348	515	298
Philippinen	1.097	79	16	188	44
Indien	769	71	127	98	63

Quelle: Welt-in-Zahlen.de (10.11.2014).

3.2 Verbreitung & Nutzung von Medien

Neben dem ökonomischen Entwicklungsstand nehmen auch kulturelle und gesellschaftspolitische Eigenheiten eines Landes Einfluss auf die Mediennutzung. Deshalb bestehen selbst innerhalb ähnlich entwickelter Volkswirtschaften beachtliche Unterschiede.

- Von 1.000 Norwegern (über 14 Jahre) kauften 2012 insgesamt 583 Tageszeitungen. In Deutschland waren es 279 und in Italien 94. Entsprechend verhält es sich mit der Reichweite dieses Printmediums. Während in Skandinavien 81 % der Bevölkerung (über 14 Jahre) durch Tageszeitungen erreichbar sind, liegt der entsprechende Wert für Deutschland bei 70 % und für Italien bei 46 % (vgl. Thomaß 2013, S. 224). Für den europäischen Raum ergibt die kulturvergleichende Auswertung dieser Daten: Je weniger eine Gesellschaft Machtdistanz akzeptiert und je weniger sie zu Ungewissheitsvermeidung tendiert, desto mehr Menschen lesen dort Tageszeitungen (vgl. de Mooij 2010, S. 198 f.).
- In individualistischen Gesellschaften besitzen wesentlich mehr Menschen ein Radiogerät und nutzen Hörfunkprogramme als in kollektivistischen Gesellschaften (vgl. de Mooij 2010, S. 197).
- Im ökonomisch rückständigen Nordkorea besitzen prozentual gesehen beinahe so viele Familien ein Fernsehgerät wie in Deutschland. Der Grund hierfür ist machtpolitischer und nicht ökonomischer oder kultureller Natur: Die Machthaber nutzen dort das Fernsehen zur Verbreitung ihrer Propaganda, die möglichst jeden erreichen soll.
- Indien ist ein Flächenstaat mit ungenügender Infrastruktur und hoher Analphabetenquote (2011 = 26 %). In solchen Ländern ist es lediglich mithilfe der elektronischen Medien möglich, einen Großteil der Bevölkerung kommunikativ zu erreichen (vgl. Jain et al. 2011).
- Natürlich kann man von der Verbreitung eines Werbeträgers lediglich auf dessen ⇒ Reichweite schließen, nicht aber auf die Dauer der Nutzung, die von Land zu Land gleichfalls variiert (vgl. Tab. 144). Kroaten (287 Min.), Ungarn (280 Min.) und Polen (255 Min.) bspw. verbrachten 2005 europaweit die meiste Zeit vor dem Fernsehgerät – und damit pro Tag etwa zwei Stunden mehr als Österreicher (166 Min.), Schweden (156 Min.) und deutschsprachige Schweizer (148 Min.). In Deutschland waren es 226 Minuten (www.ip-network.com/tvkeyfacts).

Tab. 144: Mediennutzung in ausgewählten Industrie- und Schwellenländern (2010/2011 – Nutzungsdauer pro Tag, in min)

	Einwohner (in Mio.)	Haushalte (in Mio.)	Print	Radio	Fernsehen	Internet
Brasilien	192,4	47,3	35	135	128	167
China	1370,8	401,5	24	47	202	160
Deutschland	81,8	40,4	29	191	242	83
Großbritannien	61,6	25,6	25	175	242	128
Indien	1218,3	231,4	26	81	99	60
Italien	61,5	23,1	65	135	212	97
Japan	127,2	47,4	25	93	199	105

	Einwohner (in Mio.)	Haushalte (in Mio.)	Print	Radio	Fernsehen	Internet
Österreich	8,4	3,7	41	200	167	103
Russland	142,9	52,7	10	266	220	107
Schweiz	8,2	3,6	28 (DE) 35 (FR) 29 (IT)	109 (DE) 89 (FR) 104 (IT)	129 (DE) 141 (FR) 166 (IT)	113
USA	312	117,5	30	96-200	264-304	156

Quelle: Latzer et al. (2012), Bundesamt für Statistik (BfS).

3.2.2 Online-Medien

Zugang zum Internet

Mehr noch als die Verfügbarkeit klassischer Medien hängt der Zugang zu den modernen elektronischen Medien vom ökonomischen Entwicklungsstand eines Landes ab (vgl. Tab. 145). Eine Sonderrolle spielt dabei das Internet. Denn in undemokratischen Gesellschaften, allen voran China, ist nicht der technische Zugang zum Netz das entscheidende Hindernis, sondern dessen Reglementierung und Zensur durch die jeweiligen Machthaber. Sie wünschen und fördern zumeist eine ökonomische Öffnung, fürchten aber die Liberalisierung der Gesellschaft (vgl. Emdad et al. 2009; Infinedo 2008).

Tab. 145: Ökonomischer Entwicklungsstand & Zugang zu elektronischen Medien (2012/13)

	Bruttoinlandsprodukt (je Einwohner)	PCs (je 1.000 Einwohner)	Internetnutzer (je 1.000 Einwohner)	Mobiltelephone (je 1.000 Einwohner)
Dänemark	49.314	618	795	897
Schweiz	46.978	758	512	955
USA	45.172	795	698	701
Niederlande	37.464	529	589	788
Österreich	37.033	503	630	913
Deutschland	36.646	603	679	842
Südafrika	6.189	99	97	531
Brasilien	3.713	95	138	280
China	1.972	58	101	366
Indonesien	1.293	14	75	129
Philippinen	1.097	48	191	336
Indien	769	13	36	44

Quelle: Welt-in-Zahlen.de (7.11.2014).

3.2 Verbreitung & Nutzung von Medien

Diffusion des Internet

Allerdings lässt sich die Verbreitung des WWW nicht allein ökonomisch erklären. Dass bspw. in Finnland wesentlich mehr Menschen das Internet nutzen (687 von 1.000) als in der reichen Schweiz (512 von 1.000), liegt an der unterschiedlichen Bevölkerungsdichte. Sie ist im hohen Norden wesentlich geringer als in Mitteleuropa. Und da sich mit Online-Kommunikation weite Wege schnell und günstig überbrücken lassen, sind in Finnland prozentual mehr Menschen „im Netz" als in der Schweiz.

Nicht zuletzt aber sind diese Unterschiede kulturbedingt. Wie jede Innovation muss das Internet den Diffusionsprozess durchlaufen: Zuerst spricht darauf die vergleichsweise kleine Gruppe der risikofreudigen Menschen an: die ‚early adopter'. Die breite Masse aber akzeptiert eine Neuerung erst dann, wenn diese hinreichend erprobt und von vielen für gut befunden wurde. In Gesellschaften, zu deren Kulturstandards die Akzeptanz von Ungewissheit zählt, finden sich mehr ‚early adopter' und weniger ‚late adopter' als in Ungewissheit meidenden Gesellschaften (vgl. Sundqvist 2005; Yaveroglu/Donthu 2002).

Digitale Kluft

„The unevenness in the diffusion rates of the Internet across nations is commonly referred to as the ‚digital divide'. Technological, economic and political factors are often mentioned as the primary contributing factors to this digital gap. However, there is sufficient evidence in support of the proposition that a nation's culture also plays a role in how citizens adopt and use technology innovations" (Nath/Murthy 2004, S. 123).

Dass die Landeskultur den Diffusionsprozess beeinflusst, zählt zu den grundlegenden Erkenntnissen der Diffusionsforschung (vgl. Tolba/Mourad 2011; Gong et al. 2007; Herbig/Palumbo 1994). Von der neueren kulturvergleichenden Untersuchungen seien Nath/Murthy (2004) und deren Analyse der Verbreitung des Internets in 62 Ländern genannt. Die Diffusionsrate, d.h. der Anteil der Bevölkerung eines Landes, der Zugang zum Internet hat, lässt sich demnach durch folgende Regressionsgleichung weitestgehend ($R^2 = .91$) beschreiben: DIFF = 11, 041 − 0,187UAI − 0,171MAS + 0,001 INCOME + 3,781INNOV. Das formale Ergebnis der schrittweisen Regressionsanalyse besagt: In innovativen und wohlhabenden Gesellschaften, deren Landeskultur von femininen Werten und der Akzeptanz von Ungewissheit geprägt ist, hat ein überproportionaler Anteil der Bevölkerung Zugang zum Internet.

Wie aber ist es um die Geschwindigkeit der Diffusion des Internet bestellt? Dies haben La Ferle et al. (2002) in 50 Ländern untersucht. Sie subtrahierten die Anzahl der Nutzer im Jahre 1995 von der im Jahre 1998 ermittelten Anzahl und korrelierten die so berechnete Diffusionsgeschwindigkeit mit den *Hofstede*-Kulturdimensionen (vgl. Tab. 146).

Neuere einschlägige Studien werden in Teil D-4.3 gewürdigt. Die meisten bestätigen direkt oder indirekt die Befunde von *La Ferle et al.*: Individualistische und ungewissheitstolerante Gesellschaften, die Machtdistanz ablehnen, adoptieren innovative Produkt- und Prozesstechnologien schneller als kollektivistische und ungewissheitsmeidende Gesellschaften, die Machtdistanz akzeptieren.

Ein günstiges Umfeld bieten weiterhin feminine und langfristorientierte Gesellschaften.

Tab. 146: Promotoren & Inhibitoren der Geschwindigkeit der Diffusion des Internet

Kulturdimension	Korrelation mit der Diffusionsgeschwindigkeit	Begründung
Individualismus	+0,63 ($p < 0,001$)	Angehörige von kollektivistischen Gesellschaften verhalten sich im Regelfall konform. Niemand möchte hervorstechen und etwas Neues erproben. Individualisten hingegen streben nach Einzigartigkeit.
Akzeptanz von Machtdistanz	−0,61 ($p < 0,001$)	Menschen, die in machtdistanten Gemeinschaften sozialisiert wurden, sind vergleichsweise autoritätsgläubig. Anstatt Neues auszuprobieren, ziehen sie es vor, sich am Gewohnten bzw. Vorgegebenen zu orientieren.
Ungewissheitsvermeidung	−0,40 ($p < 0,01$)	Neuartiges wird als risikoreich empfunden und ist zu meiden.

Quelle: auf Basis von La Ferle et al. (2002, S. 70 f.).

Bedeutung als Werbeträger

Mit der zunehmenden Verbreitung des Internet korrespondiert dessen wachsende Bedeutung als Werbeträger (vgl. Tab. 147). Vor allem in Nordwesteuropa hat dieses Medium bereits eine hohe Durchdringungsrate erreicht. *Zenith Optimedia* prognostiziert, dass der globale Online-Werbemarkt bis 2020 auf etwa 200 Mrd. US-$ anwachsen und damit den globalen Print-Werbemarkt (Zeitungs- und Zeitschriftenwerbung) überholen wird.

Tab. 147: Führende Online-Werbemärkte in Europa

	Ausgaben für Online-Werbung (pro Kopf, in €)	Online-Werbemarkt (in Mrd. €)	Internetnutzer (je 1.000 Einwohner)
Norwegen	140,4	0,7	588
Großbritannien	115,5	7,4	437
Dänemark	112,1	0,6	897
Schweden	99,9	1,0	632
Niederlande	78,2	1,3	589
Deutschland	58,1	4,7	679
Frankreich	53,3	3,5	425
Italien	28,5	1,7	418
Spanien	19,3	0,9	384
Russland	13,0	1,8	150

Quelle: Statista.

3.3 Struktur der Kommunikationsinstrumente

3.3.1 Dominanz von Print-Werbung & TV-Werbung

3.3.1.1 Paradoxon der Kommunikationspolitik

Trotz offensichtlicher Schwächen der klassischen Medien setzen die meisten Unternehmen nach wie vor den größten Teil ihres Kommunikationsbudgets für die traditionellen Kommunikationsinstrumente ein. National wie international wird weit mehr in Print- und TV-Werbung investiert als in die anderen Werbeformen. Deutsche Unternehmen bspw. gaben 2014 auf ihrem Heimmarkt für Werbung insgesamt rund 25,1 Mrd. € aus (vgl. Zentralausschuss der Werbewirtschaft 2015), aber nur 4,8 Mrd. € für Sponsoring (vgl. Sponsor Visions 2015).

Dies ist insofern erstaunlich, als der traditionellen Medienwerbung mehrere gravierende Defizite und Risiken angelastet werden:
- ungünstiges Kosten/Nutzenverhältnis, Gefahr, dass die offensichtlichen Beeinflussungsversuche bei zahlreichen Zielpersonen ⇒ Reaktanz auslösen (⇒ Beeinflussbarkeit),
- wachsender Werbedruck von Konkurrenten,
- Anti-Werbung-Kampagnen von Verbraucherverbänden, Nicht-Regierungsorganisationen und anderen Stakeholdern,
- enorme Streuverluste bspw. der TV-Werbung (vgl. Abb. 184). Neuere Studien bestätigen diesen Befund: Etwa zwei Drittel der Zuschauer wenden sich auf die ein oder andere Weise ab, wenn Werbespots das Programm unterbrechen. Sie stellen den Ton ab, wechseln den Kanal, gehen aus dem Raum, beschäftigen sich mit anderen Dingen etc. (vgl. Kiley 2006).

Abb. 184: Streuverluste von TV-Werbung

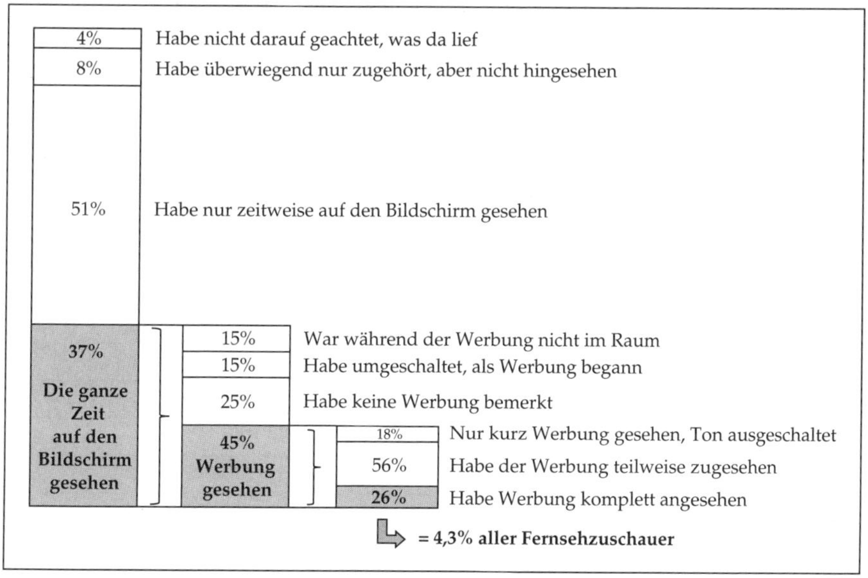

4%	Habe nicht darauf geachtet, was da lief		
8%	Habe überwiegend nur zugehört, aber nicht hingesehen		
51%	Habe nur zeitweise auf den Bildschirm gesehen		
37% Die ganze Zeit auf den Bildschirm gesehen	15%	War während der Werbung nicht im Raum	
	15%	Habe umgeschaltet, als Werbung begann	
	25%	Habe keine Werbung bemerkt	
	45% Werbung gesehen	18%	Nur kurz Werbung gesehen, Ton ausgeschaltet
		56%	Habe der Werbung teilweise zugesehen
		26%	Habe Werbung komplett angesehen

↳ = 4,3% aller Fernsehzuschauer

Quelle: Studie Seherqualität '91; 3.065 Befragte.

Deshalb mehren sich die Stimmen derer, welche die Wirksamkeit klassischer Print- und TV-Werbung prinzipiell in Frage stellen. Vor allem Werbung in Privatsendern ist aufgrund der den langen Werbeunterbrechungen zuzuschreibenden schlechten Kontaktqualität oft wenig wirksam: „Die allgemeine Verärgerung der Testpersonen über die Werbeunterbrechungen nahm bereits mit dem dritten Werbeblock stark zu, gleichzeitig konnten sinkende Aufmerksamkeit, eine zunehmende Anzahl Nebentätigkeiten und verstärkt negative Emotionen beim Betrachten der Werbeblöcke verzeichnet werden. [...] Zum Teil lag die ungestützte markengenaue Erinnerung in der öffentlich-rechtlichen Gruppe um den Faktor drei höher als in der Vergleichsgruppe (Privatsender). Insgesamt konnten Recall-Unterschiede von 40% gemessen werden" (Schoegel/Feige 2004, S. 102).

3.3.1.2 Internationale Unterschiede

Überblick

Gemäß einer Studie des britischen Marktforschungsinstituts *World Advertising Trends Research Center* setzen Werbungtreibende weltweit unterschiedliche Schwerpunkte bei der Auswahl von Werbeträgern (vgl. Tab. 148). Während etwa in China fast ausschließlich im Fernsehen geworben wird (= 84,5%), spielt dieses Medium in Indien eine deutlich geringere Rolle (= 30,8%). Es wäre auch falsch, Mitteleuropa als einen homogenen Werbemarkt zu betrachten. Schweizer Unternehmen bspw. investieren einen bedeutend größeren Anteil ihres Werbeetats in Außenwerbung (= 17,3%) als österreichische Unternehmen (= 5,8%).

Tab. 148: Anteil wichtiger Werbeträger an den Werbeausgaben (in %)

	Zeitungen	Zeitschriften	TV	Radio	Kino	Außenwerbung
Argentinien	22,1	4,7	68,1	5,1	–	–
Australien	33,4	8,7	31,5	8,4	0,8	3,0
Belgien	29,5	11,0	31,9	10,4	0,9	5,9
Brasilien	16,3	8,7	63,9	4,3	0,4	2,0
China	9,1	1,8	84,5	1,4	–	3,2
Dänemark	40,6	10,4	18,4	2,0	0,5	3,7
Deutschland	37,4	15,3	23,0	4,1	0,4	4,6
Finnland	47,9	14,2	19,3	3,6	0,2	3,1
Frankreich	22,7	16,6	28,4	6,4	0,6	9,6
Griechenland	14,3	36,2	41,9	5,5	–	–
Großbritannien	28,4	11,0	26,4	3,1	1,4	6,5
Indien	47,9	5,9	30,8	9,4	0,7	4,1
Irland	51,3	2,0	23,0	9,4	0,6	12,4
Italien	18,0	15,1	49,9	5,3	0,6	2,5
Japan	17,7	8,7	41,1	3,3	–	16,9

3.3 Struktur der Kommunikationsinstrumente

Tab. 148: Anteil wichtiger Werbeträger an den Werbeausgaben (in %)

	Zeitungen	Zeitschriften	TV	Radio	Kino	Außenwerbung
Kanada	29,1	10,1	31,0	12,8	–	4,3
Mexiko	8,8	7,2	70,9	11,1	–	–
Niederlande	33,5	17,6	20,1	6,5	0,1	3,8
Norwegen	45,3	7,9	20,4	3,8	0,9	3,5
Österreich	45,9	15,5	19,9	5,6	0,5	5,8
Polen	14,2	12,2	45,5	7,8	1,5	7,7
Portugal	21,4	10,7	56,2	4,5	0,7	6,5
Russland	11,6	10,4	50,3	5,3	0,3	19,2
Schweden	42,9	10,1	20,0	2,9	0,4	4,3
Schweiz	42,3	18,4	16,1	3,3	0,8	17,3
Spanien	23,2	8,9	43,9	9,1	0,3	5,6
Türkei	29,4	3,5	52,1	3,5	1,2	7,5
Ungarn	15,9	19,1	38,7	5,0	0,3	10,9
USA	21,9	12,1	35,1	11,2	0,4	4,4

Quelle: World Advertising Trends 2009, World Advertising Research Center Ltd. (www.warc.com).

Print- vs. Fernsehwerbemärkte

Wir haben die Daten über die Anteile der verschiedenen Werbeträger an den Werbebudgets einer Clusteranalyse unterzogen. Dabei zeigte sich, dass man die 29 wichtigsten nationalen Werbemärkte auf zwei Typen reduzieren kann (vgl. Abb. 185):
- TV-Märkte: In diesen Ländern ist das Fernsehen mit einem Marktanteil von 53% der wichtigste Werbeträger (vs. 17% Zeitungen).
- Print-Märkte: In diesen Ländern wenden die Unternehmen durchschnittlich immerhin 39% ihres Werbebudgets für Zeitungsanzeigen auf (vs. 24% für TV-Werbung).

Einfluss der Landeskultur

Eine genauere Inspektion der Daten zeigt: Die Art und Weise, wie in den einzelnen Ländern das Werbebudget auf die wichtigsten Werbeträger aufgeteilt wird, korreliert signifikant mit drei Kulturdimensionen. Es wird demnach umso mehr in Zeitungen und Zeitschriften geworben, je ...
- weniger es dem gesellschaftlichen Konsens entspricht, Machtdistanz zu akzeptieren (r = –0,599***),
- individualistischer (r = 0,457**) bzw.
- ungewissheitstoleranter die Bewohner eines Landes sind (r = 0,514**).

Umgekehrt setzen die Unternehmen stärker auf TV-Werbung, wenn die dort lebenden Menschen entsprechend ihrer Landeskultur Machtdistanz akzeptie-

ren, kollektivistisch sind und dazu neigen, Ungewissheit zu vermeiden. Diese Zusammenhänge sind „robust": d.h. sie lassen sich auch dann noch nachweisen, wenn man den mutmaßlich konfundierenden Einfluss des Pro-Kopf-Einkommens mithilfe partieller Korrelationsanalysen „herausrechnet":
- Einfluss der Akzeptanz von Machtdistanz: Zeitungsmärkte (r = –0,574**), TV-Märkte (r = 0,404*),
- Einfluss des Individualismus: Zeitungsmärkte (r = 0,196; n.s.), TV-Märkte (r = –0,380*),
- Einfluss der Ungewissheitsvermeidung: Zeitungsmärkte (r = –0,468*), TV-Märkte (r = 0,396*).

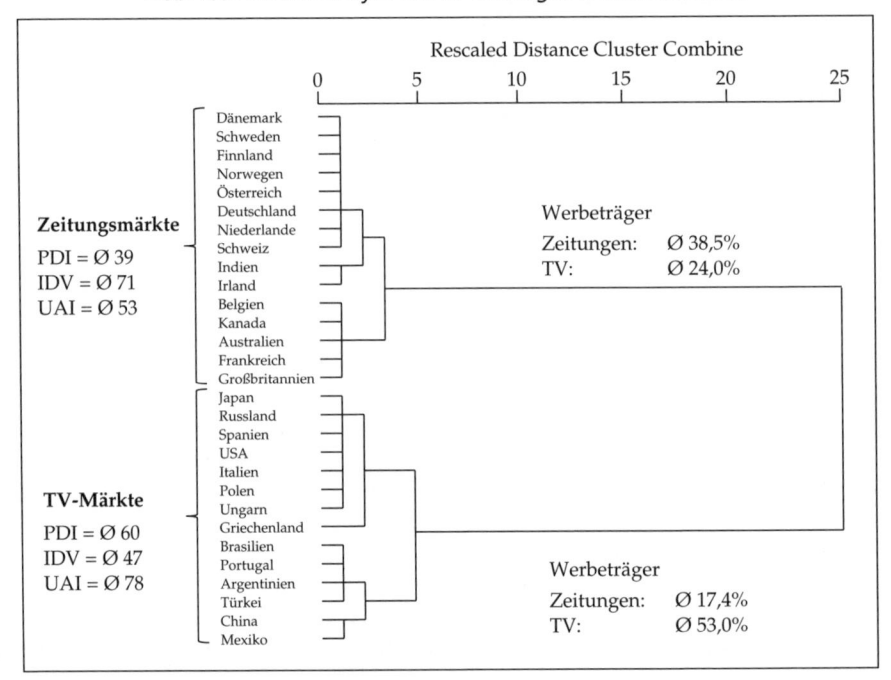

Abb. 185: Clusteranalyse der 29 wichtigsten Werbemärkte

Zeitungsmärkte
PDI = Ø 39
IDV = Ø 71
UAI = Ø 53

Dänemark, Schweden, Finnland, Norwegen, Österreich, Deutschland, Niederlande, Schweiz, Indien, Irland, Belgien, Kanada, Australien, Frankreich, Großbritannien

Werbeträger
Zeitungen: Ø 38,5%
TV: Ø 24,0%

TV-Märkte
PDI = Ø 60
IDV = Ø 47
UAI = Ø 78

Japan, Russland, Spanien, USA, Italien, Polen, Ungarn, Griechenland, Brasilien, Portugal, Argentinien, Türkei, China, Mexiko

Werbeträger
Zeitungen: Ø 17,4%
TV: Ø 53,0%

Quelle: eigene Auswertung der World Advertising Trends 2009.

3.3.2 Besonderheiten alternativer Kommunikationsinstrumente

Neben klassischer Werbung (Print & TV) verfügt die Kommunikationspolitik über alternative Instrumente. Diese lassen sich unterteilen in ...
- „traditionelle" alternative Instrumente (insb. Öffentlichkeitsarbeit, Verkaufsförderung, Sponsoring) und
- „moderne" alternative Instrumente (bspw. Guerilla-Marketing, Banner-Werbung, SMS-Werbung).

Ihnen mangelt es vielfach nicht nur an der langjährigen Tradition, auf welche Print- und TV-Werbung zurückblicken können – d.h. an dem Erfahrungsschatz, der mit diesem Instrumentarium gewonnen wurde. Im internationalen Kontext

3.3 Struktur der Kommunikationsinstrumente

kommt hinzu, dass nur auslandserfahrene Unternehmen die alternativen Strategien mit hinreichender Aussicht auf Erfolg verfolgen können. Für diese These sprechen vier Gründe: primäres Kommunikationsziel, zu treibender Aufwand, Erfahrung und Präsenz vor Ort.

Primäres Kommunikationsziel

Anfänger im Auslandsgeschäft, aber auch erfahrene Global Player, die neue Märkte erschließen wollen, müssen zunächst ihre Leistungen bekannt machen. Und dies gelingt aufgrund der großen ⇒ Reichweite der Massenmedien im Regelfall am besten mit klassischer Medienwerbung. Erst später, wenn das Unternehmen und dessen Leistungspalette in der Zielgruppe hinreichend bekannt sind, treten andere Kommunikationsziele in den Vordergrund: etwa zügig auf negative Schlagzeilen zu reagieren und Goodwill zu schaffen. Dies ist vor allem Aufgabe der Public Relations.

Aufwand

Wie anschließend am Beispiel von Public Relations, Sponsoring und Verkaufsförderung gezeigt wird, setzen die alternativen Instrumente im Regelfall profunde Marktkenntnis voraus. Im Gegensatz dazu können Unternehmen, die „nur" Anzeigenwerbung schalten, eine lokal oder global tätige Agentur damit beauftragen, Nutzerstruktur und Anzeigenpreise relevanter Medien zu recherchieren. Die dazu erforderlichen Informationen sind gewöhnlich leicht zugänglich. Vergleichsweise unkompliziert ist es auch, anhand der bisher von Wettbewerbern im Zielmarkt „gefahrenen" Kampagnen zu erkennen, welche Art von Werbung dort Akzeptanz findet (und diese gegebenenfalls zu imitieren).

Public Relations (vgl. Teil G-5). Wer hingegen die öffentliche Meinung beeinflussen möchte, muss u.a. die politische Struktur des Landes kennen, über die Rolle der Medien Bescheid wissen, auf Meinungsführer einwirken können, gute Beziehungen zu Nicht-Regierungsorganisationen unterhalten, historische Hintergründe aktueller Ereignisse kennen und vieles andere mehr (vgl. Holtbrügge/Welge 2010, S. 443 ff.).

Verkaufsförderung (vgl. Teil G-6). Der internationale oder globale Einsatz dieses Instruments setzt ⇒ Marktmacht voraus (vgl. Kwok/Uncles 2005). Nur dann ist es möglich, gezielt Einfluss auf die Akteure im Distributionskanal zu nehmen und die erforderlichen Maßnahmen am Point-of-Sale durchzusetzen: z.B. eine mit anderen Marketingmaßnahmen zeitlich und inhaltlich abgestimmte ⇒ Zweitplatzierung.

Sponsoring (vgl. Teil G-7). Hierfür benötigt man lokale Persönlichkeiten, die international aber oft unbekannt sind. Entspricht deren Image dem Unternehmensimage, den Werbezielen usw.? Weiterhin sind Verträge zu schließen, wozu es juristischer Spezialkenntnisse bedarf. Auch sonst ist Sponsoring relativ aufwändig. Und wenn nicht gerade Mega-Events wie Olympische Spiele gesponsert werden, muss man sich auch mit einer im Vergleich zu den Massenmedien geringen quantitativen Reichweite zufrieden geben (vgl. Walliser 2003).

Erfahrung

Wer alternative Kommunikationsinstrumente im Ausland einsetzen möchte, sollte im Inland bereits einschlägige Erfahrungen erworben haben. Da sie aber auch auf ihrem Heimatmarkt häufig nur den geringeren Teil ihres Marketingbudgets für Below-the-Line-Maßnahmen aufwenden, greifen viele Unternehmen international gleichfalls lieber auf (scheinbar) Bewährtes zurück: auf traditionelle Werbung.

Präsenz vor Ort

Es genügt nicht, dass die beauftragten Agenturen Marktkenntnis besitzen. Auch das Unternehmen sollte mit der Wettbewerbssituation und dem soziokulturellen Umfeld vertraut sein. Bei reinen Exportunternehmen ist dies häufig nicht der Fall. Deshalb nutzen vor allem Global Player wie *Adidas* (Sponsoring der Fußball-Weltmeisterschaft) oder *BMW* (Product Placement in *James Bond*-Filmen) alternative Kommunikationsinstrumente.

3.3.3 Einfluss des kulturellen Umfeldes

Unabhängig davon, für welches der Instrumente ein Anbieter sich entscheidet: In jedem Fall ist zu beachten, ob und welcher Weise sie kultursensibel sind. So versprechen die in der Verkaufsförderung im westlichen Kulturkreis üblichen materiellen Anreize (z.B. Zugaben wie „3 für 2") in beziehungsorientierten Kulturen weniger Erfolg (⇒ Beziehungskultur). Ein Sponsorgeber wiederum sollte berücksichtigen, dass privates, gemeinnütziges Engagement nicht in jeder Gesellschaft gleichermaßen angesehen ist. Auch garantiert selbst das Sponsoring von spektakulären Großereignissen wie Olympischen Spiele keinen ökonomischen Werbeerfolg (vgl. Farrelly et al. 2006; Farrell/Frame 1997). Diese und weitere Besonderheiten der einzelnen Kommunikationsinstrumente erörtern wir im weiteren Verlauf.

4 Print-Werbung & TV-Werbung

4.1 Gesellschaftliches Umfeld

Ob durch direkte oder indirekte Einflussnahme: Letztlich soll Werbung immer zum Verkaufserfolg des werbenden Unternehmens beitragen. Unterschiedlich aber ist die Art und Weise, wie dieses Ziel verfolgt wird. In Ländermärkten, in denen Werbung gesellschaftlich akzeptiert ist, kann anders geworben werden als dort, wo die Menschen dazu neigen, dieses Instrument mehr oder minder abzulehnen. Kulturabhängig ist weiterhin die Präferenz für einen bestimmten Kommunikationsstil. Beide Engpassfaktoren – Akzeptanz und präferierter Kommunikationsstil – beeinflussen unmittelbar die formale und inhaltliche Gestaltung der Werbebotschaft (vgl. Abb. 186).

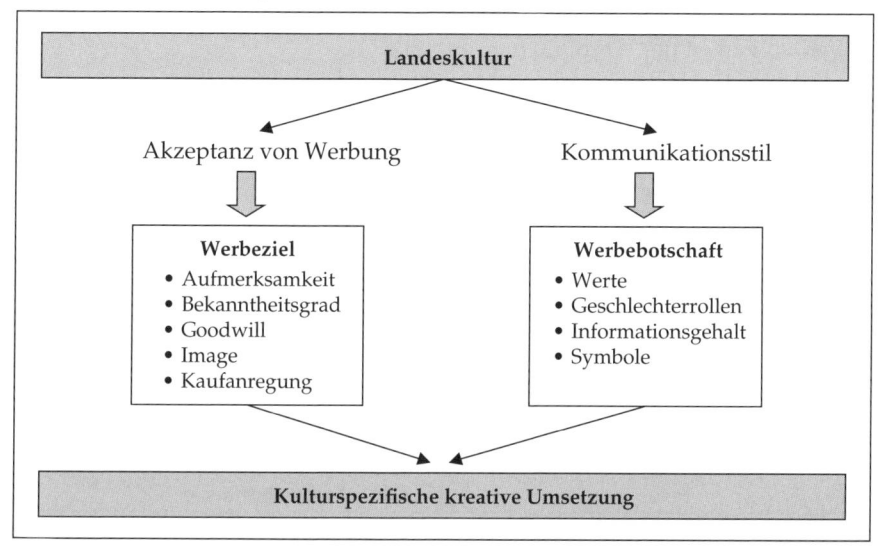

Abb. 186: Anpassung von Werbeziel & Werbebotschaft an die Landeskultur

```
                        Landeskultur
                   ↙              ↘
         Akzeptanz von Werbung    Kommunikationsstil
                ⇓                        ⇓
         ┌──────────────┐         ┌──────────────────┐
         │  Werbeziel   │         │  Werbebotschaft  │
         │ • Aufmerksamkeit │     │ • Werte          │
         │ • Bekanntheitsgrad│    │ • Geschlechterrollen│
         │ • Goodwill   │         │ • Informationsgehalt│
         │ • Image      │         │ • Symbole        │
         │ • Kaufanregung│        │                  │
         └──────────────┘         └──────────────────┘
                   ↘              ↙
              Kulturspezifische kreative Umsetzung
```

4.1.1 Akzeptanz von Werbung

Mehr noch als andere Kommunikationsinstrumente ist Medienwerbung auf gesellschaftliche Akzeptanz angewiesen. Deshalb sollten Werbekampagnen im Regelfall dem, was in einer Kultur als wünschenswert gilt, entsprechen. Zwar wird, um Aufmerksamkeit zu gewinnen, vermehrt auch kulturkonträr geworben (vgl. Teil G-4.2.3). Der Regelfall aber ist kulturkonforme Werbung. Als „Spiegel der Gesellschaft" reflektiert sie die Werte des Landes, in dem sie eingesetzt wird – und damit das, was man dort für wünschenswert hält. Was dies im Einzelfall ist, hängt wesentlich von den Besonderheiten der jeweiligen Landeskultur ab.

> **Werbung wird hier einfach geglaubt**
>
> „*Rémy Martin* war die erste westliche Alkoholmarke auf dem chinesischen Markt. Schon 1980 stieg die Marke mit chinesischen Partnern in ein Joint Venture ein, und der erste Slogan, der auf Chinesisch für Cognac warb, ist noch heute weithin bekannt: ‚Wenn du eine Flasche *Rémy* öffnest, kommen die guten Dinge'. Die Chinesen nahmen das nicht als durchsichtige Werbung, sondern als guten Rat. Und sie kauften. Werbung ist in China nicht wie im Westen unwillkommene Belästigung. Sie ist eine wichtige Quelle der Information. Über Trends, Lebensart, moderne Zeiten. Sie ist der Westen selbst, seine glamouröse Oberfläche, sein prunkvoller Schaukasten. ‚Das ist das Beste hier', sagt *B. Thomson*, seit Sommer vergangenen Jahres mächtiger Chef des China-Geschäfts von *Diageo*, ‚Werbung wird einfach geglaubt' " (Fichtner 2008, S. 57 f.).

4.1.1.1 Operationalisierung

Das in der englischsprachigen Fachliteratur als ‚attitude toward the ad' (A_{ad}) bezeichnete ⇒ Konstrukt misst die grundsätzliche Akzeptanz von Werbung. Es hilft u.a. zu prognostizieren, ob die ⇒ Zielgruppe eher positiv oder eher negativ auf Werbekampagnen reagieren wird. Durvasula et al. (1993) haben, jeweils mithilfe von siebenstufigen semantischen Differenzialen, drei Dimensionen identifiziert:

- generelle Einstellung gegenüber Werbung,
- Nutzen von Werbung
- Verlässlichkeit der Werbung (vgl. Tab. 149).

Da es sich um unabhängige Dimensionen handelt, lässt sich sagen: Auch wer Werbung generell akzeptiert und als Teil der Medienrealität des modernen Lebensstils begreift, kann sie als nutzlos empfinden.

Tab. 149: Struktur des Konstrukts „Einstellung zur Werbung"

Dimension	Operationalisierung
Generelle Einstellung gegenüber Werbung	Werbung finde ich ... • gut – schlecht • positiv – negativ • vorteilhaft – unvorteilhaft
Nutzen von Werbung	Werbung finde ich ... • wichtig – unwichtig • wertvoll – wertlos • notwendig – überflüssig
Verlässlichkeit von Werbung	Werbung finde ich ... • ehrlich – unehrlich • aufrichtig – unaufrichtig • sicher – gefährlich • sauber – schmutzig

Quelle: auf Basis von Durvasula et al. (1993, S. 629).

Anfangs der 1990er-Jahre konnten Werbungtreibende vor allem in Indien, aber auch in den USA mit einer insgesamt eher positiven Grundstimmung rechnen. Lediglich die in dieser Studie befragten Neuseeländer äußerten sich etwas skeptischer. Angesichts der allgegenwärtigen Reizüberflutung mag es überraschen, dass Werbung in den meisten Kulturen grundsätzlich akzeptiert wird. Zwar sagt dies wenig über die Werbewirkung einzelner realer Kampagnen aus. Aber offensichtlich gehört für die Mehrheit der Konsumenten Werbung längst schon ebenso zum medialen Alltag wie Fernsehserien oder Tagebuch-Vorabdrucke von Prominenten (vgl. Abb. 187).

Dieser Befund widerspricht im Übrigen der weit verbreiteten Annahme, dass Intensität und Akzeptanz von Werbung negativ korrelieren. Denn kaum eine andere Zielgruppe wird so intensiv beworben wie amerikanische Verbraucher. Im Übrigen hat die Studie gezeigt, dass Werbung nicht pauschal akzeptiert oder abgelehnt, sondern differenziert wahrgenommen wird. Die griechischen Auskunftspersonen etwa zeigten sich mehr als andere vom grundsätzlichen Nutzen von Werbung überzeugt, bezweifelten allerdings die Verlässlichkeit einzelner Werbemaßnahmen.

Unabhängig von ihrer Nationalität ist sich allerdings die Mehrzahl der Käufer bewusst, dass das Wesen kommerzieller Kommunikation die Beeinflussung der Umworbenen ist:
- Beschönigung des beworbenen Produkts und
- Verführung zu unbeabsichtigten Käufen (vgl. Abb. 188).

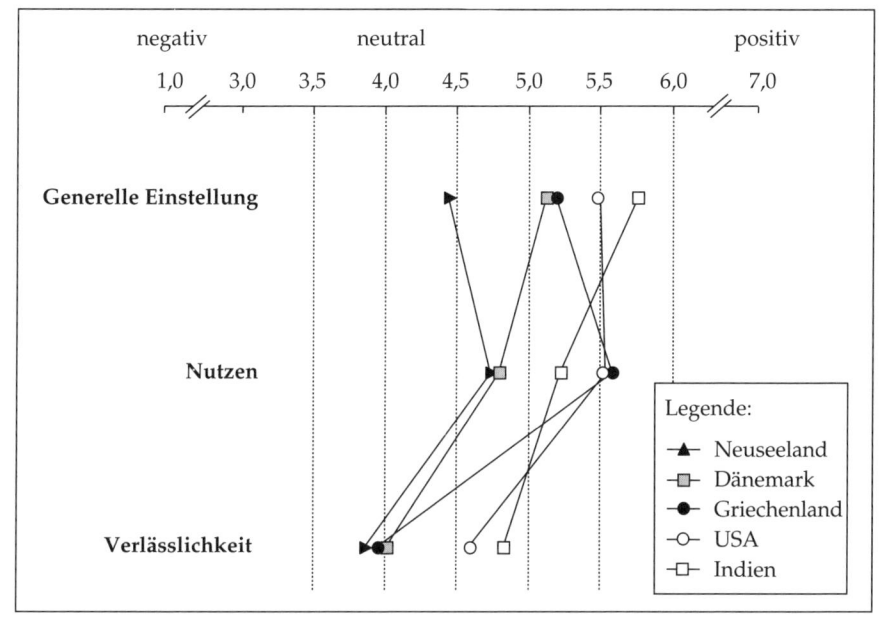

Abb. 187: Einstellung zur Werbung im internationalen Vergleich (I)

```
                negativ           neutral                    positiv
              1,0    3,0   3,5   4,0   4,5   5,0   5,5   6,0    7,0
```

Generelle Einstellung

Nutzen

Verlässlichkeit

Legende:
▲ Neuseeland
▣ Dänemark
● Griechenland
○ USA
□ Indien

Quelle: auf Basis von Durvasula et al. (1993, S. 634).

4.1.1.2 Ursachen der Akzeptanzunterschiede

Ob Werbung grundsätzlich akzeptiert oder abgelehnt wird, hängt wesentlich vom kulturellen bzw. gesellschaftspolitischen Umfeld ab.

USA

Der durchschnittliche US-Amerikaner stellt die Marktwirtschaft im Allgemeinen und Marketingmaßnahmen im Besonderen nicht in Frage. Deshalb provoziert kommerzielle Kommunikation dort nicht jene Vorbehalte, die in Mittel- und Nordeuropa weit verbreitet sind (bspw. „Werbung manipuliert"; vgl. Schicha 2005). Als Angehörige einer ausgesprochen wettbewerbsorientierten Kultur billigen US-Amerikaner selbst aggressive und deshalb andernorts umstrittene Werbeformen (vgl. Teil G-9).

Indien

Dass Inder weniger Vorbehalte gegen Werbung haben als die Bewohner westlicher Industrieländer, hängt vermutlich mit der insb. in dem heutigen Mumbai (ehemals Bombay) florierenden, gelegentlich als „Bollywood" bezeichneten Filmindustrie zusammen (vgl. Kühn 2009). Den Einheimischen bieten die – gemessen am westlichen Geschmack – pompösen, von vielen Gesangseinlagen untermalten Melodramen eine Möglichkeit, dem mitunter tristen Alltag zu entfliehen. Offenbar befriedigt auch Werbung das bei Indern ausgeprägte Escape-Motiv: das Streben nach Realitätsflucht (vgl. Katz/Foulkes 1962).

Abb. 188: Einstellung zur Werbung im internationalen Vergleich (II)

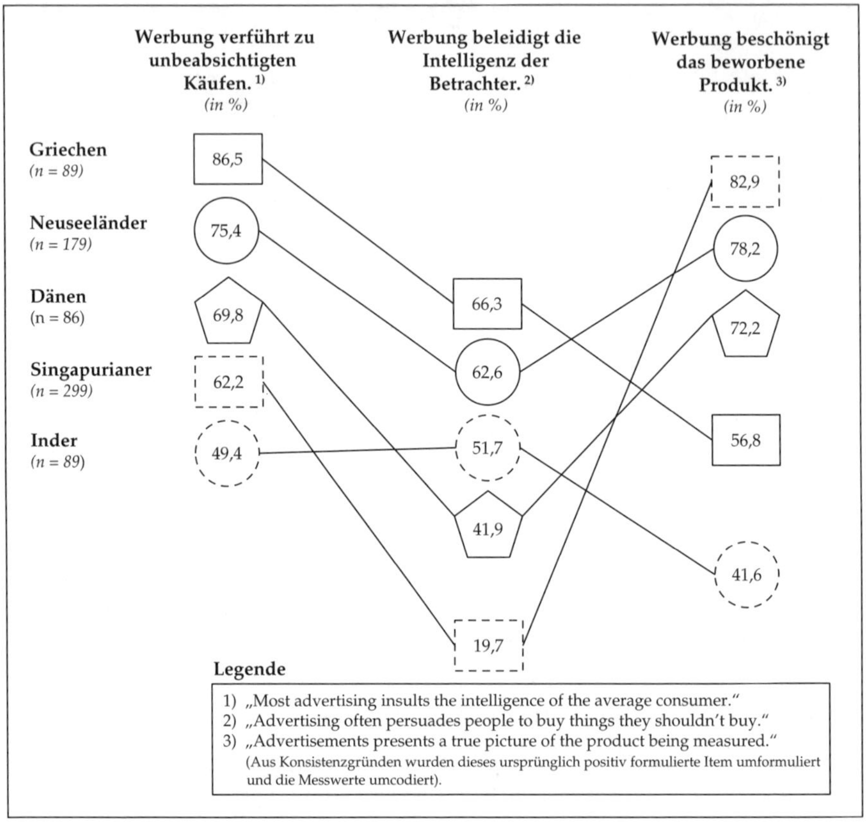

	Werbung verführt zu unbeabsichtigten Käufen. [1] (in %)	Werbung beleidigt die Intelligenz der Betrachter. [2] (in %)	Werbung beschönigt das beworbene Produkt. [3] (in %)
Griechen (n = 89)	86,5		82,9
Neuseeländer (n = 179)	75,4		78,2
Dänen (n = 86)	69,8	66,3	72,2
Singapurianer (n = 299)	62,2	62,6	
Inder (n = 89)	49,4	51,7	56,8
		41,9	41,6
		19,7	

Legende
1) „Most advertising insults the intelligence of the average consumer."
2) „Advertising often persuades people to buy things they shouldn't buy."
3) „Advertisements presents a true picture of the product being measured."
(Aus Konsistenzgründen wurden dieses ursprünglich positiv formulierte Item umformuliert und die Messwerte umcodiert).

Quelle: auf Basis von Durvasula/Lysonski (2001, S. 195).

Massala-Movie

„Choreografie ist mehr als Beiwerk im Film! Die ausufernden Tanznummern sind ein unverzichtbares Element des typischen Massala-Movie, das, zusammengeschüttelt wie die gleichnamige scharfe indische Gewürzmischung aus Chili, Ingwer, Knoblauch, Koriander, Minze etc., hemmungslos alles zugleich ist: Liebesschnulze und Komödie, Gangsterfilm und Moritat, Videoclip und Meditation. Die Tanzeinlagen können das alles verbinden, aber auch ihre eigenen Geschichten erzählen. Sie sind Massale im Massala: eine Melange aus Schritten und Gesten, die indische Klassik, regionale Volkstänze, Elemente aus HipHop und Jazztanz, *Michael-Jackson*-Style und *Ginger-Rogers*-Romantik, Ringelreihen und Freistil verschmelzen. Rund 200 Filme kommen jedes Jahr aus Mumbai; darüber hinaus werden in Tamil Nadu, Kerala und anderen Bundesstaaten etwa 600 Filme in lokalen Sprachen und auch Autorenfilme gedreht" (Grefe 2006, S. 47).

Ehemalige sozialistische Länder

Werbung ist untrennbar mit der marktwirtschaftlichen Ordnung verbunden. Deshalb war diese Form von Kommunikation im COMECON-Raum offiziell verpönt und angesichts von Mangelwirtschaft sowie fehlendem Wettbewerb ohnehin unnötig. Heute noch ist. bei ostdeutschen Konsumenten eine gewisse

4.1 Gesellschaftliches Umfeld

Werbeskepsis unübersehbar (vgl. w & v 2007). Zudem sind sie an anderen Werbeinformationen (= für Bank- und Versicherungsdienstleistungen) interessiert als westdeutsche Konsumenten (= für Software, Online-Dienste, Handys und Reisen; vgl. VuMA 2010, S. 16).

Kaum anders ist die Situation in den übrigen Transformationsländern. Noch immer erwarten bspw. russische Konsumenten, dass Werbung primär über wesentliche Produkteigenschaften informiert und nicht durch Emotionalisierung verführt (vgl. Bulmer/Buchanan-Oliver 2006; Wells 1994). Die Werbewirtschaft hat dies offensichtlich erkannt und trägt, wie ⇒ Inhaltsanalysen bestätigen, den unterschiedlichen Bedürfnissen Rechnung (vgl. van Herpen et al. 2000, S. 271; Dallmann 1998, S. 53). Gleiches gilt für Bulgaren, während sich die Mehrzahl der Rumänen bereits dem westlichen Mediennutzungsverhalten angeglichen zu haben scheint: Ihre Einstellung zu Werbung hängt mehr vom Unterhaltungswert von Werbeanzeigen, Werbespots etc. ab als von deren Informationsgehalt.

Polnische Konsumenten wiederum, nach jahrelanger Mangelwirtschaft an minderer Produktqualität gewöhnt, sind mittlerweile zwar noch markenbewusster als westdeutsche Vergleichspersonen. Dass sie jedoch Statements wie „beworbene Markenprodukte sind besser als Markenprodukte, für die es keine Werbung gibt" relativ deutlich ablehnen (vgl. Abb. 189), spricht für eine eher ablehnende Einstellung zur Werbung.

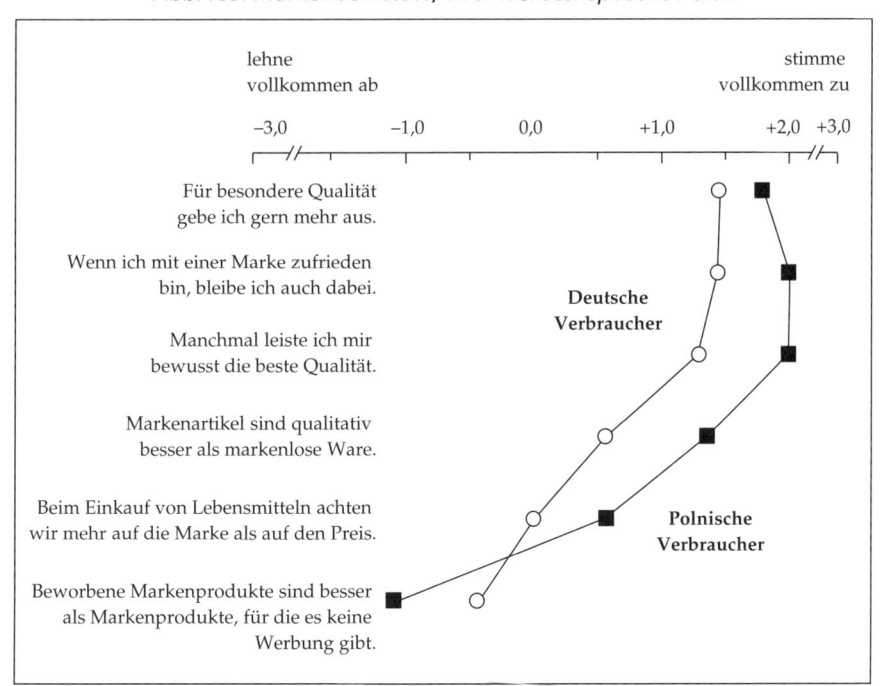

Abb. 189: Markenbewusste, aber werbeskeptische Polen

Quelle: eigene Erhebung.

China

27 Jahre lang, von 1949 bis 1976, war in diesem Land Werbung grundsätzlich untersagt, und falls doch, dann propagierten die Medien kollektive Werte. In der Folgezeit wurde zunächst überwiegend mit militaristischen Motiven geworben, später dann unmittelbar produktbezogen (d.h. mit Produkteigenschaften, welche den funktionalen Nutzen thematisieren; vgl. Tse et al. 1989). Das 1994 erlassene „Gesetz der Werbung" verbot alle Formen von „rechtswidriger Werbung". Was im Einzelfall als rechtswidrig galt (z.B. abergläubisch, staatsfeindlich, pornographisch, gewalttätig), war kaum prognostizierbar. Werbungtreibende aus den westlichen Industrieländern durften im Übrigen im „Reich der Mitte" nicht selbst tätig werden, sondern mussten eine chinesische Werbeagentur beauftragen.

Heute ist China mit ca. 1,3 Mrd. Fernsehzuschauern, 750 Mio. Rundfunkhörern, 80 Mio. Internet-Nutzern sowie mehr als 10.000 Tageszeitungen und Zeitschriften ein gleichermaßen wichtiger wie interessanter Werbemarkt: allerdings kein einfacher. Die örtlichen Industrie- und Handelsämter sind für die Prüfung und die Überwachung der Werbemaßnahmen zuständig. Sie verfügen gegebenenfalls auch Strafen, die von der Einstellung der beanstandeten Werbemaßnahme, über Geldbußen (bis zum Fünffachen der Kosten der jeweiligen Werbekampagne) und die Schließung der Werbeagentur bis hin zu Freiheitsstrafen reichen können (Liao/Faber 2004, S. 35).

4.1.1.3 Konsequenzen der Akzeptanzunterschiede

Generelle Einstellung

In einem Kulturraum, in dem Werbung grundsätzlich akzeptiert wird, können international tätige Unternehmen vergleichsweise massiv werben und müssen direkte Kaufappelle nicht scheuen. Ist die Grundstimmung hingegen kritisch, so empfiehlt es sich, ...
- „weiche" Ziele zu verfolgen (z.B. Aufmerksamkeit erregen, Kommunikation aufbauen, Image schaffen etc.) oder
- auf solche Kommunikationsinstrumente auszuweichen, die in einer Gesellschaft mehr Zustimmung erfahren (z.B. Sponsoring).

Nutzen

Halten die Adressaten Werbung grundsätzlich auch für nützlich, dann kann der Kommunikator darauf verzichten, den Zweck der Kampagne zu legitimieren. Für solche Ländermärkte eignen sich emotionale, unterhaltsame Appelle. Empfinden die Menschen Werbung hingegen als eher unnütz, so versprechen informative Kampagnen mehr Erfolg. Denn durch eine zurückhaltende Farbgestaltung (häufig schwarz-weiß) signalisieren sie unterschwellig ihr Anliegen: nicht vordergründig beeinflussen, sondern (scheinbar) wichtige Informationen (z.B. Inhaltsstoffe, Verwendungsmöglichkeiten) vermitteln zu wollen, welche geeignet sind, das Kaufrisiko zu minimieren. Vor allem auf kritische Konsumenten wirkt dieser Werbestil positiv.

Verlässlichkeit

Wird Werbung in einem bestimmten Land ‚a priori' als ehrlich, zuverlässig etc. wahrgenommen, liegt es nahe, sich an dem dort üblichen Kommunikationsstil zu orientieren (z.B. präferierte Art der humorvollen „Verpackung" von Werbebotschaften). Bestehen jedoch grundsätzliche Zweifel an der Zuverlässigkeit von Werbeaussagen, sollten andere Wege beschritten und ein (für diesen Markt) neuartiger Stil kreiert werden.

4.1.2 Präferenz für einen bestimmten Kommunikationsstil

4.1.2.1 Tonalität der Ansprache

Beziehungsorientierte Gesellschaften lehnen direkte, offensichtliche Beeinflussungsmaßnahmen mehr oder minder ab. Folglich sollten Werbungtreibende sich dort auf die weichen Unterziele der Kommunikationspolitik (z.B. Aufmerksamkeit, Sympathie) beschränken und kein ⇒ Hard Selling betreiben (vgl. Usunier/Lee 2009, S. 431 ff.). In Japan bspw. ist es nicht üblich, die Vorteile eines Angebots in den Vordergrund der Werbebotschaft zu rücken. Sie soll das Produkt „lediglich" bekannt machen, es im Gedächtnis der Umworbenen verankern und helfen, eine kommunikative Beziehung aufbauen.

- Japaner empfinden Kampagnen, die ganz offensichtlich beeinflussen sollen, als aufdringlich und übertrieben. Sie präferieren indirekte Beeinflussungsstrategien.
- US-Amerikaner sind an Hard Selling gewöhnt (⇒ Beeinflussbarkeit).
- Franzosen, Briten und viele andere (bspw. Brasilianer) legen großen Wert darauf, dass Werbekampagnen unterhalten (vgl. Thorson 1994; Nevett 1992).

Inhaltsanalytische Studien belegen für Japan (vgl. Mueller 1992; 1987), Taiwan (vgl. Tsao 1994) und China (vgl. Lin 2001), dass in kollektivistischen Ländern vor allem Low Involvement-Produkte „weich" beworben werden. Die dort gleichwohl zu beobachtende Verwestlichung – d.h. die zunehmende Verbreitung harter Appelle – ist bislang in Taiwan am weitesten und in China am wenigsten weit fortgeschritten. „Chinese advertisers tended to base their marketing strategy on creating liking of the product through image and emotional appeals without bombarding the consumers with the obligatory facts and proof" (Lin 2001, S. 90).

Am Beispiel von japanischen und US-amerikanischen Probanden verglichen Okazaki et al. (2010) die Akzeptanz und Wirksamkeit von ‚soft-sell' und ‚hard-sell advertising appeals' empirisch miteinander. Ihrer ⇒ quasi-experimentellen Studie legten sie folgende Abgrenzung zugrunde:
- „soft-sell appeals: Image and atmosphere are conveyed through a beautiful scene or the development of an emotional story of verse. Human emotional sentiments are emphasized over clear-cut product-related appeals.
- hard-sell appeals: Sales orientation is emphasized here, specifying brand name and product recommendations" (Mueller 1987, S. 53).

Wie die weitere Analyse ergab, war es für die Einstellung gegenüber der Anzeige (‚attitude toward the ad') und deren Glaubwürdigkeit sowohl bei den

Japanern als auch bei den US-Amerikanern unerheblich, ob es sich um weiche oder um harte Werbeappelle handelte. Die festgestellten Mittelwertunterschiede sind geringfügig. Ganz anders verhält es sich mit den Variablen „Irritation" und „Kaufintention": ‚Hard-sell appeals' regen japanische Konsumenten gemäß deren Selbsteinschätzung deutlich stärker zum Kauf des beworbenen Produkts an als ‚soft-sell appeals' und auch etwas mehr als US-amerikanische Konsumenten. Okazaki et al. (2010, S. 31 f.) begründen diesen überraschenden Befund mit der lang andauernden Rezession in Japan, welche die Wettbewerbsintensität und letztlich auch die Akzeptanz von direkten Kaufimpulsen erhöht habe – sowohl bei den Unternehmen als auch bei den Verbrauchern. Da es sich dabei jedoch um eine kulturkonträre Beeinflussungsstrategie handelt, fühlten sich die befragten Japaner in auffälligem Maße von den ‚hard-sell appeals' irritiert (vgl. Abb. 190).

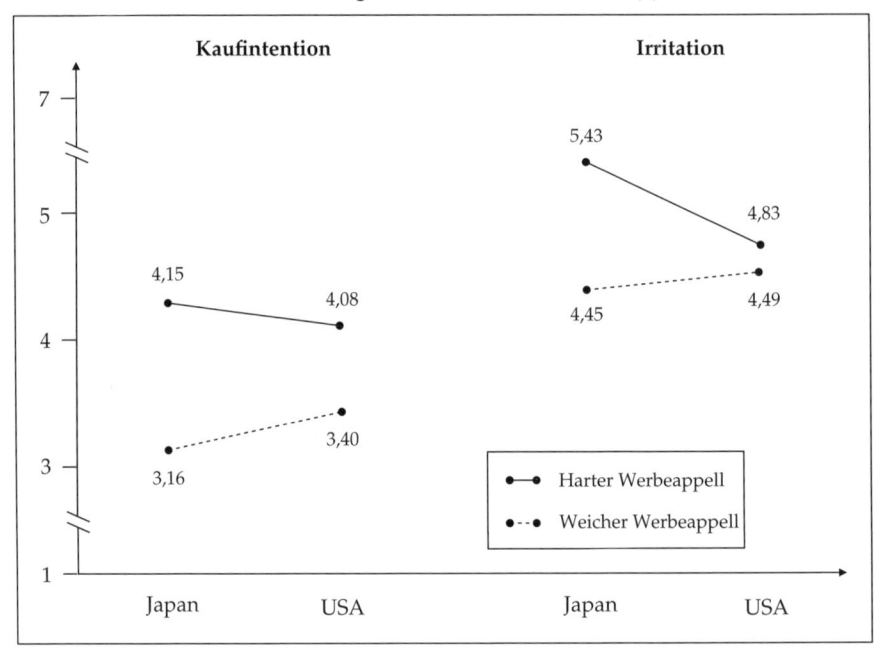

Abb. 190: Wirkung harter & weicher Werbeappelle

Quelle: eigene Darstellung auf Basis von Okazaki et al. (2010, S. 30).

4.1.2.2 Aktualisiert Werte

Formal gesehen lässt sich das zentrale Anliegen der meisten Werbekampagnen wie folgt beschreiben: Das Werbeobjekt soll mit positiv besetzten Werten in Verbindung gebracht werden. Im Kontext von Werbung werden Werte als wünschenswerte Attribute bezeichnet (vgl. Werner 1999, S. 121). Damit sind nicht nur Merkmale des Produkts, sondern auch solche des Produktverwenders gemeint (etwa Individualismus, Hedonismus, Modernität, Jugend oder Status). Da Werte abstrakt und nicht direkt beobachtbar sind, müssen sie aus dem

Kontext der Werbung erschlossen werden. Die Frage, welche Werte wie häufig Basis der in verschiedenen Kulturen verbreiteten Werbebotschaften sind, lässt sich inhaltsanalytisch beantworten.

Wie Albers-Miller/Gelb (1996) dabei feststellten, thematisieren die in individualistischen Märkten eingesetzten Werbebotschaften überproportional häufig das Besondere der Zielgruppe. Akzeptiert diese Statusunterschiede in der Gesellschaft, welche mit der Geburt festgelegt werden (d.h. Machtdistanz), dann ist ein hoher Preis kein Kaufhemmnis, sondern signalisiert die Zugehörigkeit des Käufers bzw. Verwenders zu einer privilegierten sozialen Schicht. In unsicherheitsaversen Gesellschaften wiederum wird seltener als anderswo mit den Versprechungen der *Marlboro*-Werbung geworben: Abenteuer, Freiheit und Jugend (vgl. Tab. 150).

Tab. 150: Kulturabhängigkeit der zentralen Botschaft von Werbeappellen

	Individualismus	Akzeptanz von Machtdistanz	Unsicherheitsvermeidung	Maskulinität
Besonderheit	+			
Beliebtheit	−			
Hilfsbereitschaft	−			
Eitelkeit		+		
Hoher Preis		+		
Status		+		
Günstiger Preis		−		
Demut		−		
Abenteuer			−	
Unbändigkeit			−	
Magie			−	
Jugend			−	
Effektivität				+
Bequemlichkeit				+
Natürlichkeit				−
Bescheidenheit				−

Quelle: Albers-Miller/Gelb (1996).

4.1.2.3 Geschlechterrolle

Grundlagen

Von Kindesbeinen an lernt der Mensch, sein Verhalten den Erwartungen seiner Umwelt anzupassen (vgl. Hurrelmann 2006). Ergebnis der Sozialisation sind einerseits konkrete Verhaltensregeln (etwa, sich morgens und abends die Zähne zu putzen oder sich für einen Gefallen zu bedanken). Andererseits erwirbt der Mensch so auch abstrakte Werte (z.B. Respekt), die sich gleichfalls in konkreten Verhaltensregeln und Verhaltensweisen niederschlagen (z.B. Rücksichtnahme auf Ältere). Allerdings werden die dahinter stehenden Normen und Wertvorstellungen zumeist geschlechterspezifisch vermittelt. Dies erklärt warum der Status „Mann vs. Frau" nicht nur biologisch festgelegt, sondern auch eine sozial bzw. kulturell definierte Rolle ist (vgl. Penke/Asendorpf 2008; Alfermann 1996).

Die Art und Weise, wie die Geschlechterrollen definiert werden, hängt in extremer Weise vom jeweiligen Lebens- und Kulturraum ab. Während Nord- und Mitteleuropäer etwa durch das Instrument des „Erziehungsurlaubs für Väter" die Arbeitsteilung im Haushalt fördern und die Berufschancen der Mütter verbessern möchten, müssen Frauen in ländlichen Regionen Indiens nach wie vor um Leib und Leben fürchten.

Mitgiftmorde & Witwenverbrennung

„Die Geburt einer Tochter bedeutet für Inder kein Glück, sondern eher finanziellen Ruin. Zur Geburt einer Tochter zu gratulieren wäre dementsprechend eine Beleidigung. Die junge Frau wird so früh wie möglich von den Eltern verheiratet, welche für die Aufnahme der Tochter als Arbeitskraft in eine andere Familie viel bezahlen müssen. Erbringt sie dort keine Leistung oder sind ihre Eltern unfähig, den Mitgiftforderungen nachzukommen, werden manche Frauen Opfer der sog. Mitgiftmorde. In der Zeitung steht dann meistens, dass die Frau einem Haushaltsunfall (z.B. Verbrennungen) zum Opfer gefallen ist, während sie jedoch in Wirklichkeit mit Kerosin überschüttet und angesteckt worden ist. Auch die Witwenverbrennung ist in Indien verboten, wird jedoch immer noch, vor allem in ländlichen Gebieten, praktiziert: Sobald der Ehemann verstorben ist, lässt sich die Frau mit der Leiche ihres Mannes verbrennen, freiwillig oder unfreiwillig. Der Ruf einer Frau richtet sich in Indien danach, wie viele Söhne sie gebiert, wie gut sie in der Küche arbeitet und wie untertänig sie ihrem Vater, Mann oder Sohn folgt und dient" (o.V. 2003b).

Ignorieren Werbungtreibende das in ihren Zielmärkten vorherrschende Rollenverständnis, so ist die Gefahr groß, dass sie ihre Kommunikationsziele verfehlen. Erschwerend kommt hinzu, dass selbst innerhalb scheinbar homogener Regionen diesbezüglich bedeutende Unterschiede bestehen. Im asiatischen Raum etwa reicht das Spektrum von der traditionellen Vorrangstellung des Mannes (z.B. Indien, Malaysia) bis hin zu mehr oder minder weitgehender Gleichberechtigung (z.B. Philippinen, Singapur).

Erkenntnisse der kulturvergleichenden Forschung

Als eine der Ersten untersuchte Gilly (1988) am Beispiel des australischen, mexikanischen und US-amerikanischen Werbefernsehens, ob die Geschlechterrollen in verschiedenen Werbemärkten auf vergleichbare oder auf landestypische Weise thematisiert werden. Erwartungsgemäß überwog im mexikanischen Werbefernsehen das traditionelle und im australischen Werbefernsehen ein vergleichsweise egalitäres Rollenbild. Selbst im femininen Schweden zeigten Werbespots damals männliche Modelle dreimal häufiger in einem beruflichen Kontext als weibliche Modelle (vgl. Nowak 1990). Wie in anderen Ländern, so bewerben auch im türkischen Fernsehen noch heute Frauen vorzugsweise Körperpflege- und Haushaltsprodukte, während männliche Modelle hauptsächlich Automobile, Finanzdienstleistungen und Getränke präsentieren (vgl. Uray/Burnaz 2003).

An/Kim (2007) folgerten aus den vorliegenden Forschungsarbeiten: Männliche Modelle werden in maskulinen Kulturen häufiger in ihrer beruflichen Rolle (bspw. als Top-Manager) und weibliche Modelle häufiger in einer „unterhaltsamen" Rolle dargestellt. Allerdings sind dies relative Unterschiede. Denn auch in femininen Kulturen agieren Männer überwiegend in der Karriererolle und Frauen in der fürsorglichen Rolle, nur eben etwas seltener als in maskulinen Kulturen (vgl. Sengupta 1995; Wiles/Tjernlund 1991). So zeigen Werbeanzeigen im vergleichsweise femininen Südkorea Frauen häufiger in einem familiären Kontext als in den vergleichsweise maskulinen USA (vgl. An/Kim 2007).

Eine weitere Frage, der in diesem Kontext nachgegangen wurde, lautet: Sind die Vorstellungen von Schönheit kulturabhängig oder universell? Um darauf eine Antwort geben zu können, haben Frith et al. (2004) Anzeigen ausgewertet, die in Modemagazinen publiziert wurden. Ihrer Analyse zufolge wird weibliche Schönheit in den untersuchten Frauenzeitschriften kulturspezifisch konstruiert: in den USA durch den gesamten Körper, in Singapur und Taiwan hingegen durch das Ebenmaß des Gesichts. Auch tragen in US-Medien die Modelle häufiger verführerische Kleidung als in Singapur und Taiwan (vgl. Frith/Cheng 2005).

4.2 Werbebotschaften

4.2.1 Grundlagen

Der zunehmende ⇒ Werbedruck sorgt dafür, dass die meisten Rezipienten einen Großteil der für sie bestimmten Werbebotschaften nicht oder nur ungenügend wahrnehmen. Denn sein nicht zuletzt informationsökonomisch optimiertes Überlebensprogramm sorgt dafür, dass der Mensch sich durch selektive Wahrnehmung vor Informationsüberlastung schützt. Hinzu kommt das Problem der Austauschbarkeit zahlreicher Werbekampagnen. Um dennoch aus der Flut vielfach gleichförmiger Werbebotschaften hervorzustehen, setzen Werbungtreibende immer häufiger Motive ein, die vorrangig Aufmerksamkeit erregen sollen, bspw. ...
- kontroverse Werbebotschaften (vgl. Teil G-4.3.3),
- humorvolle Werbebotschaften (vgl. Teil G-4.3.7) und am häufigsten
- erotische Werbebotschaften (vgl. Teil G-4.3.9).

Üblicherweise werden zwei Typen von Werbebotschaften unterschieden. Werbeslogans können jeglichen Sachverhalt thematisieren, und Claims kommunizieren das zentrale Nutzenversprechen des Unternehmens (z.B. „Fahrfreude"). Mit diesem Alleinstellungsmerkmal grenzt *BMW* seine strategische Wettbewerbsposition von der Positionierung konkurrierender Unternehmen ab (z.B. *Audi* = „technischer Vorsprung", *Daimler* = „Premiumqualität", *Toyota* = „Qualität & Zuverlässigkeit"). Als Konsequenz der Globalisierung und des allgemeinen Kostendrucks werden Claims nach Möglichkeit weltweit standardisiert. Allerdings gibt es auch Gründe, von der Maxime „One world, one brand, one claim" mehr oder weniger abzurücken. 2005 wollte die *Deutsche Bank* mit der weitgehend standardisierten Kampagne „Momente der Wahrheit" Optimismus und Aufbruchstimmung verbreiten. Vor allem aber wollte man den Kunden signalisieren, dass die *Deutsche Bank* an ihrer Seite steht und ihnen hilft, ihre Chancen zu nutzen. Während allerdings der englischsprachige Claim „Prepared for the Future" der typisch angelsächsischen Handlungs- und Zukunftsorientierung und damit einem zentralen kulturellen Wert dieser Region entspricht (vgl. Müller/Gelbrich 2014, S. 144), mutet die deutschsprachige Formulierung eher passiv an: „Die Zukunft kann kommen".

In individualistischen Gesellschaften entspricht das unabhängige Selbst der kulturellen Norm. Dort sollten Werbebotschaften deshalb im Regelfall in einer Weise formuliert werden, welche es den Zielpersonen erleichtert, sich von anderen Mitgliedern der Gesellschaft abzugrenzen

Vor allem in vertikal-individualistischen Märkten, deren Ideale Ungleichheit und Autonomie sind, versprechen Kampagnen wie die der *Sparkasse* Erfolg: „Mein Haus, mein Auto, mein Boot". Werbebotschaften, die für vertikal-kollektivistische Märkte bestimmt sind, sollten hingegen den Statusunterschieden der verschiedenen sozialen Schichten Rechnung tragen (vgl. Tab. 151).

Tab. 151: Selbstkonzepte & zentrale Werte in Abhängigkeit von der Landeskultur

	Unabhängiges Selbst		Abhängiges Selbst	
Landeskultur	horizontaler Individualismus	vertikaler Individualismus	horizontaler Kollektivismus	vertikaler Kollektivismus
Zentraler Wert	Gleichheit der Individualisten	Ungleichheit, autonomes Selbst	Gleichheit	differenzierte Gleichheit (z.B. Statusunterschiede)
Typische Gesellschaften	Schweden, Australien	Frankreich, USA	Ordensgemeinschaft, Kibbuz	Indien, Griechenland

4.2.2 Reichweite der Werbebotschaft

Universal Appeals

Lange Zeit ging die Werbeforschung davon aus, dass man insb. emotionale Appelle weltweit standardisieren könne, da die Reaktionen auf solche Werbebotschaften kulturunabhängig seien (vgl. de Mooij 2004, S. 156 f.). Neben Werbebotschaften, die Erotik, Schönheit oder Wohlbefinden thematisieren, galten vor allem ...

- humorvolle Werbeappelle (vgl. Teil G-4.2.7) und
- Furchtappelle (vgl. Teil G-4.2.8)

als universell (vgl. Müller 1997, S. 16). Tatsächlich aber sind Gestaltungen, die gleichermaßen alle Menschen ansprechen oder abstoßen, die Ausnahme. Vor allem bei informativer Werbung spielen ‚universal appeals' eine geringere Rolle als bei emotionalen Werbekampagnen. Aber auch sie sind, wie zahlreiche Studien belegen, nur begrenzt standardisierbar. So findet emotionale Image-Werbung für Parfüm bei französischen Kunden eher Anklang als bei deutschen Kunden (vgl. Diehl/Terlutter 2006).

Hinzu kommt, dass eine implizite Annahme der häufig inhaltsanalytischen Forschung nicht stichhaltig ist und verworfen werden muss: die Gleichsetzung von globaler Verbreitung einer Werbebotschaft und deren universell-gleichsinniger Rezeption: „An implicit assumption in advertising content analysis [...] is that what an ad says, or what its creator intends for it to convey, is also what it means to consumers. The presence of global images and foreign appeals in advertising is thus often incorrectly taken as evidence that local culture is becoming globalized, and that consumer values are changing accordingly" (Zhou/Belk 2004, S. 63).

Kulturspezifische Appelle

Welche Werte sollten Unternehmen in welcher Kultur thematisieren und welche eher nicht? Werden bspw. asiatische Werte wie Harmonie in konfuzianischen Gesellschaften häufiger angesprochen als im angelsächsischen Raum (vgl. Cheng/Schweitzer 1996)? Um ein stimmiges Gesamtbild zu erhalten, empfiehlt es sich, die Erkenntnisse möglichst vieler Untersuchungen zusammenzufassen (⇒ Metaanalyse).

Gelbrich (1997) analysierte 27 Studien, die bis Mitte der 1990er-Jahre kulturvergleichend untersucht haben, wie häufig Werbebotschaften bestimmte Werte thematisieren.

- Weitestgehend bestätigt konnten folgende Hypothesen werden:
  - ➢ In Gesellschaften, die Machtdistanz akzeptieren, wird häufig mit dem Wert „Status" geworben (durch 10 von 11 Studien bestätigt).
  - ➢ In individualistischen Gesellschaften wird häufig mit dem Wert „Leistung" geworben (durch 6 von 7 Studien bestätigt).
- Tendenziell bestätigt konnten folgende Hypothesen werden:
  - ➢ In individualistischen Gesellschaften wird häufig mit dem Wert „Individualität" geworben (durch 4 von 6 Studien bestätigt).
  - ➢ In individualistischen Gesellschaften wird häufig mit dem Wert „Hedonismus" geworben (durch 3 von 4 Studien bestätigt).
  - ➢ In kollektivistischen Gesellschaften wird häufig mit dem Wert „Geselligkeit" geworben – operationalisiert als „Anzahl der in Werbespots gezeigten Menschen" (durch 15 von 21 Studien bestätigt).
  - ➢ In Gesellschaften, die Ungewissheit tolerieren, wird häufig mit „Kindheit" geworben – operationalisiert als „Anzahl der in Werbespots gezeigten Kindern" (durch 6 von 10 Studien bestätigt).
  - ➢ In Gesellschaften, die Ungewissheit meiden, wird häufig mit „Alter" geworben – operationalisiert als „Anzahl der in Werbespots gezeigten alten Menschen" (durch 10 von 15 Studien bestätigt).
- Folgende Hypothesen mussten verworfen werden:
  - ➢ In langzeitorientierten Gesellschaften wird häufig mit dem Wert „Sparsamkeit" geworben (durch 4 von 7 Studien nicht bestätigt).
  - ➢ In langzeitorientierten Gesellschaften wird häufig mit dem Wert „Modernität" geworben (durch 3 von 7 Studien nicht bestätigt).
  - ➢ In langzeitorientierten Gesellschaften wird häufig mit dem Wert „Tradition" geworben (durch 3 von 4 Studien nicht bestätigt).

Der Wert „sozialer Status" bspw. war Gegenstand von elf Studien. Von diesen bestätigten zehn, dass in Märkten, die kulturbedingt Machtdistanz akzeptieren (PDI+), zumeist kulturkonform geworben wird. Gewöhnlich thematisiert dort die Werbebotschaft den Prestigewert des Angebots, vorausgesetzt, diese Positionierung entspricht dem Werbeobjekt (z.B. hochwertige Automobile) und dem Unternehmen. In egalitären Kulturen (PDI–) hingegen ist es weder üblich noch erwünscht, den eigenen Status durch entsprechende Symbole zu demonstrieren. Auf Motive, welche Geselligkeit zum Ausdruck bringen, scheinen kollektivistisch sozialisierte Menschen mehr als andere anzusprechen. Auch das Ausmaß an Ungewissheitsvermeidung, das in einem Kulturraum als normal gilt, hat Konsequenzen für die Präferenz bzw. Ablehnung bestimmter Kampagnen. Für Gesellschaften, die Ungewisses nach Möglichkeit meiden (= UAI–), ist nicht die Jugend das Ideal, sondern das Alter: Denn es verkörpert Erfahrung, Tradition, Weisheit etc. und damit Verlässlichkeit. Tatsächlich porträtiert Werbung in Ländern mit einer starken Tendenz zur Ungewissheitsvermeidung häufiger ältere Menschen als in Ländern, deren Norm Ungewissheitstoleranz ist. Dort verkörpert Jugend das idealisierte körperliche Selbstbild. In individualistischen Gesellschaften schließlich wird häufig mit Ich-bezogenen Werten wie Leistung und Hedonismus geworben und seltener mit Geselligkeit (vgl. Abb. 191).

Abb. 191: Individualistische Werbebotschaft

4.2.3 Kontroverse & kulturkonträre Botschaften

4.2.3.1 Grundlagen

Kontroverse Werbebotschaften

Werbung, die gegen relevante soziale Normen verstößt, wird – je nach Erscheinungsform – unterschiedlich benannt ...
- kontroverse Werbung („ ... advertising, that, by the type of product or execution, can elicit reactions of embarrassment, distaste, disgust, offence, or outrage"; Waller 2005, S. 11),
- offensive Werbung („ ... an act and/or a process that violates the norm"; Dahl et al. 2003) bzw.
- provozierende Werbung („Provocative advertising ... a deliberate attempt to gain attention through shock"; Pope et al. 2004).

Gesellschaften, die gemäß der Theorie des Informationskontexts (vgl. Hall 1976) High Context-Gesellschaften sind (vgl. Teil A-1.2.1), regulieren die Kommunikationspolitik, wie andere Lebensbereiche auch, hauptsächlich durch implizite soziale Normen (z.B. Konfliktvermeidung; vgl. Shao/Hill 1994). Normverstöße entwickeln in solchen, bspw. dem islamischen oder dem konfuzianischen Kulturkreis zugehörigen Ländern eine stärkere soziale Dynamik als in Low Context-Gesellschaften. Sie orientieren sich vorrangig an expliziten Vorschriften (Gesetze, Regeln, Verordnungen etc.). Angesichts der signifikanten Korrelation von Kontextorientierung und der ⇒ Kulturdimension Individualismus-Kollektivismus ist davon auszugehen, dass diese beide Variablen für die kulturvergleichende Analyse kontroverser Werbung hilfreich sein können (vgl. An/Kim 2006).

Bestätigt wird diese Annahme durch eine Befragung, welche Fam/Waller (2003) durchgeführt haben. Sie konnten nachweisen, dass neuseeländischen Probanden (= IDV+ und HC-) ...
- suchterzeugende Produkte (z.B. Alkohol),
- sexbezogene Produkte (z.B. Verhütungsmittel) und
- politische „Produkte" (z.B. Wahlwerbung)

weniger kontrovers erscheinen als chinesischen, taiwanesischen und malaysischen Probanden, die sich durch einen geringen Grad an Individualismus (= IDV-) und ausgeprägte Kontextabhängigkeit auszeichnen (= HC+).

Kulturkonträre Werbebotschaften

Wer kulturkonträr wirbt, hofft, durch den Bruch mit der üblichen, d.h. wertekonformen Werbung, in überproportionalem Maße die Aufmerksamkeit der Adressaten der Werbebotschaft zu erringen. Dies erklärt vermutlich, warum Anzeigen, die in der jüngeren Vergangenheit in kollektivistischen Ländern (z.B. China) geschaltet wurden, bisweilen individuelle Werte und Modernität häufiger thematisieren als kollektivistische Werte und Tradition (vgl. Zhang/Shavitt 2003).

4.2.3.2 Beispiele aus der Praxis

Kontroverse Werbebotschaften

Eine für den Internet-Provider *Freenet* geschaltete Anzeige zeigt eine Gruppe älterer Menschen, die an einem offenen Grab sitzen. Inmitten der Trauergäste steht ein offensichtlich glücklicher Junge. Denn er hat einen *I-Pod* gewonnen. Mehr als nur kontrovers ist eine Anzeige von *Dolce & Gabbana*. Die Szene zeigt vier Männer sowie eine nur dürftig bekleidete Frau und suggeriert eine Vergewaltigung.

In einer Werbeanzeige von *Toyota* verbeugen sich zwei Löwen vor einem vorbeifahrenden *Prado MPV*. Dieses scheinbar harmlose Motiv löste einen Sturm nationaler Empörung aus. Angesichts der Kriegsverbrechen, die Japaner in den 1930er- und 1940er-Jahren in China begangen haben, wurde die Verbeugung der Löwen vor einem japanische Kraftfahrzeug als Affront empfunden. Denn Löwen sind eines der Nationalsymbole Chinas. Für ⇒ Animosität sorgte auch der *Nike*-Werbespot „Chamber of Fear". Darin schlägt L. James, ein US-amerikanischer Basketballstar, mehrere Cartoon-Figuren, die in der chinesischen Mythologie eine wichtige Rolle spielen, nieder: neben einigen Märchengestalten einen Kung Fu-Meister und zwei Drachen. Da auch sie Nationalsymbole sind (vgl. Müller/Gelbrich 2014, S. 195f.), untersagte die zuständige chinesische Behörde die Kampagne: „so as to protect national honor and traditional Chinese culture" (Chan et al. 2007, S. 608).

Lange Zeit verdankte *Benetton* seinen hohen Bekanntheitsgrad den Kontroversen, welche seine Werbemotive regelmäßig weltweit ausgelöst haben (vgl. Abb. 192). Denn hierbei handelt es sich nicht um eine einmalige Normverletzung, sondern um eine über viele Jahre trotz vehementer Kritik systematisch betriebene Kampagne (vgl. Imbusch 2007; Reichertz 1994; Pirowsky 1993).

Abb. 192: Provozierende Benetton-Werbung

Kulturkonträre Werbebotschaften

Vorreiter dieser Kommunikationsstrategie war *Shiseido*. Das 1872 als erste japanische Apotheke nach westlichem Vorbild gegründete und mittlerweile globale Kosmetikunternehmen warb Mitte der 1960er-Jahre auf einem Werbeplakat

mit einem in vielerlei Hinsicht nicht kulturkonformen weiblichen Modell. Die braungebrannte, nur mit einem Badeanzug bekleidete junge Frau, die selbstbewusst in die Kamera schaut (vgl. Abb. 193), widersprach ...
- dem klassischen Schönheitsideal der japanischen Gesellschaft der weißen Haut,
- der dort noch heute gültigen traditionellen Frauenrolle,
- dem im Übrigen auch für Männer gültigen Gebot, sich nicht als individuelle Persönlichkeit zu inszenieren.

Wie stark der Kulturschock damals für die japanische Gesellschaft gewesen sein musste, lässt der Vergleich des neuen mit einem der traditionellen Werbemotive erahnen (vgl. Abb. 193a). Obwohl der damals, in den 1960er-Jahren, äußerst unübliche Werbeauftritt für einen Skandal sorgte, wurde die Kampagne ein großer Erfolg: „Die Sommer-Kampagne mit dem Modell *B. Maeda* wurde so populär, dass im ganzen Land die Poster aus den Geschäften gestohlen wurden. Die *Shiseido*-Frauen waren nun nicht länger nur ‚hübsche Gesichter', sondern standen für den Lebensstil der ‚neuen Frau'" (http://www.shiseido.co.jp/g/story/html/sto30601.htm).

Abb. 193: Shiseido-Anzeigen aus den 1920er-Jahren (= a) und den 1960er-Jahren (= b)

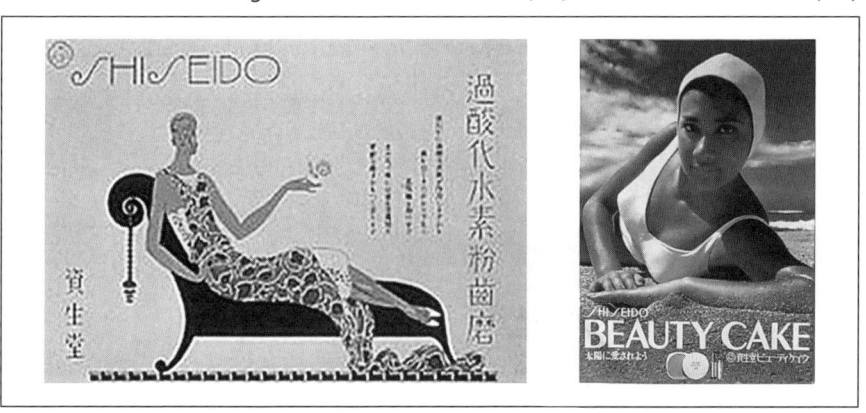

Urheberrechte: Shiseido.

4.2.3.3 Wirkung

Kontroverse Werbebotschaften

Falls eine gleichwertige Alternative zur Verfügung steht, dann sinkt die Wahrscheinlichkeit, dass Produkte bzw. Dienstleistungen, für die schockierend oder in anderer Weise offensiv-aggressiv geworben wird, Abnehmer finden. Die Reaktionen des Publikums variieren stellenweise in Abhängigkeit von der Landeskultur:
- Werbung für sex-bezogene und suchterzeugende Produkte schockiert stark normorientierte Menschen (z.B. Koreaner) mit größerer Wahrscheinlichkeit als US-Amerikaner (vgl. An/Kim 2006).

- Auf Individualisten (z.B. Neuseeländer) wirken kontroverse Produkte weniger schockierend als auf Kollektivisten (= Chinesen, Malaien und Taiwanesen; vgl. Fam/Waller 2003).
- Durch Anzeigen, die Chinesen (= IDV- und HC+) schockieren, fühlen sich deutsche Probanden (= IDV+ und HC-) nur irritiert (vgl. Chan et al. 2007).

Wie erneut das Beispiel der *Benetton*-Werbung zeigt, verschafft Schockwerbung dem werbenden Unternehmer zwar ein Höchstmaß an Aufmerksamkeit (‚brand awareness'). Aber andere, letztlich wichtigere Werbeziele (Sympathie, Akzeptanz, Imagekorrektur, Kaufbereitschaft) werden zumeist verfehlt (vgl. Pirowsky 1993). Verletzt eine Kampagne Tabus, sind nicht selten Boykottaufrufe die Folge (vgl. z.B. Prendergast et al. 2002). So fühlten sich viele farbige US-Amerikaner durch ein *Benetton*-Plakat diskriminiert, das eine afroamerikanische Frau zeigt, wie sie ein weißes Baby stillt (vgl. Abb. 194a). Denn das Motiv erinnerte sie daran, wie schwarze Ammen in der Sklavenzeit von ihren weißen Besitzern ausgebeutet wurden. Die mehrheitlich pazifistischen Deutschen wiederum empfanden das Motiv „Soldatenfriedhof" als makaber (vgl. Abb. 194b). Während der *Stern* sich weigerte, diese *Benetton*-Anzeige zu drucken, gewann sie in Frankreich und Italien Photopreise (vgl. Keegan et al. 2002, S. 774; Müller 1997, S. 37).

Abb. 194: Kontrovers beurteilte Benetton-Kampagnen

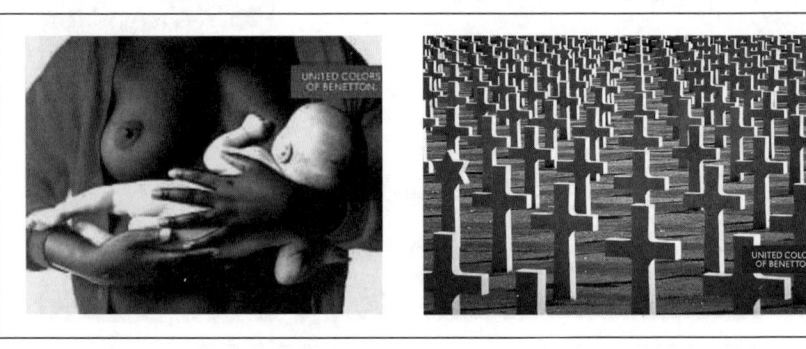

Urheberrechte: Benetton.

Kulturkonträre Werbebotschaften

Werbekampagnen, die andere Werte thematisieren als die für die Landeskultur der Zielgruppe charakteristischen Werte, erzielen zumeist einen überdurchschnittlichen Aufmerksamkeitserfolg. So wecken Werbeslogans, die ein individualistisches (d.h. unabhängiges) Selbstbild kommunizieren, verstärkt das Interesse südkoreanischer Studenten, obwohl – bzw. weil – diese einer beziehungsorientiert-kollektivistischen Gesellschaft entstammen. Amerikanische Studenten wiederum reagieren auf das abhängige Selbstbild besonders sensibel (vgl. Wilcox et al. 1996, S. 166 ff.). In einer weiteren Studie fanden Aaker/Williams (1998) heraus, dass Appelle, die ich-bezogene Emotionen wie Stolz und Glück ansprechen, besonders bei kollektivistischen Zielgruppen geeignet sind, einen Einstellungswandel auszulösen, während bei individualistischen Zielgruppen zu diesem Zweck besser Emotionen thematisiert werden sollten, die sich „auf andere" beziehen (= ‚other-focused emotions' wie Empathie oder Friedfertigkeit).

In Gesellschaften, die einen Kulturwandel vollziehen, kommt hinzu, dass kulturkonträre Werbung auch deshalb Anklang findet, weil sie die „neuen Werte" verbreitet und Teil der von der Bevölkerungsmehrheit befürworteten Modernisierung ist: Werbung als Promotor des gesellschaftlichen Wandels. „Consistent with the findings of Cheng (1994) and Cheng/Schweitzer (1996), our findings regarding the predominance of modernity values in Chinese advertising overall appear to reflect internal modernization in China and the role of advertising in promoting such change. Although this stands in contrast to the conventional view of China as a more traditional and collectivistic country, our findings are consistent with Marchand's (1985) depiction of advertising as a revolutionary force that heralds modernity" (Zhang/Shavitt 2003, S. 29).

Promotor des Wandels
„Both modernity and individualism values are predominate in current Chinese advertising. Moreover, consistent with our expectations regarding media effects, individualism and modernity values are more prevalent in magazine ads, which target the X-Generation (aged 18-35 years with high education and income) than in television commercials, which are aimed at the mass market, whereas collectivism and tradition values were more prevalent in television commercials than in magazine ads. Finally, the effect of product characteristics is consistent with previous research and indicates that, in Chinese ads, personal use products tend to use more individualistic appeals than shared products, whereas shared products tend to use more collectivist appeals than personal use products" (Zhang/Shavitt 2003, S. 29).

Kulturadäquate vs. Selbstbild-affine Werbebotschaften

Am Beispiel eines Low Involvement-Produkts (Instant-Kaffee) wies Chang (2006) nach, dass Werbebotschaften, welche dem individuellen Selbstbild entsprechen, besser wirken als Werbebotschaften, die mit der Landeskultur übereinstimmen. Bei den Versuchspersonen handelte es sich um südkoreanische und US-amerikanische Studenten. Die Werbewirkung wurde mit Hilfe von Variablen wie „Gefallen der Anzeige", „Glaubwürdigkeit der Werbebotschaft" und „Einstellung zur Marke" operationalisiert (⇒ Konstrukt). Zieht man überdies die These des Wertewandels ins Kalkül (⇒ Postmaterialismus-These), so wirft diese Studie indirekt die Frage auf, ob die Besonderheit kulturkonträrer Werbung wirklich aus der Distanz zu den tradierten Werten der Landeskultur erwächst oder aus der Übereinstimmung mit den veränderten, d.h. von der Landeskultur unterschiedlichen individuellen Werten.

4.2.3.4 Konsequenzen für die Praxis

Kontroverse Werbebotschaften

Schockierende Motive sind, wie das *Benetton*-Beispiel lehrt, bestens geeignet, ein Unternehmen und sein Angebot bekannt zu machen. Allerdings können kontroverse Werbebotschaften in den nachgelagerten Abschnitten der Werbewirkungskette (z.B. Sympathie, Kauf- und Weiterempfehlungsbereitschaft) vor allem in beziehungs- und konsensorientierten Märkten erheblichen Schaden anrichten (⇒ Beziehungskultur).

Kulturkonträre Werbebotschaften

Obwohl Werbebotschaften, welche die jeweiligen kulturellen Werte des Zielmarktes reflektieren (vgl. Tab. 152), mit einer erhöhten Akzeptanz der Werbebotschaft und einem überdurchschnittlichen Einfluss auf die Kaufwahrscheinlichkeit rechnen können, werden immer wieder Werbebotschaften bewusst oder unbewusst so gestaltet, dass sie im Extremfall in offensichtlicher Opposition zur Landeskultur der Zielgruppe stehen (vgl. z.B. Gregory/Munch 1997; Taylor et al. 1997; Han/Shavitt 1994). Für diese Strategie sprechen neben der besonderen Aufmerksamkeitswirkung noch andere Gründe:

(1) Wer in kollektivistischen Kulturen mit dem Wert „Unabhängigkeit" und in individualistischen Ländern mit dem Wert „Gemeinsamkeit" wirbt, spricht nicht nur die jeweiligen Defizitbedürfnisse an, sondern auch das Bedürfnis nach Neuem (⇒ ‚novelty seeking'). Von den individualistisch geprägten westdeutschen Konsumenten hält jede dritte bis vierte Auskunftsperson den Wert „Zugehörigkeit und Geborgenheit" für das wichtigste Ziel im Leben, aber nur jede zwanzigste den Wert „Selbstentfaltung" (vgl. Grunert/Scherhorn 1990, S. 99).

(2) Die Einzigartigkeit des werblichen Auftritts begünstigt den Aufbau einer unverwechselbaren Markenidentität. Dies kann vor allem dann sinnvoll sein, wenn der Anbieter transnationale Zielgruppen ansprechen möchte, die kosmopolitisch erscheinen wollen, indem sie die Distanz zu ihrer Herkunftskultur betonen.

(3) Auch intrakulturell kann die kulturkonträre Werbestrategie sinnvoll sein – vorausgesetzt es handelt sich bei der Zielgruppe um eine Subkultur, die großen Wert auf Andersartigkeit legt und gängige Wertvorstellungen der Mehrheitsgesellschaft bewusst ablehnt.

(4) Schließlich ist kulturkonträre Werbung dann angezeigt, wenn sich der Anbieter als „ausländisch-modern" positionieren möchte, was vielfach in Schwellen- und Entwicklungsländern geschieht. So bewarb *McDonald's* bei seinem Eintritt in den chinesischen Markt gezielt seine Andersartigkeit als maßgeblichen Wettbewerbsvorteil.

Tab. 152: Kulturadäquate Werbeappelle

Landeskultur		Werbebotschaft
Individualismus	→	Leistung, Hedonismus etc.
Kollektivismus	→	soziale Verpflichtung, Harmonie
schwache Akzeptanz von Machtdistanz	→	Geselligkeit, Gleichheit etc.
starke Akzeptanz von Machtdistanz	→	Statussymbole, Prominente etc.
schwache Ungewissheitsvermeidung	→	Innovation, Abenteuer etc.
starke Ungewissheitsvermeidung	→	Preis- und Qualitätsgarantie etc.
Feminität	→	Fürsorglichkeit, Gemeinschaft etc.
Maskulinität	→	Wettbewerb, Stolz, Besitz etc.

4.2.4 Informative Werbebotschaften

Bei Angeboten, die potentiellen Käufern bzw. Verwendern einen bedeutsamen Nutzenvorteil bieten, liegt es nahe, die Zielgruppe darüber zu informieren. *Bionade* etwa war lange Zeit erfolgreich, weil das Unternehmen glaubhaft machen konnte, dass diese Limonade „anders" hergestellt wird als konkurrierende Getränke (d.h. ökologisch). Nachdem die Gründerfamilie *Bionade* an die *Radeberger*-Gruppe verkaufen musste, war diese Positionierung nicht mehr glaubwürdig (vgl. Ritzer 2013). Denn die dem *Oetker*-Konzern zugehörige *Radeberger*-Gruppe wird nicht primär mit „alternativ" und „ökologisch" assoziiert. Dies verweist auf eine Besonderheit informativer Werbung: Sie ist nur dann wirksam, wenn die Akteure und das Nutzenversprechen glaubwürdig sind.

Cultural Bias

Auch die Werbeforschung leidet unter der übermäßigen Konzentration auf die westliche Welt im Allgemeinen und die USA im Besonderen. So befassten sich 40 der 59 bis Mitte der 1990er-Jahre veröffentlichten Analysen des Informationsgehaltes von Werbung mit den US-amerikanischen Medien, entweder ausschließlich oder im Vergleich mit ...
- ähnlichen Kulturen wie Australien oder Großbritannien (vgl. Weinberger/Spotts 1989) und Schweden (vgl. Wiles et al. 1996) bzw.
- unähnlichen Kulturen wie Japan (vgl. Javalgi et al. 1995).

„No study has examined the advertising information in any African nation, any part of the Middle East other than Saudi Arabia, or any of the economies in transition associated with the former USSR" (Abernethy/Franke 1996, S. 15). Erst seit der Jahrtausendwende lässt sich eine Verbreiterung des Forschungsansatzes beobachten. Al-Olayan/Karande (2000) etwa verglichen erstmals den Informationsgehalt von Anzeigen, die in arabischen Publikumszeitschriften geschaltet wurden, mit dem Informationsgehalt entsprechender Anzeigen in US-Medien.

Einfluss der Landeskultur

Zahlreiche Studien bestätigen: Informationsgehalt und Akzeptanz von Werbebotschaften variieren in Abhängigkeit der meisten Kulturdimensionen.

Ungewissheitsvermeidung. In Märkten, für deren Landeskultur von Ungewissheitsvermeidung bedeutsam ist, werden pro Spot bzw. Anzeige mehr Schlüsselinformationen dargeboten als anderswo. Und dass ein Produkt innovativ ist, kommunizieren Werbende vorzugsweise in Zielmärkten, in denen Ungewissheit tendenziell akzeptiert wird (vgl. Gelbrich 1997, S. 53 ff.). Denn ein Wesensmerkmal von Neuartigem ist Unsicherheit.

Die in Deutschland (UAI = 65) weit verbreitete Preiswerbung (Information = Preis) kommt auch in anderen ungewissheitsmeidenden Ländern (z.B. Österreich UAI = 70) signifikant häufiger zum Einsatz als in ungewissheitstoleranten Ländern (z.B. Großbritannien UAI = 35). Erklären lässt sich dies mit der Kulturabhängigkeit der Risikowahrnehmung (vgl. Bao et al. 2003; Renn/Rohrmann 2000; Weber/Hsee 1998). Eine der Aufgaben von Werbung besteht darin, Ver-

trauen zu bilden, bspw. indem sie die Unsicherheit der Nachfrager hinsichtlich der verschiedenen Kaufrisiken reduziert (funktionelles Risiko, finanzielles Risiko, soziales Risiko etc.). Für die Preiswerbung bedeutet dies:
- These 1: Im deutschsprachigen Kulturraum nehmen die Kunden das finanzielle Kaufrisiko besonders intensiv wahr. Deshalb wird dort häufiger als anderswo mit Preisinformationen geworben.
- These 2: Weil sie mehr als andere mit Preisinformationen umworben werden, sind viele Kunden im deutschsprachigen Raum sehr preissensitiv.

Akzeptanz von Machtdistanz. In Leistungsbereichen, in denen ein hoher Preis auf einen entsprechenden Status des Käufers, Besitzers, Nutzers etc. schließen lässt (z.B. bei nicht-standardisierten Dienstleistungen), wird in machtdistanten Gesellschaften (z.B. Hong Kong; PDI = 68) häufiger der Preis beworben als in den eher egalitären USA (PDI = 40). Geht „Akzeptanz von Machtdistanz" mit Langzeitorientierung einher, dann sind Informationen über die zeitliche Verfügbarkeit des Angebots empfehlenswert.

Maskulinität. Angehörige von maskulinen Kulturen präferieren leistungsbezogene Informationen, da sie Indikatoren von Erfolg sind (vgl. Tai/Chan 2001).

Kontextabhängigkeit. Eine der am besten belegten Thesen der kulturvergleichenden Werbeforschung (vgl. Taylor et al 2000, S. 229 f.) besagt, dass in kontextunabhängigen Werbemärkten (z.B. angelsächsischer Raum) anders, vor allem informativer geworben wird als in kontextabhängigen Werbemärkten (z.B. ostasiatischer Raum). Lin (1993) ließ jeweils zwei entsprechend trainierte bilinguale Amerikaner und Japaner anhand eines standardisierten Kategoriensystems 464 amerikanische TV-Spots und 863 japanische TV-Spots beurteilen. Dabei zeigte sich: Das US-Werbefernsehen vermittelt mehr Informationen als strukturell vergleichbare Werbespots im japanischen Fernsehen und stellt mehr direkte Vergleiche mit Konkurrenzprodukten an.

Taylor et al. (1997) konnten zeigen, dass US-Amerikaner (= Low Context-Gesellschaft) informative TV-Spots präferieren, während Südkorea (= High Context-Gesellschaft) emotionale Werbung bevorzugen. Gleiches gilt für Werbeanzeigen in Printmedien. Wie inhaltsanalytische Auswertungen von Kalliny et al. (2007) ergaben, werden Werbebotschaften in einer US-amerikanischen Tageszeitung *(U.S. Today)* eher kontextunabhängig formuliert: Ihr tieferer Sinn muss nicht (bzw. wenig) aus ihrem Kontext erschlossen werden. Auch in anderen amerikanischen Medien werden Werbebotschaften im Regelfall explizit und direkt gestaltet. Denn Werbeslogans sollen unmittelbar verständlich sein. *McDonald's* bspw. spricht mit „I'm Lovin' it" amerikanische Konsumenten eindeutig und unmissverständlich an. Die Leserschaft von *Al-Ahram* (Ägypten), *Al-Watan* (Kuwait), *Al-Nahar* (Libanon) oder *Al-Watan* (Saudi-Arabien) hingegen ist es gewohnt, kontextabhängig zu kommunizieren. Folglich rezipieren sie auch Werbebotschaften nicht losgelöst von deren Umfeld. Dies erklärt, warum Werbung im arabischen Raum häufig Emotionen oder die Familie thematisiert: Man möchte suggerieren, dass zwischen Werbenden und Beworbenen eine persönliche Beziehung besteht – in einer beziehungsorientierten Kultur eine bedeutsame unterschwellige Botschaft.

Einfluss des sozio-ökonomischen Umfeldes

Eine entscheidende Rolle spielt auch das Ausbildungsniveau des Zielmarktes. Textlastige Werbebotschaften sind für Länder mit einer hohen Analphabetenquote (vgl. Abb. 195) naturgemäß wenig geeignet. Wer bspw. in Pakistan nicht nur die gebildete Oberschicht ansprechen möchte, sondern auch die breite Masse der Bevölkerung, muss lernen, bildhaft-emotional zu kommunizieren.

Manchmal besteht das Problem darin, dass die Zielgruppe lediglich ein bestimmtes Produkt bzw. eine Produktart nicht kennt. „Sushi" bspw. war außerhalb Japans noch vor nicht allzu langer Zeit nur wenigen Kosmopoliten ein Begriff. In solchen Fällen muss der erste Anbieter Pionierarbeit leisten und das Produkt sowie dessen Nutzen bekannt machen: Er muss informativ werben.

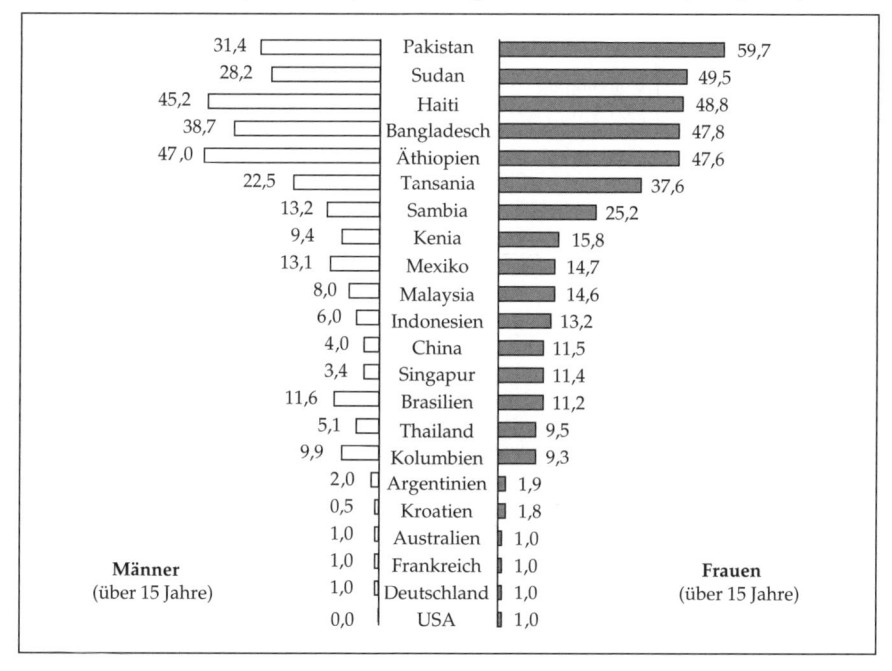

Abb. 195: Analphabetenquote in ausgewählten Ländern (2014; in %)

Männer (über 15 Jahre)	Land	Frauen (über 15 Jahre)
31,4	Pakistan	59,7
28,2	Sudan	49,5
45,2	Haiti	48,8
38,7	Bangladesch	47,8
47,0	Äthiopien	47,6
22,5	Tansania	37,6
13,2	Sambia	25,2
9,4	Kenia	15,8
13,1	Mexiko	14,7
8,0	Malaysia	14,6
6,0	Indonesien	13,2
4,0	China	11,5
3,4	Singapur	11,4
11,6	Brasilien	11,2
5,1	Thailand	9,5
9,9	Kolumbien	9,3
2,0	Argentinien	1,9
0,5	Kroatien	1,8
1,0	Australien	1,0
1,0	Frankreich	1,0
1,0	Deutschland	1,0
0,0	USA	1,0

Quelle: The CIA World Factbook 2014.

Einfluss der Rechtsprechung

Das jeweilige juristische Umfeld manifestiert sich in landes-, regionen- bzw. kulturraumspezifischen Ge- und Verboten. Im islamischen Kulturraum etwa wird Vergleichende Werbung (vgl. Teil G-8) prinzipiell abgelehnt. Folglich ist es dort unzulässig, einen Produktvorteil gegenüber einem namentlich genannten Konkurrenten zu bewerben. Deutschland untersagt TV-Werbung für Zigarettenwerbung – was die betroffenen Unternehmen jedoch konterkarierten, indem sie auf alternative Maßnahmen ausweichen (z.B. Sponsoring von Sportveranstaltungen). Umgekehrt wird den Unternehmen zunehmend vorgeschrieben, welche Informationen bspw. auf der Produktverpackung in welcher Größe, Art etc. angegeben werden müssen (z.B. Inhaltsstoffe). Wie Taylor/Raymond (2000) für den ostasiatischen Raum nachweisen, sind diese Vorschriften nach Märkten und Produktkategorien zu differenzieren (vgl. Tab. 153).

Tab. 153: Werberestriktionen in Abhängigkeit von Land & Produktkategorie

	Japan	Taiwan	China	Südkorea
Tabak				
• TV-Werbung	freiwilliger Verzicht	verboten	verboten	verboten
• Print-Werbung	erlaubt	erlaubt	erlaubt	erlaubt
Alkohol				
• TV-Werbung	erlaubt	erlaubt (zeitlich limitiert)	erlaubt	erlaubt (zeitliche Beschränkungen)
• Print-Werbung	erlaubt	erlaubt	erlaubt	erlaubt
Verschreibungspflichtige Arzneimittel				
• TV-Werbung	freiwilliger Verzicht	erlaubt (Genehmigung der zuständigen Behörden erforderlich)	erlaubt (unter Aufsicht der zuständigen Behörden)	erlaubt (zeitliche und gestalterische Beschränkungen)
• Print-Werbung	freiwilliger Verzicht			
Verhütungsmittel				
• TV-Werbung	erlaubt	erlaubt	erlaubt	verboten
• Print-Werbung	erlaubt	erlaubt	erlaubt	verboten
Hygiene-Artikel				
• TV-Werbung	erlaubt	erlaubt	verboten	verboten
• Print-Werbung	erlaubt	erlaubt	verboten	verboten
Unterwäsche				
• TV-Werbung	erlaubt	erlaubt	verboten	verboten
• Print-Werbung	erlaubt	erlaubt	verboten	verboten

Quelle: Taylor/Raymond (2000, S. 299); eigene Übersetzung.

4.2.5 Emotionale Werbebotschaften

Ist das Qualitätsversprechen von *Mercedes* („Das Beste oder nichts") glaubhafter als das Qualitätsversprechen von *Toyota* („Toyota Quality")? Gerade in reifen Märkten sind viele Produkte austauschbar und unterscheiden sich nur durch ihr Image. Deshalb kommen dort verstärkt emotionale Appelle zum Einsatz. Mit Hilfe von Bildern, Musik, Farben etc. verbinden sie das beworbene Produkt (bzw. dessen Gebrauch) mit angenehmen Gefühlen und dienen primär der Image-Bildung. Humorvolle Werbebotschaften (vgl. Teil G-4.2.5.1) furchterregende Werbebotschaften (vgl. Teil G-4.2.5.2) und erotische Werbebotschaften (vgl. Teil G-4.2.5.3) sind spezielle Erscheinungsformen der emotionalen Werbestrategie.

4.2.5.1 Humorvolle Werbebotschaften

Grundlagen

Weltweit versucht nahezu jeder fünfte TV-Werbespot, Aufmerksamkeit und Akzeptanz der Zielgruppe durch eine humorvolle Gestaltung zu gewinnen (vgl. Beard 2005, S. 54). Vor allem in der Printwerbung sind humorvolle Werbebotschaften weit verbreitet (vgl. Weinberger/Gulas 2006). Die kulturvergleichende Werbeforschung befasst sich deshalb schon seit langem mit diesem Stilmittel, laut Schwarz (2011) hauptsächlich mit ...
- kulturvergleichenden Inhaltsanalysen: Wie häufig wird das Stilmittel Humor genutzt, um Aufmerksamkeit zu erringen bzw. Sympathie zu erzeugen? Und wie häufig werden welche Humorarten mit welcher Intensität in unterschiedlichen Kulturen eingesetzt?
- kulturvergleichenden Werbewirkungsstudien: Unter welchen Bedingungen wirkt Humor in der Werbung und wie (vgl. Schwarz et al. 2011; Schwarz/ Hoffmann 2009; Lee/Lim 2008)?

Global oder regional standardisierte Kommunikationskampagnen benötigen Werbebotschaften, die geeignet sind, Produktnutzen und Produktimage in unterschiedlichen Kulturen zu kommunizieren. Humor scheint ein solches universelles Phänomen zu sein: ein ‚cultural universal' (vgl. Ziv 1988).

Darüber hinaus sprechen folgende Gründe dafür, Werbebotschaften humorvoll zu gestalten: Gemäß dem kognitiven Beeinflussungsmodell (vgl. Abb. 196) steigert Humor die Aufmerksamkeit der Adressaten (⇒ Werbewirkungsmodell). Vor allem bei Low Involvement-Kommunikation ist Aufmerksamkeit eine notwendige Voraussetzung dafür, dass auch die nachgelagerten Stufen der Informationsverarbeitungshierarchie aktiviert werden – z.B. Interesse (vgl. Gelb/Zinkhan 1986). Das affektive Beeinflussungsmodell berücksichtigt Humor als Moderatorvariable, welche die Einstellung zur Marke sowie die Kaufabsicht

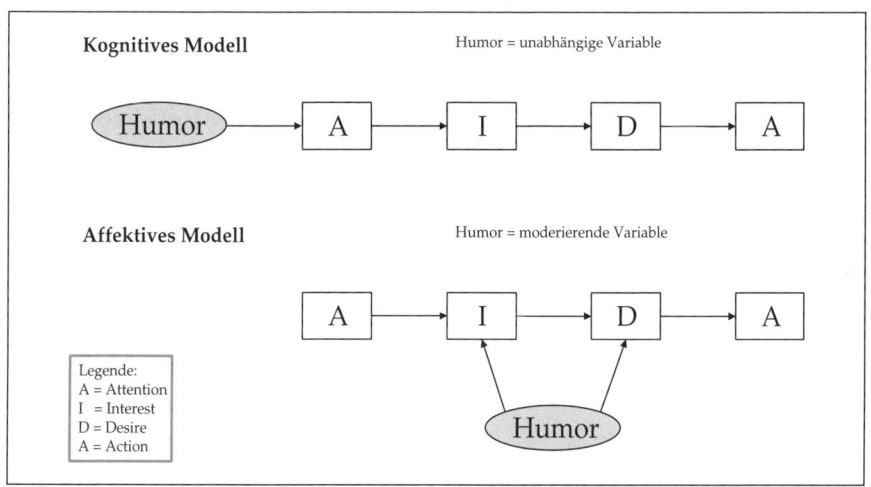

Abb. 196: Werbewirkungsmodelle

und andere bedeutsame Variablen fördert (vgl. Biel/Bridgwater 1990). Durch klassische Konditionierung werden diese Effekte dann generalisiert (⇒ Konditionierung, klassische). Tatsächlich lässt sich häufig empirisch nachweisen, dass die durch das Gestaltungsmittel „Humor" positiv veränderte Einstellung zur Marke auf das beworbene Produkt übertragen wird (vgl. Gelb/Pickett 1983).

Eisend (2009) unterzog 43 einschlägige Werbewirkungsstudien einer Meta-Analyse. Sein Fazit lautet: Humor ...
- fördert positive Emotionen, die Einstellung gegenüber der beworbenen Marke und die Kaufintention,
- mindert die Glaubwürdigkeit des werbungtreibenden Unternehmens und bleibt
- ohne Einfluss auf die Kognitionen der Zielpersonen gegenüber der Werbemaßnahme bzw. dem Werbeobjekt.

Arten von Humor

Specks Klassifikation. Die aktuellen kulturvergleichenden Untersuchungen (z.B. Hatzithomas et al. 2009; Lee/Lim 2008) nutzen zumeist eine Klassifikation der Humorarten, welche Speck (1990) vorgeschlagen hat. Er unterscheidet den widersprüchlichen, den aggressiven und den warmherzigen Humor. Wie allerdings das Beispiel einer *Becks*-Werbung aus dem Jahre 1999 belegt, kann es im Einzelfall durchaus schwierig sein, eine konkrete Werbemaßnahme dieser Klassifikation zuzuordnen. Damals warb der Bremer Bierbrauer auf dem amerikanischen Markt mit einem Radiospot, der sich eines in den USA allgegenwärtigen Stereotyps bediente: der humorlose Deutsche. In dem Spot kommentierte der Sprecher selbstironisch den vergeblichen Versuch eines leicht an seinem Akzent als Deutscher erkennbaren Komikers, Witze zu reißen: „Humor haben wir nicht – aber Bier brauen können wir." Da Ironie häufig verletzt und dem Betroffenen kaum eine Chance lässt, sich zu wehren, ordnete Speck (1990) dieses Stilmittel dem aggressiven Humor zu. Aber wie verhält es sich mit Selbstironie? Fraglos sind selbstironische Werbebotschaften wie der Slogan Baden-Württembergs („Wir können alles, außer Hochdeutsch") weder aggressiv noch autoaggressiv.

Widersprüchlicher Humor (z.B. Wortspiele). Wohl jeder kennt das beglückende Gefühl, das sich einstellt, wenn es gelingt, ein schwieriges Rätsel zu lösen. Wie der weltweite Erfolg der Quizshow *Wetten dass* belegt, wirken gelöste Rätsel selbst dann als Belohnung – und damit verhaltenssteuernd –, wenn man, wie die zahllosen Zuschauer dieser Sendung, dafür selbst nicht materiell belohnt wird. *Karlsberg* nutzte das Prinzip Inkongruenz-Auflösung, die wie eine Belohnung wirkt (vgl. Shultz 1973; Suls 1972), für seine widersprüchlich-humorvolle *Urpils*-Werbung (vgl. Abb. 197). Den Slogan „Homebanking" assoziiert man zunächst mit „Internet", nicht jedoch mit der beworbenen Biermarke. Die durch diesen Widerspruch aufgebaute kognitive Spannung löst sich auf angenehme Weise auf, sobald der Umworbene die Werbebotschaft versteht: „Über Bankgeschäfte lässt sich am besten auf der Bank vor der Haustür bei einer Flasche *Karlsberg Urpils* sprechen."

Aggressiver Humor (z.B. Satire, Ironie). Diese Form von Humor kombiniert das Prinzip der Inkongruenz-Auflösung mit Herabsetzung und Abwertung (vgl.

Cantor/Zillmann 1973). Neben anderen Unternehmen verfolgt *Sixt* diese aggressive Strategie. Der Autovermieter erhielt sogar Morddrohungen, als er im Verlauf der Griechenlandkrise in einer Anzeige stichelte: „Liebe Griechen, *Sixt* akzeptiert wieder Drachmen!" (vgl. Kuntz 2011, S. 21). Besonderes Aufsehen erregte hierzulande eine *Sixt*-Werbekampagne, welche die Bundeskanzlerin dem Spott der Öffentlichkeit aussetzte. Ein erstes Motiv zeigt *A. Merkel* mit biederer Frisur, die lange Zeit ihr Markenzeichen war. Auf dem zweiten Bild stehen ihr in grotesk überzeichneter Weise die Haare zu Berge (vgl. Abb. 197). Was aber verbindet diese Motive mit der Marke *Sixt*? Den auf den ersten Blick bestehenden Widerspruch löst der Slogan auf: „Lust auf eine neue Frisur? Mieten Sie sich ein Cabrio".

Warmherziger Humor (z.B. Slapsticks). Zahlreiche Alltagserfahrungen (z.B. spielende Kinder, Tiere, Liebe, Urlaub) sind positiv konditioniert (⇒ Konditionierung, klassische). Wie das *VW Caddy*-Motiv vermuten lässt, können sich die meisten Umworbenen mit derartigen Episoden unmittelbar identifizieren.

Abb. 197: Formen humorvoller Werbung

Widersprüchlicher Humor

Die Werbung enthält inkongruente Elemente, die nach einer Auflösung verlangen.

Aggressiver Humor

Zusätzlich zu Inkongruenz werden abwertende und herabsetzende Gestaltungselemente eingesetzt.

Warmherziger Humor
(ohne Inkongruenz)

Szenen aus dem täglichen Leben und mit sympathischen Akteuren, mit denen sich der Rezipient unmittelbar identifizieren kann.

Warmherziger Humor
(mit Inkongruenz)

Positiv-emotionale Botschaften versetzt mit widersprüchlichen Elementen.

Quelle: Schwarz (2011).

Allerdings besteht die Gefahr, dass solche Motive allzu harmlos wirken und deshalb von der Zielgruppe kaum beachtet werden. Steigern lässt sich deren Aufmerksamkeitswirkung, indem man die Werbebotschaft um inkongruente Elemente erweitert. Deshalb wurde das Wohnmobil, das in einer Anzeige des *Caravaning Industrie Verband Deutschland* zu sehen ist, als „Villa mit Aussicht" bezeichnet.

Ergebnisse der inhaltsanalytischen Forschung

Lange Zeit konzentrierte sich die kulturvergleichende Humorforschung darauf, inhaltsanalytisch zu ermitteln, wie häufig humorvolle Werbung insgesamt bzw. einzelne Humorarten in unterschiedlichen Ländern eingesetzt werden (vgl. Tab. 154). Abgesehen von dieser Verengung der Fragestellung leidet die inhaltsanalytische Humorforschung unter verschiedenen methodologischen Schwächen (⇒ Inhaltsanalyse):

Generalisierbarkeit der Befunde. Problematisch ist zunächst, dass teilweise unterschiedliche Systematiken genutzt werden, um die verschiedenen Formen von Humor zu klassifizieren (z.B. Speck 1990; Kelly/Solomon 1975; Freud 1905). Nicht zuletzt deshalb ist lediglich die Erkenntnis, dass auf Inkongruenz basierende Humorarten (z.B. Wortspiele, Jokes) kulturübergreifend häufig eingesetzt werden, aggressiv-humorvolle Humorarten (z.B. Satire, Ironie) hingegen selten, konsensfähig.

Fast die Hälfte der Studien vergleicht den amerikanischen Werbemarkt mit anderen individualistisch geprägten Werbemärkten (z.B. Toncar 2001; McCullough/Taylor 1993; Weinberger/Spotts 1989). Die meisten Wissenschaftler erläutern ihre Länderauswahl nicht. Lediglich Biswas et al. (1992) begründen theoretisch, warum sie eine High Context-Kultur mit einer Low Context-Kultur vergleichen. Deshalb lässt sich aus diesen Studien nur ableiten, ob in einigen Ländern häufiger humorvoll geworben wird als in anderen Ländern – nicht jedoch, warum und mit welchem Erfolg. Auch leidet die Generalisierbarkeit der Befunde darunter, dass unterschiedliche Medien analysiert werden (TV-Spots vs. Printanzeigen).

Umsetzbarkeit der Befunde. Auf Basis der meisten Studien lassen sich Empfehlungen für die strategische Marketingplanung ableiten, nicht jedoch für die konkrete Gestaltung der Werbebotschaft. Lediglich eine Forschergruppe um D.L. Alden griff beide Fragestellungen auf. Alden et al. (1995), Alden/Martin (1995) und Alden et al. (1993) verglichen individualistisch geprägte Werbemärkte, in denen zugleich Machtdistanz abgelehnt wird (Deutschland und USA), mit kollektivistisch Werbemärkten, in denen Status und Prestige das soziale Leben regeln (Thailand, Südkorea und Japan). Das Fazit dieser Forschergruppe: Kulturübergreifend wird in TV-Spots das Stilmittel der Inkongruenz genutzt, während Anzahl und Typus der handelnden Akteure kulturellen Einflüssen unterliegen. So präsentierten thailändische, südkoreanische und japanische TV-Spots häufiger Darsteller mit unterschiedlichem sozialen Status (= PDI+) sowie Personengruppen (= IDV-), als dies in Deutschland und den USA der Fall war (= PDI-, IDV +).

Tab. 154: Design & Befunde der inhaltsanalytischen Studien

	Kulturdimensionen/ Begründung der Länderauswahl	Stichprobe/ Werbemedium	Zentrale Befunde
Weinberger/ Spotts (1989)	USA, Großbritannien (keine kulturtheoretische Begründung)	• Großbritannien: n = 247 USA: n = 450 • TV-Spots	Britische TV-Spots setzen häufiger auf Humor als amerikanische TV-Spots (35 % vs. 24 %), insb. auf subtilen Humor (z.B. Satire, Wortspiel).
Biswas et al. (2001)	High Context-Kultur (Frankreich) vs. Low Context-Kultur (USA)	• USA: n = 279 Frankreich: n = 259 • Printanzeigen	In Frankreich wird häufiger humorvoll geworben als in den USA (23 % vs. 11 %): • Wortspiele: USA > F (53 % v. 32,2 %) • Jokes: F > USA (34 % vs. 10 %) • Untertreibung: F > USA (12 % vs. 1 %)
McCullough/ Taylor (1993)	USA, Deutschland, Großbritannien (keine kulturtheoretische Begründung)	• USA: n = 270 Großbritannien: n = 203 Deutschland: n = 192 • Printanzeigen	In allen drei Ländern wird am häufigsten mit Wortspielen (23 %) und am seltensten mit sexuellem Humor (6 %) geworben.
Alden et al. (1993); Alden et al. (1995)	Individualistisch geprägte Länder mit geringer Akzeptanz von Machtdistanz (USA, Deutschland) vs. kollektivistisch geprägte Länder, die Machtdistanz akzeptieren (Südkorea, Thailand)	• USA: n = 497 Deutschland: n = 244 Thailand: n = 351 Südkorea: n = 520 • TV-Spots	In allen vier Ländern wird in TV-Spots am häufigsten albern-inkongruent geworben. Thailändische und südkoreanische zeigen Akteure häufiger in hierarchischen Beziehungen und in Personengruppen als US-amerikanische und deutsche Spots.
Alden/Martin (1995)	Kollektivistisch geprägtes Land mit hoher Akzeptanz von Machtdistanz (Japan)	• Japan: n = 472 • TV-Spots	12 % der analysierten japanischen TV-Spots werben humorvoll. Davon nutzen 60 % das Prinzip der Inkongruenz-Auflösung.
Toncar (2001)	USA, Großbritannien (keine kulturtheoretische Begründung)	• USA: n = 848 Großbritannien: n = 282 • TV-Spots	In beiden Werbemärkten wird häufig humorvoll geworben (GB = 33 %, USA = 28 %). Jokes werden in den USA häufiger eingesetzt als in Großbritannien.
Koudelova/ Whitelock (2001)	Individualistisches (Großbritannien) vs. kollektivistisches Land (Tschechien)	• Großbritannien: n = 210 Tschechien: n = 102 • TV-Spots	Humorvolle TV-Spots (z.B. Jokes und Wortspiele) werden in Großbritannien (= 26 %) häufiger eingesetzt als in Tschechien (= 9 %).
Hatzithomas et al. (2009)	Low Context-Kultur (USA) vs. High Context-Kultur (Griechenland)	• USA: n = 335 Griechenland: n = 447 • TV-Spots	In beiden Ländern nutzt der Großteil der TV-Spots das Prinzip der Inkongruenz-Auflösung (Griechenland: 85 %, USA: 88 %).

	Kulturdimensionen/ Begründung der Länderauswahl	Stichprobe/ Werbemedium	Zentrale Befunde
Hatzithomas et al. (2011)	Ungewissheit meidendes (Griechenland) vs. Ungewissheit tolerierendes Land (Großbritannien)	• 12.351 Printanzeigen, davon 3.828 humorvolle	In Großbritannien dominiert warmherziger, komödiantischer Humor, in Griechenland kognitiv-informativer Humor
Cruthirds et al. (2012)	Kollektivistisches, Ungewissheit meidendes Land (Mexiko) vs. individualistisches, Ungewissheit tolerierendes Land (USA)	• Mexiko: n = 97 USA: n = 97 • TV-Spots	US-Werbung nutzt häufiger beziehungsorientierten, aggressiven und selbstzerstörerischen Humor (,affiliative, aggressive, self-defeating'). In Mexiko wird häufiger mit einem warmherzigen, aufbauenden Humor geworben (,self-enhancing')

Ergebnisse der kulturvergleichenden Werbewirkungsstudien

Um die Wirkungsweise humorvoller Werbung erklären zu können, erweiterten Gelb/Pickett (1983) das „Attitude toward the Ad-Modell" (= A_{ad}) der allgemeinen Werbewirkungsforschung um die Variable „wahrgenommene Humorhaftigkeit" (vgl. Abb. 198). Da humorvolle Werbung gewöhnlich die Stimmung des Betrachters und damit eine der Vorläufervariablen von „A_{ad}" verbessert, postuliert das Modell, dass humorvoll gestaltete Werbemaßnahme wirksamer sind als vergleichbare humorlose Anzeigen bzw. Spots (A_{br} = „Attitude toward the Brand").

Unger (1995) wies die Gültigkeit dieser Wirkungskette am Beispiel einer finnischen und einer amerikanischen Stichprobe nach. Da mit Finnland und den USA zwei individualistisch geprägte westliche Industrienationen verglichen wurden, ist angesichts der geringen kulturelle Distanz (⇒ Distanzforschung) dieser Befund nur beschränkt generalisierbar. Zwar ist Humor ein ‚cultural universal'. Aber weltweit lachen die Menschen über Unterschiedliches. Deshalb schlugen Schwarz et al. (2011) vor, den Zusammenhang zwischen Humorart und wahrgenommener Humorhaftigkeit kulturspezifisch zu modellieren (= kulturspezifischer Teil ihres Werbewirkungsmodells). Dagegen entspricht der kulturunabhängige Teil dieses Modells dem ursprünglichen A_{ad}-Modell.

Am Beispiel der Reaktionen von deutschen und russischen Studenten konnten Schwarz et al. (2011) ihre Annahme bestätigen: In beiden Stichproben verbesserte Humor die Einstellung zu einer Printanzeige und letztlich auch die Einstellung zur beworbenen Marke. Hingegen hing die Art des Zusammenhangs zwischen Humorart und wahrgenommener Humorhaftigkeit der Anzeige von der kulturellen Prägung der Umworbenen ab. Den gemäß *GLOBE* individualistisch-leistungsorientierten deutschen Probanden erschien sowohl die Anzeigenvariante „widersprüchlicher Humor" als auch die Anzeigenvariante „aggressiver Humor" (vgl. Abb. 199) humorvoller als den kollektivistischen, wenig leistungsorientierten russischen Versuchsteilnehmer. Erklären lässt sich dies zum einen damit, dass Kollektivisten seltener die Initiative ergreifen und bspw. nach einer Erklärung für die in den Werbeanzeigen enthaltene Inkongruenz suchen. Zum anderen empfinden Angehörige weniger leistungsorientierter Gesellschaften eher Mitgefühl mit Schwächeren, weshalb die Variante „aggressiv-humorvolle Werbung" die russischen Studenten weniger belustigt als die kulturbedingt stärker leistungsorientierten deutschen Studenten.

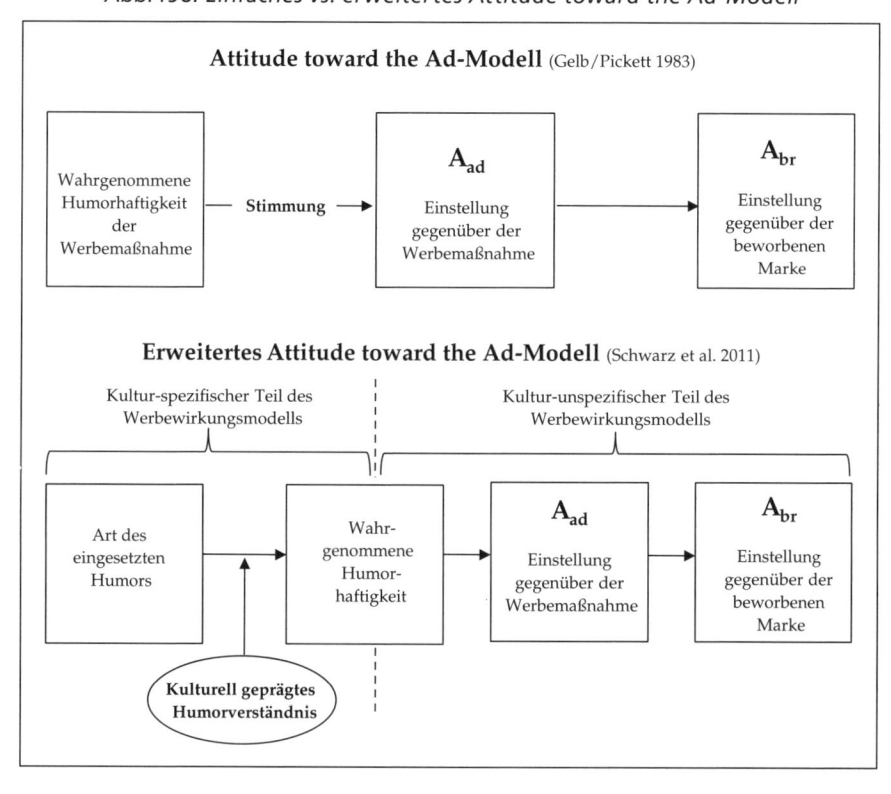

Abb. 198: Einfaches vs. erweitertes Attitude toward the Ad-Modell

Attitude toward the Ad-Modell (Gelb/Pickett 1983)

Wahrgenommene Humorhaftigkeit der Werbemaßnahme → Stimmung → A_{ad} Einstellung gegenüber der Werbemaßnahme → A_{br} Einstellung gegenüber der beworbenen Marke

Erweitertes Attitude toward the Ad-Modell (Schwarz et al. 2011)

Kultur-spezifischer Teil des Werbewirkungsmodells | Kultur-unspezifischer Teil des Werbewirkungsmodells

Art des eingesetzten Humors → Wahrgenommene Humorhaftigkeit → A_{ad} Einstellung gegenüber der Werbemaßnahme → A_{br} Einstellung gegenüber der beworbenen Marke

Kulturell geprägtes Humorverständnis

Eine Folgestudie mit kollektivistisch-feminin geprägten Spaniern einerseits und individualistisch-maskulinen deutschen Probanden andererseits bestätigt, dass die Variable „Kultur" die Wirkung kongruenter warmherzig-humorvoller Werbung moderiert. Schwarz/Hoffmann (2011) konnten zeigen, dass die tendenziell femininen Spanier (MAS = 42) die konfliktfreie Anzeigenvariante positiver bewerten als die eher maskulinen und damit stärker konfliktfreudigen deutschen Befragten (MAS = 66). Nicht bestätigen ließ sich hingegen die Vermutung, dass die Anzeigenvariante, welche zusätzlich widersprüchliche Elemente enthält (= sentimentaler Humor), bei den individualistischen Deutschen mehr Anklang findet als bei den kollektivistischen Spaniern. Erklären lässt sich dies möglicherweise damit, dass die beiden Länder sich auf der Individualismus/Kollektivismus-Dimension nicht hinreichend unterscheiden, somit Spanien (IDV = 51) im Vergleich zu Deutschland (IDV = 66) kein wirklich geeigneter Repräsentant des kollektivistischen Kulturraumes ist.

Abb. 199: *Wahrgenommene Humorhaftigkeit der in dem Experiment von Schwarz et al. genutzten fiktiven Printanzeigen*

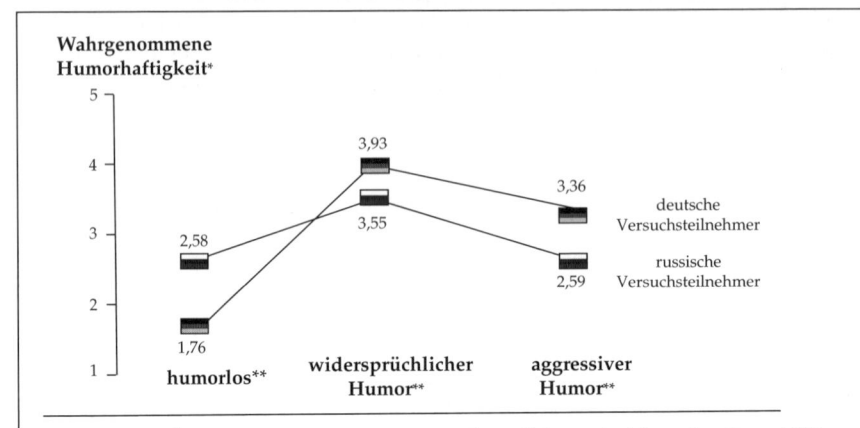

Wahrgenommene Humorhaftigkeit*

- humorlos**: 2,58 (deutsche) / 1,76 (russische)
- widersprüchlicher Humor**: 3,93 / 3,55
- aggressiver Humor**: 3,36 / 2,59

Anmerkungen: * Indexwert aus vier Items, gemessen auf einer Skala von „1 = lehne voll und ganz ab" bis „7 = stimme voll und ganz" zu
** Unterschiede signifikant, $p \leq 0{,}05$

Humorlose Werbung. Die Anzeige enthält weder im Bildmotiv noch im Slogan humorvolle Elemente.

Widersprüchlicher Humor. Die Anzeige zeigt ein junges Paar, das sich liebevoll küsst. Der Slogan „Zum Tauschen und Sammeln" scheint zunächst in keinem Zusammenhang zur beworbenen Kaugummi-Marke *Mint Gum* zu stehen. Aufgelöst wird dieser Widerspruch durch die Erkenntnis, dass beim Küssen nicht nur Zärtlichkeiten, sondern auch Kaugummi ausgetauscht werden können.

Aggressiver Humor. Ein ungepflegter, übergewichtiger Mann sitzt in einem von Müllresten umgebenen Sessel. Er scheint sein Äußeres und seine direkte Umgebung komplett zu vernachlässigen. Eine Ausnahme bilden seine strahlend weißen Zähne. Als Erklärung für dieses Paradoxon präsentiert er dem Betrachter der Anzeige sein Zahnreinigungsmittel: Eine Packung *Denta Gum*.

Quelle: Schwarz et al. (2011).

Für die These, dass humorvolle Werbung kulturspezifisch wirkt, sprechen auch die Befunde einer intrakulturellen Studie. Wie Lee/Lim (2008) am Beispiel chinesischer Studenten feststellten, hilft deren individuelles Maß an Ungewissheitsmeidung und Kollektivismus zu erklären, ob sie humorvolle TV-Spots, bei denen die Pointe die in der Werbung enthaltene Inkongruenz auflöst, mögen oder nicht.

☛ Überall auf der Welt mögen die Menschen Humor. Jedoch wirken die einzelnen Humorarten unterschiedlich, teilweise in Abhängigkeit von der Landeskultur. Wollen international tätige Unternehmen ihre Kommunikation standardisieren, so bietet sich dafür noch am ehesten widersprüchlicher Humor an. Allerdings ist darauf zu achten, dass es der Zielgruppe möglich sein sollte, den in der Werbebotschaft enthaltenen Widerspruch aufzulösen. Vor allem kollektivistische, Ungewissheit meidende Personen benötigen dabei Hilfestellung. Standardisierungspotential bietet auch warmherzig-humorvoller Humor. Dabei werden Alltagssituationen angesprochen, welche länderübergreifend positive Assoziationen auslösen (z.B. Liebe, spielende Kinder).

4.2.5.2 Furchterregende Werbebotschaften

Grundlagen

In Abgrenzung von Angst (= emotional-kognitive Reaktion auf eine diffuse Bedrohung) wird Furcht als „emotionale Reaktion auf eine reale Bedrohung" definiert. Vor allem Versicherungen (mit Themen wie Arbeitsunfähigkeit oder Versicherungslücke) und Social Marketing-Kampagnen (z.B. HIV-Ansteckung) setzen auf Furchtappelle. Zwar sind diese gut geeignet, die Umworbenen zu konditionieren (⇒ Konditionierung, klassische) und deren Aufmerksamkeit zu gewinnen. Dafür ist jedoch häufig ein Preis zu entrichten: eine übermäßige Emotionalisierung und Ablenkung der Betrachter von der eigentlichen Werbebotschaft. Dieser ⇒ Vampireffekt hat zur Folge, dass die Werbemaßnahme auf den nachgelagerten, für den Werbeerfolg entscheidenden Stufen der Beeinflussungskette versagt: Sie erzielt nicht die intendierte Einstellungs- und Sympathiewirkung.

Lange Zeit ging deshalb die Werbewirkungsforschung davon aus, dass Furchtappelle möglichst nicht eingesetzt werden sollten – und falls doch, nur in moderater Form. Denn allzu intensive Stimuli provozieren Wahrnehmungsabwehr und andere Vermeidungs- und Abwertungsstrategien (vgl. Ray/Wilkie 1970). Drei Jahrzehnte später stellten Snipes et al. (1999) indessen fest, dass unter bestimmten Bedingungen auch starke Furchtappelle effektiv sein können: Wenn sie nicht nur Furcht erregen, sondern der Zielgruppe auch nahe bringen, sie könne die durch die Werbebotschaft beschworene Gefahr abwenden, indem sie das beworbene Produkt bzw. die Dienstleistung kauft, verbraucht, einsetzt etc.

Interkultureller Vergleich

Individualismus vs. Kollektivismus. Furchtappelle, welche die möglichen negative Konsequenzen des Rauchens für den Raucher aufzeigen (z.B. „Raucher sterben früher), überzeugen vor allem solche Menschen, die in einer individualistischen Gesellschaft aufgewachsen sind (vgl. Miller et al. 2007). Im kollektivistischen Kulturraum haben sich hingegen Appelle bewährt, welche mögliche Konsequenzen für Familie, Freunde und Bekannte des Rauchers bewusst machen (z.B. „Passivrauchen tötet").

Einige Jahre zuvor hatten Laroche et al. (2001b) die Wirkung von Anti-Raucher-Kampagnen auf chinesische und kanadische Raucher untersucht und sich gefragt: Welche Rolle spielt die Art der wahrgenommenen Bedrohung durch das Rauchen? Erwartungsgemäß ließen sich in dieser Studie die individualistischen Kanadier (IDV = 80) stärker von der Möglichkeit der Gefährdung ihrer Gesundheit beeinflussen als vom sozialen Risiko der Zurückweisung und gesellschaftlichen Isolation. Operationalisiert wurde die Beeinflussungswirkung der Werbebotschaft als „Änderung der Einstellungen gegenüber der Anzeige, dem Rauchen und der Absicht, das Rauchen aufzugeben" (⇒ Konstrukt). Dass die kollektivistischen chinesischen Raucher (IDV = 15) weder, wie vorhergesagt, auf die soziale noch auf die individuelle Bedrohung reagierten, begründen die

Wissenschaftler mit der festen Verankerung des Rauchens in der chinesischen Kultur. Noch heute raucht die Mehrzahl der Chinesen in der Überzeugung, dass Rauchen der Gesundheit eher nützt (insb. das Denkvermögen fördert) als schadet. Auch symbolisieren Zigaretten in China Freundschaft und sind dort seit jeher ein gern gesehenes Geschenk. Deshalb stört sich dort kaum jemand daran, wenn während des Essens geraucht wird (buchstäblich in der linken Hand die Zigarette und in der rechten Hand die Essstäbchen). Unwahrscheinlich, dass daran das kürzlich erlassene Rauchverbot Entscheidendes zu ändern vermag.

Vor allem bei Jugendlichen versagen traditionelle Anti-Rauchen-Kampagnen, welche das individuelle Gesundheitsrisiko thematisieren, weitgehend. Mehr noch: Sie lösen einen Bumerang-Effekt aus (d.h. die Werbebotschaft bewirkt das Gegenteil dessen, was sie bewirken sollte). Dass ihre Probanden umso mehr rauchten, je häufiger sie mit traditionellen Anti-Rauchen-Parolen konfrontiert wurden, erklären Paek/Gunter (2007) mit der rebellischen Grundhaltung von (US-amerikanischen) Jugendlichen in diesem Lebensabschnitt. Erfolg versprechen hingegen Kampagnen, denen es gelingt, Rauchen als „uncool" zu positionieren und Raucher als „Loser", die sozial isoliert sind.

Unsicherheitsvermeidung. Es liegt nahe, die Wirkung von Furchtappellen in Abhängigkeit von der Kulturdimension „Unsicherheitsvermeidung" zu analysieren. Vincent/Dubinsky (2005) präsentierten 100 amerikanischen Studenten (UAI = 46) und 93 französischen Studenten (UAI = 86) Werbung für Sonnencreme in zwei Varianten. In dem einen Fall wurde die Werbebotschaft mit einem starken Furchtappell verbunden und in dem anderen Fall mit einem schwachen Furchtappell (starke vs. schwache Intensität der Bedrohung durch die Sonne). Während die Intensität des Furchtappells (= Haupteffekt I) sich als wirksam erwies, übte die Landeskultur (= Haupteffekt II) keinen Einfluss aus. Dies bedeutet: Starke Furchtappelle veranlassen die Befragten mit größerer Wahrscheinlichkeit als schwache Furchtappelle, etwas gegen ihre Furcht zu unternehmen und das beworbene Produkt zu kaufen (= Kaufintention). Hingegen scheint die Landeskultur in Gestalt der Kulturdimension Ungewissheitsvermeidung für die kognitiv-emotionale Verarbeitung der Werbebotschaft ohne Belang zu sein (d.h. die französischen Probanden empfanden nach eigener Einschätzung nicht mehr Furcht als die amerikanischen Probanden).

Intrakultureller Vergleich

Hypothese. Ungewissheitsmeider sind gemeinhin bestrebt, problematischen Situationen aus dem Weg zu gehen oder sie zu beseitigen. Mutmaßlich wirken bei ihnen deshalb Werbebotschaften, die versprechen, dass das beworbene Produkt bzw. die beworbene Dienstleistung helfen können, ein bestimmtes Problem zu lösen, stärker als bei ⇒ Zielgruppen, die kulturbedingt dazu neigen, Ungewissheit zu tolerieren.

Experiment. Um prüfen zu können, wie Menschen in Abhängigkeit von ihrer individuellen Ungewissheitstoleranz auf Furchtappelle reagieren, entwickelten wir einen 30-sekündigen, nicht-kommerziellen TV-Werbespot für Kondome.

4.2 Werbebotschaften

Da es sich um das ⇒ ‚treatment' des Experiments handelte, kam der realistisch gestaltete Spot in zwei Versionen zum Einsatz.
- Version I: Die Werbebotschaft ist als Nutzenversprechen formuliert: „Weil die Welt nicht perfekt ist: Kondome. Für ein langes, glückliches Leben" (= ‚achievement goal').
- Version II: Die Werbebotschaft ist als Furchtappell formuliert: „Weil die Welt nicht perfekt ist: Kondome. Gegen lebensgefährliche Infektionskrankheiten" (= ‚prevention goal').

Die insgesamt 54 deutschen Versuchsteilnehmer wurden zufällig einer der beiden Versuchsbedingungen zugeteilt. Nachdem sie den jeweiligen TV-Spot gesehen hatten, gaben die Probanden ihre Einstellung zu Kondomen an und das Ausmaß ihrer Absicht, diese zu nutzen. Erwartungsgemäß wirkt der Furchtappell bei Ungewissheitsmeidern signifikant besser als bei der Kontrastgruppe der Ungewissheitstoleranten. Sie sind für das Nutzenversprechen empfänglicher (vgl. Abb. 200).

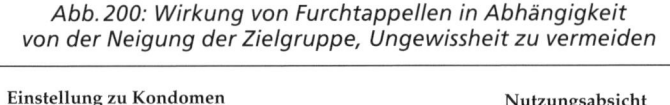

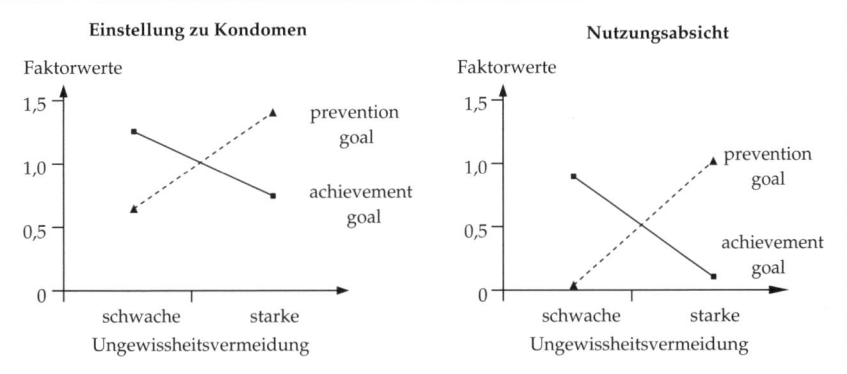

Abb. 200: Wirkung von Furchtappellen in Abhängigkeit von der Neigung der Zielgruppe, Ungewissheit zu vermeiden

Versuchsbedingungen:
- achievement goal: „Kondome. Für ein langes, glückliches Leben." (= Nutzenversprechen)
- prevention goal: „Kondome. Gegen lebensgefährliche Infektionskrankheiten." (= Furchtappell)

Anmerkungen:
Interaktion „Ungewissheitsvermeidung x Art der Werbebotschaft":
Einstellung zu Kondomen: $p < 0,05$; Nutzung von Kondomen: $p < 0,05$.

Quelle: eigene Erhebung.

☞ Furchtappelle sind umstritten und sollten allenfalls höchst selektiv eingesetzt werden. Trotz der unklaren Datenlage geht man davon aus, dass Furchtappelle im kollektivistischen Kulturraum besonders dann problematisch sind, wenn sie Risiken thematisieren, welche die Familie bzw. eine andere soziale Gemeinschaft betreffen. Umgekehrt wirken Furchtappelle, welche sich an den Einzelnen richten, bei Individualisten im Regelfall kontraproduktiv. Wer dennoch mit Furchtappellen wirbt (etwa bei einer unsicherheitstoleranten Zielgruppe), sollte nicht nur eine Bedrohung thematisieren, sondern zugleich die Problemlösung vorstellen. Auch sollten damit nur solche Produkte und Dienstleistungen beworben werden, deren Leistungskern darin besteht, Unannehmlichkeiten zu vermeiden oder Probleme zu lösen (z.B. Versicherungen; vgl. Tanner 2006, S.415).

4.2.5.3 Erotische Werbebotschaften

Grundlagen

Kaum etwas emotionalisiert so sehr wie Erotik. Allerdings präferieren die meisten Frauen, aber auch viele Männer „milde" erotische Werbeappelle. „Harte" Stimuli (z.B. vollkommene Nacktheit ohne Produktbezug) werden zumeist als schockierend empfunden und mehr oder minder heftig abgelehnt (vgl. Pope et al. 2004). Bisweilen versuchen die Gestalter, diesen Schock zu mildern, indem sie eine emotionale Distanz zwischen Werbemotiv und Betrachter schaffen, bspw. durch „kulturellen Imperialismus". Wie Griffin (2002) berichtet, setzen südkoreanische Werbeagenturen immer dann Modelle aus dem Westen ein, wenn diese – gemessen am landestypischen Moralstandard – „zu viel" Haut zeigen müssen.

Verbreitung

Wo wird auffällig häufig mit erotischen Motiven geworben? Mit welcher Zielsetzung? Bei den Studien, welche diesen Fragen nachgehen, handelt es sich in der Mehrzahl um Zwei-Länder-Vergleiche:
- in Frankreich häufiger als in den USA (vgl. Biswas et al. 1992),
- in den USA häufiger als in Deutschland (vgl. Piron/Young 1996),
- in Israel häufiger als in den USA (vgl. Hetsroni 2007).

Offensichtlich ist es nicht möglich, auf diese Weis, d.h. mit Hilfe von Drei-Länder-Studien, ein stimmiges Gesamtbild zu erhalten. Kaum günstiger fällt das Fazit aus, wenn man nach einer Begründung der Länderunterschiede sucht. Zumeist handelt es sich um Ex Post-Erklärungen, die sich weder beweisen noch widerlegen lassen.

So begründen Biswas et al. (1992) ihren inhaltsanalytisch gewonnenen Befund, dass in französischen Zeitschriften häufiger mit erotischen Appellen geworben wird als in vergleichbaren US-amerikanischen Zeitschriften, mit dem jeweiligen Länderstereotyp: freizügiges Frankreich vs. sittenstrenge Vereinigten Staaten. So plausibel die Erklärung („Werbung spiegelt die Werte einer Gesellschaft") auch sein mag: Die Umkehrung dieses Arguments klingt nicht minder überzeugend: „Werbung, die gegen die Werte einer Gesellschaft verstößt, erzielt mehr Aufmerksamkeit als wertekonforme Werbung". Tatsächlich wird in US-amerikanischen Magazinen häufiger mit erotischen Stimuli geworben als in deutschen Magazinen (vgl. Piron/Young 1996). Denn Erotik besitzt in der prüden amerikanischen Gesellschaft einen höheren Aufmerksamkeitswert als in der an freizügige Bilder gewöhnten und vergleichsweise permissiven deutschen Gesellschaft.

Wirkung

Zwar zählt die „Sex Sells-These" zu den Gewissheiten der Werbebranche. Gleichwohl wird in der Mehrzahl der Fälle nicht nach dem „Je mehr, desto-Prinzip" verfahren. Denn dann droht der Bumerang-Effekt: anstelle der angestrebten Verbesserung ist eine Verschlechterung der Einstellung zu dem beworbenen Produkt bzw. dem Unternehmen zu befürchten. Im Regelfall wird deshalb, bspw. in der israelischen und der US-amerikanischen Fernsehwerbung, mit gemäßigten erotische Appellen geworben (vgl. Hetsroni 2007). Diese Zurückhaltung entspricht im Übrigen den Präferenzen der meisten Zuschauer (vgl. Pope et al. 2004).

Insgesamt gesehen fällt die Erfolgsbilanz erotischer Werbung ambivalent aus. Ihrer zumeist hohen Aufmerksamkeitswirkung (z.B. Reichert et al. 2001) steht eine Schwächung der Erinnerungsleistung und des Ansehens des Werbungtreibenden gegenüber. Vor allem Frauen tendieren dazu, Unternehmen und Leistungen, die mit nackten Modellen und anderen „harten" erotischen Stimuli beworben werden, abzuwerten (vgl. Pope et al. 2004). Auch Liu et al. (2009) stellten eine Diskrepanz zwischen der Einstellungs- und der Verhaltensebene fest. Zwar unterschieden sich die Einstellungen australischer, chinesischer und US-amerikanischer Konsumenten zu einem erotischen Werbemotiv, nicht jedoch die dadurch ausgelöste Kaufintention. Überraschenderweise äußerten nicht die chinesischen, sondern die australischen Probanden die stärksten Vorbehalte gegen diese Form von Werbung.

Einfluss der Landeskultur

Wie zuvor schon Nelson/Paek (2005) für Print-Werbung, so konnten auch Nelson/Paek (2008) bei TV-Werbung einen allerdings sehr schwachen Effekt der Dimension Feminität-Maskulinität nachweisen. In femininen Werbemärkten (Brasilien, Südkorea, Thailand) wird demnach häufiger mit Nacktheit geworben als in maskulinen Werbemärkten (China, Deutschland, Kanada, USA). Eine bessere Prognose verspricht allerdings die Produktkategorie, welcher das beworbene Produkt angehört: Für Alkoholika, Körperpflegemittel, Kosmetika und Bekleidung wird in allen untersuchten Ländern häufiger mit mehr oder minder nackten Modellen geworben als für andere Produkte. Allerdings erklärt das gesamte Modell nur 10 % der Varianz (R^2).

4.2.6 Fremdsprachige Werbebotschaften

Werbebotschaften, Unternehmens- und Markennamen und andere Mitteilungen werden immer häufiger in Englisch verfasst. Obwohl darunter nachweislich Akzeptanz, Erinnerbarkeit und Verständlichkeit der Botschaft leiden, beherrschen Anglizismen mehr und mehr die Werbesprache.

> **Englische Slogans auf dem Vormarsch**
>
> „Eine Studie der *Universität Hannover* in Kooperation mit der Online-Datenbank *Slogans. de* zeigt am Beispiel von 2.500 Werbesprüchen aus fünf Jahrzehnten und neun Branchen: In den achtziger Jahren nahm der Anteil in englischer Sprache um 3 % zu, in den Neunzigern um über 18 % und ab 2000 sogar um 30 %" (bank und markt 2004, 33[8]: 13).

Verständnisproblem

Möglicherweise verstehen aber nur ältere, weniger gebildete Menschen die moderne Werbesprache nicht. Und vielleicht findet diese gerade bei jüngeren, urbanen Menschen Anklang – d.h. bei der primären Zielgruppe globaler Werbestrategien. Wie der repräsentativen *ENDMARK-Claim Studie 2009* zu entnehmen ist, entspringt dieses Argument jedoch reinem Wunschdenken. Denn auch ein Großteil der YUPPIES, der Young Urban Professional, versteht englischsprachige ⇒ Claims nicht.

- Den *Magnum*-Claim „World's Pleasure Authority" etwa übersetzten lediglich 11 % richtig. Immerhin war den meisten Probanden dies bewusst: Nur 16 % glaubten, diesen Claim zu verstehen (vgl. Tab. 155).
- Beim *Braun*-Claim „Design Desire" fällt die Kluft zwischen Anspruch und Wirklichkeit weitaus größer aus: 49 % der Befragten meinten, den Claim zu verstehen. Wie die anschließend zur Kontrolle erhobenen, teilweise höchst eigenwilligen Übersetzungen (z.B. „Gestaltungsdesaster" oder „Zeichne Unordnung") zu erkennen geben, erfassten jedoch nur 24 % die Werbebotschaft zumindest sinngemäß.

Tab. 155: Verständlichkeit globaler Claims

Claim	Absender	„Sinngemäß verstanden" (in %)	„Geglaubt, verstanden zu haben" (in %)	Vom Absender intendierte Übersetzung	Von Befragten vorgeschlagene Übersetzungen
„Sense and Simplicity"	Philipps	48	59	Sinnvoll und einfach (bedienbar)	Sinn und Einfalt / Denke simpel
„Explore the City Limits"	Opel Antara	35	39	Erkunde die Grenzen der Stadt	Das Stadtlimit explodiert / Erobere die Stadtgrenze
„Taste Tuned"	Karlsberg Mixery	34	45	Verstärkter/ getunter Geschmack	Die Taste ist getunt / Geschmack dreht Dich um
„It's an addiction"	Humanic	32	41	Es ist eine Sucht/ Schuhsucht	Es ist eine Addiction (ein Süchtiger)
„Broadcast yourself"	youtube	30	43	Sende Dich selbst	Mache Deinen Brotkasten selbst / Oute Dich selbst
„Design Desire"	Braun	24	49	Verlangen nach Design	Gestaltungsdesaster / Zeichne Unordnung
„Adjust your comfort zone"	Odlo	20	30	Finde Deinen Komfortzustand	Passen Sie Ihre Bequemlichkeit an / Mach' es Dir gemütlich

4.2 Werbebotschaften

Claim	Absender	„Sinngemäß verstanden" (in %)	„Geglaubt, verstanden zu haben" (in %)	Vom Absender intendierte Übersetzung	Von Befragten vorgeschlagene Übersetzungen
„Shift the way you move"	Nissan	15	29	Ändere die Art, Dich fortzubewegen	Schiebe den Weg und Du kommst voran / Verschieb' Deinen Bewegungsstil
„Live Unbuttoned"	Levi's 501	14	24	Sei frei/Sei Du selbst	Unbekleidet leben / Lebendig angeknöpft
„World's Pleasure Authority"	Langnese Magnum	11	16	Weltbehörde für Genuss	Lass die Autorität der Welt plätschern / Die Welt bittet um Autorität

Quelle: ENDMARK-Claim Studie 2009 (www.endmark.de).

Die *ENDMARK-Claim Studie 2013* konzentrierte sich auf den Werbeauftritt ausländischer Automobilhersteller auf dem deutschen Markt. Während *Fiat* mit „simply more" und *Škoda* mit „simply clever" dabei noch vergleichsweise gut abschnitten, sorgten insb. die ‚corporate claims' von *Mitsubishi* („Drive@ Earth") und *Mazda* („Defy Convention") vor allem für Verwirrung. Von den 1.023 Auskunftspersonen gaben 0 % bzw. 5 % an, diese Werbebotschaften „voll zu verstehen".

Akzeptanzproblem

Dass englischsprachige Werbebotschaften weniger Anklang finden als deutschsprachige Werbebotschaften, ist gemäß einer Studie von Müller/Brüggemann-Helmold (2002) vermutlich nicht vorrangig der Sprachbarriere zuzuschreiben. Da die sprachkundige Teilstichprobe der Auskunftspersonen „mit Abitur" Anglizismen nicht häufiger akzeptiert als die im Durchschnitt weniger sprachgewandte Gesamtstichprobe (vgl. Abb. 201), muss es tieferliegende Vorbehalte geben. Vermutlich ist es das Fremde an sich, was viele Menschen stört – d.h. letztlich das Misstrauen gegenüber allem Fremden (vgl. Campillo-Lundbeck 2004).

Wirkungsproblem

Noch mehr als die fehlende Akzeptanz und Verständlichkeit beeinträchtigt die geringe emotionale Qualität von Fremdsprachen die Wirkung fremdsprachiger Werbebotschaften. Muttersprachige Wörter werden zumeist während der ersten Sprachaneignung in der frühen Kindheit „emotional aufgeladen", d.h. konditioniert. Diese entscheidende Qualität fehlt den später gelernten fremdsprachigen Wörtern (vgl. Kolers 1963). Damit eignen sie sich auch nicht für Kommunikationsstrategien, die auf dem Prinzip der klassischen Konditionierung basieren. Dies bestätigt eine Untersuchung, die an der Universität Dortmund stattfand:

Die emotionalen Reaktionen der Probanden wurden durch Messung des Hautwiderstandes beim Abspielen von Werbung festgestellt. Diese reagierten, unabhängig von Alter, Geschlecht oder Bildung, stärker auf die deutsch- als auf die englischsprachigen Slogans.

Abb. 201: Akzeptanz deutschsprachiger & englischsprachiger Claims im Vergleich (in %)

Slogan	Unternehmen	Gesamtstichprobe	Probanden mit Abitur	Haushaltsnettoeinkommen < 1500 €	Haushaltsnettoeinkommen > 2500 €
Schließlich ist es Ihr Geld	Postbank	37	34	36	36
Wenn's um Geld geht	Sparkasse	31	27	32	29
Leben Sie. Wir kümmern uns um die Details.	Hypo Vereinsbank	27	34	24	32
Wir machen den Weg frei	V+R	23	17	24	20
Die Bank an Ihrer Seite	Commerzbank	22	22	20	22
More than a bank	SEB	12	16	8	17
The Citi never sleeps	Citibank	5	5	4	6
Leading to results	Deutsche Bank Private Banking	3	4	2	3
Be empowered	Comdirect	2	3	2	3

Quelle: Müller/Brüggemann-Helmold (2002, S. 23).

Dennoch versteifen sich gerade auch viele (deutsche) Unternehmen in ihrer Kommunikationspolitik auf die englische Sprache. *B.M. Samland*, Vorstand der *ENDMARK AG*, begründete dies folgendermaßen:
- Englisch gilt als modern und soll Internationalität suggerieren.
- Die Marketingsprache hat sich von der sprachlichen Realität der meisten Zielgruppen gelöst.
- Mittelständische Unternehmen versuchen, „die Großen" zu imitieren.

☞ Trotz der wenig ermutigenden Befunde sollten Anglizismen nicht generell verbannt werden. Denn zum einen ist das Verhältnis von Sprache und Markterfolg noch weitgehend unerforscht. Zum anderen kann es bei bestimmten Zielgruppen durchaus sinnvoll sein, die englische Sprache zu nutzen (etwa im Umfeld von Trendsportarten, deren Fachsprache ohnehin Englisch ist). Auch entspricht es einer Fluggesellschaft, sich der internationalen Fliegersprache Englisch zu bedienen, nicht jedoch einem Lokalradio. Schließlich ist bedeutsam, ob es sich um ‚simple English' – wie *Test the West* – handelt oder um ‚sophisticated English' mit seltenen Vokabeln wie ‚utilities' oder komplizierten Wortspielen. Insgesamt aber ist so manches Unternehmen vermutlich nicht wegen, sondern trotz seines englischsprachigen Werbeauftritts in Deutschland erfolgreich.

4.2.7 Absurde Werbebotschaften

Grundlagen

Üblicherweise unterscheidet man vier Formen von Absurdität: Surrealismus, Anthropomorphismus, Übertreibung und Allegorie. Die in Abb. 202 vorgestellten Werbemotive wirken absurd, weil sie schema-inkongruente Darstellungen nutzen, welche der Betrachter als irrational wahrnimmt (vgl. Arias-Bolzmann et al. 2000). Gemäß der Schematheorie – einer Theorie der sozialen Informationsverarbeitung – organisieren Menschen ihr Wissen über Objekte, sich selbst und andere Menschen bzw. Situationen clusterartig. Jedes dieser als Schema bezeichneten „Wissenspakete" dient der strukturierten Vereinfachung der komplexen Realität (vgl. Zimbardo/Gerrig 2004, S. 328). Gemäß dem Isolations- bzw. *von Restorff*-Effekt gewinnen Informationen, welche keinem Schema entsprechen (= schema-inkongruente Informationen), die Aufmerksamkeit der Zielpersonen leichter als schema-kongruente Informationen (vgl. Bireta et al. 2008; Holmes/Arbogast 1979). Denn neue und unerwartete Sachverhalte wecken unsere Aufmerksamkeit und regen zur elaborierten, d.h. intensivierten Informationsverarbeitung an, was wiederum die Wahrscheinlichkeit erhöht, dass sich die Betrachter an das Objekt erinnern (vgl. Homer/Kahle 1986). Im Falle von absurder Werbung besteht das „Neue" darin, dass sie mit dem Schema „Werbung idealisiert das beworbene Produkt, Unternehmen etc." bricht.

Der Isolationseffekt – d.h. die leichtere Erinnerbarkeit schema-inkongruenter Informationen – scheint ein ‚cultural universal' zu sein. Er setzt offenbar reflexartig ein, unbeeinflusst von kulturbedingten Wertvorstellungen. Für die Kommunikationspolitik bedeutet dies, dass absurde Werbung weltweit in der Lage sein sollte, den Filter der selektiven Wahrnehmung zu unterlaufen und die Aufmerksamkeit der Zielgruppe zu binden. Dies erklärt den Reiz, welchen absurde Werbebotschaften auf Unternehmen und Werbewirtschaft ausüben.

Einfluss der Landeskultur

Design der Studie. Gelbrich et al. (2012) bestätigten den Aufmerksamkeitseffekt absurder Werbung. In einem Online-Experiment ließen sie 274 Studenten aus den USA, Deutschland, Russland und China je eine der in Abb. 202 dargestellten absurden Werbemotive beurteilen. *Wilde Lime* ist eine fiktive Softdrink-Marke, die speziell für die Zwecke des Experiments entwickelt wurde, um unkontrollierbare Störeinflüsse ausschließen zu können. Als Vergleichsstandard diente ein herkömmliches Motiv, welches eine junge blonde Frau zeigt, die aus einer Flasche *Wild Lime* trinkt.

Erinnerungswirkung. Probanden, denen eines der vier absurden Werbemotive dargeboten wurde, erinnern signifikant mehr Informationen (Markenname, Werbesetting, Produktmerkmale, Claim etc.) korrekt als Angehörige der Vergleichsgruppe (= herkömmliches Werbemotiv). Dieser Effekt konnte unabhängig von der kulturellen Orientierung der Befragten festgestellt werden.

Beeinflussungswirkung. Die letztlich entscheidende Einstellungswirkung (‚attitude toward the ad') aber hängt von der kulturellen Orientierung der Rezipienten ab. Denn wie Gelbrich et al. (2012) feststellten, verbessern drei Formen absurder Werbung (anthropomorphes, allegorisches und hyperboles Motiv) die Einstellung der Rezipienten mit maskuliner Orientierung, während feminin konditionierte Rezipienten herkömmliche Werbung bevorzugen. Begründen lässt sich dies damit, dass Maskuline Wettbewerb und materiellen Besitz schätzen (vgl. Ger/Belk 1996a). An absurder Werbung gefällt ihnen vermutlich deren herausfordernd-aggressive Tenor. Feminine Rezipienten, die ohnehin eher werbeskeptisch sind (vgl. de Mooij 1998), neigen hingegen dazu, Stilmittel wie bizarre Bilder und irrationale Botschaften abzulehnen.

Abb. 202: Typologie absurder Werbeanzeigen

Surrealismus: Bilder werden auf eine Art und Weise kombiniert, die jede Regel der Fotografie und Darstellung bricht.

Anthropormorphismus: Einem Tier oder einem Objekt werden menschliche Eigenschaften zugeschrieben.

Hyperbole: Ein Objekt oder eine Geschichte werden extrem übertrieben dargestellt bzw. erzählt.

Allegorie: Eine Geschichte, ein Bild oder ein Objekt enthalten eine versteckte Bedeutung, die erst auf den zweiten Blick erkennbar ist.

Quelle: Gelbrich et al. (2012), auf Basis von Arias-Bolzmann et al. (2000).

Allegorische Werbung nimmt in diesem Zusammenhang eine Sonderstellung ein. Als einzige absurde Werbeform kommuniziert sie eine versteckte Bedeutung. Im gewählten Beispiel (vgl. Abb. 202) ist dies der Umstand, dass die Verdurstende in der Wüste den lebensrettenden Brunnen ignoriert und stattdessen nach einer Flasche *Wild Lime* verlangt. Betrachter, denen sich die auf den ersten Blick nicht erkennbare Bedeutung erschließt, sind erleichtert und freuen sich darüber (vgl. Speck 1990). Vor allem kollektivistische Ungewissheitsvermeider entwickeln eine positive Einstellung gegenüber allegorisch-absurder Werbung. Erklären lässt sich dies mit dem Unbehagen, das ihnen unklare Situationen bereiten, und der Freude bzw. Erleichterung, die sie empfinden, wenn sich ihnen die Bedeutung der Werbebotschaft erschließt. Kollektivisten wiederum beachten mehr als andere den Kontext einer Situation (vgl. Gudykunst et al. 1996). Es ist daher wahrscheinlich, dass sie für den besonderen Reiz einer allegorischen Werbebotschaft überdurchschnittlich empfänglich sind.

Absurde Werbung ist immer auch kreativ. Deshalb ist auch folgender Befund der ⇒ Country-of-Origin-Forschung in diesem Zusammenhang von Interesse: Kreative Printanzeigen erhöhen die Kaufwahrscheinlichkeit, sofern sie für Unternehmen werben, zu deren Herkunftsland die Probanden eine positive Einstellung haben (vgl. Moon/Jain 2002; 2001).

> ☛ Kulturübergreifend werden absurde Werbebotschaften besser erinnert als herkömmliche Werbebotschaften. Dennoch sollte nur dann absurd geworben werden, wenn auf den Zielmärkten ein starker Werbedruck herrscht und es deshalb wichtiger ist, die Aufmerksamkeit der Zielpersonen zu erringen, als deren Sympathie. Besteht das Werbeziel jedoch darin, eine positive Einstellung zu dem beworbenen Produkt zu erzeugen, dann sind Anthropomorphismus, Allegorie und Übertreibung lediglich in maskulinen Werbemärkten geeignete Stilmittel. In kollektivistischen Kulturen, welche nach Ungewissheitsvermeidung streben (z.B. Japan, Mexiko, Venezuela), kann allegorisch-absurd geworben werden.

4.2.8 Utilitaristische vs. hedonistische Werbebotschaften

Werbeappelle, welche die Nützlichkeit, den Gebrauchswert und andere Formen von primärem Nutzen des Angebots kommunizieren, werden als utilitaristisch bezeichnet (‚utilitas', lat. = Nutzen). Typische Beispiele sind die Haltbarkeit eines Produkts, die Zeitersparnis, welche eine Mikrowelle gegenüber einem herkömmlichen Herd bietet, oder die Möglichkeit der Vorratshaltung in einer Kühltruhe. ⇒ Hedonistische Werbebotschaften hingegen stellen den sekundären Nutzen des Werbeobjekts heraus: Lebensfreude, Sinneslust, Selbstverwirklichung etc.

In der Frühzeit der vergleichenden Werbeforschung wiesen Tse et al. (1989) nach, dass damals auch innerhalb einer kulturell homogenen Region teils utilitaristische (= China), teil hedonistische Werbeappelle (= Hong Kong) zum Einsatz kamen. Die in Taiwan veröffentlichten Anzeigen nahmen diesbezüglich die Mittelposition ein, allerdings mit einer deutlichen Tendenz, sich dem in Hong Kong verbreiteten Werbestil anzunähern.

Wie sehr die in der damaligen planwirtschaftlichen Volksrepublik begründeten Einstellungen bis heute selbst in der Stadtbevölkerung nachwirken, lässt sich einer vergleichsweise aktuellen Studie entnehmen. Denn die von Lim/Ang (2008) in Schanghai (China) Befragten bevorzugten weiterhin Werbung für utilitaristische, d.h. „nützliche" Produkte, während Bewohner Singapurs mehr Gefallen an Werbung fanden, welche Lebensfreude zum Ausdruck bringt.

4.3 Werbemittelgestaltung

Zusammen mit der kreativen Strategie, die ein Unternehmen verfolgt, und dem Informationsgehalt der Werbemaßnahmen wird dieser Phase der Werbepolitik der Werbestil zugerechnet. Definieren lässt sich „Werbestil" als die in sich stimmige, unverwechselbare Art und Weise der Gestaltung von Werbemitteln, die ein Unternehmen über viele Jahre beibehält, wodurch es sich eindeutig vom Werbeauftritt anderer, insb. der konkurrierenden Unternehmen unterscheidet.

Inhaltsanalytisch vergleichende Untersuchungen von TV-Spots (z.B. Zandpour et al. 1992) und Printanzeigen (z.B. Dallmann 1998) belegen, dass Unternehmen in den wichtigsten Kulturräumen teilweise höchst unterschiedliche Werbestile pflegen. Selbst in kulturell vergleichbaren Märkten (z.B. Großbritannien und USA) wird zwar zumeist (vgl. Cutler/Javalgi 1992), aber nicht immer in vergleichbarer Weise geworben. Die in beiden Ländern zwischen 1990 und 1994 verbreitete Bierwerbung etwa unterschied sich in vielerlei Hinsicht. Während in Großbritannien häufig humorvolle Anzeigen erschienen, wobei die Werbebotschaft vielfach in indirekter Rede formuliert war, beschreiben Caillat/Mueller (1996) den für den US-Markt charakteristischen Werbestil als „emotional, erotisch, direkte Rede". Wie Abb. 203 demonstriert, hat sich daran bis heute wenig geändert. Plausiblerweise nehmen diese stilistischen Unterschiede in dem Maße zu, wie die kulturelle Distanz zwischen den Werbemärkten wächst (vgl. Teil F-3.3.1).

Abb. 203: Stile der Bierwerbung im Vergleich

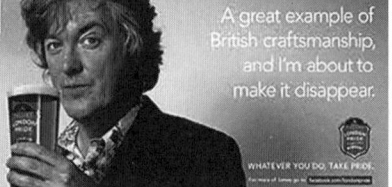

Quelle: www.adglitz.com/tag/nike/; beertoday.co.uk/?p=188

Gemessen an Anzeigen, die für den französischen Markt bestimmt sind, gestalten Werbeagenturen Anzeigen, die in den USA erscheinen, signifikant häufiger ...
- als Vergleichende Werbung (vgl. Teil G-9),
- als Werbung mit Kindern (vs. erwachsene Modelle),
- mit Photos als Blickfang (vs. graphischer Blickfang).

In Frankreich wiederum wird häufiger als in den USA mit Preisinformationen geworben (vgl. Cutler/Javalgi 1992). Für britische TV-Werbung wiederum wird ein Werbestil bevorzugt, der sich als eine Kombination von humorvoll und sachlich-informierend beschreiben lässt. Demgegenüber gelten die in französischen Sendern ausgestrahlten Spots als verträumt-realitätsfern („dreamlike'; vgl. Whitelock/Rey 1998).

5 Public Relations

5.1 Prinzip & Nutzen der Öffentlichkeitsarbeit

5.1.1 Grundlagen

Aufgabe von Public Relations ist es, das Unternehmen in der Öffentlichkeit positiv darzustellen, Vertrauen zu schaffen und gegebenenfalls Konflikte mit sog. ⇒ Interessengruppen zu lösen (z.B. lokale Bürgerinitiative, die eine großräumige Erweiterung eines Einkaufszentrums ablehnt). Global agierende Unternehmen wie *Amazon* oder *Siemens* sind auf globalen Goodwill angewiesen. Deshalb und da Public Relations zunehmend als strategische, bei der Unternehmensleitung angesiedelte Aufgabe angesehen wird, steigen die Aufwendungen für Öffentlichkeitsarbeit weltweit kontinuierlich.

Die Kommunikationsabteilungen internationaler und globaler Unternehmen nutzen alle nur denkbaren Kommunikationskanäle. Zum einen sind dies eigene Informationsträger wie Broschüren, Newsletter, Ad hoc-Mitteilungen, Briefe, E-Mails und Webseiten. Zum anderen werden externe Kanäle genutzt, an erster Stelle die Presse: Vertreter des Unternehmens nehmen an Talk Shows teil, geben Interviews etc., und die PR-Abteilungen versenden Pressemitteilungen bzw. beantworten Anfragen von Medienvertretern. Zunehmend werden auch Social Media wie *Facebook* oder *Xing* sowie Digital-PR genutzt, um das eigene Unternehmen positiv darzustellen.

Zu den PR-Strategien, die gemäß der *Grayling PULS*-Studie weltweit im Aufwind sind, zählen weiterhin ...
- CSR-Management (Corporate Social Responsibility) und
- Reputations-Management (vgl. Teil F-5.1.3).

5.1.2 Manipulierbarer vs. investigativer Journalismus

Redaktionelle und lancierte Beiträge

Anders als klassische Medienwerbung werden zahlreiche PR-Maßnahmen im Regelfall nicht bezahlt. Um ihrer Informationspflicht nachzukommen, berichten Medien freiwillig und kostenlos über einzelne Unternehmen, sofern die verantwortlichen Redakteure ein Interesse der Öffentlichkeit vermuten (weil die Nachricht wichtig, interessant, neu, unterhaltsam ist). Solche redaktionellen Beiträge besitzen gewöhnlich mehr Glaubwürdigkeit als Werbung. Denn Berichte wie „Das Unternehmen XY hat gestern einen betriebseigenen Kindergarten eröffnet, um Mitarbeiter, die Vorschulkinder haben, zu unterstützen" sind in ein informativ-unterhaltendes Umfeld eingebettet und werden idealerweise von Redakteuren verfasst, die objektiv berichten, ohne Rücksicht auf wirtschaftliches Interessen nehmen zu müssen.

So weit der Idealfall. In der Wirklichkeit verhält es sich allerdings häufig anders. Da immer mehr Redakteursstellen dem Kostendruck im Mediengewerbe zum Opfer fallen, gehen zahlreiche Medien dazu über, von Nachrichtenagenturen und Freelancern „fertige" Beiträge zu übernehmen, aber auch von den Kommunikationsabteilungen einzelner Unternehmen oder Verbänden.

Aus Unternehmenssicht ist es eine besondere Kunst, bestimmte Informationen oder gar ganze Berichte zu platzieren. Denn Medien bzw. einzelne Redakteure lassen sich nicht beliebig instrumentalisieren. Nur ein Bruchteil der zahllosen Pressemitteilungen wird mehr oder minder modifiziert verwendet. Und letztlich besitzt das Unternehmen keine Kontrolle darüber, welche Informationen tatsächlich gesendet bzw. gedruckt werden. Hinzu kommt, dass investigative Journalisten selbst aktiv werden und – zumeist kritische – Nachrichten vorzugsweise über Unternehmen, die im Licht der Öffentlichkeit stehen, verbreiten. Ein Beispiel hierfür ist der Rechercheverbund von *NDR*, *WDR* und *Süddeutscher Zeitung*.

Adidas, Nike, H&M und andere

Als einer der ersten Global Player bekam *Adidas* dies zu spüren. Der Sportartikelhersteller aus Herzogenaurach war Hauptsponsor der Fußballweltmeisterschaft 1998. Im Vorfeld dieses Großereignisses erschienen plötzlich Presseberichte, wonach *Adidas* – bzw. dessen Subunternehmer – die für die WM bestimmten Fußbälle von Kindern unter unzumutbaren Umständen nähen lasse. Die *Christliche Initiative Romero (CIR)* wiederum warf dem Sportartikelhersteller vor, in El Salvador den Arbeiterinnen nur verschmutztes Trinkwasser zur Verfügung zu stellen, und initiierte eine Unterschriftenaktion. Die Vorwürfe, die bis heute in ähnlicher Form immer wieder aufflammen und im Übrigen vorrangig Sportartikel-Bekleidungshersteller treffen, ließen den Aktienkurs von *Adidas* damals erstmals absacken, kurz bevor er dann im Zuge der Asien- bzw. beginnenden Russlandkrise gemeinsam mit dem Gesamtmarkt einbrach (vgl. Abb. 204).

Natürlich ist es am besten, erst gar keinen Anlass für derartige Berichte zu geben. Falls es aber doch so weit kommt, dann gelten die Regeln und Bedingungen der Krisenkommunikation: Es hat sich bewährt, die Öffentlichkeit so frühzeitig, umfassend und vorbehaltlos wie möglich zu informieren (vgl. Nolting/Thießen 2007). Aus kulturvergleichender Sicht ist zu bedenken, dass in den verschiedenen Gesellschaften tatsächliches oder vermeintliches Fehlverhalten unterschiedlich bewertet wird. Menschen, die Machtdistanz akzeptieren, reagieren kulturbedingt eher „tolerant", wenn Mächtige Fehltritte begehen. Auf Nachsicht dürfen dort auch Unternehmen hoffen, die für das Renommee des eigenen Landes bedeutsam sind. Gleiches gilt für das Management dieser Unternehmen. Weiterhin ist von Bedeutung, welche Rolle „die Öffentlichkeit" in der jeweiligen Gesellschaft spielt.

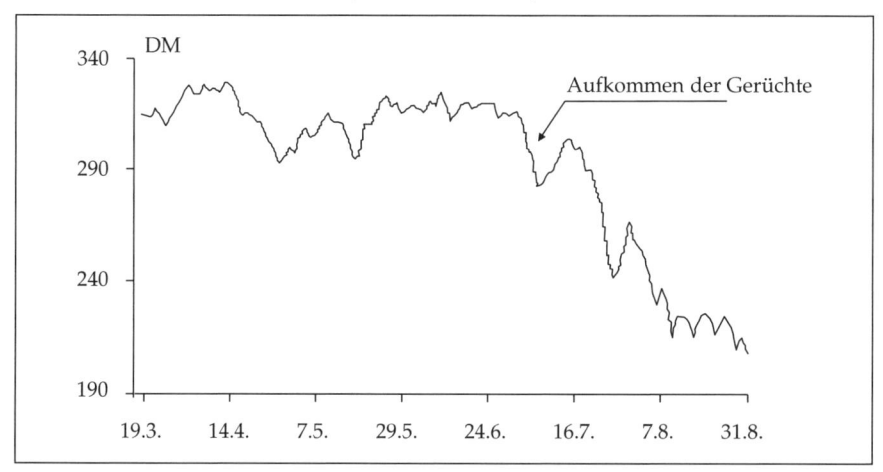

Abb. 204: Reaktion der Adidas-Aktie auf kritische Presseberichte (Kursverlauf 1998)

5.1.3 Formen & Bedeutung von Öffentlichkeit

Von der Öffentlichkeit zu den Stakeholdern

Kommuniziert eine PR-Abteilung mit „der Öffentlichkeit", dann sind damit „jene Personen und Gruppen gemeint, die ein signifikantes Interesse an dem Unternehmen haben". Heute werden sie als Stakeholder bezeichnet (vgl. Abb. 205). Während der klassische Shareholder-Ansatz lediglich die Anteilseigner eines Unternehmens als legitime Anspruchsgruppe begreift, definiert der Stakeholder-Ansatz „Öffentlichkeit" umfassend: alle Gruppen von Personen, die von der Tätigkeit eines Unternehmens betroffen werden und deshalb ein berechtigtes Interesse daran haben (vgl. Welge/Holtbrügge 2010).

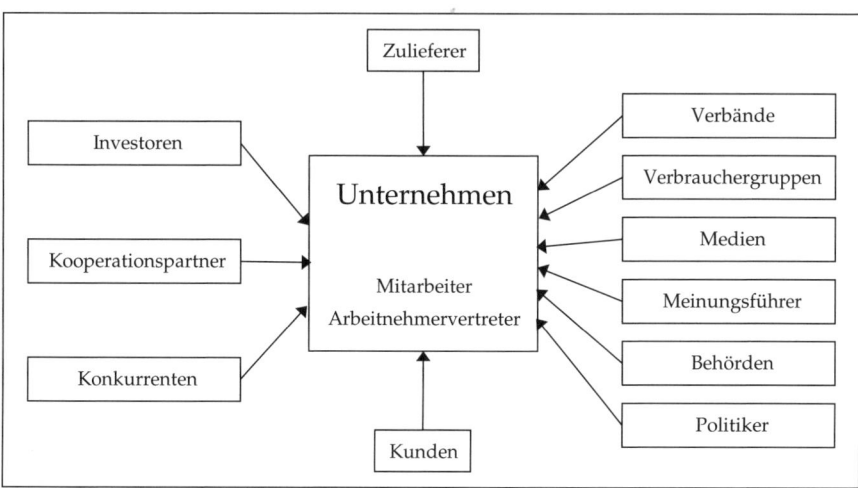

Abb. 205: Öffentlichkeit eines Unternehmens

Phase des Konsumerismus

Vor allem in den pluralistischen Industrieländern wandeln sich die Akteure und Zielsetzungen der zahlreichen Interessensgruppen fortlaufend (vgl. Abb. 206). Anfänglich hatten die Unternehmen lediglich mit Gruppierungen zu tun, mit denen sie direkte (Geschäfts-)Beziehungen unterhielten (Geschäftspartner, Kunden etc.). In den 1970er-Jahen forderten dann Verbraucherverbände aller Art Mitsprache und stritten für die Interessen der Verbraucher (z.B. Rechtssicherheit und verlässliche Produktinformationen). Bekannt geworden ist diese Bewegung als Konsumerismus: „A social movement seeking to augment the rights and power of buyers in relation to sellers" (Quazi 2002, S. 36).

Abb. 206: Organisationsformen & Ziele der Öffentlichkeit im Zeitverlauf

Zeit	Strömung	Dominantes Ziel der Interessengruppen
70er-Jahre	Konsumerismus	Wahrung der Rechte von Konsumenten
80er-Jahre	Kritik an Multinationalen Unternehmen	Aufklärung über und Kontrolle der Tätigkeit von „Multis"
90er-Jahre	Politisierung von Nicht-Regierungsorganisationen (NGO)	Erarbeitung von internationalen Standards, um die Sicherheit der Welt und eine gerechtere Weltwirtschaftsordnung zu gewährleisten (z.B. Anti-Atom-Bewegung, Friedensbewegung, *Transfair*)
	Verbreitung des Internet	Weltweite Vernetzung der Interessengruppen
2000er-Jahre	Globalisierungskritik	Weltweite Organisation der Globalisierungsgegner (z.B. *ATTAC*)

Phase der Multi-Kritik

In den 1950er- und 1960er-Jahren trieben vor allem US-amerikanische Unternehmen ihre Internationalisierung voran, indem sie in Europa und Lateinamerika Tochtergesellschaften gründeten. Die (vermeintliche) Machtfülle der so geschaffenen Multinationalen Unternehmen löste bei vielen Verbrauchern Befürchtungen aus. Angesichts der für Laien nicht durchschaubaren länderübergreifenden Konzernverflechtungen und Lieferbeziehungen von *BP, GM, United Fruit* und anderen „Multis" sahen viele ihre Interessen nunmehr in Gefahr. Denn anders als zu Zeiten des Konsumerismus sorgten sich die Kritiker nun nicht „nur" um die Verbraucherrechte, sondern bspw. auch um die Produktions- und Lebensbedingungen in der Dritten Welt. Und viele, welche die „Multis" als Agenten des Neokolonialismus empfanden, wollten nun ein „wachsames Auge" auf deren Tätigkeit werfen. Noch aber waren die Kritiker wenig organisiert und deshalb ohne nennenswerten Einfluss.

Phase der Nicht-Regierungsorganisationen

Auf dem Nährboden dieser überwiegend pauschalen und nicht selten ideologischen Multi-Kritik entwickelten sich in den 1990er-Jahren häufig dezentral geführte politische Organisationen. Ihr Engagement legitimierten die Aktivisten damit, dass angesichts der Globalisierung der Wirtschaft die traditionellen nationalstaatlichen Institutionen immer weniger in der Lage seien, „für Recht und Ordnung" zu sorgen, weil ihr Zuständigkeitsbereich an den Ländergrenzen endet. Parallel zu den supra-nationalen Organisationen (z.B. *EU, Weltbank*) entstanden nun zahllose sog. Non-Government Organizations (NGOs), etwa *Transfair, ATTAC* oder *Reporter ohne Grenzen*. Sie sehen ihre Aufgabe darin, im Interesse der Weltbevölkerung globale Standards (z.B. Produkthaftung, Öko- und Sozial-Mindestnormen) zu erarbeiten, durchzusetzen und zu überwachen. Besonderen Wert legen sie auf Transparenz und Integrität (vgl. Doh/Teegen 2003). Charakteristisch für diese Phase ist der Ethik-Check bekannter Hersteller von Sportschuhen durch *Verbruikersunie*, eine belgische Verbraucherschutzorganisation (vgl. Tab. 156).

Tab. 156: Sportschuh-Produzenten auf dem Ethik-Prüfstand

	Adidas-Salomon	Asics	Brooks	Fila	New Balance	Nike	Puma	Reebok	Saucony
Transparenz									
Kooperation mit Rechercheuren	↗	↘	↘	↘	↗	n.b.	↗	↘	↘
Berichte für die Öffentlichkeit	↗	↘	↘	↘	→	↗	→	→	↘
Dialog mit kritischen Organisationen	↗	n.b.	n.b.	↘	→	↗	→	↗	n.b.
Umwelt									
Umweltanagement-Richtlinien für Lieferanten	↗	→	n.b.	n.b.	→	↗	→	→	n.b.
Umweltaspekte in der Produktion	→	→	n.b.	n.b.	→	↗	→	→	n.b.
Soziales									
Prinzipien für Arbeiterrechte	↗	→	n.b.	n.b.	↘	↗	→	→	n.b.
Auswahl der Lieferanten	↗	n.b.	n.b.	n.b.	↗	→	n.b.	→	→
Kontrolle der Arbeitsbedingungen	↗	n.b.	n.b.	n.b.	→	↗	↘	↗	n.b.

Legende:
↗ ... besser als der Durchschnitt
→ ... Branchendurchschnitt
↘ ... schlechter als der Durchschnitt

n.b. ... Nicht bewertet, weil die Informationen der Unternehmen dazu nicht ausreichten. Vermutung der Verbraucherschutzorganisation: Es gibt hier kein nennenswertes Engagement.

Quelle: Stiftung Warentest, o.Jg. (2003), Nr. 6, S. 84.

Phase der gesellschaftsbewussten Unternehmensführung:
Das Unternehmen als „guter Bürger"

Dieses Konzept verantwortungsvoller Unternehmensführung wurzelt in einer Diskussion, welche Heald (1970) und Steinmann (1973) initiiert haben. Beide postulierten, dass der wirtschaftliche Erfolg national und international tätiger Unternehmen zunehmend von sog. Non Market-Faktoren abhängt. Dies bedeutet: Angesichts der wachsenden Bedeutung der sozialen Umwelt müssten Unternehmen mehr denn je eine nachhaltige, transparente und mithin glaubwürdige Kommunikationsstrategie verfolgen.

Hinzu kam die Verunsicherung breiter Schichten der Bevölkerung durch „die Globalisierung". Um das Vertrauen der Bevölkerung (zurück)zugewinnen und diese davon zu überzeugen, dass auch die neue, bislang nur in Teilen erkennbare Weltwirtschaftsordnung rechtsstaatlicher Natur sei, solle durch ein engmaschiges Netz an Vereinbarungen (z.B. gegen Bestechung von Beamten durch Multinationale Unternehmen) ein Gegengewicht zu den zahlreichen Missständen geschaffen werden: weltweite ⇒ Korruption, Kriminalität und Geldwäscherei, Steuerflucht, destruktiver Steuerwettbewerb, Verletzung sozialer Mindestnormen und Umweltverschmutzung. Global Compact etwa ist eine Initiative der *Vereinten Nationen*. Im Mittelpunkt des „Globalen Vertrags" steht ein Katalog von zehn allgemeinen Grundsätzen der Unternehmensführung (z.B. „dafür Sorge tragen, dass innerhalb des eigenen Einflussbereiches die Menschenrechte gewahrt werden"). Vertragspartner verpflichten sich dazu, diese Grundsätze zu achten und insgesamt als Good Corporate Citizen zu agieren (vgl. Cetindamar 2007; Rieth 2003).

5.1.4 Formen moderner Öffentlichkeitsarbeit

Corporate Citizenship (CCS)

Durch „bürgerschaftliches Engagement" versuchen immer mehr Unternehmen dazu beizutragen, die Globalisierung möglichst menschengerecht zu gestalten. Hierzu bedient man sich weniger des Instruments der finanziellen Unterstützung z.B. von kommunalen Anliegen (durch Sponsoring oder Mäzenatentum). Vielmehr übernehmen Unternehmen bzw. deren Mitarbeiter Verantwortung für das Gemeinwesen, an dem sie ihren Standort haben, indem sie Know how und private Zeit in soziale oder ökologische Projekte einbringen. Anstatt, wie bisher, dann und wann eher zufällig für wohltätige Zwecke zu spenden, beteiligen sich mehr und mehr Unternehmen nicht nur materiell, sondern auch konzeptionell an dauerhaft angelegten Projekten, welche zur Lösung gravierender gesellschaftlicher Probleme beitragen wollen (z.B. zunehmende Fettleibigkeit der Jugend, Erosion der Innenstädte; vgl. Habisch et al. 2008).

Wie eine 2001 von der *Europäischen Kommission* in Auftrag gegebene Umfrage bei 7.662 klein- und mittelständischen Unternehmen ergab, engagierten sich damals 49 % der europäischen KMU auf die ein oder andere Weise für ein soziales Projekt (deutsche KMU = 54 %). 33 % der befragten Unternehmen erhofften sich davon eine Verbesserung ihrer Beziehungen zu öffentlichen Einrichtungen

(D = 29%), 26% zu Kunden (D = 27%), 15% zu Geschäftspartnern und Investoren (D = 24%) sowie 14% zu ihren Mitarbeitern (D = 14%).

CCS kann, muss aber nicht selbstlos sein. Denn soziales Engagement erhöht die Kundenbindung, die Loyalität der Mitarbeiter sowie die Akzeptanz eigener Anliegen im gesellschaftlich-politischen Umfeld. Wenn Unternehmen sich als Teil der Bürgergesellschaft begreifen, so erhöht dies bei einem Gutteil der Deutschen die Wahrscheinlichkeit, dass sie Leistungen dieses Unternehmens erwerben. Entsprechend versprachen sich 13% der in der Studie befragten Unternehmen (D = 14%) von ihrem Engagement eine indirekte Stärkung ihrer wirtschaftlichen Leistungsfähigkeit (insb. durch Steigerung der Kunden- und Mitarbeiterzufriedenheit). Kaum zu überschätzen ist der personalpolitische Effekt von CCS: bspw. bei der Akquisition von High Potentials. Gemäß einer Studie des *Instituts Industrial Society* wollen 82% der besonders qualifizierten Bewerber nur für ein Unternehmen arbeiten, dessen Werte sie teilen. Und gemäß einer *Ipsos*-Studie wünschen sich 60% der deutschen Kandidaten einen Arbeitgeber, der Social Sponsoring betreibt (vgl. Sarstedt/Ganßauge 2009; Kiefer 2004).

Aus Sicht von Kritikern allerdings verfolgt CCS einen ganz anderen Zweck. Durch gute Taten versuchen die Unternehmen demnach, in der Gesellschaft Akzeptanz für eine „zügellose Globalisierung" zu erlangen.

Bürgerschaftliches Engagement von Unternehmen hat vor allem in den USA eine langjährige Tradition. Dort erwarten viele Unternehmen auch von ihren Mitarbeitern sozial verantwortliches Verhalten. So meinten laut der *Cone Corporate Citizenship Study* 2004 zwei Drittel der befragten US-Bürger, Unternehmen sollten in ihrem Umfeld für soziale Belange Verantwortung übernehmen. Eine Vorreiterrolle billigen sie dabei *Wal-Mart* zu. Auch in Dänemark, Großbritannien und den Niederlanden bekennen sich prozentual gesehen wesentlich mehr Unternehmen zur CCS-Philosophie als in Deutschland.

Corporate Governance (CG)

Als Corporate Governance wird eine dem Gemeinwohl verantwortliche, auf langfristige Wertsteigerung ausgerichtete Form der Unternehmensführung bezeichnet. Die Unternehmen verpflichten sich freiwillig, dem CG-Regelwerk Folge zu leisten. Hierbei handelt es sich um ein komplexes System von Regeln unterschiedlicher Konkretheit und Verbindlichkeit, die explizit bzw. implizit darauf Einfluss nehmen, wie in Unternehmen Entscheidungen getroffen werden. Die einschlägige Literatur unterscheidet zwei Strömungen (vgl. Enriques/Volpin 2007; Theissen 2002).
- Shareholder Value-Ansatz: Unternehmerische Entscheidungen sollten primär den Interessen der Anteilseigner dienen.
- Stakeholder-Ansatz: Unternehmerische Entscheidungen haben auch und gerade den Interessen der anderen Anspruchsgruppen Rechnung zu tragen (z.B. Mitarbeiter, Lieferanten, Kirchen, Nicht-Regierungsorganisationen).

Das *Spencer Stuart Governance*-Lexikon informiert umfassend über die stellenweise höchst unterschiedliche Ausgestaltung der verschiedenen Corporate

Governance-Regelwerke in führenden Industrienationen (z.B. Deutschland, Frankreich, Großbritannien, USA) und wichtigen supranationalen Organisationen (z.B. *Europäische Union; OECD; Weltbank*). Paul (2007) begründet diese Unterschiedlichkeit mit dem differenzierenden Einfluss des jeweiligen Rechtssystems und kulturellen Eigenheiten.

- Im angelsächsischen Kulturraum etwa sind trotz des 2002 vom amerikanischen Präsidenten unterzeichneten ⇒ *Sarbaues-Oxley-Act* nach wie vor das Aktionärsinteresse und der Shareholder Value die entscheidenden Zielgrößen der Leitung und Überwachung eines Unternehmens (vgl. Jacoby 2005; Hohnstrom/Kaplan 2003).
- Die *Europäische Union* hat sich die Harmonisierung der einschlägigen Regelungen ihrer Mitgliedsländer zur Aufgabe gemacht. Hierzu wurde 2003 ein Aktionsplan formuliert: „Modernisierung des Gemeinschaftsrechts und Verbesserung der Corporate Governance in der EU". Einerseits sollen die einzelnen Länder sich eine gewisse Eigenständigkeit bewahren können, andererseits aber einen gemeinsamen Kern zentraler Ziele und Vorgaben beachten (z.B. Stärkung der Aktionärsrechte, Steigerung der Transparenz, Harmonisierung des Gesellschaftsrechts; vgl. Hopt/Leyens 2004, Pfitzer et al. 2003).
- Das japanische Corporate Governance-System vereinigt Elemente des amerikanischen und des deutschen Modells. Trotz der Einrichtung des Kansayaku-Board, das ein externes Mitglied vorsieht, ist es vergleichsweise intransparent. Da im gesamten ostasiatischen Raum die Familie der Prototyp aller gesellschaftlichen Organisationsformen ist (vgl. Müller/Gelbrich 2014, S. 131 f.), hat sich dort ein familienbasiertes Corporate Governance-System entwickelt. Charakteristisch ist die von persönlichen Abhängigkeiten und sozialen Netzwerken geprägte Beziehung zwischen Familie und Minderheitsaktionären (vgl. Jackson 2005).

Corporate Reputation (CR)

Im Mittelpunkt dieses Konzepts steht die Vertrauenswürdigkeit der Anbieter. Wie ⇒ etymologische Überlegungen vermuten lassen – Reputation als Synonym für Ansehen und guter Ruf –, fällt es allerdings schwer zu erklären, worin sich CR von bereits etablierten Konstrukten wie Goodwill, Public Relations oder Corporate Social Responsibility so sehr unterscheidet, dass es mit Blick auf das wissenschaftstheoretisch begründbare Sparsamkeitsgebot der Theorienbildung notwendig bzw. sinnvoll ist, ein zusätzliches Konstrukt in die wissenschaftliche Diskussion einzuführen (⇒ Parsimony & Simplicity). Weiterhin überschneidet CR sich mit ⇒ Corporate Identity, Gesellschaftsorientiertem Marketing und Cause Marketing (vgl. Bloom et al. 2006).

Bislang wurden verschiedene Ansätze entwickelt, um CR zu operationalisieren (⇒ Konstrukt). Allerdings spricht die Heterogenität der Messverfahren dafür, dass zentrale Gütekriterien der Testentwicklung wie Konstruktvalidität und Diskriminanzvalidität nicht hinreichend erfüllt sind (⇒ Validität).

- Die „Reputationsliste" *(America's Most Admired Companies)* des *Fortune Magazine* beruht auf den Urteilen von ca. 8.000 Top-Managern über Unternehmen

der Branche, der sie selbst angehören. Strukturiert wird die Beurteilung anhand von acht Kriterien (z.B. Innovationskraft, Verantwortung im Umgang mit Gesellschaft und Natur, finanzielle Performance). Kritisch ist u.a. anzumerken, dass die Variablen der *AMAC*-Liste übermäßig interkorreliert und deshalb aus statistischer Sicht ungeeignet sind.
- Die *GMAC*-Liste (*Global Most Admired Companies*) berücksichtigt neben den acht *AMAC*-Kriterien noch die Fähigkeit der Unternehmen zu einem globalen Auftritt.
- Das *Manager Magazin* lässt die Gesamtreputation der 100 umsatzstärksten deutschen Unternehmen z.B. nach Maßgabe von Innovationsfreudigkeit, Kommunikationsfähigkeit, Managementqualität und Umweltorientierung bewerten.
- Der *Harris-Fombrun Reputation*^{SM} *Quotient* basiert auf 20 Items, die in sechs Kategorien eingeteilt sind (z.B.: Emotional Appeal, Financial Performance, Vision & Leadership).
- Das *Schwaiger*-Messmodell berücksichtigt 21 Indikatoren (z.B. faires Verhalten, qualifizierte Mitarbeiter, guter Service, wirtschaftliche Stabilität). Sie lassen sich zu vier Konstrukten zusammenfassen (Attraktivität, Performance, Qualität und Verantwortung). Damit erklären Schwaiger/Cannon (2004) die von ihnen zweidimensional konzipierte Reputation (Kompetenz und Sympathie).
- Das *Reputation Institute Germany* erfasst Vertrauen, Bewunderung, positive Gefühle und Wertschätzung auf sieben Dimensionen (Products & Services, Innovation, Performance, Leadership, Workplace, Governance und Leadership). Diese Bewertungen bilden die empirische Basis der *RepTrakScorecard* (vgl. Wiedmann et al. 2007).

Die bislang vorliegenden ⇒ Evaluationsstudien können nicht zweifelsfrei klären, ob Unternehmensreputation Ursache oder Konsequenz verschiedener wünschenswerter Effekte ist: erleichterte Akquisition und Bindung von High Potentials, fallende Lohnstückkosten, stärkere Bindung und höhere Preisbereitschaft der Kunden, leichterer Zugang zum Kapitalmarkt und verbesserte Profitabilität des Unternehmens. Wie eine Befragung von mehr als 55.000 Konsumenten in den 15 bedeutendsten Ländermärkten ergab, führen aus Verbrauchersicht *Google* und *Walt Disney* die Rangliste der *100 World's Most Respected Companies* an (vgl. Tab. 157). *BMW*, das deutsche Unternehmen mit der größten internationalen Reputation, nimmt Rang 3 ein und *Daimler* Rang 8.

Tab. 157: World's Most Respected Companies

1a *Google*	3a *BMW*	5 *Sony*	7 *Apple*	9 *Lego*
1b *Walt Disney*	3b *Rolex*	6 *Canon*	8 *Daimler*	10a *Samsung* 10b *Microsoft*

Quelle: Reputation Institute 2014; Global RepTrak®100 (http://www.reputationinstitute.com/thought-leadership/global-reptrak-100).

Corporate Social Responsibility

Mit dieser kommunikativen Unternehmensstrategie versuchen Global Player, Imageschäden und Markenerosion zu vermeiden (vgl. Doh/Stumpf 2005). Das dazu entwickelte CSR-Instrumentarium soll helfen, auch in einem schwierigen sozialen Umfeld den Markenwert der Unternehmensmarke zu erhalten. Entscheidend dafür ist, dass es dem Unternehmen gelingt, der (kritischen) Öffentlichkeit glaubhaft zu vermitteln, dass es sich sozial verantwortlich verhält (vgl. Fritz/Wagner 2004). Diesem Zweck dienen u.a. ...

- Nachhaltigkeits-Berichterstattung,
- Mitgliedschaft bei einschlägigen Nicht-Regierungsorganisationen,
- Sponsorship,
- Organisation von und Teilnahme an CSR-Workshops,
- Medienkampagnen.

Dass im vierten europaweiten CSR-Ranking der *Kirchhoff Consult AG* acht der zehn Spitzenplätze von deutschen *DAX*-Unternehmen besetzt werden (vgl. Tab. 158), erklären die an der Studie beteiligten Wissenschaftler zum einen mit der ausnehmend guten wirtschaftlichen Lage in Deutschland in der jüngeren Vergangenheit. Zum anderen sei der soziale Druck auf die Unternehmen, verantwortungsbewusst zu handeln, in Europa nirgendwo so groß wie in Deutschland.

Tab. 158: CSR-Ranking der größten europäischen Unternehmen (2013)

1 Bayer 74,0	3 BASF 70,7	5 Henkel 70,2	7 Daimler 69,5	9 G-S-K 68,9
2 BMW 73,2	4 Adidas 70,6	6 Sanofi 69,6	8 SAP 69,2	10 Merk 68,9

Quelle: http://www.kirchhoff.de/fileadmin/20_Download/2013-Highlights/Studie_Good_Company_Ranking_2013.pdf.

Was genau ist jedoch unter „verantwortlichem Unternehmensverhalten" zu verstehen? Mehr als 400 Experten aus 91 Ländern haben unter dem Dach der *International Organisation of Standardisation (ISO)* einen Leitfaden erarbeitet, der helfen soll, diese Frage zu beantworten: ISO 26000. Dieser Leitfaden wurde Ende 2010 veröffentlicht (in Deutschland Anfang 2011 unter der Bezeichnung DIN ISO 26000). Dabei handelt es sich allerdings nicht um eine überprüf- und zertifizierbare internationale Norm, sondern um eine Leitfaden, der seine Wirkung dadurch entfalten soll, dass möglichst viele Unternehmen sich freiwillig daran orientieren (vgl. Jastram 2012; Schoenheit et al. 2006).

5.2 Einflussnahme auf die öffentliche Meinung

5.2.1 Vertrauen & Misstrauen

Befunde der WVS-Studie

In letzter Konsequenz ist es die Aufgabe der PR-Abteilungen, Menschen zu beeinflussen. Sieht man einmal von manipulativen Techniken ab, so kann dies nur gelingen, wenn der Empfänger einer Botschaft deren Sender vertraut.

5.2 Einflussnahme auf die öffentliche Meinung

Im Rahmen der *World Value Survey* der *University of Michigan* wurden Bürger aus 54 Nationen u.a. zum Grad ihres Vertrauens in 28 Institutionen befragt. Wie die Auswertung der Antworten ergab, müssen (Groß-)Unternehmen in Deutschland mit vergleichsweise großem Misstrauen rechnen, während Australier, Chinesen, Norweger, Schweden, Türkei und einige andere Nationalitäten eher vertrauen (vgl. Inglehart et al. 2004). Erhebliche Vorbehalte müssen hierzulande auch die Institutionen der *Europäischen Union* überwinden, wenn sie mit der Öffentlichkeit kommunizieren. Weiterhin ist die innere Distanz vieler Deutschen zu ihrem Rechtssystem erstaunlich groß. Hingegen werden Organisationen, die sich den Umweltschutz auf die Fahne geschrieben haben, weitgehend akzeptiert.

Unterzieht man die in der dritten Erhebungswelle des *WVS* gewonnenen Angaben einer Faktoranalyse, so lassen sich durch Hauptkomponentenanalyse und VARIMAX-Rotation drei Faktoren des Vertrauens in die Organe des öffentlichen Lebens identifizieren:

- „Autorität": Bürger aus Ländern, die ihrem Parlament, ihrer Regierung und ihrem Rechtssystem vertrauen, erachten auch politische Parteien, den öffentlichen Dienst, Gewerkschaften, die Polizei, das Militär und große Unternehmen als vertrauenswürdig – und umgekehrt.
- „Soziales": Diese Dimension umfasst das Vertrauen in religiöse Institutionen, die Presse, das Fernsehen sowie in supranationale Institutionen (wie die *Europäische Union* und die *Vereinten Nationen)*.
- „Alternative Bewegungen": In Ländern, in denen die ökologische Bewegung Ansehen und Vertrauen genießt, findet auch die Frauenbewegung Zustimmung.

International tätige Unternehmen, welche ihre Öffentlichkeitsarbeit standardisieren möchten, sollten wissen, welche Länder sich in ihrer „Vertrauensstruktur" ähneln. Dies lässt sich mit Hilfe einer Clusteranalyse klären. Aufgrund unvollständiger Daten mussten Südkorea, Pakistan, China, Ghana und Kolumbien aus dem Datensatz entfernt werden. Das ⇒ Single Linkage-Verfahren identifizierte zudem Aserbaidschan als „Ausreißer", weshalb auch dieses Land aus dem Datensatz ausgesondert wurde. Die verbleibenden Nationen ließen sich anhand des ⇒ Ward-Verfahrens vier eindeutig unterscheidbaren Ländercluster zuordnen (vgl. Abb. 207). Die Mitgliedsländer eines Clusters weisen eine ähnliche Vertrauensstruktur auf und unterscheiden sich diesbezüglich zugleich deutlich von jenen Ländern, welche den anderen Clustern zugeordnet wurden.

Einige lateinamerikanische Länder sowie einige Mitgliedsstaaten des ehemaligen Ostblocks bilden Cluster I. Abgesehen von den sozio-politischen Einrichtungen misstrauen die dort lebenden Menschen allen Institutionen ihres Landes weitgehend. Cluster II vereint weitere Länder des ehemaligen Ostblocks, eine Reihe lateinamerikanischer Länder sowie Spanien, USA und Australien. Deren Bevölkerungen vertrauen am ehesten den alternativen Bewegungen. Japan und Taiwan bilden zusammen mit mehreren europäischen Ländern Cluster III. Ihnen gemeinsam ist ein ausgeprägtes Misstrauen gegenüber den sozio-politischen Institutionen. Bemerkenswerterweise teilten Ost- und Westdeutsche, die damals noch getrennt erfasst wurden, ihre Skepsis gegenüber großen Unternehmen. Die Bewohner einiger afrikanischer und asiatischer Länder sowie Bosnien-Herzegowinas (= Cluster IV) hingegen scheinen voll des Vertrauens zu sein (vgl. Tab. 159), sieht man einmal von einer gewissen Skepsis gegenüber alternativen Bewegungen ab (z.B. Umweltschutzorganisationen).

Abb. 207: Ländercluster nach Maßgabe des Vertrauens in Institutionen

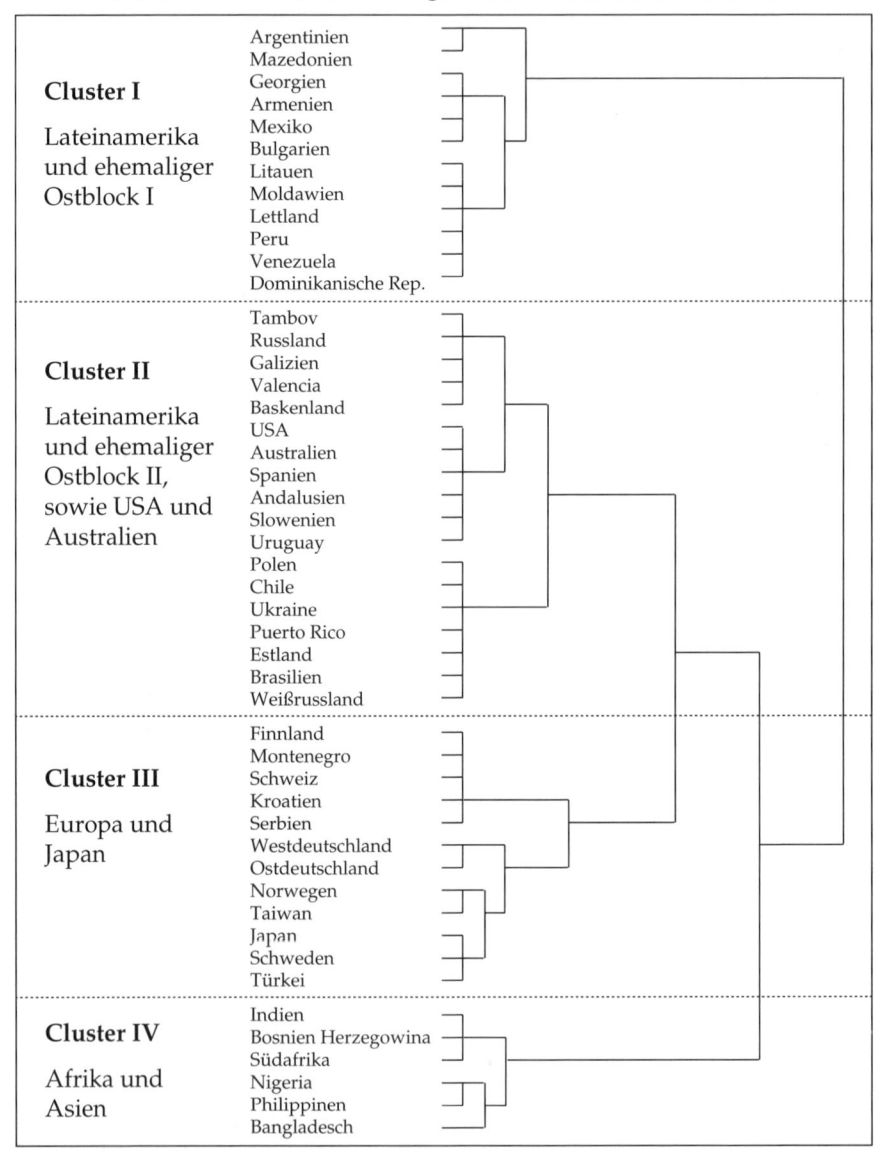

Cluster I Lateinamerika und ehemaliger Ostblock I	Argentinien, Mazedonien, Georgien, Armenien, Mexiko, Bulgarien, Litauen, Moldawien, Lettland, Peru, Venezuela, Dominikanische Rep.
Cluster II Lateinamerika und ehemaliger Ostblock II, sowie USA und Australien	Tambov, Russland, Galizien, Valencia, Baskenland, USA, Australien, Spanien, Andalusien, Slowenien, Uruguay, Polen, Chile, Ukraine, Puerto Rico, Estland, Brasilien, Weißrussland
Cluster III Europa und Japan	Finnland, Montenegro, Schweiz, Kroatien, Serbien, Westdeutschland, Ostdeutschland, Norwegen, Taiwan, Japan, Schweden, Türkei
Cluster IV Afrika und Asien	Indien, Bosnien Herzegowina, Südafrika, Nigeria, Philippinen, Bangladesch

Quelle: University of Michigan (2004), WVS, 3. Welle; eigene Berechnung.

5.2 Einflussnahme auf die öffentliche Meinung

Tab. 159: Vertrauensprofil der vier Ländercluster (Faktorwerte)

	Vertrauen in Institutionen der staatlichen Autorität (z.B. Polizei)	Vertrauen in sozio-politische Institutionen (z.B. Europäische Union)	Vertrauen in alternative Bewegungen (z.B. ökologische Institutionen)
Cluster I	–1,06	0,55	–0,74
Cluster II	–0,31	0,01	0,53
Cluster III	0,67	–1,15	0,22
Cluster IV	1,45	1,30	0,10

Quelle: University of Michigan (2004), WVS, 3. Erhebungswelle; eigene Berechnung.

Einfluss der Landeskultur

Vertrauen wird offenbar kulturspezifisch definiert: Wie eine pfadanalytische Auswertung der *WVS*-Daten ergab, gelten in kollektivistischen Ländern sowie in Ländern, die Machtdistanz akzeptieren, sozio-politische Institutionen (Kirche, Presse, Fernsehen) als tendenziell vertrauenswürdig (vgl. Abb. 208). Umgekehrt neigen die Bürger dieser Länder dazu, „ihrer" Polizei und anderen Institutionen staatlicher Autorität zu misstrauen.

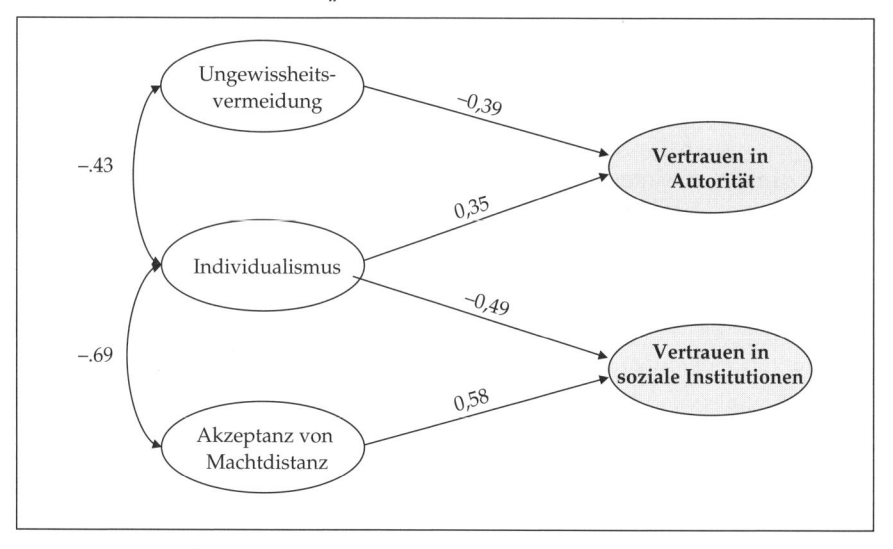

Abb. 208: Pfadmodell „Landeskultur & Vertrauen in Institutionen"

Quelle: University of Michigan (2004), WVS, 3. Erhebungswelle; eigene Berechnung.

Weiterhin hat sich gezeigt, dass in einem individualistischen Land wie den USA Öffentlichkeitsarbeit anders betrieben werden muss als in einem kollektivistischen Land (z.B. Mexiko).
- Steil/Hillmann (1993, S. 459) baten 138 amerikanische, 41 japanische und 44 koreanische Studenten, sich eine Lebenssituation ins Gedächtnis zu rufen,

in der sie jemanden beeinflussen wollten. Sodann sollten diese Probanden angeben, ob sie dabei auf Widerstand gestoßen sind und wie sie darauf gegebenenfalls reagiert haben. Während die meisten amerikanischen Studenten meinten, sie hätten ihren Willen auch gegen den Widerstand ihrer Eltern (= 82%) und Freunde (= 94%) durchgesetzt, hatten offenbar deutlich weniger als die Hälfte der japanischen und koreanischen Studenten die Konfrontation gesucht (34-41%).

- Terpstra-Tong/Ralston (2002, S. 391) werteten ⇒ metaanalytisch kulturvergleichende Studien zu den Beeinflussungsstrategien von Managern aus. Ihr Fazit: Angehörige von machtdistanten, kollektivistischen Kulturen (z.B. Hong Kong, Portugal, Mexiko, China) bevorzugen „harte" Strategien. Sie weisen an und fragen ständig nach oder versichern sich der Unterstützung von hierarchisch Höhergestellten. Vertreter individualistischer Kulturen, die Machtdistanz ablehnen (z.B. USA, Kanada, Niederlande, Österreich, Schweiz), präferieren hingegen „weiche" Methoden: Sie warten auf eine günstige Gelegenheit bzw. „machen schön Wetter" oder bieten im Gegenzug ihre Hilfe in einer anderen Angelegenheit an – d.h. sie verfolgen die Reziprozitätsstrategie.

5.2.2 Grundlegende Beeinflussungsstrategien im Überblick

Die Reziprozitätsstrategie ist eine der sechs Basisstrategien der Beeinflussung, die Cialdini (2001) ausführlich beschrieben hat (vgl. Tab. 160). Zwar sprechen diese Beeinflussungsstrategien weltweit wirksame soziale Bedürfnisse an, z.B. den Wunsch nach Bestätigung und Anerkennung (,social proof') oder das dissonanztheoretisch begründbare Streben nach Konsistenz: nach „in sich widerspruchsfreiem Denken und Handeln" (,consistency'). Aber wie stark Menschen diese Bedürfnisse im Einzelfall verspüren bzw. ihnen folgen, hängt vom Wertesystem der Kultur ab, in der sie aufgewachsen sind. Daher empfiehlt es sich zumeist, die interkulturelle Öffentlichkeitsarbeit den Besonderheiten der Zielkultur anzupassen.

Tab. 160: Grundlegende Beeinflussungsstrategien nach Cialdini

Strategie	Charakteristikum
Reziprozität (,reciprocity')	Menschen vergelten Gleiches mit Gleichem.
Konsistenz (,consistency')	Menschen möchten in ihren Äußerungen und Einstellungen konsistent erscheinen. Wer bspw. einer Aussage A zustimmt, ist folglich geneigt, auch der Aussage B zuzustimmen, wenn diese mit A konsistent ist.
Soziale Bewährtheit (,social proof')	Menschen orientieren sich am Verhalten anderer Menschen, um sicherzugehen, dass ihr Verhalten „in Ordnung" ist.
Beliebtheit (,liking')	Menschen, die man mag, schlägt man ungern etwas ab.
Autorität (,authority')	Menschen neigen dazu, Personen, die Autorität ausstrahlen, zu gehorchen.
Knappheit (,scarcity')	Menschen empfinden Dinge, Informationen und Menschen, die schwer zugänglich sind, als besonders wertvoll und erstrebenswert.

5.2 Einflussnahme auf die öffentliche Meinung

Eignung der Basisstrategien für die Zwecke der Kommunikationspolitik

Reziprozität. Wenn *Marlboro* (deutsche) Journalisten zur Abenteuer-Tour nach Amerika einlädt und diese daraufhin „unaufgefordert" positiv über das Unternehmen berichten, dann war die Beeinflussungsstrategie, welche das Unternehmen damit verfolgt, offensichtlich erfolgreich: der Appell an das Bedürfnis nach Reziprozität.

> **Wie Du mir, so ich Dir**
>
> „Die Zelte im Camp sind aufgeschlagen, das Essen ist fertig und das Lagerfeuer vorbereitet. Das und den großen Rest der fünf atemberaubenden Tage am Colorado-Ufer haben die Macher vom Freiburger Reiseunternehmen *Adventure Tours* perfekt organisiert. Ihr Geschäftsführer, *W. Fleischer*, erdachte für den Zigaretten-Multi *Phillip Morris* 1984 das *Marlboro Abenteuer Team*. Er fand in der Nähe des *Arches Nationalparks* und des Mountainbiker-Eldorados *Moab* einen idealen Platz zum Reiten, Raften, Klettern, Enduro- und Jeep-Fahren. ... Und doch schlottern uns die Knie, als wir in luftiger Höhe dem schaurig-schönen Moment entgegenfiebern. Am baumelnden Seil wartet ein grandioser Blick auf die rotgefärbten, bizarren Sandsteingebilde. Es wird ein einmaliges Erlebnis. Normalerweise darf man an den Felsbögen im *Arches Nationalpark* nicht klettern" (Reichelt 1999, S. 61).

Gutes mit Gutem zu vergelten: Dies entspricht einer generellen menschlichen Norm. Wie verbindlich sie ist, hängt allerdings von der Stärke der sozialen Bande innerhalb einer Gemeinschaft ab. In kollektivistischen Gesellschaften, wo der Ausschluss aus der sozialen Gemeinschaft eine besonders gravierende Sanktion ist, spielt Reziprozität eine wichtigere Rolle als in individualistischen Kulturen. Dort ist es in stärkerem Maße üblich, selbstbezogen zu leben.

Konsistenz. Das Streben nach Konsistenz – d.h. nach in sich stimmigem Denken und Handeln – lässt sich mit der Theorie der kognitiven Dissonanz erklären (vgl. Festinger 1957). Demnach sind Menschen bestrebt, ihr Einstellungs- und Verhaltenssystem im Gleichgewicht zu halten. Wer andere beeinflussen möchte, kann das Konsistenzbedürfnis für seine Zwecke nutzen, bspw. mithilfe der „Foot-in-the-Door-Technik". Gelingt es, Menschen zu einer Handlung zu bewegen, so fällt es vergleichsweise leicht, diesen eine zweite Handlung abzuverlangen, falls diese konsistent zur ersten ist. Dabei wird die Zielperson zunächst dazu veranlasst, etwas zu tun, was nur ein geringes Involvement erfordert (z.B. einen kleinen Geldbetrag spenden, seine prinzipielle Bereitschaft zum Blutspenden erklären). Später wird dann das eigentliche, mit mehr Aufwand verbundene Anliegen vorgetragen (d.h. einen größeren Geldbetrag spenden, tatsächlich Blut spenden; vgl. Ferguson et al. 2007).

Diese Beeinflussungsstrategie verspricht Erfolg in einem kulturellem Umfeld, in dem starker Konsistenzdruck herrscht, und sie verfängt weniger in Gesellschaften, in denen Ambiguitätstoleranz die Norm ist (d.h. die Akzeptanz von Mehrdeutigem). Nach Hofstede (1994, S. 125) sind dies Länder mit einer schwach ausgeprägten Tendenz zur Ungewissheitsvermeidung. Die dort lebenden Menschen sind mehr als andere neugierig auf Andersartiges und fähig, widersprüchliche Sachverhalte nebeneinander stehen zu lassen, ohne eine solche Dissonanz als unangenehm zu empfinden bzw. eine Erklärung dafür suchen zu müssen. Inder bspw. zeichnen sich zumeist durch eine ausgeprägte Ambiguitätstoleranz aus. Erklären lässt sich dies mit ihrem religiösen Erfahrungshintergrund: Während die großen monotheistischen Religionen Recht und Unrecht vergleichsweise eindeutig vorgeben (z.B. im Alten und im Neuen Testament oder im Koran), kennt der Hinduismus keine ultimative religiöse Autorität (vgl. von Glasenapp 2011).

Soziale Bewährtheit. In den beziehungsorientierten kollektivistischen Kulturen bestehen starke soziale Bande zwischen den Menschen (⇒ Beziehungskultur). Überzeugungskraft besitzen dort vor allem Informationen, welche die öffentliche Meinung bzw. Mehrheitsmeinung widerspiegeln (z.B. Testergebnisse unabhängiger Verbraucherinstitute). Denn sie ermöglichen ‚social proof'. Unmittelbar produktbezogene Informationen sind demgegenüber weniger bedeutsam. Umgekehrt verhält es sich mit Angehörigen individualistischer Kulturen, die mehr als andere ein starkes ⇒ Bedürfnis nach Einzigartigkeit haben und sich daher weniger an der öffentlichen Meinung orientieren (vgl. Aaker/Maheswaran 1997). Wer dort andere überzeugen möchte, sollte unmittelbar mit den Vorteilen argumentieren, die sich aus einer bestimmten Handlung ergeben, oder auf alternative Beeinflussungstechniken zurückgreifen (z.B. Knappheit).

Beliebtheit. Es ist schwer, sympathischen Menschen einen Wunsch abzuschlagen. Folglich setzen Unternehmen alles daran, sympathisch zu erscheinen. Häufig lassen sie Sympathieträger für sich werben. Für die Liking-Strategie eignen sich globale (z.B. *McCartney*), regionale wie auch nationale Sympathieträger. Zur Erfolgsgeschichte von *HARIBO* etwa trug die von 1991 bis 2014 andauernde Werbepartnerschaft des deutschen Süßwarenherstellers mit dem Entertainer *T. Gottschalk* wesentlich bei (vgl. Abb. 209). Der Einsatz prominenter Sympathieträger als „Botschafter des guten Willens" wird auch als Celebrity-Werbung bezeichnet.

Abb. 209: Celebrity-Werbung als Umsetzung der Liking-Strategie

Quelle: obs/HARIBO & Co. KG.

5.2 Einflussnahme auf die öffentliche Meinung

Autorität. Wer sich auf Vorbilder beruft, um andere zu beeinflussen, kann vor allem dort auf Erfolg hoffen, wo Autorität vorbehaltlos anerkannt wird. Dies ist hauptsächlich in Gesellschaften, die Machtdistanz akzeptieren, der Fall. Ein einflussreicher Politiker, Schauspieler oder eine sonstige Person des öffentlichen Lebens, die sich für die Belange eines Unternehmens einsetzt, kann in autoritätsaffinen Märkten mehr Goodwill schaffen als ganzseitige Zeitungsanzeigen oder Fernsehspots zur besten Sendezeit.

Knappheit. Was schwer erhältlich ist, erscheint uns wertvoll. Unternehmen nutzen das Scarcity-Prinzip u.a. in der Distributionspolitik, indem sie ihre Angebote exklusiv vertreiben. Verknappung ist auch das Ziel, wenn Verkaufsförderungsaktionen oder andere Marketingmaßnahmen zeitlich begrenzt werden.

- *Ferrero* etwa verfolgt die Knappheitsstrategie, wenn es Jahr für Jahr kundtut, dass *Mon Chéri* nur in den Wintermonaten erhältlich ist.
- *Tchibo* hat Verknappung sogar zum zentralen Geschäftsprinzip erkoren. Die verschiedenen Artikel seines zum Hauptsortiment ausgebauten Nebensortiments (z.B. Haushaltwaren, Kleidung etc.) sind jeweils nur für kurze Zeit erhältlich. Die gezielte Verknappung trägt wesentlich zur Attraktivität der Angebote bei und provoziert Impulskäufe.

Scarcity bedeutet, dass viele Personen um ein knappes Gut konkurrieren. Deshalb verspricht diese Beeinflussungsstrategie in maskulinen Kulturen mehr Erfolg als in femininen Gesellschaften, in denen Rivalität eher unerwünscht ist.

5.2.3 Rolle der Medien

Unternehmen, welche mit Hilfe der Medien die öffentliche Meinung in ihrem Sinn beeinflussen möchten, müssen eine Vielzahl von Einflussfaktoren beachten. Wie viele Menschen in dem Zielgebiet können lesen? Bei einer hohen Analphabetenquote ist das Fernsehen der entscheidende Kommunikationskanal. Haben jedoch nur wenige Menschen Zugang zu den elektronischen Medien, kann es sinnvoll sein, Meinungsführer und Multiplikatoren direkt anzusprechen, welche dann das Gehörte bzw. Gesehene per Mund-zu-Mund-Propaganda verbreiten – in Zeiten von *Twitter, Facebook* etc. immer häufiger in Gestalt von eWoM (vgl. Teil G-12.2.2).

Nachdem die Industrieländer vor allem untereinander Handel betreiben, behindert Analphabetentum in ihrem Fall nur selten die grenzüberschreitende Öffentlichkeitsarbeit. Gravierende Unterschiede bestehen allerdings bezüglich Struktur und Verbreitung der Medien. Während etwa in den USA zahlreiche kleinere Zeitungen die Menschen mit Nachrichten versorgen, sind in Kanada Lokalzeitungen nahezu „ausgestorben". Dort dominieren große, überregionale Blätter. Wenn also z.B. ein Chemiekonzern in Kanada um Akzeptanz eines neuen Standortes werben möchte, dann sind die Bewohner des betroffenen Gebietes mit diesem Medium nur unter Inkaufnahme erheblicher ⇒ Streuverluste zu erreichen (vgl. Keegan et al. 2002, S. 538 f.).

Aber auch dann, wenn die sozio-ökonomischen und technischen Voraussetzungen für eine Verbreitung von Unternehmensnachrichten durch Presse und

Fernsehen gegeben sind, folgt daraus nicht zwangsläufig, dass ein Unternehmen diese Medien für seine Zwecke nutzen sollte bzw. kann. In zahlreichen Ländern hängen sie von Interessengruppen ab, deren Ziele nicht immer sozialverträglich sind. An Indiens florierender Filmproduktion etwa ist die *Mafia* maßgeblich beteiligt.

Mafia zieht die Fäden

„Arthur Andersen schätzt die Herstellungskosten für das gesamte indische Filmschaffen 2001 auf eine Milliarde Franken. Um die Kosten zu begleichen, arbeitet die Filmindustrie oft mit der indischen *Mafia* zusammen. Diese wiederum wäscht so ihr Schwarzgeld aus Drogenhandel, Schmuggel und Prostitution. Einige Produzenten wurden sogar Opfer der *Mafia*. Wer genau die Drahtzieher waren, weiß niemand mit Sicherheit zu sagen. Bekannt ist nur, dass die Filmproduktion viel Geld kostet und sich niemand um dessen Herkunft kümmert. Keiner kann sagen, ob es von Diamantenhändlern, Immobilienhaien, der Unterwelt oder von Politikern stammt" (Singh 2002).

Vom Ausmaß an Pressefreiheit, das in einem Land herrscht, hängt es u.a. ab, welche Sachverhalte wie in den Medien dargestellt werden können. In Russland bspw. müssen Journalisten kritische Berichterstattung bisweilen noch immer teuer bezahlen: mit ihrer Freiheit, Gesundheit und manche gar mit ihrem Leben. Wie Recherchen von *Reporter ohne Grenzen e.V.* zeigen, wurden in diesem Land seit 2/2003 insgesamt 22 Journalisten ermordet. Deshalb und aus anderen Gründen nimmt Russland den 148. Platz auf der Rangliste der Pressefreiheit ein. Am wenigsten werden demnach Journalisten in Finnland behindert und am meisten in Eritrea (vgl. Tab. 161).

Tab. 161: Rangliste der Pressefreiheit 2014 (Auswahl)

1	Finnland	164	Saudi-Arabien
2	Niederlande	165	Sri Lanka
3	Norwegen	166	Usbekistan
4	Luxemburg	167	Jemen
5	Andorra	168	Äquatorialguinea
6	Liechtenstein	169	Dschibuti
7	Dänemark	170	Kuba
8	Island	171	Laos
9	Neuseeland	172	Sudan
10	Schweden	173	Iran
11	Estland	174	Vietnam
12	Österreich	175	China
13	Tschechien	176	Somalia
14	Schweiz	177	Syrien
15	Deutschland	178	Turkmenistan
16	Irland	179	Nordkorea
17	Jamaika	180	Eritrea

Quelle: Reporter ohne Grenzen e.V.

6 Verkaufsförderung

6.1 Prinzip & Nutzen der Verkaufsförderung

Zeitlich befristete Aktionen, welche dazu bestimmt sind, den Verkauf von Waren und Dienstleistungen kurzfristig zu stimulieren (z.B. Zugaben), werden als Verkaufsförderung bzw. Sales Promotion bezeichnet. Zwar umwerben Hersteller auf diese Weise auch ihre Handelspartner, z.B. indem sie ihnen zeitlich befristete Sonderkonditionen, Werbekostenzuschüsse etc. gewähren oder andere Instrumente der Handels-Promotions einsetzen. Zumeist steht jedoch der Endverbraucher im Mittelpunkt der zahllosen Verkaufsförderungsaktionen von Herstellern und Händlern: d.h. die Verbraucher-Promotions. Deren Kaufintensität bzw. Kauffrequenz sollen gesteigert werden. Häufig verfolgt man auch das Ziel, ein neues Produkt bekannt zu machen – z.B. durch Verkostungsaktionen.

Das Instrumentarium der Verkaufsförderung ist vielgestaltig (vgl. Tab. 162). Die Wahrscheinlichkeit, dass Produkte aus einem bestimmten Land gekauft werden, lässt sich u.a. dadurch erhöhen, dass am Point-of-Sales landestypische Musik ausgestrahlt wird. North et al (1999) wiesen diesen Effekt am Beispiel von Wein aus Frankreich, der mit Musette-Musik beworben wurde, empirisch nach. Ein anderes Beispiel: Clubkarten räumen ihren Besitzern diverse Vorteile ein (etwa frühzeitige Information, Mengenrabatte oder gelegentliche kostenlose Zugaben). Inhaber der *Ikea Family Card* etwa erhalten anlässlich des jährlichen Mittsommerfestes regelmäßig ein kleines Geschenk. Neuere Clubkarten sind mit einem Magnetstreifen ausgestattet, der es erlaubt, Rabattpunkte elektronisch zu sammeln. Diese ‚smart cards' sind üblicherweise Bestandteil eines Loyalitätsprogramms, welches die Kundenbindung stärken soll und den beteiligten Unternehmen wertvolle Informationen über das Kaufverhalten ihrer Kunden liefert (z.B. *Payback*).

Tab. 162: Ausgewählte Instrumente der Verkaufsförderung

Instrument	Prinzip	Erhoffte Wirkung
Gewinnspiel	Kunde kann Produkte oder Dienstleistungen des Anbieters gewinnen	Steigerung der Aufmerksamkeit und Verkaufsmenge, Sammlung von Kundendaten
Preissenkung	Kurzfristige Reduktion des Endpreises	Erhöhung der Verkaufsmenge
Preisbündelung	Preisreduktion zweier oder mehrerer Artikel, wenn diese nicht einzeln erworben, sondern gemeinsam gekauft werden	Erhöhung der Verkaufsmenge
Produktzugabe	Verteilung von Gratisproben	Steigerung der Aufmerksamkeit und der Erstkaufrate
Coupons	Verteilung von Wertgutscheinen (z.B. in Zeitungen, auf den Kassenbon bzw. auf die Verpackung gedruckt oder per Direct Mail versandt)	Erhöhung der Verkaufsmenge

Instrument	Prinzip	Erhoffte Wirkung
Verkostung	Kunde kann am Point-of-Sale kostenlos Lebensmittel probieren	Steigerung der Aufmerksamkeit und der Erstkaufrate
Zweitplatzierung	Präsentation von Produkten an hervorgehobenen Stellen in der Einkaufsstätte	Steigerung der Aufmerksamkeit und der Erstkaufrate

Quelle: Gedenk et al. (2006); Keegan/Schlegelmilch (2001, S. 484).

Viele der Instrumente sind mehr oder minder versteckte Zugaben oder Rabatte. Mit Hilfe von 3-für-2-Angeboten und anderen Formen der Preis-Promotions lässt sich zwar kurzfristig der Absatz intensivieren. Langfristig aber besteht die Gefahr, dass sich der Kunde an diese Vorteile gewöhnt und kaum mehr bereit ist, die so beworbenen Produkte zu „normalen" Konditionen zu erwerben. Da entzogene Belohnungen wie Strafen wirken, wird vielfach die Rückkehr zu dem Preisniveau, das vor der Verkaufsförderungsaktion bestand, wie eine Preiserhöhung empfunden.

6.2 Nationale & interkulturelle Unterschiede

6.2.1 Einfluss des Rechtssystems

Auch hinsichtlich der Verkaufsförderung gelten die USA als das Land der „unbegrenzten Möglichkeiten". Nirgendwo werden mehr Coupons verteilt. Im europäischen Binnenmarkt regeln zahlreiche Gesetze Art und Intensität der Sales Promotion. Vor allem ist sie laut *Richtlinie 2000/31/EG* eindeutig als Werbung zu kennzeichnen. Die natürliche oder juristische Person, welche Gewinnspiele, Preisnachlässe, Preisausschreiben, Zugaben, Geschenke etc. in Auftrag gegeben hat, muss identifizierbar sein. Weiterhin ist sicherzustellen, dass jedermann leicht in den Genuss dieser Maßnahmen kommen kann. Die Bedingungen, unter denen dies möglich ist, sind klar und unzweideutig zu kommunizieren. Nicht angeforderte Angebote, z.B. in Gestalt von elektronischer Post, müssen vom Adressaten als solche eindeutig erkennbar sein. Im Übrigen gilt das ⇒ Herkunftslandprinzip.

Davon abgesehen herrschen in Großbritannien und Griechenland relativ liberale Bedingungen, während etwa in der Schweiz und insb. in Schweden vergleichsweise restriktive Auflagen die Möglichkeiten der Verkaufsförderung beschränken. So schreibt das schwedische „Marketing-Gesetz" vor, dass mögliche Teilnehmer an Gewinnspielen eindeutig darüber informiert werden müssen, ...
- wie das Spiel funktioniert,
- wie der Gewinner bestimmt und benachrichtigt wird,
- welche Preise es zu gewinnen gibt,
- ob darauf Steuern zu entrichten sind.

Einige Arten von Gewinnspielen unterliegen sogar dem Lotterie-Gesetz. Es legt fest, dass in Schweden Lotterien lediglich als Privatveranstaltungen erlaubt sind sowie nur dann, wenn sie einen gemeinnützigen Zweck verfolgen und nur relativ geringwertige Gewinne ausloben.

6.2.2 Akzeptanz von Verkaufsförderung

Junge Konsumenten lehnen Verkaufsförderung zumeist weniger ab als traditionelle Medienwerbung (z.B. Werbespots im Fernsehen). Dies lässt sich u.a. den Ergebnissen des *Yankelovich-Monitors* aus dem Jahre 1993 entnehmen. Damals wurden 15- bis 34-Jährige aus sieben Ländern danach gefragt, welches der beiden Instrumente aus ihrer Sicht besser geeignet sei, neue Produkte bekannt zu machen. Während Werbung länderübergreifend offensichtlich wenig Vertrauen genießt, zeigen sich deutliche Unterschiede in der Akzeptanz von Sales Promotion. Nahezu die Hälfte der Amerikaner und Schweden, aber nur etwa jeder fünfte Deutsche oder Niederländer halten dieses Instrument für geeignet, sie über ein neue Produkte zu informieren (vgl. Abb. 210).

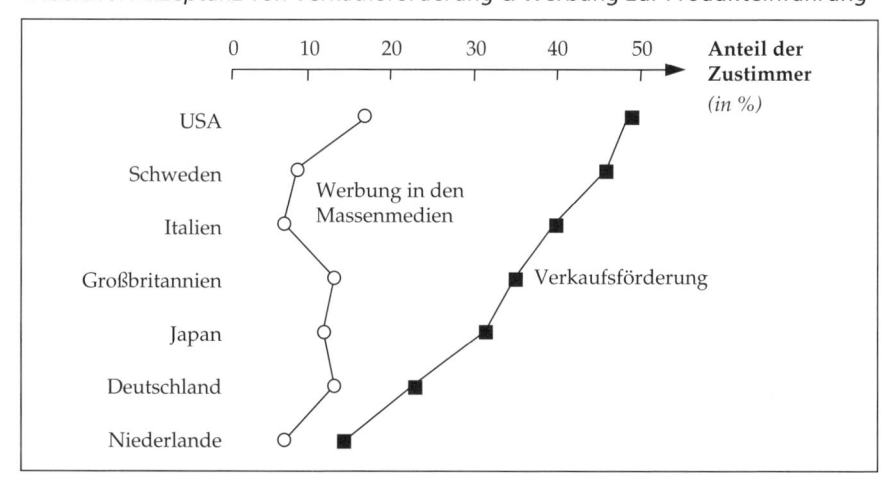

Abb. 210: Akzeptanz von Verkaufsförderung & Werbung zur Produkteinführung

Quelle: Müller/Kornmeier (1994, S. 56), auf der Basis des Yankelovich-Monitors (1993).

Auch innerhalb der einzelnen Instrumente bestehen deutliche Unterschiede. Junge amerikanische Käufer etwa schätzen Couponing mehr als ihre holländischen und deutschen Altersgenossen (vgl. Tab. 163). Dies schlägt sich nicht zuletzt im Kommunikationsbudget amerikanischer Hersteller nieder: 70% der Gesamtausgaben für Promotion entfallen auf solche Gutscheine: (vgl. Keegan/Schlegelmilch 2001, S. 482).

6.2.3 Wirkung von Verkaufsförderung

So bedeutend Verkaufsförderungsmaßnahmen für die Unternehmenspraxis sein mögen: Die kulturvergleichende Forschung hat diese Thematik bislang weitgehend vernachlässigt. Zwei der Studien, über die in diesem Zusammenhang vorrangig zu berichten ist, sind dem Ethno-Marketing zuzuordnen (vgl. Teil A-4.3.3).

Coupons, welche einen Preisvorteil versprechen, steigern die Kaufbereitschaft junger Chinesen weniger als die Kaufbereitschaft junger Amerikaner (vgl.

Zhou/Nakamoto 2001). Innerhalb der USA sind, wie Green (1995) Jahre zuvor bereits festgestellt hatte, Anglo-Amerikaner für diese Verkaufsförderungsmaßnahme aufgeschlossener als Afro-Amerikaner. Dies und den Umstand, dass sie bei den übrigen Promotionsmaßnahmen (Produktdisplay, Plakate, Preisnachlass) keine signifikanten Unterschiede feststellte, erklärte die Wissenschaftlerin mit der moderierenden Wirkung der klassischen Medienwerbung: Während Coupons in erheblichem Maße durch elektronische Medien bzw. Printmedien unterstützt werden müssen, sind die drei anderen Maßnahmen als reine In Store-Maßnahmen weit weniger auf mediale Unterstützung angewiesen. Und da Afro-Amerikaner im Mittel insb. Printmedien seltener nutzen als Anglo-Amerikaner, erscheint die unterschiedliche Intensität des Gebrauchs von Coupons erklärbar.

Tab. 163: Akzeptanz von Warenproben & Coupons zur Produkteinführung (15- bis 34-Jährige, in %)

Land	Warenprobe	Coupon
USA	59	41
Schweden	52	41
Großbritannien	51	20
Italien	46	35
Japan	33	29
Deutschland	29	18
Niederlande	25	5

Quelle: Yankelovich-Monitor (1993).

Kwok/Uncles (2005) wollten wissen, ob Angehörige von kollektivistischen, maskulinen, unsicherheitsaversen, kurzfristorientierten Kulturen, die Machtdistanz ablehnen, überdurchschnittlich empfänglich für Preispromotions sind. Hierzu befragten sie Anglo-Australier und China-stämmige Australier. Es zeigte sich, dass die Probanden generell, d.h. unabhängig von ihrer ethnischen Zugehörigkeit oder ihrer individuell gemessenen kulturellen Orientierung (vgl. Teil A-6), Preispromotions mehr schätzen als andere Promotionstrategien. Da sich auch andere erwartete Unterschiede zwischen beiden Ethnien empirisch nicht bestätigen ließen, empfahlen die beiden Wissenschaftler den Unternehmen, ihre Verkaufsförderung kulturübergreifend zu standardisieren.

Indirekt unterstützt wird diese Empfehlung durch eine Studie, welche Huff/Alden (1999) in Malaysia, Taiwan und Thailand durchgeführt haben. Ihr Fazit lautet, dass die Akzeptanz von Coupons weniger von kulturspezifischen sozialen Normen abhängt als von der Vertrautheit der befragten Konsumenten mit diesem Marketinginstrument und dessen Verfügbarkeit.

7 Sponsoring

7.1 Prinzip & Nutzen des Sponsoring

Dieses Instrument der Kommunikationspolitik basiert auf einer vertraglichen Vereinbarung zwischen zwei Parteien. Abhängig davon, welche Person, welches Event oder welche Institution gesponsert, d.h. finanziell oder auf andere Weise unterstützt wird, unterscheidet man u.a. folgende vier Erscheinungsformen: Sportsponsoring, Kultursponsoring, Soziosponsoring und Umweltsponsoring. Gemessen an den finanziellen Aufwendungen der Unternehmen ist Sportsponsoring die bedeutendste Form von Sponsoring (vgl. Leuteritz et al. 2008, S. 186).

Der Sponsor – gewöhnlich ein Unternehmen – entrichtet üblicherweise einen bestimmten Geldbetrag oder erbringt geldwerte Leistungen. Der Sponsornehmer – zumeist eine Person oder Institution aus dem Non Profit-Bereich – räumt dem Sponsorgeber im Gegenzug das Recht ein, sein Engagement kommunikativ zu vermarkten (vgl. Tab. 164).

Tab. 164: Merkmale von Sponsoring

	Sponsorgeber	Sponsornehmer
Beteiligte	• Unternehmen	• Einzelpersonen • Gruppen von Personen, • Non Profit-Institutionen
Leistungen	• Geld • Sachleistungen • Dienstleistungen	• Kommunikative Nutzung des Namens des Sponsornehmers bzw. seiner Leistungen • Werbung für den Sponsor
Vorteil bzw. Nutzen	• Alternative zur „Werbeflut" • Zielgruppe kann nicht „wegzappen" • Umgehung von Werbeverboten (z.B. für Zigaretten) • Präsentation des Unternehmens in einem positivem, zumeist emotionalisierten Umfeld (z.B. Kunstevent) • Geringe Streuverluste (= günstige Kontaktpreise) • Ansprache schwer erreichbarer Zielgruppen (z.B. Golfer) • Ausschluss von Konkurrenten durch Exklusivvertrag • Redaktionelle Berichterstattung (= glaubwürdig) • Gesellschaftliche Akzeptanz	• Finanzielle Unterstützung • Imagegewinn • Erhöhung des Bekanntheitsgrades (z.B. unter Journalisten) • Aufwertung von Veranstaltungen durch zusätzliche Events des Sponsorgebers

Quelle: eigene Darstellung auf Basis von Hermanns/Marwitz (2008) und Leuteritz et al. (2008).

Beide Partner verpflichten sich demnach zu konkreten Leistungen. Anders als bei Spenden oder beim Mäzenatentum kommt es beim Sponsoring auf den Gleichklang von „Geben & Nehmen" an (vgl. Abb. 211). Denn im Gegensatz zu einem Mäzen engagiert sich das geldgebende Unternehmen nicht vorrangig aus altruistischen Gründen. Vielmehr verfolgt der Sponsor seine eigenen, zumeist kommerziellen Interessen: Bekanntheit erlangen und das positive Image der geförderten Institution – d.h. des Sponsornehmers – auf sein Unternehmen bzw. Produkt transferieren.

Abb. 211: Sponsoring zwischen Kommerz & Gemeinwohl

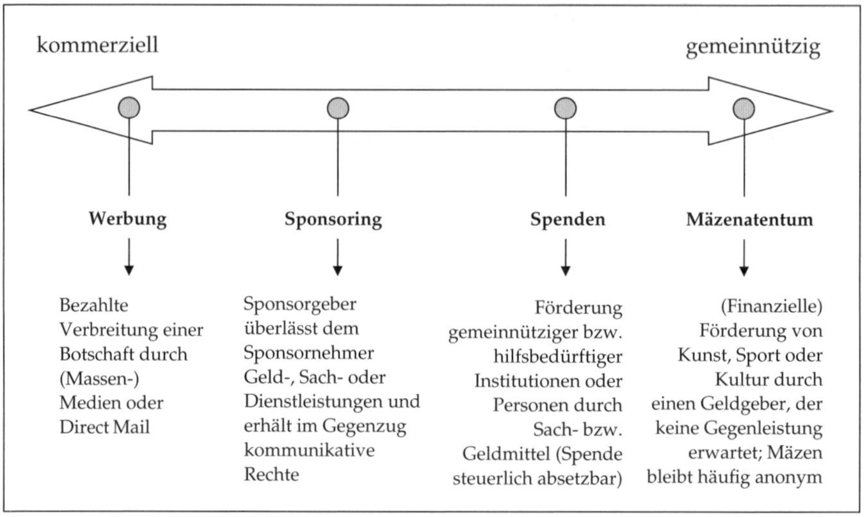

kommerziell			gemeinnützig
Werbung	Sponsoring	Spenden	Mäzenatentum
Bezahlte Verbreitung einer Botschaft durch (Massen-) Medien oder Direct Mail	Sponsorgeber überlässt dem Sponsornehmer Geld-, Sach- oder Dienstleistungen und erhält im Gegenzug kommunikative Rechte	Förderung gemeinnütziger bzw. hilfsbedürftiger Institutionen oder Personen durch Sach- bzw. Geldmittel (Spende steuerlich absetzbar)	(Finanzielle) Förderung von Kunst, Sport oder Kultur durch einen Geldgeber, der keine Gegenleistung erwartet; Mäzen bleibt häufig anonym

Quelle: eigene Darstellung auf der Basis von Leuteritz et al. (2008, S. 8 ff.).

Sponsoring verschafft dem Geldgeber andere Vorteile als klassische Medienwerbung, vor allem gesellschaftliche Akzeptanz. Sie „leiht" er sich von gemeinnützigen Organisationen und deren Veranstaltungen, die auf finanzielle Unterstützung angewiesen sind. Gemäß repräsentativen Studien ...
- empfinden 84 % der Befragten es als „sehr gut" oder „gut", wenn Sponsoren gemeinnützige Organisationen in den Bereichen Natur, Umwelt und Soziales unterstützen. Sportsponsoring begrüßen 82 % *(IPSOS-Studie SPONSORING 2012).*
- gaben 2008 nur 13 % der Befragten an, dass Hinweise auf den Sponsor vor und nach Fernsehsendungen sie stören *(TNS Infratest-Studie).*

Weiterhin hilft Sponsoring z.B. eines Golfturniers, das ein Sportartikelhersteller ausrichtet, oder eines Rock-Konzerts, das ein Hersteller von Soft-Drinks finanziell unterstützt, eine eindeutig abgrenzbare und motivierte Zielgruppe anzusprechen. Dies wiederum verbessert die qualitative Reichweite der Werbekampagne. Da sich Sponsoring jeweils auf eine Person, Gruppe oder ein konkretes Ereignis bezieht, ist die Wirkung dieses Kommunikationsinstrumentes allerdings zeitlich und örtlich begrenzt, selbst wenn es medial begleitet wird.

7.2 Abschluss eines Sponsoringvertrages im Ausland

7.2.1 Übersicht

Die Erfolgsaussichten eines Engagements auf ausländischen Märkten kann ein potentieller Sponsor mittels eines dreistufigen Verfahrens überprüfen (vgl. Abb. 212):
- Analyse der verfügbaren Ressourcen: Besitzt das Management hinreichend Erfahrung auf dem Auslandsmarkt?
- Marktanalyse: Eignet sich der Zielmarkt für Sponsoring?
- Suche nach einem geeigneten Sponsornehmer.

Abb. 212: Drei Schritte bis zum Abschluss des Sponsoringvertrags

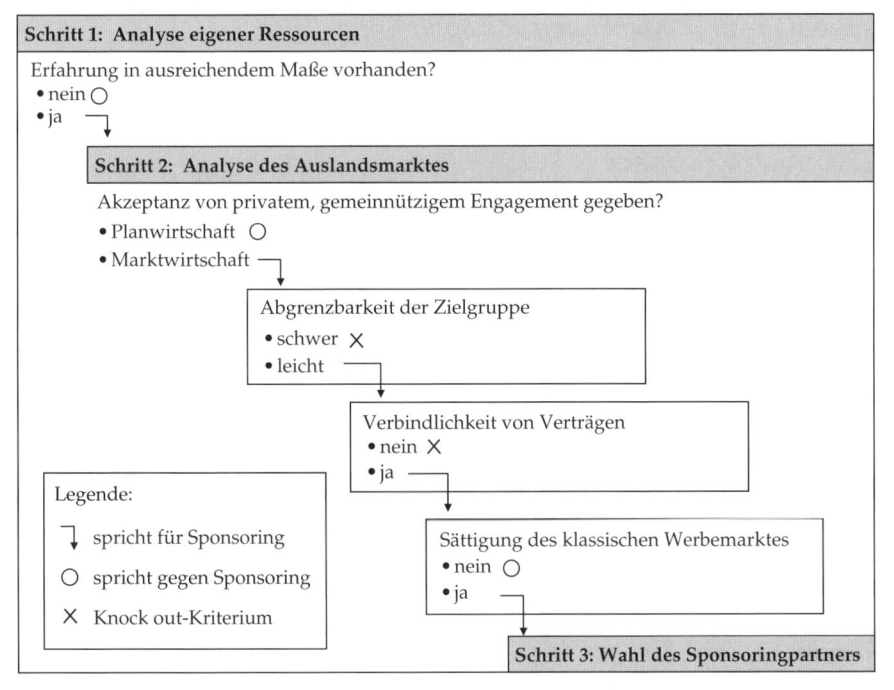

Schritt 1: Analyse eigener Ressourcen
Erfahrung in ausreichendem Maße vorhanden?
- nein ○
- ja ⤵

Schritt 2: Analyse des Auslandsmarktes
Akzeptanz von privatem, gemeinnützigem Engagement gegeben?
- Planwirtschaft ○
- Marktwirtschaft ⤵

Abgrenzbarkeit der Zielgruppe
- schwer ✗
- leicht ⤵

Verbindlichkeit von Verträgen
- nein ✗
- ja ⤵

Sättigung des klassischen Werbemarktes
- nein ○
- ja ⤵

Legende:
- ⤵ spricht für Sponsoring
- ○ spricht gegen Sponsoring
- ✗ Knock out-Kriterium

Schritt 3: Wahl des Sponsoringpartners

7.2.2 Analyse der eigenen Ressourcen: „Erfahrung mit Sponsoring" & „Vertrautheit mit dem Zielmarkt"

73 % der anlässlich der *Sponsoring Trends 2006* befragten Unternehmen versuchen, durch Sponsoring ihre Kommunikationsziele zu erreichen. Im Mittel wenden sie dafür 15 % ihres Kommunikationsbudgets auf (vgl. Bob Bomliz Group 2006). Offensichtlich ist Sponsoring eine Frage der Unternehmensgröße. Denn je größer das Unternehmen, desto größer die Wahrscheinlichkeit, dass es Events bzw. Institutionen auf diese Weise unterstützt, vorzugsweise im Sportbereich und etwas seltener im Kunst- bzw. Kulturbereich (vgl. Bruhn 2010). Dies legt die Faustregel nahe, dass kleinere Unternehmen nur dann im Ausland Sponsoring

betreiben sollten, wenn sie damit im Inland bereits hinreichend Erfahrung sammeln konnten.

Gleiches gilt für Unternehmen, welche den Zielmarkt kommunikationspolitisch noch nicht erschlossen haben. Sie sollten zunächst auf klassische Medienwerbung setzen (insb. Print- oder elektronische Werbung). Viele Agenturen arbeiten global und unterhalten weltweit Niederlassungen, die in der Lage sind, „geeignete", d.h. kulturell angepasste Kommunikationsstrategien zu entwickeln. Zudem ist es für einen Neuling leichter, Werbeplätze zu buchen oder Anzeigen zu schalten (wofür es umfassende professionelle Unterstützung gibt), als ein so komplexes Unterfangen wie ein Sponsoring zu bewältigen.

7.2.3 Analyse des Auslandsmarktes

Akzeptanz bzw. Ablehnung von Sponsoring

Gemessen an den Akzeptanzproblemen, unter denen klassische Medienwerbung häufig leidet, bietet Sponsoring einen entscheidenden Vorteil: Die meisten Deutschen halten die Unterstützung von Kultur- und Sportveranstaltungen sowie von sozialen und ökologischen Projekten für eine gute Sache. Nimmt man allerdings die Verhaltensabsicht als Maßstab, so bietet der deutsche Markt Sponsoren eher ungünstige Rahmenbedingungen. Dass nur 23 % der Befragten angeben, sie würden gegebenenfalls auch Produkte der Sponsoren kaufen, lässt sich mit dem im internationalen Vergleich ungewöhnlich ausgeprägten Qualitätsvorbehalt erklären (vgl. Tab. 165). Recht positiv eingestellt und kaufbereit sind hingegen kanadische, südafrikanische und chinesische Verbraucher.

Tab. 165: Akzeptanz von Sportsponsoring (in %)

	Wahrnehmung „Ich nehme die Unternehmen, welche diese Events sponsern, und deren Produkte wahr."	Qualitätsvermutung „Produkte von Unternehmen sponsern, die Events sind von hoher Qualität."	Verhaltensabsicht „Von Unternehmen, welche diese Events sponsern, würde ich Produkte kaufen."
Spanien	66	48	29
Kanada	58	46	36
Südafrika	54	53	44
Großbritannien	53	44	28
USA	50	49	30
Deutschland	49	25	23
China	48	47	33
Australien	48	42	31
Frankreich	45	41	17
Polen	33	34	25
Anmerkung: Befragt wurden 13.200 Verbraucher (ab 14 Jahre) zum Sponsoring von globalen Events (z.B. Olympische Spiele, Fußball-WM).			

Quelle: Insidedge von Mediaedge: CIA, Juni 2003, in: Horizont,(19.6. 2003), S. 20.

Ursachen

Ordnungspolitik. Ob Sponsoring im internationalen Vergleich prinzipiell akzeptiert oder eher abgelehnt wird, hängt wesentlich von der Einstellung ab, welche eine Gesellschaft zu privatwirtschaftlichem Engagement hat. Überall dort sind die Bedingungen gut, wo das ordnungspolitische Ideal die freie Marktwirtschaft ist und der Staat auf seine zentralen Aufgaben (bspw. Garant von Sicherheit) begrenzt wird und wenig in wirtschaftliche Belange eingreift. Dies ist etwa in den USA der Fall, wo private oder zumindest privatwirtschaftlich geförderte Kindergärten, Schulen und Universitäten weit verbreitet sind. Gleiches gilt für Kunstsammlungen oder karitative Einrichtungen. Vor allem in angelsächsischen Ländern erwartet die Öffentlichkeit, dass Unternehmen, gemeinnützige Institutionen und Privatpersonen sich als ‚good corporate citizen' verhalten und Verantwortung für das Gemeinwohl übernehmen (vgl. Teil G-5.1.4). In einer sozialen Marktwirtschaft hingegen orientieren sich die Bürger stärker am Leitbild des fürsorglichen Staates, der seine öffentliche Leistungen (z.B. Bildung, Kultur) mehr oder weniger „kostenlos" zur Verfügung stellt (d.h. steuerfinanziert). Diese Mentalität ist tendenziell ein schlechter Nährboden für Sponsoring. Zwar vollzieht sich in Zeiten knapper öffentlicher Kassen langsam ein Stimmungswandel. Aber nach wie vor sind im kultur- und wirtschaftskritischen zentraleuropäischen Kulturraum Sponsoren gut beraten, wenn sie – insb. im Kunst- und Kulturbereich – darauf verzichten, öffentlich auf den Sponsornehmer Einfluss zu nehmen. Die schlechtesten Voraussetzungen finden Sponsoren überall dort, wo privatwirtschaftliches Engagement tendenziell unerwünscht ist, d.h. in planwirtschaftlich organisierten ⇒ Gesellschaften.

Steuerrecht. Bedeutsam ist auch die steuerrechtliche Bewertung von Gemeinnützigkeit. Überall dort, wo der Staat eine dominante Rolle spielt, sind die Bedingungen dafür, dass ein Unternehmen als gemeinnützig gilt und damit von der Einkommensteuer auf Sponsorengelder befreit ist, schlecht. Da eine solche Freistellung indirekt die Gemeinnützigkeit seines Engagements attestiert, legt auch der Sponsorgeber großen Wert darauf. Während in den USA nicht nur Institutionen, die Menschen helfen, als gemeinnützig gelten, sondern auch Tierschutz-Organisationen, gibt es in Japan keine verbindliche gesetzliche Grundlage. Üblich sind Einzelfallentscheidungen der „jeweils zuständigen Regierungsbehörde". Auch in Indien sind die Kriterien vage formuliert: „The Benefit of Society." Somit ist Steuerbefreiung in diesen Ländern Ermessens- bzw. Verhandlungssache. Wie in allen High Context-Kulturen bedarf es dabei guter informeller Beziehungen zu Ämtern und Behörden. In den Low Context-Kulturen des angelsächsischen Raumes hingegen ist primär darauf zu achten, dass die formalen Kriterien der Gemeinnützigkeit erfüllt sind.

7.2.4 Auswahl geeigneter Sponsornehmer

Sponsoring aktiviert die Reziprozitätsnorm. „Geben und Nehmen" ist in allen High Context-Gesellschaften ein bedeutsamer Kulturstandard. Deshalb tragen in den konfuzianisch geprägten Gesellschaften Ostasiens hierarchisch bzw. sozial höher gestellte Personen Verantwortung für andere, niederrangige Mit-

glieder der Gemeinschaft. Diese ⇒ paternalistische Sozialstruktur lässt sich übertragen auf die Beziehung zwischen ...
- Unternehmen (als Verantwortungsträger) und
- Einzelpersonen oder Personengruppen im Non Profit-Bereich (als „Bedürftige").

Wie beeinflusst die Landeskultur des Zielmarktes die Partnerwahl? Kollektivistische Gesellschaften achten bekanntlich mehr als andere auf ein harmonisches Miteinander, weshalb dort eher Teams bzw. Massenveranstaltungen gesponsert werden sollten. In individualistischen Kulturen hingegen, wo Selbstverwirklichung und Wettbewerbsorientierung wichtig sind, empfiehlt es sich, bekannte Einzelpersonen und öffentlichkeitswirksame Wettkämpfe zu unterstützen (vgl. Tab. 166).

Tab. 166: Geeignete Sponsornehmer aus interkultureller Sicht

Kulturdimension	Eignung
Individualismus Kollektivismus	• Einzelpersonen • Wettbewerbsorientierte Veranstaltungen • Teams • Massenveranstaltungen
Maskulinität Feminität	• Männer und Frauen, welche der klassischen Rollenverteilung entsprechen • Männer und Frauen, welche von der klassischen Rollenverteilung abweichen • Beziehungsorientierte Veranstaltungen
Akzeptanz von Machtdistanz	• Personen und Institutionen, die Status besitzen und diesen demonstrieren
Ungewissheitsvermeidung	• Personen und Institutionen, die verlässlich sind

8 Produktplatzierung

8.1 Grundlagen

Da Produktplatzierung von den meisten Zuschauern nicht als kommerzielle Werbung wahrgenommen wird, gilt sie angesichts der weit verbreiteten Ablehnung von Werbung als ein besonders wirksames Instrument der betrieblichen Kommunikationspolitik. Zu den spektakulären Erfolgsgeschichten zählt *Reese's Pieces Candy*. Dank der Platzierung in dem Film *E.T.* konnte der Umsatz mit diesem Riegel mit Erdnussgeschmack im Beobachtungszeitraum um 65 % gesteigert werden (vgl. Balasubramanian et al. 2006).

Zwar steht eine umfassende und systematische empirische Erfolgskontrolle von ‚product placement' noch aus (vgl. Williams et al. 2011). Aber es liegen zahlreiche Studien vor, in denen einzelne Werbeerfolgskriterien geprüft wurden:

- Die Recall-Werte bekannter Marken lassen sich durch Produktplatzierung signifikant verbessern, während weniger bekannte Marken von dieser Werbestrategie kaum profitieren (vgl. Brennan/Babin 2004).
- Das Markenbewusstsein von Fernsehzuschauern kann um bis zu 20% gesteigert werden, was u.a. eine Intensivierung der Kaufintention zur Folge hat (vgl. Tsai et al. 2007; Cebrzynski 2006).
- Die Verkaufszahlen von *Cosmopolitan Martini's* stiegen ebenso markant an wie die Verkaufszahlen anderer Produkte, die in *Sex and the City* platziert wurden (vgl. Russel et al. 2006).

8.2 Einfluss der Landeskultur

Auf die Frage, ob Produktplatzierung kulturübergreifend akzeptiert wird, lässt sich keine einfache Antwort geben. Wie Eisend (2009) aufgezeigt hat, ist die Akzeptanz des Produkts, das auf diese Weise beworben wird, der entscheidende Moderator. Während im Falle der Platzierung ethisch kontrovers beurteilter Produkte (z.B. alkoholische Getränke, Verhütungsmittel, Zigaretten) weltweit die meisten Konsumenten eine „indifferente", d.h. zwischen „akzeptabel" und „nicht akzeptabel" schwankende Einstellung haben, gilt für ethisch unproblematische Produkte, dass deren Platzierung überall akzeptiert wird, wenn auch in von Land zu Land unterschiedlicher Intensität.

Abgesehen von dieser Studie liegen nur wenige und überdies weder theoretisch noch empirisch überzeugende kulturvergleichende Untersuchungen zu diesem Themenkomplex vor. Tews/Halliburton (2013) erhoben in einer Online-Umfrage die Ansichten von 338 Probanden aus drei Ländern. Dabei äußerten die befragten Mexikaner als Repräsentanten des kollektivistischen Kulturtyps (IDV = 30) mehr ethische Bedenken (z.B. „Irreführung der Zuschauer durch Produktplatzierung") als Deutsche (IDV = 67) und Briten (IDV = 89). Ähnliches berichten Karrh et al. (2001). In ihrer Studie vertraten 97 Studenten aus Singapur (IDV = 20) die kollektivistische Kultur. Sie stimmten u.a. der Aussage „It is unethical for movie producers to attempt to influence the audience by including brand-name products in their movies" signifikant stärker zu als 97 Studenten aus den USA (IDV = 91), welche in dieser Untersuchung die individualistische Kultur repräsentierten. Vergleichbare Einstellungsunterschiede bestehen zwischen chinesischen Studenten (IDV = 15) und amerikanischen Studenten (vgl. McKechnie/Zhou 2003).

Lee et al. (2011) verglichen in einer Online-Umfrage die einschlägigen Einstellungen von 471 Studenten aus Südkorea (IDV = 18) und den USA. Ein weiteres Mal äußerten sich die Kollektivisten wesentlich besorgter über dieses Marketinginstrument als die Individualisten und forderten mehr staatliche Regulierung, während amerikanische Probanden stärker den Umstand würdigten, dass Produktplatzierung geeignet ist, den Realitätsgrad von Filmen und anderen Kulturerzeugnissen zu stärken.

9 Vergleichende Werbung

9.1 Grundlagen

Vergleichende Werbung ist ein zwiespältiges Kommunikationsinstrument. Besteht der Vergleich in einem – möglichst objektivierten – Leistungsvergleich des beworbenen Produkts mit konkurrierenden Angeboten, dann handelt es sich streng genommen um eine Variante informativer Werbung (vgl. Anderson/ Renault 2009). Nicht selten allerdings zielt der Vergleich auf die – häufig emotionalisierte – Herabsetzung von Konkurrenten. Diese Form der aggressiv-wettbewerbsorientierten Vergleichenden Werbung ist typisch für Länder wie die USA, wo die kapitalistische Wirtschaftsordnung den Rang einer Ersatzreligion hat (vgl. Prätorius 2003). Im weniger kompetitiven mitteleuropäischen Raum wird seltener vergleichend geworben. Mancherorts ist diese Werbestrategie gar gänzlich verpönt: Etwa ...

- in Saudi Arabien sowie in anderen islamisch geprägten Ländern (aufgrund religiöser Überzeugungen),
- im konfuzianischen Kulturraum aufgrund sozialer Normen (Harmonie, Vermeidung von Konfrontation, Gesicht wahren etc.). Denn ein direkter Leistungsvergleich hätte zwangsläufig einen Verlierer und folglich Gesichtsverlust zur Folge (vgl. Kotabe/Helsen 2010).

Dies erklärt u.a., warum Vergleichende Werbung in Südkorea zwar seit 2001 prinzipiell erlaubt ist, die Unternehmen davon bislang allerdings kaum Gebrauch machen. Seit Juli 2010 ermöglicht eine EU-Richtlinie diese Werbeform auch hierzulande, sofern dabei nicht gegen die „guten Sitten" im Wettbewerb verstoßen wird (d.h. gegen die vorherrschende Rechts- und Sozialordnung).

> **Grenzen Vergleichender Werbung in Deutschland**
> Um unlauteren Wettbewerb handelt es sich nach § 2 UWG dann, wenn ...
> 1. die Werbung nicht austauschbare Waren oder Dienstleistungen vergleicht bzw. wenn diese nicht die gleiche Zweckbestimmung haben,
> 2. sich der Vergleich nicht objektiv auf wesentliche, nachprüfbare und typische Eigenschaften oder den Preis dieser Waren oder Dienstleistungen bezieht,
> 3. die vergleichende Werbung im geschäftlichen Verkehr zu Verwechselungen zwischen dem Werbenden und seinem Mitbewerber oder zwischen den von beiden angebotenen Waren oder Dienstleistungen führt,
> 4. der Vergleich die Wertschätzung des von einem Mitbewerber verwendeten Kennzeichens in unlauterer Art und Weise ausnutzt oder beeinträchtigt,
> 5. die Werbung den Wettbewerber, sein Angebot sowie seine Tätigkeiten oder gesellschaftlichen Verhältnisse verunglimpft bzw. herabsetzt – unabhängig vom Wahrheitsgehalt der Angaben,
> 6. eine Ware oder Dienstleistung als Imitat oder Nachahmung einer unter einem geschützten Kennzeichen vertriebenen Ware oder Dienstleistung darstellt (ZAW 2001, S. 138 ff.).

In den USA allerdings wird seit 1972 trotz einer allenfalls ambivalenten Erfolgsbilanz häufig vergleichend geworben (vgl. Shao et al. 2004). Wie Grewal et al. (1997) am Beispiel US-amerikanischer Printmedien meta-analytisch nachweisen, sind mangelnde Glaubwürdigkeit und Beeinträchtigung der Einstellung zur Werbung („A_{ad}") die maßgeblichen Risiken dieser Werbeform. Umgekehrt sprechen für Vergleichende Werbung die ...

- überdurchschnittliche Fähigkeit dieser Maßnahme, die Aufmerksamkeit der Betrachter zu binden und zu lenken,
- effiziente Verankerung der beworbenen Marke im ⇒ ‚evoked set' der Zielgruppe,
- Intensivierung von Markenwahrnehmung, Kaufabsicht und Kaufentscheidung,
- Erleichterung des Markteintritts für Follower-Marken (vgl. Esch/Fischer 2009).

9.2 Einfluss der Landeskultur

9.2.1 Erinnerung & Persuasion

Donthu (1998) hat die Wirkung Vergleichender Werbung erstmals ländervergleichend analysiert und mit Blick auf Großbritannien, Indien sowie Kanada bestätigt, was Grewal et al. (1997) für die USA berichteten: Vergleichende Werbung wird besser erinnert als konventionelle Werbung, verschlechtert jedoch besonders in solchen Märkten, in denen diese Werbestrategie eher selten verfolgt wird bzw. wenig Akzeptanz findet, die Einstellung zur Werbung. Allerdings ist, wie wir noch zeigen werden, dieser Befund nicht uneingeschränkt generalisierbar.

9.2.2 Gewöhnung & Abnutzung

Dass die von Grewal et al. (1997) erstmals kulturvergleichend beobachtete Verschlechterung der Einstellungen der ⇒ Zielgruppe durch Vergleichende Werbung in Ländern, in denen seltener vergleichend geworben wird (z.B. Indien, Kanada), deutlicher zutage tritt als etwa in den USA, spricht für den ⇒ Habituationseffekt. Offenbar gewöhnen sich die Umworbenen in dem Maße, wie sie Vergleichende Werbung erleben, an das Konfrontative, das diese Kommunikationsstrategie kennzeichnet und das anfänglich vor allem Angehörige von beziehungsorientierten Kulturen stört.

Jeon/Beatty (2002) beschreiben den Gewöhnungseffekt als Abnutzungseffekt: als eine negative Form von Gewöhnung. Ausgangspunkt ihres Experiments ist die Beobachtung, dass in US-amerikanischen Medien häufig direkte Vergleiche angestellt werden, während in Südkorea indirekte Vergleiche überwiegen. Es zeigte sich, dass in dieser Studie die Versuchspersonen – amerikanische und südkoreanische Studenten – jeweils von der Variante Vergleichender Werbung am stärksten beeinflusst wurden, die in ihren nationalen Medien weniger gebräuchlich ist: d.h. US-amerikanische Studenten von indirekten Vergleichen und südkoreanische Studenten von direkten Vergleichen. Beeinflussung wurde als „Einstellung zur beworbenen Marke" und als „Kaufabsicht" operationalisiert (⇒ Konstrukt). Den gegenläufigen Effekt erklären die Wissenschaftler damit, dass die Gewöhnung an den jeweiligen Typus von Vergleichender Werbung deren Wirkung mindert.

9.2.3 Kommunikationskontext & Selbstverständnis

Gemäß E.T. Halls Theorie des Kommunikationskontexts (vgl. Müller/Gelbrich 2014, S. 21 ff.) bevorzugen individualistische Gesellschaften die direkte, explizite Kommunikation. Dies spricht dafür, dass insb. Direkt-Vergleichende Werbung hier eher akzeptiert wird als in kollektivistischen Gesellschaften, die auf der anderen Seite des Low/High Context-Kontinuums einzuordnen sind. Denn dort entspricht implizite, indirekte Kommunikation der sozialen Norm. Shao et al. (2004) bestätigten diese These empirisch partiell. Während ihrer Studie zufolge der Kommunikationskontext für die Einstellung zur Werbung ohne Belang ist, beeinflusst Direkt-Vergleichende Werbung die Verhaltensabsicht von Angehörigen von Low Context-Kulturen stärker ...
* zum einen als Indirekt-Vergleichende Werbung und
* zum anderen als die Verhaltensabsicht von Angehörigen von High Context-Kulturen.

Das Wirkungsmodell, welches Choi/Miracle (2004) formuliert und empirisch überprüft haben, geht davon aus, dass die Präferenz für einen bestimmten Typus von Vergleichender Werbung anhand folgender Variablen prognostizierbar ist:
* Landeskultur im Allgemeinen sowie Kulturdimension Individualismus vs. Kollektivismus im Besonderen,
* Theorien des Selbst im Allgemeinen sowie die Konstrukte abhängiges vs. unabhängiges Selbst (Markus/Kitayama 1991) und ‚self-construal' im Besonderen. Singelis/Sharkey (1995) verstehen darunter „a constellation of thoughts, feelings, and actions concerning the relationship of the self to others, and the self as distance from others."

Charakteristisch für eine individualistische Landeskultur ist ihr unabhängiges Selbstverständnis, weshalb dort der direkte, explizite Kommunikationsstil der Kulturstandard ist (vgl. Tab. 167). Davon leiten Choi/Miracle (2004) die Hypothese ab, dass Vergleichende Werbung, als Typus der informativen Werbung, bei US-Amerikanern besser wirkt als bei Südkoreanern. Denn als Angehörige einer kollektivistischen Kultur haben Letztere mit großer Wahrscheinlichkeit ein abhängiges Selbstverständnis entwickelt und bevorzugen den indirekten, impliziten Kommunikationsstil.

Tab. 167: Merkmalsprofil Südkorea vs. USA

	Südkorea	USA
Ausmaß der Erfahrung mit Vergleichender Werbung	• seit 2001 erlaubt • selten eingesetzt	• seit 1972 erlaubt • häufig eingesetzt
Kulturtyp	• kollektivistisch • abhängiges Selbst	• individualistisch • unabhängiges Selbst
Kommunikationsstil	• kontextabhängig • indirekt • implizit	• kontextunabhängig • direkt • explizit

Quelle: Choi/Miracle (2004); Gudykunst/Ting-Toomey (1988).

9.2 Einfluss der Landeskultur

Als Stimulusmaterial wählten *Choi & Miracle* Werbeanzeigen für Sportschuhe. Denn diese Produktkategorie ist für beide Stichproben (US-amerikanische und südkoreanische Studenten) gleichermaßen relevant. Der Typus der Vergleichenden Werbung (direkt vs. indirekt vergleichend) ist die unabhängige Variable. Die insgesamt 355 Probanden (= 179 südkoreanische Studenten und 176 US-amerikanische Studenten) wurden zufällig einer von drei Versuchsbedingungen zugeordnet:
- direkter Vergleich (die konkurrierende Marke – *Nike* – wird namentlich genannt),
- indirekter Vergleich (die konkurrierende Marke wird nicht namentlich genannt, sondern als „führende Marke" bezeichnet),
- Kontrollgruppe (die Werbebotschaft wird ohne Vergleich mit einem Wettbewerber präsentiert).

Um unkontrollierbare Störeinflüsse auszuschließen, bewarb die Anzeige eine fiktive Marke: *Kinetik*. Aus dem gleichen Grund (Gewährleistung vergleichbarer Untersuchungsbedingungen) wurden alle Anzeigenvarianten identisch gestaltet (z.B. hinsichtlich Farbgebung, Größe, ‚head line', Werbebotschaft).

Ein- und zweifaktorielle Varianzanalysen zeigen, dass die amerikanischen Probanden sowohl unter den beiden Versuchsbedingungen als auch der Kontrollbedingung positiver gegenüber der Werbemaßnahme (A_{ad}) eingestellt waren (vgl. Tab. 168). Gleiches gilt für die Einstellung gegenüber der beworbenen Marke (A_b), wenn auch mit der Einschränkung, dass unter der Versuchsbedingung „Nicht-Vergleichende Werbung" der Mittelwertunterschied (4,11 vs. 3,83) das Signifikanzniveau knapp verfehlt. Die geäußerte Kaufintention wird hingegen von der Werbeform nicht beeinflusst. Dies spricht dafür, dass die Landeskultur die Einstellung zur Werbung im Allgemeinen prägt, nicht aber die Einstellung zu den untersuchten Formen vergleichender Werbung.

Tab. 168: Mittelwertunterschiede in Abhängigkeit von der Werbeform

	Direkt-Vergleichende Werbung		Indirekt-Vergleichende Werbung		Nicht-Vergleichende Werbung	
	USA	Südkorea	USA	Südkorea	USA	Südkorea
Einstellung zur Werbung (A_{ad})	4,70*	3,95*	4,70*	4,01*	4,62*	3,99*
Einstellung zur Marke (A_b)	4,54*	4,12*	4,35*	3,77*	4,11	3.83
Kaufintention	3,10	3,42	2,85	2,89	2.83	2,88

Quelle: Choi/Miracle (2004, S. 81).

Wie eine anschließende pfadanalytische Auswertung des Datenmaterials ergab, ist die Interaktion von Landeskultur und Art des Selbstschemas für die unterschiedliche Wirkung der verschiedenen Formen Vergleichender Werbung maßgeblich. Zunächst bestätigte sich, dass Probanden, die aus einem kollektivistischen Land stammen, im Regelfall ein abhängiges Selbstbild entwickelt haben, während bei den individualistischen US-Amerikanern eindeutig das unabhängige Selbst vorherrscht. Weiterhin zeigte sich, dass unter zwei Versuchsbedingungen der Einfluss der Landeskultur auf die Einstellung zur Werbung bzw. Marke durch die Art des Selbstbildes mediiert wird (⇒ Mediations-Effekt). Im Falle indirekt-vergleichender Werbung beeinflusst das unabhängige Selbst die Einstellung zur Werbemaßnahme positiv, während das abhängige Selbst einen negativen Einfluss ausübt. Unter der Bedingung „nicht-vergleichender Werbung" (= Kontrollgruppe) mediieren beide Typen des Selbstschemas die untersuchte Wirkungskette (Einstellung zur Werbung → Einstellung zur Marke → Kaufintention) hingegen gleichermaßen positiv. Für die Wirkung direkt-vergleichender Werbung scheint das Selbstschema der Umworbenen ohne Belang zu sein.

10 Direktmarketing

10.1 Grundlagen

Direktmarketing erfüllt zwei grundlegende Funktionen: Kommunikation und Distribution. Unternehmen, die ihre Werbebotschaften einem ausgewählten Empfängerkreis gezielt übermitteln, wollen durch diese Form der Individualisierung der Ansprache die Effizienz ihrer Kommunikationspolitik steigern (vgl. Wirtz 2012). Direktvertrieb bzw. Versandhandel hingegen erfüllen die distributive Funktion („distribuere': lat. = verteilen).

Krafft et al. (2006) unterscheiden drei Erscheinungsformen von Internationalem Direktmarketing:

(1) „Internationales Direktmarketing im engeren Sinn" umfasst demzufolge ausschließlich „Maßnahmen, die selbst grenzüberschreitenden Charakter haben, wie Versendung von Direct Mails ins Ausland oder die Adresssuche mit einem ausländischen Broker."

(2) „Internationales Direktmarketing im weiteren Sinn" ist – zusätzlich zu den genannten Maßnahmen – für „alle vor- und nachbereitenden Maßnahmen zuständig, auch wenn sie lokal im Heimatland oder im Ausland vor Ort durchgeführt werden."

(3) Um „Internationales Direktmarketing im weitesten Sinn" handelt es sich schließlich, wenn das Leistungsspektrum auch „Direct-Mail-Kampagnen an ausländische Minderheiten im eigenen Land" einschließt (zum Ethno-Marketing vgl. Teil A-4.3.3).

Darüber hinaus wird Direktmarketing zunehmend für die Zwecke des Kundenmanagements (Neukundengewinnung, Kundenbindung, Kundenservice und Kundenrückgewinnung) genutzt. Ein weiteres Einsatzgebiet ist das Markenmanagement, d.h. Markenbildung und Markenführung (vgl. Burmann/Wenske 2006).

10.2 Nationale Unterschiede

10.2.1 Intensität des Direktmarketing

Nationale Besonderheiten

Einer Untersuchung der *Federation of European Direct Marketing (FEDMA)* über Volumen und Struktur der Marketingbudgets in Europa, aufgeteilt nach Direktmarketing und klassischer Werbung, ist zu entnehmen: Im innereuropäischen Vergleich erhalten die Mittel- und Nordeuropäer die meisten Werbesendungen: 2002 waren es in den Niederlanden 680 Direct Mails pro Kopf der Bevölkerung (d.h. auch für Säuglinge und Greise), gefolgt von Österreich (550) und der Schweiz (540). Im Vergleich dazu können Süd- und Osteuropa fast als werbefreie Zonen gelten (Slowakei = 55, Portugal = 53, Italien = 29, Polen = 18).

Variabel sind auch die rechtlichen Rahmenbedingungen. In Belgien bspw. dürfen kombinierte Angebote, welche den Kauf einer Ware oder Dienstleistung mit einem Incentive verknüpfen, nur unter wenigen, sehr präzise umschriebenen Ausnahmebedingungen versandt werden. Coupons etwa, welche dem Käufer einen Preisvorteil einräumen, sind nur dann zulässig, wenn der finanzielle Gegenwert des Gewinns höchstens ein Drittel des Kaufpreises ausmacht.

Regionale Besonderheiten

Clustert man die Länder Europas entsprechend der Struktur ihrer Werbeausgaben, so lassen sich nach dem Ward-Verfahren vier Ländersegmente identifizieren (vgl. Tab. 169). Die Gruppenmittelwerte geben folgende Tendenz zu erkennen: In Ländern mit hohen Marketingbudgets steigen die Aufwendungen für Brief- und Postwurfsendungen überproportional. Während in Cluster 1 (Polen, Ungarn etc.) Mailings und andere Formen von Direktmarketing angesichts begrenzter

Tab. 169: Cluster gleichartiger Werbemärkte

Cluster	Länder	Durchschnittliche Pro-Kopf-Ausgaben für ...			Anteil der Ausgaben für Direktmarketing
		Marketing insgesamt (in €)	Direktmarketing (in €)	klassische Werbung (in €)	am Marketing-Budget (in %)
1	Polen, Slowakei, Tschechien, Ungarn	81,1	16,5	64,6	20,3
2	Griechenland, Italien, Portugal, Spanien	165,8	34,9	130,9	21,0
3	Belgien, Finnland, Frankreich, Irland, Schweden	291,3	81,7	209,6	28,0
4	Dänemark, Deutschland, Großbritannien, Niederlande, Österreich, Schweiz	451,1	178,9	272,2	39,7

finanzieller Mittel nur als Begleitmedium eingesetzt werden (Anteil am Marketingbudget = 20,3 %), erfüllen personalisierte Brief- und Postwurfsendungen in Cluster 3 (Belgien, Schweden etc.) eine etwas eigenständigere Funktion (= 28,0 %). In besonderem Maße gilt dies für Cluster 4 (Dänemark, Schweiz etc.). Hier beträgt der Anteil der Ausgaben für Direktmarketing am Marketingbudget 39,7 %.

10.2.2 Hemmnisse

Einstellung der Bevölkerung

Taylor et al. (2000) haben 107 japanische und 99 US-amerikanische Studenten befragt und dabei festgestellt, dass die insgesamt kritische Grundhaltung gegenüber Direktmarketing bei den Japanern besonders ausgeprägt ist (vgl. Tab. 170). Erklären lässt sich dieser Einstellungsunterschied mit den kulturellen Besonderheiten beider Länder.

Kontextabhängigkeit. Wie alle Angehörigen einer High Context-Kultur sind Japaner unterschwellige, mehrdeutige Informationen gewöhnt, während in der Low Context-Kultur USA eindeutige Informationen bevorzugt werden – wie sie auch für das Direktmarketing charakteristisch sind.

Privatsphäre. Nur auf den ersten Blick erscheint es erstaunlich, dass die kollektivistischen Japaner noch größeren Wert auf den Schutz ihrer Privatsphäre legen als die individualistischen US-Amerikaner. Denn das japanische Uchi/Soto-Konzept zieht eine schärfere Trennlinie zwischen „drinnen" (= ‚uchi') und „draußen" (= ‚soto'), zwischen „zugehörig" und „nicht-zugehörig" als das angelsächsische In Group/Out Group-Konzept. Da Japaner Werbeanrufe und andere Maßnahmen des Direktmarketing der feindlich-fremden Außensphäre zuordnen und folglich in besonderem Maße als störend empfinden, befürworten sie eine verstärkte Regulierung dieses Sektors. Angesichts ihres Ideals des freien Unternehmertums haben US-Amerikaner zu solchen Eingriffen eine ambivalente Einstellung (vgl. Taylor et al. 2000).

Tab. 170: Akzeptanz von Direktmarketing

	Japan	USA
Ich bin damit einverstanden, dass Direktmarketing-Unternehmen anderen Direktmarketing-Unternehmen …		
• Anschriftenlisten, auf denen mein Namen steht, verkaufen.	1,74	2,73
• mein Alter mitteilen.	2,01	2,66
• meine Einkaufsgewohnheiten mitteilen.	1,80	2,86
Die Regierung sollte …		
• Werbemails stärker kontrollieren.	4,79	3,86
• Werbeanrufe stärker kontrollieren.	5,50	4,56
Telemarketing ist …		
• nützlich.	2,71	3,70
• eine bequeme und gute Möglichkeit, Dinge einzukaufen.	2,77	3,52
Legende: 1 = lehne sehr stark ab; 7 = stimme sehr stark zu		

Quelle: Taylor et al. (2000, S. 234), eigene Übersetzung und Auswahl.

Besonderheiten der Postzustellung

Großbritannien. Wer „auf der Insel" Direct Mails versenden möchte, sollte u.a. berücksichtigen, dass dort Adressen weit weniger standardisiert aufbereitet werden als hierzulande. Auch stellen britische Briefträger Postsendungen ausschließlich nach Maßgabe der Anschrift zu und nicht, wie in Deutschland, zugleich unter Beachtung des angegebenen Namens. Da Briten „umzugsfreudig" sind – jeder Zehnte zieht jährlich um – erhalten 43% der britischen Haushalte wiederholt Post, die für ihre Vormieter bestimmt ist.

Japan. Wenn Straßenzüge keine Namen und die einzelnen Häuser keine fortlaufenden Hausnummern tragen, dann setzt eine geordnete Postzustellung voraus, dass die Briefträger intime Ortskenntnis besitzen. Dies ist in Japan der Fall, wo in der Vergangenheit „Bezirke" – d.h. kleinere Ansammlungen von Häusern – das maßgebliche Orientierungskriterium waren und Hausnummern aufgrund des Datums der Fertigstellung des Hauses vergeben wurden. Nr. 1 und Nr. 2 bedeuten somit nicht, dass die damit gekennzeichneten Häuser nahe beieinander stehen, sondern zeitlich relativ kurzfristig nacheinander gebaut wurden. Mittlerweile werden allerdings auch in Japan vermehrt Straßennamen eingeführt.

China. Im „Land der Mitte" sind Anschriften und Familiennamen nicht nur für Briefträger eine Herausforderung. Fast jeder zweite Bewohner Pekings heißt *Li, Liu, Wang, Zhang* oder *Zhao.* Auch die Vornamen sind nur bedingt geeignet, für die erforderliche Eindeutigkeit zu sorgen. Denn die vor der Kulturrevolution (z.B. „Sanfte Schönheit") und nach der Kulturrevolution (z.B. „Liebt das Vaterland") üblichen blumigen Vornamen wurden seit den 1980er-Jahren durch einige wenige kurze Vornamen ersetzt (z.B. „Charmant", „Gut aussehend"). Dies hat bspw. zur Folge, dass allein in Peking mehr als 5.000 Personen *Zhang Wei* heißen. Verschärfend kommt hinzu, dass Chinesen gerne alte Namenszeichen verwenden, die in den Zeichensätzen der modernen Computerprogramme jedoch zumeist nicht enthalten sind (z.B. in dem BIG5-Zeichensatz, den *Microsoft* verwendet).

> **Groß vor klein**
>
> „Wie sehr auch erfahrene Global Player bei der Kundenansprache irren können, zeigt der *Ikea*-Katalog, der vergangene Woche in meinem Briefkasten lag. Die Regel ‚groß vor klein', d.h. zunächst der Familienname, dann der Vorname, gilt natürlich nicht nur für Namen, sondern auch für die Wohnadresse. Das heißt: Zunächst kommt immer China, dann die Stadt, dann der Stadtteil, dann die Straße, dann die Nummer der Wohnung, dann der Familienname und zuletzt, wenn überhaupt, der Vorname. Nicht so bei *Ikea*. Auf meinem Katalog stand schlicht und ohne jeden Namen: In dem kleinen Weg hinter dem Teehaus, etwa 100 Meter vor dem nördlichen Ende der Straße, bei der Nummer 25 ..." (Ramoser 2006b, S. 32).

Kundendatenmanagement

Den meisten Unternehmen, die Direktmarketing betreiben, ist bewusst, dass eine nicht oder schlecht gepflegte Kundendatenbank Umsatzeinbußen verursacht. Wie eine Umfrage von *Dynamic Markets* in zehn Ländern aus dem Jahr

2005 ergab, aktualisiert jedoch nur eine Minderheit ihre Kundendaten regelmäßig. Die Spannweite reicht von Singapur (= 36%) bis zu den Beneluxstaaten (= 6%). Als Gründe für dieses Versäumnis werden genannt:
- Zeit- und Personalmangel (= 65%),
- Know how-Defizite (= 55%),
- Kosten (= 49%).

10.2.3 Wirkungen von Direktmarketing

Die Erfolgsaussichten von Direct Mails sind in den einzelnen Regionen bzw. Ländern höchst unterschiedlich. Überdies ist teilweise kein Zusammenhang zwischen der Intensität des Direktmarketing und dessen Wirkung erkennbar. So gaben 87% der befragten Australier an, mindestens einmal im Monat Werbebriefe erhalten, aber nur 45%, mindestens einmal im Jahr darauf reagiert zu haben. Ganz anders die Situation in Indien: Lediglich 5% der indischen Probanden erhielten mindestens einmal im Monat einen Werbebrief. Von ihnen haben 87% mindestens einmal im Jahr darauf reagiert (vgl. Abb. 213). Zwar gibt es Ausnahmen wie Japan und Kanada. Aber davon angesehen lässt sich folgende „Sättigungshypothese" formulieren: In Ländern mit geringer Mailing-Intensität ist die Reaktionsbereitschaft der Umworbenen am größten. Die Responserate lässt sich im Übrigen durch gezielte Maßnahmen steigern: Bei Amerikanern, Asiaten und weiblichen Adressaten durch persönliche Ansprache, hochwertige Aufmachung sowie beigelegte Coupons, Gutscheine bzw. Warenproben (vgl. Knappik/Rinas 2007).

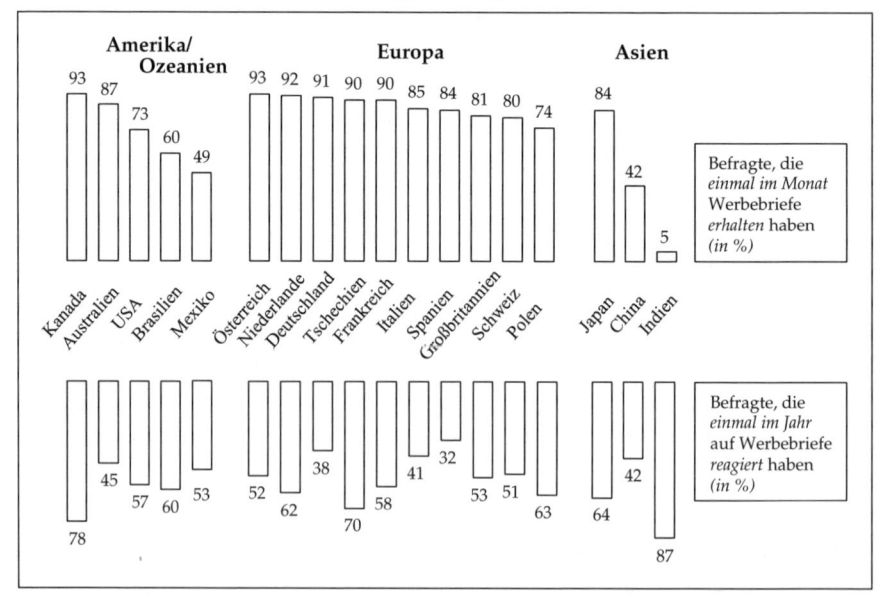

Abb. 213: Verbreitung & Erfolg von Werbebriefen

Quelle: DMMI (2006).

11 Online-Kommunikation

11.1 Grundlagen

Online-Kommunikation ist ein sich dynamisch entwickelndes und veränderndes Feld der Kommunikationspolitik. Neben dem Internetauftritt von Unternehmen ('corporate website') zählen hierzu Online-Werbung (Bannerwerbung, 'pop ups', Unterbrecherwerbung, Werbe-Emails etc.), Online-Öffentlichkeitsarbeit, Mobile-Marketing, Social Media-Marketing, virales Marketing, Affiliate-Marketing und vieles andere mehr (vgl. Kreutzer 2014). Zahlreichen Vorteilen (nahezu unbegrenzte Reichweite, Kostengünstigkeit, Schnelligkeit, Flexibilität, Interaktivität etc.; vgl. Manchanda et al. 2006) stehen gravierende Nachteile gegenüber. Vor allem personalisierte Online-Werbung und Erscheinungsformen, welche den Wahrnehmungsprozess zu beeinflussen versuchen, werden als aufdringlich, lästig, manipulativ etc. wahrgenommen (vgl. Ying et al. 2009). Dies gilt in besonderem Maße für Werbebanner, die sich über die soeben aufgerufene Seite schieben und vom Nutzer „weggeklickt" werden müssen. Die derart Umworbenen reagieren darauf mit …

- physiologischen Abwehrmaßnahmen, u.a. mit Bannerblindheit (vgl. Pagendarm/Schaumberg 2006) und Werbetextblindheit (vgl. Owens et al. 2011),
- psychischen Abwehrmaßnahmen (z.B. Reaktanz; vgl. Tucker 2012; Edwards et al. 2002) und
- technischen Abwehrmaßnahmen (z.B. Pop Up-Blocker wie *Internet Security 2009* von *Kaspersky*).

11.2 Akzeptanz kommerzieller Online-Kommunikation

Da die Begegnung mit Werbung im Internet weitgehend der Kontrolle der Nutzer entzogen ist, empfinden viele diese als irritierend und aufdringlich (vgl. Ying et al. 2009). Vor allem in Märkten mit einer individualistischen Landeskultur muss Online-Werbung mit Vorbehalten und im Extremfall mit Widerstand rechnen. Denn mehr als die kollektivistische Vergleichsgruppe billigen Individualisten der elektronischen Kommunikation die Fähigkeit zu, Menschen zu beeinflussen. Wie Zhang/Daugherty (2010) und Lee/Tamborini (2005) berichten, projizieren sie ihre Befürchtung, manipuliert zu werden, allerdings auf andere. Maßgeblich für den sog. 'third party-effect' ist die selbstwertschützende Illusion, dass vor allem andere Manipulation befürchten müssen, weniger man selbst.

Am Beispiel der Einstellung zu Bannerwerbung haben *Möller & Eisend* anhand der Aussagen von 7.775 Probanden aus 34 Ländern den engen Zusammenhang von individualistischer Landeskultur und werbekritischer Einstellung einerseits sowie Verhaltensintention (Klick-Wahrscheinlichkeit) andererseits bestätigt: „Consumers from individualist societies appreciate banner advertising less and are less likely to click on banner advertisements than those from collectivist societies. This might stem from the manipulative nature of banner advertising, which is more obtrusive than traditional advertising" (Möller/Eisend 2010, S. 92). Zwar leistet diese Kulturdimension den größten Beitrag zur Varianzaufklärung der abhängigen Variablen „Einstellung zu Bannerwerbung" (R^2 = 47,3 %) und „Klick-Intention" (R^2 = 32,6 %). Aber auch die übrigen Kulturdimensionen sind von Bedeutung: Ungewissheitsmeidung, Maskulinität und Akzeptanz von Machtdistanz begünstigen demnach gleichfalls eine positive Einstellung zu Bannerwerbung, wenn auch nicht in dem Maße wie Individualismus.

11.3 Corporate Website

Sind ‚corporate websites', d.h. die Internetpräsenz von Unternehmen, kulturfreie oder kulturgebundene Dokumente? Für kleinere Unternehmen, die nur den heimischen Markt bearbeiten, stellt sich diese Frage zumeist nicht. Und Multinationale Unternehmen passen im Regelfall ihre Webseiten nicht nur gestalterisch dem jeweiligen kulturellen Umfeld an, sondern thematisieren dabei auch kulturspezifische Werte. Diese Form der Differenzierung entspricht den Präferenzen der Nutzer.

Gestaltung von Webseiten

Yalcin et al. (2011) haben die Lokalisierungsthese am Beispiel des Werbeauftritts asiatischer, europäischer sowie US-amerikanischer Konzerne auf russischen und türkischen Webseiten empirisch untersucht und bestätigt. Für China, Indien, Japan und die USA liegen entsprechende Befunde von Singh et al. (2005) vor und für Deutschland, Frankreich sowie die USA von Singh (2003). Weiterhin konnten Singh et al. (2006) zeigen, dass chinesische, deutsche und indische Konsumenten Webseiten bevorzugen, die im Einklang mit der Landeskultur und den jeweiligen Seh- und Informationsverarbeitungsgewohnheiten gestaltet wurden.

Asimionoaei (2009) zog aus der umfangreichen einschlägigen Forschung folgendes Fazit: „Users from various countries not only speak different languages, but also have different cultures which make them process information, think, feel and behave differently. Thus the development of a good website which would attract users from various cultures requires a careful analysis of the implications of all major cultural elements."

Präferenzen der Internutzer

Wie auch Baack/Singh (2007) inhaltsanalytisch – durch Begutachtung von Webseiten in 15 Ländern – nachweisen konnten, bevorzugen Konsumenten Gestaltungen, die im Einklang mit ihrer Landeskultur stehen. Auf einer größeren empirischen Basis bestätigten Vyncke/Brengman (2010) diese Feststellung weitgehend. Anhand der Kriterien des WEBQUAL-Ansatzes (vgl. Loiacono et al. 2007) werteten sie alle einschlägigen relevanten Studien aus. Ihr Fazit lautet: Hinsichtlich der meisten, aber nicht aller WEBQUAL-Kriterien (Nützlichkeit, Leichtigkeit der Nutzung, Einstellungen, Verhaltensintention) schneiden kultur-kongruente, d.h. dem kulturellen Umfeld angepasste Webseiten besser ab als standardisierte, d.h. nicht angepasste Webseiten.

Weiterhin ergab die einschlägige Forschung: Bis zu 87 % der Websites nutzen Englisch (vgl. Burton 2009, S. 172), aber bis zu 75 % der Befragten bevorzugen lokale Websites (vgl. Lynch et al. 2001; Ferranti 1999). Dabei ist zu bedenken: Zwar werden bevorzugt solche Webseiten als nutzerfreundlich wahrgenommen, die sie sich der Landessprache bedienen. Aber die Sprache beeinflusst nicht die wahrgenommene Qualität der Angebote, die auf der Webseite vorgestellt werden. Übersetzungen – zumeist vom Englischen in die Landessprache – erfüllen das Kriterium „Landessprache" nicht. Selbst dann, wenn es sich um hervorragende Übersetzungen handelt, entsteht eine Form von sprachlich vermittelter kultureller Distanz (vgl. Nantel/Glaser 2008).

Internetnutzer, die einer individualistischen Gesellschaft angehören, legen überdurchschnittlich viel Wert auf emotionale Anregung durch die Art der Webseitengestaltung. Wichtig ist ihnen weiterhin die Anpassung des Webseiteninhalts an ihre individuellen Bedürfnisse (,customization') und insb. der Schutz ihrer Privatsphäre (vgl. Steenkamp/Geyskens 2006).

11.4 Public Relations

Das Internet hat die Bedingungen der Öffentlichkeitsarbeit grundlegend verändert.

> **Raue Sitten**
> „Die Sitten sind rau im chinesischen Internet, aber was der *Volkswagen*-Konzern derzeit in seinem größten Markt erlebt, ist heftig. Ganz gleich, was die China-Zentrale von *VW* auf dem Kurznachrichtendienst *Sina Weibo* postet – als Antwort gibt es Ohrfeigen. ,*VW* arbeitet mit einem neuen Limousinendienst in Shanghai zusammen', verkündet *Volkswagen*. Minuten später antwortet der User *Aka-XX*: ,Boykottiert *VW*! Müll!' ,Vorstandsmitglied *Heinz-Jakob Neußer* glaubt fest an die Hybrid-Technik', postet *VW*. ,Schamlos! Haut ab aus China!', kommentiert *Chen Xiao*. ,China-Chef *Heinzmann* kündigt 20 Modelle mit alternativem Antrieb an', wirbt *VW*. Die Reaktion des Users *Dudu Baba*: ,Fahrt zur Hölle, ihr deutschen Teufel.' Dieser Fluch wiegt unter Chinesen besonders schwer, denn als ,Teufel' werden üblicherweise die Erzfeinde beschimpft, die Japaner" (Hawranek/Zand 2014, S. 86).

Davon abgesehen sind kultursensible Public Relations vor allem in Märkten erforderlich, für deren Landeskultur Ungewissheitsvermeidung maßgeblich ist. Taylor (2000) begründete diese Empfehlung mit den unterschiedlichen Reaktionen von Gesundheitsbehörden in sechs Ländern auf ein Ereignis, das am 14. Juni 1999 stattfand. Damals erkrankten belgische Schulkinder, mutmaßlich nachdem sie *Coca-Cola* getrunken hatten. Aber nur in Belgien (UAI = 94), Spanien (= 86) und Frankreich (= 86) wurde daraufhin der Verkauf von *Cola*-Produkten verboten, nicht jedoch in Dänemark (= 23), Schweden (= 29) und Norwegen (= 50).

Eine Inhaltsanalyse von 30 Webseiten südkoreanischer und US-amerikanischer Unternehmen ergab, dass letztere entsprechend ihrer individualistischen Landeskultur mehr Informationen (über Produkte und Verkaufsförderungsaktionen) posten als die Vergleichsgruppe. In beiden Ländern beschränken sich die meisten Unternehmen auf Ein-Weg-Kommunikation und vernachlässigen interaktive Elemente (vgl. Jo/Jung 2005).

11.5 Online-Werbung

11.5.1 Grundlagen

Online-Werbung wirkt. Beispielsweise erhöht Bannerwerbung die Kauf- und Wiederkaufwahrscheinlichkeit von Online-Shoppern (vgl. Manchanda et al. 2006). Aber wirkt Online-Werbung besser oder schlechter als Print- bzw. TV-Werbung? Einige Studien (z.B. Gallagher et al. 2001a/b) konnten keine systematischen Unterschiede zwischen der Wirkungsweise traditioneller und elektronischer Medien feststellen. Andere erbrachten inkonsistente Ergebnisse (z.B. Bezjian-Avery et al. 1998). Die von Sundar et al. (1998) hierzu befragten Probanden konnten Werbebotschaften, die ihnen als Printanzeige präsentiert wurden, besser erinnern als dieselbe Anzeige in der Online-Version.

Faber et al. (2004) begründeten dies mit der Künstlichkeit der Befragungssituation, die sie dem Bemühen um vergleichbare Untersuchungsbedingungen zuschreiben: „It is not surprising to find no differences in advertising effects resulting from pure medium difference given how many of these studies are designed. Researchers frequently have tried to make the stimuli in different media as comparable as possible to exclude confounding variables. However, this research strategy also tends to exclude meaningful differences between the media that should lead to real differences in advertising effects. For example, in the studies by Gallagher et al. (2001a/b), the difference between print and Internet conditions is the fact that subjects get to click on the five ads in the Internet version. Thus, the only difference is in selecting the order to view the ads and in not viewing one or more if the subject did not want to. In an experimental setting, it is hard to imagine that such a difference would lead to meaningful effects on brand attitude or preference" (Faber et al. 2004, S. 458 f.).

11.5.2 Einfluss der Landeskultur

Werbemodelle

Gemäß An/Kim (2007) werden in einem tendenziell femininen Land (Südkorea: MAS = 39) im Internet häufiger weibliche Werbemodelle in einem familiären Kontext oder bei der Freizeitgestaltung gezeigt als in einem eher maskulinen Werbemarkt (USA: MAS = 62).

Personalisierte Werbung

Unternehmen sammeln bzw. erwerben zahllose Informationen über ihre (potentiellen) Kunden – angefangen bei einfachen demographischen Informationen (Alter, Geschlecht etc.) über das Informations- und Freizeitverhalten bis hin zu den komplexeren Konsumgewohnheiten. Mit Hilfe dieser Informationen versucht personalisierte Werbung, die für die traditionellen Medienwerbung charakteristischen Streuverluste zu vermeiden. Die Zielpersonen sollen nur solche Werbebotschaften erhalten, für die sie sich mutmaßlich gerade zu diesem Zeitpunkt interessieren. Abgesehen davon, dass die versprochene Zielgenauigkeit häufig nur ein unhaltbares Versprechen ist (vgl. Scherer 2013), leidet diese Werbestrategie auch darunter, dass viele Menschen sich überwacht und manipuliert fühlen, wenn bspw. ständig Angebote einer Automobilfinanzierung hochpoppen, nur weil sie sich einmal im Internet über ein neues Fahrzeugmodell informiert haben. Wie Yu/Cude (2009) empirisch ermittelt haben, weckt personalisierte Werbung generell häufiger negative als positive Assoziationen. Mehr noch als die kollektivistischen südkoreanischen Probanden reagierten die individualistischen US-amerikanischen Probanden mit Vorbehalten auf diese Werbestrategie. Erklären lässt sich dies mit dem besonderen Stellenwert, den individualistische Gesellschaften persönlicher Freiheit beimessen.

Mobile-Marketing

Bislang hat die kulturvergleichende Forschung dieses Thema weitgehend vernachlässigt (vgl. Varnali/Toker 2010). Zu den Ausnahmen zählen Choi et al. (2008) und Sinkovics et al. (2012). Sie konnten nachweisen, dass Unterhaltungswert und Glaubwürdigkeit kulturübergreifend (Japan, Österreich, Südkorea, USA) zu den Erfolgsfaktoren dieses Mediums zählen. Diese Eigenschaften begünstigen eine positive Einstellung der Umworbenen und steigern deren Kaufabsicht.

12 Interpersonelle Kommunikation

12.1 Grundlagen

Vielfach sind Ratschläge von Freunden und Bekannten – z.B. in Gestalt von Kaufempfehlungen – wirksamer als Werbebotschaften, welche über die Massenmedien verbreitet werden (⇒ Beeinflussbarkeit). Denn Menschen, die man persönlich kennt, vertraut man im Regelfall, zumal dann, wenn sie keinen unmittelbaren Vorteil davon haben, wenn man ihrer Empfehlung folgt. Bei einer Anzeige oder einem TV-Spot hingegen sind Beeinflussungsabsicht und Eigeninteresse offenkundig. Auch der Einsatz von Testimonials vermag an der grundlegenden Schwäche professioneller Werbung im Regelfall wenig zu ändern: mangelnde Vertrauenswürdigkeit. Mündliche Empfehlungen von Privatpersonen werden in der einschlägigen Literatur als ‚WoM' bezeichnet: Word of Mouth. Sie wirken dann besonders gut, wenn die Empfehlung von einer Person ausgesprochen wurde, welche der In-Group des Rezipienten angehört (vgl. Keller 2007).

Allerdings fallen persönliche Empfehlungen häufig übertrieben oder in anderer Weise ungenau aus. Wie die einschlägige empirische Forschung aufzeigen konnte, geben Konsumenten mit größerer Wahrscheinlichkeit Empfehlungen ab, wenn es sich um hedonistische Produkte handelt, die für ihr Selbstbild relevant sind, während es offenbar weniger reizvoll ist, utilitaristische, d.h. „nur" nützliche Produkte zu empfehlen (vgl. Kakar 2013; Chung/Darke 2006). Im Rahmen ihres Impression Managements (vgl. Mummendey/Bolten 1998; Schlenker 1980) stellen viele den Nutzen, den ihnen hedonistische Produkte verschaffen, übertrieben dar, um einen guten Eindruck zu hinterlassen. Denn darauf zielt diese Beeinflussungsstrategie: Kontrolle und Steuerung des Eindrucks, den man bei seinen Mitmenschen hinterlässt.

12.2 Einfluss der Landeskultur

12.2.1 Traditionelles WoM

Individualismus vs. Kollektivismus

Angehörige des kollektivistischen Kulturkreises im Allgemeinen und Chinesen im Besonderen sind für zahlreiche Beeinflussungsstrategien empfänglicher als Individualisten. Wenn Chinesen Entscheidungen zu fällen haben, dann verlassen sie sich mehr auf Empfehlungen, d.h. auf Informationen, die sie von anderen Menschen erhalten, als Amerikaner, die stärker den eigenen Erfahrungen vertrauen (vgl. Doran 2002). Kollektivisten sind aber nicht nur durch Empfehlungen stärker beeinflussbar als Individualisten, sondern sprechen auch selbst häufiger Empfehlungen aus als diese.

D'Rozario/Choudhury (2008) haben diese Effekte durch den Vergleich von Chinesen mit Armeniern, die tendenziell individualistische Werte vertreten, und US-Amerikanern nachgewiesen. In dem Maße jedoch, wie sich armenische und chinesische Einwanderer in die amerikanische Kultur integrieren, verflüchtigen sich diese Unterschiede. Denn es kommt zur Akkulturation – zur Übernahme der Normen und Werte der in diesem Fall individualistischen Kultur des Gastlandes.

> **BzzAgent**
> K. Bollaert schwärmt von ihrem neuen Augen-Gel. „Mit *No Puffery* wirke ich immer frisch und ausgeglichen", freut sich die 32-Jährige aus Brooklyn, die das Produkt auch anderen wärmsten ans Herz legt. Sie empfiehlt es ihrer Freundin nach einer durchwachten Nacht und ihrer Kollegin vor einem wichtigen Meeting. Neulich hat sie es sogar öffentlich gewürdigt, und zwar ausgerechnet beim Begräbnis ihres Großvaters. Man habe ihr dort ständig versichert, wie fantastisch sie aussehe – trotz des Kummers. K. Bollaert arbeitet nicht für den Kosmetikhersteller. Zumindest nicht im landläufigen Sinn. Sie zählt vielmehr zu den 60.000 Vertretern von *BzzAgent*. Die Agentur mit dem lautmalerischen Namen steht für eine Gruppe von Werbeshops, die sich einzig damit beschäftigen, ‚buzz' zu generieren, das heißt, diverse Produkte ebenso zwanglos wie zielbewusst ins Gespräch zu bringen" (Schwerdt 2005, S. 24).

Keine Regel ohne Ausnahme: Individualistische Konsumenten sind überproportional für Empfehlungen empfänglich, die ihr Selbstbild berühren (vgl. Chung/Darke 2006). Auch konnten Lam et al. (2009, S. 64 ff.) nachweisen, dass individualistische Probanden (= australische Studenten; IDV = 90) häufiger als die kollektivistische Vergleichsgruppe ‚Out Group-WoM' betreiben. Damit ist gemeint, dass sie auch Menschen, die nicht ihrer primären Bezugsgruppe angehören, über neue Produkte, Marken etc. informieren („I share information about new brands and products with people other than my close friends or family"; Lam et al. 2009, S. 66). Die in Singapur befragten asiatischen Studenten (IDV = 20) präferierten hingegen ‚In Group-WoM': „I like introducing new brands and products only to my close friends or family".

Word-of-Mouth-Strategien sind im Übrigen nicht nur im B-to-C-Bereich, sondern auch im B-to-B-Bereich kultursensibel, etwa beim Erwerb von Dienstleistungen (vgl. Money et al. 1998). So fordern amerikanische Manager, bevor sie eine Geschäftsbeziehung anbahnen, weniger Referenzen über den potentiellen Geschäftspartner an als japanische Manager, die für vergleichbare Unternehmen arbeiten. Denn Teil der Kommunikationsstrategie japanischer Unternehmen ist es, stabile Referenznetzwerke zu etablieren und zu nutzen.

Maskulinität vs. Feminität

In einer frühen ländervergleichenden Studie untersuchte das US-amerikanische Marktforschungsunternehmen *Yankelovich Partners Inc.* 1993, wie Ratschläge von Freunden in sieben Industrienationen wirken. Zwar lassen Datenstruktur und geringe Fallzahl keine Signifikanzprüfung zu. Aber die veröffentlichten Daten legen die Vermutung nahe, dass feminine Gesellschaften für WoM ein günstiges Umfeld bieten, während in maskulinen Gesellschaften Empfehlungen von Freunden häufiger auf taube Ohren treffen (vgl. Abb. 214). Als Ex post-Erklärung bietet sich die ausgeprägte Beziehungsorientierung femininer Gesellschaften an.

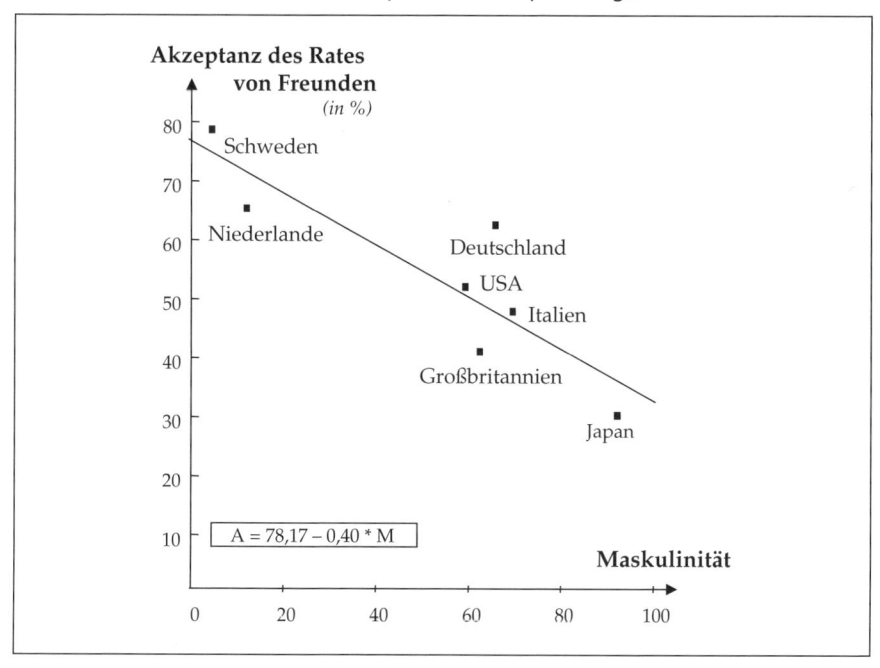

Abb. 214: Akzeptanz von Empfehlungen

Ungewissheitsvermeidung

Persönliche Empfehlungen stärken die Zufriedenheit mit einer erhaltenen Dienstleistung. Dieser Effekt fällt bei Angehörigen von ungewissheitsmeidenden Gesellschaften signifikant stärker aus als bei Angehörigen ungewissheitstoleranter Gesellschaften (vgl. Schumann et al. 2010). Erklären lässt sich dies damit, dass die meisten Dienstleistungen ein Erfahrungsgut sind, dessen Eigenschaften sich nicht unmittelbar erschließen. Empfehlungen sind in einer solchen Situation geeignet, Unsicherheit, die im Regelfall insb. Unsicherheitsmeider empfinden, zu reduzieren.

12.2.2 eWOM

Dank des Internets können persönliche Empfehlungen im Extremfall weltweit verbreitet werden und Menschen, die sich nicht kennen und nie kennenlernen werden, beeinflussen. Dennoch profitiert auch das „elektronische Word-of-Mouth" von dem Glaubwürdigkeitsbonus, den persönliche Empfehlungen gemessen an professionellen Empfehlungen (bspw. von Marketingabteilungen) haben (vgl. Gruen et al. 2006; Henning-Thurau et al. 2004; Bickart/Schindler 2001). Folglich integrieren deshalb immer mehr Unternehmen eWoM in ihren Kommunikationsmix (bspw. in Gestalt von ‚discussion boards').

Da die verschiedenen Landeskulturen kulturspezifisches Mediennutzungs- und Kommunikationsverhalten begünstigen (vgl. Kim et al. 2011; Pfeil et al. 2006, Chau et al. 2002), kann sich die nahezu unbegrenzte Reichweite elektronischer Empfehlungen für die Unternehmenskommunikation allerdings als ein gravierendes Problem erweisen. So fällt es Nutzern schwerer, sich auf Webseiten zu orientieren, die von Kulturfremden erstellt wurden (vs. von Angehörigen der eigenen Kultur; vgl. Faiola/Matei 2005). Mehr noch als derartige kognitiven Effekte sind die verschiedenen emotionalen Effekte bedeutsam. Vertrauen etwa ist gerade für Interaktionen im Internet unerlässlich. Wie Griffith et al. (2000) berichteten, entstehen online vertrauensvolle Beziehungen mit größerer Wahrscheinlichkeit dann, wenn die kulturelle Distanz zwischen den Beteiligten gering ist (bspw. zwischen Angehörigen von Kulturtyp 1, der sich, wie Australier oder Dänen, durch die Kombination von Individualismus, Ablehnung von Machtdistanz und Ungewissheitstoleranz auszeichnet). Die Wahrscheinlichkeit der Teilnahme an einer Online-Auktion *(eBay)* bspw. hängt nur in Gesellschaften wie Frankreich, wo der Grad an zwischenmenschlichem Vertrauen gering ist, von der Bewertung des Verkäufers ab. In vergleichsweise vertrauensvollen Gesellschaften wie Kanada, wo 52 % der Bevölkerung der Aussage „most people can be trusted" zustimmen (vs. 23 % in Frankreich; vgl. Inglehart 1997), ist dieser Zusammenhang nicht nachweisbar (vgl. Vishwanath 2004).

Ein spezieller Forschungszweig befasst sich mit der Motivation der Teilnehmer von Internetforen (vgl. Cheung et al. 2007). Dabei zeigte sich, dass US-amerikanische Diskutanten häufiger als andere Informationen zur Verfügung stellen, während die Beiträge in chinesischen Internetforen auffallend emotional formuliert sind. Oft wird dabei der ⇒ Country of Origin thematisiert. Allerdings zeugen zahlreiche Beiträge weniger von Produktkenntnis bzw. immerhin von

12.2 Einfluss der Landeskultur

Produktinteresse als von ⇒ Animosität. Fong/Burton (2006) sehen durch ihre Untersuchung die These, dass Angehörige individualistischer Kulturen in ‚dicussion boards' überdurchschnittlich häufig die Rolle des Informationsgebers übernehmen und Angehörige kollektivistischer Kulturen die Rolle des Informationssuchers, bestätigt. Begründen lässt sich dieser Unterschied damit, dass individualistische Kulturen den Einzelnen dazu ermutigen, seinen Überzeugungen Ausdruck zu verleihen und diesen auch zu folgen. Für Kollektivisten haben hingegen Informationen, die sie innerhalb ihrer Referenzgruppe gewinnen, Vorrang, zumal dieses In Group-Informations- und Kommunikationsverhalten die Gruppenbindung stärkt (Laroche et al. 2005; Wong/Chan 1999).

> Intensität von Word-of-Mouth und Beeinflussbarkeit durch diese Form der interpersonellen Kommunikation variieren entsprechend der kulturellen Herkunft der Beteiligten (vgl. Lam et al. 2009). Kollektivistisch sozialisierte Konsumenten sprechen einerseits häufiger Empfehlungen aus und sind andererseits selbst durch Referenzen stärker beeinflussbar als individualistische Vergleichspersonen. Deshalb galt lange Zeit die Empfehlung, dass Unternehmen in kollektivistischen Ländermärkten weniger auf die klassischen Massenmedien setzen und dort der interpersonellen Kommunikation mehr Gewicht beimessen sollten. Auch gelte es gerade in diesem Kulturkreis, nur ausgereifte Produkte in den Markt einzuführen. Denn auf Grund der hohen Interaktionsdichte sprechen Produktmängel sich dort unverzüglich herum und bedrohen das Qualitätsimage des Unternehmens. Seitdem das Internet insb. in den Industrienationen das Kommunikationsverhalten vieler Menschen grundlegend verändert hat, sind die sog. Sozialen Medien unverzichtbarer Bestandteil der Interpersonellen Kommunikation.

Teil H

Preispolitik

1 Bedeutung des Preises im interkulturellen Kontext

1.1 Interkulturelle Preispolitik vs. internationale Preispolitik

Kaum etwas beeinflusst die Absatzmenge und den Gewinn eines Anbieters so unmittelbar wie der Preis, den er für seine Leistung fordert. Dennoch ist die Preispolitik das Instrument des Internationalen Marketing wie auch des Interkulturellen Marketing (vgl. Burton 2009, S. 188; Stöttinger 2009, S. 1044), das bislang am wenigsten untersucht wurde. Kunden nutzen Preise, um konkurrierende Angebote, die sich sonst oft kaum voneinander unterscheiden, miteinander zu vergleichen. Während Laien die Qualität z.B. einer Espresso-Maschine zumeist nicht unmittelbar beurteilen können, ist der Preis offensichtlich: Er ist ‚salient'. Zwar sind noch andere Kriterien bedeutsam (z.B. Image des Anbieters, Verfügbarkeit). Aber insb. bei homogenen, kurzlebigen und geringwertigen Konsumgütern (z.B. Joghurt) und in bestimmten Kaufsituationen (z.B. unter Zeitdruck oder bei Routinekäufen) beeinflusst vor allem der Preis die Kaufentscheidung (vgl. Homburg/Koschate 2005a, S. 401 f.).

Indem der Anbieter für sein Angebot einen bestimmten Preis fordert und der Nachfrager diesen akzeptiert oder ablehnt, entsteht zwischen beiden Parteien eine soziale Beziehung: „Price is a decisive element of social interaction between buyer and seller. It is a way of evaluating offerings, it endorses their agreement and shapes their relationship" (Usunier/Lee 2005, S. 284).

Ob ein Kunde ein Produkt bzw. Dienstleistung als preiswert empfindet oder nicht, hängt zum einen von seinen individuellen Erfahrungen und Einstellungen ab und zum anderen davon, wie er die Preisinformationen wahrnimmt (vgl. Homburg/Koschate 2005a/b). Der gesamte Informationsverarbeitungsprozess ist vom kulturellen Umfeld des Käufers geprägt (vgl. Nisbett 2003) und beeinflusst u.a. die ...

- Rolle, welche eine Gesellschaft dem Geld zuschreibt,
- Funktion des Preises als Schlüsselreiz,
- Preiswahrnehmung und Preisbeurteilung,
- Preisbereitschaft.

Töpfe & Pfannen

Von den 8,8 Mio. Töpfen und Pfannen, die jährlich in Deutschland verkauft werden, stammt ein beträchtlicher Teil aus der Produktion chinesischer Billiganbieter. Bei den äußerst statusbewussten Chinesen hingegen findet hochpreisiges Kochgeschirr von *Fissler* und anderen deutschen Qualitätsmarken reißenden Absatz. Denn „Chinesen trauen Chinesen nicht. Sie trauen Made in Germany" (Dostert 2012, S. 34).

Die interkulturelle Preispolitik befasst sich vorrangig mit der kulturabhängigen Verarbeitung von Preisinformationen. Davon ist die internationale Preispolitik zu unterscheiden. Deren Gegenstand sind Themen wie ⇒ Preisfindung international tätiger Unternehmen, ⇒ Preiskalkulation international tätiger Unternehmen, ⇒ Wechselkurspolitik international tätiger Unternehmen, ⇒ Penetrationsstrategie international tätiger Unternehmen, ⇒ Abschöpfungsstrategie international tätiger Unternehmen, ⇒ Preisdifferenzierung, ⇒ Dumping, ⇒ Transferpreise, ⇒ Kompensationsgeschäfte, ⇒ staatliche Auflagen und sonstige Eingriffe in die internationale Preispolitik.

1.2 Einfluss von Nationalität & Landeskultur

Oberflächlich betrachtet ist der Preis eine Zahlenreihe, eine ökonomische Größe, die scheinbar mit der außerökonomischen Variable „Kultur" nichts zu tun hat (vgl. Usunier/Lee 2009, S. 284). Tatsächlich aber sind Preisinformationen soziale Informationen, die in Abhängigkeit von der Herkunft des Käufers bzw. der Herkunft der angebotenen Leistung in unterschiedlicher Weise wirken.

- In Entwicklungs- und Schwellenländern erzielen ausländische Güter, sofern sie aus Industriestaaten stammen, gewöhnlich einen höheren Preis als einheimische Güter. Der Auslandsbonus ist darauf zurückzuführen, dass in Brasilien, Mexiko, Südafrika und ähnlichen Ländern die meisten Konsumenten importierten Gütern einen Qualitätsvorteil zubilligen.
- Mit dem ‚foreign bias' hängt der Country of Origin-Effekt eng zusammen: Schreiben ausländische Käufer einem Land die Kompetenz für eine bestimmte Produktkategorie zu (z.B. Italien → Mode), dann steigert das Herkunftszeichen ihre Zahlungsbereitschaft für diese Produktkategorie (z.B. modische Kleidung „Made in Italy"; vgl. auch Koschate-Fischer et al. 2012).
- Bestimmte Güter (z.B. Laptop) gelten in dem einen Land als Gebrauchsgegenstand und in einem anderen Land als Prestigeobjekt. Auch diese nicht zuletzt kulturspezifische Kategorisierung beeinflusst die Zahlungsbereitschaft (vgl. Bian/Forsythe 2012; Shukla/Purani 2012).
- In einigen Kulturen gilt es als unschicklich, über Preise zu verhandeln, in anderen gehört Feilschen ganz selbstverständlich zum Kaufen und Verkaufen (vgl. Kersten/Noronha 1999; Harnett/Cummings 1980).
- Dass deutsche Internet-Kunden zumeist „auf Rechnung kaufen", d.h. erst nach Erhalt und Prüfung der Ware, führt der *Bundesverband des Deutschen Versandhandels* auf die ausgeprägte „Probier-und-Schick-Zurück-Mentalität" deutscher Online-Kunden zurück. So wurden bis 2014 hierzulande 65 % der online bestellten Damenjeans und 55 % der Damenschuhe kostenlos zurückgeschickt. „Dagegen kaufen Franzosen meist per Vorkasse und überlegen deshalb sehr genau, welchen Artikel sie in ihren virtuellen Einkaufskorb legen. Nur weniger als 10 % der bestellten Artikel schicken sie zurück" (Weber 2012, S. 21).
- Ein und derselbe Preis erscheint in dem einen Land hoch und in einem anderen niedrig, je nach Kaufkraft, Zahlungsbereitschaft und allgemeinem Preisniveau. Auch bestehen signifikante Unterschiede hinsichtlich des Preisbewusstseins (d.h. des Preisinteresses und der preisorientierten Qualitätsbeurteilung; vgl. Meng/Nasco 2009).

- In Ländern, in denen „Akzeptanz von Machtdistanz" Teil des kulturellen Erbes ist, wirkt ein hoher Preis positiver als in Ländern, deren Bewohner Machtdistanz ablehnen. „Japanese consumers perceive much higher quality for high prices and much lower quality for low prices, whereas Australian consumers demonstrate no corresponding changes in perceived quality but instead perceive higher quality for a moderately lowered price and lower quality for increased prices" (Jo/Sarigollu 2007, S. 59).

2 Standardisierung vs. Differenzierung

Keine der Marketingpolitiken ist derart kultursensibel wie die Preispolitik. Die jeweilige Landeskultur moderiert alle Einstellungen und Verhaltensweisen, die auf die ein oder andere Weise mit Geld zusammenhängen (z.B. Sparsamkeit oder Bereitschaft, für Luxusprodukte einen angemessenen Preis zu bezahlen). Diese Anfälligkeit erklärt, warum *Sixt* im Frühjahr 2009 mit dem Versuch, seine Preispolitik länderübergreifend zu standardisieren, scheiterte. Damals wollte der Autovermieter auch in Deutschland ein Preisstrukturmodell, das sich bereits in der Mehrzahl der *Sixt*-Märkte bewährt hatte, einführen: Kunden, die mit ihrem Leihwagen mehr als 200 Kilometer am Tag fahren, sollten für jeden weiteren Kilometer je nach Wagentyp 24-50 Cent zusätzlich bezahlen. Unter den deutschen Kunden brach ein Sturm der Entrüstung los. Denn sie waren an Verträge ohne Kilometerbeschränkung gewöhnt. Die klassische Preispolitik unterstellt rationales Verhalten aller Beteiligten. Wie gering die Rolle ist, die rationale Erwägungen in diesem Zusammenhang spielen und wie einflussreich kulturspezifische Erwartungen, erkennt man daran, dass die große Mehrheit der bekanntermaßen höchst preissensiblen und tendenziell unsicherheitsaversen deutschen Autofahrer einen Leihwagen täglich weniger als 200 Kilometer nutzt. Dennoch brachte die zumeist überaus geringe, im Einzelfall aber nicht völlig auszuschließende Wahrscheinlichkeit, einen Aufpreis bezahlen zu müssen, die Kunden auf die Barrikaden. Nach zwei Wochen kehrte *Sixt* zum alten Preismodell zurück.

Lages/Montgomery (2004) definieren S/D der Preispolitik als „the degree to which the pricing strategies (determination of pricing strategy, concession of credit, price discount policy, and margins) for a product differ across national boundaries". Die Vorteile einer standardisierten Preispolitik liegen auf der Hand (vgl. Kutschker/Schmid 2009, S. 1009 f.):
- Kostenreduktion,
- Vertrauensbildung (Nachfrager werden nicht verunsichert bzw. verärgert),
- Beseitigung des entscheidenden Anreizes für ⇒ Reimporte.

Ob und wie international tätige Unternehmen ihre Preise standardisieren, wird allerdings vergleichsweise selten untersucht. Falls doch, dann zumeist aus Sicht des Stammhauses. Eine typische Fragestellung lautet: Gibt die Unternehmenszentrale die Preispolitik vor oder lässt sie ihren Niederlassungen in den verschiedenen Ländern Entscheidungsspielraum? Der Erkenntniswert dieses Forschungsansatzes ist allerdings begrenzt. Denn den Stammhausmitarbeitern fällt es zumeist schwer, den wünschenswerten bzw. den von ihrem Unternehmen weltweit praktizierten Grad der Vereinheitlichung sachgerecht zu beurteilen (vgl. Theodosiou/Katsikeas 2001, S. 2).

2.1 Reale Marktdaten

2.1.1 Preisspreizung

Zahlreiche Argumente sprechen gegen eine Standardisierung der Preispolitik (z.B. in Gestalt einer einheitlichen Niedrigpreis- oder Hochpreisstrategie innerhalb der Triade). Vor allem teilweise erhebliche Unterschiede in Kaufkraft und Preisbereitschaft veranlassen grenzüberschreitend tätige Unternehmen, ihre Preispolitik den landesspezifischen Bedingungen anzupassen. Der *Big Mac* etwa kostete 2011 als Folge internationaler ⇒ Preisdifferenzierung in der Schweiz durchschnittlich 6,81 $, in den USA 4,20 $ und in der Ukraine 2,11 $.

Objektive Preisvergleiche zeigen, wie groß die Preisspreizung selbst zwischen vergleichbar entwickelten Märkten ist. Innerhalb der *Europäischen Union* schwanken die Preise von Markenprodukten durchschnittlich um 40 %. Eine Akku-Bohrmaschine von *Bosch* kostet in Schweden sogar mehr als das Doppelte des Preises, der in Deutschland üblicherweise bezahlt wird. Und die Pkw-Preise variieren um durchschnittlich 30 %, wobei der geringste Preis auffällig häufig in Irland gefordert wird und in Deutschland der höchste Preis (vgl. Tab. 171).

Tab. 171: Spreizung der Pkw-Preise in der Europäischen Union
(höchster & geringster Preis 2010, in €)

	Belgien	Deutschland	Finnland	Frankreich	Griechenland	Irland	Niederlande
Mazda 6		28.430					23.024
Mercedes E220		34.950			28.310		
Nissan Qashqai		16.996	13.880				
Opel Zafira		21.004			16.321		
Peugeot 4007				32.191		23.560	

Quelle: Europäische Kommission: Car Price Report 2010 (Auszug).

2.1.2 Umfeld der Preispolitik

Außerdem verhindern zumeist divergierende rechtliche Regelungen, landesspezifische Steuer- und Zollsätze, Währungsrisiken und unterschiedliche Distributionsstrukturen eine internationale, womöglich weltweite Standardisierung der Preispolitik. Hinzu kommen landes- bzw. kulturspezifische Konditionierungen:
- Was gilt als „teuer" und was als „billig"?
- Wie fest ist die Preis-Qualitätsvermutung in einem bestimmten Land verankert?
- Sind Preise verbindlich oder können bzw. müssen sie verhandelt werden?

Tatsächlich spricht die vergleichsweise aktuelle Metaanalyse von Brei et al. (2011) dafür, dass von allen Instrumenten des Marketingmix die Preispolitik am meisten von einer länder- bzw. kulturspezifischen Differenzierung profitiert. Die gemittelte Effektstärke (ES) zwischen Differenzierung und Unternehmenserfolg (ES = .209) liegt deutlich über den Effektstärken der übrigen Instrumente (Kommunikationspolitik = .155, Produktpolitik = .154; Distributionspolitik = .141).

2.2 Befragungsergebnisse

2.2.1 Preispolitik multinationaler Unternehmen

Gemäß einer von *A.C. Nielsen* und *Gemini Consulting* durchgeführten Studie überließen Mitte der 1990er-Jahre 80% der 50 führenden deutschstämmigen Multinationalen Unternehmen ihre operative Preispolitik, d.h. das Preismanagement, ihren Ländergesellschaften. Ähnliches berichtete das *Institut der deutschen Wirtschaft*, nachdem es 243 Repräsentanten deutscher Unternehmen, die zum Zeitpunkt der Studie mit Japan Geschäfte tätigten, befragt hatte. Von den 43 Unternehmen, die damals dort eigene Niederlassungen unterhielten, verfolgten 62% eine dezentrale Preispolitik. Lediglich Entscheidungen, welche die Unternehmensstrategie oder die Finanzierung betreffen, waren der Zentrale vorbehalten (vgl. o.V. 1999b, S. 4).

Zou/Cavusgil (2002, S. 47) wollten von Managern, die in Multinationalen Unternehmen für das internationale Geschäft verantwortlich sind, wissen, inwieweit sie die verschiedenen Marketing-Instrumente standardisieren. Obwohl die potentiellen Probanden nur für ihre Geschäftseinheit Auskunft geben sollten, plädierten einige von ihnen in der qualitativen Vorstudie dafür, das Thema Preispolitik auszuklammern. Denn sie könnten diese Fragen nicht korrekt beantworten. Lokale Regelungen sowie unterschiedliche Wettbewerbssituationen ließen ihnen kaum eine Chance, den Endpreis festzulegen. Um nur einen Sektor anzusprechen: Der innerhalb Europas auf Medikamente erhobene Mehrwertsteuersatz variiert zwischen 0% (= Irland, Litauen, Malta, Schweden, Großbritannien, Zypern) und 25% (= Dänemark, Norwegen).

2.2.2 Preispolitik von Exportunternehmen

Nach Ansicht der von Lages et al. (2006) befragten britischen und portugiesischen Exportmanager ist die preisliche Wettbewerbsfähigkeit in Gestalt eines attraktiven Preis/Leistungsverhältnisses der zweitwichtigste Erfolgsfaktor von Exportunternehmen (nach Produktqualität und vor Servicequalität sowie der zwischen Ex- und Importunternehmen herrschenden Beziehungsqualität). Ob die Preispolitik standardisiert oder differenziert wird, ist im Übrigen nicht nur eine Frage der strategischen Ausrichtung, sondern auch der Unternehmensgröße (vgl. Forman/Lancioni 2002): So fällt es kleineren Exportunternehmen, die keine Auslandsniederlassung unterhalten, zumeist schwer, ihre Preispolitik den zum Teil höchst unterschiedlichen Bedingungen in den verschiedenen Ländermärkten anzupassen. Denn sie verfügen im Regelfall weder über die erforderliche Marktkenntnis noch über andere Ressourcen (z.B. Managementzeit).

Am Beispiel von 301 portugiesischen Exportunternehmen stellten Sousa/Bradley (2008) fest, dass es in hohem Maße von der Ähnlichkeit bzw. Unähnlichkeit der Umweltbedingungen in den einzelnen Märkten abhängt, ob die Preispolitik standardisiert oder differenziert wird. Je unterschiedlicher bspw. die Infrastruktur, die rechtlichen Rahmenbedingungen und die gesamtwirtschaftliche Entwicklung sind, desto größer ist die Wahrscheinlichkeit, dass die befragten portugiesischen Manager ihre Preisstrategie den Erfordernissen des Zielmarktes anpassen. Dies ist vor allem dann der Fall, wenn das Unternehmen nur wenige Auslandsmärkte bearbeitet und das Management nicht sehr auslandserfahren ist. In dem Maße, wie die Zahl der Auslandsengagements steigt, wächst die Wahrscheinlichkeit, dass die Preispolitik standardisiert wird. Anders als etwa Lages/Montgomery (2005) vermuten, gewichten dieser Studie zufolge auslandserfahrene Manager die Vorteile einer standardisierten Preispolitik (z.B. Skalen- und Synergieeffekte, Komplexitätsreduktion und Imagekonsistenz) höher als die zu erwartenden Differenzierungsvorteile. Forman/Lancioni (2002) begründeten die Tendenz kleinerer Industriegüterhersteller, ihre Preispolitik zu standardisieren, mit der begrenzten Managementkapazität dieses Unternehmenstypus.

Unter den neueren empirischen Studien, welche das internationale Preismanagement von Exportunternehmen zum Gegenstand haben, finden sich sowohl Beispiele, die einen positiven Zusammenhang zwischen Preisstandardisierung und Exportperformance belegen, als auch Gegenbeispiele.

- Für die Erfolgsträchtigkeit der Standardisierungsstrategie sprechen u.a. die Auskünfte koreanischer (vgl. Lee/Griffith 2004), portugiesischer (vgl. Sousa/Bradley 2008; Lages/Montgomery 2004), israelischer (vgl. Shoham 1999) und kolumbianischer Exporteure (vgl. Zou et al. 1997).
- Keinen Zusammenhang zwischen Preisstrategie und Exporterfolg beobachteten hingegen Albaum/Tse (2001) und Lages et al. (2008).

2.3 Operationalisierungsprobleme

Die bislang vorliegenden Erkenntnisse legen den Schluss nahe, dass Preisentscheidungen zumeist dezentral gefällt und den Landesbedingungen angepasst werden. Allerdings steht dieses Fazit unter dem Vorbehalt, dass aufgrund einer bisweilen uneinheitlichen Operationalisierung dessen, was mit „Standardisierung" und was mit „Differenzierung" gemeint ist, nicht alle Befunde vergleichbar sind.

Eine Studie, in deren Verlauf in Großbritannien 129 Vertreter ausländischer Unternehmen befragt wurden, erhellt beispielhaft dieses Problem. Auf den ersten Blick scheinen auch die Befunde von Theodosiou/Katsikeas (2001, S. 16) eher für als gegen die Standardisierungsthese zu sprechen (vgl. Abb. 215). Aber das obere Ende Antwortskala, welche die beiden Wissenschaftler verwendeten, ist mit „sehr ähnlich" bezeichnet, was weder qualitativ noch quantitativ dem entspricht, was mit „Standardisierung" gemeint ist. Da die befragten Manager und die von ihnen geführten Unternehmen mehrheitlich aus wirtschaftlich

2.3 Operationalisierungsprobleme

„ähnlich" entwickelten Ländern wie den USA, Japan oder Deutschland stammten, wäre alles andere als eine „eher ähnliche" Preisstrategie von Muttergesellschaft und Auslandsniederlassung eine Überraschung gewesen (= 5; vgl. Skala in Abb. 215). Im Übrigen lautet das Fazit der Autoren: Der Grad der Standardisierung der Preispolitik hängt ab von der Ähnlichkeit des Heimatmarktes mit dem ausländischen Markt hinsichtlich ...

- Kundenstruktur,
- ökonomischer Lage,
- gesetzlichen Rahmenbedingungen,
- Phase im Produktlebenszyklus, welche das mit einem Preis zu versehende Produkt erreicht hat.

Dies wiederum lässt folgenden Schluss zu: Anbieter aus Industrienationen, die ihre Produkte in Entwicklungs- oder Schwellenländern vermarkten wollen, differenzieren ihre Preispolitik.

Abb. 215: Ähnlichkeit der Preispolitik von Auslandsniederlassung & Muttergesellschaft

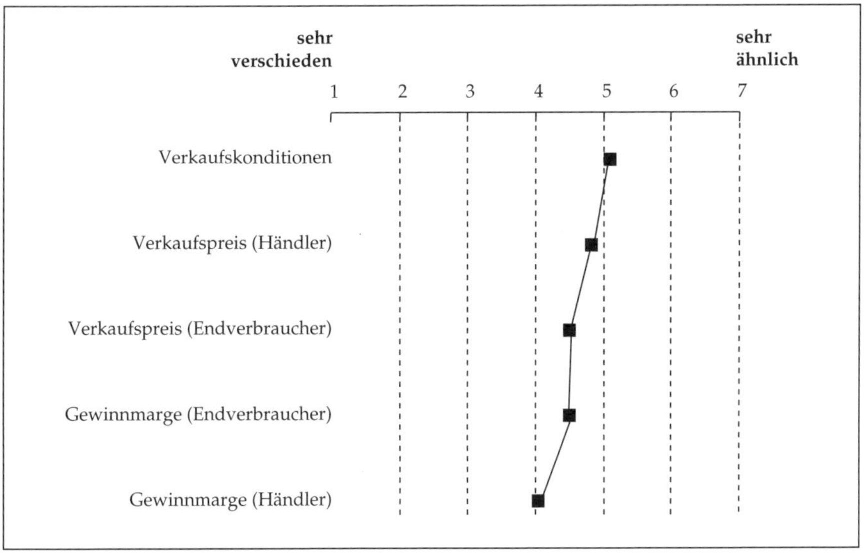

Quelle: in Anlehnung an Theodosiou/Katsikeas (2001, S. 16).

☛ Die Preispolitik lässt sich weniger leicht standardisieren als die übrigen Marketinginstrumente. Zu viele Faktoren beeinflussen die Höhe des betriebswirtschaftlich optimalen Entgelts (z.B. gesetzliche Vorgaben, Wettbewerbssituation, Kaufkraft). Vor allem aber aufgrund der gewachsenen Macht des Handels können die Hersteller den Verkaufspreis nicht mehr oder nur noch bedingt kontrollieren (z.B. durch unverbindliche Preisempfehlungen). Dies erklärt zum einen, warum die überwiegende Mehrzahl der Manager europäischer Unternehmen die Preisfindung nennt, wenn man sie nach den schwerwiegendsten Problemen einer internationalen Geschäftätigkeit fragt. Und zum anderen wird verständlich, warum die tatsächlichen Preisunterschiede selbst innerhalb eines vergleichsweise homogenen Wirtschaftsraumes wie der *Europäischen Union* bis zu 80 % ausmachen.

3 Einstellung zum Geld

3.1 Einfluss der Landeskultur

Obwohl viele Religionen dieses Thema tabuisieren (vgl. Gelbrich/Müller 2014, S. 225 ff.), bewegt kaum etwas die Gemüter der Menschen so sehr wie alles, was mit „Geld" zusammenhängt. Hierzulande lautet der Kulturstandard: „Über Geld spricht man nicht". Aber nicht überall betrachten die Menschen ihre finanzielle Lage als ein Geheimnis. Gemessen an dem mitteleuropäischem Maßstab offenbaren bspw. US-Amerikaner ihre finanzielle Situation überaus offenherzig. Auch in Hong Kong, Brasilien und anderen Ländern ist es selbst bei einem ersten Zusammentreffen nicht unüblich, durch direkte Fragen den materiellen Status des Gesprächspartners zu erkunden: „How much money do you make? Which car do you drive?"

Die systematisch-vergleichende Analyse bestätigt: Zwischen den Kulturen bestehen teilweise erhebliche Unterschiede in der Einstellung gegenüber Geld und Reichtum:
- Schweizer bspw. glauben, dass Geld einerseits durch Gerissenheit, andererseits aber auch durch harte, zumeist geistige Arbeit erworben wird. Gemäß der calvinistischen Tradition des Landes erachten es viele als ihr vorrangiges Lebensziel, Geld zu akkumulieren – und nicht, es auszugeben. Zahlreiche Italiener hingegen sind der Meinung, dass man Geld nur durch harte, zumeist körperliche Arbeit verdienen könne. Auch sei es dazu bestimmt, ausgegeben zu werden (vgl. Dell'orto/Doyle 2001).
- Für Briten ist es wichtiger als bspw. für Inder, Geld zu akkumulieren (vgl. Dutta-Bergman/Doyle 2001).
- In europäischen Märchen wird Reichtum häufig ambivalent und nicht selten negativ dargestellt. Während Arme dort gewöhnlich das Gute verkörpern, sind in chinesischen Sagen immer nur die Bösen arm (vgl. Doyle/Doyle 2001).
- Wie Tung/Baumann (2009) nachweisen konnten, beeinflusst Ethnizität die Einstellungen zu Geld und materiellem Besitz stärker als Nationalität: Die Einstellungen von Chinesen, die in Australien bzw. in Kanada leben, ähneln eher denen von in China lebenden Chinesen als denen von weißen („caucasian') Australiern bzw. Kanadiern.

Quantifizieren lässt sich die Einstellung zum Geld mithilfe der ⇒ *Money Attitude Scale* (vgl. Furnham 1984). Sie besteht aus 18 Statements wie „Ich glaube fest daran, dass Geld all meine Probleme lösen kann" (vgl. Usunier/Lee 2005, S. 284). Lynn (1993) reduzierte die Skala auf fünf siebenstufige Items (0 = „stimme überhaupt nicht zu" bis 6 = „stimme stark zu"), die er zu einem Index aggregierte (max. 5 * 6 = 30 Punkte). Die Antworten von Probanden aus den unterschiedlichsten Ländern (vgl. Abb. 216) lassen folgenden Schluss zu: Nahezu überall legen männliche Studenten mehr Wert auf Geld als weibliche Studenten. Abgesehen davon aber bestehen beträchtliche Unterschiede. Während im Nahen Osten demnach materialistische Einstellungen weit verbreitet sind, wurde in Deutschland und den angelsächsischen Ländern eine geringe Wertschätzung für Geld ermittelt. Dies überrascht insofern, als entsprechend der sog. Protestantismus-Hypothese gerade in diesem Kulturraum materielle Anreize einen hohen Stellenwert haben sollten (vgl. Müller/Gelbrich 2014, S. 260).

Abb. 216: Wertschätzung für Geld

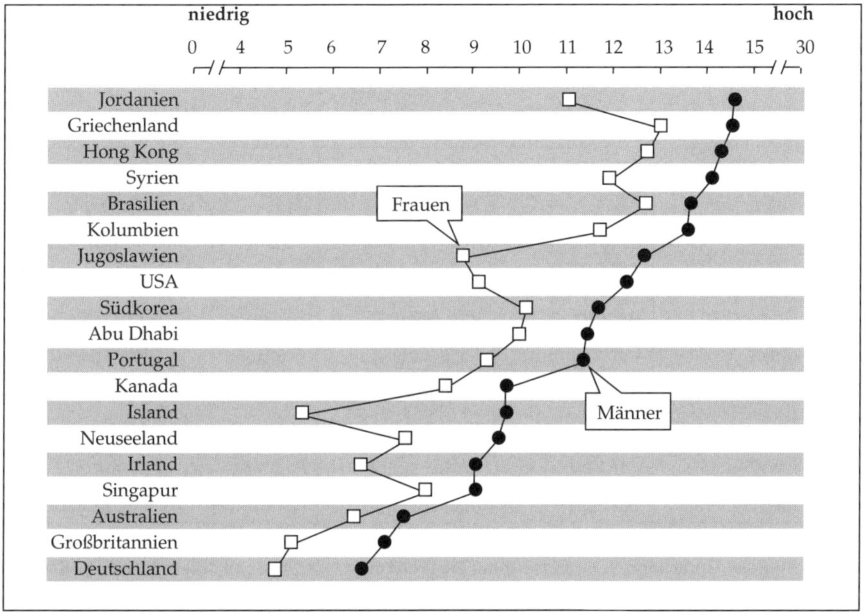

niedrig										hoch
0 4	5	6	7	8	9	10	11	12	13 14 15	30

Jordanien
Griechenland
Hong Kong
Syrien
Brasilien — Frauen
Kolumbien
Jugoslawien
USA
Südkorea
Abu Dhabi
Portugal
Kanada
Island
Neuseeland — Männer
Irland
Singapur
Australien
Großbritannien
Deutschland

Quelle: auf Basis von Lynn (1993, S. 510).

3.2 Kult des Preisvorteils

3.2.1 Verhalten der Kunden

So sehr die Mehrzahl der Deutschen dazu neigt, das Thema Geld im Allgemeinen und die Höhe ihres Einkommens im Besonderen zu tabuisieren, so preisbewusst und nicht selten preisfixiert gestalten sie ihre Einkäufe (vgl. Tab. 172). Mit Preisbrechersymbolen (Faust, Blitz, Hammer) und Niedrigpreisen wird hierzulande ein regelrechter Kult des Preisvorteils zelebriert. Wer für eine bestimmte Leistung weniger bezahlt als andere, gilt als clever. Und die lange Zeit zentrale Werbebotschaft von *Saturn* erlangte Kultstatus: „Geiz ist geil".

Tab. 172: Akzeptanz von Lebensmittel-Discountern

	Deutschland	Frankreich	Großbritannien
Habe schon einmal bei einem Lebensmittel-Discounter eingekauft	98	79	67
Werde äußerst/sehr wahrscheinlich zukünftig bei Lebensmittel-Discountern einkaufen	84	38	39

Quelle: Harris Poll Global Omnibus/The Grocer, in: Lebensmittelzeitung Nr. 28 (15.7.2005), S. 31.

Entsprechend zählten zu den Top-Ten der „Populärsten Marken", die 1993 noch von den klassischen Herstellermarken dominiert wurde, 2003 fast nur noch Handelsunternehmen, die mit effizienten Vertriebskonzepten und preisaggressiver Verbraucherwerbung erfolgreich sind. 2009 hatten dann die Internetunternehmen den Popularitätswettbewerb für sich entschieden (vgl. Tab. 173).

Tab. 173: Rangliste der in Deutschland populärsten Marken

	1993	1997	2000	2003	2009
1.	Coca-Cola	Mercedes	Aldi	Ebay	Ebay
2.	Valensina	Aldi	T-Online	Aldi	Google
3.	Aldi	Coca-Cola	AOL	Ikea	You Tube
4.	Langnese	Nivea	Mannesmann D2	Lidl	Amazon
5.	Dr. Oetker	Aspirin	Volkswagen	Fielmann	iPod
6.	Milka	Volkswagen	Coca-Cola	Google	Wii Channels
7.	Lila Pause	BMW	Lufthansa	Media Markt	Nintendo Wii
8.	Nintendo	Langnese	Tempo	Center Park	Musicload.de
9.	BMW	Bahlsen	Nivea	Payback Card	i Phone
10.	Jacobs	Tchibo	Aspirin	Ratiopharm	Payback Card

Anmerkungen:
- Rangfolge entsprechend der Intensität der Zustimmung zu der Aussage „Diese Marke wird immer populärer."
- Repräsentative Studie mit jeweils ca. 4.000 Befragten; 1.540 untersuchte Marken

Quelle: Young & Rubicam: Brand Asset™ Valuator.

In Hong Kong hingegen, wo in den 1990er-Jahren pro Kopf der Bevölkerung mehr *Rolls-Royce* zugelassen waren als sonst wo auf der Welt und der finanzielle Status eines Menschen überaus wichtig ist, honorieren die Kunden diese Form der aggressiven Preiswerbung im Regelfall nicht. Dies musste u.a. *Wal-Mart* erkennen. Das amerikanische Handelsunternehmen hatte mit der thailändischen Handelsgruppe *Ek Chor Distribution* ein Joint Venture gegründet und in der damaligen Kronkolonie drei Märkte eröffnet. Die Wettbewerbsstrategie von *Wal-Mart*, den durch sein riesiges Einkaufsvolumen ermöglichten Kostenvorteil den Kunden in Form von Dauerniedrigpreisen (teilweise) zukommen zu lassen, entsprach nicht den Erwartungen und Ansprüchen der Einheimischen. Ihnen ist mehr an Service und prestigeträchtigen Markenartikeln gelegen. Deshalb zog es das weltweit größte Handelsunternehmen zwei Jahre später vor, den Thailändern das Hong Kong-Geschäft zu überlassen (vgl. Dawson 1999, S. 49).

3.2.2 Preisstrategien des Handels

Europäer schätzen Dauerniedrigpreise. Dennoch wird diese Preisstrategie im europäischen Markt vergleichsweise selten eingesetzt, wie das *Institut Panel International* berichtet. Im Auftrag der französischen Fachzeitschrift *LSA* hat das bekannte Marktforschungsunternehmen Verbraucher in Frankreich, England, Deutschland, Spanien, Italien, Portugal, den Benelux-Staaten sowie Polen befragt und die Preispolitik von 8.200 Anbietern in diesen Ländern analysiert: Wie beeinflussen deren Preisstrategien ...

- das Preisimage,
- die Attraktivität der Vertriebsschiene und
- die Kundentreue?

Die Wissenschaftler konnten keine landestypischen Schwerpunkte feststellen: Einsatzhäufigkeit und Wirkung der einzelnen Preisstrategien ähneln sich europaweit. So hofft nahezu jedes zweite Handelsunternehmen (48,9 %) auf positive Effekte, wenn es „Top-Marken preislich besonders herausstellt" (vgl. Tab. 174). Der Erfolg dieser Maßnahme ist indessen zweifelhaft: Selbst wenn Marktführer unter Einstandspreis verschleudert werden, erregt dies zwar Aufmerksamkeit und fördert das Preisimage, nicht jedoch die Kundenbindung.

Fast ein Drittel der Unternehmen setzt auf Angebote, die nicht vergleichbar sind. Um dem direkten Preisvergleich zu entgehen, führen diese Unternehmen von den Referenzmarken, die im Mittelpunkt des Interesses stehen, nur die absoluten Muss-Artikel und platzieren diese nach Möglichkeit ungünstig (z.B. in der Bückzone der Verkaufsregale). Alternativ bauen sie ein großes Angebot solcher Zweit- oder Drittmarken auf, welche ihre Konkurrenten nicht führen. Diese Strategie fördert zwar weder das Preisimage noch die Attraktivität des Handelsunternehmens, aber die Kundentreue (vgl. Tab. 174).

Tab. 174: Preisstrategien im europäischen Lebensmitteleinzelhandel

	Verwendungshäufigkeit (in %)	Wirkung (Index, in %)	Preisimage	Attraktivität (Effektstärke)	Kundentreue
Dauerniedrigpreise	16,1	179	++++	+++	+++
Standortbezogene Preispolitik	13,4	134	++++	–	+++
Mischkalkulation	14,6	125	–	++	+++
Eigenmarkenpolitik	21,3	124	++++	–	+++
Schwellenpreispolitik	28,5	118	+	+++	–
Intensive Sonderangebotspolitik	14,9	115	–	+++	–
Packungsgröße	16,5	103	++++	-	–
Top-Marken herausstellen	48,9	88	++++	–	–
Massive Zweitplatzierung	9,4	86	---	+	+++

	Verwendungshäufigkeit (in %)	Wirkung (Index, in %)	Preisimage	Attraktivität	Kundentreue
				(Effektstärke)	
Nichtvergleichbarkeit der Produkte	29,8	56	--	-	+++
Einstiegspreise betonen	45,3	55	-	+++	--
Breites Sortiment an Billigmarken	24,8	22	--	--	-
Legende: -- = kein Effekt ++ = weniger starker Effekt - = schwacher Effekt +++ = starker Effekt + = geringer Effekt ++++ = sehr starker Effekt					

Quelle: LZ, Nr. 21 (26.5.2000), S. 40; Ursprungsdaten: LSA/Panel International.

☞ Die Preisstrategien, welche der europäische Lebensmitteleinzelhandel am häufigsten verfolgt, sind wenig effektiv, und die effektiven Preisstrategien kommen selten zum Einsatz.

4 Preiswahrnehmung

4.1 Grundlagen der Preiswahrnehmung

Jeder Käufer nimmt einen Preis auf individuelle Weise wahr und bildet sich ein subjektives Urteil über dessen Höhe und Angemessenheit (vgl. Diller 2007, S. 120 ff.). Aus wissenschaftlicher Sicht ist zunächst zwischen dem monetären Preis und dem nicht-monetären Preis zu unterscheiden.

4.1.1 Monetärer vs. nicht-monetärer Preis

Wie ein Käufer den monetären, d.h. den „an der Ladenkasse" zu entrichtenden Betrag wahrnimmt und beurteilt, hängt von mehreren Faktoren ab. So bewerten Kunden, die zum demonstrativen Konsum neigen und mit dem Kauf eines teuren Produkts soziales Prestige erwerben möchten, hohe Preise positiver als der typische „Geiz ist geil-Käufer" (vgl. Mediana et al. 1996; Bailey/Lown 1993).

Ein häufig unterschätzter Preisbestandteil sind die Kosten, welche der Käufer nicht unmittelbar in Geldeinheiten, sondern indirekt begleichen muss: der nicht-monetäre Preis. Hierzu zählen u.a ...
- Beschaffungsaufwand (bspw. Kosten der An- und Abfahrt zur Einkaufsstätte) und
- Opportunitätskosten: der entgangene Nutzen, den solche Tätigkeiten bieten, welche der Verbraucher aufgrund der Vorbereitung, Durchführung und Nachbereitung des Kaufs nicht ausüben konnte (z.B. Erholung, Geld verdienen etc.).

Wer jemals einen *Ikea*-Schrank selbst aufgebaut hat, weiß sicher, wovon hier die Rede ist.

Der nicht-monetäre Anteil des Preises wiegt dort besonders schwer, wo „Zeit Geld ist" (vgl. Usunier/Lee 2009, S. 289): somit in den meisten entwickelten Industriestaaten. Deren Schnelllebigkeit ist ökonomisch begründet: Zeit als Taktgeber eines der Effizienz verpflichteten Arbeitslebens. Angehörige solcher „zeitgeizigen Kulturen" sind für diese Art von Opportunitätskosten höchst sensibel, weshalb sie ihre Einkäufe möglichst schnell erledigen (bspw. auf Wartezeiten allergisch reagieren) und selten feilschen. Damit einher gehen ...

- Convenience-Orientierung und
- Bereitschaft, für zeitsparende Dienstleistungen (z.B. Anlieferung und Montage der Ware) einen angemessenen Betrag zu bezahlen.

4.1.2 Preis/Qualitätswahrnehmung

Informationsökonomie

Neben Marke, Produktgestalt und Image des Händlers dient auch der Preis unter bestimmten, allerdings eng begrenzten Bedingungen als Schlüsselreiz. Obwohl bspw. die über viele Jahre ermittelten Testergebnisse von *Stiftung Warentest* zu erkennen geben, dass Produktpreis und Produktqualität sogar leicht negativ korrelieren (-0,19; vgl. Diller 2007, S. 153), lässt sich informationsökonomisch erklären, warum vielfach dennoch der Preis als Qualitätsindikator genutzt wird. Mangels geeigneter Informationen oder mangels Fähigkeit bzw. Bereitschaft, vorhandene Informationen zu verarbeiten, begnügen sich viele Käufer mit diesem besonders leicht verfügbaren Entscheidungskriterium.

In komplexen Entscheidungssituationen versetzt die Heuristik „hoher Preis = gute Qualität" Käufer in die Lage, mit geringem kognitiven Aufwand zwischen gleichwertig erscheinenden Alternativen auszuwählen (vgl. Estelami 2008; Shiv et al. 2005). Diese Faustregel wird mit umso größerer Wahrscheinlichkeit angewendet, je ...

- weniger Entscheider über das Produkt wissen (bzw. wissen wollen, d.h. sich informieren),
- komplexer das Produkt ist,
- höher das subjektiv wahrgenommene Kaufrisiko ist,
- unsicherer sie sich der eigenen Urteilskraft sind.

Befunde der empirischen Forschung

Im realen Leben nutzen viele Konsumenten den Preis einer Leistung als Qualitätsindikator. Entsprechend ging die Forschung lange Zeit davon aus, dass die Preis/Qualitäts-Hypothese (bzw. Preis/Qualitäts-Illusion) universell gültig ist. Tatsächlich konnte dieses Phänomen in den 1990er-Jahren für verschiedene Käufergruppen und Nationen auf der einen Seite sowie verschiedene Produkte und Dienstleistungen auf der anderen Seite empirisch nachgewiesen werden. Ihm erlagen bspw. ...

- amerikanische wie auch japanische Studenten (vgl. McGowan/Sternquist 1998),

- junge, mobile, wohlhabende und gebildete Konsumenten aus 38 westlichen Ländern (vgl. Dawar/Parker 1994),
- Polen und Schweden, bspw. beim Kauf von Eiscreme (vgl. Sjolander 1992),
- südkoreanische Konsumenten (vgl. Sternquist et al. 2004).

Allerdings wurden auch zahlreiche Studien veröffentlicht, die nur einen schwacher Zusammenhang zwischen Preisposition und Qualitätsanmutung aufzeigten; z.B. auf ...
- japanischen (Yamada/Ackermann 1984),
- australischen, britischen, kanadischen, neuseeländischen bzw. US-amerikanischen (Faulds et al. 1994),
- belgischen, deutschen, französischen und niederländischen (Faulds/Lonial 2001) sowie
- chinesischen Verbrauchsgütermärkten (vgl. Sternquist et al. 2004).

Hinzu kommt, dass Kaufentscheidungen häufig nicht aufgrund der objektiven Produktqualität, sondern aufgrund der (subjektiven) Qualitätsvermutung gefällt werden. Allerdings ist schon seit langem bekannt, dass beide Konstrukte (objektive Qualität und subjektive, d.h. vom Einzelnen individuell wahrgenommene Qualität) nur schwach korrelieren (vgl. Lichtenstein/Burton 1989). Entsprechendes gilt für die Beziehung, die zwischen dem Preis und der häufig auf Basis vergleichender Produkttests, z.B. von *Stiftung Warentest*, operationalisierten objektiven Produktqualität besteht.

Weiterhin sind produktspezifische Besonderheiten zu beachten. So schließen die meisten Verbraucher bei Unterhaltungselektronik (z.B. Videokamera) vor allem vom Markennamen auf die Produktqualität (vgl. Dawar/Parker 1994, S. 88). Der Preis ist in dieser Produktkategorie nur das zweitwichtigste Qualitätssignal, gefolgt vom Produktdesign und dem Image des Händlers. Diese Rangfolge der Qualitätsindikatoren ließ sich in fast allen 38 untersuchten Ländern mehr oder weniger nachweisen. Lediglich in den USA, in Dänemark, Deutschland und Belgien war den Befragten das Design der Produkte wichtiger als der Preis.

Darüber hinaus reduzieren folgende Variablen die Wahrscheinlichkeit, dass Kunden vom Preis auf die Produktqualität schließen (vgl. Diller 2007, S. 151; Völckner 2006):
- ausgeprägte Produktkenntnis und Kauferfahrung,
- verlässliche alternative Möglichkeit der Qualitätsbeurteilung,
- geringe Variation von Preisen und Qualitätsniveau in der Warenkategorie,
- im Vergleich zu anderen Qualitätsmerkmalen geringer Prestigenutzen des Produkts,
- geringe Qualitätsorientierung und schwaches Produktinvolvement bei starker Preisorientierung.

Letzteres erklärt, warum chinesische Lkw-Hersteller den heimischen Markt dominieren, obwohl ihre Erzeugnisse denen ihrer amerikanischen, deutschen oder schwedischen Konkurrenten nach wie vor unterlegen sind.

Schließlich verwiesen Fürst et al. (2004) auf einen situativen Faktor: Da in den vergangenen Jahren primär die Anbieter hochpreisiger Produkte Qualitätsverbesserungen vorgenommen haben, stieg zwischen 1977 und 2002 die Wahrscheinlichkeit, mit dem Kauf des teuersten Produkts zumindest eine befriedigende, gute oder sehr gute Qualität zu erhalten, von 57-82 % auf 68-93 %. „Insofern könnte man mit diesen Autoren argumentieren, dass der Preis als Qualitätsindikator dann ‚funktioniert', wenn man beim Kauf von vornherein schlechte Qualität ausschließen will" (Diller 2007, S. 154).

4.2 Einfluss der Landeskultur

Die empirischen Studien zur Preiswahrnehmung im Kulturvergleich beschreiben teils Ähnlichkeiten, teils Unterschiede. So konnten Moore et al. (2003) keine wesentlichen Diskrepanzen zwischen polnischen und US-amerikanischen Konsumenten feststellen, und Meng/Nasco (2009) legten bei chinesischen, japanischen und US-amerikanischen Studenten gewonnene Belege vor, die dafür sprechen, dass die von Lichtenstein et al. (2003) entwickelte Skala der Preiswahrnehmung mit den Subskalen ‚price mavenism', ‚price consciousness', ‚prestige sensitivity' und ‚sale proneness' generalisierbar ist, d.h. interkulturell stabil.

Andererseits hat sich gezeigt, dass für Mitglieder individualistischer Kulturen die symbolische Funktion des Preises eine geringere Rolle spielt als für kollektivistische Personen. Denn Individualisten sind vergleichsweise wenig empfänglich für interpersonale Beeinflussung. Sie tendieren bspw. dazu, Statements wie: „It is important that others like the products and brands I buy" abzulehnen (vgl. Bearden et al. 1989). Auch sind sie eher wenig rollen- bzw. prestigebewusst (vgl. Lichtenstein et al. 1993).

Jo/Sarigollu (2007) ließen in einem Experiment 195 australische und 175 japanische Touristen ein fiktives Pauschalreiseangebot beurteilen: „Fantastic South Pacific Island, 7 Days Vacation. Including Accomodation and Airfare. Only $ 800: Other Agency Charge $ 1.600 for the Same Package." Den Preis variierten die beiden Wissenschaftler systematisch (50 % bzw. 25 % über bzw. unter dem Listenpreis von 1.600 $). Als abhängige Variablen wurden auf neunstufigen Skalen (1 = strongly disagree, 9 = strongly agree), jeweils mithilfe mehrerer Items, folgende Konstrukte gemessen:
- Empfänglichkeit für interpersonalen Einfluss,
- wahrgenommene Preis/Qualitäts-Beziehung und
- wahrgenommene Qualität der beworbenen Pauschalreise.

Angesichts hinreichend hoher Reliabilitätswerte und Item-to-Total-Korrelationen fassten *Jo & Sarigollu* für jedes der drei Konstrukte die zugehörigen Indikatorwerte zum arithmetischen Mittel zusammen. Die auf dieser Basis durchgeführte Analyse ergab, dass die individualistischen Australier ($\bar{x}_A = 4{,}48$) signifikant weniger als die kollektivistischen Japaner ($\bar{x}_J = 5{,}39$) interpersonal beeinflussbar sind (p = .00) und signifikant weniger von einem hohen Preis auf die entsprechende Produktqualität schließen als die Vergleichsgruppe ($\bar{x}_A = 5{,}01$, $\bar{x}_J = 6{,}18$; p = .00).

Aber auch Kollektivsten achten, wie Ackerman/Tellis (2001) am Beispiel chinesischer Konsumenten nachweisen konnten, vornehmlich bei Produkten, die öffentlich konsumiert werden, und in besonderem Maße bei Geschenken auf die Symbolsprache. Bei Produkten, die ausschließlich im privaten Umfeld konsumiert werden, dominiert hingegen zumeist ihr extremes, kaum von Geiz unterscheidbares Preisbewusstsein. Die Hungerkatastrophe von 1959–1961, der zwischen 10 und 40 Mio. Menschen zum Opfer gefallen sind und die sich tief in das kollektive Bewusstsein der chinesischen Gesellschaft eingegraben hat, vermag beides zu erklären: zum einen die extreme Sparsamkeit und zum anderen den Wunsch derer, welche die existentielle Armut der *Mao*-Zeit überwunden und es zu Reichtum gebracht haben, ihrer neuen Status zu demonstrieren: durch den öffentlichen Konsum teurer Markenprodukte.

Dass im Übrigen junge Chinesen weniger als junge Amerikaner darauf vertrauen, dass ein hoher Preis qualitativ hochwertige Ware garantiert (vgl. Zhou/Nakamoto 2001), spricht indessen nicht gegen die These von der besonderen Anfälligkeit von Kollektivisten für die Preis/Qualitäts-Illusion. Vielmehr ist dieser Befund die Ausnahme von der Regel. Sie lässt sich mit dem Phänomen der Produkt- und Markenpiraterie erklären. In China wurde zum Zeitpunkt der Untersuchung massenhaft gefälschte Markenware von zweifelhafter Qualität angeboten. Bei sicherheitsrelevanten Erzeugnissen (z.B. Ersatzteile für Automobile oder Flugzeuge, Medikamente) kann der Gebrauch von Piratenware sogar lebensbedrohliche Folgen haben (vgl. Müller/Kornmeier 2001a, S. 177).

4.3 Beeinflussbarkeit der Preiswahrnehmung

4.3.1 Preisfigur

Ob und wie bestimmte Preis-Endziffern (z.B. 9) oder charakteristische Ziffernfolgen (z.B. 8,88 €, 7,89 € oder 9,87 €) die Preiswahrnehmung systematisch beeinflussen und den geforderten Preis als relativ günstig erscheinen lassen, ist umstritten (vgl. Lynn et al. 2013; Diller 2007). Unbestritten aber ist, dass Preisendungen, die in dem einen Kulturraum üblich bzw. beliebt sind (z.B. -,99 in westlichen Gesellschaften), nicht ohne weiteres in andere Kulturräume transferierbar sind. So berichten Nguyen et al. (2007), dass Angehörige von High Context-Kulturen ungerade Preisendungen (,99) eher mit „manipulativ" in Verbindung bringen als mit „preisgünstig", weshalb in diesen Märkten vor allem bei geringwertigen Konsumgütern verstärkt gerade Preisendungen (,00 bzw. ,50) zum Einsatz kommen. Und Simmons/Schindler (2003) stellten nach der Analyse von 499 Preiswerbungen in chinesischen Printmedien fest: „8 is the most prominent non-zero ending and it is associated with prosperity and good luck. The digit 4 is avoided since it is associated with death. Within the sample, the end digit 8 was over-represented and the digit 4 was under-represented. The division between the us of the digits 8 and 4 was more pronounced in the context of lower priced items and less so in higher priced goods. These findings have suggested a Westernizing influence in higher priced goods" (Burton 2009, S. 196 f.).

4.3.2 Preisoptik

Farbe

Aufgrund des Phänomens der Synästhesie, der Vermischung bzw. Koppelung von Sinnesmodalitäten, ist es möglich, durch den gezielten Einsatz von Reizen, die eigentlich für die Preisbildung irrelevant sind, die Preiswahrnehmung der Kunden zu beeinflussen, ohne die reale Preisstellung zu verändern. Ein solcher irrelevanter Stimulus ist die Farbe, z.B. des Produkts, der Verpackung oder des Preisschildes. Wie eine kulturvergleichende Studie gezeigt hat, weckt in konfuzianisch geprägten Ländern die Farbe Purpur in diesem Zusammenhang die Assoziation „hochpreisig" (vgl. Jacobs et al. 1991). Eine vergleichbare Funktion erfüllt im amerikanischen Markt die Farbe Grau. Dort wiederum wird Purpur mit „preisgünstig" assoziiert, wofür man in China und Japan allerdings Grau einsetzen sollte (vgl. Tab. 175).

Tab. 175: Einfluss von Farben auf die Preis/Qualitätswahrnehmung

	hochpreisig	preisgünstig	qualitativ hochwertig	zuverlässig
Blau			China* Japan*	USA*
Braun		Japan* Südkorea* USA*		
Grau	USA*		China** Japan*	
Purpur	China* Japan* Südkorea*		USA*	
Legende:	* = 20–29 % der Befragten ** = 30–49 % der Befragten *** = 50 % der Befragten und mehr			

Quelle: auf Basis von Jacobs et al. (1991, S. 24 ff.).

Vokale & Konsonanten

Gemäß der linguistischen Forschung werden bestimmte Laute (Vokale und Konsonanten) weltweit unbewusst als „groß" wahrgenommen und andere als „klein". Ausgehend von dieser Erkenntnis untersuchten Coulter/Coulter (2010) in einer Serie von Experimenten mit englischsprachigen Probanden, ob und wie der Klang von Preisen die Preiswahrnehmung verändert. Kleinheit symbolisieren sog. Vorderzungenvokale. Wie das lang gesprochene „i" in „three" werden sie im vorderen Bereich der Mundhöhle gebildet. Gleiches bewirken Frikative, die entstehen, wenn Luft aus dem Mund gepresst wird (wie bei „th" in „three"). Größe hingegen wird durch Hinterzungenvokale symbolisiert, die, wie das „u" in „two", im hinteren Mundbereich gebildet werden, und durch sog. Plosive. Sie entstehen, wenn der Sprecher die Luftströmung zunächst blockiert, um sie sodann explosionsartig entströmen zu lassen (wie bei „t" in „two"). Stimulusmaterial waren in diesen Experimenten Werbeanzeige für einen Eis-Portionierer oder ein Steakmesser, die zusammen mit dem „alten" und dem „neuen", d.h. reduzierten Preis abgebildet waren. Als Treatment wurden die reduzierten Preise hinsichtlich der Art der Vokale und Konsonanten variiert:

- „Früher 3 $ – nun 2,33 $" (wobei das als Vorderzungenvokal und Frikativ gesprochene … ,33 Kleinheit symbolisieren sollte)
- „Früher 3 $ – nun 2,22 $" (wobei das als Hinterzungenvokal und Plosiv gesprochene … ,22 Größe symbolisieren sollte).

Während die eine Hälfte der Probanden keine Anweisung zum Umgang mit diesen Preisinformationen erhielt, sollten die anderen Teilnehmer die Preise instruktionsgemäß in Gedanken vorlesen. Im weiteren Verlauf zeigte sich, dass jene Versuchsgruppen, welche die Preise auf diese Weise memoriert hatte, bei „klein klingenden Sonderangeboten" (2,33 $) die Preisreduktion überschätzten, während „groß klingende Sonderangebote" (2,22 $) Unterschätzung zur Folge hatten.

Replikationen dieser Experimente mit chinesischen und spanischen Studenten ergaben, dass der festgestellte Effekt im Prinzip generalisierbar ist. Allerdings müssen die Besonderheiten der jeweiligen Sprache berücksichtigt werden. Denn für Chinesen klingt 2,33 $ groß, da im Chinesischen die Drei als „sān" ausgesprochen wird, mit dem langgezogenen „a" als Hinterzungenvokal. Folglich unterschätzen Chinesen bei einer Preisreduktion auf 2,33 $ den Preisnachlass.

5 Preiswissen

Die Fähigkeit von Konsumenten, Preise von angebotenen Leistungen erinnern und benennen zu können, wird als Preiswissen bezeichnet. Wie Diller (1988) dargelegt hat, ist dieses Konstrukt zweidimensional zu konzeptualisieren: als …

- Preiskenntnis (= akkurates, auf Zahlen basierendes Wissen über den Preis)
- Preisgefühl (= vage, häufig ordinale oder gar nominale Einschätzung des Preises etwa als „teuer" oder „billig").

Aufgrund des scharfen Preiswettbewerbs bei Waren des täglichen Bedarfs und der Vorrangstellung von Preiswerbung hierzulande scheinen deutsche Verbraucher über ein überdurchschnittliches Preiswissen zu verfügen. Jedenfalls gaben in einer *A.C. Nielsen-Studie* 96 % der deutschen Probanden an, sicher zu wissen, in welchem Geschäft sie am preisgünstigsten einkaufen können, während bspw. nur 59 % der italienischen Probanden diese Frage beantworten konnten. Bestätigt wird dieses Selbstbild durch Aalto-Setälä et al. (2006). Sie unterzogen das Preiswissen deutscher und finnischer Konsumenten einem empirischen Test und stellten fest, dass die deutschen Versuchsteilnehmer genauere Preisschätzungen abgaben als die Vergleichsgruppe.

Dem scheint folgender Befund zu widersprechen: Beim Einkaufen selbst, d.h. innerhalb der Einkaufsstätte, achten 76 % der Briten, 62 % der Spanier, 59 % der

Italiener und 55% der Niederländer auf die Preisauszeichnung, aber nur 50% der Deutschen. Begründen lässt sich dies mit dem ausgeprägten Preisimage von Hard Discountern *(Aldi, Lidl* etc.), dem viele deutsche Konsumenten blind vertrauen (vgl. Stippel 2005). Deshalb können sie sich damit begnügen, die „richtige" – d.h. preisgünstigste – Einkaufstätte auszuwählen, anstelle auf den Preis einzelner Artikel zu achten.

Nach Estelami/Lehmann (2001) ist die in einschlägigen Studien ermittelte, regelmäßig „enttäuschend geringe Preiskenntnis" (Diller 2007, S. 134) der meisten Verbraucher zumeist ein Artefakt. Denn gewöhnlich wird dabei nicht das Preiswissen, sondern, am Beispiel kurz zuvor erworbener Artikel, der ‚price recall' erhoben: die Erinnerung an Preise. Unabhängig von dieser messtheoretischen Problematik (vgl. auch Pechtl 2005, S. 45) deuten vergleichende Studien auf unterschiedliche Ausformungen des Preiswissens hin. So ermittelten Vanhuele/Drèze (2002) bei französischen Konsumenten ein geringeres Preiswissen als bei der amerikanischen Vergleichsgruppe. Und Aalto-Setälä/Raijas (2003, S. 180) stellten mit Blick auf finnische Kunden von Lebensmittelgeschäften fest: „Our study indicates that consumer price knowledge is not as poor as previously suggested by the results of point-of-purchase studies." Schließlich empfahl Rosa-Díaz (2004), auch in diesem Forschungsfeld situative Einflussfaktoren zu beachten. In ihrer Studie stellten Verbraucher, denen Preise wichtig sind (d.h. Menschen mit einem unterdurchschnittlichen Einkommen), ein besseres Preiswissen unter Beweis als wohlhabendere Verbraucher.

6 Preisbewusstsein

6.1 Grundlagen

Die Intensität mit der Käufer (Konsumenten, Manager etc.) auf Preisinformationen achten und den von ihnen wahrgenommenen Preis bei ihren Kaufentscheidungen, Qualitätsurteilen etc. beachten, wird als Preisbewusstsein bezeichnet. Es äußert sich in ...
- der Wichtigkeit, welche dem Preis beigemessen wird,
- der Präferenz für eine bestimmte Preis/Qualitätslage oder
- dem Aufwand, der bei der Suche nach preisgünstigen Angeboten betrieben wird.

Sowohl Schnäppchenjäger als auch ⇒ Smart Shopper sind überdurchschnittlich preisbewusst. Während beide nach möglichst günstigen Angeboten suchen, gibt es auch Kunden, für die ein hoher Preis eine positive Funktion erfüllt: Menschen, die zum sog. demonstrativen Konsum neigen und mit dem Kauf eines teuren Produkts soziales Prestige erwerben wollen.

Innerhalb Europas gelten gemäß einer *GfK*-Studie vor allem Polens Verbraucher (≈ 64%) als preisbewusst, gefolgt von den Deutschen (≈ 56%) und den Italienern (≈ 44%). Vergleichsweise weniger Bedeutung besitzt der Preis gemäß dieser Studie für Briten, Franzosen und Spanier.

6.2 Einfluss der Landeskultur

Wie alle Angehörigen des kollektivistischen Kulturkreises, so legen auch Chinesen großen Wert auf das Ansehen, das sie in den Augen anderer genießen. Ansehen – und damit „Gesicht" – können sie u.a. auch dadurch gewinnen, dass sie in bestimmten Situationen teure oder in anderer Weise prestigeträchtige Waren kaufen und zur Schau tragen.

Protzen

Viele Chinesen „denken beim Geldausgeben nicht nur an sich selbst, sondern vor allem an ihre Mitbürger. Die sollen unbedingt sehen, dass man nicht zu den bedauernswerten armen Schluckern im Lande zählt, sondern zur kaufkräftigen Elite. Das Phänomen des Protzens taucht in jedem anderen Land der Welt auf. Und doch sind seine Auswirkungen in China extrem. Männer mögen T-Shirts, auf denen quer über die Brust der Markenname *Prada* prangt. Dazu tragen sie eine Sonnenbrille, auf deren Bügeln in Goldbuchstaben, die größer sind als die Gläser, *Gucci* steht. Und in der Hand halten sie dazu gerne Täschchen von *Vuitton*. Missglückte Farbkombinationen spielen bei der Kleidung oder Accessoires überhaupt keine Rolle. Das Wichtigste ist: Man fällt seiner Umwelt als Besserverdiener ins Auge" (Grzanna 2010, S. 23).

Im Vergleich dazu messen Menschen, die individualistisch sozialisiert wurden, der Meinung anderer eher weniger Bedeutung bei. Deshalb nehmen Amerikaner einen hohen Preis zwar als Qualitätsindikator wahr, aber, anders als chinesische Konsumenten, selten als Möglichkeit, an Prestige zu gewinnen. Auch achten Amerikaner, die als Angehörige einer konkurrenzorientierten Gesellschaft an einen intensiven Wettbewerb zwischen den Anbietern gewöhnt sind, tendenziell mehr auf Preise als Chinesen, denen stärker am Renommee einer Marke gelegen ist (vgl. Abb. 217).

Abb. 217: Preis- vs. Prestigebewusstsein

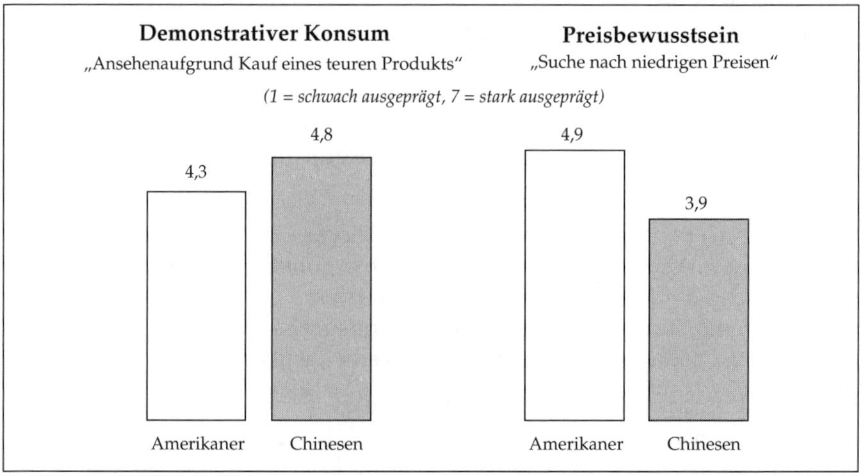

Demonstrativer Konsum	Preisbewusstsein
„Ansehen aufgrund Kauf eines teuren Produkts"	„Suche nach niedrigen Preisen"

(1 = schwach ausgeprägt, 7 = stark ausgeprägt)

Amerikaner	Chinesen	Amerikaner	Chinesen
4,3	4,8	4,9	3,9

Quelle: Zhou/Nakamoto (2001, S. 166).

Eine indirekte Bestätigung dieses Befundes liefert die Studie von Meng/Nasco (2009), die signifikante Unterschiede im Preisbewusstsein chinesischer, japanischer und US-amerikanischer Studenten ermittelten. Das ausgeprägteste Preis/Qualitätsbewusstsein artikulierten dabei die chinesischen Probanden.

6.3 Einfluss von Konfession & Religiosität

Die Befunde der einschlägigen empirischen Forschung sind widersprüchlich. Während Essoo/Dibb (2004) einen signifikanten Einfluss der Konfession auf das Preisbewusstsein ihrer Probanden ermittelten – am wenigsten preisbewusst verhalten sich demnach Muslime, weniger als Hindus und Christen jedenfalls –, konnte Mokhlis (2006) weder einen Haupteffekt „Konfession" noch einen Interaktionseffekt „Konfession x Religiosität" nachweisen (jeweils auf das Preisbewusstsein).

Hingegen geben die einschlägigen Verbraucherbefragungen übereinstimmend zu erkennen, dass Religiöse bei ihren Kaufentscheidungen stärker als Nicht-Religiöse den Preis konkurrierender Angebote berücksichtigen (vgl. Mokhlis 2006a/b; Essoo/Dibb 2004; Sood/Nasu 1995; Smith/Frankenberger 1991). Zur Erklärung dieses Befunds wird häufig auf das Persönlichkeitsprofil der Religiösen verwiesen. Korrelative Studien attestieren gläubigen Menschen mehr Verantwortungsbewusstsein und Selbstdisziplin als Nicht-Religiösen (vgl. Wiebe/Fleck 1980). Da Religiöse häufig ein geringeres Einkommen erzielen als der Durchschnitt der Bevölkerung, bedeuten in ihrem Fall Verantwortungsbewusstsein und Selbstdisziplin auch, verantwortungsbewusst und diszipliniert einzukaufen – also bspw. nicht impulsiv, sondern preisbewusst, sparsam etc.

7 Zahlungsbereitschaft

7.1 Grundlagen

Die Ladenpreise, die in den verschiedenen Ländern für Konsumgüter gefordert werden, variieren erheblich (vgl. Teil H-2.1.1). Deutsche können bspw. CDs günstig kaufen, Amerikaner Unterhaltungselektronik und Kleidung. Die Gründe für dieses Preisgefälle sind vielfältig:
- Wechselkurse der Landeswährung,
- unterschiedliche Belastung mit Steuern und Abgaben (z.B. Zölle),
- nicht-tarifäre Handelshemmnisse,
- Wettbewerbsintensität.

Vorrangig sind dafür aber das Kaufkraftgefälle (vgl. Tab. 176) und die daraus erwachsenden Unterschiede in der Zahlungsbereitschaft verantwortlich.

Im Regelfall lässt sich die Zahlungsbereitschaft nicht durch eine einzelne Preisfigur erfassen, sondern durch einen Bereich, der nach oben hin durch den Maximalpreis und nach unten durch den Minimalpreis begrenzt wird. Der

Preis, den ein potentieller Käufer höchstens für ein bestimmtes Gut zu zahlen bereit ist, markiert die absolute obere Preisschwelle. Entsprechend verkörpert der Mindestpreis die absolute untere Preisschwelle: Wird diese unterschritten, beginnt der durchschnittliche Käufer an der Qualität des Angebots zu zweifeln und dieses abzuwerten.

Tab. 176: Kaufkraft in Europa (2013, je Einwohner in €)

Lichtenstein 58.844	Luxemburg 28.185	Dänemark 21.161	Finnland 19.445	Polen 5.870
Schweiz 36.351	Schweden 21.640	Deutschland 20.621	Spanien 12.370	Rumänien 3.032
Norwegen 31.707	Österreich 21.295	Frankreich 19.565	Portugal 10.018	Bulgarien 2.919

Quelle: GfK Kaufkraft Europa 2012/2013.

Wie andere subjektive Einschätzungen, so sind auch Angaben zur Zahlungsbereitschaft und Kaufabsicht anfällig für Verzerrungseffekte aller Art. Beispielsweise wählten philippinische und italienische Probanden unter den kontrollierten Bedingungen eines Experiments vier bis fünf Mal häufiger die extreme Antwortkategorie einer Skala zur Erfassung der Kaufabsicht (= ‚error of extreme tendency') als japanische und schwedische Probanden (vgl. Pope 1991). Deren ‚error of central tendency' bedroht die Vergleichbarkeit der in kulturvergleichenden Studien gewonnenen Daten allerdings nicht minder als der ‚extreme response style' der anderen (vgl. Salzberger 2005; Harkness et al. 2003; Clarke 2001). Während sich die „Tendenz zur Mitte" im Falle der Schweden mit dem skandinavischen Kulturstandard der Konfliktvermeidung und „Jantes Gesetz" (der Durchschnittlichkeit) erklären lässt (vgl. Teil B-2.2.4.3), begründen wir mit Hui/Triandis (1989, S. 298) den extremen Antwortstil der italienischen Probanden folgendermaßen: „In cultures around the Mediterranean an extreme response style is used because people consider such a response style sincere. To use the middle of the scale would be considered trying to hide one's feelings, which is normatively disapproved." Und die Neigung von Philippinos, die extreme Antwortkategorie zu bevorzugen, bestätigt die Befunde, die Johnson et al. (2005) in einer 19-Länderstudie gewonnen haben. Demnach korrespondiert diese Antworttendenz mit hohen Werten bei Akzeptanz von Machtdistanz (Philippinen = 94) und Maskulinität (Philippinen = 64).

7.2 Einfluss der Landeskultur

Immer wieder zeigt sich, dass Unternehmen in Ländermärkten, in denen Akzeptanz von Machtdistanz der Kulturstandard ist, für prestigeträchtige Premiummarken ein signifikantes Preispremium durchsetzen können. So lässt sich in Frankreich (PDI = 68) ein *BOSS*-Herrenanzug zu einem Preis verkaufen, der 40 % über dem in Deutschland (PDI = 35) üblichen Preisniveau liegt. Weit mehr als in wohlhabenden, häufig aber tendenziell egalitären Industrieländern

7.2 Einfluss der Landeskultur

wie Österreich (PDI = 11), Schweden (PDI = 31) oder Schweiz (PDI = 34) bieten Premiummarken in beziehungsorientierten Schwellenländern wie Brasilien (PDI = 69), China (PDI = 80) oder Russland (PDI = 95) dem Käufer einen Zusatznutzen, für den er einen entsprechenden Preisaufschlag akzeptiert. Wenn etwa ...

- *Siemens* sein Premiumtelephon *Gigaset* in China zu einem erheblich höheren Preis verkaufen konnte als in Deutschland (vgl. Geißler/Suckrow 2007, S. 39) und
- Brasilianer (= 182 €) und Russen (243 €) wesentlich mehr für ein Mobiltelefon auszugeben bereit sind als US-Amerikaner (= 72 €) und insb. als Niederländer (= 41 €; vgl. Wieland/Cavar 2008),

so lässt dies den Schluss zu, dass bei hedonistischen Produkten das Ausmaß der Akzeptanz von Machtdistanz ein wesentlich besserer Prädiktor der Zahlungsbereitschaft ist als das verfügbare Einkommen.

Ein weiteres Beispiel: 2007 mussten Kunden nirgendwo auf der Welt für einen *Starbucks*-Caffe Latte so viel bezahlen wie in Peking: 4,42 US-$ (London = 3,97 US-$, Chicago = 3,26 US-$). Im Extremfall werden derartige Produkte gekauft, weil – und nicht obwohl – sie teuer sind. Bestätigung findet diese These durch Daten, welche im Rahmen des *Ipsos World Monitor* 2004 in zehn Ländern zum Verhalten beim Kauf von Waren des täglichen Bedarfs erhoben wurden (vgl. Abb. 218).

Abb. 218: Häufigkeit der Suche nach dem preisgünstigsten Angebot beim Einkauf (in %)

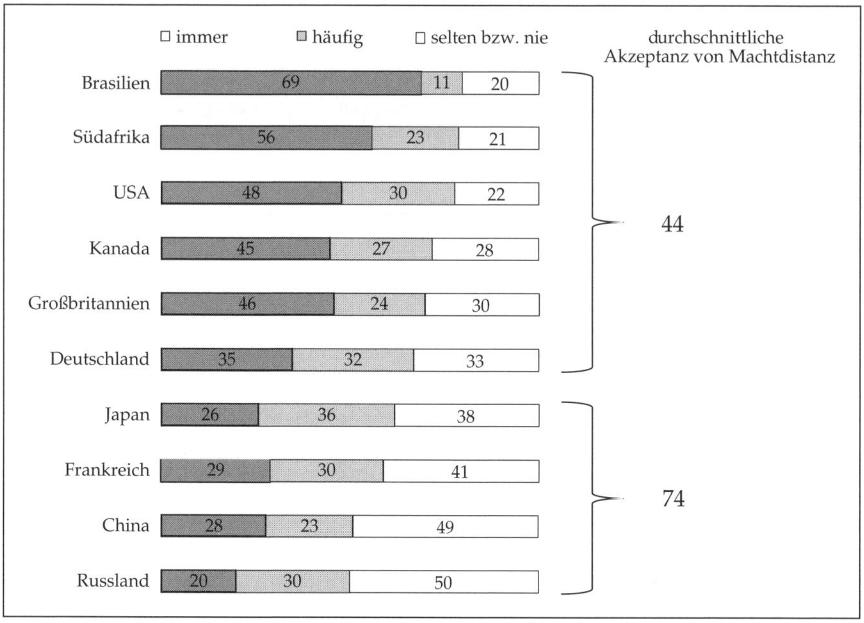

Land	immer	häufig	selten bzw. nie	durchschnittliche Akzeptanz von Machtdistanz
Brasilien	69	11	20	44
Südafrika	56	23	21	
USA	48	30	22	
Kanada	45	27	28	
Großbritannien	46	24	30	
Deutschland	35	32	33	
Japan	26	36	38	74
Frankreich	29	30	41	
China	28	23	49	
Russland	20	30	50	

Quelle: Ipsos World Monitor 4/2004.

7.3 Einfluss der Konfession

Bailey/Sood (1993) und Sood/Nasu (1995) berichten, dass der von ihnen identifizierte Typus des rationalen Käufers beim Einkaufen mehr als andere auf Sonderangebote achtet. Rationale Käufer sind ihren Studien zufolge überproportional häufig Hindus, gefolgt von Buddhisten, Christen und Muslimen. Schließt man vom gezielten Kauf von Sonderangeboten auf das Preisbewusstsein, dann sprechen diese Studien für die These, dass Muslime eher wenig preissensitiv sind.

2007 stimmten deutsche Katholiken der Aussage, dass sie für markierte Produkte, die ihren Ansprüchen entsprechen, mehr bezahlen würden, signifikant häufiger zu als deutsche Protestanten (vgl. Tab. 177). Da überdies zwischen Katholizismus und Markenbewusstsein ein positiver Zusammenhang besteht, empfehlen sich (deutsche) Katholiken als ein attraktives Käufersegment: Sie schätzen Markenprodukte, bleiben diesen treu und akzeptieren einen höheren Preis.

Tab. 177: Zahlungsbereitschaft deutscher Konsumenten

	Katholiken (n = 71)	Protestanten (n = 84)	p
Eine Marke, die meine Ansprüche erfüllt, würde ich gegenüber anderen bevorzugen, auch wenn sie teurer ist.	1,30	0,78	0,03
Für eine Marke, die meine Ansprüche erfüllt, würde ich einen höheren Preis bezahlen.	1,27	0,80	0,07
Eine Marke, die meine Ansprüche erfüllt, kann gerne auch mehr kosten.	1,14	0,63	0,05
Anmerkung: Mittelwerte auf einer Skala von –3 „lehne voll und ganz ab" bis +3 „stimme voll und ganz zu", Ergebnisse eines t-Tests (n = 154)			

Quelle: eigene Erhebung.

7.4 Emotionale Nähe & Zahlungsbereitschaft

Vor geraumer Zeit entwickelte Bogardus (1925) eine Skala der sozialen Distanz. Sie misst die Intensität des mit Angehörigen anderer Kulturen, welche innerhalb des eigenen Landes leben, gewünschten Kontakts (z.B. Akzeptanz von Türken als Nachbarn oder Berufskollegen). Das dabei erfragte Reaktionsspektrum reicht von „würde ich als nahe Verwandte zulassen (durch Heirat)" bis „würde ich aus meinem Land ausschließen".

Bei der Operationalisierung des Konstrukts der „emotionalen Nähe bzw. Distanz eines Individuums zu einem bestimmten Herkunftsland" orientierte sich Möller (1997, S. 106) an dieser Skala, wählte jedoch eine dem heutigen Sprachgebrauch angepasste sechsstufige Skala (0 = kein Kontakt, 1 = touristischer Kontakt, 2 = beruflicher Kontakt, 3 = nachbarschaftlicher Kontakt, 4 = freundschaftlicher Kontakt, 5 = familiärer Kontakt). Entsprechend ihren Antworten auf die Frage: „Welches Ausmaß an Kontakt bzw. Nähe zu der jeweiligen Bevölkerung der unten aufgeführten Länder halten Sie für sich persönlich für wünschenswert bzw. vorstellbar?" wies er seine Auskunftspersonen sodann entweder der Gruppe der ...

- „emotional Nahen" oder der Gruppe der
- „emotional Distanten"

zu und untersuchte, ob diese sich in ihrem Kaufverhalten signifikant voneinander unterscheiden. Wie Tab. 178 zu erkennen gibt, würden emotional distante Käufer nach eigenem Bekunden signifikant weniger für ein Produkt bezahlen, welches das Herkunftszeichen eines ihnen gefühlsmäßig fernen Landes trägt, als emotional Nahe.

Tab. 178: Emotionale Nähe & Zahlungsbereitschaft (in DM)

		China	Frankreich	Japan	Südafrika
Produkte generell	Emotional Nahe	78,96	100,00	92,58	79,84
		**	**	*	**
	Emotional Distante	61,41	94,25	87,19	63,97
Automobile	Emotional Nahe	17,75			19,19
		**	n.s.	n.s.	**
	Emotional Distante	13,80			13,47
Mode	Emotional Nahe	37,16	53,41	45,65	
		**	*	**	n.s.
	Emotional Distante	30,02	50,58	39,82	

Quelle: Möller (1997, S. 215).

7.5 Wertvorstellungen & Zahlungsbereitschaft

Auf die Zahlungsbereitschaft nehmen weiterhin kultur- bzw. landesspezifische Wertvorstellungen Einfluss.

7.5.1 Lebensfreude

Neben Luxemburgern sowie Briten und Iren ist es hauptsächlich den Bewohnern des Mittelmeerraumes buchstäblich „viel wert", sich außer Haus bewirten zu lassen (vgl. Tab. 179). Vergleichsmaßstab ist der Kaufkraftstandard (KKS), eine von *Eurostat* geschaffene künstliche gemeinsame Währung. Da hierbei das Bruttoinlandsprodukt mit Hilfe von Kaufkraftparitäten umgerechnet wird, ermöglicht es die Kennzahl KKS, die Kaufkraft der verschiedenen Landeswährungen unmittelbar miteinander zu vergleichen.

Die deutsche Gesellschaft hat aufgrund ihrer Discount-Mentalität gutem Essen noch nie einen besonderen Wert beigemessen. Ganz anders Frankreich, wo „gu-

Tab. 179: Durchschnittliche Ausgaben privater Haushalte für Beherbergungs- und Gaststättendienstleistungen (2005, in KKS)

Luxemburg	4.098	Niederlande	1.647	Lettland	557
Zypern	2.830	Italien	1.428	Slowakei	520
Griechenland	2.661	Frankreich	1.277	Kroatien	465
Großbritannien	2.558	Deutschland	1.212	Litauen	429
Spanien	2.414	Norwegen	1.111	Ungarn	343
Portugal	2.263	Slowenien	1.035	Estland	339
Irland	2.190	Finnland	1.021	Bulgarien	255
Malta	2.030	Schweden	981	Polen	180
Belgien	1.894	Dänemark	960	Rumänien	58
Österreich	1.660	Tschechien	619		

Quelle: Eurostat-Jahrbuch 2009 (S. 247).

tes", d.h. französisches Essen als Kulturgut gilt und ein wichtiger Bestandteil der kulturellen Identität der Grande Nation ist (vgl. Batzner 2007). Sehr zum Erstaunen ihrer „Curry Wurst-erprobten" deutschen Kollegen war es unter französischen Fernfahrern lange Zeit üblich, in speziellen Restaurants *(Les Routiers)* ausgiebig und gut zu Mittag zu essen. Ähnliches berichtete *P. Mayle.* Nach 15 Jahren Arbeit als Werbefachmann ließ sich der Brite in der Provence nieder und verarbeitete seinen Kulturschock in einem Buch, das zu einem Welterfolg wurde.

> **Provencalische Lebensart**
> „Das Restaurant lag fünfzig Meter vom Bahnhof entfernt. Ein kleiner *Renault*-Transporter fuhr auf den Parkplatz. Zwei Männer in Overalls stiegen aus. An der alten Spüle draußen vor der Mauer wuschen sie sich die Hände. Sie waren Stammgäste und gingen direkt zu den Handtüchern, die am Ende der Bar an einem Haken hingen. Als sie sich ihre Hände getrocknet hatten, warteten zwei Gläser Pastis und ein Krug Wasser auf sie. Jeder Tisch hatte eine weiße Papiertischdecke, und auf jedem standen zwei Flaschen Wein ohne Etikett, ein Roter und ein Rosé von der Kooperative von Bonnieux, zweihundert Meter weiter auf der anderen Straßenseite. Madames Tochter kam mit dem ersten Gang und erklärte, wegen der Hitze gebe es an diesem Tag nur ein leichtes Essen. Sie setzte eine ovale Schüssel ab, die mit Scheiben von ‚saucisson' und Schinken und Gürkchen, einigen schwarzen Oliven und geriebenen Karotten in scharfer Marinade überladen war. Dazu ein dickes Stück Butter für die Wurst. Und Brote. Der vom Dressing saftige Salat wurde auf Glastellern gebracht, zusammen mit einer weiteren ovalen Schüssel: Nudeln in Tomatensauce und Scheiben von Schweinsbraten in einer dunklen Zwiebelsoße" (Mayle 1992, S. 173f.).

7.5.2 Umweltbewusstsein

Wie regelmäßige Erhebungen der *Gesellschaft für Konsumforschung (GfK)* zu erkennen geben, beeinflusst kaum etwas die Zahlungsbereitschaft deutscher Konsumenten so sehr wie Informationen, die darauf hinweisen, dass ein Produkt umweltschonend hergestellt wurde (vgl. Tab. 180). Zwar kann der Hinweis „aus der Region" auch als Appell an die regionale bzw. lokale Identität verstanden werden. Umweltbewussten aber signalisiert er kurze Transportwege.

7.5 Wertvorstellungen & Zahlungsbereitschaft

Tab. 180: Zahlungsbereitschaft deutscher Kunden in Abhängigkeit von der Produktkennzeichnung (in %)

	5 % Aufpreis	10 % Aufpreis	15 % Aufpreis	>20 % Aufpreis
Aus der Region	21,3	18,7	5,9	2,7
Energiesparend	19,6	16,6	8,2	2,5
Unbehandelt (Obst, Gemüse)	18,0	18,4	7,8	3,0
Umwelt-/Öko-Label	16,7	13,8	2,1	0,8
Made in Germany	15,3	11,5	5,4	3,5
Bio	15,0	11,9	4,6	1,4
Sicherheitssiegel (z.B. TÜV)	15,0	10,6	5,4	3,0
Direkt vom Erzeuger	13,8	14,3	8,0	1,9
Ohne Gentechnik	12,5	14,7	4,7	1,9
Sauberer Strom	11,8	5,9	0,9	0,3
Ohne Tierversuche	11,0	14,0	7,4	6,0
Fair Trade	10,3	14,6	2,7	1,9
Aus nachhaltigem Anbau	7,8	8,1	1,7	0,5
Nach traditionellem Rezept	7,3	3,6	1,2	1,0
CO_2-Label	6,7	4,2	1,5	12,5
Designed in Germany	5,0	2,5	1,2	0,3

Quelle: GfK Consumer'Scope 2008, in: Absatzwirtschaft 8/2008, S. 42.

Möglicherweise bekunden bestimmte Untergruppen eine höhere Zahlungsbereitschaft als die Gesamtheit der Verbraucher. Sind bspw. Religiöse, die sich in einschlägigen Umfragen zumeist als umweltbewusst ausgeben, bereit, für umweltgerechte Produkte mehr zu bezahlen als nicht-religiöse Vergleichspersonen? Eine mit sächsischen Jugendlichen durchgeführte explorative Studie scheint dies zu bestätigen (vgl. Abb. 219). Demnach können Religiöse sich vor-

Abb. 219: Preispremium in Abhängigkeit von der Religiosität

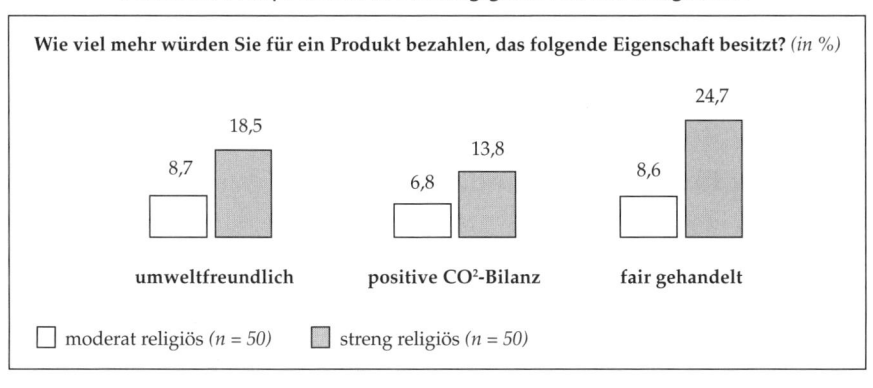

Wie viel mehr würden Sie für ein Produkt bezahlen, das folgende Eigenschaft besitzt? (in %)

	umweltfreundlich	positive CO^2-Bilanz	fair gehandelt
moderat religiös (n = 50)	8,7	6,8	8,6
streng religiös (n = 50)	18,5	13,8	24,7

Quelle: eigene Erhebung.

stellen, für umweltfreundliche Produkte und mehr noch für fair gehandelte Produkte einen Aufpreis zu bezahlen (= +24,7 %).

7.6 Zeitwahrnehmung & Zahlungsbereitschaft

Weiterhin ist bedeutsam, ob der Käufer den Nutzen eines Gutes bzw. einer Leistung sofort oder erst später erlebt. *Miele*-Waschmaschinen bspw. sind zum einen hochpreisig und zum anderen für ihre lange Lebensdauer bekannt. Dies bedeutet: Während der Preis sofort zu entrichten ist, erhält der Käufer bei derartigen Produkten einen wichtigen Teil der Gegenleistung erst nach Jahren (Qualität und Haltbarkeit).

In diesem Zusammenhang ist zu beachten, dass der Mensch dazu neigt, Belohnungen oder Bestrafungen, die mit großem zeitlichen Abstand auf eine Handlung folgen, zu unterschätzen bzw. zu ignorieren. Nur so lässt sich bspw. erklären, dass viele Menschen rauchen, obwohl dies ihre Lebenserwartung um durchschnittlich zehn Jahre verkürzt. Die „Strafe" (erhöhte Erkrankungs- und Sterbewahrscheinlichkeit) liegt jedoch in ferner Zukunft und bleibt bedeutungslos, da Raucher die Belohnung (Anregung, Entspannung, geselliges Beisammensein etc.) unverzüglich erleben.

Mit diesem lerntheoretisch erklärbaren Phänomen – geringe Wirksamkeit verzögerter Belohnungen bzw. Sanktionen – ist vor allem in gegenwartsorientierten Kulturen zu rechnen (vgl. Müller/Gelbrich 2014, S. 144; Trompenaars 1993, S. 166). Unternehmen, die z.B. im buddhistisch geprägten Kulturraum mit der Unique Selling Proposition (USP) „überdurchschnittliche Lebensdauer" werben, können dort nicht mit einer entsprechend erhöhten Zahlungsbereitschaft rechnen. Denn der künftige Nutzen, den Käufer aus einem solchen Angebot ziehen können, wird in gegenwartsorientierten Märkten relativ gering geschätzt. Der versprochene Nutzen sollte dort möglichst zeitgleich mit dem Kauf der Ware verfügbar sein. Die meisten Industriegesellschaften hingegen sind zeitgeizig. Hinzu kommt, dass sie im konkreten wie im übertragenen Sinn zukunftsorientiert sind. Deshalb ist man dort bereit, für Produkte, die helfen, „Zeit zu sparen" (z.B. Tiefkühlkost), einen angemessenen Preis zu bezahlen.

8 Preisdurchsetzung

8.1 Akzeptanz von Preisänderungen

8.1.1 Preissteigerung

Im Regelfall lösen Preissteigerungen weltweit Missmut, Ärger etc. und letztlich Kaufzurückhaltung aus. Aber die Attributionen, mit denen sich die Kunden den Anstieg erklären, sind unterschiedlich – und damit auch die Rahmenbedingungen für die Akzeptanz oder Ablehnung von Preissteigerungen.

Individualistisch geprägte Konsumenten attribuieren im Regelfall personal (vgl. Morris/Peng 1994) und machen folglich für die Preiserhöhung bevorzugt den Anbieter und dessen Gewinnstreben verantwortlich. Kollektivistisch orientierte Verbraucher hingegen attribuieren häufig situativ und sind bereit, Begründungen für eine Preiserhöhung zu akzeptieren, welche das Umfeld des Unternehmens betreffen (z.B. Anstieg der Rohstoffpreise; vgl. Maxwell 1999; Folkes 1988, S. 560). Dies ist einer der Gründe dafür, warum sich in kollektivistischen Märkten Preiserhöhungen leichter durchsetzen lassen als in individualistischen Märkten.

8.1.2 Preissenkung

Zumeist senken Unternehmen Preise aus wettbewerbspolitischen Gründen: um ihren Marktanteil zu vergrößern, um Konkurrenten den Markteintritt zu erschweren etc. Ein weiterer Grund kann sein, dass ein Produkt in eine spätere Phase seines Lebenszyklus eintritt, in der hohe Preise nicht mehr durchsetzbar sind. Nicht zuletzt werden Preise – häufig vorübergehend – im Rahmen von Verkaufsförderungsaktionen gesenkt. Dies sorgt allerdings nicht in allen Ländern für steigende Absatzzahlen. In Märkten, in denen der von der Gesellschaft akzeptierte Machtabstand zwischen den verschiedenen sozialen Schichten groß ist, besteht vielmehr die Gefahr, dass von einer Preissenkung ein negatives Signal ausgeht. Diese Erfahrung musste u.a. *Jaguar* in Japan machen. Da in diesem Land ein hoher Preis auch eine Prestigefunktion erfüllt, reagierte die Zielgruppe skeptisch und mit Kaufzurückhaltung, als der britische Premiumhersteller nach dem Eintritt in den japanischen Markt Preisabschläge vornahm, um die angestrebte Absatzmenge schneller zu erreichen.

In kollektivistischen Ländern wirken Preissenkungen höchst unterschiedlich, je nachdem, um welches Gut es sich handelt.
- Öffentlich konsumierte Güter sind Produkte, die verschenkt werden oder den sozialen Status des Käufers bzw. Nutzers demonstrieren. Im ostasiatischen Raum ist in beiden Verwendungssituationen der symbolische Wert maßgeblich. Geschenke sollen zum Ausdruck bringen, wie wichtig dem Geber die Beziehung zum Beschenkten ist. Und Statussymbole signalisieren die gesellschaftliche Stellung des Besitzers. In all diesen Fällen stellen (deutliche) Preissenkungen die Wertigkeit solcher Güter in Frage.
- Ganz anders verhalten sich Chinesen beim Kauf von Waren des täglichen Bedarfs (vgl. Ackermann/Tellis 2001, S. 63). Selbst dann, wenn sie bereits seit längerem im Ausland leben, kaufen sie für den privaten Konsum ausgesprochen preissensibel ein. Daher kosten in Südkalifornien Gemüse, Fleisch und ähnliche Lebensmittel in chinesischen Supermärkten nur die Hälfte dessen, was englischsprachigen Amerikanern in ihren Vierteln abverlangt wird. Begründen lässt sich diese außergewöhnliche Preissensibilität damit, dass Chinesen seit jeher keine staatlich organisierte soziale Absicherung erwarten können. Hierfür ist die Familie zuständig. Und neben Fleiß, Familienzusammenhalt und Bildung sorgt nicht zuletzt Sparsamkeit für materielle Sicherheit. Deshalb üben in dieser Warenkategorie Preissenkungen einen starken Kaufanreiz aus.

8.2 Preisverhandlungen

8.2.1 Verbindlichkeit von Preisen

Akzeptanz von Rabattverhandlungen

Ob ein vom Anbieter geforderter Preis verbindlich ist oder nicht, darüber gehen die Meinungen weltweit auseinander. In der Mehrzahl der westlichen Industrienationen sind Rabatte gesetzlich limitiert, und Feilschen empfinden dort viele Menschen als unwürdig oder peinlich. Letztlich hat sich daran in Deutschland auch nach dem Wegfall des Rabattgesetzes und der Zugabenverordnung am 25.7.2001 wenig geändert, wie *K. Biedenkopf*, der ehemalige Ministerpräsident von Sachsen, erfahren musste. Die öffentliche Meinung schwankte zwischen Empörung und Häme, weil der ansonsten überaus beliebte Landesvater es gewagt hatte, bei *IKEA* in aller Öffentlichkeit (d.h. an der Kasse) einen Rabatt zu fordern.

Rabatte mindern die Gewinnspanne, und Verhandlungen erhöhen die Transaktionskosten. Aber nicht nur deshalb lehnen in individualistischen Gesellschaften viele Verkäufer Rabattforderungen grundsätzlich ab. Ein weiterer Grund ist das Gefühl, dass ein Preisnachlass ihre Leistung abwertet. Käufern wiederum ist es in unserem Kulturkreis oft peinlich, einen Nachlass zu verlangen. Wenn ihnen ein Preis zu hoch erscheint, ziehen sie es zumeist vor, vom Kauf Abstand zu nehmen, anstatt darüber zu verhandeln. Auch der Verzicht auf eine Preisauszeichnung ist besonders in Ländern, in denen viele Kunden kulturbedingt ungewissheitsavers sind, oft nachteilig: Denn die fehlende Preisangabe verunsichert sie.

Akzeptanz von Festpreisen

Wohlhabenden Russen (UAI = 75), die kulturbedingt noch stärker als Deutsche (UAI = 65) dazu neigen, ungewisse Situationen zu meiden, ist es in besonderem Maße peinlich, einen Preisnachlass zu fordern. Dies ergab eine Befragung unter den internationalen Gästen eines deutschen Grandhotels (vgl. Abb. 220).

Deutsche hingegen bevorzugen Festpreise, weil sie für Transparenz sorgen und damit alle Gäste gleich behandelt werden. Russische Hotelgäste sind am häufigsten der Meinung, dass Nachlässe nicht zu einem Grandhotel passen. Da sie Machtdistanz – und damit auch Luxus, den sich nur wenige leisten können – prinzipiell akzeptieren (PDI = 95), schadet gemäß ihrer Wertvorstellung Feilschen dem Ansehen des Hotels und damit auch ihrem eigenen Image als Gäste eines solchen Luxus-Etablissements. Folglich überzeugt sie das Argument, dass dann alle Gäste gleich behandelt werden, weniger als andere Gäste. Denn Gleichheit (bzw. „Gleichmacherei") gilt in machtdistanten Gesellschaften nicht als erstrebenswert.

8.2.2 Verhandlungsstil

Glenn et al. (1977) weisen empirisch nach, dass in den verschiedenen Regionen und in Abhängigkeit vom jeweiligen Denk- und Argumentationsstil die Men-

schen grundlegend unterschiedliche Verhandlungsstrategien verfolgen (vgl. auch Müller/Gelbrich 2014, S. 472 ff.):
- Nordamerikaner bspw. präferieren den faktenbasierten induktiven Stil, der auf logische Argumente setzt und aggressive Verhandlungstaktiken impliziert (bspw. Androhung von Sanktionen; vgl. Graham/Sano 1984).
- Der u.a. im arabischen Raum verbreitete affektiv-induktive Stil setzt auf die Überzeugungskraft emotionaler Appelle.
- Im Einflussbereich der ehemaligen Sowjetunion schließlich war ein axiomatisch-deduktiver Stil üblich. Dabei werden aus einigen wenigen und als unstrittig wahr angesehenen Annahmen Argumente abgeleitet und in der Verhandlung geltend gemacht.

Abb. 220: Warum die Gäste eines Grandhotels Festpreise bevorzugen (in %)

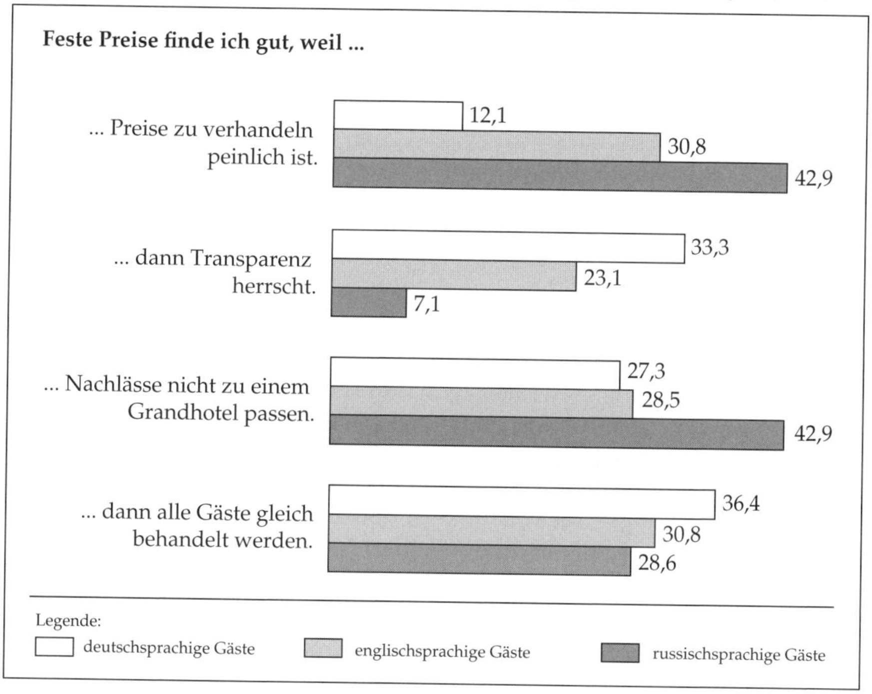

Feste Preise finde ich gut, weil ...

... Preise zu verhandeln peinlich ist.
- deutschsprachige Gäste: 12,1
- englischsprachige Gäste: 30,8
- russischsprachige Gäste: 42,9

... dann Transparenz herrscht.
- deutschsprachige Gäste: 33,3
- englischsprachige Gäste: 23,1
- russischsprachige Gäste: 7,1

... Nachlässe nicht zu einem Grandhotel passen.
- deutschsprachige Gäste: 27,3
- englischsprachige Gäste: 28,5
- russischsprachige Gäste: 42,9

... dann alle Gäste gleich behandelt werden.
- deutschsprachige Gäste: 36,4
- englischsprachige Gäste: 30,8
- russischsprachige Gäste: 28,6

Legende: deutschsprachige Gäste / englischsprachige Gäste / russischsprachige Gäste

Quelle: eigene Erhebung.

8.2.3 Feilschen

Grundlagen

Feilschen ist eine Urform der Preisverhandlung. Sie wird in weiten Teilen der Welt praktiziert, vorrangig jedoch in den Entwicklungs- und Schwellenländern. Zwar feilschen auch die Bewohner der wohlhabenderen Industrieländern, aber weitaus seltener und hauptsächlich bei hochpreisigen Gebrauchsgütern (z.B. beim Autokauf oder beim Erwerb einer Küche). Für das klassische Feilschen ist charakteristisch, dass es zumeist bei geringwertigen Verbrauchsgütern zum

Einsatz kommt und deshalb (Zeit-)Aufwand und Preisnachlass häufig in keinem – aus westlicher Sicht – angemessenen Verhältnis stehen. Gefeilscht wird aus den verschiedensten Gründen, u.a. wenn ...
- existentiell arme Menschen, bei denen buchstäblich jeder Cent fürs Überleben benötigt wird, aus purer Not feilschen,
- eigentlich wohlhabende Menschen feilschen, um ihr Selbstwertgefühl zu steigern (bspw. Touristen, die über den auf einem Markt in einem Entwicklungsland erstrittenen Preisnachlass zuhause aus Ausweis ihrer Cleverness berichten wollen),
- Sparsamkeit Teil der Landeskultur ist.

Schnurren, Gurren, Flirten & Schmeicheln

„Das Präludium ist große Gleichgültigkeit. Wie nebenbei streicht die Hand über das ersehnte Gut, träge, fast gelangweilt fragt sie: Wie viel? Jetzt beginnt der eigentliche Auftakt. Sie schnurrt, sie gurrt, sie flirtet und schmeichelt. Dann, mit einem Mal, schlägt das Wohlwollen um: Härte, Entrüstung, ein kalter Blick. Nein, so geht das nicht. Sie ist jetzt persönlich gekränkt, wird den Laden verlassen. Im Gehen ruft ihr der Händler einen neuen Preis nach. Äußerlich gleichgültig kehrt sie zurück. [...] Erscheint die Lage aussichtslos, wird die einkaufende Chinesin das Thema wechseln, über die Familie, über das Wetter, über die Politik plaudern, um schließlich, hat sich das Gegenüber im Laden erst einmal entspannt, mit der Präzision eines Falken und der Sanftheit einer Katze wieder zum eigentlichen Thema zurückzukehren" (Köckritz 2011b, S. 2).

Einfluss der Zeitökonomie

Zu denen populären, deshalb aber nicht zwangsläufig richtigen Thesen zählt, dass Feilschen in den Entwicklungs- und Schwellenländern nicht zuletzt eine soziale Funktion erfüllt: „Feilschen kann sehr treffend mit dem Wort ‚Spiel' beschrieben werden. Innerhalb genau festgelegter Grenzen ist Feilschen ein Spiel mit sehr menschlichen Zügen. Freundschaftliche und feindschaftliche Gefühle kommen beim Feilschen viel stärker zum Ausdruck als in den unpersönlichen Wirtschaftsbeziehungen, die vor allem im Konsumgüterbereich typisch für die entwickelten Länder sind" (Usunier/Walliser 1993, S. 170).

Tatsächlich aber steht in Gesellschaften mit geringer Kaufkraft die ökonomische Funktion dieser Sozialtechnik im Vordergrund. Für die häufig an oder unter der Armutsgrenze lebende Bevölkerung ist Feilschen kein unterhaltsames, sondern ein notwendiges – und auch für sie überaus umständliches – Ritual. Für wohlhabendere Käufer wiederum ist es eine Frage der Effizienz: Der Geldvorteil, den sie durch langes Verhandeln erreichen können, steht in keinem angemessenen Verhältnis zu der Zeit, welche das Feilschen „kostet". Für viele Menschen, die in Industrienationen leben, ist Feilschen uninteressant, weil sie über ein hohes Einkommen verfügen, aufgrund ihres hohen Lebenstempos (vgl. Levine 2004) aber – vermeintlich –„keine Zeit haben".

Einfluss der Landeskultur

Individualismus vs. Kollektivismus. Aus der unterschiedlichen Zeitökonomie von Entwicklungsländern und Industrieländern ergibt sich, ob man feilschen „muss". Hingegen bestimmt die Landeskultur, ob man feilschen „möchte". In kollektivistischen Kulturen sind Preisverhandlungen Teil des dort insgesamt intensiveren interpersonellen Austauschs. Käufer und Verkäufer nehmen sich Zeit, eine Beziehung zueinander aufzubauen. Sie betrachten (Preis-)Verhandlungen, die vielfach nach einem festen Ritual ablaufen (vgl. Usunier/Lee 2009, S. 286 f.; Orr 2007), als Mittel zu diesem Zweck.

- Ackermann/Tellis (2001, S. 67) beobachteten in Kalifornien chinesische Einwanderer. Wie sie berichteten, benötigen chinesische Kunden dreimal (Männer) bzw. siebenmal (Frauen) länger, um ein bestimmtes Produkt zu kaufen, als amerikanische Kunden.
- Lee (2000) befragte in den USA und Singapur je 100 Kunden nach ihrem Einkaufsverhalten. Er stellte fest, dass es Chinesen, die in Singapur leben, angenehmer ist, Preise zu verhandeln, als den amerikanischen Auskunftspersonen. Deutlich unterschied sich auch die Höhe des Nachlasses, den beide Gruppen dabei anstrebten (vgl. Abb. 221).

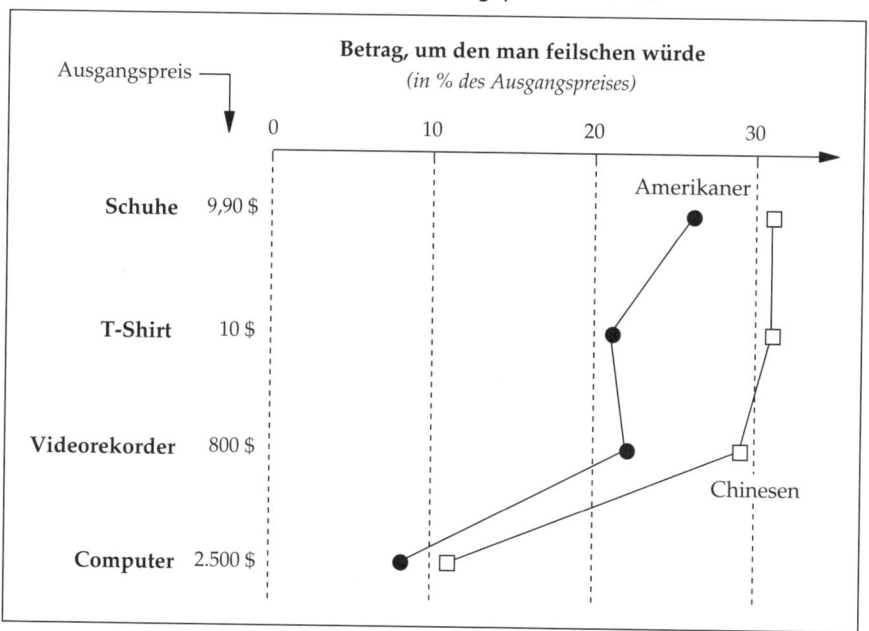

Abb. 221: Feilschen in Singapur & Amerika

Quelle: auf Basis von Lee (2000, S. 197).

Ungewissheitsvermeidung. Ein fixer Preis entspricht dem status quo und gibt beiden, Käufer wie Verkäufer, die Sicherheit, dafür eine bestimmte Leistung zu erhalten (d.h. einen angemessenen Gegenwert). Auf diese Art von Transparenz legen verständlicherweise Menschen, die einer risikoaversen Kultur entstammen, besonderen Wert. Sie fürchten vor allem die Möglichkeit, bei einem Geschäft benachteiligt zu werden, und weniger die Gefahr, eine Chance zu verpassen (d.h. sich einen Vorteil erfeilschen zu können). Menschen, die kulturbedingt Ungewissheit meiden (z.B. Deutsche), fordern Preistransparenz und feilschen weniger gern als Menschen, die aus ungewissheitstoleranten Kulturen stammen (z.B. China, Singapur). Die Schnäppchenjagd kann als Ersatzhandlung der Ungewissheitsmeider angesehen werden. Denn sie verbindet den Festpreis (der Sicherheit vermittelt) mit einem Preisabschlag.

Einfluss der Verkaufssituation

1999 veranstalteten Völkerkundler in Tübingen das Symposium „Inspecting Germany". Wie damals ein indonesischer Soziologe berichtete, feilschen Deutsche auf Flohmärkten auf sechs verschiedene Arten und benötigen dafür viel weniger Zeit als asiatische Basar-Kunden (vgl. Schnabel 1999, S. 33 f.). Ob und wie gefeilscht wird, hängt demnach nicht nur von der verfügbaren Kaufkraft und vom kulturellen Umfeld ab, sondern wesentlich auch von der Situation, in der sich Käufer und Verkäufer befinden:

- Handelt es sich um eine strukturierte Situation mit eindeutigen Abläufen, dann ist die Wahrscheinlichkeit, dass Bewohner wohlhabender Industriegesellschaften zu feilschen versuchen, ausgesprochen gering. Im Übrigen stellt sich auch im Nahen Osten oder einer anderen vergleichsweise wenig entwickelten Region ein Supermarkt-Kunde an der Kasse an und akzeptiert die ausgezeichneten Preise. Derart strukturierte Situationen mit geringem Aufforderungscharakter findet der Käufer üblicherweise in Einkaufsstätten des Einzelhandels vor (z.B. SB-Warenhaus, Supermarkt, Kaufhaus), aber auch in Vertriebsniederlassungen und Factory Outlets von Herstellern.
- Unstrukturierte Kaufsituationen hingegen begünstigen das Feilschen. Sie sind charakteristisch für Märkte, aber auch für Auktionen oder elektronische Marktplätze. Nicht genau festgelegt ist der Verlauf einer Transaktion weiterhin vielfach beim direkten Vertrieb, wie er im B-to-B-Bereich häufig vorkommt (insb. im Anlagengeschäft, wo große Auftragsvolumina verhandelt werden). Auch dann ist der Preis im Regelfall Verhandlungssache (vgl. Backhaus/Voeth 2010a).

Einfluss des Lebensstils

In individualistischen Gesellschaften ist Feilschen zwar nicht kulturell verwurzelt, erfreut sich aber zunehmender Beliebtheit. Denn ein bestimmter Käufertypus erblickt darin eine sportliche Herausforderung. Weniger als andere zu bezahlen: Dies ist für ‚smart shopper' Selbstzweck. Ihnen geht es nicht so sehr um den Preisvorteil an sich, sondern um den sozialen Vergleich. Es ist ihnen ein unabwendbares Bedürfnis, den anderen zu zeigen, wie clever und lebenstüchtig sie sind (= symbolische Funktion des Feilschens). Der angestrebte Vorteil ist nur scheinbar geldwerter Natur. Vorrangig ist das Streben nach Selbstwerterhöhung.

> ☞ Ob gefeilscht wird oder nicht, hängt von einer Vielzahl von Faktoren ab. Die Wahrscheinlichkeit steigt in dem Maße, wie es sich um eine unstrukturierte Verkaufssituation handelt. Käufer, denen vor allem an der Symbolfunktion dieser Handlung gelegen ist (= ‚smart shopper'), feilschen auf Märkten (= unstrukturiert) immer und im Supermarkt (= strukturiert) manchmal. Umgekehrt feilschen Käufer, denen wenig am symbolischen Erfolg liegt, selbst in unstrukturierten Marktsituationen im Regelfall nicht.

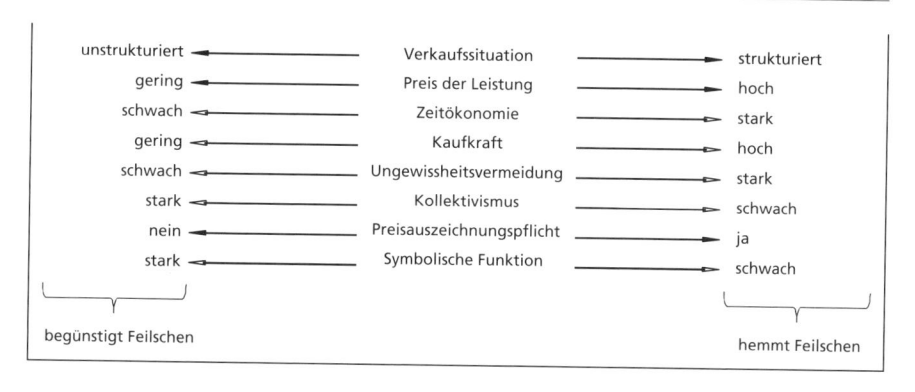

unstrukturiert ←	Verkaufssituation	→ strukturiert
gering ←	Preis der Leistung	→ hoch
schwach ←	Zeitökonomie	→ stark
gering ←	Kaufkraft	→ hoch
schwach ←	Ungewissheitsvermeidung	→ stark
stark ←	Kollektivismus	→ schwach
nein ←	Preisauszeichnungspflicht	→ ja
stark ←	Symbolische Funktion	→ schwach
begünstigt Feilschen		hemmt Feilschen

8.2.4 Kulturspezifische Vorstellungen von Fairness in Preisverhandlungen

Auf Verlauf und Ausgang von Verhandlungen nehmen zahlreiche Faktoren Einfluss, u.a. die Vorstellungen, welche die Beteiligten von Fairness, Gerechtigkeit etc. haben. Ein zentraler Forschungsgegenstand sind die dabei wirksamen Motive: Verhalten Menschen sich fair, weil sie ...

- persönlichkeitsbedingt altruistisch sind?
- auf reziprokes, Verhalten ihres Verhandlungspartners hoffen (d.h. gleichfalls altruistisch)?
- vermeiden möchten, dass sie für unfaires Verhalten sanktioniert werden (vgl. z.B. Zwick/Chen 1999)?

Aus kulturvergleichender Sicht wurde bspw. untersucht, wie Machtasymmetrien den Ausgang von Verhandlungen beeinflussen. Spieltheoretisch lässt sich begründen, dass entsprechend unterschiedliche Verhandlungsergebnisse die Konsequenz sein sollten. Die kulturvergleichende Verhandlungsforschung bestätigt diese Vorhersage zwar grundsätzlich, allerdings mit unterschiedlichen Vorzeichen.

- Nach Johnson et al. 1993) neigen Angehörige individualistisch-westlicher Gesellschaften dazu, Macht als ein Mittel zu begreifen und eigene Interessen durchzusetzen. Es gilt als fair, wenn der mächtigere Verhandlungspartner ein besseres Verhandlungsergebnis erzielt als der weniger Mächtige. In kollektivistisch-konfuzianischen Gesellschaften wie Japan wird hingegen Macht beziehungsorientiert-paternalistisch interpretiert: Der Mächtige trägt für den weniger Mächtigen Verantwortung.
- Im Gegensatz dazu konnten Hennig-Schmidt et al. (2002) die spieltheoretische Hypothese – Verhandlungsergebnisse entsprechen der Verhandlungsmacht – für chinesische, nicht jedoch für deutsche Probanden bestätigen. Erklären lässt sich dies mit dem jeweiligen landestypischen Ausmaß an Akzeptanz von Machtdistanz. Während es der chinesischen Landeskultur (PDI = 80) entspricht, Machtasymmetrie zu respektieren, haben die deutschen Probanden (PDI = 35) das experimentelle Treatment ignoriert und die Gleichverteilung der Ergebnisse als Referenzpunkt ihrer Verhandlungsstrategie gewählt.

Buchan et al. (2004, S. 186) fassen die Ergebnisse ihres Verhandlungsexperiments mit insgesamt 168 Studenten der *Tokyo University* bzw. der *University of Pennsylvania* folgendermaßen zusammen: „Our results demonstrate that fairness norms concerning power operate differently in Japan and the United States; Americans believe it fair that the more powerful party take the lion's share of wealth, while Japanese believe it fair that the more powerful party share the wealth with the less powerful." Das reale Verhalten der Probanden in dem Verhandlungsexperiment beeinflussten diese Überzeugungen jedoch nur dann, wenn sie dem jeweiligen Eigeninteresse der Probanden entsprachen: „In contrast, when participants' beliefs about fairness conflict with self-interest, fairness beliefs do not have a significant influence on bargaining behavior" (Buchan et al. 2004, S. 187).

Das Konstrukt „Fairness" lässt sich in kontrollierten Verhandlungsexperimenten vergleichsweise leicht operationalisieren: als Abweichung eines Angebots vom Erwartungswert in Abhängigkeit von der Machtposition des Anbieters. In realen Verhandlungssituationen fällt dies weitaus schwerer. Selbstauskünfte etwa sind anfällig für den ‚self-serving bias'. Denn Fairness gilt gemeinhin als eine wünschenswerte Eigenschaft. Auch lässt sich die Frage, was im konkreten Fall fair ist und was unfair, nicht immer eindeutig beantworten. Dies eröffnet Spielraum für eine subjektive, dem Selbstwert dienliche Interpretation des Geschehens. Gelfand et al. (2002) konnten durch eine Multi-Methoden-Studie nachweisen, dass US-amerikanische Probanden mehr als japanische Vergleichspersonen dazu neigen, den Grad ihrer Fairness zu überschätzen. Denn im individualistischem Kulturraum dient das Selbstbild – verstanden als eine Menge positiver Eigenschaften – primär dazu, eine Person von „den anderen" abzugrenzen. Im kollektivistischen Kulturraum erfüllt das Selbstbild eine grundlegend andersartige Funktion: „ ... the self is served in collectivistic cultures by being accepted by others and by focusing on negative characteristics, in order to accomplish the culturally mandated task of being interdependent and blending in" (Gelfand et al. 2002, S. 835).

8.3 Zahlungsmoral

Beispiele aus der Praxis

Wer im Ausland Geschäfte tätigen möchte, muss bei Preisverhandlungen nicht nur Kommunikationsprobleme überwinden. Zu bedenken sind auch abweichende Gepflogenheiten im Zahlungsverkehr. So musste *Hofer*, ein österreichisches Tochterunternehmen von *Aldi-Süd*, entgegen der dezidierten Standardisierungsphilosophie des Stammhauses im ersten Quartal 2004 EC-Cash-Terminals einführen. Denn jeder dritte *Hofer*-Käufer hatte sich über den bei *Aldi* bis dahin üblichen Zwang zur Barzahlung beschwert. In Deutschland, der „Trutzburg der Barzahler", wurde *EC-Cash* dann Monate später auch eingeführt.

Uzin, ein im süddeutschen Ulm beheimateter mittelständischer Hersteller von Spachtelmasse und Klebstoffen für Bodenbeläge, musste gleichfalls nationalen Besonderheiten Tribut zollen. In Frankreich wird zumeist nicht, wie hierzulande, per Überweisung bezahlt, sondern mit Schecks bzw., im B-to-B-Bereich, mit Wechseln. Damit einher geht die Akzeptanz längerer Zahlungsziele. Die in Deutschland üblichen „14 Tage, bei Zahlung innerhalb von sieben Tagen 2 % Skonto", sind jenseits des Rheins in der Baubranche nicht durchzusetzen. Häufig muss ein Zahlungsziel von 90 Tagen eingeräumt werden, das nicht wenige Kunden dann stillschweigend auf 120 Tage ausdehnen (vgl. Reicherzer 2003, S. 28).

Barometer der Zahlungsmoral

Der *Atradius*-Zahlungsmoralbarometer 2010 bestätigt: Frankreich zählt nicht nur in der Baubranche, sondern branchenübergreifend europaweit zu den Ländern mit langen Zahlungsfristen. Am schnellsten begleichen demnach deutsche Unternehmen offene Rechnungen, im Durchschnitt nach 19 Tagen, gefolgt von Dänen (= 26 Tage), Briten (= 26 Tage), Schweden (= 30 Tage), Niederländern (= 30 Tage), Belgiern (= 31 Tage) und Franzosen (= 33 Tage). Mit Abstand am meisten Zeit lässt man sich in Italien (= 60 Tage).

> **Zahlungsmoral senkt Finanzierungsbedarf**
>
> „Deutsche Unternehmen wollen im Durchschnitt nach 19 Tagen bezahlt werden. Tatsächlich werden ihre Rechnungen im Inland nach durchschnittlich 22 Tagen beglichen. Damit zahlen deutsche Unternehmen zwar immer noch drei Tage zu spät. Aber im Vergleich zum Sommer 2009 hat sich die Dauer überfälliger Rechnungen halbiert. ‚Die Lieferanten fahren die Früchte eines intensivierten und konsequenteren Mahn- und Forderungsmanagements ein', kommentiert M. Karrenberg, Leiter Risikomanagement bei *Atradius Deutschland*, die Studienergebnisse. ‚Im Zuge der Wirtschaftskrise haben viele Unternehmen ihre Zahlungsziele verkürzt, um ihre Liquidität zu sichern.' Wie wichtig schnelle Zahlungseingänge für die Liquidität sind, macht Karrenberg an einem Beispiel deutlich: ‚Werden die Forderungen eines größeren mittelständischen Unternehmens durchschnittlich auch nur einen Tag schneller beglichen, reduziert sich der Finanzierungsbedarf für dieses Unternehmen bereits um mindestens eine Million Euro pro Jahr. Die Verkürzung der Zahlungsdauer von 28 im Sommer 2009 auf jetzt 22 Tage bedeutet für die Unternehmen also ein beträchtliches Liquiditätspolster.' Auch die ausländischen Geschäftspartner der Deutschen beeilen sich mittlerweile bei der Begleichung ihrer Rechnungen. Mussten deutsche Lieferanten im Sommer 2009 noch durchschnittlich 36 Tage bis zum Zahlungseingang warten, dauert es jetzt nur noch 25 Tage" (http://www.atradius.de/news/press-relases/studie-lieferanten; 16.10.2010).

Einfluss der Landeskultur

Die Schnelligkeit, mit der Forderungen beglichen werden, ist nicht nur eine Frage des Kassenstandes oder der Professionalität des Mahn- und Forderungsmanagements (⇒ Mahn- und Inkassoverfahren), sondern auch Konsequenz kulturspezifischer Gepflogenheiten. Regressionsanalytisch lässt sich jedenfalls ein starker positiver Einfluss der Akzeptanz von Machtdistanz auf die eingeräumte Zahlungsfrist nachweisen. Allerdings sind auch in Ländern, die zu Ungewissheitsvermeidung tendieren, längere Zahlungsziele üblich. Nimmt man beide Kulturdimensionen als Prädiktoren in eine multiple Regressionsanalyse auf, dann erweist sich die Machtdistanz als aussagekräftiger. Mithilfe dieser Variable lässt sich die Dauer der eingeräumten Zahlungsfrist zu 41 % erklären (vgl. Abb. 222).

Abb. 222: Akzeptanz von Machtdistanz & Zahlungsfrist

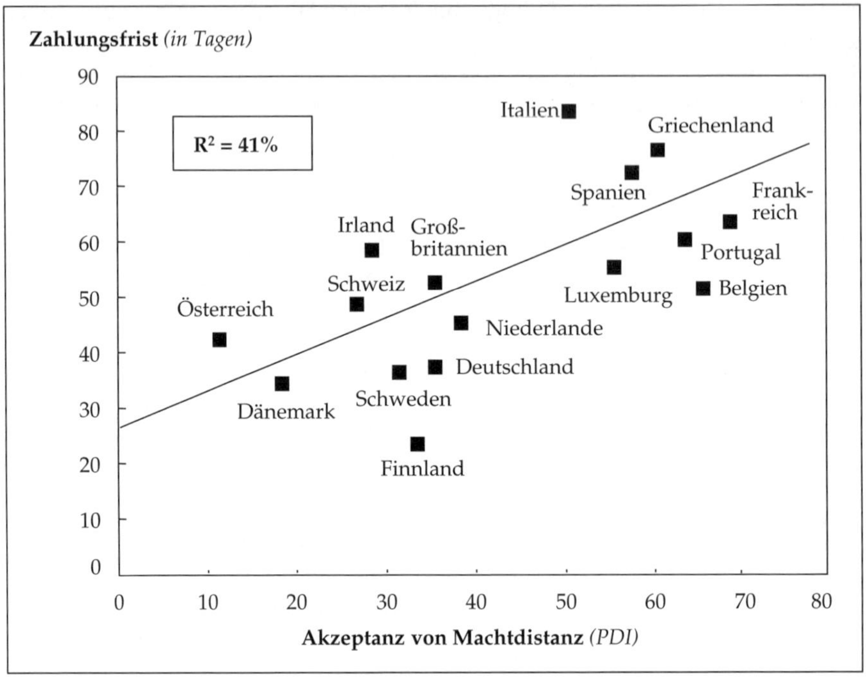

Zahlungsfrist *(in Tagen)*

$R^2 = 41\%$

Datenpunkte: Italien, Griechenland, Spanien, Frankreich, Irland, Großbritannien, Portugal, Schweiz, Luxemburg, Belgien, Österreich, Niederlande, Deutschland, Dänemark, Schweden, Finnland

Akzeptanz von Machtdistanz *(PDI)*

Quelle: eigene Auswertung auf Basis von Grant Thornton International, BSL European Surveys.

Zahlungsmoral von Privatpersonen

Im Frühjahr 2012 befragte das Marktforschungsinstitut *Ipsos* im Auftrag des Finanzdienstleisters *Eos* 2.200 Unternehmen aus zehn europäischen Ländern zur Zahlungsmoral ihrer Privatkunden. Gemäß dieser Studie ist auf griechische Käufer am wenigsten Verlass: Sie bezahlen nur 69,5 % ihrer Rechnungen innerhalb der vereinbarten Zahlungsfrist. Die zuverlässigsten Schuldner sind demzufolge …

- Rumänen (= 92,2 % fristgerecht bezahlte Rechnungen),
- Russen (= 90,0 % fristgerecht bezahlte Rechnungen) und
- Deutsche (= 82,4 % fristgerecht bezahlte Rechnungen).

9 Korruption

9.1 Herkunft & Bedeutungswandel des Begriffs

Wenn Beamte staatliche Investitionszulagen davon abhängig machen, dass die Begünstigten die Wahlkampfkasse ihrer Partei auffüllen, Vertreter der öffentlichen Hand einen Auftrag ohne Ausschreibung vergeben, Spitzenpolitiker ihren Urlaub auf der Yacht eines „Medienmoguls" verbringen: In all diesen Fällen ist vermutlich Korruption im Spiel. *Transparency Deutschland* definiert Korruption als „Missbrauch anvertrauter Macht zum privaten Nutzen oder Vorteil".

Vermutlich haben Menschen seit jeher versucht, sich auf unlautere Weise Vorteile zu verschaffen. *Aristoteles* bezeichnete die „Entartung der idealtypischen Staats- und Regierungsform" als Korruption. Später verstand man darunter zwar allgemein Sittenverfall und Bestechlichkeit. Mehr als andere aber waren damit staatliche Amtsträger gemeint, welche sich unter Verstoß gegen Recht, Sitte und Moral unbillig Vorteile verschaffen und gesellschaftliche Normen „brechen" (‚rumpere', lat. = brechen). Heute versteht man unter Korruption den Missbrauch einer amtlichen Funktion zur Erlangung eines persönlichen Vorteils oder eines Vorteils für Dritte bei Eintritt eines unmittelbaren oder mittelbaren Schadens für die Allgemeinheit. Korruption begeht ebenfalls, wer einen Amtsträger zu einem solchen Missbrauch verleitet. Dieser Tatbestand ist in der Regel strafbar und zieht dienst- wie auch arbeitsrechtliche Sanktionen nach sich.

9.2 Korruption in ausgewählten Ländern

Korruption ist weltweit beobachtbar. Mehr als ein Drittel aller Unternehmen bezahlt Schmiergelder, wobei manche Branchen erfahrungsgemäß besonders korruptionsanfällig sind (bspw. die Baubranche). Rund um den Globus werden jährlich erhebliche Summen für Bestechung im engeren und für Bestechung im weiteren Sinn ausgegeben (vgl. Bannenberg/Schaupensteiner 2007). Die Kommission der *Europäischen Union* hat 2014 erstmals einen Korruptionsbericht vorgelegt. Demzufolge glauben drei von vier EU-Bürgern, allen voran Griechen (= 99%) und Italiener (= 97%), dass Korruption in ihrem Heimatland an der Tagesordnung ist. Am optimistischsten äußerten sich die befragten Schweden: „Nur" 54% glauben, dass Schmiergeld die schwedische Wirtschaft am Laufen hält. Der Schaden, den Korruption im Bereich der Gemeinschaft jährlich anrichtet, wird in dieser Studie auf 120 Mrd. € geschätzt.

Allerdings unterscheidet sich dieses Phänomen von Land zu Land in Intensität, Erscheinungsform und Akzeptanz. Während solche Delikte in zahlreichen Industrieländern den einhelligen Unmut der Öffentlichkeit hervorrufen, hütet man sich anderswo davor, sie anzuprangern. Macherorts gilt Bestechung nicht einmal als Kavaliersdelikt.

Erlaubt ist, was Erfolg bringt

Wie weit die Meinungen über Korruption in Südkorea auseinander gehen, zeigt das Beispiel zweier Stahlproduzenten, *Pohang Steel (POSCO)* und *Hanbo Steel*. Beide hatten dasselbe getan: Getreu der konfuzianischen Tradition das persönliche Netzwerk von Verwandten, Schulfreunden und Nachbarn zum eigenen Vorwärtskommen genutzt. Angesichts der für Südkorea charakteristischen engen Symbiose zwischen Staat und Wirtschaft war dies zunächst nicht ungewöhnlich. Doch während *Hanbos* Versuch, durch finanzielle Zuwendungen die Gunst der öffentlichen Hand zu erringen, als illegitim angeprangert wurde, hatte die Öffentlichkeit an *POSCO* nichts auszusetzen. Warum diese Ungleichbehandlung? Die Begründung ist ebenso einfach wie, aus westlicher Sicht, überraschend: Erfolg legitimiert für Koreaner Vieles, auch Korruption. Während *Hanbo* nicht einmal im Inland gute Unternehmensergebnisse vorweisen konnte, hatte *POSCO* seine Wettbewerbsfähigkeit auf nationaler und internationaler Ebene unter Beweis gestellt. Auf das Unternehmen, das sich als ein würdiger Repräsentant Koreas erwiesen hatte, war man sogar stolz. Während in der westlichen Hemisphäre „alles erlaubt ist, man darf sich nur nicht erwischen lassen", lautet die konfuzianische Version dieser Maxime: „Alles ist erlaubt, man muss nur Erfolg haben" (Lew 1997, S. 89).

Zum Beispiel Griechenland

„Fakelaki" nennen Griechen das Bestechungsgeld, das sie gewöhnlich in einem Briefumschlag dem Amtsinhaber diskret zuschieben, um ...
- das Ausstellen eines Führer- oder Fahrzeugscheins zu beschleunigen (laut *Transparency International* = 1.500 €),
- eine Baugenehmigung zu erhalten (= 1.000 €),
- einer Steuerprüfung zu entgehen (= bis zu 10.000 €) oder
- bei der Aufnahme in ein Krankenhaus bevorzugt zu werden (= 5.000 €).

Bemerkenswert daran ist, dass Fakelaki im Regelfall nicht illegale Geschäfte fördert, sondern „lediglich" dafür sorgt, dass der Schmiergeldzahler eine Leistung, auf die er Anspruch hat, auch tatsächlich (bzw. rechtzeitig) erhält. 13,4 % der 2010 vom Meinungsforschungsinstitut *Public Issue* befragten erwachsenen Griechen gaben an, ihnen sei bereits in der ein oder anderen Weise Bestechungsgeld abverlangt worden. Rechnet man die Angaben der 6.122 Auskunftspersonen hoch, so bezahlte 2009 jeder Grieche durchschnittlich 3.026 € Fakelaki. Von der Gesamtsumme von 787 Mio. € an Bestechungsgeld entfielen 462 Mio. € auf den öffentlichen und 325 Mio. € auf den privaten Sektor. Dies erklärt, warum Griechenland in der Korruptionsrangliste von *Transparency International* von 2014 Rang 64 einnahm (von insgesamt 175 Ländern).

Zum Beispiel Kambodscha

Zu den Ländern, in denen Korruption an der Tagesordnung ist, zählt auch das südostasiatische Königreich. Manche Waren verteuern sich dadurch so sehr, dass sich der Handel damit nicht mehr lohnt. Nicht zuletzt deshalb nahm das „Land der Freien" 2014 auf der Rangliste des *Human Development Index* der *Vereinten Nationen* mit einem Entwicklungsindex von 0,722 unter 187 Staaten Platz 89 ein und auf der *Transparency*-Rangliste den 85. Platz.

Alle halten die Hand auf

„Sihanoukville ist der einzige Hafen Kambodschas. Über ihn könnte z.B. Reis exportiert werden. Weil aber an vielen Orten viele Hände aufgehalten werden, verteuert sich der Reis auf dem Wege nach Sihanoukville so sehr, dass sich sein Export nicht mehr rechnet. Geschäfte zu machen ist teuer. Die Polizei muss bezahlt werden, der Bürgermeister. ‚Selbst der kleinste Bauer', so *S. Schonberger*, Vize der *Weltbank*-Vertretung in Phnom Penh, ‚muss irgendeinen Beamten dafür bestechen, dass er überhaupt auf dem Markt verkaufen darf'" (Tenbrock 2003, S. 20).

Zum Beispiel Österreich

Zwar herrschen in Österreich keine griechischen (= Rang 64) oder italienischen Verhältnisse (= Rang 69 der Korruptionsrangliste 2014 von *Transparency International*; vgl. Teil H-9.3.2). Aber mit Rang 23 schneidet das Land doch wesentlich schlechter aber als die Schweiz (= Rang 5) und Deutschland (= Rang 12), die beiden anderen deutschsprachigen Länder. „Vieles war und ist in Österreich problemlos möglich. Parteien dürfen Geld von Unternehmen oder Interessenverbänden nehmen, ohne das öffentlich zu machen. Ein Politiker, der keine Parteispende, sondern eine Wahlkampfspende erhält, darf das für sich behalten. Minister, die Geld von einer Firma bekommen und dann ein Gesetz im Sinne dieser Firma auf den Weg bringen, gelten nicht als bestechlich, solange das Gesetz nicht beanstandet werden kann. Und kurzfristig verboten, aber nach einem Sturmlauf der Lobbyisten seit 2009 doch wieder erlaubt: Amtsträger dürfen mit Geschenken gewogen, vulgo: angefüttert werden" (o.V. 2012, S. 2).

Zum Beispiel Russland

Trotz der Ankündigung des damaligen Präsidenten *W. Putin*, die Korruption ausrotten und die Verwaltung „entbürokratisieren" zu wollen, regeln in Russland zwar mehr als 1.500 Gesetze das öffentliche und das private Leben. Aber in keinem kommt das Wort „Korruption" vor. Und das in einem Land, das von *Transparency International* auf dem 136 Platz ihrer Rangliste geführt wird.

Russlands Unternehmen (vor allem aus der Baubranche) mussten 2010 etwa 300 Mrd. Rubel an Kickbackzahlung an russische Beamte leisten (= Rückvergütung eines Teils der Auftragssumme an den Auftraggeber). Und Russlands Bürger müssen Jahr für Jahr Bestechungsgelder in Höhe von 40-50 Mrd. Rubel aufwenden, um von den russischen Behörden jene Dienstleistungen zu erhalten, die ihnen von Rechts wegen zustehen (bspw. eine Kontrolle der Miliz passieren dürfen, „obwohl" die Papiere in Ordnung sind). Gemäß einer Befragung von rund 7.500 Privatpersonen und Unternehmen in 40 Regionen bezahlten russische Privatleute 2001 durchschnittlich 1,7 Mal Bestechungsgeld, im Mittel 3.211 Rubel (100 $). 70% aller Autofahrer, die angehalten werden, sehen sich genötigt, Schmiergeld zu bezahlen (vgl. Hartmann 2002). Dazu passt folgende Passage im Verhaltenskodex der chronisch unterbezahlten russischen Beamten: „Wenn es nicht möglich ist, ein Geschenk zurückzusenden, soll der Beamte es nach Möglichkeit aufbewahren und minimal nutzen."

9.3 Korruptionsmaße

9.3.1 Überblick

Transparency International versucht weltweit, das Ausmaß von Korruption zu erfassen. Bei der Quantifizierung des Phänomens wird zum einen unterschieden zwischen aktiver Korruption und passiver Korruption (= Korrumpierbarkeit). Zum anderen basieren die gängigen Indices auf verschiedenen Datenquellen (vgl. Tab. 181). Während der *Corruption Perceptions Index (CPI)* die Bestechlichkeit in den einzelnen Ländern aus Expertensicht erfasst, spiegelt das *Global Corruption Barometer* die entsprechenden Einschätzungen von Laien wieder. Der *Bribe Payers Index (BPI)* wiederum quantifiziert die Bereitschaft von Managern, die aus den führenden Exportnationen stammen, ranghohe Amtsträger in wichtigen Schwellenländern zu bestehen. Er ist ein Maß der aktiven Bestechung (d.h. der Korruptionsbereitschaft der ‚bribe giver').

9.3.2 Corruption Perception Index

Die 1993 in Berlin gegründete unabhängige Nicht-Regierungsorganisation *Transparency International* befragt jährlich in nahezu allen Ländern (2014 = 175 Länder und Territorien) Experten danach, inwieweit ihrem Eindruck zufolge in ihrem Land Repräsentanten von Staat und Wirtschaft korrumpierbar sind. Neben den subjektiven Einschätzungen von Unternehmern, Managern, Wissenschaftlern, Beamten und Politikern gehen in den 1995 erstmals berechneten *Corruption Perception Index (CPI)* die Befunde von Korruptionsstudien u.a. folgender Institutionen ein:
- *World Economic Forum (WEF)*,
- *Institute for Management Development (IMD)*,
- *PricewaterhouseCoopers (PwC)*,
- *Weltbank ("World Business Environment")*,
- *Freedom House ("Nations in Transit")* und
- *Political and Economic Risk Consultancy (PERC)*, Hong Kong.

Auf dieser Basis wird der *CPI* berechnet. Die maximale Spannweite dieses Korruptionsmaßes reicht von ...
- 0 (= völlig korruptes System) bis
- 100 (= völlig korruptionsfreies System).

Dem Ideal völliger Korruptionsfreiheit kommen Dänemark, Neuseeland und Singapur am nächsten. Hingegen scheint Bestechung in Somalia, Nordkorea, Sudan und Afghanistan alltäglich zu sein (vgl. Tab. 181).

Tab. 181: Rangfolge zunehmender Korruptionsanfälligkeit (2014)

Rang	Land/Territorium	CPI 2014 Punktwert*	90%-Vertrauensintervall**	Anzahl Untersuchungen***
1	Dänemark	92	89–95	7
2	Neuseeland	91	87–95	7
3	Finnland	89	86–92	7
4	Schweden	87	81–93	7
5	Norwegen	86	82–90	7
5	Schweiz	86	82–90	6
7	Singapur	84	81–87	6
8	Niederlande	83	88–86	7
9	Luxemburg	82	77–87	6
10	Kanada	81	77–85	7
11	Australien	80	78–82	8
12	Deutschland	79	75–83	7
12	Island	79	74–84	6

9.3 Korruptionsmaße

Rang	Land/Territorium	CPI 2014 Punktwert*	90%-Vertrauensintervall**	Anzahl Untersuchungen***
14	Großbritannien	78	75–81	7
•	•	•	•	•
23	Österreich	72	66–78	7
•	•	•	•	•
161	Jemen	19	16–22	6
166	Eritrea	18	14–22	4
166	Libyen	18	5–31	5
166	Usbekistan	18	13–23	6
169	Turkmenistan	17	13–21	3
170	Irak	16	11–21	4
171	Südsudan	15	11–19	3
172	Afghanistan	12	8–16	4
173	Sudan	11	9–13	6
174	Nordkorea	8	2–14	3
174	Somalia	8	2–14	4

* **CPI-Gesamtwert**: Erfasst das von Geschäftsleuten und Länderanalysten wahrgenommene Ausmaß an Korruption und reicht von 10 (= frei von Korruption) bis 0 (= extreme Korruption).
****Vertrauensintervall**: Spannweite möglicher CPI-Werte in den einzelnen Ländern aufgrund von Messfehlern. Stehen nur wenige Quellen zur Verfügung, ist eine erwartungstreue Schätzung des Mittelwertes nur mit weniger als 90%iger Sicherheit möglich.
*****Anzahl Untersuchungen**: Um in den CPI aufgenommen zu werden, musste ein Land durch mindestens drei der insgesamt zwölf Untersuchungen bewertet worden sein.

Quelle: Transparency Deutschland.

Das ‚Steering Committee' (ein wissenschaftlicher Beirat bzw. Lenkungsausschuss) validiert die Methodik der Indexbildung. Operationalisiert wird der Korruptionsgrad zunächst anhand der Kriterien „Häufigkeit der Bestechung" und „Höhe des bezahlten Betrages". Dass beide Variablen gleichrangig gewichtet werden, ist allerdings problematisch. Denn damit werden die Fälle ...

- „ein Mitarbeiter wird mit 5.000 € bestochen" und
- „zehn Mitarbeiter werden mit jeweils 500 € bestochen"

als gleichwertig (bzw. gleichermaßen rechtswidrig) gewertet, obwohl dies offensichtlich nicht der Fall ist.

Zu bedenken ist auch, dass der *CPI* ein fortlaufender Index ist – d.h. er fasst jeweils Daten aus den letzten drei Jahren zusammen. Dies erhöht die Stabilität der Messung. Weiterhin werden objektive Daten (bspw. aus dem Wiener Büro der *Crime Prevention and Criminal Justice Division* der *Vereinten Nationen*) durch subjektive Einschätzungen ergänzt, weil Daten, welche von den Strafverfolgungsbehörden erfragt werden können, häufig lediglich ein Spiegel der Fähigkeit bzw. Entschlossenheit der Strafverfolgungsbehörden sind und somit kein verlässlicher Indikator des tatsächlichen Ausmaßes an Korruption. Erschwerend kommen teilweise gravierende Unterschiede im (Rechts-)Verständnis in den untersuchten Ländern hinzu.

9.3.3 Global Corruption Barometer

Während der *CPI* die Korruptionsanfälligkeit in den verschieden Ländern aus Expertensicht erfasst, dokumentiert das *Global Corruption Barometer* die entsprechenden Einschätzungen von Laien. Im „Korruptionsbarometer 2013" nimmt Deutschland unter 107 Ländern einen mittleren Rang ein. Auf einer fünfstufigen Skala von „1 = überhaupt nicht korrupt" bis „5 = höchst korrupt" beurteilten die deutschen Probanden die politischen Parteien ihres Landes (= 3,8) und die Privatwirtschaft als leicht überdurchschnittlich korrupt, gefolgt von den Medien (= 3,6), dem Parlament (= 3,4) und der Öffentlichen Verwaltung (= 3,4).

9.3.4 Bribe Payers Index

Der von *Transparency International* erstmals 1999 und zuletzt 2011 veröffentlichte *BPI* ergänzt den *Corruption Perceptions Index*. Denn Bestechlichkeit ist nur eine notwendige, nicht aber hinreichende Bedingung von Korruption. Damit es dazu kommt, bedarf es auch Unternehmen bzw. Manager, die andere bestechen bzw. es versuchen. Deshalb klassifiziert der *Bribe Payers Index* die führenden Exportnationen danach, inwieweit Mitarbeiter ortsansässiger Unternehmen bereit sind, leitende Angestellte des öffentlichen Dienstes in Entwicklungsländern zu bestechen. Der *BPI*-Wert ergibt sich als Durchschnitt der Antworten der Befragten auf folgende Frage:

> „Bitte geben Sie für die Ihnen vertrauten Wirtschaftssektoren an, wie wahrscheinlich es ist, dass Unternehmen aus den folgenden Ländern Bestechungsgelder zahlen oder anbieten, um in diesem Land Geschäfte abzuschließen oder im Geschäft zu bleiben."

2011 versuchten gemäß den Recherchen von *Transparency International* vor allem Manager, welche die Geschäftsinteressen russischer, chinesischer, mexikanischer und indonesischer Unternehmen vertraten, ihrem Arbeitgeber in Entwicklungsländern durch Bestechung Aufträge zu sichern. Vergleichsweise selten griffen dagegen die Repräsentanten von Unternehmen aus dem deutsch- und dem englischsprachigen Raum zu diesem Mittel (vgl. Tab. 182).

Tab. 182: Bribe Payers Index 2011

Rang	Land	BPI (0–10)	Rang	Land	BPI (0–10)
1	Niederlande	8,8	15	Hong Kong	7,6
1	Schweiz	8,8	15	Italien	7,6
3	Belgien	8,7	15	Malaysia	7,6
4	Deutschland	8,6	15	Südafrika	7,6
4	Japan	8,6	19	Taiwan	7,5
6	Australien	8,5	19	Indien	7,5

Rang	Land	BPI (0-10)	Rang	Land	BPI (0-10)
6	Kanada	8,5	19	Türkei	7,5
8	Singapur	8,3	22	Saudi Arabien	7,4
8	Großbritannien	8,3	23	Argentinien	7,3
10	USA	8,1	23	VAR	7,3
11	Frankreich	8,0	25	Indonesien	7,1
11	Spanien	8,0	26	Mexiko	7,0
13	Südkorea	7,9	27	China	6,5
14	Brasilien	7,7	28	Russland	6,1

Quelle: Transparency International, Bribe Payers Survey 2012.

9.3.5 Kritische Würdigung

Weder der *Corruption Perceptions Index* noch der *Bribe Payers Index* sind objektive Maße. Vielmehr reflektieren sie aggregierte subjektive Einschätzungen der Korrumpierbarkeit bzw. der Bereitschaft, Korruption als Mittel der Marktbearbeitung einzusetzen. Wie alle subjektiven Einschätzungen sind auch sie anfällig für Urteilseffekte aller Art (z.B. Länderstereotype). Graf Lambsdorff (2006) wertet die hohen Interkorrelationen (r =.80) der in den *CPI*-Wert eingeflossenen Einzelmaße als Beleg für die Güte des *CPI*. Allerdings kann er nicht ausschließen, dass diese Übereinstimmung lediglich ein messtechnisches Artefakt reflektiert: die gleichsinnige Beeinflussung der bis zu zwölf Einzelindikatoren durch dieselben Länderstereotype (z.B. Italien = Sonne, süßes Nichtstun, Mafia, Korruption etc.).

9.4 Ursachen von Korruption

Im Verlaufe der weltweiten wissenschaftlichen Auseinandersetzung mit den Ursachen und Konsequenzen von Korruption wurden die unterschiedlichsten Erklärungsansätze entwickelt (vgl. u.a. Treismann 2007, 2000; Glaeser/Saks 2006; Sell 1993; Heberer 1991).

9.4.1 Theoretische Erklärungsansätze

These der Moralisten

Korruption ist Ausdruck individueller moralischer Defizite, eingebettet in einen allgemeinen Verfall der guten Sitten in einer Gesellschaft. Strittig ist allerdings, ob ein moralischer Relativismus gilt oder ob moralische Maßstäbe absolut, d.h. weltweit gültig sind. Muss also ein Unternehmen auch in einem kulturellen Umfeld, das Korruption toleriert, sich an den moralischen Standards seines Herkunftslandes orientieren? Während es bspw. in den USA schon seit mehr als 20 Jahren unter Strafe verboten war, ausländische Amtsträger zu bestechen, selbst wenn dies in deren Herkunftsland nicht illegal wäre, erlaubte es das deutsche Steuerrecht noch lange Zeit, die Kosten dieser Form der Marktbearbeitung als „besondere Aufwendungen" geltend zu machen.

These der Funktionalisten

In wenig entwickelten Ländern steigert Korruption die Effektivität und Effizienz der staatlichen Administration und fördert so indirekt die wirtschaftliche Entwicklung.

These der Postfunktionalisten

Korruption erhöht c.p. die allgemeinen Marktzugangskosten und die effektiven Zinssätze. Überdies leiden darunter die ...
- Transparenz der administrativen Prozesse (weshalb eigennütziges Verhalten von Funktionsträgern nicht bzw. erst spät entdeckt wird),
- Qualität des Humankapitals (da Zeugnisse, Diplome etc. nicht das Leistungsvermögen von Bewerbern widerspiegeln sondern deren „Networking"),
- Realeinkommen (da für Güter und Dienstleistungen jeweils Aufschläge zu entrichten sind).

These der Kulturalisten

Korruption ist ein nur kulturspezifisch verstehbares Phänomen des Gebens und Nehmens und eine in beziehungsorientierten Gesellschaften übliche Form der Beziehungspflege.

These der Materialisten

Aktive und passive Korruptionsbereitschaft werden nicht primär durch die Art der kulturellen Konditionierung, sondern durch das ökonomische Entwicklungsniveau eines Landes gehemmt bzw. gefördert. Denn die vergleichsweise korruptionsresistenten individualistischen Länder der westlichen Hemisphäre sind im Regelfall ökonomisch erfolgreicher als die korruptionsanfälligen kollektivistischen Gesellschaften.

These der Spieltheoretiker

Korruption lässt sich als klassisches Gefangenen-Dilemma untersuchen. Solange keine überprüfbaren gesetzlichen Vorgaben für Chancengleichheit sorgen, müssen die ‚bribe giver' fürchten, dass sie einen Nachteil erleiden, wenn sie auf dieses Instrument der Marktbearbeitung „freiwillig" verzichten – ohne Gewähr, dass ihre Konkurrenten dies auch tun.

9.4.2 Befunde der empirischen Wirtschaftsforschung

Aktive Bestechung

Eine Vielzahl von Studien ist dem Versuch gewidmet, die makroökonomischen, kulturellen bzw. institutionellen Antezedenzen von aktiver und passiver Bestechlichkeit zu identifizieren. Am Beispiel der Bestechungsgelder, die in

21 Transformationsländern flossen, wiesen Clarke/Xu (2004) nach, dass profitable Unternehmen, die in jüngerer Vergangenheit privatisiert wurden, und Unternehmen, die größere Außenstände haben, überdurchschnittlich hohe Bestechungssummen bezahlen. Und Sanyal/Samanta (2004a) konnten zeigen, dass in Entwicklungsländern, die in einem Fünf-Jahres-Zeitraum ihren Grad an ...

- sozioökonomischer Entwicklung (gemäß dem *Human Development Index [HDI]*) und
- ökonomischer Freiheit (gemäß dem *Economic Freedom Index*)

verbessern konnten, die Entscheidungsträger sich mit geringerer Wahrscheinlichkeit bestechen lassen als in den Jahren zuvor. Dabei wurde die wahrgenommene Korruptionsanfälligkeit mit Hilfe des *CPI* erfasst.

Passive Bestechung

Wie eine Umfrage der *Weltbank* unter ca. 3.600 Unternehmen in 69 Ländern ergab, schädigt Korruption insb. die Entwicklungs- und Schwellenländer. Ein Drittel der Auslandsschulden dieser Länder gelten als korruptionsbedingt. Kaum etwas hemmt in vielen Weltregionen das Wirtschaftswachstum so sehr wie Korruption. Denn sie ...

- schreckt Investoren ab,
- bindet Kapital, das an anderer Stelle (z.B. für Erziehung und Gesundheitsversorgung) besser eingesetzt wäre (denn nicht selten würden überdimensionierte Kraftwerke, Staudämme, Straßenanlagen etc. nur deshalb gebaut, weil sich bei einem Großprojekt leichter Geld veruntreuen lässt als bei vielen kleinen Projekten),
- sorgt dafür, dass Kredite in übermäßiger und unverantwortlicher Weise vergeben werden (weshalb Korruption als eine der Ursachen internationaler Finanzkrisen gilt),
- vertieft die Kluft zwischen Arm und Reich (weil bestechliche Eliten sich häufig nicht ihrem Land, sondern ihrem Familienclan verpflichtet fühlen und die öffentlichen Haushalte ausrauben),
- bewirkt, dass Aufträge mit einem Preisaufschlag von bis zu 30 % vergeben werden (im Vergleich zu fairen Wettbewerbsbedingungen),
- schädigt nicht nur die Auftraggeber und die Endkunden, sondern auch die korrumpierten Unternehmen, die an Innovations- und Wettbewerbsfähigkeit verlieren,
- steht im Widerspruch zu zentralen Wertvorstellungen unserer Gesellschaft wie Gerechtigkeit und bedroht auf lange Sicht die politische Ordnung und damit die Verlässlichkeit des sozialen Lebens.

Kausalitätsproblem

Betrachtet man die Rangfolge der 175 Länder, dann fällt auf, dass am Ende der *CPI*-Skala ausschließlich Entwicklungsländer rangieren. Dies legt die Vermutung nahe, dass Armut Korruption bedingt. Oder sind diese Länder arm, weil dort die verschiedenen Formen von Bestechung dafür sorgen, dass nur wenige Menschen vom wirtschaftlichen Fortschritt profitieren, weil Korruption

Entwicklung behindert oder sogar verhindert etc. (vgl. Abb. 223)? „Corruption is closely related to GDP per capita and to human capital. These correlations are consistent with the economic and human capital theories of institutional development, but the correlations could also be driven by reverse causality or omitted variables" (Svensson 2005, 29 f.).

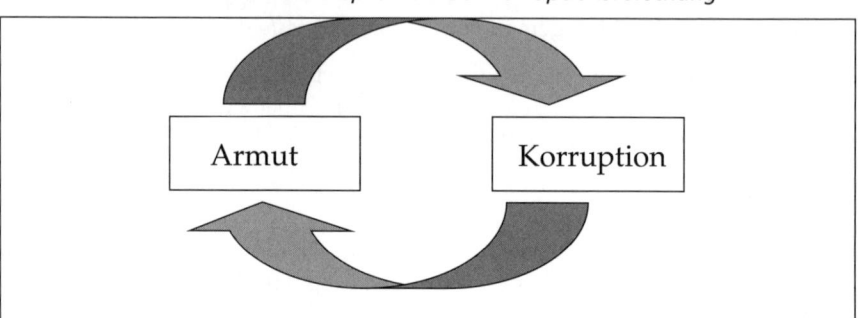

Abb. 223: Kausalitätsproblem der Korruptionsforschung

Eindeutig beantworten lässt sich die Kausalitätsfrage, die Frage nach Ursache und Wirkung, nicht. Vermutlich bedingen sich beide Effekte – ausbleibende Entwicklung und Korruption – wechselseitig. Gegen die Gleichsetzung von Armut und Korruptionsanfälligkeit spricht auch, dass spätestens der sich verschärfende internationale Wettbewerb dafür gesorgt hat, dass korrupte Praktiken selbst in Volkswirtschaften, die dagegen gefeit zu sein schienen, um sich greifen (z.B. in Deutschland). Der Bau der überdimensionierten Kölner Müllverbrennungsanlage ist hierfür nur ein Beispiel unter zahllosen ähnlich gelagerten Fällen in Industrieländern.

9.4.3 Befunde der kulturvergleichenden Forschung

Einfluss von Maskulinität & Akzeptanz von Machtdistanz

BPI. Unternehmen, die aus Gesellschaften stammen, deren Landeskultur von Akzeptanz von Machtdistanz und/oder Maskulinität geprägt ist, versuchen mit überdurchschnittlicher Wahrscheinlichkeit, ihre Geschäftspartner zu bestechen (Sanyal/Samanta 2004a). Begünstigt wird die Neigung zu aktiver Bestechung weiterhin durch ...
- ein geringes Pro-Kopf-Einkommen,
- ein geringes Ausmaß an ökonomischer Freiheit sowie
- bestimmte rechtliche Rahmenbedingungen (z.B. steuerliche Absetzbarkeit von Bestechungsgeldern).

CPI. Vornehmlich Unternehmen aus Ländern, die Machtdistanz akzeptieren, sind korruptionsanfällig. Dies bedeutet, dass Angehörige von Ländern bzw. Kulturen mit großer Bereitschaft, Machtungleichgewichte und Hierarchieunterschiede zu akzeptieren, sich eher korrumpieren lassen als andere (vgl. Basabe/Ros 2005; Sanyal 2005; Davis/Ruhe 2003; Getz/Volkema 2001).

Einfluss von Maskulinität vs. Feminität

Die maskulinen Gesellschaften nachgesagte Neigung, Herausforderungen aggressiv zu begegnen, erklärt auch ihre erhöhte Anfälligkeit für korrupte Praktiken (vgl. Sanyal 2005).

Einfluss von Individualismus vs. Kollektivismus

Je individualistischer eine Kultur ist, umso geringer deren Anfälligkeit für Korruption. Hingegen neigen kollektivistische Gesellschaften zu korruptem Handeln (vgl. Basabe/Ros 2005). Denn dort spielen soziale Beziehungen und Hierarchien, die durch „Zuwendungen aller Art" zu pflegen bzw. zu würdigen sind, eine entscheidende Rolle. Wie die in Abb. 224 dargestellte Pfadanalyse zeigt, kommt dieser Kulturdimension bei simultaner Betrachtung ökonomischer und kultureller Korrelate der Korruptionsbereitschaft eine Schlüsselrolle zu.

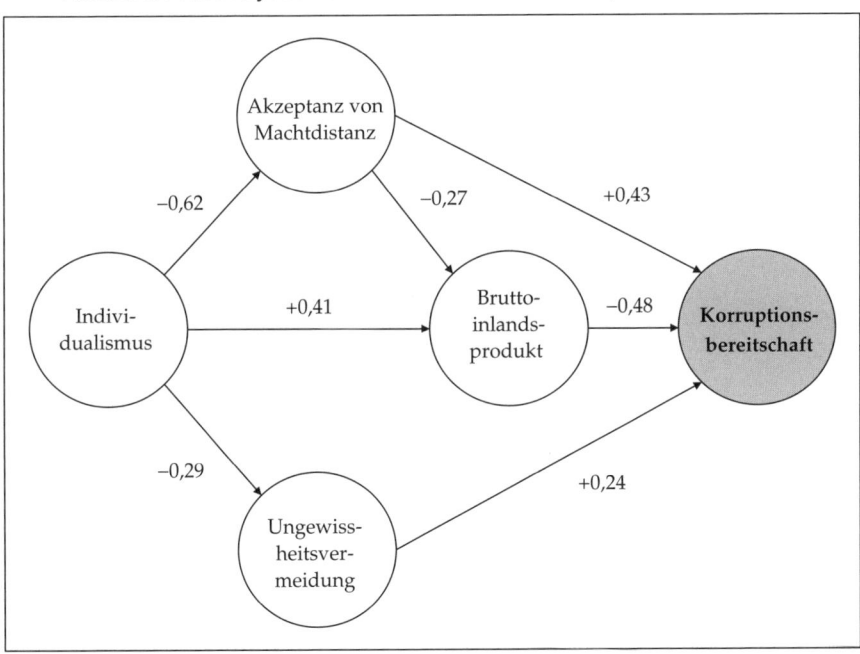

Abb. 224: Pfadanalytisches Strukturmodell der Korruptionsbereitschaft

Quelle: Müller (2002).

Einfluss von Unsicherheitsvermeidung

Die Tendenz, ungewisse Lebenssituationen zu vermeiden, geht mit einem leichten Hang zur Korruption einher (vgl. Getz/Volkema 2001). Erklären lässt sich dies mit dem von der Kontrolltheorie beschriebenen Kontrollbedürfnis: Menschen wollen in der Lage sein, durch ihr Handeln zukünftige Ergebnisse zu beeinflussen (vgl. Fritsche et al. 2006). So können Manager die Unsicherheit, ob sie einen bestimmten Auftrag erhalten werden, reduzieren, indem sie durch „Geschenke" oder direktere Formen von Korruption Einfluss auf die Entscheidungsträger nehmen.

9.5 Konsequenzen von Korruption

9.5.1 Grundlagen

Viele Entwicklungsländer bleiben im Teufelskreis von Armut und Unterentwicklung gefangen, weil ihre Eliten sich nicht als Entwicklungspatrioten ihrem Land, sondern nur ihrem Clan verpflichtet fühlen und die öffentlichen Haushalte plündern. Nicht zuletzt verzerrt Korruption den Wettbewerb, weil Unternehmen immer größere Summen aufwenden müssen, um Aufträge zu erhalten, und zerrüttet ganze Gesellschaften. Denn Korruption unterhöhlt das Vertrauen in den Staat, die Legitimität von Regierungen sowie die allgemeine Moral (vgl. Hamm 2006; Seib 2000).

9.5.2 Befunde der Korruptionsforschung

Ökonomische Konsequenzen

Nach Angaben der *Weltbank* bezahlt mehr als ein Drittel aller Unternehmen Schmiergelder, wobei manche Branchen erfahrungsgemäß besonders korruptionsanfällig sind (bspw. die Baubranche). Weltweit werden jährlich 25-30 Mrd. € für Bestechung im engeren Sinn ausgegeben (vgl. Bannenberg/Schaupensteiner 2007).

Korruption schädigt insb. die Entwicklungs- und Schwellenländer. Ein Drittel der Auslandsschulden dieser Länder gilt als korruptionsbedingt. Kaum etwas hemmt deren Wirtschaftswachstum so sehr wie Korruption. Aber nicht nur in den weniger entwickelten Regionen der Welt sind bei größeren Investitionen bis zu 20 % des Auftragswertes für Bestechungsgelder vorzusehen. Auch der deutschen Volkswirtschaft fügt Korruption im weiteren Sinn einen Schaden von jährlich etwa 10 Mrd. € zu.

Juristische Konsequenzen

Bannenberg/Schaupensteiner (2007) gehen davon aus, dass nur etwa 5 % der Korruptionsfälle erkannt werden. Von diesen wiederum wird nur eine Minderheit juristisch verfolgt. Zwar haben sich mittlerweile 38 Staaten verpflichtet, Korruption entsprechend den Regeln der *OECD* zu ahnden (d.h. bspw. auch Bestechung im Ausland als Straftat zu behandeln). Aber lediglich die US-amerikanische (= 107 Fälle), die deutsche (= 71) und die südkoreanische Justiz (= 16 Fälle) eröffneten in der Dekade bis 2010 aus diesem Grund pro Jahr mehr als ein Strafverfahren. Obwohl bspw. in Argentinien, Griechenland oder Südafrika eklatante Korruptionsfälle gerichtsbekannt sind, blieb die Justiz in diesen und anderen Ländern untätig (z.B. in Brasilien, Chile, Mexiko, Polen, Tschechien,

Türkei). Belgien, Italien und Ungarn legten keine aussagefähigen Zahlen vor (vgl. Ott 2012).

Der Versuch, Korruption durch (finanzielle, juristische etc.) Sanktionen zu bekämpfen, muss deshalb als gescheitert gelten. Es sollte deshalb versucht werden, durch andere Maßnahmen die verschiedenen wettbewerbsverzerrenden Praktiken zu unterbinden und für ein sauberes Geschäftsklima zu sorgen. Dieses Ziel verfolgen die zahlreichen ⇒ Anti-Korruptionsmaßnahmen (z.B. Integritätspakt, Clean Management, Whistleblower-Schutz).

> In reichen Ländern, die zumeist auch individualistisch sind und Machtdistanz eher ablehnen, ist Korruption weniger verbreitet als in armen Ländern, die von Kollektivismus und Akzeptanz von Machtdistanz geprägt sind.

Hilfreiche Links

http://www.transparency.org

Diese 1993 in Berlin gegründete Nicht-Regierungsorganisation hat sich als führende Anti-Korruptions-Organisation einen Namen gemacht. Die weltweilt mehr als 5.000 Mitglieder sind in über 70 Sektionen gegliedert. Das von *Transparency International* unterhaltene Webportal *CORIS (= Corruption Online Research & Information System)* eröffnet den Zugang zu mehr als 16.000 internationalen Quellen, welche sich mit dem Thema Korruption befassen.

Stichwortverzeichnis

Aberglaube 370
Absurde Werbebotschaften 661 ff.
Adidas 666 f.
Affinitätszonen, kulturelle 238
Agency-Theorie 473
Akkord von Wassenaar 136
Akkulturation 27, 59, 545
Akquisition, internationale 484 f.
Aktivierung 525 f.
Akzeptanz
- kommerzieller Online-Kommunikation 703 f.
- von Direktmarketing 700
- von Empfehlungen 709
- von Machtdistanz 102 ff., 128 ff., 146 f., 169 ff.
- von Sponsoring 690
- von Verkaufsförderung 685
- von Werbung 621 ff., 685
Aldi 332, 391, 530
Allgemeines Zoll- und Handelsabkommen 6, 41
Allianz, strategische 479
Allozentrismus 21 f.
Ambiguitätstoleranz 132, 679
Analphabetenquote 643, 681
Angemessenheit 547 ff.
Anglizismen 657 ff.
Animosität 460, 636
Anpassung 546 f.
Anreize 532 ff.
Anthropologie 30, 77 f.
- Sozialanthropologie 78
Antworttendenzen 170
Apple 366
Arabien 242
Arbeitsstil 558
Argumentationstechniken 578
Asien 239 ff., 254
- Ostasien 241
Aspirin 219 f.

Assimilation 545
attitude toward the ad 621 f.
Attribution 185, 252, 412, 418 f.
- Attributionsfehler, fundamentaler 126
- falscher Konsensus 558
- Kausalattribution 418
Audi 602
- Audi R8 602
Aufgabenorientierung 536 ff.
Aufmerksamkeitserfolg 638 ff.
Auslandsbonus 716
Auslandserfahrung 486 f.
Auslandsquote 9, 403
Außenhandelsbilanz 7
Autonomie 161 ff.
Autorität 681

Bafa Bafa 564 f.
Bahlsen 338, 367
Bannerwerbung 703 f.
Bedürfnis 285 ff., 294 f., 597 ff.
- Defizitbedürfnisse 640
- Konsistenzbedürfnis 679
- Maslowsche Bedürfnishierarchie 309 f.
- nach Anerkennung 597
- nach Einzigartigkeit 184 f., 350 ff., 680
- nach Neuem 640
- nach Schönheit 598
- nach Sicherheit 352 ff., 597
- Sicherheitsbedürfnis 266 f.
- universale Bedürfnisse 309
Bedürfnispyramide 176 f.
Beeinflussungsstrategien 627 ff., 678 ff.
- affektives Beeinflussungsmodell 645 f.
- kognitives Beeinflussungsmodell 645 f.

- Liking-Strategie 680
Behavioral Assessment Scale for Intercultural Communication Effectiveness (BASIC) 554
Beiersdorf 590 f.
Beliebtheit 680
Benefit-Segmentierung 276 ff.
Benetton 636 ff.
Beschwerdemanagement 417 ff.
- Beschwerdekultur 426 ff.
- Beschwerdeparadoxon 425 f.
- Entschuldigung 428 f.
- Kompensation 429
- service recovery 425 ff.)
Beschwerden 423 ff.
- eBeschwerden 425
Bestechung 753 ff.
- aktive Bestechung 760 f.
- passive Bestechung
Beziehungsmanagement 536 ff., 567 ff.
- kultursensibles Beziehungsmanagement 542 ff.
Beziehungsorientierung 226, 243, 509, 536 ff.
Bharat-Benz 197
bias
- cultural bias 113 f., 641
- foreign bias 716
- gender bias 140
- response bias 168
Bierwerbung 664
Bildinformationen 600 f.
Bionade 641
Birkenstock 197
Blockbuster 348 f.
BMW 219, 503, 507, 601
Boeing 372
Branchenkultur 65, 83
Braun 658
Brembo 507 f.
Bribe Payers Index 758 f.
Brose 439
Brückenkopfstrategie 492 f.
Buddhismus 419, 535, 598
Bummerang-Effekt 654, 657
buy national 459 f.

Carlsberg 290
Celesio 377
Chaebol 241
Chanel 335
Chauvinismus 288, 463
Checklist-Verfahren 441 ff.
Chile 242 f.
China 562, 569, 626
Chinese Value Survey 114
Chrysler 505
Citibank 376 f.
civilizations 237
Claas 12
Claim 631, 657 ff.
Cluster 236 ff.
- Clusteranalyse 245, 250 f.
- Ex Post-Cluster 243 ff.
Coca-Cola 213, 296, 372, 600
Commerzbank 290
Commitment 360 ff., 500
Commonwealth 258
Concepta/Percepta-Modell 83 f.
Corporate Citizenship 670 f.
Corporate Governance
Corporate Reputation 672 f.
Corporate Social Responsibility 674
Corporate Website
Corruption Perception Index 756 ff.
Country of Origin 356 f.
Couponing 685 f.
cross-border merger 483 f.
cross-cultural target groups 267 ff.
cross-licensing 477
cultural animosity 460
cultural bias 113 f., 641
cultural brands 336 f.
cultural due diligence 521 f.
cultural universals 590 f., 595, 645, 661
Culture Assimilator 565
Culture Free- vs. Culture Bound-These 38
CVSCALE 189 f.

Daewoo 368
Daimler 47, 505
- Daimler AG 197

– DaimlerChrysler 68
Definitionen 22 ff.
– deskriptive vs. explikative Definitionen 24 f.
Degussa AG 269
Denkstil 333
– analytischer Denkstil 333
– synthetischer Denkstil 133
Determinismus, kultureller 143
Deutsche Bank 631 f.
Deutschland 58 ff., 108 f., 121 ff., 560 f.
Dienen 397 f.
Dienstleistungen 395 ff.
– Einzelhandel 401 ff.
– produktionsnahe Dienstleistungen 395
– Servicequalität 406 ff.
– wissensintensive Dienstleistungen 395
Dienstleistungsmentalität 397 f.
Dienstleistungspolitik 395 ff.
Differenzierte Standardisierung 230 ff.
Differenzierung 197 ff.
– Differenzierungsthese 596 ff.
Diffusion 324 ff.
– Diffusionsgeschwindigkeit 327 f.
– Diffusionskurve 324 f.
direct mails 701
Direktinvestitionen 481 ff., 504
Direktmarketing
Direktvertriebe 510 ff.
Diskriminanzvalidität 553 ff.
Distanz
– kulturelle Distanz 182 ff., 291, 329 f., 405, 454 ff., 488 ff.
– psychische Distanz 452 f., 496 f.
– soziale Distanz 452
– sprachliche Distanz 490 f.
Distanzhypothese, allgemeine 13 f.
Distanzmaße 449, 452 ff.
Distributionsmanagement 508 ff.
Distributionspolitik 437 ff.
Diversität 52 f.
– Diversity Management 543 ff.
– kulturelle Diversität 79
– kulturelle Vielfalt 52,

– Migranten 55 f.
Dorf, globales 46 f., 514
Dr. Oetker 364
Drittkultur 17
due diligence 521
Durchsetzungsfähigkeit 169 ff.
Dynamik, konfuzianische 113 f.

E.ON 363, 366
eBeschwerde 425
ecological fallacy 184
E-Commerce 513 ff., 528
economies of scale 202
Effektivität vs. Effizienz 537, 547 ff.
Egalitarismus 164
Ehre 244
Eigentum, geistiges 464 f.
Eigentumsrechte 524
Einkaufsorientierung 535
Einkaufsstätten, virtuelle 527 f.
Einkaufsstättentreue 535 f.
Einkommensunterschiede 130
Einzelhandel 401 ff.
– Globalisierung des Handels 403
Einzigartigkeit 326, 350 ff.
Emic vs. Etic 32
Emotionen 432, 638 f.
Empathie 550
Empfehlungen, persönliche 707 ff., 710
Enkulturation 27, 545
Entscheidungen 137 f.
– zentrale Entscheidungsfindung 228
Entschuldigung 428 f.
Entsendung 542 f.
Entwicklungshilfe 135
equality vs. equity 186, 536
Erinnerbarkeit 373
Erkenntnisgewinnung 244
Erklärungsansätze, qualitative vs. quantitative 77 ff.
Erotische Werbebotschaften 656 f.
Ernährungsgewohnheiten 296
Erziehungsstile 146
Escape-Motiv 623
Esprit

Esso 598 f.
ethnic food 285
Ethno-Kultur 83
Ethnologie 31
Ethno-Marketing 55 ff.
Ethnozentrismus 29, 106, 549
- Konsumentenethnozentrismus 71 f.
Euro Socio-Styles 273 ff.
Europa 238 f.
Eurostat 252 f.
Euro-Styles 271 ff.
Expatriates 547 ff.
Export 469 ff., 496 ff.
Exportmarketing 33
Exportwirtschaftslehre 33

Fairy Ultra 368
Faktorenstruktur 141
Familie 538, 672
Familienfreundlichkeitsindex 136 f.
Familienkollektivismus 169, 263 f.
Familienprinzip 241
Family Business Network 241
Farbe 299, 312 ff., 316 f.
Faschismus 258
Fatalismus 288
Fehlschluss 186 f.
- individualistischer Fehlschluss 187
- ökologischer Fehlschluss 73 f., 184, 187
Feilschen 745 ff.
Feindseligkeit, kulturelle 459
Feingefühl, kulturelles 417 f.
Feminine vs. maskuline Orientierung 109 ff.
Feminität vs. Maskulinität 135 ff.
Fernseh- vs. Printwerbemarkt 251
Festpreis 744
Filterverfahren 444 f.
Fissler 715
Fit
- kultureller Fit 521
- strategischer Fit 223
Flexibilität 561, 579
foreign branding 357 f.

Forschung + Entwicklung 307 ff.
Forschung, interkulturelle 22 f.
Forschung, kulturvergleichende 22 f.
Forschungsstrategien 32, 69 ff.
Fragebogenmethode 141
Franchising 479 ff.
Frankreich 105, 129, 150 f., 508, 561, 579
Fremdenfeindlichkeit 132, 377
Fremdheit 375 ff.
Fremdsprachige Werbebotschaften 657 ff.
Führungsstil 131, 168, 562
Fürsorglichkeit 463
Furchterregende Werbebotschaften 653 ff.
Fusion 483 f., 504 ff.

GATT 6
Gebrauchsanleitungen 312 ff.
Gemeinschaftsunternehmen 477 ff., 499 ff.
General Electric 511
Generation Y
Genetisches Modell der Internationalisierung 468
Genussorientierung vs. Selbstbeherrschung 117 ff., 145
Gerechtigkeit 427, 474
- Verteilungsgerechtigkeit 474
- wahrgenommene Gerechtigkeit 432 f.
Geschenke 132 f., 298 f., 520
Geschlechter
- Geschlechtergleichheit 169 ff.
- Geschlechterrolle 629 ff.
- Geschlechterunterschied 462 f.
Gesellschaft für Konsumforschung (GfK) 273 ff.
Gesellschaften
- aufgaben- vs. beziehungsorientierte Gesellschaften 243
- Gesellschaften der Ehre vs. Gesellschaften der Würde 244
- horizontale vs. vertikale Gesellschaften 243

- kognitive vs. normative Gesellschaften 244
- Scham- vs. Schuldgesellschaften 244

Gesicht 538
- Gesichtsverlust 417, 578, 694

Gewöhnungseffekt 695
Gini-Koeffizient 130
Glaubwürdigkeit 332, 665 f., 694
Gleichbehandlung 186
Gleichheit 161 ff.
Global Compact 670
Global Corruption Barometer 758
Global Marketing 36, 211 ff.
- Konvergenzthese 211 ff.
- Standardisierungsthese 214
- Zentralisationsthese 215

Global Player 198, 216
Globalisierung 5 ff., 41 ff., 198 f.
- globales Dorf 46 f.
- Globalität 300 ff.

GLOBE-Studie 165 ff.
Glokalisierung 601 ff.
Glück 117, 126, 145, 182, 316
- Glücksnamen 290, 372
- Glückszahlen 290, 372

Grenznutzen, abnehmender 175
Griechenland 754
Großbritannien 150 f., 404 f.
Gruppenkollektivismus 169 ff.
Guanxi 241, 480, 537 ff., 572

Häagen Dazs 358
Habituationseffekt 695
halal 292
Halls Kulturmodell 81
Handelshemmnisse 460 f.
Handelsmarken 337 ff., 532
Handlungskompetenz, interkulturelle 554 f.
hard selling 627 f.
Haribo 62
Harmonie 161 ff., 422, 466, 538 ff.
Hella 235
Henkel 305, 383
Herkunftslandeffekt 357
Herrschaft 161 ff.

Hidden Champions
Hierarchie 161 ff., 538
Hierarchie der Bedürfnisse 176 f.
High Context-Kulturen 325 f., 537
Hinduismus 552
Hochkultur 15
Höflichkeit 409 f.
Hofstede-Studie 91 ff.
Home Depot 57
Homonyme 372
Honeymoon 546
Hong Kong 242
Horizontale vs. vertikale Gesellschaftsstruktur 156 f.
Humanorientierung 170 ff.
Humor 645 ff.
Hybridstrategie 292 f.

IBM 93
Identifikation 361
Identität
- bikulturelle Identität 67
- kulturelle Identität 198, 217, 293, 336 f.

Idiozentrismus 21 f.
- Idiozentriker vs. Allozentriker 184

IKEA 218, 291, 598
Image/Kongruenz-Hypothese 311
Imitation 319
Immaterialität von Dienstleistungen 396 ff.
INDCOL-Skala 188
Indien 24, 623
Indigenization 29, 32
Individualismus 98 ff., 259, 264
- horizontaler Individualismus 155 f.
- vertikaler Individualismus 155 f.

Individualismus vs. Kollektivismus 98 ff., 124 ff., 146 f.
indulgence 117 ff.
Industrieländer 257 ff.
Industriezweige, globale vs. lokale 299 f.
Infineon 370
Informationsgehalt 641 ff.

Informationskontext 635
Informationsökonomie 727
Innovation 309
– Basisinnovationen 134 f., 318 f.
– Innovationsbereitschaft 134 f.
Institutioneller Kollektivismus
 169 ff.
Integration
– Integration des externen Faktors
 396 ff.
– Kulturintegration 520 ff.
– Post Merger-Integration 522 ff.)
Intelligenz, kulturelle 553 f.
Intercultural Sensitivity Scale 554
Intercultural Sensitizer 565
Interkultur 17
Interkulturelle Geschäftsbeziehungen 568
Interkulturelle Kompetenz 547 ff.,
 562 ff.
Interkulturelle Psychologie 31
Interkulturelles Management 64 ff.
Interkulturelles Marketing 29 ff.,
 46 ff.
Interkulturelles Training 562 ff.
– erfahrungsorientiertes kulturspezifisches Training 563 f.
– kulturgenerelle Simulationen und
 Rollenspiele 564 f.
– Planspiele 565
– interkulturelles Handlungstraining 565 ff.
Internationales Marketing 33 ff.
Internet 612 ff.
– Diffusion des Internet 613
– Internetzugang 513 f.
– Internetforen 710 f.
– Internet-Shopping 515 ff.
Interpersonelle Kommunikation
 707 ff.
Interregionales Marketing 53 ff.
Intrakulturelles Marketing 51 ff.
Investitionsgüter 472

Jaguar 743
Jantes Gesetz 113
Japan 107, 257 f., 508

Johnson & Johnson 382
Joint Venture 477 ff., 499 ff.

Kalligraphie 371
Kambodscha 754
Kärcher 12 f., 646 f.
Katholizismus 239, 535
Kaufentscheidungen 59 f.
Kauf
– rationale Käufer 738
– Kaufintention 515 f., 628
– Kaufrisiko 353 f.
– Kaufverhalten 238, 516
Keiretsu 241
Kielwasserinternationalisierung 439
Kindchenschema 592 f.
Kinderrechte 135 f.
Kogut/Singh-Index 455 f.
Kollektivismus 98 ff., 124 ff., 146 f.
– Gruppenkollektivismus 169 ff.,
– horizontaler Kollektivismus 155
– institutioneller Kollektivismus
 169 ff.
– vertikaler Kollektivismus 155
Kommunikationsfähigkeit, interkulturelle 554
Kommunikationskontext 696
Kommunikationspolitik 587 ff.
Kommunikationsstil 627 ff., 696
Kompensation 429
Kompetenz, interkulturelle 547 ff.,
 562 ff.
Komplexität 235
Konflikte 128, 399, 521
Konformität 126
Konfuzianismus 362 f., 419, 538
Konkurrenzsituation 226
Konservatismus 161 ff.
Konsistenz, interne 142, 187
Konstrukt, latentes 548
Konstruktvalidität 142, 553
Konsum, demonstrativer 103, 726
Konsumentenethnozentrismus 71 f.,
 190
Konsumerismus 668
Konsumkontext, peripherer vs. zentraler 298

Konsumnormen 294
Kontaktanbahnung 570 ff.
Kontextabhängigkeit 325 f., 537, 642 f.
– High Context-Kulturen 537
– Low Context-Kulturen 537
Kontingenzansatz 222 ff.
Kontrolle 118
– Kontrollbedürfnis 469, 501
– Kontrollüberzeugung 411 f.
– Kontrollmotiv 482
– Kontrollspanne 559
– Kontrolltheorie 763 f.
– Kontrollverlust 411, 532 f.
Konvergenzthese 36, 211 ff., 285
Kooperation 472 ff.
– Kooperationsbereitschaft 474 f.
– Kooperationsstrategie 499 ff.
Korruption 752 ff.
– Bribe Payers Index 758 f.
– Corruption Perception Index 756 ff.
– Global Corruption Barometer 758
Kosmopolit 266
Kostenführerschaft vs. Qualitätsführerschaft 200 ff.
Kosten-Myopia 204
Kostenwettbewerb 248
Kreation 380 ff.
Kriminalitätsrate 125
Kritik 128, 566
Kultur 15 ff.
– Definitionen 77 ff., 166
– Drittkultur 17
– explizite vs. implizite Kultur 84 f.
– Hochkultur 15
– individuelle vs. kollektive Kultur 183 f., 186 ff.
– Interkultur 17
– Kulturvergleich 29 ff.
– Kulturkonzepte 18
– Landeskultur 26, 140 f.
– materielle Kultur 84
– mentale Kultur 84
– multiple Kultur 18 f.
– Modalkultur 26, 15
– relationale Kultur 19 f., 155 f.
– Schichtenmodelle 81 f.
– soziale Kultur 84
– subjektive Kultur 20 f., 69 ff.
– Subkultur 15
– Trivial/Volkskultur 15
– Unternehmenskultur 497 ff.
Kulturalismus 38
– Wende, kulturalistische 42 f.
Kulturanthropologie 31
Kulturassimilator 565
Kulturcluster 231 ff.
Kulturdimensionen 78, 88 ff.
– Faktorenstruktur 141
– GLOBE
– Hofstede 94 ff.
– Unabhängigkeit 177
– Schwartz 158 ff.
Kulturebenen 81
Kultureisberg 81 ff.
kulturfrei vs. kulturgebunden 293, 390
Kulturimperialismus 597
Kulturignoranz 37
Kulturintegration 520 ff.
Kulturkritik 221
Kulturpsychologie 31
Kulturraum 48 ff., 163, 237
Kulturrelativismus 32
Kulturschock 39 f., 545 ff., 637
Kultursensibles Marketing 44 ff.
Kulturstandards 85 ff.
Kulturtheorien 77 ff.
Kulturvergleich 29 ff., 69 ff.
– Forschungsstrategien 32
– Vergleichsanalyse 32,
Kulturwandel 229, 639
Kulturzwiebel 81 ff.
Kundenbindung 725
Kundenmanagement 535 f.
Kurzfristige Orientierung 114 ff., 329

L'Oréal 309
Ladengestaltung 525 ff.
lag vs. lead market 329 f.
Länder
– Chile 242 f.
– China 562, 569, 626

- Deutschland 58 ff., 108 f., 121 ff., 560 f.
- Frankreich 105, 129, 150 f., 508, 561, 579 f.
- Griechenland 754
- Großbritannien 150 f., 404 f.
- Hong Kong 242
- Indien 24, 623
- Japan 107, 257 f., 508
- Kambodscha 754
- Niederlande 136
- Österreich 398, 754 f.
- Russland 339 ff., 755
- Saudi-Arabien 598
- Schweden 580, 684
- Schweiz 90 f., 398
- Südafrika 57
- Südkorea 242, 753
- USA 56 f., 102, 109, 560 f., 623

Landeskultur 26, 83, 140 f., 184
Langfristige vs. kurzfristige Orientierung 114 ff., 148
Langnese 364 f.
late adopter 324
Lautsymbolik 369
Lebensstil 271 ff., 525 f.
Leistung
- Leistungsgerechtigkeit 186
- Leistungsorientierung 170 ff.

Lidl 405
Lob 566 f.
Lokalisierung 235
Low Context-Kulturen 325 f., 537
LTO-Skala 116, 188
lucky name 290
Luxus
- Luxusaffine 267 f.
- Luxusartikel 248

Magnum 658
Mangelhypothese 175
Mango 296 f.
manipulation check 71
Marke
- Aspirin 219 f.
- Audi R8 602
- Bharat-Benz 197
- Bionade 641
- Chanel 335
- Coca-Cola 213, 296, 372, 600
- Esprit 363
- Fairy Ultra 368
- globale Marke 301 f.
- Häagen Dazs 358
- Handelsmarken 337 ff.
- Haribo 62
- Knorr 287
- lokale Marke 301 ff.
- Maggi 287
- Magnum 658
- Marlboro 679
- Mercedes 47, 62
- Montblanc 24
- Nivea 336, 388, 590 f., 602
- Persil 383
- populärste Marke 724
- Prado 636
- Pritt 305
- Puma 320
- Qimonda 370
- Rémy Martin 621
- Schweppes 368
- Smart 3
- Smirnoff 460
- Spee 305
- Sprite 372
- Sunrise 385
- Tempo 314
- Toppits 603
- Tretop 385
- Tupperware 305
- VW Golf 198

Markenbewusstsein 738
Markencommitment 360 ff.
Markenerweiterung 333
Markenführung 346 ff., 355
Markenname 333, 362 ff., 379 ff.
- fremdsprachige Markennamen 375 ff.
- globale Markennamen 386 f.
- Kreation 380 ff.
- künstliche vs. sinnhafte Markennamen 377
- regionale Markennamen 364

- Transliteration 380 ff.
- Übersetzung 380 ff.
Markenpersönlichkeit 343 ff.
Markenpiraterie 319 ff.
Markenpositionierung 351
Markenschutz 366
Markenstrategie, glokale 305
Markentypen 334 ff.
- globale Marken 334 f.
- kulturelle Marken 336 ff.
Markenwert 330
Marketing
- Ethno-Marketing 55 ff.
- Exportmarketing 33
- Global Marketing 36, 211 ff.
- Interkulturelles Marketing 29 ff., 46 ff.
- Internationales Marketing 33 ff.
- Interregionales Marketing 53 ff.
- Intrakulturelles Marketing 51 ff.
- Kultursensibles Marketing 44 ff.,
- Subkulturen-Marketing 63 f.
Markierung 330 f.
Marktauswahl 440 ff.
- Checklist-Verfahren 441 ff.
- Filterverfahren 444 f.
- Portfolio-Verfahren 445 f.
Markteintrittsbarrieren 447 ff.
Markteintrittsentscheidung 439 ff.
- Timing des Markteintritts 491 ff.
Markteintrittsstrategien 468 ff.
- Direktinvestitionen 481 ff.
- Export 469 ff.
- Franchising 479 ff.
- Fusion 483 f.
- Joint Venture 477 ff.
- Kooperation 472 ff.
- Unternehmenskauf 484 f.
Marktorientierung 498 f.
Marlboro 679
Maskulinität 111 f.
McCain 336
McDonald's 198, 219, 293, 299, 349 f., 467, 603
Means End-Segmentierung 278 ff.
Medien 610 ff.
- Mediennutzung 61, 611 f.

- Medienstruktur 610,
Mediennutzungsverhalten 61
Mega-Marken 335 f.
Meinung, öffentliche 674 ff.
Melitta 603
melting pot 56
Menschenrechte 244
- Kinderrechte 135 f.
Mercedes 47, 62, 507
merger 483 f.
Migranten 55 ff.
Milieu, soziales 233
Misfit, kultureller 521
Mitsubishi 370
Mittelmeerraum 147 f., 239
Mittelstand, deutscher 10
Mobile-Marketing 707
Modalkultur 26
monochron 410
Montblanc 24, 288
Motorola 382
Mövenpick 522
Multi-Level-Analyse 71, 73
Mund zu Mund-Propaganda 63
Musikkultur, globale 269
Mythos 83

Naher Osten 573, 578 f.
Nation 51 f., 90 f., 140
- Nationalcharakter 121
- Nationalstolz 288 f., 351 f., 463
- Nationalsymbol 289, 636
Natur 23 f.
Near Market-Strategie 493 ff.
Nestlé 218, 336, 354
Netzwerk 539, 568 ff.
Niederlande 136
Nike 288 f., 636
Nivea 336, 388, 590 f., 602
Nord/Süd-Schisma 54
Normen 83
novelty seeking 640
Nutzen 276 ff., 663
- ästhetischer Nutzen 304
- funktionaler Nutzen 285 ff.
- hedonistischer Nutzen 304 f.
- ökonomischer Nutzen 304

- sozialer Nutzen 304 f.
- symbolischer Nutzen 285 ff.
- utilitaristischer Nutzen 304

O2 363
Öffentlichkeitsarbeit 665 ff.
Online-Kommunikation 703 ff.
Online-Werbung 706 f.
Ordnung 518
Orientierungen, kulturelle 70 f., 77 f., 80 f.
- Beziehungsorientierung 226
- kurzfristige Orientierung 115
pragmatische vs. normative Orientierung 117
- Genussorientierung vs. Selbstbeherrschung 117 ff.
Orthodoxie, katholische 239
Ostasien 571 ff.
Österreich 398, 754 f.

Paradigmenwechsel 42 f.
Paradoxon 14
- Beschwerdeparadoxon 425 f.
- cultural distance paradox 490
- Paradoxon der Kommunikationspolitik 615 f.
- Paradoxon der Interkulturellen Kompetenz 553
- Paradoxon, globales 14 f.
Partizipation 523
PCO Scale 192
Penetrationsstrategie 200
Perfektionismus 132
Persil 383
Personalisierung 409 f.
Persönlicher Verkauf 511
Pflichtverhältnisse, konfuzianische 539
Philips 3, 246 f.
Pietät, kindliche 114
Pioniermentalität 126
Piratenware 321 f.
political correctness 590
Portfolio-Verfahren 445 f.
Post Merger-Integration 522 ff.
Prado MPV 636

Präferenzen, marginale 175 ff.
Praktiken 81 f., 173 ff.
Preisbewusstsein 733 ff.
Preisfigur 730
Preisoptik 731
Preispolitik 713 ff.
- interkulturelle Preispolitik 715 ff.
- internationale Preispolitik 715 ff.
Preis/Qualitätswahrnehmung 727 ff.
Preissenkung 743
Preisspreizung 718
Preissteigerung 742 f.
Preiswahrnehmung 725 ff.
Preiswerbung 642
Preiswissen 732 f.
Print-Märkte 617 f.
Print-Werbung 620 ff.
Pritt 305
Procter & Gamble 64, 602
Produkte
- hedonistische vs. utilitaristische Produkte 359
- kulturabhängige vs. kulturfreie Produkte 293 ff.
Produktentwicklung, bedürfnisorientierte
- Produktherkunft 288, 376
- Produktlebenszyklus 227
- Produktpiraterie 319 ff., 464 f.
- Produktpolitik 285 ff.
- Produktqualität 728
- Produktverpackung 314 ff.
Programmierung, kollektive 93
Protektionismus 460 ff.
Protestanten 535
Protestantismus-Hypothese 722 f.
Psychographische Segmentierung 271 ff.
Public Relations 665 ff., 705 f.
Puma 320
Pünktlichkeit 278
Pyramide der mentalen Programmierung 92

Qimonda 370
Qualitätsführer 200
Qualitätsindikator 727 f.

Rassenkunde 30
Reaktanz 578
Rechtsunsicherheit
– latente 467
Recht
– Rechtsprechung 4, 644
– Rechtssicherheit 514
– Rechtssystem 464 ff., 672, 684 f.
Regionen
– Arabien 242
– Mittelmeerraum 147, 239
– Naher Osten 573, 578
– Ostasien 201, 241, 571 ff.
– Südamerika 50 f., 242 f., 571
Reichtum 722 f.
Relativismus 29 f.
– kultureller Relativismus 549
Reliabilität 142
Religion 412
Religionszugehörigkeit 253 ff.
Rémy Martin 621
Religiosität 288 f.
restrained 118 ff.
Reziprozitätsstrategie 678 f.
Risiko 122, 352 ff.
– Kaufrisiko 353 f.
– Risikoaversion 192, 512
– Risikobereitschaft 201
– Risikowahrnehmung 353
Rolls-Royce 370
Russland 339 ff., 755

sales promotion 683 ff.
Saudi-Arabien 598
scarcity 681
Scham vs. Schuld 244, 266, 538
Schema 661
Schichtenmodelle 81 ff.
– Kultureisberg 81 ff.
– Kulturzwiebel 81 ff.
Schlüsselinformation 374
Schönheit 591
Schriftzeichensprachen 372 f.
Schutzfähigkeit, internationale 366
Schweden 580, 684
Schweiz 90 f., 398
Schwellenländer 260 ff.

Schweppes 368
Seagram 266
Segmentierung 236 ff., 267 ff.
– Ad hoc-Segmentierung 243 f., 267 ff.
– Benefit-Segmentierung 276 ff.
– geograpisch-klimatische Segmentierung 236 f.
– geographisch-konfessionelle Segmentierung 237
– Means End-Segmentierung 278 ff.
– psychographische Segmentierung 271 ff.
– Segmentierungskriterien 245
– Segmentierungsmethoden 243 f.
– soziodemographische Segmentierung 26 ff.
– soziokulturelle Segmentierung 243
– verhaltensorientierte Segmentierung 275 f.
Selbst 20, 311, 696 f.
– abhängiges vs. unabhängiges Selbstkonzept 155 f.
– Selbstbild 125
– Selbstinszenierung 311
Selbstbeherrschung 118 ff.
Senioren 268 f.
Sensibilität, interkulturelle 554, 567
service recovery 425 ff.
Servicequalität 406 ff.
– Qualitätsdimensionen 407
SERVQUAL 407 ff.
Sex Sells-These 657
Shareholder-Ansatz 667, 671
Shiseido 636 f.
Sicherheitsbedürfnis 132, 266
Siemens 307, 479, 503, 511, 737
Sixt 647 f.
Sinus-Milieus 271 ff.
Skript 417
Slogan
– fremdsprachige Slogans 376 ff.
Smart 3
Smirnoff 460
social proof 680
Sortimentspolitik 390 f., 528

Sozialanthropologie 78
Sozialisation 69, 269, 629 f.
Sozialleistungen 135
Sparsamkeitsgebot 188
Spee 305
Speisen 295 f.
Spieltheorie 473
Sponsoring 687 ff.
Sprache
– alphabetisch-phonetische Sprache 367
– ideographische Sprache 367
– Sprachuniversalien 387
Sprachfamilie, indogermanische 239
Sprinklerstrategie 492
Sprite 372
Staat 220
Stakeholder-Ansatz 667, 671
Standardisierung
– Differenzierte Standardisierung 47 ff., 230 ff.
– Kontingenzansatz 222 ff.
– Standardisierung vs. Differenzierung 197 ff., 202 ff., 291 ff., 390, 400 ff., 438, 590 ff., 717 ff.
Steiff 438 f.
Strategische Allianz 479, 503 f.
– Vertriebsallianz 479
Strategisches Marketing 195 ff.
Stress 181 f.
Streuverluste 615
Subkultur 15, 83
Subkulturen-Marketing 63 f.
Subway 219
Südafrika 57
Südamerika 50 f., 242 f., 571
Südkorea 242, 753
Sunrise 385
Suntory 391
Symbole 290
– Lautsymbolik 369
Sympathieträger 680
Système D 502

Tabu 598, 638
Tageszeitungen 611
Taoismus 538

Team
– bikulturelles Team 560
– multikulturelles Team 557 ff.
TeeGeschwendner 405
Teenager 269 f.
Tempo 320
Tepco 566
Textinformationen 600 f.
Theorien (Agency-Theorie 473
– Informationsökonomie 727
– Kontrolltheorie 763 f.
– Schematheorie 661
– Spieltheorie 473
– Theorie der kognitiven Dissonanz 679
– Theorie des Informationskontexts 635
– Theorie des organisationalen Lernens 473
– Transaktionskostentheorie 472 f.
third culture 17, 67 f., 140, 505
third party effect 703
Tiernamen 290
Tigerstaaten 242
Timing des Markteintritts 491 ff.
Toppits 603
Toyota 636
Training, interkulturelles 562 ff.
Transaktionskostentheorie 472 f.
Transliteration 380 ff.
Transnationale Zielgruppen 231 ff., 265 ff., 276 ff., 280 f.
Tretop 385
Trinkgeld 413 ff.
Trivialkultur 15, 221
Tugend 539
Tupperware 305, 518
TV-Märkte 617
TV-Werbung 620 ff.
Typ 1-, Typ 2-Länder 4 f.

Übergewichtige 270 f.
Ungewissheitsvermeidung 106 ff., 114, 132 ff., 181 f., 251 f., 264
Ungleichheit 130
Unglück 290
Unilever 305, 364 f.

Universalien 369
- Sprachuniversalien 387
- universal appeals 592, 632 f.
Universalismus 29 ff., 38
Uno Actu-Prinzip 396 ff.
Unsicherheitsvermeidung 169 ff.
Unternehmen
- Adidas 666 f.
- Aldi 332, 391, 404, 530
- Allianz 521 f.
- Apple 366
- Audi 602
- Bahlsen 338, 367
- Beiersdorf 590 f.
- Benetton 636 ff.
- Birkenstock 197
- Blockbuster 348 f.
- BMW 219, 503, 507, 601
- Boeing 372
- Bosch 375
- Braun 658
- Brembo 507 f.
- Brose 439
- Campbell 287
- Carlsberg 290
- Chrysler 505
- Citibank 376 f.
- Claas 12
- Commerzbank 290
- Daewoo 368
- Daimler AG 197, 505,
- Degussa AG 269
- Deutsche Bank 631 f.
- Dresdner Bank 521 f.
- Dr. Oetker 364
- Esso 598 f.
- E.ON 363, 366
- Fissler 715
- General Electric 511
- Gesellschaft für Konsumforschung (GfK) 273 ff.
- HARIBO 680
- Hella 235
- Henkel 305, 383
- Home Depot 57
- IBM 93
- Infineon 370
- IKEA 218, 291, 321, 598
- Jaguar 743
- Johnson & Johnson 382
- Kärcher 12 f., 464 f.
- Langnese 364 f.
- Lidl 405
- L'Oréal 309
- Mango 296 f.
- McCain 336
- McDonald's 198, 219, 293, 299, 349 f., 467
- Mercedes-Benz 507
- Mitsubishi 370
- Mövenpick 522
- Montblanc 288
- Motorola 382
- Nestlé 218, 336, 354
- Nike 288, 636
- O2
- Philips 3, 246 f.
- Procter & Gamble 64, 602
- Putzmeister 11 f.
- Rolls-Royce 370
- Seagram 266
- Shiseido 636 f.
- Siemens 307, 479, 503, 511, 737
- Sixt 647 f.
- Steiff 438 f.
- Subway 219
- Suntory 391
- Tepco 566
- Toyota 636
- Tupperware 518
- Unilever 305, 364 f.
- Volkswagen 9, 62, 205, 235, 500, 589 f., 705
- Wal-Mart 205, 403, 519, 520, 724
Unternehmensgründung 133 f.
Unternehmenskauf 484 f.
Unternehmenskultur 64 f., 83, 167, 497 ff.
Unternehmensleitlinien 522
Unternehmensverhalten, verantwortliches 674
Urheberrechte 322
USA 56 f., 102, 109, 560 f.

Validität 457 ff.
- Diskriminanzvalidität 145, 164, 457, 553 ff.
- externe Validität 139 f., 162, 179
- Inhaltsvalidität 145
- Konstruktvalidität 142, 553
- Konvergenzvalidität 141, 186
- nomologische Validität 190, 192
- Vorhersagevalidität 182, 457 f., 555 ff.

Vampireffekt 653
Verbraucherschutz 4, 220
Vereinigte Staaten von Amerika 109
Vergleichende Werbung 694 ff.
Vergleichsanalyse 32
Verhaltensorientierte Segmentierung 275 f.
Verhandlungen 128, 575 ff.
- Feilschen 745 ff.
- Preisverhandlungen 744 ff.
- Verhandlungsstile 575, 744 f.
- Verhandlungsteams 577
Verkaufsförderung 530 ff., 683 ff.
Verkaufsparty 518
Verpackung 314 ff.
Versandhandel 512 f.
Verteilungsgerechtigkeit 474, 536
Vertrag 466, 537, 568 ff., 576, 581 f.
Vertrauen 128, 254, 356, 388, 474 f., 515 f., 528, 539 f., 674 ff., 710
Vertrieb, direkter 510 ff.
Vertriebsniederlassung 519
Vertriebsregionen 198
Vetternwirtschaft 571
Visitenkarten 577
Völkerkunde 30 f.
Völkerpsychologie 30
Volkskultur 15
Volkswagen 9, 62, 205, 235, 346, 500, 589 f., 705
- VW Golf 198
Vorhersagevalidität 555 ff.

Wahrnehmung, soziale 186
Wal-Mart 205, 403, 519, 520, 724
Wartezeit 410
Wasserfallstrategie 491 f.

Weltbild 83, 532
Welthandel 5 ff., 41 f.
Weltkultur 213
Weltoffenheit 324
Werbeanrufe 700
Werbebrief 61, 702
Werbebotschaften 629, 631 ff.
- absurde Werbebotschaften 661 ff.
- erotische Werbebotschaften 656 f.
- fremdsprachige Werbebotschaften 657 ff.
- furchterregende Werbebotschaften 653 ff.
- hedonistische Werbebotschaften 663
- humorvolle Werbebotschaften 645 ff.
- informative Werbebotschaften 641 ff.
- kontroverse Werbebotschaften 635 ff.
- kulturadäquate Werbebotschaften 639
- kulturkonträre Werbebotschaften 635 ff.
Werbemarkt 608 f.
Werbemittelgestaltung 663 ff.
Werbeskepsis 60 f.
Werbeslogan 631
Werbestil 663 ff.
Werbeträger 616 ff.
Werbewirkung 650 ff.
- Aufmerksamkeitswirkung 657
- Beeinflussungswirkung 661 f.
- Erinnerungswirkung 661.
- Werbewirkungsmodelle 645
- Wirkungskette 698
Werbung, vergleichende 70
Werte 83, 173 ff., 179
- konfuzianische Werte 114
- postmaterialistische Werte 174
- universelle kulturelle Werte 158 ff., 175 f.
- Wertekreis 158 f.
- Wertewandel 143 ff., 174, 230
Wettbewerbsstrategien, internationale 198 ff.

– Me too-Strategie 252
Werbewirkung
– Werbewirkungskette 639 f.
Wissen 493 ff.
Word of Mouth 707 ff.
– eWoM 710 f.
– In Group-WoM 709
– Out Group-WoM 708 f.
– traditionelles WoM 708 ff.
World Value Survey
Würde 244

Yin und Yan 372
yuarn 419

Zahlungsbereitschaft 716, 735 ff.
Zahlungsmoral 750 ff.

Zeitwahrnehmung 287 f., 421, 536 f.
– Wartezeit 409
– Zeitmanagement 576
Zeitwettbewerb 326
Zentralisationsthese 215
Zentralität, kulturelle 293 f.
Zielgruppen
– kosmopolitische Verbraucher 266
– Luxusaffine 267 f.
– Senioren 268 f.
– Teenager 269 f.
– transnationale Zielgruppen 231 ff., 265 ff., 276 ff., 595
– Übergewichtige 270 f.
Zivilisation 18, 237
Zufriedenheit 555 ff.
Zukunftsorientierung 170 ff.
Zulieferunternehmen 439

»Kommunikation ist Kultur, und Kultur ist Kommunikation.«

Müller/Gelbrich
Interkulturelle Kommunikation
2014. 525 Seiten.
Gebunden € 49,80
ISBN 978-3-8006-4600-5

Ausgehend von dieser berühmten These des Kommunikationswissenschaftlers E. T. Hall erörtern Müller & Gelbrich den Einfluss von **Landeskultur, Religion** und **Sprache** auf die interpersonelle Kommunikation sowie die kommerzielle Kommunikation.

- **Interpersonelle Kommunikation** = verbale, paraverbale, nonverbale und extraverbale Kommunikation
- **Kommerzielle Kommunikation** = Print- und TV-Werbung, Public Relations, Verkaufsförderung, Sponsoring, Vergleichende Werbung, Direktmarketing und Empfehlungsmanagement

Ein weiteres Kapitel ist den **Kommunikationsstilen** gewidmet.

Vahlen